Vorwort
zur ersten Auflage.

In dem Bestreben, die Kenntniß des wichtigen Unfallversicherungsgesetzes, auf dessen Zustandekommen Seine Majestät der Kaiser einen so besonderen Werth gelegt hat, in möglichst weite Kreise zu tragen, bietet der Verfasser den Betheiligten außer seinem größeren Kommentar, bei dessen Bearbeitung er sich der ausgiebigen Mitwirkung des Präsidenten des Reichs-Versicherungsamts Herrn Bödiker und des Geh. Ober-Reg.-Raths und vortragenden Raths Herrn Gamp zu erfreuen gehabt hat, in dem vorliegenden Bändchen noch ein wohlfeiles Handbuch. Dasselbe stellt sich als ein Auszug aus dem Kommentar dar; in ihm sollen nach der Absicht des Verfassers die Betheiligten dasjenige erläutert finden, was für sie das nächste Interesse bietet. Möchte das kleine Büchlein dazu beitragen, Sinn und Verständniß und damit auch lebhaften Dank für die von Seiner Majestät dem Kaiser mit den verbündeten Regierungen eingeschlagene Sozialpolitik zu wecken und zu mehren!

Berlin, im Juli 1884.

Der Verfasser.

Vorwort

zur dritten Auflage.

Bei der dritten Auflage sind mehrere Erweiterungen vorgenommen worden. Dieselben tragen nicht nur der bisherigen Rechtsprechung des Reichs-Versicherungsamts, sondern insbesondere auch den Abänderungen Rechnung, welche einzelne Bestimmungen des Unfallversicherungsgesetzes, soweit sie sich auf Bauarbeiter erstrecken, durch das Bauunfallversicherungsgesetz erfahren haben. Ein Abdruck des letzteren ist beigegeben.

Berlin, im November 1887.

Der Verfasser.

Inhaltsangabe.

Seite

Abkürzungen: A.G. = Ausdehnungsgesetz. — A.N. = Amtliche Nachrichten des Reichs-Versicherungsamts. — B.G. = Berufsgenossenschaft. B.U.G. = Bauunfallversicherungsgesetz. — Centr.Bl. = Centralblatt für das deutsche Reich. — K.V.G. = Krankenversicherungsgesetz. — R.A. = Reichs- und Preuß. Staatsanzeiger. — R.G.Bl. = Reichsgesetzblatt. — U.V.G. = Unfallversicherungsgesetz.

Einleitung.

(Nach der Einleitung zu dem Kommentar des Verfassers.)

Die großen Fortschritte, welche die Industrie in den letzten Jahrzehnten gemacht hat, haben in gleichem Verhältniß mit der Entwickelung der Industrie auch die in gewerblichen Betrieben vorkommenden Unfälle vermehrt. Die wirthschaftliche Nothlage, in welche die immer zahlreicher werdenden, meist den besitzlosen Klassen der Bevölkerung angehörenden Verunglückten und deren Hinterbliebene geriethen, führte zu der Erkenntniß, daß die allgemeinen Grundsätze des Civilrechts über die Verbindlichkeit zum Schadenersatz für solche Unfälle nicht ausreichend seien. So wurde, nachdem für Unfälle bei dem Betriebe von Eisenbahnen schon durch § 25 des Preuß. Eisenbahngesetzes vom 3. November 1838 und art. 395, 400, 401, 421 des deutschen Handelsgesetzbuchs Vorsorge getroffen worden war, das Reichsgesetz vom 7. Juni 1871, betr. die Verbindlichkeit zum Schadenersatz für die bei dem Betriebe von Eisenbahnen, Berg=

werken ꝛc. herbeigeführten Tödtungen und Körperverletzungen (R.G.Bl. S. 207), das sog. **Haftpflichtgesetz**, erlassen und durch Gesetz vom 21. Januar 1873 (G.Bl. S. 769) auf Elsaß-Lothringen ausgedehnt. Bei der durch die legislatorische Neuheit der Materie gebotenen Vorsicht mochte dies Gesetz über gewisse Grenzen nicht hinausgehen; es wurde von vornherein anerkannt, daß dasselbe den Gegenstand, zu dessen Regelung es bestimmt war, keineswegs erschöpfe, sondern nur einen Anfang in der Fürsorge für die durch Unfälle geschädigten gewerblichen Arbeiter bedeute. Die Grundsätze des Haftpflichtgesetzes sind folgende:

> Für Unfälle bei dem Betriebe einer Eisenbahn haftet der Unternehmer, falls nicht **er** den Beweis führt, daß der Unfall durch höhere Gewalt oder durch eigenes Verschulden des Getödteten oder Verletzten verursacht sei (entsprechend dem § 25 des Preuß. Gesetzes vom 3. November 1838).
>
> Für Unfälle bei dem Betriebe eines Bergwerks, eines Steinbruchs, einer Gräberei (Grube) oder einer Fabrik haftet der Unternehmer, wenn der **Verunglückte** ꝛc. ein Verschulden des Unternehmers oder seiner Betriebsbeamten ꝛc. nachweist.
>
> Wenn diese Voraussetzungen zutreffen, so hat der Richter unter freier Würdigung aller Umstände auf Ersatz des vollen Schadens zu erkennen.

Während die Bestimmungen über die Unfälle bei dem Betriebe von Eisenbahnen im Allgemeinen zunächst zu genügen schienen, stellte sich im Uebrigen sehr bald die völlige Unzulänglichkeit des Haftpflichtgesetzes heraus, und kam in den Verhandlungen des Reichstages wiederholt zur Besprechung. Die dem Verunglückten (oder dessen Hinterbliebenen) auferlegte schwierige Beweislast machte die Wohlthaten des Gesetzes in den meisten Fällen illusorisch. Die Beschränkung der gesetzlichen Fürsorge auf die Fälle des civilrechtlichen Verschuldens der Betriebsbeamten ꝛc. ließ die zahlreichen und besonders großen, durch Zufall oder Schuld der Mitarbeiter ꝛc. hervorgerufenen Unfälle unberücksichtigt; Zahlungsunfähigkeit des Ersatzpflichtigen vereitelte häufig den praktischen Erfolg des Entschädigungsanspruchs, wenn die Durchführung desselben wirklich gelungen war. Das Gesetz hat also die beabsichtigte segensreiche Wirkung im Allgemeinen nicht gehabt, ja es hat vielmehr umgekehrt schädlich gewirkt. Denn fast in jedem Fall sind Prozesse über die Haftpflicht des Unternehmers zu führen — zumal derselbe genöthigt ist, sein Risiko durch Versicherung seiner Arbeiter bei Unfallversicherungsgesellschaften abzuschwächen, die letzteren aber im Interesse des eigenen Geschäfts der Regel nach nicht in der Lage zu sein glauben, ohne richterliche Feststellung der Ersatzverpflichtung Ersatz zu leisten, falls nicht etwa der Verletzte mit einem zu dem Werth des Schadens in keinem Verhältniß stehenden Minimum sich zufrieden giebt, —

und solche Prozesse mußten nothwendigerweise das Verhältniß zwischen Arbeitgeber und Arbeitnehmer in bedenklicher Weise verschlechtern. Diesen Uebelständen würde auch durch die von einigen Seiten vorgeschlagene anderweite Normirung beziehungsweise Umkehrung der Beweislast nicht wirksam abgeholfen werden können, während andererseits eine Ausdehnung der civilrechtlichen Haftpflicht des Unternehmers auf den vollen Ersatz aller in dem Betriebe vorkommender Unfälle — wobei man davon ausgehen müßte, daß er dieselben in der Regel verschulde, während das Gegentheil die Regel bildet — eine in sich nicht gerechtfertigte und ohne Schädigung der Industrie namentlich bei Massenunfällen nicht durchzuführende Ueberlastung des Unternehmers zur Folge haben müßte.

Inzwischen brachten die bedenklichen Erscheinungen, welche zum Erlaß des Reichsgesetzes vom 21. Oktober 1878 gegen die gemeingefährlichen Bestrebungen der Sozialdemokratie führten, die Erkenntniß zur Reife, daß es Pflicht des auf der Basis des Christenthums stehenden modernen Staats sei, durch positive Maßregeln für die wirthschaftlich Schwachen, für die im Kampf mit den eigenthümlichen Gefahren der gewerblichen Thätigkeit unterlegenen und dadurch ihrer Erwerbsquelle, der körperlichen Arbeitsfähigkeit, meist ohne eigene Schuld mehr oder weniger beraubten Staatsangehörigen eine ausreichende, vor der Armenpflege bewahrende Fürsorge eintreten zu lassen, und sie dadurch vor der Versuchung, den Irrlehren der Sozialdemokratie Gehör zu geben, thunlichst zu bewahren. Diese positiven Maßregeln mußten sich naturgemäß zunächst darauf richten, in erster Linie die bessere Sicherstellung der Arbeiter gegen die wirthschaftlichen Folgen der mit ihrem Beruf verbundenen Gefahren anzustreben. Eine weitere Ausgestaltung der civilrechtlichen Haftpflicht erschien dabei aus den angedeuteten Gründen nicht anhängig; man sah sich daher genöthigt, den civilrechtlichen Grundsatz des Schadenersatzes aufzugeben, und an dessen Stelle eine auf dem Boden des öffentlichen Rechts beruhende Fürsorge für die durch Betriebsunfälle Verletzten und deren Hinterbliebene zu statuiren. Diese fundamentale Umgestaltung der bisherigen Gesetzgebung ist nach zwei vergeblich gebliebenen Versuchen — zwei Vorlagen (1881 und 1882) kamen nicht zur Verabschiedung – in dem Unfallversicherungsgesetz vom 6. Juli 1884 (R.G.Bl. S. 69) durchgeführt worden und bildet auch die Grundlage der zur Weiterführung der Unfallversicherung bisher erlassenen anderen Gesetze (Ausdehnungsgesetz vom 28. Mai 1885; landw. Unfallgesetz vom 5. Mai 1886; Bauunfallgesetz vom 11. Juli 1887; Seeunfallgesetz vom 13. Juli 1887). Die Unfallversicherung beruht hiernach ebenso wie die Krankenversicherung auf dem Boden des öffentlichen Rechts, auf welchem auch die öffentliche Armenpflege erwächst. Während aber letztere nur bei dem bittersten Elend das Nothdürftigste zu gewähren hat, und den

Almosenempfänger durch Beschränkung seiner öffentlichen Rechte herunterdrückt, wollen die Kranken- und die Unfallversicherung, welche beide ohne Rücksicht auf Dürftigkeit eintreten und ganz andere Voraussetzungen haben, höhere soziale Aufgaben lösen, den Empfänger vor der Armenpflege und ihren entwürdigenden Folgen schützen und ihn dadurch heben.

Wie erwähnt, ist es nicht bei dem ersten Schritt gelungen, diesen Gedanken gesetzgeberische Formen zu geben. Der erste Entwurf eines Gesetzes über die Unfallversicherung der Arbeiter vom 8. März 1881 wollte für die bei dem Betriebe von Eisenbahnen entstehenden Unfälle die bisherigen Bestimmungen beibehalten,

die Unternehmer von Bergwerken, Fabriken rc. aber nöthigen, ihre Arbeiter und Betriebsbeamten in gewissen Grenzen gegen die wirthschaftlichen Folgen der bei dem Betriebe sich ereignenden Unfälle kollektiv zu versichern; die Versicherung sollte bei einer Reichsversicherungsanstalt auf Kosten der Unternehmer unter Mitheranziehung der Versicherten und mit einer Beihülfe aus Reichsmitteln erfolgen; fakultativ war eine genossenschaftliche Versicherung zugelassen; Privatversicherung war ausgeschlossen.

Von diesem Gesetzentwurf hat der Reichstag den Versicherungszwang und andere wesentliche Grundlagen zwar angenommen, den Reichszuschuß aber verworfen und die Reichsversicherungsanstalt durch Landesversicherungsanstalten ersetzt; und dem so veränderten Entwurf glaubten die verbündeten Regierungen ihre Zustimmung versagen zu müssen.

Nunmehr suchte man zunächst das bei den früheren Berathungen vermißte statistische Material, welches namentlich für die Ausführung des Gesetzes unentbehrlich erschien, in möglichst ausgiebigem Maße zu beschaffen. Unter dem 11. Juli 1881 ersuchte der Reichskanzler die verbündeten Regierungen, durch die Betriebsunternehmer selbst eine die vier Monate August bis November 1881 umfassende Statistik der in ihren industriellen Betrieben vorkommenden Unfälle nach gewissen, näher angegebenen Gesichtspunkten aufzustellen. Dieser Arbeit haben sich die Betriebsunternehmer, wie demnächst von berufener Seite wiederholt bezeugt worden ist, mit dankenswerther Bereitwilligkeit und Gründlichkeit unterzogen, so daß gegen Ende des Jahres 1881 eine brauchbare Unfallstatistik für rund 2 Millionen industrieller Arbeiter sich in den Händen der obersten Reichsbehörde befand. Bei seinem Wiederzusammentritt erfuhr der Reichstag durch die ewig denkwürdige Allerh. Botschaft, mit welcher der Reichstag am 17. November 1881 eröffnet wurde, daß auch der neuen Session als eine ihrer wichtigsten Aufgaben die abermalige Beschäftigung mit der Unfallversicherung der Arbeiter bevorstehe. Unvergeßlich bleiben die inhaltschweren Sätze jener Botschaft, welche von der treuen

Fürsorge unseres Herrschers für das Wohl der Bevölkerung schönstes Zeugniß geben:

„Schon im Februar dieses Jahres haben Wir Unsere Ueberzeugung aussprechen lassen, daß die Heilung der sozialen Schäden nicht ausschließlich im Wege der Repression sozialdemokratischer Ausschreitungen, sondern gleichmäßig auf dem der positiven Förderung des Wohles der Arbeiter zu suchen sein werde. Wir halten es für unsere Kaiserliche Pflicht, dem Reichstage diese Aufgabe von Neuem an's Herz zu legen, und würden Wir mit um so größerer Befriedigung auf alle Erfolge, mit denen Gott Unsere Regierung sichtlich gesegnet hat, zurückblicken, wenn es Uns gelänge, dereinst das Bewußtsein mitzunehmen, dem Vaterlande neue und dauernde Bürgschaften seines inneren Friedens und den Hülfsbedürftigen größere Sicherheit und Ergiebigkeit des Beistandes, auf den sie Anspruch haben, zu hinterlassen. In Unseren darauf gerichteten Bestrebungen sind Wir der Zustimmung aller verbündeten Regierungen gewiß und vertrauen auf die Unterstützung des Reichstags ohne Unterschied der Parteistellungen.

In diesem Sinne wird zunächst der von den verbündeten Regierungen in der vorigen

Session vorgelegte Entwurf eines Gesetzes über die Versicherung der Arbeiter gegen Betriebsunfälle mit Rücksicht auf die im Reichstage stattgehabten Verhandlungen über denselben einer Umarbeitung unterzogen, um die erneute Berathung desselben vorzubereiten. Ergänzend wird ihm eine Vorlage zur Seite treten, welche sich eine gleichmäßige Organisation des gewerblichen Krankenkassenwesens zur Aufgabe stellt. Aber auch diejenigen, welche durch Alter und Invalidität erwerbsunfähig werden, haben der Gesammtheit gegenüber einen begründeten Anspruch auf ein höheres Maaß staatlicher Fürsorge, als ihnen bisher hat zu Theil werden können.

Für diese Fürsorge die rechten Mittel und Wege zu finden, ist eine schwierige, aber auch eine der höchsten Aufgaben eines jeden Gemeinwesens, welches auf den sittlichen Fundamenten des christlichen Volkslebens steht. Der engere Anschluß an die realen Kräfte dieses Volkslebens und das Zusammenfassen der letzteren in der Form korporativer Genossenschaften unter staatlichem Schutz und staatlicher Fürsorge werden, wie Wir hoffen, die Lösung auch von Aufgaben möglich machen, denen die Staatsgewalt allein in gleichem

Umfange nicht gewachsen sein würde. Immer aber wird auch auf diesem Wege das Ziel nicht ohne die Aufwendung erheblicher Mittel zu erreichen sein.“

Durch diese Botschaft wurde für die Lösung der sozialpolitischen Aufgaben, deren öffentlich-rechtliche Natur mit besonderer Betonung hervorgehoben wird, ein neues Fundament geschaffen, das Prinzip der korporativen Verbände, der genossenschaftlichen Gliederung der Industrie und sonstiger Berufszweige. Initiativanträgen von Reichstagsmitgliedern, welche nicht auf diesen Grundlagen beruhten (vgl. die Anträge Buhl und Auer), konnte daher keine Folge gegeben werden. Dagegen wurde auf der Grundlage der Allerh. Botschaft von den verbündeten Regierungen unter dem 8. Mai 1882 ein zweiter Entwurf eines Gesetzes über die Unfallversicherung der Arbeiter (Drucksachen des Reichstags 1882 Nr. 19) nebst einer die Begründung desselben ergänzenden „Denkschrift“ über die in dem Entwurf vorgeschlagene Organisation, sowie im Anschluß an diesen ein Gesetzentwurf zur Regelung der obligatorischen Krankenversicherung der Arbeiter (Drucksachen des Reichstags 1882 Nr. 14) vorgelegt, nachdem beide Entwürfe vorher im Preußischen Volkswirthschaftsrath berathen waren und dort freudige Zustimmung gefunden hatten. Hiernach sollten die bei dem Betriebe eines Bergwerks, einer Fabrik ꝛc. verunglückten Arbeiter

bei Fortfall ihres Beitrags zu den Kosten der

Unfallversicherung als solcher während der ersten 13 Wochen auf die Krankenkassen angewiesen sein, welche nunmehr auf Grund des Versicherungszwanges geregelt wurden; der obligatorischen Unfallversicherung wurden die schwereren Fälle, d. h. diejenigen Unfälle, die den Tod oder eine länger als 13 Wochen dauernde Arbeitsunfähigkeit zur Folge hatten, und zwar im letzteren Fall nach Ablauf der ersten 13 Wochen, überwiesen. Die Krankenversicherung sollten die Arbeitnehmer unter starker Betheiligung der Arbeitgeber, die Unfallversicherung dagegen die Arbeitgeber ohne Beiträge der Arbeiter, aber unter Zuhülfenahme eines Reichszuschusses auf genossenschaftlicher Grundlage, für welche die Gleichheit der Unfallgefahr in erster Linie maßgebend sein sollte, und auf Gegenseitigkeit bewirken.

Beide Entwürfe wurden vom Reichstag an eine und dieselbe (VIII.) Kommission verwiesen; in derselben wurde jedoch nur der Entwurf des Krankenversicherungsgesetzes (demnächst als Gesetz vom 15. Juni 1883 (R.G.Bl. S. 73) publizirt,)*) fertig gestellt.

*) Vgl. den Kommentar des Verfassers zum Krankenversicherungsgesetz, 3. Aufl. Berlin und Leipzig, Verlag von J. Guttentag (D. Collin) 1886; sowie die in demselben Verlage erschienene Textausgabe jenes Gesetzes mit Anm., von demselben Verfasser, 3. Aufl. 1885

Die Kommission hatte auf diesen Entwurf sehr viel Zeit verwendet und kam erst spät dazu, in die Durchberathung der Vorlage über das Unfallversicherungsgesetz einzutreten, nachdem Seine Majestät der Kaiser in einer weiteren Allerhöchsten Botschaft vom 14. April 1883 dem Reichstag in eindringlichen Worten von Neuem die Nothwendigkeit an's Herz gelegt hatte, auch diesen Gegenstand bald endgültig zu regeln, und wenn dies in jener Session nicht mehr möglich sei, wenigstens für die nächste Session durch Vorwegnahme der zeitraubenden Etatsberathung Zeit und Möglichkeit des Zustandekommens zu gewähren. Hierüber sagt die Allerhöchste Botschaft, nachdem sie der Befriedigung über den Verlauf der Berathungen des Krankenversicherungsgesetzes Ausdruck gegeben, Folgendes:

„Mit Sorge aber erfüllt es Uns, daß die prinzipiell wichtigere Vorlage für die Unfallversicherung bisher nicht weiter gefördert worden ist, und daß daher auf deren baldige Durchberathung nicht mit gleicher Sicherheit gerechnet werden kann. Bliebe diese Vorlage jetzt unerledigt, so würde auch die Hoffnung, daß in der nächsten Session weitere Vorlagen wegen der Alters- und Invalidenversorgung zur gesetzlichen Verabschiedung gebracht werden könnten, völlig schwinden, wenn die Berathungen des Reichshaushaltsetats für 1884/85 die Zeit und Kraft des Reichstages noch während der Wintersession in Anspruch nehmen müßten.

Wir haben deshalb für geboten erachtet, die Zustimmung der verbündeten Regierungen dahin zu beantragen, daß der Entwurf des Reichshaushaltsetats für 1884/85 dem Reichstage jetzt von Neuem zur Beschlußnahme vorgelegt werde. Wenn dann die Vorlage über die Unfallversicherung, wie nach dem Stande ihrer Bearbeitung zu befürchten steht, in der laufenden Frühjahrssession vom Reichstage nicht mehr berathen und festgestellt wird, so würde durch vorgängige Berathung des nächstjährigen Etats wenigstens für die Wintersession diejenige Freiheit von anderen unaufschiebbaren Geschäften gewonnen werden, welche erforderlich ist, um wirksame Reformen auf sozialpolitischem Gebiete zur Reife zu bringen. Die dazu erforderliche Zeit ist eine lange für die Empfindungen, mit welcher Wir in Unserem Lebensalter auf die Größe der Aufgaben blicken, welche zu lösen sind, ehe Unsere in der Botschaft vom 17. November 1881 ausgesprochenen Intentionen eine praktische Bethätigung auch nur soweit erhalten, daß sie bei den Betheiligten volles Verständniß und in Folge dessen auch volles Vertrauen finden.

Unsere Kaiserlichen Pflichten gebieten Uns aber, kein in Unserer Macht stehendes Mittel zu versäumen, um die Besserung der Lage der Arbeiter und den Frieden der Berufsklassen unter einander zu fördern, so lange Gott Uns Frist giebt zu wirken.

Darum wollen Wir dem Reichstage durch diese Unsere Botschaft von Neuem und in vertrauensvoller Anrufung seines bewährten treuen Sinnes für Kaiser und Reich die baldige Erledigung der hierin bezeichneten wichtigen Vorlagen dringend an's Herz legen."

Während nun auf Grund dieser Allerhöchsten Botschaft der Reichstag den nächstjährigen Etat fertig stellte und so für die nächste Session Zeit zur Berathung sozialpolitischer Vorlagen gewann, vermochte er den Entwurf des Unfallversicherungsgesetzes, in welchem namentlich der Reichszuschuß sowie die Organisation vielfach Anfechtung erfuhren, nicht mehr durchzuberathen. So war denn auf dem Gebiete der Unfallversicherung nichts weiter erreicht worden, als daß in Folge des Krankenversicherungsgesetzes von dem auf den 1. Dezember 1884 festgesetzten Zeitpunkt des Inkrafttretens dieser Versicherung ab fast jeder gewerbliche Arbeiter, dessen Unfallversicherung zur Zeit in Frage kommen konnte, während mindestens 13 Wochen gegen Krankheit und hierdurch für diese Zeit auch gegen die in Krankheit

die Berufsgenossenschaft gebildet werden soll, oder von solchen Unternehmern, welche mindestens den zehnten Theil der in diesen Betrieben vorhandenen versicherungspflichtigen Personen beschäftigen, gestellt werden.

Erachtet das Reichs-Versicherungsamt die Voraus- 3.
setzungen des §. 12 Ziffer 1 für vorliegend, so ist von demselben die Entscheidung des Bundesraths einzuholen.

Findet das Reichs-Versicherungsamt bei der Prüfung 4.
von Anträgen auf Einberufung der Generalversammlung, daß der unter §. 12 Ziffer 2 vorgesehene Fall vorliegt, so hat dasselbe die Unternehmer der dabei in Betracht kommenden Betriebe zum Zweck der Beschlußfassung über die Abgrenzung der Berufsgenossenschaft zu der Generalversammlung mit einzuladen.

*) Gilt nicht für die in Anm. *) zu § 9 erwähnten fiskalischen etc. Betriebe, § 3 A. G., ebensowenig für Tiefbaubetriebe, § 4 B.U.G. Vgl. auch Anm. 1 zu § 9.

§. 14*).

Auf Grund der unter §. 11 erwähnten Verzeich- 1.
nisse werden die Betriebsunternehmer von dem Reichs-Versicherungsamt unter Angabe der ihnen zustehenden Stimmenzahl zur Generalversammlung einzeln eingeladen.

Jeder Unternehmer oder Vertreter eines Betriebes, 2.
in welchem nicht mehr als 20 versicherungspflichtige Personen beschäftigt werden, hat eine, darüber hinaus bis zu 200 für je 20 und von 200 an für je 100 mehr versicherungspflichtige Personen eine weitere Stimme.

3. Abwesende Betriebsunternehmer können sich durch stimmberechtigte Berufsgenossen oder durch einen bevollmächtigten Leiter ihres Betriebes vertreten lassen.

4. Die Generalversammlung findet in Gegenwart eines Vertreters des Reichs-Versicherungsamts statt, welcher dieselbe zu eröffnen, die Wahl des aus einem Vorsitzenden, zwei Schriftführern und mindestens zwei Beisitzern bestehenden Vorstandes herbeizuführen und, bis dieselbe erfolgt ist, die Verhandlungen zu leiten hat.

5. Die Generalversammlung hat unter der Leitung ihres Vorstandes außer über den auf Bildung der Berufsgenossenschaft gerichteten Antrag, welcher zu ihrer Einberufung Anlaß gegeben hat, auch über die aus ihrer Mitte dazu etwa gestellten Abänderungsanträge Beschluß zu fassen.

6. Auf Verlangen des Vertreters des Reichs-Versicherungsamts, welcher jederzeit gehört werden muß, erfolgt die Abstimmung über die in Bezug auf die Abgrenzung der Berufsgenossenschaft gestellten Anträge getrennt nach Industriezweigen oder Bezirken.

7. Ueber die Verhandlungen der Generalversammlung ist ein Protokoll aufzunehmen, welches die gestellten Anträge, sowie die gefaßten Beschlüsse — letztere unter Angabe des Stimmverhältnisses sowie der Art der Abstimmung — enthalten muß. Das Protokoll ist innerhalb acht Tagen nach der Generalversammlung durch den Vorstand dem Reichs-Versicherungsamt einzureichen und demnächst dem Bundesrath (§. 12) vorzulegen.

*) Gilt nicht für die in Anm. *) zu § 9 aufgeführten fiskalischen etc. Betriebe. § 3 A. G., ebensowenig für Tiefbaubetriebe, § 4 B.U.G. Vgl. auch Anm. 1 zu § 9.

Zu § 14.

1. Die auf Grund dieses Paragraphen eintretende Betheiligung an der Generalversammlung entscheidet noch nicht über die Zugehörigkeit zu einer Genossenschaft; über diese entscheiden erst später die Vorstände der Genossenschaften durch die Eintragung in das Genossenschaftskataster bezw. durch Ausstellung des Mitgliedscheins, §§ 34 ff.

2. Das Gesetz unterscheidet die Generalversammlung von der Genossenschaftsversammlung; ersterer Ausdruck wird gebraucht für die Versammlungen behufs Berathung über die Bildung von Genossenschaften; sind letztere gebildet, so heißen die Versammlungen der Mitglieder Genossenschaftsversammlungen.

3. „Durch die Einladungsschreiben wird die unentbehrliche Legitimation für die in der Generalversammlung Erscheinenden beschafft" (Mot.).

4. Eine Versammlung kann auch zur Verhandlung über mehrere rechtzeitig gestellte gleichartige Anträge berufen werden; in der Versammlung können dann noch wieder neue Anträge gestellt und berathen werden.

5. Nach den Motiven, soll auf einen thunlichst umfangreichen Gebrauch von der Vertretungsbefugniß hingewirkt werden, „und zwar nicht allein im Interesse der Geschäftsvereinfachung, sondern auch namentlich, um zu ermöglichen, daß bei Interessenkollisionen die verschiedenen Gesichtspunkte im Verhältniß ihrer Bedeutung ohne übermäßige Opfer an Geld und Zeit zur Geltung kommen" (Mot. S. 50). Betriebsleiter können nur von ihrem eigenen Brodherrn bevollmächtigt werden. Die gleiche Vertretungsbefugniß statuirt § 16 für die demnächstigen Genossenschaftsversammlungen.

Die privatschriftlichen Vollmachten zur Vertretung sind gebühren- und stempelfrei (§ 102); eine notarielle oder gerichtliche Vollmacht darf nicht verlangt werden.

Bildung der Berufsgenossenschaften durch den Bundesrath.

§. 15*).

1. Für diejenigen Industriezweige, für welche innerhalb der im §. 13 festgesetzten Frist genügend unterstützte Anträge auf Einberufung der Generalversammlung zur freiwilligen Bildung einer Berufsgenossenschaft nicht gestellt worden sind, werden die Berufsgenossenschaften durch den Bundesrath nach Anhörung von Vertretern der betheiligten Industriezweige gebildet. Dasselbe geschieht, wenn den gestellten Anträgen in Rücksicht auf §. 12 Ziffer 1 nicht stattgegeben, oder wenn den Beschlüssen, welche in einer nach §. 14 berufenen Generalversammlung gefaßt sind, die Genehmigung versagt worden ist, sofern nicht der Bundesrath den Betheiligten eine weitere Frist für die Fassung anderweiter Beschlüsse gewährt.

2. Die Beschlüsse des Bundesraths, durch welche Berufsgenossenschaften errichtet, sowie die beantragte Bildung freiwilliger Berufsgenossenschaften genehmigt werden, sind unter Bezeichnung der Bezirke und Industriezweige, für welche die einzelnen Berufsgenossenschaften gebildet sind, durch den Reichsanzeiger zu veröffentlichen.

*) Gilt nicht für die in Anm. *) zu § 9 erwähnten fiskalischen etc. Betriebe. § 3 A. G., ebensowenig für Tiefbaubetriebe, § 4 B.U.G. Vgl. auch Anm. 1 zu § 9.

Zu § 15.

Vgl. Anm. zu § 12. Für die unter das Unfallversicherungsgesetz fallenden Betriebe sind 55 Berufsgenossenschaften gebildet und im Reichs-Anzeiger Nr. 119/85. I Beilage veröffentlicht worden. (Abgedruckt auch in den Amtl. Nachr. I S. 144). Dazu treten für die im § 1 Ziffer 1 des Ausdehnungsgesetzes erwähnten nicht fiskalischen Betriebe weiterer 2 Berufsgenossenschaften (Privat-Eisenbahn-, bez. Straßenbahn-B.G.), veröffentlicht im Reichs-Anz. Nr. 217/85, sowie in den Amtl. Nachr. I S. 216, und für die in § 1 Ziffer 2 bis 5 des Ausdehnungsgesetzes bezeichneten Betriebe fernere 5 Berufsgenossenschaften. (A. N. II 50, 67). Die Zusammensetzung dieser insgesammt 62 Berufsgenossenschaften ist auch in dem Kommentar des Verf. 3. Aufl. S. 391 als Anlage abgedruckt. Hierzu treten dann noch eine durch das Bauunfallgesetz errichtete Berufsgenossenschaft für Tiefbaubetriebe und eine durch das Seeunfallgesetz errichtete Berufsgenossenschaft für Seeschifffahrtsbetriebe, außerdem die nach Provinzen und ähnlichen Bezirken gegliederten land- und forstwirthschaftlichen Genossenschaften. Hierdurch ist eine die gesammte nicht lediglich handwerksmäßige) Industrie, das Transport- und das Bauwesen sowie die Land- und Forstwirthschaft umfassende berufsständische Gliederung des deutschen Erwerbslebens in verhältnißmäßig wenige Gruppen erreicht worden.

Die Organisation der Berufsgenossenschaften (Sektionseintheilung, Schiedsgerichte, Name und Wohnort der Vorsitzenden der Genossenschaften, Sektionen und Schiedsgerichte) ist von dem R.V.A. anderweit veröffentlicht (A. N. I S. 291, II S. 48, 52, 148, 198, 231, 251, III S. 286.) Außerdem hat das R.V.A. alphabetische Verzeichnisse der Gewerbezweige aufgestellt und dabei angegeben, zu welchen Berufsgenossenschaften dieselben gehören (sofern einzelne Betriebe nicht etwa als Nebenbetriebe in die für den Hauptbetrieb errichtete Berufsgenossenschaft fallen). Vgl. diese alphabetischen Verzeichnisse A. N. I 254; II 134, 204; III 132, 296.

Statut der Berufsgenossenschaften.

§. 16*).

Die Berufsgenossenschaften regeln ihre innere Verwaltung sowie ihre Geschäftsordnung durch ein von der 1.

Generalversammlung ihrer Mitglieder (Genossenschaftsversammlung) zu beschließendes Statut. Bis zum Zustandekommen eines gültigen Genossenschaftsstatuts (§. 20) finden die im §. 14 enthaltenen Bestimmungen über die Einladung zu der Generalversammlung, die Ausübung des Stimmrechts der Genossenschaftsmitglieder und die Betheiligung eines Vertreters des Reichs-Versicherungsamts an den Verhandlungen auch auf die Genossenschaftsversammlungen Anwendung.

2. Die Genossenschaftsversammlung wählt bei ihrem erstmaligen Zusammentreten einen aus einem Vorsitzenden, einem Schriftführer und mindestens drei Beisitzern bestehenden provisorischen Genossenschaftsvorstand, welcher bis zur Uebernahme der Geschäfte durch den auf Grund des Statuts gewählten Vorstand die Genossenschaftsversammlung leitet und die Geschäfte der Genossenschaft führt.

3. Die Mitglieder der Berufsgenossenschaften können sich in der Genossenschaftsversammlung durch andere stimmberechtigte Mitglieder oder durch einen bevollmächtigten Leiter ihres Betriebes vertreten lassen.

*) Gilt nicht für die in Anm. *) zu § 9 erwähnten fiskalischen etc. Betriebe. § 3 A. G.

Zu § 16.

1. Sobald die Industrie nach Maßgabe der §§ 12 bis 15 in Berufsgenossenschaften gegliedert ist, müssen diese letzteren sich konstituiren und an die Lösung ihrer Aufgaben herantreten. Zu dem Zweck sollen diejenigen Personen, welche nach den bisherigen provisorischen Feststellungen Mitglieder der Genossenschaften sind, in einer

ersten Genossenschaftsversammlung ein Statut berathen und gleichzeitig einen provisorischen Vorstand wählen. Dieses Statut bedarf dann der Bestätigung. Ist dieselbe erfolgt, so beruft der provisorische Vorstand nach Maßgabe der Bestimmungen des Statuts die konstituirende Genossenschaftsversammlung, welche ihrerseits den definitiven Vorstand wählt Wenn letzterer seine Funktionen übernommen hat, so ist die Thätigkeit des provisorischen Vorstandes beendet.

2. Die Berufsgenossen haben volle Selbstverwaltung bei der Lösung der ihnen obliegenden gemeinsamen Aufgaben; die Mitwirkung der Behörde tritt auf Grund des Gesetzes nur da ein, wo sie zur Sicherung wesentlicher öffentlich-rechtlicher Zwecke der Unfallversicherung unumgänglich erscheint.

3. An die Stelle des Reichs-Versicherungsamts tritt eventuell das Landes-Versicherungsamt, § 92. In diesem Stadium der Organisation beginnt die Thätigkeit des letzteren.

4. Wegen der Vertretung in den Genossenschaftsversammlungen vgl. Anm. 5 zu § 14.

§. 17*).

Das Genossenschaftsstatut muß Bestimmung treffen:

1. über Namen und Sitz der Genossenschaft;
2. über die Bildung des Genossenschaftsvorstandes und über den Umfang seiner Befugnisse;
3. über die Berufung der Genossenschaftsversammlung, sowie über die Art ihrer Beschlußfassung;
4. über das Stimmrecht der Mitglieder der Genossenschaft und die Prüfung ihrer Vollmachten;
5. über das von den Organen der Genossenschaft bei der Einschätzung der Betriebe in die Klassen des Gefahrentarifs zu beobachtende Verfahren (§. 28);
6 über das Verfahren bei Betriebsveränderungen,

sowie bei Aenderungen in der Person des Unternehmers (§§. 37 letzter Abs., 38, 39);

7. über die Folgen der Betriebseinstellungen, insbesondere über die Sicherstellung der Beiträge der Unternehmer, welche den Betrieb einstellen;
8. über die den Vertretern der versicherten Arbeiter zu gewährenden Vergütungssätze (§§. 44 Abs. 4, 49 Abs. 2, 55 Abs. 1);
9. über die Aufstellung, Prüfung und Abnahme der Jahresrechnung;
10. über die Ausübung der der Genossenschaft zustehenden Befugnisse zum Erlaß von Vorschriften behufs der Unfallverhütung und zur Ueberwachung der Betriebe (§§. 78 ff.);
11. über die Voraussetzungen einer Abänderung des Statuts.

*) Gilt nicht für die in Anm. *) zu § 9 erwähnten fiskalischen etc. Betriebe. § 3 A. G.

Zu § 17.

1. Vgl. das Normalstatut in A. N. I. S. 9, die in Folge des Bauunfallgesetzes nöthig gewordenen Zusätze zum Statut der Baugewerbe B. G., sowie ein Normalnebenstatut für die Versicherungsanstalten der letzteren in A. N. III S. 332. Diese Entwürfe sind zugleich für die Tiefbau B. G. bestimmt.

2. Nur der Umfang des Stimmrechts ist durch das Statut zu regeln; die Stimmberechtigung als solche, d. h. das Recht, in der Genossenschaftsversammlung Stimmen abzugeben oder abgeben zu lassen, regelt das Gesetz selbst in § 35.

3. Die Sicherstellung der Beiträge im Fall einer Betriebseinstellung während des Rechnungsjahres, (§ 77) erfolgt durch

Niederlegung einer Kaution, § 74. Vgl. darüber Näheres in dem Kommentar d. Verfassers Anm. 10 zu § 17. Vgl. auch § 40 des Normalstatuts (s. Anm. 1). Beim bloßen Wechsel in der Person des Betriebsunternehmers kann durch das Statut gleichfalls die Bestellung von Sicherheit (Kaution) für die in die Besitzzeit des bisherigen Besitzers fallenden Beiträge vorgeschrieben werden (A. N. III S. 31). Sofern eine solche statutarische Bestimmung nicht getroffen ist, kann die Genossenschaft nur dann an den bisherigen Betriebsunternehmer sich halten, wenn die vorgeschriebene Anzeige von dem Wechsel in der Person des Unternehmers unterblieben ist (§ 37 Abs. 8). Der neue Unternehmer haftet dagegen nach einer neuerlichen Entscheidung des R.=V.=A. stets nur für die Zeit seit der Betriebsübernahme.

4. Nur die den Vertretern der versicherten Arbeiter zu gewährenden Vergütungssätze (Ersatz für entgangenen Arbeitsverdienst, baare Auslagen) sind durch das Statut zu bestimmen, um deren angemessene und billige Normirung zu kontroliren (vgl. Mot.). Die den Genossenschaftsmitgliedern zu vergütenden Sätze (für baare Auslagen) werden dagegen durch einfachen, der Abänderung unterworfenen Genossenschaftsbeschluß festgesetzt, weil das öffentliche Interesse an zweckmäßiger Normirung dieser Sätze zurücktritt und kein Grund vorliegt, die freie Selbstbestimmung der Genossen in dieser Beziehung einer Kontrole zu unterwerfen. Nur das soll durch Statut geregelt werden, ob im Prinzip den Mitgliedern des Vorstandes oder den Vertrauensmännern eine Entschädigung für den durch Wahrnehmung der Genossenschaftsgeschäfte ihnen erwachsenden Zeitverlust zu gewähren ist, § 25.

§. 18*).

Die Berufsgenossenschaften haben einen Reserve- 1.
fonds anzusammeln. An Zuschlägen zur Bildung desselben sind bei der erstmaligen Umlegung der Entschädigungsbeträge dreihundert Prozent, bei der zweiten zweihundert, bei der dritten einhundertundfünfzig, bei

der vierten einhundert, bei der fünften achtzig, bei der sechsten sechzig und von da an bis zur elften Umlegung jedesmal zehn Prozent weniger als Zuschlag zu den Entschädigungsbeträgen zu erheben. Nach Ablauf der ersten elf Jahre sind die Zinsen des Reservefonds dem letzteren solange weiter zuzuschlagen, bis dieser den doppelten Jahrsbedarf erreicht hat. Ist das letztere der Fall, so können die Zinsen insoweit, als der Bestand des Reservefonds den laufenden doppelten Jahresbedarf übersteigt, zur Deckung der Genossenschaftslasten verwendet werden.

2. Auf Antrag des Genossenschaftsvorstandes kann die Genossenschaftsversammlung jederzeit weitere Zuschläge zum Reservefonds beschließen, sowie bestimmen, daß derselbe über den doppelten Jahresbedarf erhöht werde. Derartige Beschlüsse bedürfen der Genehmigung des Reichs-Versicherungsamts.

3. In dringenden Bedarfsfällen kann die Genossenschaft mit Genehmigung des Reichs-Versicherungsamts schon vorher die Zinsen und erforderlichenfalls auch den Kapitalbestand des Reservefonds angreifen. Die Wiederergänzung erfolgt alsdann nach näherer Anordnung des Reichs-Versicherungsamts.

*) Gilt nicht für die in Anm. *) zu § 9 erwähnten fiskalischen etc. Betriebe, § 3 A. G., ebensowenig für die Tiefbaubetriebe, § 13 B.U.G.

Zu § 18.

1. Vgl. Anm. 1 zu § 10. Der Reservefonds wird gebildet durch prozentuale Zuschläge zu denjenigen Beträgen, welche an die

Postverwaltungen als Deckung für die von ihnen geleisteten Vorschüsse (§§ 69, 75) abzuführen sind. Die Verwaltungskosten, desgleichen die auf Grund des § 100 etwa zu übernehmenden Lasten bleiben unberücksichtigt. Die Zuschläge werden nach demselben Verhältniß aufgebracht, wie die Entschädigungsbeträge selbst. Vgl. Komm. d. Verf. Anm. 7 zu § 18.

Während der ersten elf Jahre müssen die Zinsen dem Reservefonds unbedingt zugeschlagen werden, nach Ablauf dieser Zeit muß dies nur dann und solange noch geschehen, als der Reservefonds den doppelten Jahresbedarf (§ 10, also einschließlich der Verwaltungskosten) noch nicht erreicht hat.

2. Für die Verwaltung des Reservefonds haftet der Vorstand wie ein Vormund seinem Mündel (§ 26); er hat also für sichere Anlegung der Gelder Sorge zu tragen, und zwar nach Maßgabe der Bestimmungen des § 76.

3. An die Stelle des Reichs-Versicherungsamts tritt eventuell das Landes-Versicherungsamt, § 92.

§. 19*).

Das Statut kann die Zusammensetzung der Genossenschaftsversammlung aus Vertretern, die Eintheilung der Berufsgenossenschaft in örtlich abgegrenzte Sektionen, sowie die Einsetzung von Vertrauensmännern als örtliche Genossenschaftsorgane vorschreiben. Enthält dasselbe Vorschriften dieser Art, so ist darin zugleich über die Wahl der Vertreter, über Sitz und Bezirk der Sektionen, über die Bildung der Sektionsvorstände und über den Umfang ihrer Befugnisse, sowie über die Abgrenzung der Bezirke der Vertrauensmänner, die Wahl der letzteren und ihrer Stellvertreter und den Umfang ihrer Befugnisse Bestimmung zu treffen. 1.

2. Die Abgrenzung der Bezirke der Vertrauensmänner, sowie die Wahl der letzteren und ihrer Stellvertreter kann von der Genossenschaftsversammlung dem Genossenschaftsvorstande übertragen werden.

*) Gilt nicht für die in Anm. *) zu § 9 erwähnten fiskalischen etc. Betriebe. § 3 A. G.

Zu § 19.

1. Die Sektionen ermöglichen die Dezentralisation der Verwaltung im Interesse einer schleunigen und sachlichen Erledigung der Geschäfte. Die Motive führen aus, daß die räumliche Ausdehnung der Genossenschaften in den überwiegend meisten Fällen die Einrichtung von Sektionen erforderlich machen wird; hierbei werden „die Erfahrungen der freien wirthschaftlichen Vereine als zweckmäßiger Anhalt dienen können. Die mannigfaltigen Verschiedenheiten, welche bezüglich der Verwaltung dieser Vereine, deren große Mehrzahl ebenfalls in Sektionen eingetheilt ist, bestehen, liefern den Beweis, wie wenig eine einheitliche Verwaltungsorganisation für alle Berufsgenossenschaften den Interessen und den Wünschen der Betheiligten, sowie den praktischen Bedürfnissen entsprechen würde" (Mot. S. 54). Vgl. Anm. 2 zu § 9.

Durch die Einrichtung von Sektionen ist die Möglichkeit gegeben, unbeschadet des Einstehens größerer Verbände für die Unfalllast den Schwerpunkt der Verwaltung insbesondere durch die Feststellung der Unfallentschädigungen (§ 57) in kleinere Kreise zu legen; man hat dann in den Genossenschaften breite unbedingt leistungsfähige Schultern für die Uebernahme der Unfalllast und in den Sektionen lokale Verwaltung. Den Sektionen können durch das Statut ihre eigenen Verwaltungskosten allein auferlegt werden. Vgl. den Kommentar des Verf. Anm. 2 zu § 19.

2. „Die Einführung des Instituts der Vertrauensmänner wird sich empfehlen, wenn die Betriebe wenig konzentrirt sind und sich über weite Gebiete erstrecken, weil dann die Sektionen allein nicht genügen würden, um die Anknüpfung und Aufrecht-

erhaltung persönlicher Beziehungen zwischen dem Sektionsvorstande und den Betriebsunternehmern zu ermöglichen. Da die Bezirke der Vertrauensmänner ungleich enger begrenzt werden können, so würden durch die Einsetzung derselben sich die Verwaltungskosten erheblich vermindern. Den Vertrauensmännern würde die Kontrole über die Schutzmaßregeln in den Fabriken und die Mitwirkung bei der Feststellung der Unfälle übertragen werden können; außerdem würde denselben in denjenigen Fällen, in denen Sektionen nicht gebildet sind, in denen sie also direkt unter dem Vorstande der Berufsgenossenschaften fungiren, die vorläufige Fürsorge für die Verunglückten und deren Hinterbliebene zur Pflicht gemacht werden können" (Mot. S. 54).

Neben den Vertrauensmännern können besondere Beauftragte der Berufsgenossenschaft bestellt werden. § 82; die Funktionen der Beauftragten und der Vertrauensmänner können in einer Hand vereinigt, aber auch von einander getrennt sein.

3. Die meisten Berufsgenossenschaften haben von den in diesem § eingeräumten Befugnissen Gebrauch gemacht.

4. Außer den ehrenamtlichen Organen werden die Berufsgenossenschaften meist auch bezahlte Beamte haben, an deren Spitze Geschäftsführer stehen werden. Diese sind aber nicht berechtigt, die Genossenschaft nach außen zu vertreten oder nach außen oder innen rechtsverbindliche Erklärungen für die Genossenschaft abzugeben. Sie dürfen also auch Feststellungsbescheide nicht erlassen oder vollziehen. „Die dem öffentlichen Rechte angehörenden ehrenamtlichen Funktionen des Vorstandes können nicht durch eine Privatvollmacht auf eine außerhalb des Vorstandes stehende Person übertragen werden" (A. N. II S. 341). Vgl. Anm. 3 zu § 22.

§. 20*).

Das Genossenschaftsstatut bedarf zu seiner Gültigkeit der Genehmigung des Reichs-Versicherungsamts. 1

Gegen die Entscheidung desselben, durch welche die Genehmigung versagt wird, findet binnen einer Frist von vier Wochen, vom Tage der Zustellung an den provisorischen Genossenschaftsvorstand (§. 16), die Beschwerde an den Bundesrath statt.

3. Wird innerhalb dieser Frist Beschwerde nicht eingelegt oder wird die Versagung der Genehmigung des Statuts vom Bundesrath aufrecht erhalten, so hat das Reichs-Versicherungsamt innerhalb vier Wochen die Mitglieder der Genossenschaft zu einer neuen Genossenschaftsversammlung behufs anderweiter Beschlußfassung über das Statut einzuladen. Wird auch dem von dieser Versammlung beschlossenen Statut die Genehmigung endgültig versagt, so wird ein solches von dem Reichs-Versicherungsamt erlassen.

4. Abänderungen des Statuts bedürfen der Genehmigung des Reichs-Versicherungsamts, gegen deren Versagung binnen einer Frist von vier Wochen die Beschwerde an den Bundesrath zulässig ist.

*) Gilt nicht für die in Anm. *) zu § 9 erwähnten fiskalischen etc. Betriebe. § 3 A. G.

Zu § 20.

1. Für alle 62 Berufsgenossenschaften (vgl. Anm. zu § 15) haben die Statuten, nachdem vom Reichs-Vers.-Amt ein Normalstatut aufgestellt war (Anm. 1 zu § 17) und geringfügige Anstände im Wege der Korrespondenz mit Leichtigkeit sich haben erledigen lassen, vom Reichs-Versicherungs-Amt bestätigt werden können. Beschwerden an den Bundesrath sind nicht vorgekommen.

2. An die Stelle des Reichs-Versicherungsamts tritt eventuell das Landes-Versicherungsamt, § 92.

Veröffentlichung des Namens und Sitzes der Genossenschaft rc.

§. 21*).

Nach endgültiger Feststellung des Statuts hat der Genossenschaftsvorstand durch den Reichsanzeiger bekannt zu machen: 1.

1. den Namen und den Sitz der Genossenschaft,
2. die Bezirke der Sektionen und der Vertrauensmänner,
3. die Zusammensetzung des Genossenschaftsvorstandes und der Sektionsvorstände, sowie die Namen der Vertrauensmänner und ihrer Stellvertreter.

Etwaige Aenderungen sind in gleicher Weise zur öffentlichen Kenntniß zu bringen. 2.

*) Gilt nicht für die in Anm. *) zu § 9 erwähnten fiskalischen etc. Betriebe. § 3 A. G.

Zu § 21.

Die Bekanntmachungen sind erfolgt. Vgl. Anm. zu § 15, insbesondere die Zusammenstellungen in A. N. I S. 291, II 52.

Genossenschaftsvorstände.

§. 22*).

Dem Genossenschaftsvorstande liegt die gesammte Verwaltung der Genossenschaft ob, soweit nicht einzelne Angelegenheiten durch Gesetz oder Statut der Beschlußnahme der Genossenschaftsversammlung vorbehalten oder anderen Organen der Genossenschaft übertragen sind. 1.

2. Die Beschlußfassung der Vorstände kann in eiligen Fällen durch schriftliche Abstimmung erfolgen.

3. Der Beschlußnahme der Genossenschaftsversammlung müssen vorbehalten werden:
   1. die Wahl der Mitglieder des Genossenschaftsvorstandes,
   2. die Prüfung und Abnahme der Jahresrechnung,
   3. Abänderungen des Statuts.

*) Gilt nicht für die in Anm. *) zu § 9 erwähnten fiskalischen etc. Betriebe. § 3 A. G.

Zu § 22.

1. An die Stelle des Genossenschaftsvorstandes und der Generalversammlung treten für die in Anm.* bezeichneten, einer Berufsgenossenschaft nicht zugewiesenen fiskalischen 2c. Betriebe Ausführungsbehörden.

2. Als „andere Organe" der Genossenschaften kennt das Gesetz Vertrauensmänner und Sektionsvorstände (§ 19) Ausschüsse des Genossenschaftsvorstandes zur Aufstellung oder Aenderung des Gefahrentarifs (§ 28), Ausschüsse des Genossenschafts- oder des Sektionsvorstandes zur Festsetzung der Entschädigungen (§ 37), besondere Kommissionen zu letztgedachtem Zweck (§ 57), Beauftragte (§ 82).

3. Auch wenn die Genossenschaften bezahlte Beamte anstellen und dieselben an der Verwaltung betheiligen, darf die Verantwortlichkeit immer nur den ehrenamtlichen Organen, nicht den bezahlten Beamten obliegen. Vgl. Anm. 4 zu § 19.

§. 23*).

1. Die Genossenschaft wird durch ihren Vorstand gerichtlich und außergerichtlich vertreten. Die Vertretung erstreckt sich auch auf diejenigen Geschäfte und Rechtshandlungen, für welche nach den Gesetzen eine Spezialvollmacht erforderlich ist.

§. 72 *).

Von dem Genossenschaftsvorstande wird auf Grund 1. der ihm vorliegenden Nachweisungen (§. 71) eine summarische Gesammtnachweisung der im abgelaufenen Rechnungsjahre von den Mitgliedern der Genossenschaft beschäftigten versicherten Personen und der von denselben verdienten anrechnungsfähigen Gehälter und Löhne aufgestellt und demnächst für jedes Genossenschaftsmitglied der Beitrag berechnet, welche auf dasselbe zur Deckung des Gesammtbedarfs (§. 71 Abs. 1) entfällt.

Jedem Genossenschaftsmitgliede ist ein Auszug aus 2. der zu diesem Zweck aufzustellenden Heberolle mit der Aufforderung zuzustellen, den festgesetzten Beitrag zur Vermeidung der zwangsweisen Beitreibung binnen zwei Wochen einzuzahlen. Der Auszug muß diejenigen Angaben enthalten, welche den Zahlungspflichtigen in den Stand setzen, die Richtigkeit der angestellten Beitragsberechnung zu prüfen.

) Gilt nicht für die in Anm.) zu § 9 erwähnten fiskalischen etc. Betriebe. § 3 A. G.

§. 73 *).

Die Mitglieder der Genossenschaften können gegen 1. die Feststellung ihrer Beiträge binnen zwei Wochen nach Zustellung des Auszuges aus der Heberolle unbeschadet der Verpflichtung zur vorläufigen Zahlung Widerspruch bei dem Genossenschaftsvorstande erheben. Wird demselben entweder überhaupt nicht, oder nicht in dem beantragten Umfange Folge gegeben, so steht ihnen innerhalb zwei Wochen nach der Zustellung der Entscheidung des Genossenschaftsvorstandes die Beschwerde an das Reichs-Versicherungsamt zu.

2. Die Beschwerde ist nur zulässig, wenn dieselbe sich entweder auf Rechenfehler, oder auf die unrichtige Feststellung des anrechnungsfähigen Betrages der Löhne und Gehälter, oder auf den irrthümlichen Ansatz einer anderen Gefahrenklasse, als wozu der Betrieb eingeschätzt ist, gründet.

3. Aus den letzteren beiden Gründen ist die Beschwerde jedoch nicht zulässig, wenn die Feststellung in dem Falle der von dem Genossenschaftsmitgliede unterlassenen Einsendung der Nachweisung durch den Vorstand bewirkt worden war (§. 71 Abs. 3).

4. Tritt in Folge des erhobenen Widerspruchs oder der erhobenen Beschwerde eine Herabminderung des Beitrages ein, so ist der Ausfall bei dem Umlageverfahren des nächsten Rechnungsjahres zu decken.

) Gilt nicht für die in Anm.) zu § 9 erwähnten fiskalischen etc. Betriebe. § 3 A. G.

Zu § 73.

An Stelle des Reichs-Versicherungsamts tritt event. das Landes-Versicherungsamt, § 92.

§. 74 *).

1. Rückständige Beiträge, sowie die im Falle einer Betriebseinstellung etwa zu leistenden Kautionsbeträge (§. 17 Ziffer 7) werden in derselben Weise beigetrieben, wie Gemeindeabgaben. Dasselbe gilt von den Straf-

zuschlägen in dem Falle der Ablehnung von Wahlen (§. 24 Abs. 3).

Uneinziehbare Beiträge fallen der Gesammtheit der Berufsgenossen zur Last. Sie sind vorschußweise aus dem Betriebsfonds oder erforderlichenfalls aus dem Reservefonds der Berufsgenossenschaft zu decken und bei dem Umlageverfahren des nächsten Rechnungsjahres zu berücksichtigen. 2.

) Gilt nicht für die in Anm.) zu § 9 erwähnten fiskalischen etc. Betriebe, § 3 A. G. Ergänzungen für Baugew.-B.G. vgl. in der Anm.

Zu § 74.

Auch die vierteljährlichen Vorschüsse auf die Beiträge, welche in den Baugewerks-B.G. erhoben werden dürfen bezw. in der unter das B.U.G. fallenden Tiefbau-B.G. erhoben werden müssen (vgl. Anm. 4 zu § 10 U.B.G.), sind nach den Bestimmungen des Abs. 1 beizutreiben, §§ 10 Abs. 4, 48 B.U.G.

Dasselbe gilt von den Prämien, welche die Unternehmer von Regiebauten an die Versicherungsanstalten (Anm. 1 zu § 10) zu entrichten haben. Uneinziehbare Prämien sind bei Feststellung der revidirten Prämientarife zu berücksichtigen, einstweilen aber vorschußweise zu decken, §§ 42, 48 B.U.G.

Abführung der Beträge an die Postkassen.

§. 75 *).

Die Genossenschaftsvorstände haben die von den Zentral-Postbehörden liquidirten Beträge innerhalb drei Monaten nach Empfang der Liquidationen an die ihnen bezeichneten Postkassen abzuführen. 1.

Gegen Genossenschaften, welche mit der Erstattung der Beträge im Rückstande bleiben, ist auf Antrag der 2.

Zentral-Postbehörden von dem Reichs-Versicherungsamt, vorbehaltlich der Bestimmungen des §. 33, das Zwangsbeitreibungsverfahren einzuleiten.

3. Das Reichs-Versicherungsamt ist befugt, zur Deckung der Ansprüche der Postverwaltungen zunächst über bereite Bestände der Genossenschaftskassen zu verfügen. Soweit diese nicht ausreichen, hat dasselbe das Beitreibungsverfahren gegen die Mitglieder der Genossenschaft einzuleiten und bis zur Deckung der Rückstände durchzuführen.

) Abs. 2 und 3 gelten nicht für die einer Berufsgenossenschaft nicht zugewiesenen fiskalischen etc. Betriebe (Anm.) zu § 9). § 3 A. G.

Zu § 75.

An die Stelle des Reichs-Versicherungsamts tritt event. das Landes-Versicherungsamt, § 92.

Rechnungsführung.

§. 76 *).

1. Die Einnahmen und Ausgaben der Genossenschaften sind von allen den Zwecken der letzteren fremden Vereinnahmungen und Verausgabungen gesondert festzustellen und zu verrechnen; ebenso sind die Bestände gesondert zu verwahren. Verfügbare Gelder dürfen nur in öffentlichen Sparkassen oder wie Gelder bevormundeter Personen angelegt werden.

2. Sofern besondere gesetzliche Vorschriften über die Anlegung der Gelder Bevormundeter nicht bestehen, kann die Anlegung der verfügbaren Gelder in Schuld-

verschreibungen, welche von dem Deutschen Reich, von einem deutschen Bundesstaate oder dem Reichslande Elsaß-Lothringen mit gesetzlicher Ermächtigung ausgestellt sind, oder in Schuldverschreibungen, deren Verzinsung von dem Deutschen Reich, von einem deutschen Bundesstaate oder dem Reichslande Elsaß-Lothringen gesetzlich garantirt ist, oder in Schuldverschreibungen, welche von deutschen kommunalen Korporationen (Provinzen, Kreisen, Gemeinden rc.) oder von deren Kreditanstalten ausgestellt und entweder seitens der Inhaber kündbar sind, oder einer regelmäßigen Amortisation unterliegen, erfolgen. Auch können die Gelder bei der Reichsbank verzinslich angelegt werden.

) Gilt nicht für die in Anm.) zu § 9 erwähnten fiskalischen etc. Betriebe. § 3 A. G. Für Baugewerks-B.G. vgl. die in Anm. 3 erörterte Modifikation der §§ 43, 48. B.U.G.

Zu § 76.

1. Ueber die Anlegung der Gelder bezw. über die pupillarische Sicherheit entscheidet das Landes-Vormundschaftsrecht desjenigen Bundesstaats, in welchem das über die Anlegung verfügende Genossenschaftsorgan seinen Sitz hat. Für Preußen vgl. § 39 der Vormundschaftsordnung vom 5. Juli 1875 (G.-S. S. 431), wonach außer den in Abs. 2 des vorliegenden § 76 aufgeführten Papieren rc. auch Hypotheken- und Grundschuldbriefe in bestimmten Sicherheitsgrenzen sowie Pfand- und Rentenbriefe zulässig sind; über die in Betracht kommenden Bayer. Partikularrechte siehe Roth, Bayer. Civilrecht, Bd. I, § 96.

Nur für diejenigen Landestheile, in denen gesetzliche Bestimmungen über die Anlegung von Geldern Bevormundeter nicht bestehen, also höchst subsidiär, gelten (wie in § 40 des Krankenversicherungsgesetzes) die Vorschriften im Abs. 2 dieses Paragraphen. Dieselben sind der Preußischen Vormundschaftsordnung nachgebildet, aber mit Rücksicht auf die praktischen Bedürfnisse der betheiligten Länder gekürzt.

2. Darüber, daß die Vorstände für die ordnungsmäßige Anlegung der Gelder wie Vormünder haften, vgl. § 26.

3. Für Baugewerks-B.G., in denen jährlich neben den Beiträgen und Vorschüssen der Mitglieder erhebliche Beträge an Prämien zu verwalten sind (Anm. 1 zu § 10), ist durch § 43 B.U.G., welcher nach § 48 a. a. O. auch für die unter das Unf.-Vers.-Ges. fallenden Baubetriebe gilt, direkt vorgeschrieben:

„Verfügbare Gelder und Werthpapiere sind bei einer zur Aufbewahrung von Geldern oder Werthpapieren befugten öffentlichen Behörde oder Kasse niederzulegen."

§. 77.

1. Ueber die gesammten Rechnungsergebnisse eines Rechnungsjahres ist nach Abschluß desselben alljährlich dem Reichstag eine vom Reichs-Versicherungsamt aufzustellende Nachweisung vorzulegen.

2. Beginn und Ende des Rechnungsjahres wird für alle Genossenschaften übereinstimmend durch Beschluß des Bundesraths festgestellt †).

---

†) 1. Bek. d. Reichskanzlers v. 23. Febr. 1885 (Centr.-Bl. S. 51): „Der Bundesrath hat in seiner Sitzung vom 22. Januar 1885 beschlossen,

auf Grund des §. 77 Abs. 2 des Unfallversicherungsgesetzes vom 6. Juli 1884 (R.-G.-Bl. S. 69) festzusetzen, dass das Rechnungsjahr für die Berufsgenossenschaften mit dem 1. Januar beginne und mit dem 31. Dezember schliesse."

2. Bek. d Reichskanzlers v. 22. Nov. 1885 (Centr.-Bl. S. 525): „Der Bundesrath hat im Verfolg des Beschlusses vom 22.

Zu § 77.

1. Für die Aufstellung der Rechnungsergebnisse innerhalb der einzelnen Ber.=Gen. hat das R.V.A. obligatorische Formulare aufgestellt (A. N. II S. 102) und dieselben ausführlich erläutert (A. N. III S. 13, 56).

2. Als Rechnungsjahr gilt allgemein, auch für das Ausdehnungsgesetz, das Kalenderjahr. Vgl. Anm. †). In den anderen, seither erlassenen Gesetzen über Unfallversicherung ist die gleiche Vorschrift z. Th. direkt gegeben (§ 43 B.U.G., § 89 S.U.G.), theils hat der Bundesrath auf Grund gesetzlicher Ermächtigung die gleiche Festsetzung getroffen (§ 86 landw. U.V.G. vom 5. Mai 1886 in Verbindung mit der Bekm. des Reichskanzlers vom 2. November 1887, Centr.=Bl. S. 545).

VII. Unfallverhütung. Ueberwachung der Betriebe durch die Genossenschaften.

Unfallverhütungsvorschriften.

§. 78 *).

Die Genossenschaften sind befugt, für den Umfang 1.
des Genossenschaftsbezirkes oder für bestimmte Industriezweige oder Betriebsarten oder bestimmt abzugrenzende Bezirke Vorschriften zu erlassen:

Januar 1885 (Centr.-Bl. S. 51) zur Durchführung der Unfallversicherung beschlossen,

dass für die Zeit v. 1. Oktober bis 31. Dezember 1885 die von den Postverwaltungen vorgeschossenen Beträge gleichzeitig mit den Vorschüssen für das Jahr 1886 zur Erstattung zu liquidiren, die Rechnungsergebnisse für das bezeichnete Vierteljahr indessen gesondert aufzustellen sind."

1. über die von den Mitgliedern zur Verhütung von Unfällen in ihren Betrieben zu treffenden Einrichtungen unter Bedrohung der Zuwiderhandelnden mit der Einschätzung ihrer Betriebe in eine höhere Gefahrenklasse, oder falls sich die letzteren bereits in der höchsten Gefahrenklasse befinden, mit Zuschlägen bis zum doppelten Betrage ihrer Beiträge.

   Für die Herstellung der vorgeschriebenen Einrichtungen ist den Mitgliedern eine angemessene Frist zu bewilligen;

2. über das in den Betrieben von den Versicherten zur Verhütung von Unfällen zu beobachtende Verhalten unter Bedrohung der Zuwiderhandelnden mit Geldstrafen bis zu sechs Mark.

2. Diese Vorschriften bedürfen der Genehmigung des Reichs-Versicherungsamts.

3. Dem Antrage auf Ertheilung der Genehmigung ist die gutachtliche Aeußerung der Vorstände derjenigen Sektionen, für welche die Vorschriften Gültigkeit haben sollen, oder, sofern die Genossenschaft in Sektionen nicht eingetheilt ist, des Genossenschaftsvorstandes beizufügen.

*) Gilt nicht für die einer Berufsgenossenschaft nicht zugewiesenen fiskalischen etc. Betriebe, Anm. *) zu § 9. Für diese Betriebe tritt an die Stelle dieses § die besondere Bestimmung des § 9 A. G. Für Baugewerks-B.G. vgl. die Modifikationen nach §§ 44, 48 B.U.G. in Anm. 5.

Zu § 78.

1. „Bei der auf Gegenseitigkeit beruhenden Regelung der Unfallversicherung hat nicht nur jede Genossenschaft, sondern auch jedes einzelne Mitglied derselben ein Interesse daran, daß in den Betrieben der Genossenschaftsmitglieder möglichst wenig Unfälle vorkommen. Dieses Interesse ist gesetzlich zu schützen. Dasselbe bietet zugleich die geeignetste Grundlage für die der genossenschaftlichen Organisation anzupassende systematische Regelung der zur Verhütung von Unfällen zu ergreifenden Maßregeln" (Mot. S. 76). Vgl. den Komm. d. Verf. 3. Aufl. Anm. 1, 3, 9 zu § 78.

2. Die Befugniß der Genossenschaften bezieht sich nicht auf individuelle Vorschriften für einzelne Betriebe, sondern nur auf generelle Verfügungen für einen Komplex gleichartiger Betriebe (Komm.-Ber. S. 50). Ungenügende Einrichtungen in einzelnen Betrieben können nur zu einer höheren Einschätzung (vl. § 28), bezw. zur Anzeige bei den Polizeibehörden behufs Abstellung führen.

3. Die Kontrole über die Befolgung der Vorschriften üben die Genossenschaften nach Maßgabe des § 82. Die Befugniß des Bundesraths (§ 120 der Gewerbeordnung) und der Landesbehörden (§ 81), sowie die Befugniß der einzelnen Betriebsunternehmer zum Erlaß von Unfallverhütungsvorschriften bleibt unberührt.

4. An Stelle des Reichs-Versicherungsamts tritt event. das Landes-Versicherungsamt, § 92.

5. In Baugewerbe-B.G. können auch für Regiebauten Unfallverhütungsvorschriften von der Genossenschaft erlassen werden; die Befolgung derselben ist durch Zuschläge auf die Prämie bezw. durch Exekutivstrafen zu erzwingen; die Vorschriften müssen von der höheren Verwaltungsbehörde veröffentlicht werden. § 44 Ziffer 1, § 48 B.U.G.

§. 79 *).

Die im §. 41 bezeichneten Vertreter der Arbeiter sind zu der Berathung und Beschlußfassung der Genossenschafts- oder Sektionsvorstände über diese Vor- 1.

schriften zuzuziehen. Dieselben haben dabei volles Stimmrecht. Das über die Verhandlungen aufzunehmende Protokoll, aus welchem die Abstimmung der Vertreter der Arbeiter ersichtlich sein muß, ist dem Reichs-Versicherungsamt vorzulegen.

2. Die genehmigten Vorschriften sind den höheren Verwaltungsbehörden, auf deren Bezirke dieselben sich erstrecken, durch den Genossenschaftsvorstand mitzutheilen.

*) Gilt nicht für die einer Berufsgenossenschaft nicht zugewiesenen fiskalischen etc. Betriebe (Anm. *) zu § 9). Für diese Betriebe tritt an die Stelle dieses § die besondere Bestimmung des § 9 A. G.

Ferner gilt § 79 nicht für Unfallverhütungsvorschriften, welche sich auf die Sicherheit des Eisenbahnbetriebes beziehen, § 14 A. G.

§. 80 *).

1. Die im §. 78 Ziffer 1 vorgesehene höhere Einschätzung des Betriebes, sowie die Festsetzung von Zuschlägen erfolgt durch den Vorstand der Genossenschaft, die Festsetzung der im §. 78 Ziffer 2 vorgesehenen Geldstrafen durch den Vorstand der Betriebs- (Fabrik-) Krankenkasse, oder wenn eine solche für den Betrieb nicht errichtet ist, durch die Ortspolizeibehörde. In beiden Fällen findet binnen zwei Wochen nach der Zustellung der bezüglichen Verfügung die Beschwerde statt. Ueber dieselbe entscheidet im ersten Falle das Reichs-Versicherungsamt, im zweiten Falle die der Ortspolizeibehörde unmittelbar vorgesetzte Aufsichtsbehörde.

Die Geldstrafen (§. 78 Ziffer 2) fließen in die 2.
Krankenkasse, welcher der zu ihrer Zahlung Verpflichtete zur Zeit der Zuwiderhandlung angehört.

*) Gilt nicht für die in Anm. *) zu § 9 erwähnten fiskalischen etc. Betriebe. § 3 A. G. Für Baugewerks-B.G. vgl. eine Modifikation aus §§ 44, 48. B.U.G. in Anm. 3.

Zu § 80.

1: Vgl. Anm. 4 zu § 78.

2. Auf die Strafgelder hat jede Kasseneinrichtung Anspruch, welcher der Kontravenient behufs Erfüllung seiner Versicherungspflicht zur Zeit der Zuwiderhandlung angehörte, also auch eingeschriebene Hülfskassen (wenn sie dem § 75 K.V.G. genügen), Innungskrankenkassen, Baukrankenkassen, sowie die Gemeindekrankenversicherung. Eine Theilung unter mehrere Kassen liegt nicht im Sinne des Gesetzes. Vgl. d. Komm. d. Verf. Anm. 8 zu § 80. Ueber die Gründe, aus welchen neben der Ortspolizeibehörde nur den Vorständen von Betriebs- (Fabrik-)Krankenkassen (vgl. jedoch Anm. 3) die Festsetzung der Strafen hat übertragen werden können, vgl. den Komm. d. Verf. Anm. 2. zu § 80.

3. Bei Bauarbeiten sind die Vorstände der Baukrankenkassen zur Straffestsetzung in demselben Umfange befugt, wie im Uebrigen die Vorstände der Betriebs- (Fabrik-)Krankenkassen. § 44 Ziffer 2, § 48 B.U.G.

§. 81 *).

Die von den Landesbehörden für bestimmte Industriezweige oder Betriebsarten zur Verhütung von Unfällen zu erlassenden Anordnungen sollen, sofern nicht Gefahr im Verzuge ist, den betheiligten Genossenschaftsvorständen oder Sektionsvorständen zur Begutachtung nach Maßgabe des §. 78 vorher mitgetheilt werden. Dabei findet der §. 79 entsprechende Anwendung.

*) Gilt nicht für die einer Berufsgenossenschaft nicht zugewiesenen fiskalischen etc. Betriebe (Anm. *) zu § 9), § 3 A. G., ferner nicht für Unfallverhütungsvorschriften, welche sich auf die Sicherheit des Eisenbahnbetriebes beziehen, § 14 A. G.

Ueberwachung der Betriebe.

§. 82 *).

1. Die Genossenschaften sind befugt, durch Beauftragte die Befolgung der zur Verhütung von Unfällen erlassenen Vorschriften zu überwachen, von den Einrichtungen der Betriebe, soweit sie für die Zugehörigkeit zur Genossenschaft oder für die Einschätzung in den Gefahrentarif von Bedeutung sind, Kenntniß zu nehmen und behufs Prüfung der von den Betriebsunternehmern auf Grund gesetzlicher oder statutarischer Bestimmungen eingereichten Arbeiter- und Lohnnachweisungen diejenigen Geschäftsbücher und Listen einzusehen, aus welchen die Zahl der beschäftigten Arbeiter und Beamten und die Beträge der verdienten Löhne und Gehälter ersichtlich werden.

2. Die einer Genossenschaft angehörenden Betriebsunternehmer sind verpflichtet, den als solchen legitimirten Beauftragten der betheiligten Genossenschaft auf Erfordern den Zutritt zu ihren Betriebsstätten während der Betriebszeit zu gestatten und die bezeichneten Bücher und Listen an Ort und Stelle zur Einsicht vorzulegen. Sie können hierzu, vorbehaltlich der Bestimmungen des §. 83, auf Antrag der Beauftragten von der unteren Verwaltungsbehörde durch Geldstrafen im Betrage bis zu dreihundert Mark angehalten werden.

*) Gilt nicht für die in Anm. *) zu § 9 erwähnten fiskalischen etc. Betriebe, § 3 A. G., dagegen analog auch für die in den Versicherungsanstalten der Baugewerks-B.G. versicherten Regiebauten, § 44 Ziffer 3, § 48 B.U.G.

Zu § 82.

1. Die Revisionsbefugniß der Beauftragten erstreckt sich nur soweit, als die Interessen der Genossenschaft in Frage kommen. Das Recht, sämmtliche Betriebsanlagen und Geschäftsbücher in Augenschein zu nehmen, steht ihnen nicht zu. Sollten im Einzelfall über den Umfang der Revisionsbefugniß Zweifel entstehen, so entscheiden darüber zunächst die Organe der Genossenschaft, eventuell das Reichs- (Landes-)Versicherungsamt, §§ 89, 92. In dieser einschränkenden Bestimmung liegt neben den schweren Strafbestimmungen der §§ 107, 108 und neben der Ablehnungsbefugniß in den Fällen des § 83 ein ausreichender Schutz der Industrie gegen unberechtigtes Eindringen in Betriebsverhältnisse.

2. Wegen der Baugewerks-B.G vgl. auch Zusatz *).

3. Die Beauftragten der Genossenschaften müssen mit den staatlichen Fabrikaufsichtsbeamten (Fabrikinspektoren, Gewerberäthen) Hand in Hand gehen, A. N. III S. 139.

§. 83 *).

Befürchtet der Betriebsunternehmer die Verletzung eines Fabrikgeheimnisses oder die Schädigung seiner Geschäftsinteressen in Folge der Besichtigung des Betriebes durch den Beauftragten der Genossenschaft, so kann derselbe die Besichtigung durch andere Sachverständige beanspruchen. In diesem Falle hat er dem Genossenschaftsvorstande, sobald er den Namen des Beauftragten erfährt, eine entsprechende Mittheilung zu machen und einige geeignete Personen zu bezeichnen, welche auf seine Kosten die erforderliche Einsicht in den

Betrieb zu nehmen und dem Vorstande die für die Zwecke der Genossenschaft nothwendige Auskunft über die Betriebseinrichtungen zu geben bereit sind. In Ermangelung einer Verständigung zwischen dem Betriebsunternehmer und dem Vorstande entscheidet auf Anrufen des letzteren das Reichs-Versicherungsamt.

*) Gilt nicht für die in Anm. *) zu § 9 erwähnten fiskalischen etc. Betriebe. § 3 A. G.

Zu § 83.

1. Die Bestimmung, daß der Unternehmer, welcher aus Konkurrenzrücksichten oder zur Wahrung von Betriebsgeheimnissen den von den Genossenschaftsvorständen bestimmten Revisor perhorrescirt und an dessen Stelle für die Ausführung der Revision seinerseits Vertrauenspersonen in Vorschlag bringt, welche Sachverständige sein müssen, aber nicht Genossenschaftsmitglieder (Konkurrenten) zu sein brauchen, — die Kosten der Besichtigung durch dieselben tragen soll, wird eine zu ausgiebige Ausnützung der Ablehnungsbefugniß verhindern. Vgl. auch die Anm. zu § 82.

2. An die Stelle des Reichs-Versicherungsamts tritt event. das Landes-Versicherungsamt, § 92.

§. 84 *).

Die Mitglieder der Vorstände der Genossenschaften, sowie deren Beauftragte (§§. 82, 83) und die nach §. 83 ernannten Sachverständigen haben über die Thatsachen, welche durch die Ueberwachung und Kontrole der Betriebe zu ihrer Kenntniß kommen, Verschwiegenheit zu beobachten und sich der Nachahmung der von den Betriebsunternehmern geheim gehaltenen, zu ihrer Kenntniß gelangten Betriebseinrichtungen und Betriebsweisen, solange als diese Betriebsgeheimnisse sind, zu enthalten. Die Beauftragten der Genossenschaften und Sachverständigen sind hierauf von der unteren Verwaltungsbehörde ihres Wohnortes zu beeidigen.

*) Gilt nicht für die in Anm. *) zu § 9 erwähnten fiskalischen etc. Betriebe. § 3 A. G.

Zu § 84.

Vgl. Anm. 1 zu § 83. Strafvorschriften siehe in §§ 107, 108.

§. 85 *).

Namen und Wohnsitz der Beauftragten sind von dem Genossenschaftsvorstande den höheren Verwaltungsbehörden, auf deren Bezirke sich ihre Thätigkeit erstreckt, anzuzeigen. 1.

Die Beauftragten sind verpflichtet, den nach Maßgabe des §. 139b der Gewerbeordnung bestellten staatlichen Aufsichtsbeamten auf Erfordern über ihre Ueberwachungsthätigkeit und deren Ergebnisse Mittheilung zu machen, und können dazu von dem Reichs-Versicherungsamt durch Geldstrafen bis zu einhundert Mark angehalten werden. 2.

*) Gilt nicht für die in Anm. *) zu § 9 erwähnten fiskalischen etc. Betriebe. § 3 A. G.

Zu § 85.

Vgl. Anm. zu § 84.

§. 86 *).

Die durch die Ueberwachung und Kontrole der Betriebe entstehenden Kosten gehören zu den Verwaltungskosten der Genossenschaft. Soweit dieselben in baaren Auslagen bestehen, können sie durch den Vorstand der Genossenschaft dem Betriebsunternehmer auferlegt werden, wenn derselbe durch Nichterfüllung der ihm obliegenden Verpflichtungen zu ihrer Aufwendung Anlaß gegeben hat. Gegen die Auferlegung der Kosten findet binnen zwei Wochen nach Zustellung des Beschlusses die Beschwerde an das Reichs-Versicherungsamt statt. Die Beitreibung derselben erfolgt in derselben Weise, wie die der Gemeindeabgaben.

*) Gilt nicht für die in Anm. *) zu § 9 erwähnten fiskalischen etc. Betriebe. § 3 A. G.

VIII. Das Reichs-Versicherungsamt.

Organisation.

§. 87 *).

1\. Die Genossenschaften unterliegen in Bezug auf die Befolgung dieses Gesetzes der Beaufsichtigung des Reichs-Versicherungsamts.

2\. Das Reichs-Versicherungsamt hat seinen Sitz in Berlin. Es besteht aus mindestens drei ständigen Mitgliedern, einschließlich des Vorsitzenden, und aus acht nichtständigen Mitgliedern.

3\. Der Vorsitzende und die übrigen ständigen Mitglieder werden auf Vorschlag des Bundesraths vom Kaiser auf Lebenszeit ernannt. Von den nichtständigen Mitgliedern werden vier vom Bundesrath aus seiner Mitte, und je zwei mittelst schriftlicher Abstimmung von den Genossenschaftsvorständen und von den Vertretern der versicherten Arbeiter (§. 41) aus ihrer Mitte in getrennter Wahlhandlung unter Leitung des Reichs-Versicherungsamts gewählt. Die Wahl erfolgt nach relativer Stimmenmehrheit; bei Stimmengleichheit entscheidet das Loos. Die Amtsdauer der nichtständigen Mitglieder währt vier Jahre. Das Stimmenverhältniß der einzelnen Wahlkörper bei der Wahl der nichtständigen Mitglieder bestimmt der Bundesrath unter Berücksichtigung der Zahl der versicherten Personen.

Für jedes durch die Genossenschaftsvorstände sowie 4.
durch die Vertreter der Arbeiter gewählte Mitglied sind ein erster und ein zweiter Stellvertreter zu wählen, welche dasselbe in Behinderungsfällen zu vertreten haben. Scheidet ein solches Mitglied während der Wahlperiode aus, so haben für den Rest derselben die Stellvertreter in der Reihenfolge ihrer Wahl als Mitglied einzutreten.

Die übrigen Beamten des Reichs-Versicherungs- 5.
amts werden vom Reichskanzler ernannt.

*) **Abs. 1 gilt nicht für die einer Berufsgenossenschaft nicht zugewiesenen fiskalischen etc. Betriebe (Anm. *) zu § 9), § 3 A. G.**

Zu § 87.

1. „Das Reichsversicherungsamt ist eine mit selbstständigen Entscheidungs- und Zwangsbefugnissen ausgerüstete Reichsbehörde, welche unbeschadet gewisser dem Bundesrath übertragener Funktionen die Durchführung des Gesetzes in organisatorischer, administrativer, verwaltungsgerichtlicher und disziplinarischer Beziehung in letzter Instanz in der Hand hat. Eine oberste Reichsbehörde wie das Reichsamt des Innern, das Reichsjustizamt und das Reichsschatzamt ist das Reichsversicherungsamt indessen nicht. Aehnlich wie die „Reichskommission“ und „das Bundesamt für das Heimath-

wesen" gehört das Reichs-Versicherungsamt zum Ressort des Reichsamts des Innern, dessen geschäftlicher Aufsicht es untersteht.

Das Gesetz gewährt Niemandem und namentlich auch nicht der erwähnten Aufsichtsbehörde die Befugniß, in die Instanzentscheidungen des Reichs-Versicherungsamts einzugreifen, oder statt seiner selbst zu entscheiden" (Komm.-Ber. S. 52).

2. Bei der Zusammensetzung des Reichs-Versicherungsamts ist lediglich die Rücksicht maßgebend gewesen, die Behörde unabhängig und vertrauenswürdig zu gestalten. Dasselbe soll in der Weise gebildet werden, daß es ein verwaltungsgerichtliches Gepräge hat. Deshalb soll neben den Mitgliedern, welche die unmittelbar betheiligten Körperschaften zu wählen haben, auch aus der Mitte des Bundesraths eine Anzahl von Mitgliedern des Reichs-Versicheruugsamts gewählt werden. Der Bundesrath erhält dadurch unmittelbare Fühlung mit den Verhältnissen, auf deren Gestaltung und Regelung ihm ein maßgebender Einfluß zusteht" (Mot. S. 80). Bei der Entscheidung über die besondes wichtigen vermögensrechtlichen Streitigkeiten in den Fällen der §§ 32, 63 treten zwei richterliche Beamte hinzu, § 90.

Die Zahl der nichtständigen Mitglieder ist inzwischen durch das Hinzutreten von je zwei Arbeitgebern und Vertretern der Versicherten sowohl aus der Land- und Forstwirthschaft, wie aus der Rhederei vergrößert worden. Ebenso sind auch die ständigen Mitglieder (Beamten) nach Maßgabe des steigenden Geschäftsumfanges inzwischen auf 7 vermehrt worden und werden voraussichtlich noch weiter vermehrt werden müssen.

3. Neben dem Reichs-Versicherungsamt sind für diejenigen Berufsgenossenschaften, welche sich nicht über das Gebiet eines Bundesstaats hinaus (vgl. Anm. 2 zu § 92) erstrecken, Landes-Versicherungsämter (§ 92) durch den Reichstag zugelassen worden, welche für die ihnen untergestellten Genossenschaften unter Aufsicht der Landesregierung wesentliche, aber nicht sämmtliche Funktionen des Reichs-Versicherungsamts wahrzunehmen haben, hierbei aber in sachlicher Uebereinstimmung mit dem Reichs-Versicherungsamt bleiben sollen. Die Landes-Versicherungsämter haben die bei

ihnen anhängigen Sachen an das Reichs-Versicherungsamt abzugeben, sobald sich herausstellt, daß dabei das Interesse auch solcher Berufsgenossenschaften mitbetheiligt ist, die einem anderen Landes-Versicherungsamt oder dem Reichs-Versicherungsamt unterstellt sind. Vgl. Zusatz zu § 92 und den Kommentar des Verfassers 3. Aufl. Anm. 1, 4 zu § 92.

4. Landes-Versicherungsämter bestehen zur Zeit in Bayern, Sachsen, Württemberg, Mecklenburg-Strelitz; ihre Einrichtung wird beabsichtigt in Hessen.

5. In gleichem Umfange, wie die Genossenschaften selbst, unterliegen auch die den Baugewerks-B.G. angehängten Versicherungsanstalten der Beaufsichtigung des Reichs- (Lands-)Versicherungsamts, vgl. §§ 45, 48 B.U.G.

Zuständigkeit.

§. 88 *).

Die Aufsicht des Reichs-Versicherungsamts über den Geschäftsbetrieb der Genossenschaften hat sich auf die Beobachtung der gesetzlichen und statutarischen Vorschriften zu erstrecken. Alle Entscheidungen desselben sind endgültig, soweit in diesem Gesetze nicht ein Anderes bestimmt ist. 1.

Das Reichs-Versicherungsamt ist befugt, jederzeit eine Prüfung der Geschäftsführung der Genossenschaften vorzunehmen. 2.

Die Vorstandsmitglieder, Vertrauensmänner und Beamten der Genossenschaften sind auf Erfordern des Reichs-Versicherungsamts zur Vorlegung ihrer Bücher, Beläge und ihrer auf den Inhalt der Bücher bezüglichen Korrespondenzen, sowie der auf die Festsetzung der Entschädigungen und Jahresbeiträge bezüglichen 3.

Schriftstücke an die Beauftragten des Reichs-Versicherungsamts oder an das letztere selbst verpflichtet. Dieselben können hierzu durch Geldstrafen bis zu eintausend Mark angehalten werden.

*) Gilt nicht für die in Anm. *) zu § 9 erwähnten fiskalischen etc. Betriebe. § 3 A. G.

Zu § 88.

1. Beschwerde an den Bundesrath ist zugelassen wegen Nichtbestätigung der Genossenschaftsstatuten oder der Abänderung derselben, § 20.

2. Ueber die Zuständigkeit des Reichs-Versicherungsamts vgl. im Einzelnen d. Komm. d. Verf 3. Aufl. Anm. 2 zu § 87.

3. Die in diesem Paragraphen geregelten Aufsichtsfunktionen gelten event. auch für das Landes-Versicherungsamt, § 92, aber nicht für die einer Berufsgenossenschaft nicht zugewiesenen fiskalischen Betriebe. Diese unterstehen vielmehr nur der Aufsicht der dienstpragmatischen Vorgesetzten. Spruchbehörde aber bleibt das Reichs- (Landes-)Versicherungsamt auch für diese Betriebe; ebenso entscheidet dasselbe auch bei ihnen Streitigkeiten über die Gültigkeit der Wahlen (§ 89), sowie Beschwerden darüber, daß ein Entschädigungsanspruch abgelehnt ist, weil der Betriebstheil, in welchem der Unfall sich ereignete, nicht unter den § 1 falle (§ 59 Abs. 4), §§ 3, 5, 8 A. G.

§. 89 *).

Das Reichs-Versicherungsamt entscheidet, unbeschadet der Rechte Dritter, über Streitigkeiten, welche sich auf die Rechte und Pflichten der Inhaber der Genossenschaftsämter, auf die Auslegung der Statuten und die Gültigkeit der vollzogenen Wahlen beziehen. Dasselbe kann die Inhaber der Genossenschaftsämter zur Befolgung der gesetzlichen und statutarischen Vorschriften durch Geldstrafen bis zu eintausend Mark anhalten.

*) Gilt nicht für die einer Berufsgenossenschaft nicht zugewiesenen fiskalischen etc. Betriebe (Anm. *) zu § 9), § 3 A. G. Vgl. aber für diese die besondere Bestimmung des § 5 Abs. 3 A. G.

Zu § 89.

Dieselben Bestimmungen gelten für die Landes-Versicherungsämter, § 92.

Geschäftsgang.

§. 90 *).

Die Beschlußfassung des Reichs-Versicherungsamts 1.
ist durch die Anwesenheit von mindestens fünf Mitgliedern (einschließlich des Vorsitzenden), unter denen sich je ein Vertreter der Genossenschaftsvorstände und der Arbeiter befinden müssen, bedingt, wenn es sich handelt

a) um die Vorbereitung der Beschlußfassung des Bundesraths bei der Bestimmung, welche Betriebe mit einer Unfallgefahr nicht verbunden und deshalb nicht versicherungspflichtig sind (§. 1), bei der Genehmigung von Veränderungen des Bestandes der Genossenschaften (§. 31), bei der Auflösung einer leistungsunfähigen Genossenschaft (§. 33), bei der Bildung von Schiedsgerichten (§. 46);

b) um die Entscheidung vermögensrechtlicher Streitigkeiten bei Veränderungen des Bestandes der Genossenschaften (§. 32);

c) um die Entscheidung auf Rekurse gegen die Entscheidungen der Schiedsgerichte (§. 63);

d) um die Genehmigung von Vorschriften zur Verhütung von Unfällen (§. 78);

e) um die Entscheidung auf Beschwerden gegen Strafverfügungen der Genossenschaftsvorstände (§. 106).

2. Solange die Wahl der Vertreter der Genossenschaftsvorstände und der Arbeiter nicht zu Stande gekommen ist, genügt die Anwesenheit von fünf anderen Mitgliedern (einschließlich des Vorsitzenden).

3. In den Fällen zu b und c erfolgt die Beschlußfassung unter Zuziehung von zwei richterlichen Beamten.

4. Im übrigen werden die Formen des Verfahrens und der Geschäftsgang des Reichs-Versicherungsamts durch Kaiserliche Verordnung unter Zustimmung des Bundesraths geregelt †).

*) Abs. 1 litt. a, d, e gilt nicht für die einer Berufsgenossenschaft nicht zugewiesenen fiskalischen etc. Betriebe (Anm. *) zu § 9). § 3 A. G.

Kosten.

§. 91.

1. Die Kosten des Reichs-Versicherungsamts und seiner Verwaltung trägt das Reich.

2. Die nichtständigen Mitglieder erhalten für die Theilnahme an den Arbeiten und Sitzungen des Reichs-

†) Allerhöchste Verordnung, betreffend die Formen des Verfahrens und den Geschäftsgang des Reichs-Versicherungsamts, vom 5. August 1885 (R.G.Bl. S. 255), sowie die Novelle zu derselben vom 13. November 1887 (R.G.Bl. S. 523). Die erstere ist mit den aus der letzteren sich ergebenden Abänderungen im Anhang abgedruckt.

Versicherungsamts eine nach dem Jahresbetrage festzusetzende Vergütung, und diejenigen, welche außerhalb Berlin wohnen, außerdem Ersatz der Kosten der Hin- und Rückreise nach den für die vortragenden Räthe der obersten Reichsbehörden geltenden Sätzen (Verordnung vom 21. Juni 1875, Reichs-Gesetzbl. S. 249). Die Bestimmungen im §. 16 des Gesetzes, betreffend die Rechtsverhältnisse der Reichsbeamten, vom 31. März 1873 (Reichs-Gesetzbl. S. 61) finden auf sie keine Anwendung.

Landes-Versicherungsämter.

§. 92.

In den einzelnen Bundesstaaten können für das Gebiet und auf Kosten derselben Landes-Versicherungsämter von den Landesregierungen errichtet werden. 1.

Der Beaufsichtigung des Landes-Versicherungsamts unterstehen diejenigen Berufsgenossenschaften, welche sich nicht über das Gebiet des betreffenden Bundesstaates hinaus erstrecken. In den Angelegenheiten dieser Berufsgenossenschaften gehen die in den §§. 16, 18, 20, 27, 28, 30, 32, 33, 37, 38, 39, 40, 62, 63, 73, 75, 78, 80, 83, 85, 86, 88, 89, 106 dem Reichs-Versicherungsamt übertragenen Zuständigkeiten auf das Landes-Versicherungsamt über. 2.

Soweit jedoch in den Fällen der §§. 30, 32, 37 und 38, **62, 63,** eine der Aufsicht **eines anderen Landes-Versicherungsamts oder** des Reichs-Ver- 3.

sicherungsamts unterstellte Berufsgenossenschaft mitbetheiligt ist, entscheidet das Reichs-Versicherungsamt. **Das Landes-Versicherungsamt hat in derartigen Fällen die Akten an das Reichs-Versicherungsamt zur Entscheidung abzugeben.†)**

4. Treten für eine der im Absatz 2 genannten, der Aufsicht eines Landes-Versicherungsamts unterstellten Berufsgenossenschaften die Voraussetzungen des §. 33 ein, so gehen die Rechtsansprüche und Verpflichtungen auf den betreffenden Bundesstaat über.

Zu § 92.

1. Ueber die Gründe, welche zur Zulassung von Landes-Versicherungsämtern geführt haben, und über die Zuständigkeiten, welche bei Einrichtung derselben auch bezüglich der ihrer Aufsicht unterstellten Berufsgenossenschaften dem Reichs-Versicherungsamt verbleiben, vgl. d. Komm. d. Verf. 3. Aufl. Anm. 1, 4, 7 zu § 92. Vgl. auch oben Anm. 3 bis 5 zu § 87.

2. Außer den Berufsgenossenschaften, welche sich nicht über das Gebiet des betreffenden Bundesstaates hinaus erstrecken (d. h. welche nur solche Betriebe umfassen, deren Sitz in dem Gebiet des betreffenden Bundesstaates belegen ist), stehen auch die fiskalischen Ausführungsbehörden des betreffenden Bundesstaates rücksichtlich der durch sie verwalteten Unfallversicherung unter der Zuständigkeit des Landes-

†) Die durch fetten Druck hervorgehobenen Erweiterungen dieses § beruhen auf den Vorschriften des § 101 Abs 2 bis 4 des Gesetzes, betreffend die Unfall- und Krankenversicherung der in land- und forstwirthschaftlichen Betrieben beschäftigten Personen, vom 5. Mai 1886 (Reichs-Gesetzbl. S. 132). Dieses letztere Gesetz enthält durch die hierin vorgesehene Erweiterung der Kompetenz des R.V.A., welche ausdrücklich auch für das Gebiet des Unfallversicherungsgesetzes mit ausgesprochen ist, eine Novelle zu dem letzteren.

Vers.-Amts. Dies gilt jedoch nur, soweit es sich um Rechtsprechung 2c., nicht, soweit es sich um die Aufsicht handelt. Vgl. Anm. 3 zu § 88.

3. Für Preußen wird ein Landes-Versicherungsamt nicht errichtet werden.

§. 93.

Das Landes-Versicherungsamt besteht aus mindestens drei ständigen Mitgliedern, einschließlich des Vorsitzenden, und aus vier nichtständigen Mitgliedern. 1.

Die ständigen Mitglieder werden von dem Landesherrn des betreffenden Bundesstaates auf Lebenszeit ernannt; die nichtständigen Mitglieder werden von den Genossenschaftsvorständen derjenigen Genossenschaften, welche sich nicht über das Gebiet des betreffenden Bundesstaates hinaus erstrecken, und von den Vertretern der versicherten Arbeiter (§. 41) aus ihrer Mitte mittelst schriftlicher Abstimmung unter Leitung des Landes-Versicherungsamts gewählt. Das Stimmenverhältniß der einzelnen Wahlkörper bestimmt die Landesregierung unter Berücksichtigung der Zahl der in den betreffenden Genossenschaften versicherten Personen. Im übrigen finden die Bestimmungen des §. 87 über die Wahl, die Amtsdauer und die Stellvertretung dieser nichtständigen Mitglieder gleichmäßig Anwendung. Solange eine Wahl der Vertreter der Genossenschaftsvorstände und der Arbeiter nicht zu Stande kommt, werden Vertreter der Betriebsunternehmer und der Versicherten von der Landes-Zentralbehörde ernannt. 2.

Die Beschlußfassung des Landes-Versicherungsamts 3.

in den im §. 90 unter b bis e bezeichneten Angelegenheiten ist durch die Anwesenheit von drei ständigen und zwei nichtständigen Mitgliedern bedingt, zu welchen in den Fällen zu b und c außerdem zwei richterliche Beamte zuzuziehen sind.

4. Die Formen des Verfahrens und der Geschäftsgang bei dem Landes-Versicherungsamt, sowie die den nichtständigen Mitgliedern zu gewährende Vergütung werden durch die Landesregierung geregelt.

Zu § 93.

In solchen Landes-Versicherungsämtern, denen nur land- und forstwirthschaftliche Berufsgenossenschaften unterstellt sind, erfolgt die Zusammensetzung nach den Bestimmungen des § 100 des Ges. betr. die Unfall- und Krankenversicherung der in land- und forstwirthschaftlichen Betrieben beschäftigten Personen, vom 5. Mai 1886 (Reichs-Gesetzbl. S. 132).

IX. Schluß- und Strafbestimmungen.

Knappschafts-Berufsgenossenschaften.

§. 94.

1. Unternehmer von Betrieben, welche landesgesetzlich bestehenden Knappschaftsverbänden angehören, können auf Antrag der Vorstände der letzteren nach Maßgabe der §§. 12 ff. vom Bundesrath zu Knappschafts-Berufsgenossenschaften vereinigt werden.

2. Die Knappschafts-Berufsgenossenschaften können durch Statut bestimmen:

a) daß die Entschädigungsbeträge auch über fünfzig Prozent hinaus (§. 29) von denjenigen Sektionen zu tragen sind, in deren Bezirken die Unfälle eingetreten sind;

b) daß den Knappschaftsältesten die Funktionen der im §. 41 bezeichneten Vertreter der Arbeiter übertragen werden;

c) daß Knappschaftsälteste stimmberechtigte Mitglieder des Genossenschaftsvorstandes oder, sofern die Knappschafts-Berufsgenossenschaft in Sektionen getheilt ist, der Sektionsvorstände sind;

d) daß die Auszahlung der Entschädigungen durch die Knappschaftskassen bewirkt wird (§. 69).

Zu § 94.

1. Um den Wünschen der Betheiligten wegen Aufrechterhaltung der althergebrachten und mit der Bergwerksindustrie enge verwachsenen Knappschaftskassen nach Möglichkeit zu entsprechen, ist der Bundesrath ermächtigt worden, diejenigen Betriebe, welche landesgesetzlich bestehenden Knappschaftskassen angehören, nach Maßgabe der §§ 12 ff. zu Knappschafts-Berufsgenossenschaften, welche gewisse Besonderheiten aufweisen, zu vereinigen. Die hierbei zulässigen Modifikationen sollen den Fortbestand der einzelnen Knappschaftskassen und derjenigen Einrichtungen in denselben ermöglichen, welche mit diesem Gesetz vereinbar sind. Die einzelnen Knappschaftskassen können als Sektionen fortbestehen und als solche vorbehaltlich der Rückdeckung bei der Knappschafts-Berufsgenossenschaft die gesammte Unfalllast (nicht blos 50%, cf. § 29) weiter tragen; in der Knappschafts-Berufsgenossenschaft aber sind gleichzeitig diejenigen breiten Schultern gewonnen, welche die Last der Unfallversicherung dauernd und zuverlässig übernehmen können.

2. Soweit dieser Paragraph nicht Abweichungen gestattet, finden die Bestimmungen des Gesetzes über die Bildung, Organisation und Verwaltung der Berufsgenossenschaften auch auf die Knappschafts-

Berufsgenossenschaften Anwendung. Die Betriebsunternehmer von Bergwerken ꝛc. sind also verpflichtet, ihre Betriebe nach §§ 11, 35 anzumelden; es müssen Vertreter der Arbeiter gewählt werden (wozu auf Grund des Statuts Knappschaftsälteste berufen sind); es müssen Schiedsgerichte errichtet, Unfälle gemeldet und untersucht, ein nach § 18 zu dotirender Reservefonds sowie Gefahrenklassen gebildet, der Jahresbedarf nach § 28, also ohne Heranziehung der Arbeiter, umgelegt werden ꝛc.

3. Für alle knappschaftspflichtigen Betriebe ist eine einzige, das Gebiet des Reichs umfassende Knappschafts-Berufsgenossenschaft gebildet worden.

4. Nebenbetriebe folgen dem Hauptbetriebe (§ 9), gehören also mit zur Knappschafts-Berufsgenossenschaft, auch wenn sie nicht in dem Knappschaftsverbande stehen. (A. N. I S. 4).

Haftpflicht der Betriebsunternehmer und Betriebsbeamten.

§. 95 *).

1. Die nach Maßgabe dieses Gesetzes versicherten Personen und deren Hinterbliebene können einen Anspruch auf Ersatz des in Folge eines Unfalls erlittenen Schadens nur gegen diejenigen Betriebsunternehmer, Bevollmächtigten oder Repräsentanten, Betriebs- oder Arbeiteraufseher geltend machen, gegen welche durch strafgerichtliches Urtheil festgestellt worden ist, daß sie den Unfall vorsätzlich herbeigeführt haben.

2. In diesem Falle beschränkt sich der Anspruch auf den Betrag, um welchen die den Berechtigten nach den bestehenden gesetzlichen Vorschriften gebührende Entschädigung diejenige übersteigt, auf welche sie nach diesem Gesetze Anspruch haben.

*) Für Arbeiter bei Regiebauten modificirt durch § 49 B.U.G.

Zu § 95 ff.

1. „Neben der Sicherung der Arbeiter gegen die wirthschaftlichen Folgen der Unfälle verfolgt der Entwurf das Ziel, alle Streitigkeiten zwischen Arbeitgebern und Arbeitern über Entschädigungsansprüche, welche den letzteren aus Unfällen erwachsen, zu beseitigen, und zu dem Ende alle Entschädigungsansprüche, welche in Veranlassung eines Unfalles gegen den Arbeitgeber nach bisherigem Rechte (Gemeines Recht, Haftpflichtgesetz vom 7. Juni 1871, Code civil, u. s. w.) erhoben werden konnten, aufzuheben. Die Berechtigung hierzu liegt in dem Ersatz, welchen die Arbeiter für die ihnen nach dem bisher geltenden Rechte zustehenden, in ihrer Realisirung höchst unsicheren Entschädigungsansprüche dadurch erhalten sollen, daß ihnen für jeden aus einem Unfall entstehenden Schaden selbst in dem Falle eigenen Verschuldens eine zwar begrenzte, aber vollkommen sichere Entschädigung gewährt wird" (Mot. S. 81). Hierfür hat Jeder, welcher aus der Unfallversicherung Fürsorge zu erwarten hat, seine eventuellen Ansprüche aus bisherigen Gesetzen (Haftpflichtgesetz rc.) unbedingt aufzugeben; nur für eigenen Vorsatz bleiben ihm die Unternehmer sowie die Betriebsbeamten des betreffenden Betriebes auch ferner verhaftet.

Die §§ 95, 96 beziehen sich übrigens nur auf die gesetzlichen Ansprüche gegen die Unternehmer und die Betriebsbeamten desjenigen Betriebes, in welchem der Verletzte zur Zeit des Unfalls beschäftigt war. Andere Betriebsunternehmer oder Betriebsbeamte eines anderen Betriebes sind im Verhältniß zu dem Verletzten Dritte, haften also im vollen Umfange nach Maßgabe der bisherigen Gesetze, cf. Anm. 3.

2. Vom Standpunkt der Arbeitgeber aus stellt sich das Rechtsverhältniß folgendermaßen:

Der Unternehmer oder dessen Betriebsbeamte rc. haftet a) dem verletzten Versicherten oder seinen Hinterbliebenen nur dann (und zwar auf die Differenz gegen die Entschädigung aus der Unfallfürsorge), wenn er den Unfall durch Vorsatz im strafrechtlichen Sinne, also durch ein doloses verübtes Verbrechen oder Vergehen, herbeigeführt hat (§ 95), — b) den Krankenkassen und Berufsgenossenschaften außerdem auch dann, wenn er wegen qualifizirter Fahrlässigkeit kriminell für den Unfall verantwortlich gemacht ist, § 96. Im Fall des Vorsatzes haftet der Unternehmer für das Ganze, und zwar zur Höhe der nach diesem Gesetz und dem Krankenversicherungsgesetz gewährten Kranken- und Unfallentschädigung den Krankenkassen und Berufsgenossenschaften, zur Höhe des Restes dem Verletzten und dessen Hinterbliebenen. Die Regreßpflicht im Prinzip, d. h. die Frage, ob dolus beziehungsweise vertretbares Versehen vorliegt, muß durch den Strafrichter festgestellt werden, falls nicht die strafrechtliche Verfolgung aus Gründen, die in der Person des Haftpflichtigen liegen, unmöglich ist, § 97; der Civilanspruch betrifft nur noch die Höhe des Regresses.

Jeder haftet nur für die Folgen seiner eigenen Handlungen; die Haftbarkeit des Unternehmers für die Nachlässigkeit ꝛc. seiner Betriebsbeamten ꝛc. fällt fort.

3. Dritte, d. h. Alle, welche zu dem Verletzten nicht im Verhältniß des Betriebsunternehmers oder eines Betriebsbeamten desjenigen Betriebes, n welchem der Verletzte beschäftigt war, stehen, bleiben (für Vorsatz und Versehen) nach den bisherigen Gesetzen verantwortlich und sind (ebenso wie die Unternehmer bei dolus) theils den Krankenkassen und Genossenschaften, theils den Verletzten und deren Hinterbliebenen regreßpflichtig, § 98.

4. Für die bei Regiebauten von Privatpersonen beschäftigten, gegen Krankheit nicht versicherten Bauarbeiter finden die Bestimmungen des § 95 U.V.G. während der Karenzzeit keine Anwendung. Für diese Personen bewendet es vielmehr während der Karenzzeit bei den landesrechtlichen Schadensansprüchen, weil man angenommen hat, daß die letzteren durch die für die Karenzzeit bewilligte freie Kur nicht genügend ausgeglichen werde, § 49 B.U.G. Vgl. Anm. 3 zu § 5.

§. 96.

1. Diejenigen Betriebsunternehmer, Bevollmächtigten oder Repräsentanten, Betriebs- oder Arbeiteraufseher,

gegen welche durch strafgerichtliches Urtheil festgestellt worden ist, daß sie den Unfall vorsätzlich oder durch Fahrlässigkeit mit Außerachtlassung derjenigen Aufmerksamkeit, zu der sie vermöge ihres Amtes, Berufes oder Gewerbes besonders verpflichtet sind, herbeigeführt haben, haften für alle Aufwendungen, welche in Folge des Unfalls auf Grund dieses Gesetzes oder des Gesetzes, betreffend die Krankenversicherung der Arbeiter, vom 15. Juni 1883 (Reichs-Gesetzbl. S. 73) von den Genossenschaften oder Krankenkassen gemacht worden sind.

In gleicher Weise haftet als Betriebsunternehmer 2.
eine Aktiengesellschaft, eine Innung oder eingetragene Genossenschaft für die durch ein Mitglied ihres Vorstandes, sowie eine Handelsgesellschaft, eine Innung oder eingetragene Genossenschaft für die durch einen der Liquidatoren herbeigeführten Unfälle.

Als Ersatz für die Rente kann in diesen Fällen 3.
deren Kapitalwerth gefordert werden.

Der Anspruch verjährt in achtzehn Monaten von 4.
dem Tage, an welchem das strafrechtliche Urtheil rechtskräftig geworden ist.

Zu § 96.

Zu den Krankenkassen im Sinne dieses Gesetzes gehört auch die Gemeindekrankenversicherung. (Mot. S. 78.)

§. 97.

Die in den §§. 95, 96 bezeichneten Ansprüche können, auch ohne daß die daselbst vorgesehene Feststellung durch strafgerichtliches Urtheil stattgefunden hat, geltend gemacht werden, falls diese Feststellung wegen des Todes oder der Abwesenheit des Betreffenden oder aus einem anderen in der Person desselben liegenden Grunde nicht erfolgen kann.

Haftung Dritter.

§. 98.

Die Haftung dritter, in den §§. 95 und 96 nicht bezeichneter Personen, welche den Unfall vorsätzlich herbeigeführt oder durch Verschulden verursacht haben, bestimmt sich nach den bestehenden gesetzlichen Vorschriften. Jedoch geht die Forderung der Entschädigungsberechtigten an den Dritten auf die Genossenschaft insoweit über, als die Verpflichtung der letzteren zur Entschädigung durch dieses Gesetz begründet ist.

Zu § 98.

Vgl. Anm. 1, 3 zu § 95. Die vorstehenden Bestimmungen müssen auch auf das Verhältniß der Eisenbahnverwaltungen zu ihren (gegen Unfall versicherten) Passagieren aus § 1 des Haftpflichtgesetzes Anwendung finden, vgl. den Komm. d. Verf 3. Aufl. Anm. 4 zu § 95 und Anm. 3 zu § 98, sowie § 10 des Unfallfürsorge-Gesetzes für Reichsbeamte v. 15. März 86 (R.G.Bl. S. 53).

Verbot vertragsmäßiger Beschränkungen.

§. 99.

Den Berufsgenossenschaften sowie den Betriebsunternehmern ist untersagt, die Anwendung der Bestimmungen dieses Gesetzes zum Nachtheil der Versicherten durch Verträge (mittelst Reglements oder besonderer Uebereinkünfte kunft) auszuschließen oder zu beschränken. Vertragsbestimmungen, welche diesem Verbote zuwiderlaufen, haben keine rechtliche Wirkung.

Aeltere Versicherungsverträge.

§. 100.

Die Rechte und Pflichten aus Versicherungsverträgen, welche von Unternehmern der unter §. 1 fallenden Betriebe oder von den in denselben beschäftigten versicherten Personen gegen die Folgen der in diesem Gesetze bezeichneten Unfälle mit Versicherungsanstalten abgeschlossen sind, gehen nach dem Inkrafttreten dieses Gesetzes auf die Berufsgenossenschaft, welcher der Betrieb angehört, über, wenn die Versicherungsnehmer dieses bei dem Vorstande der Genossenschaft beantragen. Die der Genossenschaft hieraus erwachsenden Zahlungsverbindlichkeiten werden durch Umlage auf die Mitglieder derselben (§§. 10, 28) gedeckt.

Zu § 100.

Dieser § bezieht sich auch auf die Gegenseitigkeitsgesellschaften, welche Nachschußzahlungen erheben. Streitigkeiten über die auf Berufsgenossenschaften übergegangenen Rechte und Pflichten aus Privatversicherungsverträgen gehören vor die ordentlichen Gerichte. Rechte und Pflichten aus derartigen Verträgen verbleiben, soweit sie sich auf die Zeit vor dem 1. Oktober 1885 (vgl. § 111) beziehen, lediglich den einzelnen Versicherten, nach diesem Zeitpunkt, falls die Uebernahme beantragt ist, lediglich der Genossenschaft. Die Genossenschaft tritt in letzterem Falle an die Stelle des Versicherungsnehmers; dieselben Rechte und Pflichten, welche dem letzteren nach dem Vertrage zustanden, hat fortan die erstere. Die

Genossenschaft hat also dem bei einer Privatversicherungsanstalt versicherten Verletzten dasjenige zu zahlen, was der letztere über die nach diesem Gesetze von der Genossenschaft geschuldeten Bezüge aus dem Vertrage zu fordern hat, insbesondere auch versicherte Beträge für die Karenzzeit (Erk. des Reichsgerichts v. 14. Mai 87). Der Uebergang der Verpflichtungen des Versicherungsnehmers bezieht sich nicht blos auf die pekuniären, sondern auch auf persönliche Verpflichtungen (Erk. d. Reichsgerichts v. 22. Jan. 87); die Genossenschaft aber wird ihrerseits die Vermittelung des bisherigen Versicherungsnehmers in Anspruch nehmen können. Vgl. A. N. I S. 351 sowie die Anm. zu § 100 im Komm. d. Verf. 3. Aufl.

Erhebliche praktische Bedeutung hat der § 100 nicht mehr, da derartige Verträge seither meist gelöst worden sind.

Rechtshülfe.

§. 101.

1. Die öffentlichen Behörden sind verpflichtet, den im Vollzuge dieses Gesetzes an sie ergehenden Ersuchen des Reichs-Versicherungsamts, anderer öffentlicher Behörden, sowie der Genossenschafts- und Sektionsvorstände und der Schiedsgerichte zu entsprechen und den bezeichneten Vorständen auch unaufgefordert alle Mittheilungen zukommen zu lassen, welche für den Geschäftsbetrieb der Genossenschaften von Wichtigkeit sind. Die gleiche Verpflichtung liegt den Organen der Genossenschaften untereinander ob.

2. Die durch die Erfüllung dieser Verpflichtungen entstehenden Kosten sind von den Genossenschaften als eigene Verwaltungskosten (§. 10) insoweit zu erstatten, als sie in Tagegeldern und Reisekosten von Beamten oder Genossenschaftsorganen, sowie in Gebühren für

Zeugen und Sachverständige oder in sonstigen baaren Auslagen bestehen.

Gebühren- und Stempelfreiheit.

§. 102.

Alle zur Begründung und Abwickelung der Rechtsverhältnisse zwischen den Berufsgenossenschaften einerseits und den Versicherten andererseits erforderlichen schiedsgerichtlichen und außergerichtlichen Verhandlungen und Urkunden sind gebühren- und stempelfrei. Dasselbe gilt für die behufs Vertretung von Berufsgenossen ausgestellten privatschriftlichen Vollmachten.

Strafbestimmungen.

§. 103 *).

Die Genossenschaftsvorstände sind befugt, gegen Betriebsunternehmer Ordnungsstrafen bis zu fünfhundert Mark zu verhängen:

1. wenn die von denselben auf Grund gesetzlicher oder statutarischer Bestimmung eingereichten Arbeiter- und Lohnnachweisungen unrichtige thatsächliche Angaben enthalten;
2. wenn in der von ihnen gemäß §. 35 erstatteten Anzeige als Zeitpunkt der Eröffnung oder des Beginnes der Versicherungspflicht des Betriebes ein späterer Tag angegeben ist als der, an welchem dieselbe stattgefunden hat.

*) Gilt nicht für die in Anm. *) zu § 9 erwähnten fiskalischen etc. Betriebe. § 3 A. G.

Zu § 103.

Die §§ 103 bis 108 finden auch auf Regiebauten, insbesondere bezüglich der Einreichung und Richtigkeit solcher Nachweisungen von Regiebauten, welche für die Berechnung der Prämien maßgebend sind, entsprechende Anwendung. § 49. B.U.G.

§. 104 *).

1. Betriebsunternehmer, welche den ihnen obliegenden Verpflichtungen in Betreff der Anmeldung der Betriebe und Betriebsänderungen (§§. 11, 35, 38 und 39), in Betreff der Einreichung der Arbeiter- und Lohnnachweisungen (§§. 60 und 71) oder in Betreff der Erfüllung der für Betriebseinstellungen gegebenen statutarischen Vorschriften (§. 17 Ziffer 7) nicht rechtzeitig nachkommen, können von dem Genossenschaftsvorstande mit einer Ordnungsstrafe bis zu dreihundert Mark belegt werden.

2. Die gleiche Strafe kann, wenn die Anzeige eines Unfalls in Gemäßheit des §. 51 nicht rechtzeitig erfolgt ist, gegen denjenigen verhängt werden, welcher zu der Anzeige verpflichtet war.

*) Gilt nicht für die in Anm. *) zu § 9 erwähnten fiskalischen etc. Betriebe. § 3 A. G.

Zu § 104.

Vgl. Anm. zu § 103.

§. 105 *).

Die Strafvorschriften der §§. 103 und 104 finden auch gegen die gesetzlichen Vertreter handlungsunfähiger Betriebsunternehmer, desgleichen gegen die Mitglieder des Vorstandes einer Aktiengesellschaft, Innung oder eingetragenen Genossenschaft, sowie gegen die Liquidatoren einer Handelsgesellschaft, Innung oder eingetragenen Genossenschaft Anwendung.

*) Gilt nicht für die in Anm. *) zu § 9 erwähnten fiskalischen etc. Betriebe. § 3 A. G.

Zu § 105.

Vgl. Anm. zu § 103.

§. 106*).

Zum Erlaß der in den §§. 103 bis 105 bezeichneten Strafverfügungen ist der Vorstand derjenigen Genossenschaft zuständig, zu welcher der Betriebsunternehmer gemäß §. 34 gehört. 1.

Gegen die Strafverfügung des Genossenschaftsvorstandes steht den Betheiligten binnen zwei Wochen, von deren Zustellung an, die Beschwerde an das Reichs-Versicherungsamt zu. 2.

Die Strafen fließen in die Genossenschaftskasse.

*) Gilt nicht für die in Anm. *) zu § 9 erwähnten fiskalischen etc. Betriebe. § 3 A. G.

Zu § 106.

1. Vgl. Anm. zu § 103.

2. An die Stelle des Reichs-Versicherungsamts tritt event. das Landes-Versicherungsamt, § 92.

§. 107*).

Die Mitglieder der Vorstände der Genossenschaften, 1.
deren Beauftragte (§§. 82 und 83) und die nach §. 83

ernannten Sachverständigen werden, wenn sie unbefugt Betriebsgeheimnisse offenbaren, welche kraft ihres Amtes oder Auftrages zu ihrer Kenntniß gelangt sind, mit Geldstrafe bis zu eintausendfünfhundert Mark oder mit Gefängniß bis zu drei Monaten bestraft.

2. Die Verfolgung tritt nur auf Antrag der Betriebsunternehmers ein.

*) Gilt nicht für die in Anm. *) zu § 9 erwähnten fiskalischen etc. Betriebe. § 3 A. G.

Zu § 107.

Vgl. Anm. zu § 103.

§. 108 *).

1. Die Mitglieder der Vorstände der Genossenschaften, die Beauftragten derselben (§§ 82 und 83) und die nach §. 83 ernannten Sachverständigen werden mit Gefängniß, neben welchem auf Verlust der bürgerlichen Ehrenrechte erkannt werden kann, bestraft, wenn sie absichtlich zum Nachtheile der Betriebsunternehmer Betriebsgeheimnisse, welche kraft ihres Amtes oder Auftrages zu ihrer Kenntniß gelangt sind, offenbaren, oder geheim gehaltene Betriebseinrichtungen oder Betriebsweisen, welche kraft ihres Amtes oder Auftrages zu ihrer Kenntniß gelangt sind, solange als diese Betriebsgeheimnisse sind, nachahmen.

2. Thun sie dies, um sich oder einem Anderen einen Vermögensvortheil zu verschaffen, so kann neben der Gefängnißstrafe auf Geldstrafe bis zu dreitausend Mark erkannt werden.

*) Gilt nicht für die in Anm. *) zu § 9 erwähnten fiskalischen etc. Betriebe. § 3 A. G.

Zu § 108.

Vgl. Anm. zu § 103.

Zuständige Landesbehörden. Verwaltungsexekution.

§. 109.

Die Zentralbehörden der Bundesstaaten bestimmen, 1.
von welchen Staats- oder Gemeindebehörden die in diesem Gesetze den höheren Verwaltungsbehörden, den unteren Verwaltungsbehörden und den Ortspolizeibehörden zugewiesenen Verrichtungen wahrzunehmen sind und zu welchen Kassen die in §§. 11 Absatz 3, 35 Absatz 2, 82 Absatz 2 und 85 Abs. 2 bezeichneten Strafen fließen. Diese, sowie die auf Grund der §§. 49 Abs. 3, 103 bis 105 erkannten Strafen, desgleichen die von den Vorständen der Betriebs- (Fabrik-) Krankenkassen verhängten Strafen (§. 80 Abs. 1) werden in derselben Weise beigetrieben, wie Gemeindeabgaben.

Die von den Zentralbehörden der Bundesstaaten 2.
in Gemäßheit vorstehender Vorschrift erlassenen Bestimmungen sind durch den Deutschen Reichsanzeiger bekannt zu machen.

Zu § 109.

1. Die Zentralbehörden haben darin, welcher Behörde sie die Funktionen der „Ortspolizeibehörde" im Sinne dieses Gesetzes übertragen wollen, freie Hand, und sind dabei nicht auf diejenigen Behörden beschränkt, welche nach der Behördenorganisation der ein-

zelnen Bundesstaaten die örtliche Polizei wahrzunehmen haben. Vgl. Mot. S. 68.

2. Vgl. die Uebersicht der von den einzelnen Landeszentralbehörden erlassenen bez. Bekanntmachungen im Komm. d. Verf. bei § 109. Einzeln sind die höheren und unteren Verwaltungsbehörden aufgeführt in A. N. II S. 20 fg., 255; III S. 284.

In Preußen sind im Allg. die Regierungspräsidenten bez. Regierungen als höhere Verwaltungsbehörden, die Landräthe bezw. in Städten von mehr als 10 000 Einwohnern die Ortspolizeibehörden, für Hannover z. Th. die Magistrate, als untere Verwaltungsbehörden, die für die örtliche Polizeiverwaltung zuständigen Behörden und Beamten als Ortspolizeibehörden bestimmt.

3. Die im § 109 aufgeführten Strafen fließen in Preußen zur Staatskasse.

Zustellungen.

§. 110.

Zustellungen, welche den Lauf von Fristen bedingen, erfolgen durch die Post mittelst eingeschriebenen Briefes gegen Empfangschein.

Zu § 110.

1. Die Zustellung ist von Amtswegen zu betreiben. Ist Adressat unbekannt wohin verzogen, so ist zur Ermittelung des neuen Aufenthalts die zuständige Verwaltungsbehörde in Anspruch zu nehmen. Bleibt diese Ermittelung ohne Erfolg, so ist in analoger Anwendung der §§ 166, 167 Civ.-Proz.-Ordnung an dem bisherigen Wohnort zuzustellen (A. N. III S. 210).

2. Für Bauarbeiter gilt fortan folgende, dem § 132 des landw. Unfallvers.-Ges. vom 5. Mai 1886 (R.G.Bl. S. 132) nachgebildete Bestimmung der §§ 50, 48 B.U.G.:

> Zustellungen, welche den Lauf von Fristen bedingen, erfolgen durch die Post mittelst eingeschriebenen Briefes. Der Beweis der Zustellung kann auch durch behördliche Beglaubigung geführt werden.

Gesetzeskraft.

§. 111.

Die Bestimmungen der Abschnitte II. III, IV, V und VIII, die auf diese Abschnitte bezüglichen Strafbestimmungen, sowie diejenigen Vorschriften, welche zur Durchführung der in diesen Abschnitten getroffenen Anordnungen dienen, treten mit dem Tage der Verkündung dieses Gesetzes in Kraft. 1.

Im übrigen wird der Zeitpunkt, mit welchem das Gesetz in Kraft tritt, mit Zustimmung des Bundesraths durch Kaiserliche Verordnung bestimmt †). 2.

Urkundlich unter Unserer Höchsteigenhändigen Unterschrift und beigedruckten Kaiserlichen Insiegel.

Gegeben Coblenz, den 6. Juli 1884.

(L. S.) **Wilhelm.**

Fürst von Bismarck.

Zu § 111.

Rückwirkende Kraft hat das Gesetz nicht. Unfälle, welche vor demjenigen Termine sich ereignet haben, mit welchem nach Allerhöchster Kabinetsordre der materielle Theil des Gesetzes in Kraft getreten ist (1. Oktober 1885), sind also nach dem bisherigen Recht (Haftpflicht 2c.) zu beurtheilen.

---

†) Allerhöchste Verordnung vom 25. Sept. 1885 (Reichs-Gesetzblatt S. 271):

§ 1. Das Unfallversicherungsgesetz vom 6. Juli 1884 (Reichs-Gesetzbl. S 69) tritt mit dem 1. Oktober 1885 seinem vollen Umfange nach in Kraft.

(Siehe den vollen Text dieser Verordnung unten bei § 17 A. G.)

Gesetz über die Ausdehnung der Unfall- und Krankenversicherung†).

Vom 28. Mai 1885.

(R.G.Bl. S. 159.)

Wir Wilhelm, von Gottes Gnaden Deutscher Kaiser, König von Preußen ꝛc.

verordnen im Namen des Reichs, nach erfolgter Zustimmung des Bundesraths und des Reichstags, was folgt:

I. Unfallversicherung.

Ausdehnung der Unfallversicherung.

§. 1.

Das Unfallversicherungsgesetz vom 6. Juli 1884 (Reichs-Gesetzbl. S. 69) findet mit den aus nachstehenden Bestimmungen sich ergebenden Abänderungen Anwendung auf

---

†) sog. Ausdehnungsgesetz.

1. den gesammten Betrieb der Post-, Telegraphen- und Eisenbahnverwaltungen, sowie sämmtliche Betriebe der Marine- und Heeresverwaltungen, und zwar einschließlich der Bauten, welche von diesen Verwaltungen für eigene Rechnung ausgeführt werden;
2. den Baggereibetrieb;
3. den gewerbsmäßigen Fuhrwerks-, Binnenschifffahrts-, Flößerei-, Prahm- und Fährbetrieb, sowie den Gewerbebetrieb des Schiffsziehens (Treidelei);
4. den gewerbsmäßigen Speditions-, Speicher- und Kellereibetrieb;
5. den Gewerbebetrieb der Güterpacker, Güterlader, Schaffer, Bracker, Wäger, Messer, Schauer und Stauer.

Zu § 1.

1. Die Ausdrücke: „der gesammte Betrieb der Post-, Telegraphen- und Eisenbahnverwaltungen" und „die sämmtlichen Betriebe der Marine- und Heeresverwaltungen" sind mit Rücksicht darauf einander gegenübergestellt, daß bei der Marine und dem Heere eine Summe von Einzelbetrieben der verschiedensten Art, welche für die Zwecke der Marine oder des Heeres betrieben werden, bei der Post und den Eisenbahnen aber ein einheitlicher Betrieb mit verschiedenen Ausflüssen in Frage kommen. Bei den Eisenbahnen steht der Betriebsdienst als solcher, bei den Marine- und Heeresverwaltungen aber stehen „nicht die Kriegführung oder die Ausbildung der im Dienst befindlichen Soldaten, sondern nur die in der Verwaltung des Heeres und der Marine vorhandenen technischen, Magazin- und sonstigen

Einzelbetriebe in Frage" (Mot.), also solche, in denen bürgerliche Arbeiter beschäftigt werden. Vgl. Anm. 5, außerdem § 4 sowie die Ausführungsvorschriften v. 19./9. 85 (Centr.Bl. S. 475).

2. Bei der Post- und Telegraphenverwaltung fallen insbesondere alle im Post-Bestellungs- und -Beförderungsdienst, im Packetannahmedienst, im Telegraphenbetriebe, bei Post- oder Telegraphenbauten oder bei der Bedienung von Dampfkesseln, Gaskraftmaschinen und anderen durch elementare Kraft bewegten Triebwerken beschäftigten Arbeiter (vgl. Anm. 5) unter dies Gesetz. Vgl. Regulativ für die Reichs-Post- und -Telegraphenverwaltung vom 30./9. 85 (Cent.Bl. S. 484). Der Fuhrwerksbetrieb der Post gehört, soweit er in Regie betrieben wird, zum „gesammten Betrieb der Postverwaltungen", und soweit er von Unternehmern (Posthaltern) betrieben wird, „zum gewerbsmäßigen Fuhrwerksbetrieb".

3. Zu den Eisenbahnen gehören auch die kleineren Straßen-, Pferde-, elektrischen Bahnen und ähnliche Unternehmungen (Mot.). Es sind zwei Berufsgenossenschaften für Eisenbahnen gebildet, die Privatbahn-Berufsgenossenschaft und die Straßenbahn-Berufsgenossenschaft. Zur ersteren gehören diejenigen Eisenbahnen, welche dem „Bahnpolizeireglement für die Eisenbahnen Deutschlands" oder der „Bahnordnung für deutsche Eisenbahnen untergeordneter Bedeutung" bezw. den analogen Bestimmungen in Bayern unterliegen, soweit sie nicht für Reichs- bezw. Staatsrechnung verwaltet werden (vgl. § 2), oder wesentliche Bestandtheile eines anderen unfallversicherungspflichtigen Betriebes sind (dann bleiben sie in der bisherigen Genossenschaft, vgl. § 12 Abs. 2). Zur Straßenbahn-B.G. gehören mit der gleichen Beschränkung alle anderen Eisenbahnen. Vgl. aber Anm. 9.

4. Zur Binnenschiffahrt gehören alle Schiffe, welche nicht Seeschiffe sind. Ein „Seefahrzeug" aber ist nach § 2 des Seeunfallvers.-Ges. v. 13./7. 87 (R.G.Bl. S. 329) „jedes ausschließlich oder vorzugsweise zur Seefahrt benutzte Fahrzeug .... Als Seefahrt gilt nicht nur der Verkehr auf See außerhalb der durch § 1 der Vorschriften über die Registrirung und die Bezeichnung

der Kauffahrteischiffe vom 13./11. 73 (R.G.Bl. S. 367) festgesetzten Grenzen, sondern auch die Fahrt auf Buchten, Haffen und Watten der See, nicht aber auf anderen mit der See in Verbindung stehenden Gewässern, auch wenn sie von Seeschiffen befahren werden." Ein Fahrzeug, welches nicht „ausschließlich oder vorzugsweise zur Seefahrt benutzt" wird, ist ein Binnenschiff, auch wenn es gelegentlich über See geht oder wenn ein Theil seiner regelmäßigen Fahrten eine Seefahrt ist. Auch hier entscheidet die Hauptsache bezw. der Hauptbetrieb.

5. Versichert sind „die in diesen Betrieben, also im Betriebsdienst, als Arbeiter oder Betriebsbeamte beschäftigten Personen" (Mot.) nach Maßgabe des § 1 U.V.G., aber nicht Personen des Soldatenstandes (§ 4), ebensowenig Betriebsbeamte des Reichs (für diese und für Militärpersonen ist inzwischen das eine gleichartige Fürsorge gewährende dienstpragmatische Reichsgesetz vom 15./3. 86 (R.G.Bl. S. 53) erlassen); ebensowenig Betriebsbeamte von Bundesstaaten oder Kommunalverbänden, für welche durch Dienstgesetze eine der Unfallversicherung gleiche Fürsorge getroffen ist (§§ 1, 11 Ges. v. 15./3. 86); ebensowenig die mit Gehalt und Pensionsberechtigung angestellten Beamten solcher Bundesstaaten und Kommunalverbände, welche eine derartige Unfallfürsorge noch nicht eingeführt haben (§ 4 U.V.G.).

6. Das Wort „Betrieb" ist bei den Eisenbahnen nicht etwa nur in dem beschränkten Sinne des Haftpflichtgesetzes, sondern „im weitesten Sinne" zu verstehen. „Im Eisenbahnbetriebe" beschäftigt und deshalb nach Maßgabe des Gesetzes versichert ist also Jeder, welcher bei „technischen Verrichtungen" (irgendwelcher Art), „die zu dem Eisenbahnbetriebsdienst als solchem gehören (im Gegensatz zu der gefahrlosen Beschäftigung in den Büreaus, beim Reinigen der Zimmer ꝛc.)" beschäftigt ist (Mot.). Vgl. Komm.-Ber. S. 5.

7. „Als „gewerbsmäßig" wird der Betrieb dann anzusehen sein, wenn eine gewisse Kontinuität des Betriebes die Absicht erkennen läßt, denselben für einige Dauer zu Zwecken des Erwerbes fortzusetzen" (Mot.), d. h. „als unmittelbare Erwerbsquelle" (Anl. d. R.V.A. v. 5./6. 85, s. Anh.). Die zum Gewerbebetriebe benutzten

Fuhrwerke, Magazine, Speicher und Kellereien der Kaufleute und Gewerbetreibenden fallen also nur dann unter dieses Gesetz, wenn sie gewerbsmäßig „betrieben" werden, aus ihrem Betriebe eine selbständige Einnahmequelle gemacht wird; denn andernfalls handelt es sich nur um ein im Besitz des Kaufmanns 2c. befindliches Fuhrwerk 2c. (a. a. O.). Hotelwagen sind versicherungspflichtig, aber nicht die dem Komfort dienenden Kutschfuhrwerke von Privatpersonen (Mot.).

8. Ein gewerbmäßiger Speicherei- oder Kellereibetrieb liegt dann vor, wenn aus der Lagerung ein selbständiges Gewerbe gemacht wird, oder wenn die Lagerung als Hauptsache oder doch als ein sehr wesentlicher Theil eines Gesammtbetriebes erscheint, vgl. Komm. d. Verf. 3. Aufl. Anm. 17 zu § 1 A. G. Eine Behandlung und Bearbeitung der gelagerten Waare ändert an dem Charakter dieses Betriebes nichts, wenn damit der Zweck verfolgt wird, die Waare in guten marktgängigen Zustand zu setzen oder darin zu erhalten. Eine andersartige Bearbeitung dagegen, insbesondere eine solche, welche sich auf die Art der Waare bezieht, läßt den Betrieb nicht als Speichereibetrieb, sondern als einen unter § 1 Abs. 4 U.V.G. fallenden Verarbeitungsbetrieb erscheinen (A. N. III S. 323).

9. Die als Nebenbetriebe der Land- und Forstwirthschaft betriebenen Anlagen der unter § 1 A. G. fallenden Art, z. B. Feldeisenbahnen, Abflößung selbstgeschlagenen Holzes, Fuhrwerksbetriebe 2c. fallen gemäß § 1 Abs. 2 des landw. Unf.-Ges. v. 5./5. 86 (R.G.Bl. S. 132) nach dem Inkrafttreten des letzteren unter die Unfallversicherung in der Land- und Forstwirthschaft, vgl. d. Komm. d. Verf. zu dem letzteren Gesetz Anm. 13 zu § 1.

Reichs- und Staatsbetriebe.

§. 2.

1. Für die Post-, Telegraphen-, Marine- und Heeresverwaltungen, sowie die vom Reich oder von einem Bundesstaate für Reichs- beziehungsweise Staatsrechnung verwalteten Eisenbahnbetriebe, sämmtlich einschließlich der

Bauten, welche von denselben für eigene Rechnung ausgeführt werden, tritt an die Stelle der Berufsgenossenschaft das Reich beziehungsweise der Staat, für dessen Rechnung die Verwaltung geführt wird.

Dasselbe gilt hinsichtlich der vom Reich oder von 2.
einem Bundesstaate für Reichs- beziehungsweise Staatsrechnung verwalteten Baggerei-, Binnenschiffahrts-, Flößerei-, Prahm- und Fährbetriebe, sofern nicht die Reichs- beziehungsweise Landesregierung vor der Beschlußfassung des Bundesraths über die Bildung der Berufsgenossenschaften (§§. 12 ff. des Unfallversicherungsgesetzes) erklärt, daß diese Betriebe denselben angehören sollen.

Soweit hiernach das Reich oder ein Bundesstaat 3.
an die Stelle der Berufsgenossenschaft tritt, werden die Befugnisse und Obliegenheiten der Genossenschaftsversammlung und des Vorstandes der Genossenschaft durch Ausführungsbehörden wahrgenommen, welche für die Heeresverwaltungen von der obersten Militärverwaltungsbehörde des Kontingents, im Uebrigen für die Reichsverwaltungen vom Reichskanzler, für die Landesverwaltungen von der Landes-Zentralbehörde zu bezeichnen sind. Dem Reichs-Versicherungsamt ist mitzutheilen, welche Behörden als Ausführungsbehörden bezeichnet worden sind.

Zu § 2.

1. Für die vorstehend aufgeführten fiskalischen Betriebe sind Berufsgenossenschaften nicht zweckmäßig, weil Reich bezw. Staat für

sich allein leistungsfähig genug ist, weil ferner der Verwaltungsapparat der einzelnen Reichs- und Staatsbetriebe für die Uebernahme der Unfallversicherung durchaus geeignet ist, und weil endlich bei Einbeziehung dieser Betriebe in Berufsgenossenschaften das Reich bezw. der Staat vermöge des Umfangs und der Bedeutung seiner Betriebe ein ausschlaggebendes Uebergewicht erlangen uud dadurch das genossenschaftliche Leben beeinträchtigen würde.

2. Als Ausführungsbehörden sind bezeichnet:

a) für die Reichs-Post- und Telegraphen-Verwaltung die bei dem Reichs-Postamt bestehende Kais. Post-Versicherungs-Kommission in Berlin. Vgl. Ausf. Vorschriften vom 21./3. 86, Centr.Bl. S. 66;

b) für die Reichs-Eisenbahnverwaltung die Generaldirection der Eisenbahnen in Elsaß-Lothringen. Bek. vom 20./9. 85. Centr.Bl. S. 469;

c) für die Betriebe der Heeresverwaltungen die Korps-Intendanturen, Ausf. Vorschriften des Preuß. Kriegsministers vom 19./9. 85. Centr.Bl. S. 475, Ausf. Vorschriften des Sächs. Kriegsministers vom 14./9. 85 R. A. Nr. 240;

d) für die Betriebe der Marineverwaltung die Werftverwaltungen in den drei Versicherungsbezirken Wilhelmshaven, Kiel und Danzig. Ausf. Vorschriften vom 2./9. 85;

e) für die Kgl. Preuß. Staats-Eisenbahnverwaltung die Eisenbahn-Direktionen. V. v. 18./9. 85. R. A. Nr. 220.

§. 3.

Soweit das Reich oder ein Bundesstaat an die Stelle der Berufsgenossenschaft tritt, finden die §§. 10 bis 31, 33 bis 40, 59 Absatz 4, 60, 62 Absatz 1, 71 bis 74, 75 Absatz 2 und 3, 76, 78 bis 86, 87 Absatz 1, 88, 89, 90 Absatz 1 litt. a, d, e, 94, 103 bis 108 des Unfallversicherungsgesetzes keine Anwendung.

Zu § 3.

Auch im Bereich dieser Verwaltungen (§. 2) lehnt sich die Unfallversicherung materiell durchweg an die grundlegenden Bestimmungen des Unfallversicherungsgesetzes an.

Dies gilt insbesondere von dem Umfang, der Feststellung und der Auszahlung der Entschädigungen, von der hierbei erforderlichen Mitwirkung eines Schiedsgerichts, des Reichs-(Landes-)Versicherungsamts und der Post, von der Zusammensetzung des Schiedsgerichts, der Wahl und den Befugnissen der Vertreter der Arbeiter, sowie von den Schlußbestimmungen des Unfallversicherungsgesetzes (excl. der Strafbestimmungen).

Nicht anwendbar sind die Bestimmungen über die Bildung, Veränderung (cf. jedoch § 32) und Auflösung der Genossenschaften, das Statut, die Gefahrenklassen und den Reservefonds, die Bestimmungen über die Mitgliedschaft und Betriebsveränderungen, sowie über die Aufsichtsführung. An die Stelle des Statuts treten vielmehr Ausführungsvorschriften (§ 10 A. G.), an die Stelle der Beaufsichtigung durch das Reichs- (Landes-)Versicherungsamt die Beaufsichtigung durch die dienstpragmatischen Vorgesetzten.

Diejenigen Bestimmungen des Unfallversicherungsgesetzes, welche hiernach grundsätzlich in Geltung bleiben, erfordern für die Reichs- und Staatsbetriebe gewisse Modifikationen, weil sie die Bildung von Berufsgenossenschaften zur Voraussetzung haben. Die durch den Wegfall dieser Voraussetzung bedingten Aenderungen des Unfallversicherungsgesetzes ergeben sich aus den §§ 4 bis 10 des vorliegenden Gesetzes, während alle übrigen Vorschriften des ersteren nach § 1 des letzteren ohne Weiteres entsprechende Anwendung finden sollen, soweit deren Anwendbarkeit nicht durch § 3 oder die Natur der Sache ausgeschlossen ist (vgl. Mot. u. Komm. d. Verf. 3. Aufl. Anm. 1 zu § 3 A. G.).

Anwendbar ist hiernach insbesondere auch § 67 U.V.G. Nachdem derselbe aber für Bauarbeiter durch die abweichende Bestimmung des § 39 B.U.G. ersetzt worden ist (vgl. Anm. zu § 67 U.V.G.), ist diese Abweichung durch § 48 Abs. 2 B.U.G. ausdrücklich auch auf den Bereich des Ausdehnungsgesetzes, soweit es sich dabei um Regiebauten der in § 1 Ziffer 1 bezeichneten Verwaltungen handelt, ausgedehnt worden.

§. 4.

1. Personen des Soldatenstandes sind von der Versicherung ausgeschlossen.

2. Die Erstreckung der Versicherungspflicht auf Betriebsbeamte mit einem zweitausend Mark übersteigenden Jahresarbeitsverdienst (§. 2 Absatz 1 des Unfallversicherungsgesetzes) kann durch die Ausführungsvorschriften erfolgen, soweit diese Beamten nicht nach §. 4 a. a. O. von der Anwendung des Gesetzes ausgeschlossen sind.

Zu § 4.

1. Dieser § hat für Personen des Soldatenstandes, für Reichsbeamte, Preuß. Betriebsbeamte und Betriebsbeamte anderer Bundesstaaten und Kommunalverbände, für welche die Unfallfürsorge dienstpragmatisch geregelt ist, keine Bedeutung mehr. Vgl. Anm. 5 zu § 1 A. G.

2. Zu den Personen des Soldatenstandes gehören auch die Militärpersonen der Kaiserl. Marine, vgl. § 4 Militär-Strafgesetzbuch v. 26./6. 72 (R.G.Bl. S. 174) sowie die Anlage zu demselben (R.G.Bl. S. 204).

§. 5.

1. Die Wahl der Vertreter der Arbeiter (§. 41 a. a. O.) erfolgt für den Geschäftsbereich jeder Ausführungsbehörde.

2. Das Regulativ (§. 43 a. a. O.) wird durch die für den Erlaß der Ausführungsvorschriften zuständige

Behörde erlassen. In demselben sind die Zahl der Vertreter und die denselben zu gewährenden Vergütungssätze (§§. 44 Absatz 4, 49 Absatz 2, 55 Absatz 1 a. a. O.) festzustellen.

Ueber Streitigkeiten, welche sich auf die Gültigkeit der vollzogenen Wahlen beziehen, entscheidet das Reichs-Versicherungsamt beziehungsweise das Landes-Versicherungsamt. 3.

Zu § 5.

1. Der Geschäftsbereich der Ausführungsbehörde (§ 2) entspricht dem Sektionsbezirk; an die Stelle des Genossenschaftsstatuts treten die Ausführungsvorschriften, von denen das Regulativ ein integrirender Theil ist (vgl. Mot.).

2. Die Zahl der Arbeitervertreter muß wegen der Bestimmung des § 9 mindestens drei betragen (vgl. Mot.)

3. Die Bestimmung des Abs. 3. enthält dasjenige, was aus dem § 92 U.V.G. in das vorliegende Gesetz zu übernehmen war.

§. 6.

Für den Geschäftsbereich jeder Ausführungsbehörde ist mindestens ein Schiedsgericht (§. 46 a. a. O.) zu errichten. Die im §. 47 Absatz 3 a. a. O. bezeichneten Beisitzer werden von der Ausführungsbehörde ernannt.

Zu § 6.

Vgl. Anm. 1 zu § 5.

§. 7.

Die Feststellung der Entschädigungen (§. 57 a. a. O.) erfolgt durch die in den Ausführungsvorschriften zu bezeichnende Behörde.

§. 8.

Gegen den Bescheid der zuständigen Behörde, durch welchen ein Entschädigungsanspruch aus dem Grunde abgelehnt wird, weil der Betrieb, in welchem der Unfall sich ereignet hat, für nicht unter den §. 1 fallend erachtet wird, steht dem Verletzten und seinen Hinterbliebenen die Beschwerde an das Reichs-Versicherungsamt beziehungsweise Landes-Versicherungsamt zu, welche bei demselben binnen vier Wochen nach der Zustellung des ablehnenden Bescheides einzulegen ist.

Zu § 8.

Die Bestimmung entspricht dem § 63 Abs. 1 in Verbindung mit § 92 Abs. 2 U.V.G. Es soll durch diese Bestimmung ein Rechtsmittel gegeben werden, wenn die zur Festsetzung berufene Behörde (§ 7) die Entschädigung um deswillen ablehnt, weil der Betrieb oder derjenige Theil der Verwaltung, in welchem der Unfall sich ereignet hatte, nicht unter dies Gesetz falle (vgl. Mot.). Da es sich hierbei um prinzipielle Fragen der Unfallversicherung handeln wird, so mußte die Entscheidung dem Reichs- (Landes-)Versicherungsamt übertragen werden.

§. 9.

1. Vorschriften der Ausführungsbehörden über das in den Betrieben von den Versicherten zur Verhütung von Unfällen zu beobachtende Verhalten sind, sofern sie Strafbestimmungen enthalten sollen, vor dem Erlaß mindestens drei Vertretern der Arbeiter zur Berathung und gutachtlichen Aeußerung vorzulegen. Die Berathung findet unter Leitung eines Beauftragten der Ausfüh-

rungsbehörde statt. Der Beauftragte darf kein unmittelbarer Vorgesetzter der Vertreter der Arbeiter sein.

Die auf Grund solcher Vorschriften verhängten 2.
Geldstrafen fließen in die Krankenkasse, welcher der zu ihrer Zahlung Verpflichtete zur Zeit der Zuwiderhandlung angehört.

Zu § 9.

1. Andere Dienstbehörden können Unfallverhütungsvorschriften auch ohne Anhörung der Vertreter der Arbeiter erlassen. Auch die gleichartigen Bestimmungen des Unfallversicherungsgesetzes (§ 78 a. a. O.) beziehen sich nur auf Anordnungen der Genossenschaften, nicht der einzelnen Betriebsunternehmer.

2. Vgl. die für alle Eisenbahnbetriebe (Privat- und Reichs- bezw. Staatsbetriebe) geltende Vorschrift des § 14 A. G. Vgl. auch Anm. zu § 96 U.V.G.

§. 10.

Die zur Durchführung der Bestimmungen in den §§. 2 bis 9 erforderlichen Ausführungsvorschriften sind für die Heeresverwaltungen von der obersten Militärverwaltungsbehörde des Kontingents, im Uebrigen für die Reichsverwaltungen vom Reichskanzler, für die Landesverwaltungen von der Landes-Zentralbehörde zu erlassen.

Zu § 10.

Vgl. Anm. 1 zu § 5. Dieselben Zentralinstanzen, welche die an die Stelle der Vorstände tretenden Ausführungsbehörden bezeichnen (§ 2), erlassen auch die an die Stelle des Statuts tretenden

Ausführungsvorschriften. Siehe die letzteren für die bedeutenderen Verwaltungen bei Anm. 2 zu § 2 A. G.

Privatbetriebe.

§. 11.

Soweit nicht die §§. 2 bis 10 Anwendung finden, erfolgt die Versicherung durch Berufsgenossenschaften nach den Bestimmungen des Unfallversicherungsgesetzes. Bei der Errichtung von Berufsgenossenschaften für Eisenbahnen oder die im §. 1 Ziffer 3 bezeichneten Betriebe kann von der Bestimmung des §. 9 des Unfallversicherungsgesetzes abgesehen werden, wonach die für einen bestimmten Bezirk gebildeten Berufsgenossenschaften innerhalb desselben alle Betriebe desjenigen Industriezweiges umfassen müssen, für welchen sie errichtet sind.

Gemeinsame Bestimmungen.

§. 12.

1. Soweit Betriebe der Post-, Telegraphen- und Eisenbahnverwaltungen, sowie Betriebe der Marine- und Heeresverwaltungen bereits auf Grund des Unfallversicherungsgesetzes einer Berufsgenossenschaft zugetheilt sind, scheiden dieselben aus der letzteren mit den aus §. 32 a. a. O. sich ergebenden Rechtswirkungen aus. Dasselbe gilt von Anlagen, welche Bestandtheile eines Binnenschiffahrtsbetriebes sind.

2. Auf die im §. 1 Absatz 6 a. a. O. bezeichneten Eisenbahn- und Schiffahrtsbetriebe findet diese Bestimmung keine Anwendung.

Zu § 12.

Nach Abs. 1 findet also auf Fabriken, Werkstätten 2c., welche Pertinenzen eines militärischen, Eisenbahn- 2c. Betriebes sind, nicht das Unfallversicherungsgesetz, sondern das Ausdehnungsgesetz Anwendung.

Abs. 2 betrifft den umgekehrten Fall, daß ein Eisenbahn- oder Binnenschiffahrtsbetrieb selbst Pertinenz (Nebenbetrieb) einer Fabrik, eines Bergwerks 2c. ist, und deshalb nach § 6 Abs. 6, § 9 Abs. 3 U.V.G. derjenigen Berufsgenossenschaft zugewiesen ist, welcher die Fabrik, das Bergwerk 2c. angehört. In diesem Falle verbleibt die Eisenbahn oder der Binnenschiffahrtsbetrieb in dem Verbande dieser Berufsgenossenschaft „nach dem Grundsatz, daß der Nebenbetrieb dem Hauptbetriebe folgt" (Mot.). Vgl. Anm. 3 zu § 1 A. G.

§. 13.

Ereignet sich ein Unfall auf der Fahrt, so ist die nach §. 51 Absatz 1 a. a. O. zu erstattende Anzeige an diejenige Ortspolizeibehörde im Inlande zu richten, in deren Bezirk sich der Unfall ereignet hat oder der erste Aufenthalt nach demselben genommen wird. Die Untersuchung des Unfalls (§. 53 a. a. O.) erfolgt durch diejenige Ortspolizeibehörde, an welche die Anzeige erstattet ist. Auf Antrag Betheiligter (§. 54 a. a. O.) kann jedoch die der Ortspolizeibehörde vorgesetzte Behörde die Untersuchung durch eine andere Ortspolizeibehörde herbeiführen. Die zur Führung der Untersuchung berufene Ortspolizeibehörde hat der Krankenkasse, welcher der Verletzte angehört, rechtzeitig von dem Zeitpunkte, in welchem die Untersuchung vorgenommen werden wird, Kenntniß zu geben. Der Vorstand hat das Recht, zum Zweck der Theilnahme an den Untersuchungsverhandlungen einen 1.

Vertreter für die im §. 54 des Unfallversicherungsgesetzes bezeichneten Bevollmächtigten zu bestellen und ist hierbei nicht auf den Kreis der Kassenmitglieder beschränkt.

2. Hinsichtlich der unter Reichs- oder Staatsverwaltung stehenden Betriebe bewendet es bei den Vorschriften in §§. 51 Absatz 5, 52, 56 a. a. O.

Zu § 13.

Dieselbe Ortspolizeibehörde im Inlande, an welche die Unfallanzeige erstattet ist, hat in der Regel auch die Untersuchung des Unfalls zu führen. Bei dieser Untersuchung soll einem auf der Fahrt befindlichen Schiff ꝛc. nicht ohne Noth, d. h. nicht daß es das Interesse der Untersuchung selbst gebieterisch erheischt, Aufenthalt verursacht werden.

Die Krankenkasse, welcher der Verletzte angehört, kann zur Theilnahme an den Untersuchungsverhandlungen einen beliebigen ad hoc bestellten Vertreter der für andere Unfalluntersuchungen gewählten Bevollmächtigten (§ 45 U.V.G.) deputiren. Sie wird daher an demjenigen, vielleicht weit von ihrem Sitz entfernten Ort, an welchem die Untersuchung eines auf der Fahrt vorgekommenen Unfalls geführt wird, eine an dem Ort der Untersuchung wohnende Person, etwa durch Vermittelung seiner Krankenkasse oder der Ortspolizeibehörde, mit Wahrnehmung ihrer Interessen beauftragen können. Ein solcher Fall kann z. B. eintreten, wenn in Cöln der Betriebsunfall eines Rheindampfers untersucht, wird, bei welchem ein Mitglied einer in Mannheim domicilirten Krankenkasse verletzt ist.

Vgl. im Uebrigen die Anm. im Komm. d. Verf. 3. Aufl.

§. 14.

Auf Unfallverhütungsvorschriften, welche sich auf die Sicherheit des Eisenbahnbetriebes beziehen, finden die Bestimmungen des §. 9 dieses Gesetzes, sowie der §§. 79, 81 des Unfallversicherungsgesetzes keine Anwendung.

Zu § 14.

Vertreter der Arbeiter haben in Eisenbahnbetrieben nur bei solchen Unfallverhütungsvorschriften mitzuwirken, welche von Ausführungsbehörden (vgl. Anm. 1 zu § 9) oder Genossenschaftsvorständen speziell für den Schutz der Arbeiter und Beamten gegen Unfälle beabsichtigt werden, ohne sich auf die Sicherheit des Eisenbahnbetriebes im Allgemeinen zu beziehen.

II. Krankenversicherung †).

Ausdehnung der Krankenversicherung.

§. 15.

Auf alle im §. 1 bezeichneten Betriebe findet das Gesetz über die Krankenversicherung der Arbeiter vom 15. Juni 1883 (Reichs-Gesetzbl. S. 73) in gleicher Weise wie auf die im §. 1 desselben bezeichneten Betriebe Anwendung. Soweit hierdurch die gesetzliche Verpflichtung zur Krankenversicherung auf Personen ausgedehnt wird, welche in einem Transportbetriebe beschäftigt sind, tritt §. 2 Ziffer 3 des Krankenversicherungsgesetzes außer Kraft.

Personen des Soldatenstandes, sowie solche in Reichs- oder Staatsbetrieben beschäftigte Personen, welche dem Reich oder dem Staate gegenüber in Krankheitsfällen einen Anspruch auf Fortzahlung des Gehaltes oder des Lohnes oder auf eine den Bestimmungen des §. 6 a. a. O. entsprechende Unterstützung mindestens für dreizehn

†) Nur des Zusammenhanges wegen wird hier der Text der auf die Krankenversicherung sich beziehenden §§ 15, 16 dieses Gesetzes mit abgedruckt.

Wochen nach der Erkrankung haben, sind von der Krankenversicherung ausgeschlossen.

3. Als Beschäftigungsort gilt im Zweifel der Sitz des Gewerbebetriebes, in welchem die Beschäftigung stattfindet.

§. 16.

1. Erkankt ein Versicherter auf der Fahrt im Inlande außerhalb des Bezirks der Orts-, Betriebs- (Fabrik-), Bau-, Innungs-Krankenkasse, der Knappschaftskasse oder der Gemeinde-Krankenversicherung, welcher er angehört, so hat dem Erkrankten die Gemeinde des Ortes, an welchem die Fürsorge für denselben nothwendig wird, diejenigen Unterstützungen zu gewähren, welche er von der Gemeinde-Krankenversicherung oder der Krankenkasse, der er angehört, zu beanspruchen hat. Diese hat der unterstützenden Gemeinde die ihr hieraus erwachsenden Kosten zu erstatten. Bei der Erstattung gilt als Ersatz der im §. 6 Absatz 1 Ziffer 1 des Krankenversicherungsgesetzes bezeichneten Leistungen die Hälfte des Krankengeldes, sofern nicht höhere Aufwendungen nachgewiesen werden.

2. Erkrankt ein bei einer Orts-, Betriebs- (Fabrik-), Bau-, Innungs-Krankenkasse, bei einer Knappschaftskasse oder bei einer Gemeinde-Krankenversicherung Versicherter auf der Fahrt im Auslande, so hat dem Erkrankten der Betriebsunternehmer diejenigen Unterstützungen zu gewähren, welche er von der Gemeinde-Krankenversicherung oder der Krankenkasse, der er an-

gehört, zu beanspruchen hat. Diese hat dem Betriebsunternehmer die ihm hieraus nachweislich erwachsenden Kosten zu erstatten. Bei der Erstattung gilt als Ersatz der im §. 6 Absatz 1 Ziffer 1 des Krankenversicherungsgesetzes bezeichneten Leistungen die Hälfte des Krankengeldes.

Streitigkeiten, welche hieraus entstehen, werden, so- 3.
weit es sich um Unterstützungsansprüche handelt, nach §. 58 Absatz 1 a. a. O., im Uebrigen nach §. 58 Absatz 2 a. a. O. entschieden.

III. Schlußbestimmungen.

Gesetzeskraft.

§. 17.

Mit den aus diesem Gesetze sich ergebenden Ab- 1.
änderungen treten die Bestimmungen der Abschnitte II, III, IV, V und VIII des Unfallversicherungsgesetzes, die auf diese Abschnitte bezüglichen Strafbestimmungen und diejenigen Vorschriften, welche zur Durchführung der in diesen Abschnitten getroffenen Anordnungen dienen, in Betreff der im §. 1 bezeichneten Betriebe mit dem Tage der Verkündung dieses Gesetzes in Kraft.

Dasselbe gilt von den Vorschriften des Kranken- 2.
versicherungsgesetzes, soweit sie die Beschlußfassung über die statutarische Einführung des Versicherungszwanges, sowie die Herstellung der zur Durchführung des Versicherungszwanges dienenden Einrichtungen betreffen.

Im Uebrigen wird der Zeitpunkt, mit welchem die 3.
Bestimmungen dieses Gesetzes ganz oder theilweise in

Kraft treten, mit Zustimmung des Bundesraths durch Kaiserliche Verordnung bestimmt †).

†) I. V. v. 25./9. 85, betr. die Inkraftsetzung des Unfallversicherungsgesetzes vom 6. Juli 1884 (Reichs-Gesetzbl. S. 69) und die theilweise Inkraftsetzung des Gesetzes über die Ausdehnung der Unfall- und Krankenversicherung vom 28. Mai 1885 (Reichs-Gesetzbl. S. 159). R.G.Bl. S. 271.

Wir Wilhelm, von Gottes Gnaden Deutscher Kaiser, König von Preussen etc.

verordnen auf Grund des § 111 Absatz 2 des Unfallversicherungsgesetzes vom 6. Juli 1884 (Reichs-Gesetzbl. S. 69) und des § 17 Absatz 3 des Gesetzes über die Ausdehnung der Unfall- und Krankenversicherung vom 28. Mai 1885 (Reichs-Gesetzbl. S. 159) mit Zustimmung des Bundesraths, was folgt:

§. 1.

Das Unfallversicherungsgesetz vom 6. Juli 1884 (Reichs-Gesetzbl. S. 69) tritt mit dem 1. Oktober 1885 seinem vollen Umfange nach in Kraft.

§. 2.

Mit demselben Zeitpunkte tritt das Gesetz über die Ausdehnung der Unfall- und Krankenversicherung vom 28. Mai 1885 (Reichs-Gesetzbl. S. 159) für die im §. 1 Ziffer 1 a. a. O. bezeichneten Betriebe, nämlich:

den gesammten Betrieb der Post-, Telegraphen- und Eisenbahnverwaltungen, sowie sämmtliche Betriebe der Marine- und Heeresverwaltungen, und zwar einschliesslich der Bauten, welche von diesen Verwaltungen für eigene Rechnung ausgeführt werden,

in Kraft.

Urkundlich unter Unserer Höchsteigenhändigen Unterschrift und beigedrucktem Kaiserlichen Insiegel.

Gegeben Baden-Baden, den 25. September 1885.

(L. S.) Wilhelm.

von Boetticher.

Urkundlich unter Unserer Höchsteigenhändigen Unterschrift und beigedrucktem Kaiserlichen Insiegel.

Gegeben Berlin, den 28. Mai 1885.

(L. S.) **Wilhelm.**

Fürst von Bismarck.

II. V. v. 24./6. 1886, betr. die Inkraftsetzung des Gesetzes über die Ausdehnung der Unfall- und Krankenversicherung vom 28. Mai 1885. R.G.Bl. S. 205.

Wir Wilhelm, von Gottes Gnaden Deutscher Kaiser, König von Preussen etc.

verordnen auf Grund des §. 17 Absatz 3 des Gesetzes über die Ausdehnung der Unfall- und Krankenversicherung vom 28. Mai 1885 (Reichs-Gesetzbl. S. 159) mit Zustimmung des Bundesraths, was folgt:

Einziger Paragraph.

Das Gesetz über die Ausdehnung der Unfall- und Krankenversicherung vom 28. Mai 1885 (Reichs-Gesetzbl. S. 159) tritt mit dem 1. Juli 1886 für die im §. 1 Ziffer 2 bis 5 a. a. O. bezeichneten Betriebe, nämlich:

den Baggereibetrieb;

den gewerbsmässigen Fuhrwerks-, Binnenschiffahrts-, Flösserei-, Prahm- und Fährbetrieb, sowie den Gewerbebetrieb des Schiffsziehens (Treidelei);

den gewerbsmässigen Speditions-, Speicher- und Kellereibetrieb;

den Gewerbebetrieb der Güterpacker, Güterlader, Schaffer, Bracker, Wäger, Messer, Schauer und Stauer

seinem vollen Umfange nach in Kraft.

Urkundlich unter Unserer Höchsteigenhändigen Unterschrift und beigedrucktem Kaiserlichen Insiegel.

Gegeben Bad Ems, den 24. Juni 1886.

(L. S.) Wilhelm.

von Boetticher.

Anlagen.

A. Gesetz,
betreffend die Unfallversicherung der bei Bauten beschäftigten Personen.

Vom 11. Juli 1887. (Reichs=Gesetzbl. S. 287.)

Wir **Wilhelm**, von Gottes Gnaden Deutscher Kaiser, König von Preußen rc.

verordnen im Namen des Reichs, nach erfolgter Zustimmung des Bundesraths nnd des Reichstags, was folgt:

I. Allgemeine Bestimmungen.

§. 1.

Arbeiter, welche bei der Ausführung von Bauarbeiten beschäftigt und nicht schon auf Grund des Unfallversicherungsgesetzes vom 6. Juli 1884 (Reichs=Gesetzbl. S. 69), des Gesetzes, betreffend die Ausdehnung der Unfall= und Krankenversicherung, vom 28. Mai 1885 (Reichs=Gesetzbl. S. 159), des Gesetzes, betreffend die Unfall= und Krankenversicherung der in land= und forstwirthschaftlichen Betrieben beschäftigten Personen, vom 5. Mai 1886 (Reichs=Gesetzbl. S. 132), oder der auf Grund des §. 1 Absatz 8 des Unfallversicherungsgesetzes von dem Bundesrath erlassenen Bestimmungen gegen Unfall versichert sind, werden gegen die Folgen der bei diesen Bauarbeiten sich ereignenden Unfälle nach Maßgabe der Bestimmungen dieses Gesetzes versichert. Umfang der Versicherung.

Dasselbe gilt von den bei derartigen Bauarbeiten beschäftigten Betriebsbeamten, sofern ihr Jahresarbeitsverdienst an Lohn oder Gehalt zweitausend Mark nicht übersteigt. 2.

Auf die im §. 1 des Gesetzes, betreffend die Fürsorge für Beamte und Personen des Soldatenstandes in Folge von Betriebs= 3.

unfällen, vom 15. März 1886 (Reichs-Gesetzbl. S. 53) bezeichneten Personen, auf Beamte, welche in Betriebsverwaltungen eines Bundesstaates oder eines Kommunalverbandes mit festem Gehalt und Pensionsberechtigung angestellt sind, sowie auf andere Beamte eines Bundesstaates oder eines Kommunalverbandes, für welche die im § 12 a. a. O. vorgesehene Fürsorge in Kraft getreten ist, findet dieses Gesetz keine Anwendung. Die Ausführung von Bauarbeiten gilt als Betrieb im Sinne des Gesetzes vom 15. März 1886.

4. Die laufenden Reparaturen an den zum Betriebe der Land- und Forstwirthschaft dienenden Gebäuden und die zum Wirthschaftsbetriebe gehörenden Bodenkultur- und sonstigen Bauarbeiten, insbesondere die diesem Zweck dienende Herstellung oder Unterhaltung von Wegen, Dämmen, Kanälen und Wasserläufen, gelten als Theile des land- und forstwirthschaftlichen Betriebes, wenn sie von Unternehmern land- und forstwirthschaftlicher Betriebe ohne Uebertragung an andere Unternehmer auf ihren Grundstücken ausgeführt werden.

§. 2.

1. Unternehmer von Bauarbeiten (§. 1 Absatz 1) sind berechtigt, andere nach §. 1 nicht versicherte, bei der Bauausführung beschäftigte Personen und, sofern ihr Jahresarbeitsverdienst zweitausend Mark nicht übersteigt, sich selbst zu versichern. Diese letztere Berechtigung kann durch Statut auf Unternehmer mit einem zweitausend Mark übersteigenden Jahresarbeitsverdienste erstreckt werden.

2. Auch kann durch Statut die Versicherungspflicht auf Betriebsbeamte mit einem zweitausend Mark übersteigenden Jahresarbeitsverdienste und auf Gewerbetreibende ausgedehnt werden, welche nicht regelmäßig wenigstens einen Lohnarbeiter beschäftigen.

3. Die Höhe des der Versicherung der Unternehmer zu Grunde zu legenden Jahresarbeitsverdienstes bestimmt das Statut. Bei der Versicherung von Betriebsbeamten ist der volle Jahresarbeitsverdienst zu Grunde zu legen.

§. 3.

Unternehmer.

Als Unternehmer im Sinne dieses Gesetzes gilt

1. bei Bauarbeiten, welche in einem gewerbsmäßigen Baubetriebe

ausgeführt werden, der Baugewerbetreibende, für dessen Rechnung dieser Betrieb erfolgt;

2. bei anderen Bauarbeiten derjenige, für dessen Rechnung dieselben ausgeführt werden.

§. 4.

Träger der Versicherung.

Die Versicherung erfolgt:

1. bei der gewerbsmäßigen Ausführung von Eisenbahn-, Kanal-, Wege-, Strom-, Deich- und anderen Bauarbeiten, welche nicht unter die Bestimmungen des Unfallversicherungsgesetzes oder unter die nach §. 1 Absatz 8 a. a. O. vom Bundesrath erlassenen Anordnungen fallen, unbeschadet der Bestimmungen in den Ziffern 2 und 3, auf Gegenseitigkeit durch die Unternehmer. Die Letzteren werden zu diesem Zweck in eine Berufsgenossenschaft vereinigt (§§. 9 bis 15);

2. bei Bauarbeiten, welche von dem Reich oder von einem Bundesstaate als Unternehmer (§. 3) ausgeführt werden und nicht zu den Bauten der im §. 2 Absatz 1 des Gesetzes über die Ausdehnung der Unfall- und Krankenversicherung vom 28. Mai 1885 aufgeführten Reichs- und Staatsverwaltungen gehören, vorbehaltlich der Bestimmung des §. 5 Absatz 1 durch das Reich beziehungsweise den Staat, für dessen Rechnung die Bauarbeit erfolgt (§§. 46, 47);

3. bei Bauarbeiten, welche in anderen als Eisenbahnbetrieben von einem Kommunalverbande oder einer anderen öffentlichen Korporation als Unternehmer (§. 3) ausgeführt werden, vorbehaltlich der Bestimmung des §. 5 Absatz 3 durch den Kommunalverband beziehungsweise die Korporation, sofern die Landes-Zentralbehörde auf deren Antrag erklärt, daß dieser Kommunalverband beziehungsweise diese Korporation zur Uebernahme der durch die Versicherung entstehenden Lasten für leistungsfähig zu erachten ist (§§. 46, 47);

4. bei Bauarbeiten, deren Ausführung entweder von anderen als den in Ziffer 2 und 3 bezeichneten Verbänden und Korporationen, oder deren Ausführung nicht gewerbsmäßig erfolgt,

auf Kosten der Unternehmer (§. 3) beziehungsweise Gemeindeverbände nach näherer Bestimmung der §§. 16 ff. durch die Berufsgenossenschaften der Baugewerbetreibenden (§. 1, §. 4 Ziffer 1, § 9 ff. dieses Gesetzes, §§. 1, 9 ff. des Unfallversicherungsgesetzes.)

4. Bezüglich der Bauten, welche von Eisenbahnverwaltungen für eigene Rechnung ausgeführt werden, sowie bezüglich solcher Bauarbeiten, welche als Nebenbetriebe oder Theile eines anderen Betriebes anderweit versicherungspflichtig sind, behält es bei den bisherigen Bestimmungen sein Bewenden.

§. 5.

1. Das Reich und die Bundesstaaten sind berechtigt, bezüglich aller oder einzelner Arten der unter §. 4 Ziffer 2 fallenden, von ihnen als Unternehmer ausgeführten Bauarbeiten derjenigen Berufsgenossenschaft, welche in dem betreffenden Bezirke für die Gewerbetreibenden der betreffenden Art errichtet ist, durch eine von dem Reichskanzler beziehungsweise der Landes-Zentralbehörde abzugebende entsprechende Erklärung als Mitglied beizutreten.

2. Diese Erklärung ist, auch soweit es sich um die Ausführung von Maurer-, Zimmer- und ähnlichen Bauarbeiten (§. 1 Absatz 2 des Unfallversicherungsgesetzes) handelt, vor der Genehmigung des Genossenschaftsstatuts für die nach §. 4 Ziffer 1 Absatz 1 zu errichtende Berufsgenossenschaft abzugeben.

3. Dieselbe Berechtigung steht den Kommunalverbänden und anderen öffentlichen Korporationen zu. Die Erklärung ist von dem Vorstande derselben abzugeben und darf auch nach dem in dem vorstehenden Absatze bestimmten Termine erfolgen.

§. 6.

Jahresarbeitsverdienst, Gegenstand der Versicherung, Umfang der Entschädigung, Ver-

Die Ermittelung des Jahresarbeitsverdienstes, der Gegenstand der Versicherung, der Umfang der Entschädigung und das Verhältniß der Unfallversicherung zu den eingeschriebenen Hülfskassen, zu den sonstigen Kranken-, Sterbe-, Invaliden- und anderen Unterstützungskassen, zu den Leistungen der zur Unterstützung hülfsbedürftiger Personen verpflichteten Gemeinden oder Armenverbände, sowie der

Unternehmer und Kassen, welche die den Gemeinden und Armenverbänden obliegende Verpflichtung zur Unterstützung auf Grund gesetzlicher Vorschrift erfüllt haben, bestimmt sich, vorbehaltlich der Vorschriften der §§. 7 und 8 dieses Gesetzes, nach den §§. 3, 5 bis 8 des Unfallversicherungsgesetzes. hältniß zu Krankenkassen 2c.

2. Ueber die Ermittelung des Jahresarbeitsverdienstes der Unternehmer hat das Statut Bestimmung zu treffen.

§. 7.

1. Bei Unfällen eines Arbeiters, welche sich bei Bauarbeiten der im §. 4 Ziffer 4 Absatz 1 bezeichneten Art ereignen, finden die Bestimmungen des §. 5 Absatz 9 bis 11 des Unfallversicherungsgesetzes keine Anwendung.

2. Bei derartigen Unfällen hat die Gemeinde, in deren Bezirk der verletzte Arbeiter beschäftigt war, demselben während der ersten dreizehn Wochen nach dem Unfalle die Kosten des Heilverfahrens in dem im §. 6 Absatz 1 Ziffer 1 des Krankenversicherungsgesetzes vom 15. Juni 1883 (Reichs-Gesetzbl. S. 73) bezeichneten Umfange zu gewähren, sofern nicht der verletzte Arbeiter sich im Auslande aufhält oder auf Grund der Krankenversicherung oder anderer Rechtsverhältnisse Anspruch auf eine mindestens gleiche Fürsorge hat. Soweit aber solchen Personen die im §. 6 Absatz 1 Ziffer 1 des Krankenversicherungsgesetzes bezeichneten Leistungen von den zunächst Verpflichteten nicht gewährt werden, hat die Gemeinde dieselben mit Vorbehalt des Ersatzanspruchs zu übernehmen. Die zu diesem Zweck gemachten Aufwendungen sind von den Verpflichteten zu erstatten.

3. Für außerhalb des Gemeindebezirks wohnhafte versicherte Personen hat auf Verlangen der verpflichteten Gemeinde die Gemeinde ihres Wohnortes die im Absatz 2 bezeichneten Leistungen unter Vorbehalt des Anspruchs auf Ersatz der Kosten zu übernehmen.

4. Die Versicherungsanstalt (§. 16) ist befugt, die im Absatz 2 bezeichneten Leistungen selbst zu übernehmen.

5. Als Ersatz der Kosten des Heilverfahrens gilt die Hälfte des nach dem Krankenversicherungsgesetze zu gewährenden Mindestbetrages

des Krankengeldes, sofern nicht höhere Aufwendungen nachgewiesen werden.

§. 8.

1. Streitigkeiten über Unterstützungsansprüche, welche aus der Bestimmung des §. 7 zwischen den Verletzten einerseits und den Gemeinden andererseits entstehen, werden von der Aufsichtsbehörde entschieden. Die Entscheidung ist vorläufig vollstreckbar. Dieselbe kann im Verwaltungsstreitverfahren, wo ein solches nicht besteht, im Wege des Rekurses nach Maßgabe der Vorschriften der §§. 20, 21 der Gewerbeordnung angefochten werden.

2. Streitigkeiten über Ersatzansprüche, welche aus den Bestimmungen des §. 7 entstehen, werden im Verwaltungsstreitverfahren, so ein solches nicht besteht, von der Aufsichtsbehörde der in Anspruch genommenen Gemeinde, Gemeindekrankenversicherung oder Krankenkasse entschieden. Gegen die Entscheidung der letzteren findet der Rekurs nach Maßgabe der Vorschriften der §§. 20, 21 der Gewerbeordnung statt.

3. Der Landes-Zentralbehörde bleibt überlassen, vorzuschreiben daß anstatt des Rekursverfahrens die Berufung auf den Rechtsweg mittelst Erhebung der Klage stattfindet.

II. Berufsgenossenschaft.

§. 9.

Umfang. Die Berufsgenossenschaft (§. 4 Ziffer 1) umfaßt, unbeschadet der Bestimmungen des §. 5, alle Baubetriebe der im §. 4 Ziffer 1 bezeichneten Art.

2. Bei Baubetrieben, welche sich auf verschiedene Arten von Bauarbeiten erstrecken, entscheidet für die Zugehörigkeit zur Berufsgenossenschaft der Hauptbetrieb. Auch im Uebrigen folgen Nebenbetriebe den Hauptbetrieben.

3. Unternehmer, deren Hauptbetrieb unter das vorliegende Gesetz fällt, welche aber mit Rücksicht auf Nebenbetriebe bereits einer anderen Berufsgenossenschaft angehören, scheiden aus der letzteren mit den aus §. 32 des Unfallversicherungsgesetzes sich ergebenden

Rechtswirkungen zu dem Zeitpunkte aus, mit welchem dieses Gesetz für die im §. 4 Ziffer 1 bezeichneten Betriebe seinem ganzen Umfange nach in Kraft tritt.

§. 10.

Aufbringung der Mittel.

Die Mittel zur Deckung der von der Berufsgenossenschaft zu leistenden Entschädigungsbeträge und der Verwaltungskosten werden, vorbehaltlich der Bestimmungen der §§. 21 ff., von den Mitgliedern durch Beiträge aufgebracht. Die Beiträge sind so zu berechnen, daß durch dieselben außer den sonstigen Leistungen der Berufsgenossenschaft der Kapitalwerth der ihr im abgelaufenen Rechnungsjahre zur Last gefallenen Renten gedeckt wird. Die Grundsätze für die Berechnung des Kapitalwerthes werden durch das Reichs-Versicherungsamt festgestellt. Die Ausschreibung der Beiträge erfolgt nach Maßgabe der in den Betrieben der Mitglieder von den Versicherten verdienten Löhne und Gehälter, beziehungsweise des Jahresarbeitsverdienstes jugendlicher und nicht ausgebildeter Arbeiter (§. 3 Absatz 3 des Unfallversicherungsgesetzes), sowie des statutenmäßigen Gefahrentarifs (§. 28 a. a. O.).

Auf die Beiträge sind von den Genossenschaftsmitgliedern vierteljährliche Vorschüsse zu leisten. Dieselben bemessen sich für die einzelnen Mitglieder nach der Höhe der für das letztvergangene Rechnungsjahr auf sie vertheilten Beiträge und betragen jedesmal den vierten Theil der letzteren, solange nicht die Genossenschaftsversammlung einen niedrigeren Betrag festgesetzt hat. Für neu eintretende Mitglieder sind die Vorschüsse nach demjenigen Betrage zu bemessen, welchen diese Mitglieder nach Maßgabe der Anmeldung ihrer Betriebe (§. 11) zu den Jahreslasten des letztvergangenen Rechnungsjahres hätten beitragen müssen, wenn sie in demselben schon Mitglied der Berufsgenossenschaft gewesen wären. Diesen letzteren Mitgliedern hat der Vorstand die Höhe des von ihnen zu entrichtenden Vorschusses mitzutheilen. 2.

Für die Zeit bis zum Abschluß der ersten Jahresrechnung wird der Betrag der Vorschüsse der einzelnen Mitglieder durch den Vorstand mit Genehmigung des Reichs-Versicherungsamts festgesetzt und durch das zu den Bekanntmachungen der Genossenschaft bestimmte 3.

Blatt veröffentlicht. In gleicher Weise sind Beschlüsse der Genossenschaftsversammlung wegen Ermäßigung der Vorschüsse zur Kenntniß der Betheiligten zu bringen.

4. Die Vorschüsse sind binnen zwei Wochen nach den durch das Statut oder die Genossenschaftsversammlung bestimmten Fälligkeitsterminen von den Mitgliedern an den Genossenschaftsvorstand einzuzahlen. Auf die Beitreibung der Vorschüsse findet §. 74 Absatz 1 des Unfallversicherungsgesetzes Anwendung.

§. 11.

Anmeldung der Betriebe.

Die Betriebe der im §. 4 Ziffer 1 bezeichneten Art sind nach den Bestimmungen des §. 11 des Unfallversicherungsgesetzes innerhalb einer von dem Reichs-Versicherungsamt zu bestimmenden und öffentlich bekannt zu machenden Frist anzumelden.

2. Bei Unternehmern von Betrieben dieser Art, welche schon gegenwärtig einer Berufsgenossenschaft angehören, ist in der Anmeldung anzugeben, ob der angemeldete Betrieb den Hauptbetrieb oder den Nebenbetrieb bildet und welcher Berufsgenossenschaft der Betrieb bereits angehört.

§. 12.

Organisation.

Auf die Berufsgenossenschaft finden die Bestimmungen des §. 9 Absatz 4 und 5, des §. 10 Absatz 3 und der §§. 16, 17, 19 bis 33 des Unfallversicherungsgesetzes Anwendung, und zwar die des §. 31 Ziffer 2 und 4 mit der Maßgabe, daß der Bundesrath auch ohne Beschluß der Genossenschaftsversammlungen die im §. 1 Absatz 8 a. a. O. bezeichneten Betriebe aus der nach §. 4 Ziffer 1 des gegenwärtigen Gesetzes gebildeten Berufsgenossenschaften ausscheiden und einer anderen Berufsgenossenschaft zutheilen kann.

2. Das Genossenschaftsstatut muß auch über die Anmeldung und das Ausscheiden der nach §. 2 versicherten Unternehmer Vorschriften enthalten, sofern nicht von der Bestimmung des §. 16 Absatz 3 Gebrauch gemacht wird.

§. 13.

1. Die Berufsgenossenschaft hat einen Reservefonds anzusammeln. Zur Bildung desselben sind den nach §. 10 Absatz 1 aufzubringenden

Beträgen fünf Prozent derselben solange zuzuschlagen, bis der Reservefonds unter Hinzurechnung der Zinsen seines Bestandes die Höhe der erforderlichen Jahresbeiträge erreicht. Ist das letztere der Fall, so können die Zinsen, soweit der Bestand des Reservefonds nicht niedriger ist als der Gesammtbetrag der aufzubringenden Jahresbeiträge, zur Deckung der Genossenschaftslasten verwendet werden.

Auf Antrag des Genossenschaftsvorstandes kann die Genossenschaftsversammlung jederzeit weitere Zuschläge zum Reservefonds beschließen, sowie bestimmen, daß derselbe über den Gesammtbetrag der Jahresbeiträge hinaus erhöht werde. Derartige Beschlüsse bedürfen der Genehmigung des Reichs-Versicherungsamts. 2.

In dringenden Bedarfsfällen kann die Genossenschaft mit Genehmigung des Reichs-Versicherungsamts schon vorher die Zinsen und erforderlichenfalls auch den Kapitalbestand des Reservefonds angreifen. Die Wiederergänzung erfolgt alsdann nach näherer Anordnung des Reichs-Versicherungsamts. 3.

§. 14.

Mitglied der Genossenschaft ist jeder Unternehmer eines Betriebes der im §. 9 bezeichneten Art, sowie das Reich, die Bundesstaaten, Kommunalverbände und andere öffentliche Korporationen, soweit diese auf Grund der Bestimmungen des §. 5 der Berufsgenossenschaft beigetreten sind. Mitgliedschaft.

Die Mitgliedschaft beginnt für das Reich und die Bundesstaaten, für Kommunalverbände und andere öffentliche Korporationen (§. 4 Ziffer 2 und 3), sowie für die Unternehmer der zur Zeit der Genehmigung des Genossenschaftsstatuts versicherungspflichtigen Betriebe der im §. 4 Ziffer 1 bezeichneten Art mit diesem Zeitpunkte beziehungsweise im Falle des §. 5 Absatz 3 mit der späteren Beitrittserklärung, für die Unternehmer später entstehender Betriebe der im §. 4 Ziffer 1 gedachten Art mit der Eröffnung des Betriebes. 2.

§. 15.

Jedes Mitglied der Genossenschaft, welches seinen Betrieb nicht bereits nach §. 11 angemeldet hat, ist verpflichtet, binnen einer Woche nach dem Beginn der Mitgliedschaft (§. 14) der unteren Verwaltungsbehörde, in deren Bezirk der Betrieb belegen ist, über denselben Anzeige zu erstatten. Auf die Anzeige und die Ueberweisung des Betriebes finden die Bestimmungen der §§. 35, 36 des Unfallversicherungsgesetzes entsprechende Anwendung. Dasselbe gilt von den Bestimmungen der §§. 37 bis 40 a. a. O. über die Genossenschaftskataster, die Betriebsveränderungen und das Mitgliederverzeichniß.

III. Unfallversicherungsanstalt.

§. 16.

Bildung, Umfang und Organisation. In jeder Berufsgenossenschaft von Baugewerbetreibenden wird für die Versicherung derjenigen Personen, welche von dem im §. 4 Ziffer 4 Absatz 1 bezeichneten Unternehmern bei Bauarbeiten derjenigen Art, für welche die Berufsgenossenschaft errichtet ist, in deren Bezirken beschäftigt werden, einschließlich der selbstversicherten Unternehmer dieser Art, unbeschadet der Bestimmungen des §. 1 Absatz 4 eine Versicherungsanstalt errichtet.

2. Den Versicherungsanstalten der auf Grund des Unfallversicherungsgesetzes errichteten Berufsgenossenschaften von Baugewerbetreibenden werden außer denjenigen Kategorien von Bauarbeiten, für welche sie errichtet sind, die Eisenbahn-, Kanal-, Strom-, Deich- und andere Bauarbeiten (vergl. §. 4 Ziffer 1), zu deren Ausführung, einzeln genommen, nicht mehr als sechs Arbeitstage thatsächlich verwendet worden sind (vergl. §. 21 lit. b), sofern diese Bauarbeiten von den im §. 4 Ziffer 4 Absatz 1 bezeichneten Unternehmern ausgeführt werden, innerhalb ihrer Bezirke zugewiesen.

3. Durch das Genossenschaftsstatut kann bestimmt werden, daß auch die Versicherung von Unternehmern (§. 2), welche als Baugewerbetreibende Mitglieder der Genossenschaft sind, sowie anderer von diesen Baugewerbetreibenden bei der Bauausführung beschäftigten, nach §. 1 nicht versicherten Personen (§. 2) bei der Versicherungsanstalt zu erfolgen hat.

4. Träger der Versicherungsanstalt ist die Berufsgenossenschaft. Der Genossenschaftsvorstand und die Genossenschaftsversammlung,

sowie die sonstigen Organe der Berufsgenossenschaft führen die Verwaltung der Versicherungsanstalt, unbeschadet der Bestimmungen des §. 19 dieses Gesetzes, nach Maßgabe der §§. 22, 23, 26, 27 des Unfallversicherungsgesetzes.

§. 17.

Die Einnahmen und Ausgaben der Versicherungsanstalt sind besonders zu verrechnen und ihre Bestände gesondert zu verwahren. 1.

Für die Versicherungsanstalt ist ein besonderer Reservefonds anzusammeln. Die Verwendung desselben zu Zwecken der Berufsgenossenschaft ist unstatthaft. 2.

Das für die Zwecke der Versicherungsanstalt bestimmte sonstige Vermögen darf für die übrigen Zwecke der Genossenschaft nicht verwendet werden, sofern nicht das Reichs-Versicherungsamt auf den Antrag des Genossenschaftsvorstandes eine solche Verwendung genehmigt. Die Genehmigung darf nur ertheilt werden, wenn der Nachweis erbracht ist, daß der für die Zwecke der Versicherungsanstalt verbleibende Theil dieses Vermögens zur dauernden Befriedigung der bisher festgestellten, von der letzteren zu zahlenden Renten und der sonstigen Verbindlichkeiten der Versicherungsanstalt voraussichtlich ausreichen wird. 3.

Die für den Geschäftsbetrieb der Versicherungsanstalt etwa erforderlichen Mittel hat die Berufsgenossenschaft, soweit nöthig aus ihrem Reservefonds, vorzuschießen. 4.

Die Versicherungsanstalt darf andere als die im §. 16 bezeichneten Versicherungen nicht übernehmen. 5.

Die von der Versicherungsanstalt aufzubringenden Verwaltungskosten bestimmen sich nach den durch die besondere Verwaltung derselben thatsächlich erforderlich gewesenen Aufwendungen; neben denselben kann nach näherer Bestimmung des Reichs-Versicherungsamts als Ersatz des auf die Versicherungsanstalt entfallenden Antheils an den gemeinsamen Verwaltungskosten ein Pauschbetrag erhoben werden. 6.

§. 18.

Für die Versicherungsanstalt hat die Genossenschaftsversammlung ein Nebenstatut zu errichten. Dasselbe muß Bestimmungen treffen: 1.

1. über die Erfordernisse der An- und Abmeldung der im §. 4 Ziffer 4 Absatz 1 bezeichneten Unternehmer, welche von der Befugniß des §. 2 Absatz 1 Gebrauch machen wollen;
2. über die Abgrenzung der Befugnisse des Vorstandes und der Genossenschaftsversammlung bei der Verwaltung der Versicherungsanstalt;
3. über die Ansammlung des vorgeschriebenen Reservefonds;
4. über die Aufstellung, Prüfung und Abnahme der Jahresrechnung;
5. über die Veröffentlichung der Rechnungsabschlüsse;
6. über die Voraussetzungen einer Abänderung des Nebenstatuts.

2. Sofern von der Bestimmung des §. 16 Absatz 3 Gebrauch gemacht ist, muß das Nebenstatut über die An- und Abmeldung der demnach versicherten Personen, sowie über die Einzahlung der für dieselben zu entrichtenden Prämien Vorschriften enthalten.

§. 19.

1. Durch das Nebenstatut können für die Verwaltung der Versicherungsanstalt besondere Organe bestimmt werden. Enthält dasselbe Vorschriften dieser Art, so ist zugleich über den Sitz dieser Organe, über ihre Zusammensetzung, über die Abgrenzung ihrer Bezirke, sowie über den Umfang ihrer Befugnisse Bestimmung zu treffen.

2. Die Abgrenzung der Bezirke dieser Organe und die Wahl ihrer Mitglieder kann von der Genossenschaftsversammlung dem Genossenschaftsvorstande übertragen werden.

3. Die Bezirke und die Zusammensetzung dieser besonderen Organe hat der Genossenschaftsvorstand durch den Reichsanzeiger bekannt zu machen.

§. 20.

1. Das Nebenstatut, sowie die Abänderungen desselben bedürfen der Genehmigung des Reichs-Versicherungsamts.

2. Gegen die Entscheidung desselben, durch welche die Genehmigung versagt wird, findet binnen einer Frist von vier Wochen vom Tage der Zustellung der Entscheidung an den Genossenschaftsvorstand ab die Beschwerde an den Bundesrath statt.

Wird innerhalb dieser Frist Beschwerde nicht erhoben, oder wird die Versagung der Genehmigung des Nebenstatuts vom Bundesrath aufrecht erhalten, so hat das Reichs-Versicherungsamt binnen einer von ihm zu bestimmenden Frist eine anderweite Beschlußfassung der Genossenschaftsversammlung über das Nebenstatut herbeizuführen. Kommt binnen einer von dem Reichs-Versicherungsamt zu bestimmenden Frist eine Beschlußfassung über das Nebenstatut nicht zu Stande, oder wird den über dasselbe gefaßten Beschlüssen die Genehmigung wiederum endgültig versagt, so wird das Nebenstatut von dem Reichs-Versicherungsamt erlassen. 3.

Die Berathungen der Genossenschaftsversammlungen über das Nebenstatut finden in Gegenwart eines Vertreters des Reichs-Versicherungsamts statt, welcher auf sein Verlangen jederzeit gehört werden muß. 4.

§. 21.

In der Versicherungsanstalt erfolgt die Unfallversicherung:

a) bei Bauarbeiten, zu deren Ausführung, einzeln genommen, mehr als sechs Arbeitstage thatsächlich verwendet worden sind, auf Kosten des Unternehmers (§. 3 Ziffer 2) gegen feste, im Voraus bemessene Prämien nach Maßgabe eines Prämientarifs (§§. 22 ff.);

b) bei Bauarbeiten von geringerer Dauer auf Kosten der Verbände (§. 30), über deren Bezirke die Berufsgenossenschaft sich erstreckt, gegen Beiträge, welche auf diese Verbände nach Maßgabe der in den einzelnen Jahren für Unfälle bei derartigen Bauarbeiten thatsächlich erforderlich gewordenen Zahlungen jährlich umgelegt werden.

§. 22.

Versicherung auf Kosten der Unternehmer (§. 21 lit. a).

Die im §. 4 Ziffer 4 Absatz 1 aufgeführten Unternehmer, welche Bauarbeiten der im §. 21 lit. a bezeichneten Art ausführen, haben von einem von dem Reichs-Versicherungsamt zu bestimmenden und öffentlich bekannt zu machenden Zeitpunkte ab der von der Landes-Zentralbehörde bestimmten Behörde nach einem von dem Reichs-Versicherungsamt vorzuschreibenden Formular längstens binnen drei Tagen nach Ablauf eines jeden Monats eine Nachweisung der in diesem Monate bei Ausführung der Bauarbei verwendeten Arbeitstage und der von den Versicherten dabei v dienten Löhne und Gehälter vorzulegen.

2. Soweit die Verpflichteten die Nachweisung nicht rechtzeitig od nicht vollständig einreichen, hat die in Gemäßheit des ersten Absat von der Landes-Zentralbehörde bestimmte Behörde diese Na weisungen nach ihrer Kenntniß der Verhältnisse selbst aufzustell oder zu ergänzen. Sie kann zu diesem Zweck die Verpflichtet zu einer Auskunft innerhalb einer zu bestimmenden Frist du Geldstrafen bis zu einhundert Mark anhalten.

3. Die Nachweisungen sind binnen zwei Wochen nach Ablauf d Kalendervierteljahres an den Genossenschaftsvorstand oder das v diesem bezeichnete Organ der Genossenschaft einzureichen. Dabei h die in Gemäßheit des ersten Absatzes von der Landes-Zentralbehör bestimmte Behörde zu bescheinigen, daß ihr über die Ausführu weiterer Bauarbeiten, für welche nach den vorstehenden Vorschrift in ihrem Bezirke Nachweisungen vorzulegen wären, nichts bekan geworden sei.

§. 23.

Prämientarif.

Der Prämientarif (§. 21 lit. a) muß die der Berechnung d Prämien zu Grunde zu legenden Einheitssätze nach Verhältniß d bei der Bauausführung von den Versicherten verdienten Löhne od Gehälter (vergl. §. 25 Absatz 2) beziehungsweise des in Betrac kommenden Jahresarbeitsverdienstes (§. 2) dergestalt ersichtli machen, daß sich ergiebt, wieviel für jede angefangene halbe Ma des in Betracht kommenden Lohnes an Prämie zu entrichten ist.

2. Sofern nach dem für die Berufsgenossenschaft bestehenden G fahrentarif die einzelnen Arten von Bauarbeiten zu verschiede bemessenen Beiträgen herangezogen werden, sind auch die Einheit sätze der an die Versicherungsanstalt zu entrichtenden Prämien na dem durch den Gefahrentarif der Genossenschaft festgestellten Ve hältnisse verschieden zu berechnen.

§. 24.

1. Der Prämientarif wird alle drei Jahre von dem Reichs-Ve sicherungsamt für jede Berufsgenossenschaft nach Anhörung de

Vorstandes derselben im Voraus festgesetzt. Als Grundlagen dienen der Kapitalwerth derjenigen Leistungen, welche der Versicherungsanstalt aus den bei Bauarbeiten der im §. 21 lit. a bezeichneten Art im Jahre durchschnittlich zu erwartenden Unfällen voraussichtlich erwachsen werden, ferner die zur Bildung des vorgeschriebenen Reservefonds (§. 17) erforderlichen Zuschläge, sowie ein Pauschbetrag für Verwaltungskosten, welcher nach der Höhe der in der vorangegangenen Periode im Jahresdurchschnitt für die Versicherungsanstalt entstandenen Verwaltungskosten (§. 17 Absatz 6) unter Berücksichtigung des auf die Gemeinden nach §. 31 entfallenden Betrages derselben zu berechnen ist. In Abzug zu bringen sind die Zinsen des Reservefonds, soweit dieselben nicht nach den Bestimmungen des Nebenstatuts (§. 18 Ziffer 3) dem Reservefonds selbst zufließen.

Die näheren Bestimmungen über die Berechnung des Zu- 2.
schlages für Verwaltungskosten hat das Reichs-Versicherungsamt zu erlassen. Für die erstmalige Berechnung wird der Zuschlag für Verwaltungskosten von dem Reichs-Versicherungsamt nach Anhörung des Genossenschaftsvorstandes bestimmt.

Der Prämientarif ist durch den Reichsanzeiger und diejenigen 3.
Blätter zu veröffentlichen, welche zu den amtlichen Bekanntmachungen der Landes-Zentralbehörden, oder der höheren Verwaltungsbehörden, in deren Bezirken er Geltung haben soll, bestimmt sind. Die Veröffentlichung erfolgt durch das Reichs-Versicherungsamt.

Die Veröffentlichung muß mindestens zwei Wochen vor dem- 4.
jenigen Zeitpunkte erfolgt sein, mit welchem der Tarif in Kraft treten soll. Bis zu diesem Zeitpunkte sind die Prämien nach dem bisherigen Tarif zu erheben.

§. 25.

Entrichtung der Prämien.

Nach Ablauf des Kalendervierteljahres wird auf der Grundlage des Prämientarifs und der nach §. 22 Absatz 3 eingereichten Nachweisungen vom Genossenschaftsvorstande die Prämie berechnet, welche auf jeden Unternehmer entfällt, und die Heberolle aufgestellt.

2. Für diejenigen Personen, deren bei der Ausführung der Ba arbeit verdiente Löhne und Gehälter für den Arbeitstag den Betr des von der höheren Verwaltungsbehörde für den Ort der B schäftigung festgesetzten ortsüblichen Tagelohnes gewöhnlicher e wachsener Tagearbeiter nicht erreichen, ist dieser letztere Betrag d Berechnung der Prämie zu Grunde zu legen.

3. Den Gemeindebehörden sind bezüglich der dem Gemeind bezirke angehörenden Unternehmer Auszüge aus der Heberolle m der Aufforderung zuzustellen, die Beiträge einzuziehen und in ganz Summe binnen vier Wochen an den Genossenschaftsvorstand od das nach §. 19 zuständige andere Organ der Genossenschaft na Abzug der Portoauslagen einzusenden.

4. Den Gemeindebehörden ist hierfür von der Berufsgenossenscha eine Vergütung zu gewähren, deren Höhe von der Landes-Zentra behörde im Einvernehmen mit dem Reichs-Versicherungsamt fes zusetzen ist. Für Bauarbeiten, welche von der Gemeinde selbst fü eigene Rechnung ausgeführt werden, wird diese Vergütung nic gezahlt.

5. Die Gemeinde haftet für diejenigen Prämien, bei denen s den wirklichen Ausfall oder die fruchtlos erfolgte Zwangsvoll streckung nicht nachweisen kann, und muß sie vorschußweise mi einsenden.

§. 26.

1. Der Auszug aus der Heberolle (§. 25) muß diejenigen An gaben enthalten, welche die Zahlungspflichtigen in den Stand setzen die Richtigkeit der angestellten Prämienberechnung zu prüfen. Di Gemeindebehörde hat den Auszug während zweier Wochen zu Einsicht der Betheiligten auszulegen und den Beginn dieser Fris auf ortsübliche Weise bekannt zu machen. Binnen einer weiteren Frist von zwei Wochen kann der Zahlungspflichtige, unbeschadet der Verpflichtung zur vorläufigen Zahlung, gegen die Prämienberechnung bei dem Genossenschaftsvorstande oder dem nach §. 19 zuständigen anderen Organe der Genossenschaft Einspruch erheben.

2. Der Einspruch ist nur zulässig, wenn sich derselbe auf unrichtigen Ansatz der Löhne, auf unrichtige Anwendung des Prämien-

tarifs, auf Rechenfehler oder auf die Behauptung stützt, daß der in Anspruch Genommene zur Entrichtung von Prämien für die von ihm beschäftigten Personen nicht verpflichtet sei. Auf unrichtigen Ansatz der Löhne kann der Einspruch in den Fällen nicht gestützt werden, in welchen die Nachweisung wegen Säumniß des Verpflichteten von der Gemeindebehörde aufgestellt worden war.

Wird dem Einspruch überhaupt nicht oder nicht in dem bean- 3.
tragten Umfange Folge gegeben, so steht dem Zahlungspflichtigen binnen zwei Wochen nach der Zustellung der Entscheidung des zuständigen Genossenschaftsorgans die Beschwerde an die untere Verwaltungsbehörde zu. Gegen die Entscheidung derselben ist binnen zwei Wochen nach der Zustellung Rekurs an das Reichs-Versicherungsamt zulässig. Derselbe darf aber nur auf die Behauptung gestützt werden, daß eine Verpflichtung zur Entrichtung von Prämien nicht vorliege.

§. 27.

Für die Prämien und die sonstigen den unter §. 4 Ziffer 4 1.
Absatz 1 fallenden Unternehmern in diesem Gesetze auferlegten Leistungen haftet im Falle der Zahlungsunfähigkeit des Bauunternehmers der Bauherr während eines Jahres nach der endgültigen Feststellung der betreffenden Verbindlichkeit.

Sind Zwischenunternehmer vorhanden, so haften diese vor dem 2.
Bauherrn.

§. 28.

Weitere Zahlungen als die nach diesem Gesetze zu entrichtenden Prämien und die wegen Verletzung bestehender Verpflichtungen einzuziehenden Strafen und Kosten können seitens der Berufsgenossenschaft von den Unternehmern nicht gefordert werden.

§. 29.

Für Kommunalverbände, öffentliche Korporationen und andere Bauherren, welche regelmäßig ohne Uebertragung an andere Unternehmer Bauarbeiten ausführen, kann auf ihren Antrag der Betrag der der Berechnung der Prämien zu Grunde zu legenden Arbeitslöhne und Gehälter nach Maßgabe der Zahl der im Jahresdurchschnitt verwendeten Arbeitstage in Pausch und Bogen festgesetzt werden. Derartige Festsetzungen müssen Bestimmungen über die Termine, zu welchen die Prämien einzuzahlen sind, enthalten. Soweit solche Festsetzungen getroffen sind, finden die Bestimmungen der §§. 22 und 25 keine Anwendung.

§. 30.

Versicherung auf Kosten von Gemeindeverbänden (§. 21 lit. b).

Die Mittel zur Deckung der Entschädigungsbeträge und Verwaltungskosten, welche der Versicherungsanstalt aus Unfällen bei den im §. 21 lit. b bezeichneten Bauarbeiten erwachsen sind, werden durch Beiträge der Gemeinden, über deren Bezirke die Berufsgenossenschaft sich erstreckt, aufgebracht und auf dieselben nach dem Verhältnisse der Bevölkerungsziffer jährlich umgelegt. Als Bevölkerungsziffer gilt diejenige Zahl von Einwohnern, welche aus Anlaß der nächstvorhergegangenen Volkszählung von der zuständigen Behörde amtlich festgestellt ist, und zwar von dem auf die Feststellung folgenden Rechnungsjahre ab.

2. Durch die Landes-Zentralbehörde kann bestimmt werden, daß an Stelle der Gemeinden weitere Kommunalverbände treten, oder daß innerhalb bestimmter Bezirke einzelne Gemeinden zur gemeinschaftlichen Uebernahme der aus der Unfallversicherung bei der Versicherungsanstalt ihnen erwachsenden Last vereinigt werden. Bestimmungen der letzteren Art müssen Festsetzungen über die Vertretung und Verwaltung dieser Vereinigung, sowie darüber enthalten, nach welchen Grundsätzen die diesen Vereinigungen zur Last fallenden Beträge auf die einzelnen Gemeinden zu vertheilen sind.

3. Die Landes-Zentralbehörde kann ferner bestimmen, daß die Umlegung statt auf Gemeinden oder weitere Kommunalverbände auf Verwaltungsbezirke erfolge, und wie von den letzteren die auf sie umgelegten Beträge auf die einzelnen Gemeinden zu vertheilen sind.

4. Soweit derartige Bestimmungen der Landes-Zentralbehörde nicht erlassen sind, können Gemeinden durch übereinstimmende

Die Verkündung der Entscheidung kann auf eine spätere Sitzung vertagt werden, welche in der Regel binnen einer Woche stattfinden soll.

In dem Falle des §. 90 zu c des Unfallversicherungsgesetzes ist dem Schiedsgericht, gegen dessen Entscheidung Rekurs eingelegt worden ist, Abschrift des Urtheils zu ertheilen.

§. 23.

Die Urtheile werden nebst Gründen von den Berichterstattern entworfen und in der Urschrift von dem Vorsitzenden, den Berichterstattern und mindestens einem anderen Mitgliede, welches an der Urtheilssprechung theilgenommen hat, unterzeichnet.

§. 24.

Im Eingange des Urtheils sind die Mitglieder, welche an der Entscheidung theilgenommen haben, namentlich aufzuführen; auch ist der Sitzungstag zu bezeichnen, an welchem die Entscheidung erfolgt ist.

Die Ausfertigungen der Urtheile werden mit der Ueberschrift versehen:

„Im Namen des Reichs“.

Sie enthalten neben dem Siegel des Reichs-Versicherungsamts die Schlußformel:

„Urkundlich unter Siegel und Unterschrift“.

„Das Reichs-Versicherungsamt“.

Die Vollziehung erfolgt durch den Vorsitzenden.

III. Besondere Befugnisse des Vorsitzenden.

§. 25.

Dem Vorsitzenden steht die Leitung und Beaufsichtigung des gesammten Dienstes zu; er trifft die nähere Bestimmung über die Vertheilung der Geschäfte und ernennt insbesondere in den Fällen der §§. 14, 16, 27 und 88 des Unfallversicherungsgesetzes die Vertreter und Beauftragten des Reichs-Versicherungsamts.

§. 26.

Der Vorsitzende ordnet die Einrichtung der Büreaus, der Akten und Geschäftsregister; ihm steht die Verfügung in allen Verwaltungsangelegenheiten des Amts, insbesondere in denjenigen zu, welche das Etats- und Kassenwesen, das Dienstgebäude und dessen Einrichtung, die Vervollständigung der Bibliothek und sonstige Anschaffungen betreffen.

§. 27.

Mit Genehmigung des Reichskanzlers kann der Vorsitzende einen Theil seiner Befugnisse einem ständigen Mitgliede des Reichs-Versicherungsamts übertragen. Der Vorsitzende wird im Behinderungsfalle von dem nächstältesten ständigen Mitgliede vertreten.

IV. Innerer Geschäftsgang.

§. 28.

Vorladungen und Zustellungsschreiben werden durch die Unterschrift des von dem Vorsitzenden dazu bestimmten

Beamten und unter Beifügung des Siegels des Reichs-Versicherungsamts beglaubigt.

In gleicher Weise erfolgen die in den §§. 14 und 16 des Unfallversicherungsgesetzes vorgeschriebenen Einladungen zu den General- und Genossenschaftsversammlungen. Dieselben können mittelst einfachen Briefes durch die Post bewirkt werden.

§. 29.

Das Reichs-Versicherungsamt führt zwei Siegel:

1. ein großes Siegel, welches dem von dem Reichsgericht geführten entspricht und nur bei förmlichen Ausfertigungen, insbesondere der Urtheile, gebraucht wird;
2. ein kleineres Siegel, welches den bei den Gesandtschaften des Deutschen Reichs eingeführten Siegeln entspricht, mit der Umschrift: „Reichs-Versicherungsamt".

V. Geschäftssprache.

§. 30.

In Betreff der Geschäftssprache vor dem Reichs-Versicherungsamt finden die Bestimmungen in den §§. 186 ff. des Gerichtsverfassungsgesetzes vom 27. Januar 1877 entsprechende Anwendung. Eingaben, welche nicht in deutscher Sprache abgefaßt sind, werden nicht berücksichtigt.

VI. Geschäftsbericht.

§. 31.

Am Schlusse eines jeden Jahres hat das Reichs-Versicherungsamt dem Reichskanzler einen Geschäftsbericht einzureichen.

Urkundlich unter Unserer Höchsteigenhändigen Unterschrift und beigedrucktem Kaiserlichen Insiegel.

Gegeben Bad Gastein, den 5. August 1885.

(L. S.) **Wilhelm.**

von Boetticher.

IX. Anleitung,

betreffend die Anmeldung der versicherungspflichtigen Betriebe. (II.)

(§ 1. des Gesetzes vom 28. Mai 1885 und §. 11 des Unfallversicherungsgesetzes vom 6. Juli 1884.)

Vom 5. Juni 1885 (R.A. Nr. 130).

1. Die Anmeldungspflicht erstreckt sich auf

a) den gewerbsmäßigen Fuhrwerksbetrieb,

b) den gewerbsmäßigen Speditions-, Speicher- und Kellereibetrieb,

c) den Gewerbebetrieb der Güterpacker, Güterlader, Schaffer, Bracker, Wäger, Messer, Schauer und Stauer,

d) den Gewerbebetrieb des Schiffsziehens (Treidelei), endlich

e) auf die folgenden Betriebe, sofern deren Verwaltung nicht vom Reich oder von einem Bundesstaat für Reichs- beziehungsweise Staatsrechnung geführt wird:

α) den Betrieb der Eisenbahnverwaltungen einschließlich der Bauten, welche von diesen Verwaltungen für eigene Rechnung ausgeführt werden,

β) den Baggereibetrieb,

γ) den Binnenschiffahrts-, Flößerei-, Prahm- und Fährbetrieb.

2. Gewerbsmäßig ist ein Fuhrwerksbetrieb, wenn aus dem Betriebe des Fuhrwerks ein Gewerbe gemacht wird, das Fuhrwerk also zu Zwecken des Erwerbs, als unmittelbare Einnahmequelle, für einige Dauer betrieben wird. Hierher gehören insbesondere die Betriebe der Droschken- und Omnibusinhaber, der Posthalter und Frachtfuhrleute, auch die sogenannten Hotelwagen, welche gegen Entgelt die Reisenden von den Gasthöfen nach den Bahnhöfen bringen und von dort abholen.

Ein Fuhrwerk dagegen, welches von einem Gewerbetreibenden (Kaufmann, Arzt, Metzger, Bäcker) zu Zwecken seines sonstigen Gewerbebetriebes verwandt wird und nicht als unmittelbare Einnahmequelle dient, ist nicht als gewerbsmäßig betrieben im Sinne des Gesetzes aufzufassen. Ebensowenig gehören hierher die zum persönlichen Gebrauche dienenden Kutschfuhrwerke von Privatpersonen, sowie das Fuhrwerk eines Landmanns, welcher gelegentlich gegen Entgelt Personen befördert oder etwa zur Winterszeit seine für die Landwirthschaft entbehrlichen Gespanne vorübergehend zu Steinfuhren für einen Chausseebau oder dergleichen gegen Entgelt darbietet, es sei denn, daß er für einen solchen Erwerb besondere Einrichtungen trifft, aus denen sich die Kriterien eines gewerbsmäßigen Fuhrwerksbetriebes ergeben.

3. Der Speicher- und Kellereibetrieb muß gleich dem Speditionsbetrieb, mit welchem derselbe im unmittelbaren Zusammenhang im Gesetz genannt wird, ebenfalls ein gewerbsmäßiger sein, wenn der Unternehmer zu dessen Anmeldung verpflichtet sein soll. Auch hier kommt es also darauf an, daß der Betrieb zu Zwecken des Erwerbs für einige Dauer erfolgt, sei es, indem aus der Speicherei oder Kellerei ein selbständiges Gewerbe gemacht wird, wie beim Dock- oder Packhofsbetriebe in großen Städten, bei Aktien-Speichern 2c., sei es, indem der übrige Gewerbebetrieb des Speicherei- oder Kellereibesitzers so wesentlich mit dem Betriebe der Speicherei oder Kellerei zusammenhängt, oder von diesem so sehr abhängt, daß der Speicherei- und Kellereibetrieb einen hervorstechenden Bestandtheil, wenn nicht den Hauptbestandtheil des Gesammtunternehmens bildet, wie bei den Kornspeichern der Getreidegroßhändler und den Kellereien der Weingroßhandlungen.

Trifft keine dieser Voraussetzungen zu, so kann es sich wohl um einen im Besitze eines Gewerbetreibenden befindlichen „Speicher" oder „Keller", nicht aber um einen gewerbsmäßigen „Speicher"= oder „Kellereibetrieb" handeln.

Insbesondere fallen die gewöhnlichen Keller der Krämer und Höker, der Gast= und Bierwirthe nicht unter den Begriff der gewerbsmäßigen Kellerei, und die Lagerräume, wie sie die Manufakturwaaren= oder Kolonialwaarenhändler zu besitzen pflegen, nicht unter den Begriff des gewerbsmäßigen Speicherbetriebes.

4. Der Begriff „Eisenbahn" ist im weitesten Sinne zu verstehen. Derselbe umfaßt alle zur Beförderung von Personen oder Sachen auf Schienen mittelst elementarer oder thierischer Kraft bestimmten Transportmittel, also nicht nur die Lokomotivbahnen, sondern auch die Pferde= und elektrischen Bahnen. Es ist nicht nothwendig, daß die Eisenbahn dem öffentlichen Verkehr dient.

Eisenbahnbetriebe, welche wesentliche Bestandtheile eines nach dem Unfallversicherungsgesetz vom 6. Juli 1884 versicherungspflichtigen Betriebes sind (vergl. §. 1 Abs. 6 jenes Gesetzes), fallen nicht unter das neue Gesetz und sind daher nicht anzumelden.

5. Zur Binnenschiffahrt gehört auch die gewerbsmäßige Kleinschifferei mittelst Kähnen und Gondeln.

Das vorstehend zu Ziffer 4 Absatz 2 Gesagte gilt auch von den Schiffahrtsbetrieben.

6. Nicht versicherungspflichtig und daher nicht anzumelden sind Betriebe aller Art, in welchen der Unternehmer allein und ohne Gehülfen, Lehrlinge oder sonstige

Arbeiter thätig ist. So ist ein Fuhrwerksbesitzer, welcher gewerbsmäßig Personen oder Sachen befördert, nicht zur Anmeldung seines Betriebes verpflichtet, wenn er den letzteren allein versieht und keinen Kutscher, Postillon, Knecht in demselben beschäftigt.

Dagegen ist die Versicherungspflicht begründet, wenn ein Familienangehöriger des Unternehmers als Gehülfe, Lehrling oder sonstiger Arbeiter in dem Betriebe beschäftigt wird: mit Ausnahme der Beschäftigung der Ehefrau, welche niemals als eine von ihrem Ehemanne beschäftigte Arbeiterin gilt.

Im Uebrigen ist die Anmeldungspflicht weder von der Zahl der in dem Betriebe beschäftigten Arbeiter, noch von der Art desselben (Handbetrieb, Motorenbetrieb 2c.) abhängig.

7. Zur Anmeldung verpflichtet ist der Unternehmer des Betriebes oder sein gesetzlicher Vertreter. Als Unternehmer gilt derjenige, für dessen Rechnung der Betrieb erfolgt, demnach bei verpachteten Betrieben der Pächter, bei Betrieben, welche im Nießbrauch besessen werden, der Nießbraucher.

Für die Anmeldungspflicht ist es einflußlos, ob der Betrieb im Besitze von physischen oder juristischen Personen, des Reichs, eines Bundesstaats, eines Kommunalverbandes oder einer Privatperson ist (vorbehaltlich der zu Ziffer 1 e hinsichtlich der vom Reiche oder von einem Bundesstaate verwalteten Eisenbahnen 2c. gemachten Ausnahme).

8. Die unter das neue Gesetz fallenden Betriebe sind auch dann anzumelden, wenn sie in Gemäßheit des Unfallversicherungsgesetzes vom 6. Juli 1884 schon früher angemeldet worden waren, z. B. Eisenbahn-Reparaturwerkstätten, mit Motoren betriebene Aufzüge in Speichereien und Kellereien, Dampfkrahnbetriebe auf Packhöfen. In solchen Fällen ist in der neuen Anmeldung auf die frühere Anmeldung Bezug zu nehmen.

9. Bei der Anmeldung ist der Gegenstand des Betriebes genau zu bezeichnen.

Umfaßt ein Betrieb wesentliche Bestandtheile verschiedenartiger Gewerbszweige, z. B. Speditions- und Fuhrwerksbetrieb, so sind die sämmtlichen Bestandtheile anzugeben, dabei der Hauptbetrieb besonders hervorzuheben.

10. Die Zahl aller in dem Betriebe durchschnittlich beschäftigten versicherungspflichtigen Personen muß in der Anmeldung angegeben werden, einerlei, ob dieselben Inländer oder Ausländer, männlichen oder weiblichen Geschlechts, ob sie erwachsene Arbeiter, junge Leute oder Lehrlinge mit oder ohne Lohn sind, ob sie dauernd oder vorübergehend beschäftigt werden. Beamte mit mehr als 2000 Mark Jahresverdienst sind nicht mitzuzählen. Tantièmen und Naturalbezüge, letztere nach Ortsdurchschnittspreisen berechnet, bilden einen Theil des Jahresverdienstes.

11. Bei Betrieben, welche regelmäßig nur eine bestimmte Zeit des Jahres arbeiten, ist die anzumeldende

„durchschnittliche" Arbeiterzahl diejenige, welche sich für die Zeit des regelmäßigen vollen Betriebes ergiebt.

12. Als in dem Betriebe beschäftigt sind diejenigen anzumelden, welche in dem Betriebsdienste stehen und Arbeiten, welche zu dem Betriebe der Speicherei 2c. gehören, zu verrichten haben, ohne Rücksicht darauf, ob die Verrichtung innerhalb oder außerhalb der etwa vorhandenen Betriebsanlage (der Packhöfe 2c.) erfolgt.

13. Für die Anmeldung wird die Benutzung des nachstehenden Formulars*) empfohlen.

14. Ist ein Unternehmer zweifelhaft, ob er seinen Betrieb anzumelden habe oder nicht, so wird derselbe gut thun, die Anmeldungsfrist nicht unbenutzt verstreichen zu lassen, wenn er sicher sein will, den aus der Nichtanmeldung eines versicherungspflichtigen Betriebes sich ergebenden Nachtheilen zu entgehen. Hierbei bleibt ihm unbenommen, in dem Formulare, Spalte „Bemerkungen", die Gründe anzugeben, aus denen er die Anmeldungspflicht bezweifelt.

15. Schließlich werden die betheiligten Betriebsunternehmer noch besonders darauf aufmerksam gemacht, daß, wenn sie die vorgeschriebene Anmeldung nicht bis zum 20. Juli 1885 bewirken, sie hierzu durch Geldstrafen im Betrage bis zu einhundert Mark angehalten werden können.

*) Nicht mit abgedruckt. Vgl. Anl. III.

Sachregister.

A.

B.

C.

D.

E.

F.

G.

H.

J.

K.

L.

M.

N.

O.

P.

R.

S.

T.

U.

V.

W.

Z.

Druck von C. H. Schulze & Co. in Gräfenhainichen.

Kolibri 360 GmbH
Ferdinand-Jühlke-Straße 7
99095 Erfurt, Deutschland
produktsicherheit@kolibri360.de

bestellenden Mitglieder von der Gemeindevertretung aus der Zahl der Gemeindebürger gewählt.

[Abs. 2—4 betr. die Dauer der Wahl überholt durch § 6 d. G. v. 25. 7. 1922, s. oben bei § 12. In Abs. 6 sind dadurch die Worte: „der Wahl" weggefallen.]

(5) Für die im Laufe der Wahlperiode ausscheidenden Mitglieder haben Ersatzwahlen stattzufinden. Die Ersatzmänner bleiben nur bis zum Ende desjenigen Zeitraums in Tätigkeit, für welchen die Ausgeschiedenen gewählt worden.

(6) Im übrigen gelten in betreff der Wählbarkeit, [der Wahl,] der Einführung und der Vereidigung der Mitglieder, sowie des Verlustes ihrer Stellen unter einstweiliger Enthebung von denselben, die für unbesoldete Magistratsmitglieder bestehenden gesetzlichen Vorschriften.

[Disziplinarverfahren]

§ 39.

(1) Die gewählten Mitglieder des Kreis- (Stadt-) Ausschusses können aus Gründen, welche die Entfernung eines Beamten aus seinem Amte rechtfertigen (§ 2 des Gesetzes vom 21. Juli 1852, betreffend die Dienstvergehen der nichtrichterlichen Beamten), im Wege des Disziplinarverfahrens ihrer Stellen enthoben werden.

(2) Für das Disziplinarverfahren gelten die Vorschriften des genannten Gesetzes mit folgenden Maßgaben:

(3) Die Einleitung des Verfahrens, sowie die Ernennung des Untersuchungskommissars erfolgt durch den Regierungspräsidenten.

(4) Die entscheidende Behörde erster Instanz ist der Bezirksausschuß, die entscheidende Behörde zweiter Instanz der Erste oder der Neunte Senat[1]) des Oberverwaltungsgerichts.

(5) Der Vertreter der Staatsanwaltschaft wird für die erste Instanz von dem Regierungspräsidenten, für die zweite Instanz von dem Minister des Innern ernannt.

[Beschlußfassung]

§ 40.

Der Kreis- (Stadt-) Ausschuß ist beschlußfähig, wenn mit Einschluß des Vorsitzenden drei Mitglieder anwesend sind. Die Beschlüsse werden nach Stimmenmehrheit gefaßt. Ist eine gerade Zahl von Mitgliedern anwesend, so nimmt das dem Lebensalter nach jüngste gewählte Mitglied an der Abstimmung nicht teil. Dem Berichterstatter steht jedoch in allen Fällen Stimmrecht zu.

---

[1]) S. Anm. 1 zu § 14.

IV. Abschnitt. Behörden für den Stadtkreis Berlin.

[Oberpräsident] **§ 41.**

(1) Der Oberpräsident der Provinz Brandenburg ist zugleich Oberpräsident von Berlin.

(2) Ingleichen fungieren das Provinzialschulkollegium, [das Medizinalkollegium[1]), die Generalkommission[2])] und die Direktion der Rentenbank für die Provinz Brandenburg auch für den Stadtkreis Berlin.

[Regierungspräsident] **§ 42.**

(1) An Stelle des Regierungspräsidenten führt der Oberpräsident die Aufsicht des Staats über die Verwaltung der Gemeindeangelegenheiten der Stadt Berlin. Auf welche Behörden die sonstigen Zuständigkeiten der Regierungsabteilungen des Innern zu Potsdam in betreff Berlins übergehen, wird durch [Königliche] Verordnung des Staatsministeriums[3]) bestimmt.

(2) Im übrigen, und soweit nicht sonst die Gesetze anderes bestimmen, tritt für den Stadtkreis Berlin an die Stelle des Regierungspräsidenten der Polizeipräsident von Berlin.

[Provinzialrat u. Bezirksaussch.] **§ 43.**

(1) An die Stelle des Provinzialrats tritt in den Fällen, in welchen derselbe in erster Instanz beschließt, der Oberpräsident, in den übrigen Fällen der zuständige Minister.

(2) Für den Stadtkreis Berlin besteht ein besonderer Bezirksausschuß. Auf denselben finden die Bestimmungen der §§ 28, 30 Satz 1, 31 Satz 3, 32, 33, 34 mit folgenden Maßgaben Anwendung:

1. An Stelle des Regierungspräsidenten tritt ein vom Staatsministerium[3]) ernannter Präsident. Die Ernennung dieses Beamten kann im Nebenamte auf die Dauer seines Hauptamtes in Berlin erfolgen. Beamte des Polizeipräsidiums sind von dieser Ernennung ausgeschlossen.
2. [wegen Ziff. 2 s. § 39 d. Groß-Berlin-Gesetzes v. 27. 4. 1920 (GS. S. 123).]

(3) Zur Zuständigkeit des Bezirksausschusses für den Stadtkreis Berlin gehören die im Verwaltungsstreitverfahren zu behandelnden Angelegenheiten und diejenigen im Beschlußverfahren zu behandelnden Angelegenheiten, welche im einzelnen

---

[1]) Heute gerichtsärztliche Ausschüsse für die Provinz, Beschluß des Staatsministeriums v. 30. 4. 1921 (GS. S. 372).

[2]) S. oben bei § 16.

[3]) Gemäß Art. 82 Abs. 1 PrV.

durch die Gesetze seiner Zuständigkeit überwiesen werden; in betreff der übrigen im Beschlußverfahren zu behandelnden Angelegenheiten tritt für den Stadtkreis Berlin der Oberpräsident an die Stelle des Bezirksausschusses, soweit nicht in den Gesetzen ein anderes bestimmt ist.

[Kirchliche Verwaltung]

§ 44.

(1) In Angelegenheiten der kirchlichen Verwaltung tritt für den Stadtkreis Berlin an die Stelle der Regierungsabteilung für Kirchen- und Schulwesen der Polizeipräsident.

(2) Bezüglich der Verwaltung [des landesherrlichen Patronats und][1]) des Schulwesens verbleibt es bei den bestehenden Bestimmungen.

§ 45.

[Aufgehoben durch Gesetz vom 15. 11. 1919, GS. S. 1920.]

§ 46.

[Aufgehoben, s. § 41 Abs. 2 d. G. v. 24. 6. 1891, GS. S. 175.]

[Disziplinarverfahren]

§ 47.

Für diejenigen Kategorien der in Berlin angestellten Beamten, bezüglich deren nicht die Zuständigkeit einer anderen Behörde in Disziplinarsachen begründet ist, behält es bei den Bestimmungen des § 25 des Gesetzes vom 21. Juli 1852 mit der Maßgabe sein Bewenden, daß die Einleitung des Disziplinarverfahrens, sowie die Ernennung des Untersuchungskommissars und des Vertreters des Staatsanwalts für die erste Instanz dem Oberpräsidenten von Berlin zusteht.

V. Abschnitt. Stellung der Behörden.

[Dienstaufsicht]

§ 48.

(1) Die dienstliche Aufsicht über die Geschäftsführung des Kreis- (Stadt-) Ausschusses wird von dem Regierungspräsidenten, in Berlin von dem Oberpräsidenten, die Aufsicht über die Geschäftsführung des Bezirksausschusses von dem Oberpräsidenten, die Aufsicht über die Geschäftsführung des Provinzialrats von dem Minister des Innern geführt.

(2) Vorstellungen gegen die geschäftlichen Aufsichtsverfügungen des Regierungspräsidenten unterliegen der endgültigen Beschlußfassung des Oberpräsidenten, Vorstellungen gegen die Aufsichtsverfügungen des Oberpräsidenten der endgültigen Beschlußfassung des Ministers des Innern.

(3) Die Aufsichtsbehörden sind zur Vornahme allgemeiner Geschäftsrevisionen befugt.

---

[1]) Überholt.

2*

[Rechtshilfe, Anweisungsrecht] **§ 49.**

Die im § 48 bezeichneten Behörden haben sich gegenseitig Rechtshilfe zu leisten. Sie haben den geschäftlichen Aufträgen und Anweisungen der ihnen im Instanzenzuge vorgesetzten Behörden Folge zu leisten.

Dritter Titel. Verfahren.

I. Abschnitt. Allgemeine Vorschriften.

[Rechtsmittel] **§ 50.**

(1) Das Gesetz bestimmt, in welcher Weise Verfügungen (Bescheide, Beschlüsse) in Verwaltungssachen angefochten werden können. Zur ersten Anfechtung dienen in der Regel die Beschwerde oder die Klage im Verwaltungsstreitverfahren.

(2) Die Beschwerde ist ausgeschlossen, soweit das Verwaltungsstreitverfahren zugelassen ist, vorbehaltlich abweichender besonderer Bestimmungen des Gesetzes.

(3) Unberührt bleibt in allen Fällen die Befugnis der staatlichen Aufsichtsbehörden, innerhalb ihrer gesetzlichen Zuständigkeit Verfügungen und Anordnungen der nachgeordneten Behörden außer Kraft zu setzen, oder diese Behörden mit Anweisungen zu versehen.

[Fristen] **§ 51.**

Wo die Gesetze für die Anbringung der Beschwerde gegen Beschlüsse des Kreis- (Stadt-) Ausschusses, des Bezirksausschusses oder des Provinzialrats, oder der Klage beziehungsweise des Antrags auf mündliche Verhandlung im Verwaltungsstreitverfahren eine andere als eine zweiwöchentliche Frist vorschreiben, beträgt die Frist fortan **zwei Wochen.** Das gleiche gilt von [den] der im § 11 des Gesetzes vom 14. August 1876, betreffend die Verwaltung der den Gemeinden und öffentlichen Anstalten gehörigen Holzungen in den Provinzen Preußen, Brandenburg, Pommern, [Posen,] Schlesien und Sachsen (Gesetzsamml. S. 373), [und im § 91 des Gesetzes vom 1. April 1879, betreffend die Bildung von Wassergenossenschaften, (Gesetzsamml. S. 297)][1]) vorgeschriebenen Frist[en].

[Fristenbeginn u. -lauf] **§ 52.**

(1) Die Fristen für die Anbringung der Beschwerde und der Klage beziehungsweise des Antrags auf mündliche Verhandlung

---

[1]) Das G. v. 1. 4. 1879 ist aufgehoben durch § 399 Ziff. 1 des Wassergesetzes v. 7. 4. 1913 (GS. S. 53), unten Nr. 46.

im Verwaltungsstreitverfahren, sowie alle Fristen im Verwaltungsstreitverfahren sind präklusivisch und beginnen, sofern nicht die Gesetze anderes vorschreiben, mit der Zustellung. Für die Berechnung der Fristen sind die bürgerlichen Prozeßgesetze[1]) maßgebend.

(2) Bezüglich der Beschwerde kann die angerufene Behörde in Fällen unverschuldeter Fristversäumung Wiedereinsetzung in den vorigen Stand gewähren.

(3) Für eine im Verwaltungsstreitverfahren zu gewährende Wiedereinsetzung in den vorigen Stand sind lediglich die für das Verwaltungsstreitverfahren besonders getroffenen Bestimmungen maßgebend (§ 112).

[Aufschiebende Wirkung]

§ 53.

Die Anbringung der Beschwerde, sowie der Klage beziehungsweise des Antrags auf mündliche Verhandlung im Verwaltungsstreitverfahren hat, sofern nicht die Gesetze anderes vorschreiben, aufschiebende Wirkung. Verfügungen, Bescheide und Beschlüsse können jedoch, auch wenn dieselben mit der Beschwerde oder mit der Klage beziehungsweise dem Antrag auf mündliche Verhandlung im Verwaltungsstreitverfahren angefochten sind, zur Ausführung gebracht werden, sofern letztere nach dem Ermessen der Behörde ohne Nachteil für das Gemeinwesen nicht ausgesetzt bleiben kann, vorbehaltlich der Bestimmung im § 133 Absatz 3 dieses Gesetzes.

[Verw.streitverfahren und Beschlußverfahren]

§ 54.

(1) Das Verfahren des Kreis- (Stadt-) Ausschusses und des Bezirksausschusses in Angelegenheiten der allgemeinen Landesverwaltung ist entweder das Verwaltungsstreitverfahren oder das Beschlußverfahren.

(2) Das Verwaltungsstreitverfahren tritt in allen Angelegenheiten ein, in welchen die Gesetze von der Entscheidung in streitigen Verwaltungssachen oder von der Erledigung der Angelegenheit im Streitverfahren oder durch Endurteil oder von der Klage bei dem Kreisausschusse, dem Bezirksausschusse oder einem Verwaltungsgerichte sprechen, und wo sonst dieses Verfahren gesetzlich vorgeschrieben ist.

(3) In allen anderen Angelegenheiten ist das Verfahren des Kreis- (Stadt-) Ausschusses und des Bezirksausschusses das Beschlußverfahren.

---

1) Jetzt BGB. §§ 186—193.

(4) Das Oberverwaltungsgericht verfährt in den durch besondere gesetzliche Vorschriften bezeichneten Angelegenheiten im Beschlußverfahren, sonst im Verwaltungsstreitverfahren[1]); der Provinzialrat nur im Beschlußverfahren.

[Aufgaben des Vorsitzenden] **§ 55.**

Der Vorsitzende des Kreis- (Stadt-) Ausschusses, des Bezirksausschusses und des Provinzialrats beruft das Kollegium, leitet und beaufsichtigt den Geschäftsgang und sorgt für die prompte Erledigung der Geschäfte. Er bereitet die Beschlüsse der Behörde vor und trägt für deren Ausführung Sorge. Er vertritt die Behörde nach außen, verhandelt namens derselben mit anderen Behörden und mit Privatpersonen, führt den Schriftwechsel und zeichnet alle Schriftstücke namens der Behörde.

[Regulative] **§ 56.**

Soweit Geschäftsgang und Verfahren des Kreis- (Stadt-) Ausschusses, des Bezirksausschusses und des Provinzialrats nicht durch die nachstehenden oder durch besondere gesetzliche Bestimmungen geregelt sind, werden dieselben durch Regulative[2]) geordnet, welche der Minister des Innern erläßt.

[Örtl. Zuständigkeit] **§ 57.**

(1) Die örtliche Zuständigkeit für das Verwaltungsstreit- und Beschlußverfahren bestimmt sich, wie folgt:

(2) Zuständig in erster Instanz ist:

1. in Angelegenheiten, welche sich auf Grundstücke beziehen, die Behörde der *belegenen Sache*;
2. in allen sonstigen Fällen die Behörde desjenigen Bezirks (Kreis, Regierungsbezirk, Provinz), in welchem die Person *wohnt* oder die Korporation beziehungsweise öffentliche Behörde *ihren Sitz hat*, welche im Verwaltungsstreitverfahren in Anspruch genommen wird oder auf deren Angelegenheit sich die Beschlußfassung bezieht. Wenn die Korporation oder öffentliche Behörde ihren Sitz außerhalb ihres räumlichen Bezirks hat, ist diejenige Behörde zuständig, welcher dieser Bezirk angehört.

---

[1]) Früher nur im Verwaltungsstreitverfahren, s. VO. v. 12. 3. 1924 (GS. S. 132).

[2]) Erlassen am 28. 2. 1884 (MBliV. S. 35, 37, 41).

Bezüglich des Kommunalverbandes der Provinz Brandenburg ist der Bezirksausschuß zu Potsdam zuständig.

[Zweifelsfälle] **§ 58.**

(1) Sind die Grundstücke in mehreren Bezirken belegen, oder ist es zweifelhaft, zu welchem Bezirke sie gehören, so wird die zuständige Behörde

1. für das Verwaltungsstreitverfahren durch den Bezirksausschuß und, wenn die Grundstücke in verschiedenen Regierungsbezirken liegen, durch das Oberverwaltungsgericht,
2. für das Beschlußverfahren durch den Regierungspräsidenten, den Oberpräsidenten oder den Minister des Innern, je nachdem die betreffenden Bezirke demselben Regierungsbezirke, derselben Provinz, aber verschiedenen Regierungsbezirken, oder verschiedenen Provinzen angehören,

endgültig bestimmt.

(2) Dasselbe findet statt, wenn die Personen oder Korporationen, deren Angelegenheit den Gegenstand der Entscheidung oder Beschlußfassung bildet, in mehreren Bezirken wohnen oder ihren Sitz haben.

[Ausnahmen] **§ 59.**

Ist bei einer Angelegenheit, welche zur Zuständigkeit des Kreis- (Stadt-) Ausschusses gehört, die betreffende Kreiskorporation (Stadtgemeinde) als solche beteiligt, so wird

1. für das Verwaltungsstreitverfahren von dem Bezirksausschusse und, wenn ein Stadtkreis beteiligt ist, von dem Oberverwaltungsgerichte,
2. für das Beschlußverfahren von dem Regierungspräsidenten, für Berlin von dem Oberpräsidenten

ein anderer Kreis- oder Stadtausschuß mit der Entscheidung oder Beschlußfassung beauftragt.

[Vollstreckung] **§ 60.**

(1) Die Vollstreckung im Verwaltungsstreitverfahren und im Beschlußverfahren erfolgt im Wege des Verwaltungszwangsverfahrens. Die Vollstreckung wird namens der Behörde, welche in der ersten Instanz entschieden beziehungsweise beschlossen hatte, von deren Vorsitzendem verfügt. Über Beschwerden gegen die Verfügungen des Vorsitzenden entscheidet die Behörde. Gegen die Entscheidung der Behörde findet innerhalb zwei Wochen die Beschwerde an die im Instanzenzuge zunächst höhere Behörde statt.

(2) Die Entscheidung der letzteren ist endgültig.

II. Abschnitt. Verwaltungsstreitverfahren.

1. Von der Ausschließung und Ablehnung der Gerichtspersonen.

[Gründe] § 61.

(1) Die Bestimmungen der bürgerlichen Prozeßgesetze[1]) über Ausschließung und Ablehnung der Gerichtspersonen finden für das Verwaltungsstreitverfahren sinngemäße Anwendung.

(2) Aus der innerhalb seiner Zuständigkeit geübten amtlichen Tätigkeit des Landrats beziehungsweise des Regierungspräsidenten darf kein Grund zur Ablehnung desselben wegen Besorgnis der Befangenheit entnommen werden.

[Ablehnungsbeschluß] § 62.

(1) Über das Ablehnungsgesuch beschließt das Gericht, welchem der Abgelehnte angehört, und wenn der Vorsitzende des Kreis- (Stadt-) oder Bezirksausschusses abgelehnt werden soll, das nächst höhere Gericht.

(2) Der Beschluß, durch welchen das Gesuch für begründet erklärt wird, ist endgültig. Wird das Gesuch für unbegründet erklärt, so steht der mit demselben zurückgewiesenen Partei innerhalb zwei Wochen die Beschwerde an das im Instanzenzuge zunächst höhere Gericht zu. Das letztere entscheidet endgültig. Die Verhandlung über die Ablehnung erfolgt in nicht öffentlicher Sitzung.

(3) Das im Instanzenzuge zunächst vorgesetzte Gericht entscheidet desgleichen endgültig und bestimmt das zuständige Gericht, wenn das Gericht, dem das ausgeschlossene oder abgelehnte Mitglied angehört, bei dessen Ausscheiden beschlußunfähig wird.

2. Von dem Verfahren in erster Instanz.

[Einreichung der Klage] § 63.

Die Klage ist bei dem zuständigen Gericht schriftlich einzu-

---

[1]) Die hier maßgebenden §§ 41—49 ZPO. enthalten folgende **Ausschließungsgründe:** Beteiligung am Rechtsstreit (als Mitberechtigter, Mit- oder Regreßverpflichteter); nahe Verwandtschaft mit einer Partei (Heirat, Verwandtschaft oder Schwägerschaft in gerader Linie, Adoption, Verwandtschaft (Schwägerschaft) bis zum 3. (2.) Grade der Seitenlinie); Prozeßvollmacht, Beistandschaft, gesetzliche Vertretungsmacht (auch frühere) für einen Beteiligten; Mitwirkung im selben Verfahren als Vorderrichter (auch Schiedsrichter), Zeuge oder Sachverständiger;

Ablehnungsgründe: Ausschließungsgründe und Besorgnis der Befangenheit (wegen des letzteren s. aber auch § 61 Abs. 2 LVG.).

(2) Ingleichen findet in den Fällen des § 96 Absatz 7, § 101 Absatz 4 der Reichsgewerbeordnung innerhalb der gesetzlichen Frist von vier Wochen gegen die dort erwähnten Entscheidungen der Aufsichtsbehörde die Klage bei dem Bezirksausschusse statt.

[Schließung] **§ 126.**

(1) Der Bezirksausschuß entscheidet auf Klage der Aufsichtsbehörde über die Schließung einer Innung oder eines gemeinsamen Innungsausschusses (§§ 97, 102 der Reichsgewerbeordnung).

(2) Der Bezirksausschuß kann vor Erlaß des Endurteils nach Anhörung des Innungsvorstandes oder des gemeinsamen Innungsausschusses die vorläufige Schließung der Innung oder des gemeinsamen Innungsausschusses anordnen, welche alsdann bis zum Erlaß des Endurteils fortdauert.

E. Märkte.

[Kram- und Viehmärkte] **§ 127.**

(1) Der Provinzialrat beschließt über die Zahl, Zeit und Dauer der Kram- und Viehmärkte.

(2) Gegen den Beschluß findet die Beschwerde an den Minister für Handel und Gewerbe statt.

[Wochenmärkte] **§ 128.**

(1) Der Bezirksausschuß beschließt über die Zahl, Zeit und Dauer der Wochenmärkte, über die fernere Gestattung des herkömmlichen Wochenmarktverkehrs mit gewissen Handwerkerwaren von seiten der einheimischen Verkäufer (§ 64 der Reichsgewerbeordnung), sowie darüber, welche Gegenstände außer den im § 66 a. a. O. aufgeführten nach Ortsgewohnheit und Bedürfnis im Regierungsbezirke überhaupt oder an gewissen Orten zu den Wochenmarktsartikeln gehören.

(2) Die Festsetzung über Zahl, Zeit und Dauer der Wochenmärkte erfolgen unter Zustimmung der Gemeindebehörden des Marktortes.

[Entschädigungsansprüche] **§ 129.**

Sofern bei Aufhebung von Märkten der in den §§ 127 und 128 bezeichneten Art Entschädigungsansprüche von Marktberechtigten in Frage kommen, bedürfen die bezüglichen Beschlüsse der Zustimmung des Ministers für Handel und Gewerbe.

[Marktstandsgelder] **§ 130.**

(1) Der Bezirksausschuß beschließt über die Einführung neuer, sowie über die Erhöhung oder Ermäßigung oder ander-

weite Regulierung bestehender Marktstandsgelder (Gesetz vom 26. April 1872, betreffend die Erhebung von Marktstandsgeldern, Gesetzsamml. S. 513).

(2) Bei der Bestimmung des § 5 Absatz 2 des Gesetzes vom 26. April 1872 behält es sein Bewenden.

F. Öffentliche Schlachthäuser.

§ 131.

(1) Der Bezirksausschuß beschließt:

1. über die Genehmigung der auf Grund der §§ 1 bis 4 des Gesetzes vom 18. März 1868[1]), betreffend die Errichtung öffentlicher, ausschließlich zu benutzender Schlachthäuser (Gesetzsamml. S. 227), gefaßten Gemeindebeschlüsse, sowie über die Bestätigung von Verträgen zwischen einer Gemeinde und einem Unternehmer in betreff der Errichtung eines öffentlichen Schlachthauses (§ 12 a. a. O.);
2. über Entschädigungsansprüche der Eigentümer und Nutzungsberechtigten von Privatschlachtanstalten wegen des ihnen durch die Errichtung öffentlicher, ausschließlich zu benutzender Schlachthäuser zugefügten Schadens (§§ 9 bis 11 a. a. O.).

(2) In den Fällen zu 1 findet die Beschwerde an den Minister für Handel und Gewerbe, in den Fällen zu 2 nur der ordentliche Rechtsweg gemäß § 11 a. a. O. statt.

G. Kehrbezirke.

§ 132.

Der Bezirksausschuß beschließt über die Einrichtung, Aufhebung oder Veränderung der Kehrbezirke für Schornsteinfeger (§ 39 der Reichsgewerbeordnung).

H. Ablösung gewerblicher Berechtigungen.

§ 133.

(1) Der Bezirksausschuß entscheidet über Anträge auf Ablösung von Gewerbeberechtigungen und auf Entschädigung für aufgehobene Gewerbeberechtigungen.

(2) Gegen die Endurteile des Bezirksausschusses findet unter Ausschluß anderer Rechtsmittel nur die Berufung an das Oberverwaltungsgericht statt.

---

[1]) Geändert zuletzt durch Ges. v. 26. Aug. 1921 (GS. S. 495) § 11.

XVII. Titel.
Handelskammern, kaufmännische Korporationen, Börsen.

§§ 134, 135.

[Ersetzt durch das Handelskammergesetz vom 19. Aug. 1897 (GS. S. 355), ferner G. v. 2. Juni 1902 (GS. S. 161), v. 14. Jan. 1921 (GS. S. 223), VO. v. 31. Okt. 1923 (GS. S. 501) und v. 1. April 1924 (GS. S. 194).]

[Kaufm. Korporationen]

§ 136.

Gegen Beschlüsse des Vorstandes einer kaufmännischen Korporation über die Aufnahme, die Suspension oder die Ausschließung von Mitgliedern, die Gültigkeit der Vorstandswahlen, die Rechte und Pflichten der Mitglieder und die Verhängung von Ordnungsstrafen gegen Mitglieder findet, soweit nach dem Statut gegen dergleichen Beschlüsse der Rekurs an eine Behörde zulässig ist, an Stelle desselben innerhalb zwei Wochen die Klage bei dem Bezirksausschusse statt.

[Börsen]

§ 137.

Gegen Beschlüsse der Handelskammer oder des Vorstandes einer kaufmännischen Korporation, durch welche die Erlaubnis zum Besuche der der Aufsicht der Handelskammer oder kaufmännischen Korporation unterstellten Börse versagt, auf Zeit oder für immer entzogen, eine Beschwerde über unrichtige Einschätzung zu den Börsenbeiträgen zurückgewiesen, oder über einen Handelsmakler eine Ordnungsstrafe verhängt wird, findet, soweit nach der Börsen- oder Maklerordnung gegen dergleichen Beschlüsse der Rekurs an eine Behörde zulässig ist, an Stelle desselben innerhalb zwei Wochen die Klage bei dem Bezirksausschusse statt.

[Revision]

§ 138.

Gegen die Endurteile des Bezirksausschusses in den Fällen der §§ 135 bis 137 ist nur das Rechtsmittel der Revision zulässig.

XVIII. Titel. Feuerlöschwesen.

[Spritzenverbände]

§ 139.

(1) Der Kreisausschuß beschließt, soweit die Vorschriften über das Feuerlöschwesen nicht entgegenstehen, über die Genehmigung und erforderlichenfalls über die Anordnung zur Bildung, Veränderung und Aufhebung von Verbänden mehrerer Landgemeinden oder Gutsbezirke behufs gemeinschaftlicher Anschaffung und Unterhaltung von Feuerspritzen (Spritzenverbänden).

(2) Über die gemeinschaftlichen Angelegenheiten jedes Spritzenverbandes, insbesondere über die Aufbringungsweise und die Verteilung der Kosten, sind, soweit dies notwendig ist, die erforderlichen Festsetzungen durch ein unter den Beteiligten zu vereinbarendes Statut, welches der Bestätigung des Kreisausschusses bedarf, zu treffen. Kommt eine Vereinbarung über das Statut binnen einer von dem Kreisausschusse zu bemessenden Frist nicht zustande, oder wird dem Statute die Bestätigung wiederholt versagt, so stellt der Kreisausschuß das Statut fest.

[Auseinandersetzung] **§ 140.**

(1) Über die infolge Veränderung oder Aufhebung eines Spritzenverbandes notwendig werdende Auseinandersetzung zwischen den Beteiligten beschließt der Kreisausschuß.

(2) Gegen den Beschluß findet innerhalb zwei Wochen der Antrag auf mündliche Verhandlung im Verwaltungsstreitverfahren statt.

(3) Streitigkeiten zwischen den beteiligten Gemeinden oder Gutsbezirken über ihre Berechtigung oder Verpflichtung zur Teilnahme an den Nutzungen beziehungsweise Lasten des Spritzenverbandes unterliegen der Entscheidung des Kreisausschusses im Verwaltungsstreitverfahren.

XIX. Titel. Hilfskassen.

§§ 141, 142.

[Fortgefallen. Seit Aufhebung des Hilfskassengesetzes (Ges. v. 20. Dez. 1911, RGBl. S. 139) unterstehen die Hilfskassen dem Ges. über d. priv. Versicherungsunternehmungen v. 15. Mai 1901 (RGBl. S. 139).]

XX. Titel. Baupolizei.

[Feuer- u. baupol. Vorschr.] **§ 143.**

Der Bezirksausschuß beschließt über die Anwendung der in den Städten geltenden feuer- und baupolizeilichen Vorschriften bei Gebäuden auf solchen zum platten Lande gehörigen Grundstücken, welche innerhalb der Städte oder im Gemenge mit städtischen bebauten Grundstücken liegen, gemäß den Vorschriften der Verordnung vom 17. Juli 1846 (Gesetzsamml. S. 399).

[Eisenbahnhandarbeiter] **§ 144.**

Über die Anwendung der Bestimmungen der Verordnung vom 21. Dezember 1846, betreffend die bei dem Bau von Eisenbahnen beschäftigten Handarbeiter (Gesetzsamml. 1847 S. 21),

auf andere öffentliche Bauausführungen (Kanal- und Chausseebauten usw.) gemäß § 26 der gedachten Verordnung beschließt:
1. insoweit es sich um Bauten der Kreise, Amts-, Wegeverbände oder Gemeinden handelt, der Regierungspräsident unter Zustimmung des Bezirksausschusses;
2. insoweit es sich um Bauten des Provinzialverbandes handelt, der Oberpräsident unter Zustimmung des Provinzialrats;
3. für den Stadtkreis Berlin der Oberpräsident.

[Baudispens]

§ 145.

(1) Über Dispense von Bestimmungen der Baupolizeiordnungen beschließt nach Maßgabe dieser Ordnungen der Kreisausschuß, in Stadtkreisen und in den zu einem Landkreise gehörigen Städten von mehr als 10 000 Einwohnern der Bezirksausschuß, soweit die Angelegenheit nicht nach diesen Ordnungen zur Zuständigkeit anderer Organe gehört. Verfügungen der letzteren unterliegen der Anfechtung nur im Wege der Beschwerde an die Aufsichtsbehörde.

(2) Der Bezirksausschuß tritt in betreff der Zuständigkeit zur Erteilung von Dispensen in allen Fällen an die Stelle der Bezirksregierung.

(3) Zur Einlegung der Beschwerde gegen den Beschluß ist auch die zur Erteilung der Bauerlaubnis zuständige Behörde befugt, welcher der Beschluß zuzustellen ist.

(4) Gegen die Beschlüsse des Bezirksausschusses in erster Instanz und des gemäß Abs. 1 entscheidenden Regierungspräsidenten findet binnen zwei Wochen die Beschwerde an den Oberpräsidenten statt, der endgültig entscheidet[1]).

[Fluchtliniengesetz]

§ 146.

(1) Die §§ 17 und 18 des Gesetzes, betreffend die Anlegung und Veränderung von Straßen und Plätzen in Städten und ländlichen Ortschaften, vom 2. Juli 1875 (Gesetzsamml. S. 561) werden aufgehoben.

(2) Die Wahrnehmung der in den §§ 5, 8, 9 a. a. O. dem Kreisausschusse beigelegten Funktionen liegt für den Stadtkreis Berlin dem Minister der öffentlichen Arbeiten, für die übrigen Stadtkreise, sowie für die zu einem Landkreise gehörigen Städte mit mehr als 10 000 Einwohnern dem Bezirksausschusse ob. Die Bestätigung der Statuten nach den §§ 12 und 15 a. a. O. erfolgt für den Stadtkreis Berlin durch den Minister des Innern.

---

[1]) Abs. 4 neugefaßt durch Art. 4 § 5 des WohnGes. v. 28. März 1918 (GS. S. 23).

XXI. Titel. Dismembrations- und Ansiedelungssachen.

[Grundstücksteilungen usw.] **§ 147.**

Die §§ 22 und 23 des Gesetzes vom 25. August 1876, betreffend die Verteilung der öffentlichen Lasten bei Grundstücksteilungen und die Gründung neuer Ansiedelungen in den Provinzen Preußen, Brandenburg, Pommern, Posen, Schlesien, Sachsen und Westfalen (Gesetzsamml. S. 405), treten außer Kraft.

[Neusiedlungen] **§ 148.**

(1) Die in den §§ 1 bis 4 des Lauenburgischen Gesetzes vom 4. November 1874, betreffend die Gründung neuer Ansiedelungen im Herzogtum Lauenburg (Offizielles Wochenbl. S. 291), dem Landrate zugewiesene Entscheidung über die Gestattung neuer Ansiedelungen ist von der Ortspolizeibehörde zu treffen.

(2) Gegen den Bescheid, welcher mit Gründen zu versehen und dem Antragsteller sowie denjenigen, welche Widerspruch erhoben haben, zu eröffnen ist, steht den Beteiligten innerhalb zwei Wochen die Klage im Verwaltungsstreitverfahren bei dem Kreisausschusse zu.

[Zerstückelungen] **§ 149.**

Im Geltungsbereiche des Lauenburgischen Gesetzes vom 22. Januar 1876, betreffend die Verteilung der öffentlichen Lasten bei Grundstückszerstückelungen (Offizielles Wochenblatt S. 11), tritt

1. an die Stelle der im § 12 Absatz 2 den Beteiligten und der Patronatsbehörde offen gehaltenen Beschwerde gegen die Lastenverteilung, innerhalb der dort bestimmten Frist von zwei Wochen, die Klage beim Kreisausschusse im Verwaltungsstreitverfahren und
2. an die Stelle der vorläufigen Festsetzung des Landrats über die Lastenverteilung (§ 16 a. a. O.) die vorläufige Festsetzung durch Beschluß des Kreisausschusses, gegen welchen eine Beschwerde nicht stattfindet.

XXII. Titel. Enteignungssachen.

§ 150.

[Befugnisse der „Bezirksregierung", Verfahren]

(1) Die Befugnisse und Obliegenheiten, welche in dem Gesetze vom 11. Juni 1874 über die Enteignung von Grundeigentum (Gesetz-Samml. S. 221) den Bezirksregierungen (Landdrosteien) beigelegt worden sind, werden in den Fällen der §§ 15, 18 bis 20, 24 und 27 von dem Regierungspräsidenten, in den Fällen der §§ 3, 4, 5, 14, 21, 29, 32 bis 35 und 53 Absatz 2 von dem Bezirksausschusse im Beschlußverfahren, in dem Stadtkreise Berlin von der ersten Abteilung des Polizeipräsidiums, wahrgenommen.

(2) Auch gehen auf den Bezirksausschuß beziehungsweise die erste Abteilung des Polizeipräsidiums in Berlin die nach den §§ 142 ff. des Allgemeinen Berggesetzes vom 24. Juni 1865 (Gesetzsamml. S. 705) der Bezirksregierung zustehenden Befugnisse über.

(3) Gegen die in erster Instanz gefaßten Beschlüsse des Bezirksausschusses beziehungsweise der ersten Abteilung des Polizeipräsidiums findet, soweit nicht der ordentliche Rechtsweg zulässig ist, innerhalb zwei Wochen die Beschwerde an den Minister für Handel und Gewerbe[1]) statt.

(4) Bei der für die Erhebung der Beschwerde in § 34 des Gesetzes vom 11. Juni 1874 bestimmten Frist von drei Tagen behält es sein Bewenden.

[Wegebaumaterialien] **§ 151.**

(1) Die nach § 53 Absatz 1 des Gesetzes vom 11. Juni 1874 dem Landrate (in Hannover der betreffenden Obrigkeit) zugewiesene Entscheidung ist durch Beschluß des Kreis- (Stadt-) Ausschusses zu treffen.

(2) Der § 56 des gedachten Gesetzes tritt außer Kraft.

[Enteign. z. Landeskultur] **§ 152.**

Soweit nach den für Enteignungen im Interesse der Landeskultur im § 54 Nr. 1 des Gesetzes vom 11. Juni 1874 aufrechterhaltenen Gesetzen, in Verbindung mit dem Gesetze über die allgemeine Landesverwaltung vom 30. Juli 1883, der Regierungspräsident über die Enteignung Entscheidung zu treffen haben würde, beschließt der Bezirksausschuß, jedoch — unbeschadet der Vorschriften im § 97 des gegenwärtigen Gesetzes — mit Ausnahme der Enteignungen für die Zwecke von Deichen, welche einem Deichverbande angehören, und für die Zwecke der Sielanstalten in den Verbandsbezirken.

[Entschädig. i. Festungsrayon] **§ 153.**

Der Bezirksausschuß beschließt endgültig vorbehaltlich des ordentlichen Rechtsweges über die Feststellung der Entschädigung in den Fällen der §§ 39 ff. des Reichsgesetzes vom 21. Dezember 1871, betreffend die Beschränkungen des Grundeigentums in der Umgebung von Festungen (Reichsgesetzbl. S. 459).

XXIII. Titel. Personenstand und Staatsangehörigkeit.

[Standesbeamten] **§ 154.**

(1) Die staatliche Aufsicht über die Amtsführung der Standesbeamten wird in den Landgemeinden und Gutsbezirken von dem

[1]) Seit G. v. 15. Aug. 1921 (GS. S. 487) Abs. 1c.

Landrat als Vorsitzenden des Kreisausschusses, in höherer Instanz von dem Regierungspräsidenten und dem Minister des Innern, in den Stadtgemeinden von dem Regierungspräsidenten, in höherer Instanz von dem Oberpräsidenten und dem Minister des Innern, im Stadtkreise Berlin von dem Oberpräsidenten und in höherer Instanz von dem Minister des Innern geführt.

[Abs. 2 gestrichen durch Art. 132 des preußFGG.]

(3) Die Festsetzung der Entschädigung für die Wahrnehmung der Geschäfte des Standesbeamten in den Fällen des § 7 Absatz 2 des Reichsgesetzes vom 6. Februar 1875 (§ 5 Absatz 1 des Gesetzes vom 8. März 1874) erfolgt in den Stadtgemeinden durch die Gemeindevertretung, für die Landgemeinden durch Beschluß des Kreisausschusses. Beschwerden über die Festsetzung sind in beiden Fällen innerhalb zwei Wochen bei dem Bezirksausschusse anzubringen. Der Beschluß des Bezirksausschusses ist endgültig.

[Staatsangehörigkeit] **§ 155.**

Gegen den Bescheid der höheren Verwaltungsbehörde, durch den der Antrag auf Aufnahme, auf Einbürgerung und auf Entlassung in den im § 40 Abs. 1 des Reichs- und Staatsangehörigkeitsgesetzes vom 22. Juli 1913 (Reichsgesetzbl. S. 583) aufgeführten Fällen abgelehnt worden ist, findet innerhalb zwei Wochen die Klage bei dem Oberverwaltungsgerichte statt[1]).

XXIV. Titel. Steuerangelegenheiten.

§ 156.

[Beseitigt schon durch § 85 des EinkStG. vom 24. Juni 1891.]

XXV. Titel. Ergänzende, Übergangs- und Schlußbestimmungen.

[Mitwirkung anderer Minister] **§ 157.**

Durch den in dem gegenwärtigen Gesetze vorgeschriebenen Beschwerdezug an einen bestimmten Minister wird die in den bestehenden Vorschriften begründete Mitwirkung anderer Minister bei Erledigung der Beschwerde nicht berührt.

[Eisenbahnangelegenheiten] **§ 158.**

Durch die den Behörden in diesem Gesetze beigelegten Befugnisse zur Entscheidung beziehungsweise Beschlußfassung in Wegebausachen und in wasserpolizeilichen Angelegenheiten werden die der Landespolizeibehörde und dem Minister für Handel und Gewerbe[2]) nach §§ 4 und 14 des Gesetzes über die Eisenbahnunternehmungen vom

---

[1]) Fass. nach G. v. 18. Juni 1914 (GS. S. 118).

[2]) Nach dem in Anm. 1 zu § 150 Abs. 3 erwähnten Gesetz.

3. November 1838 (Gesetzsamml. S. 505) und nach § 7 des Gesetzes vom 1. Mai 1865 (Gesetzsamml. S. 317) zustehenden Befugnisse in Eisenbahnangelegenheiten nicht berührt.

[Eisenbahnuntern., Tarif] **§ 159.**

(1) Die in den §§ 7 und 22 des Gesetzes über die Eisenbahnunternehmungen vom 3. November 1838 und nach § 9 des Gesetzes vom 1. Mai 1865 (Gesetzsamml. S. 317) der Bezirksregierung beigelegten Befugnisse gehen auf den Minister für Handel und Gewerbe[1]) über.

(2) In Streitsachen zwischen Eisenbahngesellschaften und Privatpersonen wegen Anwendung des Bahngeld- und des Frachttarifs (§ 35 des ersteren Gesetzes) entscheidet fortan der **ordentliche Richter.**

[Beschreitung des Rechtswegs] **§ 160.**

(1) In den Fällen der §§ 1, 18, 34, 44, 46, 47, 54 und 140 des gegenwärtigen Gesetzes, [sowie des § 53 des Gesetzes, betreffend die Bildung von Wassergenossenschaften, vom 1. April 1879 (Gesetzsamml. S. 297)][2]) ist die Zuständigkeit des Kreis- (Stadt-) Ausschusses, des Bezirksausschusses und des Oberverwaltungsgerichts auch insoweit begründet, als bisher durch § 79 Titel 14 Teil II Allgemeinen Landrechts, beziehungsweise §§ 9, 10 des Gesetzes über die Erweiterung des Rechtsweges vom 24. Mai 1861 (Gesetzsamml. S. 241) oder sonstige bestehende Vorschriften der ordentliche Rechtsweg für zulässig erklärt war.

(2) Der Grundsatz, daß die Entscheidungen unbeschadet aller privatrechtlichen Verhältnisse ergehen (§ 7 des Gesetzes über die allgemeine Landesverwaltung vom 30. Juli 1883), bleibt hierbei unberührt.

[Vorschriften für Berlin] **§ 161.**

(1) Für den Stadtkreis Berlin ist der Bezirksausschuß auch in den Fällen der §§ 14, 17 Nr. 2 und 5, 110, 111, 112, 123, 128, 130, 132, 145 und 154 Absatz 3 dieses Gesetzes zuständig, desgleichen in den Fällen der §§ 20 Abs. 4, 21 Abs. 1, 22 der Ausführungsverordnung vom 17. April 1924 (Gesetzsamml. S. 210) zur Verordnung über die Fürsorgepflicht vom 13. Februar 1924 (Reichsgesetzbl. I S. 100) in der Fassung des Gesetzes vom 17. Februar 1926 (Gesetzsamml. S. 79)[3]).

(2) In den Fällen der §§ 115, 117, 124 [und 141][4]) beschließt für den Stadtkreis Berlin an Stelle des Bezirksausschusses der Polizeipräsi-

---

[1]) Nach dem in Anm. 1 zu § 150 Abs. 3 erwähnten Gesetz.

[2]) Durch das Wassergesetz beseitigt (§ 399 Abs. 1 das.).

[3]) Fass. des Abs. 1 nach den VO. v. 12. April 1924 (GS. S. 210), v. 20. Juni 1924 (GS. S. 557) und dem Ges. v. 29. März 1927 (GS. S. 33).

[4]) § 141 aufgehoben, s. Anm. bei § 141.

dent; gegen den versagenden Beschluß desselben findet innerhalb zwei Wochen die Klage bei dem Bezirksausschusse statt.

[Einwohnerzahl] **§ 162.**

Maßgebend für die Berechnung der Einwohnerzahl einer Stadt ist in betreff der Bestimmungen dieses Gesetzes die durch die jedesmalige letzte Volkszählung ermittelte Zahl der ortsanwesenden Zivilbevölkerung.

[Inkrafttreten] **§ 163.**

(1) Das gegenwärtige Gesetz tritt **gleichzeitig mit dem Gesetze über die allgemeine Landesverwaltung** vom 30. Juli 1883 in Kraft.

(2) Bezüglich der vor diesem Zeitpunkte anhängig gemachten Sachen sind die Vorschriften des § 154 Absatz 3 des letzteren Gesetzes maßgebend.

[Beseitigte Vorschriften] **§ 164.**

(1) Mit dem Tage des Inkrafttretens des gegenwärtigen Gesetzes kommt das Gesetz, betreffend die Zuständigkeit der Verwaltungsbehörden und der Verwaltungsgerichtsbehörden usw., vom 26. Juni 1876 (Gesetzsamml. S. 297), in allen seinen Teilen in Wegfall.

(2) Ingleichen treten mit dem gedachten Zeitpunkte alle mit den Vorschriften des gegenwärtigen Gesetzes in Widerspruch stehenden Bestimmungen außer Kraft.

---

4. Gesetz, betreffend die Verfassung der Verwaltungsgerichte und das Verwaltungsstreitverfahren.

Vom 3. Juli 1875 (GS. S. 375) und 2. August 1880 (GS. S. 315).

[Der Inhalt des Gesetzes ist jetzt größtenteils in das Landes-Verw.-Ges. aufgenommen; die §§ 1—16a, 31—87a, 89 sind durch § 154 des Landesverwaltungsgesetzes gestrichen, gültig sind nur noch die nachstehenden Bestimmungen über das Oberverwaltungsgericht.]

Titel IV. Von dem Oberverwaltungsgerichte.

[Zusammensetzung] **§ 17.**

(1) Das Oberverwaltungsgericht besteht aus einem Präsidenten, den Senatspräsidenten (§ 26) und der erforderlichen Anzahl

von Räten. Die eine Hälfte der Mitglieder des Oberverwaltungsgerichts muß zum Richteramte, die andere Hälfte zur Bekleidung von höheren Verwaltungsämtern befähigt sein.

(2) Zum Mitgliede des Oberverwaltungsgerichts kann nur ernannt werden, wer das 30. Lebensjahr vollendet hat.

[Ernennung] **§ 18.**

Die Mitglieder des Oberverwaltungsgerichts werden [auf den Vorschlag des Staatsministeriums vom Könige] vom Staatsministerium[1]) ernannt. Die Ernennung erfolgt auf Lebenszeit.

[Nebenamt] **§ 19.**

Die Mitglieder des Oberverwaltungsgerichts können ein besoldetes Nebenamt nur in den Fällen bekleiden, in denen das Gesetz die Übertragung eines solchen Amtes an etatsmäßig angestellte Richter gestattet.

[Disziplinarverfahren] **§ 20.**

Die Mitglieder des Oberverwaltungsgerichts unterliegen, vorbehaltlich der Bestimmungen der §§ 21 ff., keinem Disziplinarverfahren.

[Amtsverlust] **§ 21.**

Ist ein Mitglied zu einer Strafe wegen einer entehrenden Handlung oder zu einer Freiheitsstrafe von längerer als einjähriger Dauer rechtskräftig verurteilt, so kann es durch Plenarbeschluß des Oberverwaltungsgerichts seines Amtes und seines Gehalts für verlustig erklärt werden.

[Vorl. Enthebung] **§ 22.**

(1) Ist wegen eines Verbrechens oder Vergehens das Hauptverfahren gegen ein Mitglied eröffnet, so kann die vorläufige Enthebung desselben von seinem Amte durch Plenarbeschluß des Oberverwaltungsgerichts ausgesprochen werden.

(2) Wird gegen ein Mitglied die Untersuchungshaft verhängt, so tritt für die Dauer derselben die vorläufige Enthebung von Rechts wegen ein.

(3) Durch die vorläufige Enthebung wird das Recht auf den Genuß des Gehalts nicht berührt.

[Ruhestand] **§ 23.**

Wenn ein Mitglied durch ein körperliches Gebrechen oder durch Schwäche seiner körperlichen oder geistigen Kräfte zur Erfüllung seiner Amtspflichten dauernd unfähig wird, so tritt seine Versetzung in den Ruhestand gegen Gewährung eines Ruhegehalts ein.

---

[1]) Gemäß Art. 82 Abs. 1 PrV.

[Zwangsvers. i. d. Ruhestand] **§ 24.**

Wird die Versetzung eines Mitgliedes in den Ruhestand nicht beantragt, obgleich die Voraussetzungen derselben vorliegen, so hat der Präsident an das Mitglied die Aufforderung zu erlassen, binnen einer bestimmten Frist den Antrag zu stellen. Wird dieser Aufforderung nicht Folge geleistet, so ist die Versetzung in den Ruhestand durch Plenarbeschluß des Oberverwaltungsgerichts auszusprechen.

[Verfahren] **§ 25.**

Für das nach Maßgabe der §§ 21, 22 Absatz 1 und § 24 einzuleitende Verfahren gelten die folgenden Bestimmungen:

1. Der Präsident ernennt aus der Zahl der Mitglieder des Oberverwaltungsgerichts einen Kommissar.
   Der Kommissar hat die das Verfahren begründenden Tatsachen zu erörtern, erforderlichenfalls den Beweis unter Vorladung des beteiligten Mitgliedes zu erheben und darüber Bericht zu erstatten.
   Der Bericht ist dem beteiligten Mitgliede zuzufertigen.
2. Vor der Beschlußfassung findet eine mündliche Verhandlung vor dem Oberverwaltungsgerichte statt. In derselben kann die mündliche Vernehmung von Zeugen und Sachverständigen erfolgen. Das beteiligte Mitglied beziehungsweise sein Kurator ist zu hören.
3. Das beteiligte Mitglied kann sich des Beistandes oder der Vertretung eines Rechtsanwaltes bedienen, jedoch ist das Oberverwaltungsgericht befugt, das persönliche Erscheinen des Mitgliedes unter der Warnung anzuordnen, daß bei seinem Ausbleiben ein Vertreter desselben nicht werde zugelassen werden.
4. Die Einleitung des Verfahrens gegen den Präsidenten erfolgt durch den Stellvertreter desselben auf Grund eines [Plenarbeschlusses des Oberverwaltungsgerichts].

[Senate, Präsidium] **§ 26.**

(1) Das Oberverwaltungsgericht kann auf Beschluß des Staatsministeriums in Senate eingeteilt werden.

(2) Das Präsidium bezeichnet bei Beginn jedes Geschäftsjahres und mindestens auf die Dauer desselben für jeden Senat die ständigen Mitglieder und für den Fall ihrer Verhinderung die erforderlichen Vertreter.

(3) In gleicher Weise erfolgt nach Maßgabe des hierfür erlassenen Regulativs (§ 30) die Verteilung der Geschäfte unter die Senate.

(4) Das Präsidium besteht aus dem Präsidenten, den Senatspräsidenten und dem dem Dienstalter nach, bei gleichem Dienst-

alter dem der Geburt nach ältesten Mitgliede. Das Präsidium entscheidet nach Stimmenmehrheit; im Falle der Stimmengleichheit gibt die Stimme des Präsidenten den Ausschlag.

[Präsident] **§ 27.**

(1) Dem Präsidenten gebührt der Vorsitz im Plenum und in demjenigen Senate, welchem er sich anschließt; in den anderen Senaten führt ein Senatspräsident den Vorsitz.

(2) Im Falle der Verhinderung des ordentlichen Vorsitzenden führt den Vorsitz im Plenum derjenige Senatspräsident und in den Senaten derjenige Rat des Senats, welcher das gedachte Amt am längsten bekleidet, und bei gleichem Dienstalter derjenige, welcher der Geburt nach der Älteste ist.

[Beschlußfassung] **§ 28.**

(1) Zur Fassung gültiger Beschlüsse des Oberverwaltungsgerichts ist die Teilnahme von wenigstens fünf Mitgliedern erforderlich.

(2) Die Zahl der Mitglieder, welche bei Fassung eines Beschlusses eine entscheidende Stimme führen, muß in allen Fällen eine ungerade sein. Ist die Zahl der anwesenden Mitglieder eine gerade, so hat der zuletzt ernannte Rat und bei gleichem Dienstalter der der Geburt nach jüngere Rat kein Stimmrecht. Dem Berichterstatter steht jedoch in allen Fällen Stimmrecht zu.

[Plenarentscheidung] **§ 29.**

(1) Will ein Senat des Oberverwaltungsgerichts in einer Rechtsfrage von einer früheren Entscheidung eines anderen Senats oder des Plenums abweichen, so ist über die streitige Rechtsfrage die Entscheidung des Plenums des Gerichtshofes einzuholen. Dieselbe erfolgt in allen Fällen ohne vorgängige mündliche Verhandlung. Vor der Entscheidung des Plenums ist jedoch den von den Ressortministern zur Wahrnehmung des öffentlichen Interesses bestellten Kommissarien Gelegenheit zu geben, sich schriftlich über die zur Entscheidung stehende Rechtsfrage zu äußern.

(2) Die Entscheidung der Rechtsfrage durch das Plenum ist in der zur Entscheidung stehenden Sache bindend.

(3) Soweit die Entscheidung der Sache eine vorgängige mündliche Verhandlung erfordert, erfolgt dieselbe durch den erkennenden Senat auf Grund einer erneuten mündlichen Ver-

7*

handlung, zu welcher die Parteien unter Mitteilung der ergangenen Entscheidung der Rechtsfrage zu laden sind[1]).

(4) Zur Fassung von Plenarentscheidungen ist die Teilnahme von wenigstens zwei Dritteln aller Mitglieder erforderlich.

[Regulativ][2]) **§ 30.**

(1) Im übrigen wird der Geschäftsgang und die Verteilung der Geschäfte unter die Senate durch ein Regulativ geordnet, welches das Plenum des Oberverwaltungsgerichts zu entwerfen und dem Staatsministerium zur Bestätigung einzureichen hat.

(2) Die Ernennung der erforderlichen Subaltern- und Unterbeamten bei dem Oberverwaltungsgerichte erfolgt, insoweit sie nicht durch das Geschäftsregulativ dem Präsidenten überwiesen wird, durch das Staatsministerium.

[Disziplinarverf. d. Unterbeamten] **§ 30a.**

Die Disziplin über die bei dem Oberverwaltungsgerichte angestellten Subaltern- und Unterbeamten übt der Präsident mit denjenigen Befugnissen, welche nach dem Gesetze betreffend die Dienstvergehen der nicht richterlichen Beamten usw., vom 21. Juli 1852, den Ministern in Ansehung der ihnen untergeordneten Beamten zustehen. Die Einleitung des Disziplinarverfahrens auf Entfernung aus dem Amte, die Ernennung des Untersuchungskommissars und des Vertreters der Staatsanwaltschaft erfolgt durch den Präsidenten; entscheidende Behörde erster und letzter Instanz ist das Oberverwaltungsgericht.

§§ 31—87a.

[Gestrichen, s. vor § 17.]

[Hauptamtl. Tätigkeit] **§ 88.**

Die Stelle eines Mitgliedes des Oberverwaltungsgerichts darf als Nebenamt fortan nicht mehr verliehen werden.

§ 89.

[Gestrichen, s. vor § 17.]

---

[1]) Abs. 1—3 (früher Abs. 1) i. d. F. d. G. v. 27. Mai 1888 (GS. S. 226) Art. 1.

[2]) Vom 22. Febr. 1892 (MBliV. S. 133), Nachtrag dazu vom 15. Okt. 1893 (MBliV. S. 123).

5. Gesetz über die Vertretung vor den Verwaltungsgerichten.

(Auszug.)

Vom 25. Mai 1926 (GS. S. 163).

[Das Gesetz regelt die Zulassung besonderer Anwälte vor den Verwaltungsgerichten, denen es die Bezeichnung **Verwaltungsrechtsrat** beilegt; die Vertretungsbefugnis der Rechtsanwälte auch in öffentlichrechtlichen Dingen wird dadurch nicht berührt.]

[Zulassung] **§ 1.**

Zur berufsmäßigen Rechtsvertretung vor den Verwaltungsgerichten (advokatorischen Praxis im Sinne des § 6 der Reichsgewerbeordnung) muß zugelassen werden, wer die Befähigung zum preußischen höheren Verwaltungsdienst oder zum Richteramt erlangt hat, danach 2 Jahre in der Verwaltung des Preußischen Staates, preußischer Gemeinden oder Gemeindeverbände oder in einer Kirchenverwaltung oder als preußischer Verwaltungsrichter tätig gewesen und in einer beim Oberverwaltungsgerichte zu führenden Liste der Verwaltungsrechtsräte eingetragen ist.

[Liste der Verwaltungsrechtsräte] **§ 2.**

Über die Eintragung in die Liste entscheidet der Vorsitzende eines Senats des Oberverwaltungsgerichts. Zur Versagung der Eintragung bedarf er der Zustimmung des Senats.

[Versagung der Eintragung] **§ 3.**

(1) Die Eintragung ist zu versagen, wenn der Antragsteller

1. durch strafgerichtliches Urteil die Fähigkeit zur Bekleidung öffentlicher Ämter dauernd verloren hat oder zur Zeit nicht besitzt,
2. auf Grund des § 7 Nr. 3 in der Liste der Verwaltungsrechtsräte gestrichen ist,
3. durch gerichtliche Anordnung in der Verfügung über sein Vermögen beschränkt ist,
4. ein Amt bekleidet oder eine Beschäftigung betreibt, die mit der berufsmäßigen Rechtsvertretung nicht vereinbar sind,
5. durch körperliche Gebrechen oder wegen eingetretener Schwäche seiner körperlichen oder geistigen Kräfte zur Erfüllung seiner Pflichten dauernd unfähig ist,
6. sich eines Verhaltens schuldig gemacht hat, das ihn der berufsmäßigen Rechtsvertretung unwürdig erscheinen läßt.

(2) Die Befugnis der Rechtsanwälte zum Auftreten vor den Verwaltungsgerichten bleibt unberührt. Eine besondere Eintragung von Rechtsanwälten in die Liste findet nicht statt.

§ 4.

Die Eintragung kann versagt werden, wenn der Antragsteller durch strafgerichtliches Urteil die Fähigkeit zur Bekleidung öffentlicher Ämter auf Zeit verloren hatte.

[Begründung des Beschlusses] § 5.

Der Beschluß, der die Eintragung versagt, muß begründet werden.

[Vereidigung] § 6.

(1) Nach der Eintragung hat der Verwaltungsrechtsrat in einer öffentlichen Sitzung eines Verwaltungsgerichts folgenden Eid zu leisten:

„Ich schwöre, daß ich die Pflichten eines Verwaltungsrechtsrats gewissenhaft erfüllen werde."

(2) Die Beifügung einer religiösen Beteuerung ist zulässig.

[Streichung der Eintragung] § 7.

(1) Die Eintragung ist zu streichen:

1. wenn sich nach der Eintragung ergibt, daß sie nach § 3 hätte versagt werden müssen;
2. wenn nach der Eintragung eine der Voraussetzungen des § 3 eintritt;
3. wenn der Verwaltungsrechtsrat die ihm obliegenden Pflichten gröblich verletzt.

(2) Wird ein Verwaltungsrechtsrat zur Rechtsanwaltschaft zugelassen, so ist er in der Liste der Verwaltungsrechtsräte von Amts wegen zu löschen.

§§ 8—14.

[Betreffen das Verfahren bei Streichung der Eintragung und die Abänderung anderer Gesetze.]

---

6. Gesetz über die Zulässigkeit des Rechtsweges in Beziehung auf polizeiliche Verfügungen.

Vom 11. Mai 1842 (GS. S. 192).

[Das Gesetz bedeutete seinerzeit eine Einschränkung des Rechtswegs gegenüber der Polizei; ob die stark verklausulierten Bestimmungen der §§ 1 und 2 heute noch praktische Bedeutung haben können, ist zweifelhaft; das gleiche muß von § 5 gesagt werden; § 6 gilt sicher nicht mehr; die §§ 3 und 4 gelten der Sache nach noch, haben aber andere Grundlagen.]

[Beschwerde und Rechtsweg] **§ 1.**

(1) Beschwerden über polizeiliche Verfügungen jeder Art, sie mögen die Gesetzmäßigkeit, Notwendigkeit oder Zweckmäßigkeit derselben betreffen, gehören vor die vorgesetzte Dienstbehörde[1]).

(2) Der Rechtsweg ist in Beziehung auf solche Verfügungen nur dann zulässig, wenn die Verletzung eines zum Privateigentum gehörenden Rechts behauptet wird, und nur unter den nachfolgenden näheren Bestimmungen.

[Rechtsweg wegen Privilegien] **§ 2.**

Wenn derjenige, welchem durch eine polizeiliche Verfügung eine Verpflichtung auferlegt wird, die Befreiung von derselben auf den Grund einer besonderen gesetzlichen Vorschrift oder eines speziellen Rechtstitels behauptet, so ist die richterliche Entscheidung sowohl über das Recht zu dieser Befreiung, als auch über dessen Wirkungen zulässig.

[Keine Suspensivwirkung (§ 2)] **§ 3.**

Die Verfügung (§ 2) kann jedoch, des Widerspruchs ungeachtet, zu Ausführung gebracht werden, wenn solches nach dem Ermessen der Polizeibehörde ohne Nachteil für das Allgemeine nicht ausgesetzt bleiben kann. Nach ergangenem rechtskräftigen Erkenntnisse muß die Polizeibehörde dessen Bestimmungen bei ihren weiteren Anordnungen beachten.

[Rechtsweg wegen Entschädigung][2]) **§ 4.**

(1) Steht einer polizeilichen Verfügung ein besonderes Recht auf Befreiung (§ 2) nicht entgegen, es wird aber behauptet, daß durch dieselbe ein solcher Eingriff in Privatrechte geschehen sei, für welchen nach den gesetzlichen Vorschriften über Aufopferungen der Rechte und Vorteile des Einzelnen im Interesse des Allgemeinen Entschädigung gewährt werden muß[2]), so findet der Rechtsweg darüber statt: ob ein Eingriff dieser Art vorhanden sei und zu welchem Betrage dafür Entschädigung geleistet werden müsse.

(2) Eine Wiederherstellung des früheren Zustandes kann in diesem Falle niemals verlangt werden, wenn solche nach dem Ermessen der Polizeibehörde unzulässig ist[3]).

---

[1]) Vgl. jetzt §§ 127 (128) und 130 LVG., oben Nr. 2.

[2]) Vgl. §§ 74, 75 der Einl. z. ALR., unten Nr. 23.

[3]) S. einen weiteren Fall der Anwendung des § 4 in § 56 Abs. 8 ZustG. (oben Nr. 3).

[Vorl. Anordn.[1]) u. Abbürdungskl.[2])] **§ 5.**

Gebührt der Polizeibehörde nur die Befugnis zu einer vorläufigen Anordnung mit Vorbehalt der Rechte der Beteiligten, oder behauptet derjenige, welchem durch eine polizeiliche Verfügung eine Verpflichtung auferlegt worden ist, daß diese Verpflichtung ganz oder teilweise einem anderen obliege, so ist zur Feststellung der Rechte unter den Beteiligten und über die zu leistende Entschädigung die richterliche Entscheidung zulässig.

[Beamtenhaftpflicht] **§ 6.**

[Wird eine polizeiliche Verfügung im Wege der Beschwerde als gesetzwidrig oder unzulässig aufgehoben, so bleiben dem Beteiligten seine Gerechtsame nach den allgemeinen gesetzlichen Bestimmungen über die Vertretungsverbindlichkeit der Beamten vorbehalten[3]).]

[Aufhebung älterer Vorschr.] **§ 7.**

Sämtliche, sowohl allgemeine als besondere Vorschriften über Gegenstände dieses Gesetzes und namentlich die Vorschriften der Verordnung vom 26. Dezember 1808 §§ 38 bis 40 werden hierdurch aufgehoben.

---

7. Gesetz, betreffend die Erweiterung des Rechtsweges.

Vom 24. Mai 1861 (GS. S. 241).

[Das Gesetz stellte seinerzeit eine wichtige Erweiterung des Rechtsweges vor den ordentlichen Gerichten dar. Es ist, wie zu den einzelnen Bestimmungen vermerkt, in den meisten Beziehungen jetzt überholt, hat aber in Einzelheiten noch eine, allerdings umstrittene Bedeutung.]

---

[1]) S. jedoch jetzt auch § 75 Feld- u. ForstpolG. vom 21. Jan. 1926 (GS. S. 83) (unten Nr. 33) und §§ 51 ff. der Jagdordnung vom 15. Juli 1907 (unten Nr. 45).

[2]) Wegen dieser ist in vielen Fällen durch jüngere Gesetze das Verwaltungsstreitverfahren eingeführt: s. insbesondere ZG. § 46 Abs. 3 und § 56 Abs. 5.

[3]) Diese Bestimmung wirkte, da sie die Aufhebung einer polizeilichen Verfügung zur Voraussetzung der Geltendmachung eines Schadenersatzanspruchs wegen ihr machte, als Erschwerung des in Art. 131 RV. gewährten Rechtswegs bei Inanspruchnahme der Haftung des Staats für seine Beamten; sie ist daher jetzt nicht mehr gültig (vgl. Beschluß des Reichsgerichts v. 20. Febr. 1925, RGBl. I S. 292).

Erster Abschnitt.

In Beziehung auf die Ansprüche der Staatsbeamten wegen ihrer Diensteinkünfte.

[Zulässigkeit] **§ 1.**

Über vermögensrechtliche Ansprüche der Staatsbeamten aus ihrem Dienstverhältnis, insbesondere über Ansprüche auf Besoldung, Pension oder Wartegeld, findet mit folgenden Maßgaben der Rechtsweg statt.

[Vorentscheidung] [1]) **§ 2.**

Die Entscheidung des Verwaltungschefs muß mit Ausnahme des Falles, wo ein Beamter durch eine von der Oberrechnungskammer getroffene Festsetzung verkürzt zu sein glaubt, der Klage vorhergehen, und letztere sodann [bei Verlust des Klagerechts innerhalb sechs Monaten][1]), nachdem dem Beamten die Entscheidung des Verwaltungschefs oder die Festsetzung der Oberrechnungskammer bekanntgemacht worden, angebracht werden.

[Beklagte Behörde] **§ 3.**

(1) Die Klage ist gegen diejenige Provinzialbehörde des betreffenden Verwaltungsressorts und in Ermangelung einer solchen, sowie seitens der Justizbeamten im Bezirke des [Apellationsgerichtshofes] Oberlandesgerichtes zu Köln, gegen diejenige Bezirksregierung zu richten, in deren Amtsbezirk der Beamte zu der Zeit, wo der streitige Anspruch entstanden ist, vermöge seines dienstlichen Wohnsitzes seinen persönlichen Gerichtsstand gehabt hat. Der Stadtbezirk von Berlin wird in dieser Beziehung zum Bezirk der Regierung zu Potsdam gerechnet.

(2) Für Prozesse von Beamten in den Hohenzollernschen Landen ist die Regierung in Sigmaringen zur Vertretung des Fiskus befugt.

[Zuständigkeit] **§ 4.**

[Durch die Zivilprozeßordnung beseitigt. Zuständig in 1. Instanz ist das Landgericht, § 71 III GerVerfG., § 39 preuß. AusfG.]

[Vorentsch. d. Verwaltungsbeh. usw.] [1]) **§ 5.**

Die Entscheidungen der Disziplinar- und Verwaltungsbehörden darüber, ob und von welchem Zeitpunkt ab ein Be-

---

[1]) Inwieweit angesichts RV. Art. 129 Abs. 1 S. 3 diese Bestimmungen noch gelten, ist streitig. Nicht vereinbar mit Art. 129 a. a. O. ist jedenfalls die Ausschlußfrist des § 2.

amter aus seinem Amte zu entfernen, einstweilen oder definitiv in den Ruhestand zu versetzen oder zu suspendieren sei, über die Verhängung von Ordnungsstrafen, sowie darüber, ob und wie weit eine geforderte Vergütung in Ermangelung eines vorher bestimmten Betrages oder Maßstabes derselben mit der betreffenden Leistung im Verhältnis stehe, sind für die Beurteilung der vor den Gerichten geltend gemachten vermögensrechtlichen Ansprüche maßgebend.

[Anordnungen, Allgemeinverfüg.] **§ 6.**

Ingleichen sind bei der richterlichen Beurteilung, nächst den dem Beamten besonders erteilten Zusicherungen und den Bestimmungen der allgemeinen Landesgesetze, die zur Zeit der Entstehung des streitigen Anspruchs in Kraft gewesenen [Königlichen] Anordnungen, sowie die seitens der Zentralbehörden ergangenen, den Provinzialbehörden mitgeteilten und die mit Genehmigung der Zentralbehörden von den Provinzialbehörden erlassenen allgemeinen Verfügungen, soweit solche nicht den Gesetzen oder [Königlichen] Anordnungen zuwiderlaufen, zum Grunde zu legen.

§§ 7, 8.

[Enthielten Übergangsvorschriften, die erledigt sind.]

Zweiter Abschnitt.

In Beziehung auf öffentliche Abgaben im allgemeinen.

[Rückforderung von Abgaben] **§§ 9, 10.**

[Erfolgt jetzt im Verwaltungsstreitverfahren, s. § 160 ZG. (oben Nr. 3), § 69 KommAbgG. (unten Nr. 19). Vgl. auch (für Reichssteuern) § 227 RAbgO. v. 13. Dez. 1920.]

Dritter Abschnitt.

In Beziehung auf die Stempelsteuer.

§§ 11—13.

[Jetzt ersetzt durch § 26 des Stempelsteuergesetzes, Fass. v. 27. Okt. 1924 (GS. S. 627).]

§ 14.

[Durch § 6 EG. z. StPO. aufgehoben; jetzt gilt § 262 StPO. analog. Anders im Reichssteuerrecht (§ 433 RAbgO.)]

Vierter Abschnitt.
In Beziehung auf Kirchen-, Pfarr- und Schulabgaben[1]).

[Rechtliches Gehör] **§ 15.**

Das rechtliche Gehör ist in Beziehung auf die in Nummer 1 der Allerhöchsten Order vom 19. Juni 1836 (Gesetzsammlung Seite 198) aufgeführten Abgaben und Leistungen[2]), welche für Kirchen und öffentliche Schulen oder für deren Beamte auf Grund einer notorischen Orts- oder Bezirksverfassung erhoben werden, desgleichen in Beziehung auf Forderungen öffentlicher Schul- und Erziehungsanstalten an Schul- und Pensionsgeld fortan unbedingt gestattet. In Beziehung auf solche Abgaben und Leistungen, welche auf einer allgemeinen gesetzlichen Verbindlichkeit, bezüglich auf einer, von der aufsichtführenden Regierung in Gemäßheit gesetzlicher Bestimmung angeordneten oder exekutorisch erklärten Umlage beruhen, findet der Rechtsweg aber nur insoweit statt, als dies bei öffentlichen Abgaben der Fall ist.

[Übergangsbestimmung] **§ 16.**

Die Bestimmung in der Nummer 3 der Allerhöchsten Order vom 19. Juni 1836 wird aufgehoben.

---

8. Verordnung, betreffend die Kompetenzkonflikte zwischen den Gerichten und den Verwaltungsbehörden.

Vom 1. August 1879 (GS. S. 533).

[Die Verordnung, die erlassen ist auf Grund des § 17 Abs. 2 EG. z. GVG., regelt das Verfahren bei positiven und negativen Kompetenzkonflikten zwischen Preußischen Verwaltungsbehörden (einschl. der Verwaltungsgerichte) und ordentlichen Gerichten, nicht auch bei solchen zwischen Verwaltungsgerichten und Verwaltungsbehörden (darüber vgl. § 113 Abs. 5 LandVerwG. — zuständig das OVG. —), auch nicht solchen zwischen Reichsverwaltungsbehörden und ordentlichen Gerichten (dafür noch keine gesetzliche Regelung vorhanden).]

---

[1]) Wegen der Kirchensteuern s. jetzt auch die besonderen Kirchensteuergesetze, wegen der Schullasten §§ 46, 47, 160 ZG. (oben Nr. 3).

[2]) „Alle beständigen dinglichen oder persönlichen Abgaben und Leistungen", so hieß es in Nr. 1 dieser Order von 1836.

[Gerichtshof] **§ 1.**

Die Entscheidung von Streitigkeiten über die Zulässigkeit des Rechtswegs erfolgt in den durch diese Verordnung bestimmten Fällen durch den Gerichtshof zur Entscheidung der Kompetenzkonflikte.

[Mitglieder] **§ 2.**

(1) Der Gerichtshof besteht aus elf Mitgliedern, von denen sechs dem Oberlandesgericht zu Berlin[1]) angehören müssen. Die anderen fünf Mitglieder müssen für den höheren Verwaltungsdienst oder zum Richteramt befähigt sein. Zum Mitgliede kann nur ernannt werden, wer das fünfunddreißigste Lebensjahr vollendet hat.

(2) Die Mitglieder werden für die Dauer des zur Zeit ihrer Ernennung von ihnen bekleideten Amtes oder, falls sie zu dieser Zeit ein Amt nicht bekleiden, auf Lebenszeit ernannt. Eine Enthebung vom Amte kann nur unter denselben Voraussetzungen wie bei den Mitgliedern des Reichsgerichts stattfinden.

(3) Der Vorsitzende und die übrigen Mitglieder werden vom [Könige auf den Vorschlag des Staatsministeriums] Staatsministerium[2]) ernannt.

[Besetzung, Gesch.Ordn.] **§ 3.**

(1) Der Gerichtshof entscheidet in der Besetzung von sieben Mitgliedern.

(2) Die Geschäftsordnung, insbesondere die Befugnisse des Vorsitzenden und die Reihenfolge, in welcher die Mitglieder an den einzelnen Sitzungen teilzunehmen haben, werden durch ein Regulativ geordnet, welches der Gerichtshof zu entwerfen und dem Staatsministerium zur Bestätigung einzureichen hat.

[Posit. Kompetenzkonflikt] **§ 4.**

(1) Der Gerichtshof entscheidet, wenn die Verwaltungsbehörden den Rechtsweg in einem bei den Gerichten anhängigen bürgerlichen Rechtsstreite für unzulässig erachten und deshalb der Kompetenzkonflikt erhoben wird.

(2) Der Kompetenzkonflikt kann nicht erhoben werden, wenn die Zulässigkeit des Rechtswegs in der Sache durch rechtskräftiges Urteil des Gerichts feststeht. Das gleiche gilt, wenn ein mit der Revision anfechtbares Urteil des Gerichts ergangen ist[3]).

---

[1]) Kammergericht.

[2]) Gemäß Art. 82 preuß. Verf.

[3]) Abs. 2 Satz 2 eingefügt durch Ges. v. 22. Mai 1902 (GS. S. 145) Art. 1. Hierzu ergänzend Art. 2 dieses Gesetzes:

Hat in einer Sache der Gerichtshof zur Entscheidung der Kom-

[Zuständige Behörde] **§ 5.**

(1) Zur Erhebung des Kompetenzkonflikts ist nur die Zentral- und die Provinzialverwaltungsbehörde befugt[1]).

(2) Dieselben können den Kompetenzkonflikt auch dann erheben, wenn die Zuständigkeit zur Entscheidung der Sache für die Verwaltungsgerichte in Anspruch genommen wird.

(3) Hat die Provinzialbehörde mehrere Abteilungen, so steht die Erhebung des Kompetenzkonflikts dem Plenum zu.

[Erhebung des Kompetenzkonflikts] **§ 6.**

(1) Die Erhebung des Kompetenzkonflikts erfolgt bei dem Gerichte, bei welchem die Sache anhängig ist, durch die schriftliche Erklärung der Verwaltungsbehörde, daß der Rechtsweg für unzulässig erachtet werde.

(2) Der Erklärung soll eine Begründung beigefügt werden.

(3) Wird die Erklärung bei einem Gerichte, bei welchem die Sache nicht anhängig ist, abgegeben, so hat dieses die Erklärung an das zuständige Gericht zu übersenden.

[Wirkung: Unterbrechung] **§ 7.**

(1) Das Prozeßverfahren wird durch die Erhebung des Kompetenzkonflikts für die Dauer des denselben betreffenden Verfahrens unterbrochen (§ 249 der Zivilprozeßordnung). Durch die nach dem Schlusse einer mündlichen Verhandlung eintretende Unterbrechung wird auch die Verkündung einer Entscheidung gehindert.

(2) Das Gericht hat die Verwaltungsbehörde von dem Eingange der Erklärung und die Parteien von der Erhebung des Kompetenzkonflikts von Amts wegen zu benachrichtigen.

(3) Den Parteien ist zugleich eine Abschrift der Erklärung zu übersenden.

[Berufungs- bezw. Revisionsgericht] **§ 8.**

Ist die Sache bei einem Gericht höherer Instanz anhängig, so sind die Prozeßakten, unter Beifügung der Erklärung der Verwaltungsbehörde und der Zustellungsurkunden über die Benachrichtigung der Parteien, dem Urkundsbeamten der Geschäftsstelle[2]) des Gerichts erster Instanz zurückzusenden.

---

petenzkonflikte auf Grund des § 4 oder des § 21 der Verordnung vom 1. August 1879 den Rechtsweg für zulässig erklärt, so ist die Zuständigkeit der Verwaltungsbehörden oder der Verwaltungsgerichte ausgeschlossen.

[1]) Entsprechend § 113 Abs. 1 LVG. (oben Nr. 2).

[2]) Nach d. G. v. 9. Juli 1927 (RGBl. I S. 175). Bisher „Gerichtsschreiber".

[Schriftwechsel] § 9.

(1) Innerhalb der Frist eines Monats, die mit der Zustellung der Benachrichtigung beginnt, können die Parteien bei dem Gericht erster Instanz einen Schriftsatz über den Kompetenzkonflikt einreichen.

(2) Der Schriftsatz muß von einem Rechtsanwalt unterzeichnet sein. Öffentliche Behörden, sowie Personen, welche zum Richteramt befähigt sind, können den Schriftsatz ohne Zuziehung eines Rechtsanwalts einreichen.

(3) Das Gericht hat der Verwaltungsbehörde und der Gegenpartei den Schriftsatz in Abschrift mitzuteilen. Die erforderliche Zahl von Abschriften ist von der Partei einzureichen.

(4) Sind innerhalb der Frist Schriftsätze nicht eingegangen, so hat das Gericht der Verwaltungsbehörde davon Anzeige zu machen.

[Fortgang des Verfahrens] § 10.

(1) Nach Eingang der Schriftsätze der Parteien oder, wenn Schriftsätze nicht eingegangen sind, nach Ablauf der im § 9 bestimmten Frist sendet das Gericht die Akten mittels gutachtlichen Berichts an das Oberlandesgericht, welches ihn unter Beifügung seines Gutachtens dem Justizminister überreicht.

(2) Der Justizminister sendet die Akten und die Gutachten der Gerichte an den Gerichtshof zur Entscheidung der Kompetenzkonflikte und setzt davon den beteiligten Verwaltungschef in Kenntnis.

[Verwaltungschef. Zurückn. d. Kf.] § 11.

(1) Die Provinzialverwaltungsbehörden haben an den beteiligten Verwaltungschef Anzeige von der Erhebung des Kompetenzkonflikts zu erstatten und unter Vorlegung der Erklärungen der Parteien gutachtlich zu berichten.

(2) Der Verwaltungschef kann dem Gerichtshof eine schriftliche Erklärung über den Kompetenzkonflikt mitteilen.

(3) Er ist befugt, den Kompetenzkonflikt zurückzunehmen. In diesem Falle werden die Akten von dem Gerichtshof an den Justizminister und von diesem an das Gericht, bei welchem die Sache anhängig war, zurückgesandt. Das Gericht hat den Parteien die Zurücknahme des Kompetenzkonflikts von Amts wegen anzuzeigen.

[Mündl. Verhandlung] § 12.

Die Entscheidung des Gerichtshofes über den Kompetenzkonflikt erfolgt auf Grund mündlicher Verhandlung in öffentlicher Sitzung. Die Vorschriften der §§ 169 bis 183 des Gerichtsverfassungsgesetzes über Öffentlichkeit und Sitzungspolizei, sowie die Vorschriften der §§ 159 ff. der Zivilprozeßordnung über die Aufnahme eines Protokolls finden entsprechende Anwendung.

[Ladung, Prozeßvertretung usw.] **§ 13.**

(1) Der Termin zur mündlichen Verhandlung wird von dem Vorsitzenden von Amts wegen bestimmt.

(2) Die Parteien sind zu dem Termin von Amts wegen zu laden. Das Erscheinen der Parteien oder eines Vertreters ist nicht erforderlich.

(3) Die Parteien müssen sich, wenn sie in dem Termin verhandeln wollen, durch einen Rechtsanwalt vertreten lassen. Diese Vorschrift findet auf öffentliche Behörden und auf Personen, welche zum Richteramt befähigt sind, keine Anwendung.

(4) Die Bestimmung des Termins ist dem beteiligten Verwaltungschef anzuzeigen. Derselbe kann einen Beamten mit seiner Vertretung beauftragen.

[Berichterstattung, Verfahren] **§ 14.**

In dem Termin zur mündlichen Verhandlung gibt ein von dem Vorsitzenden beauftragtes Mitglied des Gerichtshofes eine Darstellung der bisher stattgefundenen Verhandlungen. Sodann werden die Vertreter der Parteien und der von dem Verwaltungschef abgeordnete Beamte gehört.

[Urteil] **§ 15.**

(1) Das Urteil kann nur von denjenigen Mitgliedern gefällt werden, welche der dem Urteil zugrunde liegenden Verhandlung beigewohnt haben.

(2) Die Verkündung des Urteils erfolgt in dem Termin, in welchem die mündliche Verhandlung geschlossen wird, oder in einem sofort anzuberaumenden Termin, welcher nicht über eine Woche hinaus angesetzt werden soll.

(3) In dem Urteil sind die Namen der Mitglieder, welche bei der Entscheidung mitgewirkt haben, anzugeben.

[Ausfertigungen der Urteile] **§ 16.**

Die Ausfertigungen der Urteile sind von dem Vorsitzenden zu unterschreiben und mit dem Gerichtssiegel zu versehen.

[Zustellung des Urteils] **§ 17.**

(1) Eine Ausfertigung des Urteils ist dem Verwaltungschef, eine andere mit den gerichtlichen Akten dem Justizminister mitzuteilen.

(2) Der Justizminister übersendet die Ausfertigung des Urteils mit den Akten an das Gericht, bei welchem die Sache anhängig war. Das Gericht hat den Parteien das Urteil von Amts wegen zustellen zu lassen.

[Gerichtskost. b. Unzul. d. Rechtsw.] **§ 18.**

Ist der Rechtsweg für unzulässig erkannt, so werden Gerichtskosten nicht erhoben und die bereits erhobenen zurückgezahlt; eine Erstattung der den Parteien erwachsenen Kosten findet nicht statt.

[Einstellung der Zwangsvollstr.] **§ 19.**

(1) Ist zur Zeit der Erhebung des Kompetenzkonflikts ein in dem Rechtsstreit erlassenes Urteil vorläufig vollstreckbar, so hat das Gericht, bei welchem die Sache anhängig ist, die einstweilige Einstellung der Zwangsvollstreckung von Amts wegen anzuordnen. Gegen diese Entscheidung findet kein Rechtsmittel statt.

(2) Wird der Rechtsweg für zulässig erkannt oder der Kompetenzkonflikt zurückgenommen, so ist die Entscheidung von Amts wegen wieder aufzuheben.

[Gebührenfreiheit, Kosten] **§ 20.**

Das durch die Erhebung eines Kompetenzkonflikts veranlaßte Verfahren ist gebühren- und stempelfrei. Bare Auslagen werden nicht in Ansatz gebracht. Eine Erstattung der den Parteien erwachsenen Kosten findet nicht statt.

[Negat. Kompetenzkonflikt] **§ 21.**

(1) Haben in einer Sache einerseits die Gerichte und andererseits die Verwaltungsbehörden oder Verwaltungsgerichte ihre Unzuständigkeit endgültig ausgesprochen, weil von den Gerichten die Verwaltungsbehörden oder Verwaltungsgerichte und von diesen die Gerichte für zuständig erachtet sind, so entscheidet der Gerichtshof über den Kompetenzkonflikt auf Antrag einer bei der Sache beteiligten Partei.

(2) Der Antrag ist bei dem Gericht anzubringen, bei welchem die Sache in erster Instanz anhängig war. Der Antrag ist der Gegenpartei von Amts wegen zuzustellen. Diese kann innerhalb der Frist eines Monats einen Schriftsatz über den Kompetenzkonflikt einreichen.

(3) Im übrigen finden die Vorschriften der §§ 9 bis 17, 20 dieses Gesetzes entsprechende Anwendung.

(4) Der Gerichtshof hat in seinem Urteil die demselben entgegenstehenden Entscheidungen aufzuheben und die Sache zur anderweiten Verhandlung und Entscheidung an die betreffende Instanz zu verweisen.

(5) Diese Vorschriften finden keine Anwendung, wenn die Unzuständigkeit der Gerichte von dem Reichsgericht ausgesprochen ist[1]).

[Hierzu Art. 3 d. G. v. 22. Mai 1902 (GS. S. 145):]

(1) Hat in einer Sache das Reichsgericht die Unzulässigkeit des Rechtswegs ausgesprochen, so können die Verwaltungs-

---

[1]) § 21 Abs. 5 eingefügt durch G. v. 22. Mai 1902 (GS. S. 145), s. im übrigen auch oben Anm. 3 zu § 4.

behörden oder Verwaltungsgerichte sich nicht deshalb für unzuständig erklären, weil sie den Rechtsweg für zulässig erachten.

(2) Hatten vor der Entscheidung des Reichsgerichts die Verwaltungsbehörden oder Verwaltungsgerichte sich aus dem bezeichneten Grunde endgültig für unzuständig erklärt, so hat auf Antrag einer bei der Sache beteiligten Partei diejenige Instanz, von welcher die Unzuständigkeit endgültig ausgesprochen worden ist, die frühere Entscheidung aufzuheben und nach Maßgabe der Vorschrift des Abs. 1 anderweitige Entscheidung zu treffen; die Sache kann zur anderweitigen Entscheidung an eine Vorinstanz zurückverwiesen werden.

[Auseinandersetzungsbehörden] **§ 22.**

Bei Anwendung der Vorschriften dieser Verordnung gelten die Auseinandersetzungsbehörden als Verwaltungsbehörden.

[Übergangsvorschrift] **§ 23.**

Auf die Erledigung der vor dem Inkrafttreten dieser Verordnung anhängig gewordenen Kompetenzkonflikte finden die bisherigen Bestimmungen über das Verfahren Anwendung.

[Inkrafttreten] **§ 24.**

Diese Verordnung tritt gleichzeitig mit dem Gerichtsverfassungsgesetze in Kraft.

---

9. Verordnung, betreffend das Verwaltungszwangsverfahren wegen Beitreibung von Geldbeträgen.

Vom 15. November 1899 (GS. S. 545)[1].

[Als öffentlichrechtliches Gegenstück zu den Zwangsvollstreckungsbestimmungen der Zivilprozeßordnung regelt die Verordnung die Zwangsbeitreibung von Geldbeträgen (nicht Erzwingung anderer Leistungen, wegen dieser vgl. § 132 LandVerwG.), die nach Verwaltungsgesetzen oder Landessteuergesetzen geschuldet werden, während die Zwangsvollstreckung wegen Reichssteuern in der Reichsabgabenordnung geregelt ist.]

[1]) Die Verordnung ist in der Folge mehrfach geändert worden: zu §§ 54—67 durch VO. v. 16. Mai 1923 (GS. S. 271) (wodurch auch der Gebührentarif gestrichen wurde), VO. v. 12. April 1924 (GS. S. 209), VO. v. 28. November 1924 (GS. S. 741), VO. v. 31. Oktober 1925 (GS. S. 153); zu §§ 46, 47 durch VO. v. 16. März 1926 (GS. S. 103).

I. Allgemeine Bestimmungen.

[Anwendungsgebiet] **§ 1.**

Die Zwangsvollstreckung wegen aller derjenigen Abgaben, Gefälle und sonstigen Geldbeträge, welche nach den bestehenden Vorschriften der Beitreibung im Verwaltungszwangsverfahren unterliegen, erfolgt ausschließlich nach den Vorschriften dieser Verordnung.

[Rechtsweg, Rechtsmittel] **§ 2.**

(1) Inwieweit über die Verbindlichkeit zur Entrichtung der geforderten Geldbeträge der Rechtsweg stattfindet, richtet sich nach den hierüber bestehenden Vorschriften.

(2) Wegen vermeintlicher Mängel des Zwangsverfahrens, dieselben mögen die Form der Anordnung oder die der Ausführung oder die Frage betreffen, ob die gepfändeten Sachen zu den pfändbaren gehören, ist dagegen, unbeschadet der besonderen Vorschriften über die Rechtsmittel im Falle der zwangsweisen Ausführung polizeilicher Verfügungen, nur die Beschwerde bei der vorgesetzten Dienstbehörde des Beamten zulässig, dessen Verfahren angefochten wird.

[Zwangsverfahren gegen Dritte] **§ 3.**

(1) Soweit nach den Vorschriften des bürgerlichen Rechtes Dritte, insbesondere Erben, Ehegatten, Eltern oder Nießbraucher, kraft Gesetzes zu der Leistung oder zur Duldung der Zwangsvollstreckung verpflichtet sind, kann das Zwangsverfahren auch gegen diese Personen angeordnet werden. Die Vorschriften der §§ 735 bis 749, 778, 779, 781 bis 784, 786 der Zivilprozeßordnung finden mit der Maßgabe entsprechende Anwendung, daß die Anordnung des Zwangsverfahrens an die Stelle des nach den §§ 735 bis 749 zur Zulässigkeit der gerichtlichen Zwangsvollstreckung erforderlichen oder genügenden vollstreckbaren Titels tritt.

(2) Durch die Geltendmachung der dem Erben nach den §§ 2014, 2015 des Bürgerlichen Gesetzbuchs zustehenden Einreden wird die Zwangsvollstreckung in den Nachlaß nicht gehemmt, wenn der beizutreibenden Forderung das im § 61 Nr. 2 oder 3 der Konkursordnung bezeichnete Vorrecht zusteht.

(3) Wird seitens einer der im Abs. 1 benannten Personen die Verpflichtung zu der Leistung oder zur Duldung der Zwangsvollstreckung bestritten oder werden auf Grund der §§ 781 bis 784, 786 der Zivilprozeßordnung Einwendungen erhoben, so entscheidet hierüber derjenige, für dessen Rechnung die Zwangsvollstreckung stattfindet. Gegen die den Widerspruch oder die erhobene Einwendung zurückweisende Entscheidung steht entweder die Beschwerde bei der vorgesetzten Aufsichtsbehörde oder innerhalb einer Ausschlußfrist von einem Monate nach der Zustellung die

gerichtliche Klage zu. Die Anbringung des einen Rechtsmittels schließt das andere aus. Die Klage ist gegen denjenigen, für dessen Rechnung die Zwangsvollstreckung stattfindet, zu richten. Auf die Einstellung der Zwangsvollstreckung und die Aufhebung bereits erfolgter Vollstreckungsmaßregeln finden die Vorschriften der §§ 769, 770 der Zivilprozeßordnung entsprechende Anwendung.

[Vollstreckungsbehörde] **§ 4.**

(1) **Diejenigen Behörden oder Beamten, welchen die Einziehung der der Beitreibung im Verwaltungszwangsverfahren unterliegenden Geldbeträge zusteht, bilden die zur Anordnung und Leitung des Zwangsverfahrens zuständigen Vollstreckungsbehörden. Auf die Beamten der Korporationen, welche nach den bisherigen Vorschriften zur eigenen Zwangsvollstreckung nicht berechtigt sind, findet diese Bestimmung nicht Anwendung.**

(2) **Die Behörde, welcher die Einziehung einer gerichtlich erkannten Geldstrafe obliegt, ist zugleich Vollstreckungsbehörde für die mit der Einziehung der Strafe verbundene Beitreibung der Kosten. Diese Beitreibung erfolgt nach den für die Beitreibung der Strafe geltenden Vorschriften.**

(3) **Fehlt es an einer nach den vorstehenden Vorschriften zuständigen Vollstreckungsbehörde, so hat die Bezirksregierung (Polizeipräsidium in Berlin) eine solche zu bestimmen.**

(4) **Den zuständigen höheren Verwaltungs- und den Aufsichtsbehörden ist es gestattet, die Funktionen der Vollstreckungsbehörde selbst zu übernehmen.**

[Ersuchte Behörde] **§ 5.**

Muß eine Vollstreckungsmaßregel außerhalb des Geschäftsbezirkes der Vollstreckungsbehörde zur Ausführung gebracht werden, so hat die entsprechende Behörde desjenigen Bezirkes, in welchem die Ausführung erfolgen soll, auf Ersuchen der Vollstreckungsbehörde das Zwangsverfahren auszuführen. Insoweit von der ersuchten Behörde die Pfändung körperlicher Sachen und deren Versteigerung ausgeführt wird, tritt diese an die Stelle der Vollstreckungsbehörde.

[Vollziehungsbeamte] **§ 6.**

(1) **Die Vollstreckungsbehörde hat das Zwangsverfahren durch die ihr beigegebenen Vollziehungsbeamten oder durch diejenigen Beamten, deren sie sich als solcher zu bedienen hat, auszuführen.**

(2) **Fehlt es derselben an solchen Beamten, so kann die Bezirksregierung (Polizeipräsidium in Berlin) eine andere Vollstreckungsbehörde bestimmen.**

8*

(3) Die Vollziehungsbeamten müssen eidlich verpflichtet werden.

(4) Die Ausführung der Zwangsvollstreckung wegen der in Angelegenheiten der Justizverwaltung beizutreibenden Geldbeträge findet durch die Gerichtsvollzieher statt; den Gerichtsvollziehern kann die Ausführung einer Zwangsvollstreckung auch in anderen Fällen übertragen werden. Die Gerichtsvollzieher haben an Stelle der Vorschriften der §§ 9, 10, 14, 15, 22 bis 31 die für den Zivilprozeß geltenden Vorschriften zu beobachten.

[Mahnung] **§ 7.**

Der Zwangsvollstreckung soll in der Regel eine Mahnung desjenigen, gegen welchen die Zwangsvollstreckung vorzunehmen ist, mit dreitägiger Zahlungsfrist vorhergehen. In betreff der Gerichtskosten vertritt die Mitteilung der Kostenrechnung die Stelle der Mahnung.

[Militärpersonen] **§ 8.**

(1) Gegen eine dem aktiven Heere oder der aktiven Marine angehörende Militärperson darf die Zwangsvollstreckung erst beginnen, nachdem von derselben die vorgesetzte Militärbehörde Anzeige erhalten hat. Der Vollstreckungsbehörde ist auf Verlangen der Empfang der Anzeige zu bescheinigen.

(2) Soll die Zwangsvollstreckung gegen eine dem aktiven Heere oder der aktiven Marine angehörende Person des Soldatenstandes in Kasernen und anderen militärischen Dienstgebäuden oder auf Kriegsfahrzeugen erfolgen, so hat die Vollstreckungsbehörde die zuständige Militärbehörde um die Zwangsvollstreckung zu ersuchen. Die gepfändeten Gegenstände sind dem von der Vollstreckungsbehörde bezeichneten Beamten zu übergeben.

[Zustellungen] **§ 9.**

Auf die Zustellungen finden die Vorschriften der Zivilprozeßordnung[1]) über Zustellungen, die von Amts wegen erfolgen, mit folgenden Maßgaben entsprechende Anwendung.

[Form der Zustellung] **§ 10.**

(1) Die Beglaubigung einer bei der Zustellung zu übergebenden Abschrift (§ 210 der Zivilprozeßordnung) ist nicht erforderlich.

(2) Die für Zustellungen zur Nachtzeit und an Sonntagen und allgemeinen Feiertagen notwendige Erlaubnis (§ 188 a. a. O.) wird von der Vollstreckungsbehörde erteilt. Die Niederlegung des Schriftstücks im

---

[1]) ZPO. §§ 208 (166—207) bis 213.

Falle des § 182 a. a. O. findet bei der Ortsbehörde oder der Postanstalt des Zustellungsorts statt.

(3) Die dem Gerichtsschreiber und Gerichtsdiener obliegenden Geschäfte werden von den dazu bestimmten Beamten wahrgenommen.

[Ausland, Exterritoriale usw.] **§ 11.**

(1) In den Fällen der §§ 199 bis 201 der Zivilprozeßordnung erfolgt die Zustellung in der dort vorgeschriebenen Weise.

(2) Eine in einem anderen deutschen Staate zu bewirkende Zustellung erfolgt mittels Ersuchen der zuständigen Behörde desselben.

(3) Die Zustellung wird durch das schriftliche Zeugnis der ersuchten Behörden oder Beamten, daß die Zustellung erfolgt sei, nachgewiesen.

[Öffentliche Zustellung] **§ 12.**

(1) Ist der Aufenthalt des Schuldners unbekannt, so kann die Zustellung an denselben durch Anheftung des zuzustellenden Schriftstücks an der zu Aushängen der Vollstreckungsbehörde bestimmten Stelle erfolgen. Die Zustellung gilt als bewirkt, wenn seit der Anheftung zwei Wochen verstrichen sind. Auf die Gültigkeit der Zustellung hat es keinen Einfluß, wenn das Schriftstück von dem Orte der Anheftung zu früh entfernt wird.

(2) Diese Art der Zustellung ist auch dann zulässig, wenn bei einer im Auslande zu bewirkenden Zustellung die Befolgung der für diese bestehenden Vorschriften unausführbar ist oder keinen Erfolg verspricht oder wenn die Zustellung aus dem Grunde nicht bewirkt werden kann, weil die Wohnung einer nach den §§ 18, 19 des Gerichtsverfassungsgesetzes der Gerichtsbarkeit nicht unterworfenen Person der Ort der Zustellung ist.

[Legitimation des Vollz.Beamten] **§ 13.**

Dem Schuldner und Dritten gegenüber wird der Vollziehungsbeamte zur Vornahme der Zwangsvollstreckung durch den ihm erteilten und auf Verlangen einer beteiligten Person vorzuzeigenden schriftlichen Auftrag der Vollstreckungsbehörde ermächtigt.

[Durchsuch., Widerstand, Protokoll] **§ 14.**

(1) Der Vollziehungsbeamte hat die im § 758, mit Ausnahme des Schlußsatzes[1]), sowie in den §§ 759[2]), 762[3]) der

---

[1]) Durchsuchung: Öffnung verschlossener Türen usw., notfalls Anwendung von Gewalt, gegebenenfalls mit polizeilicher (nicht militärischer) Hilfe.

[2]) Bei Widerstand oder bei Abwesenheit des Schuldners und sämtlicher zu seinem Hausstande gehörigen erwachsenen Personen muß der

Zivilprozeßordnung dem Gerichtsvollzieher beigelegten Rechte und Pflichten.

[Vollstreckung zur Nachtzeit usw.]

(2) Die Bestimmungen des § 761[1]) a. a. O. finden mit der Maßgabe Anwendung, daß die Ortspolizeibehörde für die Erteilung der Erlaubnis zur Vornahme einer Vollstreckungshandlung zuständig ist.

[Aufforderungen, Mitteilungen] **§ 15.**

(1) Die Aufforderungen und sonstigen Mitteilungen, welche zu den Vollstreckungshandlungen gehören, sind von dem Vollziehungsbeamten mündlich zu erlassen und vollständig in das Protokoll aufzunehmen.

(2) Kann die mündliche Ausführung nicht erfolgen, so hat die Vollstreckungsbehörde demjenigen, an welchen die Aufforderung oder Mitteilung zu richten ist, eine Abschrift des Protokolls zu übersenden.

Kosten] **§ 16.**

Die Kosten der Mahnung und der Zwangsvollstreckung fallen dem Schuldner zur Last; sie sind zugleich mit dem zur Zwangsvollstreckung stehenden Anspruche beizutreiben.

II. Zwangsvollstreckung in das bewegliche Vermögen.

A. Allgemeine Bestimmungen.

[Pfändung] **§ 17.**

(1) Die Zwangsvollstreckung in das bewegliche Vermögen erfolgt durch Pfändung. Sie darf nicht weiter ausgedehnt werden, als zur Deckung der beizutreibenden Geldbeträge und der Kosten der Zwangsvollstreckung erforderlich ist.

(2) Die Pfändung hat zu unterbleiben, wenn sich von der Verwertung der zu pfändenden Gegenstände ein Überschuß über die Kosten der Zwangsvollstreckung nicht erwarten läßt.

Vollziehungsbeamte zwei erwachsene Personen oder einen Gemeinde- oder Polizeibeamten als Zeugen zuziehen.

[3]) Über jede Vollstreckungshandlung muß der Vollz.Beamte ein Protokoll aufnehmen, das den wesentlichen Hergang beurkundet, Namen und — soweit möglich — Unterschrift der Beteiligten enthält und von ihm unterschrieben ist.

[1]) Bei Nachtzeit, d. i. vom 1. April bis 30. September die Zeit von 21.00—4.00 Uhr, vom 1. Oktober bis 31. März die Zeit von 21.00 bis 6.00 Uhr, an Sonntagen und an allgemeinen (nicht nur gesetzlichen) Feiertagen darf der Vollziehungsbeamte nur mit Erlaubnis der in § 14 Abs. 2 bezeichneten Behörde vollstrecken.

[Schutz gegen die Pfändung] **§ 18.**

(1) Gegen die Pfändung kann sich der Schuldner nur schützen, wenn derselbe entweder eine Fristbewilligung vorzeigt oder die vollständige Berichtigung des beizutreibenden Geldbetrags durch Quittung oder durch Vorlegung eines Postscheins nachweist, aus welchem sich ergibt, daß der beizutreibende Geldbetrag an die für die Einziehung zuständige Stelle eingezahlt ist.

(2) Zur Empfangnahme von Geldbeträgen ist der Vollziehungsbeamte nur nach Maßgabe des ihm erteilten schriftlichen Auftrags ermächtigt.

[Widerspruchsklage] **§ 19.**

(1) Behauptet ein Dritter, daß ihm an dem gepfändeten Gegenstand ein die Veräußerung hinderndes Recht zustehe[1]) oder werden nach Maßgabe der §§ 772[2]), 773[3]) oder 774[4]) der Zivilprozeßordnung Einwendungen erhoben, so ist der Widerspruch gegen die Pfändung erforderlichenfalls im Wege der Klage geltend zu machen.

(2) Auf die Einstellung weiterer und die Aufhebung bereits erfolgter Vollstreckungsmaßregeln finden die Vorschriften der §§ 769, 770[5]) der Zivilprozeßordnung Anwendung.

(3) Der Pfändung einer Sache kann ein Dritter, welcher sich nicht im Besitze der Sache befindet, auf Grund eines Pfand- oder Vorzugsrechts nicht widersprechen; er kann jedoch seinen Anspruch auf vorzugsweise Befriedigung aus dem Erlös im Wege der Klage geltend machen, ohne Rücksicht darauf, ob seine Forderung fällig ist oder nicht.

---

[1]) Vgl. § 771 ZPO.

[2]) Wenn auf dem Gegenstand ein (relatives) gesetzliches oder gerichtliches Veräußerungsverbot lastet (§§ 135, 136 BGB.).

[3]) Bei Vollstreckungen in eine Vorerbschaft kann der Nacherbe Widerspruch erheben, wenn sein Recht dadurch gefährdet oder vereitelt wird (§ 2115 BGB.).

[4]) Bei Vollstreckungen gegen die ein selbständiges Erwerbsgeschäft betreibende Ehefrau in das Gesamtgut oder das eingebrachte Gut kann der Mann Widerspruch erheben, wenn sein Einspruch gegen den Betrieb des Erwerbsgeschäftes oder der Widerruf seiner Einwilligung dazu rechtzeitig in das Güterrechtsregister eingetragen worden ist (§ 741 ZPO.).

[5]) Das Prozeßgericht, d. i. das Gericht, vor dem die Widerspruchsklage erhoben ist, und in dringenden Fällen (vorläufig) das Vollstreckungsgericht, d. i. das Amtsgericht, in dessen Bezirk das Zwangsverfahren stattfindet, können auf Antrag die Einstellung oder Aufhebung von Vollstreckungsmaßnahmen anordnen (§ 769 ZPO.). Auch im Urteil des Prozeßgerichts über die Widerspruchsklage kann über die Maßnahmen des § 769 ZPO. entschieden werden (§ 770 ZPO.).

(4) In den im Abs. 1 und 3 bezeichneten Fällen ist die Klage ausschließlich bei dem Gerichte zu erheben, in dessen Bezirke die Pfändung erfolgt ist. Wird die Klage gegen denjenigen, für dessen Rechnung die Zwangsvollstreckung stattfindet, und den Schuldner gerichtet, so sind diese als Streitgenossen anzusehen.

[Gewährleistungsansprüche] **§ 20.**

Wird ein Gegenstand auf Grund der Pfändung veräußert, so steht dem Erwerber wegen eines Mangels im Rechte oder wegen eines Mangels der veräußerten Sache ein Anspruch auf Gewährleistung nicht zu.

[Offenbarungseid] **§ 21.**

(1) Hat die Pfändung zu einer vollständigen Deckung der beizutreibenden Geldbeträge nicht geführt oder wird glaubhaft gemacht, daß durch Pfändung eine vollständige Deckung nicht zu erlangen sei, so ist der Schuldner auf Antrag der für die Einziehung des Geldbetrags zuständigen Stelle verpflichtet, ein Verzeichnis seines Vermögens vorzulegen, in betreff seiner Forderungen den Grund und die Beweismittel zu bezeichnen, sowie den Offenbarungseid dahin zu leisten:

daß er nach bestem Wissen sein Vermögen so vollständig angegeben habe, als er dazu imstande sei.

(2) Für die Abnahme des Offenbarungseids ist das Amtsgericht zuständig, in dessen Bezirke der Schuldner seinen Wohnsitz oder in Ermangelung eines solchen seinen Aufenthaltsort hat; für das Verfahren gelten die Vorschriften der §§ 900 bis 915 der Zivilprozeßordnung; jedoch ist die Vorauszahlung der Verpflegungskosten nicht erforderlich, wenn die Leistung des Offenbarungseids wegen solcher Geldbeträge beantragt ist, welche an den Staat zu entrichten sind.

B. Zwangsvollstreckung in körperliche Sachen.

[Vornahme der Pfändung] **§ 22.**

(1) Die Pfändung der im Gewahrsame des Schuldners befindlichen körperlichen Sachen wird dadurch bewirkt, daß der Vollziehungsbeamte dieselben in Besitz nimmt.

(2) Andere Sachen als Geld, Kostbarkeiten und Wertpapiere sind im Gewahrsame des Schuldners zu belassen, sofern nicht hierdurch die Befriedigung des Gläubigers gefährdet wird. Werden die Sachen im Gewahrsame des Schuldners belassen, so ist die Wirksamkeit der Pfändung dadurch bedingt, daß durch Anlegung von Siegeln oder auf sonstige Weise die Pfändung ersichtlich gemacht ist.

(3) Der Vollziehungsbeamte hat den Schuldner von der geschehenen Pfändung in Kenntnis zu setzen.

[Gewahrsam eines Dritten] **§ 23.**

Die vorstehenden Bestimmungen finden entsprechende Anwendung auf die Pfändung von Sachen, welche sich im Gewahrsam eines zur Herausgabe bereiten Dritten befinden.

[Früchte auf dem Halm] **§ 24.**

(1) Früchte, die von dem Boden noch nicht getrennt sind, können gepfändet werden, solange nicht ihre Beschlagnahme im Wege der Zwangsvollstreckung in das unbewegliche Vermögen erfolgt ist. Die Pfändung darf nicht früher als einen Monat vor der gewöhnlichen Zeit der Reife erfolgen.

(2) Ein Gläubiger, der ein Recht auf Befriedigung aus dem Grundstücke hat, kann der Pfändung nach Maßgabe des § 19 Abs. 1 dieser Verordnung widersprechen, sofern nicht die Pfändung für einen im Falle der Zwangsvollstreckung in das Grundstück vorgehenden Anspruch erfolgt ist.

[Nicht pfändbare Sachen] **§ 25.**

(1) Die in dem § 811 der Zivilprozeßordnung bezeichneten Sachen sind der Pfändung nicht unterworfen[1]).

(2) Die Vorschriften der §§ 812[2]) und 813[3]) der Zivilprozeßordnung finden entsprechende Anwendung.

[Öffentliche Versteigerung usw.] **§ 26.**

Die gepfändeten Sachen sind auf schriftliche Anordnung der Vollstreckungsbehörde und zwar in der Regel durch den Vollziehungs-

---

[1]) Nicht gepfändet werden dürfen: Die zur angemessenen Lebenshaltung erforderlichen Gegenstände (Betten, Kleider, Küche) und Nahrungs-, Feuerungs- und Beleuchtungsmittel auf vier Wochen bzw. das Geld dafür auf zwei Wochen, alle für den Beruf oder die anderweite (persönliche) Erwerbstätigkeit des Schuldners erforderlichen Gegenstände (auch anständige Kleidung, soweit sie dazu gehört), ferner bei Offizieren, Beamten, Ärzten ein gewisser Geldbetrag (§ 811 Ziff. 8), das zum Betrieb einer Apotheke Erforderliche, für den täglichen Gebrauch bestimmte religiöse, Schul- oder Lehrbücher; ferner, soweit sie in Gebrauch genommen oder zur unmittelbaren Verwendung bestimmt sind, Familienbücher, Trauringe, Orden und Ehrenzeichen, künstliche Gliedmaßen, Brillen und dgl., Bestattungsgegenstände.

[2]) Hausratsgegenstände, die einen unverhältnismäßig geringen Erlös erwarten lassen, sollen nicht gepfändet werden.

[3]) Bei Pfändungen gegen einen Landwirt ist unter bestimmten Voraussetzungen nach § 813 ZPO. ein landwirtschaftlicher Sachverständiger zuzuziehen.

beamten öffentlich zu versteigern; Kostbarkeiten sind vor der Versteigerung durch einen Sachverständigen abzuschätzen. Gepfändetes Geld hat der Vollziehungsbeamte an die Vollstreckungsbehörde abzuliefern; die Wegnahme des Geldes durch den Vollziehungsbeamten gilt als Zahlung von seiten des Schuldners.

[Zeit und Ort der Versteigerung] **§ 27.**

(1) Die Versteigerung der gepfändeten Sachen darf nicht vor Ablauf einer Woche seit dem Tage der Pfändung geschehen, sofern nicht der Schuldner sich mit einer früheren Versteigerung einverstanden erklärt oder dieselbe erforderlich ist, um die Gefahr einer beträchtlichen Wertverringerung der zu versteigernden Sache abzuwenden oder um unverhältnismäßige Kosten einer längeren Aufbewahrung zu vermeiden.

(2) Die Versteigerung erfolgt in der Gemeinde, in welcher die Pfändung geschehen ist. Zeit und Ort der Versteigerung sind unter allgemeiner Bezeichnung der zu versteigernden Sachen öffentlich bekanntzumachen. Auf Ersuchen der Vollstreckungsbehörde ist der Ortsvorsteher verpflichtet, der Versteigerung beizuwohnen oder einen Gemeinde- oder Polizeibeamten mit der Beiwohnung zu beauftragen.

(3) Die Vorschriften des § 18 finden auf die Versteigerung entsprechende Anwendung.

[Verfahren] **§ 28.**

(1) Bei der Versteigerung ist nach den Vorschriften der §§ 816 Abs. 4, 817 Abs. 1 bis 3, 818 der Zivilprozeßordnung zu verfahren.

(2) Die Empfangnahme des Erlöses durch den versteigernden Beamten gilt als Zahlung von seiten des Schuldners.

[Gold- und Silbersachen] **§ 29.**

Gold- und Silbersachen dürfen nicht unter ihrem Gold- oder Silberwerte zugeschlagen werden. Wird ein den Zuschlag gestattendes Gebot nicht abgegeben, so kann der Verkauf aus freier Hand zu dem Preise bewirkt werden, welcher den Gold- oder Silberwert erreicht.

[Wertpapiere] **§ 30.**

Gepfändete Wertpapiere sind, wenn sie einen Börsen- oder Marktpreis haben, aus freier Hand zum Tageskurse zu verkaufen und, wenn sie einen solchen Preis nicht haben, nach den allgemeinen Bestimmungen zu versteigern.

[Früchte auf dem Halm (§ 24)] **§ 31.**

Die Versteigerung gepfändeter, von dem Boden noch nicht getrennter Früchte ist erst nach der Reife zulässig. Sie kann vor oder nach der Trennung der Früchte erfolgen; im letzteren Falle hat der Vollziehungsbeamte die Aberntung bewirken zu lassen.

[Namenspapier] **§ 32.**

Lautet ein gepfändetes Wertpapier auf Namen, so ist die Vollstreckungsbehörde berechtigt, die Umschreibung auf den Namen des Käufers oder, wenn es sich um ein auf Namen umgeschriebenes Inhaberpapier handelt, die Rückverwandlung in ein Inhaberpapier zu erwirken und die hierzu erforderlichen Erklärungen an Stelle des Schuldners abzugeben.

[Abweich. Anordn. d. VollstrBeh.] **§ 33.**

Auf Antrag des Schuldners oder aus besonderen Zweckmäßigkeitsgründen kann die Vollstreckungsbehörde anordnen, daß die Verwertung einer gepfändeten Sache in anderer Weise oder an einem anderen Orte, als in den vorstehenden Paragraphen bestimmt ist, stattzufinden habe oder daß die Versteigerung durch eine andere Person als den Vollziehungsbeamten vorzunehmen sei.

[Anschlußpfändung] **§ 34.**

(1) Zur Pfändung bereits gepfändeter Sachen genügt die in das Protokoll aufzunehmende Erklärung des Vollziehungsbeamten, daß er die Sachen zur Deckung der ihrer Art und Höhe nach zu bezeichnenden Geldbeträge pfände. Der Schuldner ist von der weiteren Pfändung in Kenntnis zu setzen.

(2) Ist die erste Pfändung im Auftrag einer anderen Vollstreckungsbehörde oder durch einen Gerichtsvollzieher erfolgt, so ist dieser Vollstreckungsbehörde beziehungsweise dem Gerichtsvollzieher eine Abschrift des Protokolls zuzustellen.

(3) Eine entsprechende Verpflichtung hat der Gerichtsvollzieher, welcher im Wege der gerichtlichen Zwangsvollstreckung eine bereits im Auftrag einer Vollstreckungsbehörde gepfändete Sache pfändet.

[Versteig. bei Anschlußpfändung] **§ 35.**

(1) Wenn eine mehrfache Pfändung desselben Gegenstandes im Auftrage verschiedener Vollstreckungsbehörden oder im Auftrag einer Vollstreckungsbehörde und durch Gerichtsvollzieher stattgefunden hat, so begründet ausschließlich die erste Pfändung die Zuständigkeit zur Ausführung der Versteigerung.

(2) Die Versteigerung erfolgt für alle beteiligten Gläubiger auf Betreiben eines jeden derselben.

(3) Die Verteilung des Erlöses erfolgt nach der Reihenfolge der Pfändungen oder, falls die sämtlichen Beteiligten über die Verteilung einverstanden sind, nach der getroffenen Vereinbarung.

(4) Ist der Erlös zur Deckung der Forderungen nicht ausreichend und verlangt der Gläubiger, für welchen die zweite oder eine spätere Pfändung erfolgt ist, ohne Zustimmung der übrigen beteiligten Gläubiger

eine andere Verteilung als nach der Reihenfolge der Pfändungen, so ist die Sachlage unter Hinterlegung des Erlöses demjenigen Amtsgericht, in dessen Bezirke die Pfändung stattgefunden hat, anzuzeigen. Dieser Anzeige sind die auf das Verfahren sich beziehenden Schriftstücke beizufügen. Die Verteilung erfolgt nach Maßgabe der Vorschriften der §§ 873 bis 882 der Zivilprozeßordnung.

(5) In gleicher Weise ist zu verfahren, wenn die Pfändung für mehrere Gläubiger gleichzeitig bewirkt ist.

C. Zwangsvollstreckung in Forderungen und andere Vermögensrechte.

[Geldforderungen] **§ 36.**

(1) Soll eine Geldforderung gepfändet werden, so hat die Vollstreckungsbehörde durch schriftliche Verfügung dem Drittschuldner zu verbieten, an den Schuldner zu zahlen.

(2) Zugleich hat die Vollstreckungsbehörde an den Schuldner durch schriftliche Verfügung das Gebot zu erlassen, sich jeder Verfügung über die Forderung, insbesondere der Einziehung derselben, zu enthalten.

(3) Mit der Zustellung der Verfügung an den Drittschuldner ist die Pfändung als bewirkt anzusehen. Von dieser Zustellung ist der Schuldner in Kenntnis zu setzen.

[Hypothekenforderung] **§ 37.**

Zur Pfändung einer Forderung, für welche eine Hypothek besteht, ist außer dem Pfändungsbeschlusse die Aushändigung des Hypothekenbriefs an die Vollstreckungsbehörde erforderlich. Die Vorschriften des § 830 der Zivilprozeßordnung finden entsprechende Anwendung.

[Wechsel, indoss. Papiere] **§ 38.**

Die Pfändung von Forderungen aus Wechseln und anderen Papieren, welche durch Indossament übertragen werden können[1]), wird dadurch bewirkt, daß der Vollziehungsbeamte diese Papiere in Besitz nimmt.

[Überweisung] **§ 39.**

Die gepfändete Geldforderung ist demjenigen, für dessen Rechnung die Zwangsvollstreckung erfolgt, durch die Vollstreckungsbehörde zur Einziehung zu überweisen; dieselbe hat beglaubigte Abschriften der Verfügung dem Schuldner und dem Drittschuldner zustellen zu lassen.

[Wirkung der Überweisung] **§ 40.**

(1) Die Überweisung ersetzt die förmlichen Erklärungen des Schuldners, von welchen nach den Vorschriften des bürgerlichen Rechtes die Be-

---

[1]) Z. B. der Namensscheck und die sieben Wertpapiere des § 363 HGB.

rechtigung zur Einziehung der Forderung abhängig ist. Bei Überweisung einer Forderung, für welche eine Hypothek besteht, findet der § 837 der Zivilprozeßordnung entsprechende Anwendung.

(2) Der Überweisungsbeschluß gilt, auch wenn er mit Unrecht erlassen ist, zugunsten des Drittschuldners dem Schuldner gegenüber so lange als rechtsbeständig, bis er aufgehoben wird und die Aufhebung zur Kenntnis des Drittschuldners gelangt.

(3) Der Schuldner ist verpflichtet, die zur Geltendmachung der Forderung nötige Auskunft zu erteilen und die über die Forderung vorhandenen Urkunden herauszugeben. Im Weigerungsfalle sind die Urkunden auf Anordnung der Vollstreckungsbehörde dem Schuldner durch den Vollziehungsbeamten wegzunehmen.

(4) Werden die herauszugebenden Urkunden nicht vorgefunden, so kann von dem Schuldner die Ableistung des Offenbarungseids dahin,

daß er die Urkunden nicht besitze, auch nicht wisse, wo dieselben sich befinden,

gefordert werden.

(5) Das Gericht kann eine der Lage der Sache entsprechende Änderung der vorstehenden Eidesnorm beschließen.

(6) Für die Zuständigkeit des Gerichts und das Verfahren finden die Vorschriften des § 21 entsprechende Anwendung.

(7) Befindet sich eine herauszugebende Urkunde im Gewahrsam eines Dritten, so ist demjenigen, für dessen Rechnung die Zwangsvollstreckung erfolgt, der Anspruch des Schuldners auf Herausgabe derselben nach Maßgabe des § 39 zu überweisen.

[Erklärungen des Drittschuldners] § 41.

(1) Auf Verlangen des Gläubigers hat der Drittschuldner binnen zwei Wochen, von der Zustellung der im § 36 Abs. 1 bezeichneten Verfügung an gerechnet, dem Gläubiger zu erklären:

1. ob und inwieweit er die Forderung als begründet anerkenne und Zahlung zu leisten bereit sei;
2. ob und welche Ansprüche andere Personen an die Forderung machen;
3. ob und wegen welcher Ansprüche die Forderung bereits für andere Gläubiger gepfändet sei.

(2) Die Aufforderung zur Abgabe dieser Erklärung kann in die vorgedachte Verfügung aufgenommen werden. Der Drittschuldner haftet dem Gläubiger für den aus der Nichterfüllung seiner Verpflichtung entstehenden Schaden.

(3) Die Bestimmungen der §§ 841 bis 843 der Zivilprozeßordnung finden Anwendung.

[Vorpfändung][1]) **§ 42.**

(1) Schon vor der Pfändung kann die für die Einziehung zuständige Stelle durch die Vollstreckungsbehörde dem Drittschuldner und dem Schuldner die Benachrichtigung, daß die Pfändung bevorstehe, zustellen lassen mit der Aufforderung an den Drittschuldner, nicht an den Schuldner zu zahlen, und mit der Aufforderung an den Schuldner, sich jeder Verfügung über die Forderung, insbesondere der Einziehung derselben, zu enthalten.

(2) Die Benachrichtigung an den Drittschuldner hat die Wirkung eines Arrestes (§ 930 der Zivilprozeßordnung), sofern die Pfändung der Forderung innerhalb drei Wochen bewirkt wird. Die Frist beginnt mit dem Tage, an welchem die Benachrichtigung zugestellt ist.

[Andere Ansprüche] **§ 43.**

Die Zwangsvollstreckung in Ansprüche, welche die Herausgabe oder Leistung körperlicher Sachen zum Gegenstande haben, erfolgt nach den Vorschriften der §§ 36 bis 42 unter Berücksichtigung der nachstehenden Bestimmungen.

[Herausgabe beweglicher Sachen] **§ 44.**

(1) Bei der Pfändung eines Anspruchs, welcher eine bewegliche körperliche Sache betrifft, hat die Vollstreckungsbehörde anzuordnen, daß die Sache an den zu bezeichnenden Vollziehungsbeamten herauszugeben sei.

(2) Auf die Verwertung der Sache finden die Vorschriften über die Verwertung gepfändeter Sachen Anwendung.

[Herausgabe unbewegl. Sachen] **§ 45.**

(1) Bei Pfändung eines Anspruchs, welcher eine unbewegliche Sache betrifft, hat die Vollstreckungsbehörde anzuordnen, daß die Sache an einen auf ihren Antrag vom Amtsgerichte der belegenen Sache zu bestellenden Sequester herauszugeben sei.

(2) Ist der Anspruch auf Übertragung des Eigentums gerichtet, so hat die Auflassung an den Sequester als Vertreter des Schuldners zu erfolgen. Mit dem Übergange des Eigentums auf den Schuldner erlangt derjenige, für dessen Rechnung die Zwangsvollstreckung erfolgt, eine Sicherungshypothek für seine Forderung. Der Sequester hat die Eintragung der Sicherungshypothek zu bewilligen.

(3) Die Zwangsvollstreckung in die herausgegebene Sache wird nach den für die Zwangsvollstreckung in unbewegliche Sachen geltenden Vorschriften bewirkt.

[Nicht pfändbare Forderungen] **§ 46[2]).**

(1) Die Verbote und Beschränkungen, die für die Pfändung von Forderungen und Ansprüchen nach der Zivilprozeßordnung

---

[1]) Das Gegenstück zu § 845 ZPO.

[2]) § 46 i. d. F. d. VO. v. 16. März 1926 (GS. S. 103) Art. I Ziff. 1.

(§§ 850—852)[1]) und anderen reichsrechtlichen Vorschriften bestehen, gelten auch für das Verwaltungszwangsverfahren.

(2) Bei der Einziehung von Disziplinarstrafen und von solchen Zwangsstrafen, welche durch die vorgesetzte Dienstbehörde festgesetzt sind, unterliegt die Pfändung des Diensteinkommens und der Pension der Zivilbeamten, der Geistlichen sowie der Ärzte und Lehrer an öffentlichen Anstalten keinen Beschränkungen. Die zur Bestreitung eines Dienstaufwandes bestimmten Einkünfte sind auch in diesem Falle der Pfändung nicht unterworfen.

§ 47.

[Gestrichen durch Art. I Ziff. 2 der VO. v. 16. März 1926 (GS. S. 103).]

[Verfahren b. Anschlußpfändung]

§ 48.

(1) Ist eine Forderung auf Anordnung mehrerer Vollstreckungsbehörden oder auf Anordnung einer Vollstreckungsbehörde und eines

---

[1]) S. hierzu das Gesetz, betr. die Beschlagnahme des Arbeits- oder Dienstlohnes, vom 21. Juni 1869 (Bundesgesetzbl. S. 242) (letzte Änderung vom 17. Mai 1898) und vor allem die Lohnpfändungsverordnung in der Fassung des Gesetzes vom 27. Februar 1928 (RGBl. I S. 45), insbes. § 1 das. Danach sind vom Arbeits- oder Dienstlohn (nicht vom Beamtengehalt, s. dar. unten!) 7,50 *RM* täglich, 45 *RM* wöchentlich, **195 *RM* monatlich** sowie ein Drittel des Mehrbetrages unpfändbar (§ 1 Abs. 1 a. a. O.). Bei gesetzlicher Unterhaltspflicht (auch für uneheliche Kinder) erhöht sich unter gewissen Voraussetzungen diese Unpfändbarkeitsgrenze (§ 1 Abs. 2 und 3 a. a. O.).

Das Beamtengehalt bzw. Pension (auch der Soldaten) ist nur pfändbar in Höhe eines Drittels von dem 195 *RM* monatlich übersteigenden Betrag (§ 850 Abs. 1 Ziff. 7—9, Abs. 2 ZPO.). (Eine — das Verwaltungszwangsverfahren nicht berührende — Ausnahme enthält § 850 Abs. 4 ZPO.).

Ferner sind (völlig) unpfändbar die Forderungen aus der Sozialversicherung u. ä. (§ 850 Ziff. 3—5), Soldatengehalt im Felde und auf in Dienst gestellten Kriegsschiffen (§ 850 Ziff. 6), Alimentenforderungen (§ 850 Ziff. 2).

Im übrigen sind Forderungen nur pfändbar, soweit sie übertragbar sind (§ 851 ZPO., Ausn. Abs. 2 das.).

Ein Pflichtteilsanspruch (§§ 2303 ff. BGB.) sowie der Rückforderungsanspruch des Schenkers (§ 528 BGB.) ist nur dann pfändbar, wenn er vertraglich anerkannt oder rechtshängig geworden ist (§ 852 ZPO.).

Gerichts gepfändet, so finden die Vorschriften der §§ 853 bis 856 der Zivilprozeßordnung entsprechende Anwendung.

(2) In Ermangelung eines nach §§ 853, 854 zuständigen Amtsgerichts findet die Hinterlegung bei der Hinterlegungsstelle desjenigen Amtsgerichts statt, in dessen Bezirke die Vollstreckungsbehörde, deren Pfändungsverfügung dem Drittschuldner zuerst zugestellt worden, ihren Sitz hat.

[Andere Vermögensrechte] **§ 49.**

(1) Auf die Zwangsvollstreckung in andere Vermögensrechte, welche nicht Gegenstand der Zwangsvollstreckung in das unbewegliche Vermögen sind, finden die vorstehenden Bestimmungen entsprechende Anwendung.

(2) Ist ein Drittschuldner nicht vorhanden, so ist die Pfändung mit dem Zeitpunkt als bewirkt anzusehen, in welchem dem Schuldner das Gebot, sich jeder Verfügung über das Recht zu enthalten, zugestellt ist.

(3) Ein unveräußerliches Recht ist in Ermangelung besonderer Vorschriften der Pfändung insoweit unterworfen, als die Ausübung einem anderen überlassen werden kann.

(4) Die Vollstreckungsbehörde kann bei der Zwangsvollstreckung in unveräußerliche Rechte, deren Ausübung einem anderen überlassen werden kann, besondere Anordnungen erlassen. Sie kann insbesondere bei der Zwangsvollstreckung in Nutzungsrechte eine Verwaltung anordnen. In diesem Falle wird die Pfändung durch Übergabe der zu benutzenden Sache an den Verwalter bewirkt, sofern sie nicht durch Zustellung der Pfändungsverfügung bereits vorher bewirkt ist.

(5) Ist die Veräußerung des Rechtes selbst zulässig, so kann auch diese Veräußerung unter der gleichen Voraussetzung von der Vollstreckungsbehörde angeordnet werden.

(6) Auf die Zwangsvollstreckung in eine Reallast, eine Grundschuld oder eine Rentenschuld finden die Vorschriften über die Zwangsvollstreckung in eine Forderung, für welche eine Hypothek besteht, entsprechende Anwendung.

(7) Bezüglich der Zwangsverwaltung und Wiederverpachtung verpachteter Grundstücke und Gerechtsame behält es bei den besonderen Bestimmungen des § 42 der Verordnung vom 26. Dezember 1808 (Gesetzsamml. von 1806 bis 1810 S. 464) und der Allerhöchsten Order vom 31. Dezember 1825 (Gesetzsamml. für 1826 S. 5) sein Bewenden[1]).

[Einzelbestimmungen][2]) **§ 50.**

Die Bestimmungen der §§ 858 bis 863 der Zivilprozeßordnung[2]) finden entsprechende Anwendung.

---

[1]) § 49 Abs. 7 betrifft die Zwangsvollstreckung wegen Pachtgeldforderungen für verpachtete fiskalische (und diesen gleichgestellte) Grundstücke.

[2]) Schiffspart, Gesellschaftsanteile (§ 705 BGB.) können gepfändet

[Ersuchte Behörde, s. auch § 5] **§ 50a**[1]).

(1) Um die Ausführung von Maßregeln der Zwangsvollstreckung in Forderungen und andere Vermögensrechte kann die Vollstreckungsbehörde die entsprechende Behörde desjenigen Bezirks, in welchem der Schuldner seinen Wohnsitz oder Aufenthaltsort hat, ersuchen.

(2) In diesem Falle tritt die ersuchte Behörde, soweit von ihr die Zwangsvollstreckung ausgeführt wird, an die Stelle der Vollstreckungsbehörde.

III. Zwangsvollstreckung in das unbewegliche Vermögen.

[Allgemeines] **§ 51.**

(1) Die Zwangsvollstreckung in das unbewegliche Vermögen erfolgt nach den für gerichtliche Zwangsvollstreckungen bestehenden Vorschriften[2]). Die erforderlichen Anträge sind durch die Vollstreckungsbehörde zu stellen.

(2) Anträge auf Zwangsversteigerung oder Zwangsverwaltung sind nur zulässig, sobald feststeht, daß durch Pfändung die Beitreibung des Geldbetrags nicht erfolgen kann.

(3) Die Vollstreckbarkeit der Forderung und die Zulässigkeit der Zwangsvollstreckung nach Maßgabe des Abs. 2 unterliegen nicht der Beurteilung des Gerichts oder Grundbuchamts.

(4) In den besonderen Rechten der bestehenden Kreditverbände bei der Zwangsversteigerung oder Zwangsverwaltung der zu ihnen gehörigen oder von ihnen beliehenen Güter wird durch die Bestimmungen dieser Verordnung nichts geändert.

[Rechtsnachfolger b. Sicherungshyp.] **§ 52.**

Ist eine Sicherungshypothek eingetragen, so ist im Falle der Veräußerung des belasteten Grundstücks die Zwangsvollstreckung in Ansehung des Grundstücks gegen den Rechtsnachfolger zulässig. Die Vorschriften des § 3 Abs. 3 finden Anwendung.

IV. Arrest.

§ 53.

Soweit ein Arrest zur Sicherung der Zwangsvollstreckung wegen einer im Verwaltungszwangsverfahren beizutreibenden Geldforderung

---

werden; Anteil am Gesamtgut, Recht der Verwaltung und Nutznießung, Recht der elterlichen Nutznießung sind überhaupt nicht, die Früchte des eingebrachten Gutes und die Nutzungen der Vorerbschaft nur beschränkt pfändbar.

1) § 50a eingefügt durch VO. v. 18. März 1904 (GS. S. 36).

2) §§ 864 bis 871 ZPO. (Sicherungshypothek) und das Zwangsversteigerungsgesetz vom 24. März 1897 (Zwangsversteigerung und Zwangsverwaltung).

zulässig ist, erfolgt die Vollziehung desselben unter entsprechender Anwendung der Vorschriften dieser Verordnung. Die Vorschriften der Zoll- und Steuergesetze über die Beschlagnahme zoll- oder steuerpflichtiger Gegenstände werden hierdurch nicht berührt.

V. Kosten der Zwangsvollstreckung.

[Mahngebühr] **§ 54**[1]).

(1) Für die Mahnung (§ 7) wird eine Gebühr erhoben (Mahngebühr).

(2) Die Mahngebühr beträgt
von dem Betrage (§ 60) bis zu 100 Reichsmark einschließlich . . . . 1 vom Hundert,
von dem Mehrbetrage . . . . ½ vom Hundert,
mindestens jedoch 20 Reichspfennig[2]).

(3) Die Gebührenschuld entsteht, sobald der Mahnzettel zur Post gegeben oder dem mit der Behändigung Beauftragten übergeben wird oder sobald Auftrag zur mündlichen Mahnung erteilt wird.

(4) Die Mahngebühr wird nicht erhoben, wenn der Auftrag zur Mahnung zurückgenommen wird, bevor der Beauftragte Schritte zur Ausführung des Auftrags unternommen hat.

(5) Erfolgt die Mahnung durch öffentliche Bekanntmachung, so wird keine Mahngebühr erhoben.

[Gebührenpfl. Akte i. VollstrVerf.] **§ 55.**

Im Vollstreckungsverfahren werden Gebühren erhoben:
1. für die Pfändung von Sachen, für die Wegnahme der vom Schuldner herauszugebenden Urkunden sowie für die Pfändung von Forderungen oder anderen Vermögensrechten (Pfändungsgebühr, § 56);
2. für die Versteigerung und für den freihändigen Verkauf von Gegenständen (Versteigerungsgebühr, § 57);
3. für die Abschrift einer Niederschrift (Schreibgebühr, § 58).

[Pfändungsgebühr] **§ 56.**

(1) Die Pfändungsgebühr (§ 55 Nr. 1) beträgt
von dem Betrage (§ 60) bis zu 100 Reichsmark einschließlich . . . . 1½ vom Hundert,
von dem Mehrbetrage . . . . ¾ vom Hundert,
mindestens jedoch 60 Reichspfennig[2]).

---

[1]) An die Stelle des früheren § 54 sind durch VO. v. 16. Mai 1923 (GS. S. 271) die §§ 54—65 getreten und dadurch §§ 55, 56 zu §§ 66, 67 geworden.

[2]) § 54 Abs. 2 und § 56 Abs. 1 i. d. F. d. VO. v. 31. Oktober 1925 (GS. S. 153).

(2) Die Gebührenschuld entsteht:
1. sobald der Auftrag zur Pfändung von Sachen oder zur Wegnahme von Urkunden dem Vollziehungsbeamten zugeht;
2. sobald die Vollstreckungsbehörde die Verfügung, durch die eine Forderung oder ein anderes Vermögensrecht gepfändet wird, unterzeichnet hat.

(3) Die Pfändungsgebühr wird nicht erhoben:
1. wenn die Vollstreckungsbehörde den Vollstreckungsauftrag zurücknimmt, bevor der Vollziehungsbeamte Schritte zur Ausführung des Auftrags unternommen hat;
2. wenn die Vollstreckungsbehörde von der Zustellung der Verfügung, durch die eine Forderung oder ein anderes Vermögensrecht gepfändet wird, Abstand nimmt.

(4) Wird die Pfändung von Sachen abgewendet (§ 18), so ist
1. die volle Pfändungsgebühr zu entrichten, wenn an den Vollziehungsbeamten, nachdem er sich zur Vornahme der Pfändung an Ort und Stelle begeben hat, gezahlt wird;
2. die halbe Pfändungsgebühr, mindestens aber das Dreifache der Briefgebühr (§ 59), zu entrichten, wenn an den Vollziehungsbeamten gezahlt wird, bevor er sich an Ort und Stelle begeben hat, oder wenn die Pfändung in anderer Weise als durch Zahlung abgewendet wird, nachdem der Vollziehungsbeamte an Ort und Stelle erschienen ist;
3. keine Pfändungsgebühr zu entrichten, wenn die Pfändung in anderer Weise als durch Zahlung abgewendet wird, bevor sich der Vollziehungsbeamte an Ort und Stelle begeben hat.

(5) Wird die Pfändung als Anschlußpfändung (§ 34) ausgeführt, so wird dadurch die Gebührenschuld nicht berührt. Das gleiche gilt, wenn ein Pfändungsversuch erfolglos bleibt, weil pfändbare Sachen nicht vorgefunden werden oder weil die Voraussetzungen des § 17 Abs. 2 vorliegen.

(6) Werden wegen desselben Anspruchs mehrere Forderungen oder andere Vermögensrechte gepfändet, so wird die Pfändungsgebühr nur einmal erhoben.

[Versteigerungsgebühr]

§ 57.

(1) Die Versteigerungsgebühr (§ 55 Nr. 2) beträgt
von dem Betrage (§ 60) bis zu 100 Reichsmark einschließlich . . . . 2 vom Hundert,
von dem Mehrbetrage . . . . 1 vom Hundert,
mindestens jedoch 60 Reichspfennig[1]).

(2) Die Gebührenschuld entsteht, sobald der Auftrag zur Versteigerung oder zum freihändigen Verkaufe dem Vollziehungsbeamten oder dem sonstigen Beauftragten zugeht.

---

[1]) Abs. 1 i. d. F. d. VO. v. 31. Oktober 1925 (GS. S. 153).

9*

(3) Die Versteigerungsgebühr wird nicht erhoben, wenn die Vollstreckungsbehörde den Auftrag zur Versteigerung oder zum freihändigen Verkauf zurücknimmt, bevor der Beauftragte Schritte zur Ausführung des Auftrags unternommen hat.

(4) Wird die Versteigerung oder der freihändige Verkauf abgewendet (§ 27 Abs. 3), so finden die Bestimmungen des § 56 Abs. 4 mit der Maßgabe entsprechende Anwendung, daß auch im Falle des § 56 Abs. 4 Nr. 1 nur die halbe Versteigerungsgebühr, mindestens aber das Dreifache der Briefgebühr (§ 59), zu entrichten ist.

[Schreibgebühr] **§ 58.**

(1) Die Schreibgebühr (§ 55 Nr. 3) beträgt das Doppelte der Briefgebühr (§ 59). Umfaßt die Abschrift mehr als zwei Seiten, so ist für jede weitere angefangene Seite ebenfalls das Doppelte der Briefgebühr (§ 59) zu entrichten.

(2) Die Gebührenschuld entsteht, sobald die Erklärung, durch die die Abschrift bestellt wird, dem Vollziehungsbeamten oder der Vollstreckungsbehörde zugeht.

(3) Die Schreibgebühr wird nicht erhoben, wenn die Bestellung zurückgenommen wird, bevor mit der Anfertigung der Abschrift begonnen worden ist.

[Briefgebühr als Maßstab] **§ 59.**

Briefgebühr im Sinne dieser Verordnung ist der Betrag, der an dem Tage, an dem die Gebührenschuld entsteht, für die Beförderung eines Briefes bis zu zwanzig Gramm im Fernverkehre zu entrichten ist.

[Berechnung] **§ 60.**

(1) Der Berechnung der Gebühren wird der Gesamtgoldwert der Beträge zugrunde gelegt, derentwegen gemahnt oder vollstreckt wird[1]). Bei Feststellung des Betrags, von dem die Gebühren berechnet werden, werden Zinsen und Kosten nicht berücksichtigt, wenn sie als Nebenschulden zusammen mit einer Hauptschuld geltend gemacht werden. Bei Ausführung einer Versteigerung oder bei einem Verkauf aus freier Hand wird die Versteigerungsgebühr von dem Erlöse berechnet, soweit er nicht die Summe der beizutreibenden Beträge übersteigt.

(2) Zur Berechnung der Gebühren wird der nach Abs. 1 maßgebende Betrag auf den nächsten durch zehn teilbaren Reichsmarkbetrag, die Gebühren selbst werden auf den nächsten durch fünf teilbaren Reichspfennigbetrag nach unten abgerundet[2]).

---

[1]) § 60 Abs. 1 i. d. F. d. VO. v. 12. April 1924 (GS. S. 209).
[2]) § 60 Abs. 2 i. d. F. d. VO. v. 28. November 1924 (GS. S. 741).

[Vollstr. gegen Gesamtschuldner] **§ 61.**

(1) Wird gegen Eheleute wegen eines Anspruchs vollstreckt, für den die Eheleute als Gesamtschuldner haften, so werden Pfändungs- und Versteigerungsgebühren nur einmal erhoben. Für die Gebühren haften die Eheleute als Gesamtschuldner.

(2) Wird in anderen Fällen gegen mehrere Schuldner vollstreckt, so sind die Gebühren, auch wenn der Vollziehungsbeamte mehrere Vollstreckungsmaßnahmen bei derselben Gelegenheit vornimmt, von jedem Vollstreckungsschuldner besonders zu entrichten.

[Verwendung der Mahngebühr] **§ 62.**

Die im Mahnverfahren entstehenden baren Auslagen sind aus der Mahngebühr zu decken.

[Auslagen] **§ 63.**

(1) Im Vollstreckungsverfahren sind die Reise- und Zehrungskosten des Vollziehungsbeamten von dem Vollstreckungsschuldner nicht zu erstatten.

(2) Die übrigen baren Auslagen, die im Vollstreckungsverfahren entstehen, hat der Vollstreckungsschuldner zu erstatten. Zu den Auslagen gehören insbesondere:

1. die Post-, Fernsprech- und Telegrammgebühren;
2. die Kosten, die durch öffentliche Bekanntmachung, insbesondere durch Einrücken in öffentliche Blätter, entstehen; hierzu gehören auch die nach den Vorschriften des Gerichtskostengesetzes zu berechnenden Schreibgebühren für Schriftstücke, die zum Aushange bestimmt sind, dagegen nicht die durch öffentliche Bekanntmachung der Mahnung entstehenden Auslagen;
3. die Beträge, die den zum Öffnen von Türen oder Behältnissen zugezogenen Personen zu zahlen sind, ferner die Kosten der Beförderung, Verwahrung und Beaufsichtigung gepfändeter Sachen, die Kosten der Aberntung gepfändeter Früchte und der Erhaltung gepfändeter Tiere;
4. die an Zeugen und Sachverständige zu zahlenden Beträge (§ 64);
5. die Gerichtskosten und in den Fällen des § 35 etwaige Gebühren und Auslagen des Gerichtsvollziehers.

(3) Die Pflicht zur Erstattung solcher Auslagen, die bei Ausführung einer Vollstreckungsmaßnahme erwachsen, entsteht, sobald der Auftrag zu der Vollstreckungsmaßnahme dem Vollziehungsbeamten oder dem sonstigen Beauftragten zugeht oder sobald die Vollstreckungsbehörde die Verfügung, durch die eine Forderung oder ein anderes Vermögensrecht gepfändet wird, unterzeichnet.

(4) Findet zur Versteigerung oder zum freihändigen Verkaufe von Sachen, die bei mehreren Vollstreckungsschuldnern gepfändet worden sind,

ein einheitliches Verfahren statt, so werden die Auslagen, die in diesem Verfahren entstehen, auf die beteiligten Vollstreckungsschuldner verteilt. Dabei ist auf die besonderen Umstände des einzelnen Falles, insbesondere auf Wert, Umfang und Gewicht der Gegenstände, billige Rücksicht zu nehmen.

[Zeugengelder usw.] **§ 64.**

(1) Zeugen und Sachverständigen ist auf Antrag eine Entschädigung zu gewähren.

(2) Die Entschädigung darf die Gebühr einschließlich des Teuerungszuschlags nicht übersteigen, die in bürgerlichen Rechtsstreitigkeiten auf Grund der Gebührenordnung für Zeugen und Sachverständige (in der jeweils geltenden Fassung)[1]) gewährt werden kann.

[Umrechn. v. RM. i. GM., Abrund.] **§ 64 a[2]).**

(1) Auf die Umrechnung eines Reichsmarkbetrags in einen Goldmarkbetrag und umgekehrt finden die Vorschriften der Goldabgabenverordnung vom 18. Januar 1924 (Gesetzsamml. S. 40) Anwendung.

(2) Der Gesamtbetrag der Kosten (Gebühren und Auslagen), der von einem Schuldner zu entrichten ist, wird auf den nächsten durch fünf teilbaren Goldpfennigbetrag nach unten abgerundet.

[Ausnahme für Gerichtsvollzieher] **§ 65.**

Für Zwangsvollstreckungen, die durch Gerichtsvollzieher ausgeführt werden, gelten die Bestimmungen der §§ 54 bis 64 nicht.

[Auszahlung] **§ 66.**

(1) Die Gebühren des Vollziehungsbeamten und alle anderen Kosten der Zwangsvollstreckung werden von der Vollstreckungsbehörde aus den eingegangenen Geldern entnommen.

(2) Bei Unzulänglichkeit dieser Gelder werden, soweit für den einzelnen Fall nicht anderweite Bestimmungen maßgebend sind, zunächst die in Ansatz gebrachten Gebühren des Vollziehungsbeamten, sodann die übrigen Kosten der Zwangsvollstreckung berichtigt; soweit die letzteren aus den eingegangenen Geldern nicht gedeckt werden, sind dieselben unbeschadet der bestehenden anderweiten Vorschriften von demjenigen zu tragen, für dessen Rechnung die Zwangsvollstreckung erfolgt.

---

[1]) Die zurzeit geltende Fassung ist vom 21. Dezember 1925 (RGBl. I S. 471).

[2]) § 64a eingefügt durch VO. v. 12. April 1924 (GS. S. 209), Art. I Ziff. 7.

[Inkrafttreten, AusfBest.] § 67.

(1) Diese Verordnung tritt gleichzeitig mit dem Bürgerlichen Gesetzbuch in Kraft.

(2) Die zur Ausführung derselben erforderlichen Anordnungen[1]) haben die beteiligten Ministerien gemeinschaftlich zu erlassen[2]).

---

10. Gesetz über staatliche Verwaltungsgebühren.

Vom 29. September 1923 (GS. S. 455).

[Gebührenpflicht, Gebührenfreiheit] § 1.

(1) Für einzelne auf Veranlassung der Beteiligten vorgenommene Amtshandlungen staatlicher Organe, die im wesentlichen im Interesse einzelner erfolgen, werden Verwaltungsgebühren für die Staatskasse erhoben. Die Erhebung erfolgt auf Grund von Gebührenordnungen (§ 4).

(2) Gebührenfrei sind solche Amtshandlungen, die überwiegend im öffentlichen Interesse erfolgen, und der mündliche Verkehr. Gebühren werden nicht erhoben beim Verkehre der Behörden untereinander, es sei denn, daß sie einem Dritten als Veranlasser zur Last zu legen sind.

[Amtshandl. nichtstaatl. Organe] § 2.

Die Bestimmung des § 1 gilt auch für die kraft staatlichen Auftrags vorgenommenen Amtshandlungen von nichtstaatlichen Organen. Fünfzig vom Hundert der hierfür erhobenen Gebühren fließen in die Kasse derjenigen Stelle, deren Organ die gebührenpflichtige Amtshandlung vorgenommen hat.

[Keine Gebührenpflicht nach anderen Gesetzen] § 3.

(1) Soweit auf Grund dieses Gesetzes die Erhebung einer Gebühr oder Gebührenfreiheit vorgeschrieben ist, wird die Erhebung von anderweitigen Gebühren ausgeschlossen, insbesondere

---

[1]) Erlassen als **„Anweisung vom 28. November 1899 zur Ausführung der Verordnung vom 15. November 1899, betreffend das Verwaltungszwangsverfahren wegen Beitreibung von Geldbeträgen"** (ZBlAB. 1900 S. 44), ergänzt durch Anweisungen v. 4. Juli 1904 (ZBlAB. S. 246) und 20. Juli 1912 (JMBl. S. 355).

[2]) Der (hier früher folgende) Gebührentarif ist durch Art. 2 der VO. v. 16. Mai 1923 (GS. S. 271) beseitigt worden.

auch die Erhebung von Gebühren nach § 6 des Kommunalabgabengesetzes vom 14. Juli 1893 (Gesetzsamml. S. 152) und §§ 4 und 24 des Kreis- und Provinzialabgabengesetzes vom 23. April 1906 (Gesetzsamml. S. 159), beide in der Fassung des Gesetzes vom 26. August 1921 (Gesetzsamml. S. 495), sowie die Erhebung von Sporteln und ähnlichen Abgaben, gleichviel ob sie auf Gesetz, Verordnung oder Herkommen beruhen.

(2) Das entsprechende gilt für die Erhebung der Stempelsteuer. Inwieweit die Erhebung einer Stempelsteuer neben der Gebühr ganz oder teilweise ausgeschlossen wird, wird durch die vom Staatsministerium oder von den zuständigen Ministern gemäß § 4 zu erlassenden Gebührenordnungen bestimmt.

(3) Werden bei der Vornahme einer Amtshandlung besondere bare Auslagen notwendig, so kann deren Erstattung auch neben der Zahlung einer Gebühr verlangt werden. Dies gilt auch beim Verkehre der Behörden untereinander.

[Gebührenordnungen] § 4.

(1) Die Gebührenordnungen (§ 1) erläßt das Staatsministerium[1]). In denjenigen Angelegenheiten, die eine gleichmäßige Regelung für alle Geschäftsbereiche nicht erfordern, übt diese Befugnis jeder Minister für seinen Geschäftsbereich aus. Eine Übertragung der Befugnis auf nachgeordnete Stellen in besonderen Fällen ist zulässig. Soweit nicht hiernach der Finanzminister selbst zuständig ist, ist sein Einverständnis erforderlich.

(2) Die Gebühren sollen unter Berücksichtigung der Kosten des betreffenden Verwaltungszweiges festgesetzt werden.

(3) Die Gebührenordnungen sind nach näherer Anordnung des Staatsministeriums zu veröffentlichen.

(4) Jede Gebührenordnung ist dem Landtage zur Kenntnisnahme vorzulegen und muß auf dessen Verlangen wieder aufgehoben werden.

[Befreiungen] § 5.

Die Minister sind befugt, innerhalb ihrer Zuständigkeit von der Erhebung von Gebühren im Einzelfalle oder für Fälle bestimmter Art aus sachlichen oder persönlichen Billigkeitsgründen ganz oder zum Teil abzusehen und diese Befugnis auf nachgeordnete Stellen zu übertragen; soweit es sich nicht um einen Gebührenerlaß im Einzelfalle handelt, ist das Einverständnis des Finanzministers erforderlich.

---

[1]) Gegenwärtig gilt die vom 30. Dezember 1926 (GS. S. 327) i. d. F. der Verordnung vom 24. Juli 1930 (GS. S. 206).

[Gebührenmarken] § 6.

Die Entrichtung der Gebühren kann nach näherer Anordnung des Finanzministers durch Verwendung von Gebührenmarken erfolgen.

[Beschwerde, Verfahren] § 7.

Gegen die Erhebung einer Gebühr findet die Beschwerde im Aufsichtswege statt, sofern nicht gesetzlich eine andere Regelung getroffen ist. Die näheren Verfahrensvorschriften erläßt erforderlichenfalls das Staatsministerium.

[Schluß- u. Übergangsbestimm.] § 8.

(1) Dieses Gesetz findet auch Anwendung im Falle des § 124 des Gesetzes über die allgemeine Landesverwaltung vom 30. Juli 1883 (Gesetzsamml. S. 195), des § 45 des Verwaltungsstrafgesetzes vom 26. Juli 1897 (Gesetzsamml. S. 237) und des § 43 Abs. 1 und 4 des Gesetzes über die Enteignung von Grundeigentum vom 11. Juni 1874 (Gesetzsamml. S. 221).

(2) Der § 140 des Preußischen Gerichtskostengesetzes vom 28. Oktober 1922 (Gesetzsamml. S. 363) in der Fassung des Gesetzes vom 12. April 1923 (Gesetzsamml. S. 107) erhält folgende Fassung:

> Die Erhebung von Gebühren in Angelegenheiten der Justizverwaltung erfolgt auf Grund des Gesetzes über staatliche Verwaltungsgebühren vom 29. September 1923 (Gesetzsamml. S. 455).

Den Zeitpunkt des Inkrafttretens dieser Vorschrift bestimmt der Justizminister im Einverständnisse mit dem Finanzminister.

(3) Im übrigen können die Vorschriften dieses Gesetzes in Abweichung von sonstigen Bestimmungen über Gebühren, insbesondere auch von solchen, durch die Gebührenfreiheit bisher angeordnet war, Anwendung finden. Dies gilt auch für das Verwaltungsstreitverfahren[1]).

10a. Gesetz über das Flaggen von Körperschaften des öffentlichen Rechts.

Vom 17. März 1929 (GS. S. 23).

[Das Gesetz und die Verordnung sind ergangen, nachdem in einem hartnäckigen Streit um die kommunalen Pflichten in Beziehung auf Beflaggung das Ministerium des Innern vor dem OVG. (vgl. Entsch.

---

[1]) § 8 Abs. 3 i. d. F. d. G. v. 18. Januar 1924 (GS. S. 40).

Bd. 82 S. 82) Unrecht bekommen hatte. Das Gesetz ist außer durch das, was es unmittelbar regelt, auch allgemein wichtig für die Frage nach der Abgrenzung des Staates von der Kommunalverwaltung.]

Einziger Artikel.

(1) Die Beflaggung der Dienstgebäude, der zum öffentlichen Gebrauche bestimmten Gebäude und sonstigen Einrichtungen der Gemeinden und Gemeindeverbände sowie der öffentlichen Straßen und Plätze als solcher gehört als Angelegenheit der Landeshoheit zu den örtlichen Geschäften der allgemeinen Landesverwaltung. Das gleiche gilt für die Gebäude der nicht vom Staate allein unterhaltenen öffentlichen Schulen. Auch das Flaggen durch die übrigen Körperschaften des öffentlichen Rechts unterliegt der Bestimmung durch das Staatsministerium.

(2) Für die Religionsgesellschaften besteht keine Verpflichtung zur Beflaggung. Unberührt bleibt ihr Recht, selbständig darüber zu bestimmen, ob und wann ihre eigenen Flaggen entweder allein oder neben anderen vom Staatsministerium zugelassenen Flaggen zu zeigen sind. Für Schulgebäude, an denen Religionsgesellschaften teilhaben, verbleibt es bei der Bestimmung des Abs. 1 Satz 2.

10b. Verordnung über das öffentliche Flaggen.

Vom 29. Juni 1929 (GS. S. 79).

Auf Grund der Artikel 7, 51 der Preußischen Verfassung wird zugleich in Ausführung des Gesetzes über das Flaggen durch Körperschaften des öffentlichen Rechtes vom 17. März 1929 (Gesetzsamml. S. 23) folgendes verordnet:

[Zugelassene Flaggen] **§ 1.**

(1) Die Beflaggung der staatlichen und kommunalen Dienstgebäude sowie der Gebäude der öffentlichen Schulen erfolgt in den Reichsfarben Schwarz-Rot-Gold und in den Landesfarben Schwarz-Weiß.

(2) Soweit auf Grund des § 2a und b geflaggt wird, können Gemeinden (Gemeindeverbände), die bisher Flaggen in eigenen Farben (z. B. in den Stadt- und Provinzfarben) führen, diese neben den Reichs- und Landesfarben zeigen. Im übrigen bleibt ihre Befugnis zum Zeigen eigener Flaggen unberührt.

(3) Neue oder geänderte Flaggen der Gemeinden (Gemeindeverbände) dürfen nur mit Zustimmung des Staatsministeriums gezeigt werden.

(4) Zu den Gebäuden der öffentlichen Schulen im Sinne dieser Verordnung gehören auch solche, an denen Religionsgesellschaften teilhaben.

[Anlässe zum Flaggen] § 2.

(1) Die staatlichen und kommunalen Dienstgebäude sowie die Gebäude der öffentlichen Schulen sind zu beflaggen:

a) am Verfassungstag (11. August) ohne besondere Anordnung;
b) aus besonderen Anlässen, die für das ganze Land oder einzelne seiner Teile von allgemeiner politischer Bedeutung sind, auf Anordnung des Staatsministeriums;
c) aus örtlichen Anlässen von nicht politischer Bedeutung auf Anordnung der örtlich zuständigen Dienststellen. Gegebenenfalls entscheidet der Oberpräsident.

(2) In allen anderen Fällen ist von einer Beflaggung der staatlichen Dienstgebäude sowie der Gebäude der öffentlichen Schulen abzusehen. Über Ausnahmefälle entscheidet der Oberpräsident.

[Dienst- u. staatseigene Gebäude] § 3.

(1) Zu beflaggen sind:

a) staatliche und kommunale Dienstgebäude ohne Rücksicht auf die Eigentumsverhältnisse, insbesondere also auch angemietete oder anderweitig zu dienstlichen Zwecken überlassene Gebäude;
b) vom Staat und von den Gemeinden (Gemeindeverbänden) angemietete oder ihnen anderweitig zu dienstlichen Zwecken überlassene einzelne Räume, soweit sie dem Verkehre mit dem Publikum dienen, auch wenn sie sich in Gebäuden befinden, die nicht ausschließlich für dienstliche Zwecke bestimmt sind;
c) staatliche und kommunale Dienstwohngebäude nach näherer Bestimmung der zuständigen Fachminister;
d) alle anderen staatseigenen Gebäude. Soweit sie vermietet, verpachtet oder aus einem anderen Rechtsgrunde Dritten überlassen sind, ist zur Sicherstellung ihrer Beflaggung
   1. bei schon bestehenden Verträgen deren entsprechende Ergänzung anzustreben;
   2. der Abschluß neuer Verträge von der Innehaltung dieser Bestimmungen abhängig zu machen.

(2) Für Gemeinden (Gemeindeverbände) mit mehreren kommunalen Dienstgebäuden oder Diensträumen (Abs. 1a und b) bestimmt im Zweifelsfalle die zuständige Kommunalaufsichtsbehörde, welche Dienstgebäude (-räume) neben dem Hauptverwaltungsgebäude zu beflaggen sind.

(3) Diese Bestimmungen finden keine Anwendung auf:

a) Nebengebäude von untergeordneter Bedeutung, wenn das Hauptgebäude beflaggt wird;

b) Räume, die zur Beflaggung nicht geeignet sind;

c) Räume, die regelmäßig dem Privatgebrauche dienen, in denen aber gleichzeitig Dienstgeschäfte verrichtet werden.

[Dienstwohnungen] § 4.

(1) Inhaber von Dienstwohnungen, die sich in staatlichen oder kommunalen Dienstgebäuden befinden, dürfen von ihren Wohnungen aus nur dann, wenn das Dienstgebäude selbst beflaggt wird, und nur in den hierfür zugelassenen Farben flaggen.

(2) Dienstwohnungen, die sich nicht in Dienstgebäuden befinden, dürfen gleichfalls nur in den bezeichneten Farben beflaggt werden.

[Mietwohnungen in Dienst- und staatseigenen Gebäuden] § 5.

(1) Für Mietwohnungen in staatlichen oder kommunalen Dienstgebäuden gilt die Vorschrift des § 4 Abs. 1. Gehört der Mieter nicht zu den Staats- oder Kommunalbeamten, -angestellten oder -arbeitern, so ist zur Durchführung dieser Vorschrift entsprechend § 3 Abs. 1d zu verfahren.

(2) Mietwohnungen, die sich in anderen Gebäuden befinden, die im Eigentume des Staates stehen, sind grundsätzlich nur in den bezeichneten Farben zu beflaggen. Zur Erreichung dieses Zweckes ist entsprechend § 3 Abs. 1d zu verfahren.

[Art der Beflaggung] § 6.

Für die Art der Beflaggung der staatlichen und kommunalen Dienstgebäude in den Reichs- und Landesfarben gelten folgende Grundsätze:

a) Ist nur ein Flaggenmast vorhanden, so ist an ihm stets die Reichsflagge zu hissen. Die preußische Flagge ist in diesem Falle, soweit sich nicht ein zweiter Flaggenmast anbringen läßt, an einer bevorzugten Stelle der Straßenfront des Hauses mittels eines besonderen Flaggenstocks als hängende Flagge anzubringen.

b) Ist mehr als ein Flaggenmast vorhanden, so sind bei einer geraden Zahl die Reichs- und Landesfarben gleichmäßig, bei einer ungeraden Zahl die Reichsfarben auch an dem überzähligen Flaggenmaste zu hissen. Bei kommunalen Dienstgebäuden können überzählige Flaggenmasten auch zur Hissung der im § 1 Abs. 2 bezeichneten Flaggen verwendet werden.

c) Ist kein Flaggenmast vorhanden, so sind je eine hängende Reichs- und eine Landesflagge von angemessener gleicher Größe mittels besonderer Flaggenstöcke an der Straßenfront des Hauses in gleichwertiger Anordnung anzubringen.

d) Die Beflaggung beginnt morgens um 7 Uhr und endet bei Eintritt der Dunkelheit.

[Schulgebäude] **§ 7.**

Die Bestimmungen der §§ 3 bis 6 gelten sinngemäß auch für die Gebäude der öffentlichen Schulen. Im Zweifelsfalle entscheidet die Schulaufsichtsbehörde.

[And. öffentl.-rechtl. Körperschaften] **§ 8.**

(1) Die vorstehenden Bestimmungen finden auf das Flaggen durch die übrigen Körperschaften des öffentlichen Rechtes entsprechende Anwendung.

(2) Unberührt bleibt das Recht der Religionsgesellschaften zum Zeigen eigener Kirchenflaggen. Insoweit finden die Bestimmungen der §§ 1 bis 3, 6 keine Anwendung. Neben oder an Stelle der Kirchenflaggen dürfen nur die im § 1 zugelassenen Flaggen gezeigt werden.

[Beflaggung v. Straßen u. Plätzen] **§ 9.**

Soweit eine Beflaggung der öffentlichen Straßen und Plätze sowie der zum öffentlichen Gebrauche bestimmten Gebäude und sonstigen öffentlichen Einrichtungen des Staates und der Gemeinden (Gemeindeverbände) in Frage kommt, dürfen nur die im § 1 bezeichneten Farben zur Verwendung gelangen.

[Schlußbestimmungen] **§ 10.**

(1) Alle früheren Einzelbestimmungen über den Gegenstand dieser Verordnung treten außer Kraft.

(2) Die zur Durchführung dieser Verordnung erforderlichen Anordnungen erläßt jeder Fachminister innerhalb seines Geschäftsbereichs.

II. Kommunalverwaltungsrecht.

1. Städterecht.

11. Städteordnung für die östlichen Provinzen und Westfälische Städteordnung.

1. Städteordnung für die sechs[1]) östlichen Provinzen der Preußischen Monarchie.

Vom 30. Mai 1853 (GS. S. 261).

[Unter dem Strich sind die entsprechenden Paragraphen der **Westfälischen Städteordnung** angeführt.]

Inhalt.

[Geltungsgebiet]

§ 1.

(1) **Die gegenwärtige Städteordnung soll in den** [bisher auf dem Provinziallandtage, im Stande der Städte vertretenen][2]) **Städten der Provinzen Ostpreußen, Grenzmark Posen-Westpreußen**[1]),

---

[1]) Geändert entsprechend der jetzigen Einteilung Preußens. Vgl. G. v. 21. Juli 1922 (GS. S. 171).

[2]) Es gibt seit der Provinzialordnung vom 29. Juni 1875 (unten Nr. 21) keinen Stand der Städte mehr.

Brandenburg, Pommern, Niederschlesien, Oberschlesien und Sachsen zur Anwendung kommen, desgleichen in den [im Stande der Städte nicht vertretenen][1]) Ortschaften dieser Provinzen, in welchen bisher eine der beiden Städteordnungen vom 19. November 1808 und vom 17. März 1831 gegolten hat.

(2) In Ansehung derjenigen [im Stande der Städte auf den Provinziallandtagen nicht vertretenen][1]) Ortschaften (Flecken), wo bisher weder eine dieser Städteordnungen gegolten, noch die ländliche Gemeindeverfassung bestanden hat, bleibt die nähere Festsetzung ihrer Gemeindeverhältnisse mit Berücksichtigung der Vorschriften im Titel VIII der gegenwärtigen Städteordnung der Bestimmung des Staatsministeriums[2]) nach Anhörung des Provinziallandtages vorbehalten.

(3) Wegen der Städte in Neuvorpommern und Rügen ergeht ein besonderes Gesetz[3]).

---

2. Städteordnung für die Provinz Westfalen.

Vom 19. März 1856 (GS. S. 237).

§ 1.

(1) Die gegenwärtige Städteordnung findet nur auf diejenigen Städte in der Provinz Westfalen Anwendung, in denen bei Verkündigung der Gemeindeordnung vom 11. März 1850 die revidierte Städteordnung vom 17. März 1831 galt, oder in denen gegenwärtig der Titel II der Gemeindeordnung vom 11. März 1850 gilt, auf letztere jedoch nur dann, wenn sie — bei Einführung jener Gemeindeordnung an Stelle der daselbst geltend gewesenen Landgemeindeordnung vom 31. Oktober 1841 — aus dem Amts- (Samtgemeinde-) Verbande ausgeschieden sind, in welchem sie bis dahin mit den ländlichen Gemeinden gestanden haben.

(2) In eine solche Stadt kann jedoch, wenn die Vertretung der Stadtgemeinde durch einen nach zweimaliger, mit einem Zwischenraume von mindestens acht Tagen vorgenommenen Beratung gefaßten Beschluß darauf anträgt, nach Vernehmung des Kreistages durch Verordnung des Staatsministeriums die Landgemeindeordnung mit denjenigen Modifikationen eingeführt werden, welche für diesen Fall in der Landgemeindeordnung für die Provinz Westfalen vom heutigen Tage angeordnet werden.

---

[1]) S. Anm. 2 zu § 1.
[2]) Gemäß Art. 82 preuß. Verf.
[3]) G. v. 31. Mai 1853 (GS. S. 291), hier nicht abgedruckt.

Titel I.
Von den Grundlagen der städtischen Verfassung.

[Stadtbezirk] **§ 2.**

(1) Den städtischen Gemeindebezirk (Stadtbezirk) bilden alle diejenigen Grundstücke, welche demselben bisher angehört haben.

(2) Grundstücke, welche bisher noch keinem Gemeinde- oder selbständigen Gutsbezirke angehört haben, können nach Vernehmung der Beteiligten und nach Anhörung des Kreistages durch Beschluß des Bezirksausschusses[1]) mit dem Stadtbezirk vereinigt werden.

[Abs. 3—5 überholt, jetzt § 1 des G. vom 27. Dezember 1927, unten Nr. 14.]

[Abs. 6, 7 überholt, siehe jetzt § 3 Abs. 1 und 2 der LandgOrdnung, unten Nr. 13.]

(8) Privatrechtliche Verhältnisse dürfen durch dergleichen Veränderungen niemals gestört werden.

(9) Eine jede solche Veränderung ist durch das Regierungsamtsblatt bekanntzumachen. Veränderungen, welche bei Gelegenheit einer Gemeinheitsteilung vorkommen, unterliegen diesen Bestimmungen nicht.

---

§ 2 WestfStO.:

(1) Den städtischen Gemeindebezirk (Stadtbezirk) bilden alle diejenigen Grundstücke, welche demselben bisher angehört haben.

(2) Grundstücke, welche bisher noch keinem Gemeindebezirke oder keinem selbständigen Gutsbezirke (§ 3 der Landgemeindeordnung) angehört haben, können nach Vernehmung der Beteiligten und nach Anhörung des Kreistages durch Beschluß des Bezirksausschusses[1]) mit dem Stadtbezirke vereinigt werden.

[Wegen der Absätze 3—6 s. im Text Anm. zu § 2 Abs. 3—5, wegen Abs. 6 auch § 8 Abs. 2 ZustG.]

[Abs. 7 fällt fort, ZustG. §§ 8, 21, oben Nr. 3.]

(8) Privatrechtliche Verhältnisse dürfen durch dergleichen Veränderungen niemals gestört werden.

(9) Eine jede solche Veränderung ist durch das Regierungsamtsblatt bekanntzumachen. Veränderungen, welche bei Gelegenheit einer Gemeinheitsteilung vorkommen, unterliegen diesen Bestimmungen nicht.

---

[1]) Vgl. ZustG. § 8 Abs. 1.

[Einwohner] **§ 3.**

(1) Alle Einwohner des Stadtbezirks [, mit Ausnahme der servisberechtigten Militärpersonen des aktiven Dienststandes][1]) gehören zur Stadtgemeinde.

(2) Als Einwohner werden diejenigen betrachtet, welche in dem Stadtbezirk nach den Bestimmungen der Gesetze ihren Wohnsitz haben.

[Rechte u. Pflichten] **§ 4.**

(1) Alle Einwohner des Stadtbezirks sind zur Mitbenutzung der öffentlichen Gemeindeanstalten der Stadt berechtigt und zur Teilnahme an den städtischen Gemeindelasten nach den Vorschriften des Kommunalabgabengesetzes verpflichtet.

(2) Die Bestimmungen besonderer Stiftungen, welche mit dergleichen städtischen Gemeindeanstalten verbunden sind, sowie die hinsichtlich solcher Anstalten auf besonderen Titeln beruhenden Privatrechte werden hierdurch nicht berührt.

[Abs. 3—15 sind durch das Kommunalabgabengesetz aufgehoben.]

[Bürgerrecht] **§ 5.**

(1) Das Bürgerrecht besteht in dem Rechte zur Teilnahme an den Wahlen sowie in der Befähigung zur Übernahme unbesoldeter Ämter in der Gemeindeverwaltung und zur Gemeindevertretung.

[Abs. 2—6 aufgehoben durch § 4 der VO. vom 24. Januar 1919 (GS. S. 13), § 1 des G. vom 15. Juli 1919 (GS. S. 113), § 2 GWG., unten Nr. 15a.]

[Ehrenbürgerrecht] **§ 6.**

[Wegen Abs. 1—2 s. § 5 Abs. 2—6.]

(3) Der Magistrat ist, im Einverständnis mit der Stadtverordnetenversammlung, befugt, Männern und Frauen, welche sich um die Stadt verdient gemacht haben, ohne Rücksicht auf die oben gedachten besonderen Erfordernisse, das Ehrenbürgerrecht zu erteilen, wodurch keine städtischen Verpflichtungen entstehen.

[Verlust d. Bürgerrechts] **§ 7.**

(1) Wer infolge rechtskräftigen Erkenntnisses der bürgerlichen Ehrenrechte verlustig geworden (§§ 32—36 des Reichs-

---

§§ 3 u. 4 WestfStO. = §§ 3 u. 4 ÖstlStO.

---

[1]) Gibt es nicht mehr. Vgl. Anm. 1 zu § 7 ÖstlLGO.

strafgesetzbuches), verliert dadurch für die im Urteile bestimmte Zeit auch das Bürgerrecht und die Befähigung, dasselbe zu erwerben.

[Abs. 2, 3 veraltet.]

(4) Das Bürgerrecht geht verloren, sobald eines der zur Erlangung desselben vorgeschriebenen Erfordernisse bei dem bis dahin dazu Berechtigten nicht mehr zutrifft.

[Abs. 5 veraltet.]

[Forensen] **§ 8.**

[Überholt, Forensen gibt es nicht mehr[1]).]

[Selbstverwaltung] **§ 9.**

Die Stadtgemeinden sind Korporationen des öffentlichen Rechts; denselben steht die Selbstverwaltung ihrer Angelegenheiten nach näherer Vorschrift dieses Gesetzes zu[2]).

[Magistrat u. Stadtverordnete] **§ 10.**

In den Städten wird ein Magistrat (kollegialischer Gemeindevorstand) und eine Stadtverordnetenversammlung gebildet, welche nach näherer Vorschrift dieses Gesetzes dieselben vertreten. Der Magistrat ist die Obrigkeit der Stadt und verwaltet die städtischen Gemeindeangelegenheiten. Die Ausnahmen bestimmt Titel VIII.

[Statuten] **§ 11.**

(1) Jede Stadt ist befugt, besondere statutarische Anordnungen zu treffen:

1. über solche Angelegenheiten der Stadtgemeinden sowie über solche Rechte und Pflichten ihrer Mitglieder, hinsichtlich deren das gegenwärtige Gesetz Verschiedenheiten gestattet oder keine ausdrücklichen Bestimmungen enthält;
2. über sonstige eigentümliche Verhältnisse und Einrichtungen[3]).

(2) Dergleichen Anordnungen bedürfen der Bestätigung des Bezirksausschusses, wenn sie die Bildung oder Zusammensetzung der städtischen Körperschaften betreffen. Insoweit die Anord-

---

§§ 5—11 WestfStO. = §§ 5—11 ÖstlStO.

---

[1]) S. §§ 2, 3 GemWahlGes. (unten Nr. 15a).

[2]) S. Art. 70 ff. PrVerf., Art. 127 RVerf.

[3]) Ziff. 2 in der infolge der Bestimmungen des Kommunalabgabengesetzes notwendig gewordenen Fassung.

nungen sich auf Gegenstände beziehen, hinsichtlich deren die Genehmigung von Gemeindebeschlüssen in anderen Gesetzen vorgeschrieben ist, behält es dabei sein Bewenden[1]).

Titel II.

Von der Zusammensetzung und Wahl der Stadtverordnetenversammlung.

§§ 12—27.

[Ersetzt durch das Gemeindewahlgesetz (unten Nr. 15a) und §§ 18 bis 21 des G. vom 18. Juli 1919 (GS. S. 118).]

[Einführung der Gewählten] **§ 28.**

[Wegen Abs. 1 s. Anm. zu §§ 12—27.]

(2) Der Magistrat hat die Einführung der Gewählten und deren Verpflichtung durch Handschlag an Eides Statt anzuordnen.

Titel III.

Von der Zusammensetzung und Wahl des Magistrats.

[Zusammensetz. d. Magistrats] **§ 29.**

(1) Der Magistrat besteht aus dem Bürgermeister, einem Beigeordneten oder zweiten Bürgermeister als dessen Stellvertreter, einer Anzahl von Schöffen (Stadträten, Ratsherren, Ratsmännern) und, wo das Bedürfnis es erfordert, noch aus einem oder mehreren besoldeten Mitgliedern (Syndikus, Kämmerer, Schulrat, Baurat usw.). Es gehören zum Magistrat in Stadtgemeinden von weniger als

		2 500	Einwohnern	2	Schöffen,
2 501	bis	10 000	„	4	„ ,
10 001	„	30 000	„	6	„ ,
30 001	„	60 000	„	8	„ ,
60 001	„	100 000	„	10	„ .

(2) Bei mehr als 100 000 Einwohnern treten für jede weiteren 50 000 Einwohner zwei Schöffen hinzu.

---

§§ 12—27 WestfStO. ebenso weggefallen und ersetzt wie §§ 12—27 ÖstlStO.

§ 28 WestfStO. = § 28 ÖstlStO.

---

1) Abs. 2 i. d. F. des G. v. 13. Mai 1918 (GS. S. 53). Die § 21 Abs. 4 der StO. betr. Vorschrift ist mit dessen Beseitigung weggefallen. S. im Text Anm. zu §§ 12—27.

10*

(3) Wo die Zahl der Mitglieder des Magistrats bisher eine andere gewesen ist, verbleibt es bei dieser Zahl, bis durch statutarische Anordnung, welcher überhaupt abweichende Festsetzungen über die Zahl der Magistratsmitglieder vorbehalten werden, eine Änderung getroffen ist.

[Bürgermeister] **§ 30.**

[Abs. 1—4 ersetzt durch die neue Gemeindewahlgesetzgebung.]

(5) Personen, welche die in dem Gesetze vom 7. Februar 1835 (GS. S. 18) bezeichneten Gewerbe betreiben, können nicht Bürgermeister sein.

[Wahlzeit] **§ 31.**

[Der Beigeordnete und die Schöffen (§ 29) werden auf sechs Jahre,][1]) der Bürgermeister und die übrigen besoldeten Magistratsmitglieder werden auf zwölf Jahre von der Stadtverordnetenversammlung gewählt. Auch können Beigeordnete mit Besoldung angestellt werden, und erfolgt in diesem Falle deren Wahl gleichfalls auf zwölf Jahre.

[Wegen Abs. 2 s. § 30 Abs. 1—4.]

---

§ 29 WestfStO.:

(1) Der Magistrat besteht aus dem Bürgermeister, einem Beigeordneten oder zweiten Bürgermeister als dessen Stellvertreter, einer Anzahl von Schöffen (Stadträten, Ratsherren, Ratsmännern) und, wo das Bedürfnis es erfordert, noch aus einem oder mehreren besoldeten Mitgliedern (Syndikus, Kämmerer, Schulrat, Baurat usw.). Es gehören zum Magistrat in Stadtgemeinden von weniger als

		2 500	Einwohnern	2 Schöffen,
2 501	bis	10 000	„	4 „ ,
10 001	„	30 000	„	6 „ .

(2) Bei mehr als 30 000 Einwohnern treten für jede weiteren 20 000 Einwohner zwei Schöffen hinzu.

(3) Wo die Zahl der Mitglieder des Magistrats bisher eine andere gewesen ist, verbleibt es bei dieser Zahl, bis durch statutarische Anordnung, welcher überhaupt abweichende Festsetzungen über die Zahl der Magistratsmitglieder vorbehalten werden, eine Änderung getroffen ist.

§§ 30—33 WestfStO. = §§ 30—33 ÖstlStO.

---

[1]) S. jetzt § 9 des GemWG., unten Nr. 15a.

[Abstimmung]

§ 32.

[S. § 30 Abs. 1—4.]

[Bestätigung]

§ 33.

(1) Die gewählten Bürgermeister, Beigeordneten, Schöffen und besoldeten Magistratsmitglieder bedürfen der Bestätigung. Die Bestätigung steht zu:

1. dem [Könige] Staatsministerium[1]) hinsichtlich der Bürgermeister und Beigeordneten in Städten von mehr als 10 000 Einwohnern;
2. dem Regierungspräsidenten[2]) hinsichtlich der Bürgermeister und Beigeordneten in Städten, welche nicht über 10 000 Einwohner haben, sowie hinsichtlich der Schöffen und der besoldeten Magistratsmitglieder in allen Städten, ohne Unterschied ihrer Größe.

(2) Wird die Bestätigung[2]) versagt, so schreitet die Stadtverordnetenversammlung zu einer neuen Wahl. Wird auch diese Wahl nicht bestätigt, so ist der Regierungspräsident berechtigt, die Stelle einstweilen auf Kosten der Stadt kommissarisch verwalten zu lassen.

(3) Dasselbe findet statt, wenn die Stadtverordneten die Wahl verweigern oder den nach der ersten Wahl nicht Bestätigten wieder erwählen sollten.

(4) Die kommissarische Verwaltung dauert so lange, bis die Wahl der Stadtverordnetenversammlung, deren wiederholte Vornahme ihr jederzeit zusteht, die Bestätigung des Staatsministeriums beziehungsweise des Regierungspräsidenten erlangt hat.

[Vereidigung]

§ 34.

(1) Die Mitglieder des Magistrats werden vor ihrem Amtsantritt durch den Bürgermeister in öffentlicher Sitzung der Stadtverordnetenversammlung in Eid und Pflicht genommen; der Bürgermeister wird vom Regierungspräsidenten oder einem von diesem zu ernennenden Kommissar in öffentlicher Sitzung der Stadtverordnetenversammlung vereidet.

(2) Magistratsmitgliedern, welche ihr Amt mindestens neun Jahre mit Ehren bekleidet haben, kann in Übereinstimmung mit der Stadtverordnetenversammlung von dem Magistrat das Prädikat „Stadtältester" verliehen werden.

---

§ 34 WestfStO. = § 34 Abs. 1 ÖstlStO.

---

1) Gemäß Art. 82 PrV.
2) S. § 13 ZustG., oben Nr. 3.

Titel IV.
Von den Versammlungen und Geschäften der Stadtverordneten.

[Zuständigkeit] **§ 35.**

(1) Die Stadtverordnetenversammlung hat über alle Gemeindeangelegenheiten zu beschließen, soweit dieselben nicht ausschließlich dem Magistrate überwiesen sind. Sie gibt ihr Gutachten über alle Gegenstände ab, welche ihr zu diesem Zwecke durch die Aufsichtsbehörden vorgelegt werden. Über andere als Gemeindeangelegenheiten dürfen die Stadtverordneten nur dann beraten, wenn solche durch besondere Gesetze oder in einzelnen Fällen durch Aufträge der Aufsichtsbehörde an sie gewiesen sind.

(2) Die Stadtverordneten sind an keinerlei Instruktion oder Aufträge der Wähler [oder der Wahlbezirke][1]) gebunden.

[Zustimmung d. Magistrats] **§ 36.**

Die Beschlüsse der Stadtverordneten bedürfen, wenn sie solche Angelegenheiten betreffen, welche durch das Gesetz dem Magistrat zur Ausführung überwiesen sind, der Zustimmung des letzteren. Versagt dieser die Zustimmung, so hat er die Gründe dieser Versagung der Stadtverordnetenversammlung mitzuteilen. Erfolgt hierauf keine Verständigung, zu deren Herbeiführung sowohl von dem Magistrate als den Stadtverordneten die Einsetzung einer gemeinschaftlichen Kommission verlangt werden kann, [so ist die Entscheidung der Regierung herbeizuholen][2]). — Die Stadtverordnetenversammlung darf ihre Beschlüsse in keinem Falle selbst zur Ausführung bringen.

[Verwaltungskontrolle] **§ 37.**

Die Stadtverordnetenversammlung kontrolliert die Verwaltung. Sie ist daher berechtigt, sich von der Ausführung ihrer Beschlüsse und der Verwendung aller Gemeindeeinnahmen Überzeugung zu verschaffen. Sie kann zu diesem Zwecke von dem Magistrat die Einsicht der Akten verlangen und Ausschüsse aus ihrer Mitte ernennen, zu welchen der Bürgermeister ein Mitglied des Magistrats abzuordnen befugt ist.

---

§§ 35—46 WestfStO. = §§ 35—46 ÖstlStO.

---

[1]) Wahlbezirke gibt es nicht mehr, § 5 GemWG., unten Nr. 15a.

[2]) S. jetzt § 17 Nr. 1 ZustG. Vgl. auch § 15 ZustG. (Beanstandung).

[Stadtverordnetenvorsteher] **§ 38.**

(1) Die Stadtverordnetenversammlung wählt jährlich einen Vorsitzenden sowie einen Stellvertreter desselben und einen Schriftführer sowie einen Stellvertreter desselben aus ihrer Mitte; doch kann auch die Stelle des Schriftführers ein von den Stadtverordneten nicht aus ihrer Mitte gewählter, in öffentlicher Sitzung hierzu von dem Bürgermeister vereideter Protokollführer vertreten. [Diese Wahlen erfolgen in dem im § 32 vorgeschriebenen Verfahren[1].] Durch die Geschäftsordnung (§ 48) können über die Stellvertretung des Vorsitzenden und des Schriftführers und über ihre Wahl abweichende Bestimmungen getroffen werden[2]).

(2) Die Stadtverordneten versammeln sich, so oft es ihre Geschäfte erfordern.

(3) Der Magistrat wird zu allen Versammlungen eingeladen und kann sich durch Abgeordnete vertreten lassen. Die Stadtverordneten können verlangen, daß Abgeordnete des Magistrats dabei anwesend sind. Der Magistrat muß gehört werden, so oft er es verlangt.

[Zusammentreten] **§ 39.**

Die Zusammenberufung der Stadtverordneten geschieht durch den Vorsitzenden; sie muß erfolgen, sobald es von einem Viertel der Mitglieder oder von dem Magistrat verlangt wird.

[Einberufung] **§ 40.**

(1) Die Art und Weise der Zusammenberufung wird ein für allemal von der Stadtverordnetenversammlung festgestellt.

(2) Die Zusammenberufung erfolgt unter Angabe der Gegenstände der Verhandlung; mit Ausnahme dringender Fälle muß dieselbe wenigstens zwei freie Tage vorher statthaben.

[Regelm. Sitzungstage] **§ 41.**

Durch Beschluß der Stadtverordneten können auch regelmäßige Sitzungstage festgesetzt, es müssen jedoch auch dann die Gegenstände der Verhandlung mit Ausnahme dringender Fälle mindestens zwei freie Tage vorher den Stadtverordneten und dem Magistrat angezeigt werden.

[Beschlußfähigkeit] **§ 42.**

Die Stadtverordnetenversammlung kann nur beschließen, wenn mehr als die Hälfte der Mitglieder zugegen ist. Durch

---

1) S. oben im Text zu § 32.

2) Abs. 1 Satz 3 angefügt durch G. v. 13. Mai 1918 (GS. S. 53) Art. 2 Ziff. 2.

Gemeindebeschluß kann bestimmt werden, daß die Versammlung auch beschlußfähig ist, wenn mehr als ein Drittel der Mitglieder zugegen ist[1]). Die Versammlung ist stets beschlußfähig[1]), wenn die Stadtverordneten, zum zweiten Male zur Verhandlung über denselben Gegenstand zusammenberufen, dennoch nicht in genügender Anzahl erschienen sind. Bei der zweiten Zusammenberufung muß auf diese Bestimmung ausdrücklich hingewiesen werden.

[Beschlußfassung] **§ 43.**

Die Beschlüsse werden nach Stimmenmehrheit gefaßt. Bei Stimmengleichheit entscheidet die Stimme des Vorsitzenden. Wer nicht mitstimmt, wird zwar als anwesend betrachtet, die Stimmenmehrheit wird aber lediglich nach der Zahl der Stimmenden festgestellt.

[Ausschließung] **§ 44.**

(1) An Verhandlungen über Rechte und Verpflichtungen der Stadtgemeinde darf derjenige nicht teilnehmen, dessen Interesse mit dem der Gemeinde in Widerspruch steht. Kann wegen dieser Ausschließung eine beschlußfähige Versammlung nicht gehalten werden, so hat der Magistrat, oder wenn auch dieser aus dem vorgedachten Grunde einen gültigen Beschluß zu fassen nicht befugt ist, der Bezirksausschuß[2]) für die Wahrung des Gemeindeinteresses zu sorgen und nötigenfalls einen besonderen Vertreter für die Stadtgemeinde zu bestellen.

(2) Sollte ein Prozeß der Stadtgemeinde gegen alle oder mehrere Mitglieder des Magistrats aus Veranlassung ihrer Amtsführung notwendig werden, so hat der Regierungspräsident[3]) auf Antrag der Stadtverordnetenversammlung zur Führung des Prozesses einen Anwalt zu bestellen.

[Öffentlichkeit] **§ 45.**

Die Sitzungen der Stadtverordneten sind öffentlich. Für einzelne Gegenstände kann durch besonderen Beschluß, welcher in geheimer Sitzung gefaßt wird, die Öffentlichkeit ausgeschlossen werden. Die Sitzungen dürfen nicht in Wirtshäusern und Schenken gehalten werden.

---

[1]) § 42 Satz 2 und die veränderte Fassung von Satz 3 beruhen auf Art. 2 des G. vom 13. Mai 1918 (GS. S. 53).

[2]) Gemäß §§ 17 Nr. 2 (für Berlin), 161 ZustG. (oben Nr. 3).

[3]) § 7 ZG. (Berlin: Oberpräsident).

[Sitzungspolizei] **§ 46.**

Der Vorsitzende leitet die Verhandlungen, eröffnet und schließt die Sitzungen und handhabt die Ordnung in der Versammlung. Er kann jeden Zuhörer aus dem Sitzungszimmer entfernen lassen, welcher öffentliche Zeichen des Beifalls oder des Mißfallens gibt oder Unruhe irgendeiner Art verursacht[1]).

[Beschlußbuch] **§ 47.**

(1) Die Beschlüsse der Stadtverordnetenversammlung und die Namen der dabei anwesend gewesenen Mitglieder sind in ein besonderes Buch einzutragen. Sie werden von dem Vorsitzenden und wenigstens drei Mitgliedern unterzeichnet.

(2) Dem Magistrat müssen alle Beschlüsse der Stadtverordneten, auch diejenigen, welche ihm durch das Gesetz zur Ausführung nicht überwiesen sind, mitgeteilt werden.

[Geschäftsordnung] **§ 48.**

(1) Den Stadtverordnetenversammlungen bleibt überlassen, unter Zustimmung des Magistrats eine Geschäftsordnung abzufassen und darin Zuwiderhandlungen der Mitglieder gegen die zur Aufrechterhaltung der Ordnung gegebenen Vorschriften mit Strafen zu belegen; diese Strafen können nur in Geldbußen bis zu 15 Reichsmark und bei mehrmals wiederholten Zuwiderhandlungen in der auf eine gewisse Zeit oder für die Dauer der Wahlperiode zu verhängenden Ausschließung aus der Versammlung bestehen.

(2) Versagt der Magistrat seine Zustimmung, so tritt das in § 36 vorgeschriebene Verfahren ein[2]).

[Gemeindevermögen] **§ 49.**

(1) Die Stadtverordneten beschließen über die Benutzung des Gemeindevermögens; die Deklaration vom 26. Juli 1847 (GS. S. 327) bleibt dabei maßgebend.

(2) Über das Gemeindevermögen, welches nicht der Gemeindekorporation in ihrer Gesamtheit gehört, kann die Stadt-

---

§ 47 Abs. 1 und 2 WestfStO. = § 47 ÖstlStO.
§ 47 Abs. 3 WestfStO. = § 48 ÖstlStO. (in einem Absatz).
§§ 48, 49 WestfStO. = §§ 49, 50 ÖstlStO.

---

[1]) Die Befugnisse des Vorsitzenden sind erweitert durch § 21 des G. v. 18. Juli 1919 (GS. S. 118).

[2]) Als Ergänzung hierzu s. § 10 Ziff. 3, § 11 und § 17 (Anfechtung) ZG.

verordnetenversammlung nur insofern beschließen, als sie dazu durch den Willen der Beteiligten oder durch sonstige Rechtstitel berufen ist.

(3) Auf das Vermögen der Korporationen und Stiftungen haben die zur Stadtgemeinde gehörenden Einwohner (§ 3) als solche und auf dasjenige Vermögen, welches bloß den Hausbesitzern oder anderen Klassen der Einwohner gehört, haben andere Personen keinen Anspruch.

(4) In Ansehung der Verwaltung und Verwendung des Vermögens der Stiftungen bewendet es bei den stiftungsmäßigen Bestimmungen. Soweit es hierbei auf den Begriff des Bürgers ankommt, sind die Bestimmungen des gegenwärtigen Gesetzes (§ 5) an sich selbst nicht maßgebend.

[Kunstbesitz usw., Anleihen]

§ 50.

Die Genehmigung des Bezirksausschusses[1]), im Falle der Nummer 2 des Regierungspräsidenten[1]), ist erforderlich:

[Ziff. 1 und 4 gestrichen durch Art. 2 Ziff. 4 des G. v. 13. Mai 1918, GS. S. 53.]

2. zur Veräußerung oder wesentlichen Veränderung von Sachen, welche einen besonderen wissenschaftlichen, historischen oder Kunstwert haben, namentlich von Archiven oder Teilen derselben;
3. zu Anleihen, durch welche die Gemeinde mit einem Schuldenbestande belastet, oder der bereits vorhandene vergrößert wird.

[Ziff. 4 gestrichen, s. Ziff. 1.]

[Gemeindewaldungen] [Hierzu s. § 16 Abs. 2 ZustG.:

Hinsichtlich der Veräußerung der Gemeindewaldungen bewendet es bei den bestehenden Bestimmungen.]

[Erlös aus Grundstücksverk.]

§ 51.

Der Erlös veräußerter Grundstücke und grundstücksgleicher Rechte ist nicht zur Deckung laufender Ausgaben zu verwenden[2]).

---

§ 50 Abs. 1 WestfStO. = § 51 ÖstlStO.
§ 50 Abs. 2—6 WestfStO. aufgehoben, s. deshalb und wegen **Abs. 7** unten § 47 RheinStO.
§ 51 Abs. 1—5 WestfStO. = § 52 Abs. 1—5 ÖstlStO.
Abs. 6 = § 48 Abs. 8 RheinStO.

---

[1]) Nach § 16 Abs. 1 und 3 ZG.
[2]) Fass. gemäß Art. 2 Ziff. 5 d. G. v. 13. Mai 1918 (GS. S. 53).

[Gemeindenutzungen] **§ 52.**

[Abs. 1, 2 und 5 durch die Beseitigung der Einzugs- und Eintrittsgelder (G. v. 2. März 1867, GS. S. 361) weggefallen.]

(3) Die Teilnahme an den Gemeindenutzungen (§ 50 Nr. 4) kann außerdem von der Entrichtung einer jährlichen Abgabe und anstatt oder neben derselben von Entrichtung eines Einkaufsgeldes abhängig gemacht werden, durch deren Entrichtung aber die Ausübung des Bürgerrechts niemals bedingt wird.

(4) Alle derartigen Beschlüsse bedürfen der Genehmigung des Bezirksausschusses[1]). Die mit dem Besitze einzelner Grundstücke verbundenen oder auf sonstigen besonderen Rechtstiteln beruhenden Nutzungsrechte sind den Bestimmungen dieses Paragraphen nicht unterworfen.

[Abs. 5 weggefallen, s. oben zu Abs. 1 und 2.]

§§ 53, 54.

[Durch das Kommunalabgabengesetz (unten Nr. 19) überholt bzw. aufgehoben (s. insbesondere dessen §§ 1, 2, 68).]

[Partik.Gesetze] **§ 55.**

Die in bezug auf die Behandlung der Gemeindewaldungen für die einzelnen Landesteile erlassenen Gesetze und Bestimmungen bleiben in Kraft, bis ihre Abänderung im gesetzlichen Wege erfolgt sein wird.

---

§§ 52, 53 WestfStO. = §§ 53, 54 ÖstlStO.

§§ 54, 55, 56 WestfStO.:

[Gemeindewaldungen] **§ 54.**

Bei Verwaltung der Gemeindewaldungen sind die Verordnung vom 24. Dezember 1816 und die in Gemäßheit derselben erlassenen und zu erlassenden Reglements zu beachten.

[Gemeindeeinnehmer] **§ 55.**

Der Gemeindeeinnehmer wird von den Stadtverordneten gewählt, welche auch die von demselben, sowie von anderen Gemeindebeamten zu leistenden Kautionen zu bestimmen haben.

[Zuständigkeit] **§ 56.**

Der Magistrat hat als Ortsobrigkeit und Gemeindeverwaltungsbehörde insbesondere folgende Geschäfte:

1. (s. ÖstlStO. Ziffer 1);
2. (s. ÖstlStO. Ziffer 2);

---

[1]) Nach § 16 Abs. 3 ZG.

Titel V.
Von den Geschäften des Magistrats.

[Zuständigkeit] **§ 56.**

Der Magistrat hat als Ortsobrigkeit und Gemeindeverwaltungsbehörde insbesondere folgende Geschäfte:

1. die Gesetze und Verordnungen sowie die Verfügungen der ihm vorgesetzten Behörden auszuführen;
2. die Beschlüsse der Stadtverordnetenversammlung vorzubereiten und, sofern er sich mit denselben einverstanden erklärt, zur Ausführung zu bringen.

   Der Magistrat ist verpflichtet, die Zustimmung und Ausführung zu versagen, wenn von den Stadtverordneten ein Beschluß gefaßt ist, welcher deren Befugnisse überschreitet, gesetz- oder rechtswidrig ist, das Staatswohl oder das Gemeindeinteresse verletzt. In Fällen dieser Art ist nach den Bestimmungen im § 36[1]) zu verfahren;
3. die städtischen Gemeindeanstalten zu verwalten und diejenigen, für welche besondere Verwaltungen eingesetzt sind, zu beaufsichtigen;
4. die Einkünfte der Stadtgemeinde zu verwalten, die auf dem Etat oder besonderen Beschlüssen der Stadtverordneten beruhenden Einnahmen und Ausgaben anzuweisen und das Rechnungs- und Kassenwesen zu überwachen. Von jeder regelmäßigen Kassenrevision ist der Stadtverordnetenversammlung Kenntnis zu geben, damit sie ein Mitglied oder mehrere abordnen könne, um diesem Geschäfte beizuwohnen; bei außerordentlichen Kassenrevisionen ist der Vorsitzende oder ein von demselben ein für allemal bezeichnetes Mitglied der Stadtverordnetenversammlung zuzuziehen;
5. das Eigentum der Stadtgemeinde zu verwalten und ihre Rechte zu wahren;

Dasselbe gilt für den Fall, wenn der Bürgermeister die Ernennung des gewählten Einnehmers (§ 55) beanstanden zu müssen glaubt;

3. (s. ÖstlStO. Ziffer 3);
4. (s. ÖstlStO. Ziffer 4);
5. (s. ÖstlStO. Ziffer 5);

---

1) S. auch §§ 15, 17, 21 ZustG. Samml. Nr. 3.

6. die **Gemeindebeamten**, nachdem die Stadtverordneten darüber vernommen worden, **anzustellen** und zu beaufsichtigen. Die Anstellung erfolgt nach Maßgabe des Kommunalbeamtengesetzes vom 30. Juli 1899 (GS. S. 141). Die von den Gemeindebeamten zu leistenden Kautionen bestimmt der Magistrat nach Anhörung der Stadtverordnetenversammlung. In Städten bis zu 10 000 Einwohnern (§ 30 Ziffer 2) können die Geschäfte des Gemeindeeinnehmers nach Vernehmung der Stadtverordnetenversammlung und mit Zustimmung des Bezirksausschusses[1]) dem Kämmerer übertragen werden;
7. die **Urkunden** und Akten der Stadtgemeinde aufzubewahren;

[Vertretung; zweite Unterschrift]

8. die Stadtgemeinde nach außen zu vertreten und namens derselben mit Behörden und Privatpersonen zu verhandeln, den Schriftwechsel zu führen und die Gemeindeurkunden in der Urschrift zu vollziehen. Die Ausfertigungen der Urkunden werden namens der Stadtgemeinde von dem Bürgermeister oder seinem Stellvertreter gültig unterzeichnet; werden in denselben Verpflichtungen der Stadtgemeinde übernommen, so muß noch die Unterschrift eines Magistratsmitgliedes hinzukommen; in Fällen, wo die Genehmigung der Aufsichtsbehörde erforderlich ist, muß dieselbe in beglaubigter Form der gedachten Ausfertigung beigefügt werden;
9. die städtischen **Gemeindeabgaben** und Dienste nach

---

6. die Gemeindebeamten, nachdem die Stadtverordneten darüber vernommen worden, anzustellen und dieselben, einschließlich des Gemeindeeinnehmers (§ 55), zu beaufsichtigen; die Anstellung erfolgt nach Maßgabe des Kommunalbeamtengesetzes;
7. (s. ÖstlStO. Ziffer 7);
8. (s. ÖstlStO. Ziffer 8);
9. die städtischen Gemeindeabgaben und Dienste nach den Gesetzen und Beschlüssen auf die Verpflichteten zu verteilen, die Hebelisten (Rollen) aufzustellen und, nachdem sie vom Bürgermeister vollstreckbar erklärt sind, die Beitreibung zu verfügen. Die Hebelisten müssen, bevor dieselben vollstreckbar erklärt werden, vierzehn Tage offengelegt sein.

---

[1]) S. Anm. 1 zu § 50.

den Gesetzen und Beschlüssen auf die Verpflichteten zu verteilen und die Beitreibung zu bewirken.

[Beschlußfassung] **§ 57.**

(1) Der Magistrat kann nur beschließen, wenn mindestens ein Drittel seiner Mitglieder zugegen ist[1]).

(2) Die Beschlüsse werden nach Stimmenmehrheit gefaßt. Bei Stimmengleichheit ist die Stimme des Vorsitzenden entscheidend. Den Vorsitz führt der Bürgermeister oder sein Stellvertreter. Der Vorsitzende ist verpflichtet, wenn ein Beschluß des Magistrats dessen Befugnisse überschreitet, gesetz- oder rechtswidrig ist, das Staatswohl oder das Gemeindeinteresse verletzt, die Ausführung eines solchen Beschlusses zu beanstanden und die Entscheidung der Regierung einzuholen[2]). Der Beigeordnete nimmt auch außer dem Falle der Stellvertretung an den Verhandlungen und Beschlüssen teil.

(3) Bei Beratungen über solche Gegenstände, welche das Privatinteresse eines Mitgliedes des Magistrats oder seiner Angehörigen berühren, muß dasselbe sich der Teilnahme an der Beratung und Abstimmung enthalten, auch sich während der Beratung aus dem Sitzungszimmer entfernen.

[Befugnisse des Bürgerm.] **§ 58.**

(1) Der Bürgermeister leitet und beaufsichtigt den ganzen Geschäftsgang der städtischen Verwaltung.

(2) In allen Fällen, wo die vorherige Beschlußnahme durch den Magistrat einen nachteiligen Zeitverlust verursachen würde, muß der Bürgermeister die dem Magistrat obliegenden Geschäfte vorläufig allein besorgen, jedoch dem letzteren in der nächsten Sitzung behufs der Bestätigung oder anderweitigen Beschlußnahme Bericht erstatten.

(3) Zur Erhaltung der nötigen Disziplin steht dem Bürgermeister das Recht zu, den Gemeindebeamten Geldbußen bis zu neun Reichsmark[3]) aufzulegen (§§ 15, 19 des Gesetzes vom 21. Juli 1852, GS. S. 465)[3]).

---

§§ 57—59 WestfStO. = §§ 57—59 ÖstlStO.

---

[1]) Abs. 1 i. d. Fassung d. G. v. 13. Mai 1918 (GS. S. 53).

[2]) Das Verfahren richtet sich heute nach §§ 15, 17 Ziff. 1 ZustG.

[3]) Abs. 3 in der durch VO. v. 2. Juli 1926 (GS. S. 192) und durch den Wegfall der Arreststrafe (G. v. 25. März 1917, GS. S. 49) gebotenen Fassung.

[Deputationen] **§ 59.**

(1) Zur dauernden Verwaltung oder Beaufsichtigung einzelner Geschäftszweige, sowie zur Erledigung vorübergehender Aufträge können besondere Deputationen entweder bloß aus Mitgliedern des Magistrats oder aus Mitgliedern beider Gemeindebehörden oder aus letzteren und stimmfähigen Bürgern gewählt werden. Zur Bildung g e m i s c h t e r D e p u t a t i o n e n aus beiden Stadtbehörden ist der übereinstimmende Beschluß beider erforderlich.

(2) Zu diesen Deputationen und Kommissionen, welche übrigens in allen Beziehungen dem Magistrate untergeordnet sind, werden die Stadtverordneten und stimmfähigen Bürger von der Stadtverordnetenversammlung gewählt, die Magistratsmitglieder dagegen von dem Bürgermeister ernannt, welcher auch unter letzteren den Vorsitzenden zu bezeichnen hat.

(3) Durch statutarische Anordnungen können nach den eigentümlichen örtlichen Verhältnissen besondere Festsetzungen über die Zusammensetzung der bleibenden Verwaltungsdeputationen getroffen werden.

[Ortsbezirke] **§ 60.**

(1) Städte von größerem Umfange oder von zahlreicherer Bevölkerung werden von dem Magistrat nach Anhörung der Stadtverordneten in Ortsbezirke geteilt.

(2) Jedem Bezirk wird ein B e z i r k s v o r s t e h e r vorgesetzt, welcher von den Stadtverordneten aus den stimmfähigen Bürgern des Bezirks auf sechs Jahre erwählt und vom Magistrat bestätigt wird. In gleicher Weise wird für den Fall der Verhinderung des Bezirksvorstehers ein Stellvertreter desselben angestellt.

(3) Die Bezirksvorsteher sind Organe des Magistrats und verpflichtet, seinen Anordnungen Folge zu leisten, ihn namentlich in den örtlichen Geschäften des Bezirks zu unterstützen.

[Magistratsbericht] **§ 61.**

Jedes Jahr, bevor sich die Stadtverordnetenversammlung mit dem Haushaltsetat beschäftigt, hat der Magistrat in öffentlicher Sitzung derselben über die Verwaltung und den Stand

---

§ 60 Abs. 1 WestfStO.:
Alle Stadtgemeinden von großem Umfange oder von zahlreicher Bevölkerung werden von dem Magistrate nach Anhörung der Stadtverordneten in Ortsbezirke eingeteilt.
Abs. 2 u. 3 = § 60 Abs. 2 u. 3 ÖstlStO.

der Gemeindeangelegenheiten einen vollständigen Bericht zu erstatten. Tag und Stunde werden wenigstens zwei freie Tage vorher in der Gemeinde bekanntgemacht.

[Aufgaben d. Bürgerm.] **§ 62.**

(1) Der Bürgermeister hat nach näherer Bestimmung der Gesetze folgende Geschäfte zu besorgen:

I. wenn die Handhabung der Ortspolizei nicht [Königlichen] staatlichen Behörden übertragen ist:
  1. die Handhabung der Ortspolizei;
  2. die Verrichtungen eines Hilfsbeamten der [gerichtlichen Polizei] Staatsanwaltschaft¹);
  3. die Verrichtungen eines [Polizeianwalts] Amtsanwalts²), vorbehaltlich der Befugnis der Behörden, in den Fällen 2 und 3 andere Beamten mit diesen Geschäften zu beauftragen.

  Dem Bürgermeister am Sitz eines Gerichts kann die Vertretung der [Polizeianwaltschaft] Amtsanwaltschaft²) bei dem Gericht auch für die übrigen Gemeinden des Gerichtsbezirks gegen angemessene Entschädigung übertragen werden, in deren Hinsicht nähere Bestimmungen vorbehalten bleiben.

II. Alle örtlichen Geschäfte der Kreis-, Bezirks-, Provinzial- und allgemeinen Staatsverwaltung, namentlich auch das Führen der [Personenstandsregister] Standesregister³), sofern nicht andere Behörden dazu bestimmt sind.

(2) Einzelne dieser unter I. und II. erwähnten Geschäfte können mit Genehmigung des Regierungspräsidenten⁴) einem anderen Magistratsmitgliede übertragen werden.

[Ortspolizeiverordnungen] **§ 63.**

In betreff der Befugnis der Stadtbehörden, ortspolizeiliche Verordnungen zu erlassen, kommen die darauf bezüglichen Gesetze zur Anwendung⁵).

---

§§ 61—62 WestfStO. = §§ 61—62 ÖstlStO.

---

¹) § 152 GVG.

²) § 142 GVG., §§ 64, 65 preuß. AG.GVG. vom 24. April 1878 (GS. S. 230).

³) §§ 4 ff. Personenstandsgesetz vom 6. Febr. 1875.

⁴) § 7 ZustG.

⁵) §§ 5 ff. des PolVerwG. (unten Nr. 26) und §§ 136 ff. LVG. (oben Nr. 2).

Titel VI.
Von den Gehältern und Pensionen.

[Gehalt und Entschädigung] **§ 64.**

(1) Der Normaletat aller Besoldungen wird von dem Magistrat entworfen und von den Stadtverordneten festgesetzt.

(2) Ist ein Normalbesoldungsetat überhaupt nicht oder nur für einzelne Teile der Verwaltung festgestellt, so werden die in solcher Weise nicht vorgesehenen Besoldungen vor der Wahl festgesetzt.

(3) Hinsichtlich der Bürgermeister und der besoldeten Magistratsmitglieder unterliegt die Festsetzung der Besoldungen in allen Fällen der Genehmigung des Bezirksausschusses[1]). Der Regierungspräsident[2]) ist ebenso befugt als verpflichtet, zu verlangen, daß ihnen die zu einer zweckmäßigen Verwaltung angemessenen Besoldungsbeträge bewilligt werden.

(4) Den Beigeordneten, insofern ihnen nicht eine Besoldung besonders beigelegt ist (§ 31), können mit Genehmigung des Bezirksausschusses[1]) feste Entschädigungsbeträge bewilligt werden.

[Abs. 4 S. 2 weggefallen, s. jetzt § 4 d. VO. v. 31. Januar 1919, GS. S. 15:]

Durch Gemeindebeschluß kann für die Mitglieder der Gemeindevertretungen eine angemessene Entschädigung für die Teilnahme an Sitzungen der Gemeindevertretungen (Deputationen, Kommissionen) festgesetzt werden; im allgemeinen ist dann aber nur eine Vergütung festzusetzen, welche dem entgangenen Arbeitsverdienst entspricht.

[Pension] **§ 65.**

Den Bürgermeistern und den besoldeten Mitgliedern des Magistrats sind, sofern nicht mit Genehmigung des Bezirksausschusses[1]) eine Vereinbarung wegen der Pension getroffen ist, bei eintretender Dienstunfähigkeit, oder wenn sie nach abgelaufener Wahlperiode nicht wiedergewählt werden, folgende Pensionen zu gewähren:

¼	des Gehalts	nach	6	jähriger	Dienstzeit,
½	„	„	12	„	„
[⅔	„	„	24	„	„][3]).

---

§§ 63—64 WestfStO. = §§ 63—64 ÖstlStO.
§ 65 WestfStO. = § 65 ÖstlStO. (mit dens. Abänderungen).

---

1) § 16 ZustG.
2) § 7 ZustG.
3) Ersetzt durch § 14 Abs. 1 d. KommunalbeamtenG. (Samml.

[Abs. 2 beseitigt durch das **Gleichstellungsgesetz** vom 8. Juli 1920 (GS. S. 383), dieses wiederum teilweise überholt durch § 43 des **Preuß. BesoldG.** vom 17. Dezember 1927 (GS. S. 223).

[Abs. 3 durch § 7 des Kommunalbeamtengesetzes ersetzt, mit der Maßgabe, daß der Rechtsweg gemäß Art. 129 Abs. 1 S. 4 RV. offen steht.]

(4) Die Pension fällt fort oder ruht insoweit, als der Pensionierte durch anderweitige Anstellung im Staats- oder Gemeindedienste ein Einkommen oder eine neue Pension erwirbt, welche mit Zurechnung der ersten Pension sein früheres Einkommen übersteigen[1])[2]).

Titel VII.

Von dem Gemeindehaushalte.

[Etat] **§ 66.**

(1) Über alle Ausgaben, Einnahmen und Dienste, welche sich im voraus bestimmen lassen, entwirft der Magistrat [spätestens im Oktober][3]), einen Haushaltsetat. [Mit Zustimmung der Stadtverordneten kann die Etatsperiode bis auf drei Jahre verlängert werden[4]).]

(2) Der Entwurf wird acht Tage lang, nach vorheriger Verkündigung, in einem oder mehreren von dem Magistrat zu bestimmenden Lokalen zur Einsicht aller Einwohner der Stadt offengelegt und alsdann von den Stadtverordneten festgestellt. Eine Abschrift des Etats wird sofort der Aufsichtsbehörde eingereicht.

[Haushaltsführung] **§ 67.**

(1) Der Magistrat hat dafür zu sorgen, daß der Haushalt nach dem Etat geführt werde.

§§ 66—67 WestfStO. = §§ 66—67 ÖstlStO.

Nr. 49). Diese Vorschrift wiederum ist beseitigt durch § 1 des G. v. 8. Juli 1920 (GS. S. 383) und § 43 d. **Preuß. BesoldG.** v. 17. Dezember 1927 (GS. S. 223). Höchstsatz jetzt nach 29 Dienstjahren $^{80}/_{100}$ (wie bei unmittelbaren Staatsbeamten).

[1]) Abs. 4 ist noch in Geltung, da der (übrigens inhaltlich gleichlautende) § 13 des KommunalbeamtenG. auf Magistratsmitglieder nicht anwendbar ist.

[2]) Siehe zu §§ 64, 65 das **Kommunalbeamtengesetz**, unten Nr. 49.

[3]) Muß jetzt, § 95 Abs. 1 KommunalabgabenG. entsprechend, **Januar** heißen (früher Rechnungsjahr = Kalenderjahr), ist aber im Text nicht geändert worden.

[4]) Durch § 95 **KommunalabgabenG.** (§ 96 Abs. 5 das.) beseitigt, unten Nr. 19.

(2) Ausgaben, welche außer dem Etat geleistet werden sollen, bedürfen der Genehmigung der Stadtverordneten.

[Einziehung] **§ 68** [1]).

Die Gemeindeabgaben und die Geldbeträge der Dienste (§ 54), sowie die Abgaben für die Teilnahme an den Nutzungen (§ 52) und die sonstigen Gemeindegefälle werden von den Säumigen im Steuerexekutionswege beigetrieben.

[Jahresrechnung] **§ 69.**

Die Jahresrechnung ist von dem Einnehmer vor dem 1. [Mai][2]) des folgenden Jahres zu legen und dem Magistrat einzureichen. Dieser hat die Rechnung zu revidieren und solche mit seinen Erinnerungen und Bemerkungen den Stadtverordneten zur Prüfung, Feststellung und Entlastung vorzulegen.

[Festst. d. Jahresrechnung] **§ 70.**

(1) Die Feststellung der Rechnung muß vor dem 1. [Oktober][1]) bewirkt sein.

(2) Der Magistrat hat der Aufsichtsbehörde sofort eine Abschrift des Feststellungsbeschlusses vorzulegen.

(3) Durch statutarische Anordnungen können auch andere Fristen, als vorstehend für die Legung und Feststellung der Rechnung bestimmt sind, festgesetzt werden.

[Lagerbuch] **§ 71.**

Über alle Teile des Vermögens der Stadtgemeinde hat der Magistrat ein Lagerbuch zu führen. Die darin vorkommenden

---

§ 68 WestfStO. = § 68 ÖstlStO., aber statt „(§ 54)" „(§ 53)" und statt „(§ 52)" „(§ 51)" (s. auch Anm. zu § 68 ÖstlStO.).

§ 69 Abs. 1 WestfStO. = § 69 ÖstlStO.

Abs. 2:

[Offenlegung]

(2) Nach erfolgter Festsetzung der Rechnung wird dieselbe während vierzehn Tage zur Einsicht der Gemeindeglieder offengelegt.

§ 70 WestfStO. = § 70 ÖstlStO.

§ 71 WestfStO. = § 71 ÖstlStO.

---

1) Nicht beseitigt durch § 90 KommunalabgabenG., da weiterreichend als dieser.

2) Muß jetzt **August** heißen (s. Anm. 3 zu § 66).

11*

Veränderungen werden den Stadtverordneten bei der Rechnungsabnahme zur Erklärung vorgelegt.

Titel VIII.

Von der Einrichtung der städtischen Verfassung ohne kollegialischen Gemeindevorstand für Städte, welche nicht mehr als 2500 Einwohner haben.

[Voraussetzungen]

§ 72.

In Städten von nicht mehr als 2500 Einwohnern kann auf Antrag der Gemeindevertretung unter Genehmigung [der Regierung] des Bezirksausschusses[1]) die Einrichtung getroffen werden, daß

1. die Zahl der Stadtverordneten bis auf [sechs][2]) vermindert und
2. statt des Magistrats nur ein Bürgermeister, welcher den Vorsitz in der Stadtverordnetenversammlung mit Stimmrecht zu führen hat, und zwei oder drei Schöffen, welche den Bürgermeister zu unterstützen und in Verhinderungsfällen zu vertreten haben, gewählt werden.

[Stellung d. Bürgerm.]

§ 73.

Wird eine Einrichtung nach Maßgabe der Bestimmung unter 2 in § 72 getroffen, so gehen alle Rechte und Pflichten,

---

(Titelüberschrift: **Von der Einrichtung der städtischen Verfassung ohne kollegialischen Gemeindevorstand.**)

[Voraussetzungen]

§ 72 WestfStO.

In Städten, wo die Gemeindevertretung durch einen nach zweimal, mit einem Zwischenraum von mindestens acht Tagen vorgenommener Beratung zu fassenden Beschluß darauf anträgt, kann mit Genehmigung des Bezirksausschusses die Einrichtung getroffen werden, daß statt des Magistrats nur ein Bürgermeister, welcher auch den Vorsitz in der Stadtverordnetenversammlung mit Stimmrecht zu führen hat, und zwei oder drei Schöffen resp. ein Beigeordneter, welche den Bürgermeister zu unterstützen und in Verhinderungsfällen zu vertreten haben, gewählt werden.

[Früher hieß es: Genehmigung der Regierung, s. deshalb Anm. 1 zu § 72 OstlStO.]

---

[1]) Gemäß § 16 Abs. 3 ZustG.

[2]) Die Mindestzahl der Stadtverordneten beträgt nach § 4 GemWG. (unten Nr. 15a) jetzt 11.

welche in den Vorschriften der Titel I bis VII dem Magistrat beigelegt sind, auf den Bürgermeister mit denjenigen Modifikationen über, welche sich als notwendig daraus ergeben, daß der Bürgermeister zugleich stimmberechtigter Vorsitzender der Stadtverordnetenversammlung ist. Demselben steht insonderheit ein Recht der Zustimmung zu den Beschlüssen der Stadtverordneten nicht zu; er ist aber in den im zweiten Satze unter 2 des § 56 bezeichneten Fällen die Ausführung der Beschlüsse der Stadtverordnetenversammlung zu beanstanden und, wenn diese bei nochmaliger Beratung bei ihrem Beschlusse beharrt, die Beschlußfassung des Bezirksausschusses[1]) einzuholen verpflichtet[2]). — Im übrigen finden bei den Städten, welche die vorgedachte Einrichtung angenommen haben, die Vorschriften der Titel I bis VII gleichfalls, jedoch mit der Maßgabe Anwendung, daß die Schöffen zugleich Stadtverordnete sein können, und daß es genügt, wenn die Beschlüsse der Stadtverordnetenversammlung (§ 47) nur von dem Vorsitzenden und einem Mitgliede unterzeichnet werden.

Titel IX.

Von der Verpflichtung zur Annahme von Stellen und von dem Ausscheiden aus denselben wegen Verlustes des Bürgerrechts.

[Annahmepflicht, Ablehnungsgr.] **§ 74.**

(1) Ein jeder stimmfähiger[3]) Bürger ist verpflichtet, eine unbesoldete Stelle in der Gemeindeverwaltung oder Vertretung anzunehmen, sowie eine angenommene Stelle mindestens drei Jahre lang zu versehen.

(2) Zur Ablehnung oder zur früheren Niederlegung einer solchen Stelle berechtigen nur folgende Entschuldigungsgründe:

1. anhaltende Krankheit;
2. Geschäfte, die eine häufige oder lange dauernde Abwesenheit mit sich bringen;
3. ein Alter über sechzig Jahre;
4. die früher stattgehabte Verwaltung einer unbesoldeten Stelle für die nächsten drei Jahre;
5. die Verwaltung eines anderen öffentlichen Amtes;
6. ärztliche oder wundärztliche Praxis;

---

§ 73 WestfStO. = § 73 ÖstlStO.

---

[1]) Gemäß § 16 Abs. 3 ZustG.
[2]) Verfahren: §§ 15 oder 17 ZustG.
[3]) § 2 GemWG. (unter Nr. 15a).

7. sonstige besondere Verhältnisse, welche nach dem Ermessen der Stadtverordnetenversammlung eine gültige Entschuldigung begründen.

(3) Wer sich ohne einen dieser Entschuldigungsgründe weigert, eine unbesoldete Stelle in der Gemeindeverwaltung oder Vertretung anzunehmen oder die noch nicht drei Jahre lang versehene Stelle ferner zu versehen, sowie derjenige, welcher sich der Verwaltung solcher Stellen tatsächlich entzieht, kann durch Beschluß der Stadtverordneten auf drei bis sechs Jahre der Ausübung des Bürgerrechts verlustig erklärt und um ein Achtel bis ein Viertel stärker zu den direkten Gemeindeabgaben herangezogen werden[1]).

[Ausscheiden] **§ 75.**

(1) Wer eine das Bürgerrecht voraussetzende Stelle in der Verwaltung oder Vertretung der Stadtgemeinde bekleidet, scheidet aus derselben aus, wenn er des Bürgerrechts verlustig geht[2]).

(2) Die zu den bleibenden Verwaltungsdeputationen gewählten stimmfähigen Bürger (§ 59) und anderen von der Stadtverordnetenversammlung auf eine bestimmte Zeit gewählten unbesoldeten Gemeindebeamten, zu denen jedoch die Schöffen nicht zu rechnen sind, können durch einen übereinstimmenden Beschluß des Magistrats und der Stadtverordneten auch vor Ablauf ihrer Wahlperiode von ihrem Amte entbunden werden.

Titel X.

Von der Oberaufsicht über die Stadtverwaltung.

§§ 76—78.

[Ersetzt in der Hauptsache durch §§ 7, 15, 21, 19 ZustG. **(Aufsichtsbehörden, Beanstandung, Verwaltungsstreitverfahren dafür, Zwangsetat).**]

[Auflösung d. Stadtparlaments] **§ 79.**

(1) Durch [Königliche] Verordnung [auf Antrag] des Staatsministeriums[3]) kann eine Stadtverordnetenversammlung aufgelöst werden.

---

§§ 74, 75 WestfStO. = §§ 74, 75 ÖstlStO.
§§ 76—80 WestfStO. wie §§ 76—78 ÖstlStO., s. hierzu oben.

---

[1]) Ein weiterer Satz ist hier weggefallen, da eine Bestätigung des Beschlusses gemäß § 11 ZustG. nicht mehr erforderlich ist.

[2]) § 75 Abs. 1 letzter Halbsatz betraf das „Ruhen" der Ausübung des Bürgerrechts, § 7 Abs. 2 und 3. Diese Bestimmungen sind jetzt weggefallen, s. oben zu § 7 Abs. 2 und 3.

[3]) Gemäß Art. 82 Abs. 2 pr. Verf.

(2) Es ist sodann eine Neuwahl derselben anzuordnen und muß diese binnen sechs Monaten vom Tage der Auflösungsverordnung an erfolgen. Bis zur Einführung der neugewählten Stadtverordneten sind deren Verrichtungen durch den Bezirksausschuß als Beschlußbehörde[1]) zu besorgen.

[Disziplinarrecht] **§ 80.**

In betreff der Dienstvergehen der Bürgermeister, der Mitglieder des Vorstandes und der sonstigen Gemeindebeamten kommen die darauf bezüglichen Gesetze zur Anwendung.

Titel XI.

Ausführungs- und Übergangsbestimmungen.

[Ausführungsbestimmungen] **§ 81.**

Die zur Ausführung dieses Gesetzes erforderlichen Bestimmungen werden von dem Minister des Innern getroffen.

§§ 82—85.

[Enthalten gegenstandslos gewordene Übergangsbestimmungen.]

---

§ 81 WestfStO. = § 79 ÖstlStO.
§ 82 WestfStO. = § 80 ÖstlStO.
§ 83 WestfStO. = § 81 ÖstlStO.
§§ 84—87 WestfStO. wie §§ 82—85 ÖstlStO., s. hierzu oben.

---

1) Gemäß § 17 Ziff. 3 ZustG. Früher besondere, vom Innenminister bestellte „Kommissarien".

12. Städteordnung für die Rheinprovinz.

Vom 15. Mai 1856 (GS. S. 406).

Inhalt.

[Bei gleichlautenden Bestimmungen ist auf die entsprechenden §§ der OstlStO. (oben Nr. 11) verwiesen. Unbedeutende Abweichungen in der Fassung sind dabei nicht berücksichtigt.]

[Anwendungsgebiet] **§ 1.**

(1) Die gegenwärtige Städteordnung kommt für die [auf dem Provinziallandtage im Stande der Städte vertretenen][1]) Gemeinden von mehr als 10000 Einwohnern zur Anwendung, sowie für diejenigen Städte von geringerer Einwohnerzahl, in denen zur Zeit der Verkündigung der Gemeindeordnung vom 11. März 1850 die revidierte Städteordnung vom 17. März 1831 galt.

(2) Durch Verordnung des Staatsministeriums[2]) kann nach Anhörung des Provinziallandtages die gegenwärtige Städteordnung auch anderen Gemeinden der Rheinprovinz auf ihren Antrag verliehen werden[3]).

---

[1]) Seit der Provinzialordnung vom 29. Juni 1875 gibt es keinen Stand der Städte mehr.

[2]) Gemäß Art. 82 Abs. 1 PrVerf.

[3]) Abs. 2 mit Rücksicht auf § 21 Abs. 2 der RheinKrO. vom 30. Mai 1887 (GS. S. 209) und den Wegfall des Städtestandes neugefaßt.

Titel I.

Von den Grundlagen der städtischen Verfassung.

[Stadtbezirk] **§ 2.**

(1) Zu dem städtischen Gemeindebezirke (Stadtbezirke) gehören alle innerhalb dessen Grenzen gelegenen Grundstücke.

[Abs. 2 überholt durch das G. v. 27. Dezember 1927, unten Nr. 14. Die infolge der Ein- bzw. Umgemeindung entstehenden Auseinandersetzungsstreitigkeiten entscheidet der Bezirksausschuß (§ 8 Abs. 2 ZustG.).]

Abs. 3 = OstlStO. § 2 Abs. 8.

Abs. 4 = OstlStO. § 2 Abs. 9 Satz 1.

[Einwohner] **§ 3.**

Wie § 3 OstlStO.

[Rechte u. Pflichten, Gemeindelasten] **§ 4.**

Abs. 1 und 2[1]) = **OstlStO. § 4 Abs. 1 und 2.**

[Im übrigen ist § 4 wie die entsprechenden Vorschriften der OstlStO. durch das Kommunalabgabengesetz beseitigt bis auf Abs. 8:]

(8) Denjenigen Staatswaldungen, welche seither von den nach dem Grundsteuerfuße verteilten Gemeindelasten befreit worden sind, verbleibt fernerhin diese Befreiung, dagegen bleibt auch das Regulativ wegen Heranziehung der Staatswaldungen zum Wegebau vom 17. November 1841 (GS. S. 405) fortbestehen.

[Bürgerrecht] **§ 5.**

[Fortgefallen, s. OstlStO. § 5.]

[Ehrenbürgerrecht] **§ 6.**

[Abs. 1 fortgefallen durch § 4 d. VO. v. 24. Januar 1919, GS. S. 13.]

(2) Die Stadtverordnetenversammlung ist im Einverständnisse mit dem Bürgermeister befugt, Männern und Frauen[2]), welche sich um die Stadt verdient gemacht haben (, ohne Rücksicht auf die oben gedachten besonderen Erfordernisse), das Ehrenbürgerrecht zu erteilen, wodurch keine städtischen Verpflichtungen entstehen.

[Verlust des Bürgerrechts] **§ 7.**

Wie OstlStO. § 7.

---

[1]) § 4 Abs. 2 Satz 2 RheinStO. (Armenverwaltung) ist weggefallen. S. jetzt die Fürsorgegesetzgebung, unten Nr. 51a—c.

[2]) § 1 des G. v. 15. Juli 1919 (GS. S. 113).

[Selbstverwaltung] **§ 8.**

Wie OstlStO. § 9.

[Vertretung der Stadt] **§ 9.**

Der Bürgermeister und die Stadtverordnetenversammlung haben nach näherer Bestimmung dieses Gesetzes die Stadtgemeinde zu vertreten. Der Bürgermeister ist die Obrigkeit der Stadt und verwaltet die städtischen Gemeindeangelegenheiten. (Die Ausnahmen bestimmt Titel VIII.)

[Statuten] **§ 10.**

Wie OstlStO. § 11.

Titel II.

Von der Zusammensetzung und Wahl der Stadtverordnetenversammlung.

§§ 11—26.

[Wie §§ 12—27 OstlStO. beseitigt durch die neue Gemeindewahlgesetzgebung.]

[Einführung u. Verpflichtung] **§ 27.**

[Abs. 1 weggefallen wie §§ 11—26.]

(2) Der Bürgermeister hat die Einführung der Gewählten und deren Verpflichtung durch Handschlag an Eides Statt zu bewirken.

Titel III.

Von der Wahl des Bürgermeisters und der Beigeordneten (Magistratspersonen).

[Beigeordnete] **§ 28.**

Neben dem Bürgermeister sind zwei, oder wo es das Bedürfnis erfordert, mehrere Beigeordnete zu wählen. Die Beigeordneten sind bestimmt, einzelne Amtsgeschäfte, welche der Bürgermeister ihnen aufträgt, zu besorgen, und diesen in Verhinderungsfällen und während der Erledigung des Amtes nach der mit Genehmigung des Bezirksausschusses[1]) von der Stadtverordnetenversammlung festzusetzenden Reihenfolge zu vertreten.

§ 29.

[Beseitigt wie § 30 OstlStO.]

---

[1]) Gemäß § 16 Abs. 3 ZustG.

[Wahlzeit] **§ 30.**

(1) Der Bürgermeister wird auf zwölf Jahre [, die Beigeordneten dagegen werden auf sechs Jahre][1]) von der Stadtverordnetenversammlung gewählt. Auch können Beigeordnete durch Beschluß der Stadtverordnetenversammlung mit Besoldung angestellt werden. Ihre Wahl erfolgt in diesem Falle auch auf zwölf Jahre.

[Abs. 2 durch § 14 d. GemWG. beseitigt. Danach ist Wahl auf Lebenszeit nicht mehr möglich.]

§ 31.

[Beseitigt wie § 32 OstlStO.]

[Bestätigung] **§ 32[2]).**

(1) Die gewählten Bürgermeister und Beigeordneten bedürfen der Bestätigung. Die Bestätigung steht zu:

1. dem Staatsministerium[3]) in Städten von mehr als 10 000 Einwohnern;
2. dem Regierungspräsidenten[4]) in Städten, welche nicht über 10 000 Einwohner haben.

(2) Wird die Bestätigung versagt, so schreitet die Stadtverordnetenversammlung zu einer neuen Wahl. Wird auch diese Wahl nicht bestätigt, so steht dem Staatsministerium[3]) beziehungsweise dem Regierungspräsidenten[4]) die Ernennung auf höchstens zwölf Jahre zu.

(3) Dasselbe findet statt, wenn die Stadtverordneten die Wahl verweigern oder den nach der ersten Wahl nicht Bestätigten wieder wählen sollten.

[Vereidigung] **§ 33.**

Die Beigeordneten werden vor ihrem Amtsantritte durch den Bürgermeister in öffentlicher Sitzung der Stadtverordnetenversammlung in Eid und Pflicht genommen; der Bürgermeister wird vom Regierungspräsidenten oder einem von diesem zu ernennenden Kommissar in öffentlicher Sitzung der Stadtverordnetenversammlung vereidigt.

---

[1]) Nach §§ 9, 14 Abs. 2 des GemWG. (unten Nr. 15a) endet das Amt der Beigeordneten jetzt mit Ablauf der Wahlzeit der Stadtverordneten, von denen sie gewählt sind.

[2]) S. wegen der Versagung der Bestätigung § 13 Abs. 2 und 3 ZustG. (oben Nr. 3).

[3]) Art. 82 Abs. 1 Pr. V.

[4]) Gemäß § 13 Abs. 1 ZustG.

Titel IV.
Von den Geschäften der Stadtverordnetenversammlung.

[Zuständigkeit] **§ 34.**

Wie OstlStO. § 35, wobei aber an die Stelle des Magistrats der Bürgermeister tritt.

[Keine Exekutionsgewalt, nur Verwaltungskontrolle] **§ 35.**

Die Stadtverordnetenversammlung darf ihre Beschlüsse in keinem Falle selbst ausführen. Sie kontrolliert die Verwaltung und ist daher berechtigt, sich von der Ausführung ihrer Beschlüsse und der Verwendung aller Gemeinde-Einnahmen Überzeugung zu verschaffen. Sie kann zu diesem Zwecke die Akten einsehen und Ausschüsse aus ihrer Mitte ernennen, zu denen der Bürgermeister, wenn er nicht selbst hinzutreten will, einen Beigeordneten abzuordnen befugt ist.

[Beschlußfassung, Vorsitz] **§ 36.**

(1) Die Beschlüsse der Stadtverordnetenversammlung werden nach Stimmenmehrheit gefaßt.

(2) Den Vorsitz in der Stadtverordnetenversammlung führt der Bürgermeister und bei dessen Verhinderung der stellvertretende Beigeordnete mit vollem Stimmrechte und bei Stimmengleichheit mit entscheidender Stimme.

(3) Wer in der Stadtverordnetenversammlung nicht mitstimmt, wird zwar als anwesend betrachtet, die Stimmenmehrheit wird aber lediglich nach der Zahl der Stimmenden festgestellt.

[Einberufung] **§ 37.**

Die Stadtverordneten versammeln sich, so oft es die Geschäfte erfordern. Die Zusammenberufung derselben geschieht durch den Vorsitzenden; sie muß erfolgen, sobald es von einem Viertel der Mitglieder verlangt wird.

[Tagesordnung] **§ 38.**

Wie OstlStO. § 40.

[Regelm. Sitzung] **§ 39.**

Wie OstlStO. § 41.

[Beschlußfähigkeit] **§ 40.**

Wie OstlStO. § 42.

[Ausschließung. Prozeß geg. Mag.] **§ 41.**

(1) An Verhandlungen über Rechte und Verpflichtungen der Stadtgemeinde darf derjenige nicht teilnehmen, dessen Interesse mit dem der Gemeinde in Widerspruch steht. Kann wegen dieser Ausschließung eine beschlußfähige Versammlung nicht gehalten werden, so hat der Bürgermeister für die Wahrung des Gemeindeinteresses zu sorgen und nötigenfalls einen besonderen Vertreter für die Stadtgemeinde zu bestellen. Wenn auch der Bürgermeister aus dem vorgedachten Grunde an dem Beschlusse teilzunehmen nicht befugt ist, beschließt an Stelle der Stadtverordnetenversammlung der Bezirksausschuß[1]).

(2) Sollte ein Prozeß der Stadtgemeinde gegen Magistratspersonen, aus Veranlassung ihrer Amtsführung notwendig werden, so hat der Regierungspräsident[2]) auf Antrag der Stadtverordnetenversammlung einen Vertreter der Gemeinde zur Führung des Prozesses zu bezeichnen; jeder Vertreter hat den von der Stadtverordnetenversammlung vorgeschlagenen Anwalt zu bestellen.

[Öffentlichkeit] **§ 42.**

Wie OstlStO. § 45.

[Sitzungspolizei] **§ 43.**

Wie OstlStO. § 46.

[Beschlußbuch] **§ 44.**

(1) Die Beschlüsse der Stadtverordnetenversammlung sind mit Anführung der dabei gegenwärtig gewesenen Mitglieder in ein besonderes Buch einzutragen, und sowohl von dem Vorsitzenden als von wenigstens drei Mitgliedern zu unterschreiben.

[Geschäftsordnung]

(2) Der Stadtverordnetenversammlung bleibt überlassen, eine Geschäftsordnung abzufassen, und darin Zuwiderhandlungen der Mitglieder gegen die zur Aufrechterhaltung der Ordnung gegebenen Vorschriften mit Strafen zu belegen; die Strafen können nur in Geldbußen bis zu fünfzehn Reichsmark und bei mehrmals wiederholten Zuwiderhandlungen in der auf eine gewisse Zeit oder für die Dauer der Wahlperiode zu verhängenden Ausschließung aus der Versammlung bestehen[3]).

---

[1]) Gemäß § 17 Abs. 2 ZustG.

[2]) Gemäß § 7 ZustG.

[3]) Wegen der Zuständigkeit der Stadtverordnetenversammlung zur Verhängung der Ordnungsstrafen im Einzelfall s. § 10 Abs. 1 Ziff. 3 ZustG., wegen des weiteren Verfahrens § 11 Abs. 1, § 21 ZustG.

[Gemeindevermögen] **§ 45.**

(1) Die Stadtverordnetenversammlung beschließt über die Benutzung des Gemeindevermögens; die Deklaration vom 26. Juli 1847 (GS. S. 327) bleibt für die betreffenden Landesteile maßgebend.

[Abs. 2 ersetzt durch § 18 ZustG.]

(3) Über das Vermögen, welches nicht der Gemeindekorporation in ihrer Gesamtheit gehört, kann die Stadtverordnetenversammlung nur insofern beschließen, als sie dazu durch den Willen der Beteiligten oder durch sonstige Rechtstitel berufen ist.

(4) Auf das Vermögen der Korporationen und Stiftungen sowie auf dasjenige, welches einzelnen Klassen von Einwohnern angehört, haben die Mitglieder der Gemeinde als solche keinen Anspruch.

(5) In Ansehung der Verwaltung und Verwendung des Vermögens der Stiftungen bewendet es bei den stiftungsmäßigen Bestimmungen.

[Genehm. d. Aufsichtsbehörde] **§ 46.**

Abs. 1 Ziff. 1—4 wie OstlStO. § 50.

5. zur Anstellung von Prozessen über Berechtigungen der Stadtgemeinde, oder über die Substanz des Gemeindevermögens, oder zu Vergleichen über Gegenstände dieser Art;
6. zu einseitigen Verzichtleistungen und zu Schenkungen seitens der Stadtgemeinde.

(2) In Prozessen gegen den Fiskus und zu Regreßklagen gegen Mitglieder der Staatsbehörden ist eine Genehmigung des Regierungspräsidenten[1]) nicht erforderlich.

[Grundstücke] **§ 47.**

Abs. 1 wie OstlStO. § 51.

[Im übrigen ist § 47 RheinStO. durch Art. 2 Ziff. 5 des Kriegsvereinfachungsgesetzes v. 13. Mai 1918 (GS. S. 53) aufgehoben. Wegen der Gültigkeit des Abs. 7 besteht Streit, da sich eine „entsprechende Bestimmung" in der OstlStO. nicht findet.]

(7) Verpachtungen von Grundstücken und Gerechtsamen der Stadtgemeinden müssen öffentlich an den Meistbietenden geschehen; Ausnahmen hiervon sind nur mit Genehmigung des Bezirksausschusses gestattet.

---

[1]) Nach § 7 ZustG.

[Einkaufsgeld, jährl. Abgabe]

§ 48.

[Abs. 1 (betr. Einzugsgeld) aufgehoben durch G. v. 2. März 1867, GS. S. 361.]

[Abs. 2 (betr. Hausstandsgeld) aufgehoben durch § 4 d. VO. v. 24. Januar 1919, GS. S. 13.]

(3) Die Teilnahme an den Gemeindenutzungen (§ 46 Nr. 4) kann [außerdem] von der Entrichtung einer jährlichen Abgabe und anstatt oder neben derselben von Entrichtung eines Einkaufsgeldes abhängig gemacht werden, [durch deren Entrichtung aber die Ausübung des Bürgerrechts niemals bedingt ist][1]). Die Verpflichtung zur Zahlung des Einkaufsgeldes, sowie der demselben entsprechenden jährlichen Abgabe ruht, solange auf die Teilnahme an den Gemeindenutzungen verzichtet wird[2]).

(4) Alle derartigen Beschlüsse bedürfen der Genehmigung des Bezirksausschusses[3]).

[Abs. 5 aufgehoben wie Abs. 2.]

(6) Die mit dem Besitze einzelner Grundstücke verbundenen oder auf sonstigen besonderen Rechtstiteln beruhenden Nutzungsrechte sind den Bestimmungen dieses Paragraphen nicht unterworfen.

§§ 49, 50.

[Wie §§ 53, 54 OstlStO. aufgehoben bzw. überholt durch das Kommunalabgabengesetz (unten Nr. 19), s. insbesondere dessen §§ 1, 2, 68.]

[Gemeindewaldungen]

§ 51.

Bei Verwaltung der Gemeindewaldungen sind die Verordnung vom 24. Dezember 1816 und die in Gemäßheit derselben erlassenen Reglements zu beachten[4]).

[Gemeindeeinnehmer]

§ 52.

(1) Der Gemeindeeinnehmer wird von der Stadtverordnetenversammlung gewählt, welche auch die von demselben sowie von anderen Gemeindebeamten zu leistenden Kautionen zu bestimmen hat.

---

[1]) Durch den Wegfall der Abs. 1 und 2 bedeutungslos.

[2]) Abs. 3 Satz 2 nach § 8 d. G. v. 14. Mai 1860 (GS. S. 237).

[3]) Gemäß § 16 Abs. 3 ZustG.

[4]) § 51 und die VO. vom 24. Dezember 1816 — Ausführungsinstruktion dazu vom 30. September 1819 — gilt nur in den damals preußischen Teilen der jetzigen Rheinprovinz (Cleve, Berg und Niederrhein). Im übrigen siehe § 16 Abs. 2 ZustG.

(2) Die Wahl, sowie die Bestimmung der Kaution des Gemeindeeinnehmers, bedarf der Genehmigung des Regierungspräsidenten[1]).

Titel V.

Von den Geschäften des Bürgermeisters.

[Zuständigkeit] **§ 53.**

Der Bürgermeister hat als Ortsobrigkeit und Gemeindeverwaltungsbehörde insbesondere folgende Geschäfte:

1. die Gesetze und Verordnungen, sowie die Verfügungen der ihm vorgesetzten Behörden auszuführen und den ganzen Geschäftsgang bei der städtischen Verwaltung zu leiten und zu beaufsichtigen;
2. die Beschlüsse der Stadtverordnetenversammlung vorzubereiten und, sofern er dieselben nicht förmlich beanstandet, zur Ausführung zu bringen. Wenn von der Stadtverordnetenversammlung ein Beschluß gefaßt ist, welcher [deren Befugnisse überschreitet, gesetz- oder rechtswidrig ist][2]) das Staatswohl oder das Gemeindeinteresse verletzt, so ist der Bürgermeister verpflichtet, die Ausführung des Beschlusses der Stadtverordnetenversammlung zu beanstanden, und wenn diese bei nochmaliger Beratung bei ihrem Beschlusse beharrt, die Entscheidung des Bezirksausschusses[3]) einzuholen. Dasselbe gilt für den Fall, wenn der Bürgermeister die Ernennung des gewählten Einnehmers (§ 52) beanstanden zu müssen glaubt;
3. die städtischen Gemeindeanstalten zu verwalten und diejenigen, für welche besondere Verwaltungen eingesetzt sind, zu beaufsichtigen;
4. die Einkünfte der Stadtgemeinde zu verwalten, die auf dem Etat oder besonderen Beschlüssen der Stadtverordnetenversammlung beruhenden Einnahmen und Ausgaben anzuweisen und das Rechnungs- und Kassenwesen zu überwachen. Von jeder regelmäßigen Kassenrevision ist den Stadtverordneten Kenntnis zu geben, damit sie ein Mitglied oder mehrere abordnen können, um diesem Geschäfte beizuwohnen. Bei außerordentlichen Kassenrevisionen kann ein Mitglied der Stadtverordnetenversammlung zugezogen werden;

---

[1]) Gemäß § 13 ZustG.

[2]) In diesen Fällen findet die Beanstandung nach § 15 ZustG. (mit aufschiebender Wirkung) und gegebenenfalls das Verwaltungsstreitverfahren statt.

[3]) S. im einzelnen § 17 Ziff. 1 ZustG.

5. das Eigentum der Stadtgemeinde zu verwalten, die Gemeinde in Prozessen zu vertreten und ihre Rechte zu wahren;
6. die Gemeindebeamten, nachdem die Stadtverordneten darüber vernommen und hinsichtlich der Polizeibeamten die nach § 4 des Gesetzes über die Polizeiverwaltung vom 11. März 1850 erforderliche Bestätigung der Aufsichtsbehörde eingeholt worden ist, anzustellen und dieselben, einschließlich des Gemeindeeinnehmers (§ 52), zu beaufsichtigen. Die Anstellung kann, soweit es sich nicht um vorübergehende Dienstleistungen handelt, auf Lebenszeit erfolgen[1]);
7. die Urkunden und Akten der Stadtgemeinde aufzubewahren;
8. die Stadtgemeinde nach außen zu vertreten und namens derselben mit Behörden und Privatpersonen zu verhandeln, den Schriftwechsel zu führen und die Gemeindeurkunden in der Urschrift zu vollziehen. Die Ausfertigungen der Urkunden werden namens der Stadtgemeinde von dem Bürgermeister oder seinem Stellvertreter gültig unterzeichnet; in Fällen, wo die Genehmigung der Aufsichtsbehörde erforderlich ist, muß dieselbe in beglaubigter Form der gedachten Ausfertigung beigefügt werden;
9. die städtischen Gemeindeabgaben und Dienste nach den Gesetzen und Beschlüssen auf die Verpflichteten zu verteilen, die Hebelisten (Rollen) aufzustellen, vollstreckbar zu erklären und die Beitreibung zu verfügen. Die Hebelisten müssen, bevor dieselben vollstreckbar erklärt werden, vierzehn Tage offengelegt sein[2]).

[Deputationen]

§ 54.

(1) Zur dauernden Verwaltung oder Beaufsichtigung einzelner Geschäftszweige sowie zur Erledigung vorübergehender Aufträge können besondere Deputationen entweder bloß aus Stadtverordneten oder aus letzteren und aus stimmfähigen Bürgern gebildet werden.

(2) In diesen Deputationen und Kommissionen, welche übrigens in allen Beziehungen dem Bürgermeister untergeordnet sind, werden die Stadtverordneten und stimmfähigen Bürger von der Stadtverordnetenversammlung gewählt. Den Vorsitz

---

1) Sie muß jetzt grundsätzlich auf Lebenszeit erfolgen, § 8 KommBG. (unten Nr. 49). Ausnahmen sind nur nach §§ 9, 10 das. zulässig.

2) S. das Nähere im KommAG., unten Nr. 19.

führt der Bürgermeister oder der von ihm hierzu beauftragte Beigeordnete.

(3) Durch statutarische Anordnungen können nach den eigentümlichen örtlichen Verhältnissen besondere Festsetzungen über die Zusammensetzung der bleibenden Verwaltungsdeputationen getroffen werden.

[Ortsbezirke] **§ 55.**

(1) Alle Stadtgemeinden von großem Umfange oder von zahlreicher Bevölkerung werden von dem Bürgermeister, nachdem die Stadtverordneten darüber vernommen worden sind, in Ortsbezirke eingeteilt.

(2) Jedem Bezirk wird ein Bezirksvorsteher vorgesetzt, welcher von der Stadtverordnetenversammlung aus den stimmfähigen Bürgern des Bezirks auf sechs Jahre gewählt und vom Bürgermeister bestätigt wird. In gleicher Weise wird für den Fall der Verhinderung des Bezirksvorstehers ein Stellvertreter desselben angestellt.

(3) Die Bezirksvorsteher sind Organe des Bürgermeisters und verpflichtet, seinen Anordnungen Folge zu leisten, ihn namentlich in den örtlichen Geschäften des Bezirks zu unterstützen.

[Bericht des Bürgermeisters] **§ 56.**

Jedes Jahr, bevor sich die Stadtverordnetenversammlung mit dem Haushaltsetat beschäftigt, hat der Bürgermeister in öffentlicher Sitzung derselben über die Verwaltung und den Stand der Gemeindeangelegenheiten einen vollständigen Bericht zu erstatten. Tag und Stunde werden wenigstens zwei freie Tage vorher in der Gemeinde bekanntgemacht.

[Bes. Aufgaben d. Bürgerm.] **§ 57.**

(1) Der Bürgermeister hat nach näherer Bestimmung der Gesetze auch noch folgende Geschäfte zu besorgen:

I. wenn die Handhabung der Ortspolizei nicht [Königlichen] staatlichen Behörden übertragen ist:
   1. die Handhabung der Ortspolizei;
   2. die Verrichtung eines Hilfsbeamten der [gerichtlichen Polizei] Staatsanwaltschaft[1]);
   3. die Verrichtungen eines [Polizeianwalts] Amtsanwalts[2]) vorbehaltlich der Befugnis der Behörde in den Fällen

---

[1]) § 152 GVG.
[2]) § 142 GVG.

2 und 3 andere Beamten mit diesen Geschäften zu beauftragen[1]).

Dem Bürgermeister am Sitze eines Gerichts kann die Vertretung der Amtsanwaltschaft bei dem Gerichte auch für die übrigen Gemeinden des Gerichtsbezirkes übertragen werden[1]).

[Ziff. 3 Abs. 3 weggefallen, wegen der Entschädigung siehe jetzt § 65 d. in Anm. 3 genannten Gesetzes.]

II. alle örtlichen Geschäfte der Kreis-, Bezirks-, Provinzial- und allgemeinen Staatsverwaltung, namentlich auch das Führen der [Personenstandsregister] Standesregister[2]), sofern nicht andere Behörden dazu bestimmt sind.

(2) Mit der Führung der [Personenstandsregister] Standesregister können durch die Behörden auch andere Gemeindebeamte beauftragt werden[2]).

Titel VI.

Von den Gehältern und Pensionen.

[Gehalt u. Entschädigung] **§ 58.**

(1) Der Normaletat aller Besoldungen wird von dem Bürgermeister entworfen und von der Stadtverordnetenversammlung festgesetzt.

(2) Ist ein Normalbesoldungsetat überhaupt nicht oder nur für einzelne Teile der Verwaltung festgestellt, so werden die in solcher Weise nicht vorgesehenen Besoldungen vor der Wahl festgesetzt.

(3) Hinsichtlich der Bürgermeister und der besoldeten Beigeordneten unterliegt die Festsetzung der Besoldungen in allen Fällen der Genehmigung des Bezirksausschusses[3]). Der Regierungspräsident[4]) ist ebenso befugt als verpflichtet, zu verlangen, daß ihnen die zu einer zweckmäßigen Verwaltung angemessenen Besoldungsbeträge bewilligt werden.

(4) Den Beigeordneten, sofern ihnen nicht eine Besoldung besonders beigelegt ist (§ 30), können mit Genehmigung des Bezirksausschusses[3]) feste Entschädigungsbeträge bewilligt werden.

[Statt Abs. 4 Satz 2 s. jetzt **§ 4 d. VO. v. 31. Januar 1919,** GS. S. 15, oben zu § 64 OstlStO.]

---

1) §§ 64, 65 PreußAGGVG. vom 24. April 1878 (GS. S. 230).

2) Siehe darüber jetzt §§ 4 ff. des Personenstandsgesetzes vom 6. Februar 1875.

3) § 16 Abs. 3 ZustG.

4) § 7 ZustG.

[Pension] **§ 59.**

(1) Den [nicht auf Lebenszeit angestellten][1]) Bürgermeistern und besoldeten Beigeordneten sind, sofern nicht mit Genehmigung des Bezirksausschusses[2]) eine Vereinbarung wegen der Pension getroffen ist, bei eintretender Dienstunfähigkeit oder wenn sie nach abgelaufener Dienstperiode nicht wieder bestellt werden, folgende Pensionen zu gewähren:

ein Viertel des Gehalts nach sechsjähriger Dienstzeit,
die Hälfte des Gehalts nach zwölfjähriger Dienstzeit,
[zwei Drittel des Gehalts nach vierundzwanzigjähriger Dienstzeit][3]).

[Wegen Abs. 2—4 s. OstlStO. § 65 Abs. 2—4 und die Anmerkungen dazu.]

Titel VII.

Von dem Gemeindehaushalte.

[Die Verweisungen in diesem Titel auf die entsprechenden Bestimmungen des Titels VII der OstlStO. gelten mit der Maßgabe, daß an die Stelle des Magistrats der OstlStO. der Bürgermeister tritt. Beachte vor allem auch die Anmerkungen in der OstlStO.]

[Etat] **§ 60.**

Abs. 1 = OstlStO. § 66 Abs. 1 Satz 1.
Abs. 2 = OstlStO. § 66 Abs. 2.

[Haushaltsführung] **§ 61.**

Wie OstlStO. § 67.

[Einziehung der Abgaben] **§ 62[4]).**

Die Gemeindeabgaben [und die Geldbeträge der Dienste (§ 50)][5]) **sowie die** [Eingangs-, Eintritts- und][6]) **Einkaufsgelder (§ 48) und die sonstigen Gemeindegefälle werden von den Säumigen im Steuerexekutionswege beigetrieben.**

---

[1]) Anstellung auf Lebenszeit gibt es nicht mehr, §§ 9, 14 GemWG., unten Nr. 15a.

[2]) § 16 Abs. 3 ZustG.

[3]) S. Anm. 2 zu der entsprechenden Stelle in § 65 OstlStO.

[4]) Nicht beseitigt durch § 90 KommAbgG. (unten Nr. 19), da weiterreichend als dieser.

[5]) Ersetzt durch § 68 des KommAbgG., s. oben zu § 50 und zu § 54 OstlStO.

[6]) S. oben zu § 48.

[Jahresrechnung] **§ 63.**

(1) Die Jahresrechnung ist von dem Einnehmer vor dem 1. [Juni][1]) des folgenden Jahres zu legen und dem Bürgermeister einzureichen.

Abs. 1 Satz 2 = OstlStO. § 69 Abs. 1 Satz 2.

Abs. 2 = WestfStO. § 69 Abs. 2, s. bei § 69 OstlStO.

[Feststellung d. Jahresrechnung] **§ 64.**

Wie OstlStO. § 70.

[Lagerbuch] **§ 65.**

Wie OstlStO. § 71.

Titel VIII.
Von der Einrichtung der städtischen Verfassung mit kollegialischem Magistrat.

[Voraussetzungen] **§ 66.**

In Städten, wo die Gemeindevertretung durch einen, nach zweimal, mit einem Zwischenraum von mindestens acht Tagen, vorgenommener Beratung zu fassenden Beschluß darauf anträgt, kann unter Genehmigung des Bezirksausschusses[2]) die städtische Verfassung mit kollegialischem Magistrat, welcher die Obrigkeit der Stadt ist, die städtischen Gemeindeangelegenheiten verwaltet und an der Vertretung der Stadtgemeinde teilnimmt, eingerichtet werden.

[Einrichtung] **§ 67.**

Wird eine Einrichtung dieser Art getroffen, so finden die Vorschriften der Titel I bis VII mit folgenden Modifikationen Anwendung:

[Magistratsmitglieder] **§ 68.**

(1) Der Magistrat besteht aus dem Bürgermeister, einem Beigeordneten oder zweiten Bürgermeister als dessen Stellvertreter, einer Anzahl von Schöffen (Stadträte, Ratsherren, Ratsmänner) und, wo das Bedürfnis es erfordert, noch aus einem oder mehreren besoldeten Mitgliedern (Syndikus, Kämmerer, Schulrat, Baurat usw.).

---

[1]) Muß jetzt, § 95 Abs. 1 KommAbgG. entsprechend, September heißen.

[2]) Gemäß § 16 Abs. 3 ZustG.

(2) Es gehören zum Magistrat:
in Stadtgemeinden von weniger als 10000 Einwohnern 2 Schöffen
in „ „ 10000 bis 20000 „ 4 „
und in „ „ 20000 und mehr „ 6 „

(3) Durch statutarische Anordnungen können abweichende Festsetzungen über die Zahl der Magistratsmitglieder getroffen werden.

§ 69.

[Aufgehoben durch § 10 des Ges. vom 18. Juli 1919 (GS. S. 118).]

[Wahlzeit]

§ 70.

(1) Außer dem Bürgermeister werden die übrigen besoldeten Magistratsmitglieder ebenfalls auf zwölf Jahre [dagegen die unbesoldeten Beigeordneten und die Schöffen auf sechs Jahre][1]), von der Stadtverordnetenversammlung gewählt.

[Abs. 1 Satz 2 weggefallen infolge § 14 GemWG.]

[Abs. 2 weggefallen infolge §§ 9, 14 GemWG., s. jetzt das.]

[Bestätigung]

§ 71.

Die Wahlen aller Magistratsmitglieder bedürfen der Bestätigung, wobei die im § 32 hinsichtlich der Bürgermeister und Beigeordneten enthaltenen Vorschriften auch hier Anwendung finden, jedoch in bezug auf die übrigen besoldeten Magistratsmitglieder und die Schöffen mit der Maßgabe, daß deren Bestätigung beziehungsweise Ernennung in allen Städten ohne Unterschied der Größe dem Regierungspräsidenten[2]) zusteht.

[Stadtverordnetenvorsteher]

§ 72.

(1) Die Stadtverordnetenversammlung wählt jährlich einen Vorsitzenden, sowie einen Stellvertreter desselben, aus ihrer Mitte. Doch kann auch die Stelle des Schriftführers ein von der Stadtverordnetenversammlung nicht aus ihrer Mitte gewählter, in öffentlicher Sitzung hierzu von dem Bürgermeister vereideter Protokollführer vertreten.

(2) [Diese Wahl erfolgt in dem im § 31 vorgeschriebenen Verfahren][3]).

Abs. 2 Satz 2 wie ÖstlStO. § 38 Abs. 1 Satz 3.

Abs. 3 und 4 wie ÖstlStO. § 38 Abs. 3.

---

[1]) Deren Wahlzeit richtet sich jetzt nach §§ 9, 14 GemWG., unten Nr. 15a.

[2]) Gemäß § 13 ZustG.

[3]) S. deshalb oben zu dem mit § 31 gleichlautenden und wie dieser beseitigten § 32 ÖstlStO.

[Mitteil. v. d. Stadtv.Beschl.] **§ 73.**

Dem Magistrat müssen alle Beschlüsse der Stadtverordnetenversammlung mitgeteilt werden.

[Rechte u. Pflichten d. Magistrats] **§ 74.**

(1) Die in §§ 6, 41, 53, 55, 56, 60, 61, 63, 64 und 80 bezeichneten Rechte und Pflichten des Bürgermeisters gehen unter der Geschäftsleitung seitens des letzteren auf den Magistrat über, mit der Maßgabe, daß Alinea 2 Nr. 2 § 53 in Wegfall kommt, daß auch hier die Ausfertigungen der Urkunden (Nr. 8 § 53) namens der Stadtgemeinde von dem Bürgermeister oder seinem Stellvertreter gültig unterschrieben werden, ferner, daß die Beschlüsse der Stadtverordnetenversammlung in allen Angelegenheiten, bei denen nach dem Gesetz dem Magistrat die Ausführung zukommt, der Zustimmung des letzteren bedürfen. Dieser Zustimmung bedürfen auch die von der Stadtverordnetenversammlung nach [§ 19 und][1]) § 44 gefaßten Beschlüsse [wegen Feststellung der Liste der stimmfähigen Bürger und][1]) wegen Abfassung der Geschäftsordnung.

(2) Versagt der Magistrat die Zustimmung, so hat er die Gründe der Versagung der Stadtverordnetenversammlung mitzuteilen. — Erfolgt hierauf keine Verständigung, zu deren Herbeiführung sowohl von dem Magistrat als der Stadtverordnetenversammlung die Einsetzung einer gemeinschaftlichen Kommission verlangt werden kann, so ist die Entscheidung des Bezirksausschusses einzuholen[2]). Der Magistrat ist verpflichtet, die Zustimmung und Ausführung zu versagen, wenn von der Stadtverordnetenversammlung ein Beschluß gefaßt ist, welcher [deren Befugnisse überschreitet, gesetz- oder rechtswidrig ist][3]) das Staatswohl oder das Gemeindeinteresse verletzt.

(3) Einzelne der im § 57 unter I und II erwähnten Geschäfte des Bürgermeisters können mit Genehmigung des Regierungspräsidenten[4]) einem anderen Magistratsmitgliede übertragen werden.

[Beschlußfassung d. Magistrats] **§ 75.**

(1) Der Magistrat kann nur beschließen, wenn mehr als ein Drittel[5]) seiner Mitglieder zugegen ist.

---

[1]) § 19 ist weggefallen, s. das.

[2]) S. im einzelnen § 17 Ziff. 1 ZustG.

[3]) Für diese Fälle siehe § 15 ZustG. Vgl. die entsprechende Regelung oben in § 53 Ziff. 2.

[4]) Gemäß § 7 ZustG.

[5]) Früher die Hälfte. Die Änderung folgt wohl aus Art. 2 Ziff. 6 des G. vom 13. Mai 1918 (GS. S. 53). S. § 57 Abs. 1 OstlStO.

(2) Die Beschlüsse werden nach Stimmenmehrheit gefaßt. Bei Stimmengleichheit ist die Stimme des Vorsitzenden entscheidend. Den Vorsitz führt der Bürgermeister oder sein Stellvertreter. — Der Vorsitzende ist verpflichtet, wenn ein Beschluß des Magistrats [dessen Befugnisse überschreitet, gesetz- oder rechtswidrig ist[1]) das Staatswohl oder das Gemeindeinteresse verletzt, die Ausführung eines solchen Beschlusses zu beanstanden und die Entscheidung des Bezirksausschusses[2]) einzuholen.

(3) Der Beigeordnete nimmt auch außer dem Falle der Stellvertretung an den Verhandlungen und Beschlüssen teil. Bei Beratung über solche Gegenstände, welche das Privatinteresse eines Mitglieds des Magistrats oder seiner Angehörigen berühren, muß dasselbe sich der Teilnahme an der Beratung und Abstimmung enthalten, auch sich während der Beratung aus dem Sitzungszimmer entfernen.

[Vorentscheid. durch d. Bürgermstr.] **§ 76.**

In allen Fällen, wo die vorherige Beschlußnahme durch den Magistrat einen nachteiligen Zeitverlust verursachen würde, muß der Bürgermeister die dem Magistrat obliegenden Geschäfte vorläufig allein besorgen, jedoch dem letzteren in der nächsten Sitzung, behufs der Bestätigung oder anderweiten Beschlußnahme, Bericht erstatten.

[Deputationen] **§ 77.**

(1) Zur dauernden Verwaltung oder Beaufsichtigung einzelner Geschäftszweige, sowie zur Erledigung vorübergehender Aufträge können besondere Deputationen entweder bloß aus Mitgliedern des Magistrats, oder aus Mitgliedern beider Stadtbehörden, oder aus letzteren und aus stimmfähigen Bürgern gebildet werden. Zur Bildung gemischter Deputationen aus beiden Stadtbehörden ist ein übereinstimmender Beschluß beider erforderlich.

(2) Zu diesen Deputationen und Kommissionen, welche übrigens in allen Beziehungen dem Magistrate untergeordnet sind, werden die Stadtverordneten und stimmfähigen Bürger von der Stadtverordnetenversammlung gewählt, die Magistratsmitglieder dagegen von dem Bürgermeister ernannt, welcher auch unter den letzteren den Vorsitzenden zu bezeichnen hat.

---

[1]) S. Anm. 3 zu § 74.

[2]) Gemäß § 17 Ziff. 1 ZustG.

[Entschädigung, Gehalt, Pension] **§ 78.**

[Statt Abs. 1 s. jetzt **§ 4 d. VO. vom 31. Januar 1919,** GS. S. 15, oben zu § 64 OstlStO.]

(2) Die Bestimmungen in §§ 58 und 59 und hinsichtlich der Gehälter und Pensionen der Bürgermeister und besoldeten Beigeordneten finden auch auf die übrigen besoldeten Mitglieder des Magistrats Anwendung.

Titel IX.

Von der Verpflichtung zur Annahme von Stellen und von dem Ausscheiden aus denselben wegen Verlustes des Bürgerrechts.

[Annahmepflicht, Ablehnungsgr.] **§ 79.**

Wie OstlStO. § 74.

[Abs. 3 = Abs. 3 Satz 1 OstlStO. Abs. 4 weggefallen wie Abs. 3 Satz 2 OstlStO.]

[Ausscheiden] **§ 80.**

Abs. 1 = OstlStO. § 75 Abs. 1.

(2) Die zu den bleibenden Verwaltungsdeputationen gewählten stimmfähigen Bürger und anderen von der Stadtverordnetenversammlung auf eine bestimmte Zeit gewählten unbesoldeten Gemeindebeamten können von dem Bürgermeister in Übereinstimmung mit der Stadtverordnetenversammlung auch vor Ablauf ihrer Wahlperiode von ihrem Amte entbunden werden.

Titel X.

Von der Oberaufsicht über die Stadtverwaltung.

§§ 81—85.

[Ersetzt wie §§ 76—78 OstlStO. durch **§§ 7, 15, 21, 19 ZustG. (Aufsichtsbehörden, Beanstandung, Verwaltungsstreitverfahren dagegen, Zwangsetat).**]

[Auflösung d. Stadtparlaments] **§ 86.**

Wie östl. StO. § 79.

[Satz 1 = Abs. 1 OstlStO., Satz 2 u. 3 = Abs. 2 OstlStO.]

[Disziplinarrecht] **§ 87.**

In betreff der Dienstvergehen der Bürgermeister und der sonstigen Gemeindebeamten kommen die darauf bezüglichen Gesetze zur Anwendung.

Titel XI.

Ausführungs- und Übergangsbestimmungen.

[Ausführungsbestimmungen] **§ 88.**

Die zur Ausführung dieses Gesetzes erforderlichen Bestimmungen werden von dem Minister des Innern getroffen[1]).

§§ 89—94.

[Enthalten gegenstandslos gewordene Übergangsbestimmungen.]

---

2. Landgemeinderecht.

13. Landgemeindeordnung für die sieben östlichen Provinzen der Monarchie.

Vom 3. Juli 1891 (GS. S. 233).

Inhalt.

---

[1]) S. die Instruktion vom 18. Juni 1865 (MBliV. S. 161).

Erster Titel. Allgemeine Bestimmungen.

[Anwendungsgebiet] **§ 1.**

(1) Die gegenwärtige Landgemeindeordnung findet in den Provinzen Ostpreußen, Grenzmark Posen-Westpreußen[1]), Brandenburg, Pommern, Niederschlesien, Oberschlesien[1]) und Sachsen hinsichtlich der Landgemeinden und selbständigen Gutsbezirke[2]) Anwendung.

(2) Landgemeinden kann die Annahme der Städteordnung, und Stadtgemeinden die Annahme der Landgemeindeordnung auf ihren Antrag nach Anhörung des Kreistages und Provinziallandtages durch [Königliche] Verordnung des Staatsministeriums[3]) gestattet werden.

[Grenzänderung][4]) **§ 2.**

Die zur Zeit des Inkrafttretens dieses Gesetzes vorhandenen Landgemeinden und Gutsbezirke bleiben in ihrer bisherigen Begrenzung unter den nachfolgenden Maßgaben bestehen:

1. Grundstücke, welche noch keinem Gemeinde- oder Gutsbezirke angehören, sind, sofern nicht ihre Eingemeindung in einen Stadtbezirk geeignet erscheint, nach Vernehmung der Beteiligten durch Beschluß des Kreisausschusses mit einer Landgemeinde oder einem Gutsbezirke zu vereinigen. Aus solchen Grundstücken kann, soweit dies nach ihrem Umfange und ihrer Leistungsfähigkeit angezeigt erscheint, mit [Königlicher] Genehmigung des Staatsministeriums[3]) ein besonderer Gemeinde- [oder Guts-][5]) Bezirk gebildet werden.

---

[1]) In der durch die Gebietsänderungen infolge des Weltkrieges notwendig gewordenen Fassung, s. dazu die Gesetze vom 21. Juli 1922 (GS. S. 171) und vom 14. Oktober 1919 (GS. S. 169).

[2]) Die Gutsbezirke sind noch immer nicht restlos aufgelöst, s. dazu § 11 Abs. 5 des G. vom 27. Dezember 1927, unten Nr. 14.

[3]) Gemäß Art. 82 Pr. Verf.

[4]) § 2 hat in der Hauptsache Bedeutung nur für die Einverleibung sog. kommunalfreier Grundstücke (Ziff. 1). Im übrigen gilt, abgesehen von §§ 3, 4 dieses Gesetzes, für das Ein- und Umgemeindungsrecht das **Gesetz über die Regelung verschiedener Punkte des Gemeindeverfassungsrechts** vom 27. Dezember 1927 (GS. S. 211), unten Nr. 14.

[5]) Gutsbezirke können seit dem G. vom 27. Dezember 1927 nicht mehr neu gebildet werden.

2.[1]) Landgemeinden und Gutsbezirke, welche ihre öffentlichrechtlichen Verpflichtungen zu erfüllen außerstande sind, können durch [Königliche] Anordnung des Staatsministeriums[2]) aufgelöst werden. Die Regelung der kommunalen Verhältnisse der Grundstücke derselben erfolgt nach Maßgabe der Vorschriften in Nr. 1.

[Ziff. 3—6 beseitigt durch das Gesetz vom 27. Dezember 1927, Samml. Nr. 14.]

7. In den vorstehend bezeichneten, der [Königlichen] Genehmigung des Staatsministeriums[2]) unterliegenden Fällen ist vor deren Erwirkung der Beschluß des Kreisausschusses, des Bezirksausschusses oder des Provinzialrats, sowie das Gutachten des Kreistages den Beteiligten mitzuteilen[1]).

8. Jede Bezirksveränderung ist durch das Regierungsamtsblatt zu veröffentlichen.

[Auseinandersetzung] **§ 3.**

(1) Über die infolge einer Veränderung der Grenzen der Landgemeinden und Gutsbezirke notwendig werdende Auseinandersetzung zwischen den Beteiligten beschließt der Kreisausschuß, soweit aber hierbei Stadtgemeinden in Betracht kommen, der Bezirksausschuß, vorbehaltlich der den Beteiligten gegeneinander zustehenden Klage im Verwaltungsstreitverfahren bei diesen Behörden.

(2) Bei dieser Auseinandersetzung sind erforderlichenfalls Bestimmungen zur Ausgleichung der öffentlichrechtlichen Interessen der Beteiligten zu treffen. Insbesondere können einzelne Beteiligte im Verhältnis zu anderen Beteiligten, welche für gewisse kommunale Zwecke bereits vor der Vereinigung für sich allein Fürsorge getroffen haben, oder solche Beteiligte, welche vorwiegend Lasten in die neue Gemeinschaft bringen, zu Vorausleistungen verpflichtet werden. Auch kann, wenn eine Gemeinde oder der Besitzer eines Gutsbezirks durch die Abtrennung von Grundstücken eine Erleichterung in öffentlichrechtlichen Verpflichtungen erfährt, der Gemeinde, welcher, oder dem Gutsbezirke, welchem jene Grundstücke einverleibt werden, ferner der neuen Gemeinde oder dem neuen Gutsbezirke, welche aus letzteren gebildet werden, eine Beihilfe zu den ihnen durch die Bezirksveränderung erwachsenden Ausgaben bis zur Höhe des der anderen Gemeinde oder dem Gutsbesitzer dadurch entstehenden Vorteils zugebilligt werden. Im Falle der Vereinigung von Gemeinden geht das Vermögen derselben auf die neu gebildete Gemeinde über.

[Grenzstreitigkeiten] **§ 4.**

(1) **Streitigkeiten über die bestehenden Grenzen der Gemeinde- und Gutsbezirke, sowie über die Eigenschaft einer Ortschaft als**

---

[1]) Ob und inwieweit § 2 Ziff. 2 und 7 durch das G. vom 27. Dezember 1927 beseitigt sind, ist streitig.

[2]) Gemäß Art. 82 Pr. Verf.

Landgemeinde oder eines Gutes als selbständigen Gutsbezirks unterliegen der Entscheidung des Kreisausschusses, soweit hierbei Stadtgemeinden in Betracht kommen, des Bezirksausschusses.

(2) Diese Behörden beschließen vorläufig über die im ersten Absatze bezeichneten Angelegenheiten, sofern das öffentliche Interesse es erheischt. Bei dem Beschlusse behält es bis zur rechtskräftigen Entscheidung im Verwaltungsstreitverfahren sein Bewenden.

Zweiter Titel. Landgemeinden.

Erster Abschnitt.

Rechtliche Stellung der Landgemeinden.

[Rechtsfähigkeit, Selbstverwaltung] **§ 5.**

Landgemeinden sind öffentliche Körperschaften; es steht ihnen das Recht der Selbstverwaltung ihrer Angelegenheiten nach den Vorschriften dieses Gesetzes zu.

[Ortsstatut] **§ 6.**

(1) Die Landgemeinden sind zum Erlasse besonderer statutarischer Anordnungen über solche Angelegenheiten der Gemeinde, hinsichtlich deren das Gesetz Verschiedenheiten gestattet oder auf ortsstatutarische Regelung verweist, sowie über solche Angelegenheiten, deren Gegenstand nicht durch Gesetz geregelt ist, befugt.

(2) Die statutarischen Anordnungen bedürfen der Genehmigung des Kreisausschusses.

Zweiter Abschnitt.

Gemeindeangehörige, deren Rechte und Pflichten.

[Definition] **§ 7.**

(1) Angehörige der Landgemeinden sind [mit Ausnahme der nicht angesessenen servisberechtigten Militärpersonen des aktiven Dienststandes][1]) diejenigen, welche innerhalb des Gemeindebezirks einen Wohnsitz haben.

---

[1]) Gibt es nicht mehr. An sich würde die Vorschrift anwendbar sein auf Soldaten und Militärbeamte der Reichswehr und Marine. Jedoch folgt negativ aus § 36 Abs. 3 des Wehrgesetzes vom 23. März 1921 (RGBl. S. 329), wonach ihr Wahlrecht ruht, daß sie grundsätzlich als Gemeindeangehörige gelten. Entsprechendes gilt wegen der Kreis- und Provinzzugehörigkeit gemäß § 7 Abs. 3 des Wahlgesetzes für die Provinziallandtage und Kreistage vom 7. Oktober 1925 (GS. S. 123).

(2) Einen Wohnsitz im Sinne dieses Gesetzes hat jemand an dem Orte, an welchem er eine Wohnung unter Umständen innehat, die auf die Absicht dauernder Beibehaltung einer solchen schließen lassen.

[Rechte und Pflichten] **§ 8.**

Die Gemeindeangehörigen sind zur Mitbenutzung der öffentlichen Einrichtungen und Anstalten der Gemeinde nach Maßgabe der für dieselben bestehenden Bestimmungen berechtigt und zur Teilnahme an den Gemeindeabgaben und Lasten nach den Vorschriften dieses Gesetzes[1]) verpflichtet.

[Verfahren] **§ 9.**

(1) Auf Beschwerden und Einsprüche, betreffend das Recht der Mitbenutzung der öffentlichen Gemeindeanstalten, beschließt der Gemeindevorsteher (Gemeindevorstand).

(2) Gegen den Beschluß findet die Klage im Verwaltungsstreitverfahren statt. Die Beschwerden und die Einsprüche sowie die Klage haben keine aufschiebende Wirkung.

§§ 10—27.

[Beseitigt durch das Kommunalabgabengesetz v. 14. Juli 1893 (GS. S. 152).]

[Abgabenpflicht f. „wüste Hufen"] **§ 28.**

Besitzer selbständiger Güter, welche für ursprünglich bäuerliche, zu ihren Gütern eingezogene, der örtlichen Lage nach aber gegenwärtig nicht mehr erkennbare Grundstücke (wüste Hufen) der Gemeindeabgabenpflicht in einer Landgemeinde unterliegen, haben die von ihnen bisher entrichteten Gemeindeabgaben und Lasten in dem Betrage, wie derselbe sich in dem Durchschnitt der letzten fünf Jahre vor dem Inkrafttreten des gegenwärtigen Gesetzes unter Weglassung des höchsten und des niedrigsten Jahresbetrages berechnet, entweder fortzuleisten oder durch Zahlung des zwanzigfachen Jahreswertes dieses Betrages abzulösen. Im Falle des Streites ist zum Zwecke einer billigen Ausgleichung wie im § 3 zu verfahren.

§§ 29—35.

[Beseitigt durch das Kommunalabgabengesetz.]

[Zwangsverfahren] **§ 36.**

(1) Die baren Gemeindeabgaben und die Gebühren unterliegen im Falle nicht rechtzeitiger Entrichtung der Beitreibung

[1]) Und — infolge des Wegfalls der §§ 10—27, 29—35, 36 Abs. 2, 37, 38 — des Kommunalabgabengesetzes vom 14. Juli 1893, unten Nr. 19.

im Verwaltungszwangsverfahren gemäß der Verordnung vom 15. November 1899 (GS. S. 545)[1]).

[§ 36 Abs. 2 und

§§ 37, 38

beseitigt durch das Kommunalabgabengesetz.]

Dritter Abschnitt.
Gemeindeglieder, deren Rechte und Pflichten.

[Begriff] **§ 39.**

(1) Gemeindeglieder sind alle Gemeindeangehörigen, welchen das Gemeinderecht zusteht.

[Abs. 2 ersetzt durch § 3 des Gemeindewahlgesetzes, Samml. Nr. 15a.]

[Gemeinderecht] **§ 40.**

Das Gemeinderecht umfaßt:

1. das Recht zur Teilnahme an dem Stimmrechte in der Gemeindeversammlung oder, wo die letztere durch eine gewählte Gemeindevertretung ersetzt ist, zur Teilnahme an den Gemeindewahlen,
2. das Recht zur Bekleidung unbesoldeter Ämter in der Verwaltung und Vertretung der Gemeinde.

[Voraussetz. d. Gemeinderechts] **§§ 41, 42.**

[Veraltet. S. jetzt die neue Gemeindewahlgesetzgebung, insbesondere §§ 1[2]), 18—21 d. Ges. v. 18. Juli 1919 (GS. S. 113), § 2 Abs. 1, § 9 Abs. 2 des Gemeindewahlgesetzes (unten Nr. 15a).]

[Verlust d. Gemeinderechts] **§ 43.**

(1) Das Gemeinderecht und die unbesoldeten Gemeindeämter gehen verloren, sobald [eines der im § 41 unter Nr. 1 und 6 vorgeschriebenen Erfordernisse nicht mehr zutrifft oder][3]) der Wohnsitz in dem Gemeindebezirke aufgegeben wird.

(2) Wer durch rechtskräftiges Erkenntnis der bürgerlichen Ehrenrechte verlustig gegangen ist, verliert dadurch dauernd die bisher von ihm bekleideten Ämter in der Gemeindeverwaltung und der Gemeindevertretung und für die im Urteile bestimmte Zeit das Gemeindestimm- und wahlrecht sowie die Fähigkeit, dasselbe zu erwerben und Gemeindeämter zu bekleiden.

---

[1]) Oben Nr. 8. Früher galt die Verordnung vom 7. Sept. 1879, GS. S. 591.

[2]) § 1 a. a. O. betrifft die Gleichstellung der Frauen gemäß Art. 109 II RV.

[3]) S. oben zu §§ 41 und 42.

(3) Die rechtskräftig erfolgte Aberkennung der Fähigkeit zur Bekleidung öffentlicher Ämter hat den dauernden Verlust der bisher bekleideten Ämter in der Gemeindeverwaltung und Gemeindevertretung sowie für die im Urteile bestimmte Zeit die Unfähigkeit zur Bekleidung solcher Ämter zur Folge.

(4) Die Verurteilung zur Zuchthausstrafe hat den Verlust der Gemeindeämter und die dauernde Unfähigkeit zur Bekleidung solcher Ämter zur Folge.

§§ 44—48.

[Veraltet, s. oben zu §§ 41, 42.]

Vierter Abschnitt.
Gemeindevertretung.

[Voraussetzungen] **§ 49.**

(1) In denjenigen Landgemeinden, in welchen die Zahl der Stimmberechtigten mehr als 40 beträgt, tritt mit dem Zeitpunkte, wo die Liste der Stimmberechtigten diese Zahl nachweist (§ 39 Abs. 2)[1]), an die Stelle der Gemeindeversammlung eine Gemeindevertretung.

(2) Die Landgemeinden sind berechtigt und, falls der Kreisausschuß auf Antrag Beteiligter oder im öffentlichen Interesse dies beschließt, verpflichtet, auch bei einer geringeren Anzahl von Stimmberechtigten eine Gemeindevertretung im Wege ortsstatutarischer Anordnung einzuführen.

(3) Die Gemeindevertretung besteht aus dem Gemeindevorsteher und den Schöffen, sowie den gewählten Gemeindeverordneten, deren Zahl mindestens das Dreifache der zuerst Genannten betragen muß. Diese Zahl kann durch Ortsstatut auf 12, 15, 18 oder höchstens 144[2]) erhöht werden[3]).

§§ 50—64.

[Veraltet, siehe oben zu §§ 41, 42.]

---

[1]) Jetzt § 3 des Gemeindewahlgesetzes, Samml. Nr. 15a.

[2]) Gemäß § 5 der VO. v. 31. Jan. 1919, GS. S. 15. Früher 24. Bei den Stadtverordneten beträgt die Höchstzahl 100 (§ 4 des Gem.-Wahlges., unten Nr. 15a).

[3]) Dazu jetzt § 4 der VO. v. 31. Januar 1919 (GS. S. 15):

Durch Gemeindebeschluß kann für die Mitglieder der Gemeindevertretungen eine angemessene Entschädigung für die Teilnahme an Sitzungen der Gemeindevertretungen (Deputationen, Kommissionen) festgesetzt werden; im allgemeinen ist dann aber nur eine Vergütung festzusetzen, welche dem entgangenen Arbeitsverdienst entspricht.

[Ehrenämter]

§ 65.

(1) Die Gemeindeglieder sind verpflichtet, unbesoldete Ämter in der Verwaltung und der Vertretung der Gemeinde zu übernehmen, sowie ein angenommenes Amt mindestens drei Jahre lang zu versehen.

(2) Zur Ablehnung oder früheren Niederlegung solcher Ämter berechtigen folgende Entschuldigungsgründe:

1. anhaltende Krankheit,
2. Geschäfte, welche eine häufige oder lange dauernde Abwesenheit vom Wohnorte mit sich bringen,
3. das Alter von sechzig Jahren,
4. die Verwaltung eines unmittelbaren Staatsamtes,
5. sonstige besondere Verhältnisse, welche nach dem Ermessen der Gemeindevertretung oder, wo eine solche nicht besteht, des Gemeindevorstehers eine gültige Entschuldigung begründen.

(3) Wer ein unbesoldetes Amt in der Verwaltung oder in der Vertretung der Gemeinde während der vorgeschriebenen regelmäßigen Amtsdauer versehen hat, kann die Übernahme desselben oder eines gleichartigen für die nächsten drei Jahre ablehnen.

(4) Wer sich ohne einen der vorbezeichneten Entschuldigungsgründe weigert, ein unbesoldetes Amt in der Verwaltung oder Vertretung der Gemeinde zu übernehmen oder das übernommene Amt drei Jahre hindurch zu versehen, sowie derjenige, welcher sich der Verwaltung solcher Ämter tatsächlich entzieht, kann für einen Zeitraum von drei bis sechs Jahren der Ausübung seines Rechts auf Teilnahme an der Verwaltung und Vertretung der Gemeinde für verlustig erklärt und um ein Achtel bis ein Viertel stärker als die übrigen Gemeindeangehörigen zu den Gemeindeabgaben herangezogen werden.

[Beschlüsse d. Gemeindevertr.]

§ 66.

Die Gemeindevertretung, wo eine solche nicht besteht, der Gemeindevorsteher, beschließt

1. **auf Beschwerden und Einsprüche, betreffend den Besitz oder den Verlust des Gemeinderechts,** [die Zugehörigkeit zu einer bestimmten Klasse von Stimmberechtigten,][1]) **die Wählbarkeit zu einer Stelle in der Gemeindeverwaltung oder Gemeindevertretung,** [die Ausübung des Stimmrechts durch einen Dritten,][1]) **sowie über die Richtigkeit der Gemeindewählerliste,**

---

[1] Veraltet.

2. über die Gültigkeit der Wahlen zur Gemeindevertretung[1]),
3. über die Berechtigung der Ablehnung oder Niederlegung einer Stelle in der Gemeindeverwaltung oder Gemeindevertretung, sowie über die Nachteile, welche gegen Gemeindeglieder wegen Nichterfüllung der ihnen nach diesem Gesetze obliegenden Pflichten zu verhängen sind.

[Rechtsmittel]

§ 67.

(1) Die Beschlüsse der Gemeindevertretung und des Gemeindevorstehers in den Fällen des § 66 bedürfen keiner Genehmigung oder Bestätigung von seiten des Gemeindevorstehers oder der Aufsichtsbehörde.

(2) Gegen die Beschlüsse findet die Klage im Verwaltungsstreitverfahren statt, welche, wenn der Beschluß von der Gemeindevertretung gefaßt ist, auch dem Gemeindevorsteher zusteht.

(3) Die Klage hat in den Fällen des § 66 unter 1 und 2 keine aufschiebende Wirkung, [jedoch dürfen Neuwahlen zum Ersatz für solche Wahlen, welche durch Beschluß der Gemeindevertretung oder des Gemeindevorstehers für ungültig erklärt worden sind, vor ergangener rechtskräftiger Entscheidung nicht vorgenommen werden[2]).]

Fünfter Abschnitt.

Gemeindevermögen.

[Begriff. Arten]

§ 68.

(1) Im Eigentum der Landgemeinden stehen sowohl diejenigen Bestandteile des Gemeindevermögens, deren Erträge für die Zwecke des Gemeindehaushalts bestimmt sind (Gemeindevermögen im engeren Sinne), wie auch diejenigen Vermögensgegenstände, deren Nutzungen den Gemeindeangehörigen oder einzelnen derselben vermöge dieser ihrer Eigenschaft zukommen (Gemeindegliedervermögen, Allmenden, Gemeinheiten).

(2) Im weiteren kommen die Bestimmungen der Deklaration einiger Vorschriften des Allgemeinen Landrechts und der Gemeinheitsteilungsordnung vom 7. Juni 1821, betreffend das nutzbare Gemeindevermögen, vom 26. Juli 1847 (Gesetzsamml. S. 327) zur Anwendung.

---

[1]) S. dazu § 6 Abs. 4—6, § 7 d. GemWahlGes., unten Nr. 15a.

[2]) Bei Streit um die Gültigkeit der Wahlen greift jetzt § 6 des GemWahlGes. ein.

[Umwandlung] **§ 69.**

(1) Das den Zwecken des Gemeindehaushalts gewidmete Vermögen darf nur dann in Gemeindegliedervermögen umgewandelt werden, wenn die Gemeinde schuldenfrei ist und durch eine solche Veränderung weder die Einführung neuer Gemeindeabgaben, noch auch die Erhöhung bestehender für absehbare Zeit erforderlich wird.

(2) Hinsichtlich der Verwaltung der Gemeindewaldungen bewendet es bei den bestehenden Bestimmungen, im besonderen dem Gesetze vom 14. August 1876 (Gesetzsamml. S. 373).

(3) Gemeindegliedervermögen kann unter hinzutretender Genehmigung des Kreisausschusses in Gemeindevermögen im engeren Sinne umgewandelt werden, jedoch mit der Einschränkung, daß Nutzungsrechte, welche nicht den sämtlichen, sondern nur einzelnen Gemeindegliedern oder Einwohnern als solchen zustehen, durch Gemeindebeschluß den letzteren wider ihren Willen nicht entzogen oder geschmälert werden dürfen.

[Gemeindenutzungen] **§ 70.**

Zur Teilnahme an den Gemeindenutzungen sind die Gemeindeangehörigen unter den aus den Verleihungsurkunden, vertragsmäßigen Festsetzungen und hergebrachter Gewohnheit sich ergebenden Bedingungen und Einschränkungen berechtigt. Soweit hiernach der Maßstab für die Teilnahme an diesen Nutzungen nicht feststeht, erfolgt die Verteilung nach dem Verhältnisse, in welchem die Gemeindeangehörigen zu den kommunalen Lasten beitragen.

[Verfahren] **§ 71[1]).**

(1) Auf Beschwerden und Einsprüche, betreffend
1. das Recht zur Teilnahme an den Nutzungen und Erträgen des Gemeindevermögens,
2. die besonderen Rechte einzelner örtlicher Teile des Gemeindebezirks oder einzelner Klassen der Gemeindeangehörigen in Ansehung der zu Nr. 1 erwähnten Ansprüche,

beschließt der Gemeindevorsteher (Gemeindevorstand).

(2) Gegen den Beschluß findet die Klage im Verwaltungsstreitverfahren statt.

(3) Der Entscheidung im Verwaltungsstreitverfahren unterliegen desgleichen Streitigkeiten zwischen Beteiligten über ihre in dem öffentlichen Rechte begründete Berechtigung zu den im Abs. 1 bezeichneten Nutzungen.

---

[1]) Vgl. hierzu den teilweise gleichlautenden § 34 ZustG.

(4) Die Beschwerden und die Einsprüche sowie die Klage haben keine aufschiebende Wirkung.

[Einkaufsgeld, Abgaben] § 72.

(1) Die Landgemeinden sind befugt, auf Grund von Gemeindebeschlüssen, welche der Genehmigung des Kreisausschusses unterliegen, für die Teilnahme an den Gemeindenutzungen die Entrichtung eines zu deren Werte in einem angemessenen Verhältnisse stehenden Einkaufsgeldes anstatt oder neben einer jährlichen Abgabe anzuordnen.

(2) Durch die Entrichtung des Einkaufsgeldes wird die Ausübung des Gemeinderechtes nicht bedingt.

(3) Die Verpflichtung zur Zahlung des Einkaufsgeldes sowie der Abgabe für die Teilnahme an den Gemeindenutzungen ruht, so lange auf diese Teilnahme verzichtet wird.

[Verf. wegen Einkaufsgelder usw.] § 73.

Hinsichtlich der Beitreibung der Einkaufsgelder und der jährlichen Abgaben für die Teilnahme an den Gemeindenutzungen im Verwaltungszwangsverfahren, der Einsprüche und Beschwerden sowie der Klage in betreff der Heranziehung oder der Veranlagung zu diesen Abgaben, etwaiger Nachforderung derselben und der Verjährung der Rückstände finden die im § 36 [—38][1]) enthaltenen Bestimmungen sinngemäße Anwendung, jedoch mit der Maßgabe, daß die nicht zur Hebung gestellten Einkaufsgelder erst in zwei Jahren nach Ablauf desjenigen Jahres, in welchem die Zahlungsverbindlichkeit entstanden ist, verjähren.

Sechster Abschnitt.
Verwaltung der Landgemeinden.

[Gemeindevorsteher, Schöffen] § 74.

(1) An der Spitze der Verwaltung der Landgemeinde steht der Gemeindevorsteher (Schulze, Scholze, Richter, Dorfrichter).

(2) Dem Gemeindevorsteher stehen zwei Schöffen (Schöppen, Gerichtsmänner, Gerichts- oder Dorfgeschworene) zur Seite, welche ihn in den Amtsgeschäften zu unterstützen und in Behinderungsfällen zu vertreten haben.

(3) Durch Gemeindebeschluß kann die Zahl der Schöffen auf höchstens sechs vermehrt werden[2]).

---

[1]) S. oben zu §§ 36 (Abs. 2) bis 38.

[2]) § 74 Abs. 3 in der Fassung des Kriegsgesetzes vom 13. Mai 1918 (GS. S. 53), Art. 3 Ziff. 1. Vgl. zu diesem Gesetz die Anm. vor § 1 des Landesverwaltungsgesetzes (oben S. 2).

(4) Wo die Zahl der Schöffen nach der bisherigen Ortsverfassung eine größere als zwei gewesen ist, aber die Zahl sechs nicht übersteigt, verbleibt es hierbei bis zu anderweiter Festsetzung.

(5) Wo dem Gemeindevorsteher nur zwei Schöffen zur Seite stehen, ist ein Stellvertreter zu wählen, welcher in Behinderungsfällen eines der beiden Schöffen für diesen eintritt.

(6) In größeren Gemeinden kann durch Ortsstatut ein aus dem Gemeindevorsteher und den Schöffen bestehender kollegialischer Gemeindevorstand eingeführt werden.

[Wahl, Anstellung]

§ 75.

(1) Der Gemeindevorsteher und die Schöffen werden von den wahlberechtigten Mitgliedern der Gemeindeversammlung (von den gewählten Gemeindeverordneten) aus der Zahl der Gemeindeglieder [auf sechs Jahre][1]) gewählt[2]).

(2) In Gemeinden mit mehr als 3000 Einwohnern kann die Gemeindevertretung die Anstellung eines besoldeten Gemeindevorstehers beschließen. Die Wahl desselben erfolgt auf die Dauer von zwölf Jahren und ist nicht beschränkt auf die Gemeindeglieder.

(3) In größeren Gemeinden kann, sofern der Umfang oder die Eigenart der Gemeindeverwaltungsgeschäfte es erfordert, mit Zustimmung des Ministers des Innern durch Ortsstatut vorgeschrieben werden, daß die Anstellung eines oder mehrerer Schöffen, jedoch höchstens eines Drittels ihrer Gesamtzahl, gegen Besoldung geschehen soll. Die Wahl dieser Schöffen erfolgt auf die Dauer von zwölf Jahren und ist nicht auf Gemeindeglieder beschränkt[3]).

[Abs. 4 gestrichen durch § 9 des G. v. 18. Juli 1919 (GS. S. 118).]

§§ 76—83.

Enthielten Wahlvorschriften, die infolge der neuen Gemeindewahlgesetze veraltet sind.

[Bestätigung]

§ 84.

(1) Die gewählten Gemeindevorsteher und Schöffen bedürfen der Bestätigung durch den Landrat.

---

[1]) Jetzt **vier Jahre** gemäß § 9 des Gemeindewahlgesetzes in Verbindung mit § 2 d. G. v. 1. November 1928 (GS. S. 207).

[2]) § 75 Abs. 1 S. 2 beseitigt durch § 9 des GemWahlGes und § 1 des Ges. v. 14. Juni 1924 (GS. S. 551).

[3]) § 75 Abs. 3 eingeschoben durch G. v. 20. Mai 1902 (GS. S. 143).

(2) Vor der Bestätigung ist der Amtsvorsteher (Distriktskommissarius) mit seinem Gutachten zu hören.

(3) Die Bestätigung kann nur unter Zustimmung des Kreisausschusses versagt werden. Dieser Zustimmung bedarf es auch dann, wenn der Wahl die Bestätigung wegen formaler Mängel des Verfahrens versagt wird.

(4) Wird die Bestätigung versagt, so ist eine Neuwahl anzuordnen. Erhält auch diese die Bestätigung nicht, so ernennt der Landrat unter Zustimmung des Kreisausschusses einen Stellvertreter auf so lange, bis eine erneuerte Wahl die Bestätigung erlangt hat.

(5) Dasselbe findet statt, wenn keine Wahl zustandekommt.

(6) Die Bestimmungen dieses Paragraphen finden auch auf andere gewählte Gemeindebeamte Anwendung, deren Wahl der Bestätigung bedarf.

[Vereidigung] **§ 85.**

Die Gemeindevorsteher und die Schöffen werden vor ihrem Amtsantritte von dem Landrat oder in seinem Auftrage von dem Amtsvorsteher, in der Provinz Posen[1]) von dem Distriktskommissarius, vereidigt.

[Entschädigung] **§ 86.**

(1) Die Gemeindevorsteher haben den Ersatz ihrer baren Auslagen und die Gewährung einer mit ihrer amtlichen Mühewaltung in billigem Verhältnisse stehenden Entschädigung zu beanspruchen.

(2) Die Aufbringung derselben liegt der Gemeinde ob.

(3) Alle fortlaufenden Geld- und Naturalbeiträge des Gutsherrn zur Remuneration des Gemeindevorstehers fallen fort.

(4) Landdotationen, welche für die Verwaltung des Schulzenamts ausgewiesen sind, können auf Grund des gegenwärtigen Gesetzes nicht zurückgefordert werden. Sind solche Landdotationen allein oder in Verbindung mit Geld- und Naturalbeiträgen von dem Gutsherrn gewährt, so ist derselbe berechtigt, hierfür von dem Gemeindevorsteher auch ferner die Wahrnehmung der Geschäfte des Gutsvorstehers oder die Vertretung hierbei in dem bisherigen Umfange (§ 124 Abs. 2) zu fordern.

(5) Der Gutsherr wie die Gemeinde kann die Lösung eines derartigen Verhältnisses gegen Fortfall der Geld- und Naturalbeiträge und gegen Entschädigung für die Landdotationen ver-

---

[1]) D. s. jetzt die früher zur Provinz Posen gehörigen Teile der Grenzmark Posen-Westpreußen, G. v. 21. Juli 1922 (GS. S. 171).

langen. Der Gemeinde steht dabei das Recht zu, statt der Gewährung einer Entschädigung die Landdotation herauszugeben.

(6) In betreff der Auseinandersetzungen kommen die Vorschriften der §§ 97 bis 101 mit der Maßgabe zur Anwendung, daß zu den im ersten Absatze des § 101 erwähnten Kosten auch die Gutsherren nichts beizutragen haben.

(7) Die Schöffen haben ihr Amt in der Regel unentgeltlich zu verwalten und nur den Ersatz barer Auslagen zu beanspruchen.

[Festsetzung d. Entschädigung] **§ 87.**

Über die Festsetzung der baren Auslagen und der Entschädigung der Gemeindevorsteher und der kommissarischen Gemeindevorsteher sowie über die baren Auslagen der Schöffen beschließt der Kreisausschuß auf Antrag der Beteiligten.

[Aufgaben d. Gemeindevorst.] **§ 88.**

(1) Der Gemeindevorsteher ist die Obrigkeit der Landgemeinde und führt deren Verwaltung.

(2) Der Gemeindevorsteher führt in der Gemeindeversammlung (Gemeindevertretung) den Vorsitz mit vollem Stimmrechte.

(3) Hat die Gemeindeversammlung (Gemeindevertretung) einen Beschluß gefaßt, welcher nach der Ansicht des Gemeindevorstehers das Gemeinwohl oder das Gemeindeinteresse verletzt, so ist der Gemeindevorsteher verpflichtet, die Ausführung des Beschlusses auszusetzen und, wenn die Gemeindeversammlung (Gemeindevertretung) bei nochmaliger Beratung bei ihrem Beschluß beharrt, innerhalb zwei Wochen die Entscheidung des Kreisausschusses einzuholen.

(4) Insbesondere liegen dem Gemeindevorsteher folgende Geschäfte ob:

1. die Gesetze und Verordnungen sowie die Verfügungen der ihm vorgesetzten Behörden auszuführen,
2. die Beschlüsse der Gemeindeversammlung (Gemeindevertretung) vorzubereiten,
3. die Beschlüsse der Gemeindeversammlung (Gemeindevertretung), sofern er dieselben nicht beanstandet (§ 140) oder deren Ausführung aussetzt (Abs. 3), — diejenigen über die Benutzung des Gemeindevermögens (§ 113) nach Beratung mit den Schöffen —, zur Ausführung zu bringen und demgemäß die laufende Verwaltung bezüglich des Vermögens und der Einkünfte der Gemeinde sowie der Gemeindeanstalten, für welche eine besondere Verwaltung nicht besteht, zu führen, und

diejenigen Gemeindeanstalten, für welche besondere Verwaltungen eingesetzt sind, zu beaufsichtigen,

4. die auf dem Gemeindevoranschlage oder auf Beschlüssen der Gemeindeversammlung (Gemeindevertretung) beruhenden Einnahmen und Ausgaben anzuweisen und das Rechnungs- und Kassenwesen, soweit er es nicht selbst führt, zu beaufsichtigen,
5. die Gemeindebeamten, nachdem die Gemeindeversammlung (Gemeindevertretung) darüber beschlossen hat, anzustellen und zu beaufsichtigen,
6. die Urkunden und Akten der Gemeinde aufzubewahren,

[Vertretung; 2 Unterschriften.]

7. die Gemeinde nach außen zu vertreten und namens derselben mit Behörden und Privatpersonen zu verhandeln.

   Urkunden über Rechtsgeschäfte, welche die Gemeinde gegen Dritte verbinden sollen, ingleichen Vollmachten, müssen unter Anführung des betreffenden Gemeindebeschlusses und der dazu etwa erforderlichen Genehmigung oder Entschließung der zuständigen Aufsichtsbehörde im Namen der Gemeinde von dem Gemeindevorsteher und einem der Schöffen unterschrieben und mit dem Gemeindesiegel versehen sein. Eine den vorstehenden Bestimmungen gemäß ausgestellte Vollmacht ist auch dann ausreichend, wenn die Gesetze sonst eine gerichtliche oder Notariatsvollmacht erfordern.

   Zu dem Nachweise, daß von einer Gemeinde bei der Erwerbung oder Veräußerung von Grundstücken oder denselben gleichstehenden Gerechtsamen die den Gemeinden gesetzlich vorgeschriebenen besonderen Formen beobachtet sind, genügt eine Bescheinigung des Landrats als Vorsitzenden des Kreisausschusses;
8. die Gemeindeabgaben und Dienste nach den Gesetzen und den Beschlüssen der Gemeindeversammlung (Gemeindevertretung) auf die Verpflichteten zu verteilen und wegen deren Einziehung oder Ausführung die erforderlichen Anordnungen zu treffen.

[Kolleg. Gemeindevorstand]

§ 89.

(1) Wo ein kollegialischer Gemeindevorstand eingeführt ist (§ 74 Abs. 6), können demselben die in den §§ 9, [51,][1]) 71, 88 Nr. 2 bis 4 und 8, 119 und 120 erwähnten Befugnisse durch das Ortsstatut übertragen werden.

---

[1]) § 51 ist weggefallen, s. oben zu §§ 41, 42.

(2) Die Beschlüsse des Gemeindevorstandes werden nach Stimmenmehrheit und unter Teilnahme von mindestens drei Mitgliedern gefaßt. Bei Stimmengleichheit entscheidet die Stimme des Vorsitzenden. Den Vorsitz führt der Gemeindevorsteher. Über dessen Vertretung in Behinderungsfällen hat das Ortsstatut Bestimmungen zu treffen.

(3) Betrifft der Gegenstand der Verhandlung einzelne Mitglieder des Gemeindevorstandes oder deren Verwandte und Verschwägerte in auf- oder absteigender Linie oder bis zum dritten Grade der Seitenlinie, so dürfen dieselben an der Beratung und Entscheidung nicht teilnehmen. Wird hierdurch der Gemeindevorstand beschlußunfähig, so entscheidet der Gemeindevorsteher allein.

(4) Tritt die Beschlußunfähigkeit aus anderen Gründen ein, so hat der Gemeindevorsteher eine zweite Sitzung anzuberaumen; ergibt sich auch in dieser keine Beschlußfähigkeit, so hat der Gemeindevorsteher allein hinsichtlich der auf der Tagesordnung stehenden Gegenstände Anordnung zu treffen.

[Polizei] **§ 90.**

(1) Der Gemeindevorsteher ist, sofern er nicht zugleich selbst das Amtsvorsteheramt bekleidet, das Organ des Amtsvorstehers für die Polizeiverwaltung.

(2) In dem gleichen Verhältnisse steht der Gemeindevorsteher in der Provinz Posen[1]) zu dem Distriktskommissarius.

(3) Der Gemeindevorsteher hat vermöge dessen das Recht und die Pflicht, da, wo die Erhaltung der öffentlichen Ruhe, Ordnung und Sicherheit ein sofortiges polizeiliches Einschreiten notwendig macht, das dazu Erforderliche vorläufig anzuordnen und ausführen zu lassen.

[Einzelne Aufgaben] **§ 91.**

Der Gemeindevorsteher hat insbesondere das Recht und die Pflicht:

1. der vorläufigen Festnahme und Verwahrung einer Person nach den Vorschriften des § 127 der Strafprozeßordnung für das Deutsche Reich vom 1. Februar 1877 (Reichsgesetzbl. S. 258)[2]) und des § 6 des Gesetzes zum Schutze der persönlichen Freiheit vom 12. Februar 1850 (Gesetzsamml. S. 45);
2. die unter Polizeiaufsicht stehenden Personen zu beaufsichtigen;
3. die ihm von dem Amtsvorsteher (Distriktskommissarius),

[1]) S. oben Anm. 1 zu § 85.

[2]) Die zurzeit geltende Fassung ist vom 22. März 1924 (RGBl. I S. 299).

der Staats- oder Amtsanwaltschaft aufgetragenen polizeilichen Maßregeln auszuführen und Verhandlungen aufzunehmen;

4. die in den §§ 8 ff. des Gesetzes über die Aufnahme neu anziehender Personen vom 31. Dezember 1842 (Gesetzsamml. 1843 S. 5) vorgeschriebene Meldung entgegenzunehmen.

Siebenter Abschnitt[1]).

Aufhebung der mit dem Besitze gewisser Grundstücke verbundenen Berechtigung und Verpflichtung zur Verwaltung des Schulzenamtes.

[Erbschulze] **§ 92.**

Die mit dem Besitze gewisser Grundstücke verbundene Berechtigung und Verpflichtung zur Verwaltung des Schulzen- (Richter-) Amtes ist von dem Zeitpunkte des Inkrafttretens dieses Gesetzes ab auch in der Provinz Posen aufgehoben.

[Lehn-, Erbschulzengüter.] **§ 93.**

Infolge der Aufhebung der im § 92 gedachten Berechtigung und Verpflichtung treten auch diejenigen Festsetzungen außer Kraft, welche infolge der Zerstückelung von Lehn- und Erbschulzengütern nach § 16 des Gesetzes vom 3. Januar 1845 (Gesetzsamml. S. 25) über die Verbindung der Verwaltung des Schulzenamtes mit dem Besitze eines der Teile des zerstückelten Grundstückes oder die Ausweisung eines auskömmlichen Schulzengehaltes in Grundstücken oder in Geld und die Verteilung des Geldbeitrages auf die einzelnen Trennstücksbesitzer getroffen worden sind.

[Grundstücke usw.] **§ 94.**

Grundstücke, Gerechtigkeiten und Einkünfte, welche den Schulzengutsbesitzern erweislich von der Gemeinde selbst für die Amtsverwaltung verliehen sind, fallen an die Gemeinde zurück.

[Vorrechte, Befreiungen] **§ 95.**

(1) Ebenso hören diejenigen Vorrechte und Befreiungen auf, welche dem Schulzengutsbesitzer für die Verwaltung des Schulzenamtes in Beziehung auf die aus dem Kommunalverbande oder aus anderen Verbänden, z. B. dem Kirchen- und Schulverbande, entspringenden Dienste und Abgaben der Gemeinde oder deren Mitgliedern gegenüber bisher zustanden.

(2) Auf weitere Vergütungen hat die Gemeinde keinen Anspruch.

---

[1]) §§ 92—101 kommen nur in Einzelfällen noch zur Anwendung, soweit die mit der Beseitigung des Erbschulzenamts verbundenen Auseinandersetzungen noch nicht durchgeführt sind.

[Beziehungen zu Dritten] **§ 96.**

(1) Die Beziehungen zwischen dem Besitzer des Schulzengutes und dritten Personen werden von den Vorschriften dieses Gesetzes nicht berührt.

(2) In keinem Falle können jedoch Grundstücke, Gerechtigkeiten oder Befreiungen, welche dem Schulzengute, wenngleich mit Beziehung auf die dem Besitzer zustehende Verwaltung des Schulzenamtes, von Dritten, insbesondere von dem Landesherrn oder von Gerichts- oder Gutsherren, sei es bei der Fundation des Schulzengutes oder später, ohne ausdrücklichen Vorbehalt des Widerrufs verliehen worden sind, sowie die etwa an Stelle der verliehenen Gerechtigkeiten und Freiheiten getretenen Landabfindungen oder sonstigen Entschädigungen von den Verleihern oder deren Rechtsnachfolgern in Anspruch genommen und zurückgefordert werden. Dieselben verbleiben vielmehr dem Schulzengutsbesitzer auch nach Aufhebung der mit dem Schulzengute verbundenen Amtsverwaltung.

[Auseinandersetzung. Rezeß] **§ 97.**

(1) Die nach den §§ 94 und 95 etwa erforderliche Auseinandersetzung zwischen der Gemeinde und dem Schulzengutsbesitzer wird durch einen von dem Kreisausschusse zu ernennenden Kommissarius bewirkt.

(2) Der über die Auseinandersetzung aufzunehmende Rezeß unterliegt der Prüfung und Bestätigung des Kreisausschusses.

[Verfahren bei Streitigk.] **§ 98.**

(1) Entstehen bei dem Auseinandersetzungsverfahren (§ 97) Streitigkeiten darüber, ob mit einem Grundstücke die Verpflichtung zur Verwaltung des Schulzenamtes verbunden ist, oder ob und welche Grundstücke, Gerechtigkeiten, Vorrechte oder Befreiungen der in den §§ 94 und 95 gedachten Art zurückzugewähren oder aufzuheben sind, oder wird die Vollziehung des Rezesses von den Beteiligten verweigert, oder die Bestätigung (§ 97 Abs. 2) von dem Kreisausschusse versagt, so sind die Verhandlungen zum weiteren Verfahren und zur Entscheidung an die betreffende Auseinandersetzungsbehörde (Landeskulturamt)[1]) abzugeben.

(2) Gegen die Entscheidung des Landeskulturamts[1]) findet die Berufung an das Oberlandeskulturamt[2]) statt, welches endgültig entscheidet.

(3) Vor der Entscheidung in erster und zweiter Instanz ist das Gutachten des Kreisausschusses einzuholen und den Beteiligten zur Erklärung mitzuteilen.

---

[1]) Früher Generalkommission, s. oben zu § 16 des Landesverwaltungsgesetzes, oben Nr. 2.

[2]) Früher Oberlandeskulturgericht, s. Anm. 1.

[Rezeß im Falle des § 98] **§ 99.**

Ist das Auseinandersetzungsverfahren zufolge § 98 auf die Auseinandersetzungsbehörde übergegangen, so steht dieser Behörde auch die Aufnahme, Prüfung und Bestätigung des Rezesses zu.

[Verfahrensvorschr.] **§ 100.**

In betreff des Verfahrens (§§ 97 bis 99) sowie der Wirkung und Ausführung der Rezesse gelten die hinsichtlich der Ablösung der Reallasten und der Regulierung der gutsherrlichen Verhältnisse bestehenden Vorschriften.

[Kosten] **§ 101.**

(1) Zu den Kosten, welche die Ausführung der in diesem Gesetze den Kreisausschüssen und deren Kommissarien übertragenen Geschäfte verursacht, haben die Gemeinden und die Schulzengutsbesitzer nichts beizutragen.

(2) Für das Verfahren bei den Auseinandersetzungsbehörden gelten die für dieselben bestehenden Kostenbestimmungen.

Achter Abschnitt.

Geschäfte der Gemeindeversammlung und Gemeindevertretung.

[Zuständigkeit] **§ 102.**

(1) Die Gemeindeversammlung (Gemeindevertretung) hat über alle Gemeindeangelegenheiten zu beschließen, soweit diese nicht durch das Gesetz dem Gemeindevorsteher (Gemeindevorstand) ausschließlich überwiesen sind. Über andere Angelegenheiten darf die Gemeindeversammlung (Gemeindevertretung) nur dann beraten, wenn solche durch besondere Gesetze oder in einzelnen Fällen durch Aufträge der Aufsichtsbehörde an sie gewiesen sind.

(2) Wo eine Gemeindevertretung besteht, sind die Gemeindeverordneten an keinerlei Instruktionen oder Aufträge der Wähler gebunden.

[Aufsichtsrecht, keine Exekut.Gew.] **§ 103.**

Die Gemeindeversammlung (Gemeindevertretung) überwacht die Verwaltung; sie ist berechtigt, sich von der Ausführung ihrer Beschlüsse, von dem Eingange und der Verwendung aller Einnahmen der Gemeindekasse sowie von der gehörigen Ausführung der Gemeindearbeiten Überzeugung zu verschaffen; sie darf jedoch ihre Beschlüsse niemals selbst zur Ausführung bringen.

[Einberufung usw.]

§ 104.

(1) Die Gemeindeversammlung (Gemeindevertretung) ist zusammenzuberufen, so oft ihre Geschäfte es erfordern.

(2) Die Zusammenberufung erfolgt unter Angabe der Gegenstände der Beratung durch den Gemeindevorsteher; sie muß erfolgen, wenn es von einem Viertel der Mitglieder verlangt wird.

(3) Die Art und Weise der Zusammenberufung wird durch die Ortsverfassung bestimmt. Mit Ausnahme dringender Fälle müssen zwischen der Zusammenberufung und dem Verhandlungstermine mindestens zwei Tage frei bleiben.

(4) Die Versammlungen sollen in der Regel nicht in Wirtshäusern oder Schenken abgehalten werden.

[Regelm. Sitzungen]

§ 105.

Für die Gemeindevertretung können durch Beschluß derselben regelmäßige Sitzungstage festgesetzt werden; es müssen jedoch auch dann die Gegenstände der Beratung, und zwar mit Ausnahme dringender Fälle mindestens zwei Tage vorher den Mitgliedern der Versammlung angezeigt werden.

[Beschlußfähigkeit]

§ 106.

(1) Die Gemeindeversammlung ist beschlußfähig, wenn mehr als ein Drittel der stimmberechtigten Gemeindemitglieder anwesend ist.

(2) Für die Gemeindevertretung bedarf es der Anwesenheit von mehr als der Hälfte der Mitglieder derselben. Durch Gemeindebeschluß kann bestimmt werden, daß die Anwesenheit von mehr als einem Drittel der Mitglieder genügt[1]).

(3) In beiden Fällen bedarf es bei der Vorladung des Hinweises darauf, daß die Nichtanwesenden sich den gefaßten Beschlüssen zu unterwerfen haben.

(4) Wird die Gemeindeversammlung (Gemeindevertretung) zum zweiten Male zur Beratung über denselben Gegenstand zusammenberufen, so sind die erschienenen Mitglieder ohne Rücksicht auf ihre Anzahl beschlußfähig. Bei der zweiten Zusammenberufung muß auf diese Bestimmung ausdrücklich hingewiesen werden.

[Beschlußfassung]

§ 107.

Die Beschlüsse werden nach Stimmenmehrheit gefaßt. Bei Stimmengleichheit entscheidet die Stimme des Vorsitzenden. Die

---

[1]) Abs. 2 Satz 2 eingefügt durch das Kriegsgesetz v. 13. Mai 1918 (GS. S. 53), Art. 3 Ziff. 2.

der Stimmabgabe sich enthaltenden Mitglieder werden zwar als anwesend betrachtet, die Stimmenmehrheit wird jedoch lediglich nach der Zahl der abgegebenen Stimmen festgestellt.

[Ausschließung] **§ 108.**

An Verhandlungen über Rechte und Verpflichtungen der Gemeinde darf derjenige nicht teilnehmen, dessen Interesse mit dem der Gemeinde im Widerspruche steht. Kann wegen dieser Ausschließung ein gültiger Beschluß nicht gefaßt werden, so beschließt an Stelle der Gemeindeversammlung (Gemeindevertretung) der Kreisausschuß.

[Öffentlichkeit] **§ 109.**

[Satz 1—3 ersetzt durch Ges. v. 18. Juli 1919 (GS. S. 118), siehe dessen

§ 20.

Die Sitzungen der Gemeindeversammlung (Gemeindevertretung, Gemeindeausschuß, Gemeinderat) [der Bürgermeistereiversammlung][1]) und der Amtsversammlung sind öffentlich. Für einzelne Gegenstände kann durch besonderen Beschluß, welcher in geheimer Sitzung gefaßt wird, die Öffentlichkeit ausgeschlossen werden.

§ 109 Satz 4:] Das Ortsstatut kann Bestimmung darüber treffen, daß die Sitzungen mit Angabe der Tagesordnung in ortsüblicher Weise vorher bekanntzumachen sind.

[Sitzungspolizei] **§ 110.**

(1) Der Vorsitzende leitet die Verhandlung, eröffnet und schließt die Sitzungen und handhabt die Ordnung in der Versammlung.

[Abs. 2 beseitigt und ersetzt durch das G. v. 18. Juli 1919 (GS. S. 118), siehe dessen

§ 21.

Die Zuhörer haben den Anordnungen des Vorsitzenden zur Erhaltung der Ruhe und Ordnung Folge zu leisten. Der Vorsitzende kann jeden Zuhörer, welcher Störung irgendwelcher Art verursacht, aus dem Sitzungssaale entfernen lassen.]

[Beschlußbuch, Unterschriften] **§ 111.**

Die Beschlüsse der Gemeindeversammlung (Gemeindevertretung) sind in ein besonderes Buch einzutragen und von dem

---

[1]) Für die Rheinprovinz. Seit dem G. v. 27. Dezember 1927 (unten Nr. 14) § 2 allgemein: Amtsversammlung.

Vorsitzenden sowie wenigstens zwei stimmberechtigten Mitgliedern der Versammlung zu unterzeichnen.

[Ordnungsstrafen] **§ 112.**

Durch Ortsstatut kann bestimmt werden, daß unentschuldigtes Ausbleiben aus den Versammlungen der Gemeindevertretung sowie ordnungswidriges Benehmen in diesen Versammlungen oder in der Gemeindeversammlung für das betreffende Mitglied eine in die Gemeindekasse fließende Geldstrafe von 1 bis 3 Reichsmark nach sich ziehen, und daß im Wiederholungsfalle, nach Lage der Sache, Ausschließung aus der Versammlung auf eine gewisse Zeit, bis auf die Dauer eines Jahres, verhängt werde. Über die Verhängung dieser Strafen beschließt die Gemeindevertretung (Gemeindeversammlung). Gegen den Beschluß findet die Klage im Verwaltungsstreitverfahren statt. Die Klage steht auch dem Gemeindevorsteher zu.

[Gemeindevermögen] **§ 113.**

Die Gemeindeversammlung (Gemeindevertretung) beschließt über die Verwaltung und Benutzung des Gemeindevermögens. (§§ 68 ff.)

[Veräußerung v. Kunstbesitz usw.] **§ 114.**

(1) Zur Veräußerung oder wesentlichen Veränderung von Sachen, welche einen besonderen wissenschaftlichen, historischen oder Kunstwert haben, ist die Genehmigung des Regierungspräsidenten erforderlich.

[Grundstücke, Anleihen usw.]

(2) Zur Veräußerung von Grundstücken oder solchen Gerechtigkeiten, welche den Grundstücken gesetzlich gleichgestellt sind,
zu einseitigen Verzichtleistungen und Schenkungen,
zu Anleihen, durch welche die Gemeinde mit einem Schuldenstande belastet oder der vorhandene vergrößert wird[1]),
zur neuen Belastung der Gemeindeangehörigen ohne gesetzliche Verpflichtung,
zu Veränderungen im Genusse der Gemeindenutzungen
bedarf es der Genehmigung des Kreisausschusses.

[Veräußerung v. Grundstücken] **§ 115.**

(1) Die Veräußerung von Grundstücken darf der Regel nach nur im Wege des öffentlichen Meistgebotes stattfinden.

---

[1]) Wegen Auslandsanleihen s. Ges. v. 9. Juli 1925 (GS. S. 89).

(2) Zur Gültigkeit einer solchen Veräußerung gehört:
1. die Vorlegung eines beglaubigten Auszuges aus der Grundsteuermutterrolle,
2. eine ortsübliche Bekanntmachung,
3. die einmalige Bekanntmachung durch das für die amtlichen Bekanntmachungen des Landrats bestimmte Blatt (Kreisblatt),
4. eine Frist von vier Wochen von der Bekanntmachung bis zum Verkaufstermine,
5. die Abhaltung der Verkaufsverhandlung durch den Gemeindevorsteher oder einen Justizbeamten.

(3) Der im Abs. 2 unter Nr. 3 vorgeschriebenen Bekanntmachung bedarf es nicht, wenn der Grundsteuerreinertrag des Grundstücks 6 Reichsmark nicht übersteigt.

(4) Liegt diese Voraussetzung (Abs. 3) vor, oder erachtet der Kreisausschuß den Vorteil der Gemeinde für gewahrt, so kann ein Verkauf aus freier Hand oder ein Tausch stattfinden.

(5) Das Ergebnis des Verkaufes ist in allen Fällen der Gemeindeversammlung (Gemeindevertretung) mitzuteilen; der Zuschlag kann nur mit deren Genehmigung erteilt werden.

(6) Die vorstehenden Bedingungen finden auch auf Verkäufe von Realberechtigungen Anwendung, wobei außerdem die Aufnahme einer Taxe in allen Fällen notwendig ist.

(7) Für die Eintragung im Grundbuche genügt zum Nachweise, daß der Vorschrift dieses Paragraphen genügt worden ist, die Bestätigung des Vertrages durch den Kreisausschuß.

[Verpachtung v. Grundstücken] **§ 116.**

Die Verpachtung von Grundstücken und Gerechtsamen der Gemeinden muß im Wege des öffentlichen Meistgebotes geschehen. Ausnahmen hiervon können durch den Kreisausschuß gestattet werden.

Neunter Abschnitt.

Besoldete Gemeindebeamte, deren Gehälter und Pensionen.

[Anstellung] **§ 117.**

Die Landgemeinden sind befugt, die Anstellung besoldeter Gemeindebeamten für einzelne Dienstzweige oder Dienstverrichtungen zu beschließen.

[Gehalt, Pension] **§ 118.**

[Beseitigt durch das Kommunalbeamtengesetz vom 30. Juli 1899, unten Nr. 49. S. das. insbesondere §§ 1—7, 18, 23—26.]

Zehnter Abschnitt.
Gemeindehaushalt.

[Voranschlag] **§ 119.**

(1) Über alle Einnahmen und Ausgaben, welche sich im voraus veranschlagen lassen, entwirft der Gemeindevorsteher (Gemeindevorstand) für das Rechnungsjahr oder für eine längere, von der Gemeindeversammlung (Gemeindevertretung) festzusetzende Rechnungsperiode, welche jedoch die Dauer von drei Jahren nicht übersteigen darf, einen Voranschlag.

(2) Der Entwurf ist während zwei Wochen nach vorheriger Bekanntmachung in einem von der Gemeindeversammlung (Gemeindevertretung) zu bestimmenden Raume zur Einsicht aller Gemeindeangehörigen auszulegen.

(3) Nach Ablauf dieser Frist erfolgt die Feststellung des Voranschlages durch die Gemeindeversammlung (Gemeindevertretung).

(4) Diese Feststellung ist vor Beginn des neuen Rechnungsjahres oder der neuen Rechnungsperiode zu bewirken. Der Gemeindevorsteher hat eine Abschrift des festgesetzten Voranschlages dem Vorsitzenden des Kreisausschusses einzureichen.

(5) Der Gemeindehaushalt ist nach dem Voranschlage zu führen. Alle Gemeindeeinkünfte müssen zur Gemeindekasse gebracht werden. Ausgaben, welche außerhalb des Voranschlages geleistet werden sollen, oder über deren Verwendung besondere Beschlußfassung vorbehalten ist, sowie Überschreitungen des Voranschlages bedürfen der vorherigen Genehmigung der Gemeindeversammlung (Gemeindevertretung).

(6) Durch Beschluß des Kreisausschusses kann einzelnen Gemeinden die Festsetzung eines Voranschlages nachgelassen werden, wenn deren Verhältnisse dies unbedenklich erscheinen lassen.

[Gemeinderechnungsbuch] **§ 120.**

(1) Über alle Einnahmen und Ausgaben der Gemeinde muß ein nach Vorschrift angelegtes Gemeinderechnungsbuch geführt werden.

(2) Die Gemeinderechnung ist binnen drei Monaten nach dem Schlusse des Rechnungsjahres[1]) der Gemeindeversammlung (Gemeindevertretung) zur Prüfung, Feststellung und Entlastung vorzulegen.

(3) Wo ein besonderer Gemeindeeinnehmer bestellt ist, erfolgt die Einreichung der Rechnung zunächst an den Gemeindevorsteher

[1]) Das Rechnungsjahr läuft vom 1. April bis zum 31. März, § 95 des Kommunalabgabengesetzes (unten Nr. 19).

(Gemeindevorstand), welcher sie einer Vorprüfung zu unterziehen und, mit seinen Erinnerungen versehen, der Gemeindeversammlung (Gemeindevertretung) vorzulegen hat.

(4) Die Feststellung der Rechnung muß innerhalb drei Monaten nach Vorlegung der Gemeinderechnung bewirkt sein.

(5) Nach erfolgter Feststellung ist die Rechnung während eines Zeitraumes von zwei Wochen zur Einsicht der Gemeindeangehörigen auszulegen.

(6) Dem Vorsitzenden des Kreisausschusses ist eine Abschrift des Feststellungsbeschlusses sofort einzureichen.

(7) Dem Kreisausschusse liegt die Revision der Gemeinderechnungen ob, welche alljährlich bei mehreren Gemeinden des Kreises zu erfolgen hat.

[Defekte, Zwangsvollstreckung gegen Landgemeinden]

§ 121.

Der Kreisausschuß beschließt:

1. an Stelle der Aufsichtsbehörde über die Feststellung und den Ersatz der bei Kassen und anderen Verwaltungen der Landgemeinden vorkommenden Defekte nach Maßgabe der Verordnung vom 24. Januar 1844 (GS. S. 52).

   Der Beschluß ist vorbehaltlich des ordentlichen Rechtsweges endgültig;

2. über die Art der gerichtlichen Zwangsvollstreckungen wegen Geldforderungen gegen Landgemeinden (§ 15 zu 3[1]) des Einführungsgesetzes zur Deutschen Zivilprozeßordnung vom 30. Januar 1877, Reichsgesetzbl. S. 244).

Dritter Titel. Selbständige Gutsbezirke[2]).

[Gutsbesitzer]

§ 122.

(1) Für den Bereich eines selbständigen Gutsbezirkes ist der Besitzer des Gutes zu den Pflichten und Leistungen, welche den Gemeinden für den Bereich ihres Gemeindebezirkes im öffentlichen Interesse gesetzlich obliegen, mit den hinsichtlich einzelner dieser Leistungen aus den Gesetzen folgenden Maßgaben verbunden[3]).

---

[1]) Gemäß der Neufassung des § 15 a. a. O. durch G. v. 17. Mai 1898 (GS. S. 332).

[2]) Über die Auflösung und die — ausnahmsweise vorgesehene — Aufrechterhaltung der Gutsbezirke siehe §§ 11—13 des G. v. 27. Dezember 1927 unten Nr. 14. Im Laufe des Jahres 1928 wurden von 11 894 Gutsbezirken in Preußen alle bis auf etwa 200 aufgelöst; diese, größtenteils forstfiskalische, aber auch einige von früheren Standesherrschaften (!), sollen erhalten bleiben.

[3]) Inhaltlich gleichlautend § 13 Ziff. 2 d. G. v. 27. Dezember 1927.

[Abs. 2 weggefallen durch §§ 69 ff. des Kommunalabgabengesetzes vom 14. Juli 1893, GS. S. 152.]

[Gutsvorsteher]

§ 123.

[Abs. 1 und 2 weggefallen. Der Gutsbesitzer ist nicht mehr von Geburt Gutsvorsteher, dieser wird vielmehr vom Kreisausschuß bestellt, § 13 Ziff. 3 und 4 des Ges. vom 27. Dezember 1927, unten Nr. 14. Es gibt daher auch keinen „Stellvertreter" mehr. §§ 124, 125 Abs. 1, 126 und 127 sind dadurch ebenfalls weggefallen.]

(3) [Ehefrauen werden rücksichtlich der angeführten Rechte und Pflichten durch ihren Ehemann,][1] Kinder unter väterlicher Gewalt durch ihren Vater und bevormundete Personen durch ihren Vormund oder Pfleger vertreten[2]).

§ 124.

[Betraf den „Stellvertreter", s. darüber zu § 123 Abs. 1 und 2.]

§ 125.

[Abs. 1 weggefallen, s. zu § 123 Abs. 1 und 2.]

[Vereidigung]

(2) Der Gutsvorsteher wird vor seinem Amtsantritte von dem Landrate oder in dessen Auftrage von dem Amtsvorsteher (Distriktskommissarius) vereidigt.

§ 126.

[Weggefallen, s. zu § 123 Abs. 1 und 2.]

§ 127.

[Weggefallen, s. zu § 123 Abs. 1 und 2. Wegen der Vergütung des Gutsvorstehers s. § 13 Ziff. 5 des G. v. 27. Dezember 1927, unten Nr. 14.]

Vierter Titel. Verbindung nachbarlich belegener Gemeinden und selbständiger Gutsbezirke behufs gemeinsamer Wahrnehmung kommunaler Angelegenheiten.

§§ 128—138.

[Aufgehoben durch § 25 des Zweckverbandsgesetzes vom 19. Juli 1911, unten Nr. 18.]

Fünfter Titel. Aufsicht des Staates.

[Aufsichtsbehörden]

§ 139.

(1) Die Aufsicht des Staates über die Verwaltung der Angelegenheiten der Landgemeinden, Gutsbezirke und Zweckver-

---

[1]) Beseitigt mit Rücksicht auf Art. 109 Abs. 2 RV., s. das (ältere!) preuß. G. v. 15. Juli 1919 (GS. S. 113) § 1.

[2]) Abs. 3 gehört heute sinngemäß zu § 122.

14*

bände[1]) wird unbeschadet der in den Gesetzen geordneten Mitwirkung des Kreisausschusses und des Bezirksausschusses in erster Instanz von dem Landrate als Vorsitzenden des Kreisausschusses, in höherer und letzter Instanz von dem Regierungspräsidenten geübt.

(2) Beschwerden bei den Aufsichtsbehörden in den vorbezeichneten Angelegenheiten sind in allen Instanzen innerhalb zwei Wochen anzubringen.

[Beanstandung] § 140.

(1) Beschlüsse der Gemeindeversammlung, der Gemeindevertretung oder der Zweckverbände[1]), welche deren Befugnisse überschreiten oder die Gesetze verletzen, hat der Gemeinde- oder Verbandsvorsteher, entstehendenfalls auf Anweisung der Aufsichtsbehörde, mit aufschiebender Wirkung unter Angabe der Gründe zu beanstanden. Gegen die Verfügung des Gemeinde- (Verbands-) Vorstehers steht der Gemeindeversammlung (der Gemeindevertretung, dem Verbandsausschuß)[2]) die Klage im Verwaltungsstreitverfahren zu.

(4) Die Aufsichtsbehörde ist nicht befugt, aus anderen als den vorstehend angegebenen Gründen eine Beanstandung von Beschlüssen der Gemeindeversammlung, der Gemeindevertretung oder des Zweckverbandes[1]) herbeizuführen.

[Zwangsetat] § 141.

(1) Unterläßt oder verweigert eine Landgemeinde, ein Gutsbezirk oder ein Zweckverband[1]) die ihnen gesetzlich obliegenden, von der Behörde innerhalb der Grenzen ihrer Zuständigkeit festgestellten Leistungen auf den Voranschlag zu bringen oder außerordentlich zu genehmigen, so verfügt der Landrat unter Anführung der Gründe die Eintragung in den Voranschlag oder die Feststellung der außerordentlichen Ausgabe.

(2) Gegen die Verfügung des Landrats steht der Gemeinde, dem Besitzer des Gutes sowie dem Verbande die Klage bei dem Bezirksausschusse zu.

[Auflösung d. Gem.Vertr.] § 142.

Durch [Königliche] Verordnung des Staatsministeriums[3]) kann eine Gemeindevertretung aufgelöst werden. Es ist alsdann binnen sechs Wochen, vom Tage der Auflösungsverordnung ab gerechnet, eine Neuwahl anzuordnen. Bis zur Einführung der

---

[1]) Gemäß § 25 Abs. 2 des Zweckverbandsgesetzes (unten Nr. 8).
[2]) § 25 Abs. 2, § 11 ZwVG.
[3]) Gemäß Art. 82 Pr. Verf.

neu gewählten Gemeindeverordneten beschließt an Stelle der Gemeindevertretung der Kreisausschuß.

[Disziplinarverfahren]

§ 143.

Bezüglich der Dienstvergehen der Gemeindevorsteher, der Schöffen, der Gutsvorsteher und der Verbandsvorsteher sowie der sonstigen Beamten der Landgemeinden, Gutsbezirke und Zweckverbände[1]) kommen die Bestimmungen des Gesetzes vom 21. Juli 1852 (Gesetzsamml. S. 463) mit folgenden Maßgaben zur Anwendung:

1. Die Befugnis, gegen diese Beamten Ordnungsstrafen zu verhängen, steht dem Landrate, und im Umfange des den Provinzialbehörden beigelegten Ordnungsstrafrechts dem Regierungspräsidenten zu.

   Gegen die Strafverfügungen des Landrats findet innerhalb zwei Wochen die Beschwerde an den Regierungspräsidenten, gegen die Strafverfügungen des Regierungspräsidenten innerhalb gleicher Frist die Beschwerde an den Oberpräsidenten statt.
2. Gegen den auf die Beschwerde in den Fällen zu 1 in letzter Instanz ergehenden Beschluß des Regierungspräsidenten oder des Oberpräsidenten findet die Klage bei dem Oberverwaltungsgerichte statt.
3. In dem Verfahren auf Entfernung aus dem Amte wird die Einleitung des Verfahrens von dem Landrate oder von dem Regierungspräsidenten verfügt und von denselben der Untersuchungskommissar und der Vertreter der Staatsanwaltschaft ernannt. Als entscheidende Disziplinarbehörde erster Instanz tritt an die Stelle der Bezirksregierung der Kreisausschuß; an die Stelle des Staatsministeriums tritt das Oberverwaltungsgericht. Der Vertreter der Staatsanwaltschaft bei dem Oberverwaltungsgericht wird von dem Minister des Innern ernannt.

   In dem vorstehend zu 3 vorgesehenen Verfahren ist entstehendenfalls auch über die Tatsache der Dienstunfähigkeit der ländlichen Gemeindebeamten Entscheidung zu treffen.

[Verwaltungsstreitverfahren]

§ 144.

(1) Zuständig in erster Instanz ist im Verwaltungsstreitverfahren für die in diesem Gesetze vorgesehenen Fälle, sofern nicht im einzelnen ein anderes bestimmt ist, der Kreisausschuß. Die

---

[1]) S. Anm. 1 zu § 139.

Frist zur Anstellung der Klage beträgt in allen Fällen zwei Wochen.

(2) Die Gemeindeversammlung, die Gemeindevertretung, der Gemeindevorstand und der Zweckverband[1]) können zur Wahrnehmung ihrer Rechte im Verwaltungsstreitverfahren einen besonderen Vertreter bestellen.

[Zweckverbände] **§ 145.**

[Gegenstandslos, s. jetzt § 22 des Zweckverbandsgesetzes, unten Nr. 18, und oben zu Titel IV.]

Sechster Titel. Ausführungs- und Übergangsbestimmungen.

[Inkrafttreten usw.] **§ 146.**

(1) Das gegenwärtige Gesetz tritt mit dem 1. April 1892 in Kraft.

(2) Mit diesem Zeitpunkte treten alle entgegenstehenden Bestimmungen, insbesondere die §§ 18 bis 78 Teil II Titel 7 des Allgemeinen Landrechts, das Gesetz, betreffend die Landgemeindeverfassungen in den sechs östlichen Provinzen der Preußischen Monarchie, vom 14. April 1856, die §§ 22 bis 45 sowie der § 53 der Kreisordnung vom 13. Dezember 1872 in der Fassung vom 19. März 1881 und die §§ 24 bis 37 des Gesetzes über die Zuständigkeit der Verwaltungs- und Verwaltungsgerichtsbehörden vom 1. August 1883 für die im § 1 genannten Provinzen außer Kraft. Die Bestimmungen der §§ 51, 51a und 55a Abs. 2 der Kreisordnung bleiben auch fernerhin in Kraft.

(3) Rechte und Pflichten, welche auf besonderen Titeln des öffentlichen Rechts beruhen, bleiben insoweit in Kraft, als diese Titel von den bisherigen allgemeinen und besonderen gesetzlichen Vorschriften, Ordnungen, Gewohnheitsrechten und Observanzen abweichende Bestimmungen enthalten. Eine solche Abweichung wird nicht vermutet.

[Ortsstatuten] **§ 147.**

(1) Die bei Verkündigung dieses Gesetzes bereits bestehenden Ortsstatuten, allgemeinen Gewohnheitsrechte und Observanzen bleiben, soweit dieses Gesetz ortsstatutarische Regelung zuläßt, [unbeschadet der Bestimmung in Absatz 2][2]), einstweilen, längstens auf drei Jahre, in Kraft.

[Abs. 2 durch das Kommunalabgabengesetz gegenstandslos geworden.]

[Volksschulen] **§ 148.**

Soweit den Volksschulen die Eigenschaft von Gemeindeanstalten beiwohnt, kommen in Ansehung derselben die Bestimmungen dieses

[1]) S. Anm. 1 zu § 139.
[2]) S. zu Abs. 2.

Gesetzes nur unter den aus den besonderen Gesetzen über die Volksschule sich ergebenden Einschränkungen zur Anwendung.

[Ausführungsbestimmungen] **§ 149.**

(1) Der Minister des Innern erläßt die zur Ausführung dieses Gesetzes erforderlichen Bestimmungen.

(2) Wegen der Vorbereitungen für die notwendig werdenden Neuwahlen ist alsbald nach der Verkündigung des Gesetzes Anordnung zu treffen. Die Vollmacht der bisherigen Mitglieder der bestehenden Gemeindevertretungen erlischt mit dem Zeitpunkt des Inkrafttretens des Gesetzes; doch bleiben dieselben bis zur Einführung der neugewählten Gemeindeverordneten im Amte.

(3) Die zur Zeit des Inkrafttretens des Gesetzes im Amte befindlichen Gemeindevorsteher, Schöffen und sonstigen gewählten Gemeindebeamten verbleiben in demselben bis zum Ablauf ihrer Wahlperiode. Ingleichen verbleiben im Amte die besoldeten Gemeindebeamten nach Maßgabe ihres Anstellungsvertrages.

[Abs. 4 und 5 gegenstandslos geworden durch die neue Gemeindewahlgesetzgebung.]

---

3. Allgemeine Kommunalgesetze.

14. Gesetz über die Regelung verschiedener Punkte des Gemeindeverfassungsrechts.

Vom 27. Dezember 1927 (GS. S. 211).

[Das Gesetz bringt neben der Auflösung der Gutsbezirke wichtige Änderungen des Verfassungsrechts der Landgemeinden in Rheinland und Westfalen. Es bringt ferner (in § 1) Bestimmungen über die Eingemeindungen, die aber nicht erschöpfend sind; Bedenken gegen diese Bestimmungen, die Zwangseingemeindungen ermöglichen, waren auf Grund von Art. 127 RV. und Art. 70 der Preuß. Verf. erhoben worden, sie sind aber vom Staatsgerichtshof in der Entsch. v. 10./11. Dezember 1929 (RGZ. 126 Anh. S. 14) für unbegründet erklärt worden.]

Inhalt

[Ein- und Umgemeindungen] **§ 1.**

(1) Veränderungen der Grenzen einer Stadt- oder Landgemeinde können aus Gründen des öffentlichen Wohles erfolgen und bedürfen:

1. eines Gesetzes, wenn hierdurch die Grenzen eines Stadt- oder Landkreises verändert werden oder wenn eine Stadt durch die Erweiterung des Stadtgebietes die für das Ausscheiden aus dem Kreise maßgebende Einwohnerzahl erreicht;
2. eines Beschlusses des Staatsministeriums, wenn hierdurch eine Gemeinde ganz aufgelöst oder eine neue Gemeinde geschaffen wird;
3. eines Beschlusses der Beschlußbehörde in allen übrigen Fällen.

(2) Vor der Grenzänderung sind die Vertretungskörperschaften der beteiligten Stadt- und Landgemeinden und Ämter, die Kreisausschüsse der beteiligten Kreise und, wenn mehrere Provinzen beteiligt sind, auch die Provinzialausschüsse zu hören. Als beteiligt gelten die Provinzen nur dann, wenn ihre Grenzen verändert werden würden.

(3) Im Falle des Abs. 1 Nr. 3 steht binnen zwei Wochen aus Gründen des gemeinen Wohles nach Maßgabe des § 123 des Landesverwaltungsgesetzes gegen den Beschluß der Beschlußbehörde auch ihrem Vorsitzenden die Beschwerde an die Beschlußbehörde zweiter Instanz und gegen den Beschluß der Beschlußbehörde zweiter Instanz dem Vorsitzenden dieser Behörde die weitere Beschwerde an das Staatsministerium zu.

(4) Bei Eingemeindungsverhandlungen mit kreisangehörigen Stadt- und Landgemeinden ist die Kreisverwaltung von vornherein zu beteiligen.

(5) Kreisangehörige Stadt- und Landgemeinden dürfen über die Vereinigung der Stadt- oder Landgemeinde oder von Teilen der Stadt- oder Landgemeinde mit anderen Gemeinden oder Gemeindeteilen, insbesondere über den Abschluß von Eingemeindungsverträgen erst Beschluß fassen, nachdem der Kreisverwaltung Gelegenheit zur Stellungnahme gegeben ist.

[„Amt“ und „Bürgermeister“] **§ 2.**

Die Landbürgermeisterei in der Rheinprovinz führt hinfort die Bezeichnung „Amt“. Der Amtmann in der Provinz Westfalen führt hinfort die Amtsbezeichnung „Bürgermeister“.

[Gem.vorsteher als Gem.vorstand] **§ 3.**

Gemeindevorstand ist, auch in der Rheinprovinz, der Gemeindevorsteher. Er beruft die Gemeindevertretung und führt den Vorsitz mit vollem Stimmrecht.

[Wahl der Amtsverordneten] **§ 4.**

(1) Für die Wahl der zu wählenden Amtsverordneten bildet das Amt einen Wahlbezirk.

(2) Auf die Wahl der Amtsverordneten finden die Vorschriften des Gemeindewahlgesetzes über die Wahl der Gemeindeverordneten entsprechende Anwendung.

[Bürgermeister] **§ 5.**

(1) Der Bürgermeister ist in der Regel ehrenamtlich zu bestellen. Auch die Beigeordneten sind in der Regel ehrenamtlich zu bestellen.

(2) Im Falle eines besonderen Bedürfnisses können durch Amtsbeschluß einzelne der im Abs. 1 genannten Stellen als besoldete eingerichtet werden.

(3) Der Bürgermeister ist zu den Sitzungen der Gemeindevertretung einzuladen.

(4) Die Beschlüsse der Gemeindevertretung sind dem Bürgermeister möglichst vor der Ausführung schriftlich mitzuteilen.

[Wahl u. Bestätigung des Bürgermeisters, der Beigeordneten][1]) **§ 6.**

(1) Der Bürgermeister und die Beigeordneten werden von der Amtsvertretung gewählt, und zwar der besoldete Bürgermeister und die besoldeten Beigeordneten auf 12 Jahre, die Ehrenbürgermeister auf 6 Jahre, die unbesoldeten Beigeordneten nach jeder Neuwahl der Amtsvertretung.

(2) Die gewählten Bürgermeister und Beigeordneten bedürfen der Bestätigung durch die Aufsichtsbehörde. Wegen der Zugehörigkeit des Gewählten zu einer politischen Partei darf die Bestätigung nicht versagt werden. Die Bestätigung kann von der Aufsichtsbehörde nur unter Zustimmung der Beschlußbehörde versagt werden. Der Beschluß, durch den die Beschlußbehörde die Bestätigung versagt, ist mit Gründen zu versehen. Lehnt die Beschlußbehörde die Zustimmung ab, so kann auf Antrag der Aufsichtsbehörde der Regierungspräsident sie ergänzen. Versagt die Aufsichtsbehörde unter Zustimmung der Beschlußbehörde die Bestätigung, so kann auf Antrag des Bürgermeisters oder der Amtsvertreung der Regierungspräsident sie erteilen. Gegen die Entscheidung des Regierungspräsidenten findet die Beschwerde an das Staatsministerium statt. Vor Versagung der Bestätigung ist in allen Fällen dem Gewählten Gelegenheit zur Äußerung zu geben.

---

[1]) Früher Vorschlag und Ernennung.

[Befähigung, Wählbarkeit] **§ 7.**

Der Bürgermeister und die besoldeten Beigeordneten müssen die zur Verwaltung des Amtes erforderliche Befähigung besitzen. Wählbar zum Bürgermeister und Beigeordneten ist jeder, der nach dem Gemeindewahlgesetze wählbar ist, mit der Maßgabe, daß für den besoldeten Bürgermeister und die besoldeten Beigeordneten der Wohnsitz nicht Voraussetzung der Wählbarkeit ist. Der Bürgermeister darf nicht gleichzeitig Beigeordneter sein.

[Kommissar. Bürgermeister] **§ 8.**

(1) Bei Erledigung einer Bürgermeisterstelle kann mit Zustimmung der Amtsvertretung die vorläufige Verwaltung einem Kommissar übertragen werden, den der Oberpräsident ernennt.

(2) Vor der kommissarischen Bestellung eines Bürgermeisters muß die Amtsvertretung gehört werden. Sie hat das Recht, von sich aus dem Oberpräsidenten Vorschläge zu machen. Dieser soll nur in äußerst dringenden Fällen von den Vorschlägen abweichen.

(3) Die kommissarische Verwaltung darf in der Regel die Dauer eines Jahres nicht überschreiten.

[Amt als Kommunalverband] **§ 9.**

(1) Selbstverwaltungsangelegenheiten der Gemeinden können durch Beschluß der Amtsvertretung für das ganze Gebiet oder für Teile des Amtes mit der Wirkung übernommen werden, daß sie damit den zu dem Amte gehörigen Landgemeinden gegenüber gesetzlich dem Amte vorbehalten werden. Das gleiche gilt von solchen Angelegenheiten, die von Zweckverbänden übernommen sind, die aus Landgemeinden innerhalb des Amtes bestehen.

(2) Gegen den Beschluß steht jeder Gemeinde des Amtes oder dem Zweckverbande binnen zwei Wochen der Einspruch zu. Über den Einspruch beschließt die Beschlußbehörde. In dem Beschluß ist gegebenenfalls auch die Verpflichtung des Amtes zur Übernahme der den gleichen Aufgaben dienenden Einrichtungen der einzelnen Gemeinden oder des Zweckverbandes sowie zur Leistung einer angemessenen Entschädigung für diejenigen Aufwendungen festzustellen, welche die einzelnen Gemeinden oder der Zweckverband für die übernommenen Einrichtungen gemacht haben.

(3) Wird eine Selbstverwaltungsangelegenheit nur für Teile des Gebietes des Amtes auf das Amt übernommen, so sind diejenigen Gemeinden, auf welche sich die Übernahme nicht erstreckt,

von den Kosten, die durch Übernahme dieser Angelegenheit erwachsen, freizulassen.

[Mitwirkung des Bürgermeisters bei der Finanzverw. d. Gem.] § 10.

Durch Amtssatzung kann eine Mitwirkung des Bürgermeisters bei der Aufstellung des Haushaltsplanes und der Jahresrechnung sowie bei der Verwaltung und Beaufsichtigung des Rechnungs- und Kassenwesens der einzelnen Landgemeinden in dem Umfange beibehalten oder eingeführt werden, wie sie gemäß §§ 46, 48, 49 der Landgemeindeordnung für die Provinz Westfalen besteht.

[Auflösung der Gutsbezirke] § 11.

(1) Die bestehenden selbständigen Gutsbezirke sind aufzulösen.

(2) Sie sind entweder mit Landgemeinden oder Stadtgemeinden zu vereinigen oder mit anderen Gutsbezirken zu einer neuen Landgemeinde oder Stadtgemeinde zusammenzulegen oder allein für sich im ganzen oder in Teilen in Landgemeinden oder Stadtgemeinden umzuwandeln.

(3) Bei dieser Regelung ist in erster Linie auf die Schaffung leistungsfähiger Gemeinden sowie darauf Rücksicht zu nehmen, daß einheitlich bewirtschafteter Grundbesitz einer und derselben Gemeinde zugelegt wird.

(4) Über die Art der Auflösung (Abs. 2) beschließt das Staatsministerium. In jedem Kreise ist binnen einer vom Staatsministerium zu bestimmenden Frist durch den Kreisausschuß nach Anhörung der beteiligten Gemeinden und Gutsbesitzer ein Plan aufzustellen. Wird der Plan innerhalb dieser Frist nicht aufgestellt, so entscheidet das Staatsministerium von Amts wegen.

(5) Dabei soll von der Auflösung eines Gutsbezirkes Abstand genommen werden, wenn seine Vereinigung mit anderen Gemeinden oder seine Zusammenlegung mit anderen Gutsbezirken zu einer neuen Gemeinde nach Lage der Verhältnisse ausgeschlossen und seine Umwandlung in eine selbständige Gemeinde nicht möglich ist, weil sich ein eigenes Gemeindeleben wegen geringer Einwohnerzahl oder räumlicher Trennung der Wohnstätten nicht entwickeln kann.

[Auseinandersetzung wegen der Auflösung der Gutsbezirke] § 12.

(1) Über die infolge dieser Regelung notwendig werdenden Auseinandersetzungen zwischen den beteiligten Gemeinden und Gutsbesitzern beschließt die Beschlußbehörde.

(2) Bei der Auseinandersetzung können Grundstücke, Gerechtigkeiten, Anlagen und Einrichtungen, die im Privateigentume des Gutsbesitzers stehen, aber dem Gemeingebrauche dienen, der Gemeinde übereignet werden.

(3) Bei der Auseinandersetzung ist die Mehr- oder Minderbelastung, die der Gutsbesitzer infolge der Auflösung des Gutsbezirkes im ganzen erfährt, in billiger Weise zu berücksichtigen. Die Übereignung (Abs. 2) ist nur gegen vollständige Entschädigung zulässig. Wegen der Höhe der Entschädigung steht den Beteiligten gegen den endgültigen Beschluß der Beschlußbehörde binnen einem Monate die Klage im ordentlichen Rechtswege zu.

(4) Die Beschlußbehörde ist befugt, Unschädlichkeitsatteste gemäß Artikel 20 des Ausführungsgesetzes zur Grundbuchordnung vom 26. September 1899 auszustellen.

[Übergangsregelung]

§ 13.

Bis zur Auflösung des einzelnen Gutsbezirkes gilt folgendes:

1. Auf die Gutsbezirke finden die für Landgemeinden geltenden Vorschriften entsprechende Anwendung, soweit sie nicht das Bestehen einer Gemeindevertretung (Gemeindeversammlung) zur Voraussetzung haben.
2. Für den Bereich eines selbständigen Gutsbezirkes ist der Besitzer des Gutes Träger der öffentlich-rechtlichen Rechte und Pflichten, deren Träger für den Bereich eines Gemeindebezirkes die Gemeinde ist, mit den hinsichtlich einzelner dieser Rechte und Pflichten aus den Gesetzen folgenden Maßgaben.
3. Die obrigkeitlichen Geschäfte übt für den Gutsbezirk der Gutsvorsteher aus.
4. Der Gutsvorsteher wird vom Kreisausschuß bestellt. Der Kreisausschuß kann als solchen entweder eine im Gutsbezirke wohnende geeignete Persönlichkeit oder, wenn eine solche nicht vorhanden ist, einen benachbarten Gemeindevorsteher oder eine andere geeignete Persönlichkeit bestellen. Für einzelne Teile des Gutsbezirkes können besondere Gutsvorsteher bestellt werden.
5. Der Gutsbesitzer hat dem Gutsvorsteher auf Antrag eine angemessene Vergütung für die Besorgung der obrigkeitlichen Geschäfte zu zahlen. Über die Vergütung beschließt im Streitfalle der Kreisausschuß endgültig.

[Fürstliche Gemeinden im Reg.-Bez. Koblenz]

§ 14.

Auf die sogenannten fürstlichen Gemeinden in den Kreisen Wetzlar und Neuwied (Reg.-Bez. Koblenz) finden die §§ 11 bis 13 entsprechende Anwendung.

[Inkrafttreten, Ausführungsanweisungen] § 15.

(1) Dieses Gesetz tritt mit dem auf die Verkündung folgenden Tage in Kraft.

(2) Mit demselben Zeitpunkte treten die entgegenstehenden Vorschriften der geltenden Gemeindeverfassungsgesetze außer Kraft.

(3) Der Minister des Innern erläßt die zur Ausführung dieses Gesetzes nötigen Anweisungen[1]).

---

15. Gemeindewahlgesetze.

[Die durch die RV. Art. 17 nötig gewordene Neuordnung des Gemeindewahlrechts ist in eigenartiger Weise aus Anlaß von Neuwahlen in den nachstehenden Gesetzen und Verordnungen erfolgt.]

a) Gesetz über die vorläufige Regelung der Gemeindewahlen (Gemeindewahlgesetz).

Vom 9. April 1923 (GS. S. 83) in der Fassung der Bekanntmachung vom 12. Februar 1924 (GS. S. 97).

[Wahlzeit] § 1.

Die Gemeindevertretungen der Städte und Landgemeinden sind neu zu wählen. Zum Wahltage wird der 4. Mai 1924 bestimmt. Über die Dauer der Wahlzeit[2]) wird in den neuen Gemeindeverfassungsgesetzen Bestimmung getroffen werden.

[Wahlberechtigung, Wählbarkeit] § 2.

(1) Wahlberechtigt sind alle über 20 Jahre alten reichsdeutschen Männer und Frauen, die seit ununterbrochen 6 Monaten ihren Wohnsitz im Gemeindegebiete haben. Wählbar sind diejenigen Wahlberechtigten, die das 25. Lebensjahr vollendet haben. Voraussetzung der Wahlberechtigung ist die Eintragung in die Bürgerliste (§ 3 Abs. 2) oder der Besitz eines Wahlscheins

---

[1]) Ergangen sind:
1. Vorläufige erste Ausführungsanweisung vom 28. Dezember 1927 (MBliV. S. 1171 ff.), als endgültige erste AusfAnw. datiert vom 31. Januar 1928 (MBliV. S. 96);
2. Zweite AusfAnw. vom 25. Februar 1928 (MBliV. S. 199);
3. Dritte AusfAnw. vom 24. Januar 1929 (MBliV. S. 95).

[2]) Vier Jahre, § 2 d. G. v. 18. April 1928, unten Nr. 15c.

(§ 3 Abs. 3); für die Voraussetzung der Wählbarkeit ist der Wahltag maßgebend.

(2) Wahlberechtigt und wählbar ist nicht:

1. wer entmündigt ist oder unter vorläufiger Vormundschaft oder wegen geistiger Gebrechen unter Pflegschaft steht;
2. wer die bürgerlichen Ehrenrechte nicht besitzt.

(3) Die Ausübung der Wahlberechtigung ruht für die Soldaten während der Dauer der Zugehörigkeit zur Wehrmacht.

(4) Behindert in der Ausübung ihres Wahlrechts sind Personen, die wegen Geisteskrankheit oder Geistesschwäche in einer Heil- oder Pflegeanstalt untergebracht sind, ferner Straf- und Untersuchungsgefangene sowie Personen, die infolge gerichtlicher oder polizeilicher Anordnung in Verwahrung gehalten werden. Ausgenommen sind Personen, die sich aus politischen Gründen in Schutzhaft befinden.

(5) Wahlberechtigung und Wählbarkeit gehen verloren, wenn eine ihrer Voraussetzungen wegfällt.

(6) Die durch feindliche Maßnahmen aus den besetzten Gebieten verdrängten wählbaren und wahlberechtigten Personen sind unbeschadet ihrer Wahlberechtigung und Wählbarkeit an ihrem Wohnsitz auch da wahlberechtigt, wo sie sich am Wahltag aufhalten.

[Bürgerliste, Wahlschein]

§ 3.

(1) Zur Ausübung der Wahlberechtigung ist die Eintragung in die rechtsgültig festgestellte Bürgerliste oder die Erteilung eines Wahlscheins erforderlich.

(2) In die Bürgerliste ist einzutragen, wer am Wahltage gemäß § 2 wahlberechtigt ist. Die Bürgerliste ist spätestens fünf Wochen vor dem Wahltage zwei Wochen lang öffentlich auszulegen. Der Gemeindevorstand gibt Ort und Zeit öffentlich bekannt und weist auf die Einspruchsfrist hin. Einsprüche sind bis zum Ablaufe der Auslegungsfrist bei dem Gemeindevorstand anzubringen; erachtet er einen Einspruch nicht für begründet, so hat er ihn unverzüglich, spätestens innerhalb einer Woche nach Ablauf der Auslegungsfrist, der Beschlußbehörde vorzulegen, welche darüber binnen zwei Wochen endgültig beschließt. Hierauf wird die Bürgerliste geschlossen.

(3) Einen Wahlschein erhalten auf Antrag:

1. die im § 2 Abs. 6 genannten Personen;
2. Wahlberechtigte, die nicht in die Bürgerliste eingetragen sind, wenn ihrem Einspruch erst nach Schluß der Bürgerliste stattgegeben ist;
3. Wahlberechtigte, die wegen Ruhens der Wahlberechtigung (§ 2 Abs. 3) oder wegen Behinderung in der Ausübung

(§ 2 Abs. 4) in die Bürgerliste nicht eingetragen oder gestrichen waren, wenn der Grund hierfür nach Ablauf der Einspruchsfrist weggefallen ist.

(4) Für die Rechtsgültigkeit der Stimmabgabe ist allein die Eintragung in die Bürgerliste oder der Besitz eines Wahlscheins maßgebend.

[Zahl der Stadtverordneten]

§ 4.

Die Zahl der Stadtverordneten muß mindestens elf betragen. Diese Grundzahl kann durch Ortssatzung erhöht werden

bis zu 15 000 Einwohnern für jede angefangenen 1000,

bei mehr als 15 000 bis zu 30 000 Einwohnern für jede angefangenen weiteren 2000

bei mehr als 30 000 bis zu 60 000 Einwohnern für jede angefangenen weiteren 3000

bei mehr als 60 000 bis zu 300 000 Einwohnern für jede angefangenen weiteren 10 000

bei mehr als 300 000 Einwohnern für jede angefangenen weiteren 15 000

um je einen Stadtverordneten, aber nicht über hundert hinaus.

[Wahlverfahren]

§ 5.

Die Wahl ist unmittelbar und geheim. Jeder Wähler hat eine Stimme. Die Wahl erfolgt nach den Grundsätzen des Verhältniswahlrechts nach Maßgabe einer von dem Minister des Innern zu erlassenden Wahlordnung[1]). Die Verbindung von Wahlvorschlägen und die Bildung von Wahlbezirken ist unzulässig; zulässig bleibt die Bildung von Abstimmungsbezirken.

[Wahlergebnis, Einspruch gegen die Gültigkeit]

§ 6.

(1) Das Wahlergebnis ist von dem Gemeindevorstande festzustellen und öffentlich bekanntzumachen.

(2) Die nach § 4 zu verteilenden Sitze sind auf die Wahlvorschläge nach der Reihenfolge der Höchstzahlen zu verteilen, die sich durch Vollrechnung, Halbteilung, Drittelung, Viertelung usw. der auf die Wahlvorschläge entfallenden Stimmenzahlen ergeben. Über die Zuteilung des letzten Sitzes entscheidet bei gleichen Höchstzahlen das Los.

(3) Gegen die Gültigkeit der Wahl kann jeder Wahlberechtigte binnen zwei Wochen nach der Bekanntmachung bei dem Gemeindevorstand Einspruch erheben.

---

[1]) Ergangen am 13. Februar 1924 (MBliV. S. 153). Die zurzeit geltende Fassung ist vom 25. Juli 1929 (MBliV. S. 640).

(4) Die neue Gemeindevertretung hat über die Einsprüche sowie über die Gültigkeit der Wahl von Amts wegen in folgender Weise zu beschließen:

1. wird die Wahl eines oder mehrerer Gewählten wegen Mangels der Wählbarkeit für ungültig erachtet, so ist nur die Wahl dieser Personen für ungültig zu erklären;
2. wird für festgestellt erachtet, daß bei der Vorbereitung der Wahl oder bei der Wahlhandlung Unregelmäßigkeiten vorgekommen sind, die auf das Wahlergebnis von Einfluß gewesen sein können, so ist die ganze Wahl für ungültig zu erklären;
3. wird die Feststellung des Wahlergebnisses für unrichtig erachtet, so ist die Feststellung aufzuheben und eine neue Feststellung des Wahlergebnisses anzuordnen.

(5) Gegen den Beschluß der Gemeindevertretung steht dem, der den Einspruch erhoben hat, und dem, dessen Wahl für ungültig erklärt ist, die Klage im Verwaltungsstreitverfahren zu. Eine Klage, die infolge Zurückweisung des Einspruchs erhoben wird, darf mit dem Klageantrage nicht über den Einspruchsantrag hinausgehen. Die Klage hat aufschiebende Wirkung außer in den Fällen, in denen die Wahl für gültig oder nur gemäß Abs. 4 Nr. 1 für ungültig erklärt worden ist. In letztem Falle tritt der Ersatzmann gemäß § 8 Satz 1 nicht eher ein, als der Beschluß unanfechtbar geworden oder im Verwaltungsstreitverfahren rechtskräftig bestätigt ist.

(6) Ist die ganze Wahl endgültig für ungültig erklärt, so hat binnen längstens drei Monaten eine Neuwahl stattzufinden.

(7) Ist die Feststellung des Wahlergebnisses endgültig aufgehoben, so hat der Gemeindevorstand das Wahlergebnis neu festzustellen. Er ist hierbei an die Grundsätze der endgültigen Entscheidung gebunden.

(8) Auf die Bekanntmachung und die Nachprüfung des berichtigten Wahlergebnisses (Abs. 7) finden die Vorschriften der Abs. 1 bis 5 und 7 Anwendung.

[Ausscheiden aus d. Gem.vertr.] **§ 7.**

Fällt eine Voraussetzung der Wählbarkeit während der Wahlzeit fort, so scheidet der Gemeindevertreter aus der Gemeindevertretung aus. Darüber, ob dieser Fall vorliegt, beschließt im Streitfalle die Gemeindevertretung. Gegen den Beschluß steht dem Gemeindevertreter binnen zwei Wochen die Klage im Verwaltungsstreitverfahren zu. Die Klage hat keine aufschiebende Wirkung, jedoch tritt der Ersatzmann gemäß § 8 nicht vor rechtskräftiger Entscheidung ein.

[Nachrücken] § 8.

Wenn ein Gemeindevertreter die Wahl ablehnt oder vor Ablauf der Wahlzeit ausscheidet, oder wenn die Wahl eines einzelnen Gemeindevertreters für ungültig erklärt ist, so tritt an seine Stelle der Bewerber, der in demselben Vorschlage hinter den Gewählten an erster Stelle berufen ist. Die Reihenfolge, in der die Bewerber zu berufen sind, kann durch die Mehrheit der noch wahlberechtigten Unterzeichner des Wahlvorschlages geändert werden. Die Änderung muß dem Gemeindevorstande bis zum Ablaufe von zwei Wochen nach Erledigung der Stelle mitgeteilt werden. Die Feststellung des Ersatzmannes erfolgt durch den Gemeindevorstand. Auf die Bekanntmachung und die Nachprüfung der Feststellung finden die Vorschriften des § 6 Abs. 8 Anwendung. Ist ein weiterer Bewerber in demselben Wahlvorschlage nicht vorhanden, so bleibt der Gemeindevertretersitz unbesetzt.

[Neuwahl d. unbesold. Beigeordn., Gemeindevorsteher, Schöffen] § 9.

(1) Gleichzeitig mit der Wahlzeit der jetzigen Gemeindevertretungen endigt die Wahlzeit der im Amte befindlichen, auch der auf Lebenszeit gewählten unbesoldeten Magistratsmitglieder (Beigeordneten), unbesoldeten Gemeinde- (Kirchspiels-, Dorf- und Bauernschafts-) Vorsteher sowie unbesoldeten Schöffen. Die Neuwahlen haben alsbald nach der Neuwahl der Gemeindevertretungen stattzufinden; die Ausscheidenden bleiben bis zur Einführung der Neugewählten im Amte. Die Wahlzeit der Neugewählten endigt gleichzeitig mit der Wahlzeit der neuen Gemeindevertretung; die Ausscheidenden bleiben bis zur Einführung der Neugewählten im Amte. § 8 Satz 1 bis 5 finden entsprechende Anwendung. Ist ein Bewerber auf dem Wahlvorschlage nicht mehr vorhanden, so wird der Ersatzmann durch die Mehrheit der Unterzeichner des Wahlvorschlags und, soweit sie nicht mehr Gemeindevertreter sind, ihrer Ersatzmänner bestimmt.

(2) Wählbar zu unbesoldeten Magistratsmitgliedern (Beigeordneten), unbesoldeten Gemeinde- (Kirchspiels-, Dorf- und Bauernschafts-) Vorstehern sowie unbesoldeten Schöffen sind die zur Gemeindevertretung nach § 2 wählbaren Personen.

[Neuwahl d. Amtsvertretungen] § 10.

(1) Gleichzeitig mit der Wahlzeit der Gemeindevertretungen endigt die Wahlzeit der Amtsvertretungen[1]) in der Rheinprovinz und der Amtsvertretungen in der Provinz Westfalen. Die

[1]) Vgl. § 2 des Gesetzes vom 27. Dezember 1927, oben Nr. 14.

ausscheidenden Mitglieder bleiben bis zur Einführung der Neugewählten in Tätigkeit.

(2) Die gewählten Abgeordneten der Amtsvertretungen[1]) in der Rheinprovinz und die gewählten Amtsverordneten der Amtsvertretungen in der Provinz Westfalen werden gleichzeitig mit den Gemeindevertretungen neu gewählt. Die Zahl der für jede Bürgermeisterei- oder Amtsvertretung[1]) zu wählenden Abgeordneten oder Amtsverordneten bestimmt sich nach dem zurzeit geltenden Kreisausschußbeschluß oder Amtsstatute. Auf die Wahl finden die §§ 2 bis 8 mit der Maßgabe Anwendung, daß an die Stelle des Wohnsitzes im Gemeindegebiete der Wohnsitz im Bezirke der Landbürgermeisterei oder[1]) des Amtes tritt und daß grundsätzlich jede Gemeinde einen besonderen Wahlbezirk bildet. Gemeinden, welche nur einen Abgeordneten oder Amtsverordneten zu wählen haben, sind zu Wahlbezirken zu vereinigen, die durch Beschluß des Kreisausschusses so festzusetzen sind, daß jeder Wahlbezirk mindestens zwei Abgeordnete oder Amtsverordnete zu wählen hat.

(3) Abs. 1 und 2 finden auf die Wahl der zu wählenden Gemeindeverordneten der Kirchspielslandgemeinden in den Kreisen Husum, Norderdithmarschen und Süderdithmarschen mit der Maßgabe entsprechende Anwendung, daß die Zahl der für jede Kirchspielslandgemeinde zu wählenden Gemeindeverordneten sich nach dem zurzeit geltenden Gemeindestatute bestimmt.

§ 11.

[Enthielt eine einmalige Übergangsvorschrift.]

[Freigewordene Stellen besoldeter Bürgermeister usw.]

§ 12.

(1) Die Stellen der besoldeten Bürgermeister, Magistratsmitglieder (Beigeordneten), Gemeindevorsteher und Schöffen dürfen von den bisherigen Gemeindevertretungen nur besetzt werden, wenn die Wahl eine Mehrheit von mindestens ⅔ der tatsächlich vorhandenen Mitglieder der Gemeindevertretung ergeben hat.

(2) Soweit die im Abs. 1 genannten Personen auf Grund einer Präsentation der Gemeindevertretung durch die Bürgerschaft gewählt werden, findet auf die Präsentation durch die Gemeindevertretung Abs. 1 Anwendung; die Wahl durch die Bürgerschaft erfolgt geheim durch verdeckte Stimmzettel.

§ 13.

[(Geändert durch Gesetz vom 31. Dezember 1926, GS. S. 367) enthielt inzwischen bedeutungslos gewordene Übergangsvorschriften.]

---

[1]) Vgl. § 2 des Ges. v. 27. Dezember 1927, oben Nr. 14.

[Wahlzeit d. besold. Bürgerm. usw.] § 14.

(1) Soweit die in den §§ 12 [und 13] genannten Personen bisher auf Lebenszeit gewählt werden können oder müssen oder bisher auf Lebenszeit ernannt werden, wird die Wahl- oder Amtszeit auf 12 Jahre beschränkt.

(2) Soweit die im § 9 genannten Personen bisher auf Lebenszeit gewählt werden können und müssen, endigt in Zukunft ihre Wahlzeit gleichzeitig mit derjenigen der Gemeindevertretung, die sie gewählt hat.

§§ 15—17.

[Enthielten einmalige Übergangsvorschriften.]

[Neuwahlen] § 18.

Auf Neuwahlen von Vertretungskörperschaften, die in Städten, Landgemeinden, Landbürgermeistereien, Ämtern und Kirchspielslandgemeinden im Einzelfalle vor dem Inkrafttreten der neuen Städte- und Landgemeindeordnung stattfinden, finden die Vorschriften der § 1 Satz 3, §§ 2 bis 10, 14 Anwendung.

[Berlin] § 19.

Auf die Stadtgemeinde Berlin findet dieses Gesetz keine Anwendung.

[Helgoland] § 20.

Auf die Gemeinde Helgoland finden die Vorschriften dieses Gesetzes keine Anwendung. Der Zeitpunkt der Neuwahl der Gemeindevertretung in Helgoland wird durch die neue Landgemeindeordnung bestimmt.

[Übergangsvorschrift] § 21.

Die entgegenstehenden Vorschriften der Gemeindeverfassungsgesetze und der sonstigen Gesetze werden aufgehoben.

[Ausführungsbestimmungen] § 22.

Der Minister des Innern erläßt die Bestimmungen zur Ausführung dieses Gesetzes.

b) Gesetz zur Ergänzung des Gesetzes über die vorläufige Regelung der Gemeindewahlen (Gemeindewahlgesetz) in der Fassung der Bekanntmachung vom 12. Februar 1924 (GS. S. 99).

Vom 14. Juni 1924 (GS. S. 551)
in der Fassung des Gesetzes vom 24. Juli 1924 (GS. S. 591).

[Wahl d. Gemeindevorsteher, Beigeordneten, Schöffen in Landgem.] § 1.

(1) Die Gemeinde- (Bauernschafts-, Dorf-) Vorsteher, Beigeordneten, Stellvertreter und Schöffen in Landgemeinden wer-

15*

den, soweit die Wahl durch die Gemeindevertretung (Gemeinderat, Gemeindeausschuß) geschieht, nur von den gewählten Gemeindeverordneten gewählt.

(2) Bei der in den Kreisen **Norderdithmarschen, Süderdithmarschen** und **Husum** von den Kirchspielslandgemeindevertretungen vorzunehmenden Wahl der Gemeindevorsteher und Stellvertreter sind die Bauernschafts- (Dorf-) Vorsteher als Mitglieder der Gemeindevertretung nur dann stimmberechtigt, wenn sie gemäß § 9 oder § 16 des Gemeindewahlgesetzes vom 12. Februar 1924 neu gewählt sind und wenn bei ihrer Wahl die Vorschrift des Abs. 1 Anwendung gefunden hat; der Kirchspielslandgemeindevorsteher und sein Stellvertreter sowie im Kreise Husum die Koogsvorsteher sind nicht stimmberechtigt.

[Wahlrecht] **§ 2.**

[Abs. 1 enthielt eine einmalige Übergangsvorschrift.]

(2) Für die Wahlberechtigung in den Gemeindeversammlungen gelten die Vorschriften der §§ 2 und 3 des Gemeindewahlgesetzes.

[Wahl d. Bürgerm. usw. in Städten] **§ 3.**

Die Bürgermeister und sonstigen Magistratsmitglieder in Städten mit Magistratsverfassung werden, soweit bisher ihre Wahl in anderer Weise als durch die Bürgerschaft oder Gemeindevertretung (Stadtverordnetenversammlung, bürgerschaftliches Kollegium) allein stattfindet, fortan nur von den gewählten Mitgliedern der Gemeindevertretung gewählt.

[Verfahren] **§ 4.**

(1) Die Wahlen werden, wenn niemand widerspricht, durch Zuruf, sonst durch Abgabe von Stimmzetteln vollzogen. Bei der Zettelwahl wird, wenn mehrere gleichartige unbesoldete Wahlstellen zu besetzen sind, in einem Wahlgange nach den Grundsätzen der Verhältniswahl, wenn nur eine unbesoldete Wahlstelle, oder wenn mehrere ungleichartige unbesoldete oder wenn besoldete Wahlstellen zu besetzen sind, für jede Stelle in besonderem Wahlgange nach Stimmenmehrheit gestimmt.

(2) Wird nach den Grundsätzen der Verhältniswahl abgestimmt, so sind die Wahlstellen auf die Wahlvorschläge nach der Reihenfolge der Höchstzahlen zu verteilen, die sich durch Vollrechnung, Halbteilung, Drittelung, Viertelung usw. der auf die Wahlvorschläge entfallenden Stimmzahlen ergeben. Über die Zuteilung der letzten Wahlstelle entscheidet bei gleichen Höchstzahlen das Los.

(3) Wird nach Stimmenmehrheit abgestimmt, so ist derjenige gewählt, für den mehr als die Hälfte der gültigen Stimmen

abgegeben sind. Wird dies Ergebnis im ersten Wahlgange nicht erreicht, so findet zwischen denjenigen Personen, welche die meisten Stimmen erhalten haben, eine engere Wahl statt, die, wenn auf mehr als vier Personen Stimmen gefallen sind, auf diejenigen vier zu beschränken ist, die im ersten Wahlgange die meisten Stimmen erhalten haben. Werden auch im zweiten Wahlgange nicht mehr als die Hälfte der gültigen Stimmen für eine Person abgegeben, so findet unter den zwei Personen, die bei der zweiten Abstimmung die meisten Stimmen erhalten haben, eine engere Wahl statt. Bei Stimmengleichheit entscheidet das vom Vorsitzenden zu ziehende Los, wer in die engere Wahl zu bringen oder im dritten Wahlgange gewählt ist.

[Präsentation] **§ 5.**

Soweit eine Präsentation von Magistratsmitgliedern stattfindet, steht das Recht der Präsentation der Stadtverordnetenversammlung zu. § 4 findet entsprechende Anwendung.

[Wahl d. die Gemeindeangehörigen] **§ 6.**

(1) Die Vorschrift des § 2 Abs. 2 findet auch in den Fällen Anwendung, in denen die Wahlen von sämtlichen Wahlberechtigten einer Gemeinde vorzunehmen sind.

(2) Wenn die letzte Wahl zur Gemeindevertretung nicht länger als sechs Monate hinter dem Wahltage zurückliegt, kann durch Gemeindebeschluß bestimmt werden, daß den Wahlen die Bürgerlisten zugrunde zu legen sind, auf Grund deren die Wahl zur Gemeindevertretung stattgefunden hat.

[Inkrafttreten] **§ 7.**

(1) Dieses Gesetz tritt mit dem Tage seiner Verkündung in Kraft.

[Abs. 2 und 3 enthielten einmalige Übergangsvorschriften.]

[Ausführungsbestimmungen] **§ 8.**

Der Minister des Innern erläßt die Bestimmungen zur Ausführung dieses Gesetzes.

c) Gesetz über die Festsetzung der Gemeindewahlen.

Vom 18. April 1928 (GS. S. 99)
in der Fassung der Bekanntmachung vom 1. November 1928 (GS. S. 207),
geändert durch Gesetz vom 26. Februar 1929 (GS. S. 7).

[Zeitpunkt der Neuwahl] **§ 1.**

Die Gemeindevertretungen der Städte und Landgemeinden sowie die Amtsvertretungen in der Rheinprovinz und der Provinz Westfalen sind bis zum 31. Dezember 1929 neu zu wählen. Die Wahlen dürfen nicht vor dem 30. September stattfinden.

[Wahlzeit] § 2.

(1) Die Dauer der Wahlzeit beträgt für sämtliche Gemeindevertretungen, Amtsvertretungen und Vertretungen der Kirchspielslandgemeinden vier Jahre. Einzelne Neuwahlen, die aus besonderem Anlaß während der laufenden Wahlzeit erfolgen, gelten nur bis zum Ablaufe der allgemeinen Wahlzeit. Finden sie innerhalb zwölf Monaten vor Ablauf der allgemeinen Wahlzeit statt, so endet die Wahlzeit erst gleichzeitig mit der nächsten allgemeinen Wahlzeit.

(2) Das Staatsministerium wird ermächtigt, für die allgemeinen Neuwahlen (§ 1 in Verbindung mit Abs. 1 Satz 1) den Wahltag zu bestimmen.

[Neuwahl der Deputationen usw.] § 3.

Nach jeder Neuwahl der Gemeindevertretungen sind die gewählten Mitglieder aller Gemeindedeputationen und -kommissionen neu zu wählen.

[Schleswig-Holstein] § 4.

Im Geltungsbereiche der Städteordnung für die Provinz Schleswig-Holstein werden fortan die unbesoldeten Magistratsmitglieder nur von den gewählten Mitgliedern der Gemeindevertretung gewählt.

[Freigewordene Stellen] § 5.

(1) §§ 12 und 20 des Gemeindewahlgesetzes vom 9. April 1923 in der Fassung der Bekanntmachung vom 12. Februar 1924 (GS. S. 99) finden Anwendung.

(2)[1]) § 12 des Gemeindewahlgesetzes vom 9. April 1923 in der Fassung der Bekanntmachung vom 12. Februar 1924 (GS. S. 99) findet keine Anwendung auf die Stellen der besoldeten Bürgermeister, Magistratsmitglieder (Beigeordneten), Gemeindevorsteher und Schöffen solcher Gemeinden, deren Gemeindevertretungen nach dem 1. März 1928 neugewählt worden sind.

(3)[1]) In allen anderen Gemeinden kann die Wahlzeit der besoldeten Bürgermeister, Magistratsmitglieder (Beigeordneten), Gemeindevorsteher und Schöffen, die vor dem Zusammentritt der durch die allgemeinen Neuwahlen (§ 1, § 2 Abs. 2) neugewählten Gemeindevertretun-

---

[1]) Abs. 2 und 3 angefügt durch das Gesetz vom 26. Februar 1929.

gen abläuft, durch die Gemeindevertretung bis zum 31. März 1930 verlängert werden, wenn der Stelleninhaber zustimmt.

[Inkrafttreten] § 6.

Dieses Gesetz tritt mit dem auf die Verkündung folgenden Tage in Kraft.

[Ausführungsanweisungen] § 7.

Der Minister des Innern erläßt die zur Ausführung dieses Gesetzes nötigen Anweisungen[1]).

16 a. Gesetz über die kommunale Neugliederung des rheinisch-westfälischen Industriegebiets.

(Auszug.)

Vom 29. Juli 1929 (GS. S. 91).

[Nachdem die Frage der kommunalen Gliederung des rheinisch-westfälischen Industriegebietes in Eingemeindungsgesetzen vom 26. Februar 1926 (GS. S. 53) betr. namentlich Gelsenkirchen und Recklinghausen und vom 22. März 1928 (GS. S. 17) betr. namentlich Dortmund Teilregelungen erfahren hatte, erging am 29. Juli 1929 ein Gesetz, das für den ganzen übrigen Teil des hier sehr weit gezogenen Industriegebietes die seit langem angestrebte Gesamtregelung brachte.

An Bestimmungen von allgemeiner und dauernder Bedeutung, die hier allein wiederzugeben waren, enthielt dieses Eingemeindungsgesetz von 1929 selbst nur die über die zwischengemeindlichen Arbeitsgemeinschaften (§ 61); von den übrigen Bestimmungen, welche den Umfang der Umgemeindung im einzelnen umschreiben, bringen wir mit den §§ 1—4 nur sozusagen einige Proben; angefügt ist die eigenartige Übergangslösung für Krefeld in § 7.

Das dem Eingemeindungsgesetz von 1929 beigegebene Einführungsgesetz ist von allgemeiner Bedeutung einmal durch die Regelung der Einwirkung der Umgemeindungen auf das Orts- und Kreisrecht, die Polizeiverordnungen und die Beamtenverhältnisse, weiter durch die Aufhebung der Bestimmungen über das Ausscheiden von Stadt- und Landkreisen für ganz Preußen und wird insoweit wiedergegeben.]

[1]) Runderlasse des M. d. J. vom 31. März 1928 (MBliV. S. 369), vom 18. November 1928 (MBliV. S. 1118) und vom 13. Dezember 1928 (MBliV. S. 1188).

Teil I. Regierungsbezirk Düsseldorf.

A. Linkes Rheinufer.

Abschnitt I: Auflösung von Landkreisen.

§ 1.

Die Landkreise Krefeld, Kempen, Gladbach, Grevenbroich und Neuß werden aufgelöst.

Abschnitt II: Stadtgemeinde Gladbach=Rheydt.

§ 2.

(1) Die Stadtgemeinden und Stadtkreise M.=Gladbach und Rheydt werden unter Grenzberichtigungen gegenüber der Stadtgemeinde Viersen und der Landgemeinde Neersen gemäß den Grenzbeschreibungen der Anlage A dieses Gesetzes unter I zu einer Stadtgemeinde und einem Stadtkreis Gladbach=Rheydt zusammengeschlossen.

(2) In diese Stadtgemeinde werden eingegliedert:
1. die Stadtgemeinde Odenkirchen des Landkreises Gladbach;
2. die Landgemeinden Giesenkirchen, Schelsen und Hardt des Landkreises Gladbach.

§ 3.

Die Ämter Hardt und Schelsen werden aufgelöst.

Abschnitt III: Stadtgemeinde Krefeld=Uerdingen a. Rh.

§ 4.

In die Stadtgemeinde und den Stadtkreis Krefeld werden eingegliedert
1. aus dem Landkreis Krefeld:
   a) die Landgemeinde Gellep=Stratum, [usw.]
2. aus dem Landkreise Kempen:
   Teile der Landgemeinden Hüls, [usw.]

. . . .

[Übergangsregelung]

§ 7.

(1) Die Stadtgemeinden Krefeld (§ 4) und Uerdingen (§ 6) werden zu einer Stadtgemeinde und einem Stadtkreis „Krefeld=Uerdingen a. Rh." vereinigt, wobei für eine längere Übergangszeit nur bestimmte Verwaltungszweige in die gemeinsame Verwaltung

übergehen, die übrigen aber von beiden Stadtteilen unter entsprechender Anwendung der Vorschriften der Städteordnung für die Rheinprovinz vom 15. Mai 1856 (Gesetzsamml. S. 406)[1]) getrennt und selbständig verwaltet werden. Das Nähere bestimmt eine von den gemeinschaftlichen Organen der neuen Stadtgemeinde mit Zustimmung der Organe der beiden Stadtteile zu erlassende Ortssatzung, die der Genehmigung der Aufsichtsbehörde bedarf. Kommt die Ortssatzung innerhalb eines Jahres nicht zustande, so wird sie von der Aufsichtsbehörde erlassen. Sowohl die Stadtgemeinde Krefeld-Uerdingen a. Rh. als auch die Stadtteile Krefeld und Uerdingen sind Körperschaften des öffentlichen Rechtes.

(2) Die Stadtteile Krefeld und Uerdingen bilden für die kommunalen Wahlen je einen eigenen Wahlbezirk.

(3) Für die Dauer der Übergangszeit gelten die Stadtteile Krefeld und Uerdingen im Sinne des kommunalen Abgabenrechts und des preußischen Ausführungsgesetzes zum Finanzausgleichsgesetz als Gemeinden, soweit nicht die Eigenschaft als Stadtkreis Voraussetzung der sich aus diesen Vorschriften ergebenden Zuständigkeiten, Berechtigungen oder Verpflichtungen ist. Der § 52 der Gewerbesteuerverordnung findet im Verhältnis der beiden Stadtteile zueinander keine Anwendung.

. . . .

[Entsprechend diesen des Beispiels halber angeführten Bestimmungen werden in den §§ 8—60 die übrigen Veränderungen zunächst im Regierungsbezirk Düsseldorf (namentlich bezüglich Duisburg-Hamborn, Oberhausen, Essen, Düsseldorf, Solingen, Barmen-Elberfeld), dann die im Regierungsbezirk Münster (Stadt- und Landkreis Recklinghausen), endlich die im Regierungsbezirk Arnsberg (Dortmund, Bochum, Wattenscheid, Witten, Hagen, Iserlohn) im einzelnen umschrieben.]

Teil IV.
Bildung zwischengemeindlicher Arbeitsgemeinschaften.

§ 61.

(1) Zur Förderung zwischengemeindlicher Zusammenarbeit (§ 41 des Einführungsgesetzes zu dem Gesetz über die kommunale Neugliederung des rheinisch-westfälischen Industriegebiets) werden zu Arbeitsgemeinschaften zusammengeschlossen:

1. die Stadtgemeinde Gladbach-Rheydt und der Landkreis Grevenbroich-Neuß;
2. die Stadtgemeinden Duisburg-Hamborn, Oberhausen, Bottrop, Mülheim, Essen und der Landkreis Dinslaken;

---

[1]) Oben Nr. 12.

3. die Stadtgemeinden Barmen-Elberfeld, Remscheid, Solingen und der Landkreis Solingen-Lennep;
4. die Stadtgemeinden Gelsenkirchen-Buer, Bochum, Wattenscheid, Wanne-Eickel, Herne, Castrop-Rauxel, Dortmund;
5. die Stadtgemeinden Recklinghausen, Gelsenkirchen-Buer, Gladbeck, Bottrop und der Landkreis Recklinghausen;
6. die Stadtgemeinde Hagen und die Landkreise Ennepe-Ruhrkreis und Iserlohn.

(2) Wünschen Stadt- oder Landkreise, die den Arbeitsgemeinschaften des Abs. 1 nicht angeschlossen sind, einer Arbeitsgemeinschaft beizutreten, so kann der Beitritt erfolgen, wenn sämtliche in der Arbeitsgemeinschaft bisher zusammengeschlossenen Gemeinwesen zustimmen.

Teil V.
Siedlungsverband Ruhrkohlenbezirk.

[Die durch §§ 62—64 gebrachten Änderungen am Gesetz über den Ruhrsiedlungsverband sind bei diesem (s. unten Nr. 17, §§ 2 und 5) bereits berücksichtigt.]

Schlußvorschriften.

§ 65.

Dieses Gesetz tritt mit dem auf die Verkündung folgenden Tage[1]) in Kraft.

§ 66.

Die beteiligten Minister erlassen die zur Ausführung dieses Gesetzes nötigen Bestimmungen.

[1]) Die Verkündung erfolgte am 31. Juli 1929.

16b. Einführungsgesetz zu dem Gesetz über die kommunale Neugliederung des rheinisch-westfälischen Industriegebiets.

(Auszug.)

Vom 29. Juli 1929/28. Januar 1930
(GS. 1929 S. 137, 1930 S. 15).

Teil I. Rechtsfolgen der Grenzänderungen.

Abschnitt I: Rechtsnachfolge.

§ 1.

Rechtsnachfolger der aufgelösten Landkreise sind:
1. der Landkreise Krefeld und Kempen: der Landkreis Kempen-Krefeld;
2. [usw.]

§ 2.

Rechtsnachfolger der aufgelösten Ämter sind:
1. der Ämter Hardt und Schelsen: die Stadtgemeinde Gladbach-Rheydt;
2. [usw.]

§ 3.

(1) Rechtsnachfolger der aufgelösten Gemeinden sind die Gemeinden, in die sie eingegliedert oder zu denen sie zusammengeschlossen werden. Für Gemeinden, deren Teile — abgesehen von bloßen Grenzberichtigungen — in verschiedene Gemeinden eingegliedert werden, gilt folgendes:

(2) Es ist Rechtsnachfolger:
1. der Landgemeinde Benrad: die Landgemeinde Hüls;
2. [usw.]

§ 4.

(1) Rechtsnachfolger der Stadtgemeinden Krefeld und Uerdingen sind die Stadtteile Krefeld und Uerdingen. In bezug auf die gemäß § 7 des Gesetzes über die kommunale Neugliederung des rheinisch-westfälischen Industriegebiets in die gemeinsame Verwaltung der Stadtgemeinde Krefeld-Uerdingen a. Rh. übergehenden Verwaltungszweige ist Rechtsnachfolger die Stadtgemeinde Krefeld-Uerdingen a. Rh.

(2) Rechtsnachfolger der Landgemeinden Gellep-Stratum, Fischeln und Traar sowie der Ämter Fischeln und Traar sind der Stadtteil Krefeld und die Stadtgemeinde Krefeld-Uerdingen a. Rh. nach Maßgabe der Vorschrift des Abs. 1.

Abschnitt II: Rückwirkung der Grenzänderungen auf andere als kommunale Grenzen.

[Wahlbezirke] § 5.

Die infolge der kommunalen Neugliederung des rheinisch-westfälischen Industriegebiets eintretende Änderung von Gemeindegrenzen, die zugleich Grenzen von Wahlkreisen (Wahlkreisverbänden) im Sinne des Reichs- und des Landeswahlgesetzes oder von Wahlbezirken im Sinne des Wahlgesetzes für die Provinziallandtage und Kreistage vom 7. Oktober 1925 sind, zieht zugleich die Veränderung dieser Grenzen nach sich.

[Gerichtsbezirke] § 6.

(1) Die Amtsgerichte und Landgerichte für diejenigen Stadt- und Landgemeinden, deren Gebiet durch die kommunale Neugliederung des rheinisch-westfälischen Industriegebiets eine Neuregelung erhält, behalten ihre Bezirke bis auf weiteres bei.

(2) Das Staatsministerium wird ermächtigt, die Grenzen der im Abs. 1 bezeichneten Gerichtsbezirke aus Anlaß der kommunalen Neugliederung durch Verordnung abzuändern.

[Schulverbände] § 7.

Über die infolge der kommunalen Neugliederung notwendig werdende Änderung oder Auflösung der bestehenden Gesamtschulverbände oder Bildung neuer Gesamtschulverbände beschließt die Schulaufsichtsbehörde gemäß § 3 des Volksschulunterhaltungsgesetzes vom 28. Juli 1906. Bei Widerspruch von Beteiligten findet die Vorschrift des § 3 Abs. 1 Satz 2 a. a. O. auch im Falle des § 2 Satz 2 a. a. O. Anwendung.

[Kirchen] § 8.

Die kirchlichen Verhältnisse werden durch die kommunale Neugliederung des rheinisch-westfälischen Industriegebietes nicht berührt.

Abschnitt III: Ruhegehaltskassen.

§ 9.

(1) Die gemäß § 27 der Kreisordnung für die Rheinprovinz und § 28 der Kreisordnung für die Provinz Westfalen und den Satzungen für die Ruhegehaltskasse der Landbürgermeistereien[1]) und Landgemeinden in der Rheinprovinz und der Ruhegehalts-

[1]) D. h. jetzt „Ämter", s. § 2 des (älteren!) G. v. 27. Dezember 1927, oben Nr. 14.

kasse für die Amtsverbände und Landgemeinden in der Provinz Westfalen bestehende Verpflichtung dieser Kassen auf Zahlung von Ruhegehalt und Hinterbliebenenfürsorge geht hinsichtlich der Beamten, Ruhegehaltsempfänger und Hinterbliebenen von Gemeinden, die in eine diesen Kassen nicht als Mitglied angehörende Gemeinde eingegliedert oder zu einer solchen Gemeinde zusammengeschlossen werden, auf den Rechtsnachfolger der eingegliederten Gemeinde oder die neue Gemeinde über.

(2) Entsprechendes gilt hinsichtlich der Verpflichtung auf Zahlung von Ruhegehalt und Hinterbliebenenfürsorge für die Beamten (Ruhegehaltsempfänger und Hinterbliebenen) der aufgelösten Ämter.

(3) Diese Vorschrift findet auch Anwendung auf die Verpflichtung hinsichtlich der Beamten (Ruhegehaltsempfänger und Hinterbliebenen) von Gemeinden (Ämtern), die durch die Gesetze vom 26. Februar 1926 (Gesetzsamml. S. 53) und 22. März 1928 (Gesetzsamml. S. 17) eingegliedert oder zusammengeschlossen worden sind.

Abschnitt IV: Orts- und Kreisrecht.

[Ortsrecht bei Eingemeindungen] § 10.

In den Gebieten, die durch die kommunale Neugliederung in eine andere Gemeinde eingegliedert werden, tritt das Ortsrecht der Gemeinde, in die sie eingegliedert werden, 6 Monate nach der Eingliederung in Kraft, falls nicht durch Gemeindebeschluß oder Ortssatzung etwas anderes bestimmt wird. Bis zum Inkrafttreten des neuen Ortsrechts oder bis zur anderweiten Bestimmung durch Gemeindebeschluß oder Ortssatzung bleibt das in jedem Gebietsteile bisher geltende Ortsrecht in Kraft.

[Ortsrecht bei Umgemeindungen] § 11.

(1) In den Gebieten, die durch die kommunale Neugliederung zu einer neuen Gemeinde zusammengeschlossen werden, bleibt das in jedem Gebietsteile bisher geltende Ortsrecht vorläufig in Kraft. Es tritt zwölf[1]) Monate nach dem Zusammenschluß außer Kraft, sofern nicht schon vor diesem Zeitpunkte das bisherige Ortsrecht durch neues Ortsrecht außer Kraft gesetzt wird. Soweit neues Ortsrecht vor Ablauf von sechs Monaten nach dem Zusammenschluß nicht geschaffen wird, kann die Beschlußbehörde bis zum Erlaß neuen Ortsrechts die erforderlichen Satzungen, Ordnungen und Beschlüsse beschließen.

---

[1]) So nach dem Änderungsgesetz. v. 28. Januar 1930 (ursprünglich sechs Monate).

(2) Für die durch die kommunale Neugliederung neugebildeten Ämter gilt Abs. 1 entsprechend.

[Kreisrecht bei Eingliederung] **§ 12.**

(1) In Gebieten, die durch die kommunale Neugliederung in einen anderen Landkreis eingegliedert werden, tritt das Kreisrecht des Kreises, in den sie eingegliedert werden, mit der Eingliederung in Kraft. Zu demselben Zeitpunkt tritt das bisherige Kreisrecht außer Kraft.

(2) Das gleiche (Abs. 1) gilt für die Gebiete, die in ein anderes Amt eingegliedert werden.

[Kreisrecht bei Zusammenschluß] **§ 13.**

Für Gebiete, die durch die kommunale Neugliederung zu einem neuen Landkreise zusammengeschlossen werden, gilt § 11 Abs. 1 entsprechend.

[Steuerbeschlüsse] **§ 13a**[1]).

(1) Im Falle der Eingliederung (§ 10) und des Zusammenschlusses (§ 11) bleiben die zur Zeit der Eingliederung oder des Zusammenschlusses geltenden Beschlüsse über die Höhe der Zuschläge zu den Realsteuern sowie über die Höhe der Steuersätze, die nach besonderen Realsteuerordnungen erhoben werden (Steuerverteilungsbeschlüsse), bis zum Inkrafttreten der Steuerverteilungsbeschlüsse für das Rechnungsjahr 1930 in Kraft, falls nicht die Gemeinde anders beschließt.

(2) Für die durch die kommunale Neugliederung neugebildeten Ämter (§ 11 Abs. 2) und für Gebiete, die durch die kommunale Neugliederung zu einem neuen Landkreise zusammengeschlossen worden sind (§ 13), gilt Entsprechendes hinsichtlich der Beschlüsse über die Deckung des Amtsbedarfs und die Erhebung der Kreisabgabe.

[Wohnsitzanrechnung] **§ 14.**

Soweit der Wohnsitz oder der Aufenthalt in einem Gemeinwesen (Gemeinde, Amt, Kreis) für Rechte und Pflichten maßgebend ist, wird

1. im Falle der Eingliederung die Dauer des Wohnsitzes oder des Aufenthalts in dem eingegliederten Gebiet auf die Dauer des Wohnsitzes oder Aufenthalts in dem Gebiete des Gemeinwesens, in welches die Eingliederung erfolgt, angerechnet;

---

[1]) Eingefügt durch das Änderungsgesetz v. 28. Januar 1930.

2. im Falle des Zusammenschlusses der Wohnsitz oder der Aufenthalt in den zusammengeschlossenen Gebieten als Wohnsitz oder Aufenthalt in dem neugebildeten Gemeinwesen angesehen.

[Polizeiverordnungen]

§ 15.

Für Polizeiverordnungen gilt folgendes:

1. In den Gebieten, die durch die kommunale Neugliederung in eine andere Gemeinde eingegliedert werden, treten mit der Eingliederung die bisher in jedem Gebietsteile geltenden Ortspolizeiverordnungen außer Kraft und die in der Gemeinde, in die die Eingliederung erfolgt ist, geltenden Ortspolizeiverordnungen in Kraft.
2. In den Gebieten, die durch die kommunale Neugliederung zu einer neuen Gemeinde zusammengeschlossen werden, bleiben die in jedem Gebietsteile bisher geltenden Ortspolizeiverordnungen vorläufig in Kraft. Sie treten zwölf[1]) Monate nach dem Zusammenschluß außer Kraft, sofern nicht schon vor diesem Zeitpunkte die bisher geltenden Polizeiverordnungen durch neue Polizeiverordnungen außer Kraft gesetzt werden.
3. Kreis- und Regierungspolizeiverordnungen treten für die durch die kommunale Neugliederung in den Kreis oder den Regierungsbezirk eingegliederten Gebiete mit der Eingliederung in Kraft. Zu demselben Zeitpunkte treten die bisher geltenden Kreis- und Regierungspolizeiverordnungen außer Kraft.
4. Für Gebiete, die durch die kommunale Neugliederung zu einem neuen Landkreise zusammengeschlossen werden, findet hinsichtlich der Kreispolizeiverordnungen Nr. 2 entsprechende Anwendung.

Abschnitt V: Beamte und Angestellte.

Unterabschnitt A: Ehrenbeamte.

§ 16.

Die Amtszeit der Ehrenbeamten der durch das Gesetz über die kommunale Neugliederung des rheinisch-westfälischen Industriegebiets aufgelösten Kreise, Ämter und der Gemeinden, die in eine andere Gemeinde eingegliedert oder mit anderen Gemeinden zusammengeschlossen werden, endigt mit dem Inkrafttreten dieses Gesetzes.

---

[1]) So nach dem Änderungsges. v. 28. Januar 1930 (ursprünglich sechs Monate).

Unterabschnitt B: Besoldete Beamte und Angestellte.

§ 17.

Die Rechtsverhältnisse der besoldeten Beamten und Angestellten der an der kommunalen Neugliederung beteiligten Kreise, Ämter und Gemeinden werden durch das Gesetz über die kommunale Neugliederung des rheinisch-westfälischen Industriegebietes nur nach Maßgabe der folgenden Vorschriften berührt.

1. Übertritt in den Dienst des Rechtsnachfolgers.

[Übertritt]

§ 18.

(1) Die besoldeten Beamten und Angestellten der durch das Gesetz über die kommunale Neugliederung des rheinisch-westfälischen Industriegebiets aufzulösenden Landkreise, Ämter und Gemeinden treten in den Dienst des Rechtsnachfolgers über.

(2) Bei deren Verwendung soll nach Möglichkeit auf die derzeitige Wohnung Rücksicht genommen werden. Insbesondere gilt dies für diejenigen Beamten, deren wirtschaftliche und Familienverhältnisse einen Umzug erschweren. Falls der Übertritt in den Dienst des Rechtsnachfolgers einen Wechsel der Wohnung bedingt, ist der Rechtsnachfolger verpflichtet, Umzugskosten und Wohnungsbeihilfen nach Maßgabe der für die unmittelbaren Staatsbeamten geltenden Bestimmungen zu leisten.

(3) Die im § 59 des Gesetzes über die Neuregelung der kommunalen Grenzen im rheinisch-westfälischen Industriebezirke vom 26. Februar 1926 (Gesetzsamml. S. 53) gesetzte Frist von fünf Jahren endet mit dem Inkrafttreten dieses Gesetzes.

[Voraussetzungen]

§ 19.

(1) Ein Beamter ist zur Übernahme eines Amtes im Dienste des Rechtsnachfolgers oder der zur Übernahme verpflichteten Gemeinde (Gemeindeverband) nur verpflichtet, falls die Aufgaben, das Diensteinkommen und die Versorgung denen des bisherigen Amtes gleichwertig sind.

(2) Ist ein solches Amt in der betreffenden Gemeinde (Gemeindeverband) nicht vorhanden oder nicht frei, und liegt auch kein Bedürfnis vor, ein solches zu gründen, so ist ihm unter Wahrung seiner Gehalts- und Versorgungsansprüche eine einem solchen entsprechende Dienstbezeichnung zu verleihen.

(3) Ein Beamter, dem vom Rechtsnachfolger oder der zur Übernahme verpflichteten Gemeinde (Gemeindeverband) ein ständiges Amt nicht übertragen worden ist, ist unter entsprechender Voraussetzung (Abs. 1) zu gelegentlichen Dienstleistungen verpflichtet.

[Schiedsstelle] **§ 20.**

(1) Darüber, ob die Voraussetzungen des § 19 vorliegen, entscheidet im Streitfall eine Schiedsstelle (§ 21). Vorläufige Übernahme des angebotenen Amtes hat auf die Entscheidung keinen Einfluß. Die Schiedsstelle hat, wenn sie die Voraussetzungen des § 19 als gegeben ansieht, dahin zu beschließen, daß der Beamte bei Verlust des Anspruchs auf Diensteinkommen, Ruhegehalt und Hinterbliebenenfürsorge zur Übernahme des Amtes verpflichtet ist. Sie hat in diesem Falle einen letzten Termin zu bestimmen, bis zu welchem der Beamte den Dienst anzutreten hat. Die Schiedsstelle kann beschließen, daß für den Fall der Nichtübernahme des Amtes dem Beamten das gesetzliche Ruhegehalt ganz oder teilweise für Lebenszeit oder für bestimmte Zeit von dem Rechtsnachfolger zu zahlen ist. Hat der Beamte eine ruhegehaltsfähige Dienstzeit von zehn Jahren noch nicht zurückgelegt, so kann die Schiedsstelle beschließen, daß ihm das Ruhegehalt ganz oder teilweise auf Lebenszeit oder für eine bestimmte Zeit zu zahlen ist, das ihm zustehen würde, wenn er zur Zeit des Ausscheidens eine ruhegehaltsfähige Dienstzeit von zehn Jahren bereits zurückgelegt hätte. Insoweit nach vorstehenden Vorschriften ein Ruhegehalt gewährt wird, steht den Hinterbliebenen des Beamten auch eine der Höhe des Ruhegehalts entsprechende Hinterbliebenenversorgung zu.

(2) Der Beschluß der Schiedsstelle im Falle des Abs. 1 hat hinsichtlich der Beendigung des Dienstverhältnisses und der vermögensrechtlichen Folgen die Wirkung eines rechtskräftigen Disziplinarurteils.

[Zusammensetzung] **§ 21.**

(1) Für die Provinz Westfalen und den Regierungsbezirk Düsseldorf wird je eine Schiedsstelle gebildet.

(2) Die Schiedsstelle besteht

1. in der Provinz Westfalen aus dem Oberpräsidenten oder seinem Stellvertreter als Vorsitzendem, zwei Verwaltungsgerichtsdirektoren der Provinz Westfalen oder ihren Stellvertretern im Vorsitz und zwei vom Provinzialausschusse zu wählenden Beisitzern,
2. im Regierungsbezirk Düsseldorf aus dem Regierungspräsidenten oder seinem Stellvertreter als Vorsitzendem, dem Verwaltungsgerichtsdirektor und seinem Stellvertreter im Vorsitz oder deren Stellvertretern und zwei vom Provinzialausschusse der Rheinprovinz zu wählenden Beisitzern.

(3) Die Verwaltungsgerichtsdirektoren und ihre Stellvertreter beruft der Vorsitzende von Fall zu Fall.

(4) Die Provinzialausschüsse der Rheinprovinz und der Provinz Westfalen wählen je sechs Beisitzer als Vertreter der Anstellungsbehörden sowie der Beamten, die ersten aus der Zahl der Gemeindevorstandsmitglieder, die letzten aus der Zahl der übrigen Beamten der Gemeinden und Gemeindeverbände der Provinz. Vor der Wahl sind die provinziellen Organisationen der Gemeinden und Gemeindeverbände sowie der Kommunalbeamten zu hören. Aus der Zahl der Beisitzer beruft der Vorsitzende von Fall zu Fall auf Vorschlag der Parteien je einen Vertreter der Anstellungsbehörden und der Beamten.

[Beschlußfassung] **§ 22.**

(1) Die Schiedsstellen sind bei Anwesenheit von vier Mitgliedern oder Stellvertretern einschließlich des Vorsitzenden beschlußfähig.

(2) Die Beschlüsse werden nach Stimmenmehrheit gefaßt. Bei gerader Stimmenzahl scheidet bei der Abstimmung das dem Dienstalter nach jüngste ernannte Mitglied aus.

(3) Das Verfahren vor der Schiedsstelle wird von ihr selbst geregelt.

(4) Die Mitglieder erhalten keine Entschädigung außer den Reisekosten, die die Anstellungsbehörde des Mitglieds zu tragen hat.

(5) Die sonstigen Kosten sind in der Provinz Westfalen als sächliche Kosten des Oberpräsidiums, im Regierungsbezirke Düsseldorf als sächliche Kosten des Regierungspräsidenten zu verrechnen.

II. Freiwilliges Ausscheiden von Beamten.

[Voraussetzungen] **§ 23.**

(1) Die besoldeten Beamten, die im Dienste eines Rechtsnachfolgers (§§ 1 bis 3) stehen oder in ihn gemäß § 18 übertreten, sind, wenn sie bei dem Inkrafttreten dieses Gesetzes das 58. Lebensjahr vollendet und eine ruhegehaltsfähige Dienstzeit von mindestens zehn Jahren zurückgelegt haben, auf ihren Antrag unter Bewilligung des gesetzlichen Ruhegehalts in den Ruhestand zu versetzen. Der Antrag ist von Beamten, die beim Inkrafttreten dieses Gesetzes das 58. Lebensjahr bereits vollendet haben, binnen drei Monaten seit dem Tage des Inkrafttretens, von Beamten, die das 58. Lebensjahr erst später vollenden, binnen drei Monaten seit dem Tage der Vollendung des 58. Lebensjahrs, aber jedoch nicht über den 1. Juli 1932 hinaus zu stellen.

(2) Lebenslänglich angestellte Beamte der im § 17 bezeichneten Art, die das 58. Lebensjahr noch nicht vollendet haben, sind, sofern sie eine ruhegehaltsfähige Dienstzeit von wenigstens zehn Jahren zurückgelegt haben, auf ihren Antrag, der binnen drei Monaten nach dem Inkrafttreten dieses Gesetzes gestellt werden muß, zu entlassen gegen Zusicherung von Ruhegehalt für den Fall der späteren Dienstunfähigkeit oder der Vollendung des 65. Lebensjahrs und von Hinterbliebenenfürsorge für den Fall des Ablebens. Im Streitfall ist über die Dienstunfähigkeit in dem Verfahren gemäß § 7 des Kommunalbeamtengesetzes vom 30. Juli 1899 zu entscheiden.

[Abfindung]

§ 24.

(1) Lebenslänglich angestellte Beamte der im § 17 bezeichneten Art sind auf ihren Antrag, der innerhalb von drei Monaten nach Inkrafttreten dieses Gesetzes gestellt werden muß, gegen Gewährung einer Abfindungssumme zu entlassen. Im Falle des § 23 Abs. 2 kann die Abfindungssumme gegen das Ruhegehalt verrechnet werden.

(2) Die Abfindungssumme beträgt, wenn der Beamte sich
im 2. und 3. Dienstjahre befindet, das 2 fache
im 4. und 5. Dienstjahre befindet, das 3 fache
im 6. und 7. Dienstjahre befindet, das 3½ fache
im 8. und 9. Dienstjahre befindet, das 4 fache
im 10. Dienstjahre befindet, das 5 fache
im 11. Dienstjahre befindet, das 6 fache
im 12. und 13. Dienstjahre befindet, das 7 fache
im 14. und in den weiteren Dienstjahren befindet, das 8 fache
des letzten Monatseinkommens unter Zugrundelegung der ihm am letzten Tage des Dienstes zustehenden Bezüge.

(3) Als Dienstjahre sind die der Berechnung des Ruhegehalts zugrunde zu legenden Jahre anzusehen. Bezieht der Beamte bereits ein Ruhegehalt, so bleibt der Anspruch hierauf unberührt; die der Berechnung des Ruhegehalts zugrunde liegende Dienstzeit ist bei der Bemessung der Abfindungssumme nicht zu berücksichtigen.

(4) Ist ein Beamter aus dem Angestelltenverhältnis unmittelbar in das Beamtenverhältnis übergeführt worden, so wird die von ihm als Angestellter zurückgelegte Dienstzeit berücksichtigt, sofern er als Angestellter bei seiner Entlassung unter Berücksichtigung seiner Dienstzeit eine Abfindungssumme gemäß §§ 26 und 27 erhalten hätte.

16*

III. Unfreiwilliges Ausscheiden von Beamten.

§ 25.

(1) Auf Probe, Kündigung oder Widerruf angestellte Beamte der im § 17 bezeichneten Art können, wenn sie bei dem Inkrafttreten dieses Gesetzes bereits eine wenigstens zehnjährige ruhegehaltsfähige Dienstzeit zurückgelegt oder das 50. Lebensjahr vollendet haben, gegen ihren Willen nur unter Bewilligung des gesetzlichen Ruhegehalts entlassen werden.

(2) Ist diese Voraussetzung nicht gegeben, so ist ihnen bei der Entlassung eine Abfindungssumme in Höhe der Hälfte der im § 24 Abs. 2 genannten Sätze zu gewähren.

IV. Ausscheiden von Angestellten.

[Dauerangestellte]

§ 26.

Auf Angestellte, deren Dienstverhältnis nur aus einem wichtigen Grunde gekündigt werden kann und denen Anwartschaft auf Ruhegeld gewährleistet ist (Dauerangestellte), finden § 23 Abs. 1, Abs. 2 Satz 1 und § 25 entsprechende Anwendung; für den Fall, daß eine Anwartschaft auf Hinterbliebenenrente gewährleistet ist, § 23 Abs. 2 Satz 1 auch hinsichtlich der Zusicherung von Hinterbliebenenfürsorge für den Fall des Ablebens.

[Andere Angestellte]

§ 27.

Angestellten anderer als der im § 26 genannten Art ist bei der Entlassung eine Abfindungssumme zu gewähren nach Maßgabe der Nr. 112 bis 122, 124, 128 bis 129 der vorläufigen Ausführungsvorschriften des Preußischen Staatsministeriums vom 20. Juli 1924 zu den §§ 1 bis 22, 30 bis 41 und 75 bis 79 der Preußischen Personal-Abbau-Verordnung vom 8. Februar 1924 (PrBesBl. S. 253).

Abschnitt VI: **Auseinandersetzung.**

[Beteiligte]

§ 28.

Beteiligte im Sinne der Vorschriften dieses Abschnitts sind die Provinzen, Stadt- und Landkreise, Ämter und Gemeinden, deren Grenzen durch das Gesetz über die kommunale Neugliederung des rheinisch-westfälischen Industriegebiets neu festgesetzt sind.

Unterabschnitt A: Provinzen.

§ 29.

(1) Die Provinzialstraßen in Gebieten, die durch das Gesetz über die kommunale Neugliederung in eine andere Provinz eingegliedert werden, gehen mit Zubehör in das Eigen-

tum und die Unterhaltung der Provinz über, in die das Gebiet eingegliedert wird.

(2) Das Beteiligungsverhältnis an den Dotationen und den Überweisungen aus der Kraftfahrzeugsteuer ist unter Berücksichtigung der eingetretenen Veränderungen durch die beteiligten Minister neu festzustellen.

(3) Im übrigen findet eine Auseinandersetzung zwischen beiden Provinzen nicht statt.

Unterabschnitt B: Verfahren.

§ 30.

Das Verfahren für die Auseinandersetzung zwischen den übrigen Beteiligten regelt sich ausschließlich nach den nachstehenden Vorschriften.

[Schiedsgericht]

§ 31.

Die Auseinandersetzung erfolgt in einem schiedsgerichtlichen Verfahren.

[für Reg.-Bez. Düsseldorf]

§ 32.

(1) Schiedsgericht für den Regierungsbezirk Düsseldorf ist der Bezirksausschuß in Düsseldorf.

(2) Der Regierungspräsident bestimmt, welche der beiden Abteilungen des Bezirksausschusses jeweils zuständig ist.

[für Westfalen]

§ 33.

(1) Das Schiedsgericht für die Gebiete der Regierungsbezirke Münster und Arnsberg besteht aus dem Oberpräsidenten der Provinz Westfalen als Vorsitzendem, aus den Verwaltungsgerichtsdirektoren der Bezirksausschüsse Münster und Arnsberg sowie aus vier von dem Provinzialausschusse der Provinz Westfalen zu wählenden Mitgliedern.

(2) Stellvertreter des Oberpräsidenten im Vorsitz ist der Vizepräsident. Stellvertreter der Verwaltungsgerichtsdirektoren ist je ein von dem Regierungspräsidenten aus den ernannten oder stellvertretenden ernannten Mitgliedern des Bezirksausschusses zu bestellender Vertreter.

(3) Für die von dem Provinzialausschusse zu wählenden Mitglieder wird im gleichen Wahlgang je ein Stellvertreter gewählt. Auf die Wahl der Mitglieder und ihrer Stellvertreter finden die §§ 1 bis 4 des Gesetzes zur Ergänzung und Abänderung der Wahlvorschriften für die Provinzialräte, Bezirksausschüsse und andere Verwaltungs-, Beschluß- und Streitbehörden vom 25. Juli 1922 entsprechende Anwendung mit der Maßgabe, daß die beteiligten Gemeinden und Gemeindeverbände vor der

Wahl zu hören sind. Die Wahlzeit der Mitglieder und der Stellvertreter endigt erst mit Abschluß des schiedsgerichtlichen Verfahrens.

[Beschlußfassung. Verfahren (§ 33)]

§ 34.

(1) Für das gemäß § 33 gebildete Schiedsgericht gilt folgendes:

(2) Das Schiedsgericht ist bei Anwesenheit von mindestens fünf Mitgliedern oder Stellvertretern unter Einschluß des Vorsitzenden beschlußfähig.

(3) Die Beschlüsse werden nach Stimmenmehrheit gefaßt. Bei gerader Stimmenzahl scheidet bei der Abstimmung das dem Lebensalter nach jüngste gewählte Mitglied aus.

(4) Das Verfahren vor dem Schiedsgerichte wird von ihm selbst geregelt.

[Entschädigungen, Kosten]

§ 35.

(1) Über die den ernannten und gewählten Mitgliedern der Schiedsgerichte zu gewährenden Vergütungen oder Entschädigungen beschließt der Minister des Innern.

(2) Die gesamten Kosten des Verfahrens einschließlich der Vergütungen oder Entschädigungen werden durch die Schiedsgerichte auf die Beteiligten verteilt.

[Zweifelsfälle]

§ 36.

Im Zweifelsfalle bestimmt der Minister des Innern das zuständige Schiedsgericht.

[Auseinandersetzung bei Schulverbänden]

§ 37.

(1) Die Schiedsgerichte beschließen auch über die Vermögensauseinandersetzung, die infolge der Bildung, Änderung oder Auflösung von Schulverbänden notwendig wird (§ 4 des Volksschulunterhaltungsgesetzes vom 28. Juli 1906).

(2) Für diese Beschlußfassung treten

1. in der Provinz Westfalen an die Stelle der Verwaltungsgerichtsdirektoren die Dirigenten der Schulabteilungen der Regierungen oder je ein für sie von dieser Abteilung aus ihrer Mitte zu bestellender Stellvertreter,
2. im Regierungsbezirke Düsseldorf an die Stelle des Verwaltungsdirektors[1]) und des zweiten ernannten Mitglieds der Dirigent der Schulabteilung der Regierung in Düssel-

---

[1]) Muß zweifellos „Verwaltungs**gerichts**direktors" heißen. (Druckfehler im Gesetzestext.)

dorf sowie ein weiteres von dieser Abteilung aus ihrer Mitte zu bestellendes Mitglied. Für den Dirigenten und das Mitglied sind von der Schulabteilung Stellvertreter zu bestellen.

Unterabschnitt C: Grundsätze für die Auseinandersetzung.

§ 38.

(1) Die Auseinandersetzung hat unter Berücksichtigung aller in Betracht kommenden Umstände einen billigen Ausgleich zwischen den Beteiligten zu finden.

(2) Hierbei ist die Leistungsfähigkeit sowohl der Restgemeinden und Restverbände wie der vergrößerten oder neugebildeten Gemeinden und Gemeindeverbände zu berücksichtigen.

(3) Zu berücksichtigen ist die Leistungsfähigkeit insbesondere insoweit, als infolge der Grenzänderung bisherige Einnahmen wegfallen, ohne daß der Ausfall durch eine entsprechende Verringerung der Ausgaben ausgeglichen werden kann.

(4) Bei der Vermögensauseinandersetzung ist anzustreben, daß das Liegenschaftsvermögen in das Eigentum der Gemeinde (Amtes, Kreises) kommt, in der es liegt.

(5) Die wirtschaftliche Ausnutzung vorhandener Einrichtungen und Anstalten ist sicherzustellen. Erforderlichenfalls ist die Verpflichtung zur Mitversorgung und Mitbenutzung festzustellen. Soweit Einrichtungen und Anstalten auch Gebiete außerhalb des Unterhaltungsträgers mitzuversorgen haben, können erforderlichenfalls Festsetzungen getroffen werden, die eine Beteiligung der mitversorgten Gebiete an der Verwaltung sicherstellen.

(6) Erforderlichenfalls ist festzusetzen, daß für bestimmte Gebietsteile besondere Einrichtungen getroffen oder Abänderungen des Orts- (Amts-, Kreis-) Rechts vorgenommen werden.

[Übertrittspflicht der Beamten] § 39.

(1) Das Schiedsgericht ist ermächtigt, Beamte aufgelöster Gemeinden (Gemeindeverbände), deren Gebiet in mehrere Gemeinden (Gemeindeverbände) eingegliedert worden ist, zu verpflichten, aus dem Dienste des Rechtsnachfolgers (§ 18) in den Dienst einer Gemeinde (Gemeindeverbandes) überzutreten, in welche Teile der aufgelösten Gemeinden (Gemeindeverbände) eingegliedert sind. Im Falle des Zusammenschlusses zu neuen Gemeinden (Gemeindeverbänden) gilt Entsprechendes.

(2) Das Schiedsgericht ist ferner berechtigt, entbehrliche Beamte solcher Gemeinden (Gemeindeverbände), deren Gebiet zu einem Teile in eine andere Gemeinde (Gemeindeverband) ein-

gegliedert oder mit einer anderen Gemeinde (Gemeindeverband) zusammengeschlossen worden ist, zu verpflichten, in den Dienst dieser Gemeinde (Gemeindeverband) überzutreten.

(3) §§ 18 Abs. 2, 19 und 20 finden entsprechende Anwendung.

[Wirkung des Schiedsspruches] § 40.

(1) Die von den Schiedsgerichten getroffenen Festsetzungen begründen eine gesetzliche Verpflichtung der betroffenen Gemeinden, Ämter und Landkreise zu den erforderlichen Handlungen oder Unterlassungen. Sie haben die Eigenschaft einer in Ausübung der obrigkeitlichen Gewalt getroffenen Anordnung und Feststellung (§ 132 des Landesverwaltungsgesetzes, § 19 des Zuständigkeitsgesetzes). Die Aufsichtsbehörden haben die Erfüllung dieser Verpflichtungen zu überwachen und erforderlichenfalls mit den gesetzlichen Zwangsmitteln durchzusetzen.

(2) Die von den Schiedsgerichten getroffenen Festsetzungen bewirken den Übergang, die Beschränkung oder Entziehung von Eigentum und Rechten. Die Berichtigung des Grundbuchs, des Wasserbuchs und anderer öffentlicher Bücher erfolgt auf Ersuchen des Vorsitzenden des Schiedsgerichts. In dem Ersuchen sind die Grundstücke und Rechte sowie die notwendigen Eintragungen und Löschungen genau zu bezeichnen.

(3) Eingemeindungsverträge und sonstige Vereinbarungen, die mit den Grenzänderungen anläßlich der kommunalen Neugliederung im Zusammenhange stehen, begründen, soweit sie eine öffentlich-rechtliche Regelung betreffen, keine gesetzliche Verpflichtung.

Teil II.

Zwischengemeindliche Arbeitsgemeinschaften.

§ 41.

(1) Aufgabe der Arbeitsgemeinschaft ist es, auf Antrag eines angeschlossenen Gemeinwesens oder der Aufsichtsbehörde die Möglichkeit einer zwischengemeindlichen Zusammenarbeit auf einem bestimmten Verwaltungsgebiete zu prüfen und gegebenenfalls die erforderlichen Vorschläge für die Durchführung zu machen. Die Durchführung bleibt Sache der Selbstverwaltung der einzelnen angeschlossenen Gemeinwesen. Der Arbeitsausschuß (Abs. 2) ist berechtigt, einen einstimmig oder mit Mehrheit beschlossenen Vorschlag vor den Verwaltungs- und Vertretungsorganen der einzelnen angeschlossenen Gemeinwesen zu vertreten.

(2) Die Arbeitsgemeinschaft ist eine Körperschaft öffentlichen Rechtes. Sie wird vertreten durch ein aus

Vertretern des Gemeindevorstandes und der Stadtverordnetenversammlung der angeschlossenen Gemeinwesen zu bildendes Organ (Arbeitsausschuß). Die Zahl der Vertreter des Gemeindevorstandes und der Stadtverordnetenversammlung ist die gleiche. Der Gemeindevorstand benennt seine Vertreter, die Stadtverordnetenversammlung wählt ihre Vertreter. Die Aufsichtsbehörde bestimmt der Minister des Innern.

(3) Die Zusammensetzung des Arbeitsausschusses, die jedem angeschlossenen Gemeinwesen zustehende Zahl von Vertretern, die Wahldauer seiner Mitglieder und seine Geschäftsordnung regelt die von dem Arbeitsausschusse zu beschließende Satzung, die der Genehmigung der Aufsichtsbehörde bedarf. Bis zur Beschlußfassung über die Satzung bestimmt die Aufsichtsbehörde die Zahl der aus den einzelnen Gemeinwesen zu entsendenden Vertreter des Gemeindevorstandes und der Stadtverordnetenversammlung; die Zahl muß für jedes angeschlossene Gemeinwesen die gleiche sein; jeder Vertreter hat eine Stimme. Kommt eine Satzung innerhalb von zwölf[1]) Monaten nach Inkrafttreten dieses Gesetzes nicht zustande, so erläßt die Aufsichtsbehörde die Satzung.

(4) In Landkreisen tritt an Stelle des Gemeindevorstandes der Kreisausschuß, an Stelle der Gemeindevertretung der Kreistag.

Teil III. Änderung von Gemeindeverfassungsgesetzen.

Abschnitt I: Städteordnung.

[Dezentralisierte Verwaltung] **§ 42.**

(1) In Großstädten kann für Ortsteile, die die Bedeutung einer engeren örtlichen Gemeinschaft besitzen, eine **örtliche Verwaltung** eingerichtet werden, hinsichtlich deren Abweichungen von den allgemeinen gesetzlichen Vorschriften über die Gemeindeverfassung, soweit sie nicht das Kommunalabgabenrecht betreffen, in folgenden Punkten zulässig sind:

1. Zuständigkeit der örtlichen Organe;
2. Wahl der örtlichen Organe im Wege unmittelbarer Wahl innerhalb der einzelnen Ortsteile.

(2) Der Gemeindebeschluß, durch den eine von den allgemeinen gesetzlichen Vorschriften über die Gemeindeverfassung abweichende örtliche Verwaltung eingeführt wird, bedarf der Genehmigung durch die Aufsichtsbehörde.

---

[1]) So nach dem Änderungsges. v. 28. Januar 1930 (ursprünglich sechs Monate).

Abschnitt II: Kreisordnung.

[Kompetenz-Kompetenz der Kreise] § 43.

(1) Beschließt der Kreis die Übernahme einer Selbstverwaltungsangelegenheit für den ganzen Kreis oder für einen Kreisteil, so kann er nach Verhandlung mit den beteiligten kreisangehörigen Gemeinwesen die ausschließliche Zuständigkeit gegenüber den in diesem Gebiete belegenen Gemeinwesen unter der Voraussetzung in Anspruch nehmen, daß

1. die Übernahme auf den Kreis für eine einheitliche Versorgung des Gebiets erforderlich ist, um in einer dem öffentliche Wohle entsprechenden Weise einem Bedürfnisse der Einwohner zu genügen,
2. die Durchführung der Angelegenheit durch den Kreis in einer wirtschaftlich zweckmäßigen Weise die ausschließliche Zuständigkeit bedingt.

Gemeinwesen in diesem Sinne sind die dem Kreise eingegliederten Gebietskörperschaften (Städte, Landgemeinden und Ämter) und die ganz oder teilweise aus solchen bestehenden Zweckverbände. Der Beschluß des Kreistags nebst Begründung ist öffentlich bekanntzumachen.

(2) Von der Inanspruchnahme der ausschließlichen Zuständigkeit durch den Kreis sind ausgeschlossen:

1. Sparkassenangelegenheiten,
2. die den Gemeinden auf dem Gebiete des Volksschulwesens sowie der höheren und mittleren Schulen zustehenden Rechte und Pflichten.

[Einspruch dagegen] § 44.

(1) Gegen einen Beschluß des Kreises gemäß § 43 können kreisangehörige Gemeinwesen binnen zwei Wochen nach Bekanntmachung des Beschlusses Einspruch einlegen.

(2) Der Einspruch kann nur darauf gestützt werden, daß

1. eine Verhandlung nicht stattgefunden habe (§ 43 Abs. 1) oder
2. das Gemeinwesen in der Lage sei, dem Bedürfnisse seiner Einwohner durch bestehende oder neue eigene Einrichtungen zu genügen, oder
3. die Voraussetzungen im § 43 Abs. 1 Nr. 1 und 2 nicht erfüllt seien.

[Schiedsstelle] § 45.

Über den Einspruch beschließt die Schiedsstelle. Sie besteht aus dem Oberpräsidenten oder seinem gesetzlichen Stellvertreter als Vorsitzendem und vier Beisitzern (stellvertretenden Beisitzern). Die Beisitzer (stellvertretende Beisitzer) sind aus dem

Kreise der Personen zu entnehmen, die zu den Ehrenämtern in der provinziellen Selbstverwaltung wählbar sind. Sie werden von dem Oberpräsidenten auf Grund von Vorschlägen ernannt, die von den provinziellen Spitzenverbänden der Landkreise, der kreisangehörigen Städte und Landgemeinden gemacht werden; zwei Beisitzer sind auf Grund des Vorschlags der Landkreise, je einer in der Regel auf Grund der anderen Vorschläge zu ernennen. Geht indes der Einspruch ausschließlich von Landgemeinden oder ausschließlich von kreisangehörigen Städten aus, so sind beide Beisitzer dem gleichen entsprechenden Vorschlage zu entnehmen. Die Dauer der Amtstätigkeit der Beisitzer (stellvertretenden Beisitzer) beträgt vier Jahre. Wiederernennung ist zulässig. Scheidet ein Beisitzer während der Amtszeit aus, so tritt für den Rest der Amtszeit an seine Stelle der Stellvertreter. Für die Verpflichtung zur Übernahme des Amtes als Beisitzer der Schiedsstelle gelten die Vorschriften der Provinzialordnungen über die Verpflichtung zur Übernahme von Ehrenämtern in der provinziellen Selbstverwaltung.

[Inhalt ihres Spruchs]

§ 46.

(1) Die Schiedsstelle hat darüber zu entscheiden, ob und inwieweit die Inanspruchnahme der ausschließlichen Zuständigkeit durch den Kreis berechtigt ist. Wenn die Voraussetzungen des § 44 Abs. 2 Nr. 2 vorliegen, kann die Inanspruchnahme der ausschließlichen Zuständigkeit gegenüber einem solchen Gemeinwesen nur dann als berechtigt anerkannt werden, wenn für das übrige Gebiet die Voraussetzungen des § 43 Nr. 1 vorliegen und die Durchführung der Angelegenheit durch den Kreis für dieses Gebiet in einer wirtschaftlich zweckmäßigen Weise nur unter Einschluß des Gemeinwesens möglich ist.

(2) Ein Gemeinwesen, dem gegenüber die Inanspruchnahme der ausschließlichen Zuständigkeit durch den Kreis aus den Gründen des § 44 für nicht berechtigt erklärt wird, ist, falls die ausschließliche Zuständigkeit im übrigen gewährt wird, zu einer dem Bedürfnisse seiner Einwohner genügenden Durchführung der Angelegenheit gesetzlich verpflichtet.

[Kompetenzänderungen]

§ 47.

(1) Ist eine Selbstverwaltungsangelegenheit, welche gemäß § 43 Abs. 1 als eine der ausschließlichen Zuständigkeit des Kreises vorbehaltene Angelegenheit gilt, nur für einen Kreisteil übernommen, so kann ein Gemeinwesen seine Einbeziehung beanspruchen, wenn es in Ansehung der Selbstverwaltungsangelegenheit mit dem Kreisteil ein einheitliches Versorgungsgebiet bildet. Im Streitfall entscheidet die Schiedsstelle.

(2) Wenn infolge einer Änderung der Verhältnisse ein Bedürfnis für eine Sonderversorgung des Gebiets eines Gemeinwesens durch das Gemeinwesen selbst eingetreten ist und eine wirtschaftlich zweckmäßige Durchführung der Angelegenheit durch den Kreis hierdurch nicht gefährdet wird, kann ein Gemeinwesen beim Kreisausschusse beantragen, daß ihm die Übernahme einer solchen von dem Kreise übernommenen Selbstverwaltungsangelegenheit gestattet wird.

(3) Über den Antrag des Gemeinwesens gemäß Abs. 2 beschließt der Kreisausschuß. Gegen einen ablehnenden Beschluß des Kreisausschusses kann das Gemeinwesen binnen zwei Wochen nach Zustellung des Beschlusses Einspruch bei der Schiedsstelle einlegen. Der Einspruch kann nur darauf gestützt werden, daß die Voraussetzungen des Abs. 2 vorliegen.

[Entschädigung bei § 43]

§ 48.

Sind für eine Selbstverwaltungsangelegenheit, die gemäß § 43 als eine der ausschließlichen Zuständigkeit des Kreises vorbehaltene Angelegenheit gilt, von einem Gemeinwesen bereits Einrichtungen getroffen worden, so hat der Kreis das Gemeinwesen für den Fortfall der Einrichtungen angemessen, einmalig oder dauernd, zu entschädigen. Kommt eine Vereinbarung zwischen den Beteiligten nicht zustande, so beschließt auf Antrag eines Beteiligten die Schiedsstelle (§ 45). In dem Beschluß ist gegebenenfalls auch die Verpflichtung des Kreises zur Übernahme der den gleichen Aufgaben dienenden Einrichtungen des einzelnen Gemeinwesens gegen angemessene Entschädigung festzustellen. Die von der Schiedsstelle getroffenen Festsetzungen bewirken den Übergang, die Beschränkung oder Entziehung von Eigentum und Rechten.

[Kosten]

§ 49.

Die Kosten des Verfahrens vor der Schiedsstelle (§§ 45 bis 48) werden durch die Schiedsstelle auf die Beteiligten verteilt.

§ 50.

§ 4 der Kreisordnung für die östlichen Provinzen in der Fassung des Gesetzes vom 19. März 1881 (Gesetzsamml. S. 179) und die entsprechenden Vorschriften der übrigen Kreisordnungen[1]) werden aufgehoben.

---

[1]) Diese Bestimmungen betreffen das Ausscheiden von Städten aus dem Kreisverband, wenn sie eine Einwohnerzahl von 25 000 (östl. Prov.) bzw. 30 000 (Westfalen) bzw. 40 000 (Rheinland) erreicht haben.

Schlußvorschriften.

[Inkrafttreten] **§ 51.**

Dieses Gesetz tritt mit dem auf die Verkündung folgenden Tage in Kraft.

[Finanzausgleich] **§ 52.**

Bei der Feststellung und Berechnung der Rechnungsanteile der Gemeinden und Gemeindeverbände, deren Grenzen durch das Gesetz über die kommunale Neugliederung des rheinisch-westfälischen Industriegebiets verändert werden, tritt insoweit für das Rechnungsjahr 1929 an die Stelle des in §§ 11, 14 und 20a des Preußischen Ausführungsgesetzes zum Finanzausgleichsgesetze zum Stichtag bestimmten „31. März" bzw. „1. Januar" der Tag des Inkrafttretens dieses Gesetzes als Stichtag.

[Sitz der Kreisverwaltung] **§ 53.**

Das Staatsministerium wird ermächtigt, in den bei der kommunalen Neugliederung neugebildeten Landkreisen den Sitz der Kreisverwaltung zu bestimmen.

[Ausführungsbestimmungen] **§ 54.**

Die beteiligten Minister erlassen die zur Ausführung dieses Gesetzes notwendigen Bestimmungen.

---

17. Gesetz, betreffend Verbandsordnung für den Siedlungsverband Ruhrkohlenbezirk.

(Auszug.)

Vom 5. Mai 1920 (GS. S. 286).

Geändert durch das Gesetz über die kommunale Neugliederung des rheinisch-westfälischen Industriegebietes vom 29. Juli 1929 (GS. S. 91) §§ 62 bis 64.

[Der Ruhrsiedlungsverband, geschaffen 1920 unter der später als unrichtig erkannten Vorstellung, als müßten im Ruhrgebiet große Massen von Arbeitern neu angesiedelt werden, wenn unser Kohlenbedarf sollte gedeckt werden können, ist ein Spezialzweckverband, dessen Aufgaben in der Vorbereitung der Siedlung und Städteplanung, ferner, ohne daß dies gesetzlich festgelegt wäre, namentlich auf dem Gebiete der Verkehrspolitik liegen.]

[Aufgaben, Name, Sitz] **§ 1.**

(1) Im Rheinisch-Westfälischen Kohlenbezirke wird zur Förderung der Siedlungstätigkeit ein Verband begründet. Der Verband ist eine öffentlich-rechtliche Körperschaft zur Verwaltung aller Angelegenheiten, die der Förderung der Siedlungstätigkeit im Verbandsgebiete dienen; seine Aufgaben auf kommunalem Gebiete (Selbstverwaltungsangelegenheiten) und auf staatlichem Gebiete (Auftragsangelegenheiten) werden durch dieses Gesetz bestimmt.

(2) Aufgaben des Verbandes sind insbesondere:

1. die Beteiligung an der Feststellung der Fluchtlinien- und Bebauungspläne für das Verbandsgebiet (§ 16). Für die Straßen, für die der Verband Fluchtlinien festzusetzen berechtigt ist, ist der Verband auch zur Übernahme der Wegebaupflicht berechtigt;
2. die Förderung des Kleinbahnwesens, insbesondere des zwischengemeindlichen Verkehrs, im Verbandsgebiete;
3. die Sicherung und Schaffung größerer von der Bebauung freizuhaltender Flächen (Wälder, Heide-, Wasserflächen und ähnlicher Erholungsflächen);
4. die Durchführung wirtschaftlicher Maßnahmen im Verbandsgebiete zur Erfüllung des Siedlungszwecks im Rahmen dieses Gesetzes;
5. die Erteilung der Ansiedlungsgenehmigung im Verbandsgebiete (§ 20);
6. die Mitwirkung an dem Erlasse von Bau- und Wohnungsordnungen (§ 22 Ziffer I).

(3) Bei der Durchführung der Aufgaben des Verbandes sind die Interessen der Denkmalpflege, Naturdenkmalpflege und des Heimatschutzes möglichst zu berücksichtigen.

(4) Der Verband erhält die Bezeichnung „Siedlungsverband Ruhrkohlenbezirk". Sein Sitz ist die Stadt Essen.

[Mitglieder] **§ 2[1]).**

(1) Mitglieder des Verbandes sind die Stadtkreise Bochum, Bottrop, Castrop-Rauxel, Dortmund, Duisburg-Hamborn, Essen, Gelsenkirchen-Buer, Gladbeck, Hagen, Hamm, Herne, Mülheim (Ruhr), Lünen, Oberhausen, Recklinghausen, Wanne-Eickel, Wattenscheid und Witten, die Landkreise Dinslaken, Düsseldorf-Mettmann, Ennepe-Ruhrkreis, Geldern, Hamm, Iserlohn, Mörs, Rees, Recklinghausen.

1) § 2 Abs. 1 i. d. F. des § 62 des Ruhrumgemeindungsgesetzes vom 29. Juli 1929, oben Nr. 16a.

(2) Innerhalb des Verbandsgebiets neugebildete Stadt- oder Landkreise werden mit der Neubildung Mitglieder des Verbandes. Die Städte Bottrop und Gladbeck stehen in dieser Hinsicht bereits jetzt neugebildeten Stadtkreisen gleich.

(3) Die Aufnahme eines außerhalb des Verbandsgebiets belegenen Stadt- oder Landkreises in den Verband erfolgt mit Zustimmung des Kreises und des Verbandes durch Anordnung der Staatsregierung. Der Beschluß der Verbandsversammlung bedarf einer Mehrheit von drei Vierteln der abgegebenen gültigen Stimmen.

(4) Die Stadtkreise Krefeld und Düsseldorf sowie die Landkreise Cleve, Krefeld, Düsseldorf, Kempen, Lüdinghausen, Rees sind berechtigt, binnen drei Jahren nach dem Inkrafttreten des Gesetzes dem Verbande beizutreten. Die Frist kann, falls ein Kreis innerhalb dieses Zeitraums zur Entscheidung über dieses Recht nicht in der Lage war, durch Anordnung der Staatsregierung um einen Zeitraum bis zu längstens weiteren drei Jahren verlängert werden.

(5)[1]) Das Verbandsgebiet umfaßt das Gebiet der Mitglieder. Ausgenommen sind die Landkreise Düsseldorf-Mettmann, Iserlohn, Rees. Von diesen Landkreisen gehören dem Verbandsgebiete nur die folgenden Gemeinden an:

Aus dem Landkreise Düsseldorf-Mettmann: die Stadt Kettwig, die Landgemeinde Dreihonnschaften;

aus dem Landkreis Iserlohn: die Stadtgemeinde Schwerte und die Landgemeinden Garenfeld, Geisecke, Holzen, Lichtendorf, Villigst, Wandhofen, Stadt Westhofen;

aus dem Landkreise Rees: die Stadtgemeinde Wesel, die Landgemeinden Bricht, Brünen, Dämmerwald, Damm, Drevenack, Krudenburg, Obrighoven-Lackhausen, Overbeck, Schermbeck, Weselerwald.

(6)[1]) Eine Änderung der Kreis- und Gemeindegrenzen, die zugleich Grenzen des Verbandes sind, hat die Veränderung der Verbandsgrenzen zur Folge.

[Organe]

§ 3.

Organe des Verbandes sind die Verbandsversammlung (Vertretung des Verbandes), der Verbandsausschuß (Vorstand des Verbandes) und der Verbandsdirektor.

---

[1]) Abs. 5 und 6 (an Stelle des früheren Abs. 5) i. d. F. d. Ruhrumgemeindungsgesetzes vom 29. Juli 1929 § 63 (oben Nr. 16a).

[Verbandsversammlung]

§ 4.

(1) Die Verbandsversammlung besteht aus dem Verbandspräsidenten (§ 24) als Vorsitzenden und den gewählten Abgeordneten.

(2) Die Abgeordneten werden zur Hälfte von den Vertretungen der Mitglieder — Stadtverordnetenversammlungen, Kreistagen — (§ 5) und zur Hälfte von den Arbeitsgemeinschaften (§ 6) gewählt.

§§ 5[1]), 6.

[Enthalten Vorschriften über die Zahl der Abgeordneten.]

§ 7.

[Betrifft die Wahlzeit.]

§ 8.

[Enthält Bestimmungen über das Wahlprüfungsverfahren und die Legitimationsprüfung.]

[Einberufung, Sitzung der Verbandsversammlung]

§ 9.

(1) Die Verbandsversammlung wird durch den Verbandspräsidenten einberufen, so oft dieser es für erforderlich erachtet oder sofern der Verbandsausschuß oder 40 Abgeordnete der Verbandsversammlung es beantragen. Mit der Einberufung sind die Gegenstände, über welche verhandelt werden soll, mitzuteilen (Tagesordnung).

(2) Der Verbandspräsident leitet die Verhandlungen ohne eigenes Stimmrecht und handhabt die Ordnung der Versammlung.

(3) Die Verbandsversammlung ist beschlußfähig, wenn die Wahlen für mindestens fünf Sechstel der Abgeordneten durchgeführt und mehr als die Hälfte der Mitglieder anwesend sind. Die Versammlung gilt so lange als beschlußfähig, als die Beschlußunfähigkeit sich nicht bei einer namentlichen Abstimmung ergibt oder bis die Beschlußfähigkeit aus der Mitte der Verbandsversammlung angezweifelt und daraufhin die Beschlußunfähigkeit festgestellt ist.

(4) Hat ein Gegenstand wegen Beschlußunfähigkeit nicht verhandelt werden können, so ist die erneut und unter ausdrücklichem Hinweis hierauf zur Verhandlung desselben Gegenstandes berufene Versammlung stets beschlußfähig.

(5) Beschlüsse der Verbandsversammlung werden, soweit nicht dieses Gesetz etwas anderes bestimmt, mit einfacher Stimmenmehrheit gefaßt. Bei Stimmengleichheit gilt ein Antrag als abgelehnt.

---

1) § 5 Abs. 1 geändert durch § 64 des Ruhrumgemeindungsgesetzes vom 29. Juli 1929.

(6) Bei der Beratung und Abstimmung über solche Gegenstände, welche das besondere Privatinteresse eines einzelnen Abgeordneten, seines Ehegatten oder seiner Verwandten und Verschwägerten bis zum dritten Grade berühren, darf der Betreffende nicht zugegen sein. Über das Vorliegen dieser Voraussetzung entscheidet endgültig die Verbandsversammlung.

(7) Der Verbandsdirektor und in dessen Auftrag die Beigeordneten nehmen an den Verhandlungen der Verbandsversammlung, sofern sie nicht Abgeordnete sind, mit beratender Stimme teil und sind auf Verlangen jederzeit zu hören.

(8) Die Sitzungen der Verbandsversammlungen sind in der Regel öffentlich.

(9) Im übrigen regelt die Verbandsversammlung ihre Geschäftsführung, insbesondere auch die Form und Frist der Einberufung, durch eine besondere Geschäftsordnung.

[Zuständigkeit der Verb.vers.] **§ 10.**

(1) Die Beschlußfassung über alle Verbandsangelegenheiten, die nicht durch Gesetz oder Satzungen einem anderen Organ übertragen sind, liegt der Verbandsversammlung ob.

(2) Sie beschließt insbesondere über:

1. den Erlaß von Satzungen (§ 15);
2. die Feststellung des Haushaltsplans;
3. die Feststellung der Jahresrechnung und die Erteilung der Entlastung;
4. die Errichtung von Verbandsämtern sowie die Anstellungs- und Besoldungsverhältnisse der Verbandsbeamten;
5. die Durchführung wirtschaftlicher Maßnahmen und die Deckung der Ausgaben;
6. die Vorlagen des Verbandspräsidenten und Verbandsausschusses;
7. Gutachten, die die Aufsichtsbehörde von ihr erfordert.

[Verbandsausschuß] **§ 11.**

(1) Der Verbandsausschuß besteht aus siebzehn Mitgliedern. Je acht sind aus den gemäß § 5 und gemäß § 6 gewählten Abgeordneten der Verbandsversammlung zu entnehmen. Außerdem ist der Verbandsdirektor stimmberechtigtes Mitglied.

[Abs. 2 bis 11 enthalten nähere Vorschriften über die Wahl der Mitglieder, die Geschäftsführung des Verbandsausschusses usw.]

[Zuständigkeit d. Verbandsaussch.] **§ 12.**

Dem Verbandsausschusse liegt insbesondere ob:

1. die Vorbereitung und Ausführung der Beschlüsse der Verbandsversammlung;

2. die Überwachung der Geschäftsführung des Verbandsdirektors;
3. die Anstellung der Verbandsbeamten mit Ausnahme des Verbandsdirektors und der Beigeordneten;
4. die Erstattung von Gutachten, die die Aufsichtsbehörde von ihm erfordert.

[Beamten des Verbandes] **§ 13.**

(1) Der Verband hat die zur Erledigung der Verbandsaufgaben erforderlichen Beamten, insbesondere den Verbandsdirektor und die erforderliche Anzahl Beigeordneter, anzustellen.

(2) Der Verbandsdirektor und die Beigeordneten werden von der Verbandsversammlung auf zwölf Jahre gewählt. Sie sind im Hauptamt zu bestellen.

[Abs. 3 bis 5 enthalten nähere Bestimmungen über die Wahl usw. und Zuständigkeiten der Beigeordneten.]

[Aufgaben des Verbandsdirektors] **§ 14.**

(1) Der Verbandsdirektor führt unter Aufsicht des Verbandsausschusses die laufenden Geschäfte des Verbandes. Was laufendes Geschäft ist, entscheidet im Zweifelsfalle der Verbandsausschuß. Der Verbandsdirektor bereitet die Beschlüsse des Verbandsausschusses nach Benehmen mit den beteiligten örtlichen Verwaltungsstellen vor und trägt für ihre Ausführung Sorge.

(2) Er vertritt den Verband nach außen in allen Angelegenheiten. Zur rechtsgeschäftlichen Verpflichtung des Verbandes sowie zur Ausstellung einer Vollmacht ist die Ausstellung einer Urkunde erforderlich, die vom Verbandsdirektor oder seinem Vertreter und einem weiteren Mitgliede des Verbandsausschusses unterzeichnet sein muß.

[Verbandssatzung, -steuern, -haushalt] **§ 15.**

(1) Der Verband ist berechtigt, innerhalb der ihm übertragenen Zuständigkeiten durch Satzungen seine Rechtsverhältnisse und die seiner Mitglieder und seiner Angehörigen insoweit zu ordnen, als dieses Gesetz es zuläßt. Angehörige des Verbandes sind die Einwohner der zum Verbande gehörenden Stadt- und Landkreise und die juristischen Personen, die in diesen Stadt- und Landkreisen ihren Sitz haben.

(2) Durch Satzung können Befugnisse der Verbandsversammlung auf den Verbandsausschuß übertragen werden.

(3) Der Verband ist berechtigt, sein Vermögen selbständig zu verwalten unter Beachtung der für die Vermögensverwaltung der Provinzen — bis zum Erlaß einer einheitlichen Provinzialordnung für die Vermögensverwaltung der Rheinprovinz — gegebenen gesetzlichen Vorschriften.

(4) Der Verband ist berechtigt, unter Beachtung der gesetzlichen Bestimmungen selbst wirtschaftliche Maßnahmen im Rahmen des Gesetzes durchzuführen, sofern dies zur Erfüllung seiner Aufgaben notwendig ist.

(5) Der Verband ist berechtigt, zur Aufbringung der für die Erfüllung der Verbandsaufgaben erforderlichen Mittel Steuern, Gebühren und Beiträge zu erheben und Anleihen aufzunehmen nach Maßgabe der für die Provinzen — bis zum Erlaß einer einheitlichen Provinzialordnung für die Rheinprovinz — geltenden gesetzlichen Bestimmungen. Dabei ist, soweit es sich um Unternehmungen des Verbandes (insbesondere Kleinbahnen und Verbandsstraßen) handelt, welche ausschließlich oder in besonders hervorragendem oder geringem Maße einzelnen Kreisen zustatten kommen, eine entsprechende Mehr- oder Minderbelastung dieser Kreise vorzunehmen. An die Stelle des Provinzialausschusses tritt der Verbandsausschuß.

[Zu Abs. 5 s. das Gesetz zur Änderung des Kommunalabgabengesetzes vom 14. Juli 1893 sowie des Kreis- und Provinzialabgabengesetzes vom 23. April 1906 und einiger sonstiger Vorschriften des kommunalen Abgabenrechts, vom 26. August 1921 (GS. S. 495), Ziff. III:]

III. Sonstige Änderungen der Vorschriften des Kommunalabgabenrechts.

[Verwaltungsgebühren] **§ 1.**

Der Siedlungsverband Ruhrkohlenbezirk und Zweckverbände im Sinne des Gesetzes vom 19. Juli 1911 (Gesetzsamml. S. 115) dürfen Verwaltungsgebühren im Sinne des § 6 Abs. 2 des Kommunalabgabengesetzes erheben.

[Strafdrohungen] **§ 2.**

Der § 82 des Kommunalabgabengesetzes findet auf den Siedlungsverband Ruhrkohlenbezirk und Zweckverbände sinngemäße Anwendung.

(6) Über alle Ausgaben und Einnahmen, die sich im voraus bestimmen lassen, ist alljährlich ein Haushaltsplan zu entwerfen und festzustellen, und nach Schluß des Rechnungsjahrs Rechnung zu legen. Dabei ist, soweit eine Mehr- oder Minderbelastung in Frage kommt, eine besondere Aufstellung zu führen und ein Plan über den Maßstab aufzustellen, nach dem die in dem besonderen Haushaltsplan geforderten Zuschüsse auf die Mitglieder verteilt werden sollen.

(7) Bei der Erhebung von Steuern, Gebühren und Beiträgen ist auf die Herbeiführung eines Ausgleichs zwischen den Provinzial- und Verbandslasten Rücksicht zu nehmen.

§§ 16, 17.

[Betreffen die Übertragung des Fluchtlinienwesens auf den Verband („Verbandsstraßen") (§ 1 Abs. 2 Ziff. 1).]

[Wegebaupflicht]

§ 18.

(1) Soweit der Verband für Straßen seines Gebiets die Wegebaupflicht übernommen hat (§ 1 Ziffer 1), hat er auf Grund seiner eigenen und der von ihm seinen Rechtsvorgängern erstatteten oder noch zu erstattenden Aufwendungen alle Rechte und Pflichten, welche einer Gemeinde zustehen und obliegen, insbesondere die Rechte und Pflichten aus den §§ 12, 15 und 15a des Gesetzes, betreffend die Anlegung und Veränderung von Straßen und Plätzen in Städten und ländlichen Ortschaften, vom 2. Juli 1875 (Gesetzsamml. S. 561) und aus § 9 des Kommunalabgabengesetzes vom 14. Juli 1893 (Gesetzsamml. S. 152). Die vom Verband erlassenen Statuten unterliegen der Bestätigung des Verbandsrats (§ 26).

(2) Für das Einspruchs- und Klageverfahren finden die Vorschriften der §§ 69, 70 des Kommunalabgabengesetzes vom 14. Juli 1893 (Gesetzsamml. S. 152) mit der Maßgabe Anwendung, daß für den Einspruch der Verbandsausschuß und für die Klage der Verbandsrat zuständig ist.

(3) Der Verband hat der betroffenen Gemeinde (Gemeindeverband) die bereits für die Straße gemachten Aufwendungen einschließlich der Aufwendungen für Grunderwerb insoweit zu erstatten, als der Verband in der Lage ist, die Aufwendungen von den Anliegern wieder einzuziehen. Über Streitigkeiten wegen der Übernahme selbst beschließt der Verbandsrat. Gegen den Beschluß findet binnen zwei Wochen die Beschwerde an den Minister für Volkswohlfahrt statt. Über die Erstattung der Aufwendungen entscheidet der Verbandsrat im Verwaltungsstreitverfahren, gegen dessen Entscheidung die Berufung beim Oberverwaltungsgerichte zulässig ist.

(4) Die Gemeinden haben innerhalb ihres Gemeindebezirkes das Recht, die Verbandsstraßen zu Leitungen jeder Art zu benutzen; der Verband darf die Straßen nur zu solchen Leitungen benutzen oder benutzen lassen, die zum Betriebe von Beförderungsmitteln der im § 16 Ziffer 1a bezeichneten Art[1]) erforderlich sind. Streitigkeiten entscheidet der Verbandsrat endgültig.

§ 19.

[Kleinbahnwesen.]

[1]) Straßenbahnen, wenn sie über den Bezirk einer Gemeinde hinausgehen.

§ 20.

[Ansiedlungsgenehmigung.]

§ 21.

[Fluchtlinienpolizei.]

[Polizeiverordnungsrecht des Verbandsdirektors]

§ 22.

I. (1) Der Verbandsdirektor ist an Stelle der Orts- oder Kreispolizeibehörden befugt, mit Zustimmung des Verbandsausschusses für Teile des Verbandsgebiets nach Anhörung der beteiligten Gemeindevorstände oder Kreisausschüsse in Angelegenheiten der Baupolizei und des Wohnungswesens Polizeiverordnungen, insbesondere Bauordnungen und Wohnungsordnungen, zu erlassen und bestehende Orts- und Kreis-Bau- und -wohnungsordnungen aufzuheben.

(2) Die Polizeiverordnungen des Verbandsdirektors sind unter der Bezeichnung „Polizeiverordnung" unter Bezugnahme auf die Bestimmungen dieses Paragraphen durch die vom Verbandspräsidenten hierfür bestimmten Zeitungen bekanntzumachen. Die Polizeiverordnungen des Verbandsdirektors treten, sofern in ihnen nicht ein anderes gesagt ist, mit dem Tage ihrer Verkündung in Kraft. Im übrigen finden auf sie die gleichen Bestimmungen Anwendung wie auf die Polizeiverordnungen der Ortspolizeibehörde eines Stadtkreises. Soweit der Verbandsdirektor von seiner Befugnis, Bau- oder Wohnungsordnungen zu erlassen, Gebrauch macht, erlischt die Befugnis der Kreis- und Ortspolizeibehörden zum Erlasse solcher.

(3) Solange und soweit der Verbandsdirektor von dem Rechte, Bauordnungen zu erlassen, keinen Gebrauch macht, haben die zuständigen Behörden vor Erlaß neuer oder Änderung bestehender Bauordnungen die gutachtliche Äußerung des Verbandsausschusses einzuholen. Der Verbandspräsident kann für die Begutachtung eine angemessene Frist setzen.

II. Die Befugnisse aus § 37 der Gewerbeordnung für das Deutsche Reich vom 26. Juli 1900 (Reichsgesetzbl. S. 871), soweit sie sich auf Beförderungsanstalten beziehen, die dem zwischengemeindlichen Verkehr dienen, werden durch den Verbandsdirektor ausgeübt.

[Hilfe anderer Behörden]

§ 23.

Verbandsausschuß und Verbandsdirektor können für die Ausübung der ihnen obliegenden Geschäfte die Hilfe der Landräte, Ortspolizeibehörden und Gemeindeverwaltungen des Verbandsgebiets, im Streitfall nach Anordnung des Verbandspräsidenten, in Anspruch nehmen.

[Staatsaufsicht, Verbandspräsident] § 24.

(1) Die Staatsaufsicht über den Verband wird in erster Instanz vom Verbandspräsidenten, in höherer Instanz vom zuständigen Minister unbeschadet der Bestimmung im § 13 Abs. 5 nach den für die Aufsicht über die Provinzen geltenden Grundsätzen ausgeübt. Bis zum Erlaß einer einheitlichen Provinzialordnung finden insbesondere die §§ 51 Satz 2 und 3, 114 bis 116, 118, 119, 121 und 122 der Provinzialordnung für die Rheinprovinz vom 1. Juni 1887 (Gesetzsamml. S. 252) sinngemäße Anwendung.

(2) Der Verbandspräsident ist Staatsbeamter und hat seinen dienstlichen Sitz am Sitze des Verbandes.

(3) Auf ihn finden bezüglich der Stellung und Dienstführung in seiner Behörde und gegenüber anderen Behörden sowie bezüglich der Beiordnung der erforderlichen Beamten die für den Regierungspräsidenten gegebenen Vorschriften mit der sich aus seiner Zuständigkeit ergebenden Beschränkung und vorbehaltlich des Erlasses einer besonderen Geschäftsordnung sinngemäße Anwendung.

[Aufgaben d. Verbandspräsidenten] § 25.

(1) Soweit nach den Gesetzen bei den Aufgaben, die durch dieses Gesetz dem Verband übertragen werden (§§ 1, 13, 16 bis 21), eine Zuständigkeit des Regierungspräsidenten oder Oberpräsidenten vorgesehen ist, tritt an die Stelle des ersteren der Verbandspräsident, an die Stelle des letzteren der zuständige Minister.

(2) Findet nach den Gesetzen gegen die Entscheidung des Oberpräsidenten die Klage beim Oberverwaltungsgerichte statt, so ist sie unter Fortfall der Beschwerde an den Minister gegen die Entscheidung des Verbandspräsidenten gegeben.

[Abs. 3 und 4 enthalten Vorschriften über weitere Zuständigkeiten des Verbandspräsidenten.]

[Verbandsrat] § 26.

(1) Soweit nach den Gesetzen bei den Aufgaben, die durch dieses Gesetz dem Verband oder dem Verbandspräsidenten übertragen werden, eine Zuständigkeit des Bezirksausschusses oder des Provinzialrats vorgesehen ist, tritt an ihre Stelle der Verbandsrat. Das gleiche gilt für diejenigen Verwaltungsgebiete, in denen der Verbandspräsident nach § 25 dieses Gesetzes als Aufsichtsbehörde bestimmt ist, und für das Verwaltungsstreitverfahren gegen baupolizeiliche Verfügungen (§ 128 des Gesetzes über die allgemeine Landesverwaltung vom 30. Juli 1883 —

Gesetzsamml. S. 195)[1]). Ist in den Gesetzen gegen den Beschluß des Bezirksausschusses Beschwerde an den Provinzialrat gegeben, fällt diese fort, soweit in diesem Gesetze nicht etwas anderes bestimmt ist.

(2) Der Verbandsrat besteht aus dem Verbandspräsidenten als Vorsitzenden und mindestens drei weiteren zu ernennenden Mitgliedern und fünf von der Verbandsversammlung nach den Grundsätzen der Verhältniswahl zu wählenden Mitgliedern. Die ernannten Mitglieder sind Staatsbeamte; sie sind auf Lebenszeit oder für die Dauer der Bekleidung ihres Hauptamts zu ernennen. Von ihnen muß einer die Fähigkeit zum Richteramt, einer die Fähigkeit zum höheren Verwaltungsdienst und einer die Fähigkeit zum höheren technischen Verwaltungsdienste besitzen. Eins von den Mitgliedern ist zum dauernden Vertreter des Vorsitzenden zu bestellen. Wählbar zum Mitglied ist jeder Angehörige eines zum Verbande gehörigen Stadt- und Landkreises, der die Wählbarkeit zur Verbandsversammlung besitzt. Für jedes gewählte Mitglied ist ein Stellvertreter zu wählen. Die Mitglieder der Verbandsversammlung und des Verbandsausschusses können nicht Mitglieder des Verbandsrats sein. Die Vorschriften über die Durchführung der Wahl der Mitglieder erläßt der Verbandspräsident.

(3) Die gewählten Mitglieder sind nach jeder Neuwahl der Verbandsversammlung neu zu wählen. Die bisherigen bleiben bis zur Neuwahl im Amte.

(4) Im übrigen finden auf den Verbandsrat die §§ 32, 33 und 34 des Gesetzes über die allgemeine Landesverwaltung vom 30. Juli 1883 (Gesetzsamml. S. 195) und das Regulativ vom 28. Februar 1884 zur Ordnung des Geschäftsganges und des Verfahrens bei den Bezirksausschüssen (Ministerialblatt für die preußische innere Verwaltung S. 37) sinngemäße Anwendung.

[Verfahren] **§ 27.**

(1) Gegen die Entscheidungen des Verbandsdirektors, Verbandsausschusses, Verbandspräsidenten und Verbandsrats sind, soweit in diesem Gesetze nicht etwas anderes bestimmt ist, die Rechtsmittel gegeben, die nach den Gesetzen gegen die Entscheidungen der Behörden zugelassen sind, an deren Stelle sie treten.

(2) Nach diesem Gesetze seitens des Verbandsdirektors als Ortspolizeibehörde ergehende Entscheidungen gelten für den Rechtsmittelweg als Entscheidungen der Ortspolizeibehörde eines Stadtkreises.

---

[1]) Oben Nr. 2.

[Veröffentlichungen] **§ 28.**

Die amtlichen Veröffentlichungen des Verbandes erfolgen durch die Amtsblätter der Regierungen in Arnsberg, Düsseldorf und Münster.

[Schlußbestimmungen] **§ 29.**

(1) Das Gesetz tritt am 15. Juni 1920 in Kraft. Die die Wahl der Verbandsorgane und die Ernennung des Verbandspräsidenten betreffenden Bestimmungen sowie die Vorschrift im § 16 Ziffer 3 treten sofort in Kraft. Den Zeitpunkt des Inkrafttretens der Vorschriften im § 20 bestimmt der Verbandspräsident.

(2) Die Zuständigkeit der bisherigen Verwaltungsbehörden, Beschlußbehörden und Verwaltungsgerichte bleibt in denjenigen Sachen, die beim Inkrafttreten dieses Gesetzes bereits in erster Instanz anhängig sind, unberührt.

(3) Die zuständigen Minister sind mit der Ausführung dieses Gesetzes beauftragt. Der Verbandspräsident ist alsbald nach Verkündung des Gesetzes zu ernennen.

---

18. Zweckverbandsgesetz.

Vom 19. Juli 1911 (GS. S. 115).

[Dieses allgemeine oder gemeinpreußische Zweckverbandsgesetz, das im Gegensatz steht zu den Spezialgesetzen, die den Zweckverband Groß-Berlin (1911—1920) und den Ruhrsiedlungsverband (1920) schufen, hat in Preußen den Typ der Zusammenfassung von Gemeinden zu bestimmten Zwecken geschaffen, von dem Gebrauch gemacht wird, wenn eine öffentlich-rechtliche Form dieser Zusammenschlüsse erstrebt und nicht eine privatrechtliche vorgezogen wird.]

[Freiwilliger Zweckverband] **§ 1.**

Städte, Landgemeinden, Gutsbezirke[1]), Bürgermeistereien[2]), Ämter und Landkreise können behufs Erfüllung einzelner kommunaler Aufgaben jeder Art miteinander zu Zweckverbänden im Sinne dieses Gesetzes verbunden werden, wenn die Beteiligten damit einverstanden sind. Über die Bildung des Zweckverbandes beschließt der Kreisausschuß, bei Beteiligung von Städten oder Landkreisen der Bezirksausschuß.

---

[1]) Wegen dieser vgl. §§ 11 ff. d. G. v. 27. Dezember 1927, oben Nr. 14.

[2]) Diese heißen jetzt auch „Ämter", und der bisherige „Amtmann" in Westfalen „Bürgermeister", § 2 d. G. v. 27. Dezember 1927, oben Nr. 14.

[Zwangszweckverband] § 2.

(1) Sind die Beteiligten nicht einverstanden, so ist die Bildung eines Zweckverbandes nur zur Erfüllung von solchen kommunalen Aufgaben, welche allen Beteiligten gesetzlich obliegen, und nur dann zulässig, wenn die Bildung des Zweckverbandes im öffentlichen Interesse notwendig ist.

(2) Der Oberpräsident kann, wenn er diese Voraussetzungen für vorliegend erachtet, auf Antrag von mindestens einem Drittel der Beteiligten oder auf Antrag der Kommunalaufsichtsbehörde anordnen, daß zunächst der Kreisausschuß (Bezirksausschuß) über die Ergänzung der mangelnden Zustimmung Beschluß faßt. Die Beschlußfassung erfolgt auf Grund mündlicher Verhandlung (§ 119 Abs. 1 und 3 des Gesetzes über die allgemeine Landesverwaltung vom 30. Juli 1883, Gesetzsamml. S. 195).

(3) Gegen den auf Beschwerde von dem Bezirksausschuß oder von dem Provinzialrate gefaßten Beschluß steht den Beteiligten binnen vier Wochen die Klage bei dem Oberverwaltungsgerichte zu. Die Klage kann nur darauf gestützt werden, daß die Aufgabe, zu deren Erfüllung der Zweckverband gebildet werden soll, den Beteiligten nicht gesetzlich obliege.

(4) Nach Ergänzung des mangelnden Einverständnisses der Beteiligten beschließt der Oberpräsident über die Bildung des Zweckverbandes.

(5) Die Bildung eines Zweckverbandes nach Maßgabe der vorstehenden Bestimmungen unterbleibt, sofern und solange ein Beteiligter bereit und imstande ist, die gemeinsame Aufgabe dadurch zu erfüllen, daß er den übrigen Beteiligten die Mitbenutzung einer kommunalen Anstalt gegen angemessene Entschädigung einräumt. Darüber, ob die vorangegebenen Voraussetzungen vorhanden sind, sowie über die Höhe der Entschädigung beschließt im Streitfalle der Kreis- (Bezirks-) Ausschuß, dem auch die Entscheidung über sonstige aus diesem Verhältnis entstehende Streitigkeiten zusteht.

[Abs. 6 betraf den durch die Bildung von Groß-Berlin weggefallenen Zweckverband Groß-Berlin, s. Groß-Berlin-G. vom 27. April 1920 (GS. S. 123 § 3.]

[Gemeinden und Gutsbezirke] § 3.

Gemeinden können nach Maßgabe des § 1 mit Gutsbezirken[1]) auch zur gemeinschaftlichen Festsetzung und Durchführung von Straßen- und Baufluchtlinienplänen verbunden werden.

---

[1]) Wegen dieser siehe auch §§ 11 ff. d. G. v. 27. Dezember 1927, oben Nr. 14.

[Fluchtlinien. Zweckverband] **§ 4.**

Im Falle der Bildung eines Zweckverbandes zur gemeinschaftlichen Festsetzung und Durchführung von Straßen- und Baufluchtlinienplänen gehen die den Gemeinden in den §§ 11 bis 15 des Gesetzes, betreffend die Anlegung und Veränderung von Straßen und Plätzen in Städten und ländlichen Ortschaften, vom 2. Juli 1875 (Gesetzsamml. S. 561)[1]) zugewiesenen Rechte und Pflichten auf den Zweckverband über; Gutsbezirke werden den Gemeinden gleichgeachtet. Für das Einspruchs- und Klageverfahren finden §§ 69, 70 des Kommunalabgabengesetzes vom 14. Juli 1893 (Gesetzsamml. S. 152) mit der Maßgabe Anwendung, daß für den Einspruch der Verbandsvorsteher zuständig ist.

[Veränderung und Auflösung] **§ 5.**

Die Bestimmungen der vorstehenden Paragraphen finden auf die Fälle einer Veränderung in der Zusammensetzung sowie einer Auflösung des Zweckverbandes sinngemäße Anwendung.

[Andere Verbände, Rechtsfähigkeit] **§ 6.**

(1) Bei der Bildung des Zweckverbandes ist auf die sonst bestehenden Verbände (Amtsbezirke, Bürgermeistereien[2]), Ämter, Kirchspiele, Schul-, Wegebau-, Armenverbände[3]) usw.) tunlichst Rücksicht zu nehmen.

(2) Der Zweckverband hat die Rechte einer öffentlichen Körperschaft, sofern sämtlichen Verbandsgliedern für sich diese Rechte uneingeschränkt zustehen.

(3) Trifft diese Voraussetzung nicht zu, so können dem Zweckverband auf dessen Antrag die Rechte einer öffentlichen Körperschaft mit [Königlicher] Genehmigung des Staatsministeriums[4]) beigelegt werden.

[Auseinandersetzung] **§ 7.**

(1) Über die infolge einer solchen Verbindung oder infolge einer Änderung der Zusammensetzung oder einer Auflösung des Zweckverbandes notwendig werdende Regelung der Verhältnisse zwischen den Beteiligten beschließt der Kreis- (Bezirks-) Ausschuß, vorbehaltlich der ihnen gegeneinander zustehenden Klage

---

[1]) Unten Nr. 42.

[2]) S. Anm. 2 zu § 1.

[3]) Jetzt Fürsorgeverbände, vgl. das neue Fürsorgerecht (unten Nr. 51), insbesondere Nr. 51c §§ 34, 37; ferner den VI. Titel des Zuständigkeitsgesetzes, oben Nr. 3.

[4]) Gemäß Art. 82 Pr. V.

im Verwaltungsstreitverfahren, die bei der gleichen Behörde binnen vier Wochen anzubringen ist.

(2) Bei dieser Regelung sind erforderlichenfalls Bestimmungen zur Ausgleichung der öffentlich-rechtlichen Interessen der Zweckverbandsglieder zu treffen. Insbesondere können einzelne Beteiligte zu Vorausleistungen verpflichtet werden, wenn diejenigen, mit welchen sie verbunden werden sollen, für gewisse Verbandszwecke bereits vor der Verbindung für sich allein in genügender Weise Fürsorge getroffen haben oder aus anderen Gründen nur einen geringeren Vorteil von der Verbindung haben.

(3) Eine dem Zwecke des Verbandes dienende Einrichtung, welche einem Beteiligten gehört, verbleibt dem bisherigen Eigentümer; dieser kann indessen verlangen, daß das Eigentum an der Einrichtung gegen Entschädigung auf den Verband übergeht.

[Übergangsbestimmungen]

§ 8.

(1) Die nach Maßgabe der §§ 1 und 2 gebildeten Zweckverbände gelten in den Fällen, in denen sie [die Fürsorge für die öffentliche Armenpflege oder][1]) die Erfüllung der Wegebaulast übernehmen, als [Gesamtarmenverbände beziehungsweise][1]) Wegeverbände im Sinne [des § 12 des Gesetzes vom 8. März 1871 (Gesetzsamml. S. 130) beziehungsweise][1]) der einzelnen Wegeordnungen.

(2) Auf die nach den bisherigen Gesetzen gebildeten Zweckverbände findet dieses Gesetz mit der Maßgabe Anwendung, daß deren Satzungen in Geltung bleiben, bis sie vorschriftsmäßig geändert sind.

(3) Hinsichtlich der Gesamtschulverbände verbleibt es bei §§ 1 ff. des Gesetzes, betreffend die Unterhaltung der öffentlichen Volksschulen, vom 28. Juli 1906 (Gesetzsamml. S. 335).

[Satzung]

§ 9.

(1) Die Rechtsverhältnisse des Zweckverbandes sind durch eine Satzung zu regeln, die von den Beteiligten im Wege der Vereinbarung festzustellen ist und der Bestätigung des Kreis- (Bezirks-) Ausschusses unterliegt. Soweit eine Übereinstimmung der Beteiligten nicht erzielt ist, erfolgt die Feststellung der Satzung durch Beschluß des Kreis- (Bezirks-) Ausschusses auf Grund mündlicher Verhandlung (§ 119 Abs. 1 und 3 des Gesetzes über die allgemeine Landesverwaltung vom 30. Juli 1883) und zwar bei freiwilliger Verbandsbildung auf Antrag aller Beteiligten, bei Verbandsbildung nach § 2 ohne Antrag.

[1]) § 12 d. G. v. 8. März 1871 gilt nicht mehr, s. § 33 der Preuß. Ausführungsanweisung zur Fürsorgepflichtverordnung, unten Nr. 51c.

(2) In der Satzung kann vorgesehen werden, daß die Verbandsverwaltung durch Beschluß des Verbandsausschusses einem Verbandsglied übertragen wird.

(3) In Zweckverbänden, die aus Gemeinden (selbständigen Gütern) einer Bürgermeisterei oder[1]) eines Amtsverbandes zusammengesetzt sind, können die Beteiligten durch die Satzung die Verbandsverwaltung der Bürgermeisterei[1]) (dem Amtsverbande), gegebenenfalls gemäß Artikel 15 Abs. 1 des Gesetzes, betreffend die Gemeindeverfassung in der Rheinprovinz, vom 15. Mai 1856 (Gesetzsamml. S. 435), § 5 Abs. 2 der Landgemeindeordnung für die Provinz Westfalen vom 19. März 1856 (Gesetzsamml. S. 265), übertragen.

[Inhalt der Satzung] **§ 10.**

(1) Die Satzung muß enthalten:

1. die Bezeichnung der Verbandsglieder;
2. die Bezeichnung der von dem Zweckverbande zu erfüllenden kommunalen Aufgaben;
3. die Benennung des Zweckverbandes und die Angabe des Ortes, an dem die Verwaltung geführt wird; als solcher kann der Wohnort des jeweiligen Verbandsvorstehers bezeichnet werden;
4. Bestimmungen über die Zusammensetzung des Verbandsausschusses und der anderen Beschlußorgane sowie über die Wahl der Abgeordneten und Ersatzmänner (§§ 11, 12, 13);
5. Bestimmungen über die Beschlußfähigkeit des Verbandsausschusses und über das Stimmverhältnis bei Abstimmungen (§§ 14 und 16);
6. Bestimmungen über die Wahl oder die sonstige Art der Berufung des Verbandsvorstehers und seines Stellvertreters sowie über die Vertretung des Zweckverbandes nach außen;
7. Bestimmungen über die Umlegung der zur Deckung der gemeinsamen Ausgaben erforderlichen Abgaben auf die Verbandsglieder (§ 17).

(2) Ferner können Bestimmungen über Änderungen der Satzung sowie darüber aufgenommen werden, unter welchen Voraussetzungen die Auflösung des Zweckverbandes oder das Ausscheiden einzelner Verbandsglieder zulässig sein soll und wie in solchen Fällen die Verhältnisse zwischen den Beteiligten zu regeln sind (§ 7).

(3) Die Satzung ist durch die Regierungsamtsblätter und durch die für Bekanntmachungen der beteiligten Kommunalver-

---

1) S. Anm. 2 zu § 1.

bände bestimmten Veröffentlichungsorgane sowie gegebenenfalls durch die Kreisblätter zur öffentlichen Kenntnis zu bringen.

[Verbandsausschuß] **§ 11.**

Über die Angelegenheiten des Zweckverbandes beschließt der Verbandsausschuß; die Satzung kann daneben noch andere Beschlußorgane vorsehen. Ausführende Behörde ist der Verbandsvorsteher, welcher zugleich den Zweckverband nach außen vertritt.

[Zus.setzung d. Verb.aussch.] **§ 12.**

(1) Der Verbandsausschuß besteht aus Abgeordneten der Verbandsglieder.

(2) Jedes Verbandsglied hat mindestens einen Abgeordneten zu stellen. Im übrigen werden die Abgeordneten auf die Verbandsglieder nach dem Verhältnisse der Einwohnerzahl oder nach dem Maßstab entweder ihrer Beteiligung an den von dem Zweckverbande zu erfüllenden Aufgaben oder ihres der Kreisbesteuerung, bei Stadt- oder Landkreisen der Provinzialbesteuerung zugrunde zu legenden Solls der Staats- und staatlich veranlagten Steuern oder eines anders berechneten Steuersolls oder nach einem anderen in der Satzung zu bestimmenden Maßstabe verteilt. Indessen soll in Zweckverbänden mit mehr als drei Verbandsgliedern die Abgeordnetenzahl eines Verbandsglieds der Regel nach hinter der Hälfte der Gesamtzahl zurückbleiben.

(3) Die Verteilung der Abgeordneten kann mit Rücksicht auf eingetretene Veränderungen von Zeit zu Zeit neu geregelt werden.

[Abgeordnete] **§ 13.**

(1) Dem Verbandsausschusse gehört ohne Wahl als Abgeordneter einer Gemeinde der Bürgermeister (Gemeindevorsteher, auch in der Rheinprovinz und Westfalen) oder ein von ihm zu bestimmendes Mitglied der Gemeindeverwaltung, als Abgeordneter einer Bürgermeisterei[1]), eines Amtes, eines Landkreises der Bürgermeister, der Amtmann[1]), der Vorsitzende des Kreisausschusses an. In der Rheinprovinz und Westfalen kann als Abgeordneter der Gemeinde an Stelle des Gemeindevorstehers durch den Kreisausschuß der Bürgermeister (Amtmann)[1]) zum Mitgliede des Verbandsausschusses bestellt werden. Die Vertretung in Behinderungsfällen erfolgt nach der Bestimmung dieser Mitglieder.

(2) Im übrigen werden die Abgeordneten der Beteiligten durch ihre Vertretungskörperschaften, in Städten unter Zutritt

---

[1]) S. Anm. 2 zu § 1.

des Magistrats, auf eine zu bestimmende Zeit gewählt. Für jeden gewählten Abgeordneten wird ein Ersatzmann gewählt, der im Falle der Behinderung des ersteren auch ohne besondere Einladung befugt ist, für ihn einzutreten. Wählbar sind nur solche Personen, welche in die Vertretungskörperschaft gewählt werden können.

(3) In Gutsbezirken hat der Gutsbesitzer über die Vertretung des Gutsbezirkes zu befinden. Wo nach den Gesetzen ein Stellvertreter bestellt werden muß, hat, abgesehen von den Fällen, in denen die Stellvertretung wegen auswärtigen Aufenthalts des Gutsbesitzers erforderlich geworden ist, der Stellvertreter über die Vertretung des Gutsbezirkes zu befinden. Der Vertreter muß zur Übernahme des Amtes als Gutsvorsteher befähigt sein. Er hat, wenn auf den Gutsbezirk mehrere Stimmen entfallen, diese Stimmen allein zu führen[1]).

[Beschlußfähigkeit, Abstimmung]　**§ 14.**

(1) Der Verbandsausschuß ist, sofern nicht die Satzung anderes vorschreibt, bei Anwesenheit von zwei Dritteln der Mitglieder beschlußfähig. Eine Ausnahme findet statt, wenn nach festgestellter Beschlußunfähigkeit eine neue Sitzung zur Beschlußfassung über denselben Gegenstand anberaumt ist. In diesem Falle ist der Verbandsausschuß ohne Rücksicht auf die Zahl der Erschienenen beschlußfähig. Auf diese Folge ist in der Einladung zur zweiten Sitzung aufmerksam zu machen.

(2) Die Abstimmung erfolgt nach einfacher Stimmenmehrheit. Jedoch kann die Satzung für bestimmte Angelegenheiten, insbesondere für Satzungsänderungen und für die Auflösung des Zweckverbandes, eine größere Mehrheit der Stimmen vorsehen.

[Verbandsvorsteher]　**§ 15.**

(1) Der Verbandsvorsteher und sein Stellvertreter werden, sofern die Satzung nicht eine andere Art der Bestellung vorschreibt, vom Verbandsausschuß aus der Zahl seiner Mitglieder auf eine zu bestimmende Amtszeit gewählt.

(2) Die Wahl des Verbandsvorstehers bedarf, wenn der Gewählte nicht schon anderweitig als Bürgermeister, Amtmann[2]), Gemeinde-, Guts-, Amtsvorsteher oder Stellvertreter eines dieser Beamten, als Mitglied eines Gemeindevorstandes, als Landrat,

---

[1]) S. §§ 11 ff. des Ges. v. 27. Dezember 1927, oben Nr. 14, insbesondere § 13 das., ferner wegen des „Stellvertreters" oben zu §§ 124, 126 der östl. LGO. Die Funktion des Gutsbesitzers aus § 13 Abs. 3 Satz 1 ZwVG. besteht nach § 13 Ziff. 2 d. G. v. 27. Dezember 1927 fort.

[2]) S. Anm. 2 zu § 1.

Kreisdeputierter oder Mitglied einer Kreisverwaltungsbehörde bestätigt oder ernannt ist und sein Amt noch bekleidet, der Bestätigung durch die Kommunalaufsichtsbehörde nach den für die Bestätigung von Gemeindebeamten mit der Maßgabe des § 22 dieses Gesetzes geltenden Vorschriften.

(3) Wird gegen die Gültigkeit der Wahl eines Verbandsvorstehers, welcher nach der vorstehenden Bestimmung einer besonderen Bestätigung nicht bedarf, Einspruch erhoben, so entscheidet hierüber der Verbandsausschuß. Gegen den Beschluß findet die Klage bei dem Kreis- (Bezirks-) Ausschusse statt.

[Vorsitz im Verbandsausschuß, Stimmengleichheit]

§ 16.

Der Verbandsvorsteher führt den Vorsitz im Verbandsausschuß und gibt, soweit einfache Stimmenmehrheit genügt, bei Stimmengleichheit den Ausschlag.

[Gebühren und Beiträge]

§ 17.

(1) Der Zweckverband ist berechtigt, in sinngemäßer Anwendung des Kommunalabgabengesetzes vom 14. Juli 1893 (Gesetzsamml. S. 152) Gebühren und Beiträge zu erheben.

(2) Soweit die eigenen Einnahmen des Zweckverbandes, die Gebühren und die Beiträge zur Bestreitung der Verbandsausgaben nicht ausreichen, wird der Fehlbetrag auf die Verbandsglieder nach dem Maßstab entweder ihrer Beteiligung an den von dem Zweckverbande zu erfüllenden Aufgaben oder ihres der Kreisbesteuerung, bei Stadt- oder Landkreisen der Provinzialbesteuerung zugrunde zu legenden Solls der Staats- und staatlich veranlagten Steuern oder eines anders berechneten Steuersolls oder nach einem anderen in der Satzung zu bestimmenden Maßstab umgelegt.

[Aufbring. d. Verbandsumlagen]

§ 18.

(1) Den Verbandsgliedern bleibt die Aufbringung der Verbandsumlagen nach Maßgabe ihrer Verfassung vorbehalten.

(2) Steht ein Gutsbezirk, der zu den Verbandsgliedern gehört, nicht ausschließlich im Eigentume des Gutsbesitzers oder steht innerhalb des Gutsbezirkes einer anderen Person als dem Gutsbesitzer ein Erbbaurecht zu, so kann auf Antrag des Gutsbesitzers ein Statut erlassen werden, welches die Unterverteilung der Verbandslasten regelt und hierbei den mitheranzuziehenden Grundbesitzern, Erbbauberechtigten oder sonstigen Einwohnern des Gutsbezirkes eine entsprechende Mitwirkung einräumt. Das Statut wird nach Anhörung der Beteiligten vom Kreisausschusse festgestellt. Dabei muß die Regelung der Beitragspflicht nach dem Interesse der Beteiligten an den Aufgaben des Zweckverbandes erfolgen.

Das Statut unterliegt der Bestätigung durch den Bezirksausschuß. Die Bestätigung ist insbesondere auch dann zu versagen, wenn die Vorteile der Beteiligten an dem Zweckverbande nicht in richtigem Verhältnisse zu den von ihnen zu übernehmenden Lasten stehen. Einwohner des Gutsbezirkes, die in einem Lohn- oder Dienstverhältnisse zum Gutsbesitzer stehen, scheiden bei der Unterverteilung der Verbandslasten aus.

[Beamte des Zweckverbandes] **§ 19.**

(1) Die auf Beschluß des Verbandsausschusses vom Verbandsvorsteher anzustellenden Beamten des Zweckverbandes gelten als Beamte von Landgemeinden, bei Beteiligung von Städten oder Landkreisen als solche von Städten.

(2) Wenn der Zweckverband eine bis dahin von einem Verbandsgliede geführte Verwaltung übernimmt, so ist er verpflichtet, die bisher von diesem hierfür angestellten Beamten mit ihren Besoldungs- und Ruhegehaltsansprüchen auf Verlangen des Verbandsglieds in seinen Dienst zu übernehmen. Die Beamten treten in diesem Falle in den Dienst des Zweckverbandes über.

[Öff. Anlagen usw. d. Zweckverb.] **§ 20.**

(1) Die Angehörigen der Verbandsglieder sind zur Mitbenutzung der öffentlichen Anlagen, Anstalten und Einrichtungen des Zweckverbandes nach Maßgabe der für diese bestehenden Bestimmungen berechtigt.

(2) Soweit Gutsbezirke zu den Verbandsgliedern gehören und eine Unterverteilung der Verbandslasten gemäß § 18 Abs. 2 erfolgt, haben die zu den Verbandslasten mitherangezogenen Grundbesitzer, Erbbauberechtigten und Einwohner die gleichen Rechte wie Gemeindeangehörige.

[Verf. b. Beschw. u. Einsprüchen] **§ 21.**

(1) Auf Beschwerden und Einsprüche, welche betreffen

1. das Recht zur Mitbenutzung der Anlagen, Anstalten und Einrichtungen des Zweckverbandes,
2. die Heranziehung zu den Gebühren, Beiträgen und Umlagen für Verbandszwecke,

beschließt der Verbandsvorsteher.

(2) Einsprüche in den Fällen zu 2 sind binnen einer Ausschlußfrist von vier Wochen einzulegen.

(3) Gegen die auf Beschwerden und Einsprüche ergangenen Beschlüsse findet binnen einer Frist von zwei Wochen die Klage im Verwaltungsstreitverfahren bei dem Kreis- (Bezirks-) Ausschusse statt. Gegen die Entscheidung des Bezirksausschusses in den Fällen zu 2 ist nur das Rechtsmittel der Revision zulässig.

(4) Durch Einspruch und Klage wird die Verpflichtung zur Zahlung der Beträge nicht aufgeschoben.

[Aufsicht des Staates] § 22.

(1) Hinsichtlich der staatlichen Zuständigkeiten wird der Zweckverband einer Landgemeinde, bei Beteiligung von Städten oder Landkreisen einer Stadt gleichgeachtet. Auf die Dienstvergehen des Verbandsvorstehers und seines Stellvertreters finden nach der gleichen Unterscheidung die die ländlichen oder städtischen Gemeindevorstände betreffenden Bestimmungen Anwendung.

(2) Die gewählten Mitglieder des Verbandsausschusses werden vom Vorsitzenden vereidigt. Sie können nach § 39 des Gesetzes über die allgemeine Landesverwaltung vom 30. Juli 1883 im Wege des Disziplinarverfahrens ihrer Stellen enthoben werden.

[Öffentlichkeit der Sitzungen] § 23.

Der Verbandsausschuß beschließt über die Öffentlichkeit seiner Verhandlungen.

[Bestätigung von Beschlüssen] § 24.

Beschlüsse des Verbandsausschusses, welche betreffen

1. Anleihen, durch die der Zweckverband mit einem Schuldenbestande belastet oder der bereits vorhandene Schuldenbestand vergrößert werden würde, sowie Übernahme von Bürgschaften auf den Zweckverband,
2. Belastung der Verbandsglieder durch Umlagen über fünfundzwanzig Prozent des Gesamtaufkommens der der Kreis- (Provinzial-) Besteuerung zugrunde liegenden Staats- und staatlich veranlagten Steuern,

bedürfen der Bestätigung durch den Kreis- beziehungsweise Bezirksausschuß.

[Übergangsbestimmungen] § 25.

(1) Der vierte Titel der Landgemeindeordnungen

a) für die sieben östlichen Provinzen der Monarchie vom 3. Juli 1891 (Gesetzsamml. S. 233),
b) für die Provinz Schleswig-Holstein vom 4. Juli 1892 (Gesetzsamml. S. 155),
c) für die Provinz Hessen-Nassau vom 4. August 1897 (Gesetzsamml. S. 301)

sowie § 18 Abs. 4 des Gesetzes, betreffend die Anstellung und Versorgung der Kommunalbeamten, vom 30. Juli 1899 (Gesetzsamml. S. 141), insoweit sich diese letztere Bestimmung auf Zweckverbände bezieht, werden aufgehoben.

(2) Soweit die Gesetze auf die in vorstehendem Absatz aufgehobenen Bestimmungen verweisen, tritt an deren Stelle das vorliegende Gesetz.

(3) Die besonderen Bestimmungen über Feuerspritzen- und Bullenhaltungsverbände bleiben unberührt.

[Berlin] **§ 26.**

Im Falle der Beteiligung der Stadt Berlin bei Bildung eines Zweckverbandes gemäß § 1 beschließt an Stelle des Bezirksausschusses der Oberpräsident von Berlin[1]).

[Inkrafttreten, Ausf.Best.] **§ 27.**

Dieses Gesetz tritt am 1. Oktober 1911 in Kraft. Der Minister des Innern ist mit seiner Ausführung beauftragt.

---

19. Kommunalabgabengesetz.

Vom 14. Juli 1893 (GS. S. 152).

(Mit den vielfachen Abänderungen durch jüngere Gesetze.)[2])

[Das Preußische KAG., die berühmte Schöpfung Miquels, hat zwar durch die Neuordnung der direkten Besteuerung seit 1919 seine Bedeutung zu einem erheblichen Teile eingebüßt; doch gelten insbesondere seine Bestimmungen über Gebühren und Beiträge und viele von seinen allgemeinen Vorschriften heute noch; insoweit wird daher das Gesetz hier wiedergegeben.]

Inhalt

---

[1]) Fassung gemäß § 38 des Groß-Berlin-Gesetzes vom 27. April 1920 (GS. S. 123). S. dazu § 41 Abs. 1 des Landesverwaltungsgesetzes, oben Nr. 2.

[2]) Insbesondere denen des Kriegsgesetzes zur Vereinfachung der Verwaltung, vom 13. Mai 1918, GS. S. 53 (wegen der Geltungsdauer dieses Gesetzes s. vor § 1 LVG., oben Nr. 2), und des Gesetzes zur Änderung des Kommunalabgabengesetzes vom 14. Juli 1893 (GS. S. 152) sowie des Kreis- und Provinzialabgabengesetzes vom 23. April 1906 (GS. S. 159) und einiger sonstiger Vorschriften des kommunalen Abgabenrechts, vom 26. August 1921 (GS. S. 495).

Teil I. Gemeindeabgaben.

Erster Titel. Allgemeine Bestimmungen.

[Besteuerungsrecht] **§ 1.**

Die Gemeinden sind berechtigt, zur Deckung ihrer Ausgaben und Bedürfnisse nach Maßgabe der Bestimmungen dieses Gesetzes Gebühren und Beiträge, indirekte und direkte Steuern zu erheben, sowie Naturaldienste zu fordern.

[Entstehung der Abgabenschuld] **§ 1a**[1]).

Die Abgabenschuld entsteht, sobald der Tatbestand verwirklicht ist, an den das Gesetz den Anspruch des Abgabengläubigers knüpft. Das gilt auch dann, wenn die Abgabenschuld durch eine Veranlagung festgestellt werden muß. Die Veranlagung kann auch dann noch vorgenommen werden, wenn der die Entstehung von Abgabenschulden begründende Tatbestand inzwischen weggefallen ist.

[Nur subsidiäres Best.Recht] **§ 2.**

(1) Die Gemeinden dürfen von der Befugnis, Steuern zu erheben, nur insoweit Gebrauch machen, als die sonstigen Einnahmen, insbesondere aus dem Gemeindevermögen, aus Gebühren, Beiträgen und vom Staate oder von weiteren Kommunalverbänden den Gemeinden überwiesenen Mitteln zur Deckung ihrer Ausgaben nicht ausreichen. Auf Hunde- und Lustbarkeits-, sowie auf ähnliche, durch besondere Rücksichten gebotene Steuern findet diese Bestimmung keine Anwendung.

---

[1]) § 1a eingefügt durch G. v. 6. Mai 1920 (GS. S. 309) Art. II § 1.

18*

(2) Durch direkte Steuern darf nur der Bedarf aufgebracht werden, welcher nach Abzug des Aufkommens der indirekten Steuern von dem gesamten Steuerbedarfe verbleibt.

[Kommunalbetriebe] **§ 3.**

(1) Gewerbliche Unternehmungen der Gemeinden sind grundsätzlich so zu verwalten, daß durch die Einnahmen mindestens die gesamten durch die Unternehmung der Gemeinde erwachsenden Ausgaben, einschließlich der Verzinsung und der Tilgung des Anlagekapitals, aufgebracht werden.

(2) Eine Ausnahme ist zulässig, sofern die Unternehmung zugleich einem öffentlichen Interesse dient, welches andernfalls nicht befriedigt wird.

Zweiter Titel. Gebühren und Beiträge.

[Anstaltsgebühren] **§ 4.**

(1) Die Gemeinden können für die Benutzung der von ihnen im öffentlichen Interesse unterhaltenen Veranstaltungen (Anlagen, Anstalten und Einrichtungen) besondere Vergütungen (Gebühren) erheben.

(2) Die Erhebung von Gebühren hat zu erfolgen, wenn die Veranstaltung einzelnen Gemeindeangehörigen oder einzelnen Klassen von solchen vorzugsweise zum Vorteile gereicht und soweit die Ausgleichung nicht durch Beiträge (§ 9) oder eine Mehr- oder Minderbelastung (§ 20) erfolgt. Die Gebührensätze sind in der Regel so zu bemessen, daß die Verwaltungs- und Unterhaltungskosten der Veranstaltung, einschließlich der Ausgaben für die Verzinsung und Tilgung des aufgewendeten Kapitals, gedeckt werden.

(3) Besteht eine Verpflichtung zur Benutzung einer Veranstaltung für alle Gemeindeangehörigen oder für einzelne Klassen derselben, oder sind die Genannten auf die Benutzung der Veranstaltung angewiesen, so ist unter Berücksichtigung des öffentlichen Interesses, welchem die Veranstaltung dient, und der den einzelnen gewährten besonderen Vorteile eine entsprechende Ermäßigung der Gebührensätze gestattet; auch kann in Fällen dieser Art die Erhebung von Gebühren unterbleiben.

(4) Auf Unterrichts- und Bildungsanstalten, auf Krankenhäuser, Heil- und Pflegeanstalten, sowie auf vorzugsweise den Bedürfnissen der unbemittelten Volksklassen dienende Veranstaltungen finden vorstehende Bestimmungen (Absatz 2 und 3) keine Anwendung. Jedoch muß für den Besuch der von den Gemeinden unterhaltenen höheren Lehranstalten und Fachschulen ein angemessenes Schulgeld erhoben werden.

[(5) Andere Abweichungen von der im Absatz 2 vorgeschriebenen Bemessung der Gebühren sind nur aus besonderen Gründen gestattet[1]).]

(6) **Ein Zwang zur Erhebung von Chaussee-, Wege-, Pflaster- und Brückengeldern findet nicht statt[2]).**

[Chaussee-, Wegegelder usw.]

§ 5.

Die bestehenden Vorschriften über die Verleihung des Rechts auf Erhebung von Chaussee-, Wege-, Pflaster-, Brücken-, Fähr-, Hafen-, Schleusengeldern und von anderen derartigen Verkehrsabgaben, sowie über die Feststellung der Tarife für solche werden durch dieses Gesetz nicht berührt.

[Verwaltungsgebühren]

§ 6[3]).

(1) **Die Gemeinden,** Amtsbezirke, **Ämter** und Landbürgermeistereien[4]) **sind berechtigt, für die Genehmigung und Beaufsichtigung von Neubauten, Umbauten und anderen baulichen Herstellungen, sowie für die ordnungs- und feuerpolizeiliche Beaufsichtigung von Messen und Märkten, von Musikaufführungen, Schaustellungen, theatralischen Vorstellungen und sonstigen Lustbarkeiten Gebühren zu erheben. Die Erhebung von Lustbarkeitssteuern schließt die Erhebung von Gebühren für die Beaufsichtigung der Lustbarkeit aus.**

(2) **Die im Abs. 1 genannten Verbände dürfen, soweit nicht Gebührenfreiheit gesetzlich angeordnet ist, für einzelne Handlungen ihrer Organe (für eine Tätigkeit), die im wesentlichen im Interesse einzelner erfolgen, Verwaltungsgebühren erheben. Gebührenfrei sind Handlungen, bei denen ein öffentliches Interesse vorliegt, und der mündliche Verkehr. In den zu erlassenden Gebührenordnungen müssen die einzelnen Handlungen, für deren Vornahme eine Gebühr erhoben werden soll, nach Art und Inhalt der Tätigkeit bezeichnet werden[5]).**

---

[1]) Abs. 5 ist durch Art. 5 Ziff. 1 des Kriegsgesetzes vom 13. Mai 1918 gestrichen.

[2]) Von Kraftfahrzeugen dürfen derartige Gebühren nicht mehr erhoben werden, § 13 Satz 4 des Finanzausgleichsgesetzes in der Fassung des § 2 d. Übergangsgesetzes vom 9. April 1927 (RGBl. I S. 91). Vgl. hierzu auch das Gesetz v. 29. Dezember 1927 (GS. S. 295) über die Aufhebung der Brückengelder für Kraftfahrzeuge.

[3]) Die Erhebung von Gebühren nach § 6 ist eingeschränkt durch § 3 des Gesetzes über staatliche Verwaltungsgebühren, oben Nr. 9.

[4]) Jetzt „Ämter", § 2 d. G. v. 27. Dezember 1927, oben Nr. 14.

[5]) Abs. 2 i. d. Fassung d. G. v. 26. August 1921.

(3) Die Gebühren sollen so bemessen werden, daß deren Aufkommen die Kosten des bezüglichen Verwaltungszweigs nicht übersteigt[1]).

[Feste Gebührensätze] **§ 7.**

Gebühren sind im Voraus nach festen Normen und Sätzen zu bestimmen[2]). Eine Berücksichtigung Unbemittelter ist nicht ausgeschlossen.

[Genehmigung der Festsetzung] **§ 8.**

(1) Die Festsetzung von Gebühren bedarf in den Fällen des § 4 Absatz 3 [und 5 und des § 6][3]) der Genehmigung.

(2) Das Erfordernis der Genehmigung des Schulgeldes durch die Schulaufsichtsbehörde bleibt unberührt.

(3) Die Vorschriften des Artikel 5 Nummer 2 des Kriegsgesetzes zur Vereinfachung der Verwaltung vom 13. Mai 1918 (Gesetzsamml. S. 53), soweit sie sich auf Verwaltungsgebühren im Sinne des § 6 Abs. 2 beziehen, werden aufgehoben[4]).

[Beiträge] **§ 9.**

(1) Die Gemeinden können behufs Deckung der Kosten für Herstellung und Unterhaltung von Veranstaltungen, welche durch das öffentliche Interesse erfordert werden, von denjenigen Grundeigentümern und Gewerbetreibenden, denen hierdurch besondere wirtschaftliche Vorteile erwachsen, Beiträge zu den Kosten der Veranstaltungen erheben. Die Beiträge sind nach den Vorteilen zu bemessen.

(2) Beiträge müssen in der Regel erhoben werden, wenn anderenfalls die Kosten, einschließlich der Ausgaben für die Verzinsung und Tilgung des aufgewendeten Kapitals, durch Steuern aufzubringen sein würden.

(3) Der Plan der Veranstaltung ist nebst einem Nachweise der Kosten offen zu legen. Der Beschluß der Gemeinde wegen Erhebung von Beiträgen ist unter der Angabe, wo und während welcher Zeit Plan nebst Kostennachweis zur Einsicht offen liegen,

---

[1]) Abs. 3 i. d. Fassung d. G. v. 26. August 1921.

[2]) Abstufungen unter Berücksichtigung der Leistungsfähigkeit des Abgabepflichtigen sind aber zulässig, Ges. zur Deklarierung des Kommunalabgabengesetzes vom 14. Juli 1893 (GS. S. 152), vom 24. Juli 1906 (GS. S. 376).

[3]) Gestrichen durch Art. 5 Ziff. 2 des Kriegsgesetzes vom 13. Mai 1918, jedoch noch gültig für die Verwaltungsgebühren nach § 6 Abs. 2, siehe unten § 8 Abs. 3.

[4]) § 8 Abs. 3 eingefügt durch G. v. 26. August 1921.

in ortsüblicher Weise mit dem Bemerken bekanntzumachen, daß Einwendungen gegen den Beschluß binnen einer bestimmt zu bezeichnenden Frist von mindestens 4 Wochen bei dem Gemeindevorstande anzubringen seien. Handelt es sich um eine Veranstaltung, welche nur einzelne Grundeigentümer oder Gewerbetreibende betrifft, so genügt an Stelle der Bekanntmachung eine Mitteilung an die Beteiligten. Über Einwendungen entscheidet die zur Genehmigung von Gemeindebeschlüssen nach diesem Gesetze zuständige Behörde[1]).

(4) Zu diesem Behufe hat der Gemeindevorstand den Beschluß nebst den dazu gehörigen Vorverhandlungen und der Anzeige, [ob und][2]) welche Einwendungen innerhalb der gestellten Frist erhoben sind, der zuständigen Behörde einzureichen.

(5) Der Beschluß der zuständigen Behörde ist in gleicher Weise zur Kenntnis der Beteiligten zu bringen, wie der Beschluß der Gemeinde bekanntgemacht worden ist.

(6) Gegen den Beschluß der zuständigen Behörde steht den Beteiligten die Beschwerde offen. Sind Einwendungen nicht innerhalb der gesetzlichen Frist erhoben oder ist über die erhobenen rechtskräftig entschieden, so hat dies der Gemeindevorstand in der im Abs. 3 angegebenen Weise bekanntzumachen. Mit dieser Bekanntmachung wird der Beschluß rechtswirksam[3]).

[Bau von Kleinwohnungen] **§ 9a[4]).**

(1) Als Veranstaltung im Sinne des § 9 gilt auch der Bau von Kleinwohnungen. Als wirtschaftlicher Vorteil ist dabei für die Heranziehung von Arbeitgebern zu Beiträgen die Tatsache anzusehen, daß durch die geplanten Wohnungen eine unter den Arbeitnehmern der Arbeitgeber hervorgetretene Wohnungsnot gemildert oder einer drohenden Wohnungsnot vorgebeugt wird. Unter Kosten sind dabei nur diejenigen Baukosten zu verstehen, die nach Abzug des durch die ortsüblichen Mieten verzinsten Teiles der Baukosten noch zu decken sind (sogenannte nicht rentierliche Baukosten). Zu Beiträgen für den Bau von Kleinwohnungen dürfen nur Arbeitgeber herangezogen werden, welche in der Gemeinde mehr als 20 Arbeitnehmer beschäftigen.

---

[1]) § 9 Abs. 3 letzter Satz i. d. F. des Art. 5 Ziff. 3 zu 1 des Kriegsgesetzes vom 13. Mai 1918.

[2]) Gestrichen durch Art. 5 Ziff. 3 zu 2 des Kriegsgesetzes vom 13. Mai 1918.

[3]) Abs. 6 Satz 2 und 3 hinzugefügt durch Art. 5 Ziff. 3 zu 3 des Kriegsgesetzes vom 13. Mai 1918.

[4]) § 9a eingefügt durch G. v. 26. August 1921.

(2) Die Arbeitgeber können zu Beitragsgemeinschaften vereinigt werden. Die Unterverteilung der Beiträge innerhalb der Gemeinschaften ist durch Satzung zu regeln, die der Genehmigung der Minister des Innern und der Finanzen bedarf.

(3) Beitragsgemeinschaften können, wenn sich das Bedürfnis auf mehrere Gemeinden und Gutsbezirke erstreckt, auch von bestehenden oder zu begründenden Zweckverbänden oder von Gemeindeverbänden gebildet werden.

(4) Streitigkeiten über die Heranziehung zu Beiträgen durch die Gemeinschaft werden im Verwaltungsstreitverfahren entschieden.

(5) Arbeitgeber, die insbesondere nach dem 1. Januar 1919 bereits selbst zum Bauen von Wohnungen für ihre Arbeitnehmer aus eigenen Mitteln in angemessenem Verhältnis zur Zahl ihrer Arbeitnehmer beigetragen haben, sollen von diesen Beiträgen befreit werden.

[Straßenanliegerbeiträge] **§ 10.**

Die Vorschriften des Gesetzes, betreffend die Anlegung und Veränderung von Straßen und Plätzen in Städten und ländlichen Ortschaften, vom 2. Juli 1875 (Gesetzsamml. S. 561)[1]) bleiben mit der Maßgabe in Kraft, daß die im § 15 daselbst vorgesehenen Beiträge nach einem anderen, als dem dort angegebenen Maßstabe, insbesondere auch nach der bebauungsfähigen Fläche, bemessen werden dürfen.

[Marktstandsgelder, Schlachthäuser] **§ 11.**

(1) § 2 Abs. 1 Satz 1 und 2 und Abs. 3 des Gesetzes, betreffend die Erhebung von Marktstandsgeld, vom 26. April 1872 (Gesetzsamml. S. 513) werden gestrichen[2]).

(2) Ebenso[3]) behält es bei den Bestimmungen der Gesetze über die Errichtung öffentlicher Schlachthäuser vom 18. März 1868 (Gesetzsamml. S. 277) und 9. März 1881 (Gesetzsamml. S. 273) sein Bewenden. Jedoch dürfen für die Schlachthausbenutzung Gebühren bis zu einer solchen Höhe erhoben werden, daß durch ihr jährliches Aufkommen die Kosten der Unterhaltung der Anlage und des Betriebes, sowie ein wirtschaftlich angemessener Betrag zur Verzinsung und Tilgung des Anlagekapitals und der etwa gezahlten Entschädigungssumme sowie zur Erneuerung vorhandener Anlagen gedeckt werden[2]). [Abs. 2 Satz 3

---

[1]) Unten Nr. 42.

[2]) Abs. 1 und Abs. 2 Satz 2 in der Fassung d. G. v. 26. August 1921.

[3]) Entsprechend der Änderung des Abs. 1 müßte es jetzt heißen: „dagegen".

beseitigt durch § 13 des Zolltarifgesetzes vom 25. Dezember 1902 (RGBl. S. 303).]

(3) Die Gebühren für die Untersuchung des nicht in öffentlichen Schlachthäusern ausgeschlachteten Fleisches (Artikel 1 § 2 Nr. 2 und 3 des Gesetzes vom 9. März 1881) können in einer den Gebühren für die Schlachthausbenutzung entsprechenden Höhe bemessen werden.

[Kurtaxen] § 12.

In Badeorten, klimatischen und sonstigen Kurorten können die Gemeinden für die Herstellung und Unterhaltung ihrer zu Kurzwecken getroffenen Veranstaltungen Vergütungen (Kurtaxen) erheben.

Dritter Titel. Gemeindesteuern.

Erster Abschnitt. Indirekte Gemeindesteuern.

[Besteuerungsrecht, Pauschalsumm.] § 13.

(1) Die Gemeinden sind zur Erhebung indirekter Steuern innerhalb der durch die Reichsgesetze[1]) gezogenen Grenzen befugt.

(2) Den Gemeinden sind Vereinbarungen mit den Beteiligten gestattet, wonach der Jahresbetrag der zu entrichtenden indirekten Steuern für mehrere Jahre im voraus fest bestimmt wird. Die Vereinbarungen bedürfen der Genehmigung.

[Die hier durch das Gesetz vom 26. August 1921 (GS. S. 495) angefügten Abs. 3 und 4 hatten nur zeitliche Geltung.]

[Kartoffel-, Brennstoffsteuer] § 14[2]).

Steuern auf den Verbrauch von Kartoffeln und Brennstoffen aller Art dürfen nicht neu eingeführt oder in ihren Sätzen erhöht werden.

[Vergnügungssteuer][3]) § 15.

Die Besteuerung von Lustbarkeiten, einschließlich musikalischer und deklamatorischer Vorträge, sowie von Schaustellungen umherziehender Künstler ist den Gemeinden gestattet.

---

[1]) Wegen der Gemeindebiersteuer siehe § 15 des Finanzausgleichsgesetzes und jetzt die VO. des Reichspräsidenten v. 26. Juli 1930 Zweiter Abschnitt.

[2]) Die ursprüngliche Fassung des § 14 ist veraltet, die neue entspricht dem § 13 des Zolltarifgesetzes (s. oben zu § 11 Abs. 2 Satz 3).

[3]) Zur Erhebung sind die Gemeinden verpflichtet, § 14 des Finanzausgleichsgesetzes. Im einzelnen s. die Bestimmungen über die Vergnügungssteuer vom 12. Juni 1926 (RGBl. I S. 262), geändert durch VO. vom 2. Juli 1929 (RGBl. I S. 134).

[Hundesteuer] § 16.

Die Gemeinden sind befugt, das Halten von Hunden zu besteuern (§ 93). Die in dieser Beziehung zurzeit bestehenden gesetzlichen Vorschriften werden aufgehoben.

[Wohnungsluxussteuer] § 16a[1]).

(1) Die Gemeinden sind zur Förderung der Wohnungsbeschaffung und der Siedlung berechtigt, von Wohnungen, die im Verhältnis zur Zahl der Bewohner oder zur Zweckbestimmung der Räume als übergroß anzusehen sind, eine besondere Abgabe zu erheben (Wohnungsluxussteuer).

(2) Von der Steuer befreit sind die Räume für dienstliche, berufliche oder gewerbliche Zwecke oder solche, die zur Erledigung ehrenamtlicher öffentlicher Tätigkeit notwendig sind.

(3) Die Steuer darf für das erste Zimmer den auf dieses entfallenden Teil der Miete oder des Mietwerts nicht übersteigen.

[Übergangsbestimmung] § 17.

Die bestehenden Vorschriften über die Verwendung des Aufkommens indirekter Steuern für bestimmte Zwecke (Kosten der Armenpflege usw.) werden aufgehoben.

[Steuerordnungen] § 18.

(1) Die Einführung neuer und die Veränderung bestehender indirekter Gemeindesteuern kann nur durch Steuerordnungen erfolgen.

(2) Die Steuerordnungen bedürfen der Genehmigung.

[Militärspeiseeinrichtungen] § 19.

Wegen der Befreiung der Militärspeiseeinrichtungen und ähnlicher Militäranstalten von den Verbrauchssteuern bewendet es bei den bestehenden Bestimmungen.

Zweiter Abschnitt. Direkte Gemeindesteuern.

I. Allgemeine Bestimmungen.

[Verteilungsmaßstab] § 20.

(1) Die direkten Gemeindesteuern sind auf alle der Besteuerung unterworfenen Pflichtigen nach festen und gleichmäßigen Grundsätzen zu verteilen.

---

[1]) § 16a eingefügt durch G. vom 26. August 1921.

(2) Handelt es sich um Veranstaltungen, welche in besonders hervorragendem oder geringem Maße einem Teile des Gemeindebezirks oder einer Klasse von Gemeindeangehörigen zustatten kommen, und werden Beiträge nach §§ 9 und 10 nicht erhoben, so kann die Gemeinde eine entsprechende Mehr- oder Minderbelastung dieses Teiles des Gemeindebezirks oder dieser Klasse von Gemeindeangehörigen beschließen. Bei der Abmessung der Mehr- und Minderbelastung ist namentlich der zur Herstellung und Unterhaltung der Veranstaltungen erforderliche Bedarf nach Abzug des etwaigen Ertrages in Betracht zu ziehen. Der Beschluß bedarf der Genehmigung.

[Steuerprivilegien] § 21.

Die auf besonderem Rechtstitel beruhenden Befreiungen einzelner Grundstücke von Gemeindesteuern bleiben in ihrem bisherigen Umfange fortbestehen[1]). Die Gemeinden sind jedoch berechtigt, diese Befreiungen durch Zahlung des zwanzigfachen Jahreswertes derselben nach dem Durchschnitt der letzten drei Jahre vor dem 1. April desjenigen Rechnungsjahres, in welchem die Ablösung beschlossen wird, abzulösen. Steht ein anderer Entschädigungsmaßstab fest, so hat es hierbei sein Bewenden.

[Gewerbesteuerbefreiungen] § 22.

(1) Vorschriften, welche eine Befreiung von Gewerbesteuer in sich schließen, finden auf Gewerbe, welche nach Verkündigung dieses Gesetzes in Betrieb gesetzt werden, keine Anwendung.

(2) Die Gemeinden sind berechtigt, die bestehenden Befreiungen durch Zahlung des 13⅓ fachen Jahreswertes derselben nach dem Durchschnitt der letzten drei Jahre vor dem 1. April desjenigen Rechnungsjahres, in welchem die Ablösung beschlossen wird, abzulösen. Steht ein anderer Entschädigungsmaßstab fest, so hat es hierbei sein Bewenden.

[Steuerarten] § 23[2]).

(1) Die direkten Gemeindesteuern können vom Grundvermögen[3]) und Gewerbebetrieb (Realsteuern) der Steuerpflichtigen erhoben werden.

---

[1]) Solche Privilegien sind jetzt aber aufgehoben, G. v. 23. Juni 1920 (GS. S. 367).

[2]) Die die Gemeindeeinkommensteuer betr. Bestimmungen sind durch die Einführung der Reichseinkommensteuer weggefallen. Durch das G. v. 26. August 1921 ist die Streichung ausdrücklich angeordnet.

[3]) Früher Grund„besitz". Das G. v. 24. Februar 1923 gebraucht das Wort Grund„vermögen".

(2) Aufwandssteuern dürfen grundsätzlich die geringeren Einkommen nicht verhältnismäßig höher als die größeren belasten.

(3) Miet- und Wohnungssteuern dürfen unbeschadet der Vorschrift im § 16a nicht neu eingeführt werden[1]).

[Abs. 4 enthielt eine inzwischen bedeutungslos gewordene Übergangsvorschrift.]

(5) Die Einführung neuer und die Veränderung bestehender direkter Gemeindesteuern, welche nicht in Prozenten der vom Staate veranlagten Steuern erhoben werden, kann nur durch Steuerordnungen erfolgen.

(6) Die Steuerordnungen bedürfen der Genehmigung[2]).

II. Besondere Bestimmungen.

1. Realsteuern.

a) Vom Grundvermögen.

[Befreiungen] **§ 24.**

Den Steuern vom Grundvermögen sind die in der Gemeinde belegenen bebauten und unbebauten Grundstücke unterworfen, mit Ausnahme

[a) der Königlichen Schlösser, einschließlich der zugehörigen Nebengebäude, Hofräume und Gärten[3]);]

b) der einem fremden Staate gehörigen Grundstücke, auf denen Botschafts- oder Gesandtschaftsgebäude errichtet sind, einschließlich der auf ihnen errichteten Gebäude, sofern von dem fremden Staate Gegenseitigkeit gewährt wird;

c) der dem Staate, den Provinzen, den Kreisen, den Gemeinden oder sonstigen kommunalen Verbänden gehörigen Grundstücke und Gebäude, sofern sie zu einem öffentlichen Dienste oder Gebrauche bestimmt sind;

d) der Brücken, Kunststraßen, Schienenwege der Eisenbahnen, sowie der schiffbaren Kanäle, welche mit Genehmigung des Staates zum öffentlichen Gebrauche angelegt sind;

---

[1]) Abs. 3 in d. F. d. G. v. 26. August 1921. Diese Bestimmung ist durch die Hauszinssteuer von Reichs wegen materiell durchbrochen worden.

[2]) Abs. 5 und 6 kommen nur noch in Betracht für die Grundvermögensteuer. Für die Gewerbesteuer gibt es keine besonderen Steuerordnungen mehr, Art. II Ziff. 2 der VO. über die vorläufige Neuregelung der Gewerbesteuer vom 23. November 1923 (GS. S. 519).

[3]) Diese fallen, soweit sie durch das G. v. 29. Oktober 1926 dem Staat zugewiesen, unter die Befreiungsvorschrift des § 24 lit. c; soweit sie als Privatvermögen des vorm. Königshauses anerkannt wurden, werden sie wie anderes Privateigentum behandelt.

e) der Deichanlagen der Deichverbände und der im öffentlichen Interesse staatlich unter Schau gestellten Privatdeiche, sowie der im öffentlichen Interesse unterhaltenen Anlagen der Ent- und Bewässerungsverbände;

f) der Universitäts- und anderen zum öffentlichen Unterrichte bestimmten Gebäude;

g) der Kirchen, Kapellen und anderen dem öffentlichen Gottesdienste gewidmeten Gebäude, sowie der gottesdienstlichen Gebäude der mit Korporationsrechten versehenen Religionsgesellschaften;

h) der Armen-, Waisen- und öffentlichen Krankenhäuser, der Gefängnis-, Besserungs-, Bewahr- und derjenigen Wohltätigkeitsanstalten, welche die Bewahrung vor Schutzlosigkeit oder sittlicher Gefahr bezwecken (Mägdehäuser und dergleichen), sowie der Gebäude, welche milden Stiftungen angehören und für deren Zwecke unmittelbar benutzt werden; durch Gemeindebeschluß können auch anderweitige Gebäude solcher milden Stiftungen, welche nicht bloß zugunsten bestimmter Personen und Familien bestehen, freigelassen werden;

i) der Grundstücke der unter f, g, h aufgeführten Anstalten und Körperschaften, soweit die Grundstücke für deren Zwecke unmittelbar benutzt werden;

k) der Dienstgrundstücke und Dienstwohnungen der Geistlichen, Kirchendiener und Volksschullehrer, soweit ihnen bisher Steuerfreiheit zugestanden hat.

(2) Alle sonstigen, nicht auf einem besonderen Rechtstitel beruhenden Befreiungen (§ 21), insbesondere auch diejenigen der Dienstgrundstücke und Dienstwohnungen der Beamten, sind aufgehoben.

(3) Ist ein Grundstück oder Gebäude nur teilweise zu einem öffentlichen Dienste oder Gebrauche bestimmt, so bezieht sich die Befreiung nur auf diesen Teil.

(4) Die Bestimmungen der Kabinettsorder vom 8. Juni 1834 (Gesetzsamml. S. 87) bleiben in Geltung und werden auf diejenigen Gemeinden ausgedehnt, in welchen dieselben noch nicht in Geltung sind.

[Besondere Grundvermögensteuer] § 25.

(1) Den Gemeinden ist die Einführung besonderer Steuern vom Grundvermögen gestattet.

(2) Die Umlegung kann insbesondere erfolgen nach dem Reinertrage beziehungsweise Nutzungswerte eines oder mehrerer Jahre, nach dem Pacht- beziehungsweise Mietswerte oder dem gemeinen Werte der Grundstücke und Gebäude, nach den in der Gemeinde stattfindenden Abstufungen des Grundbesitzes oder nach einer Verbindung mehrerer dieser Maßstäbe.

[Erhebungsmaßstab] **§ 26.**

(1) Sind besondere Steuern vom Grundvermögen nicht eingeführt, so erfolgt die Besteuerung in Prozenten der vom Staate veranlagten Grund- und Gebäudesteuern.

(2) Die auf Grund der Einlegung von Rechtsmitteln erfolgte Erhöhung oder Ermäßigung der veranlagten Steuer zieht die entsprechende Abänderung der Veranlagung zur Gemeindesteuer nach sich.

(3) Die Veranlagung hat sich auf sämtliche Grundstücke und Gebäude zu erstrecken, welche der Gemeindebesteuerung unterliegen (§§ 3, 4 des Gesetzes wegen Aufhebung direkter Staatssteuern).

(4) Die Besteuerung neuerbauter oder vom Grunde aus wieder aufgebauter Gebäude sowie die Steuererhöhung infolge von Verbesserungen der Gebäude beginnt mit dem Ablaufe des Rechnungsjahres, in welchem die Bewohnbarkeit oder Nutzbarkeit eingetreten oder die Verbesserung vollendet ist.

[Verteilungsmaßstab] **§ 27.**

(1) Die Steuern vom Grundvermögen sind nach gleichen Normen und Sätzen zu verteilen.

(2) Liegenschaften, welche durch die Festsetzung von Baufluchtlinien in ihrem Werte erhöht worden sind (Bauplätze), können nach Maßgabe dieses höheren Wertes zu einer höheren Steuer als die übrigen Liegenschaften herangezogen werden. Diese Besteuerung muß durch Steuerordnung geregelt werden.

b) Vom Gewerbebetrieb.

§§ 28—32.

[Aufgehoben durch die **Verordnung über die vorläufige Neuregelung der Gewerbesteuer** vom 23. November 1923 (GS. S. 519 — geltende Fassung vom 15. März 1927 — GS. S. 21 —), Art. II Ziff. 1 und 2.]

2. Gemeindeeinkommensteuer.

§§ 33—42.

[Sind durch das Reichseinkommensteuergesetz vom 29. März 1920 (RGBl. S. 359) hinfällig geworden.]

[Pauschalbesteuerung] **§ 43.**

(1) Den Gemeinden sind Vereinbarungen mit Steuerpflichtigen gestattet, wonach von fabrikmäßigen Betrieben und von Bergwerken an Stelle der Gemeindesteuer [vom Einkommen und] vom Gewerbebetriebe ein für mehrere Jahre im voraus zu bestimmender fester jährlicher Steuerbeitrag zu entrichten ist. Die Vereinbarung bedarf der Genehmigung.

[Wegen Abs. 2 und 3 s. oben zu den (gleichlautenden) Abs. 3 und 4 vom § 13.]

§§ 44—52.

[Weggefallen, s. oben zu §§ 33 bis 42.]

3. Verpflichtung der Betriebsgemeinden zur Leistung von Zuschüssen.

§ 53.

[Ersetzt durch § 52 der zu den §§ 28 bis 32 zitierten GewerbesteuerVO.]

4. Verteilung des Steuerbedarfs auf die verschiedenen Steuerarten.

[Genehmigung v. Festsetz.beschl.]

§ 54.

[Abs. 1 ist ersetzt durch § 18 Abs. 1 des Grundvermögensteuergesetzes, vom 14. Februar 1923 und § 44 der zu §§ 28—32 zitierten VO.]

(2) Sofern in einer Gemeinde die Realsteuern nach besonderen Steuerordnungen mit veränderlichen Steuersätzen erhoben werden, bedürfen die Beschlüsse, durch welche die Steuersätze für das Haushaltsjahr festgesetzt werden, der Genehmigung[1]).

(3) Die Vertretungen der hiervon betroffenen Steuerpflichtigen sind vor Fassung des Umlagebeschlusses zu hören[1]).

§ 55.

[Gestrichen durch d. G. v. 26. August 1921 (GS. S. 495).

[Höhe der Prozentsätze]

§ 56.

(1) Zur Deckung des durch Realsteuern aufzubringenden Steuerbedarfs sind die veranlagten Grundvermögen- und Gewerbesteuern in der Regel mit dem gleichen Prozentsatze heranzuziehen.

(2) Genießen jedoch die Grund- (Haus-) besitzer oder Gewerbetreibenden von Veranstaltungen der Gemeinde besondere Vorteile oder verursachen sie der Gemeinde besondere Kosten, so ist, sofern die Ausgleichung nicht nach §§ 4, 9, 10 oder 20 erfolgt, der durch die Realsteuern aufzubringende Steuerbedarf (§§ 54, 55) auf die Steuern vom Grundvermögen und Gewerbebetrieb, in Prozenten der veranlagten Realsteuern berechnet, anderweitig

[1]) § 54 Abs. 2 und 3 in der Fassung des G. vom 26. August 1921 (GS. S. 495). Von Bedeutung nur noch für die auf Grund besonderer Steuerordnungen (§ 25) erhobene Grundvermögensteuer. Für die Gewerbesteuer gilt § 45 der zu den §§ 28—32 zit. VO.

entsprechend unterzuverteilen, jedoch mit der Maßgabe, daß Grundvermögensteuer höchstens doppelt so stark herangezogen wird, wie die Gewerbesteuer und umgekehrt.

(3) Ausnahmen können aus besonderen Gründen von den Ministern des Innern und der Finanzen zugelassen werden. Den Ministern ist gestattet, die Zulassung von Ausnahmen auf die ihnen untergeordneten Aufsichtsbehörden höherer Instanz zu übertragen[1]).

(4) Vorstehende Bestimmungen finden sinngemäße Anwendung auf die Heranziehung der Grundvermögensteuer vom unbebauten Grundbesitz im Verhältnis zur Grundvermögensteuer vom bebauten Grundbesitz.

(5) Die Unterverteilung (Absatz 2 und 4) bedarf der Genehmigung.

[Besondere Gemeindesteuern] **§ 57.**

(1) Bei der Verteilung des Steuerbedarfs (§§ 54, 55, 56) ist das Aufkommen besonderer Gemeindesteuern (§ 23 Absatz 2, §§ 25, 29, 37) je nach ihrer Einrichtung und Beschaffenheit auf denjenigen Teil des Steuerbedarfs zu verrechnen, welcher durch Prozente der entsprechenden, vom Staate veranlagten Steuer aufzubringen ist.

(2) Mietsteuern von gewerblich benutzten Räumen sind auf die Gewerbesteuer zu verrechnen.

[Steuern von Bauplätzen] **§ 58.**

(1) Die Bestimmungen der §§ 54, 56 und 57 finden [auf die Betriebssteuer und][2]) auf die Steuern von Bauplätzen (§ 27 Absatz 2) keine Anwendung. [Satz 2, betr. die Betriebssteuer, ist durch die zu §§ 28—32 zitierten VO. weggefallen.]

(2) Der § 54 Abs. 2 findet entsprechende Anwendung[3]).

[Festsetzung d. Höhe d. Steuersätze] **§ 59**[4]).

(1) Über die Höhe der Zuschläge zu den Realsteuern sowie über die Höhe der Steuersätze, welche nach besonderen Steuerordnungen erhoben werden sollen, hat die Gemeinde bis zum Ablaufe der ersten drei Monate des Rechnungsjahrs Beschluß zu fassen. Kommt bis zu diesem Zeitpunkt ein gültiger Beschluß nicht zustande, so ist die Aufsichtsbehörde mit Zustimmung der

---

[1]) Abs. 3 Satz 2 angefügt durch Art. 5 Ziff. 5 des Kriegsgesetzes vom 13. Mai 1918.

[2]) S. zu § 58 Abs. 1 Satz 2.

[3]) Abs. 2 angefügt durch das G. v. 26. August 1921.

[4]) In der Fassung d. G. v. 26. August 1921.

Beschlußbehörde befugt, behufs Deckung des Steuerbedarfs das Verhältnis der Zuschläge zu den einzelnen Realsteuern untereinander oder, soweit besondere Steuerordnungen bestehen, die nach diesen Steuerordnungen zu erhebenden Steuersätze festzusetzen.

(2) Bis zur endgültigen Beschlußfassung durch die Gemeinde oder Festsetzung durch die Aufsichtsbehörde werden die Zuschläge oder die Steuersätze des Vorjahrs forterhoben. Hiernach geleistete Zahlungen sind auf die endgültigen Zuschläge des Rechnungsjahrs zu verrechnen.

5. Zeitliche Begrenzung der Steuerpflicht.

§ 60.

(1) Soweit sich die Gemeindesteuern den Staatssteuern anschließen und etwas anderes nicht bestimmt ist, gelten für den Zeitpunkt des Beginnes und des Erlöschens der Steuerpflicht die für die entsprechende Staatssteuer bestehenden Vorschriften.

(2) Im übrigen gelten hinsichtlich der Dauer der Steuerpflicht folgende Bestimmungen:

1. Die Steuerpflicht beginnt:
   a) soweit sie von der Begründung eines Wohnsitzes oder Sitzes in einer Gemeinde abhängt, mit dem ersten Tage des auf die Begründung des Wohnsitzes oder Sitzes folgenden Monats;
   b) soweit sie von dem Aufenthalte in einer Gemeinde abhängt, mit dem ersten Tage des nach dem Ablaufe der maßgebenden Aufenthaltsfrist (§ 33 Absatz 4) beginnenden Monats;
   c) soweit sie durch Grundvermögen, Betrieb von Handel oder Gewerbe, einschließlich des Bergbaues, bedingt ist (§ 33 Nr. 2, § 35), mit dem ersten Tage des auf den Erwerb des Grundvermögens oder den Beginn des Betriebes folgenden Monats.

   Ist in dem zu b bezeichneten Falle die Steuerpflicht infolge des Ablaufs der Aufenthaltsfrist oder der früheren Begründung eines Wohnsitzes eingetreten, so muß die Steuer seit dem ersten Tage des nach erfolgter Aufenthaltsnahme begonnenen Monats nachentrichtet werden.
2. Die Steuerpflicht erlischt:
   a) durch den Tod des Steuerpflichtigen mit dem Ablaufe des Monats, in welchem der Tod erfolgt ist;
   b) durch das Aufgeben des Wohnsitzes, Sitzes oder Aufenthalts mit dem Ablaufe des Monats, in welchem der Wohnsitz, Sitz oder Aufenthalt tatsächlich

aufgegeben worden ist, sofern jedoch bis zu diesem Zeitpunkte der Gemeindebehörde hiervon keine Anzeige erstattet ist, erst mit dem Ablaufe des folgenden Monats;

c) durch die Veräußerung des Grundvermögens beziehungsweise die Einstellung des die Steuerpflicht bedingenden Betriebes von Handel oder Gewerbe, einschließlich des Bergbaues (§ 33 Nr. 2, § 35), mit dem Ablaufe des Monats, in welchem die Veräußerung beziehungsweise die Einstellung des Betriebes erfolgt ist.

6. Veranlagung und Erhebung.

[Veranlagung] **§ 61**[1]).

(1) Die Veranlagung erfolgt, wenn durch die Gemeindevertretung kein besonderer Steuerausschuß eingesetzt ist, durch den Gemeindevorstand.

(2) Über die Zusammensetzung und die Geschäftsordnung der Ausschüsse treffen die Minister des Innern und der Finanzen die erforderlichen Bestimmungen.

(3) Der Gemeindevorstand kann die Veranlagung einem seiner Organe oder bestimmten Beamten übertragen.

[Auskunfterteilung] **§ 62.**

(1) Dem Gemeindevorstande (Steuerausschuß) sind von den zuständigen Staatsbehörden diejenigen bei der Veranlagung oder Festsetzung der Staatssteuern bekanntgewordenen Besteuerungsmerkmale, deren er für die Veranlagung bedarf, auf Ersuchen mitzuteilen.

(2) Zu dem gleichen Zwecke haben die Behörden anderer Gemeinden hinsichtlich der ihnen bekannten Besteuerungsmerkmale dem Gemeindevorstande (Steuerausschuß) auf Erfordern Auskunft zu erteilen.

[Auskunftspfl. d. Steuerpflichtigen] **§ 63.**

(1) Durch die Steuerordnung können die Rechte des Gemeindevorstandes (Steuerausschusses) und die Obliegenheiten der Steuerpflichtigen nach Maßgabe folgender Bestimmungen geregelt werden.

(2) Der Gemeindevorstand (Steuerausschuß) kann, soweit er nicht auf anderem Wege (§ 62) zur Kenntnis der für die Veranlagung maßgebenden Besteuerungsmerkmale gelangt ist, er-

[1]) In der Fassung d. G. v. 26. August 1921.

mächtigt werden, von den Steuerpflichtigen hierüber binnen einer angemessenen Frist Auskunft zu erfordern. Die Aufforderung muß in jedem einzelnen Falle durch eine besondere, dem Steuerpflichtigen zuzustellende Zuschrift erfolgen.

(3) Die Verpflichtung zur Auskunftserteilung erstreckt sich nur auf die Beantwortung der bei der Aufforderung gestellten Fragen über bestimmte Tatsachen. Soweit es sich um Schätzungen handelt, ist der Steuerpflichtige eine Erklärung abzugeben berechtigt, aber nicht verpflichtet.

(4) Wird die Auskunftserteilung beanstandet, so sind dem Steuerpflichtigen vor der Veranlagung die Gründe der Beanstandung mit dem Anheimstellen mitzuteilen, hierüber binnen einer angemessenen Frist eine weitere Erklärung abzugeben.

(5) Die im Vorstehenden wegen der Steuerpflichtigen getroffenen Bestimmungen finden auf Bevollmächtigte und gesetzliche Vertreter der Steuerpflichtigen sinngemäße Anwendung.

[Steuerabschnitt] **§ 64.**

Durch die Steuerordnung kann bestimmt werden, daß die Veranlagung besonderer Realsteuern für mehrere aufeinander folgende Rechnungsjahre zu erfolgen hat. Soweit eine Bestimmung nicht getroffen ist, geschieht die Veranlagung für je ein Rechnungsjahr[1]).

[Bekanntmachung der Steuern] **§ 65.**

(1) Im Falle der Erhebung von Prozenten der vom Staate veranlagten Realsteuern, [sowie von Zuschlägen zur Staatseinkommensteuer] erfolgt die Bekanntmachung der Steuern durch den Gemeindevorstand für diejenigen Steuerpflichtigen, bezüglich deren die staatlich veranlagte Steuer die unveränderte Grundlage der Prozente oder Zuschläge bildet, durch eine in ortsüblicher Weise zu bewirkende Veröffentlichung der zu erhebenden Prozentsätze, für andere Steuerpflichtige durch besondere Mitteilung.

(2) Bei Erhebung besonderer Gemeindesteuern geschieht die Bekanntmachung durch den Gemeindevorstand für die im Gemeindebezirke wohnenden steuerpflichtigen physischen Personen mittels Auslegung der Hebeliste während eines zweiwöchigen Zeitraumes in einem oder mehreren, in ortsüblicher Weise zur öffentlichen Kenntnis zu bringenden Räumen des Gemeindebezirks, für die übrigen Steuerpflichtigen durch besondere Mitteilung.

---

[1]) Betrifft nur noch die besondere Grundvermögensteuer (§ 25).

(3) Bei Zugängen im Laufe des Jahres bedarf es stets besonderer Mitteilung.

(4) Durch Gemeindebeschluß kann an Stelle der Bekanntmachung durch Auslegung eine besondere Mitteilung an jeden einzelnen Pflichtigen angeordnet werden.

[Fälligkeit]

§ 66.

(1) Nach erfolgter Bekanntmachung (§ 65) ist die Steuer in den ersten 8 Tagen eines jeden Monats zu entrichten. An Stelle des Monats kann durch Gemeindebeschluß eine zwei- oder dreimonatliche Hebeperiode eingeführt werden. Auch können durch Gemeindebeschluß bestimmte Hebungstage festgesetzt werden.

(2) Wenn die zu erhebenden Prozentsätze der vom Staate veranlagten Realsteuern [oder die Zuschläge zur Einkommensteuer] 50 vom Hundert nicht übersteigen, so kann durch Gemeindebeschluß unter Festsetzung der Hebetermine die Hebung der Steuer in halbjährigen Beträgen oder auch im Betrage des ganzen Jahres angeordnet werden.

(3) Dem Pflichtigen ist stets die Vorausbezahlung mehrerer Raten bis zum ganzen Jahresbetrage gestattet.

§ 67.

[Betraf die Gemeindeeinkommensteuer.]

Vierter Titel. Naturaldienste.

§ 68.

(1) Die Steuerpflichtigen können durch Gemeindebeschluß zu Naturaldiensten (Hand- und Spanndiensten) herangezogen werden.

(2) Spanndienste sind von den Grundbesitzern nach dem Verhältnis der Anzahl der Zugtiere, welche die Bewirtschaftung ihres im Gemeindebezirk belegenen Grundbesitzes erfordert, Handdienste von sämtlichen Steuerpflichtigen gleichheitlich zu leisten. Ob und inwieweit hierbei den gespannhaltenden Grundbesitzern die ihnen obliegenden Spanndienste auf das Maß der auf sie entfallenden Handdienste anzurechnen sind, bestimmt sich nach den hierüber getroffenen vertragsmäßigen oder statutarischen Festsetzungen oder dem Herkommen. Im Zweifelsfalle wird vermutet, daß die gespannhaltenden Grundbesitzer nur bei solchen Arbeiten, bei welchen zugleich Spanndienste vorkommen, von den Handdiensten befreit sind. Abweichungen von diesen Bestimmungen, insbesondere die Heranziehung von anderen gespannhaltenden Steuerpflichtigen zu Spanndiensten, bedürfen der Genehmigung.

(3) Die Dienste können mit Ausnahme von Notfällen durch taugliche Stellvertreter abgeleistet werden.

(4) Die Gemeinde kann gestatten, daß an Stelle des Naturaldienstes ein angemessener Geldbeitrag geleistet wird.

(5) Die gemäß § 38 dieses Gesetzes von den Gemeindeabgaben ganz oder teilweise freigelassenen Steuerpflichtigen können nach Maßgabe der Bestimmung des Absatzes 2 zu Naturaldiensten herangezogen werden.

[(6) Die in §§ 40, 41, 42 aufgeführten Personen sind von Naturaldiensten, soweit diese nicht auf den ihnen gehörigen Grundstücken lasten, befreit; untere Kirchendiener insoweit, als ihnen diese Befreiung seither rechtsgültig zustand[1]).]

Fünfter Titel. Rechtsmittel.

[Einspruch]

§ 69.

(1) Dem Abgabepflichtigen steht gegen die Heranziehung (Veranlagung) zu Gebühren, Beiträgen, Steuern und Naturaldiensten der Einspruch zu. Der Einspruch ist binnen einer Frist von 4 Wochen bei derjenigen Stelle einzulegen, welche die Heranziehung (Veranlagung) vorgenommen hat. Ist die Heranziehung von einer anderen Stelle als dem Gemeindevorstande vorgenommen, so hat diese den Einspruch, falls sie ihm nicht stattgibt, dem Gemeindevorstande zur Entscheidung vorzulegen. Wird der Einspruch rechtzeitig unmittelbar beim Gemeindevorstande eingelegt, so gilt die Frist als gewahrt[2]).

(2) Der Lauf der Frist beginnt:

1. soweit die Bekanntmachung durch Auslegung der Hebelisten erfolgt ist, mit dem ersten Tage nach Ablauf der Auslegungsfrist;
2. soweit eine besondere Mitteilung vorgeschrieben ist, mit dem ersten Tage nach erfolgter Mitteilung;
3. in allen übrigen Fällen mit dem ersten Tage nach der Aufforderung zur Zahlung beziehungsweise Leistung.

(3)[3]) Einsprüche, welche sich gegen den der Veranlagung zugrunde liegenden Staatssteuersatz (§ 26) richten, sind unzulässig.

(4) Vorstehende Bestimmungen finden sinngemäße Anwendung auf Einsprüche wegen Heranziehung oder Veranlagung von Grundbesitzern, Gewerbetreibenden und Einwohnern eines Gutsbezirkes zu den öffentlichen Lasten desselben.

---

[1]) Die Vorschrift des Abs. 6 dürfte mit Rücksicht auf Art. 134 RV. (Ausschluß steuerlicher Privilegien) keine Geltung mehr haben.

[2]) Abs. 1 Satz 2 und 3 i. d. F. d. G. v. 26. August 1921.

[3]) Abs. 3 unter Weglassung der die Gemeindeeinkommensteuer betr. Bestimmungen.

[Klage] **§ 70.**

(1) Über den Einspruch beschließt der Gemeindevorstand, und wenn der Gemeindevorstand ein Kollegium ist, sein Vorsitzender oder ein von diesem bezeichnetes Mitglied[1]).

(2) Gegen den Beschluß steht dem Pflichtigen binnen einer, mit dem ersten Tage nach erfolgter Zustellung beginnenden Frist von zwei Wochen die Klage im Verwaltungsstreitverfahren offen. Zuständig in erster Instanz ist für Landgemeinden (Gutsbezirke) der Kreisausschuß, für Stadtgemeinden der Bezirksausschuß. Der Gemeindevorstand kann zur Wahrnehmung der Rechte der Gemeinde einen besonderen Vertreter bestellen. Gegen die Entscheidung des Bezirksausschusses bei Stadtgemeinden ist nur das Rechtsmittel der Revision zulässig.

(3) Der Entscheidung im Verwaltungsstreitverfahren unterliegen desgleichen Streitigkeiten zwischen Beteiligten über ihre in dem öffentlichen Rechte begründete Verpflichtung zu den im § 69 Absatz 1 bezeichneten Lasten.

[Rückwirkende Steuerordnungen] **§ 70a[2]).**

Wird im Verwaltungsstreitverfahren eine Abgabenordnung für rechtsungültig erklärt, so kann einer neuen Ordnung, die die gleiche oder eine gleichartige Abgabe regelt, rückwirkende Kraft beigelegt werden. Diese erstreckt sich auf die Zeit seit dem Inkrafttreten der für ungültig erklärten Ordnung und auf die Bestimmungen der neuen Ordnung, durch welche die Abgabepflichtigen nicht ungünstiger gestellt werden, als nach der für ungültig erklärten Steuerordnung beabsichtigt war, sie erstreckt sich nicht auf die durch endgültige Heranziehung nach der für ungültig erklärten Steuerordnung erledigten Fälle.

§§ 71—74.

[Betrafen die Gemeindeeinkommensteuer.]

[Keine aufschiebende Wirkung der Rechtsmittel] **§ 75.**

Durch Einspruch und Klage wird die Verpflichtung zur Zahlung oder Leistung nicht aufgeschoben.

§ 76.

[Durch Art. II Ziff. 2 der zu §§ 28—32 zit. VO. beseitigt.]

---

[1]) § 70 Abs. 1 i. d. F. d. Kriegsgesetzes vom 13. Mai 1918, Art. 5 Ziff. 7.

[2]) § 70a eingefügt durch das G. v. 26. August 1921.

Sechster Titel. **Aufsicht.**

[Aufsichtsbehörde] **§ 77.**

(1) Für die Erteilung der in diesem Gesetze vorbehaltenen Genehmigungen ist nach Maßgabe der folgenden Bestimmungen bei Stadtgemeinden der Bezirksausschuß, bei Landgemeinden der Kreisausschuß zuständig.

(2) Gegen den auf Beschwerde ergehenden Beschluß — bei Stadtgemeinden des Provinzialrats, bei Landgemeinden des Bezirksausschusses — steht dem Vorsitzenden dieser Behörde aus Gründen des öffentlichen Interesses die Einlegung der weiteren Beschwerde an die Minister des Innern und der Finanzen zu. Hierbei finden die Bestimmungen des § 123 des Gesetzes über die allgemeine Landesverwaltung vom 30. Juli 1883 Anwendung.

(3) Die Genehmigung von Gemeindebeschlüssen, durch welche besondere direkte oder indirekte Gemeindesteuern neu eingeführt oder in ihren Grundsätzen verändert werden, bedarf der Zustimmung der Minister des Innern und der Finanzen. Auf Bier- und Hundesteuer findet diese Vorschrift keine Anwendung. Den Ministern ist gestattet, die Erteilung der Zustimmung auf die ihnen untergeordneten Aufsichtsbehörden höherer Instanz zu übertragen[1]).

(4) Die Erteilung der Genehmigung kann auf eine von vornherein zu bestimmende Frist von einem oder mehreren Jahren beschränkt werden.

(5) Die Genehmigung und gegebenenfalls die Zustimmung gilt als an dem Tage erteilt, an welchem der zu genehmigende Gemeindebeschluß gefaßt ist, indes können die betreffenden Behörden einen späteren Zeitpunkt hierfür festsetzen[2]). Wird die Genehmigung oder die Zustimmung mit einer Maßgabe erteilt, die einen erneuten Gemeindebeschluß erforderlich macht, so kann die die Maßgabe aussprechende Behörde gleichzeitig bestimmen, daß der erneute Gemeindebeschluß, sofern er der Maßgabe beitritt, vom Tage des ursprünglichen Beschlusses oder von einem späteren Zeitpunkt ab Wirksamkeit haben soll[3]).

[Ersatzgenehmigung] **§ 77a[4]).**

Erteilt die Genehmigungsbehörde die Genehmigung für Zuschläge (Hundertsätze) zu den vom Staate veranlagten Real-

---

[1]) § 77 Abs. 3 i. d. F. Art. 5 Ziff. 8 des Kriegsgesetzes v. 13. Mai 1918.

[2]) Abs. 5 Satz 1 angefügt durch das G. v. 26. August 1921.

[3]) Abs. 5 Satz 2 angefügt durch Art. II § 3 des G. v. 8. August 1923 (GS. S. 377).

[4]) Eingefügt durch Art. II des Gesetzes zur Änderung des Preußischen Ausführungsgesetzes zum Finanzausgleichsgesetze, vom 27. November 1925 (GS. S. 162).

steuern oder Steuersätzen der besonderen Grundsteuerordnungen nicht in voller Höhe, so bedarf es zur Rechtswirksamkeit der Zuschläge (Hundertsätze) oder Steuersätze in der genehmigten Höhe eines beitretenden Gemeindebeschlusses nicht.

[Abänderung besteh. Ordnungen] **§ 78.**

(1) Bestehen bei dem Inkrafttreten des Gesetzes in einzelnen Gemeinden Ordnungen über die Aufbringung von Gebühren, Beiträgen, indirekten, direkten Steuern oder Diensten, welche den Vorschriften dieses Gesetzes zuwiderlaufen, oder werden derartige Gemeindebeschlüsse gefaßt, so ist die Aufsichtsbehörde befugt, deren Abänderung oder Ergänzung unter Angabe der Gründe anzuordnen.

(2) Dieselbe Befugnis steht der Aufsichtsbehörde zu, wenn die Abstufungen des Grundbesitzes, nach welchen die Steuer umgelegt wird (§ 25), wegen wesentlicher Veränderungen der Besitzverhältnisse zur Grundlage der Besteuerung nicht mehr geeignet sind und ein Antrag auf Abänderung oder Ergänzung von der Mehrheit der einer Abstufung angehörigen Steuerpflichtigen gestellt wird.

(3) Die Einführung neuer und die Erhöhung bestehender indirekter Steuern darf nicht angeordnet werden.

(4) Gegen die Anordnung findet innerhalb vier Wochen nach Ablauf der in derselben gestellten Frist die Klage im Verwaltungsstreitverfahren, für Landgemeinden bei dem Bezirksausschusse, für Stadtgemeinden bei dem Oberverwaltungsgerichte statt.

(5) Wird die Klage innerhalb dieser Frist nicht erhoben, so ist die Aufsichtsbehörde befugt, die in Ansehung der Aufbringung der Gebühren, Beiträge, indirekten, direkten Steuern oder Dienste erforderliche Ordnung auf Grundlage der erlassenen Verfügung selbst festzustellen. Das gleiche gilt für den Fall der rechtskräftigen Abweisung der Klage. Wird die Klage endgültig für begründet erkannt, so tritt die Anordnung außer Kraft.

(6) Sofern das öffentliche Interesse es erheischt, beschließt im Falle der Erhebung der Klage über die vorläufige Ordnung des Steuerwesens bis zur rechtskräftigen Entscheidung für Landgemeinden der Kreisausschuß, für Stadtgemeinden der Bezirksausschuß.

Siebenter Titel. Strafen.

[Steuerhinterziehung u. -gefährd.] **§ 79.**

(1) Wer in der Absicht der Steuerhinterziehung an zuständiger Stelle auf die an ihn gerichteten Fragen oder bei der Begründung eines Einspruchs unrichtige oder unvollständige Angaben macht, wird mit dem vier- bis zehnfachen Betrage der stattgehabten oder beabsichtigten Ver-

kürzung, mindestens aber mit einer Geldstrafe von einer Reichsmark bei einer Übertretung, von drei Reichsmark bei einem Vergehen bestraft.

(2) Ist eine unrichtige oder unvollständige Angabe, welche geeignet ist, eine Verkürzung der Steuer herbeizuführen, zwar wissentlich, aber nicht in der Absicht der Steuerhinterziehung erfolgt, so tritt Geldstrafe von drei bis einhundert Mark ein.

(3) Straffrei bleibt, wer seine unrichtige oder unvollständige Angabe, bevor Anzeige erfolgt oder eine Untersuchung eingeleitet ist, an zuständiger Stelle berichtigt oder ergänzt und die vorenthaltene Steuer in der ihm gesetzten Frist entrichtet.

[Verletzung d. Amtsverschwiegenheit] **§ 80.**

(1) Der Gemeindevorstand beziehungsweise die Mitglieder des Gemeindevorstandes, die Mitglieder der Steuerausschüsse, sowie die bei der Veranlagung beteiligten Gemeindebeamten werden, wenn sie die zu ihrer Kenntnis gelangten Erwerbs-, Vermögens- oder Einkommensverhältnisse eines Steuerpflichtigen, insbesondere auch den Inhalt einer Auskunftserteilung (§ 63) oder der darüber gepflogenen Verhandlungen unbefugt offenbaren, mit Geldstrafe von drei[1]) bis zu eintausendfünfhundert Mark oder mit Gefängnis bis zu drei Monaten bestraft.

(2) Die Verfolgung findet nur auf Antrag des Gemeindevorstandes oder des Steuerpflichtigen beziehungsweise dessen Vertreters statt. Ist das Vergehen von dem Gemeindevorstande oder von Mitgliedern des Gemeindevorstandes begangen, so ist auch die Aufsichtsbehörde zur Stellung des Antrages berechtigt.

[Verfahren] **§ 81.**

(1) Die auf Grund der §§ 79 und 80 festgesetzten, aber unbeitreiblichen Geldstrafen sind nach Maßgabe der für Übertretungen geltenden Bestimmungen der §§ 28 und 29 des Strafgesetzbuches für das Deutsche Reich in Haft umzuwandeln.

(2) Die Untersuchung und Entscheidung in betreff der im § 79 bezeichneten strafbaren Handlungen steht dem Gerichte zu, wenn nicht der Beschuldigte die von dem Gemeindevorstande vorläufig festgesetzte Geldstrafe nebst den durch das Verfahren gegen ihn entstandenen Kosten binnen einer ihm bekanntgemachten Frist freiwillig an die Gemeindekasse zahlt.

(3) Hat der Beschuldigte in Preußen keinen Wohnsitz, so erfolgt das Einschreiten des Gerichts ohne vorläufige Festsetzung der Strafe durch den Gemeindevorstand. Dasselbe findet statt, wenn der Gemeindevor-

---

[1]) Dieser Mindestbetrag beruht auf § 27 Ziff. 1 RStGB. Eine gemäß Art. VII Abs. 2 der VO. über Vermögensstrafen und Bußen vom 6. Februar 1924 (RGBl. I S. 44) gültige abweichende Bestimmung des Landesrechts fehlt.

stand aus sonstigen Gründen von der vorläufigen Festsetzung der Strafe Abstand zu nehmen erklärt oder der Angeschuldigte hierauf verzichtet.

(4) Bei Zuwiderhandlungen wegen der Verpflichtung zur Geheimhaltung (§ 80) findet nur das gerichtliche Strafverfahren statt.

[Strafdrohungen in Steuerordn.] **§ 82.**

(1) In Abgabenordnungen können Strafen wegen Zuwiderhandlungen bis zur Höhe von 1000 Mark angedroht werden. Für bereits in Kraft getretene Steuerordnungen, die Strafen wegen Zuwiderhandlungen androhen, gilt von dem Inkrafttreten dieses Gesetzes ab ein Betrag von 1000 Mark als Höchststrafe[1]).

(2) Die Strafen sind durch den Gemeindevorstand festzusetzen und nach eingetretener Rechtskraft (§ 419[2]) der Strafprozeßordnung vom 1. Februar 1877, Reichsgesetzbl. S. 253) im Verwaltungszwangsverfahren beizutreiben.

Achter Titel. Nachforderungen und Verjährungen.

[Hinterzog. direkte Steuern] **§ 83.**

(1) Die Einziehung hinterzogener direkter Steuern (§ 79) zur Gemeindekasse erfolgt neben und unabhängig von der Strafe.

(2) Die Verbindlichkeit zur Nachzahlung der Steuer verjährt in zehn Jahren und geht auf die Erben, jedoch für diese mit einer Verjährungsfrist von fünf Jahren und nur auf Höhe ihres Erbanteils, über. Die Verjährung beginnt mit Ablauf des Rechnungsjahres, in welchem die Hinterziehung begangen wurde.

(3) Die Festsetzung der Nachsteuer steht dem Gemeindevorstande zu, gegen dessen Beschluß nach Maßgabe der §§ 69, 70 der Einspruch und die Klage im Verwaltungsstreitverfahren zulässig sind.

[Entzogene direkte Steuern] **§ 84.**

(1) Steuerpflichtige, welche entgegen den Vorschriften dieses Gesetzes oder der auf Grund desselben erlassenen Steuerordnungen bei der Veranlagung direkter Gemeindesteuern übergangen oder steuerfrei geblieben sind, ohne daß eine strafbare Hinterziehung der Steuer stattgefunden hat (§§ 79, 83), sind zur Entrichtung des der Gemeindekasse entzogenen Betrages verpflichtet. Die Verpflichtung erstreckt sich auf die drei Rech-

---

[1]) Abs. 1 i. d. F. d. G. vom 26. August 1921.

[2]) Der geltenden Fassung (vom 22. März 1924 — RGBl. I S. 322 —).

nungsjahre zurück, welche dem Rechnungsjahre, in dem die Verkürzung festgestellt worden, vorausgegangen sind.

(2) Die Verpflichtung zur Zahlung der Nachsteuer geht auf die Erben, jedoch nur bis zur Höhe ihres Erbanteils über.

(3) Die Veranlagung der Nachsteuer erfolgt einheitlich für den ganzen Zeitraum, auf welchen sich die Verpflichtung erstreckt, nach den Vorschriften dieses Gesetzes oder der maßgebenden Steuerordnungen.

§§ 85, 86.

[Betrafen die Gemeindeeinkommensteuer.]

[Andere Abgaben usw.]

§ 87.

(1) Die Berechtigung der Gemeinden zur Nachforderung anderer Gemeindeabgaben als direkter Steuern beschränkt sich ohne Unterscheidung, ob die Abgabe gar nicht oder mit einem zu geringen Betrage erhoben worden ist,

1. bei Verbrauchsabgaben auf die Frist eines Jahres, vom Tage des Eintrittes der Zahlungsverpflichtung an gerechnet,
2. bei sonstigen indirekten Steuern, Gebühren und Beiträgen (§§ 4 bis 11), sowie bei Kosten auf die Frist von drei Jahren seit dem Ablaufe desjenigen Jahres, in welchem die Forderung entstanden ist.

(2) Die Nachforderung von Naturaldiensten ist, sofern die Nachleistung nach den Zwecken der zu leistenden Dienste überhaupt noch möglich ist, auf die Dauer des laufenden Rechnungsjahres beschränkt.

[Verjähr. festgestellter Abgaben]

§ 88.

(1) Zur Hebung gestellte Gemeindeabgaben und Kosten, welche im Rückstande verblieben oder befristet sind, verjähren in 4 Jahren, von dem Ablaufe des Jahres an gerechnet, in welches der Zahlungstermin fällt.

(2) Die Verjährung wird durch eine an den Pflichtigen erlassene Zahlungsaufforderung, durch Verfügung der Zwangsvollstreckung und durch Stundung unterbrochen.

(3) Nach Ablauf des Jahres, in welchem die letzte Aufforderung zugestellt, die Zwangsvollstreckung verfügt oder die bewilligte Frist abgelaufen ist, beginnt eine neue vierjährige Verjährungsfrist.

Neunter Titel. Kosten und Zwangsvollstreckung.

[Kosten]

§ 89.

Die Kosten der Veranlagung und Erhebung der Abgaben fallen, insoweit hierüber nicht durch § 14 des Gesetzes wegen

Aufhebung direkter Staatssteuern anderweitige Bestimmung getroffen ist, der Gemeindekasse zur Last. Jedoch sind diejenigen Kosten, welche durch die gelegentlich eines Einspruches erfolgenden Ermittelungen veranlaßt werden, von dem Abgabepflichtigen zu erstatten, wenn sich seine Angaben in wesentlichen Punkten als unrichtig erweisen. Die Festsetzung dieser Kosten kann nur in der Entscheidung über den Einspruch erfolgen.

[Zwangsverfahren] **§ 90.**

(1) Gebühren, Beiträge, Steuern und Kosten, sowie die nach einem von der Aufsichtsbehörde festgestellten Tarife erhobenen Vergütungen (Kurtaxen usw.) unterliegen der Beitreibung im Verwaltungszwangsverfahren nach Maßgabe der Verordnung vom 15. November 1899 (Gesetzsamml. S. 545).

(2) Sind Naturaldienste zu leisten, so ist der Gemeindevorstand bei Säumnis der Pflichtigen befugt, die Dienste durch Dritte leisten und die entstehenden Kosten von den ersteren im Verwaltungszwangsverfahren beitreiben zu lassen.

(3) Auf Antrag einer Gemeinde kann die Aufsichtsbehörde zulassen, daß als Mahnung im Sinne des § 7 der Verordnung, betreffend das Verwaltungszwangsverfahren wegen Beitreibung von Geldbeträgen, vom 15. November 1899 (Gesetzsamml. S. 545) auch die öffentliche Mahnung gilt[1]).

Teil II. Kreis- und Provinzialsteuern.

§§ 91—93.

[Aufgehoben durch das Kreis- und Provinzialabgabengesetz, unten Nr. 22.]

Schluß-, Ausführungs- und Übergangsbestimmungen.

[Fristen] **§ 94.**

Alle in dem gegenwärtigen Gesetze vorgeschriebenen Fristen sind Ausschlußfristen. Die Fristen beginnen, soweit in diesem Gesetze nichts anderes bestimmt ist, mit der Zustellung des Beschlusses oder der sonstigen Anordnung. Der Tag der Zustellung wird nicht mitgerechnet. Im übrigen sind für den Beginn und die Berechnung der Fristen die bürgerlichen Prozeßgesetze maßgebend.

---

[1]) Abs. 3 angefügt durch G. v. 26. August 1921.

[Rechnungsjahr] **§ 95.**

(1) Das Rechnungsjahr für den Gemeindehaushalt beginnt mit dem 1. April und schließt mit dem 31. März.

(2) Der Beschlußfassung der Gemeindebehörden bleibt überlassen, an Stelle des Rechnungsjahres eine Periode von zwei oder drei Rechnungsjahren treten zu lassen.

§ 96.

[Betraf Übergangsbestimmungen und ist inzwischen gegenstandslos geworden.]

[Ausführungsbestimmungen] **§ 97.**

Der Minister des Innern und der Finanzminister sind mit der Ausführung dieses Gesetzes beauftragt.

---

4. Kreise und Provinzen.

20. Kreisordnung für die Provinzen Ostpreußen, [Grenzmark Posen-]Westpreußen, Brandenburg, Pommern, [Niederschlesien, Ober]schlesien und Sachsen.[1]

Vom 13. Dezember 1872 (GS. S. 661)
in der Fassung des Gesetzes vom 19. März 1881 (GS. S. 155)[2].

Inhalt.

---

[1]) So im Sinne der heutigen Verhältnisse. Diese Kreisordnung galt in der früheren Provinz Posen nicht; ihre Geltung in der ganzen Grenzmark Posen-Westpreußen beruht auf § 4 des G. v. 21. Juli 1922 (GS. S. 171).

[2]) Späterhin noch geändert insbesondere durch das Landesverwaltungsgesetz (oben Nr. 2), die Östl. Landgemeindeordnung, das Kreis- und Provinzialabgabengesetz (unten Nr. 22), das Kriegsgesetz zur Vereinfachung der Verwaltung vom 13. Mai 1918 (GS. S. 53). Wegen der Geltungsdauer des letzteren Gesetzes s. oben vor § 1 LVG.

Erster Titel. Von den Grundlagen der Kreisverfassung.

Erster Abschnitt.

Von dem Umfange und der Begrenzung der Kreise.

[Kreis als Verwaltungsbezirk] **§ 1.**

Die Kreise bleiben in ihrer gegenwärtigen Begrenzung als Verwaltungsbezirke bestehen.

[Kreis als Kommunalverband] § 2.

Jeder Kreis bildet nach näherer Vorschrift dieses Gesetzes einen Kommunalverband zur Selbstverwaltung seiner Angelegenheiten mit den Rechten einer Korporation.

Veränderung der Kreisgrenzen und Bildung neuer Kreise.

§ 3.

(1) Die Veränderung bestehender Kreisgrenzen und die Bildung neuer, sowie die Zusammenlegung mehrerer Kreise erfolgt durch Gesetz.

(2) Der Bezirksausschuß beschließt über die infolge einer solchen Veränderung notwendig werdende Auseinandersetzung zwischen den beteiligten Kreisen, vorbehaltlich der den letzteren gegeneinander zustehenden Klage bei dem Bezirksausschuß[1]).

(3) Veränderungen solcher Gemeinde- oder Gutsbezirksgrenzen, welche zugleich Kreisgrenzen sind, sowie die Vereinigung eines Grundstückes, welches bisher einem Gemeinde- oder Gutsbezirke nicht angehörte, mit einem in einem anderen Kreise belegenen Gemeinde- oder Gutsbezirke, ziehen die Veränderung der betreffenden Kreisgrenzen und, wo die Kreis- und Wahlbezirksgrenzen zusammenfallen, auch die Veränderung der letzteren ohne weiteres nach sich.

(4) Eine jede Veränderung der Kreisgrenzen ist durch das Amtsblatt bekanntzumachen.

Ausscheiden der großen Städte aus den Kreisverbänden.

§ 4.

[Nach diesem § 4 und den entsprechenden Bestimmungen der übrigen Kreisordnungen konnten Städte in den östlichen Provinzen mit 25 000, in Westfalen mit 30 000, im Rheinland mit 40 000 Einwohnern aus dem Kreisverband ausscheiden und einen Stadtkreis bilden. Alle diese Bestimmungen sind aufgehoben durch § 50 des Einführungsgesetzes zu dem Gesetz über die kommunale Neugliederung des rheinisch-westfälischen Industriegebiets vom 29. Juli 1929, GS. S. 137, unten Nr. 16b.]

[Privatrechtliche Verhältnisse] § 5.

Privatrechtliche Verhältnisse werden durch Veränderungen der Kreisgrenzen (§§ 3, 4) nicht berührt.

---

[1]) S. § 2 ZustG., oben Nr. 3. Früher „Bezirksverwaltungsgericht"; dieses sowie der „Bezirksrat" sind ersetzt durch den Bezirksausschuß (§ 153 LVG.).

Zweiter Abschnitt.
Von den Kreisangehörigen, ihren Rechten und Pflichten.

[Kreisangehörige] **§ 6.**

Angehörige des Kreises sind, [mit Ausnahme der nicht angesessenen servisberechtigten Militärpersonen des aktiven Dienststandes][1]) alle diejenigen, welche innerhalb des Kreises einen Wohnsitz haben.

Rechte der Kreisangehörigen.

§ 7.

Die Kreisangehörigen sind berechtigt:

1. zur Teilnahme an der Verwaltung und Vertretung des Kreises nach näherer Vorschrift dieses Gesetzes,
2. zur Mitbenutzung der öffentlichen Einrichtungen und Anstalten des Kreises nach Maßgabe der für dieselben bestehenden Bestimmungen

Pflichten der Kreisangehörigen.

a) Verpflichtung zur Annahme von unbesoldeten Ämtern. (Gründe der Ablehnung, Folgen einer ungerechtfertigten Ablehnung.)

§ 8.

(1) Die Kreisangehörigen sind verpflichtet, unbesoldete Ämter in der Verwaltung und Vertretung des Kreises zu übernehmen.

(2) Zur Ablehnung oder zur früheren Niederlegung solcher Ämter berechtigen folgende Entschuldigungsgründe:

1. anhaltende Krankheit;
2. Geschäfte, die eine häufige oder lange dauernde Abwesenheit vom Wohnorte mit sich bringen;
3. das Alter von 60 Jahren;
4. die Verwaltung eines unmittelbaren Staatsamtes;
5. sonstige besondere Verhältnisse, welche nach dem Ermessen des Kreistages eine gültige Entschuldigung begründen.

(3) Beträgt die Amtsdauer mehr als drei Jahre, so kann das Amt nach Ablauf von drei Jahren niedergelegt werden.

(4) Wer ein unbesoldetes Amt in der Verwaltung oder Vertretung des Kreises während der vorgeschriebenen regelmäßigen Amtsdauer versehen hat, kann die Übernahme desselben oder eines gleichartigen für die nächsten drei Jahre ablehnen.

(5) Wer sich ohne einen der vorbezeichneten Entschuldigungsgründe weigert, ein unbesoldetes Amt in der Verwaltung oder

---

[1]) S. wegen dieser die Anm. 1 zu § 7 der ÖstLGO. (oben Nr. 13).

Vertretung des Kreises zu übernehmen oder das übernommene Amt drei Jahre hindurch zu versehen, sowie derjenige, welcher sich der Verwaltung solcher Ämter trotz vorhergegangener Aufforderung seitens des Kreisausschusses tatsächlich entzieht, kann durch Beschluß des Kreistages für einen Zeitraum von drei bis sechs Jahren der Ausübung seines Rechtes auf Teilnahme an der Vertretung und Verwaltung des Kreises für verlustig erklärt und um ein Achtel bis ein Viertel stärker, als die übrigen Kreisangehörigen, zu den Kreisabgaben herangezogen werden.

(6) Gegen den Beschluß des Kreistages findet innerhalb zwei Wochen die Klage bei dem Bezirksausschusse statt.

b) Beitragspflichten zu den Kreisabgaben.

§§ 9—18.

[Ersetzt durch das Kreis- und Provinzialabgabengesetz, unten Nr. 22.]

[Beschwerden aus § 7 Ziffer 2]

§ 19.

(1) Auf Beschwerden und Einsprüche, betreffend:

1. das Recht zur Mitbenutzung der öffentlichen Einrichtungen und Anstalten des Kreises,

[Ziff. 2 ersetzt wie §§ 9—18.]

beschließt der Kreisausschuß.

[Abs. 2 ersetzt wie §§ 9—18.]

(3) Gegen den Beschluß des Kreisausschusses findet innerhalb zwei Wochen die Klage bei dem Bezirksausschuß statt. [Satz 2 ersetzt wie §§ 9—18.]

(4) Die Beschwerden und die Einsprüche sowie die Klage haben keine aufschiebende Wirkung.

Dritter Abschnitt. Kreisstatuten und Reglements.

§ 20.

(1) Jeder Kreis ist befugt:

1. zum Erlasse besonderer statutarischer Anordnungen über solche Angelegenheiten des Kreises, hinsichtlich deren das gegenwärtige Gesetz Verschiedenheiten gestattet [(§§ 104 Absatz 2, 108 Absatz 1 und 109)][1]), oder das Gesetz auf statutarische Regelung verweist, sowie über solche Angelegenheiten, deren Gegenstand nicht durch Gesetz geregelt ist;
2. zum Erlasse von Reglements über besondere Einrichtungen des Kreises.

[1]) Die §§ 104 und 108 sind infolge Neuregelung des Kreistagswahlrechts in Fortfall gekommen. Von § 109 gilt nur noch der zweite Satz (siehe daselbst).

(2) Die Kreisstatuten und Reglements sind durch das Kreisblatt und, wo ein solches nicht besteht, durch das Amtsblatt auf Kosten des Kreises bekanntzumachen.

Zweiter Titel.

Von der Gliederung und den Ämtern des Kreises.

Erster Abschnitt. Allgemeine Bestimmungen.

Gliederung des Kreises.

§ 21.

(1) Die Kreise, mit Ausnahme der Stadtkreise (§§ 4 und 169), zerfallen in Amtsbezirke, beziehungsweise in Stadt- und Amtsbezirke.

(2) Die Amtsbezirke bestehen aus einer oder mehreren Landgemeinden oder aus einem oder mehreren Gutsbezirken, beziehungsweise aus Landgemeinden und Gutsbezirken.

(3) An der Spitze der Verwaltung des Kreises steht der Landrat, an der Spitze der Verwaltung des Amtsbezirks der Amtsvorsteher, an der Spitze der Verwaltung der Gemeinde der Gemeindevorsteher. Für den Bereich eines selbständigen Gutsbezirks führt der Gutsvorsteher die dem Gemeindevorsteher obliegende Verwaltung.

[Der zweite und dritte Abschnitt, §§ 22—45, sind durch § 146 der Östlichen Landgemeindeordnung, oben Nr. 13, aufgehoben worden.]

Vierter Abschnitt.

Von den Amtsbezirken und dem Amte der Amtsvorsteher. Aufhebung der gutsherrlichen Polizeiverwaltung.

[Polizeigewalt]

§ 46.

(1) Die Polizei wird im Namen des [Königs] Volkes ausgeübt.

(2) Die gutsherrliche Polizeigewalt ist aufgehoben.

Amtsbezirke.

§ 47.

Behufs Verwaltung der Polizei und Wahrnehmung anderer öffentlicher Angelegenheiten wird jeder Kreis, mit Ausschluß der Städte, in Amtsbezirke geteilt.

Bildung der Amtsbezirke.

[Grundsätze dafür]

§ 48.

Für die Bildung der Amtsbezirke gelten folgende Grundsätze:

1. Jeder Amtsbezirk soll tunlichst ein räumlich zusammenhängendes und abgerundetes Flächengebiet umfassen, dessen Größe und Einwohnerzahl dergestalt zu bemessen ist, daß einerseits die Erfüllung der durch das Gesetz der Amtsverwaltung auferlegten Aufgaben gesichert, andererseits die Unmittelbarkeit und die ehrenamtliche Ausübung der örtlichen Verwaltung nicht erschwert wird.
2. Gemeinden, welche eine den Bestimmungen des Gesetzes entsprechende Amtsverwaltung aus eigenen Kräften herzustellen vermögen, sind, wenn nicht die örtliche Lage die Zuschlagung anderer Gemeinde- oder Gutsbezirke notwendig macht, auf ihren Antrag zu einem Amtsbezirke zu erklären.
3. Gutsbezirke von abgesonderter Lage, welche ohne wesentliche Unterbrechung ein räumlich zusammenhängendes Gebiet von erheblichem Flächeninhalte umfassen, können auf Antrag ohne Rücksicht auf ihre Einwohnerzahl unter den übrigen Voraussetzungen der Nummern 1 und 2 zu Amtsbezirken erklärt werden.
4. Alle übrigen Gemeinden und Gutsbezirke werden zu Amtsbezirken vereinigt. Insbesondere sollen Gemeinden und Gutsbezirke, welche eine örtlich verbundene Lage haben, zu einem und demselben Amtsbezirke gehören.

Bei Abgrenzung der zusammengesetzten Amtsbezirke ist möglichst darauf zu achten, daß die innerhalb der Kreise bestehenden Verbände (Kirchspiele, Schulverbände, Wegebaubezirke usw.) nicht zerrissen werden.

[Verfahren]

§ 49.

(1) Die Bildung der Amtsbezirke, sowie die etwa erforderliche Abänderung derselben erfolgt nach Anhörung der Beteiligten, auf Vorschlag des nach diesem Gesetze gewählten Kreistages, durch den Minister des Innern.

(2) Die Revision und endgültige Feststellung, sowie jede spätere Abänderung der Amtsbezirke erfolgt durch den Minister des Innern im Einvernehmen mit dem Bezirksausschuß nach vorheriger Anhörung der Beteiligten und des Kreistages.

(3) Die endgültige Feststellung der Amtsbezirke darf erst nach Ablauf einer öffentlich bekannt zu machenden angemessenen Frist stattfinden.

(4) Veränderungen solcher Gemeinde- oder Gutsbezirksgrenzen, welche zugleich Amtsbezirksgrenzen sind, ziehen die Veränderung der letzteren ohne weiteres nach sich.

20*

[Vereinig. v. Stadt- u. Landgem.] § 49a.

(1) Dem Minister des Innern steht die Befugnis zu, im Einvernehmen mit dem Bezirksausschuß ländliche Gemeinde- und Gutsbezirke, welche innerhalb der Feldmark einer zu einem Landkreise gehörigen Stadt belegen sind oder unmittelbar an dieselbe angrenzen, bezüglich der Verwaltung der Polizei nach Anhörung der Beteiligten und des Kreistages mit dem Bezirke der Stadt zu vereinigen, sofern dies im öffentlichen Interesse notwendig ist.

(2) In Ermangelung einer Einigung unter den Beteiligten wird der Beitrag der betreffenden Landgemeinde, beziehungsweise des betreffenden Gutsbezirkes zu den Kosten der städtischen Polizeiverwaltung von dem Bezirksausschuß festgesetzt.

(3) Der Minister des Innern kann im Einvernehmen mit dem Bezirksausschuß[1]) in den Fällen des ersten Absatzes gleichzeitig die Ausscheidung der betreffenden Landgemeinden und Gutsbezirke aus dem Amtsbezirke, welchem sie bisher angehörten, aussprechen. Über die hierdurch notwendig werdende Auseinandersetzung zwischen den Beteiligten beschließt der Kreisausschuß. Gegen den Beschluß findet innerhalb zwei Wochen der Antrag auf mündliche Verhandlung im Verwaltungsstreitverfahren statt.

Organe der Amtsverwaltung.

§ 50.

Die Organe der Amtsverwaltung in den Amtsbezirken sind nach näherer Vorschrift dieses Gesetzes der Amtsvorsteher und der Amtsausschuß.

Amtsausschuß.

[Zusammensetzung] § 51.

Für die Bildung des Amtsausschusses gelten bis zum Erlaß der Landgemeindeordnung[2]) folgende Bestimmungen:

1. In den zusammengesetzten Amtsbezirken besteht der Amtsausschuß aus Vertretern sämtlicher zum Amtsbezirke gehörigen Gemeinden und selbständigen Gutsbezirke. Jede Gemeinde und jeder Gutsbezirk ist wenigstens durch einen Abgeordneten zu vertreten.

   Die Vertretung der Gemeinden erfolgt zunächst durch den Gemeindevorsteher, sodann durch die Schöffen und,

---

[1]) Die Fassung ergibt sich aus § 6 ZustG., oben Nr. 3.

[2]) Durch § 146 der OstLGO. ist § 51 der KrO. ausdrücklich aufrechterhalten worden.

wenn auch deren Zahl nicht ausreicht, durch andere von der Gemeinde zu wählende Mitglieder.

Die Zahl der von jeder Gemeinde zu entsendenden Vertreter, sowie der jedem Gutsbezirk einzuräumenden Stimmen wird mit Rücksicht auf die Steuerleistungen und die Einwohnerzahl durch ein nach Anhörung der Beteiligten auf den Vorschlag des Kreisausschusses von dem Kreistage zu erlassendes Statut geregelt. Beschwerden gegen dieses Statut unterliegen der endgültigen Beschlußfassung des Bezirksausschusses[1]).

Vertreter einer Gemeinde oder eines Gutsbezirkes bei dem Amtsausschusse können nur Personen sein, welche die im § 96 unter a und b bezeichneten Eigenschaften besitzen.

2. In denjenigen Amtsbezirken, welche nur aus einer Gemeinde bestehen, nimmt die Gemeindeversammlung beziehungsweise Gemeindevertretung die Geschäfte des Amtsausschusses wahr.

3. In denjenigen Amtsbezirken, welche nur aus einem Gutsbezirke bestehen, fällt der Amtsausschuß weg.

[Wahlprüfungsverfahren, Legitimationsprüfung]

§ 51a.

(1) Gegen das zum Zwecke der Wahl eines Abgeordneten zum Amtsausschusse (§ 51 Nr. 1) stattgehabte Wahlverfahren kann jedes Mitglied der Wahlversammlung innerhalb zwei Wochen Einspruch bei dem Vorsitzenden des Wahlvorstandes erheben. Die Beschlußfassung über den Einspruch, über welchen die Beteiligten vorab zu hören sind, steht dem Amtsausschusse zu.

(2) Im übrigen prüft der Amtsausschuß die Legitimation seiner Mitglieder von Amts wegen und beschließt darüber.

(3) Jede Wahl verliert dauernd oder vorübergehend ihre Wirkung, wenn sich ergibt, daß die für die Wählbarkeit vorgeschriebenen Bedingungen nicht vorhanden gewesen sind, oder wenn diese Bedingungen gänzlich oder zeitweise aufhören. Das gleiche gilt in bezug auf die unmittelbar auf dem Gesetze beruhende Mitgliedschaft des Amtsausschusses. Der Amtsausschuß hat darüber zu beschließen, ob einer der gedachten Fälle eingetreten ist.

(4) Gegen die nach Maßgabe der vorstehenden Bestimmungen gefaßten Beschlüsse des Amtsausschusses findet innerhalb zwei Wochen die Klage bei dem Kreisausschusse statt. Dieselbe steht

---

[1]) S. Anm. 1 zu § 3.

auch dem Amtsvorsteher zu. Die Klage hat keine aufschiebende Wirkung; jedoch dürfen Ersatzwahlen vor rechtskräftiger Entscheidung nicht vorgenommen werden.

(5) Für das Streitverfahren kann der Amtsausschuß einen besonderen Vertreter bestellen.

[Zuständigkeit des Amtsausschusses] **§ 52.**

Zu den Befugnissen des Amtsausschusses gehört:

1. die Kontrolle sämtlicher und die Bewilligung derjenigen Ausgaben der Amtsverwaltung, welche vom Amtsbezirke aufgebracht werden (§§ 69 und 70 Absatz 4);
2. die Beschlußfassung über diejenigen Polizeiverordnungen, welche der Amtsvorsteher unter Mitwirkung des Amtsausschusses zu erlassen befugt ist (§ 62);
3. die Äußerung über Abänderung des Amtsbezirkes (§ 49);
4. die Bestellung, sowie die Wahl besonderer Kommissionen oder Kommissarien zur Vorbereitung und Ausführung von Beschlüssen des Amtsausschusses;
5. die Beschlußfassung über sonstige Angelegenheiten, welche der Amtsvorsteher aus dem Kreise seiner Amtsbefugnisse dem Amtsausschusse zu diesem Zwecke unterbreitet.

§ 53.

[Aufgehoben durch § 146 ÖstlLGO., oben Nr. 13.]

[Sitzungen des Amtsausschusses] **§ 54.**

(1) Der Amtsvorsteher beruft den Amtsausschuß und führt den Vorsitz mit vollem Stimmrechte. Die Sitzungen des Amtsausschusses sind öffentlich. Für einzelne Gegenstände kann durch einen in geheimer Sitzung zu fassenden Beschluß die Öffentlichkeit ausgeschlossen werden.

(2) Der Amtsausschuß kann nur beschließen, wenn mehr als die Hälfte der Mitglieder anwesend ist. Eine Ausnahme hiervon findet statt, wenn die Mitglieder, zum zweiten Male zur Verhandlung über denselben Gegenstand berufen, dennoch nicht in beschlußfähiger Anzahl erschienen sind. Bei der zweiten Berufung muß auf diese Bestimmung ausdrücklich hingewiesen werden.

(3) Die Beschlüsse des Amtsausschusses werden nach Mehrheit der Stimmen gefaßt. Bei Stimmengleichheit gilt der Antrag als abgelehnt.

[Beanstandung v. Beschlüssen] **§ 54a.**

(1) Beschlüsse des Amtsausschusses, welche dessen Befugnisse überschreiten oder die Gesetze verletzen, hat der Amtsvorsteher,

entstehendenfalls auf Anweisung der Aufsichtsbehörde, unter Angabe der Gründe, mit aufschiebender Wirkung zu beanstanden.

(2) Gegen die Verfügung des Amtsvorstehers steht dem Amtsausschusse innerhalb einer Frist von zwei Wochen die Klage bei dem Kreisausschusse zu. Zur Wahrnehmung seiner Rechte im Verwaltungsstreitverfahren kann der Amtsausschuß einen besonderen Vertreter wählen.

[Amtsverband als jurist. Person] **§ 55.**

(1) Für die nach näherer Vorschrift dieses Gesetzes den Gemeinden und Gutsbezirken gemeinsamen Angelegenheiten stehen dem Amtsverbande die Rechte einer Korporation zu. Die Korporation wird nach außen durch den Amtsvorsteher vertreten.

(2) Urkunden, welche das Amt verpflichten sollen, sind von dem Amtsvorsteher und mindestens einem Mitgliede des Amtsausschusses unter Anführung des betreffenden Beschlusses des Amtsausschusses zu vollziehen.

[Genehmigungspfl. Rechtsgeschäfte] **§ 55a.**

(1) Beschlüsse der Amtsverbände, betreffend die Veräußerung von Grundstücken oder Immobiliarrechten, oder die Aufnahme von Anleihen, durch welche der Amtsband mit einem Schuldenbestande belastet oder der bereits vorhandene Schuldenbestand vergrößert werden würde, bedürfen der Bestätigung des Kreisausschusses. Ohne diese Genehmigung sind die bezeichneten Rechtsgeschäfte nichtig.

(2) Bis zum Erlaß einer Landgemeindeordnung[1]) ist zur Aufnahme von Anleihen durch den Amtsausschuß die Zustimmung sämtlicher zu dem Amtsbezirke gehörigen Gemeinden und Gutsbezirke notwendig.

[Kreisausschuß als Aufsichtsbeh.] **§ 55b.**

(1) Der Kreisausschuß beschließt an Stelle der Aufsichtsbehörde:

1. über die Art der gerichtlichen Zwangsvollstreckung wegen Geldforderungen gegen Amtsverbände (§ 15 zu 4 des Einführungsgesetzes zur Deutschen Zivilprozeßordnung vom 30. Januar 1877, Reichsgesetzbl. S. 244);
2. über die Feststellung und den Ersatz der bei Kassen und anderen Verwaltungen der Amtsverbände vorkommenden Defekte nach Maßgabe der Verordnung vom 24. Januar 1844 (Gesetzsamml. S. 52);

[1]) Auch § 55a Abs. 2 ist durch § 146 der OstLGO. ausdrücklich aufrechterhalten worden.

3. über die verweigerte Abnahme oder Entlastung von Rechnungen der rechnungsführenden Beamten.

(2) Der Beschluß zu 2 und 3 ist vorbehaltlich des ordentlichen Rechtsweges endgültig.

[Aufsichtsbehörde]

§ 55c.

(1) Die Aufsicht des Staates über die Verwaltung der Angelegenheiten der Amtsverbände wird unbeschadet der vorstehenden Bestimmungen in erster Instanz von dem Landrat als Vorsitzenden des Kreisausschusses, in höherer und letzter Instanz von dem Regierungspräsidenten geübt[1]).

(2) Beschwerden bei den Aufsichtsbehörden in Angelegenheiten der Amtsverbände sind in allen Instanzen innerhalb zwei Wochen anzubringen.

Amtsvorsteher.

a) Berufung desselben.

§ 56.

[Abs. 1 bis Abs. 4 Satz 1 ersetzt durch § 11 des Gesetzes, betr. die vorläufige Regelung verschiedener Punkte des Gemeindeverfassungsrechts vom 18. Juli 1919, GS. S. 118. Danach wird der Amtsvorsteher jetzt vom Kreistag gewählt und vom Oberpräsidenten bestätigt.]

(4) [Satz 2] Der Amtsvorsteher wird von dem Landrate vereidigt.

(5) In denjenigen Amtsbezirken, welche nur aus einer Gemeinde oder einem selbständigen Gutsbezirke bestehen, ist der Gemeinde- beziehungsweise Gutsvorsteher zugleich Amtsvorsteher.

b) Stellvertretung desselben.

§ 57.

(1) Für jeden Amtsbezirk wird nach den für die Wahl[2]) des Amtsvorstehers geltenden Bestimmungen (§ 56) ein Stellvertreter des letzteren gewählt[2]).

(2) Ist der Amtsvorsteher an der Wahrnehmung seiner Amtsgeschäfte verhindert, so hat der Stellvertreter dieselben zu übernehmen; der Landrat ist hiervon zu benachrichtigen, sobald die Verhinderung länger als drei Tage dauert.

(3) Erledigt sich das Amt des Amtsvorstehers, so tritt bis zur Wahl[2]) seines Nachfolgers der Stellvertreter für ihn ein.

(4) Findet sich im Amtsbezirke keine zur Wahl[2]) als Stellvertreter geeignete Person, so hat der Kreisausschuß die Stell-

---

[1]) Abs. 1 i. d. F. des § 5 ZustG., oben Nr. 3.

[2]) S. zu § 56 Abs. 1—4 Satz 1.

vertretung einstweilen einem der benachbarten Amtsvorsteher, oder, nach vorherigem Einvernehmen mit der städtischen Vertretung, dem Bürgermeister einer benachbarten Stadt zu übertragen. Eine gleiche Anordnung erfolgt für den Fall des gleichzeitigen Abganges oder der gleichzeitigen Behinderung des Amtsvorstehers und seines Stellvertreters.

(5) Ist der Amtsvorsteher bei der Erledigung eines Amtsgeschäftes persönlich beteiligt, so hat der Kreisausschuß den Stellvertreter oder einen der benachbarten Amtsvorsteher, beziehungsweise Bürgermeister, damit zu betrauen.

(6) In den Gemeinden, welche einen eigenen Amtsbezirk bilden, vertritt nach der Bestimmung des Kreisausschusses einer der Schöffen den Gemeindevorsteher in seiner Eigenschaft als Amtsvorsteher.

(7) In den Fällen der Absätze 5 und 6 ist der Beschluß des Kreisausschusses endgültig.

Bestellung kommissarischer Amtsvorsteher.

§ 58.

(1) Ist nach der Erklärung des Kreistages für einen Amtsbezirk weder eine zum Amtsvorsteher geeignete Person zu ermitteln, noch die zeitweilige Wahrnehmung der Amtsverwaltung durch den Vorsteher eines benachbarten Amtsbezirkes oder durch den Bürgermeister einer benachbarten Stadt tunlich, so bestellt der Oberpräsident auf Vorschlag des Kreisausschusses einen kommissarischen Amtsvorsteher.

(2) Für die Übernahme der Verwaltung eines benachbarten Amtsbezirkes durch einen Bürgermeister ist die Zustimmung der städtischen Vertretung erforderlich.

(3) Sofern die Verhältnisse es gestatten, kann ein kommissarischer Amtsvorsteher mit der Verwaltung zweier oder mehrerer Amtsbezirke gleichzeitig beauftragt werden.

Obliegenheiten des Amtsvorstehers.

[als Ortspolizeibehörde]

§ 59.

(1) Der Amtsvorsteher verwaltet:

1. die Polizei, insbesondere die Sicherheits-, Ordnungs-, Sitten-, Gesundheits-, Gesinde-, Armen-, Wege-, Wasser-, Feld-, Forst-, Fischerei-, Gewerbe-, Bau-, Feuerpolizei usw., soweit sie nicht durch besondere Gesetze dem Landrate oder anderen Beamten übertragen ist;
2. die sonstigen öffentlichen Angelegenheiten des Amtes nach näherer Vorschrift dieses Gesetzes.

(2) Unter der nach Ziffer 1 dem Amtsvorsteher übertragenen Wasserpolizei ist die Strom-, Schiffahrts- und Hafenpolizei nicht begriffen.

[Recht u. Pflicht z. Einschreiten] § 60.

Der Amtsvorsteher hat das Recht und die Pflicht, da, wo die Erhaltung der öffentlichen Ordnung, Ruhe und Sicherheit sein Einschreiten notwendig macht, das Erforderliche anzuordnen und ausführen zu lassen.

[Zuständigkeitsstreitigkeiten] § 61.

(1) Der Kreisausschuß bestimmt endgültig denjenigen Amtsvorsteher, beziehungsweise Bürgermeister, welcher die in bezug auf die öffentlichen Wege notwendigen Anordnungen zu treffen hat, wenn die Beteiligten verschiedenen Amtsbezirken, beziehungsweise Amts- und Stadtbezirken angehören.

(2) Diese Bestimmung findet gleichmäßig Anwendung auf die in Vorflut- und anderen polizeilichen Angelegenheiten zu treffenden Anordnungen.

[Polizeistrafrecht] § 62.

(1) Das durch die §§ 5 ff. des Gesetzes vom 11. März 1850 (Gesetzsamml. S. 265) der Ortspolizeibehörde für den Umfang einer Gemeinde erteilte Recht zum Erlaß von Polizeistrafverordnungen wird auf den Amtsvorsteher mit der Maßgabe übertragen, daß er nicht nur für den Umfang einer einzelnen Gemeinde oder eines einzelnen Gutsbezirks, sondern auch für den Umfang mehrerer Gemeinden oder Gutsbezirke und für den Umfang des ganzen Amtsbezirks unter Zustimmung des Amtsausschusses, auch im Falle des § 7 des Gesetzes, derartige Verordnungen zu erlassen befugt ist.

(2) Versagt der Amtsausschuß die Zustimmung, so kann dieselbe auf Antrag des Amtsvorstehers durch Beschluß des Kreisausschusses ergänzt werden. Der Beschluß ist endgültig.

[Polizeistrafverfügungen] § 63.

Der Amtsvorsteher hat in den seiner Verwaltung anheimfallenden Angelegenheiten das Recht der vorläufigen Straffestsetzung nach den Vorschriften des Gesetzes vom 23. April 1883 (Gesetzsamml. S. 65).

[§ 64 fortgefallen.]

Dienstliche Stellung der Gemeinde- und Gutsvorstände, sowie der Landjäger[1]) zu dem Amtsvorsteher.

§ 65.

(1) Die Gemeinde- und Gutsvorsteher sind verbunden, den Anweisungen und Aufträgen des Amtsvorstehers, welche derselbe in Gemäßheit seiner gesetzlichen Befugnisse in Dienstangelegenheiten an sie erläßt, nachzukommen, und können hierzu von ihm unter Anwendung der den Ortspolizeibehörden nach § 132 des Gesetzes über allgemeine Landesverwaltung vom 30. Juli 1883 (Gesetzsamml. S. 195) zustehenden Zwangsmittel, mit Ausnahme der Haftstrafe, angehalten werden. Ein Ordnungsstrafrecht steht dem Amtsvorsteher gegen die Gemeinde- und Gutsvorsteher nicht zu.

(2) Die Landjäger[1]) haben den Requisitionen des Amtsvorstehers in polizeilichen Angelegenheiten zu genügen. Der Dienstaufsicht des Amtsvorstehers unterliegen sie nicht.

Dienstliche Stellung des Amtsvorstehers zu dem Landrate und dem Kreisausschuß.

[Dienstpflichten]

§ 66.

Der Landrat und der Kreisausschuß sind befugt, für die Geschäfte der allgemeinen Landes- und Kreiskommunalverwaltung, sowie bei Beaufsichtigung der Kommunalangelegenheiten der zu dem Amtsbezirke gehörigen Gemeinden und Gutsbezirke die vermittelnde und begutachtende Tätigkeit des Amtsvorstehers in Anspruch zu nehmen.

[Aufsicht]

§ 67.

(1) Der Kreisausschuß beschließt über Beschwerden gegen Verfügungen der Amtsvorsteher in nicht polizeilichen Angelegenheiten.

(2) Die Aufsicht über die Geschäftsführung der Amtsvorsteher führt der Landrat als Vorsitzender des Kreisausschusses.

Dienstvergehen des Amtsvorstehers.

§ 68.

Bezüglich der Dienstvergehen der Amtsvorsteher finden die Bestimmungen des Gesetzes vom 21. Juli 1852, betreffend die Dienstvergehen der nichtrichterlichen Beamten (Gesetzsamml. S. 465), mit folgenden Maßgaben Anwendung:

---

[1]) Statt früher „Gendarm", Erlaß vom 26. Juni 1920 (MBliV. S. 292).

1. Über die Verhängung von Ordnungsstrafen gegen die Amtsvorsteher beschließt im Umfange des den Provinzialbehörden beigelegten Ordnungsstrafrechtes der Kreisausschuß und im Umfange des dem Minister beigelegten Ordnungsstrafrechtes der Regierungspräsident. Dem Landrate steht das Recht zur Verhängung von Ordnungsstrafen gegen die Amtsvorsteher nicht zu.

   Gegen den Beschluß des Kreisausschusses findet innerhalb zwei Wochen die Beschwerde an den Bezirksausschuß[1]), gegen die Strafverfügungen des Regierungspräsidenten innerhalb gleicher Frist die Beschwerde an den Oberpräsidenten statt.

   Gegen den auf die Beschwerde ergehenden Beschluß des Bezirksausschusses[1]) beziehungsweise des Oberpräsidenten findet innerhalb zwei Wochen die Klage bei dem Oberverwaltungsgerichte statt.

2. In dem auf Entfernung aus dem Amte gerichteten Verfahren wird die Einleitung des Disziplinarverfahrens von dem Landrate oder von dem Regierungspräsidenten verfügt und von demselben der Untersuchungskommissar, sowie der Vertreter der Staatsanwaltschaft für die erste Instanz ernannt.

   Die entscheidende Behörde erster Instanz ist der Kreisausschuß, die entscheidende Behörde zweiter Instanz das Oberverwaltungsgericht. Der Vertreter der Staatsanwaltschaft bei dem Oberverwaltungsgerichte wird von dem Minister des Innern ernannt.

Kosten der Amtsverwaltung.

[Amtsunkostenentschädigung] **§ 69.**

(1) Der Amtsvorsteher ist berechtigt, eine Amtsunkostenentschädigung zu beanspruchen, welche nach Anhörung der Beteiligten von dem Kreisausschusse als ein Pauschquantum festgesetzt wird.

(2) In gleicher Weise erfolgt die Festsetzung der einem kommissarischen Amtsvorsteher zu gewährenden Remuneration.

[Kostentragung] **§ 70.**

[Abs. 1 bis 3 überholt und ersetzt durch §§ 5, 10, 19 des Preuß. Ausführungsgesetzes zum Finanzausgleichsgesetz — Neufassung vom 5. Mai 1926, GS. S. 137.]

---

[1]) S. Anm. 1 zu § 3.

(4) Soweit die Kosten der Amtsverwaltung durch die vom Staate überwiesenen Beträge ihre Deckung nicht finden, trägt dieselbe das Amt.

(5) In den zusammengesetzten Amtsbezirken gilt für die Aufbringung der Verwaltungskosten in Ermangelung einer Vereinbarung unter den Beteiligten der nach Maßgabe dieses Gesetzes in dem Kreise für die Kreisabgaben festgestellte Maßstab.

[Verfahren] **§ 70 a.**

(1) Auf Beschwerden und Einsprüche, betreffend:

1. das Recht zur Mitbenutzung der öffentlichen Einrichtungen und Anstalten des Amtsbezirkes,
2. die Heranziehung oder die Veranlagung zu den Kosten der Amtsverwaltung oder zu anderen Amtsabgaben,

beschließt — in zusammengesetzten Amtsbezirken — der Amtsausschuß.

(2) Beschwerden und Einsprüche der zu 2 gedachten Art sind innerhalb einer Frist von zwei Monaten nach Bekanntmachung der Abgabebeiträge bei dem Amtsvorsteher anzubringen. [Satz 2 überholt.]

(3) Gegen den Beschluß des Amtsausschusses findet innerhalb zwei Wochen die Klage bei dem Kreisausschusse statt. Hierbei finden die Vorschriften des § 19 Absatz 3 Satz 2 Anwendung.

(4) Die Beschwerden und die Einsprüche, sowie die Klage, haben keine aufschiebende Wirkung.

[Kosten in Einzelamtsbezirken] **§ 71.**

In denjenigen Gemeinden und Gutsbezirken, welche einen Amtsbezirk für sich bilden, werden die Kosten der Amtsverwaltung gleich den übrigen Kommunalbedürfnissen aufgebracht. Solche Amtsbezirke haben keinen Anspruch auf die vom Staate gewährten Fonds.

[Zwangsetat] **§ 72.**

(1) Unterläßt oder verweigert ein Amtsverband die ihm gesetzlich obliegenden, von der Behörde innerhalb der Grenzen ihrer Zuständigkeit festgestellten Leistungen auf den Haushaltsetat zu bringen oder außerordentlich zu genehmigen, so verfügt der Landrat unter Anführung der Gründe die Eintragung in den Etat, beziehungsweise die Feststellung der außerordentlichen Ausgabe.

(2) Gegen die Verfügung des Landrats steht dem Amtsverbande innerhalb zwei Wochen die Klage bei dem Bezirksausschusse zu. Zur Ausführung der Rechte des Amtsverbandes kann der Amtsausschuß einen besonderen Vertreter bestellen.

Einnahmen aus Geldbußen und Konfiskaten.

§ 73.

Die von den Amtsvorstehern in Gemäßheit des Gesetzes vom 23. April 1883 (Gesetzsamml. S. 65) endgültig festgesetzten Geldbußen und Konfiskate, sowie die von denselben festgesetzten Exekutivgeldbußen werden — soweit nicht in Ansehung gewisser Übertretungen besonders bestimmt ist, wohin die durch dieselben verwirkten Geldbußen oder Konfiskate fließen sollen — zur Amtskasse, beziehungsweise zu den Kassen der einen eigenen Amtsbezirk bildenden Gemeinden und Gutsbezirke vereinnahmt und zur Deckung der Kosten der Amtsverwaltung mitverwendet.

Fünfter Abschnitt. Von dem Amte des Landrats.

Landrat.

a) Ernennung desselben.

74[1]).

(1) Der Landrat wird vom [Könige] Staatsministerium ernannt.

(2) Der Kreistag ist befugt, für die Besetzung des erledigten Landratsamtes geeignete Personen in Vorschlag zu bringen.

b) Stellvertretung desselben.

§ 75.

(1) Behufs Stellvertretung des Landrates werden von dem Kreistage aus der Zahl der Kreisangehörigen zwei Kreisdeputierte auf je sechs Jahre gewählt. Dieselben bedürfen der Bestätigung des Oberpräsidenten. Sie sind von dem Landrate zu vereidigen.

(2) Für kürzere Verhinderungsfälle kann der Kreissekretär als Stellvertreter eintreten.

c) Amtliche Stellung desselben.

§ 76.

Der Landrat führt als Organ der Staatsregierung die Geschäfte der allgemeinen Landesverwaltung im Kreise und leitet als Vorsitzender des Kreistages und des Kreisausschusses die Kommunalverwaltung des Kreises.

---

[1]) Die Fassung des § 74 beruht auf § 12 der VO. v. 18. Februar 1919 (GS. S. 23).

d) Rechte und Pflichten desselben.

§ 77.

(1) Soweit die Rechte und Pflichten des Landrates nicht durch das gegenwärtige Gesetz abgeändert sind, behält es bei den darüber bestehenden Vorschriften auch ferner sein Bewenden.

(2) Demgemäß hat der Landrat auch ferner die gesamte Polizeiverwaltung im Kreise und in dessen einzelnen Amtsbezirken, Gemeinden und Gutsbezirken zu überwachen.

[§ 78 fortgefallen.]

Sechster Abschnitt.

Von dem Zwangsverfahren der Behörden des Kreises.

[§§ 79—83 fortgefallen.]

Dritter Titel.

Von der Vertretung und Verwaltung des Kreises.

Erster Abschnitt.

Von der Zusammensetzung des Kreistages.

Zahl der Mitglieder des Kreistages.

§§ 84—108.

[Ersetzt durch §§ 33 ff. des Wahlgesetzes für die Provinziallandtage und Kreistage vom 7. Oktober 1925 (GS. S. 123).]

Einführung der Kreistagsabgeordneten.

§ 109.

[Satz 1 ersetzt wie §§ 84 bis 108; Satz 2:] Die Einführung der Gewählten erfolgt durch den Vorsitzenden des Kreisausschusses.

[§§ 110—113 ersetzt wie §§ 84—108.]

[Entschädigung] § 114.

[Ersetzt durch § 8 der VO., betr. die Zusammensetzung der Kreistage und einige weitere Änderungen der Kreisordnungen, vom 18. Februar 1919 (GS. S. 23):]

(1) Durch Kreistagsbeschluß kann für die Mitglieder des Kreistags und des Kreisausschusses eine angemessene Entschädigung für die Teilnahme an Sitzungen dieser Körperschaften festgesetzt werden; im allgemeinen ist dann aber nur eine Vergütung festzusetzen, welche den Reisekosten und dem entgangenen Arbeitsverdienst entspricht.

(2) Hinsichtlich der Vergütungen für die Mitglieder der Kreiskommissionen bewendet es bei den bestehenden Bestimmungen.

Zweiter Abschnitt.

Von den Versammlungen und Geschäften des Kreistages.

Geschäfte des Kreistages.

a) Im allgemeinen.

§ 115.

Der Kreistag ist berufen, den Kreiskommunalverband zu vertreten, über die Kreisangelegenheiten nach näherer Vorschrift dieses Gesetzes, sowie über diejenigen Gegenstände zu beraten und zu beschließen, welche ihm zu diesem Behufe durch Gesetze oder [Königliche] Verordnungen des Staatsministeriums[1]) überwiesen sind oder in Zukunft durch Gesetz überwiesen werden.

b) Im besonderen.

§ 116.

Insbesondere ist der Kreistag befugt:

1. nach Maßgabe des § 20 statutarische und reglementarische Anordnungen zu treffen;
2. zu bestimmen, in welcher Weise Staatspräſtationen, welche kreisweise aufzubringen sind, und deren Aufbringungsweise nicht schon durch das Gesetz vorgeschrieben ist, repartiert werden sollen.
   [Bei der Bestimmung in § 5 Nr. 3 des Gesetzes wegen der Kriegsleistungen vom 11. Mai 1851 (Gesetzsamml. S. 362) behält es sein Bewenden[2]);]
3. Ausgaben zur Erfüllung einer Verpflichtung oder im Interesse des Kreises zu beschließen, und zu diesem Behufe über das dem Kreise gehörige Grund- beziehungsweise Kapitalvermögen zu verfügen, Anleihen aufzunehmen und die Kreisangehörigen mit Kreisabgaben zu belasten;
4. innerhalb der Vorschriften der §§ 10 bis 18[3]) den Verteilungs- und Aufbringungsmaßstab der Kreisabgaben zu beschließen;

---

[1]) Gemäß Art. 82 PrV.

[2]) Das zit. Gesetz ist aufgehoben durch G. v. 19. März 1924 (RGBl. I S. 285).

[3]) An deren Stelle ist das Kreis- und Provinzialabgabengesetz getreten (unten Nr. 22).

5. den Kreishaushaltsetat festzustellen und hinsichtlich der Jahresrechnung Decharge zu erteilen (§§ 127 und 129);
6. die Grundsätze festzustellen, nach welchen die Verwaltung des dem Kreise gehörigen Grund- und Kapitalvermögens, sowie der Kreiseinrichtungen und Anstalten zu erfolgen hat;
7. die Einrichtung von Kreisämtern zu beschließen, die Zahl und Besoldung der Kreisbeamten zu bestimmen;
8. die Wahlen zum Kreisausschusse (§ 130) und zu den durch das Gesetz für Zwecke der allgemeinen Landesverwaltung angeordneten Kommissionen zu vollziehen, sowie besondere Kommissionen und Kommissare für Kreiszwecke zu bestellen (§ 167).
   [Ziff. 8 Abs. 2 ersetzt durch das zu §§ 84 bis 108 zit. Gesetz.]
9. Gutachten über alle Angelegenheiten abzugeben, die ihm zu diesem Behufe von den Staatsbehörden überwiesen werden;
10. die durch Gesetz oder [Königliche] Verordnung des Staatsministeriums[1]) (§ 115) ihm übertragenen sonstigen Geschäfte wahrzunehmen.

Verfügung über Fonds einzelner Kreisteile.

§ 117.

[Gegenstandslos geworden.]

Berufung des Kreistags und Leitung der Verhandlungen auf demselben.

§ 118.

(1) Der Landrat beruft die Kreistagsabgeordneten zum Kreistage durch besondere Einladungsschreiben, unter Angabe der zu verhandelnden Gegenstände, führt auf demselben den Vorsitz, leitet die Verhandlungen und handhabt die Ordnung in der Versammlung. In Behinderungsfällen übernimmt der dem Dienst- beziehungsweise Lebensalter nach älteste anwesende Kreisdeputierte den Vorsitz.

(2) Mit Ausnahme dringender Fälle, in welchen die Frist bis zu drei Tagen abgekürzt werden darf, muß die Einladung sämtlichen Kreistagsabgeordneten mindestens 14 Tage vorher zugestellt werden. Gegenstände, die nicht in die Einladung zum Kreistage aufgenommen sind, können zwar zur Beratung gelangen, die Fassung eines bindenden Beschlusses über dieselben darf jedoch erst auf dem nächsten Kreistage erfolgen.

---

[1]) Gemäß Art. 82 PrV.

(3) Anträge von Kreistagsabgeordneten auf Beratung einzelner Gegenstände sind bei dem Landrate anzubringen und in die Einladung zum nächsten Kreistage aufzunehmen, insofern sie vor Erlaß der Einladungsschreiben eingehen. Der Landrat ist verpflichtet, jährlich wenigstens zwei Kreistage anzuberaumen, außerdem aber ist er hierzu berechtigt, so oft es die Geschäfte erfordern. Die Zusammenberufung des Kreistages muß erfolgen, sobald dieselbe von einem Viertel der Kreistagsabgeordneten oder von dem Kreisausschusse verlangt wird.

(4) Von einem jeden anzusetzenden Kreistage hat der Landrat dem Regierungspräsidenten unter Einsendung einer Abschrift des Einladungsschreibens Anzeige zu machen.

Abfassung besonderer Propositionen für den Kreistag und Zustellung derselben an die Kreistagsmitglieder.

§ 119.

Soll auf dem Kreistage Beschluß gefaßt werden:

1. über die Festsetzung des Abgabenverteilungsmaßstabes [in Gemäßheit des § 12][1]),
2. über Mehr- und Minderbelastungen einzelner Kreisteile [in Gemäßheit des § 13][1]),
3. über solche Gegenstände, welche Kreisausgaben notwendig machen, die nicht auf einer gesetzlichen Verpflichtung des Kreises beruhen,

so ist ein ausführlicher Vorschlag zu dem Beschlusse, welcher über

a) den Zweck desselben,
b) die Art der Ausführung,
c) die Summe der zu verwendenden Kosten,
d) die Aufbringungsweise

das Nötige enthält, von dem Kreisausschusse auszuarbeiten und jedem Abgeordneten mindestens 14 Tage vor Abhaltung des Kreistages schriftlich zuzustellen. Die Frist darf bis zu drei Tagen abgekürzt werden, wenn einem Notstande vorgebeugt oder abgeholfen werden soll.

Öffentlichkeit der Kreistagssitzungen.

§ 120.

Die Sitzungen des Kreistages sind öffentlich. Für einzelne Gegenstände kann durch einen in geheimer Sitzung zu fassenden Beschluß der Versammlung die Öffentlichkeit ausgeschlossen werden.

---

1) §§ 12 und 13 sind aufgehoben, s. das.

Beschlußfähigkeit des Kreistages.

§ 121.

Der Kreistag kann nur beschließen, wenn mehr als die Hälfte der Mitglieder anwesend ist. Durch Kreistagsbeschluß kann bestimmt werden, daß der Kreistag beschlußfähig ist, wenn mehr als ein Drittel der Mitglieder anwesend ist[1]). Der Kreistag ist stets beschlußfähig, wenn die Mitglieder des Kreistages, zum zweiten Male zur Verhandlung über denselben Gegenstand berufen, dennoch nicht in beschlußfähiger Anzahl erschienen sind[1]). Bei der zweiten Zusammenberufung muß auf diese Bestimmung ausdrücklich hingewiesen werden.

Ausschluß von den Verhandlungen des Kreistages wegen persönlichen Interesses.

§ 122.

An Verhandlungen über Rechte und Verpflichtungen des Kreises darf derjenige nicht teilnehmen, dessen Interesse mit dem des Kreises in Widerspruch steht.

Teilnahme der Mitglieder des Kreisausschusses an den Kreistagsversammlungen.

§ 123.

Die Mitglieder des Kreisausschusses, welche nicht Mitglieder des Kreistages sind, werden zu den Versammlungen des Kreistages eingeladen und haben in denselben beratende Stimme.

Fassung der Kreistagsbeschlüsse nach einfacher und Zwei-Drittel-Stimmenmehrheit.

§ 124.

(1) Die Beschlüsse des Kreistages werden nach Mehrheit der Stimmen gefaßt.

(2) Bei Stimmengleichheit gilt der Antrag als abgelehnt.

(3) Zu einem Beschlusse, durch welchen eine neue Belastung der Kreisangehörigen ohne eine gesetzliche Verpflichtung oder eine Veräußerung vom Grund- oder Kapitalvermögen des Kreises bewirkt oder eine Veränderung des festgestellten Verteilungsmaßstabes für die Kreisabgaben [(§ 12)][2]) eingeführt werden soll, ist jedoch eine Stimmenmehrheit von mindestens zwei Dritteln der Abstimmenden erforderlich.

---

[1]) Satz 2 ist eingefügt und Satz 3 neugefaßt durch Art. 4 des Kriegsgesetzes vom 13. Mai 1918.

[2]) S. das.

21*

Abfassung und Veröffentlichung der Kreistagsprotokolle.

§ 125.

(1) Über die Beschlüsse des Kreistages ist eine besondere Verhandlung aufzunehmen, in welcher die Namen der dabei anwesend gewesenen Mitglieder aufgeführt werden müssen. Diese Verhandlung wird von dem Vorsitzenden und von wenigstens drei Mitgliedern des Kreistages vollzogen, welche zu diesem Behufe von der Versammlung vor dem Beginne der Verhandlung zu bestimmen und in letzterer aufzuführen sind.

(2) Über die Wahl eines Protokollführers und die Formen der Verhandlung bestimmt im übrigen die von dem Kreistage zu beschließende Geschäftsordnung.

(3) Der Inhalt der Kreistagsbeschlüsse ist, sofern der Kreistag nicht in einem einzelnen Falle etwas anderes beschließt, in einer von dem Kreistage zu bestimmenden Weise zur öffentlichen Kenntnis zu bringen.

(4) Dem Regierungspräsidenten ist eine Abschrift des Protokolls einzureichen.

Abfassung von Petitionen und Eingaben des Kreistages.

§ 126.

Petitionen und Eingaben, welche namens des Kreistages in bezug auf die seiner Beschlußnahme unterliegenden Angelegenheiten (§§ 115 und 116) überreicht werden sollen, müssen auf dem Kreistage selbst beraten und vollzogen werden. Daß dies geschehen, ist in dergleichen Eingaben ausdrücklich zu bemerken.

Dritter Abschnitt. Von dem Kreishaushalte.

Aufstellung und Feststellung des Kreishaushaltsetats.

§ 127.

(1) Über alle Einnahmen und Ausgaben, welche sich im voraus bestimmen lassen, entwirft der Kreisausschuß jährlich einen Haushaltsetat, welcher von dem Kreistage festgestellt und demnächst in derselben Weise, wie die Kreistagsbeschlüsse, veröffentlicht wird.

(2) Bei Vorlage des Haushaltsetats hat der Kreisausschuß dem Kreistage über die Verwaltung und den Stand der Kreiskommunalangelegenheiten Bericht zu erstatten.

(3) Eine Abschrift des Etats und des Verwaltungsberichtes wird nach erfolgter Feststellung des ersteren sofort dem Regierungspräsidenten überreicht.

(4) Ausgaben, welche außer dem Etat geleistet werden sollen, bedürfen der Genehmigung des Kreistages.

Revision der Kreiskommunalkasse.

[Revision] **§ 128.**

Die Kreiskommunalkasse muß an einem bestimmten Tage in jedem Monate regelmäßig und mindestens einmal im Jahre außerordentlich revidiert werden. Die Revisionen werden von dem Vorsitzenden des Kreisausschusses vorgenommen. Bei den außerordentlichen Revisionen ist ein von dem Kreisausschusse zu bestimmendes Mitglied desselben zuzuziehen.

[Defektenbeschluß] **§ 128a[1]).**

(1) Der Bezirksausschuß beschließt an Stelle der Aufsichtsbehörde über die Feststellung und den Ersatz von Defekten der Kreisbeamten nach Maßgabe der Verordnung vom 24. Januar 1844.

(2) Der Beschluß ist, vorbehaltlich des ordentlichen Rechtsweges, endgültig.

Legung, Prüfung, Feststellung und Entlastung der Jahresrechnung.

§ 129.

(1) Die Jahresrechnung ist von dem Rendanten der Kreiskommunalkasse innerhalb der ersten vier Monate nach Schluß des Rechnungsjahres zu legen und dem Kreisausschusse einzureichen. Dieser hat die Rechnung zu revidieren, solche mit seinen Erinnerungen und Bemerkungen dem Kreistage zur Prüfung, Feststellung und Entlastung einzureichen und demnächst einen Rechnungsauszug zu veröffentlichen. Der Kreistag ist befugt, diese Prüfung durch eine hiermit zu beauftragende Kommission bewirken zu lassen.

(2) Eine Abschrift des Feststellungsbeschlusses ist sofort dem Regierungspräsidenten vorzulegen.

Vierter Abschnitt. Von dem Kreisausschusse, seiner Zusammensetzung und seinen Geschäften in der Kreiskommunal- und allgemeinen Landesverwaltung.

Die Stellung des Kreisausschusses im allgemeinen.

§ 130.

Zum Zwecke der Verwaltung der Angelegenheiten des Kreises und der Wahrnehmung von Geschäften der allgemeinen Landesverwaltung wird ein Kreisausschuß bestellt.

---

[1]) Eingefügt durch Art. I des G. vom 19. März 1881 (GS. S. 155).

Die Zusammensetzung desselben.

§ 131[1]).

(1) Der Kreisausschuß besteht aus dem Landrate und sechs Mitgliedern, welche von der Kreisversammlung aus der Zahl der Kreisangehörigen [nach absoluter Stimmenmehrheit][2]) gewählt werden. Die Kreisversammlung kann in gleicher Weise Stellvertreter wählen. [Für die Wählbarkeit gelten die im § 96 für die Wahlberechtigung gegebenen Bestimmungen[2]).]

(2) [Geistliche, Kirchendiener und Elementarlehrer können nicht Mitglieder des Kreisausschusses sein;][3]) richterliche Beamte, zu denen jedoch die technischen Mitglieder der Handels-, Gewerbe- und ähnlicher Gerichte nicht zu zählen sind, nur mit Genehmigung des vorgesetzten Ministers.

Bestellung eines Syndikus.

§ 132.

Der Kreistag kann nach Bedürfnis einen Syndikus bestellen, welcher die Befähigung zum höheren Richteramte besitzt. Derselbe nimmt an den Sitzungen mit beratender Stimme teil.

[Amtsdauer,] Vereidigung und Dienstvergehen der Ausschußmitglieder.

§ 133.

[Abs. 1 überholt durch §§ 23 bis 31, 42 des oben zu §§ 84 bis 108 zit. Gesetzes.]

(2) Die Ausschußmitglieder werden vom Vorsitzenden vereidigt. Sie können nach Maßgabe der Bestimmungen des § 39 des Gesetzes über die allgemeine Landesverwaltung im Wege des Disziplinarverfahrens ihrer Stellen enthoben werden.

Die Geschäfte des Kreisausschusses in der Kreiskommunal- und in der allgemeinen Landesverwaltung.

§ 134.

Der Kreisausschuß hat:

1. die Beschlüsse des Kreistages vorzubereiten und auszuführen, soweit damit nicht besondere Kommissionen, Kommissarien oder Beamte durch Gesetz oder Kreistagsbeschluß beauftragt werden;
2. die Kreisangelegenheiten nach Maßgabe der Gesetze und der Beschlüsse des Kreistages, sowie in Gemäßheit des

---

[1]) F. d. F. des Art. 4 zu 2 des Kriegsgesetzes vom 13. Mai 1918.

[2]) Überholt durch das zu §§ 84 bis 108 zit. Gesetz.

[3]) Diese Einschränkung ist durch § 7 der zu § 114 zit. VO. beseitigt.

von diesem festzustellenden Kreishaushaltsetats zu verwalten;

3. die Beamten des Kreises zu ernennen und deren Geschäftsführung zu leiten und zu beaufsichtigen.

Hinsichtlich der Besetzung der Kreisbeamtenstellen mit Militärinvaliden gelten die in Ansehung der Städte erlassenen Vorschriften[1]); hinsichtlich der Dienstvergehen der Kreisbeamten finden die Bestimmungen des § 68 mit der Maßgabe Anwendung, daß das Recht zur Verhängung von Ordnungsstrafen auch dem Landrate zusteht;

4. sein Gutachten über alle Angelegenheiten abzugeben, welche ihm von den Staatsbehörden überwiesen werden;

5. diejenigen Geschäfte der allgemeinen Landesverwaltung zu führen, welche ihm durch Gesetz übertragen werden.

[§ 135 fortgefallen.]

Der Landrat als Vorsitzender des Kreisausschusses.

[Geschäftsführung] **§ 136.**

(1) Der Landrat leitet und beaufsichtigt den Geschäftsgang des Ausschusses und sorgt für die prompte Erledigung der Geschäfte.

(2) Der Landrat beruft den Kreisausschuß und führt in demselben den Vorsitz mit vollem Stimmrechte. Ist der Landrat verhindert, so geht der Vorsitz auf seinen Stellvertreter über. Ist dies der Kreissekretär, so führt nicht dieser, sondern das hierzu vom Ausschusse gewählte Mitglied den Vorsitz.

[Vertretung] **§ 137.**

(1) Der Landrat führt die laufenden Geschäfte der dem Ausschusse übertragenen Verwaltung. Er bereitet die Beschlüsse des Ausschusses vor und trägt für die Ausführung derselben Sorge. Er kann die selbständige Bearbeitung einzelner Angelegenheiten einem Mitgliede des Kreisausschusses übertragen.

(2) Er vertritt den Kreisausschuß nach außen, verhandelt namens desselben mit Behörden und Privatpersonen, führt den Schriftwechsel und zeichnet alle Schriftstücke namens des Ausschusses.

(3) Urkunden über Rechtsgeschäfte, welche den Kreis gegen Dritte verbinden sollen, ingleichen Vollmachten, müssen unter Anführung des betreffenden Beschlusses des Kreistages be-

---

1) Maßgebend sind jetzt die Grundsätze für die Anstellung der Inhaber eines Versorgungsscheins (Anstellungsgrundsätze) in der Fassung der Bekanntmachung vom 16. Juli 1930 (RGBl. I S. 234).

ziehungsweise Kreisausschusses von dem Landrate und zwei Mitgliedern des Kreisausschusses beziehungsweise der mit der Angelegenheit betrauten Kommission unterschrieben und mit dem Siegel des Landrats versehen sein.

Das Verfahren vor dem Kreisausschusse.

[Beschlußfassung] **§ 138.**

(1) Die Anwesenheit dreier Mitglieder mit Einschluß des Vorsitzenden genügt für die Beschlußfähigkeit des Kreisausschusses.

(2) Die Beschlüsse werden nach Stimmenmehrheit gefaßt. Ist eine gerade Zahl von Mitgliedern anwesend, so nimmt das dem Lebensalter nach jüngste gewählte Mitglied an der Abstimmung keinen Anteil.

[Ausschließung] **§ 139.**

(1) Betrifft der Gegenstand der Verhandlung einzelne Mitglieder des Kreisausschusses oder deren Verwandte und Verschwägerte in auf- oder absteigender Linie oder bis zu dem dritten Grade der Seitenlinie, so dürfen dieselben an der Beratung und Entscheidung nicht teilnehmen.

(2) Ebensowenig dürfen die Mitglieder des Kreisausschusses bei der Beratung und Entscheidung solcher Angelegenheiten mitwirken, in welchen sie in anderer als öffentlicher Eigenschaft ein Gutachten abgegeben haben oder in anderer als öffentlicher Eigenschaft tätig gewesen sind.

(3) Wird dadurch ein Kreisausschuß beschlußunfähig, so erfolgt, soweit es sich um Kreiskommunalangelegenheiten handelt, die Beschlußfassung durch den Kreistag[1]).

[§§ 141—163 aufgehoben durch § 158 Ziff. 2 LVG. Dadurch ist § 140 gegenstandslos geworden.]

[Kosten des Kreisausschusses] **§ 164.**

(1) Soweit die eigenen Einnahmen des Kreisausschusses und die vom Staate hierzu nach § 70[2]) zu überweisenden Beiträge nicht ausreichen, werden die Kosten, welche die Geschäftsverwaltung desselben verursacht, von dem Kreise getragen.

[Abs. 2 ersetzt durch die oben zu § 114 angeführte Bestimmung.]

[§ 165 aufgehoben durch § 158 Ziff. 2 LVG.]

---

[1]) Abs. 3 Schlußsatz ist weggefallen. An die Stelle der das. zitierten Bestimmung sind die §§ 62 Abs. 3, 116 LVG. getreten.

[2]) S. jetzt statt dessen §§ 5, 10, 19 des preußischen Ausführungsgesetzes zum Finanzausgleichsgesetz.

[Regulativ] **§ 166.**

Im übrigen wird der Geschäftsgang bei den Kreisausschüssen durch ein von dem Minister des Innern zu erlassendes Regulativ[1]) geordnet.

Fünfter Abschnitt. Von den Kreiskommissionen.

[Einsetzung] **§ 167.**

(1) Für die unmittelbare Verwaltung und Beaufsichtigung einzelner Kreisinstitute, sowie für die Besorgung einzelner Kreisangelegenheiten kann der Kreistag nach Bedürfnis besondere Kommissionen oder Kommissare aus der Zahl der Kreisangehörigen bestellen, welche ebenso, wie die durch das Gesetz für Zwecke der allgemeinen Landesverwaltung angeordneten Kommissionen, ihre Geschäfte unter der Leitung des Landrats besorgen.

(2) Der Landrat ist befugt, jederzeit den Beratungen der Kreiskommissionen beizuwohnen und dabei den Vorsitz mit vollem Stimmrechte zu übernehmen, soweit nicht hierüber hinsichtlich der für Zwecke der allgemeinen Landesverwaltung angeordneten Kommissionen etwas anderes gesetzlich bestimmt ist.

[Entschädigung der Mitglieder] **§ 168.**

Über die Gewährung von Diäten und Reisekosten an die Mitglieder der Kreiskommissionen zu bestimmen, bleibt dem Kreistage überlassen.

Vierter Titel. Von den Stadtkreisen.

[Kreiskommunalangelegenheiten] **§ 169.**

(1) In denjenigen Kreisen, welche nur aus einer Stadt bestehen (Stadtkreise), werden die Geschäfte des Kreistages und des Kreisausschusses, die des letzteren, soweit sich dieselben auf die Verwaltung der Kreiskommunalangelegenheiten beziehen, von den städtischen Behörden nach den Vorschriften der Städteordnung wahrgenommen.

(2) Die Bestimmungen des zweiten Abschnittes des ersten Titels finden auf Stadtkreise keine Anwendung.

[Stadtausschuß] **§ 170.**

In den Stadtkreisen, [mit Ausnahme des Stadtkreises Magdeburg,][2]) tritt an die Stelle des Kreisausschusses zur Wahrneh-

---

1) Vom 28. Februar 1884 (MBliV. S. 41).

2) Die Ausnahme ist weggefallen.

mung von Geschäften der allgemeinen Landesverwaltung in den durch die Gesetze bezeichneten Fällen der nach den Vorschriften der §§ 37 ff. des Gesetzes über die allgemeine Landesverwaltung gebildete Stadtausschuß.

Besondere Bestimmungen für den Stadtkreis Magdeburg.

[§§ 171—175 fortgefallen.]

Fünfter Titel.

Von der Oberaufsicht über die Kreisverwaltung.

Genehmigung der Kreistagsbeschlüsse.

§ 176.

(1) Beschlüsse des Kreistages, welche folgende Angelegenheiten betreffen:

1. statutarische Anordnungen nach Maßgabe des § 20 Nr. 1,

[Ziff. 2 und 3 beseitigt durch das Kreis- und Provinzialabgabengesetz, § 19 Ziff. 4 u. 5.]

[Ziff. 4 gestrichen durch Art. 4 zu 3 des Kriegsgesetzes vom 13. Mai 1918.]

5. Anleihen, durch welche der Kreis mit einem Schuldenbestande belastet oder der bereits vorhandene Schuldenbestand vergrößert werden würde, sowie die Übernahme von Bürgschaften auf den Kreis,
6. eine neue Belastung der Kreisangehörigen ohne gesetzliche Verpflichtung, insofern die aufzubringenden Leistungen über die nächsten fünf Jahre hinaus fortdauern sollen,

bedürfen in den Fällen zu 1 der [landesherrlichen] Genehmigung des Staatsministeriums[1]), in den übrigen Fällen der Bestätigung des Bezirksausschusses[2]).

(2) Ohne die vorgeschriebene Bestätigung sind die betreffenden Beschlüsse des Kreistages nichtig.

[Erlös veräußerter Grundstücke] § 176a[3]).

Der Erlös veräußerter Grundstücke und grundstücksgleicher Rechte ist nicht zur Deckung laufender Ausgaben zu verwenden.

[1]) Gemäß Art. 82 PrV.

[2]) Die Fassung des zweiten Teiles des Abs. 1 beruht auf den Wegfall der Ziff. 2 und 3.

[3]) § 176a eingefügt durch Art. 4 Ziff. 4 des Kriegsgesetzes vom 13. Mai 1918.

Aufsichtsbehörden.

§ 177.

(1) Die Aufsicht des Staates über die Verwaltung der Angelegenheiten der Landkreise [und des Stadtkreises Magdeburg][1]) wird von dem Regierungspräsidenten, in höherer und letzter Instanz von dem Oberpräsidenten geübt, unbeschadet der in den Gesetzen geordneten Mitwirkung des Bezirksausschusses und des Provinzialrates.

(2) Beschwerden an die Aufsichtsbehörde in Kreisangelegenheiten sind in allen Instanzen innerhalb zwei Wochen anzubringen.

[Aufsichtsführung]

§ 177a[2]).

(1) Die Aufsichtsbehörden haben mit den ihnen in den Gesetzen zugewiesenen Mitteln darüber zu wachen, daß die Verwaltung den Vorschriften der Gesetze gemäß geführt und in geordnetem Gange erhalten werde.

(2) Die Aufsichtsbehörden sind zu dem Ende befugt, über alle Gegenstände der Verwaltung Auskunft zu erfordern, die Einsendung der Akten, insbesondere auch der Haushaltsetats und der Jahresrechnungen zu verlangen, sowie Geschäfts- und Kassenrevisionen an Ort und Stelle zu veranlassen.

[Beanstandung]

§ 178.

(1) Beschlüsse des Kreistages, der Kreiskommissionen, sowie in Kommunalangelegenheiten des Kreises gefaßte Beschlüsse des Kreisausschusses, welche deren Befugnisse überschreiten oder die Gesetze verletzen, hat der Landrat, entstehendenfalls auf Anweisung der Aufsichtsbehörde, unter Angabe der Gründe, mit aufschiebender Wirkung zu beanstanden.

(2) Gegen die Verfügung des Landrats steht dem Kreistage, der Kreiskommission beziehungsweise dem Kreisausschusse innerhalb zwei Wochen die Klage bei dem Bezirksausschusse zu. Dieselben können zur Wahrnehmung ihrer Rechte im Verwaltungsstreitverfahren einen besonderen Vertreter bestellen.

Auflösung des Kreistages durch [Königliche] Verordnung des Staatsministeriums.

§ 179.

(1) Ein Kreistag kann durch [Königliche] Verordnung des Staatsministeriums[3]) aufgelöst werden. Es sind sodann Neu-

---

[1]) S. Anm. 1 zu § 170.

[2]) Eingefügt durch Art. I d. G. vom 19. März 1881 (GS. S. 155).

[3]) Die Fassung von Satz 1 folgt aus Art. 82 PrV.

wahlen anzuordnen, welche binnen sechs Monaten, vom Tage der Auflösung an, erfolgen müssen.

(2) Im Falle der Auflösung eines Kreistages bleiben die von demselben gewählten Mitglieder des Kreisausschusses und der Kreiskommissionen so lange in Wirksamkeit, bis der neu gebildete Kreistag die erforderlichen Neuwahlen vollzogen hat.

Zwangsweise Etatisierung gesetzlicher Leistungen durch die Regierung.

§ 180.

(1) Unterläßt oder verweigert ein Kreis die ihm gesetzlich obliegenden, von der Behörde innerhalb der Grenzen ihrer Zuständigkeit festgestellten Leistungen auf den Haushaltsetat zu bringen oder außerordentlich zu genehmigen, so verfügt der Regierungspräsident unter Angabe der Gründe die Eintragung in den Etat, beziehungsweise die Feststellung der außerordentlichen Ausgaben.

(2) Gegen die Verfügung des Regierungspräsidenten steht dem Kreise innerhalb zwei Wochen die Klage bei dem Oberverwaltungsgerichte[1]) zu. Zur Ausführung der Rechte des Kreises kann der Kreistag einen besonderen Vertreter bestellen.

Sechster Titel.

Besondere Bestimmungen für die Provinz Sachsen.

§ 181.

[Weggefallen infolge der Aufhebung des § 1 des Gesetzes vom 18. Juni 1876 (GS. S. 245) durch § 41 Ziff. 63 des Gesetzes über die Aufhebung der Standesvorrechte des Adels und die Auflösung der Hausvermögen, vom 23. Juni 1920 (GS. S. 367).]

[§ 182 aufgehoben durch Art. III des Gesetzes vom 19. März 1881 (GS. S. 155).]

Siebenter Titel.

Allgemeine, Übergangs- und Ausführungsbestimmungen.

[§§ 183, 184 gegenstandslos geworden.]

[Bekanntmachung der Bildung der Amtsbezirke usw.]

§ 185.

Für jeden Kreis wird die erfolgte Bildung der Amtsbezirke und die [Ernennung] Wahl und Bestätigung[2]) der Amtsvorsteher durch eine von dem Oberpräsidenten durch das Amtsblatt zu erlassende Bekanntmachung zur öffentlichen Kenntnis gebracht.

[1]) Gemäß ZustG. § 4 Abs. 1.

[2]) S. oben §§ 56, 57.

Bis zu diesem Zeitpunkte bleiben die rücksichtlich der örtlichen Polizeiverwaltung bestehenden Vorschriften in Kraft.

[§ 186 gegenstandslos geworden.]

[§§ 187—198 aufgehoben durch § 90 des Gesetzes vom 3. Juli 1875 (GS. S. 375).]

[Ältere Vorschriften] **§ 199.**

Alle dem gegenwärtigen Gesetze zuwiderlaufenden Bestimmungen werden aufgehoben und treten, mit Vorbehalt der Vorschriften der §§ 12, 185 und 186, mit dem 1. Januar 1874 außer Kraft. Die bisherigen kreisständischen Kommissionen bleiben bis zur anderweitigen Beschlußnahme des Kreistages über ihren Fortbestand und ihre Zusammensetzung in Wirksamkeit.

[Ausführungsbestimmungen] **§ 200.**

Der Minister des Innern ist mit der Ausführung des gegenwärtigen Gesetzes beauftragt und erläßt die hierzu erforderlichen Anordnungen und Instruktionen.

---

21. Provinzialordnung für die Provinzen Ostpreußen, Grenzmark Posen-Westpreußen, Brandenburg, Pommern, Niederschlesien, Oberschlesien und Sachsen[1]).

Vom 29. Juni 1875 (GS. S. 335)
in der Fassung des Gesetzes vom 22. März 1881 (GS. S. 234).

Inhalt.

---

[1]) Die meisten Bestimmungen der Östlichen Provinzialordnung gelten auch für Westfalen und Rheinland nach der
Provinzialordnung für die Provinz Westfalen vom 1. August 1886 (GS. S. 254) und der
Provinzialordnung für die Rheinprovinz vom 1. Juni 1887 (GS. S. 249).

Erster Titel. Von den Grundlagen der Provinzialverfassung.

Erster Abschnitt. Von dem Umfange und der Begrenzung der Provinzialverbände.

[Kommunalverband] **§ 1.**

(1) Jede Provinz bildet einen mit den Rechten einer Korporation ausgestatteten Kommunalverband zur Selbstverwaltung seiner Angelegenheiten.

(2) Zum Kommunalverbande der Provinz (Provinzialverband) gehören alle innerhalb der Grenzen derselben belegenen Kreise und alle zu diesen Kreisen gehörenden Ortschaften.

[Abs. 3 nur noch von historischer Bedeutung.]

[Berlin] **§ 2.**

Die Haupt- und Residenzstadt Berlin scheidet aus dem Kommunalverbande der Provinz Brandenburg aus.

§ 3.

[Bezog sich auf § 1 Abs. 3, s. das.]

Veränderung der Provinzialgrenzen.

§ 4.

(1) Die Veränderung bestehender Provinzialgrenzen erfolgt durch Gesetz.

(2) Die infolge einer derartigen Veränderung erforderliche Regelung der Verhältnisse ist auf dem im § 3 bezeichneten Wege zu bewirken.

(3) Veränderungen solcher Gemeinde- oder Gutsbezirksgrenzen, welche zugleich Provinzialgrenzen sind, ziehen die Veränderung der letzteren ohne weiteres nach sich.

(4) Eine jede Veränderung der Provinzialgrenzen, welche nicht durch Gesetz erfolgt, ist durch die Amtsblätter der beteiligten Provinzen bekanntzumachen.

Zweiter Abschnitt.

Von den Provinzialangehörigen, ihren Rechten und Pflichten.

§ 5.

Provinzialangehörige sind alle Angehörigen der zu der Provinz gehörigen Kreise.

Rechte der Provinzialangehörigen.

§ 6.

Die Provinzialangehörigen sind berechtigt:

1. zur Teilnahme an der Verwaltung und Vertretung des Provinzialverbandes nach näherer Vorschrift dieses Gesetzes;
2. zur Mitbenutzung der öffentlichen Einrichtungen und Anstalten des Provinzialverbandes nach Maßgabe der für dieselben bestehenden Bestimmungen.

Beitragspflicht zu den Provinzialabgaben.

§ 7.

Die Provinzialangehörigen sind verpflichtet, nach näherer Vorschrift dieses Gesetzes[1]) zu den Provinziallasten beizutragen.

Dritter Abschnitt.

Von den Provinzialstatuten und Reglements.

§ 8.

(1) Die Provinzialverbände sind befugt:

1. zum Erlasse besonderer statutarischer Anordnungen über solche ihre Verfassung betreffenden Angelegenheiten, hinsichtlich deren das Gesetz auf statutarische Regelung verweist oder keine ausdrücklichen Vorschriften enthält. Das Statut darf den bestehenden Gesetzen nicht widersprechen;

---

[1]) Jetzt auch des Kreis- und Provinzialabgabengesetzes, unten Nr. 22.

2. zum Erlasse von Reglements über besondere Einrichtungen des Provinzialverbandes.

(2) Die Provinzialstatuten und Reglements sind auf Kosten der Provinzialverbände durch die Amtsblätter der Provinz bekanntzumachen.

Zweiter Titel.
Von der Vertretung und Verwaltung der Provinzialverbände.
Erster Abschnitt.
Von der Zusammensetzung der Provinzialandtage.
§§ 9—20.

[Ersetzt durch das **Wahlgesetz für die Provinziallandtage und Kreistage** vom 7. Oktober 1925, GS. S. 123. — Dieses Gesetz ist hier nicht mitabgedruckt.]

[Einführung der Abgeordneten] **§ 21.**

(1) [Die Namen der neugewählten Abgeordneten sind von dem Oberpräsidenten durch die Amtsblätter der Provinz bekanntzumachen.][1])

(2) Die Einführung derselben erfolgt durch den Vorsitzenden des Provinziallandtages.

[§§ 22—24 weggefallen wie §§ 9—20.]

Zweiter Abschnitt.
Von den Versammlungen der Provinziallandtage.
Einberufung des Provinziallandtages.

[Einberufung] **§ 25.**

Der Provinziallandtag wird von dem [Könige] Staatsministerium[2]) alle zwei Jahre wenigstens einmal berufen, außerdem aber so oft es die Geschäfte erfordern.

[Ladung der Mitglieder usw.] **§ 26.**

Die Ladung der Mitglieder, die Eröffnung und Schließung des Provinziallandtages erfolgt durch den Oberpräsidenten der Provinz als staatlichen[2]) Kommissarius oder den für ihn in dieser Eigenschaft ernannten Stellvertreter.

[Königlicher] Staatlicher[2]) Kommissarius bei dem Provinziallandtage.

§ 27.

(1) Der [Königliche] staatliche[2]) Kommissarius ist die Mittelsperson bei allen Verhandlungen der Staatsbehörden mit dem Provinziallandtage.

---

[1]) Abs. 1 weggefallen wie §§ 9—20.

[2]) Gemäß Art. 82 PrV.

(2) Der Kommissarius teilt dem Provinziallandtage die Vorlagen der Staatsregierung mit und empfängt die von ihm abzugebenden Erklärungen und Gutachten.

(3) Der [Königliche] staatliche[1]) Kommissarius, sowie die zu seiner Vertretung oder Unterstützung abgeordneten Staatsbeamten sind befugt, den Sitzungen des Provinziallandtages und der von ihm zur Vorbereitung seiner Beschlüsse gewählten Kommissionen beizuwohnen; dieselben müssen auf Verlangen zu jeder Zeit gehört werden.

Öffentlichkeit der Sitzungen des Provinziallandtages.

§ 28.

Die Sitzungen des Provinziallandtages sind öffentlich. Für einzelne Gegenstände kann durch besonderen, in geheimer Sitzung gefaßten Beschluß die Öffentlichkeit ausgeschlossen werden.

Beschlußfähigkeit des Provinziallandtages.

§ 29.

(1) Der Provinziallandtag kann nur beschließen, wenn mehr als die Hälfte der [im § 10][2]) vorgeschriebenen Mitgliederzahl anwesend ist.

(2) Als anwesend gelten auch diejenigen Mitglieder, welche sich der Abstimmung enthalten.

Fassung der Beschlüsse nach absoluter Stimmenmehrheit.

§ 30.

Der Provinziallandtag faßt seine Beschlüsse nach Stimmenmehrheit. Die Stimmenmehrheit wird ohne Mitzählung derjenigen festgestellt, die sich der Abstimmung enthalten haben. Bei Stimmengleichheit gilt der gestellte Antrag als abgelehnt.

Teilnahme der Mitglieder des Provinzialausschusses, des Landesdirektors und der oberen Beamten an den Sitzungen des Provinziallandtages.

§ 31.

(1) Die Mitglieder des Provinzialausschusses, sowie der Landesdirektor (Landeshauptmann) und die ihm zugeordneten oberen Beamten (§§ 87 und 93) können, sofern sie nicht selbst Mitglieder des Provinziallandtages sind, den Sitzungen desselben mit beratender Stimme beiwohnen.

---

[1]) Gemäß Art. 82 PrV.

[2]) Jetzt gilt § 3 des zu §§ 9—20 zitierten Gesetzes.

(2) Der Provinziallandtag kann jedoch beschließen, einzelne, die Mitglieder des Provinzialausschusses, den Landesdirektor oder die ihm zugeordneten oberen Beamten persönlich berührende Gegenstände in deren Abwesenheit und in geheimer Sitzung zu verhandeln, sofern dieselben nicht Mitglieder des Provinziallandtages sind.

Wahl des Vorsitzenden des Provinziallandtages und seines Stellvertreters.

§ 32.

(1) Unter dem Vorsitze des an Jahren ältesten Mitgliedes, welchem die beiden jüngsten Mitglieder als Schriftführer und Stimmzähler zur Seite stehen, wählt der Provinziallandtag nach näherer Vorschrift [des diesem Gesetze beigefügten Wahlreglements][1]) einen Vorsitzenden und einen Stellvertreter.

(2) Dieselben fungieren während der Sitzungsperiode und in der darauf folgenden Zwischenzeit bis zum Zusammentritte des nächsten Provinziallandtages.

Geschäftsordnung des Provinziallandtages.

§ 33.

(1) Der Vorsitzende leitet die Verhandlungen. Er eröffnet und schließt die Sitzungen und handhabt die Ordnung in denselben. Er kann jeden Zuhörer entfernen lassen, welcher Zeichen des Beifalls oder des Mißfallens gibt oder sonst eine Störung verursacht.

(2) Im übrigen regelt der Provinziallandtag seinen Geschäftsgang durch eine Geschäftsordnung.

Dritter Abschnitt.

Von den Geschäften des Provinziallandtages.

a) Im allgemeinen.

§ 34.

Der Provinziallandtag ist berufen:

I. über diejenigen die Provinz betreffenden Gesetzentwürfe sowie sonstigen Gegenstände sein Gutachten abzugeben, welche ihm zu dem Ende von der Staatsregierung überwiesen werden;

II. den Provinzialverband zu vertreten, und nach näherer Vorschrift dieses Gesetzes über die Angelegenheiten des-

---

[1]) An dessen Stelle sind die §§ 23 bis 32 des Wahlgesetzes für die Provinziallandtage und Kreistage vom 3. Dezember 1920 (GS. 1921 S. 1) getreten.

selben, sowie über diejenigen Gegenstände zu beraten und zu beschließen, welche ihm durch Gesetze oder [Königliche] Verordnungen des Staatsministeriums[1]) überwiesen sind oder in Zukunft durch Gesetz überwiesen werden.

b) Im besonderen.

[Erlaß von Statuten usw.] § 35.

(1) Zu den Befugnissen und Obliegenheiten des Provinziallandtages gehören insbesondere folgende:

(2) I. Der Provinziallandtag beschließt über den Erlaß von Statuten und Reglements gemäß § 8.

[Aufbring. v. Staatsprästationen] § 36.

II. Der Provinziallandtag beschließt, in welcher Weise Staatsprästationen, welche von dem Provinzialverbande aufzubringen sind, und deren Aufbringungsweise nicht schon durch das Gesetz vorgeschrieben ist, verteilt werden sollen.

[Ausgabenverwaltung] § 37.

(1) III. Der Provinziallandtag beschließt über die zur Erfüllung von Verpflichtungen oder im Interesse der Provinz erforderlichen Ausgaben.

(2) Er beschließt zu dem Ende:

1. über die Verwendung der dem Provinzialverbande aus der Staatskasse überwiesenen Jahresrenten und Fonds nach näherer Vorschrift [des Gesetzes, betreffend die Ausführung der §§ 5 und 6 des Gesetzes vom 30. April 1873 wegen der Dotation der Provinzial- und Kreisverbände[2]),
2. über die Verwendung der Einnahmen aus sonstigem Kapital- und Grundvermögen des Provinzialverbandes, sowie über die Verwendung des Kapitalvermögens selbst,
3. über die Aufnahme von Anleihen und die Übernahme von Bürgschaften,
4. über die Ausschreibung von Provinzialabgaben.

[Veräußerung v. Grundstücken] § 38.

IV. Der Provinziallandtag beschließt über die Veräußerung von Grundstücken und Immobiliarrechten. Durch Provinzialstatut kann dem Provinzialausschusse für einzelne Verwaltungszweige und Anstalten die Befugnis zur Veräußerung von Grundstücken minderen Wertes beigelegt werden.

---

1) Gemäß Art. 82 PrV.

2) Das Gesetz ist durch § 45 des Pr. AusfG. z. FAG. (Fass. v. 1. April 1926, GS. S. 137) aufgehoben worden.

22*

[Haushaltsrecht] **§ 39.**

V. Der Provinziallandtag beschließt über die Einrichtung des Rechnungs- und Kassenwesens, über die Feststellung des Haushaltsetats, sowie über die Dechargierung der Jahresrechnungen (§§ 101 und 104).

[Verwaltungsgrundsätze] **§ 40.**

VI. Der Provinziallandtag stellt die Grundsätze fest, nach denen die Verwaltung der Angelegenheiten des Provinzialverbandes zu erfolgen hat.

[Provinzialämter und -beamte] **§ 41.**

VII. Der Provinziallandtag beschließt über die Einrichtung von Provinzialämtern, er bestimmt die Zahl, die Besoldung, sowie die Art der Anstellung der Beamten und wählt den Landesdirektor (Landeshauptmann), die demselben nach § 93 zugeordneten oberen Beamten, sowie die sonstigen im Provinzialstatute zu bezeichnenden leitenden Beamten einzelner Verwaltungszweige.

[Wahlen zum Provinzialausschuß] **§ 42.**

(1) VIII. Der Provinziallandtag vollzieht die Wahlen zum Provinzialausschusse, sowie nach Maßgabe der besonderen Gesetze die Wahlen zu den für Zwecke der allgemeinen Landesverwaltung angeordneten Behörden und Kommissionen; er bestellt besondere Kommissionen oder Kommissare für Zwecke der kommunalen Provinzialverwaltung (§ 99).

[Abs. 2 bezog sich auf das Wahlreglement, s. jetzt die in Anm. 1 zu § 32 zitierten Bestimmungen.]

[Anträge und Beschwerden] **§ 43.**

IX. Der Provinziallandtag ist befugt, Anträge und Beschwerden, welche die Provinz oder einzelne Teile derselben betreffen, an die Staatsregierung zu richten.

[Allgemeines] **§ 44.**

X. Der Provinziallandtag nimmt die ihm durch Gesetz übertragenen sonstigen Geschäfte wahr.

Vierter Abschnitt. Von dem Provinzialausschusse, seiner Zusammensetzung und seinen Geschäften.

Stellung des Provinzialausschusses im allgemeinen.

§ 45.

Zum Zwecke der Verwaltung der Angelegenheiten des Provinzialverbandes wird für jede Provinz ein Provinzialausschuß bestellt.

Zusammensetzung des Provinzialausschusses.

§ 46.

(1) Der Provinzialausschuß besteht aus einem Vorsitzenden und einer durch das Provinzialstatut festzusetzenden Zahl von mindestens sieben bis höchstens dreizehn Mitgliedern.

(2) Außerdem ist der Landesdirektor von Amts wegen Mitglied des Provinzialausschusses.

Wahl des Vorsitzenden und der Mitglieder des Provinzialausschusses[1]).

§ 47.

(1) Der Vorsitzende, die Mitglieder des Provinzialausschusses und aus der Zahl der letzteren der Stellvertreter des Vorsitzenden werden von dem Provinziallandtage gewählt.

(2) Für die Mitglieder ist in gleicher Weise eine mindestens der Hälfte derselben gleichkommende Zahl von Stellvertretern zu wählen.

(3) Die Zahl der Stellvertreter, sowie die Reihenfolge, in welcher dieselben einzuberufen sind, wird durch das Provinzialstatut bestimmt.

(4) Wählbar ist jeder zum Provinziallandtage wählbare Angehörige des Deutschen Reichs (§ 17).

[Abs. 5 aufgehoben durch § 8 des Gesetzes vom 16. Juli 1919, GS. S. 129.]

(6) Der Landesdirektor kann zum Vorsitzenden oder stellvertretenden Vorsitzenden des Provinzialausschusses nicht gewählt werden.

§§ 48—50.

[Ersetzt durch die in Anm. 1 zu § 32 angeführten Bestimmungen.]

[Vereidigung, Disziplinarrecht]

§ 51.

(1) Der Vorsitzende des Provinzialausschusses wird vom Oberpräsidenten, die Mitglieder des Provinzialausschusses werden von dem Vorsitzenden vereidigt und in ihre Stellen eingeführt. Sie können aus Gründen, welche die Entfernung eines Beamten aus seinem Amte rechtfertigen (§ 2 des Gesetzes vom 21. Juli 1852, Gesetzsamml. S. 465), im Wege des Disziplinarverfahrens ihrer Stellen enthoben werden.

(2) Für das Disziplinarverfahren gelten die Vorschriften, welche nach Maßgabe des § 98 Nr. 5 gegen den Landesdirektor zur Anwendung kommen.

---

[1]) Für das Verfahren gelten die in Anm. 1 zu § 32 zitierten Bestimmungen.

Berufung des Provinzialausschusses.

§ 52.

(1) Der Provinzialausschuß versammelt sich, so oft es die Geschäfte erfordern. Die Berufung zu den Versammlungen erfolgt durch den Vorsitzenden; sie muß erfolgen auf schriftlichen Antrag des Landesdirektors oder der Hälfte der Mitglieder des Provinzialausschusses.

(2) Durch Beschluß des Provinzialausschusses können regelmäßige Sitzungstage festgesetzt werden.

Geschäftsordnung des Provinzialausschusses.

[Beschlußfassung]

§ 53.

(1) Der Provinzialausschuß kann nur beschließen, wenn mehr als die Hälfte der Mitglieder, mit Einschluß des Vorsitzenden, anwesend ist.

(2) Die Beschlüsse werden nach Stimmenmehrheit gefaßt. Bei Stimmengleichheit gibt die Stimme des Vorsitzenden den Ausschlag.

[Ausschließung]

§ 54.

(1) Betrifft der Gegenstand der Verhandlung einzelne Mitglieder oder deren Verwandte und Verschwägerte in auf- und absteigender Linie oder bis zu dem dritten Grade der Seitenlinie, so dürfen dieselben an der Beratung und Abstimmung nicht teilnehmen.

(2) Ebensowenig darf ein Mitglied bei der Beratung und Beschlußfassung über solche Angelegenheiten mitwirken, in welchen es in anderer als öffentlicher Eigenschaft ein Gutachten abgegeben hat oder als Geschäftsführer, Beauftragter oder in anderer als öffentlicher Stellung tätig gewesen ist.

[Ersatzbeschlußnahme]

§ 55.

(1) Wird infolge des gleichzeitigen Ausscheidens von mehr als der Hälfte der Mitglieder gemäß § 54 ein Provinzialausschuß beschlußunfähig und kann die Beschlußfähigkeit auch nicht durch Einberufung unbeteiligter Stellvertreter hergestellt werden, so erfolgt die Beschlußnahme durch den Provinziallandtag.

(2) Kann die Beschlußnahme nicht bis zum Zusammentritte des Provinziallandtages ausgesetzt bleiben, so ist durch den Oberpräsidenten aus den unbeteiligten Mitgliedern des Provinzialausschusses beziehungsweise deren Stellvertretern, sowie aus Mitgliedern des Provinziallandtages eine besondere Kommission zu bestellen; dieselbe hat aus einer gleichen Anzahl von Mitgliedern wie der Provinzialausschuß zu bestehen.

[Teiln. anderer Prov.beamten] **§ 56.**

Der Vorsitzende des Provinziallandtages und die dem Landesdirektor zugeordneten oberen Beamten (§§ 87 und 93) können den Sitzungen des Provinzialausschusses mit beratender Stimme beiwohnen. Der Provinzialausschuß kann jedoch beschließen, einzelne den Landesdirektor oder die ihm zugeordneten oberen Beamten persönlich berührende Gegenstände in deren Abwesenheit zu verhandeln.

[Geschäftsordnung] **§ 57.**

Der Provinzialausschuß regelt seinen Geschäftsgang durch eine Geschäftsordnung. Dieselbe bedarf der Genehmigung des Provinziallandtages.

Geschäfte des Provinzialausschusses.

[Beschlüsse des Prov.landtags] **§ 58.**

(1) Dem Provinzialausschusse liegt die Erledigung folgender Geschäfte ob:

(2) I. Der Provinzialausschuß hat die Beschlüsse des Provinziallandtages vorzubereiten und auszuführen, soweit damit nicht besondere Kommissionen, Kommissarien oder Beamte durch Gesetz oder Beschluß des Provinziallandtages beauftragt sind.

[Vermögensverwaltung] **§ 59.**

II. Der Provinzialausschuß hat die Angelegenheiten des Provinzialverbandes, insbesondere das Vermögen und die Anstalten desselben nach Maßgabe der Gesetze, der auf Grund von Gesetzen erlassenen [Königlichen] Verordnungen des Staatsministeriums[1]) und der von dem Provinziallandtage beschlossenen Reglements (§ 8 Nr. 2), sowie des von diesem festgestellten Haushaltsetats zu verwalten.

[Ernennung der Prov.beamten] **§ 60.**

III. Der Provinzialausschuß hat die Provinzialbeamten zu ernennen, soweit die Ernennung derselben nicht dem Provinziallandtage vorbehalten ist (§ 41) und deren Geschäftsführung zu leiten und zu beaufsichtigen.

[Gutachtliche Tätigkeit] **§ 61.**

IV. Der Provinzialausschuß hat sein Gutachten über alle Angelegenheiten abzugeben, welche ihm von den Ministern oder dem Oberpräsidenten überwiesen werden.

---

[1]) Gemäß Art. 82 PrV.

Fünfter Abschnitt.

[§§ 62—86 fortgefallen.]

Sechster Abschnitt. Von den Provinzialbeamten.

Landesdirektor (Landeshauptmann).

[Wahl und Bestätigung] **§ 87.**

(1) Zur Wahrnehmung der laufenden Geschäfte der kommunalen Provinzialverwaltung wird ein Landesdirektor (Landeshauptmann) bestellt, welcher von dem Provinziallandtage auf mindestens sechs bis höchstens zwölf Jahre zu wählen ist.

(2) Der Landesdirektor (Landeshauptmann) bedarf der Bestätigung des [Königs] Staatsministeriums[1]). Wird die Bestätigung versagt, so schreitet der Provinziallandtag zu einer neuen Wahl. Wird auch diese Wahl nicht bestätigt, so kann der Minister des Innern die kommissarische Verwaltung der Stelle auf Kosten des Provinzialverbandes anordnen. Dasselbe findet statt, wenn der Provinziallandtag die Wahl verweigert oder den nach der ersten Wahl nicht Bestätigten wiederwählt. Die kommissarische Verwaltung dauert so lange, bis die Wahl des Provinziallandtages, deren wiederholte Vornahme ihm jederzeit zusteht, die Bestätigung erlangt hat.

(3) Der Provinzialausschuß ist berechtigt, zur Übernahme der kommissarischen Verwaltung geeignete Personen in Vorschlag zu bringen.

[Stellvertreter] **§ 88.**

(1) Für den Fall einer Behinderung des Landesdirektors, sowie im Falle der Erledigung der Stelle desselben bestellt der Provinzialausschuß einen Stellvertreter bis zur Aufnahme der Geschäfte durch den Landesdirektor, beziehungsweise bis zum Eintritte einer kommissarischen Verwaltung nach Maßgabe des § 87.

(2) Weder der kommissarische Vertreter, noch der Stellvertreter des Landesdirektors sind als solche stimmberechtigte Mitglieder des Ausschusses.

[Einführung, Vereidigung] **§ 89.**

Der Landesdirektor (Landeshauptmann) wird von dem Oberpräsidenten in sein Amt eingeführt und vereidigt.

[Zuständigkeit] **§ 90.**

(1) Der Landesdirektor (Landeshauptmann) führt unter der Aufsicht des Provinzialausschusses die laufenden Geschäfte der

---

[1]) Gemäß Art. 82 PrV.

kommunalen Provinzialverwaltung. Er bereitet die Beschlüsse des Provinzialsausschusses vor und trägt für die Ausführung derselben Sorge.

(2) Er ist der Dienstvorgesetzte sämtlicher Provinzialbeamten.

(3) Der Landesdirektor vertritt den Provinzialverband nach außen in allen Angelegenheiten, insbesondere auch da, wo die Gesetze eine Spezialvollmacht verlangen. Er verhandelt namens des Provinzialverbandes mit Behörden und Privatpersonen, führt den Schriftwechsel und zeichnet alle Schriftstücke.

[Urkunden, Vollmachten] **§ 91.**

(1) Urkunden, mittels deren der Provinzialverband Verpflichtungen übernimmt, müssen unter Anführung des betreffenden Beschlusses des Provinziallandtages beziehungsweise des Provinzialausschusses von dem Landesdirektor (Landeshauptmann) und von zwei Mitgliedern des Provinzialausschusses unterschrieben und mit dem Amtssiegel des Landesdirektors versehen sein. In denjenigen Fällen, in denen es der Genehmigung der Staatsaufsichtsbehörde bedarf, ist dieselbe der Ausfertigung in beglaubigter Form beizufügen.

(2) Dem Provinziallandtage bleibt vorbehalten, für einzelne Verwaltungszweige und Anstalten in betreff der Vollziehung von Urkunden und Vollmachten zur Vereinfachung der Geschäfte anderweite statutarische Bestimmung zu treffen.

[Mitwirkung unterer Behörden] **§ 92.**

Der Landesdirektor (Landeshauptmann) ist befugt, für die Geschäfte der kommunalen Provinzialverwaltung die vermittelnde und begutachtende Tätigkeit der Kreis-, Amts- und Gemeindebehörden in Anspruch zu nehmen.

Andere obere Beamte.

§ 93.

(1) Dem Landesdirektor (Landeshauptmann) können nach näherer Bestimmung des Provinzialstatuts zur Mitwirkung bei Erledigung der Geschäfte der gesamten oder einzelner Zweige der kommunalen Provinzialverwaltung noch andere vom Provinziallandtage zu wählende obere Beamte mit beratender oder beschließender Stimme zugeordnet werden. Sie werden von dem Landesdirektor in ihre Ämter eingeführt und vereidigt.

(2) Werden dem Landesdirektor obere Beamte mit beschließender Stimme zugeordnet, so hat das Provinzialstatut auch darüber Bestimmung zu treffen, welche der durch dieses Gesetz dem Landesdirektor allein überwiesenen Geschäfte von demselben unter Mitwirkung jener Beamten zu erledigen sind.

Bureau-, Kassen- usw. Beamte der kommunalen Provinzialverwaltung.

§ 94.

(1) Die Stellen der zur Wahrnehmung der Bureau-, Kassen- und sonstigen Geschäfte der kommunalen Provinzialverwaltung erforderlichen Beamten werden von dem Provinziallandtage nach Zahl, Diensteinnahme und Art der Besetzung (auf Lebenszeit, auf Zeit, auf Kündigung) auf Vorschlag des Provinzialausschusses durch den Haushaltsetat bestimmt.

(2) Die Besetzung dieser Stellen erfolgt vorbehaltlich der Bestimmung des § 41 durch den Provinzialausschuß. Die Beamten werden von dem Landesdirektor (Landeshauptmann) in ihre Ämter eingeführt und vereidigt. Sie erhalten ihre Geschäftsinstruktionen von dem Provinzialausschusse.

Beamte der Provinzialinstitute usw.

§ 95.

(1) Über die an den einzelnen Provinzialinstituten und in der Provinzial-Chaussee- und Wegeverwaltung anzustellenden Beamten, sowie über die Art der Anstellung derselben wird durch die für jene Institute und jenen Verwaltungszweig zu erlassenden Reglements beziehungsweise die für dieselben festzustellenden Etats bestimmt.

(2) Bis zum Erlasse neuer Reglements bleiben die bestehenden Reglements in Geltung.

Dienstliche Verhältnisse der Provinzialbeamten.

[Rechte und Pflichten]

§ 96.

Sämtliche Provinzialbeamte haben die Rechte und Pflichten mittelbarer Staatsbeamten. Die besonderen dienstlichen Verhältnisse derselben werden durch ein von dem Provinziallandtage zu erlassendes Reglement geordnet.

[Militärinvaliden]

§ 97.

Hinsichtlich der Besetzung der Stellen von Provinzialbeamten mit Militärinvaliden gelten die in Ansehung der Städte erlassenen gesetzlichen Vorschriften[1]).

[Disziplinarrecht]

§ 98.

In betreff der Dienstvergehen der Provinzialbeamten finden die Vorschriften des Gesetzes vom 21. Juli 1852 (Gesetzsamml. S. 465) mit folgenden Maßgaben Anwendung:

---

[1]) An deren Stelle jetzt die in Anm. 1 zu § 134 Ziff. 3 der Kreisordnung (oben S. 327) erwähnten Grundsätze getreten sind.

1. Gegen den Landesdirektor (Landeshauptmann) und die im § 41 gedachten Provinzialbeamten ist die Festsetzung von Ordnungsstrafen nur in dem auf Entfernung aus dem Amte gerichteten Verfahren zulässig.
2. Gegen die übrigen Provinzialbeamten steht die den Ministern und den Provinzialbehörden beigelegte Befugnis zur Verhängung von Ordnungsstrafen dem Landesdirektor zu; jedoch dürfen die von ihm festzusetzenden Geldbußen den Betrag von dreißig Mark nicht übersteigen.

   Außerdem steht
3. den Vorstehern von Provinzialanstalten die Befugnis zu, gegen die ihnen nachgeordneten Anstaltsbeamten, mit Ausnahme der oberen Anstaltsbeamten, Geldbußen bis zu zehn Mark festzusetzen.
4. Gegen die Disziplinarverfügungen des Landesdirektors und der Vorsteher von Provinzialanstalten findet innerhalb zwei Wochen die Klage bei dem Bezirksausschusse statt.
5. In dem auf Entfernung aus dem Amte gerichteten Verfahren tritt an die Stelle des Regierungspräsidenten der Landesdirektor und, sofern das Verfahren gegen den letzteren selbst oder einen der im § 41 gedachten Provinzialbeamten gerichtet ist, der Minister des Innern, an die Stelle der Bezirksregierung beziehungsweise des Disziplinarhofes der Bezirksausschuß und an die Stelle des Staatsministeriums das Oberverwaltungsgericht.

   Die Vertreter der Staatsanwaltschaft bei dem Bezirksausschusse und dem Oberverwaltungsgerichte werden vom Minister des Innern ernannt. Die Verhandlung vor dem Bezirksausschusse und dem Oberverwaltungsgerichte findet im mündlichen Verfahren statt. Das Gutachten des Disziplinarhofes ist nicht einzuholen.

   Das Verfahren kann mit Rücksicht auf den Ausfall der Voruntersuchung durch Beschluß des Bezirksausschusses eingestellt werden.
6. Die Bestimmung des § 16 Nr. 1 des Gesetzes vom 21. Juli 1852 findet auch auf die Provinzialbeamten, mit Ausnahme der im § 41 gedachten, Anwendung.

Siebenter Abschnitt. Von den Provinzialkommissionen.

§ 99.

(1) Für die unmittelbare Verwaltung und Beaufsichtigung einzelner Anstalten, sowie für die Wahrnehmung einzelner Angelegenheiten des Provinzialverbandes können besondere Kommissionen oder Kommissare bestellt werden. Die Einsetzung, die

Begrenzung der Zuständigkeit und die Art und Weise der Zusammensetzung derselben hängt von dem Beschlusse des Provinziallandtages ab. Die Wahl der Mitglieder steht dem Provinzialausschusse zu, sofern sich nicht der Provinziallandtag dieselbe für einzelne Kommissionen oder Kommissare selbst vorbehält.

(2) Die Kommissionen oder Kommissare empfangen von dem Provinzialausschusse ihre Geschäftsanweisung und führen ihre Geschäfte unter der Aufsicht desselben.

Schlußbestimmung.

[Entschädigung]

§ 100.

(1) Die Mitglieder des Provinziallandtages, des Provinzialausschusses und der Provinzialkommissionen, sowie die gewählten Mitglieder der Provinzial- [und Bezirks-] räte[1]) erhalten eine ihren baren Auslagen entsprechende Entschädigung.

(2) Über die Höhe derselben beschließt der Provinziallandtag.

Achter Abschnitt. Von dem Provinzialhaushalte.

Aufstellung und Feststellung des Provinzialhaushaltsetats.

[Entwurf, Feststellung]

§ 101.

Über alle Einnahmen und Ausgaben entwirft der Provinzialausschuß einen Haushaltsetat für ein oder mehrere Jahre. Derselbe wird vom Provinziallandtage festgestellt und durch die Amtsblätter der Provinz veröffentlicht.

[Bericht]

§ 102.

Bei Vorlegung des Haushaltsetats hat der Provinzialausschuß über die Verwaltung und den Stand der Angelegenheiten des Provinzialverbandes Bericht zu erstatten.

[Haushaltsführung]

§ 103.

(1) Der Provinzialausschuß beziehungsweise in Ausführung der Beschlüsse desselben der Landesdirektor (Landeshauptmann) haben dafür zu sorgen, daß der Haushalt nach dem Etat geführt werde.

(2) Der Landesdirektor erläßt die Einnahme- und Ausgabeanweisungen an die Provinzial- (Landes-) Hauptkasse.

(3) Etatsüberschreitungen und außeretatsmäßige Ausgaben dürfen nur unter Verantwortung des Provinzialausschusses stattfinden und bedürfen der Genehmigung des Provinziallandtages.

---

[1]) Die Bezirksräte sind abgeschafft, § 153 LVG.

[Jahresrechnungen] **§ 104.**

(1) Die Jahresrechnungen der Provinzialhauptkasse sowie der Kassen der einzelnen Provinzialanstalten sind von den Rendanten derselben innerhalb vier Monaten nach Schluß des Rechnungsjahres zu legen und dem Provinzialausschusse einzureichen.

(2) Letzterer hat die Revision der Rechnungen zu veranlassen und dieselben mit seinen Bemerkungen dem Provinziallandtage zur Prüfung, Feststellung und Entlastung vorzulegen. Nach erfolgter Entlastung sind Auszüge aus den Rechnungen durch die Amtsblätter der Provinz zur öffentlichen Kenntnis zu bringen.

§§ 105—113.

[Ersetzt durch das Kreis- und Provinzialabgabengesetz, unten Nr. 22.]

Dritter Titel. Von der Aufsicht über die Verwaltung der Angelegenheiten der Provinzialverbände.

[Aufsichtsbehörde, Beschwerde] **§ 114.**

(1) Die nach Maßgabe dieses Gesetzes zu handhabende Aufsicht über die Verwaltung der Angelegenheiten der Provinzialverbände wird von dem Oberpräsidenten, in höherer Instanz von dem Minister des Innern geübt.

(2) Die Beschwerde an die höhere Instanz ist innerhalb zwei Wochen zulässig.

[Aufsichtsführung] **§ 115.**

Die Aufsichtsbehörden haben mit den ihnen in diesem Gesetze zugewiesenen Mitteln darüber zu wachen, daß die Verwaltung den Bestimmungen der Gesetze gemäß geführt und in geordnetem Gange erhalten werde.

[Auskunftspflicht] **§ 116.**

Die Aufsichtsbehörden sind zu dem Ende befugt, über alle Gegenstände der Verwaltung Auskunft zu erfordern, die Einsicht der Akten, insbesondere auch der Haushaltsetats und Jahresrechnungen zu verlangen und Geschäftsrevisionen, sowie in der Verbindung mit denselben Kassenrevisionen an Ort und Stelle zu veranlassen.

[Aufsicht über Prov.Ausschuß usw.] **§ 117.**

Der Oberpräsident ist befugt, an den Beratungen des Provinzialausschusses und der Provinzialkommissionen entweder selbst oder durch einen zu seiner Vertretung abzuordnenden Staatsbeamten teilzunehmen.

[Beanstandung]

§ 118.

(1) Beschlüsse des Provinziallandtages, des Provinzialausschusses oder einer Provinzialkommission, welche deren Befugnisse überschreiten oder die Gesetze verletzen, hat der Oberpräsident, entstehendenfalls auf Anweisung des Ministers des Innern, unter Angabe der Gründe, mit aufschiebender Wirkung zu beanstanden.

(2) Gegen die Verfügung des Oberpräsidenten steht dem Provinziallandtage, dem Provinzialausschusse beziehungsweise der Provinzialkommission innerhalb zwei Wochen die Klage bei dem Oberverwaltungsgerichte zu. Dieselben können zur Wahrnehmung ihrer Rechte im Verwaltungsstreitverfahren einen besonderen Vertreter bestellen.

[Genehmigung]

§ 119.

Beschlüsse des Provinziallandtages, welche folgende Angelegenheiten betreffen:

1. den Erlaß von Statuten gemäß § 8 Nr. 1 und § 35,

[Ziff. 2 ersetzt durch das zu §§ 105 bis 113 zitierte Gesetz, § 33 Ziff. 2]

3. Aufnahme von Anleihen, durch welche der Provinzialverband mit einem Schuldenbestande belastet oder der bereits vorhandene Schuldenbestand vergrößert werden würde, sowie Übernahme von Bürgschaften auf den Provinzialverband,

[Ziff. 4 ersetzt durch das zu §§ 105 bis 113 zitierte Gesetz, § 33 Ziff. 3]

5. eine neue Belastung des Provinzialverbandes ohne gesetzliche Verpflichtung, insofern die aufzulegenden Leistungen über die nächsten fünf Jahre hinaus fortdauern sollen,

bedürfen in den Fällen zu 1 der [landesherrlichen] Genehmigung des Staatsministeriums[1]), in den Fällen zu [2 und] 3 der Bestätigung des Ministers des Innern, in den Fällen zu [4 und] 5 der Bestätigung der Minister des Innern und der Finanzen.

[Genehmigung v. Reglements]

§ 120.

(1) Der Genehmigung der zuständigen Minister bedürfen ferner die von dem Provinziallandtage gemäß § 8 Nr. 2, §§ 35 und 95 für folgende Provinzialinstitute und Verwaltungszweige zu beschließenden Reglements:

1. Landarmen- und Korrigendenanstalten,
2. Irren-, Taubstummen-, Blinden- und Idiotenanstalten,

[1]) Gemäß Art. 82 PrV.

3. Hebammenlehrinstitute,
4. Provinzialhilfs- und Darlehnskassen,
5. Versicherungsanstalten.

(2) Dieser Genehmigung unterliegen jedoch die gedachten Reglements nur insoweit, als sich die Bestimmungen derselben beziehen:

in betreff der zu 1 und 2 gedachten Anstalten auf die Aufnahme, die Behandlung und Entlassung der Landarmen, Korrigenden, Irren, Taubstummen, Blinden und Idioten beziehungsweise auf den Unterricht derselben,

in betreff der Hebammenlehrinstitute zu 3 auf die Aufnahme, den Unterricht und die Prüfung der Schülerinnen,

in betreff der Provinzialhilfs- und Darlehnskassen zu 4 auf die Grundsätze, nach denen die Gewährung von Darlehen zu erfolgen hat,

in betreff der Versicherungsanstalten zu 5 auf die Organisation und die Verwaltungsgrundsätze.

(3) Ingleichen bedarf das im § 96 vorgeschriebene Reglement über die dienstlichen Verhältnisse der Provinzialbeamten der Genehmigung des Ministers des Innern in betreff der Grundsätze über die Anstellung, Entlassung und Pensionierung der Beamten.

[Zwangsetat]

§ 121.

(1) Unterläßt oder verweigert ein Provinzialverband, die ihm gesetzlich obliegenden, von der Behörde innerhalb der Grenzen ihrer Zuständigkeit festgestellten Leistungen auf den Haushaltsetat zu bringen oder außerordentlich zu genehmigen, so verfügt der Oberpräsident unter Angabe der Gründe die Eintragung in den Etat beziehungsweise die Feststellung der außerordentlichen Ausgaben.

(2) Gegen die Verfügung des Oberpräsidenten steht dem Provinzialverbande innerhalb zwei Wochen die Klage bei dem Oberverwaltungsgerichte zu. Zur Ausführung der Rechte des Provinzialverbandes kann der Provinziallandtag einen besonderen Vertreter bestellen.

Auflösung der Provinziallandtage.

§ 122.

(1) Durch Verordnung des Staatsministeriums kann ein Provinziallandtag aufgelöst werden[1]). Es sind sodann Neuwahlen anzuordnen, welche innerhalb drei Monaten vom Tage der Auf-

[1]) Die Fassung von Abs. 1 Satz 1 folgt aus Art. 82 PrV.

lösung an erfolgen müssen. Der neugewählte Landtag ist innerhalb sechs Monaten nach erfolgter Auflösung zu berufen.

(2) Im Falle der Auflösung eines Provinziallandtages bleiben die von demselben gewählten Mitglieder des Provinzialausschusses und der Provinzialkommissionen bis zum Zusammentritte des neu gebildeten Provinziallandtages in Wirksamkeit.

Vierter Titel.

Schluß-, Übergangs- und Ausführungs-Bestimmungen.

[Inkrafttreten] **§ 123.**

Die gegenwärtige Provinzialordnung tritt mit dem 1. Januar 1876 in Kraft.

§§ 124—128.

[Enthielten einmalige Übergangsbestimmungen.]

[Übergangsvorschrift] **§ 129.**

Mit dem Tage des Inkrafttretens des gegenwärtigen Gesetzes treten alle mit den Vorschriften desselben in Widerspruch stehenden oder mit denselben nicht zu vereinigenden gesetzlichen Bestimmungen außer Geltung.

[Ausführungsbestimmungen] **§ 130.**

Der Minister des Innern ist mit der Ausführung des gegenwärtigen Gesetzes beauftragt und erläßt die hierzu erforderlichen Anordnungen und Instruktionen.

---

22. Kreis- und Provinzial-Abgabengesetz.

Vom 23. April 1906 (GS. S. 159).

(Mit den sich aus jüngeren Gesetzen ergebenden Abänderungen.)[1]

Inhalt.

(Vom Gesetzgeber nicht vorgesehen.)

---

[1]) Insbesondere des Gesetzes zur Änderung des Kommunalabgabengesetzes vom 14. Juli 1893 sowie des Kreis- und Provinzialabgabengesetzes vom 23. April 1906 und einiger sonstiger Vorschriften des kommunalen Abgabenrechts vom 26. August 1921 (GS. S. 495) und des Preußischen Ausführungsgesetzes zum Finanzausgleichsgesetz vom 30. Oktober 1923 in der Fassung vom 14. Mai 1927 (GS. S. 63), geändert durch Gesetz vom 27. Mai 1929 (GS. S. 53).

Abschnitt 1. **Kreisabgaben.**

[Besteuerungsrecht]

§ 1.

(1) Die Kreise sind berechtigt, zur Deckung ihrer Ausgaben nach den Bestimmungen dieses Gesetzes Gebühren und Beiträge, indirekte und direkte Steuern zu erheben.

(2) Hinsichtlich der Chausseegelder[1]) und anderen Verkehrsabgaben, der Jagdscheinabgaben, der Kosten im Verwaltungsstreit- und Beschlußverfahren sowie hinsichtlich der Erhebung [der Betriebs-,][2]) der Wanderlager- und der Warenhaussteuer für Rechnung der Kreise bewendet es bei den bestehenden Bestimmungen.

[Nur subsid. Besteuerungsrecht]

§ 2.

(1) Die Kreise dürfen von der Befugnis, Steuern zu erheben, nur insoweit Gebrauch machen, als die sonstigen Einnahmen, insbesondere aus dem Kreisvermögen, aus Gebühren, Beiträgen und aus den ihnen vom Staate oder von Bezirks- oder Provinzialverbänden überwiesenen Mitteln zur Deckung ihrer Ausgaben nicht ausreichen. Auf Hundesteuern findet diese Bestimmung keine Anwendung.

(2) Durch direkte Steuern darf nur der Bedarf aufgebracht werden, welcher nach Abzug des Aufkommens der indirekten Steuern von dem gesamten Steuerbedarfe verbleibt.

[Kommunalbetriebe des Kreises]

§ 3.

(1) Gewerbliche Unternehmungen der Kreise sind grundsätzlich so zu verwalten, daß durch die Einnahmen mindestens die gesamten, durch die Unternehmung dem Kreise erwachsenden Ausgaben, einschließlich der Verzinsung und der Tilgung des Anlagekapitals, aufgebracht werden.

(2) Eine Ausnahme ist zulässig, sofern die Unternehmung zugleich einem öffentlichen Interesse dient, welches andernfalls nicht befriedigt wird.

[Gebühren]

§ 4.

(1) Der Kreistag kann beschließen, daß für die Benutzung der von dem Kreise im öffentlichen Interesse unterhaltenen Veranstaltungen (Anlagen, Anstalten und Einrichtungen) und gemäß § 6 Abs. 2 des Kommunalabgabengesetzes für die Handlungen seiner Organe besondere Vergütungen (Gebühren) erhoben werden[3]).

---

[1]) Vgl. aber das G. v. 29. Dezember 1927 (GS. S. 295) über die Aufhebung der Brückengelder.

[2]) S. oben zu § 58 Abs. 1 Satz 2 des Kommunalabgabengesetzes.

[3]) Abs. 1 i. d. F. d. G. v. 26. August 1921.

(2) Die Gebühren sind im voraus nach festen Normen und Sätzen zu bestimmen. Dabei ist eine Abstufung der Gebührensätze — auch nach Maßgabe der Leistungsfähigkeit — bis zur gänzlichen Freilassung zulässig.

[Beiträge] **§ 5.**

(1) Der Kreistag kann beschließen, daß behufs Deckung der Kosten für Herstellung und Unterhaltung von Veranstaltungen, welche durch das öffentliche Interesse erfordert werden, von denjenigen Grundeigentümern und Gewerbetreibenden, denen hierdurch besondere wirtschaftliche Vorteile erwachsen, Beiträge zu den Kosten der Veranstaltungen erhoben werden. Die Beiträge sind nach den Vorteilen zu bemessen.

(2) Durch Beschluß des Kreistags kann den Beitragspflichtigen gestattet werden, die Beiträge ganz oder teilweise durch Naturalleistungen nach bestimmten, vom Kreistage festzustellenden Grundsätzen zu ersetzen.

(3) Der Plan der Veranstaltung ist nebst einem Nachweise der Kosten offenzulegen. Der Beschluß des Kreistags wegen Erhebung von Beiträgen ist unter der Angabe, wo und während welcher Zeit Plan nebst Kostennachweis zur Einsicht offenliegen, durch das Kreisblatt mit dem Bemerken bekanntzumachen, daß Einwendungen gegen den Beschluß binnen einer bestimmt zu bezeichnenden Frist von vier Wochen bei dem Kreisausschuß anzubringen seien. Handelt es sich um eine Veranstaltung, welche nur einzelne Grundeigentümer oder Gewerbetreibende betrifft, so genügt an Stelle der Bekanntmachung eine Mitteilung an die Beteiligten. Der Kreisausschuß hat den Beschluß nebst den dazu gehörigen Vorverhandlungen und der Anzeige, ob und welche Einwendungen innerhalb der gestellten Frist erhoben sind, der Genehmigungsbehörde — § 19 Ziffer 1 — einzureichen.

(4) Der Beschluß der Genehmigungsbehörde ist in gleicher Weise zur Kenntnis der Beteiligten zu bringen, wie der Beschluß des Kreistags bekanntgemacht worden ist.

[Indirekte Steuern] **§ 6[1]).**

Der Kreis ist befugt, zur Deckung seines Bedarfs einen Anteil aus den Erträgnissen der indirekten Steuern kreisangehöriger Gemeinden zu beanspruchen und selbständig indirekte Steuern einzuführen. Auf die Herbeiführung eines billigen Ausgleichs zwischen den Bedürfnissen der kreisangehörigen Gemeinden und des Kreises und auf die Anpassung der beiderseitigen Steuerordnungen ist Rücksicht zu nehmen. Bei Streitigkeiten hierüber beschließt der Bezirksausschuß.

---

[1]) F. d. F. des G. vom 26. August 1921.

[Fehlbedarf]

§ 7[1][2]).

[(1) Insoweit als die Überweisungen aus der Reichseinkommen-, Lohn- und Körperschaftssteuer sowie die sonstigen Einnahmen des Kreises seinen Bedarf nicht decken, ist der Fehlbetrag auf die einzelnen Gemeinden und Gutsbezirke als Kreisabgaben zu verteilen.

(2) Als Maßstab der Verteilung dienen [je zur Hälfte][3]):

1. die Höhe der den einzelnen Gemeinden und Gutsbezirken im vorvergangenen Jahre zugewiesenen Anteile an den genannten Reichssteuern, für das Rechnungsjahr 1921 das Verhältnis der gewährleisteten Mindestbeträge im Sinne des § 56 des Landessteuergesetzes in Verbindung mit § 3 des preußischen Ausführungsgesetzes und
2. das Soll der vom Staate veranlagten Realsteuern einschließlich der Betriebssteuern, wie es in Gemeinden nach den Vorschriften des Kommunalabgabengesetzes nach Gemeindebeschlüssen und Vereinbarungen mit Steuerpflichtigen der Gemeindebesteuerung zugrunde zu legen und in Gutsbezirken gemäß § 13 für die Unterverteilung zu veranlagen ist. Soweit in Gemeinden eine Steuerart zu den Abgaben nicht herangezogen ist, wird das Steuersoll durch den Kreisausschuß veranlagt.

(3) Maßgebend für die Verteilung nach dem Soll der Realsteuern ist das Steuersoll des dem jedesmaligen Rechnungsjahre vorangegangenen Rechnungsjahres nach dem Stande des 1. Januar, und zwar unter Berücksichtigung der bis zu diesem Zeitpunkte festgesetzten Nachveranlagungen, Berichtigungen und sonstigen Soll-Veränderungen (Zu- und Abgänge) ohne Unterschied, ob es sich dabei um Steuern für das laufende Jahr oder aus Vorjahren handelt.

(4) Soll-Veränderungen, die erst nach dem 1. Januar festgesetzt werden, sind bei der Berechnung des Solls für das nächste Jahr zu berücksichtigen.]

[Anderer Verteilungsmaßstab]

§ 8[1]).

(1) **Der Kreistag kann mittels einer besonderen Satzung beschließen, daß als Maßstab für die Verteilung des Fehlbedarfs nach** [§ 7 Ziffer 2] **§§ 21, 22 Pr. AusfG. z. Reichsfinanzausgleichsgesetz nicht das Soll der staatlich veranlagten Grundvermögensteuer zugrunde zu legen ist, sondern das Soll, das sich bei Erhebung einer anderen, nach Maßgabe der §§ 25 und 27 des Kommunalabgabengesetzes veranlagten Steuer ergeben würde.**

---

[1]) F. d. F. des G. vom 26. August 1921.

[2]) § 7 ist zurzeit ersetzt durch das Pr. AusfG. z. FAG., §§ 21, 22.

[3]) Gestrichen durch G. vom 3. Juni 1922 (GS. S. 126) in Verbindung mit dem G. vom 5. Juli 1923 (GS. S. 301).

(2) Die Veranlagung hat durch den Kreisausschuß zu erfolgen.

[Genehmigung v. Verteilungen] **§ 9**[1][2].

[Sofern der als Kreisabgabe verteilte Fehlbetrag die im Vorjahr an den Kreis erfolgten Überweisungen aus der Reichs-Einkommen-, Lohn- und Körperschaftsteuer überschreitet, so bedarf die Verteilung der Genehmigung.]

[Sonderbelastung] **§ 10.**

(1) Handelt es sich um Veranstaltungen des Kreises, welche ausschließlich oder in besonders hervorragendem oder geringem Maße einzelnen Kreisteilen zustatten kommen, so kann der Kreistag eine ausschließliche Belastung oder eine nach Umfang und Maßstab näher zu bestimmende Mehr- oder Minderbelastung dieser Kreisteile beschließen. Die Bestimmung im § 5 Abs. 2 findet entsprechende Anwendung.

(2) Soweit hinsichtlich der Vorausbelastung einzelner Kreisteile bei Aufbringung der Kosten für Anlegung oder Unterhaltung von Wegen besondere gesetzliche Vorschriften bestehen, behält es dabei sein Bewenden.

[Verteilung] **§ 11.**

(1) Der vom Kreistage festgestellte Kreissteuerbedarf wird [nach Abzug der gemäß § 7 Abs. 6 besonders veranlagten Steuerbeträge][3]) auf die Gemeinden und Gutsbezirke verteilt. Dabei wird ihnen in den Fällen [des § 7 Abs. 4 und][4]) des § 8 das Ergebnis der Veranlagung der einzelnen Steuerpflichtigen mitgeteilt. Die Zahlung an die Kreiskommunalkasse hat zu den von dem Kreisausschusse zu bestimmenden Terminen zu erfolgen.

(2) Gegen die Verteilung der Kreissteuern steht den Gemeinden und Gutsbezirken binnen einer Frist von vier Wochen der Einspruch zu, über welchen der Kreisausschuß beschließt.

(3) Mit dem Einspruche kann die Veranlagung der einzelnen Steuerbeträge, aus denen sich das der Kreisbesteuerung zugrunde gelegte Steuersoll zusammensetzt, nur in den Fällen [des § 7 Abs. 4 und][4]) des § 8 von den Gemeinden angegriffen werden.

---

[1]) F. d. F. d. G. vom 26. August 1921.

[2]) § 9 einstweilen außer Kraft gesetzt durch § 46 Abs. 3 des Pr. AusfG. z. FAG.

[3]) Betraf eine Kreiseinkommensteuer. Durch das Reichseinkommensteuergesetz weggefallen.

[4]) § 7 Abs. 4 in der alten Fassung ist in die neue nicht übernommen (s. oben zu § 7).

Ist in den Fällen des § 8 nach Vorschrift der Steuerordnung ein Grundstück nach demjenigen Werte zu veranlagen, welcher der staatlichen Veranlagung dieses Grundstücks zur Ergänzungssteuer zugrunde zu legen ist, so kann die Höhe dieses Wertes nicht angegriffen werden, wenn sie aus den Besteuerungsmerkmalen der staatlichen Ergänzungssteuer übernommen ist.

(4) Gegen den Beschluß des Kreisausschusses findet innerhalb einer Frist von zwei Wochen die Klage bei dem Bezirksausschusse statt. Gegen die Entscheidung des Bezirksausschusses ist nur das Rechtsmittel der Revision zulässig.

(5) Durch Einspruch und Klage wird die Verpflichtung zur Zahlung der Kreissteuern nicht aufgeschoben.

[Aufbringung] **§ 12.**

Die Gemeinden haben den auf sie entfallenden Teil des Kreissteuerbedarfs gleich den übrigen Gemeindeausgaben aufzubringen.

[Unterverteilung in Gutsbezirken] **§ 13.**

(1) In den Gutsbezirken wird der auf sie entfallende Teil des Kreissteuerbedarfs von dem Kreisausschusse gemäß den für die direkten Gemeindesteuern geltenden Bestimmungen des Kommunalabgabengesetzes [— mit Ausschluß des § 49 Abs. 2 und des § 50 Abs. 1 Satz 2 —][1]) sowie des Gesetzes wegen Aufhebung direkter Staatssteuern vom 14. Juli 1893 (Gesetz-Samml. S. 119) durch Veranlagung der Steuerpflichtigen unterverteilt. Die Veranlagung erfolgt nach dem vom Kreistage beschlossenen Maßstabe (§§ 9, 8).

(2) Wo nach den bestehenden gesetzlichen Bestimmungen für die Veranlagung oder Erhebung von direkten Gemeindesteuern ein Gemeindebeschluß maßgebend ist, tritt an die Stelle eines solchen der Beschluß des Kreisausschusses.

[Beschluß über d. Erheb. i. Gutsbez.] **§ 14.**

(1) Der Kreisausschuß beschließt über die Art der Steuererhebung in den Gutsbezirken.

(2) Gegen die Heranziehung zur Kreissteuer in den Gutsbezirken steht den Steuerpflichtigen binnen einer Frist von vier Wochen der Einspruch zu, über welchen der Kreisausschuß beschließt. Hinsichtlich der weiteren Rechtsmittel findet § 11 Abs. 4 und 5 dieses Gesetzes Anwendung.

[Abs. 3 durch die Reichseinkommensteuer weggefallen.]

---

[1]) Betrafen die Einkommensteuer.

[Ausfallsbeträge] **§ 15.**

[(1) Ist in einer Gemeinde oder einem Gutsbezirke das der direkten Kreisbesteuerung zugrunde gelegte Gesamtsteuersoll im Laufe eines Rechnungsjahrs durch Abgänge nach Abzug der Zugänge um mehr als 10 Prozent verringert worden, so ist der Mehrbetrag des Ausfalls auf Antrag vom Kreise zu erstatten. Bei geringerem Ausfalle kann der Kreisausschuß auf Antrag Erstattung gewähren[1].]

[Abs. 2 durch die Reichseinkommensteuer weggefallen.]

[Verfahren usw.] **§ 16.**

(1) Auf die Rechtsmittel gegen die Heranziehung (Veranlagung) zu Gebühren, Beiträgen und indirekten Steuern finden § 14 Abs. 2 und § 11 Abs. 4, 5 dieses Gesetzes, auf die Nachforderung, Verjährung und Beitreibung von Kreisabgaben die §§ 87, 88 und 90, auf die rückwirkende Kraft neuer Abgabenordnungen § 70a des Kommunalabgabengesetzes entsprechende Anwendung[2]).

(2) Die Gemeinden und Gutsbezirke sind zur Wahrnehmung örtlicher Geschäfte der Veranlagung und Erhebung von Kreisabgaben nach Anweisung des Kreisausschusses verpflichtet. Im übrigen finden auf diese Veranlagung die §§ 62 und 63 des Kommunalabgabengesetzes entsprechende Anwendung.

[Geldstrafen in Steuerordnungen] **§ 17.**

(1) In Abgabenordnungen können Strafen wegen Zuwiderhandlungen bis zur Höhe von 1000 Mark angedroht werden. Für bereits in Kraft getretene Steuerordnungen, die Strafen wegen Zuwiderhandlungen androhen, gilt von dem Inkrafttreten dieses Gesetzes ab ein Betrag von 1000 Reichsmark als Höchststrafe[3]).

(2) Die Strafen sind durch den Kreisausschuß festzusetzen und nach eingetretener Rechtskraft (§ 419[4]) der Strafprozeßordnung) im Verwaltungszwangsverfahren beizutreiben.

[Rechnungsjahr] **§ 18.**

Das Rechnungsjahr für den Kreishaushalt beginnt mit dem 1. April und endigt mit dem 31. März.

---

[1]) Einstweilen außer Kraft gesetzt durch die in Anm. 2 zu § 7 angeführten Bestimmungen.

[2]) Abs. 1 i. d. F. d. G. vom 26. August 1921.

[3]) Abs. 1 i. d. F. d. G. vom 26. August 1921. Wegen der Geldstrafdrohungen s. zu § 79 des KommAbgG., oben Nr. 19.

[4]) Der geltenden Fassung (vom 22. März 1924 — RGBl. I S. 322 —).

[Genehm. der Kreistagsbeschlüsse] **§ 19.**

(1) Beschlüsse des Kreistags, welche folgende Angelegenheiten betreffen:

1. die Erhebung von Verwaltungsgebühren und Beiträgen (§§ 4 und 5)[1]),
2. den Erlaß oder die Abänderung von Steuerordnungen über indirekte Kreissteuern (§ 6),

[3. die Heranziehung der einzelnen Steuerarten zu den direkten Kreissteuern mit verschiedenen Prozentsätzen und die Vornahme einer Revision des Verteilungsmaßstabs vor Ablauf eines fünfjährigen Zeitraums (§ 9 Abs. 2 und 3)[2]),]

4. die ausschließliche Belastung und die Mehr- oder Minderbelastung einzelner Kreisteile (§ 10),

[5. die Erhebung direkter Kreissteuern in einem Betrage, welcher 50 Prozent des gemäß § 7 ihnen zugrunde zu legenden Steuersolls übersteigt[2]),]

6. den Erlaß oder die Abänderung einer Steuerordnung über eine Steuer vom Grundbesitze nach dem Veranlagungsmaßstabe des Wertes (§ 8),

bedürfen der Genehmigung des Bezirksausschusses. [Satz 2 gestrichen durch Art. II § 5 d. G. v. 8. August 1923, GS. S. 487.]

(2) Gegen den auf Beschwerde ergehenden Beschluß des Provinzialrats steht dem Vorsitzenden aus Gründen des öffentlichen Interesses die Einlegung der weiteren Beschwerde an den Minister des Innern und den Finanzminister zu. Hierbei finden die Bestimmungen des § 123 des Gesetzes über die Allgemeine Landesverwaltung vom 30. Juli 1883 (Gesetzsamml. S. 195) Anwendung.

[Zustimmung der Minister] **§ 20.**

(1) Die Genehmigung der unter Ziffer 2 und 6 des § 19 bezeichneten Kreistagsbeschlüsse bedarf der Zustimmung des Ministers des Innern und des Finanzministers. Die Erteilung der Genehmigung oder Zustimmung kann in den Fällen dieser Ziffern auf eine bestimmte Frist beschränkt werden.

(2) Die Minister können die Erteilung der Zustimmung auf die Oberpräsidenten übertragen.

[Rückwirkung der Genehmigung] **§ 20a[3]).**

Auf die zeitliche Wirkung der Genehmigung findet § 77 Abs. 5 des Kommunalabgabengesetzes Anwendung.

---

[1]) Ziff. 1 i. d. F. d. G. vom 26. August 1921.

[2]) Einstweilen außer Kraft gesetzt durch § 46 Abs. 3 des Pr. AusfG. z. FAG.

[3]) Eingefügt durch das G. vom 26. August 1921.

Abschnitt 2. Provinzialabgaben (Bezirksabgaben).

[Besteuerungsrecht] § 21.

(1) Die Provinzen (Bezirksverbände) sind berechtigt, zur Deckung ihrer Ausgaben nach den Bestimmungen dieses Gesetzes Gebühren, Beiträge und direkte Steuern zu erheben.

(2) Hinsichtlich der Chausseegelder und anderen Verkehrsabgaben bewendet es bei den bestehenden Bestimmungen.

[Nur subsidiäres Besteuerungsrecht] § 22.

Die Provinzen (Bezirksverbände) dürfen von der Befugnis, Steuern zu erheben, nur insoweit Gebrauch machen, als die sonstigen Einnahmen, insbesondere aus dem Provinzial- (Bezirksverbands-) Vermögen, aus Gebühren, Beiträgen und aus den ihnen vom Staate überwiesenen Mitteln zur Deckung ihrer Ausgaben nicht ausreichen.

[Kommunalbetriebe d. Provinzen] § 23.

(1) Gewerbliche Unternehmungen der Provinzen (Bezirksverbände) sind grundsätzlich so zu verwalten, daß durch die Einnahmen mindestens die gesamten, durch die Unternehmung der Provinz (dem Bezirksverband) erwachsenden Ausgaben, einschließlich der Verzinsung und der Tilgung des Anlagekapitals, aufgebracht werden.

(2) Eine Ausnahme ist zulässig, sofern die Unternehmung zugleich einem öffentlichen Interesse dient, welches andernfalls nicht befriedigt wird.

[Erhebung der Abgaben] § 24.

(1) Der Provinziallandtag (Kommunallandtag) kann die Erhebung von Gebühren und Beiträgen beschließen, auch deren Festsetzung auf den Provinzial- (Landes-) Ausschuß übertragen.

(2) Auf die Gebühren und Beiträge finden die §§ 4 und 5 dieses Gesetzes entsprechende Anwendung.

[Fehlbedarf] § 25[1])[2]).

[(1) Insoweit als die Überweisungen aus der Reichseinkommen-, Lohn- und Körperschaftsteuer sowie die sonstigen Einnahmen der Provinz ihren Bedarf nicht decken, ist der Fehlbetrag auf die einzelnen Stadt- und Landkreise als Provinzialabgaben zu verteilen.

(2) Als Maßstab der Verteilung dienen [je zur Hälfte][3]):

---

[1]) F. d. F. d. G. vom 26. August 1921.

[2]) § 25 ist zurzeit ersetzt durch das Pr. AusfG. z. FAG. §§ 30, 31.

[3]) S. Anm. 3 zu § 7.

1. die Höhe der den einzelnen Stadt- und Landkreisen zusammen mit den zugehörigen Gemeinden und Gutsbezirken im vorvergangenen Jahre zugewiesenen Anteile an den genannten Reichssteuern, für das Rechnungsjahr 1921 das Verhältnis der gewährleisteten Mindestbeträge im Sinne des § 56 des Landessteuergesetzes in Verbindung mit § 3 des preußischen Ausführungsgesetzes;
2. das Soll der vom Staate veranlagten Realsteuern einschließlich der Betriebssteuern, wie es in Gemeinden nach den Vorschriften des Kommunalabgabengesetzes nach Gemeindebeschlüssen und Vereinbarungen mit Steuerpflichtigen der Gemeindebesteuerung zugrunde zu legen und in Gutsbezirken gemäß § 13 für die Unterverteilung zu veranlagen ist. Soweit in Gemeinden eine Steuerart zu den Abgaben nicht herangezogen ist, wird das Steuersoll durch den Kreisausschuß veranlagt.

(3) Maßgebend für die Verteilung nach dem Soll der Realsteuern ist das Steuersoll des dem jedesmaligen Rechnungsjahre vorangegangenen Rechnungsjahrs nach dem Stande des 1. Januar, und zwar unter Berücksichtigung der bis zu diesem Zeitpunkte festgesetzten Nachveranlagungen, Berichtigungen und sonstigen Soll-Veränderungen (Zu- und Abgänge) ohne Unterschied, ob es sich dabei um Steuern für das laufende Jahr oder aus Vorjahren handelt.

(4) Soll-Veränderungen, die erst nach dem 1. Januar festgesetzt werden, sind bei der Berechnung des Solls für das nächste Jahr zu berücksichtigen.]

[Genehmigung d. Verteilung] **§ 26[1][2]).**

[Sofern der als Provinzialabgabe verteilte Fehlbetrag die im Vorjahr an die Provinz erfolgten Überweisungen aus der Reichseinkommen-, Lohn- und Körperschaftsteuer überschreitet, so bedarf die Verteilung der Genehmigung.]

[Sonderbelastung] **§ 27.**

Handelt es sich um Veranstaltungen des Provinzial- (Bezirks-) Verbandes, welche ausschließlich oder in besonders hervorragendem oder geringem Maße einzelnen Kreisen zustatten kommen, so kann der Provinzial- (Kommunal-) Landtag eine ausschließliche Belastung oder eine nach Umfang und Maßstab näher zu bestimmende Mehr- oder Minderbelastung dieser Kreise beschließen. Die Bestimmung im § 5 Abs. 2 findet entsprechende Anwendung.

---

[1]) J. d. F. d. G. vom 26. August 1921.

[2]) § 26 einstweilen außer Kraft gesetzt durch § 46 Abs. 3 des Pr. AusfG. z. FAG.

[Verteilung] **§ 28.**

(1) Der vom Provinzial- (Kommunal-) Landtage festgestellte Steuerbedarf wird vom Provinzial- (Landes-) Ausschuß auf die Land- und Stadtkreise verteilt. Die Zahlung an die Provinzial- (Bezirks-, Landes-) Hauptkasse hat zu den von dem Provinzial- (Landes-) Ausschusse zu bestimmenden Terminen zu erfolgen.

(2) Die Höhe des Steuerbedarfs, die Verteilung auf die Kreise und die für die Zahlung bestimmten Termine sind durch die Amtsblätter der Provinz (der Regierungsbezirke) öffentlich bekanntzumachen.

(3) Gegen die Verteilung der Provinzial- (Bezirks-) Steuern steht den Land- und Stadtkreisen binnen einer Frist von vier Wochen der Einspruch zu, über welchen der Provinzial- (Landes-) Ausschuß beschließt.

(4) Gegen den Beschluß des Provinzial- (Landes-) Ausschusses findet innerhalb einer Frist von zwei Wochen die Klage bei dem Oberverwaltungsgerichte statt.

(5) Durch Einspruch und Klage wird die Verpflichtung zur Zahlung der Provinzial- (Bezirks-) Steuern nicht aufgeschoben.

[Aufbringung] **§ 29.**

Die Land- und Stadtkreise haben den auf sie entfallenden Teil des Provinzial- (Bezirks-) Steuerbedarfs gleich den übrigen Kreis- beziehungsweise Gemeindeausgaben aufzubringen.

[Sonderbest. f. Hessen-Nassau] **§ 30.**

Für die Aufbringung von Provinzialsteuern in der Provinz Hessen-Nassau gelten folgende Bestimmungen:

1. Bei der Verteilung der Provinzialsteuern auf die Bezirksverbände findet der § 25 sinngemäße Anwendung[1]).
2. Die ausschließliche Belastung und die Mehr- und Minderbelastung eines der beiden Bezirksverbände ist ausgeschlossen.
3. Der Provinzialsteuerbedarf wird vom Provinzialausschuß auf die Bezirksverbände verteilt. Die Zahlung an die Provinzialhauptkasse hat zu den von dem Provinzialausschusse zu bestimmenden Terminen zu erfolgen.
4. Gegen die Verteilung der Provinzialsteuern steht den Bezirksverbänden Einspruch und Klage nach näherer Bestimmung des § 28 Abs. 3 bis 5 zu.
5. Die Bezirksverbände haben den auf sie entfallenden Teil des Provinzialsteuerbedarfs gleich ihren übrigen Ausgaben aufzubringen.

---

[1]) § 30 Ziff. 1 i. d. F. d. G. vom 26. August 1921.

[Rechtsmittel, Verfahren] **§ 31.**

(1) Gegen die Heranziehung (Veranlagung) zu Provinzial- (Bezirks-) Gebühren und Beiträgen steht den Pflichtigen binnen einer Frist von vier Wochen der Einspruch zu, über welchen der Provinzial- (Landes-) Ausschuß beschließt. Im übrigen findet § 28 Abs. 4 und 5 entsprechende Anwendung.

(2) Für die Nachforderung, Verjährung und Beitreibung der Gebühren und Beiträge sind die §§ 87, 88 und 90, für die rückwirkende Kraft neuer Abgabenordnungen § 70a des Kommunalabgabengesetzes maßgebend[1]).

[Geldstr. in Abgabenordnungen] **§ 31a[2]).**

In Abgabeordnungen der Provinzen können Strafen wegen Zuwiderhandlungen bis zur Höhe von 1000 Reichsmark angedroht werden.

[Rechnungsjahr] **§ 32.**

Das Rechnungsjahr für den Haushalt des Provinzial- (Bezirks-) Verbandes beginnt mit dem 1. April und endigt mit dem 31. März.

[Minist. Genehmigung] **§ 33.**

Beschlüsse des Provinzial- (Kommunal-) Landtags beziehungsweise des Provinzial- (Landes-) Ausschusses (§ 24 Abs. 1), welche folgende Angelegenheiten betreffen:

1. die Festsetzung von Verwaltungsgebühren und Beiträgen (§ 24)[1]),
2. die ausschließliche Belastung und die Mehr- oder Minderbelastung einzelner Kreise (§ 27),

[3. die Erhebung von Provinzial- (Bezirks-) Steuern in einem Betrage, welcher 25 Prozent des gemäß § 25 ihnen zugrunde zu legenden Steuersolls übersteigt[3]),]

bedürfen der Genehmigung, und zwar in den Fällen zu 1 und 2 des Ministers des Innern, in den Fällen zu 3 des Ministers des Innern und des Finanzministers. Auf die zeitliche Wirkung der Genehmigung findet § 77 Abs. 3 des Kommunalabgabengesetzes Anwendung[4]).

---

1) § 31 Abs. 2, § 33 Ziff. 1 i. d. F. d. G. vom 26. August 1921.

2) § 31a eingefügt durch G. vom 26. August 1921.

3) Ziff. 3 einstweilen außer Kraft gesetzt durch § 46 des Pr. AusfG. z. FAG.

4) Letzter Satz angefügt durch das G. vom 26. August 1921.

Schluß- und Übergangsbestimmungen.

[Hohenzollern] § 34.

Die Vorschriften dieses Gesetzes finden auf die Amts- und Landeskommunalabgaben in den Hohenzollernschen Landen mit der Maßgabe entsprechende Anwendung, daß

1. die Gefällsteuer den Grund- und Gebäudesteuern gleichgestellt wird,
2. die für die Hohenzollernschen Lande geltenden besonderen wegerechtlichen Bestimmungen durch § 27 nicht berührt werden,
3. der § 20 Abs. 2 außer Betracht bleibt.

[Inkrafttreten] § 35.

Diejenigen Bestimmungen des Gesetzes, welche die Einführung von Gebühren, Beiträgen und indirekten Steuern in den Kreisen betreffen, treten mit dem Tage der Verkündigung, die übrigen am 1. April 1907 in Kraft.

§ 36.

[Enthielt eine einmalige Übergangsvorschrift.]

[Ausführungsbestimmungen] § 37.

Der Minister des Innern und der Finanzminister sind mit der Ausführung dieses Gesetzes beauftragt.

III. Polizeirecht.

23. Aus dem Allgemeinen Landrecht für die Preußischen Staaten von 1794.

[Staat und einzelner] Einl. § 74.

Einzelne Rechte und Vorteile der Mitglieder des Staats müssen den Rechten und Pflichten zur Beförderung des gemeinschaftlichen Wohls, wenn zwischen beiden ein wirklicher Widerspruch (Kollision) eintritt, nachstehn.

[Entschädigung] Einl. § 75.

Dagegen ist der Staat denjenigen, welcher seine besonderen Rechte und Vorteile dem Wohle des gemeinen Wesens aufzuopfern genötigt wird, zu entschädigen gehalten.

[Aufgabe der Polizei] § 10 II 17[1]).

Die nötigen Anstalten zur Erhaltung der öffentlichen Ruhe, Sicherheit und Ordnung und zur Abwendung der dem Publikum oder einzelnen Mitgliedern desselben bevorstehenden Gefahr zu treffen, ist das Amt der Polizei.

[Baurechtliche Vorschriften[2]).]

Teil I. Titel VIII. **Vom Eigentum.**

Bei Gebäuden. Pflichten des Eigentümers wegen deren Unterhaltung und Wiederherstellung.

[Denkmäler] § 35.

Statuen und Denkmäler, die auf öffentlichen Plätzen errichtet werden, darf niemand, wer er auch sei, beschädigen oder ohne obrigkeitliche Erlaubnis wegnehmen oder einreißen.

---

[1]) D. h. § 10 in Teil II, Titel 17 des Allg. Landrechts.

[2]) Die abgedruckten Vorschriften gehören zu den in Art. 89 Ziff. 1b des Preuß. AusfG. z. BGB. vom 20. September 1899 (GS. S. 177) ausdrücklich aufrechterhaltenen.

[Gebäude] **§ 36.**

Noch weniger dürfen, ohne dergleichen Erlaubnis, Gebäude in den Städten, die an Straßen oder öffentliche Plätze stoßen, zerstört oder vernichtet werden.

[Instandhaltungspflicht] **§ 37.**

Dergleichen Gebäude muß der Eigentümer, soweit es zur Erhaltung der Substanz und Verhütung alles Schadens und Nachteils für das Publikum notwendig ist, in baulichem Stande unterhalten.

[Wiederherstellungspflicht] **§ 38.**

Was [in] § 36 u. f. von verfallenen städtischen Gebäuden verordnet ist, gilt auch von solchen, die durch Feuer oder anderes Unglück zerstöret worden, wenn der bisherige Eigentümer dieselben innerhalb einer von der Obrigkeit zu bestimmenden Frist nicht wiederherstellen kann oder will.

Einschränkungen des Eigentümers bei dem Bauen.

[Die §§ 65—82 sind die gesetzlichen Grundlagen der Baupolizeiverordnungen.]

[Baufreiheit] **§ 65.**

In der Regel ist jeder Eigentümer seinen Grund und Boden mit Gebäuden zu besetzen oder sein Gebäude zu verändern wohl befugt.

[Einschränkungen] **§ 66.**

Doch soll zum Schaden oder zur Unsicherheit des gemeinen Wesens, oder zur Verunstaltung der Städte und öffentlichen Plätze, kein Bau und keine Veränderung vorgenommen werden.

[Anzeigepflicht] **§ 67.**

Wer also einen neuen Bau in Städten anlegen will, muß davon zuvor der Obrigkeit zur Beurteilung Anzeige machen.

24. Aus dem Preußischen Ausführungsgesetz zum Bürgerlichen Gesetzbuch.

Vom 20. September 1899 (GS. S. 177).

Art. 8.

Verjährung gewisser [öffentlich-rechtlicher] Ansprüche.

§ 1.

In vier Jahren verjähren:

1. die Ansprüche der Kirchen, der Geistlichen und der sonstigen Kirchenbeamten wegen der Gebühren für kirchliche Handlungen;
2. die Ansprüche auf Zahlung der von einer Verwaltungsbehörde, einem Verwaltungsgericht oder einer Auseinandersetzungsbehörde nicht oder zu wenig eingezogenen Kosten;
3. die Ansprüche der Ortsbehörden wegen der Gebühren für Handlungen der freiwilligen Gerichtsbarkeit oder für ihre Tätigkeit als gerichtliche Hilfsbeamte;
4. die Ansprüche auf Rückerstattung von Kosten, die von einer öffentlichen Behörde mit Unrecht erhoben sind;
5. die Ansprüche auf Rückstände von Verkehrsabgaben, die infolge einer besonderen Berechtigung an Privatpersonen zu entrichten sind.

§ 2.

Auf die Verjährung finden die Vorschriften des Bürgerlichen Gesetzbuches und des Art. 169 Abs. 1 des Einführungsgesetzes zum Bürgerlichen Gesetzbuche mit folgenden Maßgaben Anwendung:

1. Die Verjährung beginnt, unbeschadet der Vorschrift des § 201 Satz 2 des Bürgerlichen Gesetzbuchs, für die im § 1 Nr. 1 bis 3 bezeichneten Ansprüche mit dem Schlusse des Jahres, in welchem die Gebühren oder Kosten fällig werden, für die im § 1 Nr. 4, 5 bezeichneten Ansprüche mit dem Schlusse des Jahres, in welchem der Anspruch entsteht.

2. Soweit die im § 1 Nr. 1, 2 bezeichneten Gebühren und Kosten der Beitreibung im Verwaltungszwangsverfahren unterliegen, wird die Verjährung auch durch eine an den Zahlungspflichtigen erlassene Aufforderung zur Zahlung und durch die Bewilligung einer von ihm nachgesuchten Stundung unterbrochen. Wird die Verjährung unterbrochen, so beginnt eine neue Verjährung nicht vor dem Schlusse des Jahres, in welchem

der für die Beendigung der Unterbrechung maßgebende Zeitpunkt eintritt, und im Falle der Bewilligung einer Stundung nicht vor dem Schlusse des Jahres, in welchem die bewilligte Frist abläuft.

Art. 11.

Zahlungen aus öffentlichen Kassen.

Zahlungen aus öffentlichen Kassen sind, wenn nicht ein anderes bestimmt ist, an der Kasse in Empfang zu nehmen.

---

25. Gesetz zum Schutze der persönlichen Freiheit.

Vom 12. Februar 1850 (GS. S. 45).

[Die §§ 1—5 und 11—13 dieses Gesetzes sind durch die Strafprozeßordnung §§ 102—109 und 112—115 überholt. In Geltung geblieben und auch durch die neue Reichsverf. nicht überholt, vielmehr als die in Art. 114 und 115 vorbehaltene gesetzliche Regelung aufzufassen, sind die nachstehenden Bestimmungen.]

[Schutzhaft] **§ 6.**

Die im § 3 genannten [Polizei-] Behörden, Beamten und Wachtmannschaften sind befugt, Personen in polizeiliche Verwahrung zu nehmen, wenn der eigene Schutz dieser Personen oder die Aufrechthaltung der öffentlichen Sittlichkeit, Sicherheit und Ruhe diese Maßregel dringend erfordern. Die polizeilich in Verwahrung genommenen Personen müssen jedoch spätestens im Laufe des folgenden Tages in Freiheit gesetzt oder es muß in dieser Zeit das Erforderliche veranlaßt werden, um sie der zuständigen Behörde zu überweisen.

[Unverletzlichkeit der Wohnung] **§ 7.**

In eine Wohnung darf wider den Willen des Inhabers niemand eindringen, außer auf Grund einer aus amtlicher Eigenschaft folgenden Befugnis oder eines von einer gesetzlich dazu ermächtigten Behörde erteilten Auftrags.

[Eindringen bei Nacht] **§ 8.**

Das Eindringen in die Wohnung während der Nachtzeit ist verboten[1]). Die Nachtzeit[1]) umfaßt für die Zeit vom 1. Oktober

---

[1]) Vgl. § 104 StrPO.

bis 31. März die Stunden von 6 Uhr abends bis 6 Uhr morgens und für die Zeit vom 1. April bis 30. September die Stunden von 9 Uhr abends bis 4 Uhr morgens.

[Ausnahmen von § 8] **§ 9.**

Das Verbot, in eine Wohnung zur Nachtzeit einzudringen, begreift nicht die Fälle einer Feuers- oder Wassersnot, einer Lebensgefahr oder eines aus dem Inneren der Wohnung hervorgegangenen Ansuchens; es bezieht sich nicht auf die Orte, in welchen während der Nachtzeit das Publikum ohne Unterschied zugelassen wird, solange diese Orte dem Publikum zum ferneren Eintritt oder dem eingetretenen Publikum zum ferneren Verweilen geöffnet sind.

[Weitere Ausnahmen von § 8] **§ 10[1]).**

Zum Zweck der Wiederergreifung eines entsprungenen Gefangenen darf der verfolgende oder zugezogene Beamte, ingleichen die verfolgende oder zugezogene Wachtmannschaft, auch zur Nachtzeit in eine Wohnung eindringen. Außerdem darf zum Zwecke der Verhaftung oder vorläufigen Festnahme der verfolgende Beamte nur dann zur Nachtzeit in eine Wohnung eindringen, wenn dringende Gründe dafür sprechen, daß bei längerer Verzögerung der Verfolgte sich der Festnahme ganz entziehen werde.

---

26. Gesetz über die Polizei-Verwaltung.

Vom 11. März 1850 (GS. S. 265).

[Das Gesetz regelt die Organisation der Polizei (Grundsatz der Polizei als Staatsfunktion § 2) und das Polizeiverordnungsrecht, namentlich umschreibt es in seinem wichtigen § 6 die zulässigen Gegenstände von Ortspolizeiverordnungen. Seine Bestimmungen über das formelle Polizeiverordnungsrecht sind großenteils überholt durch das Landesverwaltungsgesetz (oben Nr. 2). Für polizeiliche Verfügungen gilt das Gesetz nicht unmittelbar, nach der Rechtsprechung des OVG. ist aber seine Umschreibung des Bereichs der Polizeiverordnungen der Sache nach auch für polizeiliche Verfügungen maßgebend.]

[1]) Hier wiedergegeben, soweit nicht auch durch die StrPO. und die Reichssteuergesetzgebung überholt.

[Ortspolizei] **§ 1.**

(1) Die örtliche Polizeiverwaltung wird von den nach den Vorschriften der Gesetze[1]) dazu bestimmten Beamten[1]) im Namen des [Königs] Staates geführt — vorbehaltlich der im § 2 des gegenwärtigen Gesetzes vorgesehenen Ausnahme.

(2) Die Ortspolizeibeamten sind verpflichtet, die ihnen von der vorgesetzten Staatsbehörde in Polizeiangelegenheiten erteilten Anweisungen zur Ausführung zu bringen.

(3) Jeder, der sich in ihrem Verwaltungsbezirke aufhält oder daselbst ansässig ist, muß ihren polizeilichen Anordnungen Folge leisten.

[Staatliche Polizeiverwaltungen] **§ 2.**

In Gemeinden, wo sich eine Bezirksregierung oder ein Landgericht[2]) befindet, sowie in Festungen und in Gemeinden von mehr als 10 000 Einwohnern, kann die örtliche Polizeiverwaltung durch Beschluß des Ministers des Innern besonderen Staatsbeamten übertragen werden. Auch in anderen Gemeinden kann aus dringenden Gründen dieselbe Einrichtung zeitweise eingeführt werden[3]).

[Polizeikosten][4]) **§ 3.**

Die Kosten der örtlichen Polizeiverwaltung sind, mit Ausnahme der Gehälter der von der Staatsregierung im Falle der Anwendung des § 2 angestellten besonderen Beamten, von den Gemeinden zu bestreiten.

[Besondere Vorschr. des Reg.Präs.] **§ 4.**

(1) Über die Einrichtungen, welche die örtliche Polizeiverwaltung erfordert, kann der Regierungspräsident[5]) besondere Vorschriften erlassen. [Satz 2 veraltet.]

---

[1]) Die ursprüngliche Fassung sprach von Gemeindeordnung und erwähnte einzelne Gemeindebeamte.

[2]) Die ursprüngliche Fassung ist veraltet.

[3]) Für die **Reg.-Bez. Münster, Arnsberg** und **Düsseldorf** wurde durch Gesetz vom 19. Juli 1911 (GS. S. 147) die Ermächtigung des § 2 Satz 1 auch auf Gemeinden und Gutsbezirke schlechthin ausgedehnt, für den **Reg.-Bez. Oppeln** geschah dasselbe durch G. v. 19. Juni 1912 (GS. S. 182). Seit 1919 hat der Innenminister von diesen Befugnissen in weitestgehendem Maße Gebrauch gemacht, sodaß Anfang 1930 in 45 Städten mit etwa 16 Millionen Einwohnern staatliche Polizeiverwaltung bestand.

[4]) S. das Gesetz v. 2. August 1929, unten Nr. 27.

[5]) Dieser ist insoweit an die Stelle der Bezirksregierung getreten, § 18 LVG.

(2) Die Ernennung aller Polizeibeamten, deren Anstellung den Gemeindebehörden zusteht, bedarf der Bestätigung der Staatsregierung.

[Ortspolizeiverordnungen] **§ 5.**

(1) Die mit der örtlichen Polizeiverwaltung beauftragten Behörden sind befugt, nach Beratung mit dem Gemeindevorstande[1]) ortspolizeiliche, für den Umfang der Gemeinde gültige Vorschriften zu erlassen und gegen die Nichtbefolgung derselben Geldstrafen bis zum Betrage von 150 Reichsmark[2]) anzudrohen.

[Abs. 2 weggefallen, s. Anm. 2.]

(3) Die Regierungspräsidenten[3]) haben über die Art der Verkündung der ortspolizeilichen Vorschriften, sowie über die Formen, von deren Beobachtung die Gültigkeit derselben abhängt, die erforderlichen Bestimmungen zu erlassen.

[Gegenstände d. O. P. Verord.] **§ 6.**

Zu den Gegenständen der ortspolizeilichen Vorschriften gehören:

a) der Schutz der Personen und des Eigentums;
b) Ordnung, Sicherheit und Leichtigkeit des Verkehrs auf öffentlichen Straßen, Wegen und Plätzen, Brücken, Ufern und Gewässern;
c) der Marktverkehr und das öffentliche Feilhalten von Nahrungsmitteln;
d) Ordnung und Gesetzlichkeit bei dem öffentlichen Zusammensein einer größeren Anzahl von Personen;
e) das öffentliche Interesse in bezug auf die Aufnahme und Beherbergung von Fremden; die Wein-, Bier- und Kaffeewirtschaften und sonstige Einrichtungen zur Verabreichung von Speisen und Getränken;
f) Sorge für Leben und Gesundheit;
g) Fürsorge gegen Feuersgefahr bei Bauausführungen, sowie gegen gemeinschädliche und gemeingefährliche Handlungen, Unternehmungen und Ereignisse überhaupt;
h) Schutz der Felder, Wiesen, Weiden, Wälder, Baumpflanzungen, Weinberge usw.;

---

[1]) Vgl. dazu § 143 LVG.

[2]) Art. I, III der VO. über die Vermögensstrafen, Geldstrafen und Bußen, vom 6. Februar 1924 (RGBl. I S. 44).

[3]) S. § 144 Abs. 2 LVG.

24*

i) alles andere, was im besonderen Interesse der Gemeinden und ihrer Angehörigen polizeilich geordnet werden muß[1]).

[Zustimmung der Gem.Vertr.] § 7.

Zu Verordnungen über Gegenstände der landwirtschaftlichen Polizei ist die Zustimmung der Gemeindevertretung[2]) erforderlich. Die Beratung erfolgt unter dem Vorsitze des mit der örtlichen Polizeiverwaltung beauftragten Beamten.

[Abschrift der Verordnung] § 8.

Von jeder ortspolizeilichen Verordnung ist sofort eine Abschrift an die zunächst vorgesetzte Staatsbehörde einzureichen.

---

[1]) Ergänzend u. a. das

Gesetz, betreffend die Befugnis der Polizeibehörden zum Erlasse von Polizeiverordnungen über die Verpflichtung zur Hilfeleistung bei Bränden.

Vom 21. Dezember 1904 (GS. S. 291).

[Einziger Paragraph.]

(1) Soweit das Feuerlöschwesen nicht durch Ortsstatut geregelt ist, können Polizeiverordnungen über die Verpflichtung der Einwohner zur persönlichen Hilfeleistung bei Bränden, insbesondere zum Eintritt in eine Pflichtfeuerwehr, über die Regelung der hiermit verbundenen persönlichen Dienstpflichten, über die Gestellung der erforderlichen Gespanne und über die Verpflichtung zur Hilfeleistung bei Bränden in der Umgegend, erlassen werden.

(2) Solche Polizeiverordnungen gehören im Sinne des § 143 des Gesetzes über die allgemeine Landesverwaltung vom 30. Juli 1883 (Gesetzsamml. S. 195) nicht zum Gebiete der Sicherheitspolizei.

(3) Sie treten außer Kraft, soweit das Feuerlöschwesen durch ein Ortsstatut geregelt wird.

(4) Das Ortsstatut ist an die Bestimmungen des § 68 des Kommunalabgabengesetzes vom 14. Juli 1893 (Gesetzsamml. S. 152) nicht gebunden.

Hingewiesen sei ferner auf die Ermächtigung zum Erlaß von Polizeiverordnungen in folgenden Spezialgesetzen:

Verunstaltungsgesetz von 1902, wiedergegeben oben Nr. 28 bei § 8.

Gesetz über die Regelung des Körwesens und des Pferderennwesens durch Polizeiverordnungen vom 4. August 1922, GS. S. 225 (mit Änderung durch Gesetz vom 15. März 1927, GS. S. 37).

Moorschutzgesetz vom 20. August 1923 (GS. S. 400) § 2.

Gesetz zur Erhaltung des Baumbestandes und Erhaltung und Freigabe von Uferwegen im Interesse der Volksgesundheit vom 29. Juli 1922 (GS. S. 213).

[2]) Vgl. dazu § 143 LVG.

§§ 9, 10.

[Betr. Änderung und Aufhebung der Polizeiverordnungen, sind ersetzt durch § 145 LVG.]

§ 11.

[Betr. Polizeiverordnungsgewalt des Regierungspräsidenten, ist ersetzt durch § 137 Abs. 2 LVG.]

[Zuständigkeit des Reg.Präs.]

§ 12.

Die Vorschriften der Regierungspräsidenten[1]) (§ 11) können sich auf die im § 6 dieses Gesetzes angeführten und alle anderen Gegenstände beziehen, deren polizeiliche Regelung durch die Verhältnisse der Gemeinden oder des Bezirks erfordert wird.

§ 13.

[Ersetzt durch § 139 LVG.]

§ 14.

Die Befugnis der Bezirksregierungen, sonstige allgemeine Verbote und Strafbestimmungen in Ermangelung eines bereits bestehenden gesetzlichen Verbotes mit höherer Genehmigung zu erlassen, ist aufgehoben.

§ 15.

Es dürfen in die polizeilichen Vorschriften (§§ 5 und 11) keine Bestimmungen aufgenommen werden, welche mit den Gesetzen oder den Verordnungen einer höheren Instanz im Widerspruche stehen.

[Aufhebung durch den M. d. J.]

§ 16.

(1) Der Minister des Innern ist befugt, soweit Gesetze nicht entgegenstehen, jede polizeiliche Vorschrift durch einen förmlichen Beschluß außer Kraft zu setzen.

(2) Die Genehmigung des [Königs] Staatsministeriums[2]) ist hierzu erforderlich, wenn die polizeiliche Vorschrift von dem [Könige] Staatsministerium[2]) oder mit dessen Genehmigung erlassen war.

[Nachprüfung d. Gesetzmäßigkeit]

§ 17.

Die Strafgerichte haben über alle Zuwiderhandlungen gegen polizeiliche Vorschriften (§§ 5 und 11) zu erkennen, und

---

[1]) S. Anm. 5 zu § 4.

[2]) Gemäß Art. 82 PrV.

dabei nicht die Notwendigkeit oder Zweckmäßigkeit, sondern nur die gesetzliche Gültigkeit jener Vorschriften nach den Bestimmungen der §§ 5, 11 und 15 dieses Gesetzes in Erwägung zu ziehen.

[Ersatzfreiheitsstrafe] **§ 18.**

Für den Fall des Unvermögens des Angeschuldigten ist auf verhältnismäßige Haftstrafe[1]) zu erkennen. [Satz 2 weggefallen, s. Anm. 3.]

[Ältere Polizeiverordnungen] **§ 19.**

Die bisher erlassenen polizeilichen Vorschriften bleiben so lange in Kraft, bis sie in Gemäßheit dieses Gesetzes aufgehoben werden.

§ 20.

[Infolge §§ 132, 133 LVG. veraltet.]

[Schlußbestimmung] **§ 21.**

Alle diesem Gesetze entgegenstehenden Bestimmungen sind aufgehoben.

---

27. Polizeikostengesetz.

Vom 2. August 1929 (GS. S. 162).

[Das Gesetz regelt unter Scheidung von unmittelbaren und mittelbaren Polizeikosten die Verteilung der Kosten der Ausübung der Polizei zwischen Staat und Gemeinde und zwischen mehreren Gemeinden. Die wichtigsten Neuerungen der Regelung von 1929 gegenüber derjenigen von 1908 sind in § 3 enthalten.]

[Unmittelb. u. mittelb. Pol.-Kosten] **§ 1.**

(1) Unmittelbare Kosten der örtlichen Polizeiverwaltung sind sämtliche persönlichen Bezüge (einschließlich der Ruhegehälter, Wartegelder und Versorgungsbezüge) der Polizeibeamten, der bei der Polizei beschäftigten Angestellten und Ar-

---

[1]) Zuwiderhandlungen gegen polizeiliche Vorschriften sind stets Übertretungen im S. v. § 1 des Reichsstrafgesetzbuchs. Daher kommt als Ersatzfreiheitsstrafe nur Haft in Frage. Die Bemessung und der Höchstbetrag (6 Wochen) richten sich nach § 29 RStrGB.

beiter und der Beamten des Nachtwachdienstes, Witwen- und Waisengelder für Hinterbliebene dieser Beamten, Tagegelder, Reise- und Umzugskosten, Wohnungs- und Notstandsbeihilfen, Unterstützungen, Ausgaben auf Grund der Reichsversicherungsgesetzgebung, aus Haftpflichtfällen, zur Beschaffung, Anmietung und Unterhaltung aller Liegenschaften, die polizeilichen Zwecken dienen, einschließlich der Einrichtungsgegenstände, Kosten für Verpflegung, Bekleidung, Ausrüstung und ärztliche Behandlung, Bildung, Fürsorge, Unterricht und Leibesübung, für Geschäftsbedürfnisse, Polizeigefängniskosten, Kosten der örtlichen Schlachtvieh- und Fleischbeschau sowie alle sonstigen Ausgaben, welche entstehen, um die Polizeibehörde zum Erlaß ihrer Anordnungen instand zu setzen, und die Kosten der Anordnungen selbst.

(2) Mittelbare Polizeikosten der örtlichen Polizeiverwaltung sind solche, die infolge der Verwaltungstätigkeit der Polizei zur Herstellung polizeimäßiger Zustände in der Außenwelt entstehen.

[Grundsätzl. Kostenverteilung] § 2.

(1) Die unmittelbaren und mittelbaren Kosten der örtlichen Polizeiverwaltung werden von den Gemeinden und den Gemeindeverbänden, welche einen Ortspolizeibezirk bilden, getragen; ihnen fallen auch die Einnahmen aus der örtlichen Polizeiverwaltung zu.

(2) Soweit in Gemeinden und Gemeindeverbänden die örtliche Polizeiverwaltung von einer staatlichen Behörde geführt wird oder sich daselbst staatliche Einrichtungen für Aufgaben der örtlichen Polizeiverwaltungen, insbesondere staatliche Polizeibereitschaften und Kommandos oder einzelne staatliche Polizeibeamte befinden, bestreitet der Staat die durch die staatliche Verwaltung und die Verwendung staatlicher Beamter entstehenden unmittelbaren Polizeikosten. Er erhebt alle Einnahmen, die aus den von ihm zu erledigenden polizeilichen Aufgaben entstehen.

(3) Die Kosten für die Einrichtung und Unterhaltung von Richtungsschildern (Wegweisern), Gefahrentafeln, von polizeilichen Gebots- und Verbotstafeln, der Bezeichnung von Straßen verschiedener Ordnung, von Einbahnstraßen, Parkplätzen und Übergangswegen, der Signaleinrichtungen und Verkehrstürme einschließlich der Stromkosten für den Betrieb der Verkehrssignale, sowie die Kosten aller derartigen im Interesse der Leichtigkeit und Sicherheit des Verkehrs erforderlichen Einrichtungen, Anlagen und baulichen Maßnahmen trägt der Wegeunterhaltungspflichtige. Alle derartigen Einrichtungen sind dem Wegeunterhaltungspflichtigen, soweit sie nicht schon bisher in seinem

Eigentume standen, unentgeltlich zu überlassen. Art, Umfang und technische Ausgestaltung der Einrichtungen richten sich nach den Anforderungen der Verkehrspolizeibehörde nach einheitlich vom Minister des Innern zu erlassenden Vorschriften.

[Gem.zuschüsse bei staatl. Pol.Verw.] § 3.

(1) Zu den dem Staate gemäß § 2 Abs. 2 zur Last fallenden Kosten der örtlichen Polizeiverwaltung leisten die Gemeinden, in denen die örtliche Polizeiverwaltung von einer staatlichen Behörde geführt wird, einen Beitrag. Als örtliche Polizeiverwaltung, jedoch nicht als staatliche Behörde im Sinne dieses Gesetzes, ist der Landrat in der Provinz Hannover und der Distriktskommissar in der Provinz Grenzmark Posen-Westpreußen, als Ortspolizeibezirk im Sinne des § 4 dieses Gesetzes ist in beiden Landesteilen die Gemeinde anzusehen.

(2) Für das Rechnungsjahr 1930 sind 48 Millionen *RM* als Beitrag zu zahlen. Für die folgenden Rechnungsjahre ändert sich der Beitrag in demselben Verhältnis, in dem die um die Isteinnahmen verminderten Istausgaben des Staates für die Polizei im jeweils vorangegangenen Rechnungsjahre zu denen für das Rechnungsjahr 1927 stehen. Die Höhe wird jeweils durch die Minister des Innern und der Finanzen endgültig festgesetzt. Hierbei sind die Einnahmen und Ausgaben der Polizei in dem Verhältnisse der Gesamtzahl des Etats der Polizeibeamten zu dem der Landjägereibeamten zu kürzen. Von der Gesamtzahl der Landjägereibeamten sind jedoch die in verstaatlichten Polizeibezirken stationierten Landjägereibeamten abzurechnen.

(3) Der Beitrag wird auf die beteiligten Gemeinden zur Hälfte nach der Bevölkerungszahl im Sinne der für die Verteilung der Reichseinkommen- und Körperschaftsteuer auf die Gemeinden maßgebenden Bestimmungen des Preußischen Ausführungsgesetzes zum Finanzausgleichsgesetze, zur Hälfte nach Maßgabe der Beträge verteilt, die ihnen nach dem Stande des 31. März aus dem reinen Gemeindeanteil an Einkommen- und Körperschaftsteuer nach den reichsrechtlichen Rechnungsanteilen für das vorangegangene Rechnungsjahr rechnerisch zugeflossen wären, soweit diese Rechnungsanteile den Berechnungen für die landesrechtliche Verteilung der Einkommen- und Körperschaftsteuer zugrunde gelegt worden sind. Der Beitrag ist in vierteljährlichen Raten im voraus zu entrichten.

(4) Soweit die örtliche Polizeiverwaltung nur für Teile eines Gemeindebezirkes von einer staatlichen Behörde geführt wird, ist der auf die Gemeinde entfallende Beitrag nur nach der Bevölkerungszahl (Abs. 3) des verstaatlichten Gemeindeteils und nach den im Verhältnisse der Gesamtbevölkerungszahl

(Abs. 3) zu der Bevölkerungszahl (Abs. 3) des verstaatlichten Gemeindeteils gekürzten Reichseinkommen- und Körperschaftsteuerbeträgen (Abs. 3) zu berechnen.

[Sonderfälle] § 4.

(1) Die Kosten der Ausführung eines ihr von der polizeilichen Aufsichtsbehörde erteilten polizeilichen Auftrags trägt die örtliche Polizeiverwaltung.

(2) Bei vorübergehender Verwendung von Polizeibeamten in einem anderen Ortspolizeibezirke sind alle aus dieser Verwendung entstehenden Mehrkosten als Polizeikosten desjenigen örtlichen Polizeibezirkes anzusehen, in dem die Beamten Verwendung finden. Vorstehende Bestimmung findet keine Anwendung auf die Verwendung von Landjägereibeamten innerhalb der Landgemeinden desjenigen Landkreises, dem die Beamten zugeteilt sind.

(3) Dient der Zweck eines von der polizeilichen Aufsichtsbehörde erteilten polizeilichen Auftrags (Abs. 1) oder der vorübergehenden Verwendung von Polizeibeamten in einem anderen Ortspolizeibezirk (Abs. 2) seiner Art nach überwiegend der Aufrechterhaltung der Staatssicherheit oder der öffentlichen Ruhe, Sicherheit und Ordnung eines über den Bereich einer örtlichen Polizeiverwaltung hinausgehenden Gebiets, so sind die Mehrkosten dieses Auftrags oder dieser auswärtigen Verwendung auf Antrag der betreffenden örtlichen Polizeiverwaltung auf die Staatskasse zu übernehmen.

(4) Werden Polizeibeamte zur Erfüllung polizeilicher Aufgaben vorübergehend in einer Ortschaft untergebracht, in der keine staatliche Unterkunft vorhanden ist oder die vorhandene nicht ausreicht, so hat die Gemeinde ihnen gegen Entschädigung Unterkunft zu gewähren.

(5) Den zur Probedienstleistung in der Gemeindepolizei abgeordneten Schutzpolizeibeamten sind Dienstbezüge in der Höhe zu gewähren, wie sie den in andere Dienstzweige der staatlichen Polizei übernommenen kündbaren Schutzpolizeibeamten zustehen. Die Gemeinde hat diesen Beamten ferner für die Dauer des Probedienstes die Wohnungsbeihilfe und im Falle ihrer endgültigen Anstellung im Gemeindedienste die Umzugskosten, beide Bezüge in der Höhe zu gewähren, wie sie gleichbesoldeten Staatsbeamten zustehen.

[Gemeindegebäude f. staatl. Polizei] § 5.

Gemeinden und Gemeindeverbände, in denen die örtliche Polizeiverwaltung einer staatlichen Behörde oder einem Staatsbeamten übertragen worden ist oder wird, sind verpflichtet, die

Grundstücke, Gebäude, Gebäudeteile, Einrichtungen und Geräte, die schon zuvor den Zwecken der örtlichen Polizeiverwaltung gedient haben, auf Anfordern dem Staate gegen angemessene Entschädigung nach Bedarf zur Verfügung zu stellen. Die Überlassung der vorhandenen Akten und Karteien geschieht unentgeltlich. Die Gemeinden bleiben ferner verpflichtet, die in ihrem Eigentume stehenden Grundstücke, Gebäude, Gebäudeteile, Einrichtungen und Geräte, die bereits beim Inkrafttreten des Polizeikostengesetzes vom 3. Juni 1908 (Gesetzsamml. S. 149) den Zwecken der staatlichen Ortspolizeiverwaltung unentgeltlich dienten, auch ferner für die Dauer des Bedarfs der staatlichen Ortspolizeibehörde für diese Zwecke unentgeltlich zu belassen.

§ 6.

Die bestehenden **Verträge über die Hergabe von Grundstücken** usw. (§ 5) zur Benutzung für die staatlichen Ortspolizeiverwaltungen werden durch die Bestimmungen dieses Gesetzes nicht berührt.

[Ausschlußfrist für Ansprüche] § 7.

Alle geldlichen Ansprüche aus diesem Gesetz erlöschen, wenn sie nicht innerhalb zweier Jahre, nachdem die den Anspruch begründenden Tatsachen dem Anspruchsberechtigten bekannt geworden sind, gegenüber dem Verpflichteten schriftlich geltend gemacht werden.

[Entscheidung von Streitigkeiten] § 8.

(1) **Der Regierungspräsident** entscheidet:

1. bei Streitigkeiten aus den §§ 1, 2, 4 und 5;
2. über die Unterverteilung in den Fällen des § 4 Abs. 1 und 2;
3. über die Übernahme von Kosten auf die Staatskasse, § 4 Abs. 3.

Für Berlin tritt an die Stelle des Regierungspräsidenten der Oberpräsident. Gehören die Parteien oder Streitgenossen mehreren Regierungsbezirken derselben Provinz an, so bestimmt der Oberpräsident, andernfalls der Minister des Innern, den für die Entscheidung zuständigen Regierungs- bzw. Oberpräsidenten.

(2) Gegen die Entscheidung des Regierungspräsidenten ist binnen einer Ausschlußfrist von zwei Wochen die **Klage im Verwaltungsstreitverfahren** beim Bezirksausschuß und gegen dessen Entscheidung binnen einer Ausschlußfrist von zwei Wochen die Revision an das Oberverwaltungsgericht gegeben. Die Revision kann nur darauf gestützt werden,

a) daß die angefochtene Entscheidung auf der Nichtanwendung oder auf der unrichtigen Anwendung des bestehenden Rechtes beruhe,

b) daß das Verfahren an wesentlichen Mängeln leide.

(3) Die Zulässigkeit der Revision ist durch einen 1000 *RM* übersteigenden Beschwerdegegenstand bedingt.

(4) Gegen die Entscheidung des Oberpräsidenten der Provinz Brandenburg und von Berlin im Falle des Abs. 1 Satz 2 ist innerhalb einer Ausschlußfrist von zwei Wochen die Klage beim Oberverwaltungsgerichte gegeben; die Zulässigkeit der Klage ist durch einen 1000 *RM* übersteigenden Beschwerdegegenstand bedingt.

(5) Die vom Regierungspräsidenten über die Einrichtungen und Maßnahmen, welche die örtliche Polizeiverwaltung erfordert, erlassenen Vorschriften und Anordnungen unterliegen nicht den Rechtsmitteln des Abs. 2.

(6) Gegen die Verfügungen der Verkehrspolizeibehörde auf Grund des § 2 Abs. 3 sind die allgemeinen Rechtsmittel gegen polizeiliche Verfügungen gegeben mit der Maßgabe, daß gegen die Verfügungen eines staatlichen Polizeiverwalters stets die Beschwerde an den Regierungspräsidenten (gegen die des Polizeipräsidenten in Berlin an den Oberpräsidenten) oder die Klage beim Bezirksausschusse stattfindet.

(7) Erachtet der in Anspruch Genommene zu der ihm angesonnenen Leistung aus Gründen des öffentlichen Rechtes statt seiner einen anderen für verpflichtet, so ist das Rechtsmittel zugleich gegen diesen zu richten.

[Ausgleich aus Steuerüberweis.] **§ 9.**

(1) Aus dem Anteile, der gemäß den Vorschriften des § 11 des Preußischen Ausführungsgesetzes zum Finanzausgleichsgesetz auf die Gesamtheit der Gemeinden mit mehr als 2000 Einwohnern entfällt[1]), erhalten die Gemeinden und Gemeindeverbände für jeden von der Aufsichtsbehörde bestätigten, überwiegend mit polizeilichen Diensten beschäftigten kommunalen Polizeivollzugsbeamten vorweg einen Ausgleichsbetrag von 1000 *RM* im Rechnungsjahre 1930, von 2000 *RM* im Rechnungsjahre 1931 und von 3000 *RM* vom Rechnungsjahre 1932 an.

(2) Die hierfür erforderliche Gesamtsumme wird auf die Gemeinden mit mehr als 2000 Einwohnern nach demselben Maßstab umgelegt wie die zweite Hälfte des Gesamtbeitrags der Gemeinden mit staatlicher Polizei zu den Kosten dieser Polizei (vgl. § 3 Abs. 3).

---

[1]) § 11 a. a. O. regelt die Überweisungen aus der Einkommen- und Körperschaftsteuer.

[Inkrafttreten] **§ 10.**

(1) Dieses Gesetz tritt am 1. April 1930 in Kraft. Mit demselben Zeitpunkte treten das Polizeikostengesetz vom 3. Juni 1908 (Gesetzsamml. S. 149), das Gesetz über die Änderung des Polizeikostengesetzes vom 6. November 1924 (Gesetzsamml. S. 727), § 7 Abs. 3 des Gesetzes, betreffend den Erlaß polizeilicher Strafverfügungen wegen Übertretungen, vom 23. April 1883 (Gesetzsamml. S. 65), ferner alle bisherigen Bestimmungen über Verteilung der Polizeikosten, Zuschüsse und Beihilfen zu den Polizeikosten und über Einnahmen aus der Polizeiverwaltung sowie alle auf diesem Gebiete bestehenden örtlichen oder für Teile des Staatsgebiets geltenden Sonderbestimmungen außer Kraft. Die Vorschriften des § 7 Abs. 1 und 2 des Gesetzes, betreffend den Erlaß polizeilicher Strafverfügungen wegen Übertretungen, vom 23. April 1883 (Gesetzsamml. S. 65) bleiben unberührt.

(2) Soweit jedoch in der Rheinprovinz bisher die von den staatlichen Polizeibehörden festgesetzten Polizeistrafen den Gemeinden zugeflossen sind, erhalten die Gemeinden weiterhin im ersten Jahre des Inkrafttretens dieses Gesetzes zwei Drittel und im zweiten Jahre des Inkrafttretens noch ein Drittel dieser Strafgelder.

[Ausführung] **§ 11.**

Die Minister des Innern und der Finanzen sind mit der Ausführung dieses Gesetzes beauftragt.

---

28. Gesetz gegen die Verunstaltung von Ortschaften und landschaftlich hervorragenden Gegenden.

Vom 15. Juli 1907 (GS. S. 260).

[Nachdem das bei § 8 erwähnte erste Verunstaltungsgesetz von 1902 die unter § 10 II 17 ALR. nicht fallende Bekämpfung der Verunstaltung der Polizei als Aufgabe grundsätzlich zugewiesen hatte, geschieht dasselbe in erheblich vergrößertem Umfang durch das vorliegende Gesetz, das jedoch als Form der Regelung die ortsstatutarische vorsieht.]

[Aufgabe der Baupolizei] **§ 1.**

Die baupolizeiliche Genehmigung zur Ausführung von Bauten und baulichen Änderungen ist zu versagen, wenn dadurch Straßen oder Plätze der Ortschaft oder das Ortsbild gröblich verunstaltet werden würden.

[Schutz des Orts- u. Straßenbildes] § 2.

(1) Durch Ortsstatut kann für bestimmte Straßen und Plätze von geschichtlicher oder künstlerischer Bedeutung vorgeschrieben werden, daß die baupolizeiliche Genehmigung zur Ausführung von Bauten und baulichen Änderungen zu versagen ist, wenn dadurch die Eigenart des Orts- oder Straßenbildes beeinträchtigt werden würde. Ferner kann durch Ortsstatut vorgeschrieben werden, daß die baupolizeiliche Genehmigung zur Ausführung baulicher Änderungen an einzelnen Bauwerken von geschichtlicher oder künstlerischer Bedeutung und zur Ausführung von Bauten und baulichen Änderungen in der Umgebung solcher Bauwerke zu versagen ist, wenn ihre Eigenart oder der Eindruck, den sie hervorrufen, durch die Bauausführung beeinträchtigt werden würde.

(2) Wenn die Bauausführung nach dem Bauentwurfe dem Gepräge der Umgebung der Baustelle im wesentlichen entsprechen würde und die Kosten der trotzdem auf Grund des Ortsstatuts geforderten Änderungen in keinem angemessenen Verhältnisse zu den dem Bauherrn zur Last fallenden Kosten der Bauausführung stehen würden, so ist von der Anwendung des Ortsstatuts abzusehen.

[Anbring. v. Reklameschildern usw.] § 3.

Durch Ortsstatut kann vorgeschrieben werden, daß die Anbringung von Reklameschildern, Schaukästen, Aufschriften und Abbildungen der Genehmigung der Baupolizeibehörde bedarf. Die Genehmigung ist unter den gleichen Voraussetzungen zu versagen, unter denen nach den §§ 1 und 2 die Genehmigung zu Bauausführungen zu versagen ist.

[Bebauungsvorschriften] § 4.

Durch Ortsstatut können für die Bebauung bestimmter Flächen wie Landhausviertel, Badeorte, Prachtstraßen besondere, über das sonst baupolizeilich zulässige Maß hinausgehende Anforderungen gestellt werden.

[Anhörung Sachverständiger] § 5.

Der Beschlußfassung über das Ortsstatut hat in den Fällen der §§ 2 und 4 eine Anhörung Sachverständiger vorauszugehen.

[Verfahren im Falle des § 2] § 6.

(1) Sofern in dem auf Grund des § 2 erlassenen Ortsstatute keine anderen Bestimmungen getroffen werden, sind vor Erteilung oder Versagung der Genehmigung Sachverständige und der

Gemeindevorstand zu hören. Will die Baupolizeibehörde die Genehmigung gegen den Antrag des Gemeindevorstandes erteilen, so hat sie ihm dieses durch Bescheid mitzuteilen. Gegen den Bescheid steht dem Gemeindevorstand innerhalb zwei Wochen die Beschwerde an die Aufsichtsbehörde zu.

(2) In Gemeinden, in denen der Gemeindevorstand nicht aus einer Mehrheit von Personen besteht und der Gemeindevorsteher (Bürgermeister) zugleich Ortspolizeiverwalter ist, tritt an die Stelle des Gemeindevorstandes, sofern nicht in dem Ortsstatut etwas anderes bestimmt wird, der Gemeindebeamte, welcher den Gemeindevorsteher in Behinderungsfällen zu vertreten hat.

§ 7.

Für **selbständige Gutsbezirke** können die dem Ortsstatute vorbehaltenen Vorschriften nach Anhörung des Gutsvorstehers von dem Kreisausschuß erlassen werden. Der Beschluß des Kreisausschusses bedarf der Bestätigung des Bezirksausschusses. Die Bestimmungen des § 2 Abs. 2, § 5 und § 6 finden sinngemäß Anwendung.

[Schutz der Landschaft]

§ 8[1]).

(1) Der Regierungspräsident ist befugt, mit Zustimmung des Bezirksausschusses für landschaftlich hervorragende Teile des Regierungsbezirkes vorzuschreiben, daß die baupolizeiliche Genehmigung zur Ausführung von Bauten und baulichen Änderungen außerhalb der Ortschaften versagt werden kann, wenn dadurch das Landschaftsbild gröblich verunstaltet werden würde und dies durch die Wahl eines anderen Bauplatzes oder eine andere Baugestaltung oder die Verwendung anderen Baumaterials vermieden werden kann.

---

[1]) Den Schutz der Landschaft speziell gegen Verunzierung durch Reklameschilder bezweckte auch das weiter in Geltung gebliebene **Gesetz gegen die Verunstaltung landschaftlich hervorragender Gegenden** vom 2. Juni 1902 (GS. S. 159):

Einziger Paragraph.

Die Landespolizeibehörden sind befugt, zur Verhinderung der Verunstaltung landschaftlich hervorragender Gegenden solche Reklameschilder und sonstige Aufschriften und Abbildungen, welche das Landschaftsbild verunzieren, außerhalb der geschlossenen Ortschaften durch Polizei-Verordnung auf Grund des Gesetzes über die allgemeine Landesverwaltung vom 30. Juli 1883 (GS. S. 195) zu verbieten und zwar auch für einzelne Kreise oder Teile derselben.

(2) Vor Versagung der Genehmigung sind Sachverständige und der Gemeindevorstand zu hören. In Gemeinden, in denen der Gemeindevorstand nicht aus einer Mehrheit von Personen besteht und der Gemeindevorsteher (Bürgermeister) zugleich Ortspolizeiverwalter ist, tritt an die Stelle des Gemeindevorstandes, sofern nicht durch Ortsstatut etwas anderes bestimmt wird, der Gemeindebeamte, welcher den Gemeindevorsteher in Behinderungsfällen zu vertreten hat.

---

29. Reichsgesetz über Schußwaffen und Munition.

Vom 12. April 1928 (RGBl. I S. 143).

[Das Gesetz stellt mit den sehr weitgehenden Einschränkungen für den Waffenbesitz, die es bringt, eines der einschneidendsten Reichspolizeigesetze dar, die wir bis jetzt haben. Auf Grund von § 28 des G. erging die Ausführungsverordnung vom 13. Juli 1928, RGBl. I S. 198.]

Abschnitt I. Allgemeines.

[Schußwaffen, Munition] **§ 1.**

(1) Schußwaffen im Sinne dieses Gesetzes sind Waffen, bei denen ein Geschoß oder eine Schrotladung mittels Entwicklung von Explosivgasen oder Druckluft durch einen Lauf getrieben wird.

(2) Als Munition im Sinne dieses Gesetzes gilt fertige Munition zu Schußwaffen sowie Schießpulver jeder Art.

(3) Fertige oder vorgearbeitete wesentliche Teile von Schußwaffen oder Munition stehen fertigen Gegenständen dieser Art gleich.

Abschnitt II.
Die Herstellung von Schußwaffen und Munition.

[Genehmigungspflicht] **§ 2.**

(1) Wer gewerbsmäßig Schußwaffen oder Munition herstellen, bearbeiten oder instandsetzen will, bedarf der Genehmigung. Als Herstellung von Munition gilt auch das Wiederladen von Patronen.

(2) Die Genehmigung oder ihre Rücknahme darf nicht von der Prüfung der Bedürfnisfrage abhängig gemacht werden.

(3) Für die Errichtung von Pulverfabriken oder sonstigen Anlagen zur Munitionsbereitung bleibt daneben die Genehmigung nach § 16 der Gewerbeordnung für das Deutsche Reich im bisherigen Umfang erforderlich.

[Anfechtung der Versagung] § 3.

Die Verfügung, durch die die Genehmigung zum Gewerbebetriebe versagt oder zurückgenommen wird, kann nach den für das Rechtsmittelverfahren gegen polizeiliche Verfügungen geltenden Vorschriften der Landesgesetze angefochten werden. Wo nach diesen ein verwaltungsgerichtliches Verfahren nicht besteht oder für Fälle dieser Art nicht zulässig ist, finden die Vorschriften der §§ 20 und 21 der Gewerbeordnung für das Deutsche Reich Anwendung.

[Rechtskraft der Versagung] § 4.

Ist die Genehmigung endgültig versagt oder zurückgenommen worden, so kann ein neuer Antrag auf Erteilung der Genehmigung erst gestellt werden, wenn seit der Zustellung der endgültigen Entscheidung mindestens drei Jahre verflossen sind.

Abschnitt III. **Der Handel mit Schußwaffen und Munition.**

[Genehmigungspflicht] § 5.

(1) Wer gewerbsmäßig Schußwaffen oder Munition erwerben, feilhalten oder anderen überlassen oder wer gewerbsmäßig den Erwerb oder das Überlassen solcher Waren vermitteln oder sich gewerbsmäßig zum Erwerb oder Überlassen solcher Waren erbieten will, bedarf der Genehmigung.

(2) Die Vorschriften des § 2 Abs. 2 und der §§ 3, 4 gelten entsprechend.

§ 6.

Die Genehmigung nach § 5 darf nicht erteilt werden

1. Trödlern,
2. den im § 16 Abs. 1 Satz 2 bezeichneten Personen; Ausnahmen sind in den Grenzen des § 16 Abs. 3 zulässig.

§ 7.

(1) Verboten ist der Handel mit Schußwaffen oder Munition

1. im Umherziehen,
2. auf Jahrmärkten, Schützenfesten und Messen mit Ausnahme der Mustermessen.

(2) Nicht unter das Verbot des Abs. 1 Nr. 2 fällt das Feilhalten und Überlassen der auf den Schießständen benötigten Munition.

§ 8.

Öffentlichen und privaten Pfandleihen ist das Beleihen von Schußwaffen und Munition verboten.

[Markierungspflicht] § 9.

(1) Vom Ablauf von sechs Monaten nach Inkrafttreten dieses Gesetzes ab dürfen im Inland nur solche Schußwaffen gewerbsmäßig feilgehalten oder anderen überlassen werden, die die Firma oder das eingetragene Warenzeichen des Herstellers oder des Händlers (§ 5) und eine fortlaufende Herstellungsnummer tragen.

(2) Schußwaffen, die nicht die Firma oder das eingetragene Warenzeichen eines inländischen Herstellers tragen, müssen außer der Herstellungsnummer die Firma oder das eingetragene Warenzeichen eines im Inland wohnenden Händlers tragen.

Abschnitt IV. **Erwerb, Führen, Einfuhr und Besitz von Schußwaffen und Munition.**

[Erwerbschein] § 10.

(1) Schußwaffen oder Munition dürfen nur gegen Aushändigung eines behördlich ausgestellten Waffen- oder Munitionserwerbscheins überlassen oder erworben werden.

(2) Der Erwerbschein gilt für die Dauer eines Jahres vom Tage der Ausstellung ab gerechnet, soweit nicht eine kürzere Geltungsdauer auf ihm vermerkt ist.

(3) Abs. 1 gilt nicht für

1. die Überlassung von Schußwaffen oder Munition auf einem polizeilich genehmigten Schießstand zur Benutzung lediglich auf diesem Schießstand;
2. die Versendung von Schußwaffen oder Munition unmittelbar in das Ausland; dem Ausland im Sinne dieser Vorschrift stehen gleich:
   a) die Zollausschlüsse, mit Ausnahme von Helgoland und der Badischen Zollausschlüsse,
   b) die Freibezirke,
   c) die Freizone von Lübeck;
3. die Übermittlung von Schußwaffen und Munition durch Personen, die gewerbsmäßig Güterversendungen besorgen oder ausführen, insbesondere durch Spediteure, Frachtführer, Verfrachter eines Seeschiffes, die Post oder die Eisenbahn.

[Befreiungen] **§ 11.**

Eines Waffen- oder Munitionserwerbscheins bedürfen nicht:
1. Behörden des Reichs oder der Länder sowie die Deutsche Reichsbahn-Gesellschaft,
2. Gemeindebehörden, denen die oberste Landesbehörde den Erwerb ohne Erwerbschein gestattet hat,
3. die im § 5 bezeichneten Gewerbetreibenden, die sich durch eine behördliche Bescheinigung ausweisen.

§ 12.

Eines Waffenerwerbscheins bedürfen nicht Inhaber von Waffenscheinen in dem darin genehmigten Umfang.

§ 13.

Eines Munitionserwerbscheins bedürfen nicht Inhaber eines Waffenerwerbscheins oder Waffenscheins zum Erwerbe der zu den betreffenden Waffen gehörigen Munition.

[Anzeigepflicht bei Vererbung] **§ 14.**

Wer Schußwaffen oder Munition von Todes wegen erwirbt, hat dies unter Angabe der Art und Zahl, bei Schießpulver des Gewichts, der von ihm erworbenen Schußwaffen oder Munition binnen sechs Wochen nach dem Tage, an dem er von dem Erwerbe Kenntnis erlangt hat, der zuständigen Behörde anzuzeigen.

[Waffenschein] **§ 15.**

(1) Wer außerhalb seiner Wohnung, seiner Geschäftsräume oder seines befriedeten Besitztums eine Schußwaffe führt, muß einen behördlich ausgestellten Erlaubnisschein (Waffenschein) bei sich tragen. Als Führen einer Schußwaffe gilt nicht ihr Gebrauch auf polizeilich genehmigten Schießständen.

(2) Der Waffenschein ist, sofern seine Geltung nicht ausdrücklich auf einen bestimmten engeren Bezirk beschränkt wird, für das ganze Reichsgebiet gültig. Im Scheine kann das Führen der Waffen auf bestimmte ausdrücklich bezeichnete Gelegenheiten und Örtlichkeiten beschränkt werden.

(3) Der Waffenschein gilt für die Dauer eines Jahres vom Tage der Ausstellung ab gerechnet, soweit nicht eine kürzere Geltungsdauer auf ihm vermerkt ist.

[Versagungsgründe] **§ 16.**

(1) Waffen- (Munitions-) Erwerbscheine oder Waffenscheine dürfen nur an Personen, gegen deren Zuverlässigkeit

keine Bedenken bestehen, ausgestellt werden, Waffenscheine außerdem nur bei Nachweis eines Bedürfnisses. Die Ausstellung hat insbesondere zu unterbleiben

1. an Personen unter zwanzig Jahren;
2. an Entmündigte oder geistig Minderwertige;
3. an Zigeuner oder nach Zigeunerart umherziehende Personen;
4. an Personen, die wegen Zuwiderhandlungen gegen die §§ 81, 83 bis 90, 105, 106, 107, 107a, 110 bis 120, 122, 123 Abs. 2, §§ 124 bis 130, 181a, 211 bis 216, 223 bis 228, 240, 241, 243, 244, 249 bis 255, 292 bis 294, 296, 340, 361 Nr. 3, 4, 5 und 10 des Strafgesetzbuchs, gegen § 148 des Vereinszollgesetzes vom 1. Juli 1869 (Bundesgesetzbl. S. 317), gegen das Gesetz gegen den verbrecherischen und gemeingefährlichen Gebrauch von Sprengstoffen vom 9. Juni 1884 (Reichsgesetzbl. S. 61), gegen die Verordnung des Rates der Volksbeauftragten über Waffenbesitz vom 13. Januar 1919 (Reichsgesetzbl. S. 31, 122), gegen das Gesetz über die Entwaffnung der Bevölkerung vom 7. August 1920 (Reichsgesetzbl. S. 1553), gegen die §§ 1, 2, 4 bis 7, 8 Nr. 3, § 19 des Gesetzes zum Schutze der Republik vom 21. Juli 1922 (Reichsgesetzbl. I S. 585) oder gegen die Vorschriften dieses Gesetzes zu einer Freiheitsstrafe von mehr als zwei Wochen rechtskräftig verurteilt worden sind, wenn seit der Verbüßung, der Verjährung oder dem Erlasse der Strafe noch nicht fünf Jahre verflossen sind; ist die Strafe nach einer Probezeit erlassen, so läuft die Frist von fünf Jahren von dem Beginne der Probezeit;
5. an Personen, gegen die auf Zulässigkeit von Polizeiaufsicht oder auf Verlust der bürgerlichen Ehrenrechte erkannt worden ist, für die Dauer der Zulässigkeit der Polizeiaufsicht oder des Verlustes der bürgerlichen Ehrenrechte.

(2) Die obersten Landesbehörden können durch Verordnung bestimmen, daß Zuwiderhandlungen gegen landesrechtliche Strafvorschriften den Zuwiderhandlungen gegen die im Abs. 1 Nr. 4 bezeichneten reichsrechtlichen Bestimmungen gleichgestellt werden.

(3) Ausnahmen von Abs. 1 Nr. 1, 3 und 4 können auf Antrag von der zuständigen Behörde bewilligt werden.

[Nichtberechtigung zum Besitz] § 17.

(1) Personen, denen nach § 16 Abs. 1 Nr. 1 bis 5 ein Waffen- (Munitions-) Erwerbschein oder ein Waffenschein nicht ausgestellt werden darf, sind, wenn nicht eine Ausnahme nach § 16

25*

Abs. 3 bewilligt ist, auch zum Besitze von Schußwaffen oder Munition nicht berechtigt.

[Ablieferungspflicht]

(2) Personen, die zum Besitze von Schußwaffen oder Munition nicht berechtigt sind, haben die in ihrem Besitze befindlichen Schußwaffen und Munition unverzüglich der zuständigen Behörde gegen Empfangsbescheinigung in Verwahrung zu geben. Haben sie einen gesetzlichen Vertreter, so liegt ihm diese Verpflichtung ob. Sofern diese Person oder ihre gesetzlichen Vertreter über die Schußwaffen oder Munition nicht binnen sechs Monaten zugunsten eines im Sinne dieses Gesetzes Berechtigten durch Abtretung des Herausgabeanspruchs verfügen, kann die zuständige Behörde die Übereignung der Schußwaffen und Munition an sich gegen Zahlung des gemeinen Wertes verlangen. Der Eigentumsübergang kommt durch Zustellung des entsprechenden Bescheids zustande. Gegen die Festsetzung des gemeinen Wertes ist unter Ausschluß des Rechtswegs nur die Beschwerde im Aufsichtswege binnen zwei Wochen zulässig.

[Ausnahme davon]

(3) Die zuständige Behörde kann ausnahmsweise dem zur Ablieferung Verpflichteten den weiteren Besitz der Schußwaffen und Munition auf jederzeitigen Widerruf gestatten, wenn nach Lage des Einzelfalls die Gewähr besteht, daß von den Gegenständen kein unzulässiger Gebrauch gemacht wird.

[Widerruf der Scheine]

§ 18.

(1) Der Waffen- (Munitions-) Erwerbschein oder der Waffenschein ist durch die zuständige Behörde zu widerrufen und einzuziehen, wenn die Voraussetzungen für die Erteilung des Scheines nicht gegeben waren oder nicht mehr vorliegen.

(2) Im Falle des Widerrufs kann die zuständige Behörde zugleich die Ablieferung der Schußwaffen und Munition verlangen. Die Vorschriften im § 17 Abs. 2 gelten entsprechend.

§ 19.

(1) Eines Waffen- (Munitions-) Erwerbscheins oder eines Waffenscheins bedürfen hinsichtlich der ihnen dienstlich gelieferten Schußwaffen oder Munition nicht

1. die Angehörigen der deutschen Wehrmacht, die Polizeibeamten des Reichs und der Länder sowie die Grenzaufsichts- und Zollfahndungsbeamten der Reichsfinanzverwaltung;
2. Beamte oder Angestellte, denen von der zuständigen Reichs- oder Landesbehörde das Recht zum Führen von Schuß-

waffen bei bestimmt zu bezeichnenden dienstlichen Anlässen verliehen ist oder auf Grund gesetzlicher Vorschriften zusteht. An Stelle des Waffenscheins tritt bei ihnen eine entsprechende Bescheinigung der vorgesetzten Dienst- oder der Aufsichtsbehörde

(2) Werden den im Abs. 1 bezeichneten Personen Schußwaffen oder Munition dienstlich nicht geliefert, oder ist das Führen anderer als der dienstlich gelieferten Schußwaffen geboten, so ist die vorgesetzte Dienst- oder die Aufsichtsbehörde befugt, ihnen eine Bescheinigung auszustellen, aus der das Recht zum Erwerbe der Schußwaffen und der Munition oder zum Führen der Schußwaffen ersichtlich ist.

§ 20.

(1) Ist nach der Landesgesetzgebung die Erhebung von Gebühren für die Ausstellung des Waffenerwerbscheins oder des Waffenscheins zulässig, so bestimmt sich die Festsetzung dieser Gebühren nach den durch die Reichsregierung mit Zustimmung des Reichsrats festgesetzten Grundsätzen.

(2) Für Ausstellung eines Munitionserwerbscheins werden Gebühren nicht erhoben.

[Wirkung des Jagdscheins]

§ 21.

(1) Der Jahresjagdschein eines deutschen Landes berechtigt im gesamten Reichsgebiete während der Dauer seiner Gültigkeit den Inhaber zum Erwerbe von Jagdwaffen und Faustfeuerwaffen in dem darin vermerkten Umfang und zum Erwerbe von Munition für Jagd- und Faustfeuerwaffen.

(2) Der Jagdschein eines deutschen Landes berechtigt im gesamten Reichsgebiete während der Dauer seiner Gültigkeit den Inhaber zum Führen von Jagdwaffen auf der Jagd, beim Jagdschutz und Übungsschießen sowie auf den dazu gehörigen Hin- und Rückwegen. In dem gleichen Umfang berechtigt der Jagdschein auch zum Führen einer Faustfeuerwaffe.

[Einfuhr von Waffen]

§ 22.

(1) Die Einfuhr von Schußwaffen und Munition ist nur auf Grund eines Waffen- (Munitions-) Erwerbscheins (§ 10), eines Waffenscheins (§ 15) oder eines Jagdscheins (§ 21) in dem Umfang gestattet, in dem diese Scheine zum Erwerbe von Schußwaffen oder Munition berechtigen.

(2) Diese Vorschrift findet keine Anwendung auf die Einfuhr durch die im § 11 bezeichneten Behörden und Gewerbetreibenden.

§ 23.

(1) Zum Besitz eines Waffen- oder Munitionslagers (Abs. 2), das nicht zu einem nach Maßgabe dieses Gesetzes genehmigten (§§ 2, 5) Gewerbebetriebe gehört oder sich nicht im Besitz einer der im

§ 11 Nr. 1 und 2 bezeichneten Behörden befindet, ist die Genehmigung der zuständigen Behörde erforderlich. Die Genehmigung darf nur Personen erteilt werden, gegen deren Zuverlässigkeit keine Bedenken bestehen. Auf die Erteilung der Genehmigung finden die Vorschriften des § 16 Abs. 1 Satz 2, Abs. 2, 3, auf ihren Widerruf die Vorschriften der §§ 17, 18 entsprechende Anwendung.

(2) Als Waffenlager gilt ein Bestand von mehr als fünf Schußwaffen der gleichen Art, als Munitionslager ein Bestand von mehr als hundert Patronen. Bei Jagdwaffen gilt als Waffenlager ein Bestand von mehr als zehn Jagdwaffen, als Munitionslager ein Bestand von mehr als tausend Jagdpatronen.

[Stockflinten und dgl.]

§ 24.

(1) Die Herstellung, der Handel, die Einfuhr, das Führen sowie der Besitz von Schußwaffen, die zum schleunigen Zerlegen über den für Jagd- und Sportzwecke allgemein üblichen Umfang hinaus besonders eingerichtet oder in Stöcken, Schirmen, Röhren oder in ähnlicher Weise verborgen sind (sogenannte Wildbiebsgewehre), ist verboten.

(2) Verboten ist auch die Herstellung, der Handel, die Einfuhr, das Führen sowie der Besitz von Schußwaffen, die mit einer Vorrichtung zur Dämpfung des Schußknalls oder mit Gewehrscheinwerfern versehen sind. Das Verbot erstreckt sich auch auf die bezeichneten Vorrichtungen allein. Für die Herstellung solcher Waffen oder Vorrichtungen zur Ausfuhr können auf Antrag Ausnahmen bewilligt werden.

Abschnitt V. Strafbestimmungen.

§ 25.

(1) Mit Gefängnis bis zu drei Jahren und mit Geldstrafe oder mit einer dieser Strafen wird bestraft, wer vorsätzlich oder fahrlässig den Bestimmungen dieses Gesetzes zuwider

1. Schußwaffen, Munition oder die im § 24 Abs. 2 bezeichneten Vorrichtungen herstellt, bearbeitet, instandsetzt, beleiht, erwirbt, feilhält, anderen überläßt, den Erwerb oder das Überlassen vermittelt, sich zum Erwerb oder Überlassen erbietet, einführt oder besitzt,
2. Schußwaffen führt,
3. die ihm gemäß § 14 obliegende Anzeige nicht oder nicht rechtzeitig erstattet.

(2) Neben der Strafe können die Schußwaffen, die Munition oder die Vorrichtungen, auf die sich die strafbare Handlung bezieht, ohne Rücksicht darauf, ob sie dem Täter gehören, eingezogen werden. Ist die Verfolgung oder Verurteilung einer bestimmten Person nicht durchführbar, so kann auf die Einziehung der Schußwaffen, der Munition oder der Vorrichtungen selbständig erkannt werden.

§ 26.

Wer es vorsätzlich oder fahrlässig unterläßt, zu verhindern, daß eine zu seiner Hausgemeinschaft gehörige und seiner Aufsicht oder Erziehung unterliegende Person unter zwanzig Jahren den Vorschriften dieses Gesetzes zuwider Schußwaffen, Munition oder die im § 24 Abs. 2 bezeichneten Vorrichtungen herstellt, bearbeitet, instandsetzt, beleiht, erwirbt, feilhält, anderen überläßt, den Erwerb oder das Überlassen vermittelt, sich zum Erwerb oder Überlassen erbietet, einführt, besitzt oder Schußwaffen führt, wird gemäß § 25 dieses Gesetzes bestraft.

§ 27.

(1) Wer die zur Durchführung dieses Gesetzes von der Reichsregierung erlassenen Vorschriften (§ 28) vorsätzlich oder fahrlässig übertritt, wird mit Geldstrafe bis zu einhundertfünfzig Reichsmark oder mit Haft bestraft.

(2) Wer den im Abs. 1 bezeichneten Vorschriften vorsätzlich zuwiderhandelt, nachdem er wegen ihrer vorsätzlichen oder fahrlässigen Übertretung zweimal rechtskräftig verurteilt ist, wird mit Gefängnis bis zu einem Jahre und mit Geldstrafe oder mit einer dieser Strafen bestraft. Diese Vorschrift findet keine Anwendung, wenn seit der Rechtskraft der letzten Verurteilung bis zur Begehung der neuen Tat mehr als drei Jahre verflossen sind.

Abschnitt VI. Schluß- und Übergangsbestimmungen.

[Durchführungsbestimmungen]

§ 28.

Die zur Durchführung dieses Gesetzes erforderlichen Vorschriften erläßt die Reichsregierung mit Zustimmung des Reichsrats. Sie kann darin insbesondere Bestimmungen über die Beaufsichtigung der Herstellung von Schußwaffen oder Munition, über den Handel mit diesen Gegenständen und über den Geschäftsbetrieb, einschließlich der Buchführung, der in den §§ 2, 5 bezeichneten Gewerbetreibenden treffen. Sie kann ferner für bestimmte Arten von Schußwaffen oder Munition Ausnahmen von den Vorschriften dieses Gesetzes zulassen.

[Landesrecht]

§ 29.

(1) Der Erlaß weitergehender Beschränkungen über die Herstellung, den Handel, den Erwerb, das Führen und den Besitz von Schußwaffen oder Munition durch die Länder ist unzulässig. Dies gilt auch hinsichtlich solcher Schußwaffen und Munition, für die gemäß § 28 Satz 3 Ausnahmen von den Vorschriften dieses Gesetzes zugelassen sind.

(2) Soweit Beschränkungen der im Abs. 1 bezeichneten Art bestehen, treten sie spätestens sechs Monate nach dem Inkrafttreten dieses Gesetzes außer Kraft.

[Übergangsvorschriften]

§ 30.

(1) Wer beim Inkrafttreten dieses Gesetzes ein nach seinen Vorschriften (§§ 2, 5) genehmigungspflichtiges Gewerbe betreibt oder ein nach § 23 genehmigungspflichtiges Waffen- oder Munitionslager besitzt, hat die Genehmigung binnen einem Monat nach dem Inkrafttreten dieses Gesetzes zu beantragen.

(2) Die Strafbarkeit gemäß § 25 Abs. 1 Nr. 1 tritt in diesem Falle erst mit Ablauf eines Monats nach dem Inkrafttreten dieses Gesetzes oder, falls der Antrag innerhalb dieser Frist gestellt ist, mit Ablauf eines Monats nach seiner endgültigen Ablehnung ein.

§ 31.

Bei Personen, die beim Inkrafttreten dieses Gesetzes Schußwaffen oder Munition besitzen, ohne nach den Vorschriften dieses Gesetzes hierzu berechtigt zu sein, tritt die Strafbarkeit gemäß § 25 Abs. 1 Nr. 1 erst mit dem Ablauf von sechs Wochen nach dem Inkrafttreten dieses Gesetzes ein.

§ 32.

Auf die in den §§ 2, 5 bezeichneten Gewerbebetriebe finden die Vorschriften der Gewerbeordnung insoweit Anwendung, als nicht in diesem Gesetze besondere Bestimmungen getroffen sind.

[Versailler Vertrag]

§ 33.

Unberührt bleiben die Vorschriften des Gesetzes über den Friedensschluß zwischen Deutschland und den alliierten und assoziierten Mächten vom 16. Juli 1919 (Reichsgesetzbl. S. 687) sowie die zu seiner Ausführung ergangenen gesetzlichen Bestimmungen und Anordnungen der Reichsregierung.

[Inkrafttreten]

§ 34.

(1) Dieses Gesetz tritt mit dem 1. Oktober 1928 in Kraft. Gleichzeitig wird die Verordnung des Rates der Volksbeauftragten über Waffenbesitz vom 13. Januar 1919 (Reichsgesetzbl. S. 31, 122) aufgehoben.

(2) Die auf Grund der bisherigen landesrechtlichen Vorschriften ausgestellten, zum Erwerbe von Schußwaffen oder Munition oder zum Führen von Schußwaffen berechtigenden Bescheinigungen verlieren, mit Ausnahme der Jagdscheine, spätestens sechs Monate nach dem Inkrafttreten dieses Gesetzes ihre Gültigkeit.

---

30. Reichsgesetz zur Bewahrung der Jugend vor Schund- und Schmutzschriften

Vom 18. Dezember 1926 (RGBl. I S. 505).

[Aufnahme in Liste, Wirkung] **§ 1.**

(1) Zum Schutze der heranwachsenden Jugend werden Schund- und Schmutzschriften in eine Liste aufgenommen. Sie sind, sobald ihre Aufnahme in die Liste öffentlich bekanntgemacht ist, im ganzen Reichsgebiete folgenden Beschränkungen unterworfen:

1. sie dürfen im Umherziehen weder feilgehalten noch angeboten oder angekündigt werden; auch dürfen auf sie keine Bestellungen im Umherziehen gesucht oder entgegengenommen werden;
2. sie dürfen im stehenden Gewerbe, von Haus zu Haus oder auf öffentlichen Wegen, Straßen, Plätzen oder an anderen öffentlichen Orten nicht feilgeboten, angekündigt sowie innerhalb der Verkaufsräume und in Schaufenstern oder an anderen von der Straße aus sichtbaren Orten nicht zur Schau gestellt werden; auch dürfen Bestellungen auf sie nicht gesucht werden;
3. sie dürfen Personen unter 18 Jahren weder zum Kaufe angeboten noch innerhalb des gewerblichen Betriebs entgeltlich oder unentgeltlich überlassen werden.

(2) Reichs-, Staats- und Gemeindebehörden haben die Verpflichtung, dafür Sorge zu tragen, daß in keiner ihrer Einrichtungen Kindern oder Jugendlichen Bücher oder Schriften zugänglich gemacht werden, die in die Liste der Schmutz- oder Schundschriften aufgenommen sind.

(3) Werden mehr als zwei Nummern einer periodischen Druckschrift, die innerhalb Jahresfrist erschienen sind, auf die Liste gesetzt, so kann auch die periodische Druckschrift als solche auf die Dauer von drei bis zwölf Monaten auf die Liste gesetzt werden. Politische Tageszeitungen und politische Zeitschriften werden hiervon nicht betroffen.

(4) Als auf die Liste gesetzt gilt auch eine angeblich neue Schrift, die sich sachlich als eine bereits auf die Liste gesetzte Schrift darstellt.

(5) Eine Schrift kann wegen ihrer politischen, sozialen, religiösen, ethischen oder weltanschaulichen Tendenz als solcher nicht auf die Liste gesetzt werden.

[Prüfstellen] **§ 2.**

(1) Die Entscheidung darüber, ob eine Schrift auf die Liste gesetzt werden soll, erfolgt durch Prüfstellen, die von dem Reichsminister des Innern im Einvernehmen mit den Landesregierungen nach Bedarf errichtet werden. Ihre Zuständigkeit wird räumlich abgegrenzt. Die Entscheidungen der Prüfstellen haben für das gesamte Reichsgebiet Gültigkeit. Zur Entscheidung über Anträge gegen Aufnahme einer Schrift in die Liste oder auf Streichung sowie über Beschwerden (§ 4) wird eine Oberprüfstelle in Leipzig gebildet.

(2) Antragsberechtigt sind die Landeszentralbehörden und die Landesjugendämter.

(3) Die Entscheidungen sind dem Vorsitzenden der Oberprüfstelle mitzuteilen. Dieser hat die Schriften, deren Aufnahme in die Liste ausgesprochen ist, binnen drei Wochen öffentlich bekanntzumachen. Die Bekanntmachung unterbleibt einstweilen, wenn das Reich oder ein Land gemäß § 4 die Entscheidung der Oberprüfstelle beantragt.

[Zusammensetzung] **§ 3.**

(1) Die Prüfstelle setzt sich aus einem beamteten Vorsitzenden und acht Sachverständigen zusammen. Von den Sachverständigen sind je zwei zu entnehmen den Kreisen

1. der Kunst und Literatur,
2. des Buch- und Kunsthandels,
3. der Jugendwohlfahrt und der Jugendorganisationen,
4. der Lehrerschaft und der Volksbildungsorganisationen.

Der Reichsminister des Innern ernennt auf Grund von Vorschlägen der beteiligten Verbände von jeder dieser Gruppen auf drei Jahre eine Anzahl Sachverständiger unter Berücksichtigung der Vertreter der Körperschaften des öffentlichen Rechtes nach Artikel 137 der Reichsverfassung. Die Heranziehung im Einzelfall erfolgt nach einem bestimmten Plane durch den Vorsitzenden.

(2) Nur bei Übereinstimmung von wenigstens sechs Mitgliedern der Prüfstelle ist eine Schrift in die Liste aufzunehmen.

[Verfahren] **§ 4.**

(1) Das R e i c h, jedes L a n d sowie der V e r f a s s e r und der V e r l e g e r können bei der Oberprüfstelle einen A n t r a g g e g e n A u f n a h m e einer Schrift in die Liste o d e r a u f S t r e i c h u n g einer Schrift von der Liste stellen. Der Antrag kann von dem Verfasser oder Verleger nur binnen zwei Wochen nach Zustellung der Entscheidung gestellt werden. Ist ein An-

trag gegen Aufnahme oder auf Streichung abgelehnt worden, so darf er vor Ablauf eines Jahres von keiner Seite erneuert werden.

(2) Lehnt die Prüfstelle den Antrag ab, eine Schrift auf die Liste zu setzen, so können die Antragsberechtigten, der Vorsitzende oder zwei an der Entscheidung beteiligte Beisitzer innerhalb zwei Wochen seit dem Tage der Entscheidung **Beschwerde** bei der Oberprüfstelle einlegen.

(3) Ist ein Antrag gegen Aufnahme in die Liste oder auf Streichung gestellt, so kann der Vorsitzende der Oberprüfstelle veranlassen, daß die öffentliche Bekanntmachung der Entscheidung der Prüfstelle einstweilen bis zur Entscheidung der Oberprüfstelle unterbleibt.

(4) Die Oberprüfstelle besteht aus einem Vertreter des Reichsministeriums des Innern als Vorsitzenden, sechs vom Reichsrat gewählten Beisitzern und aus Sachverständigen der im § 3 Abs. 1 Satz 2 bezeichneten Gruppen, die vom Reichsminister des Innern auf drei Jahre ernannt werden. Sie entscheidet in der Besetzung von sieben Mitgliedern, die aus dem beamteten Vorsitzenden, zwei Beisitzern und je einem Sachverständigen der obenbezeichneten Gruppen bestehen. Die Entscheidungen erfolgen mit einfacher Mehrheit. Soll indessen der Antrag gegen Aufnahme in die Liste oder auf Streichung abgelehnt oder der Beschwerde aus § 4 Abs. 2 stattgegeben werden, so muß die Mehrheit wenigstens fünf Stimmen betragen.

(5) Bei geschäftlicher Anpreisung von Schriften ist der Hinweis darauf verboten, daß ein Verfahren auf Aufnahme der Schrift in die Liste anhängig oder anhängig gewesen ist.

[Kosten]

§ 5.

(1) Die Kosten der Errichtung der Reichsprüfstellen trägt das Reich.

(2) Die Kosten des Verfahrens bei der Oberprüfstelle trägt im Falle der Ablehnung der Verleger, wenn er das Verfahren beantragt hat.

[Strafbestimmungen]

§ 6.

(1) Wer vorsätzlich den Bestimmungen der §§ 1 und 4 Abs. 5 zuwiderhandelt, und wer die Liste (§ 1) zum Zwecke des Anpreisens abdruckt oder vervielfältigt, wird **mit Gefängnis** bis zu einem Jahre und mit Geldstrafe oder mit einer dieser Strafen bestraft. Wer die Tat fahrlässig begeht, wird nur mit Geldstrafe bestraft.

(2) In besonders leichten Fällen kann von Strafe abgesehen werden.

(3) Neben der Strafe ist bei vorsätzlicher Zuwiderhandlung auf Einziehung der zur Begehung der Tat gebrauchten oder bestimmten Schriften zu erkennen, auch wenn sie weder dem Täter noch einem

Teilnehmer gehören. Auf die Einziehung kann selbständig erkannt werden, wenn die Verfolgung oder Verurteilung einer bestimmten Person nicht ausführbar ist.

[Ausführungsbestimmungen] **§ 7.**

Der Reichsminister des Innern wird ermächtigt, mit Zustimmung des Reichsrats Ausführungsbestimmungen zu diesem Gesetze zu erlassen.

---

31. Reichs-Lichtspielgesetz.

Vom 12. Mai 1920 (RGBl. S. 953), mit Änderung (zu § 4) durch G. v. 23. Dezember 1922 (RGBl. 1923 I S. 26).

[Zulassungszwang] **§ 1.**

Prüfung von Bildstreifen.

(1) Bildstreifen (Filme) dürfen öffentlich nur vorgeführt oder zum Zwecke der öffentlichen Vorführung im Inland und Ausland in den Verkehr gebracht werden, wenn sie von den amtlichen Prüfungsstellen (§§ 8, 13) zugelassen sind. Der öffentlichen Vorführung von Bildstreifen werden Vorführungen in Klubs, Vereinen und anderen geschlossenen Gesellschaften gleichgestellt. Einer Zulassung bedarf nicht die Vorführung von Bildstreifen zu ausschließlich wissenschaftlichen oder künstlerischen Zwecken in öffentlichen oder als öffentlich anerkannten Bildungs- oder Forschungsanstalten.

(2) Die Zulassung eines Bildstreifens erfolgt auf Antrag. Sie ist zu versagen, wenn die Prüfung ergibt, daß die Vorführung des Bildstreifens geeignet ist, die öffentliche Ordnung oder Sicherheit zu gefährden, das religiöse Empfinden zu verletzen, verrohend oder entsittlichend zu wirken, das deutsche Ansehen oder die Beziehungen Deutschlands zu auswärtigen Staaten zu gefährden. Die Zulassung darf wegen einer politischen, sozialen, religiösen, ethischen oder Weltanschauungstendenz als solcher nicht versagt werden. Die Zulassung darf nicht versagt werden aus Gründen, die außerhalb des Inhalts der Bildstreifen liegen.

(3) Bildstreifen, bei denen die Gründe der Versagung der Zulassung nur hinsichtlich eines Teiles der dargestellten Vorgänge zutreffen, sind zuzulassen, wenn die beanstandeten Teile aus den zur Vorführung gelangenden Positiven ausgeschnitten und der Prüfungsstelle übergeben werden, auch der Prüfungsstelle Sicherheit dafür gegeben ist, daß die beanstandeten Teile nicht verbreitet werden.

[Beschränkte Zulassung] **§ 2.**

Bildstreifen von wissenschaftlicher oder künstlerischer Bedeutung, gegen deren unbeschränkte Vorführung Bedenken gemäß § 1 vorliegen, können zur Vorführung vor bestimmten Personenkreisen zugelassen werden.

[Jugendfilme] **§ 3.**

(1) Bildstreifen, zu deren Vorführung Jugendliche unter achtzehn Jahren zugelassen werden sollen, bedürfen besonderer Zulassung.

(2) Von der Vorführung vor Jugendlichen sind außer den im § 1 Abs. 2 verbotenen alle Bildstreifen auszuschließen, von welchen eine schädliche Einwirkung auf die sittliche, geistige oder gesundheitliche Einwirkung oder eine Überreizung der Phantasie der Jugendlichen zu besorgen ist.

(3) Auf Antrag des gemeindlichen Jugendamts oder eines Jugendamts des Bezirkes oder, falls kein Jugendamt besteht, auf Antrag der Schulbehörde kann unbeschadet weitergehender landesgesetzlicher Vorschriften die Gemeinde oder ein Gemeindeverband nach Anhörung von Vertretern der Organisationen für Jugendpflege zum Schutze der Gesundheit und der Sittlichkeit weitere Bestimmungen für die Zulassung der Jugendlichen festsetzen, zu deren Innehaltung die Unternehmer der Lichtspiele verpflichtet sind. Diese können Einspruch gegen die Festsetzung bei der zuständigen Stelle erheben.

(4) Kinder unter sechs Jahren dürfen zur Vorführung von Bildstreifen nicht zugelassen werden.

[Widerruf der Zulassung] **§ 4.**

(1) Die Zulassung eines Bildstreifens kann auf Antrag einer Landeszentralbehörde durch die Oberprüfungsstelle für das Reich oder ein bestimmtes Gebiet widerrufen werden, wenn das Zutreffen der Voraussetzungen der Versagung (§§ 1, 3) erst nach der Zulassung hervortritt.

(2) Der Widerruf erfolgt auf Grund erneuter Prüfung. In dem Verfahren ist einem Vertreter der antragstellenden Landeszentralbehörde Gelegenheit zur Äußerung zu geben.

(3) Wird der Bildstreifen, gegen den Widerruf beantragt ist, nicht binnen einer von der Oberprüfstelle gesetzten Frist zur Prüfung vorgelegt, so kann der Widerruf ohne erneute Prüfung erfolgen[1]).

---

[1]) Abs. 3 hinzugefügt durch G. v. 23. Dez. 1922.

[Umfang der Prüfung] **§ 5.**

(1) Die Prüfung der Bildstreifen umfaßt die Bildstreifen selbst, den Titel und den verbindenden Text in Wort und Schrift.

(2) Die zur Vorführung von Bildstreifen gehörige Reklame an den Geschäftsräumen und öffentlichen Anschlagstellen und die Reklame durch Verteilung von Druckschriften bedarf, soweit sie nicht bereits von der Prüfungsstelle genehmigt worden ist, der Genehmigung der Ortspolizeibehörde. Sie darf nur unter den Voraussetzungen des § 1 Abs. 2, § 3 Abs. 2 versagt werden.

[Zulassung durch Ortspolizei] **§ 6.**

Bildstreifen über Tagesereignisse und Bildstreifen, die lediglich Landschaften darstellen, sind von der Ortspolizeibehörde, sofern kein Versagungsgrund im Sinne der §§ 1 und 3 gegeben ist, für ihren Bezirk selbständig zuzulassen, ohne daß es einer Entscheidung der Prüfungsstellen bedarf.

[Wiedervorlegung nach Ablehnung] **§ 7.**

Ist die Zulassung eines Bildstreifens von einer Prüfungsstelle abgelehnt, so darf der Bildstreifen, auch in abgeänderter Form, einer Prüfungsstelle nur unter Angabe dieses Umstandes wieder vorgelegt werden.

Prüfungsstellen.

[Prüfungsstellen und Oberprüfungsstelle] **§ 8.**

(1) Prüfungsstellen werden nach Bedarf an den Hauptsitzen der Filmindustrie errichtet[1]). Ihre Zuständigkeit wird räumlich abgegrenzt. Zur Entscheidung über Beschwerden (§ 13) wird eine Oberprüfungsstelle in Berlin gebildet.

(2) Die von einer Prüfungsstelle erfolgte Zulassung der Bildstreifen hat für das gesamte Reichsgebiet Gültigkeit.

[Zusammensetzung der Prüfungsstellen] **§ 9.**

(1) Die Prüfungsstellen setzen sich aus beamteten Vorsitzenden und Beisitzern zusammen. Von den Beisitzern ist je ein Viertel den Kreisen des Lichtspielgewerbes und der auf den Gebieten der Kunst und Literatur bewanderten Personen, die Hälfte den auf den Gebieten der Volkswohlfahrt, der Volksbildung oder der Jugendwohlfahrt besonders erfahrenen Personen zu entnehmen. Mit Ausnahme der Vertreter des Lichtspielgewerbes dürfen Beisitzer an diesem Gewerbe nicht geschäftlich oder beruflich beteiligt sein.

---

[1]) Prüfungsstellen sind in Berlin und München errichtet.

(2) Die Mitglieder der Prüfungsstellen werden vom Reichsminister des Innern ernannt. Die Beamten sollen Persönlichkeiten von pädagogischer und künstlerischer Bildung sein. Bei der Auswahl der Beamten und Beisitzer sind auch Frauen heranzuziehen. Bei der Auswahl der Beisitzer aus den Kreisen des Lichtspielgewerbes sind die Angestellten und Arbeiter dieses Gewerbes ausreichend zu berücksichtigen. Die Beisitzer werden auf die Dauer von drei Jahren auf Grund von Vorschlagslisten der beteiligten Verbände ausgewählt.

[Beisitzer] **§ 10.**

(1) Die Beisitzer sind von dem Vorsitzenden für die Dauer ihrer Tätigkeit durch Handschlag darauf zu verpflichten, daß sie nach bestem Wissen und Gewissen ohne Ansehen der Person ihr Urteil abgeben wollen.

(2) Sie erhalten Anwesenheitsgelder und Ersatz der Reisekosten.

Prüfungsverfahren.

[Förmlichkeiten der Entscheidung] **§ 11.**

(1) Die Prüfungsstelle entscheidet in der Besetzung von fünf Mitgliedern, die aus einem beamteten Vorsitzenden und vier Beisitzern bestehen. Von den Beisitzern ist einer dem Lichtspielgewerbe und zwei den Kreisen der auf den Gebieten der Volkswohlfahrt, der Volksbildung oder der Jugendwohlfahrt besonders erfahrenen Personen zu entnehmen.

(2) Bei Prüfung der Bildstreifen, die zur Vorführung in Jugendvorstellungen bestimmt sind, sind auch Jugendliche im Alter von 18 bis 20 Jahren nach Bestimmung der Ausschüsse für Jugendwohlfahrt zu hören.

(3) Hat der Vorsitzende keine Bedenken, so kann er die Zulassung auch ohne Zuziehung von Beisitzern aussprechen. Auf Verlangen zweier Beisitzer hat die Prüfungsstelle zu entscheiden.

[Beschwerde] **§ 12.**

(1) Wird ein Bildstreifen von einer Prüfungsstelle ganz oder teilweise verboten, so steht dem Antragsteller gegen den Bescheid (§ 15) innerhalb zwei Wochen vom Tage der Zustellung an das Recht der Beschwerde zu.

(2) Das gleiche Recht steht dem Vorsitzenden sowie zwei bei der Entscheidung beteiligten Mitgliedern der Prüfungsstelle zu. Die Beschwerde ist in der Sitzung einzulegen.

[Oberprüfungsstelle]

§ 13.

(1) Auf Beschwerden entscheidet endgültig die Oberprüfungsstelle in der Besetzung von fünf Mitgliedern, die aus einem beamteten Vorsitzenden und vier Beisitzern bestehen. Die Vorschriften des § 11 finden Anwendung.

(2) Die Mitglieder der Prüfungsstelle, die bei der Entscheidung mitgewirkt haben, sind zu den Verhandlungen zu laden, wenn ihre schriftliche Äußerung nach Ansicht der Oberprüfungsstelle nicht genügt; an der Beschlußfassung nehmen sie nicht teil. Der Antragsteller oder ein von ihm bestellter Vertreter ist auf Verlangen zu hören.

§ 14.

Über die Zulassung eines Bildstreifens wird, abgesehen von dem Falle des § 6, dem Antragsteller eine Zulassungskarte ausgestellt.

§ 15.

Bei Ablehnung eines Bildstreifens ist dem Antragsteller ein schriftlicher Bescheid zuzustellen, der auf Antrag mit Gründen zu versehen ist.

§ 16.

Für die Prüfung der Bildstreifen und die Ausstellung der Zulassungskarten werden **Gebühren** erhoben. Die Gebührenpflicht wird durch eine Ordnung geregelt, die von der Reichsregierung mit Zustimmung des Reichsrats erlassen wird. Auf Verlangen der Prüfungsstelle ist der Antragsteller verpflichtet, bei Stellung des Antrags Vorschuß zu leisten.

Übergangs- und Strafbestimmungen.

§ 17.

Bildstreifen, die vor Inkrafttreten dieses Gesetzes hergestellt und bereits im Verkehre sind, sind innerhalb eines Jahres, nachdem dieses Gesetz Gesetzeskraft erlangt hat, einer Prüfungsstelle (§ 8) vorzuführen. Nach Ablauf dieser Frist finden die Vorschriften dieses Gesetzes auch auf die Vorführung dieser Bildstreifen Anwendung. Bis zur Prüfung dieser Bildstreifen durch die Prüfungsstellen unterliegt ihre Zulassung der Genehmigung der einzelnen Ortspolizeibehörde oder der bisher zuständigen Landesstelle. Sie sind nur zuzulassen, wenn keine Bedenken gemäß §§ 1, 3 entgegenstehen.

§ 18.

(1) Wer vorsätzlich entgegen den Vorschriften dieses Gesetzes Bildstreifen oder Teile von solchen, die von den zuständigen Behörden ver-

boten, nicht zugelassen oder deren Zulassung widerrufen ist, vorführt oder zum Zwecke der öffentlichen Vorführung im Inland oder Ausland in den Verkehr bringt, wird mit Gefängnis bis zu zwei Jahren und mit Geldstrafe bis zu hunderttausend Mark oder mit einer dieser Strafen bestraft. Handelt der Täter fahrlässig, so wird er mit Geldstrafe bis zu zehntausend Mark bestraft.

(2) In gleicher Weise wird bestraft, wer vorsätzlich Bildstreifen, die zur Vorführung vor Jugendlichen nicht zugelassen sind (§ 3 Abs. 1), in Jugendvorstellungen vorführt.

§ 19.

(1) Wer eine nicht genehmigte Reklame benutzt (§ 5 Abs. 2) oder einer Prüfungsstelle einen bereits abgelehnten Bildstreifen unter wissentlicher Verschweigung dieses Umstandes vorlegt (§ 7) oder wer Jugendliche den Bestimmungen des § 3 entgegen zu den allgemeinen Vorstellungen zuläßt, wird mit Geldstrafe bis zehntausend Mark bestraft.

(2) Handelt der Täter fahrlässig, so wird er mit Geldstrafe bis zu dreitausend Mark bestraft.

§ 20.

(1) Neben der Strafe kann auf Einziehung des Bildstreifens erkannt werden, ohne Unterschied, ob er dem Verurteilten gehört oder nicht. Ist die Verfolgung oder die Verurteilung einer bestimmten Person nicht ausführbar, so kann auf Einziehung des Bildstreifens selbständig erkannt werden.

(2) Außerdem kann, sofern der Täter vorsätzlich gehandelt hat, bis zu drei Monaten und bei wiederholtem Rückfall dauernd der schuldigen Person das Betreiben des Gewerbes untersagt werden.

---

32. Reichsvereinsgesetz.

Vom 19. April 1908 (RGBl. S. 635).

[Das Vereinsgesetz gilt noch, soweit es nicht durch den Aufruf des Rats der Volksbeauftragten vom 12. November 1918 (RGBl. 1303) und die Reichsverfassung (Art. 123, 124, 137, 159) außer Kraft gesetzt ist. (Art. 178 Abs. 2 RV.) Über einzelnes besteht Streit. Die zweifelhaften Bestimmungen sind (im Kleindruck) im Text mit abgedruckt. Der Reichsminister des Innern betrachtet, wie aus der Begründung des Entwurfs eines Gesetzes zur Änderung des Vereinsgesetzes (Reichstagsdrucks. IV 1928 Nr. 1083 — ausgegeben am 8. Juni 1929) hervorgeht, die §§ 5, 6, 7, 9 und 17 als mit der Verfassung in Widerspruch stehend.]

[Vereinsfreiheit] **§ 1.**

(1) Alle Reichsangehörigen haben das Recht, zu Zwecken, die den Strafgesetzen nicht zuwiderlaufen, Vereine zu bilden und sich zu versammeln. Dieses Recht unterliegt polizeilich nur den in diesem Gesetz und anderen Reichsgesetzen enthaltenen Beschränkungen.

(2) Die allgemeinen sicherheitspolizeilichen Bestimmungen des Landesrechts finden Anwendung, soweit es sich um die Verhütung unmittelbarer Gefahr für Leben und Gesundheit der Teilnehmer an einer Versammlung handelt.

[Strafbare Vereine] **§ 2.**

(1) Ein Verein, dessen Zweck den Strafgesetzen[1]) zuwiderläuft, kann aufgelöst werden.

(2) Die Auflösungsverfügung kann im Wege des Verwaltungsstreitverfahrens und, wo ein solches nicht besteht, im Wege des Rekurses nach Maßgabe der Vorschriften der §§ 20, 21 der Gewerbeordnung angefochten werden.

(3) Die endgültige Auflösung eines Vereins ist öffentlich bekanntzumachen.

[Politische Vereine] **§ 3.**

(1) Jeder Verein, der eine Einwirkung auf politische Angelegenheiten bezweckt (politischer Verein), muß einen Vorstand und eine Satzung haben.

(2) Der Vorstand ist verpflichtet, binnen einer Frist von zwei Wochen nach Gründung des Vereins die Satzung sowie das Verzeichnis der Mitglieder des Vorstandes der für den Sitz des Vereins zuständigen Polizeibehörde einzureichen. Über die erfolgte Einreichung ist eine kostenfreie Bescheinigung zu erteilen.

(3) Ebenso ist jede Änderung der Satzung sowie jede Änderung in der Zusammensetzung des Vorstandes binnen einer Frist von zwei Wochen nach dem Eintritte der Änderung anzuzeigen.

(4) Die Satzung sowie die Änderungen sind in deutscher Fassung einzureichen. Ausnahmen von dieser Vorschrift können von der höheren Verwaltungsbehörde zugelassen werden.

---

[1]) Dazu kommt, wegen der militärischen Vereine, Art. 177 des Versailler Vertrags, s. das Ausführungsgesetz zum Friedensvertrag, vom 31. August 1919 (RGBl. S. 1530), § 22, und das Gesetz vom 23. März 1921 (RGBl. S. 235). Durch die genannten Gesetze müssen Vereine, die durch ihre Satzungen oder ihr Verhalten mit den Vorschriften des Art. 177 VV. in Widerspruch stehen oder treten, aufgelöst werden.

[Wahlvorbereitende Vereine] § 4.

Personenmehrheiten, die vorübergehend zusammentreten, um im Auftrage von Wahlberechtigten Vorbereitungen für bestimmte Wahlen zu den auf Gesetz oder Anordnung von Behörden beruhenden öffentlichen Körperschaften zu treffen, gelten vom Tage der amtlichen Bekanntmachung des Wahltags bis zur Beendigung der Wahlhandlung nicht als politische Vereine.

[Anzeigepflicht f. pol. Versamml.] § 5[1]).

Wer eine öffentliche Versammlung zur Erörterung politischer Angelegenheiten (politische Versammlung) veranstalten will, hat hiervon mindestens 24 Stunden vor dem Beginne der Versammlung unter Angabe des Ortes und der Zeit bei der Polizeibehörde Anzeige zu erstatten. Über die Anzeige ist von der Polizeibehörde sofort eine kostenfreie Bescheinigung zu erteilen.

[Ausnahmen v. d. Anzeigepflicht] § 6[1]).

(1) Einer Anzeige bedarf es nicht für Versammlungen, die öffentlich bekanntgemacht worden sind; die Erfordernisse der Bekanntmachung bestimmt die Landeszentralbehörde.

(2) Einer Anzeige bedarf es ferner nicht für Versammlungen der Wahlberechtigten zum Betriebe der Wahlen zu den auf Gesetz oder Anordnung von Behörden beruhenden öffentlichen Körperschaften vom Tage der amtlichen Bekanntmachung des Wahltags bis zur Beendigung der Wahlhandlung.

(3) Das gleiche gilt für Versammlungen der Gewerbetreibenden, gewerblichen Gehilfen, Gesellen, Fabrikarbeiter, Besitzer und Arbeiter von Bergwerken, Salinen, Aufbereitungsanstalten und unterirdisch betriebenen Brüchen und Gruben zur Erörterung von Verabredungen und Vereinigungen zum Behufe der Erlangung günstiger Lohn- und Arbeitsbedingungen, insbesondere mittels Einstellung der Arbeit oder Entlassung der Arbeiter.

[Versamml. unter freiem Himmel] § 7[1])[2]).

(1) Öffentliche Versammlungen unter freiem Himmel und Aufzüge auf öffentlichen Straßen oder Plätzen bedürfen der Genehmigung der Polizeibehörde.

---

[1]) Die Anzeigepflicht (§§ 5, 6, 9) und die Genehmigungspflicht (§ 7) sind beseitigt durch Art. 123 Abs. 1 RV., schon vorher durch Ziff. 2 des Aufrufs der Volksbeauftragten. Da dies aber nicht in allen Beziehungen unbestritten ist, werden die §§ 5—9 mitabgedruckt.

[2]) Jedoch läßt Art. 123 Abs. 2 RV. die Einführung einer Anmeldepflicht für Versammlungen unter freiem Himmel zu. — Nach § 1

26*

(2) Die Genehmigung ist von dem Veranstalter mindestens vierundzwanzig Stunden vor dem Beginne der Versammlung oder des Aufzugs unter Angabe des Ortes und der Zeit nachzusuchen. Sie ist schriftlich zu erteilen und darf nur versagt werden, wenn aus der Abhaltung der Versammlung oder der Veranstaltung des Aufzugs Gefahr für die öffentliche Sicherheit zu befürchten ist. Im Falle der Verweigerung ist dem Veranstalter sofort ein kostenfreier Bescheid mit Angabe der Gründe zu erteilen.

[Ausnahmen von § 7] **§ 8[1]).**

Eine Versammlung, die in einem geschlossenen Raume veranstaltet wird, ist nicht schon deshalb als Versammlung unter freiem Himmel anzusehen, weil außerhalb des Versammlungsraums befindliche Personen an der Erörterung teilnehmen, oder weil die Versammlung in einen mit dem Versammlungsraume zusammenhängenden umfriedeten Hof oder Garten verlegt wird.

[Anzeige statt Genehmigung] **§ 9[1]).**

(1) Der Landeszentralbehörde bleibt es überlassen zu bestimmen, daß und unter welchen Voraussetzungen für Versammlungen unter freiem Himmel und Aufzüge die Genehmigung durch Anzeige oder öffentliche Bekanntmachung ersetzt wird.

(2) Gewöhnliche Leichenbegängnisse sowie Züge der Hochzeitsgesellschaften, wo sie hergebracht sind, bedürfen der Anzeige oder Genehmigung nicht. Der Landeszentralbehörde bleibt es überlassen, zu bestimmen, daß auch andere Aufzüge der Anzeige und Genehmigung nicht bedürfen, und daß Aufzüge, die durch mehrere Ortschaften führen, nur einer Polizeibehörde angezeigt und von ihr genehmigt zu werden brauchen.

[Leiter der polit. Versammlung] **§ 10.**

Jede öffentliche politische Versammlung muß einen Leiter haben. Der Veranstalter ist berechtigt, die Leitung selbst zu übernehmen, sie einem andern zu übertragen oder die Wahl des Leiters durch die Versammlung zu veranlassen. Der Leiter oder, solange dieser nicht bestellt ist, der Veranstalter hat für Ruhe und Ordnung in der Versammlung zu sorgen. Er ist befugt, die Versammlung für aufgelöst zu erklären.

[Waffenverbot] **§ 11.**

Niemand darf in einer öffentlichen Versammlung oder einem Aufzuge, der auf öffentlichen Straßen oder Plätzen statt-

---

des Gesetzes über die Befriedung der Gebäude des Reichstags und der Landtage vom 8. Mai 1920 (RGBl. S. 909) sind Versammlungen und Umzüge innerhalb des befriedeten Bannkreises dieser Parlamentsgebäude verboten.

[1]) S. Anm. 1 und 2 zu § 7.

finden soll, bewaffnet erscheinen, es sei denn, daß er vermöge öffentlichen Berufs zum Waffentragen berechtigt oder zum Erscheinen mit Waffen behördlich ermächtigt ist.

§ 12.

[Enthielt Vorschriften über den Gebrauch der deutschen Sprache in öffentlichen Versammlungen und ist aufgehoben durch das Gesetz, betreffend die Abänderung des Vereinsgesetzes, vom 19. April 1917 (RGBl. S. 361.]

[Beauftragte der Polizeibehörde] § 13.

(1) Beauftragte, welche die Polizeibehörde in eine öffentliche Versammlung (§§ 5, 6, 7, 8, 9 [, 12])[1]) entsendet, haben sich unter Kundgebung ihrer Eigenschaft dem Leiter oder, solange dieser nicht bestellt ist, dem Veranstalter der Versammlung zu erkennen zu geben.

(2) Den Beauftragten muß ein angemessener Platz eingeräumt werden. Die Polizeibehörde darf nicht mehr als zwei Beauftragte entsenden.

[Auflösung der Versammlung] § 14.

(1) Die Beauftragten der Polizeibehörde sind befugt, unter Angabe des Grundes die Versammlung für aufgelöst zu erklären,

1. [Ziffer 1 betraf die Fälle des § 12 Abs. 3, s. das.];
2. wenn die Genehmigung nicht erteilt ist (§ 7)[2]);
3. wenn die Zulassung der Beauftragten der Polizeibehörde (§ 13 Abs. 1) verweigert wird;
4. wenn Bewaffnete, die unbefugt in der Versammlung anwesend sind, nicht entfernt werden (§ 11);
5. wenn in der Versammlung Anträge oder Vorschläge erörtert werden, die eine Aufforderung oder Anreizung zu Verbrechen oder nicht nur auf Antrag zu verfolgenden Vergehen enthalten;
6. [Ziffer 6 betraf Fälle des § 12, s. das.]

(2) Ist eine Versammlung für aufgelöst erklärt worden, so hat die Polizeibehörde dem Leiter der Versammlung die mit Tatsachen zu belegenden Gründe der Auflösung schriftlich mitzuteilen, falls er dies binnen drei Tagen beantragt.

[Anfechtung der Auflösung] § 15.

Auf die Anfechtung der Auflösung einer Versammlung finden die Vorschriften des § 2 Abs. 2 Anwendung.

---

1) S. Anm. 1 zu §§ 5, 6 u. 7, Anm. 2 zu § 7 u. Anm. 1 zu §§ 8, 9.
2) S. Anm. 1 u. 2 zu § 7.

[Entfernung der Anwesenden] **§ 16.**

Sobald eine Versammlung für aufgelöst erklärt ist, sind alle Anwesenden verpflichtet, sich sofort zu entfernen.

[Jugendliche] **§ 17[1]).**

Personen, die das achtzehnte Lebensjahr noch nicht vollendet haben, dürfen nicht Mitglieder von politischen Vereinen sein und weder in den Versammlungen solcher Vereine, sofern es sich nicht um Veranstaltungen zu geselligen Zwecken handelt, noch in öffentlichen politischen Versammlungen anwesend sein.

[Arbeitgeber- u. -nehmerverbände] **§ 17a[2]).**

Die Vorschriften der §§ 3, 17[1]) über politische Vereine und deren Versammlungen[1]) sind auf Vereine von Arbeitgebern und Arbeitnehmern zum Behufe der Erlangung günstiger Lohn- und Arbeitsbedingungen nicht aus dem Grunde anzuwenden, weil diese Vereine auf solche Angelegenheiten der Sozialpolitik oder der Wirtschaftspolitik einzuwirken bezwecken, die mit der Erlangung oder Erhaltung günstiger Lohn- oder Arbeitsbedingungen oder mit der Wahrung oder Förderung wirtschaftlicher oder gewerblicher Zwecke zugunsten ihrer Mitglieder oder mit allgemeinen beruflichen Fragen im Zusammenhange stehen.

[Strafbestimmungen] **§ 18.**

Mit Geldstrafe bis zu einhundertfünfzig Mark, an deren Stelle im Unvermögensfalle Haft tritt, wird bestraft:

1. wer als Vorstand oder als Mitglied des Vorstandes eines Vereins den Vorschriften über die Einreichung von Satzungen und Verzeichnissen (§ 3 Abs. 2 bis 4) zuwiderhandelt;
2. wer eine Versammlung ohne die durch §§ 5, 6, 7, 8, 9 dieses Gesetzes vorgeschriebene Anzeige oder Bekanntmachung veranstaltet oder leitet[3]);
3. wer als Veranstalter oder Leiter einer Versammlung den Beauftragten der Polizeibehörde die Einräumung eines angemessenen Platzes verweigert (§ 13 Abs. 2);
4. wer sich nach Erklärung der Auflösung einer Versammlung nicht sofort entfernt (§ 16);

---

[1]) § 17 beseitigt durch Ziff. 2 des Aufrufs der Volksbeauftragten. S. aber die Anm. im Text vor § 1.

[2]) § 17a eingefügt durch das Gesetz zur Änderung des Vereinsgesetzes, vom 26. Juni 1916 (RGBl. S. 635).

[3]) S. Anm. 1 zu §§ 5, 6 u. 7, Anm. 2 zu § 7 u. Anm. 1 zu §§ 8, 9.

5. wer als Vorstand oder als Mitglied des Vorstandes eines Vereins entgegen den Vorschriften des § 17 dieses Gesetzes Personen, die das achtzehnte Lebensjahr noch nicht vollendet haben, in dem Vereine duldet[1]);
6. wer entgegen den Vorschriften des § 17 dieses Gesetzes in einer Versammlung anwesend ist[1]).

§ 19.

Mit Geldstrafe bis zu dreihundert Mark, an deren Stelle im Unvermögensfalle Haft tritt, oder mit Haft wird bestraft:
1. wer eine Versammlung unter freiem Himmel oder einen Aufzug ohne die vorgeschriebene Anzeige oder Genehmigung (§§ 7, 9) veranstaltet oder leitet[2]);
2. wer unbefugt in einer Versammlung oder in einem Aufzuge bewaffnet erscheint (§ 11);
3. [Ziff. 3 betraf Fälle des § 12, s. das.]

[Amtliche Versammlungen] **§ 20.**

Die Vorschriften dieses Gesetzes finden keine Anwendung auf die durch das Gesetz oder die zuständigen Behörden angeordneten Versammlungen.

[Zuständige Behörden] **§ 21.**

Welche Behörden unter der Bezeichnung „Polizeibehörde", „untere Verwaltungsbehörde" und „höhere Verwaltungsbehörde" zu verstehen sind, bestimmt die Landeszentralbehörde.

[Änderung des BGB.] **§ 22.**

An die Stelle des § 72 des Bürgerlichen Gesetzbuchs tritt folgende Vorschrift:

Der Vorstand hat dem Amtsgericht auf dessen Verlangen jederzeit eine von ihm vollzogene Bescheinigung über die Zahl der Vereinsmitglieder einzureichen.

[Übergangsvorschriften] **§ 23.**

(1) Aufgehoben werden

der § 17 Abs. 2 des Wahlgesetzes für den deutschen Reichstag vom 31. Mai 1869 (Bundes-Gesetzbl. S. 145, Reichsgesetzbl. 1873 S. 163),

der § 2 Abs. 2 des Einführungsgesetzes zum Strafgesetzbuche für das Deutsche Reich vom 31. Mai 1870 (Bundes-Gesetzbl. S. 195, Reichsgesetzbl. 1871 S. 127), soweit er

---

1) S. Anm. 1 zu § 17.

2) S. Anm. 1 u. 2 zu § 7 u. 1 zu § 9.

sich auf die besonderen Vorschriften des Landesstrafrechts über Mißbrauch des Vereins- und Versammlungsrechts bezieht,
der § 6 Abs. 2 Nr. 2 des Einführungsgesetzes zur Strafprozeßordnung vom 1. Februar 1877 (Reichsgesetzbl. S. 346).

(2) Die sonstigen reichsgesetzlichen Vorschriften über Vereine und Versammlungen bleiben in Kraft[1]).

[Landesrecht] **§ 24[2]).**

Unberührt bleiben
die Vorschriften des Landesrechts über kirchliche und religiöse Vereine und Versammlungen, über kirchliche Prozessionen, Wallfahrten und Bittgänge sowie über geistliche Orden und Kongregationen,
die Vorschriften des Landesrechts in bezug auf Vereine und Versammlungen für die Zeiten der Kriegsgefahr, des Krieges, des erklärten Kriegs- (Belagerungs-) Zustandes oder innerer Unruhen (Aufruhrs),
die Vorschriften des Landesrechts in bezug auf Verabredungen ländlicher Arbeiter und Dienstboten zur Einstellung oder Verhinderung der Arbeit,
die Vorschriften des Landesrechts zum Schutze der Feier der Sonn- und Festtage; jedoch sind für Sonntage, die nicht zugleich Festtage sind, Beschränkungen des Versammlungsrechts nur bis zur Beendigung des vormittägigen Hauptgottesdienstes zulässig.

[Inkrafttreten] **§ 25.**

Dieses Gesetz tritt am 15. Mai 1908 in Kraft.

---

33. Feld- und Forstpolizeigesetz.

Vom 21. Januar 1926 (GS. S. 83).

(Auszug.)

[Das Gesetz enthält in erster Linie strafrechtliche und Strafverfahrensbestimmungen, daneben aber auch solche verwaltungsrechtlichen Inhalts, namentlich mittelbare und unmittelbare Ermächtigungen zum Erlaß von polizeilichen Vorschriften, von denen die über den Schutz von

---

[1]) S. aber die Anm. im Text vor § 1.

[2]) Auch die Vorschriften dieses Paragraphen sind abgesehen von den Vorschriften über den Schutz der Feier der Sonn- und Festtage, die durch Art. 139 RV. geschützt sind, durch die Reichsverfassung und den Aufruf der Volksbeauftragten beseitigt. S. aber die Anm. im Text vor § 1.

Naturdenkmälern usw. in § 30 besonders wichtig ist. Diese verwaltungsrechtlichen Bestimmungen sind im folgenden wiedergegeben.]

[Aus dem 1. Titel:] Strafbestimmungen.

[Naturschutzanordnungen] **§ 30.**

(1) Die zuständigen Minister und die nachgeordneten Polizeibehörden können Anordnungen zum Schutze von Tierarten, von Pflanzen und von Naturschutzgebieten sowie zur Vernichtung schädlicher Tiere und Pflanzen erlassen, und zwar auch für den Meeresstrand und das Küstenmeer[1]).

(2) Die Übertretung dieser Anordnungen wird mit Geldstrafe bis zu einhundertfünfzig Reichsmark oder mit Haft bestraft.

. . . .

[Genehmigung zur Errichtung einer Feuerstelle] **§ 43.**

Wer in der Umgebung einer Waldung, welche mehr als fünf Hektar in räumlichem Zusammenhang umfaßt, innerhalb einer Entfernung von fünfundsiebzig Meter eine Feuerstelle errichten will, bedarf einer Genehmigung derjenigen Behörde, welche für die Erteilung der Genehmigung zur Errichtung von Feuerstellen zuständig ist[2]). Vor der Aushändigung der Genehmigung darf die polizeiliche Bauerlaubnis nicht erteilt werden.

[Versagung der Genehmigung] **§ 44.**

(1) Die Genehmigung der Behörde (§ 43) darf versagt oder an Bedingungen, welche die Verhütung von Feuersgefahr bezwecken, geknüpft werden, wenn aus der Errichtung der Feuerstelle eine Feuersgefahr für die Waldung zu besorgen ist.

(2) Die Genehmigung darf nicht versagt werden, wenn die Feuerstelle innerhalb einer im Zusammenhange gebauten Ortschaft oder vom Waldeigentümer oder in der Ausführung eines Enteignungsrechts errichtet werden soll; jedoch darf die Genehmigung an Bedingungen geknüpft werden, welche die Verhütung von Feuersgefahr bezwecken.

[Einspruch des Waldeigentümers] **§ 45.**

(1) Der Antrag auf Erteilung der Genehmigung ist dem Waldeigentümer, falls dieser nicht der Bauherr ist, mit dem Bemerken be-

---

[1]) Auf Grund dieser Ermächtigung ist die Tier- und Pflanzenschutzverordnung vom 16. Dezember 1929 (GS. S. 189) ergangen, durch die u. a. auch die Schonvorschriften der Jagdordnung (oben Nr. 45) erweitert wurden.

[2]) Nach den im § 48 genannten Gesetzen (hier nicht abgedruckt).

kanntzumachen, daß er innerhalb einer Frist von einundzwanzig Tagen bei der Behörde (§ 43) Einspruch erheben könne.

(2) Der erhobene Einspruch ist von der Behörde (§ 43) geeignetenfalls nach Anhörung des Antragstellers und des Waldeigentümers sowie nach Aufnahme des Beweises zu prüfen.

[Rechtsmittel gegen Versagung oder Erteilung]

§ 46.

(1) Die Versagung der Genehmigung, die Erteilung der Genehmigung unter Bedingungen sowie die Zurückweisung des erhobenen Einspruchs erfolgt durch einen Bescheid der Behörde, welcher mit Gründen zu versehen und dem Antragsteller sowie dem Waldeigentümer zu eröffnen ist.

(2) Gegen den Bescheid steht dem Antragsteller sowie dem Waldeigentümer innerhalb einer Frist von zwei Wochen die Klage im Verwaltungsstreitverfahren offen. Zuständig ist

a) der Kreisausschuß, wenn der Bescheid von der Ortspolizeibehörde eines Landkreises erteilt worden ist;

b) der Bezirksausschuß, wenn der Bescheid vom Landrat oder von der Ortspolizeibehörde eines Stadtkreises, in der Provinz Hannover von der Polizeibehörde einer selbständigen Stadt erteilt worden ist.

§ 47.

Wer vor Erteilung der vorgeschriebenen Genehmigung mit der Errichtung einer Feuerstelle beginnt, wird mit Geldstrafe bis zu einhundertfünfzig Reichsmark oder mit Haft bestraft. Auch kann die Behörde (§ 43) die Weiterführung der Anlage verhindern und die Wegschaffung der errichteten Anlage anordnen.

[Sondervorschriften]

§ 48.

Die Bestimmungen der Gesetze vom 10. August 1904 (Gesetzsamml. S. 227), vom 1. März 1923 (Gesetzsamml. S. 49), vom 4. November 1874 (Wochenbl. S. 291 — für den Kreis Herzogtum Lauenburg), vom 4. Juli 1887 (Gesetzsamml. S. 327 — für Hannover), vom 13. Juni 1888 (Gesetzsamml. S. 243 — für Schleswig-Holstein) und vom 11. Juni 1890 (Gesetzsamml. S. 173 — für Hessen-Nassau) über die Gründung neuer Ansiedlungen werden durch dieses Gesetz nicht berührt.

Zweiter Titel. Strafverfahren.

. . . .

Dritter Titel. Feld- und Forsthüter.

[Kommunale und private Feld- (Forst-) hüter]

§ 58.

(1) Feldhüter (Forsthüter) im Sinne dieses Gesetzes sind die von einer Stadtgemeinde, von einer Landgemeinde oder von

einem Grundbesitzer für den Feldschutz (Forstschutz) angestellten Personen.

(2) Die Anstellung der Feldhüter (Forsthüter) bedarf der Bestätigung nach den für Polizeibeamte gegebenen Vorschriften und, soweit solche nicht bestehen, der Bestätigung des Landrats.

[Staatl. Feldhüter] **§ 59.**

Die für den Feldschutz (Forstschutz) im Staatsdienst angestellten Personen haben die Befugnisse der Feldhüter (Forsthüter).

[Ehrenfeldhüter] **§ 60.**

(1) Den Gemeinden steht es frei, aus der Zahl ihrer Mitglieder Ehrenfeldhüter zu wählen.

(2) Die Wahl bedarf in den Landgemeinden der Bestätigung der Aufsichtsbehörde.

(3) Die Ehrenfeldhüter sind zu allen dienstlichen Verrichtungen der Feldhüter befugt.

[Dienstabzeichen] **§ 61.**

Feldhüter, Ehrenfeldhüter oder Forsthüter müssen ein Dienstabzeichen bei sich führen und bei Ausübung ihres Amtes auf Verlangen vorzeigen.

[Zeugeneid] **§ 62.**

Feldhüter, Ehrenfeldhüter oder Forsthüter können für sämtliche in einer Gerichtssitzung zu verhandelnden Feld- und Forstpolizeisachen, in welchen sie als Zeugen vernommen werden sollen, in dieser Sitzung durch einmalige Leistung des Zeugeneids im voraus beeidigt werden.

Vierter Titel. Schadensersatz und Pfändung.

[Rechtsweg] **§ 63.**

Der Anspruch auf Erstattung des durch eine Zuwiderhandlung gegen dieses Gesetz entstandenen Schadens ist im Wege des Zivilprozesses geltend zu machen.

[Werterſatz] **§ 64.**

(1) Auf Antrag des Beschädigten ist neben der Strafe die Verpflichtung des Schuldigen zum Ersatze des nach den örtlichen Preisen abzuschätzenden Wertes des Entwendeten an den Beschädigten auszusprechen.

(2) Für den Antrag kommen die Vorschriften der Strafprozeßordnung über den Antrag auf Zuerkennung einer Buße (§§ 403 bis 405) zur entsprechenden Anwendung.

(3) Durch den Antrag auf Wertersatz wird der weitergehende Anspruch auf Schadensersatz nicht ausgeschlossen.

[Ersatzgeld, Schadenserstattung] **§ 65.**

(1) Bei Weidefreveln (§ 12) und, sofern es sich um Übertritt von Tieren handelt, bei Zuwiderhandlungen gegen den § 8 dieses Gesetzes und gegen den § 368 Nr. 9 des Strafgesetzbuchs hat der Beschädigte die Wahl, die Erstattung des nachweisbaren Schadens oder die Zahlung eines Ersatzgeldes zu fordern.

(2) Der Anspruch auf Ersatzgeld ist unabhängig von dem Nachweis eines Schadens.

(3) Mit der Geltendmachung des Anspruchs auf Ersatzgeld erlischt das Recht auf Schadenserstattung. Ist aber der Anspruch auf Schadenserstattung erhoben, so kann bis zur Verkündung des Endurteils erster Instanz statt der Schadenserstattung das Ersatzgeld gefordert werden.

(4) Treten die Tiere in den Fällen der §§ 8 und 12 dieses Gesetzes oder im Falle des § 368 Nr. 9 des Strafgesetzbuchs zugleich auf die Grundstücke verschiedener Besitzer über, so wird das Ersatzgeld nur einmal erlegt. Dasselbe gebührt demjenigen Besitzer, welcher den Anspruch zuerst bei der Ortspolizei angebracht hat. Ist die Anbringung von mehreren gleichzeitig erfolgt, so wird das Ersatzgeld zwischen diesen gleichmäßig verteilt, den übrigen Besitzern verbleibt das Recht auf Schadensersatz.

[Verjährung des Ersatzgeldanspruchs] **§ 66.**

(1) Der Anspruch auf Ersatzgeld verjährt in vier Wochen.

(2) Die Verjährung beginnt mit dem Tage, an welchem der Übertritt der Tiere stattgefunden hat.

(3) Die Verjährung wird unterbrochen durch Erhebung der Klage auf Schadensersatz.

[Höhe des Ersatzgeldes] **§ 67.**

Das Ersatzgeld beträgt:

1. wenn die Tiere betroffen werden auf bestellten Äckern vor beendeter Ernte, künstlichen Wiesen oder auf solchen Wiesen oder mit Futterkräutern besäten Weiden, welche der Besitzer selbst noch mit der Hütung verschont oder die derselbe eingefriedigt hat, in Gärten, Baumschulen, Weinbergen, auf mit Rohr bewachsenen Flächen, auf Weidenhegern, Dünen, Dämmen, Deichen, Buhnen, Deckwerken, gedeckten Sandflächen oder anderen in Kultivierung befindlichen Flächen, Graben- oder Kanalböschungen, in Forstkulturen, Verjüngungen, Schonungen oder Pflanz- oder Saatkämpen

a) für ein Pferd, einen Esel, einen Maulesel, ein Maultier oder ein Stück Rindvieh . . 2,00 Reichsmark
b) für ein Schwein, eine Ziege oder ein Schaf 1,00 „
c) für eine Gans . . . . 0,30 „
d) für ein Stück der übrigen im § 9 Abs. 1 aufgeführten Viecharten . . . . 0,20 „

2. in allen anderen Fällen
a) für ein Pferd, einen Esel, einen Maulesel, ein Maultier oder ein Stück Rindvieh . . 0,50 „
b) für ein Schwein, eine Ziege oder ein Schaf 0,20 „
c) für ein Stück der übrigen im § 9 Abs. 1 aufgeführten Viecharten . . . . 0,02 „

[Höchstgrenze] **§ 68.**

Ist gleichzeitig eine Mehrzahl von Tieren übergetreten, so darf der Gesamtbetrag der nach dem § 67 zu entrichtenden Ersatzgelder

1. in den Fällen des 67 Nr. 1
a) für Pferde, Esel, Maulesel, Maultiere, Rindvieh, Schweine, Ziegen und Schafe . 60,00 Reichsmark
b) für die übrigen im § 9 Abs. 1 aufgeführten Viecharten . . . . 15,00 „

2. in den Fällen des § 67 Nr. 2
a) für Pferde, Esel, Maulesel, Maultiere, Rindvieh, Schweine, Ziegen und Schafe . 15,00 „
b) für die übrigen im § 9 Abs. 1 aufgeführten Viecharten . . . . 2,00 „

nicht übersteigen.

[Abänderung der Höhe durch den Bezirksausschuß] **§ 69.**

(1) Die Ersatzgeldbeträge der §§ 67 und 68 können für ganze Kreise oder für einzelne Feldmarken auf Antrag der Kreisvertretung durch Beschluß des Bezirksausschusses bis auf das Doppelte erhöht oder bis auf die Hälfte ermäßigt werden.

(2) Der Beschluß des Bezirksausschusses ist endgültig.

[Passivlegitimation des Tierbesitzers] **§ 70.**

(1) Der Anspruch auf Ersatzgeld kann in allen Fällen gegen den Besitzer der Tiere unmittelbar geltend gemacht werden.

(2) Mehrere Besitzer von Vieh, welches eine gemeinschaftliche Herde bildet, haften für das Ersatzgeld dem Beschädigten gegenüber solidarisch.

[Rechtsweg und Verwaltungsweg] **§ 71.**

(1) Der Anspruch auf Ersatzgeld ist im Falle des § 65 Abs. 3 im Zivilprozesse zu verfolgen.

(2) In allen anderen Fällen ist der Anspruch bei der Ortspolizeibehörde anzubringen. Diese erteilt nach Anhörung der Beteiligten und Anstellung der erforderlichen Ermittlungen einen Bescheid. Werden dem Anspruch auf Ersatzgeld gegenüber Tatsachen glaubhaft gemacht, aus welchen ein den Anspruch ausschließendes Recht hervorgeht, so ist dem Beschädigten zu überlassen, seinen Anspruch im Wege des Zivilprozesses zu verfolgen.

[Verfahren im Verwaltungsweg] **§ 72.**

Der Bescheid der Ortspolizeibehörde (§ 71) ist den Beteiligten zu eröffnen. Innerhalb einer Frist von zwei Wochen nach der Eröffnung steht jedem Teile die Klage bei dem Kreisausschuß, in Stadtkreisen und in den zu einem Landkreise gehörenden Städten mit mehr als zehntausend Einwohnern bei dem Bezirksausschusse zu. Auch hier findet die Vorschrift des letzten Satzes im § 71 Abs. 2 Anwendung. Die Entscheidungen des Kreisausschusses und des Bezirksausschusses sind endgültig.

[Pfändung von übergetretenem Vieh] **§ 73.**

(1) Wird Vieh (§ 9 Abs. 1) auf einem Grundstücke betroffen, auf welchem es nicht geweidet werden darf, so kann dasselbe auf der Stelle oder in unmittelbarer Verfolgung sowohl von dem Feld- oder Forsthüter als auch von dem Beschädigten oder von solchen Personen gepfändet werden, welche die Aufsicht über das Grundstück führen oder zur Familie, zu den Dienstleuten oder zu den auf dem Grundstücke beschäftigten Arbeitsleuten des Beschädigten gehören.

(2) In gleicher Weise ist bei Zuwiderhandlungen gegen den § 8 dieses Gesetzes und bei Zuwiderhandlungen gegen den § 368 Nr. 9 des Strafgesetzbuchs die Pfändung der Reit- oder Zugtiere oder des Viehes zulässig.

[Haftung der gepfändeten Tiere] **§ 74.**

(1) Die gepfändeten Tiere haften für den entstandenen Schaden oder die Ersatzgelder und für alle durch die Pfändung und die Schadensfeststellung verursachten Kosten.

(2) Die gepfändeten Tiere müssen sofort freigegeben werden, wenn bei dem zuständigen Gemeinde- oder Gutsvorstand ein Geldbetrag oder ein anderer Pfandgegenstand hinterlegt wird, welcher den Forderungen des Beschädigten entspricht.

[Kosten der Wartung der gepfändeten Tiere] **§ 75.**

(1) Die Kosten für die Einstellung, Wartung und Fütterung der gepfändeten Tiere werden von der Ortspolizeibehörde festgesetzt.

(2) Durch Beschluß des Bezirksausschusses können für die Kreise des Bezirkes mit Zustimmung der Kreisvertretungen allgemeine Wertsätze für die Einstellung, Wartung und Fütterung der gepfändeten Tiere festgesetzt werden. Der Beschluß des Bezirksausschusses ist endgültig.

[Anzeige des Pfändenden] **§ 76.**

(1) Der Pfändende hat von der geschehenen Pfändung binnen vierundzwanzig Stunden dem Gemeinde-, Gutsvorsteher oder der Ortspolizeibehörde, in Städten der Ortspolizeibehörde Anzeige zu machen.

(2) Der Gemeinde- oder Gutsvorsteher oder die Polizeibehörde bestimmt über die vorläufige Verwahrung der gepfändeten Tiere.

(3) Der Gemeinde- oder Gutsvorsteher hat von der erfolgten Pfändung sofort der Ortspolizeibehörde Anzeige zu machen.

[Verfahren bei Unterlassen der Anzeige] **§ 77.**

Ist die Anzeige (§ 76 Abs. 1) unterlassen, so kann der Gepfändete die Pfandstücke zurückverlangen. Der Pfändende hat in diesem Falle keinen Anspruch auf den Ersatz der durch die Pfändung entstandenen Kosten.

[Bescheid der Ortspolizeibehörde] **§ 78.**

(1) Wird der Ortspolizeibehörde eine Pfändung angezeigt, so erteilt dieselbe sogleich oder nach einer schleunigst anzustellenden Ermittelung, unter Berücksichtigung der Höhe des Schadens, des Ersatzgeldes und der Kosten, einen Bescheid darüber, ob die Pfändung ganz oder teilweise aufrechtzuerhalten oder aufzuheben oder ob ein anderweit angebotenes Pfand anzunehmen ist. In dem Bescheid ist über die Art der ferneren Verwahrung der gepfändeten oder in Pfand gegebenen Gegenstände Bestimmung zu treffen.

(2) Ist die Pfändung nur teilweise aufrechterhalten, so sind die freigegebenen Pfandstücke dem Gepfändeten auf seine Kosten sofort zurückzugeben.

[Verfahren bei unrechtmäßiger Pfändung] **§ 79.**

(1) Macht der Gepfändete Tatsachen glaubhaft, aus welchen die Unrechtmäßigkeit der Pfändung hervorgeht, so ist dem Beschädigten zu überlassen, seinen Anspruch im Wege des Zivilprozesses zu verfolgen.

(2) In diesem Falle hat die Polizeibehörde über die Verwahrung der gepfändeten Tiere oder über die Annahme und Verwahrung eines anderen geeigneten Pfandes vorläufige Festsetzung zu treffen. Gegen diese Festsetzung ist ein Rechtsmittel nicht zulässig.

[Eröffnung des Bescheides (§ 78)] **§ 80.**

Der Bescheid der Ortspolizeibehörde (§ 78) ist den Beteiligten zu eröffnen. Innerhalb einer Frist von zwei Wochen nach der Eröffnung steht jedem Teile die Klage bei dem Kreisausschuß, in Stadtkreisen und in den zu einem Landkreise gehörigen Städten mit mehr als zehntausend Einwohnern bei dem Bezirksausschusse zu. Auch hier findet die Vorschrift des § 79 Abs. 1 Anwendung. Die Entscheidungen des Kreisausschusses und des Bezirksausschusses sind endgültig.

[Versteigerung der gepfändeten Gegenstände] **§ 81.**

(1) Ist durch eine rechtskräftige Entscheidung die Pfändung aufrechterhalten, so läßt die Ortspolizeibehörde die gepfändeten oder in Pfand gegebenen Gegenstände nach ortsüblicher Bekanntmachung öffentlich versteigern.

(2) Bis zum Zuschlage kann der Gepfändete gegen Zahlung eines von der Ortspolizeibehörde festzusetzenden Geldbetrags sowie der Versteigerungskosten die gepfändeten oder in Pfand gegebenen Gegenstände einlösen.

[Versteigerungserlös] **§ 82.**

(1) Der Erlös aus der Versteigerung oder die eingezahlte Summe dient zur Deckung aller entstandenen Kosten sowie der Ersatzgelder.

(2) Zur Deckung des Schadensersatzes dient der Erlös oder die eingezahlte Summe nur, wenn der Anspruch darauf innerhalb dreier Monate nach der Pfändung geltend gemacht ist.

(3) Der nach Deckung der zu zahlenden Beträge sich ergebende Rest wird dem Gepfändeten zurückgegeben. Ist dieser seiner Person oder seinem Aufenthalte nach unbekannt, so wird der Rest der Armenkasse des Ortes, in welchem die Pfändung geschehen ist, ausgezahlt. Innerhalb dreier Monate nach der Auszahlung kann der Gepfändete den Rest zurückverlangen.

[Gleichzeitige Entscheidung über das Ersatzgeld] **§ 83.**

Fordert der Beschädigte im Falle der Pfändung Ersatzgeld, so ist über diese Forderung und die Pfändung in demselben Verfahren zu verhandeln und zu entscheiden.

[Ausschlußfristen] **§ 84.**

Die in §§ 45, 46, 72, 76, 80 erwähnten Fristen sind präklusivisch.

IV. Verkehrsrecht.

34a. Gesetz über den Verkehr mit Kraftfahrzeugen.

Vom 3. Mai 1909 (RGBl. S. 437)[1].

(Auszug.)

[Das Gesetz wird hier wiedergegeben, soweit es polizeirechtlichen Inhalt hat, d. h. unter Weglassung der Haftungs- und Strafvorschriften. Es bildet die Grundlage der sehr wichtigen **Reichs-Verordnung über Kraftfahrzeugverkehr** in der Fassung der Bekanntmachung vom 15. Juli 1930 (RGBl. I S. 270), die jedoch wegen ihres sehr großen Umfangs hier nicht wiedergegeben werden konnte.]

I. Verkehrsvorschriften.

[Zulassung] § 1[2]).

(1) Kraftfahrzeuge, die auf öffentlichen Wegen oder Plätzen in Betrieb gesetzt werden sollen, müssen von der zuständigen Behörde zum Verkehre zugelassen sein; Ausnahmen bestimmt der Reichsverkehrsminister mit Zustimmung des Reichsrats.

(2) Als Kraftfahrzeuge im Sinne dieses Gesetzes gelten Landfahrzeuge, die durch Maschinenkraft bewegt werden, ohne an Bahngleise gebunden zu sein.

[Führerschein] § 2.

(1) Wer auf öffentlichen Wegen oder Plätzen ein Kraftfahrzeug führen will, bedarf der Erlaubnis der zuständigen Behörde; Ausnahmen bestimmt der Reichsverkehrsminister mit Zustimmung des Reichsrats[2]). Die Erlaubnis gilt für das

---

[1]) Geändert durch das Gesetz zur Abänderung des Gesetzes über den Verkehr mit Kraftfahrzeugen, vom 21. Juli 1923 (RGBl. S. 743), die Verordnung über die Änderung des Luftverkehrsgesetzes und des Gesetzes über den Verkehr mit Kraftfahrzeugen, vom 5. Februar 1924 (RGBl. S. 43), und die Verordnung zur Änderung der Haftpflichthöchstsummen im Kraftfahrzeug- und im Luftverkehre, vom 6. Februar 1924 (RGBl. I S. 42).

[2]) § 1, § 2 Abs. 1 Satz 1 i. d. F. d. G. vom 21. Juli 1923 Art. I, II.

ganze Reich; sie ist zu erteilen, wenn der Nachsuchende seine Befähigung durch eine Prüfung dargetan hat und nicht Tatsachen vorliegen, die die Annahme rechtfertigen, daß er zum Führen von Kraftfahrzeugen ungeeignet ist.

(2) Den Nachweis der Erlaubnis hat der Führer durch eine Bescheinigung (Führerschein) zu erbringen.

(3) Die Befugnis der Ortspolizeibehörde, auf Grund des § 37 der Reichs-Gewerbeordnung weitergehende Anordnungen zu treffen, bleibt unberührt.

[Führerprüfung] **§ 3.**

(1) Wer zum Zwecke der Ablegung der Prüfung (§ 2 Abs. 1 Satz 2) sich in der Führung von Kraftfahrzeugen übt, muß dabei auf öffentlichen Wegen oder Plätzen von einer mit dem Führerschein versehenen, durch die zuständige Behörde zur Ausbildung von Führern ermächtigten Person begleitet und beaufsichtigt sein. Das gleiche gilt für Fahrten, die bei Ablegung der Prüfung vorgenommen werden. Ausnahmen bestimmt der Reichsverkehrsminister mit Zustimmung des Reichsrats[1]).

(2) Bei den Übungs- und Prüfungsfahrten[2]), die gemäß der Vorschrift des Abs. 1 stattfinden, gilt im Sinne dieses Gesetzes der Begleiter als Führer des Kraftfahrzeugs.

[Entziehung des Führerscheins] **§ 4.**

(1) Werden Tatsachen festgestellt, welche die Annahme rechtfertigen, daß eine Person zum Führen von Kraftfahrzeugen ungeeignet ist, so kann ihr die Fahrerlaubnis dauernd oder für bestimmte Zeit durch die zuständige Verwaltungsbehörde entzogen werden; nach der Entziehung ist der Führerschein der Behörde abzuliefern.

(2) Die Entziehung der Fahrerlaubnis ist für das ganze Reich wirksam.

[Rechtsmittel dagegen] **§ 5.**

(1) Gegen die Versagung der Fahrerlaubnis ist, wenn sie aus anderen Gründen als wegen ungenügenden Ergebnisses der Befähigungsprüfung erfolgt, der Rekurs zulässig. Das gleiche gilt von der Entziehung der Fahrerlaubnis; der Rekurs hat aufschiebende Wirkung, sofern dies nicht ausdrücklich bei der ersten Entscheidung ausgeschlossen wird[3]).

---

[1]) § 3 Abs. 1 letzter Satz, § 5a eingefügt durch Art. III, V d. G. vom 21. Juli 1923.

[2]) Früher „Probefahrten", G. vom 21. Juli 1923 Art. III.

[3]) § 5 Abs. 1 Satz 2 i. d. F. d. G. vom 21. Juli 1923 Art. IV.

(2) Die Zuständigkeit der Behörden und das Verfahren bestimmen sich nach den Landesgesetzen und, soweit landesgesetzliche Vorschriften nicht vorhanden sind, nach den §§ 20, 21 der Reichsgewerbeordnung.

[Gefährliche Wegestellen] **§ 5a[1]).**

Gefährliche Stellen an Wegestrecken, die dem Durchgangsverkehre dienen, sind von den Landesbehörden durch Warnungstafeln zu kennzeichnen.

[Anordnungen der Reichsregierung] **§ 6[2]).**

(1) Die Reichsregierung erläßt mit Zustimmung des Reichsrats:

1. die zur Ausführung der §§ 1 bis 5a erforderlichen Anordnungen sowie die Bestimmungen für die Zulassung der Führer ausländischer Kraftfahrzeuge;
2. die sonstigen zur Erhaltung der Ordnung und Sicherheit auf den öffentlichen Wegen oder Plätzen erforderlichen Anordnungen über den Verkehr mit Kraftfahrzeugen, insbesondere über die Prüfung und Kennzeichnung der Fahrzeuge und über das Verhalten der Führer sowie über den allgemeinen Fahrverkehr, soweit dies in Rücksicht auf den Kraftfahrzeugverkehr erforderlich ist;
3. Vorschriften über Gebühren für behördliche Maßnahmen im Kraftfahrzeugverkehre bei Durchführung der auf Grund dieses Gesetzes erlassenen Verordnungen. Die Gebühren sind nach den tatsächlichen Aufwendungen zu bemessen;
4. ferner mit Zustimmung eines Ausschusses des Reichstags Vorschriften über die Bildung eines zur Mitwirkung in Angelegenheiten des Kraftfahrwesens berufenen Beirats.

   Die Landesregierungen können sich durch Vermittlung der Reichsregierung des Beirats bedienen.

(2) Soweit auf Grund der Anordnungen nach Abs. 1 die Militär- und Postverwaltung sowie eine staatliche Polizei Personen, die sie als Führer von Kraftfahrzeugen verwenden, die Fahrerlaubnis versagt oder entzogen haben, finden die Vorschriften des § 5 keine Anwendung.

(3) Soweit Anordnungen gemäß Abs. 1 Nr. 1 bis 3 nicht erlassen sind, können solche durch die Landeszentralbehörden erlassen werden.

[Abs. 4 gestrichen durch d. G. vom 21. Juli 1923 Art. VII.]

---

1) Siehe Anm. 1 zu § 3.

2) § 6 i. d. F. d. G. vom 21. Juli 1923 Art. VI und VII und (zu Ziff. 4) d. VO. vom 5. Februar 1924 Art. I.

27*

II. Haftpflicht.

[Die §§ 7—20 enthalten Bestimmungen über die Haftung des Kraftfahrzeughalters und -führers für den durch ein Kraftfahrzeug angerichteten Schaden.]

III. Straf- und Schlußvorschriften[1]).

[Nichtbefolgung pol. Anordnungen] **§ 21.**

Wer den zur Erhaltung der Ordnung und Sicherheit auf den öffentlichen Wegen oder Plätzen erlassenen polizeilichen Anordnungen über den Verkehr mit Kraftfahrzeugen zuwiderhandelt, wird mit Geldstrafe bis zu einhundertfünfzig Mark oder mit Haft bestraft.

[Die §§ 22—26 enthalten weitere Straf- und Schlußbestimmungen.]

IV. Kleinkrafträder.

§ 27[2]).

(1) Die Vorschriften im Teil I, II und III gelten nicht für Kleinkrafträder.

(2) Die Reichsregierung erläßt mit Zustimmung des Reichsrats Anordnungen über den Verkehr mit Kleinkrafträdern[3]).

34b. Gesetz über Kraftfahrlinien (Kraftfahrliniengesetz).

Vom 26. August 1925 (RGBl. I S. 319).

[Das praktisch wichtige Gesetz bringt eine Konzessionspflicht für Kraftfahrlinien, deren Einzelheiten in der auszugsweise mitabgedruckten Kraftlinienverordnung geregelt sind.]

[Genehmigungspflicht] **§ 1.**

(1) Wer über die Grenzen eines Gemeindebezirkes hinaus die Beförderung von Personen oder Sachen mit Kraftfahrzeugen auf bestimmten Strecken gegen Entgelt betreiben will (Unternehmer von Kraftfahrlinien), bedarf der Genehmigung der von der obersten Landesbehörde bestimmten Behörde.

---

[1]) Früher „Strafvorschriften", G. vom 21. Juli 1923 Art. XI.

[2]) § 27 angefügt durch G. vom 21. Juli 1923 Art. XII.

[3]) Sie sind enthalten in den §§ 47—49 der VO. über den Kraftfahrzeugverkehr in der Fassung der Bekanntmachung vom 15. Juli 1930 (RGBl. I S. 276). Kleinkrafträder (Motorhubraum höchstens 200 ccm) sind führerschein- (und steuer-) frei, müssen aber zugelassen werden.

(2) Soll sich das Unternehmen auf das Gebiet mehrerer Länder erstrecken, so sind zur Genehmigung die obersten Landesbehörden gemeinsam zuständig. Jedoch ist jedes Land verpflichtet, die Fortsetzung einer in einem benachbarten Lande zugelassenen Kraftfahrlinie in oder durch sein Gebiet zu gestatten, wenn der Reichsrat auf den durch den Reichsverkehrsminister geprüften und zu vermittelnden Antrag anerkennt, daß diese im Interesse des allgemeinen Verkehrs liegt.

[Voraussetzungen der Erteilung] **§ 2.**

Die Genehmigung darf nur erteilt werden, wenn Gewähr für die Sicherheit und Leistungsfähigkeit des Betriebs geboten ist und das Unternehmen den öffentlichen Interessen nicht zuwiderläuft.

[Zurücknahme der Genehmigung] **§ 3.**

(1) Die Genehmigung kann zurückgenommen werden, wenn gegen die bei der Genehmigung festgesetzten Bedingungen oder gegen die auf Grund des § 5 erlassenen Vorschriften und Anordnungen oder gegen die auf Grund des § 6 des Gesetzes über den Verkehr mit Kraftfahrzeugen vom 3. Mai 1909 in der Fassung des Gesetzes vom 21. Juli 1923 erlassenen Vorschriften in wesentlicher Beziehung verstoßen wird. Die Zurücknahme der Genehmigung bedarf der Zustimmung der obersten Landesbehörde.

(2) Im Falle des § 1 Abs. 2 kann die Zurücknahme nur gemeinsam erfolgen; die nicht erfolgte Zustimmung einer beteiligten obersten Landesbehörde kann in diesem Falle durch die Zustimmung des Reichsverkehrsministers ersetzt werden.

[Rückwirkung] **§ 4.**

Die obersten Landesbehörden können die Vorschriften der §§ 1 bis 4 auf gegenwärtig vorhandene Kraftfahrlinien für anwendbar erklären.

[Durchführungsvorschriften] **§ 5.**

(1) Die Reichsregierung erläßt mit Zustimmung des Reichsrats die zur Durchführung der §§ 1 bis 5 erforderlichen Vorschriften[1]).

---

[1]) Auf Grund von § 5 erging die **Kraftlinienverordnung** vom 20. Oktober 1928 (RGBl. I S. 380), aus der folgende Bestimmungen wiedergegeben seien, die u. a. für den *Begriff des öffentlichen Interesses* allgemeine Bedeutung haben:

(2) **Für die Ausrüstung und den Betrieb der Kraftfahrlinien können die obersten Landesbehörden allgemeine Anordnungen erlassen.**

---

§ 6.

Die Genehmigung wird auf Grund einer Prüfung erteilt, die sich zu erstrecken hat auf
1. die Sicherheit und Leistungsfähigkeit des Betriebs,
2. die Wahrung der öffentlichen Interessen.

§ 7.

Die Prüfung der Sicherheit und Leistungsfähigkeit soll sich vornehmlich darauf erstrecken:
1. ob die Vorschriften der Verordnung über Kraftfahrzeugverkehr erfüllt sind, und ob die Persönlichkeit des Unternehmers dafür bürgt, daß sie auch in Zukunft erfüllt werden;
2. ob ihn seine Vermögenslage befähigt, durch eine geordnete, regelmäßige Betriebsführung dem öffentlichen Verkehrsbedürfnis und den berechtigten Ansprüchen der Benutzer zu genügen, und die aus dem Betrieb erwachsenden Verbindlichkeiten, besonders Haftungsansprüche für Personen- und Sachschäden, zu erfüllen;
3. ob der Wagenpark und die Einrichtungen zu seiner Unterhaltung so beschaffen und bemessen sind, daß der ordentliche, ununterbrochene Betrieb während der Dauer der Genehmigung gewährleistet ist, solange die vorhandenen Wege sicher befahrbar sind.

§ 8.

(1) Die Prüfung, ob die öffentlichen Interessen gewahrt sind, soll sich auf die Linienführung, die Zahl der täglichen Fahrten, die Wahl der Halteplätze usw. erstrecken.

(2) Das Unternehmen läuft den öffentlichen Interessen zuwider,
1. wenn es auf Wegen durchgeführt werden soll, die sich wegen ihres baulichen Zustandes für diesen Kraftwagenverkehr nicht eignen,
2. wenn es bereits vorhandenen Verkehrsunternehmen einen unbilligen Wettbewerb bereitet oder ihrer dem öffentlichen Bedürfnis mehr entsprechenden Ausgestaltung vorgreift, ohne doch das öffentliche Verkehrsbedürfnis zweckmäßiger oder nachhaltiger zu befriedigen oder die vorhandenen öffentlichen Verkehrsmittel vorteilhaft zu ergänzen.

§ 9.

(1) Vor der Genehmigung des Antrags muß die Behörde die im Verkehrsgebiete der geplanten Kraftfahrlinie vorhandenen öffentlichen Verkehrsunternehmen und die Wegeunterhaltungspflichtigen hören. Einwendungen gegen das Unter-

[Reichspostlinien] § 6.

(1) Dienen Linien der Reichspost der Personenbeförderung, so ist die Reichspost zur Einholung der Genehmigung nach § 1 nicht verpflichtet, sondern nur zu einer mit vierwöchiger Frist vorher zu erstattenden Anzeige an die oberste Landesbehörde des betreffenden Landes. Erhebt die oberste Landesbehörde innerhalb zwei Wochen nach Eingang der Anzeige gegen die beabsichtigte Einrichtung einer solchen Kraftfahrlinie der Reichspost Einspruch, weil nach ihrer Auffassung den öffentlichen Interessen durch Einrichtung der Linie nicht genügend Rechnung getragen sei, und kommt eine Einigung nicht zustande, so entscheidet über die Berechtigung des Einspruchs ein Schiedsgericht, zu dem das Reichsgericht aus seiner Mitte den Vorsitzenden, die Reichspost und die oberste Landesbehörde je einen Beisitzer stellen.

(2) Die Bestimmungen des Abs. 1 gelten auch für Linien, die sowohl der Postsachen- wie der Personenbeförderung dienen, es sei denn, daß die Reichspost der obersten Landesbehörde gegenüber unter Anführung der tatsächlichen Verhältnisse dargelegt hat, daß die einzurichtende Kraftfahrlinie für die Postsachenbeförderung erforderlich ist.

[Strafbestimmungen] § 7.

Wer als Unternehmer oder als Angestellter einer Kraftfahrlinie den in der Genehmigung festgesetzten Bedingungen oder den auf Grund des § 5 erlassenen Vorschriften und Anordnungen zuwiderhandelt, wird mit Geldstrafe bis zu 150 Reichsmark oder mit Haft bestraft.

§ 8.

Wer den Betrieb einer Kraftfahrlinie ohne die erforderliche Genehmigung unternimmt oder ihn fortsetzt, nachdem die Genehmigung zurückgenommen oder der Weiterbetrieb untersagt worden ist, wird mit Geldstrafe oder mit Gefängnis bis zu drei Monaten bestraft.

[Übergangsvorschrift] § 9.

Die Verordnung betreffend Kraftfahrzeuglinien, vom 24. Januar 1919 (Reichsgesetzbl. S. 97), tritt außer Kraft.

---

nehmen sind innerhalb einer von der Behörde festzusetzenden Frist von drei Wochen geltend zu machen.

(2) Wenn der Antragsteller nachweist, daß alle Beteiligten mit seinem Unternehmen einverstanden sind, braucht die Behörde die im Abs. 1 bezeichneten Stellen nicht zu hören.

35. Gesetz über Kleinbahnen und Privatanschlußbahnen.

Vom 28. Juli 1892 (GS. S. 225).

[Das Gesetz gilt nicht nur für nebenbahnähnliche Kleinbahnen, sondern, obwohl dies weder sein Titel noch § 1 so recht klar erkennen lassen, namentlich auch für Straßenbahnen wie auch Hoch- und Untergrundbahnen. Die Genehmigung, die es für „Kleinbahnen" vorschreibt (Kleinbahnkonzession) und ihre rechtliche Wirkung kommt der Eisenbahnkonzession nahe und spielt in Rechtslehre und Praxis eine erhebliche Rolle.]

Inhaltsübersicht.

I. Kleinbahnen.

[Begriff]

§ 1.

(1) Kleinbahnen sind die dem öffentlichen Verkehre dienenden Eisenbahnen, welche wegen ihrer geringen Bedeutung für den allgemeinen Eisenbahnverkehr dem Gesetze über die Eisenbahnunternehmungen vom 3. November 1838 (Gesetzsamml. S. 505) nicht unterliegen.

(2) Insbesondere sind Kleinbahnen der Regel nach solche Bahnen, welche hauptsächlich den örtlichen Verkehr innerhalb eines Gemeindebezirks oder benachbarter Gemeindebezirke vermitteln, sowie Bahnen, welche nicht mit Lokomotiven betrieben werden.

[(3) Ob die Voraussetzung für die Anwendbarkeit des Gesetzes vom 3. November 1838 vorliegt, entscheidet auf Anrufen der Beteiligten das Staatsministerium[1]).]

[Genehmigungspflicht]

§ 2.

Zur Herstellung und zum Betriebe einer Kleinbahn bedarf es der Genehmigung der zuständigen Behörde. Dasselbe gilt für wesentliche Erweiterungen oder sonstige wesentliche Änderungen des Unternehmens, der Anlage oder des Betriebes. Diese Genehmigung ist zu versagen, wenn die Erweiterung oder Änderung die Unterordnung des Unternehmens unter das Gesetz vom 3. November 1838 bedingt.

---

[1]) Heute der Reichsverkehrsminister nach § 11 des Reichsbahngesetzes i. d. Fass. v. 13. März 1930 (RGBl. II S. 369).

[Genehmigungsbehörde] **§ 3.**

(1) Zur Erteilung der Genehmigung ist zuständig:

1. wenn der Betrieb ganz oder teilweise mit Maschinenkraft beabsichtigt wird: der Regierungspräsident[1]), für den Stadtkreis Berlin der Polizeipräsident, im Einvernehmen mit der von dem Minister für Handel und Gewerbe[2]) bezeichneten Eisenbahnbehörde;
2. in allen übrigen Fällen, und zwar:
   a) sofern Kunststraßen, welche nicht als städtische Straßen in der Unterhaltung und Verwaltung von Stadtkreisen stehen, benutzt oder von der Bahn mehrere Kreise oder nicht preußische Landesteile berührt werden sollen: der Regierungspräsident, im ersten Falle für den Stadtkreis Berlin der Polizeipräsident,
   b) sofern mehrere Polizeibezirke desselben Landkreises berührt werden: der Landrat,
   c) sofern das Unternehmen innerhalb eines Polizeibezirks verbleibt: die Ortspolizeibehörde.

(2) Wenn die zum Betriebe mit Maschinenkraft einzurichtende Bahn die Bezirke mehrerer Landespolizeibehörden berührt, oder in dem Falle der Nr. 2a die betreffenden Kreise nicht in demselben Regierungsbezirke liegen, bezeichnet der Oberpräsident, falls jedoch die Landespolizeibezirke beziehungsweise Kreise verschiedenen Provinzen angehören, oder Berlin beteiligt ist, der Minister für Handel und Gewerbe[2]) im Einvernehmen mit dem Minister des Innern die zuständige Behörde.

(3) Die Zuständigkeit zur Genehmigung von wesentlichen Erweiterungen oder sonstigen wesentlichen Änderungen des Unternehmens, der Anlage und des Betriebes regelt sich so, als ob das Unternehmen in der nunmehr geplanten Art neu zu genehmigen wäre. Jedoch bleibt zur Genehmigung von Änderungen des Betriebes der in Absatz 1 Nr. 1 erwähnten Unternehmungen diejenige Behörde zuständig, welche die Genehmigung zum Bau und Betriebe erteilt hat.

[Polizeiliche Abnahme] **§ 4.**

Die Genehmigung wird auf Grund vorgängiger polizeilicher Prüfung erteilt. Diese Prüfung beschränkt sich auf:

1. die betriebssichere Beschaffenheit der Bahn und der Betriebsmittel,

---

[1]) Für das Gebiet des Siedlungsverbandes Ruhrkohlenbezirk der Verbandspräsident (§ 25 Abs. 1 des Ruhrsiedlungsverbandsgesetzes, oben Nr. 17).

[2]) So laut G. vom 15. August 1921 (GS. S. 487), betr. anderweite Regelung der Zuständigkeit des Min. d. öfftl. Arbeiten.

2. den Schutz gegen schädliche Einwirkungen der Anlage und des Betriebes,
3. die technische Befähigung und Zuverlässigkeit der in dem äußeren Betriebsdienste anzustellenden Bediensteten,
4. die Wahrung der Interessen des öffentlichen Verkehrs.

[Bauplan] § 5.

Dem Antrage auf Erteilung der Genehmigung sind die zur Beurteilung des Unternehmens in technischer und finanzieller Hinsicht erforderlichen Unterlagen, insbesondere ein Bauplan, beizufügen.

[Zustimmung der Wegeunterhaltungspflichtigen] § 6.

(1) Soweit ein öffentlicher Weg benutzt werden soll, hat der Unternehmer die Zustimmung der aus Gründen des öffentlichen Rechtes zur Unterhaltung des Weges Verpflichteten beizubringen.

(2) Der Unternehmer ist mangels anderweitiger Vereinbarung zur Unterhaltung und Wiederherstellung des benutzten Wegeteiles verpflichtet und hat für diese Verpflichtung Sicherheit zu bestellen.

(3) Die Unterhaltungspflichtigen (Absatz 1) können für die Benutzung des Weges ein angemessenes Entgelt beanspruchen, ingleichen sich den Erwerb der Bahn im Ganzen nach Ablauf einer bestimmten Frist gegen angemessene Schadloshaltung des Unternehmers vorbehalten.

[Ersatz der Zustimmung (§ 6)] § 7.

(1) Die Zustimmung der Unterhaltungspflichtigen kann ergänzt werden:

soweit eine Provinz oder ein den Provinzen gleichstehender Kommunalverband beteiligt ist, durch Beschluß des Provinzialrates, wogegen die Beschwerde an den Minister für Handel und Gewerbe[1]) zulässig ist;

soweit eine Stadtgemeinde oder ein Kreis beteiligt ist, oder es sich um einen mehrere Kreise berührenden Weg handelt, durch Beschluß des Bezirksausschusses, im übrigen durch Beschluß des Kreisausschusses.

(2) Durch den Ergänzungsbeschluß wird unter Ausschluß des Rechtsweges zugleich über die nach § 6 an den Unternehmer gestellten Ansprüche entschieden.

---

[1]) Nach dem in Anm. 2 zu § 3 erwähnten Gesetz.

[Zustimmung anderer Behörden] **§ 8.**

(1) Vor Erteilung der Genehmigung ist die zuständige Wegepolizeibehörde und, wenn die Eisenbahnanlage sich dem Bereiche einer Festung nähert, die zuständige Festungsbehörde zu hören. In diesem Falle darf die Genehmigung nur im Einverständnis mit der Festungsbehörde erteilt werden.

(2) Wenn die Bahn sich dem Bereiche einer Reichstelegraphenanlage nähert, so ist die zuständige Telegraphenbehörde vor der Genehmigung zu hören.

(3) Soll das Gleis einer dem Gesetze über die Eisenbahnunternehmungen vom 3. November 1838 unterworfenen Eisenbahn gekreuzt werden, so darf auch in den Fällen, in denen die Eisenbahnbehörde im übrigen nicht mitwirkt (§ 3), die Genehmigung nur im Einverständnis mit der letzteren erteilt werden.

[Pflichten des Unternehmers] **§ 9.**

Außer den durch die polizeilichen Rücksichten (§ 4) gebotenen Verpflichtungen sind in der Genehmigung zugleich diejenigen zu bestimmen, welchen der Unternehmer im Interesse der Landesverteidigung und der Reichspostverwaltung in Gemäßheit des § 42 zu genügen hat.

[Privatanschlußgleise] **§ 10.**

(1) Bei der Genehmigung von Bahnen, auf welchen die Beförderung von Gütern stattfinden soll, kann vorbehalten werden, den Unternehmer jederzeit zur Gestattung der Einführung von Anschlußgleisen für den Privatverkehr anzuhalten. Art und Ort der Einführung unterliegt der Genehmigung der eisenbahntechnischen Aufsichtsbehörde.

(2) Die Behörde (§ 3) hat mangels gütlicher Vereinbarung der Interessenten auch die Verhältnisse des Bahnunternehmens und des den Anschluß Beantragenden zueinander zu regeln, insbesondere die dem Ersteren für die Benutzung oder Veränderung seiner Anlagen zu leistende Vergütung vorbehaltlich des Rechtsweges festzusetzen.

[Sicherheitsleistung] **§ 11.**

(1) Bei der Genehmigung ist die Art und Höhe der Sicherstellung für die Unterhaltung und Wiederherstellung öffentlicher Wege, soweit diese nicht bereits erfolgt ist, vorzuschreiben.

(2) Für die Ausführung der Bahn und für die Eröffnung des Betriebes kann eine Frist festgesetzt und die Erlegung von

Geldstrafen für den Fall der Nichteinhaltung derselben, sowie Sicherheitsstellung hierfür gefordert werden.

(3) Auch können Geldstrafen und Sicherheitsstellung zur Sicherung der Aufrechterhaltung des ordnungsmäßigen Betriebes während der Dauer der Genehmigung vorgesehen werden.

[Bahnen der öffentl. Hand] **§ 12.**

Der nach den Bestimmungen dieses Gesetzes erforderlichen Sicherstellung bedarf es nicht, wenn das Reich, der Staat oder ein Kommunalverband Unternehmer ist.

[Erteilung der Genehmigung] **§ 13.**

Die Genehmigung kann dauernd oder auf Zeit erteilt werden. Sie erfolgt unter dem Vorbehalte der Rechte Dritter, der Ergänzung und Abänderung durch Feststellung des Bauplanes (§§ 17 und 18).

[Fahrplan, Beförderungspreise] **§ 14.**

(1) Im Interesse des öffentlichen Verkehrs ist bei der Genehmigung (§ 2) durch die zuständige Behörde über den Fahrplan und die Beförderungspreise das Erforderliche festzustellen; zugleich sind die Zeiträume zu bezeichnen, nach deren Ablauf die Feststellungen geprüft und wiederholt werden müssen.

(2) Von der Feststellung über den Fahrplan kann für einen bei der Genehmigung festzusetzenden Zeitraum abgesehen werden. Dieser Zeitraum kann verlängert werden.

(3) Die Feststellung der Beförderungspreise steht innerhalb eines bei der Genehmigung festzusetzenden Zeitraumes von mindestens fünf Jahren nach der Eröffnung des Bahnbetriebes dem Unternehmer frei. Das alsdann der Behörde zustehende Recht der Genehmigung der Beförderungspreise erstreckt sich lediglich auf den Höchstbetrag derselben. Hierbei ist auf die finanzielle Lage des Unternehmens und auf eine angemessene Verzinsung und Tilgung des Anlagekapitals Rücksicht zu nehmen.

[Genehmigungsurkunde] **§ 15.**

Der Aushändigung der Genehmigungsurkunde müssen die nach § 11 geforderten Sicherstellungen vorausgehen.

[Handelsgesellschaften als Unternehmer] **§ 16.**

Die Genehmigung, welche für eine Aktiengesellschaft, eine Kommanditgesellschaft auf Aktien oder eine Gesellschaft mit beschränkter Haftung behufs Eintragung in das Handelsregister (§§ 200, 201, 195 Abs. 2 Nr. 6, 320 Abs. 3 des Deutschen Handelsgesetzbuchs[1]), § 8 Nr. 4 des Reichsgesetzes vom 20. April 1892[2]) — Reichsgesetzbl. S. 477 —) ausgehändigt worden ist, tritt erst in Wirksamkeit, wenn der Nachweis der Eintragung in das Handelsregister geführt ist.

[Feststellung des Bauplans] **§ 17.**

(1) Mit dem Bau von Bahnen, welche für den Betrieb mit Maschinenkraft bestimmt sind, darf erst begonnen werden, nachdem der Bauplan durch die genehmigende Behörde in folgender Weise festgestellt worden ist:

1. Der Planfeststellung werden die bei der Genehmigung vorläufig getroffenen Festsetzungen zugrunde gelegt.
2. Plan nebst Beilagen sind in dem betreffenden Gemeinde- oder Gutsbezirke während vierzehn Tagen zu jedermanns Einsicht offenzulegen. Zeit und Ort der Offenlegung ist ortsüblich bekanntzumachen.

   Während dieser Zeit kann jeder Beteiligte im Umfange seines Interesses Einwendungen gegen den Plan erheben. Auch der Vorstand des Gemeinde- oder Gutsbezirkes hat das Recht, Einwendungen zu erheben, welche sich auf die Richtung des Unternehmens oder auf Anlagen der in § 18 dieses Gesetzes gedachten Art beziehen.

   Diejenige Stelle, bei welcher solche Einwendungen schriftlich einzureichen oder mündlich zu Protokoll zu geben sind, ist zu bezeichnen.
3. Nach Ablauf der Frist (Nr. 2 Absatz 1) sind die gegen den Plan erhobenen Einwendungen in einem nötigenfalls an Ort und Stelle durch einen Beauftragten abzuhaltenden Termine, zu dem der Unternehmer und die Beteiligten (Nr. 2 Absatz 2) vorgeladen werden müssen und Sachverständige zugezogen werden können, zu erörtern.
4. Nach Beendigung der Verhandlungen wird über die erhobenen Einwendungen beschlossen, und erfolgt darnach die Feststellung des Planes sowie der Anlagen, zu deren Errichtung und Unterhaltung der Unternehmer verpflichtet ist (§ 18).

   Der Beschluß wird dem Unternehmer und den Beteiligten zugestellt.

(2) Der Feststellung (Absatz 1) bedarf es nicht, wenn eine Planfestsetzung zum Zwecke der Enteignung stattfindet.

---

[1]) Geltender Fassung.

[2]) GmbH.-Gesetz.

(3) Wenn aus der beabsichtigten Bahnanlage Nachteile oder erhebliche Belästigungen der benachbarten Grundbesitzer und des öffentlichen Verkehrs nicht zu erwarten sind, kann, sofern es sich nicht um die Benutzung öffentlicher Wege, mit Ausnahme städtischer Straßen, handelt, der Minister für Handel und Gewerbe[1]) den Beginn des Baues ohne vorgängige Planfestsetzung gestatten.

[Schutz der Nachbargrundstücke]

§ 18[2]).

Dem Unternehmer ist bei der Planfeststellung (§ 17) die Herstellung derjenigen Anlagen aufzuerlegen, welche die den Bauplan festsetzende Behörde zur Sicherung der benachbarten Grundstücke gegen Gefahren und Nachteile oder im öffentlichen Interesse für erforderlich erachtet, desgleichen die Unterhaltung dieser Anlagen, soweit dieselbe über den Umfang der bestehenden Verpflichtungen zur Unterhaltung vorhandener, demselben Zwecke dienenden Anlagen hinausgeht.

[Eröffnung der Bahn]

§ 19.

Zur Eröffnung des Betriebes bedarf es der Erlaubnis der zur Erteilung der Genehmigung zuständigen Behörde. Die Erlaubnis ist zu versagen, sofern wesentliche in der Bau- und Betriebsgenehmigung gestellte Bedingungen nicht erfüllt sind.

[Prüfung der Maschinen]

§ 20.

Die Betriebsmaschinen sind vor ihrer Einstellung in den Betrieb und nach Vornahme erheblicher Änderungen, außerdem aber zeitweilig der Prüfung durch die zur eisenbahntechnischen Aufsicht über die Bahn zuständige Behörde (§ 22) zu unterwerfen.

[Fahrplan, Beförderungspreise]

§ 21.

(1) Der Fahrplan und die Beförderungspreise sowie die Änderungen derselben sind vor ihrer Einführung öffentlich bekannt zu machen.

(2) Die angesetzten Beförderungspreise haben gleichmäßig für alle Personen oder Güter Anwendung zu finden.

---

[1]) Nach dem in Anm. 2 zu § 3 erwähnten Gesetz.

[2]) Vgl. § 14 EisBG. vom 3. November 1838 (GS. S. 505), nach dem der Unternehmer zur Einrichtung und Unterhaltung aller Anlagen verpflichtet ist, die zum Schutze der benachbarten Grundbesitzer gegen Gefahren und Nachteile bei Benutzung ihrer Grundstücke erforderlich sind.

(3) Ermäßigungen der Beförderungspreise, welche nicht unter Erfüllung der gleichen Bedingungen jedermann zugute kommen, sind unzulässig.

[Aufsicht]

§ 22.

Rücksichtlich der Erfüllung der Genehmigungsbedingungen und der Vorschriften dieses Gesetzes ist jede Kleinbahn der Aufsicht der für ihre Genehmigung jeweilig zuständigen Behörde unterworfen. Bei den für den Betrieb mit Maschinenkraft eingerichteten Bahnen steht die eisenbahntechnische Aufsicht der zur Mitwirkung bei der Genehmigung berufenen Eisenbahnbehörde zu, sofern nicht der Minister für Handel und Gewerbe[1]) die Aufsicht einer anderen Eisenbahnbehörde überträgt.

[Erlöschen der Genehmigung]

§ 23.

Die Genehmigung kann durch Beschluß der Aufsichtsbehörde für erloschen erklärt werden, wenn die Ausführung der Bahn oder die Eröffnung des Betriebes nicht innerhalb der in der Genehmigung bestimmten oder der verlängerten Frist erfolgt.

[Zurücknahme der Genehmigung]

§ 24.

Die Genehmigung kann zurückgenommen werden, wenn der Bau oder Betrieb ohne genügenden Grund unterbrochen oder wiederholt gegen die Bedingungen der Genehmigung oder die dem Unternehmer nach diesem Gesetze obliegenden Verpflichtungen in wesentlicher Beziehung verstoßen wird.

[Verfahren bei Zurücknahme]

§ 25.

Über die Zurücknahme entscheidet auf Klage der zur Erteilung der Genehmigung zuständigen Behörde das Oberverwaltungsgericht.

[Herausgabe der Sicherheit, Rechte des Wegeunterhaltungspflichtigen]

§ 26.

(1) Bei Erlöschen oder Zurücknahme der Genehmigung wird die für die Unterhaltung und Wiederherstellung öffentlicher Wege bestellte Sicherheit, soweit sie für den bezeichneten Zweck nicht in Anspruch zu nehmen ist, herausgegeben. Mangels anderweiter Vereinbarung hat der Wegeunterhaltungspflichtige die Wahl, die Wiederherstellung des früheren Zustandes, nötigenfalls unter Beseitigung in den Weg eingebauter Teile der Bahnanlage, oder gegen angemessene Entschädigung den Übergang der letzteren in sein Eigentum zu verlangen.

---

[1]) Nach dem oben in Anm. 2 zu § 3 erwähnten Gesetz.

(2) Macht der Unterhaltungspflichtige von dem ersteren Rechte Gebrauch, so geht das Eigentum der zurückgelassenen Teile der Bahnanlage auf den Unterhaltungspflichtigen unentgeltlich über.

(3) Im öffentlichen Interesse kann die Aufsichtsbehörde eine Frist festsetzen, vor deren Ablauf der Unterhaltungspflichtige nicht berechtigt ist, die Wiederherstellung des früheren Zustandes zu verlangen.

[Verwendung der Geldstrafen] § 27.

Ob und inwieweit bei Erlöschen (§ 23) oder Zurücknahme der Genehmigung wegen Unterbrechung des Baues oder Betriebes (§ 24) die für die Ausführung der Bahn oder die fristgemäße Eröffnung oder die Aufrechterhaltung des Betriebes bestimmten Geldstrafen verfallen, entscheidet unter Ausschluß des Rechtsweges der Minister für Handel und Gewerbe[1]). Dieser beschließt über die Verwendung solcher Geldstrafen. Letztere sind zugunsten des früheren Unternehmens, anderenfalls ähnlicher Unternehmungen in dem betreffenden Landesteile zu verwenden.

[Anschluß anderer Bahnen] § 28.

Unternehmer von Kleinbahnen sind verpflichtet, sich den Anschluß anderer Bahnen gefallen zu lassen, sofern die Behörde, welche die Genehmigung für die Bahn, an welche der Anschluß erfolgen soll, erteilt hat, mit Rücksicht auf die Konstruktion und den Betrieb der Bahn den Anschluß für zulässig erachtet. Dieselbe Behörde entscheidet auch darüber, wo und in welcher Weise der Anschluß erfolgen soll, regelt in Ermangelung einer gütlichen Vereinbarung die Verhältnisse beider Unternehmer zueinander und setzt, vorbehaltlich des Rechtsweges, die dem erstgedachten Bahnunternehmer für die Benutzung oder Veränderung seiner Anlagen zu leistende Vergütung fest.

[Anschluß an Eisenbahnen] § 29.

Unternehmer von Kleinbahnen können die Gestattung des Anschlusses ihrer Bahnen an Eisenbahnen verlangen, welche dem Gesetze über die Eisenbahnunternehmungen vom 3. November 1838 unterliegen, sofern der Minister für Handel und Gewerbe[1]) mit Rücksicht auf die Konstruktion und den Betrieb der letzteren den Anschluß für zulässig erachtet. Darüber, wo und in welcher Weise der Anschluß herzustellen ist, und über die Verhältnisse beider Unternehmer zueinander, insbesondere über die dem Eisenbahnunternehmer für die Benutzung oder Veränderung seiner Anlagen zu leistende Vergütung entscheidet, in letzterer Beziehung unter Vorbehalt des Rechtsweges, der Minister für Handel und Gewerbe[1]).

[1]) Nach dem oben in Anm. 2 zu § 3 erwähnten Gesetz.

[Übernahme durch den Staat][1]

§ 30.

Haben Kleinbahnen nach Entscheidung des Staatsministeriums eine solche Bedeutung für den öffentlichen Verkehr gewonnen, daß sie als Teil des allgemeinen Eisenbahnnetzes zu behandeln sind, so kann der Staat den eigentümlichen Erwerb solcher Bahnen gegen Entschädigung des vollen Wertes nach einer mit einjähriger Frist vorangegangenen Ankündigung beanspruchen.

[Entschädigung nach dem Einkommen]

§ 31.

Der Erwerb (§ 30) erfolgt unter sinngemäßer Anwendung der Bestimmungen des § 42 Nr. 4a bis d des Gesetzes über die Eisenbahnunternehmungen vom 3. November 1838, mit der Maßgabe, daß der Berechnung des 25fachen Betrages nach § 42 Nr. 4a des vorerwähnten Gesetzes das steuerpflichtige Einkommen nach den Bestimmungen des Einkommensteuergesetzes vom 24. Juni 1891 (Gesetzsamml. S. 175)[2] zugrunde zu legen ist, jedoch bei den Aktiengesellschaften und Kommanditgesellschaften auf Aktien der Abzug von 3½ Prozent des eingezahlten Aktienkapitals (§ 16 Einkommensteuergesetz)[2] fortfällt. Erstreckt sich die Kleinbahn über das Gebiet des Preußischen Staates hinaus in andere Deutsche Bundesstaaten, so ist gleichwohl das Einkommen aus dem gesamten Betriebe der Berechnung der Entschädigung zugrunde zu legen. War das zu erwerbende Unternehmen noch nicht fünf Jahre im Betriebe, so ist für die Berechnung der Entschädigung der Jahresdurchschnitt des bisher erzielten Reingewinnes maßgebend. — Ist eine Aktiengesellschaft Unternehmer der zu erwerbenden Bahn, so bedarf es nicht der Einlösung der Aktien von den einzelnen Aktionären, sondern nur der Zahlung der Gesamtentschädigung an die Gesellschaft.

[Rechnungsführung]

§ 32.

(1) Der Unternehmer kann verpflichtet werden, über jede Bahn, für welche ihm eine besondere Genehmigung erteilt worden ist, dergestalt Rechnung zu führen, daß der Reinertrag derselben, und wenn der Unternehmer eine Aktiengesellschaft ist, die von derselben gezahlte Dividende daraus mit Sicherheit entnommen werden kann.

---

[1]) S. aber Art. 89 Abs. 2 RV. und § 14 Ziff. 2 des Staatsvertrages vom 30. April 1920 (RGBl. S. 773).

[2]) Jetzt wohl nach dem Reichseinkommen- und Körperschaftsteuergesetz (geltende Fassung vom 10. August 1925, RGBl. I S. 189 und 208), die jenen 3½%igen Abzug ohnedies nicht kennen.

(2) Die Vernachlässigung dieser Verpflichtung begründet für den Staat das Recht, die Berechnung der Entschädigung nach dem Sachwerte (§§ 33 bis 35) zu verlangen.

[Entschädigung nach dem Sachwert]

§ 33.

Der Unternehmer kann Entschädigung nach dem Sachwerte verlangen, wenn das Unternehmen noch nicht länger als fünfzehn Jahre im Betriebe ist. Erfolgt die Erwerbung durch den Staat in den ersten fünf Jahren des Betriebes, so werden dem Sachwert 20 Prozent, erfolgt sie in den nachfolgenden zehn Jahren, so werden demselben 10 Prozent zugeschlagen.

[Sachwert]

§ 34.

(1) Im Falle der Entschädigung nach dem Sachwerte bilden den Gegenstand des Erwerbes alle dem Unternehmen unmittelbar oder mittelbar gewidmeten Sachen und Rechte des Unternehmers, die Forderungen und Schulden jedoch nur insoweit, als dieselben nach beiderseitigem Einverständnisse auf den Staat übergehen sollen. In die mit den Beamten und Arbeitern bestehenden Verträge tritt der Staat ein, ebenso in solche Verträge, welche zur Beschaffung des für das Unternehmen erforderlichen Materials abgeschlossen sind.

(2) Für alle Bestandteile ist der volle Wert zu vergüten.

[Inventar]

§ 35.

Die Abschätzung und die Festsetzung der Entschädigung für die Bestandteile des Unternehmens (§ 34) erfolgt nach einem von dem Unternehmer aufzustellenden Inventar, über dessen Richtigkeit und Vollständigkeit erforderlichenfalls zu verhandeln und von dem Bezirksausschusse zu entscheiden ist.

[Festsetzung der Entschädigung]

§ 36.

(1) Die Festsetzung der Entschädigung (§§ 31 und 33 bis 35) erfolgt, vorbehaltlich des beiden Teilen zustehenden, innerhalb sechs Monaten nach Zustellung des Festsetzungsbeschlusses zu beschreitenden Rechtsweges, durch den Bezirksausschuß unter sinngemäßer Anwendung der §§ 24 bis 29 des Enteignungsgesetzes vom 11. Juni 1874.

(2) Der Bezirksausschuß ist auch für das Vollziehungsverfahren zuständig.

[Verfahren]

§ 37.

(1) Auf die Ermittelung der Entschädigung finden die §§ 24 bis 28, auf die Vollziehung der Enteignung die §§ 32 bis 37,

auf das Verfahren vor dem Bezirksausschusse und auf die Wirkungen der Enteignung die §§ 39 bis 46 des Enteignungsgesetzes vom 11. Juni 1874 sinngemäße Anwendung.

(2) Die Entschädigung für Bestandteile des Unternehmens, welche im Inventar verzeichnet und bei Feststellung der Gesamtentschädigung berücksichtigt, bei der Vollziehung der Enteignung aber nicht mehr vorhanden sind, ist von dem Unternehmer zurückzuerstatten. Für Bestandteile, welche bei Vollziehung der Enteignung über das Inventar hinaus vorhanden sind, ist auf Antrag des Unternehmers von dem Bezirksausschusse nachträglich die vom Staate zu gewährende Entschädigung festzusetzen.

[Erwerbsberechtigte] § 38.

Erwerbsberechtigten (§ 6) gegenüber greift das Erwerbungsrecht des Staates gleichfalls Platz. Ihnen ist der volle Wert des Erwerbsrechtes zu erstatten.

[Berlin, Potsdam] § 39.

Zur Anlegung von Bahnen in den Straßen Berlins und Potsdams bedarf es [Königlicher] der Genehmigung des Staatsministeriums[1]).

[Steuerpflicht][2]) § 40.

(1) Die Kleinbahnen werden der Gewerbesteuer auf Grund des Gewerbesteuergesetzes vom 24. Juni 1891 (Gesetzsamml. S. 205)[3]) unterworfen.

[Abs. 2 durch § 46 des Kommunalabgabengesetzes, oben Nr. 19, beseitigt. Jetzt gelten die in Anm. 1 zu § 31 genannten Reichsgesetze.]

[Unterstützung des Baues von Kleinbahnen] § 41.

Die auf Grund des Allerhöchsten Erlasses vom 16. September 1867 (Gesetzsamml. S. 1528), des Gesetzes vom 7. März 1868 (Gesetzsamml. S. 223), des Gesetzes vom 11. März 1872 (Gesetzsamml. S. 257) und der §§ 2 und 3 des Gesetzes vom 8. Juli 1875 (Gesetzsamml. S. 497) den dort genannten Provinzial- und Kommunalverbänden überwiesenen Kapitalien und Summen können auch zur Förderung des Baues von Kleinbahnen verwendet werden.

---

1) Gemäß Art. 82 PrV.

2) Die Kleinbahnen unterliegen, im Gegensatz zur Reichsbahngesellschaft, allen Reichs- und Landessteuern.

3) Die Gewerbesteuerpflicht der Kleinbahnen beruht jetzt auf § 1 der Gewerbesteuerverordnung, Fassung vom 15. März 1927 (in der Folge vielfach geändert, zuletzt durch G. vom 17. April 1930, GS. S. 93).

28*

[Postbeförderung] **§ 42.**

Die Kleinbahnen unterliegen nachfolgenden Verpflichtungen gegenüber der Postverwaltung:

1.[1]) Die Unternehmer haben auf Verlangen der Postverwaltung mit jeder für den regelmäßigen Beförderungsdienst bestimmten Fahrt einen Postunterbeamten mit einem Briefsack und, soweit der Platz reicht, auch andere zur Mitfahrt erscheinende Unterbeamte im Dienst gegen Zahlung der Abonnementsgebühr oder, falls solche nicht besteht, der Hälfte des tarifmäßigen Personengeldes zu befördern.

2. Die Unternehmer solcher Bahnen, welche sich nicht ausschließlich mit der Personenbeförderung befassen, sind außerdem verpflichtet, auf Verlangen der Postverwaltung mit jeder für den regelmäßigen Beförderungsdienst bestimmten Fahrt:

   a) Postsendungen jeder Art durch Vermittelung des Zugpersonals zu befördern, und zwar Briefbeutel, Brief- und Zeitungspakete gegen eine Vergütung von 50 Pfennig für jede Fahrt, die anderen Sendungen gegen Zahlung des Stückguttarifsatzes der betreffenden Bahn oder, sofern dieser Betrag höher ist, gegen eine Vergütung von 2 Pfennig für je 50 Kilogramm und das Kilometer der Beförderungsstrecke nach dem monatlichen Gesamtgewicht der von Station zu Station beförderten Poststücke;

   b) in Zügen, mit welchen in der Regel mehr als ein Wagen befördert wird, eine Abteilung eines Wagens für die Postsendungen, das Begleitpersonal und die erforderlichen Postdienstgeräte, gegen Zahlung der in den Artikeln 3 und 6 des Reichsgesetzes vom 20. Dezember 1875 (Reichs-Gesetzbl. S. 318) und den dazu gehörigen Vollzugsbestimmungen festgesetzten Vergütung, sowie gegen Entrichtung des halben Stückguttarifsatzes der betreffenden Bahn einzuräumen.

3. Die Postverwaltung ist berechtigt, auf ihre Kosten an den Bahnwagen einen Briefkasten anbringen und dessen Auswechselung oder Leerung an bestimmten Haltestellen bewirken zu lassen.

---

[1]) Jetzt gilt die auf Grund der VO. der Reichsregierung vom 25. Juli 1927 (RGBl. I S. 244) abgeschlossene „Vereinbarung zwischen der Deutschen Reichspost und dem Verband Deutscher Verkehrsverwaltungen, E. V., in Berlin über die Abgeltung der Beförderungsleistungen der nicht vom Reiche verwalteten Eisenbahnen des allgemeinen und nicht allgemeinen Verkehrs für die Reichspost" vom 26. Januar 1929.

II. Privatanschlußbahnen.

[Genehmigungspflicht] **§ 43.**

Bahnen, welche dem öffentlichen Verkehre nicht dienen, aber mit Eisenbahnen, welche den Bestimmungen des Gesetzes über die Eisenbahnunternehmungen vom 3. November 1838 unterliegen, oder mit Kleinbahnen derart in unmittelbarer Gleisverbindung stehen, daß ein Übergang der Betriebsmittel stattfinden kann, bedürfen, wenn sie für den Betrieb mit Maschinen eingerichtet werden sollen, zur baulichen Herstellung und zum Betriebe polizeilicher Genehmigung.

[Genehmigungsbehörde] **§ 44.**

(1) Zur Erteilung der Genehmigung (§ 43) ist der Regierungspräsident, für den Stadtkreis Berlin der Polizeipräsident, im Einvernehmen mit der von dem Minister für Handel und Gewerbe[1]) bezeichneten Eisenbahnbehörde zuständig.

(2) Berührt die Bahn mehrere Landespolizeibezirke, so bestimmt, wenn sie derselben Provinz angehören, der Oberpräsident, falls sie verschiedenen Provinzen angehören oder Berlin dabei beteiligt ist, der Minister für Handel und Gewerbe[1]) im Einvernehmen mit dem Minister des Innern die zuständige Landespolizeibehörde.

[Polizeiliche Abnahme] **§ 45.**

(1) Die polizeiliche Prüfung beschränkt sich

1. auf die betriebssichere Beschaffenheit der Bahn und der Betriebsmittel,
2. auf die technische Befähigung und Zuverlässigkeit der in dem äußeren Betriebsdienste anzustellenden Bediensteten,
3. auf den Schutz gegen schädliche Einwirkungen der Anlage und des Betriebes.

(2) Soll eine Bahn, welche an eine dem Gesetze über die Eisenbahnunternehmungen vom 3. November 1838 unterliegende Eisenbahn Anschluß hat, von dem Unternehmer der letzteren angelegt und betrieben werden, so beschränkt sich die Prüfung auf den Schutz gegen schädliche Einwirkungen der Anlage und des Betriebes.

[Benutzung öffentlicher Wege] **§ 46.**

Zur Benutzung öffentlicher Wege bedarf es der Zustimmung der Unterhaltungspflichtigen und der Genehmigung der Wegepolizeibehörde.

---

1) Nach dem oben in Anm. 2 zu § 3 erwähnten Gesetz.

[Verfahren für die Erteilung der Genehmigung]

§ 47.

Die Bestimmungen der §§ 8, 17 bis 20 und 22 Satz 1 finden auf diese Bahnen gleichmäßige Anwendung.

[Polizeiverordnungen]

§ 48.

Polizeiliche Bestimmungen[1]) über den Betrieb auf solchen Bahnen können nur im Einverständnis mit der Eisenbahnbehörde (§ 44) erlassen werden.

[Zurücknahme der Genehmigung]

§ 49.

(1) Die Genehmigung kann zurückgenommen werden, wenn wiederholt gegen die Bedingungen derselben in wesentlicher Beziehung verstoßen wird.

(2) Über die Zurücknahme der Genehmigung entscheidet auf Klage der Behörde (§ 44) das Oberverwaltungsgericht.

[Aufsicht]

§ 50.

Die eisenbahntechnische Aufsicht und Überwachung der Privatanschlußbahnen erfolgt durch diejenige Behörde, welcher diese Aufgaben bezüglich der dem öffentlichen Verkehre dienenden Bahn, an welche sie anschließen, obliegen.

[Bergwerksbahnen]

§ 51.

(1) Die Bestimmungen der §§ 43 bis 49 finden auf diejenigen Bahnen, welche Zubehör eines Bergwerks im Sinne des Allgemeinen Berggesetzes vom 24. Juni 1865 (Gesetzsamml. S. 705) bilden, keine Anwendung.

(2) Durch die Bestimmung in § 50 wird das auf dem Allgemeinen Berggesetze vom 24. Juni 1865 (Gesetzsamml. S. 705) beruhende Aufsichtsrecht der Bergbehörden gegenüber diesen Bahnen nicht berührt.

Gemeinsame und Übergangsbestimmungen.

[Rechtsmittel]

§ 52.

Gegen die Beschlüsse und Verfügungen, für welche die Landespolizeibehörden in Verbindung mit den Eisenbahnbehörden zuständig sind, und gegen die Beschlüsse und Verfügungen der eisenbahntechnischen Aufsichtsbehörden findet die Beschwerde an

---

[1]) Zuständige Behörden s. §§ 136 ff. LVG., oben Nr. 2.

den Minister für Handel und Gewerbe[1]) statt. Im übrigen greifen die nach den Bestimmungen der §§ 127 bis 130 des Gesetzes über die allgemeine Landesverwaltung vom 23. Juli 1883 (Gesetzsamml. S. 195) zulässigen Rechtsmittel Platz.

[Übergangsvorschriften] **§ 53.**

(1) Für die bereits vor Inkrafttreten dieses Gesetzes genehmigten Kleinbahnen und Privatanschlußbahnen ist diejenige Behörde zuständig, welcher die Genehmigung nach Inkrafttreten dieses Gesetzes gemäß §§ 3 und 44 obgelegen hätte.

(2) Auf diese Bahnen finden die §§ 2, 20 bis 22, 24, 25, 40, 42 und 52, beziehungsweise 48 bis 50 des gegenwärtigen Gesetzes, sowie die Bedingungen und Vorbehalte, welche bei ihrer Genehmigung vorgesehen sind, Anwendung.

(3) Die Unternehmer sind jedoch berechtigt, sich durch eine an die zuständige Aufsichtsbehörde zu richtende Erklärung den sämtlichen Bestimmungen dieses Gesetzes zu unterwerfen.

(4) Die Genehmigung von wesentlichen Erweiterungen oder wesentlichen Änderungen des Unternehmens, der Anlage oder des Betriebes kann von der Unterwerfung des Unternehmens unter sämtliche Bestimmungen dieses Gesetzes abhängig gemacht werden.

(5) Der Zeitpunkt der Unterstellung unter dieses Gesetz ist öffentlich bekanntzumachen.

(6) Wohlerworbene Rechte Dritter werden durch die Unterwerfung nicht berührt.

[Inkrafttreten] **§ 54.**

Dieses Gesetz tritt bezüglich des § 40 am 1. April 1893, bezüglich aller anderen Bestimmungen am 1. Oktober 1892 in Kraft.

[Ausführungsbestimmungen] **§ 55.**

Mit der Ausführung dieses Gesetzes werden der Minister der öffentlichen Arbeiten[2]) und der Minister des Innern betraut.

---

[1]) Nach dem oben in Anm. 2 zu § 3 erwähnten Gesetz.

[2]) Jetzt der Minister für Handel und Gewerbe. Es gilt die Ausführungsanweisung vom 13. August 1898 mit zahlreichen Nachträgen, zuletzt vom 15. Januar 1914. Durch den Übergang der preußischen Staatseisenbahnen auf das Reich sowie durch das Reichsbahngesetz (Fass. vom 13. März 1930, RGBl. II S. 369) ist die AusfAnw. in verschiedenen Punkten änderungsbedürftig geworden.

36. [Reichs-]Telegraphenwegegesetz.

Vom 18. Dezember 1899 (RGBl. S. 705).

[Das Gesetz bringt für eine bestimmte Art öffentlich-rechtlicher Eigentumsbeschränkungen eine grundsätzlich wichtige Regelung.]

[Durchführung der Telegraphenlinien]

§ 1.

(1) Die Telegraphenverwaltung ist befugt, die Verkehrswege für ihre zu öffentlichen Zwecken dienenden Telegraphenlinien zu benutzen, soweit nicht dadurch der Gemeingebrauch der Verkehrswege dauernd beschränkt wird. Als Verkehrswege im Sinne dieses Gesetzes gelten, mit Einschluß des Luftraums und des Erdkörpers, die öffentlichen Wege, Plätze, Brücken und die öffentlichen Gewässer nebst deren dem öffentlichen Gebrauche dienenden Ufern.

(2) Unter Telegraphenlinien sind die Fernsprechlinien mitbegriffen.

[Benutzung der Verkehrswege]

§ 2.

(1) Bei der Benutzung der Verkehrswege ist eine Erschwerung ihrer Unterhaltung und eine vorübergehende Beschränkung ihres Gemeingebrauchs nach Möglichkeit zu vermeiden.

(2) Wird die Unterhaltung erschwert, so hat die Telegraphenverwaltung dem Unterhaltungspflichtigen die aus der Erschwerung erwachsenden Kosten zu ersetzen.

(3) Nach Beendigung der Arbeiten an der Telegraphenlinie hat die Telegraphenverwaltung den Verkehrsweg so bald als möglich wieder instand zu setzen, sofern nicht der Unterhaltungspflichtige erklärt hat, die Instandsetzung selbst vornehmen zu wollen. Die Telegraphenverwaltung hat dem Unterhaltungspflichtigen die Auslagen für die von ihm vorgenommene Instandsetzung zu vergüten und den durch die Arbeiten an der Telegraphenlinie entstandenen Schaden zu ersetzen.

[Erlöschen des Benutzungsrechts]

§ 3.

(1) Ergibt sich nach Errichtung einer Telegraphenlinie, daß sie den Gemeingebrauch eines Verkehrswegs, und zwar nicht nur vorübergehend, beschränkt oder die Vornahme der zu seiner Unterhaltung erforderlichen Arbeiten verhindert oder der Ausführung einer von dem Unterhaltungspflichtigen beabsichtigten

Änderung des Verkehrswegs entgegensteht, so ist die Telegraphenlinie, soweit erforderlich, abzuändern oder gänzlich zu beseitigen.

(2) Soweit ein Verkehrsweg eingezogen wird, erlischt die Befugnis der Telegraphenverwaltung zu seiner Benutzung.

(3) In allen diesen Fällen hat die Telegraphenverwaltung die gebotenen Änderungen an der Telegraphenlinie auf ihre Kosten zu bewirken.

[Baumpflanzungen] § 4.

(1) Die Baumpflanzungen auf und an den Verkehrswegen sind nach Möglichkeit zu schonen, auf das Wachstum der Bäume ist tunlichst Rücksicht zu nehmen. Ausästungen können nur insoweit verlangt werden, als sie zur Herstellung der Telegraphenlinien oder zur Verhütung von Betriebsstörungen erforderlich sind; sie sind auf das unbedingt notwendige Maß zu beschränken.

(2) Die Telegraphenverwaltung hat dem Besitzer der Baumpflanzungen eine angemessene Frist zu setzen, innerhalb welcher er die Ausästungen selbst vornehmen kann. Sind die Ausästungen innerhalb der Frist nicht oder nicht genügend vorgenommen, so bewirkt die Telegraphenverwaltung die Ausästungen. Dazu ist sie auch berechtigt, wenn es sich um die dringliche Verhütung oder Beseitigung einer Störung handelt.

(3) Die Telegraphenverwaltung ersetzt den an den Baumpflanzungen verursachten Schaden und die Kosten der auf ihr Verlangen vorgenommenen Ausästungen.

[Rücksicht auf vorhandene Anlagen] § 5.

(1) Die Telegraphenlinien sind so auszuführen, daß sie vorhandene besondere Anlagen (der Wegeunterhaltung dienende Einrichtungen, Kanalisations-, Wasser-, Gasleitungen, Schienenbahnen, elektrische Anlagen und dergleichen) nicht störend beeinflussen. Die aus der Herstellung erforderlicher Schutzvorkehrungen erwachsenden Kosten hat die Telegraphenverwaltung zu tragen.

(2) Die Verlegung oder Veränderung vorhandener besonderer Anlagen kann nur gegen Entschädigung und nur dann verlangt werden, wenn die Benutzung des Verkehrswegs für die Telegraphenlinie sonst unterbleiben müßte und die besondere Anlage anderweit ihrem Zwecke entsprechend untergebracht werden kann.

(3) Auch beim Vorhandensein dieser Voraussetzungen hat die Benutzung des Verkehrswegs für die Telegraphenlinie zu

unterbleiben, wenn der aus der Verlegung oder Veränderung der besonderen Anlage entstehende Schaden gegenüber den Kosten, welche der Telegraphenverwaltung aus der Benutzung eines anderen ihr zur Verfügung stehenden Verkehrswegs erwachsen, unverhältnismäßig groß ist.

(4) Diese Vorschriften finden auf solche in der Vorbereitung befindliche besondere Anlagen, deren Herstellung im öffentlichen Interesse liegt, entsprechende Anwendung. Eine Entschädigung auf Grund des Abs. 2 wird nur bis zu dem Betrage der Aufwendungen gewährt, die durch die Vorbereitung entstanden sind. Als in der Vorbereitung begriffen gelten Anlagen, sobald sie auf Grund eines im einzelnen ausgearbeiteten Planes die Genehmigung des Auftraggebers und, soweit erforderlich, die Genehmigungen der zuständigen Behörden und des Eigentümers oder des sonstigen Nutzungsberechtigten des in Anspruch genommenen Weges erhalten haben.

[Spätere Anlagen]

§ 6.

(1) Spätere besondere Anlagen sind nach Möglichkeit so auszuführen, daß sie die vorhandenen Telegraphenlinien nicht störend beeinflussen.

(2) Dem Verlangen der Verlegung oder Veränderung einer Telegraphenlinie muß auf Kosten der Telegraphenverwaltung stattgegeben werden, wenn sonst die Herstellung einer späteren besonderen Anlage unterbleiben müßte oder wesentlich erschwert werden würde, welche aus Gründen des öffentlichen Interesses, insbesondere aus volkswirtschaftlichen oder Verkehrsrücksichten, von den Wegeunterhaltungspflichtigen oder unter überwiegender Beteiligung eines oder mehrerer derselben zur Ausführung gebracht werden soll. Die Verlegung einer nicht lediglich dem Orts-, Vororts- oder Nachbarortsverkehr dienenden Telegraphenlinie kann nur dann verlangt werden, wenn die Telegraphenlinie ohne Aufwendung unverhältnismäßig hoher Kosten anderweitig ihrem Zwecke entsprechend untergebracht werden kann.

(3) Muß wegen einer solchen späteren besonderen Anlage die schon vorhandene Telegraphenlinie mit Schutzvorkehrungen versehen werden, so sind die dadurch entstehenden Kosten von der Telegraphenverwaltung zu tragen.

(4) Überläßt ein Wegeunterhaltungspflichtiger seinen Anteil einem nicht unterhaltungspflichtigen Dritten, so sind der Telegraphenverwaltung die durch die Verlegung oder Veränderung oder durch die Herstellung der Schutzvorkehrungen erwachsenden Kosten, soweit sie auf dessen Anteil fallen, zu erstatten.

(5) Die Unternehmer anderer als der in Abs. 2 bezeichneten besonderen Anlagen haben die aus der Verlegung oder Veränderung der vorhandenen Telegraphenlinien oder aus der Herstellung der erforderlichen Schutzvorkehrungen an solchen erwachsenden Kosten zu tragen.

(6) Auf spätere Änderungen vorhandener besonderer Anlagen finden die Vorschriften der Abs. 1 bis 5 entsprechende Anwendung.

[Plan der Telegraphenlinie] § 7.

(1) Vor der Benutzung eines Verkehrswegs zur Ausführung neuer Telegraphenlinien oder wesentlicher Änderungen vorhandener Telegraphenlinien hat die Telegraphenverwaltung einen Plan aufzustellen. Der Plan soll die in Aussicht genommene Richtungslinie, den Raum, welcher für die oberirdischen oder unterirdischen Leitungen in Anspruch genommen wird, bei oberirdischen Linien auch die Entfernung der Stangen voneinander und deren Höhe, soweit dies möglich ist, angeben.

(2) Der Plan ist, sofern die Unterhaltungspflicht an dem Verkehrsweg einem Bundesstaat, einem Kommunalverband oder einer anderen Körperschaft des öffentlichen Rechtes obliegt, dem Unterhaltungspflichtigen, andernfalls der unteren Verwaltungsbehörde mitzuteilen; diese hat, soweit tunlich, die Unterhaltungspflichtigen von dem Eingange des Planes zu benachrichtigen. Der Plan ist in allen Fällen, in denen die Verlegung oder Veränderung einer der im § 5 bezeichneten Anlagen verlangt wird oder die Störung einer solchen Anlage zu erwarten ist, dem Unternehmer der Anlage mitzuteilen.

(3) Außerdem ist der Plan bei den Post- oder Telegraphenämtern, soweit die Telegraphenlinie deren Bezirke berührt, auf die Dauer von vier Wochen öffentlich auszulegen. Die Zeit der Auslegung soll mindestens in einer der Zeitungen, welche im betreffenden Bezirke zu den Veröffentlichungen der unteren Verwaltungsbehörden dienen, bekanntgemacht werden. Die Auslegung kann unterbleiben, soweit es sich lediglich um die Führung von Telegraphenlinien durch den Luftraum über den Verkehrswegen handelt.

[Einspruch gegen den Plan] § 8.

(1) Die Telegraphenverwaltung ist zur Ausführung des Planes befugt, wenn nicht gegen diesen von den Beteiligten binnen vier Wochen bei der Behörde, welche den Plan ausgelegt hat, Einspruch erhoben wird.

(2) Die Einspruchsfrist beginnt für diejenigen, denen der Plan gemäß den Vorschriften des § 7 Abs. 2 mitgeteilt ist, mit der Zustellung, für andere Beteiligte mit der öffentlichen Auslegung.

(3) Der Einspruch kann nur darauf gestützt werden, daß der Plan eine Verletzung der Vorschriften der §§ 1 bis 5 dieses Gesetzes oder der auf Grund des § 18 erlassenen Anordnungen enthält.

(4) Über den Einspruch entscheidet die höhere Verwaltungsbehörde. Gegen die Entscheidung findet, sofern die höhere Verwaltungsbehörde nicht zugleich Landes-Zentralbehörde ist, binnen einer Frist von zwei Wochen nach der Zustellung die Beschwerde an die Landes-Zentralbehörde statt. Die Landes-Zentralbehörde hat in allen Fällen vor der Entscheidung die Zentral-Telegraphenbehörde zu hören. Auf Antrag der Telegraphenverwaltung kann die Entscheidung der höheren Verwaltungsbehörde für vorläufig vollstreckbar erklärt werden. Wird eine für vorläufig vollstreckbar erklärte Entscheidung aufgehoben oder abgeändert, so ist die Telegraphenverwaltung zum Ersatze des Schadens verpflichtet, der dem Gegner durch die Ausführung der Telegraphenlinie entstanden ist.

[Mitteilung des Planes an andere Behörden]

§ 9.

Auf Verlangen einer Landes-Zentralbehörde ist den von ihr bezeichneten öffentlichen Behörden Kenntnis von dem Plane durch Mitteilung einer Abschrift zu geben.

[Überschreitung des Planes]

§ 10.

Wird ohne wesentliche Änderung vorhandener Telegraphenlinien die Überschreitung des in dem ursprünglichen Plane für die Leitungen in Anspruch genommenen Raumes beabsichtigt und ist davon eine weitere Beeinträchtigung der Baumpflanzungen durch Ausästungen zu befürchten, so ist den Eigentümern der Baumpflanzungen vor der Ausführung Gelegenheit zur Wahrnehmung ihrer Interessen zu geben.

[Beaufsichtigung usw. der Leitungen]

§ 11.

Die Reichstelegraphenverwaltung kann die Straßenbau- und Polizeibeamten mit der Beaufsichtigung und vorläufigen Wiederherstellung der Telegraphenleitungen nach näherer Anweisung der Landes-Zentralbehörde beauftragen; sie hat dafür den Beamten im Einvernehmen mit der ihnen vorgesetzten Behörde eine besondere Vergütung zu bezahlen.

[Luftraum anderer Grundstücke]

§ 12.

(1) Die Telegraphenverwaltung ist befugt, Telegraphenlinien durch den Luftraum über Grundstücken, die nicht Verkehrswege im Sinne dieses Gesetzes sind, zu führen, soweit nicht dadurch die Benutzung des Grundstücks nach den zur Zeit der Herstellung der Anlage bestehenden Verhältnissen wesentlich beeinträchtigt wird. Tritt später eine solche Beeinträchtigung ein, so hat die Telegraphenverwaltung auf ihre Kosten die Leitungen zu beseitigen.

(2) Beeinträchtigungen in der Benutzung eines Grundstücks, welche ihrer Natur nach lediglich vorübergehend sind, stehen der Führung der Telegraphenlinien durch den Luftraum nicht entgegen, doch ist der entstehende Schaden zu ersetzen. Ebenso ist für Beschädigungen des Grundstücks und seines Zubehörs, die infolge der Führung der Telegraphenlinien durch den Luftraum eintreten, Ersatz zu leisten.

(3) Die Beamten und Beauftragten der Telegraphenverwaltung, welche sich als solche ausweisen, sind befugt, zur Vornahme notwendiger Arbeiten an Telegraphenlinien, insbesondere zur Verhütung und Beseitigung von Störungen, die Grundstücke nebst den darauf befindlichen Baulichkeiten und deren Dächern mit Ausnahme der abgeschlossenen Wohnräume während der Tagesstunden nach vorheriger schriftlicher Ankündigung zu betreten. Der dadurch entstehende Schaden ist zu ersetzen.

[Ersatzansprüche]

§ 13.

(1) Die auf den Vorschriften dieses Gesetzes beruhenden Ersatzansprüche verjähren in zwei Jahren. Die Verjährung beginnt mit dem Schlusse des Jahres, in welchem der Anspruch entstanden ist.

(2) Ersatzansprüche aus den §§ 2, 4, 5 und 6 sind bei der von der Landes-Zentralbehörde bestimmten Verwaltungsbehörde geltend zu machen. Diese setzt die Entschädigung vorläufig fest.

(3) Gegen die Entscheidung der Verwaltungsbehörde steht binnen einer Frist von einem Monat nach der Zustellung des Bescheids die gerichtliche Klage zu.

(4) Für alle anderen Ansprüche steht der Rechtsweg sofort offen.

[Zuständige Behörden] **§ 14.**

Die Bestimmung darüber, welche Behörde in jedem Bundesstaat untere und höhere Verwaltungsbehörden im Sinne dieses Gesetzes sind, steht der Landes-Zentralbehörde zu.

[Benutzung von Eisenbahngelände] **§ 15.**

Die bestehenden Vorschriften und Vereinbarungen über die Rechte der Telegraphenverwaltung zur Benutzung des Eisenbahngeländes werden durch dieses Gesetz nicht berührt.

[Reichstelegraphenverwaltung] **§ 16.**

Telegraphenverwaltung im Sinne dieses Gesetzes ist die Reichstelegraphenverwaltung, [die Königlich bayerische und die Königlich württembergische Telegraphenverwaltung][1]).

[Heerestelegraph] **§ 17.**

Die Vorschriften dieses Gesetzes finden auf Telegraphenlinien, welche die Militärverwaltung oder die Marineverwaltung für ihre Zwecke herstellen läßt, entsprechende Anwendung.

[Anordnung des Reichspostministers] **§ 18.**

Unter Zustimmung des Reichsrats[2]) kann der Reichspostminister[2]) Anordnungen[3]) treffen:

1. über das Maß der Ausästungen;
2. darüber, welche Änderungen der Telegraphenlinien im Sinne des § 7 Abs. 1 als wesentlich anzusehen sind;
3. über die Anforderungen, welche an den Plan auf Grund des § 7 Abs. 1 im einzelnen zu stellen sind;
4. über die unter Zuziehung der Beteiligten vorzunehmenden Ortsbesichtigungen und über die dabei entstehenden Kosten;
5. über das Einspruchsverfahren und die dabei entstehenden Kosten;

---

[1]) Die letzteren beiden sind weggefallen gemäß Art. 170 RV. und AusfG. dazu vom 27. April 1920 (RGBl. S. 643).

[2]) Art. 179 RV., Übergangsgesetz vom 4. März 1919 (RGBl. S. 285) §§ 3 und 5.

[3]) Vom 26. Januar 1900 (RGBl. S. 7), geändert durch VO. vom 12. Dezember 1924 (RGBl. I S. 775) Anlage 1 Nr. 4.

6. über die Höhe der den Straßenbau- und Polizeibeamten zu gewährenden Vergütungen für die im Interesse der Reichstelegraphenverwaltung geforderten Dienstleistungen.

[Inkrafttreten] § 19.

(1) Dieses Gesetz tritt am 1. Januar 1900 in Kraft.

(2) Auf die vorhandenen, zu öffentlichen Zwecken dienenden Linien der Telegraphenverwaltung (§§ 16 und 17) findet dieses Gesetz Anwendung, soweit nicht entgegenstehende besondere Vereinbarungen getroffen sind.

V. Gesundheitsrecht.

37. Reichs-Impfgesetz.

Vom 8. April 1874 (RGBl. S. 31).

[Das seit 1874 nicht veränderte Gesetz schafft von Reichs wegen die Grundlage für den Impfzwang, der als besonders weitgehender Eingriff in die persönliche Freiheit zwar immer wieder angefochten, bis jetzt aber nicht abgeschafft worden ist.]

[Impfpflichtige] **§ 1.**

Der Impfung mit Schutzpocken soll unterzogen werden:

1. jedes Kind vor dem Ablaufe des auf sein Geburtsjahr folgenden Kalenderjahres, sofern es nicht nach ärztlichem Zeugnis (§ 10) die natürlichen Blattern überstanden hat;
2. jeder Zögling einer öffentlichen Lehranstalt oder einer Privatschule, mit Ausnahme der Sonntags- und Abendschulen, innerhalb des Jahres, in welchem der Zögling das zwölfte Lebensjahr zurücklegt, sofern er nicht nach ärztlichem Zeugnis in den letzten fünf Jahren die natürlichen Blattern überstanden hat oder mit Erfolg geimpft worden ist.

[Ausnahmen vom Impfzwang] **§ 2.**

(1) Ein Impfpflichtiger (§ 1), welcher nach ärztlichem Zeugnis ohne Gefahr für sein Leben oder für seine Gesundheit nicht geimpft werden kann, ist binnen Jahresfrist nach Aufhören des diese Gefahr begründenden Zustandes der Impfung zu unterziehen.

(2) Ob diese Gefahr noch fortbesteht, hat in zweifelhaften Fällen der zuständige Impfarzt (§ 6) endgültig zu entscheiden.

[Wiederholung der Impfung] **§ 3.**

(1) Ist eine Impfung nach dem Urteile des Arztes (§ 5) erfolglos geblieben, so muß sie spätestens im nächsten Jahre und, falls sie auch dann erfolglos bleibt, im dritten Jahre wiederholt werden.

(2) Die zuständige Behörde kann anordnen, daß die letzte Wiederholung der Impfung durch den Impfarzt (§ 6) vorgenommen werde.

[Nachholung der Impfung] **§ 4.**

Ist die Impfung ohne gesetzlichen Grund (§§ 1, 2) unterblieben, so ist sie binnen einer von der zuständigen Behörde zu setzenden Frist nachzuholen.

[Kontrolle üb. d. Erfolg d. Impfung] **§ 5.**

Jeder Impfling muß frühestens am sechsten, spätestens am achten Tage nach der Impfung dem impfenden Arzte vorgestellt werden.

[Impfbezirk und Impfarzt] **§ 6.**

(1) In jedem Bundesstaate werden Impfbezirke gebildet, deren jeder einem Impfarzte unterstellt wird.

(2) Der Impfarzt nimmt in der Zeit vom Anfang Mai bis Ende September jeden Jahres an den vorher bekanntzumachenden Orten und Tagen für die Bewohner des Impfbezirks Impfungen unentgeltlich vor. Die Orte für die Vornahme der Impfungen, sowie für die Vorstellung der Impflinge (§ 5) werden so gewählt, daß kein Ort des Bezirks von dem nächst belegenen Impforte mehr als fünf Kilometer entfernt ist.

[Liste der Impfpflichtigen] **§ 7.**

(1) Für jeden Impfbezirk wird vor Beginn der Impfzeit eine Liste der nach § 1 Ziffer 1 der Impfung unterliegenden Kinder von der zuständigen Behörde aufgestellt. Über die auf Grund des § 1 Ziffer 2 zur Impfung gelangenden Kinder haben die Vorsteher der betreffenden Lehranstalten eine Liste anzufertigen.

(2) Die Impfärzte vermerken in den Listen, ob die Impfung mit oder ohne Erfolg vollzogen, oder ob und weshalb sie ganz oder vorläufig unterblieben ist.

(3) Nach dem Schlusse des Kalenderjahres sind die Listen der Behörde einzureichen.

(4) Die Einrichtung der Listen wird durch den Bundesrat[1]) festgestellt.

[Impfung durch andere Ärzte] **§ 8.**

(1) Außer den Impfärzten sind ausschließlich Ärzte befugt, Impfungen vorzunehmen.

(2) Sie haben über die ausgeführten Impfungen in der im § 7 vorgeschriebenen Form Listen zu führen und dieselben am Jahresschluß der zuständigen Behörde vorzulegen.

---

[1]) Jetzt die Reichsregierung mit Zustimmung des Reichsrats, Art. 179 RV.

[Beschaffung der Lymphe] **§ 9.**

(1) Die Landesregierungen haben nach näherer Anordnung des Bundesrats[1]) dafür zu sorgen, daß eine angemessene Anzahl von Impfinstituten zur Beschaffung und Erzeugung von Schutzpockenlymphe eingerichtet werde.

(2) Die Impfinstitute geben die Schutzpockenlymphe an die öffentlichen Impfärzte unentgeltlich ab und haben über Herkunft und Abgabe derselben Listen zu führen.

(3) Die öffentlichen Impfärzte sind verpflichtet, auf Verlangen Schutzpockenlymphe, soweit ihr entbehrlicher Vorrat reicht, an andere Ärzte unentgeltlich abzugeben.

[Impfschein] **§ 10.**

(1) Über jede Impfung wird nach Feststellung ihrer Wirkung (§ 5) von dem Arzte ein Impfschein ausgestellt. In dem Impfschein wird, unter Angabe des Vor- und Zunamens des Impflings, sowie des Jahres und Tages seiner Geburt, bescheinigt, entweder,

daß durch die Impfung der gesetzlichen Pflicht genügt ist, oder,

daß die Impfung im nächsten Jahre wiederholt werden muß.

(2) In den ärztlichen Zeugnissen, durch welche die gänzliche oder vorläufige Befreiung von der Impfung (§§ 1, 2) nachgewiesen werden soll, wird, unter der für den Impfschein vorgeschriebenen Bezeichnung der Person, bescheinigt, aus welchem Grunde und auf wie lange die Impfung unterbleiben darf.

[Formular] **§ 11.**

(1) Der Bundesrat[1]) bestimmt das für die vorgedachten Bescheinigungen (§ 10) anzuwendende Formular.

(2) Die erste Ausstellung der Bescheinigung erfolgt stempel- und gebührenfrei.

[Nachweis der Impfung] **§ 12.**

Eltern, Pflegeeltern und Vormünder sind gehalten, auf amtliches Erfordern mittels der vorgeschriebenen Bescheinigungen (§ 10) den Nachweis zu führen, daß die Impfung ihrer Kinder und Pflegebefohlenen erfolgt oder aus einem gesetzlichen Grunde unterblieben ist.

[Impfung in Schulen] **§ 13.**

(1) Die Vorsteher derjenigen Schulanstalten, deren Zöglinge dem Impfzwange unterliegen (§ 1 Ziffer 2), haben bei der

---

[1]) Jetzt die Reichsregierung mit Zustimmung des Reichsrats, Art. 179 RV.

Aufnahme von Schülern durch Einfordern der vorgeschriebenen Bescheinigungen festzustellen, ob die gesetzliche Impfung erfolgt ist.

(2) Sie haben dafür zu sorgen, daß Zöglinge, welche während des Besuches der Anstalt nach § 1 Ziffer 2 impfpflichtig werden, dieser Verpflichtung genügen.

(3) Ist eine Impfung ohne gesetzlichen Grund unterblieben, so haben sie auf deren Nachholung zu dringen.

(4) Sie sind verpflichtet, vier Wochen vor Schluß des Schuljahres der zuständigen Behörde ein Verzeichnis derjenigen Schüler vorzulegen, für welche der Nachweis der Impfung nicht erbracht ist.

[Strafen für Eltern usw.] **§ 14[1]).**

(1) Eltern, Pflegeeltern und Vormünder, welche den nach § 12 ihnen obliegenden Nachweis zu führen unterlassen, werden mit einer Geldstrafe bis zu zwanzig Mark bestraft.

(2) Eltern, Pflegeeltern und Vormünder, deren Kinder und Pflegebefohlene ohne gesetzlichen Grund und trotz erfolgter amtlicher Aufforderung der Impfung oder der ihr folgenden Gestellung (§ 5) entzogen geblieben sind, werden mit Geldstrafen bis zu fünfzig Mark oder mit Haft bis zu drei Tagen bestraft.

[Strafen für Ärzte u. Schulleiter] **§ 15[1]).**

Ärzte und Schulvorsteher, welche den durch § 8 Absatz 2, § 7 und durch § 13 ihnen auferlegten Verpflichtungen nicht nachkommen, werden mit Geldstrafe bis zu einhundert Mark bestraft.

[Unbefugte Impfungen] **§ 16[1]).**

Wer unbefugterweise (§ 8) Impfungen vornimmt, wird mit Geldstrafe bis zu einhundertfünfzig Mark oder mit Haft bis zu vierzehn Tagen bestraft.

[Fahrlässigkeit bei Impfung] **§ 17[1]).**

Wer bei der Ausführung einer Impfung fahrlässig handelt, wird mit Geldstrafe bis zu fünfhundert Mark oder mit Gefängnisstrafe bis zu drei Monaten bestraft, sofern nicht nach dem Strafgesetzbuch eine härtere Strafe eintritt.

---

[1]) Siehe hierzu die VO. über Vermögensstrafen und Bußen vom 6. Februar 1924 (RGBl. I S. 44).

[Übergangs- u. Schlußbestimmung.] § 18.

(1) Die Vorschriften dieses Gesetzes treten mit dem 1. April 1875 in Kraft.

(2) Die einzelnen Bundesstaaten werden die zur Ausführung erforderlichen Bestimmungen treffen.

(3) Die in den einzelnen Bundesstaaten bestehenden Bestimmungen über Zwangsimpfungen bei dem Ausbruch einer Pockenepidemie werden durch dieses Gesetz nicht berührt.

---

38. Reichsgesetz, betreffend die Bekämpfung gemeingefährlicher Krankheiten [Reichsseuchengesetz].

Vom 30. Juni 1900 (RGBl. S. 306).

Anzeigepflicht.

[Seuchen] § 1.

(1) Jede Erkrankung und jeder Todesfall an

Aussatz (Lepra), Cholera (asiatischer), Fleckfieber (Flecktyphus), Gelbfieber, Pest (orientalischer Beulenpest), Pocken (Blattern),

sowie jeder Fall, welcher den Verdacht einer dieser Krankheiten erweckt, ist der für den Aufenthaltsort des Erkrankten oder den Sterbeort zuständigen Polizeibehörde unverzüglich anzuzeigen.

(2) Wechselt der Erkrankte den Aufenthaltsort, so ist dies unverzüglich bei der Polizeibehörde des bisherigen und des neuen Aufenthaltsorts zur Anzeige zu bringen.

[Verpflichtete Personen] § 2.

(1) Zur Anzeige sind verpflichtet:

1. der zugezogene Arzt,
2. der Haushaltungsvorstand,
3. jede sonst mit der Behandlung oder Pflege des Erkrankten beschäftigte Person,
4. derjenige, in dessen Wohnung oder Behausung der Erkrankungs- oder Todesfall sich ereignet hat,
5. der Leichenschauer.

(2) Die Verpflichtung der unter Nr. 2 bis 5 genannten Personen tritt nur dann ein, wenn ein früher genannter Verpflichteter nicht vorhanden ist.

[Krankenhäuser usw.] **§ 3.**

(1) Für Krankheits- und Todesfälle, welche sich in öffentlichen Kranken-, Entbindungs-, Pflege-, Gefangenen- und ähnlichen Anstalten ereignen, ist der Vorsteher der Anstalt oder die von der zuständigen Stelle damit beauftragte Person ausschließlich zur Erstattung der Anzeige verpflichtet.

(2) Auf Schiffen oder Flößen gilt als der zur Erstattung der Anzeige verpflichtete Haushaltungsvorstand der Schiffer oder Floßführer oder deren Stellvertreter. Der Bundesrat[1]) ist ermächtigt, Bestimmungen darüber zu erlassen, an wen bei Krankheits- und Todesfällen, welche auf Schiffen oder Flößen vorkommen, die Anzeige zu erstatten ist.

[Form der Anzeige] **§ 4.**

Die Anzeige kann mündlich oder schriftlich erstattet werden. Die Polizeibehörden haben auf Verlangen Meldekarten für schriftliche Anzeigen unentgeltlich zu verabfolgen.

§ 5.

(1) Landesrechtliche Bestimmungen, welche eine weitergehende Anzeigepflicht begründen, werden durch dieses Gesetz nicht berührt.

(2) Durch Beschluß des Bundesrats[1]) können die Vorschriften über die Anzeigepflicht (§§ 1 bis 4) auf andere als die im § 1 Abs. 1 genannten übertragbaren Krankheiten ausgedehnt werden.

Ermittelung der Krankheit.

[Polizei und Arzt] **§ 6.**

(1) Die Polizeibehörde muß, sobald sie von dem Ausbruch oder dem Verdachte des Auftretens einer der im § 1 Abs. 1 genannten Krankheiten (gemeingefährliche Krankheiten) Kenntnis erhält, den zuständigen beamteten Arzt benachrichtigen. Dieser hat alsdann unverzüglich an Ort und Stelle Ermittelungen über die Art, den Stand und die Ursache der Krankheit vorzunehmen und der Polizeibehörde eine Erklärung darüber abzugeben, ob der Ausbruch der Krankheit festgestellt oder der Verdacht des Ausbruchs begründet ist. In Notfällen kann der beamtete Arzt die Ermittelung auch vornehmen, ohne daß ihm eine Nachricht der Polizeibehörde zugegangen ist.

(2) In Ortschaften mit mehr als 10 000 Einwohnern ist nach den Bestimmungen des Abs. 1 auch dann zu verfahren, wenn

---

1) Jetzt die Reichsregierung mit Zustimmung des Reichsrats, Art. 179 II RV.

Erkrankungs- oder Todesfälle in einem räumlich abgegrenzten Teile der Ortschaft, welcher von der Krankheit bis dahin verschont geblieben war, vorkommen.

(3) Die höhere Verwaltungsbehörde kann Ermittelungen über jeden einzelnen Krankheits- oder Todesfall anordnen. Solange eine solche Anordnung nicht getroffen ist, sind nach der ersten Feststellung der Krankheit von dem beamteten Arzte Ermittelungen nur im Einverständnisse mit der unteren Verwaltungsbehörde und nur insoweit vorzunehmen, als dies erforderlich ist, um die Ausbreitung der Krankheit örtlich und zeitlich zu verfolgen.

[Untersuchungsbefugnis des Arztes] § 7.

(1) Dem beamteten Arzte ist, soweit er es zur Feststellung der Krankheit für erforderlich und ohne Schädigung des Kranken für zulässig hält, der Zutritt zu dem Kranken oder zur Leiche und die Vornahme der zu den Ermittelungen über die Krankheit erforderlichen Untersuchungen zu gestatten. Auch kann bei Cholera-, Gelbfieber- und Pestverdacht eine Öffnung der Leiche polizeilich angeordnet werden, insoweit der beamtete Arzt dies zur Feststellung der Krankheit für erforderlich hält.

(2) Der behandelnde Arzt ist berechtigt, den Untersuchungen, insbesondere auch der Leichenöffnung beizuwohnen.

(3) Die in §§ 2 und 3 aufgeführten Personen sind verpflichtet, über alle für die Entstehung und den Verlauf der Krankheit wichtigen Umstände dem beamteten Arzte und der zuständigen Behörde auf Befragen Auskunft zu erteilen.

[Schutzmaßregeln der Polizei] § 8.

Ist nach dem Gutachten des beamteten Arztes der Ausbruch der Krankheit festgestellt oder der Verdacht des Ausbruchs begründet, so hat die Polizeibehörde unverzüglich die erforderlichen Schutzmaßregeln zu treffen.

[Vorläufige Maßreg. durch den Arzt] § 9.

Bei Gefahr im Verzuge kann der beamtete Arzt schon vor dem Einschreiten der Polizeibehörde die zur Verhütung der Verbreitung der Krankheit zunächst erforderlichen Maßregeln anordnen. Der Vorsteher der Ortschaft hat den von dem beamteten Arzte getroffenen Anordnungen Folge zu leisten. Von den Anordnungen hat der beamtete Arzt der Polizeibehörde sofort schriftliche Mitteilung zu machen; sie bleiben so lange in Kraft, bis von der zuständigen Behörde anderweite Verfügung getroffen wird.

[Leichenschau] **§ 10.**

Für Ortschaften und Bezirke, welche von einer gemeingefährlichen Krankheit befallen oder bedroht sind, kann durch die zuständige Behörde angeordnet werden, daß jede Leiche vor der Bestattung einer amtlichen Besichtigung (Leichenschau) zu unterwerfen ist.

Schutzmaßregeln.

[Allgemeines] **§ 11.**

(1) Zur Verhütung der Verbreitung der gemeingefährlichen Krankheiten können für die Dauer der Krankheitsgefahr Absperrungs- und Aufsichtsmaßregeln nach Maßgabe der §§ 12 bis 21 polizeilich angeordnet werden.

(2) Die Anfechtung der Anordnungen hat keine aufschiebende Wirkung.

[Beobachtung] **§ 12.**

Kranke und krankheits- oder ansteckungsverdächtige Personen können einer Beobachtung unterworfen werden. Eine Beschränkung in der Wahl des Aufenthalts oder der Arbeitsstätte ist zu diesem Zwecke nur bei Personen zulässig, welche obdachlos oder ohne festen Wohnsitz sind oder berufs- oder gewohnheitsmäßig umherziehen.

[Kontrolle von Reisenden] **§ 13.**

Die höhere Verwaltungsbehörde kann für den Umfang ihres Bezirkes oder für Teile desselben anordnen, daß zureisende Personen, sofern sie sich innerhalb einer zu bestimmenden Frist vor ihrer Ankunft in Ortschaften oder Bezirken aufgehalten haben, in welchen eine gemeingefährliche Krankheit ausgebrochen ist, nach ihrer Ankunft der Ortspolizeibehörde zu melden sind.

[Absonderung] **§ 14.**

(1) Für kranke und krankheits- oder ansteckungsverdächtige Personen kann eine Absonderung angeordnet werden.

(2) Die Absonderung kranker Personen hat derart zu erfolgen, daß der Kranke mit anderen als den zu seiner Pflege bestimmten Personen, dem Arzte oder dem Seelsorger nicht in Berührung kommt und eine Verbreitung der Krankheit tunlichst ausgeschlossen ist. Angehörigen und Urkundspersonen ist, insoweit es zur Erledigung wichtiger und dringender Angelegenheiten geboten ist, der Zutritt zu dem Kranken unter Beobachtung der erforderlichen Maßregeln gegen eine Weiterverbreitung der Krankheit gestattet. Werden auf Erfordern der Polizeibehörde in der Behausung des Kranken die nach dem Gutachten des beamteten Arztes zum Zwecke der Absonderung notwendigen Einrichtungen nicht

getroffen, so kann, falls der beamtete Arzt es für unerläßlich und der behandelnde Arzt es ohne Schädigung des Kranken für zulässig erklärt, die Überführung des Kranken in ein geeignetes Krankenhaus oder in einen anderen geeigneten Unterkunftsraum angeordnet werden.

(3) Auf die Absonderung krankheits- oder ansteckungsverdächtiger Personen finden die Bestimmungen des Abs. 2 sinngemäße Anwendung. Jedoch dürfen krankheits- oder ansteckungsverdächtige Personen nicht in demselben Raume mit kranken Personen untergebracht werden. Ansteckungsverdächtige Personen dürfen in demselben Raume mit krankheitsverdächtigen Personen nur untergebracht werden, soweit der beamtete Arzt es für zulässig hält.

(4) Wohnungen oder Häuser, in welchen erkrankte Personen sich befinden, können kenntlich gemacht werden.

(5) Für das berufsmäßige Pflegepersonal können Verkehrsbeschränkungen angeordnet werden.

Beschr. von Handel und Verkehr] **§ 15.**

Die Landesbehörden sind befugt, für Ortschaften und Bezirke, welche von einer gemeingefährlichen Krankheit befallen oder bedroht sind,

1. hinsichtlich der gewerbsmäßigen Herstellung, Behandlung und Aufbewahrung sowie hinsichtlich des Vertriebs von Gegenständen, welche geeignet sind, die Krankheit zu verbreiten, eine gesundheitspolizeiliche Überwachung und die zur Verhütung der Verbreitung der Krankheit erforderlichen Maßregeln anzuordnen; die Ausfuhr von Gegenständen der bezeichneten Art darf aber nur für Ortschaften verboten werden, in denen Cholera, Fleckfieber, Pest oder Pocken ausgebrochen sind,
2. Gegenstände der in Nr. 1 bezeichneten Art vom Gewerbebetrieb im Umherziehen auszuschließen,
3. die Abhaltung von Märkten, Messen und anderen Veranstaltungen, welche eine Ansammlung größerer Menschenmengen mit sich bringen, zu verbieten oder zu beschränken,
4. die in der Schiffahrt, der Flößerei oder sonstigen Transportbetrieben beschäftigten Personen einer gesundheitspolizeilichen Überwachung zu unterwerfen und kranke, krankheits- oder ansteckungsverdächtige Personen sowie Gegenstände, von denen anzunehmen ist, daß sie mit dem Krankheitsstoffe behaftet sind, von der Beförderung auszuschließen,
5. den Schiffahrts- und Flößereiverkehr auf bestimmte Tageszeiten zu beschränken.

[Schul- und Unterrichtsbesuch] **§ 16.**

Jugendliche Personen aus Behausungen, in denen Erkrankungen vorgekommen sind, können zeitweilig vom Schul- und Unterrichtsbesuche ferngehalten werden. Hinsichtlich der sonstigen für die Schulen anzuordnenden Schutzmaßregeln bewendet es bei den landesrechtlichen Bestimmungen.

[Brunnenbenutzung usw.] **§ 17.**

In Ortschaften, welche von Cholera, Fleckfieber, Pest oder Pocken befallen oder bedroht sind, sowie in deren Umgegend kann die Benutzung von Brunnen, Teichen, Seen, Wasserläufen, Wasserleitungen sowie der dem öffentlichen Gebrauche dienenden Bade-, Schwimm-, Wasch- und Bedürfnisanstalten verboten oder beschränkt werden.

[Räumung] **§ 18.**

Die gänzliche oder teilweise Räumung von Wohnungen und Gebäuden, in denen Erkrankungen vorgekommen sind, kann, insoweit der beamtete Arzt es zur wirksamen Bekämpfung der Krankheit für unerläßlich erklärt, angeordnet werden. Den betroffenen Bewohnern ist anderweit geeignete Unterkunft unentgeltlich zu bieten.

[Desinfektion] **§ 19.**

(1) Für Gegenstände und Räume, von denen anzunehmen ist, daß sie mit dem Krankheitsstoffe behaftet sind, kann eine Desinfektion angeordnet werden.

(2) Für Reisegepäck und Handelswaren ist bei Aussatz, Cholera und Gelbfieber die Anordnung der Desinfektion nur dann zulässig, wenn die Annahme, daß die Gegenstände mit dem Krankheitsstoffe behaftet sind, durch besondere Umstände begründet ist.

(3) Ist die Desinfektion nicht ausführbar oder im Verhältnisse zum Werte der Gegenstände zu kostspielig, so kann die Vernichtung angeordnet werden.

[Ungeziefer] **§ 20.**

Zum Schutze gegen Pest können Maßregeln zur Vertilgung und Fernhaltung von Ratten, Mäusen und anderem Ungeziefer angeordnet werden.

[Leichenbestattung usw.] **§ 21.**

Für die Aufbewahrung, Einsargung, Beförderung und Bestattung der Leichen von Personen, welche an einer gemeingefährlichen Krankheit gestorben sind, können besondere Vorsichtsmaßregeln angeordnet werden.

[Ausführungsbestimmungen] **§ 22.**

Die Bestimmungen über die Ausführung der in den §§ 12 bis 21 vorgesehenen Schutzmaßregeln, insbesondere der Desinfektion, werden vom Bundesrat[1]) erlassen.

[Pflichten der Gemeinden] **§ 23.**

Die zuständige Landesbehörde kann die Gemeinden oder die weiteren Kommunalverbände dazu anhalten, diejenigen Einrichtungen, welche zur Bekämpfung der gemeingefährlichen Krankheiten notwendig sind, zu treffen. Wegen Aufbringung der erforderlichen Kosten findet die Bestimmung des § 37 Abs. 2 Anwendung.

[Einschleppung aus dem Ausland] **§ 24.**

(1) Zur Verhütung der Einschleppung der gemeingefährlichen Krankheiten aus dem Auslande kann der Einlaß der Seeschiffe von der Erfüllung gesundheitspolizeilicher Vorschriften abhängig gemacht sowie

1. der Einlaß anderer dem Personen- oder Frachtverkehre dienenden Fahrzeuge,
2. die Ein- und Durchfuhr von Waren und Gebrauchsgegenständen,
3. der Eintritt und die Beförderung von Personen, welche aus dem von der Krankheit befallenen Lande kommen,

verboten oder beschränkt werden.

(2) Der [Bundesrat][1]) ist ermächtigt, Vorschriften über die hiernach zu treffenden Maßregeln zu beschließen. Soweit sich diese Vorschriften auf die gesundheitspolizeiliche Überwachung der Seeschiffe beziehen, können sie auf den Schiffsverkehr zwischen deutschen Häfen erstreckt werden.

§ 25.

Wenn eine gemeingefährliche Krankheit im Ausland oder im Küstengebiete des Reichs ausgebrochen ist, so bestimmt der Reichskanzler[2]) oder für das Gebiet des zunächst bedrohten Bundesstaats im Einvernehmen mit dem Reichskanzler[2]) die Landesregierung, wann und in welchem Umfange die gemäß § 24 Abs. 2 erlassenen Vorschriften in Vollzug zu setzen sind.

[Gesundheitspässe] **§ 26.**

Der Bundesrat[1]) ist ermächtigt, Vorschriften über die Ausstellung von Gesundheitspässen für die aus deutschen Häfen ausgehenden Seeschiffe zu beschließen.

---

[1]) Jetzt: Reichsregierung mit Zustimmung des Reichsrats, Art. 179 II RV.

[2]) Jetzt: Reichsminister des Innern, RV. Art. 179.

[Seuchenforschung]

§ 27.

Der Bundesrat[1]) ist ermächtigt, über die bei der Ausführung wissenschaftlicher Arbeiten mit Krankheitserregern zu beobachtenden Vorsichtsmaßregeln sowie über den Verkehr mit Krankheitserregern und deren Aufbewahrung Vorschriften zu erlassen.

Entschädigungen.

[Für Arbeitshinderung]

§ 28.

(1) Personen, welche der Invalidenversicherung unterliegen, haben für die Zeit, während der sie auf Grund des § 12 in der Wahl des Aufenthalts oder der Arbeitsstätte beschränkt oder auf Grund des § 14 abgesondert sind, Anspruch auf eine Entschädigung wegen des ihnen dadurch entgangenen Arbeitsverdienstes, bei deren Berechnung als Tagesarbeitsverdienst der dreihundertste Teil des für die Invalidenversicherung maßgebenden Jahresarbeitsverdienstes zugrunde zu legen ist.

(2) Dieser Anspruch fällt weg, insoweit auf Grund einer auf gesetzlicher Verpflichtung beruhenden Versicherung wegen einer mit Erwerbsunfähigkeit verbundenen Krankheit Unterstützung gewährt wird oder wenn eine Verpflegung auf öffentliche Kosten stattfindet.

[Für Gegenstände]

§ 29.

Für Gegenstände, welche infolge einer nach Maßgabe dieses Gesetzes polizeilich angeordneten und überwachten Desinfektion derart beschädigt worden sind, daß sie zu ihrem bestimmungsmäßigen Gebrauche nicht weiter verwendet werden können, oder welche auf polizeiliche Anordnung vernichtet worden sind, ist, vorbehaltlich der in §§ 32 und 33 angegebenen Ausnahmen, auf Antrag Entschädigung zu gewähren.

§ 30.

Als Entschädigung soll der gemeine Wert des Gegenstandes gewährt werden ohne Rücksicht auf die Minderung des Wertes, welche sich aus der Annahme ergibt, daß der Gegenstand mit Krankheitsstoff behaftet sei. Wird der Gegenstand nur beschädigt oder teilweise vernichtet, so ist der verbleibende Wert auf die Entschädigung anzurechnen.

§ 31.

Die Entschädigung wird, sofern ein anderer Berechtigter nicht bekannt ist, demjenigen gezahlt, in dessen Gewahrsam sich der be-

[1]) Vgl. Anm. 1 zu § 22.

schädigte oder vernichtete Gegenstand zur Zeit der Desinfektion befand. Mit dieser Zahlung erlischt jede Entschädigungsverpflichtung aus § 29.

§ 32.

Eine Entschädigung auf Grund dieses Gesetzes wird nicht gewährt:

1. für Gegenstände, welche im Eigentume des Reichs, eines Bundesstaats oder einer kommunalen Körperschaft sich befinden;
2. für Gegenstände, welche entgegen einem auf Grund des § 15 Nr. 1 oder des § 24 erlassenen Verbot aus- oder eingeführt worden sind.

§ 33.

Der Anspruch auf Entschädigung fällt weg:

1. wenn derjenige, welchem die Entschädigung zustehen würde, die beschädigten oder vernichteten Gegenstände oder einzelne derselben an sich gebracht hat, obwohl er wußte oder den Umständen nach annehmen mußte, daß dieselben bereits mit dem Krankheitsstoffe behaftet oder auf polizeiliche Anordnung zu desinfizieren waren;
2. wenn derjenige, welchem die Entschädigung zustehen würde oder in dessen Gewahrsam die beschädigten oder vernichteten Gegenstände sich befanden, zu der Desinfektion durch eine Zuwiderhandlung gegen dieses Gesetz oder eine auf Grund desselben getroffene Anordnung Veranlassung gegeben hat.

[Kosten, Ausschlußfristen, Verfahren]

§ 34.

Die Kosten der Entschädigungen sind aus öffentlichen Mitteln zu bestreiten. Im übrigen bleibt der landesrechtlichen Regelung vorbehalten, Bestimmungen darüber zu treffen:

1. von wem die Entschädigung zu gewähren und wie dieselbe aufzubringen ist,
2. binnen welcher Frist der Entschädigungsanspruch geltend zu machen ist,
3. wie die Entschädigung zu ermitteln und festzustellen ist.

Allgemeine Vorschriften.

[Trinkwasserversorgung usw.]

§ 35.

(1) Die dem allgemeinen Gebrauche dienenden Einrichtungen für Versorgung mit Trink- oder Wirtschaftswasser und für Fortschaffung der Abfallstoffe sind fortlaufend durch staatliche Beamte zu überwachen.

[Pflichten der Gemeinden]

(2) Die Gemeinden sind verpflichtet, für die Beseitigung der vorgefundenen gesundheitsgefährlichen Mißstände Sorge zu tragen. Sie können nach Maßgabe ihrer Leistungsfähigkeit zur Herstellung von Einrichtungen der im Abs. 1 bezeichneten Art, sofern dieselben zum Schutze gegen übertragbare Krankheiten erforderlich sind, jederzeit angehalten werden.

(3) Das Verfahren, in welchem über die hiernach gegen die Gemeinden zulässigen Anordnungen zu entscheiden ist, richtet sich nach Landesrecht.

[Beamtete Ärzte] **§ 36.**

(1) Beamtete Ärzte im Sinne dieses Gesetzes sind Ärzte, welche vom Staate angestellt sind oder deren Anstellung mit Zustimmung des Staates erfolgt ist.

(2) An Stelle der beamteten Ärzte können im Falle ihrer Behinderung oder aus sonstigen dringenden Gründen andere Ärzte zugezogen werden. Innerhalb des von ihnen übernommenen Auftrags gelten die letzteren als beamtete Ärzte und sind befugt und verpflichtet, diejenigen Amtsverrichtungen wahrzunehmen, welche in diesem Gesetz oder in den hierzu ergangenen Ausführungsbestimmungen den beamteten Ärzten übertragen sind.

[Zuständigkeit, Kosten] **§ 37.**

(1) Die Anordnung und Leitung der Abwehr- und Unterdrückungsmaßregeln liegt den Landesregierungen und deren Organen ob.

(2) Die Zuständigkeit der Behörden und die Aufbringung der entstehenden Kosten regelt sich nach Landesrecht.

(3) Die Kosten der auf Grund des § 6 angestellten behördlichen Ermittelungen, der Beobachtung in den Fällen des § 12, ferner auf Antrag die Kosten der auf Grund des § 19 polizeilich angeordneten und überwachten Desinfektion und der auf Grund des § 21 angeordneten besonderen Vorsichtsmaßregeln für die Aufbewahrung, Einsargung, Beförderung und Bestattung der Leichen sind aus öffentlichen Mitteln zu bestreiten.

(4) Die Landesregierungen bestimmen, welche Körperschaften unter der Bezeichnung Gemeinde, weiterer Kommunalverband und kommunale Körperschaft zu verstehen sind.

[Verwaltungshilfe] **§ 38.**

Die Behörden der Bundesstaaten sind verpflichtet, sich bei der Bekämpfung übertragbarer Krankheiten gegenseitig zu unterstützen.

[Reichsheer und -marine] **§ 39.**

(1) Die Ausführung der nach Maßgabe dieses Gesetzes zu ergreifenden Schutzmaßregeln liegt, insoweit davon

1. dem aktiven Heere oder der aktiven Marine angehörende Militärpersonen,
2. Personen, welche in militärischen Dienstgebäuden oder auf den zur [Kaiserlichen] Reichsmarine gehörigen oder von ihr gemieteten Schiffen und Fahrzeugen untergebracht sind,
3. marschierende oder auf dem Transporte befindliche Militärpersonen und Truppenteile des Heeres und der Marine sowie die Ausrüstungs- und Gebrauchsgegenstände derselben,
4. ausschließlich von der Militär- oder Marineverwaltung benutzte Grundstücke und Einrichtungen

betroffen werden, den Militär- und Marinebehörden ob.

(2) Auf Truppenübungen finden die nach diesem Gesetze zulässigen Verkehrsbeschränkungen keine Anwendung.

(3) Der Bundesrat[1]) hat darüber Bestimmung zu treffen, inwieweit von dem Auftreten des Verdachts und von dem Ausbruch einer übertragbaren Krankheit sowie von dem Verlauf und dem Erlöschen der Krankheit sich die Militär- und Polizeibehörden gegenseitig in Kenntnis zu setzen haben.

[Eisenbahn, Post] **§ 40.**

(1) Für den Eisenbahn-, Post- und Telegraphenverkehr sowie für Schiffahrtsbetriebe, welche im Anschluß an den Eisenbahnverkehr geführt werden und der staatlichen Eisenbahnaufsichtsbehörde unterstellt sind, liegt die Ausführung der nach Maßgabe dieses Gesetzes zu ergreifenden Schutzmaßregeln ausschließlich den zuständigen Reichs- und Landesbehörden ob.

(2) Inwieweit die auf Grund dieses Gesetzes polizeilich angeordneten Verkehrsbeschränkungen und Desinfektionsmaßnahmen

1. auf Personen, welche während der Beförderung als krank, krankheits- oder ansteckungsverdächtig befunden werden,
2. auf die im Dienste befindlichen oder aus dienstlicher Veranlassung vorübergehend außerhalb ihres Wohnsitzes sich aufhaltenden Beamten und Arbeiter der Eisenbahn-, Post- und Telegraphenverwaltungen sowie der genannten Schiffahrtsbetriebe

Anwendung finden, bestimmt der Bundesrat[1]).

[Aufsicht] **§ 41.**

(1) Dem Reichskanzler[2]) liegt ob, die Ausführung dieses Gesetzes und der auf Grund desselben erlassenen Anordnungen zu überwachen.

---

[1]) Vgl. Anm. 1 zu § 22.
[2]) Vgl. Anm. 2 zu § 25.

(2) Wenn zur Bekämpfung der gemeingefährlichen Krankheiten Maßregeln erforderlich sind, von welchen die Gebiete mehrerer Bundesstaaten betroffen werden, so hat der Reichskanzler[1]) oder ein von ihm bestellter Kommissar für Herstellung und Erhaltung der Einheit in den Anordnungen der Landesbehörden zu sorgen und zu diesem Behufe das Erforderliche zu bestimmen, in dringenden Fällen auch die Landesbehörden unmittelbar mit Anweisungen zu versehen.

[Benachrichtigung des Reichsgesundheitsamts]

§ 42.

Ist in einer Ortschaft der Ausbruch einer gemeingefährlichen Krankheit festgestellt, so ist das [Kaiserliche] Reichsgesundheitsamt hiervon sofort auf kürzestem Wege zu benachrichtigen. Der Bundesrat[2]) ist ermächtigt zu bestimmen, inwieweit im späteren Verlaufe dem [Kaiserlichen] Reichsgesundheitsamte Mitteilungen über Erkrankungs- und Todesfälle zu machen sind.

[Reichsgesundheitsrat]

§ 43.

(1) In Verbindung mit dem [Kaiserlichen] Reichsgesundheitsamte wird ein R e i c h s g e s u n d h e i t s r a t gebildet. Die Geschäftsordnung wird vom Reichskanzler[1]) mit Zustimmung des Bundesrats[4]) festgestellt. Die Mitglieder werden vom Bundesrate[4]) gewählt.

(2) Der Reichsgesundheitsrat hat das Gesundheitsamt[3]) bei der Erfüllung der diesem Amte zugewiesenen Aufgaben zu unterstützen. Er ist befugt, den Landesbehörden auf Ansuchen Rat zu erteilen. Er kann sich, um Auskunft zu erhalten, mit den ihm zu diesem Zwecke zu bezeichnenden Landesbehörden unmittelbar in Verbindung setzen, sowie Vertreter absenden, welche unter Mitwirkung der zuständigen Landesbehörden Aufklärungen an Ort und Stelle einziehen.

Strafvorschriften[5]).

[Benutzung infizierter Gegenstände]

§ 44.

(1) Mit Gefängnis bis zu drei Jahren wird bestraft:

1. wer wissentlich bewegliche G e g e n s t ä n d e , für welche eine Desinfektion polizeilich angeordnet war, vor Ausführung der angeordneten Desinfektion i n G e b r a u c h n i m m t , an andere überläßt oder sonst in Verkehr bringt;

---

[1]) Vgl. Anm. 2 zu § 25.

[2]) Vgl. Anm. 1 zu § 22.

[3]) D. i. das Reichsgesundheitsamt.

[4]) Jetzt Reichsrat, Art. 179 RV.

[5]) Siehe hierzu die VO. über Vermögensstrafen und Bußen vom 6. Februar 1924 (RGBl. I S. 44).

2. wer wissentlich Kleidungsstücke, Leibwäsche, Bettzeug oder sonstige bewegliche Gegenstände, welche von Personen, die an einer gemeingefährlichen Krankheit litten, während der Erkrankung gebraucht oder bei deren Behandlung oder Pflege benutzt worden sind, in Gebrauch nimmt, an andere überläßt oder sonst in Verkehr bringt, bevor sie den auf Grund des § 22 vom Bundesrate[1]) beschlossenen Bestimmungen entsprechend desinfiziert worden sind;
3. wer wissentlich Fahrzeuge oder sonstige Gerätschaften, welche zur Beförderung von Kranken oder Verstorbenen der in Nr. 2 bezeichneten Art gedient haben, vor Ausführung der polizeilich angeordneten Desinfektion benutzt oder anderen zur Benutzung überläßt.

(2) Sind mildernde Umstände vorhanden, so kann auf Geldstrafe bis zu eintausendfünfhundert Mark erkannt werden.

[Unterlassung von Anzeigen usw.] **§ 45.**

Mit Geldstrafe von zehn bis einhundertfünfzig Mark oder mit Haft nicht unter einer Woche wird bestraft:
1. wer die ihm nach den §§ 2, 3 oder nach den auf Grund des § 5 vom Bundesrat[1]) beschlossenen Vorschriften obliegende Anzeige unterläßt oder länger als vierundzwanzig Stunden, nachdem er von der anzuzeigenden Tatsache Kenntnis erhalten hat, verzögert. Die Strafverfolgung tritt nicht ein, wenn die Anzeige, obwohl nicht von dem zunächst Verpflichteten, doch rechtzeitig gemacht worden ist;
2. wer im Falle des § 7 dem beamteten Arzte den Zutritt zu dem Kranken oder zur Leiche oder die Vornahme der erforderlichen Untersuchungen verweigert;
3. wer den Bestimmungen im § 7 Abs. 3 zuwider über die daselbst bezeichneten Umstände dem beamteten Arzte oder der zuständigen Behörde die Auskunft verweigert oder wissentlich unrichtige Angaben macht;
4. wer den auf Grund des § 13 erlassenen Anordnungen zuwiderhandelt.

[Nichtbefolgung v. Anordnungen] **§ 46.**

Mit Geldstrafe bis zu einhundertfünfzig Mark oder mit Haft wird, sofern nicht nach den bestehenden gesetzlichen Bestimmungen eine höhere Strafe verwirkt ist, bestraft:
1. wer den im Falle des § 9 von dem beamteten Arzte oder dem Vorsteher der Ortschaft getroffenen vorläufigen Anordnungen oder den auf Grund des § 10 von der zuständigen Behörde erlassenen Anordnungen zuwiderhandelt;

[1]) Vgl. Anm. 1 zu § 22.

2. wer den auf Grund des § 12, des § 14 Abs. 5, der §§ 15, 17, 19 bis 22 getroffenen polizeilichen Anordnungen zuwiderhandelt;
3. wer den auf Grund der §§ 24, 26, 27 erlassenen Vorschriften zuwiderhandelt.

Schlußbestimmungen.

§ 47.

Die vom Bundesrate[1]) zur Ausführung dieses Gesetzes erlassenen allgemeinen Bestimmungen sind dem Reichstage zur Kenntnis mitzuteilen.

[Landesrecht]

§ 48.

Landesrechtliche Vorschriften über die Bekämpfung anderer als der im § 1 Abs. 1 genannten übertragbaren Krankheiten werden durch dieses Gesetz nicht berührt.

[Inkrafttreten]

§ 49.

Dieses Gesetz tritt mit dem Tage der Verkündung in Kraft.

---

39. Gesetz, betreffend die Bekämpfung übertragbarer Krankheiten [Landesseuchengesetz].

(Auszug.)

Vom 28. August 1905 (GS. S. 373),

die §§ 1—3, 6, 8 und 35 in der Fassung vom 25. Februar 1927 (GS. S. 41).

[Über den Kreis der vom Reichsseuchengesetz erfaßten allergefährlichsten Seuchen hinaus werden durch dieses Landesgesetz für die in seinem § 1 genannten ansteckenden Krankheiten ähnliche Maßnahmen vorgesehen wie im Reichsgesetz, zu dem das Landesgesetz übrigens zugleich auch gewisse Ausführungsbestimmungen bringt (vgl. §§ 15 ff.). Das vorliegende Gesetz umfaßt nicht die Tuberkulosebekämpfung, der vielmehr ein besonderes Gesetz vom 4. August 1923, GS. S. 374, gewidmet ist.]

Erster Abschnitt. Anzeigepflicht.

[Seuchen]

§ 1.

(1) Außer den in dem § 1 des Reichsgesetzes, betreffend die Bekämpfung gemeingefährlicher Krankheiten, vom 30. Juni 1900

---

[1]) Vgl. Anm. 1 zu § 22.

(Reichsgesetzbl. S. 306) aufgeführten Fällen der Anzeigepflicht — bei Aussatz (Lepra), Cholera (asiatischer), Fleckfieber (Flecktyphus), Gelbfieber, Pest (orientalischer Beulenpest), Pocken (Blattern) — ist jede Erkrankung und jeder Todesfall an Diphtherie (Rachenbräune), Gehirnentzündung, epidemischer (Encephalitis lethargica sive epidemica, hyperkinetica, akinetica, chronica), Genickstarre, übertragbarer, Kindbettfieber (Wochenbett-, Puerperalfieber), Kinderlähmung, epidemischer, Körnerkrankheit (Granulose, Trachom), Rückfallfieber (Febris recurrens), Ruhr, übertragbarer (Dysenterie), Scharlach (Scharlachfieber), Typhus (Unterleibstyphus), Milzbrand, Rotz, Tollwut (Lyssa) sowie Bißverletzungen durch tolle oder der Tollwut verdächtige Tiere, Fleisch-, Fisch- und Wurstvergiftung, Trichinose sowie auch jeder Verdachtsfall an Typhus (Unterleibstyphus) der für den Aufenthaltsort des Erkrankten oder den Sterbeort zuständigen Polizeibehörde innerhalb vierundzwanzig Stunden nach erlangter Kenntnis anzuzeigen.

(2) Als typhusverdächtig gelten auch solche anscheinend gesunde Personen, deren Ausscheidungen die Erreger des Typhus enthalten (Bazillenträger, Typhusdauerausscheider).

(3) Wechselt der Erkrankte beziehungsweise bei Typhus auch der Typhusverdächtige die Wohnung oder den Aufenthaltsort, so ist dies innerhalb vierundzwanzig Stunden nach erlangter Kenntnis bei der Polizeibehörde, bei einem Wechsel des Aufenthaltsorts auch bei derjenigen des neuen Aufenthaltsorts, zur Anzeige zu bringen.

[Verpflichtete Personen]

§ 2.

(1) Zur Anzeige sind verpflichtet:

1. der zugezogene Arzt;
2. der Haushaltungsvorstand;
3. jede sonst mit der Behandlung oder Pflege des Erkrankten beschäftigte Person;
4. derjenige, in dessen Wohnung oder Behausung der Erkrankungs- oder Todesfall sich ereignet hat;
5. der Leichenschauer.

(2) Die Verpflichtung der unter Nr. 2 bis 5 genannten Personen tritt nur dann ein, wenn ein früher genannter Verpflichteter nicht vorhanden ist.

(3) Bei Typhusdauerausscheidern sind nur die unter 1 und 2 genannten Personen zur Anzeige verpflichtet.

Krankenhäuser usw.] **§ 3.**

(1) Für Krankheits- und Todesfälle, welche sich in öffentlichen Kranken-, Entbindungs-, Pflege-, Gefangenen- und ähnlichen Anstalten ereignen, ist der Vorsteher der Anstalt oder die von der zuständigen Stelle damit beauftragte Person ausschließlich zur Erstattung der Anzeige verpflichtet.

(2) Auf Schiffen oder Flößen gilt als der zur Erstattung der Anzeige verpflichtete Haushaltungsvorstand der Schiffer oder Floßführer oder deren Stellvertreter.

(3) Dieselben Personen haben auch die für Typhusdauerausscheider vorgeschriebene Anzeige zu erstatten.

(4) Der Minister der Medizinalangelegenheiten[1]) ist ermächtigt, im Einvernehmen mit dem Minister für Handel und Gewerbe Bestimmungen darüber zu erlassen, an wen bei Krankheits- und Todesfällen, welche auf Schiffen oder Flößen vorkommen, die Anzeige zu erstatten ist.

[Form der Anzeige] **§ 4.**

Die Anzeige kann mündlich oder schriftlich erstattet werden. Mit Aufgabe zur Post gilt die schriftliche Anzeige als erstattet. Die Polizeibehörden haben auf Verlangen Meldekarten für schriftliche Anzeigen unentgeltlich zu verabfolgen.

[Ausdehnung auf andere Krankh.] **§ 5.**

Das Staatsministerium ist ermächtigt, die in den §§ 1 bis 4 des gegenwärtigen Gesetzes enthaltenen Bestimmungen über die Anzeigepflicht für einzelne Teile oder den ganzen Umfang der [Monarchie] des Staates auch auf andere übertragbare Krankheiten vorübergehend auszudehnen, wenn und solange dieselben in epidemischer Verbreitung auftreten.

Zweiter Abschnitt. Ermittelung der Krankheit.

§ 6.

(1) Auf Erkrankungen, Verdacht der Erkrankungen und Todesfälle an Gehirnentzündung, epidemischer Genickstarre, übertragbarer, Kindbettfieber, Kinderlähmung, epidemischer, Typhus (Unterleibstyphus) sowie auf Erkrankungen und Todesfälle an Rückfallfieber, Ruhr, übertragbarer, Milzbrand, Rotz, Tollwut, Bißverletzungen durch tolle oder der Tollwut verdächtige Tiere, Fleisch-, Fisch- und Wurstvergiftung, Trichinose finden die in den §§ 6 bis 10 des Reichsgesetzes, betreffend die Bekämpfung gemeingefährlicher Krankheiten, enthaltenen Bestimmungen

1) Jetzt der Minister für Volkswohlfahrt (Beschluß der Pr. Staatsregierung vom 7. November 1919, GS. S. 173).

30*

über die Ermittelung der Krankheit entsprechende Anwendung. Befindet sich jedoch der Kranke in ärztlicher Behandlung, so ist dem beamteten Arzte der Zutritt untersagt, wenn der behandelnde Arzt erklärt, daß von dem Zutritte des beamteten Arztes eine Gefährdung der Gesundheit oder des Lebens der Kranken zu befürchten ist. Vor dem Zutritte des beamteten Arztes ist dem behandelnden Arzte Gelegenheit zu dieser Erklärung zu geben.

(2) Außerdem ist bei Kindbettfieber oder Verdacht desselben dem beamteten Arzte der Zutritt nur mit Zustimmung des Haushaltungsvorstandes gestattet.

(3) Auch kann bei Typhus- oder Rotzverdacht eine Öffnung der Leiche polizeilich angeordnet werden, insoweit der beamtete Arzt dies zur Feststellung der Krankheit für erforderlich hält.

(4) Bei Diphtherie, Körnerkrankheit und Scharlach hat die Ortspolizeibehörde nur die ersten Fälle ärztlich feststellen zu lassen, und dies auch nur dann, wenn sie nicht von einem Arzte angezeigt sind.

(5) Personen, gegen die begründeter Verdacht besteht, daß in ihren Ausscheidungen Typhuserreger enthalten sind, haben auf Erfordern des beamteten Arztes oder der Polizeibehörde ihre Ausscheidungen zur bakteriologischen Untersuchung zur Verfügung zu stellen.

§ 7.

Das Staatsministerium ist ermächtigt, die in dem § 6 Abs. 1 des gegenwärtigen Gesetzes bezeichneten Bestimmungen ganz oder teilweise für einzelne Teile oder den ganzen Umfang [der Monarchie] des Staates auch auf andere als die daselbst aufgeführten übertragbaren Krankheiten vorübergehend auszudehnen, wenn und solange dieselben in epidemischer Verbreitung auftreten.

Dritter Abschnitt. Schutzmaßregeln.

§ 8.

Zur Verhütung der Verbreitung der nachstehend genannten Krankheiten können für die Dauer der Krankheitsgefahr die Absperrungs- und Aufsichtsmaßregeln der §§ 12 bis 19 und 21 des Reichsgesetzes, betreffend die Bekämpfung gemeingefährlicher Krankheiten, nach Maßgabe der nachstehenden Bestimmungen polizeilich angeordnet werden, und zwar bei:

1. Diphtherie (Rachenbräune): Absonderung kranker Personen (§ 14 Abs. 2), jedoch mit der Maßgabe, daß die Überführung von Kindern in ein Krankenhaus oder in einen andern geeigneten Unterkunftsraum gegen den Widerspruch der Eltern nicht angeordnet werden darf, wenn nach der Ansicht des beamteten Arztes oder des behandelnden Arztes eine ausreichende Absonderung in der Wohnung sichergestellt ist.

[Ziff. 1a—13 sowie die

§§ 9—11

enthalten weitere Schutzmaßregeln für die verschiedenen in § 1 aufgezählten Krankheiten, die den entsprechenden Reichsbestimmungen nachgebildet sind.]

Vierter Abschnitt. Verfahren und Behörden.

[Orts- und Landespolizeibehörden] **§ 12.**

(1) Die in dem Reichsgesetze, betreffend die Bekämpfung gemeingefährlicher Krankheiten, und in dem gegenwärtigen Gesetze den Polizeibehörden überwiesenen Obliegenheiten werden, soweit das gegenwärtige Gesetz nicht ein anderes bestimmt, von den Ortspolizeibehörden wahrgenommen. Der Landrat ist befugt, die Amtsverrichtungen der Ortspolizeibehörden für den einzelnen Fall einer übertragbaren Krankheit zu übernehmen.

(2) Die Zuständigkeit der Landespolizeibehörden auf dem Gebiete der Seuchenbekämpfung wird durch die Bestimmung des Abs. 1 nicht berührt.

(3) Gegen die Anordnungen der Polizeibehörde finden die durch das Landesverwaltungsgesetz gegebenen Rechtsmittel statt.

(4) Die Anfechtung der Anordnungen hat keine aufschiebende Wirkung.

[Beamtete Ärzte] **§ 13.**

(1) Beamtete Ärzte im Sinne des Reichsgesetzes, betreffend die Bekämpfung gemeingefährlicher Krankheiten, und des gegenwärtigen Gesetzes sind die Kreisärzte, die Kreisassistenzärzte, soweit sie mit der Stellvertretung von Kreisärzten beauftragt sind, sowie die mit der Wahrnehmung der kreisärztlichen Obliegenheiten beauftragten Stadtärzte in Stadtkreisen, die Hafen- und Quarantäneärzte in Hafenorten, außerdem die als Kommissare der Regierungspräsidenten, der Oberpräsidenten oder des Ministers der Medizinalangelegenheiten[1]) an Ort und Stelle entsandten Medizinalbeamten.

(2) Die Vorschrift des § 36 Abs. 2 des vorbezeichneten Reichsgesetzes findet auf die in dem § 1 des gegenwärtigen Gesetzes bezeichneten Krankheiten entsprechende Anwendung.

Fünfter Abschnitt. Entschädigungen.

[Entschädigung für Gegenstände] **§ 14.**

Die Bestimmungen der §§ 29 bis 34 Satz 1 des Reichsgesetzes, betreffend die Bekämpfung gemeingefährlicher Krankheiten, finden auf

---

[1]) Jetzt des Ministers für Volkswohlfahrt (siehe Anm. 1 zu § 3).

diejenigen Fälle entsprechende Anwendung, in welchen auf Grund der §§ 8 und 11 des gegenwärtigen Gesetzes die Desinfektion oder Vernichtung von Gegenständen polizeilich angeordnet worden ist. Der Anspruch auf Entschädigung fällt jedoch weg, wenn der Antragsteller den Verlust ohne Beeinträchtigung des für ihn und seine Familie notwendigen Unterhalts zu tragen vermag.

[Zuständige Behörden] **§ 15.**

(1) Die Festsetzung der Entschädigungen in den Fällen der §§ 28 bis 33 des Reichsgesetzes, betreffend die Bekämpfung gemeingefährlicher Krankheiten, und des § 14 des gegenwärtigen Gesetzes erfolgt durch die Ortspolizeibehörde.

(2) Gegen die Entscheidung findet unter Ausschluß des Rechtswegs innerhalb einer Frist von einem Monate nur die Beschwerde an die Aufsichtsbehörde, in Berlin an den Oberpräsidenten, statt. Die Entscheidung dieser Beschwerdeinstanz ist endgültig.

§§ 16—24.

[Enthalten Einzelheiten des Entschädigungsverfahrens.]

Sechster Abschnitt. Kosten.

[Arztkosten] **§ 25.**

Die Kosten, welche durch die amtliche Beteiligung des beamteten Arztes bei der Ausführung des Reichsgesetzes, betreffend die Bekämpfung gemeingefährlicher Krankheiten, sowie bei der Ausführung des gegenwärtigen Gesetzes entstehen, fallen der Staatskasse zur Last. Das gleiche ist der Fall, wenn es sich um die ärztliche Feststellung von Scharlach, Körnerkrankheit und Diphtherie handelt (§ 6 Abs. 4).

[Kosten für Desinfektion usw.] **§ 26.**

(1) Im übrigen findet die Vorschrift des § 37 Abs. 3 des Reichsgesetzes, betreffend die Bekämpfung gemeingefährlicher Krankheiten, auf diejenigen Fälle, in welchen die daselbst bezeichneten Schutzmaßregeln auf Grund der Bestimmungen des gegenwärtigen Gesetzes angeordnet werden, mit der Maßgabe entsprechende Anwendung, daß die Kosten der Desinfektion und der besonderen Vorsichtsmaßregeln für die Aufbewahrung, Einsargung, Beförderung und Bestattung der Leichen nur dann aus öffentlichen Mitteln zu bestreiten sind, wenn nach Feststellung der Polizeibehörde der Zahlungspflichtige ohne Beeinträchtigung des für ihn und seine Familie notwendigen Unterhalts diese Kosten nicht zu tragen vermag. Unter den gleichen Voraussetzungen sind die Kosten, welche durch die nach § 8 des gegenwärtigen Gesetzes oder nach § 14 des vorbezeichneten Reichsgesetzes vorgesehene Absonde-

rung in Krankenhäusern oder in anderen geeigneten Unterkunftsräumen entstehen, aus öffentlichen Mitteln zu bestreiten, wenn die abgesonderten Personen während der Dauer der Absonderung nicht in einer ihre Arbeitsfähigkeit beeinträchtigenden Weise erkranken. Wegen der Anfechtung der hierüber ergangenen Entscheidung findet die Vorschrift des § 15 Abs. 2 Anwendung.

[§ 26 Abs. 2,

§§ 27, 28

enthalten Einzelheiten über die Kostenverteilung zwischen Gemeinde (Gutsbezirk), Kreis und Staat.]

[Pflichten der Gemeinden]

§ 29.

(1) Die Gemeinden sind verpflichtet, diejenigen Einrichtungen, welche zur Bekämpfung der übertragbaren (§ 1 Abs. 1) Krankheiten notwendig sind, zu treffen und für deren ordnungsmäßige Unterhaltung zu sorgen.

(2) Die Kreise sind befugt, diese Einrichtungen an Stelle der Gemeinden zu treffen und zu unterhalten.

[Anordnungen gemäß § 29]

§ 30.

(1) Die Anordnung zur Beschaffung der im § 29 bezeichneten Einrichtungen erläßt die Kommunalaufsichtsbehörde.

(2) Gegen die Anordnung findet innerhalb zwei Wochen die Beschwerde und zwar bei Landgemeinden an den Kreisausschuß, in den Hohenzollernschen Landen an den Amtsausschuß, bei Stadtgemeinden an den Bezirksausschuß und mit Ausnahme der Hohenzollernschen Lande in weiterer Instanz an den Provinzialrat statt. Wird die Beschwerde auf die Behauptung mangelnder Leistungsfähigkeit zur Ausführung der Anordnung gestützt, so ist auch über die Höhe der von der Gemeinde zu gewährenden Leistung zu beschließen. Gegen die Entscheidung des Provinzialrats, in den Hohenzollernschen Landen gegen die Entscheidung des Bezirksausschusses, steht den Parteien die Klage im Verwaltungsstreitverfahren innerhalb derselben Frist beim Oberverwaltungsgericht zu. Auf diese Klage findet die Vorschrift des § 127 Abs. 3 des Gesetzes über die allgemeine Landesverwaltung vom 30. Juli 1883 entsprechende Anwendung. Sofern die Provinz an den Kosten teilzunehmen hat, steht die Beschwerde beziehungsweise Klage auch der Provinzialverwaltung zu.

[Kostenanteil v. Provinz u. Staat]

§ 31.

Reicht die im Beschlußverfahren festgesetzte Leistung der Gemeinde nicht zur Ausführung der angeordneten Einrichtung aus, so trägt, sofern die Kommunalaufsichtsbehörde ihre Anordnung aufrechthält, die Provinz die Mehrkosten. Die Hälfte derselben ist vom Staate zu erstatten.

[Ersatzvornahme in dring. Fällen] § 32.

(1) Bei dringender Gefahr im Verzuge kann die Kommunalaufsichtsbehörde nach Anhörung der Kommunalbehörde die Anordnung zur Durchführung bringen, bevor das Verfahren nach § 30 eingeleitet oder zum Abschlusse gebracht ist.

(2) Die Kosten der Einrichtung trägt in diesem Falle der Staat, sofern die Anordnung der Kommunalaufsichtsbehörde aufgehoben wird.

(3) Reicht die im Beschlußverfahren festgesetzte Leistung zur Deckung der Kosten nicht aus, so greift die Bestimmung des § 31 Platz.

[Kosten landespolizeil. Maßn.] § 33.

Unberührt bleibt die Verpflichtung des Staates, diejenigen Kosten zu tragen, welche durch landespolizeiliche Maßnahmen zur Bekämpfung übertragbarer Krankheiten entstehen.

Siebenter Abschnitt. **Strafvorschriften.**

§§ 34—36.

[Die Strafvorschriften entsprechen im wesentlichen denen des Reichsgesetzes.]

Achter Abschnitt. **Schlußbestimmungen.**

§§ 37, 38.

[Übergangsvorschriften, Inkrafttreten.]

---

40. Gesetz zur Bekämpfung der Geschlechtskrankheiten.

Vom 18. Februar 1927 (RGBl. I S. 61).

[Das Gesetz hat in erster Linie gesundheitspolizeilichen Charakter und bringt als solches neue, sehr weitgehende Befugnisse zur Bekämpfung der drei von ihm erfaßten Seuchen; es ändert in den §§ 16 und 17 aber auch die rechtlichen Grundlagen der Sittenpolizei sehr weitgehend.]

[Die drei Geschlechtskrankheiten] **§ 1.**

Geschlechtskrankheiten im Sinne dieses Gesetzes sind Syphilis, Tripper und Schanker ohne Rücksicht darauf, an welchen Körperteilen die Krankheitserscheinungen auftreten.

[Behandlungspflicht] **§ 2.**

(1) Wer an einer mit Ansteckungsgefahr verbundenen Geschlechtskrankheit leidet und dies weiß oder den Umständen nach annehmen muß, hat die Pflicht, sich von einem für das Deutsche Reich approbierten Arzte behandeln zu lassen. Eltern, Vormünder und sonstige Erziehungsberechtigte sind verpflichtet, für die ärztliche Behandlung ihrer geschlechtskranken Pflegebefohlenen zu sorgen.

(2) Durch Ausführungsbestimmungen ist dafür Sorge zu tragen, daß die Behandlung der Minderbemittelten, die keinen Anspruch auf anderweitige ärztliche Behandlung haben oder denen die Behandlung auf Grund einer Versicherung wirtschaftliche Nachteile bringen könnte, aus öffentlichen Mitteln sichergestellt wird.

[Zusammenwirkende Behörden] **§ 3.**

Die Durchführung der aus diesem Gesetz erwachsenden gesundheitlichen Aufgaben ist Gesundheitsbehörden zu übertragen, die sich mit den Beratungsstellen für Geschlechtskranke, den Pflegeämtern und den sonstigen Einrichtungen der sozialen Fürsorge möglichst im Einvernehmen zu halten haben. Die Beamten der Ordnungs- und Wohlfahrtspolizei haben die Durchführung der gesundheitlichen und sozialfürsorgerischen Aufgaben, insbesondere das Eingreifen der Fürsorgestellen Minderjährigen gegenüber, in jeder Weise zu unterstützen.

[Untersuchungspflicht. Zwangsheil.] **§ 4.**

(1) Die zuständige Gesundheitsbehörde kann Personen, die dringend verdächtig sind, geschlechtskrank zu sein und die Geschlechtskrankheit weiterzuverbreiten, anhalten, ein ärztliches Zeugnis, nur in begründeten Ausnahmefällen ein von einem durch die zuständige Gesundheitsbehörde benannten Arzte ausgestelltes Zeugnis über ihren Gesundheitszustand vorzulegen oder sich der Untersuchung durch einen solchen Arzt zu unterziehen. Auf Antrag des untersuchenden Arztes können solche Personen angehalten werden, wiederholt derartige Gesundheitszeugnisse beizubringen.

(2) P e r s o n e n, die geschlechtskrank und verdächtig sind, die Geschlechtskrankheit weiterzuverbreiten, k ö n n e n e i n e m

Heilverfahren unterworfen, auch in ein Krankenhaus verbracht werden, wenn dies zur Verhütung der Ausbreitung der Krankheit erforderlich erscheint.

(3) Anzeigen, deren Urheber nicht erkennbar sind, dürfen nicht beachtet werden. Personen, die mit Namensnennung andere einer Geschlechtskrankheit bezichtigen, sind zunächst mündlich zu vernehmen und die Anzeigen erst dann weiter zu verfolgen, wenn die Vernehmung ergeben hat, daß ein ausreichender Anhalt für die Richtigkeit der behaupteten Tatsachen vorhanden ist.

(4) Soweit andere Mittel zur Durchführung der in Abs. 1, 2 vorgesehenen Maßnahmen nicht ausreichen, ist **die Anwendung unmittelbaren Zwanges zulässig**. Ärztliche Eingriffe, die mit einer ernsten Gefahr für Leben oder Gesundheit verbunden sind, dürfen nur mit Einwilligung des Kranken vorgenommen werden. Die Reichsregierung bestimmt, welche ärztlichen Eingriffe insbesondere hierunter fallen.

[Strafbarkeit des Beischlafs] **§ 5.**

(1) Wer den Beischlaf ausübt, obwohl er an einer mit Ansteckungsgefahr verbundenen Geschlechtskrankheit leidet und dies weiß oder den Umständen nach annehmen muß, wird mit Gefängnis bis zu drei Jahren bestraft, sofern nicht nach den Vorschriften des Strafgesetzbuchs eine härtere Strafe verwirkt ist.

(2) Die Verfolgung tritt nur auf Antrag ein. Ist der Täter ein Angehöriger des Antragstellers, so ist die Zurücknahme des Antrags zulässig.

(3) Die Strafverfolgung verjährt in sechs Monaten.

[Strafbarkeit der Heirat] **§ 6.**

(1) Wer weiß oder den Umständen nach annehmen muß, daß er an einer mit Ansteckungsgefahr verbundenen Geschlechtskrankheit leidet und trotzdem eine Ehe eingeht, ohne dem anderen Teile vor Eingehung der Ehe über seine Krankheit Mitteilung gemacht zu haben, wird mit Gefängnis bis zu drei Jahren bestraft.

(2) Die Verfolgung tritt nur auf Antrag ein. Die Zurücknahme des Antrags ist zulässig.

(3) Die Strafverfolgung verjährt in sechs Monaten.

[Behandl. nur durch approb. Ärzte] **§ 7.**

(1) Die Behandlung von Geschlechtskrankheiten und Krankheiten oder Leiden der Geschlechtsorgane ist nur den für das Deutsche Reich approbierten Ärzten gestattet. Verboten ist, solche Krankheiten anders als auf Grund eigener Wahrnehmung

zu behandeln (Fernbehandlung) oder in Vorträgen, Schriften, Abbildungen oder Darstellungen Ratschläge für die Selbstbehandlung zu erteilen.

(2) Wer einen anderen einem der im Abs. 1 enthaltenen Verbote zuwider behandelt oder sich zu einer solchen Behandlung öffentlich oder durch Verbreitung von Schriften, Abbildungen oder Darstellungen, wenn auch in verschleiernder Weise, erbietet, wird mit Gefängnis bis zu einem Jahre und mit Geldstrafe oder mit einer dieser Strafen bestraft.

(3) Gleiche Strafe trifft den Arzt, der sich zur Behandlung der im Abs. 1 bezeichneten Krankheiten in unlauterer Weise erbietet.

[Belehrung durch den Arzt] **§ 8.**

(1) Wer eine geschlechtskranke Person ärztlich untersucht oder behandelt, soll sie über die Art der Krankheit und über die Ansteckungsgefahr sowie über die Strafbarkeit der in §§ 5, 6 bezeichneten Handlungen belehren und ihr hierbei ein amtlich genehmigtes Merkblatt aushändigen.

(2) Fehlt dem Kranken die zur Erkenntnis der Ansteckungsgefahr erforderliche Einsicht, so soll die Belehrung und die Aushändigung des Merkblatts an denjenigen erfolgen, der für das persönliche Wohl des Kranken zu sorgen hat.

[Anzeigepflicht des Arztes] **§ 9.**

(1) Wer eine Person, die an einer mit Ansteckungsgefahr verbundenen Geschlechtskrankheit leidet, ärztlich behandelt, hat der im § 4 bezeichneten Gesundheitsbehörde Anzeige zu erstatten, wenn der Kranke sich der ärztlichen Behandlung oder Beobachtung entzieht oder wenn er andere infolge seines Berufs oder seiner persönlichen Verhältnisse besonders gefährdet.

(2) Die oberste Landesbehörde kann bestimmen, daß die Anzeige anstatt der Gesundheitsbehörde einer Beratungsstelle für Geschlechtskranke zu erstatten ist. Kommt der Kranke den Anweisungen der Beratungsstelle nicht nach, so hat diese der Gesundheitsbehörde Kenntnis zu geben.

[Geheimhaltungspflicht] **§ 10.**

(1) Wer als Beamter oder Angestellter einer Gesundheitsbehörde oder einer Beratungsstelle unbefugt offenbart, was ihm über Geschlechtskrankheiten eines andern oder ihre Ursache oder über die sonstigen persönlichen Verhältnisse der Beteiligten dienstlich bekannt geworden ist, wird mit Geldstrafe oder mit Gefängnis bis zu einem Jahre bestraft.

(2) Die Verfolgung tritt nur auf Antrag ein. Den Antrag kann auch die Gesundheitsbehörde stellen.

(3) Die Offenbarung ist nicht unbefugt, wenn sie von einem in der Gesundheitsbehörde oder in einer Beratungsstelle tätigen Arzte oder mit Zustimmung eines solchen Arztes an eine Behörde oder an eine Person gemacht wird, die ein berechtigtes gesundheitliches Interesse daran hat, über die Geschlechtskrankheit des andern unterrichtet zu werden.

[Verbot der Kurpfuscherreklame] **§ 11.**

(1) Wer zum Zwecke der Heilung oder Linderung von Geschlechtskrankheiten Mittel, Gegenstände oder Verfahren öffentlich oder durch Verbreitung von Schriften, Abbildungen oder Darstellungen, wenn auch in verschleiernder Weise, ankündigt oder anpreist oder solche Mittel oder Gegenstände an einem allgemein zugänglichen Orte ausstellt, wird mit Gefängnis bis zu sechs Monaten und mit Geldstrafe oder mit einer dieser Strafen bestraft.

(2) Straflos ist, soweit nicht anderweitige reichs- oder landesrechtliche Vorschriften entgegenstehen, die Ankündigung oder Anpreisung dieser Mittel oder Gegenstände an Ärzte oder Apotheker oder an Personen, die mit solchen Mitteln oder Gegenständen erlaubterweise Handel treiben, oder in wissenschaftlichen, ärztlichen oder pharmazeutischen Fachzeitschriften.

[Aufklärungsvorträge] **§ 12.**

Vorträge, Schriften, Abbildungen und Darstellungen, die nur der Aufklärung über die Geschlechtskrankheiten, insbesondere über ihre Erscheinungsformen, dienen, sind straflos, soweit sie nicht unter die Strafbestimmungen des § 7 fallen.

[Kontrolle der Verhütungsmittel] **§ 13.**

(1) Die Reichsregierung kann das Inverkehrbringen von Mitteln oder Gegenständen, die zur Verhütung von Geschlechtskrankheiten dienen sollen, von dem Ergebnis einer amtlichen Prüfung abhängig machen und das Inverkehrbringen hierfür nicht geeigneter Gegenstände verbieten. Sie kann auch Vorschriften über das Ausstellen, Ankündigen oder Anpreisen der hiernach zugelassenen Mittel oder Gegenstände treffen.

(2) Wer Mittel oder Gegenstände, die auf Grund des Abs. 1 Satz 1 vom Verkehr ausgeschlossen sind, in Verkehr bringt, wird mit Gefängnis bis zu sechs Monaten und mit Geldstrafe oder mit einer dieser Strafen bestraft. Ebenso wird bestraft, wer einer nach Abs. 1 Satz 2 getroffenen Vorschrift zuwiderhandelt.

[Strafbare Sorglosigkeiten bei Stillen von Kindern]

§ 14.

(1) Mit Gefängnis bis zu einem Jahre und mit Geldstrafe oder mit einer dieser Strafen wird bestraft, sofern nicht nach den Vorschriften des Strafgesetzbuchs eine härtere Strafe verwirkt ist,

1. eine weibliche Person, die ein fremdes Kind stillt, obwohl sie an einer Geschlechtskrankheit leidet und dies weiß oder den Umständen nach annehmen muß;
2. wer ein syphilitisches Kind, für dessen Pflege er zu sorgen hat, von einer anderen Person als der Mutter stillen läßt, obwohl er die Krankheit des Kindes kennt oder den Umständen nach kennen muß;
3. wer ein sonst geschlechtskrankes Kind, für dessen Pflege er zu sorgen hat, von einer anderen Person als der Mutter, ohne sie vorher über die Krankheit und die gebotenen Vorsichtsmaßnahmen durch einen Arzt mündlich unterweisen zu lassen, stillen läßt, obwohl er die Krankheit des Kindes kennt oder den Umständen nach kennen muß;
4. wer ein geschlechtskrankes Kind, obwohl er die Krankheit kennt oder den Umständen nach kennen muß, in Pflege gibt, ohne den Pflegeeltern von der Krankheit des Kindes Mitteilung zu machen.

(2) Straflos ist das Stillen oder Stillenlassen eines syphilitischen Kindes durch eine weibliche Person, die selbst an Syphilis leidet.

[desgl. bei Verwendg. v. Ammen]

§ 15.

(1) Mit Geldstrafe bis zu einhundertfünfzig Reichsmark oder mit Haft wird bestraft:

1. eine Amme, die ein fremdes Kind stillt, ohne im Besitz eines unmittelbar vor Antritt der Stellung ausgestellten ärztlichen Zeugnisses darüber zu sein, daß an ihr keine Geschlechtskrankheit nachweisbar ist;
2. wer zum Stillen eines Kindes eine Amme in Dienst nimmt, ohne sich davon überzeugt zu haben, daß sie im Besitze des in Nr. 1 bezeichneten Zeugnisses ist;
3. wer, abgesehen von Notfällen, ein Kind, für dessen Pflege er zu sorgen hat, von einer anderen Person als der Mutter stillen läßt, ohne vorher im Besitz eines ärztlichen Zeugnisses darüber zu sein, daß eine gesundheitliche Gefahr für die Stillende nicht besteht.

(2) Die Vorschriften des Abs. 1 finden im Falle des § 14 Abs. 2 keine Anwendung.

§ 16.

Das **Strafgesetzbuch** wird abgeändert wie folgt:

I. § 180 erhält folgenden zweiten und dritten Absatz:

Als **Kuppelei** gilt insbesondere die Unterhaltung eines Bordells oder eines bordellartigen Betriebs.

Wer einer Person, die das achtzehnte Lebensjahr vollendet hat, Wohnung gewährt, wird auf Grund des Abs. 1 nur dann bestraft, wenn damit ein Ausbeuten der Person, der die Wohnung gewährt ist, oder ein Anwerben oder ein Anhalten dieser Person zur Unzucht verbunden ist.

II. Im **§ 184** wird hinter **Nr. 3** folgende Vorschrift eingefügt:

3a) wer in einer Sitte oder Anstand verletzenden Weise Mittel, Gegenstände oder Verfahren, die zur Verhütung von Geschlechtskrankheiten dienen, öffentlich ankündigt, anpreist oder solche Mittel oder Gegenstände an einem dem Publikum zugänglichen Orte ausstellt.

III. **§ 361 Nr. 6** erhält folgende Fassung:

wer öffentlich in einer Sitte oder Anstand verletzenden oder andere belästigenden Weise zur Unzucht auffordert oder sich dazu anbietet;

IV. Im **§ 361** wird hinter **Nr. 6** eingefügt:

6a) wer gewohnheitsmäßig zum Zwecke des Erwerbes in der Nähe von Kirchen oder in der Nähe von Schulen oder anderen zum Besuche durch Kinder oder Jugendliche bestimmten Örtlichkeiten oder in einer Wohnung, in der Kinder oder jugendliche Personen zwischen drei und achtzehn Jahren wohnen, oder in einer Gemeinde mit weniger als fünfzehntausend Einwohnern, für welche die oberste Landesbehörde zum Schutze der Jugend oder des öffentlichen Anstandes eine entsprechende Anordnung getroffen hat, der Unzucht nachgeht.

V. Im § 362 Abs. 3 Satz 2 werden die Worte „Im Falle des § 361 Nr. 6" durch die Worte „In den Fällen des § 361 Nr. 6, 6a" ersetzt.

[Keine Kasernierungen] § 17.

Wohnungsbeschränkungen auf bestimmte Straßen oder Häuserblocks zum Zwecke der Ausübung der gewerbsmäßigen Unzucht (Kasernierungen) sind verboten.

[Durchführungsvorschriften] § 18.

Die zur Durchführung dieses Gesetzes, insbesondere für das Zusammenwirken der Behörden mit den Einrichtungen der sozialen Fürsorge notwendigen Vorschriften werden von der obersten Landesbehörde erlassen. Die Aufbringung der entstehenden Kosten regelt sich nach Landesrecht.

[Inkrafttreten] **§ 19.**

(1) Dieses Gesetz tritt am 1. Oktober 1927 in Kraft.

(2) Mit dem gleichen Tage treten die Verordnung zur Bekämpfung der Geschlechtskrankheiten vom 11. Dezember 1918 und die Verordnung über Fürsorge für geschlechtskranke Heeresangehörige vom 17. Dezember 1918 (Reichsgesetzbl. S. 1431, 1433) außer Kraft.

---

41. Reichs-Viehseuchengesetz.

Vom 26. Juni 1909 (RGBl. S. 519),

mit Änderungen (zu §§ 1 und 81) durch G. v. 18. Juli 1928 (RGBl. I S. 289).

(Auszug.)

[Das Gesetz schafft die Grundlage für weitgehende Maßnahmen nicht nur zur Bekämpfung schon ausgebrochener Seuchen, sondern auch für solche vorbeugender Art (§§ 17 ff.); von allgemeiner verwaltungsrechtlicher Bedeutung sind seine Entschädigungsvorschriften (§§ 66 ff.)]

[Grundbegriffe] **§ 1.**

(1) Das nachstehende Gesetz regelt das Verfahren zur Bekämpfung übertragbarer Viehseuchen, mit Ausnahme der Rinderpest[1]).

(2) Vieh im Sinne dieses Gesetzes sind alle nutzbaren Haustiere einschließlich der Hunde, der Katzen und des Geflügels sowie der Bienen.

(3) Schlachtvieh im Sinne dieses Gesetzes ist Vieh, von dem anzunehmen ist, daß es behufs Verwendung des Fleisches zum Genusse für Menschen alsbald geschlachtet werden soll.

(4) Als verdächtige Tiere gelten im Sinne dieses Gesetzes:

Tiere, an denen sich Erscheinungen zeigen, die den Ausbruch einer übertragbaren Seuche befürchten lassen (der Seuche verdächtige Tiere);

Tiere, an denen sich solche Erscheinungen zwar nicht zeigen, rücksichtlich deren jedoch die Vermutung vorliegt, daß sie den Ansteckungsstoff aufgenommen haben (der Ansteckung verdächtige Tiere).

---

[1]) Dieser gilt ein besonderes Gesetz (vom 7. April 1869) — hier nicht abgedruckt.

[Zuständigkeit der Länder] **§ 2.**

(1) Die Anordnung und die Durchführung der Bekämpfungsmaßregeln liegen den Landesregierungen und deren Organen ob.

(2) Die Mitwirkung der Tierärzte, die vom Staate angestellt sind oder deren Anstellung vom Staate bestätigt ist (beamtete Tierärzte), richtet sich nach den Vorschriften dieses Gesetzes. An Stelle der beamteten Tierärzte können im Falle ihrer Behinderung oder aus sonstigen Gründen andere approbierte Tierärzte zugezogen werden. Diese sind innerhalb des ihnen erteilten Auftrags befugt und verpflichtet, alle Amtsverrichtungen wahrzunehmen, die in diesem Gesetze den beamteten Tierärzten übertragen sind.

(3) Die näheren Bestimmungen über das Verfahren, über die Form, von deren Beobachtung die Gültigkeit der auf Grund dieses Gesetzes zu erlassenden Anordnungen abhängt, über die Zuständigkeit der Behörden und Beamten und über die Bestreitung der durch das Verfahren entstehenden Kosten sind von den Einzelstaaten mit der Maßgabe zu treffen, daß gegen die Anordnungen der Polizeibehörden zur Bekämpfung der Viehseuchen im Inlande (§§ 9 ff.) ein Beschwerdeverfahren zuzulassen ist.

[Militär-, Staatsverwaltung usw.] **§ 3.**

(1) Rücksichtlich der eigenen Viehbestände der Militärverwaltung, in den Remontedepots nur rücksichtlich der eigenen Pferdebestände, bleiben die Maßregeln zur Ermittlung und Unterdrückung von Seuchen, soweit davon nur das Eigentum dieser Verwaltung betroffen wird, den Militärbehörden überlassen.

(2) Die gleichen Befugnisse haben das [Kaiserliche] Reichsgesundheitsamt und diejenigen zur wissenschaftlichen Erforschung übertragbarer Krankheiten bestimmten staatlichen Anstalten, bei denen ein Tierarzt angestellt ist, rücksichtlich aller eigenen Viehbestände.

(3) Ferner können

1. den Vorständen der [landesherrlichen und] Staatsgestüte,
2. den Vorständen der tierärztlichen Lehranstalten und der zu diesen gehörigen Institute,
3. mit Zustimmung des Reichskanzlers[1]) den Vorständen anderer Anstalten von ähnlicher Art wie die im Abs. 2 und im Abs. 3 Nr. 2 bezeichneten

von den Landesregierungen die gleichen Befugnisse rücksichtlich aller dort aufgestellten Viehbestände übertragen werden.

---

[1]) Reichsministers des Innern, RV. Art. 179.

(4) In den Fällen der Abs. 1 bis 3 finden die ferneren Bestimmungen dieses Gesetzes sinngemäße Anwendung, in den Fällen des Abs. 2 und des Abs. 3 Nr. 2, 3 jedoch nur mit den Einschränkungen, die sich aus dem Zwecke der wissenschaftlichen Arbeiten ergeben.

(5) Die Militärbehörden haben die Polizeibehörden der Stand-, Unterkunfts- und Marschorte von dem Auftreten eines Seuchenverdachts und von dem Ausbruch einer Seuche, sowie bei Seuchenausbrüchen in nicht kasernenmäßig untergebrachten Viehbeständen auch von den getroffenen Schutzmaßregeln sofort zu benachrichtigen und von dem Verlaufe sowie dem Erlöschen der Seuche in Kenntnis zu setzen.

(6) Die Pflicht der Benachrichtigung der Polizeibehörden vom Verdacht, Ausbruch, Verlauf und Erlöschen einer Seuche liegt auch den im Abs. 2 genannten Anstalten und den nach Abs. 3 mit selbständigen Befugnissen versehenen Vorständen ob, falls die Seuche oder der Seuchenverdacht nicht das Ergebnis wissenschaftlicher Versuche ist, die zu den Aufgaben der Anstalten und Institute gehören.

[Außerordentl. Reichsbefugnisse] § 4.

(1) Dem Reichskanzler[1]) liegt ob, die Ausführung dieses Gesetzes und der auf Grund desselben erlassenen Anordnungen zu überwachen.

(2) Tritt die Seuche in einem für den inländischen Viehbestand bedrohlichen Umfang im Ausland auf, so hat der Reichskanzler[1]) die Regierungen der beteiligten Bundesstaaten zur Anordnung und einheitlichen Durchführung der nach Maßgabe dieses Gesetzes erforderlichen Abwehrmaßregeln zu veranlassen.

(3) Tritt die Seuche in einer solchen Gegend des Reichsgebiets oder in einer solchen Ausdehnung auf, daß von den zu ergreifenden Maßregeln notwendig die Gebiete mehrerer Bundesstaaten betroffen werden müssen, so hat der Reichskanzler[1]) oder ein von ihm bestellter Reichskommissar für Herstellung und Erhaltung der Einheit in den seitens der Landesbehörden zu treffenden oder getroffenen Maßregeln zu sorgen und zu diesem Behufe das Erforderliche anzuordnen, nötigenfalls auch die Behörden der beteiligten Bundesstaaten unmittelbar mit Weisungen zu versehen.

[Verwaltungshilfe] § 5.

Die **Behörden der Bundesstaaten** sind verpflichtet, sich bei der Bekämpfung der Viehseuchen gegenseitig zu unterstützen.

---

[1]) S. Anm. 1 zu § 3.

I. Abwehr der Einschleppung aus dem Auslande.

[Einfuhrverbot] **§ 6.**

Die Einfuhr von Tieren, die an einer übertragbaren Seuche leiden, und von verdächtigen Tieren (§ 1 Abs. 4) sowie von Erzeugnissen solcher Tiere ist verboten. Dasselbe gilt für die Kadaver und Teile von Tieren, die an einer übertragbaren Seuche gefallen sind oder zur Zeit des Todes an einer solchen gelitten haben oder seuchenverdächtig gewesen sind, endlich für Gegenstände jeder Art, von denen nach den Umständen des Falles anzunehmen ist, daß sie Träger des Ansteckungsstoffs sind.

[Weitergehende Beschränkungen] **§ 7.**

(1) Zum Schutze gegen die Gefahr der Einschleppung von übertragbaren Seuchen der Haustiere aus dem Auslande kann die Einfuhr lebender oder toter Tiere, tierischer Erzeugnisse oder Rohstoffe sowie von Gegenständen, die Träger des Ansteckungsstoffs sein können, allgemein oder für bestimmte Grenzstrecken verboten oder beschränkt werden.

(2) Zu demselben Zwecke kann der Verkehr mit Tieren im Grenzbezirke solchen Bestimmungen unterworfen werden, die geeignet sind, im Falle der Einschleppung einer Weiterverbreitung der Seuche vorzubeugen. Die Bestimmungen sind, soweit erforderlich, auch auf tierische Erzeugnisse und Rohstoffe sowie auf solche Gegenstände auszudehnen, die Träger von Ansteckungsstoffen sein können. Auch kann für die Grenzbezirke eine Revision des vorhandenen Viehbestandes und eine regelmäßige Kontrolle über den Ab- und Zugang von Vieh angeordnet werden.

(3) Die nach Abs. 2 zulässigen Bestimmungen können nur getroffen werden, wenn und solange gegenüber dem angrenzenden Ausland Einfuhrverbote oder Beschränkungen gemäß Abs. 1 angeordnet sind.

[Bekanntmachung von Verboten] **§ 8.**

(1) Von dem Erlasse, der Aufhebung oder Veränderung einer der im § 7 bezeichneten Anordnungen ist unverzüglich dem Reichskanzler[1]) Mitteilung zu machen.

(2) Die verfügten Verbote und Beschränkungen sind ohne Verzug öffentlich bekanntzumachen.

---

[1]) S. Anm. 1 zu § 3.

II. Bekämpfung von Viehseuchen im Inlande.

1. Allgemeine Vorschriften.

a) Anzeigepflicht.

[Verpflichtete Personen] **§ 9.**

(1) Bricht eine Seuche aus, auf die sich die Anzeigepflicht erstreckt (§ 10), oder zeigen sich Erscheinungen, die den Ausbruch einer solchen Seuche befürchten lassen, so hat der Besitzer des betroffenen Viehes unverzüglich der Polizeibehörde oder einer anderen von der Landesregierung zu bezeichnenden Stelle Anzeige zu machen, auch die kranken und verdächtigen Tiere von Orten, an denen die Gefahr der Ansteckung fremder Tiere besteht, fernzuhalten.

(2) Die gleichen Pflichten hat, wer in Vertretung des Besitzers der Wirtschaft vorsteht, wer mit der Aufsicht über Vieh an Stelle des Besitzers beauftragt ist, wer als Hirt, Schäfer, Schweizer, Senne entweder Vieh von mehreren Besitzern oder solches Vieh eines Besitzers, das sich seit mehr als vierundzwanzig Stunden außerhalb der Feldmark des Wirtschaftsbetriebs des Besitzers befindet, in Obhut hat, ferner für die auf dem Transporte befindlichen Tiere deren Begleiter und für die in fremdem Gewahrsam befindlichen Tiere der Besitzer der betreffenden Gehöfte, Stallungen, Koppeln oder Weideflächen.

(3) Zur unverzüglichen Anzeige sind auch die Tierärzte und alle Personen verpflichtet, die sich mit der Ausübung der Tierheilkunde oder gewerbsmäßig mit der Kastration von Tieren beschäftigen, ingleichen die Fleischbeschauer einschließlich der Trichinenschauer, ferner die Personen, die das Schlächtergewerbe betreiben, sowie solche, die sich gewerbsmäßig mit der Bearbeitung, Verwertung oder Beseitigung geschlachteter, getöteter oder verendeter Tiere oder tierischer Bestandteile beschäftigen, wenn sie, bevor ein polizeiliches Einschreiten stattgefunden hat, von dem Ausbruch einer der Anzeigepflicht unterliegenden Seuche (§ 10) oder von Erscheinungen, die den Ausbruch einer solchen Seuche befürchten lassen, Kenntnis erhalten.

[Betroffene Seuchen] **§ 10.**

(1) Seuchen, auf die sich die Anzeigepflicht erstreckt, sind:

1. Milzbrand, Rauschbrand, Wild- und Rinderseuche; 2. Tollwut; 3. Rotz; 4. Maul- und Klauenseuche; 5. Lungenseuche des Rindviehs; 6. Pockenseuche der Schafe; 7. Beschälseuche der Pferde, Bläschenausschlag der Pferde und des Rindviehs; 8. Räude der Einhufer und der Schafe; 9. Schweineseuche, sofern sie mit erheblichen Störungen des Allgemein-

31*

befindens der erkrankten Tiere verbunden ist, und Schweinepest; 10. Rotlauf der Schweine einschließlich des Nesselfiebers (Backsteinblattern); 11. Geflügelcholera und Hühnerpest; 12. äußerlich erkennbare Tuberkulose des Rindviehs, sofern sie sich in der Lunge in vorgeschrittenem Zustande befindet oder Euter, Gebärmutter oder Darm ergriffen hat.

(2) Der Reichskanzler[1]) ist befugt, die Anzeigepflicht auch für andere Seuchen einzuführen und für einzelne Seuchen widerruflich aufzuheben.

b) Ermittlung der Seuchenausbrüche.

[Aufgaben d. beamteten Tierarztes] **§ 11.**

(1) Ist eine Anzeige erfolgt (§§ 9, 10) oder der Ausbruch einer Seuche oder der Verdacht eines Seuchenausbruchs sonst zur Kenntnis der Polizeibehörde gelangt, so hat diese sofort den beamteten Tierarzt zuzuziehen (vgl. jedoch § 14) und inzwischen dafür zu sorgen, daß die kranken und, abgesehen von der Tuberkulose (§ 10 Abs. 1 Nr. 12), auch die verdächtigen Tiere mit Tieren aus anderen Ställen nicht in Berührung kommen. Der beamtete Tierarzt hat die Art, den Stand und die Ursachen der Krankheit zu ermitteln und sein Gutachten darüber abzugeben, ob durch den Befund der Ausbruch der Seuche festgestellt oder der Verdacht eines Seuchenausbruchs begründet ist und welche besonderen Maßregeln zur Bekämpfung der Seuche erforderlich erscheinen.

(2) In eiligen Fällen kann der beamtete Tierarzt schon vor polizeilichem Einschreiten die sofortige vorläufige Einsperrung und Absonderung der erkrankten und verdächtigen Tiere, nötigenfalls auch deren Bewachung sowie nach Vorschrift der Landesregierungen sonstige dringliche Maßnahmen zur Verhütung der Weiterverbreitung der Seuche anordnen. Die getroffenen vorläufigen Anordnungen sind dem Besitzer der Tiere oder dessen Vertreter entweder zu Protokoll oder durch schriftliche Verfügung zu eröffnen, auch ist davon der Polizeibehörde unverzüglich Anzeige zu machen.

(3) Auf Ersuchen des beamteten Tierarztes hat der Vorsteher des Seuchenorts für die vorläufige Bewachung der erkrankten und verdächtigen Tiere sowie für die Durchführung der dringlichen Maßregeln zu sorgen.

[Tötung zu Diagnosezwecken] **§ 12.**

Wenn über den Ausbruch einer Seuche nach dem Gutachten des beamteten Tierarztes nur mittels Tötung und Zerlegung

---

[1]) S. Anm. 1 zu § 3.

eines verdächtigen Tieres oder nur mittels Impf- oder Blutprobe Gewißheit zu erlangen ist, so können diese Maßregeln von der Polizeibehörde angeordnet werden.

[Gutachtl. Erklärung d. Tierarztes] § 13.

Auf die gutachtliche Erklärung des beamteten Tierarztes, daß der Ausbruch der Seuche festgestellt sei, oder daß der begründete Verdacht eines Seuchenausbruchs vorliege, hat die Polizeibehörde die erforderlichen Schutzmaßregeln nach diesem Gesetz und den zu dessen Ausführung erlassenen Vorschriften (§ 79) zu treffen und wirksam durchzuführen.

[Selbständige Befugnis der Polizei] § 14.

(1) Ist der Ausbruch der Maul- und Klauenseuche, des Bläschenausschlags der Pferde oder des Rindviehs, des Rotlaufs der Schweine, der Geflügelcholera oder der Hühnerpest (§ 10 Abs. 1 Nr. 4, 7, 10, 11) durch das Gutachten des beamteten Tierarztes festgestellt, so kann die Polizeibehörde auf die Anzeige neuer Seuchenausbrüche in dem Seuchenorte selbst oder in unmittelbar angrenzenden Ortschaften sofort die erforderlichen Schutzmaßregeln anordnen, ohne daß es einer nochmaligen Zuziehung des beamteten Tierarztes bedarf. Dieser ist jedoch durch die Polizeibehörde von jedem weiteren Seuchenfalle zu benachrichtigen.

(2) Das gleiche kann für die Schweineseuche (§ 10 Abs. 1 Nr. 9) und für diejenigen Seuchen, auf die gemäß § 10 Abs. 2 die Anzeigepflicht ausgedehnt worden ist, von den Landesregierungen bestimmt werden.

[Zuziehung anderer Tierärzte] § 15.

(1) In allen Fällen, in denen dem beamteten Tierarzte die Feststellung des Krankheitszustandes eines verdächtigen Tieres obliegt, ist es dem Besitzer unbenommen, das Gutachten eines anderen approbierten Tierarztes einzuholen. Die Anordnung und die Ausführung der Schutzmaßregeln werden hierdurch nicht aufgehalten. Bei Ermittlung einer Seuche durch Zerlegung eines Tieres sind aber die für die Feststellung der Seuche erforderlichen Teile aufzubewahren, falls der Besitzer oder dessen Vertreter bei Mitteilung des amtstierärztlichen Befundes sofort erklärt, daß er das Gutachten eines anderen approbierten Tierarztes einzuholen beabsichtigt. Die Aufbewahrung hat unter sicherem Verschluß oder unter Überwachung auf Kosten des Besitzers so zu geschehen, daß eine Verschleppung von Krankheitskeimen nach Möglichkeit vermieden wird.

(2) Die vorgesetzte Behörde hat im Falle erheblicher Meinungsverschiedenheit zwischen dem beamteten Tierarzt und

dem von dem Besitzer zugezogenen approbierten Tierarzt über den Ausbruch oder Verdacht einer Seuche, oder wenn aus sonstigen Gründen erhebliche Zweifel über die Richtigkeit der Angaben des beamteten Tierarztes obwalten, sofort ein tierärztliches Obergutachten einzuziehen und dementsprechend das Verfahren zu regeln.

[Überwachung der Märkte] **§ 16.**

(1) Alle Viehmärkte sowie die Viehhöfe und Schlachthöfe einschließlich der öffentlichen Schlachthäuser sind durch beamtete Tierärzte zu beaufsichtigen.

(2) Jahr- und Wochenmärkte, auf denen Vieh nur in geringem Umfange gehandelt wird, können von den Landesregierungen ausnahmsweise von der Beaufsichtigung befreit werden.

(3) Die Beaufsichtigung kann auf die zu Handelszwecken oder zum öffentlichen Verkaufe zusammengebrachten Viehbestände, auf die zu Zuchtzwecken öffentlich aufgestellten männlichen Zuchttiere, auf öffentliche Tierschauen, auf die durch obrigkeitliche Anordnung veranlaßten Zusammenziehungen von Vieh, auf private Schlachthäuser und Gastställe, auf Ställe und Betriebe von Viehhändlern und Abdeckern sowie auf gewerbliche Viehmästereien ausgedehnt werden.

c) Schutzmaßregeln gegen Seuchengefahr.

[Allgemeine Maßnahmen] **§ 17.**

Zum Schutze gegen die ständige Gefährdung der Viehbestände durch Viehseuchen können folgende Maßnahmen angeordnet werden:

1. Amtstierärztliche oder tierärztliche Untersuchung von Vieh vor dem Verladen und vor oder nach dem Entladen im Eisenbahn- und Schiffsverkehre;
2. Verbot oder Beschränkung des Treibens von Vieh, das sich im Besitze von Viehhändlern befindet, auf öffentlichen Wegen und des Treibens von Vieh auf dem Wege zum oder vom Markte sowie Beschränkung des Treibens von Wanderherden;
3. Beibringung von Ursprungs- und Gesundheitszeugnissen für das im Besitze von Viehhändlern befindliche und für das auf Märkte oder öffentliche Tierschauen gebrachte Vieh;
4. Führung von Kontrollbüchern durch die Viehhändler und Kennzeichnung von Vieh;
5. Regelung der Einrichtung und des Betriebs von Molkereien, insbesondere für Sammelmolkereien das Verbot

der Abgabe oder der sonstigen Verwertung von Magermilch und anderen Milchrückständen, sofern nicht vorher eine Erhitzung bis zu einem bestimmten Wärmegrad und für eine bestimmte Zeitdauer stattgefunden hat;

6. Verbot des Umherziehens mit Zuchthengsten zum Decken von Stuten und Beschränkung des Handels mit Vieh, der ohne vorgängige Bestellung entweder außerhalb des Gemeindebezirkes der gewerblichen Niederlassung des Händlers oder ohne Begründung einer solchen stattfindet;
7. Überwachung der beim Bergwerks- oder Schiffahrtsbetrieb und der beim Gewerbebetrieb im Umherziehen benutzten Zugtiere;
8. Bezeichnung der Hunde durch Halsbänder mit Namen und Wohnort oder Wohnung des Besitzers;
9. Einführung von Deckregistern für Pferde und Rindvieh;
10. Herstellung von undurchlässigem Boden auf Viehladestellen für den öffentlichen Verkehr;
11. Reinigung und Desinfektion der zur Beförderung von Vieh, tierischen Erzeugnissen oder tierischen Rohstoffen dienenden Fahrzeuge mit Einschluß von Schiffen sowie der bei einer solchen Beförderung benutzten Behältnisse und Gerätschaften und der Ladeplätze;
12. Regelung der Einrichtung und des Betriebs von Viehausstellungen, Viehmärkten, Viehhöfen, Schlachthöfen und gewerblichen Schlachtstätten, insbesondere auch räumliche Trennung der Viehhöfe von den Schlachthöfen, Anlegung getrennter Zu- und Abfuhrwege für Viehmärkte, Viehhöfe und Schlachthöfe sowie Verbot des Abtriebs von Vieh von Schlachtviehmärkten zu anderen Zwecken als zur Schlachtung oder zum Auftrieb auf andere Schlachtviehmärkte;
13. Regelung der Einrichtung und des Betriebs von Gastställen und Ställen von Viehhändlern;
14. Regelung der Einrichtung und des Betriebs von Abdeckereien einschließlich der Anlagen zur gewerbsmäßigen Beseitigung oder Verarbeitung von Kadavern und tierischen Teilen;
15. Regelung der Beseitigung oder der Reinigung von Abwässern und Abfällen in Gerbereien, Fell- und Häutehandlungen;
16. Regelung des Verkehrs mit Viehseuchenerregern und ihrer Aufbewahrung sowie Bestimmung der Vorsichtsmaßregeln, die bei der Ausführung wissenschaftlicher Arbeiten mit solchen Erregern zu beobachten sind;

17. Regelung der Herstellung und Verwendung von Impfstoffen, die zum Schutze gegen Viehseuchen oder zu deren Heilung bestimmt sind;
18. Regelung des Gewerbebetriebs der Viehkastrierer.

[Besondere Maßnahmen]

§ 18.

Zum Schutze gegen eine besondere Seuchengefahr und für deren Dauer können unter Berücksichtigung der beteiligten Wirtschafts- und Verkehrsinteressen die nachstehenden Maßregeln (§§ 19 bis 30) angeordnet werden.

§ 19.

1. (1) Absonderung, Bewachung oder polizeiliche Beobachtung der an der Seuche erkrankten, der verdächtigen und der für die Seuche empfänglichen Tiere.

(2) Beschränkungen des Personenverkehrs innerhalb der Räumlichkeiten (Gehöft, Stall, Standort, Hofraum, Weidefläche, Viehausstellung, Marktplatz usw.), in denen sich derartige Tiere befinden, und auf öffentlichen Wegen.

(3) Für Räumlichkeiten, in denen sich nicht kranke oder verdächtige, sondern nur für die Seuche empfängliche Tiere befinden, und auf öffentlichen Wegen darf die Beschränkung des Personenverkehrs nur angeordnet werden, soweit sie in diesem Gesetz ausdrücklich vorgesehen ist.

(4) Der Besitzer eines der Absonderung oder polizeilichen Beobachtung unterworfenen Tieres ist verpflichtet, solche Einrichtungen zu treffen, daß das Tier für die Dauer der Absonderung oder Beobachtung die ihm bestimmte Räumlichkeit nicht verlassen kann und außer aller Berührung und Gemeinschaft mit anderen Tieren bleibt. Auch dürfen die Kadaver abgesonderter, bewachter oder polizeilich beobachteter Tiere nicht ohne polizeiliche Genehmigung geöffnet oder beseitigt werden.

§ 20.

2. (1) Beschränkungen der Benutzung, der Verwertung oder des Transports kranker oder verdächtiger Tiere, ihrer Kadaver, der von ihnen stammenden Erzeugnisse oder solcher Gegenstände, die mit kranken oder verdächtigen Tieren oder ihren Kadavern in Berührung gekommen oder sonst geeignet sind, die Seuche zu verschleppen.

(2) Beschränkungen des Transports und der Benutzung der für die Seuche empfänglichen und solcher Tiere, die geeignet sind, die Seuche zu verschleppen.

(3) Verbot oder Beschränkung des Handels mit Tieren, der ohne vorgängige Bestellung entweder außerhalb des Gemeindebezirkes der gewerblichen Niederlassung des Händlers oder ohne Begründung einer solchen stattfindet.

§ 21.

3. (1) Verbot des gemeinschaftlichen Weideganges von Tieren aus den Viehbeständen verschiedener Besitzer und der Benutzung bestimmter Weideflächen, ferner der gemeinschaftlichen Benutzung von Brunnen, Tränken und Schwemmen und des Verkehrs mit seuchenkranken oder verdächtigen Tieren auf öffentlichen oder gemeinschaftlichen Straßen und Triften.

(2) Verbot des freien Umherlaufens der Haustiere mit Ausnahme der Katzen und des Geflügels.

§ 22.

4. (1) Sperre des Stalles oder sonstigen Standorts seuchenkranker oder verdächtiger Tiere, des Gehöfts, des Ortes, der Weidefläche, der Feldmark oder eines ohne Rücksicht auf Feldmarkgrenzen bestimmten, tunlichst eng zu bemessenden Gebiets gegen den Verkehr mit Tieren und mit solchen Gegenständen, die Träger des Ansteckungsstoffs sein können.

(2) Die Sperre der Feldmark oder eines über die Feldmark hinausgehenden Gebiets darf erst dann verfügt werden, wenn der Ausbruch der Seuche durch das Gutachten des beamteten Tierarztes festgestellt ist und wenn die Seuche ihrer Beschaffenheit nach eine größere und allgemeinere Gefahr einschließt.

(3) Die Sperre kann auf einzelne Straßen oder Teile des Ortes oder der Feldmark beschränkt werden.

(4) Die Sperre eines Stalles oder sonstigen Standorts, eines Gehöfts oder einer Weidefläche verpflichtet den Besitzer, die zur wirksamen Durchführung der Sperre vorgeschriebenen Einrichtungen zu treffen.

§ 23.

5. Impfung der für die Seuche empfänglichen Tiere, tierärztliche Behandlung der erkrankten und der verdächtigen Tiere sowie Beschränkungen in der Befugnis zur Vornahme von Heilverfahren.

§ 24.

6. (1) Tötung der an der Seuche erkrankten oder verdächtigen Tiere.

(2) Die Tötung darf nur in den Fällen angeordnet werden, die in diesem Gesetz ausdrücklich vorgesehen sind.

(3) Die Vorschrift unverzüglicher Tötung der an einer Seuche erkrankten oder verdächtigen Tiere findet, wo sie in diesem Gesetz enthalten ist, keine Anwendung auf Tiere, die einer der Staatsaufsicht unterworfenen höheren Lehranstalt übergeben sind, um dort für deren Zwecke verwendet zu werden, ferner auf Tiere, die unter staatlicher Aufsicht für die Erforschung oder Bekämpfung von Seuchen benutzt werden.

§ 25.

7. Tötung von Tieren, die bestimmten Verkehrs- oder Nutzungsbeschränkungen oder der Absperrung unterworfen sind und in verbotswidriger Benutzung oder außerhalb der ihnen angewiesenen Räumlichkeit oder an Orten betroffen werden, zu denen der Zutritt verboten ist.

§ 26.

8. Unschädliche Beseitigung der Kadaver oder Kadaverteile (Fleisch, Häute, Blut, Eingeweide, Hörner, Klauen usw.), der Streu, des Düngers oder anderer Abfälle von kranken oder verdächtigen Tieren.

§ 27.

9. (1) Reinigung und Desinfektion der Ställe, Standorte, Ladestellen, Marktplätze und Wege, die von kranken oder verdächtigen oder von zusammengebrachten und für die Seuche empfänglichen Tieren benutzt sind.

(2) Reinigung und Desinfektion oder, falls diese Maßnahmen sich nicht wirksam durchführen lassen, unschädliche Beseitigung des Düngers, der Streu- und Futtervorräte, der Gerätschaften, Kleidungsstücke und sonstigen Gegenstände, die mit kranken oder verdächtigen Tieren in Berührung gekommen sind oder von denen sonst anzunehmen ist, daß sie Ansteckungsstoffe enthalten.

(3) Erforderlichenfalls auch Reinigung und Desinfektion von Tieren, die Träger des Ansteckungsstoffs sein können, und von Personen, die mit kranken oder verdächtigen Tieren in Berührung gekommen sind.

(4) Die Durchführung dieser Maßregeln erfolgt unter Beobachtung etwaiger Anordnungen des beamteten Tierarztes und unter polizeilicher Überwachung.

§ 28.

10. Einstellung oder Beschränkung der Viehmärkte, der Jahr- und Wochenmärkte, der Körungen, Viehversteigerungen und öffentlichen Tierschauen. Viehversteigerungen auf dem eigenen nicht gesperrten Gehöfte des Besitzers können nur dann verboten werden, wenn Tiere zum Verkaufe kommen, die sich weniger als drei Monate im Besitze des Versteigerers befinden.

§ 29.

11. Amtstierärztliche oder tierärztliche Untersuchung der am Seuchenort oder in dessen Umgegend vorhandenen, für die Seuche empfänglichen Tiere.

§ 30.

12. Öffentliche Bekanntmachung des Ausbruchs der Seuche. Ist diese Bekanntmachung erfolgt, so muß auch das Erlöschen der Seuche unverzüglich öffentlich bekanntgemacht werden.

2. Besondere Vorschriften für einzelne Seuchen.

§ 31.

Bei den nachbenannten Seuchen greifen folgende besonderen Vorschriften mit der Maßgabe Platz, daß außerdem alle nach den sonstigen Vorschriften dieses Gesetzes zulässigen Maßregeln angeordnet werden können.

§§ 32—61.

[Enthalten diese besonderen Vorschriften für Milzbrand, Tollwut, Rotz, Maul- und Klauenseuche usw.]

3. Besondere Vorschriften für Viehhöfe und Schlachthöfe einschließlich öffentlicher Schlachthäuser.

[Allgemeines]

§ 62.

Auf die Viehhöfe und Schlachthöfe einschließlich der öffentlichen Schlachthäuser und auf das daselbst aufgestellte Vieh finden die vorstehenden Bestimmungen dieses Gesetzes mit den Änderungen Anwendung, die sich aus den nachfolgenden besonderen Vorschriften ergeben.

[Verwahrung der Tiere]

§ 63.

Wird unter dem daselbst aufgestellten Vieh der Ausbruch einer übertragbaren Seuche ermittelt oder zeigen sich bei solchem Vieh Erscheinungen, die nach dem Gutachten des beamteten Tierarztes den Ausbruch einer solchen Seuche befürchten lassen, so sind die erkrankten und alle verdächtigen Tiere sofort in polizeiliche Verwahrung zu nehmen und von jeder Berührung mit den übrigen auszuschließen.

[Sperre]

§ 64.

Nach Feststellung des Seuchenausbruchs können Viehhöfe und Schlachthöfe einschließlich der öffentlichen Schlachthäuser ganz oder teilweise für die Dauer der Seuchengefahr gegen den Abtrieb der für die Seuche empfänglichen Tiere gesperrt werden.

[Schlachtung]

§ 65.

(1) Soweit Schlachtvieh in Frage kommt und die Art der Krankheit es gestattet (vgl. §§ 32, 35, 38, 43 Abs. 2), kann der Besitzer der erkrankten oder verdächtigen Tiere oder sein Vertreter angehalten werden, die sofortige Schlachtung unter Aufsicht des beamteten Tierarztes in den dazu bestimmten Räumen vorzunehmen.

(2) Die Schlachtung kann in dringenden Fällen auch ohne vorherige Benachrichtigung des Besitzers oder seines Vertreters vorgenommen und auf alles andere in der betreffenden Räumlichkeit vorhandene, für die

Seuche empfängliche Schlachtvieh ausgedehnt werden. Den Besitzern der so geschlachteten Tiere ist unverzüglich von der Schlachtung Mitteilung zu machen.

4. Entschädigung für Viehverluste.

[Fälle der Gewährung] **§ 66.**

Vorbehaltlich der in diesem Gesetze bezeichneten Ausnahmen ist eine Entschädigung zu gewähren:

1. für Tiere, die auf polizeiliche Anordnung getötet oder nach dieser Anordnung an derjenigen Krankheit gefallen sind, die zu der Anordnung Veranlassung gegeben hat;
2. für Tiere, die nach rechtzeitig erstatteter Anzeige an Rotz oder Lungenseuche gefallen sind, wenn die Voraussetzungen gegeben waren, unter denen die polizeiliche Anordnung der Tötung erfolgen muß;
3. für Tiere, von denen anzunehmen ist, daß sie infolge einer polizeilich angeordneten Impfung eingegangen sind;
4. für Rinder und Pferde, die an Milzbrand oder Rauschbrand gefallen sind oder an denen nach dem Tode eine dieser Krankheiten festgestellt worden ist.

[Landesrechtliche Vorschriften] **§ 67.**

(1) Die Bestimmungen darüber:

1. von wem die Entschädigung zu gewähren und wie sie aufzubringen ist,
2. wie die Entschädigung im einzelnen Falle zu ermitteln und festzustellen ist,

sind von den Einzelstaaten zu treffen, jedoch mit der Maßgabe, daß die Entschädigungen für Tiere, die auf polizeiliche Anordnung getötet worden sind, aus Staatsmitteln bestritten werden müssen:

a) in vollem Umfange, wenn die Tiere nicht mit der Seuche behaftet waren, derentwegen die Tötung angeordnet worden ist,
b) mindestens zur Hälfte, wenn sie mit Maul- und Klauenseuche behaftet waren,
c) mindestens zu einem Drittel, wenn sie mit Tuberkulose (§ 10 Abs. 1 Nr. 12) behaftet waren,

und wenn in den Fällen zu b und c die Tötung wegen der dort genannten Seuche erfolgt ist.

(2) Mit diesen Maßgaben bleiben die in dieser Hinsicht in den Einzelstaaten bestehenden Vorschriften unberührt. Mit der gleichen Einschränkung und insoweit solche Vorschriften nicht entgegenstehen, sind die Landesregierungen befugt, zu bestimmen,

daß die Entschädigungen bis zum Eintritt einer anderweiten landesverfassungsmäßigen Regelung durch Beiträge der Besitzer der betreffenden Tiergattungen nach Maßgabe der über die Verteilung und Erhebung der Beiträge von der Landesregierung zu treffenden näheren Anordnung aufgebracht werden.

(3) In allen Fällen sollen jedoch die Vorschriften der §§ 68 bis 73 dieses Gesetzes dabei maßgebend sein.

[Höhe der Entschädigung] **§ 68.**

(1) Der Entschädigung wird der gemeine Wert des Tieres zugrunde gelegt, und zwar, abgesehen von der Tuberkulose (§ 10 Abs. 1 Nr. 12), ohne Rücksicht auf den Minderwert, den das Tier dadurch erlitten hat, daß es von der Seuche ergriffen oder der Impfung unterworfen worden ist. Die Entschädigung beträgt bei den mit Rotz behafteten Tieren drei Viertel, bei den mit Milzbrand, Rauschbrand, Lungenseuche oder Tuberkulose (§ 10 Abs. 1 Nr. 12) behafteten Tieren vier Fünftel, im übrigen die volle Höhe des in der angegebenen Weise berechneten Wertes.

(2) Auf die zu leistende Entschädigung werden angerechnet:

1. die aus Privatverträgen zahlbare Versicherungssumme, und zwar bei Rotz zu drei Viertel, bei Milzbrand, Rauschbrand, Lungenseuche und Tuberkulose (§ 10 Abs. 1 Nr. 12) zu vier Fünftel, in allen anderen Fällen zum vollen Betrage;
2. der Wert derjenigen Teile des getöteten Tieres, welche dem Besitzer nach Maßgabe der polizeilichen Anordnungen zur Verfügung bleiben.

[Entschädigungsberechtigter] **§ 69.**

(1) Die zu leistende Entschädigung wird, sofern ein anderer Berechtigter nicht bekannt ist, demjenigen gezahlt, in dessen Gewahrsam oder Obhut sich das Tier zur Zeit des Todes befand.

(2) Mit dieser Zahlung ist jeder Entschädigungsanspruch Dritter erloschen.

§ 70.

Keine Entschädigung wird gewährt:

1. für Tiere, die dem Reiche, den Einzelstaaten oder zu den landesherrlichen Gestüten gehören;
2. für Tiere, die der Vorschrift des § 6 zuwider in das Reichsgebiet eingeführt sind;
3. für Tiere, die innerhalb einer bestimmten Frist vor der Feststellung der Seuche in das Reichsgebiet eingeführt sind, wenn nicht der Nachweis erbracht wird, daß ihre Ansteckung erst nach der Einführung in das Reichsgebiet stattgefunden hat. Diese Frist

beträgt bei Milzbrand, Rauschbrand und bei Maul- und Klauenseuche 14 Tage, bei Rotz 90 Tage, bei Lungenseuche 180 Tage und bei Tuberkulose (§ 10 Abs. 1 Nr. 12) 270 Tage.

§ 71.

Durch Landesrecht kann die Entschädigung versagt werden:

1. für Tiere, die an einer ihrer Art oder dem Grade nach unheilbaren und unbedingt tödlichen Krankheit gelitten haben, es sei denn, daß diese Krankheit bestanden hat in Milzbrand, Rauschbrand, Rotz, Lungenseuche, Maul- und Klauenseuche oder Tuberkulose (§ 10 Abs. 1 Nr. 12), oder daß das Tier an einer infolge polizeilich angeordneter Impfung aufgetretenen Krankheit verendet ist;
2. für das in Viehhöfen oder in Schlachthöfen einschließlich der öffentlichen Schlachthäuser aufgestellte Schlachtvieh;
3. für Hunde und Katzen, die aus Anlaß der Tollwut getötet sind (§§ 12, 36, 39, 40).

§ 72.

Der Anspruch auf Entschädigung fällt weg:

1. wenn der Besitzer der Tiere oder der Vorsteher der Wirtschaft, der die Tiere angehören, oder der mit der Aufsicht über die Tiere an Stelle des Besitzers Beauftragte vorsätzlich oder fahrlässig den Vorschriften der §§ 9, 10 zuwider die ihm obliegende Anzeige unterläßt oder länger als vierundzwanzig Stunden, nachdem er von der anzuzeigenden Tatsache Kenntnis erhalten hat, verzögert, es sei denn, daß die Anzeige von einem anderen Verpflichteten rechtzeitig gemacht worden ist;
2. wenn der Besitzer eines der Tiere mit der Seuche behaftet gekauft oder durch ein anderes Rechtsgeschäft unter Lebenden erworben hat und von diesem kranken Zustande beim Erwerbe des Tieres Kenntnis hatte;
3. im Falle des § 25, oder wenn dem Besitzer oder dessen Vertreter die Nichtbefolgung oder Übertretung der angeordneten Schutzmaßregeln zur Abwehr der Seuchengefahr zur Last fällt.

§ 73.

Wenn zur Bestreitung der Entschädigungen Beiträge nach Maßgabe des vorhandenen Tierbestandes erhoben werden, dürfen diese Beiträge für Tiere, die dem Reiche, den Einzelstaaten oder zu den landesherrlichen Gestüten gehören, und im Falle des § 71 Nr. 2 für das in Viehhöfen oder in Schlachthöfen einschließlich öffentlicher Schlachthäuser aufgestellte Schlachtvieh nicht beansprucht werden.

III. Strafvorschriften.

[Vorsätzliche Zuwiderhandlungen] **§ 74.**

(1) Mit Gefängnis bis zu zwei Jahren oder mit Geldstrafe von fünfzehn bis zu dreitausend Mark wird bestraft:

1. wer vorsätzlich den Vorschriften der §§ 6, 32 bis 34, 36 bis 38, 41, des § 43 Abs. 2, des § 45, des § 51 Abs. 2, der §§ 56, 57, des § 61 Abs. 3, 4 zuwiderhandelt;
2. wer vorsätzlich den Vorschriften der §§ 9, 10 zuwider die ihm obliegende Anzeige unterläßt oder länger als vierundzwanzig Stunden, nachdem er von der anzuzeigenden Tatsache Kenntnis erhalten hat, verzögert oder es unterläßt, die kranken und die verdächtigen Tiere von Orten, an denen die Gefahr der Ansteckung fremder Tiere besteht, fernzuhalten; die Strafverfolgung wegen unterlassener oder verzögerter Anzeige tritt nicht ein, wenn die Anzeige von einem anderen Verpflichteten rechtzeitig gemacht worden ist;
3. wer vorsätzlich den auf Grund des § 7 Abs. 1, des § 11 Abs. 1, 2, der §§ 19 bis 23, 26 bis 28, 35, 39, 40, des § 43 Abs. 1, der §§ 47, 48, 58, 59, des § 61 Abs. 2, der §§ 63, 64, 78 von der zuständigen Behörde oder dem beamteten Tierarzte getroffenen Anordnungen zuwiderhandelt;
4. wer vorsätzlich die gemäß § 17 Nr. 4, § 61 Abs. 2 angebrachten Kennzeichen unbefugterweise beseitigt oder verändert;
5. wer vorsätzlich Kadaver, die auf polizeiliche Anordnung vergraben sind, oder Teile von solchen unbefugterweise ausgräbt oder wer vorsätzlich Kadaver, die auf polizeiliche Anordnung vergraben waren, oder Teile von solchen unbefugterweise an andere überläßt oder an sich bringt.

(2) Neben der Gefängnisstrafe kann auf Geldstrafe bis zu eintausendfünfhundert Mark erkannt werden.

[Fahrlässige Zuwiderhandlungen] **§ 75.**

(1) Mit Geldstrafe von zehn bis einhundertfünfzig Mark oder mit Haft nicht unter einer Woche wird bestraft, wer den im § 74 Abs. 1 Nr. 1, 2 bezeichneten Vorschriften aus Fahrlässigkeit zuwiderhandelt.

(2) Eine Bestrafung wegen fahrlässiger Verzögerung der in den §§ 9, 10 vorgeschriebenen Anzeige findet nur statt, wenn die Anzeige länger als vierundzwanzig Stunden nach erhaltener Kenntnis von der anzuzeigenden Tatsache verzögert worden ist. Die Strafverfolgung wegen fahrlässiger Unterlassung oder Verzögerung der Anzeige tritt nicht ein, wenn die Anzeige von einem anderen Verpflichteten rechtzeitig gemacht worden ist.

§ 76.

Mit Geldstrafe bis zu einhundertfünfzig Mark oder mit Haft wird bestraft:

1. wer außer den Fällen des § 74 Abs. 1 Nr. 3 den auf Grund dieses Gesetzes getroffenen Anordnungen zuwiderhandelt;
2. wer eine der im § 74 Abs. 1 Nr. 4, 5 bezeichneten Handlungen aus Fahrlässigkeit begeht.

[Einziehung]

§ 77.

(1) Im Falle der Zuwiderhandlung gegen die Vorschriften des § 6 oder gegen die auf Grund des § 7 Abs. 1 getroffenen Anordnungen ist neben der Strafe auf die Einziehung der verbotswidrig eingeführten Tiere, Kadaver und Teile von Tieren, tierischen Erzeugnisse und Rohstoffe sowie der Gegenstände, die Träger des Ansteckungsstoffs sein können, zu erkennen, ohne Unterschied, ob sie dem Verurteilten gehören oder nicht.

(2) Ist die Verfolgung oder Verurteilung einer bestimmten Person nicht ausführbar, so kann auf die Einziehung selbständig erkannt werden.

IV. Schlußbestimmungen.

§ 78.

Zur wirksamen Ausführung der in den §§ 7, 16, 17, 19 bis 29 bezeichneten Maßregeln kann eine Anzeige über das Vorhandensein, den Ab- und Zugang oder über Ortsveränderungen von Tieren oder über die in den §§ 16 und 17 aufgeführten Betriebe, Unternehmungen und Veranstaltungen vorgeschrieben werden.

§ 79.

(1) Die näheren Vorschriften über die Anwendung und Ausführung der nach den §§ 16 bis 30 zulässigen Maßregeln erläßt der Bundesrat[1]) unter Berücksichtigung der in den §§ 32 bis 65 gegebenen besonderen Bestimmungen. Das gleiche gilt für die nach § 78 zulässigen Maßregeln, soweit sie sich auf die vorstehend bezeichneten Paragraphen beziehen.

(2) Weitergehende Vorschriften über die Anwendung und Ausführung der im Abs. 1 bezeichneten Bestimmungen können die obersten Landesbehörden oder mit deren Ermächtigung die höheren Polizeibehörden innerhalb der Schranken dieses Gesetzes anordnen.

(3) Vor dem Erlasse der im Abs. 1 bezeichneten Vorschriften und vor der Entscheidung der obersten Landesbehörden über solche nach Abs. 2

---

[1]) Jetzt die Reichsregierung mit Zustimmung des Reichsrats, Art. 179 RV.

zulässige weitergehende Vorschriften, die auf Grund der §§ 16, 17 ergehen, sind Vertretungen der beteiligten Berufsstände zu hören. Bei Gefahr im Verzuge kann die vorherige Anhörung unterbleiben; die Anhörung muß alsdann aber sobald als möglich nachgeholt werden. Welche Vertretungen zu hören sind, wird im Falle des Abs. 1 vom Bundesrat[1]), im Falle des Abs. 2 von den obersten Landesbehörden bestimmt. Die Gültigkeit der Vorschriften hängt von der vorgeschriebenen Anhörung nicht ab.

§ 80.

(1) Beschwerden des Besitzers gegen Anordnungen, die auf Grund der §§ 7, 11 bis 15, 18 bis 65, des § 78, soweit dieser sich auf die vorstehend bezeichneten Paragraphen bezieht, oder der dazu erlassenen Ausführungsbestimmungen getroffen sind, haben keine aufschiebende Wirkung.

(2) Beschwerden gegen Anordnungen auf Grund anderer Bestimmungen haben nur dann aufschiebende Wirkung, wenn die Ausführung ohne Nachteil für das Gemeinwohl ausgesetzt bleiben kann.

§ 81.

Das Gesetz, betreffend die Beseitigung von Ansteckungsstoffen bei Viehbeförderungen auf Eisenbahnen, vom 25. Februar 1876 (Reichsgesetzbl. S. 163) wird durch das gegenwärtige Gesetz nicht berührt.

[Inkrafttreten]

§ 82.

(1) Der Zeitpunkt des Inkrafttretens dieses Gesetzes wird durch Kaiserliche Verordnung mit Zustimmung des Bundesrats bestimmt[2]).

(2) Mit demselben Zeitpunkte tritt das Gesetz vom 23. Juni 1880/1. Mai 1894, betreffend die Abwehr und Unterdrückung von Viehseuchen (Reichsgesetzbl. 1894 S. 409), außer Kraft.

---

[1]) Die Reichsregierung mit Zustimmung des Reichsrats, RV. Art. 179 II.

[2]) Bestimmt wurde durch VO. v. 29. März 1912 der 1. Mai 1912.

VI. Bau-, Wohnungs- und Enteignungsrecht.

42. Gesetz, betreffend die Anlegung und Veränderung von Straßen und Plätzen in Städten und ländlichen Ortschaften (Fluchtliniengesetz).

Vom 2. Juli 1875 (GS. S. 561)[1].

[Während die meisten Mittel- und Kleinstaaten längst das gesamte Baurecht in Baugesetzen oder Bauordnungen geregelt haben, ist eine solche Kodifikation in Preußen noch nicht gelungen. Nur das Verhältnis des Straßenanliegers zur Polizei und Gemeinde ist im vorliegenden Fluchtliniengesetz geregelt; die eigentlichen Bauvorschriften werden in örtlichen Baupolizeiverordnungen erlassen. Das Fluchtliniengesetz ist auch als solches längst als reformbedürftig erkannt; der Entwurf eines Städtebaugesetzes, das zu seiner Ablösung bestimmt ist, konnte bis jetzt aber nicht verabschiedet werden.]

[Festsetzung der Fluchtlinien] **§ 1**[2].

(1) Für die Anlegung oder Veränderung von Straßen und Plätzen (auch Gartenanlagen, Spiel- und Erholungsplätzen) in Städten und ländlichen Ortschaften sind die Straßen- und Baufluchtlinien vom Gemeindevorstand im Einverständnisse mit der Gemeinde oder deren Vertretung, dem öffentlichen Bedürfnis entsprechend unter Zustimmung der Ortspolizeibehörde festzusetzen.

(2) Die Ortspolizeibehörde kann die Festsetzung der Fluchtlinien verlangen, wenn die von ihr wahrzunehmenden polizeilichen Rücksichten oder ein hervorgetretenes Bedürfnis nach Klein- oder Mittelwohnungen die Festsetzung fordern; im letzteren Falle bedarf sie jedoch der Einverständniserklärung der Kommunalaufsichtsbehörde.

(3) Zu einer Straße im Sinne dieses Gesetzes gehört der Straßendamm und der Bürgersteig.

---

[1]) Mit Änderungen durch das Wohnungsgesetz vom 28. März 1918 (GS. S. 23) Art. I.

[2]) § 1 i. d. F. d. Wohnungsgesetzes.

(4) Die Straßenfluchtlinien bilden regelmäßig zugleich die Baufluchtlinien, das heißt die Grenzen, über welche hinaus die Bebauung ausgeschlossen ist. Aus besonderen Gründen kann aber eine hinter die Straßenfluchtlinie zurückweichende Baufluchtlinie festgesetzt werden.

[Bebauungsplan] § 2[1]).

(1) Die Festsetzung von Fluchtlinien (§ 1) kann für einzelne Straßen, Straßenteile und Plätze (auch Gartenanlagen, Spiel- und Erholungsplätze) oder, nach dem voraussichtlichen Bedürfnisse der näheren Zukunft, durch Aufstellung von Bebauungsplänen für größere Grundflächen erfolgen.

(2) Handelt es sich infolge von umfassenden Zerstörungen durch Brand oder andere Ereignisse um die Wiederbebauung ganzer Ortsteile, so ist die Gemeinde verpflichtet, schleunigst darüber zu beschließen, ob und inwiefern für den betreffenden Ortsteil ein neuer Bebauungsplan aufzustellen ist und eintretendenfalls die unverzügliche Feststellung des neuen Bebauungsplanes zu bewirken.

[Richtlinien] § 3[1]).

(1) Bei Festsetzung der Fluchtlinien ist auf das Wohnungsbedürfnis sowie die Förderung des Verkehrs, der Feuersicherheit und der öffentlichen Gesundheit Bedacht zu nehmen, auch darauf zu halten, daß eine Verunstaltung der Straßen und Plätze sowie des Orts- und Landschaftsbildes nicht eintritt.

(2) Es ist deshalb für die Herstellung einer genügenden Breite der Straßen und einer guten Verbindung der neuen Bauanlagen mit den bereits bestehenden Sorge zu tragen.

(3) Im Interesse des Wohnungsbedürfnisses ist ferner darauf Bedacht zu nehmen, daß in ausgiebiger Zahl und Größe Plätze (auch Gartenanlagen, Spiel- und Erholungsplätze) vorhanden sind, daß die Möglichkeit gegeben ist, an geeigneter Stelle Kirchen- und Schulbauten zu errichten, daß für Wohnzwecke Baublöcke von angemessener Tiefe und Straßen von geringerer Breite entsprechend dem verschiedenartigen Wohnungsbedürfnisse geschaffen werden, und daß durch die Festsetzung Baugelände entsprechend dem Wohnungsbedürfnisse der Bebauung erschlossen wird.

[Inhalt der Festsetzung] § 4.

Jede Festsetzung von Fluchtlinien (§ 1) muß eine genaue Bezeichnung der davon betroffenen Grundstücke und Grundstücks-

[1]) §§ 2, 3 i. d. F. d. Wohnungsgesetzes.

teile und eine Bestimmung der Höhenlage, sowie der beabsichtigten Entwässerung der betreffenden Straßen und Plätze enthalten.

[Versagung d. polizeil. Zustimmung] § 5[1]).

(1) Die Zustimmung der Ortspolizeibehörde (§ 1) darf nur versagt werden, wenn die von ihr wahrzunehmenden polizeilichen Rücksichten oder ein hervorgetretenes Bedürfnis nach Klein- oder Mittelwohnungen (§ 3 Abs. 3) die Versagung fordern. Soweit die Zustimmung wegen eines hervorgetretenen Bedürfnisses nach Klein- oder Mittelwohnungen versagt wird, bedarf es des Einverständnisses der Kommunalaufsichtsbehörde.

(2) Will sich der Gemeindevorstand bei der Versagung nicht beruhigen, so beschließt auf sein Ansuchen der Kreisausschuß.

(3) Derselbe beschließt auf Ansuchen der Ortspolizeibehörde über die Bedürfnisfrage, wenn der Gemeindevorstand die von der Ortspolizeibehörde verlangte Festsetzung (§ 1 Abs. 2) ablehnt. An Stelle des Kreisausschusses tritt in Stadtkreisen und den einem Landkreise angehörigen Städten von mehr als 10 000 Einwohnern der Bezirksausschuß, in Berlin der Minister der öffentlichen Arbeiten[2]). Soweit ein solches Ansuchen auf ein hervorgetretenes Bedürfnis nach Klein- oder Mittelwohnungen gestützt wird, darf es nur im Einverständnisse mit der Kommunalaufsichtsbehörde ergehen.

[Anhörung anderer Behörden] § 6.

Betrifft der Plan der beabsichtigten Festsetzungen (§ 4) eine Festung, oder fallen in denselben öffentliche Flüsse, Chausseen, Eisenbahnen oder Bahnhöfe, so hat die Ortspolizeibehörde dafür zu sorgen, daß den beteiligten Behörden rechtzeitig zur Wahrung ihrer Interessen Gelegenheit gegeben wird.

[Offenlegung] § 7.

(1) Nach erfolgter Zustimmung der Ortspolizeibehörde, beziehungsweise des Kreisausschusses (§ 5), hat der Gemeindevorstand den Plan zu jedermanns Einsicht offenzulegen. Wie letzteres geschehen soll, wird in der ortsüblichen Art mit dem Bemerken bekanntgemacht, daß Einwendungen gegen den Plan innerhalb

[1]) § 5 i. d. F. des Wohnungsgesetzes.

[2]) Das Ministerium für öffentliche Arbeiten ist vom 1. April 1921 ab aufgelöst. Die Fluchtlinienangelegenheiten sind schon seit dem 1. November 1919 dem Ministerium für Volkswohlfahrt zugeteilt.

einer bestimmt zu bezeichnenden präklusivischen Frist von mindestens vier Wochen bei dem Gemeindevorstande anzubringen sind.

(2) Handelt es sich um Festsetzungen, welche nur einzelne Grundstücke betreffen, so genügt statt der Offenlegung und Bekanntmachung eine Mitteilung an die beteiligten Grundeigentümer.

[Einwendungen] **§ 8.**

Über die erhobenen Einwendungen (§ 7) hat, soweit dieselben nicht durch Verhandlung zwischen dem Gemeindevorstande und den Beschwerdeführern zur Erledigung gekommen, der Kreisausschuß zu beschließen. Sind Einwendungen nicht erhoben oder ist über dieselben endgültig (§ 16) beschlossen, so hat der Gemeindevorstand den Plan förmlich festzustellen, zu jedermanns Einsicht offenzulegen und, wie dies geschehen soll, ortsüblich bekanntzumachen.

[Beteilig. mehrerer Ortschaften] **§ 9.**

(1) Sind bei Festsetzung von Fluchtlinien mehrere Ortschaften beteiligt, so hat eine Verhandlung darüber zwischen den betreffenden Gemeindevorständen stattzufinden.

(2) Über die Punkte, hinsichtlich deren eine Einigung nicht zu erzielen ist, beschließt der Kreisausschuß.

[Abänderung der Fluchtlinien] **§ 10.**

(1) Jede, sowohl vor als nach Erlaß dieses Gesetzes getroffene Festsetzung von Fluchtlinien kann nur nach Maßgabe der vorstehenden Bestimmungen aufgehoben oder abgeändert werden.

(2) Zur Festsetzung neuer oder Abänderung schon bestehender Bebauungspläne in den Städten Berlin, Potsdam, Charlottenburg und deren nächster Umgebung bedarf es [Königlicher] der Genehmigung des Staatsministeriums[1]).

[Wirkung der Offenlegung] **§ 11[2]).**

Mit dem Tage, an welchem die im § 8 vorgeschriebene Offenlegung beginnt, tritt die Beschränkung des Grundeigentümers, daß Neubauten, Um- und Ausbauten über die Fluchtlinie hinaus versagt werden können, endgültig ein. Gleichzeitig erhält die Gemeinde das Recht, die durch die festgesetzten Straßenfluchtlinien für Straßen und Plätze (auch Garten-

---

[1]) Gemäß Art. 82 PrV.

[2]) In der Fassung des Wohnungsgesetzes.

anlagen, Spiel- und Erholungsplätze) bestimmte Grundfläche dem Eigentümer zu entziehen.

[Bauverbot f. unfertige Straßen] § 12 [1]).

(1) Durch Ortsstatut kann festgestellt werden, daß an Straßen oder Straßenteilen, welche noch nicht gemäß den baupolizeilichen Bestimmungen des Orts für den öffentlichen Verkehr und den Anbau fertig hergestellt sind, Wohngebäude, die nach diesen Straßen einen Ausgang haben, nicht errichtet werden dürfen.

(2) Das Ortsstatut hat die näheren Bestimmungen innerhalb der Grenze vorstehender Vorschrift festzusetzen und bedarf der Bestätigung des Bezirksausschusses, in Berlin des Ministers des Innern. Gegen den Beschluß des Bezirksausschusses ist innerhalb einer Ausschlußfrist von zwei Wochen die Beschwerde bei dem Provinzialrate zulässig [2]).

(3) Nach erfolgter Bestätigung ist das Statut in ortsüblicher Art bekanntzumachen.

(4) Von dem Verbote kann Dispens erteilt werden, falls ein Bedürfnis für Klein- oder Mittelwohnungen besteht, begründete Aussicht vorhanden ist, daß der Eigentümer diesem Bedürfnisse durch den Bau entsprechender, gesunder und zweckmäßig eingerichteter Wohnungen Rechnung trägt, und falls kein überwiegendes berechtigtes Gemeindeinteresse entgegensteht. Weist die Gemeinde nach, daß geeignete Maßnahmen ergriffen sind, um dem Bedürfnisse für Klein- oder Mittelwohnungen durch Errichtung von Häusern mit höchstens einem Obergeschoß über dem Erdgeschoß ausreichend Rechnung zu tragen, und ist die Gewähr gegeben, daß diese Maßnahmen auch zur Durchführung gelangen werden, so darf der Dispens zur Errichtung von Gebäuden mit mehr Stockwerken nicht erteilt werden.

(5) Ist durch Gemeindebeschluß bestimmt, daß erst nach Zahlung oder Sicherstellung der gemäß § 15 dieses Gesetzes oder gemäß § 9 des Kommunalabgabengesetzes vom 14. Juli 1893 (Gesetzsamml. S. 152) von der Gemeinde festgesetzten Beiträge Wohngebäude errichtet werden dürfen, so darf der Dispens vor erfolgter Zahlung oder Sicherstellung nicht erteilt werden.

(6) Über die Erteilung des Dispenses beschließt im Streitfalle der Bezirksausschuß.

(7) Unter den gleichen Voraussetzungen kann der Bezirksausschuß beschließen, daß die Gemeinde, soweit sie eine öffentliche Wasserleitung, Ableitung der Schmutzwässer oder Be-

---

[1]) In der Fassung des Wohnungsgesetzes.

[2]) Die Fassung von Abs. 2 Satz 2 folgt aus § 146 ZG. und §§ 51, 153 LVG.

leuchtung als Gemeindeanstalt unterhält, den Eigentümern nach Maßgabe der allgemeinen örtlichen Bestimmungen die Benutzung dieser Anstalt gewährt.

[Entschädigung] § 13[1]).

(1) Eine Entschädigung kann wegen der nach den Bestimmungen des § 12 eintretenden Beschränkung der Baufreiheit überhaupt nicht, und wegen Entziehung oder Beschränkung des von der Festsetzung neuer Fluchtlinien betroffenen Grundeigentums nur in folgenden Fällen gefordert werden:

1. wenn die zu Straßen und Plätzen (auch Gartenanlagen, Spiel- und Erholungsplätzen) bestimmten Grundflächen auf Verlangen der Gemeinde für die öffentliche Benutzung abgetreten werden;
2. wenn die Straßen- oder Baufluchtlinie vorhandene Gebäude trifft und das Grundstück bis zur neuen Fluchtlinie von Gebäuden freigelegt wird;
3. wenn die Straßenfluchtlinie einer neu anzulegenden Straße ein unbebautes, aber zur Bebauung geeignetes Grundstück trifft, welches zur Zeit der Feststellung dieser Fluchtlinie an einer bereits bestehenden und für den öffentlichen Verkehr und den Anbau fertiggestellten anderen Straße belegen ist, und die Bebauung in der Fluchtlinie der neuen Straße erfolgt.

(2) Die Entschädigung wird in allen Fällen wegen der zu Straßen und Plätzen (auch Gartenanlagen, Spiel- und Erholungsplätzen) bestimmten Grundfläche für Entziehung des Grundeigentums gewährt. Außerdem wird in denjenigen Fällen der Nr. 2, in welchen es sich um eine Beschränkung des Grundeigentums infolge der Festsetzung einer von der Straßenfluchtlinie verschiedenen Baufluchtlinie handelt, für die Beschränkung des bebaut gewesenen Teiles des Grundeigentums (§ 12 des Gesetzes über Enteignung von Grundeigentum vom 11. Juni 1874) Entschädigung gewährt.

(3) In allen oben gedachten Fällen kann der Eigentümer die Übernahme des ganzen Grundstücks verlangen, wenn dasselbe durch die Fluchtlinie entweder ganz oder soweit in Anspruch genommen wird, daß das Restgrundstück nach den baupolizeilichen Vorschriften des Ortes nicht mehr zur Bebauung geeignet ist.

(4) Bei den Vorschriften dieses Paragraphen ist unter der Bezeichnung Grundstück jeder im Zusammenhange stehende Grundbesitz des nämlichen Eigentümers begriffen.

---

[1]) § 13 i. d. F. des Wohnungsgesetzes.

Wirk. d. Fluchtlinienfeststell.] **§ 13a**[1]).

(1) Mit dem Zeitpunkt, an dem für eine Straße, einen Straßenteil oder Platz die Fluchtlinien förmlich festgestellt sind, erhält die Gemeinde das Recht, ein an die Fluchtlinie der Straße, des Straßenteils oder des Platzes angrenzendes Grundstück, soweit es nach den baupolizeilichen Vorschriften des Ortes nicht zur Bebauung geeignet ist, dem Eigentümer gegen Entschädigung zu entziehen. Bei Straßen, Straßenteilen oder Plätzen, für die Fluchtlinien nicht förmlich festgestellt sind, entsteht das Recht der Gemeinde mit dem Zeitpunkt, an dem die Straße, der Straßenteil oder der Platz gemäß den baupolizeilichen Vorschriften des Ortes für den öffentlichen Verkehr und für den Anbau fertig hergestellt ist. Will die Gemeinde dieses Recht ausüben, so hat sie dies unter genauer Bezeichnung der zu enteignenden Fläche dem Eigentümer mitzuteilen mit dem Hinweise, daß Einwendungen gegen die Entziehung binnen einer Ausschlußfrist von vier Wochen bei dem Gemeindevorstand anzubringen sind. Über Einwendungen beschließen die im § 8 dieses Gesetzes und im § 146 des Gesetzes über die Zuständigkeit der Verwaltungs- und Verwaltungsgerichtsbehörden vom 1. August 1883 (Gesetzsamml. S. 237) berufenen Behörden.

(2) Sind die nach Abs. 1 entzogenen Grundflächen weder zusammen noch in Verbindung mit anderen der Gemeinde gehörigen Grundstücken zur Bebauung geeignet, so ist die Gemeinde verpflichtet, die entzogenen Grundflächen den Eigentümern der angrenzenden Grundstücke auf ihr Verlangen gegen Erstattung der Aufwendungen nebst Zinsen zu übereignen. Sie hat, wenn mehrere Grundstücke angrenzen und eine Vereinbarung mit den Eigentümern nicht erzielt wird, einen Plan für die zweckmäßige Zuteilung der entzogenen Grundflächen sowie eine Kostenverteilung aufzustellen. Der Plan und die Kostenverteilung sind zur Einsicht der Beteiligten offenzulegen. Die Offenlegung ist ortsüblich bekanntzumachen mit dem Hinweise, daß Einwendungen binnen einer Ausschlußfrist von vier Wochen seit dem Tage der Bekanntmachung bei dem Gemeindevorstand anzubringen sind. Den aus dem Grundbuch ersichtlichen Eigentümern ist, soweit tunlich, besondere Mitteilung zu machen. Über die Einwendungen beschließen die im Abs. 1 bezeichneten Behörden.

(3) Die im Abs. 2 Satz 1 der Gemeinde auferlegte Verpflichtung erlischt gegenüber denjenigen Eigentümern, welche sich nicht binnen drei Monaten seit Aufforderung der Gemeinde zur Übernahme der Grundfläche verpflichten.

---

[1]) § 13a eingefügt durch das Wohnungsgesetz.

(4) Der § 13 Abs. 4 findet bei den Vorschriften dieses Paragraphen gleichfalls Anwendung.

(5) Die vorstehenden Bestimmungen finden auch Anwendung, wenn für eine Straße, einen Straßenteil oder Platz vor Inkrafttreten dieser Vorschrift die Fluchtlinien förmlich festgestellt sind.

(6) Das gleiche gilt, wenn bei Straßen, Straßenteilen oder Plätzen, für die Fluchtlinien nicht förmlich festgestellt sind, die Straße, der Straßenteil oder der Platz vor Inkrafttreten dieser Vorschrift gemäß den baupolizeilichen Vorschriften des Ortes für den öffentlichen Verkehr und den Anbau fertig hergestellt ist.

[Verfahren] **§ 14**[1]).

(1) Für die Feststellung der nach § 13 und § 13a Abs. 1 zu gewährenden Entschädigungen und die Vollziehung der Enteignung kommen die §§ 24 ff. des Gesetzes über Enteignung von Grundeigentum vom 11. Juni 1874 zur Anwendung.

(2) Streitigkeiten über Fälligkeit des Anspruchs auf Entschädigung gehören zur gerichtlichen Entscheidung.

(3) Die Entschädigungen sind, soweit nicht ein aus besonderen Rechtstiteln Verpflichteter dafür aufzukommen hat, von der Gemeinde aufzubringen, innerhalb deren Bezirk das betreffende Grundstück belegen ist.

[Ortsstatuten] **§ 14a**[2]).

Das Gesetz, betreffend die Umlegung von Grundstücken in Frankfurt a. M., vom 28. Juli 1902 (Gesetzsamml. S. 273) und das Gesetz wegen Abänderung des § 13 des vorbenannten Gesetzes vom 8. Juli 1907 (Gesetzsamml. S. 259) können für den Bezirk einer Gemeinde durch Ortsstatut eingeführt werden. Das Ortsstatut bedarf der Bestätigung durch den Bezirksausschuß.

[Anlieger- u. Unternehmerbeiträge] **§ 15**[1]).

(1) Durch Ortsstatut kann festgesetzt werden, daß bei der Anlegung einer neuen oder bei der Verlängerung einer schon bestehenden Straße, wenn solche zur Bebauung bestimmt ist, sowie bei dem Anbau an schon vorhandenen bisher unbebauten Straßen und Straßenteilen von dem Unternehmer der neuen Anlage oder von den angrenzenden Eigentümern — von letzteren sobald sie Gebäude an der neuen Straße errichten — die Freilegung, erste Einrichtung, Entwässerung und Beleuchtungsvorrichtung der Straße in der dem Bedürfnisse entsprechenden

[1]) §§ 14, 15 i. d. F. des Wohnungsgesetzes.

[2]) § 14a eingefügt durch das Wohnungsgesetz.

Weise beschafft, sowie deren zeitweise, höchstens jedoch fünfjährige Unterhaltung, bzw. ein verhältnismäßiger Beitrag oder der Ersatz der zu allen diesen Maßnahmen erforderlichen Kosten geleistet werde. Zu diesen Verpflichtungen können die angrenzenden Eigentümer nicht für mehr als die Hälfte der Straßenbreite, und wenn die Straße breiter als 26 m ist, nicht für mehr als 13 m der Straßenbreite herangezogen werden.

(2) Bei Berechnung der Kosten sind die Kosten der gesamten Straßenanlage und bzw. deren Unterhaltung zusammenzurechnen und den Eigentümern nach Verhältnis der Länge ihrer, die Straße berührenden Grenze zur Last zu legen[1]). Wird die Straßengrenze eines Grundstücks, dessen Eigentümer zu Straßenkosten herangezogen ist, später dadurch verlängert, daß mit dem Grundstück eine Grundfläche wirtschaftlich vereinigt wird, für welche die Straßenkosten noch nicht bezahlt sind, so sind dem Eigentümer die auf die Verlängerung entfallenden Straßenkosten nachträglich zur Last zu legen.

(3) Das Ortsstatut hat die näheren Bestimmungen innerhalb der Grenze vorstehender Vorschrift festzusetzen. Bezüglich seiner Bestätigung, Anfechtbarkeit und Bekanntmachung gelten die im § 12 gegebenen Vorschriften.

(4) Für die Haupt- und Residenzstadt Berlin bewendet es bis zu dem Zustandekommen eines solchen Statuts bei den Bestimmungen des Regulativs vom 31. Dezember 1838.

[Erlaß von Beiträgen usw.] **§ 15a[2]).**

(1) Durch Ortsstatut kann bestimmt werden, daß die im vorstehenden Paragraphen und im § 9 des Kommunalabgabengesetzes vom 14. Juli 1893 (Gesetzsamml. S. 152) geregelten Beiträge sowie die im § 6 daselbst bezeichneten Gebühren für Gebäude an Straßen, die ihrer Lage und Ausstattung nach für Wohnungen der Minderbemittelten besonders geeignet erscheinen und für den Ausbau mit Häusern mit höchstens einem Obergeschoß über dem Erdgeschosse bestimmt sind (Kleinwohnungsstraßen), ganz oder teilweise erlassen oder gestundet werden können, sofern die Gebäude hauptsächlich für Wohnungen der bezeichneten Art oder für gemeinnützige Einrichtungen zugunsten der Minderbemittelten (Kinderfürsorge, Fortbildung, Erholung und dergleichen) bestimmt sind. Wird die Zweckbestimmung der Gebäude später geändert, so können von dem jeweiligen Eigentümer des Grundstücks die Beiträge und Gebühren nachträglich verlangt werden, soweit sie erlassen oder noch gestundet sind.

---

[1]) Siehe hierzu § 10 des Kommunalabgabengesetzes, oben Nr. 19.

[2]) § 15a eingefügt durch das Wohnungsgesetz.

(2) Das Ortsstatut kann hinsichtlich der Straßen, der Gebäude und der Wohnungen die Voraussetzungen näher festsetzen, unter denen die Vergünstigung eintritt.

§ 16.

[Ersetzt durch § 121 LVG., s. auch § 51 das.]

§§ 17, 18.

[Aufgehoben durch § 146 Abs. 1 ZustG.]

[Schlußvorschriften] § 19.

(1) Alle den Bestimmungen dieses Gesetzes entgegenstehenden allgemeinen und besonderen gesetzlichen Vorschriften werden hierdurch aufgehoben.

(2) Alle Bestimmungen der im Verwaltungswege erlassenen Bauordnungen, sonstigen polizeilichen Anordnungen und Ortsstatuten, welche mit den Vorschriften dieses Gesetzes in Widerspruch stehen, treten außer Kraft.

[Ausführungsbestimmungen] § 20[1]).

Der Minister der öffentlichen Arbeiten[2]) wird mit der Ausführung dieses Gesetzes beauftragt.

---

43. Preußisches Wohnungsgesetz.

Vom 28. März 1918 (GS. S. 23).

[Das Gesetz brachte den Anfang der in der Nachkriegszeit dann so bedeutsam gewordenen staatlichen Wohnungspolitik und ist mit seinen Ermächtigungen für die Polizei, die über den Rahmen von § 10 II 17 hinausgehen, heute noch in Geltung.]

Artikel 1.

[Überschrieben „Baugelände“, brachte Änderungen zum Fluchtliniengesetz von 1875, die bei dessen Wiedergabe (oben Nr. 42) bereits berücksichtigt sind.]

Artikel 2.

[Betraf die Enteignung mit Rücksicht auf das Wohnungsbedürfnis, hatte Geltung nur bis 31. Dezember 1928.]

---

[1]) § 20 i. d. F. des Wohnungsgesetzes.
[2]) S. Anm. 2 zu § 5 Abs. 3.

Artikel 3. Eingemeindung und Umgemeindung.

§ 1.

In § 2 Nr. 5 der Landgemeindeordnung für die sieben östlichen Provinzen der Preußischen Monarchie vom 3. Juli 1891 (Gesetzsamml. S. 233) wird unter d folgende Vorschrift eingestellt:

d) wenn die Rücksicht auf das Wohnungsbedürfnis die Eingemeindung oder Umgemeindung erheischt[1]).

§ 2.

Soweit andere Gemeindeverfassungsgesetze eine Eingemeindung oder Umgemeindung davon abhängig machen, daß das öffentliche Interesse die Eingemeindung oder Umgemeindung erfordert, findet die Vorschrift im § 1 entsprechende Anwendung.

Artikel 4. Baupolizeiliche Vorschriften.

[Gegenstände der Bauordnungen]

§ 1.

Durch die Bauordnungen kann insbesondere geregelt werden:

1. die Abstufung der baulichen Ausnutzbarkeit der Grundstücke, ebenso daß, wo Fluchtlinien nicht festgestellt sind, nur offene Bauweise mit Gebäuden von nicht mehr als einem Obergeschoß über dem Erdgeschosse zulässig ist;
2. die Ausscheidung besonderer Ortsteile, Straßen und Plätze, für welche die Errichtung von Anlagen nicht zugelassen ist, die beim Betriebe durch Verbreitung übler Dünste, durch starken Rauch oder ungewöhnliches Geräusch Gefahren, Nachteile oder Belästigungen für die Nachbarschaft oder das Publikum überhaupt herbeizuführen geeignet sind;
3. die Ausscheidung besonderer Ortsteile, Straßen und Plätze, in denen nur die Errichtung von Wohngebäuden mit Nebenanlagen oder nur die Errichtung von gewerblichen Anlagen mit Nebengebäuden zugelassen ist;
4. der Verputz und Anstrich oder die Ausfugung der vornehmlich Wohnzwecken dienenden Gebäude und aller von Straßen, Plätzen oder anderen öffentlichen Verkehrsflächen aus sichtbaren Bauten sowie die einheitliche Gestaltung des Straßenbildes, und zwar unter Berücksichtigung des Denkmal- und Heimatschutzes;
5. die Vorlage von Bauzeichnungen für alle Außenflächen von Wohngebäuden;

---

[1]) Oben bei Nr. 13 bereits berücksichtigt.

6. unter welchen Bedingungen Gartenhäuschen (Lauben) nicht als Wohnhäuser (Wohngebäude) im Sinne des § 13 ff. des Gesetzes, betreffend die Gründung neuer Ansiedlungen in den Provinzen Ostpreußen, Westpreußen, Brandenburg, Pommern, Posen, Schlesien, Sachsen und Westfalen, vom 10. August 1904 (Gesetzsamml. S. 227), des § 1 des Gesetzes, betreffend die Gründung neuer Ansiedlungen im Herzogtume Lauenburg, vom 4. November 1874 (Amtl. Wochenblatt für das Herzogtum Lauenburg S. 291 ff.) und des § 12 des Gesetzes, betreffend die Anlegung und Veränderung von Straßen und Plätzen in Städten und ländlichen Ortschaften, vom 2. Juli 1875 (Gesetzsamml. S. 561) anzusehen sind.

[Reg. f. Ausführ. d. Wohngebäude] **§ 2.**

(1) Insofern die bauliche Entwicklung es erfordert, haben die Bauordnungen für die Ausführung der Wohngebäude, besonders hinsichtlich der Standfestigkeit, Tragfähigkeit, Feuersicherheit, Verkehrssicherheit und Raumhöhen unterschiedliche Vorschriften zu geben, je nachdem sich diese auf Gebäude größeren oder kleineren Umfanges beziehen.

(2) Geben Bauordnungen für größere Bezirke gleichzeitig Bestimmungen für größere und kleinere Gemeinden, so haben sie hinsichtlich der Höhe der Gebäude, der bebaubaren Flächen und der Geschoßzahl unterschiedliche Bestimmungen zu treffen, welche die besonderen Verhältnisse der Gemeinden berücksichtigen.

(3) Für Stadtkreise sollen die Bauordnungen in der Regel als Ortspolizeiverordnungen erlassen werden.

[Brandgiebel] **§ 3.**

Durch die Bauordnungen sollen Bestimmungen eingeführt werden, durch die überall dort, wo die offene Bauweise üblich und wirtschaftlich durchführbar ist, die Errichtung von *Wohnhäusern mit freistehenden Brandgiebeln* verhindert wird.

[Ortsstraßen] **§ 4.**

(1) Sofern die Verhältnisse es erfordern, sollen durch Polizeiverordnungen für die Herstellung und Unterhaltung der Ortsstraßen *abgestufte Vorschriften* je nach deren Bestimmung (Hauptverkehrsstraßen, Nebenverkehrsstraßen, Wohnstraßen, Wohnwege usw.) gegeben werden.

(2) Durch Polizeiverordnung kann auch im Wohnungsinteresse für Wohnstraßen, Wohnwege und andere Ortsstraßen, die dem Zugange zu Wohngebäuden dienen, der Fuhrwerksverkehr beschränkt werden.

[Änderung des ZustG.] **§ 5.**

Der Abs. 4 des § 145 des Gesetzes über die Zuständigkeit der Verwaltungs- und Verwaltungsgerichtsbehörden vom 1. August 1883 (Gesetzsamml. S. 237) erhält folgende Fassung:

Gegen die Beschlüsse des Bezirksausschusses in erster Instanz und des gemäß Abs. 1 entscheidenden Regierungspräsidenten findet binnen 2 Wochen die Beschwerde an den Oberpräsidenten statt, der endgültig entscheidet.[1])

Artikel 5. Benutzung der Gebäude.

I. Allgemeine Vorschriften über die Benutzung der Gebäude zum Wohnen und Schlafen (Wohnungsordnungen).

[Erlaß von Wohnungsordnungen] **§ 1.**

(1) Die Benutzung der Gebäude zum Wohnen und Schlafen kann durch allgemeine Vorschriften (Wohnungsordnungen) im Wege der Polizeiverordnung geregelt werden. In der Regel sollen die Wohnungsordnungen als Orts- oder Kreispolizeiverordnungen erlassen werden.

(2) Für Gemeinden und Gutsbezirke mit mehr als 10 000 Einwohnern sind solche Wohnungsordnungen zu erlassen.

(3) Ist in Gemeinden, für die von Ortspolizeibehörden Wohnungsordnungen erlassen werden sollen, die Polizei unter mehrere Behörden geteilt, so gilt als Ortspolizeibehörde diejenige Behörde, welcher die Baupolizei übertragen ist.

[Wohn- und Schlafräume] **§ 2.**

(1) Durch die Wohnungsordnungen ist vorzuschreiben, daß als Wohn- oder Schlafräume (auch Küchen) nur solche Räume benutzt werden dürfen, welche zum dauernden Aufenthalte von Menschen baupolizeilich genehmigt sind.

(2) Ausnahmen sind nur zulässig für Gebäude, die zur Zeit des Inkrafttretens des Wohnungsgesetzes bereits bewohnt waren.

§ 3.

(1) Die Wohnungsordnungen können ferner insbesondere Vorschriften treffen über:

1. eine den gesundheitlichen Anforderungen entsprechende bauliche Beschaffenheit und Instandhaltung der Wohn- und Schlafräume (auch Küchen), der Hausflure, Treppen, Höfe und sonstigen der gemeinsamen Benutzung der Hausbewohner dienenden Teile des Hauses;

---

[1]) Oben bei Nr. 3 bereits berücksichtigt.

2. eine den Anforderungen des Familienlebens entsprechende Trennung der von verschiedenen Haushaltungen benutzten Wohn- und Schlafräume (auch Küchen) voneinander;
3. die Zahl und die Beschaffenheit der erforderlichen Kochstellen, Wasserentnahmestellen, Ausgüsse, Aborte, wobei in städtischen Verhältnissen in der Regel zu fordern ist, daß ein Abort von höchstens zwei Familien benutzt werden darf;
4. die im gesundheitlichen und sittlichen Interesse zulässige Belegung der Wohn- und Schlafräume (auch Küchen);
5. die Einrichtung, Ausstattung und Unterhaltung der von Dienst- oder Arbeitgebern ihren Dienstboten, Gewerbegehilfen (Gesellen, Gehilfen, Lehrlingen), Handlungsgehilfen, Handlungslehrlingen oder sonstigen Angestellten oder Arbeitern zugewiesenen Schlafräume;
6. die Bedingungen, unter denen die Aufnahme nicht zur Familie gehöriger Personen gegen Entgelt als Zimmermieter (Zimmerherren), Einlieger (Einlogierer, Miet-, Kost- und Quartiergänger) oder Schlafgänger (Schläfer, Schlafleute, Schlafsteller, Schlafgäste, Schlafburschen und -mädchen) statthaft ist;
7. die zur Durchführung der getroffenen Bestimmungen den Beteiligten, namentlich hinsichtlich der Anzeigen, Aushänge usw. obliegenden Verpflichtungen.

(2) Für Städte über 10 000 Einwohner sollen die Wohnungsordnungen die vorstehenden Bestimmungen enthalten.

II. Besondere Vorschriften über die Unterbringung von Arbeitern.

§ 4.

(1) Durch Polizeiverordnungen, durch welche die Unterbringung von Arbeitern geregelt wird, müssen Mindestanforderungen hinsichtlich der Beschaffenheit, Einrichtung, Ausstattung und Unterhaltung der Unterkunftsräume und ihres Zubehörs festgesetzt sowie die zur Durchführung der Bestimmungen erforderlichen Vorschriften, insbesondere hinsichtlich der Anzeigen, Aushänge usw. vorgesehen werden.

(2) Die gemeinschaftlichen Wohnräume für Arbeiter (Arbeiterkasernen) müssen so eingerichtet sein, daß in der Regel für jede Familie ein besonderer abschließbarer Raum vorhanden ist, der den allgemeinen Ansprüchen an Gesundheit und Sittlichkeit entspricht.

(3) Für lediges Arbeitspersonal müssen Räume zur Verfügung stehen, die die Trennung der Geschlechter ermöglichen.

Artikel 6. Wohnungsaufsicht.

I. Örtliche Wohnungsaufsicht.

[Aufgabe des Wohnungsamtes] **§ 1.**

(1) Die Aufsicht über das Wohnungswesen ist eine Gemeindeangelegenheit. Sie liegt, unbeschadet der allgemeinen gesetzlichen Befugnisse der Ortspolizeibehörden, dem Gemeindevorstand ob. Er hat sich von den Zuständen im Wohnungswesen fortlaufend Kenntnis zu verschaffen, auf die Fernhaltung und Beseitigung von Mißständen sowie auf die Verbesserung der Wohnungsverhältnisse, namentlich der Minderbemittelten, hinzuwirken und die Befolgung der Vorschriften der Wohnungsordnung zu überwachen.

(2) Für Gemeinden mit mehr als 100 000 Einwohnern ist zur Durchführung der Wohnungsaufsicht ein Wohnungsamt zu errichten. Zur Durchführung der Wohnungsaufsicht sind ein oder mehrere für diesen Dienstzweig geeignete Personen einzustellen. Für Gemeinden von mehr als 50 000 bis 100 000 Einwohnern kann durch Anordnung der Aufsichtsbehörde die Errichtung eines den vorstehenden Bestimmungen entsprechenden Wohnungsamts vorgeschrieben werden. Für Gemeinden von mehr als 10 000 bis 50 000 Einwohnern kann durch Anordnung der Aufsichtsbehörde die Anstellung besonderer sachkundiger beamteter (besoldeter oder ehrenamtlich tätiger) Wohnungsaufseher vorgeschrieben werden. Mehrere Gemeinden können sich mit Genehmigung der staatlichen Aufsichtsbehörde zur Errichtung eines gemeinsamen Wohnungsamts für ihre Bezirke vereinigen. Unter der gleichen Voraussetzung kann auch ein weiterer Kommunalverband für seinen Bezirk oder Teile seines Bezirkes ein gemeinsames Wohnungsamt errichten.

(3) Dem Wohnungsamte können von der Gemeinde, sofern sich mehrere Gemeinden zur Errichtung eines gemeinsamen Wohnungsamts vereinigt haben, durch übereinstimmende Beschlüsse der beteiligten Gemeinden und, sofern die Errichtung durch einen weiteren Kommunalverband erfolgt, durch Beschluß des letzteren andere verwandte Aufgaben übertragen werden. Sofern nicht für die Nachweisung kleinerer Wohnungen durch andere Einrichtungen in ausreichender Weise gesorgt ist, sind in Gemeinden mit mehr als 10 000 Einwohnern gemeindliche Wohnungsnachweise zu errichten. Zugleich ist durch Polizeiverordnung den Vermietern solcher Wohnungen die Pflicht zur Anmeldung verfügbarer Wohnungen und zur Abmeldung vermieteter Wohnungen aufzuerlegen.

[Wohnungsbesichtigung] § 2.

(1) Die mit der Wohnungsaufsicht betrauten Personen sind berechtigt, bei Ausübung der Wohnungsaufsicht alle Räume, die zum Aufenthalte von Menschen benutzt werden, sowie die dazugehörigen Nebenräume, Zugänge, Aborte zu betreten. Sie haben den Wohnungsinhaber oder dessen Vertreter bei dem Beginne der Besichtigung mit dem Zwecke ihres Erscheinens bekanntzumachen und sich unaufgefordert durch öffentliche Urkunde über ihre Berechtigung auszuweisen.

(2) Die Besichtigung muß so vorgenommen werden, daß eine Belästigung der Beteiligten tunlichst vermieden wird. Sie darf nur in der Zeit von 9 Uhr morgens bis 6 Uhr abends, bei Wohnungen, in die Einlieger oder Schlafgänger aufgenommen werden, nur in der Zeit von 5 Uhr morgens bis 10 Uhr abends erfolgen.

(3) Der Wohnungsinhaber oder sein Vertreter ist verpflichtet, über die Art der Benutzung der Räume wahrheitsgemäß Auskunft zu erteilen.

[Art der Abhilfe] § 3.

Soweit sich bei Ausübung der Wohnungsaufsicht ergibt, daß die Wohnung hinsichtlich ihrer Beschaffenheit oder Benutzung den an sie zu stellenden Anforderungen nicht entspricht, ist Abhilfe in der Regel zunächst durch Rat, Belehrung oder Mahnung zu versuchen. Läßt sich auf diese Weise Abhilfe nicht schaffen, so ist der Gemeindevorstand befugt, die erforderlichen Anordnungen zu erlassen; auf die Anordnungen finden die §§ 127 bis 129, 132, 133 des Landesverwaltungsgesetzes vom 30. Juli 1883 (Gesetzsamml. S. 195), soweit sie sich auf Maßnahmen der Ortspolizeibehörden beziehen, entsprechende Anwendung.

[Dienstanweisung] § 4.

Die Ausübung der Wohnungsaufsicht ist für solche Gemeinden, für welche gemäß Artikel 5 § 1 eine Wohnungsordnung erlassen ist, durch eine von dem Gemeindevorstande festzusetzende Dienstanweisung zu regeln.

II. Bezirks-Wohnungsaufsichtsbeamte.

§ 5.

Den Regierungspräsidenten, für den Landespolizeibezirk Berlin dem Oberpräsidenten, sind zur Ausübung der Aufsicht über die Tätigkeit der Gemeinde- und Ortspolizeibehörden (§ 1), soweit sich dazu ein Bedürfnis ergibt, Wohnungsaufsichtsbeamte beizugeben. Diesen Beamten stehen bei Ausübung ihrer Dienstobliegenheiten die Befugnisse der mit der örtlichen Wohnungsaufsicht betrauten Personen (§ 2) zu.

Artikel 7. Gemeinsame Vorschriften für die Wohnungsordnungen und die Wohnungsaufsicht.

[Für welche Wohnungen?] **§ 1.**

(1) Den Wohnungsordnungen (Artikel 5 I) und der Wohnungsaufsicht (Artikel 6) unterliegen:

1. Wohnungen, die einschließlich Küche aus vier oder weniger zum dauernden Aufenthalte von Menschen bestimmten Räumen bestehen;
2. größere Wohnungen, in denen nicht zur Familie gehörige Personen gegen Entgelt als Zimmermieter (Zimmerherren), Einlieger (Einlogierer, Miet-, Kost- und Quartiergänger) oder Schlafgänger (Schläfer, Schlafleute, Schlafsteller, Schlafgäste, Schlafburschen und -mädchen) aufgenommen werden;
3. Wohn- oder Schlafräume, die von Dienst- oder Arbeitgebern ihren Dienstboten, Gewerbegehilfen (Gesellen, Gehilfen, Lehrlingen), Handlungsgehilfen, Handlungslehrlingen oder sonstigen Angestellten oder Arbeitern zugewiesen sind;
4. solche Wohn- oder Schlafräume in Mietwohnungen, die im Keller oder in einem nicht vollausgebauten Dachgeschosse liegen;
5. Ledigenheime und Arbeiterlogierhäuser.

(2) Eigenwohnungen der im Abs. 1 Nr. 1 bezeichneten Art in Gebäuden, die ausschließlich von einer Familie bewohnt werden, sollen, sofern nicht in ihnen Personen gemäß Nr. 2 aufgenommen werden, den Wohnungsordnungen nur dann unterstellt werden, wenn dafür ein besonderes Bedürfnis vorliegt.

[Zwang zum Wohnungswechsel] **§ 2.**

Auf Grund der Wohnungsordnungen sollen Anforderungen, die den Wohnungsinhaber zu einem Wohnungswechsel nötigen, bei Mietwohnungen in der Regel nur gestellt werden, wenn die Wohnungen nach Erlaß der Wohnungsordnung bezogen werden oder das Mietverhältnis nach diesem Zeitpunkte verlängert oder trotz Zulässigkeit der Kündigung oder länger als sechs Monate fortgesetzt wird.

[Mehrere Mieter, verbund. Räume] **§ 3.**

(1) Wohnungen, die von mehreren Mietern gemeinschaftlich gemietet werden, gelten hinsichtlich der Zahl der Räume (§ 1 Abs. 1 Nr. 1) als zwischen ihnen geteilt.

(2) Räume, die miteinander in unmittelbarer offener Verbindung stehen (Zimmer und Alkoven, Butzen und dergleichen), gelten als ein Raum.

§ 4.

[Betraf Vorrechte des Königshauses usw., die durch G. v. 23. Juni 1920, betr. Aufhebung der Standesvorrechte, aufgehoben wurden (s. § 41 Ziff. 79 das.).]

Artikel 8.

[Sah die Bereitstellung staatlicher Mittel in Höhe von einmalig 20 Mill. Mark vor. Ist durch Ausführung erledigt.]

Artikel 9. Schluß- und Übergangsbestimmungen.

[Einwohnerzahl] **§ 1.**

Maßgebend für die Berechnung der Einwohnerzahl einer Gemeinde oder eines Gutsbezirkes ist hinsichtlich der Bestimmungen dieses Gesetzes die durch die jedesmal letzte Volkszählung ermittelte Zahl der ortsanwesenden Zivilbevölkerung.

[Denkmal- und Heimatschutz] **§ 2.**

(1) Bei der Aufstellung und Anwendung der Bau- und Wohnungsordnungen und bei der Ausübung der Wohnungsaufsicht ist, soweit nicht ein überwiegendes Interesse der Gesundheit oder der Sittlichkeit entgegensteht, das Interesse des Denkmal- und Heimatschutzes zu berücksichtigen.

(2) In Zweifelsfällen sind Sachverständige zu hören.

[Inkrafttreten usw.] **§ 3.**

(1) Dieses Gesetz tritt am 1. April 1918 in Kraft.

(2) Bestehende Wohnungsordnungen bleiben bis zum Ablauf eines Jahres nach dem Inkrafttreten dieses Gesetzes in Geltung, soweit sie nicht schon vorher durch Wohnungsordnungen gemäß Artikel 5 dieses Gesetzes ersetzt worden sind.

(3) Bereits vor Inkrafttreten dieses Gesetzes können zu seiner Ausführung Wohnungsordnungen erlassen und die zu diesem Behufe notwendigen Anordnungen und Beschlüsse erlassen werden.

33*

44a. Gesetz über die Enteignung von Grundeigentum.

Vom 11. Juni 1874 (GS. S. 221).

[Das Enteignungsgesetz ist noch immer die Grundlage für die gewöhnliche Grundstücksenteignung, da das Reich von der ihm durch RV. Art. 7 Nr. 12 gegebenen Befugnis zum Erlaß eines Reichsenteignungsgesetzes keinen Gebrauch gemacht hat. Eine Reihe von Vereinfachungen bringt das ergänzende Gesetz vom 26. Juli 1922, dessen Fortschritte das künftige Enteignungsrecht sich wohl zunutze machen wird.]

Inhalt.

[Vom Gesetzgeber nicht vorgesehen.]

Titel I. Zulässigkeit der Enteignung[1]).

[Enteignungsgrund]

§ 1.

Das Grundeigentum kann nur aus Gründen des öffentlichen Wohles für ein Unternehmen, dessen Ausführung die Ausübung des Enteignungsrechtes erfordert, gegen vollständige Entschädigung entzogen oder beschränkt werden.

[Beschl. d. Staatsmin. als Voraussetz. f. d. Einl. d. Ent.-Verf.]

§ 2.

(1) Die Entziehung und dauernde Beschränkung des Grundeigentums erfolgt auf Grund einer [Königlicher] Verordnung des Staatsministeriums[2]), welche den Unternehmer und das Unternehmen, zu dem das Grundeigentum in Anspruch genommen wird, bezeichnet.

---

[1]) Nur auf gesetzlicher Grundlage, Art. 153 Abs. 2 RV.

[2]) Gemäß Art. 82 PrV.

(2) Die [Königliche] Verordnung des Staatsministeriums[1]) wird durch das Amtsblatt derjenigen Regierung bekanntgemacht, in deren Bezirk das Unternehmen ausgeführt werden soll.

[Ausnahme von § 2] **§ 3.**

Ausnahmsweise bedarf es zu Enteignungen der in § 2 gedachten Art einer [Königlichen] Verordnung des Staatsministeriums[1]) nicht für Geradelegung oder Erweiterung öffentlicher Wege, sowie zur Umwandlung von Privatwegen in öffentliche Wege, vorausgesetzt, daß das dafür in Anspruch genommene Grundeigentum außerhalb der Städte und Dörfer belegen und nicht mit Gebäuden besetzt ist. In diesem Falle wird die Zulässigkeit der Enteignung von dem Bezirksausschuß[2]) ausgesprochen.

[Vorübergehende Beschränkungen] **§ 4.**

(1) Vorübergehende Beschränkungen werden von dem Bezirksausschuß[2]) angeordnet.

(2) Dieselben dürfen wider den Willen des Grundeigentümers die Dauer von drei Jahren nicht überschreiten. Auch darf dadurch die Beschaffenheit des Grundstücks nicht wesentlich oder dauernd verändert werden. Zur Überschreitung dieser Grenzen bedarf es eines nach § 2 eingeleiteten und durchgeführten Enteignungsverfahrens.

(3) Gegen den Beschluß des Bezirksausschusses[2]) in den Fällen der §§ 3 und 4 steht innerhalb zwei Wochen[3]) nach der Zustellung jedem Beteiligten die Beschwerde an die vorgesetzte Ministerialinstanz offen.

[Vorarbeiten] **§ 5.**

(1) Handlungen, welche zur Vorbereitung eines die Enteignung rechtfertigenden Unternehmens erforderlich sind, muß auf Anordnung des Bezirksausschusses[2]) der Besitzer auf seinem Grund und Boden geschehen lassen. Es ist ihm jedoch der hierdurch etwa erwachsende, nötigenfalls im Rechtswege festzustellende Schaden zu vergüten. Zur Sicherstellung der Entschädigung darf der Bezirksausschuß[2]) vor Beginn der Handlungen vom Unternehmer eine Kaution bestellen lassen und deren Höhe bestimmen. Er[4]) ist hierzu verpflichtet, wenn ein Beteiligter die Kautionsstellung verlangt.

---

[1]) Gemäß Art. 82 PrV.

[2]) § 150 Abs. 1 ZustG. oben Nr. 3.

[3]) § 150 Abs. 3 ZustG.

[4]) D. i. der Bezirksausschuß.

(2) Die Gestattung der Vorarbeiten wird von dem Bezirksausschuß[1]) im Regierungsamtsblatte generell bekanntgemacht. Von jeder Vorarbeit hat der Unternehmer unter Bezeichnung der Zeit und der Stelle, wo sie stattfinden soll, mindestens zwei Tage zuvor den Vorstand des betreffenden Guts- oder Gemeindebezirks in Kenntnis zu setzen, welcher davon die beteiligten Grundbesitzer speziell oder in ortsüblicher Weise generell benachrichtigt. Dieser Vorstand ist ermächtigt, dem Unternehmer auf dessen Kosten einen beeidigten Taxator zu dem Zwecke zur Seite zu stellen, um vorkommende Beschädigungen sogleich festzustellen und abzuschätzen. Der abgeschätzte Schaden ist, vorbehaltlich dessen anderweiter Feststellung im Rechtswege, den Beteiligten (Eigentümer, Nutznießer, Pächter, Verwalter) sofort auszuzahlen, widrigenfalls der Ortsvorstand auf den Antrag des Beteiligten die Fortsetzung der Vorarbeiten zu hindern verpflichtet ist.

(3) Zum Betreten von Gebäuden und eingefriedigten Hof- oder Gartenräumen bedarf der Unternehmer, insoweit dazu der Grundbesitzer seine Einwilligung nicht ausdrücklich erteilt, in jedem einzelnen Falle einer besonderen Erlaubnis der Ortspolizeibehörde, welche die Besitzer zu benachrichtigen und zur Offenstellung der Räume zu veranlassen hat.

(4) Eine Zerstörung von Baulichkeiten jeder Art, sowie ein Fällen von Bäumen ist nur mit besonderer Gestattung des Bezirksausschusses[1]) zulässig.

[Grundstücksrechte] **§ 6.**

Dasjenige, was dieses Gesetz über die Entziehung und Beschränkung des Grundeigentums bestimmt, gilt auch von der Entziehung und Beschränkung der Rechte am Grundeigentum.

Titel II. Von der Entschädigung.

[Entschädigungspflichtiger] **§ 7.**

Die Pflicht der Entschädigung liegt dem Unternehmer ob. Die Entschädigung wird in Geld gewährt. Ist in Spezialgesetzen eine Entschädigung in Grund und Boden vorgeschrieben, so behält es dabei sein Bewenden.

[Höhe d. Entschädig. d. Entziehung] **§ 8.**

(1) Die Entschädigung für die Abtretung des Grundeigentums besteht in dem vollen Werte des abzutretenden Grundstücks, einschließlich der enteigneten Zubehörungen und Früchte.

---

[1]) S. Anm. 2 zu § 5.

(2) Wird nur ein Teil des Grundbesitzes desselben Eigentümers in Anspruch genommen, so umfaßt die Entschädigung zugleich den Mehrwert, welchen der abzutretende Teil durch seinen örtlichen oder wirtschaftlichen Zusammenhang mit dem Ganzen hat, sowie den Minderwert, welcher für den übrigen Grundbesitz durch die Abtretung entsteht.

[Teile eines Grundstücks] **§ 9.**

(1) Wird nur ein Teil von einem Grundstück in Anspruch genommen, so kann der Eigentümer verlangen, daß der Unternehmer das Ganze gegen Entschädigung übernimmt, wenn das Grundstück durch die Abtretung so zerstückelt werden würde, daß das Restgrundstück nach seiner bisherigen Bestimmung nicht mehr zweckmäßig benutzt werden kann.

(2) Trifft die geminderte Benutzbarkeit nur bestimmte Teile des Restgrundstücks, so beschränkt sich die Pflicht zur Mitübernahme auf diese Teile.

(3) Bei Gebäuden, welche teilweise in Anspruch genommen werden, umfaßt diese Pflicht jedenfalls das gesamte Gebäude.

(4) Bei den Vorschriften dieses Paragraphen ist unter der Bezeichnung Grundstück jeder in Zusammenhang stehende Grundbesitz des nämlichen Eigentümers begriffen.

[Bemessung der Entschädigung] **§ 10.**

(1) Die bisherige Benutzungsart kann bei der Abschätzung nur bis zu demjenigen Geldbetrage Berücksichtigung finden, welcher erforderlich ist, damit der Eigentümer ein anderes Grundstück in derselben Weise und mit gleichem Ertrage benutzen kann.

(2) Eine Werterhöhung, welche das abzutretende Grundstück erst infolge der neuen Anlage erhält, kommt bei der Bemessung der Entschädigung nicht in Anschlag.

[Schaden Dritter] **§ 11.**

Der Betrag des Schadens, welchen Nutzungs-, Gebrauchs- und Servitutberechtigte, Pächter und Mieter durch die Enteignung erleiden, ist, soweit derselbe nicht in der nach § 8 für das enteignete Grundeigentum bestimmten Entschädigung oder in der an derselben zu gewährenden Nutzung begriffen ist, besonders zu ersetzen.

[Entschädigung bei Beschränkung] **§ 12.**

(1) Für Beschränkungen (§§ 2, 4) ist die Entschädigung nach denselben Grundsätzen zu bestimmen, wie für die Entziehung des Grundeigentums.

(2) Tritt durch eine Beschränkung eine Benachteiligung des Eigentümers ein, welche bei Anordnung der Beschränkung sich nicht im voraus abschätzen läßt, so kann der Eigentümer die Bestellung einer angemessenen Kaution, sowie die Festsetzung der Entschädigung nach Ablauf jeden halben Jahres der Beschränkung verlangen.

[Neuanlagen] § 13.

Für Neubauten, Anpflanzungen, sonstige neue Anlagen und Verbesserungen wird beim Widerspruch des Unternehmers eine Vergütung nicht gewährt, vielmehr nur dem Eigentümer die Wiederwegnahme auf seine Kosten bis zur Enteignung des Grundstückes vorbehalten, wenn aus der Art der Anlage, dem Zeitpunkte ihrer Errichtung oder den sonst obwaltenden Umständen erhellt, daß dieselben nur in der Absicht vorgenommen sind, eine höhere Entschädigung zu erzielen.

[Benachbarte Grundst., öff. Interesse] § 14.

(1) Der Unternehmer ist zugleich zur Einrichtung derjenigen Anlagen an Wegen, Überfahrten, Triften, Einfriedigungen, Bewässerungs- und Vorflutsanstalten usw. verpflichtet, welche für die benachbarten Grundstücke oder im öffentlichen Interesse zur Sicherung gegen Gefahren und Nachteile notwendig werden. Auch die Unterhaltung dieser Anlagen liegt ihm ob, insoweit dieselbe über den Umfang der bestehenden Verpflichtungen zur Unterhaltung vorhandener, demselben Zwecke dienender Anlagen hinausgeht.

(2) Über diese Obliegenheiten des Unternehmers entscheidet der Bezirksausschuß[1]) (§ 21).

Titel III. Enteignungsverfahren.

1. Feststellung des Planes.

[Vorläufige Feststellung] § 15.

(1) Vor Ausführung des Unternehmens ist für dasselbe, unter Berücksichtigung der nach § 14 den Unternehmer treffenden Obliegenheiten, ein Plan, welchem geeignetenfalls die erforderlichen Querprofile beizufügen sind, in einem zweckentsprechenden Maßstabe aufzustellen und von derjenigen Behörde zu prüfen und vorläufig festzustellen, welche dazu nach den für die verschiedenen Arten der Unternehmungen bestehenden Gesetzen berufen ist.

(2) Ist eine besondere Behörde durch das Gesetz nicht berufen, so liegt diese Prüfung und Feststellung dem Bezirksausschusse[1]) ob.

[1]) S. Anm. 2 zu § 5.

[Freiwillige Abtretung] § 16.

Eine Einigung zwischen den Beteiligten über den Gegenstand der Abtretung, soweit er nach dem Befinden der zuständigen Behörde zu dem Unternehmen erforderlich ist, kann zum Zwecke sowohl der Überlassung des Besitzes, als der sofortigen Abtretung des Eigentums stattfinden. Es kann dabei die Entschädigung nachträglicher Feststellung vorbehalten werden, welche alsdann nach den Vorschriften dieses Gesetzes oder auch, je nach Verabredung der Beteiligten, sofort im Rechtswege erfolgt. Es kann ferner dabei behufs Regelung der Rechte Dritter die Durchführung des förmlichen Enteignungsverfahrens, nach Befinden ohne Berührung der Entschädigungsfrage, vorbehalten werden.

[Abschluß des Abtretungsvertrages] § 17.

(1) Für die freiwillige Abtretung in Gemäßheit des § 16 sind die nach den bestehenden Gesetzen für die Veräußerung von Grundeigentum vorgeschriebenen Formen zu wahren.

(2) Handelt es sich um Grundstücke oder Gerechtigkeiten bevormundeter, in Konkurs geratener, unter Kuratel stehender oder anderer handlungsunfähiger Personen, so genügt der Abschluß des Vertrages durch deren Vertreter unter Genehmigung des vormundschaftlichen Gerichts oder desjenigen Gerichts, welches die Veräußerung der Grundstücke und Gerechtigkeiten solcher Personen aus freier Hand zu genehmigen befugt ist.

(3) Lehns- und Fideikommißbesitzer sind befugt, solche Verträge unter Zustimmung der beiden nächsten Agnaten abzuschließen, sofern die Stiftungsurkunden oder besondere gesetzliche Bestimmungen jene Veräußerungen nicht unter erleichterter Form gestatten.

(4) Im Bezirk des Oberlandesgerichts zu Köln sind die Vertreter der Minderjährigen, Abwesenden, Interdizierten und anderer handlungsunfähiger Personen, sowie der Fallitmassen befugt, gültig in die Veräußerung zu willigen, wenn sie dazu von dem Gericht auf Antrag in der Ratskammer nach Anhörung des Ministers für Handel und Gewerbe[1]) ermächtigt sind. Diese Vorschrift findet auch auf Total- und Fideikommißgrundstücke Anwendung.

(5) Veräußerungsbeschränkungen, welche zur Verhütung der Trennung von Gutsverbänden oder der Zerstückelung von Ländereien bestehen, finden keine Anwendung.

[Endgültige Feststellung] § 18.

(1) Auf Antrag des Unternehmers erfolgt das Verfahren behufs Feststellung des Planes.

---

1) Der auf Grund des G. vom 15. August 1921 (GS. S. 487) an die Stelle des Min. d. öff. Arbeiten getreten ist.

(2) Zu diesem Behufe hat derselbe dem Regierungspräsidenten[1]) für jeden Gemeinde- oder Gutsbezirk einen Auszug aus dem vorläufig festgestellten Plane nebst Beilagen vorzulegen, welche die zu enteignenden Grundstücke nach ihrer grundbuchmäßigen, katastermäßigen oder sonst üblichen Bezeichnung und Größe, deren Eigentümer nach Namen und Wohnort, ferner die nach § 14 herzustellenden Anlagen, sowie, wo nur eine Belastung von Grundeigentum in Frage steht, die Art und den Umfang dieser Belastung enthalten müssen.

[Offenlegung, Einwendungen] **§ 19.**

(1) Plan nebst Beilagen sind in dem betreffenden Gemeinde- oder Gutsbezirke während vierzehn Tagen[2]) zu jedermanns Einsicht offenzulegen.

(2) Die Zeit der Offenlegung ist ortsüblich bekanntzumachen.

(3) Während dieser Zeit kann jeder Beteiligte im Umfange seines Interesses Einwendungen gegen den Plan erheben. Auch der Vorstand des Gemeinde- oder Gutsbezirks hat das Recht, Einwendungen zu erheben, welche sich auf die Richtung des Unternehmens oder auf Anlagen der in § 14 gedachten Art beziehen.

(4) Der Regierungspräsident[1]) hat diejenige Stelle zu bezeichnen, bei welcher solche Einwendungen schriftlich einzureichen oder mündlich zu Protokoll zu geben sind.

[Verhandl. über die Einwendungen] **§ 20.**

(1) Nach Ablauf der Frist (§ 19) werden die Einwendungen gegen den Plan in einem nötigenfalls an Ort und Stelle abzuhaltenden Termin vor einem von dem Regierungspräsidenten[1]) zu ernennenden Kommissar erörtert.

(2) Zu dem Termine werden die Unternehmer, die Reklamanten und die durch die Reklamationen betroffenen Grundbesitzer, sowie der Vorstand des Gemeinde- oder Gutsbezirks vorgeladen und mit ihrer Erklärung gehört. Dem Kommissar bleibt es überlassen, Sachverständige, deren Gutachten erforderlich ist, zuzuziehen.

(3) Die Verhandlungen haben sich nicht auf die Entschädigungsfrage zu erstrecken.

[Entscheidung] **§ 21.**

(1) Der Kommissar hat nach Beendigung der Verhandlungen letztere dem Bezirksausschuß vorzulegen, welcher prüft, ob die

---

[1]) S. Anm. 2 zu § 5.

[2]) In den Fällen d. G. vom 26. Juli 1922 (§ 3) eine Woche (s. unten Nr. 44b).

vorgeschriebenen Förmlichkeiten beobachtet sind, mittels motivierten Beschlusses über die erhobenen Einwendungen entscheidet und danach

1. den Gegenstand der Enteignung, die Größe und die Grenzen des abzutretenden Grundbesitzes, die Art und den Umfang der aufzulegenden Beschränkungen, sowie auch die Zeit, innerhalb deren längstens vom Enteignungsrechte Gebrauch zu machen ist — soweit die [Königliche] Verordnung des Staatsministeriums[1]) (§ 2) über diese Punkte keine Bestimmungen enthält —,
2. die Anlagen, zu deren Errichtung wie Unterhaltung der Unternehmer verpflichtet ist (§ 14),

feststellt[2]).

(2) Die Entscheidung wird dem Unternehmer, den Reklamanten und sonstigen Personen, welche an der Streiterörterung teilgenommen, sowie dem Vorstande des Gemeinde- oder Gutsbezirks zugestellt.

[Beschwerde]

§ 22.

(1) Gegen die Entscheidung des Bezirksausschusses[3]) steht den Beteiligten die Beschwerde[4]) an die vorgesetzte Ministerialinstanz offen.

(2) Die Beschwerde[4]) muß bei Verlust derselben innerhalb zwei Wochen[4]) nach Zustellung des Beschlusses bei dem Bezirksausschuß[3]) eingelegt und gerechtfertigt werden. Der Bezirksausschuß hat die Beschwerdeschrift dem Gegner zur Beantwortung innerhalb einer Frist von sieben bis vierzehn Tagen mitzuteilen und nach Eingang der Schrift oder nach Ablauf der Frist die Akten an den zuständigen Minister zur Entscheidung einzusenden.

[Eisenbahnen]

§ 23.

(1) Das Enteignungsrecht bei der Anlage von Eisenbahnen erstreckt sich unter Berücksichtigung der Vorschriften dieses Gesetzes insbesondere:

1. auf den Grund und Boden, welcher zur Bahn, zu den Bahnhöfen und zu den an der Bahn und an den Bahnhöfen behufs des Eisenbahnbetriebes zu errichtenden Gebäuden erforderlich ist;

---

1) Gemäß Art. 82 PrV.

2) S. für die Fälle des vereinfachten Enteignungsverfahrens Anm. 2 zu § 29.

3) S. Anm. 2 zu § 5.

4) § 150 Abs. 3 ZustG.

2. auf den zur Unterbringung der Erde und des Schuttes usw. bei Abtragungen, Einschnitten und Tunnels erforderlichen Grund und Boden;
3. überhaupt auf den Grund und Boden für alle sonstigen Anlagen, welche zu dem Behufe, damit die Bahn als eine öffentliche Straße zur allgemeinen Benutzung dienen könne, nötig oder infolge der Bahnanlage im öffentlichen Interesse erforderlich sind;
4. auf das für die Herstellung von Aufträgen erforderliche Schüttungsmaterial.

(2) Dagegen ist das Enteignungsrecht auf den Grund und Boden für solche Anlagen nicht auszudehnen, welche, wie Warenmagazine und dergleichen, nicht den unter Nr. 3 gedachten allgemeinen Zweck, sondern nur das Privatinteresse des Eisenbahnunternehmers angehen.

(3) Die vorübergehende Benutzung fremder Grundstücke soll bei der Anlage von Eisenbahnen, insbesondere zur Einrichtung von Interimswegen, Werkplätzen und Arbeiterhütten zulässig sein.

2. Feststellung der Entschädigung.

[Antrag]

§ 24.

(1) Der Antrag auf Feststellung der Entschädigung ist von dem Unternehmer schriftlich bei dem Regierungspräsidenten[1]) einzubringen.

(2) Der Antrag muß das zu enteignende Grundstück, dessen Eigentümer, sowie, wo nur eine Belastung in Frage steht, die Art und den Umfang derselben genau bezeichnen (§ 18).

(3) Dem Antrage ist zum Nachweis der Rechte am Grundstück ein beglaubigter Auszug aus dem Grundbuch (Hypothekenbuch, Währschaftsbuch, Stockbuch), wo aber ein solches nicht vorhanden ist oder nicht ausreicht, eine Bescheinigung des Ortsvorstandes oder der sonst zur Ausstellung solcher Bescheinigungen berufenen Behörde über den Eigentumsbesitz und die bekannten Realrechte beizufügen. Diese Urkunden haben die betreffenden Behörden dem Unternehmer auf Grund der Feststellung (§ 21) oder einer sonstigen Bescheinigung des Regierungspräsidenten[1]) gegen Erstattung der Kopialien zu erteilen, auch demselben Einsicht des Grundbuchs usw. zu gestatten.

(4) Gleichzeitig mit Erteilung des Auszugs hat die Grundbuchbehörde, soweit die betreffenden Grundbücher dazu geeignet sind, und zwar ohne weiteren Antrag, eine Vormerkung über das eingeleitete Enteignungsverfahren im Grundbuche einzu-

[1]) S. Anm. 2 zu § 5.

tragen, deren Löschung mit vollzogener Enteignung (§ 33) oder auf besonderes Ersuchen des Regierungspräsidenten[1]) erfolgt. Auch hat dieselbe während der Dauer des Enteignungsverfahrens von jeder an dem Grundstücke eintretenden Rechtsveränderung, welche für die Vertretung des Grundstücks oder die Auszahlung der Entschädigung von Bedeutung ist, von Amts wegen der Enteignungsbehörde Nachricht zu geben.

[Verhandlung über den Antrag] **§ 25.**

(1) Der Entscheidung des Bezirksausschusses[1]) muß eine kommissarische Verhandlung mit den Beteiligten unter Vorlegung des definitiv festgestellten Planes vorangehen.

(2) Der Kommissar hat auf Grund der nach § 24 beizubringenden Urkunden darauf zu achten, daß das Verfahren gegen den wirklichen Eigentümer gerichtet wird.

(3) Er hat den Unternehmer, den Eigentümer, sowie auch Nebenberechtigte, welche sich zur Teilnahme an dem Verfahren gemeldet haben, zu einem nötigenfalls an Ort und Stelle abzuhaltenden Termine vorzuladen.

(4) Alle übrigen Beteiligten werden durch eine in dem Regierungsamtsblatt und in dem betreffenden Kreisblatt, sowie geeignetenfalls in sonstigen Blättern bekanntzumachende Vorladung aufgefordert, ihre Rechte im Termine wahrzunehmen.

(5) Die Ladungen erfolgen unter der Verwarnung, daß beim Ausbleiben der Geladenen ohne deren Zutun die Entschädigung festgestellt und wegen Auszahlung oder Hinterlegung der letzteren werde verfügt werden.

(6) In dem Termine ist jeder an dem zu enteignenden Grundstücke Berechtigte befugt, zu erscheinen und sein Interesse an der Feststellung der Entschädigung, sowie bezüglich der Auszahlung und Hinterlegung derselben wahrzunehmen.

(7) In dem Termine hat der Grundeigentümer seine Anträge auf vollständige Übernahme eines teilweise in Anspruch genommenen Grundstücks (§ 9) anzubringen. Spätere Anträge dieser Art sind unzulässig.

[Vergleich] **§ 26.**

(1) Der Kommissar hat eine Vereinbarung der Beteiligten zu Protokoll zu nehmen und ihnen eine Ausfertigung auf Verlangen zu erteilen.

(2) Das Protokoll hat die Kraft einer gerichtlichen oder notariellen Urkunde. In bezug auf die Rechtsverbindlichkeit der vor dem Kommissar abgeschlossenen Verträge kommen die Bestimmungen des § 17 Absatz 2 und 5 zur Anwendung.

---

[1]) S. Anm. 2 zu § 5.

[Zuziehung von Sachverständigen] **§ 27.**

(1) Zu der kommissarischen Verhandlung sind ein bis drei Sachverständige zuzuziehen, welche von dem Regierungspräsidenten[1]) entweder für das ganze Unternehmen oder einzelne Teile desselben zu ernennen sind. Doch steht auch den Beteiligten zu, sich vor dem Abschätzungstermine über Sachverständige zu einigen, und dieselben dem Kommissar zu bezeichnen.

(2) Die ernannten Sachverständigen müssen die in den betreffenden Prozeßgesetzen vorgeschriebenen Eigenschaften eines völlig glaubwürdigen Zeugen besitzen; dieselben dürfen insbesondere nicht zu denjenigen Personen gehören, die selbst als Entschädigungsberechtigte von der Enteignung betroffen sind.

[Gutachten § 27] **§ 28.**

(1) Das Gutachten wird von den Sachverständigen entweder mündlich zu Protokoll erklärt oder schriftlich eingereicht. Dasselbe muß mit Gründen unterstützt und beeidet werden. Sind die Sachverständigen ein für allemal als solche vereidet, so genügt die Versicherung der Richtigkeit des Gutachtens auf den geleisteten Eid im Protokoll oder unter dem schriftlich eingereichten Gutachten.

(2) Den Beteiligten ist vor der Entscheidung des Bezirksausschusses[1]) (§ 29) Gelegenheit zu geben, über das Gutachten sich auszusprechen.

[Entscheidung] **§ 29[2]).**

(1) Die Entscheidung des Bezirksausschusses[1]) über die Entschädigung, die zu bestellende Kaution und die sonstigen aus §§ 7—13 sich ergebenden Verpflichtungen erfolgt mittels motivierten Beschlusses.

(2) Die Entschädigungssumme ist für jeden Eigentümer, sowie für jeden der im § 11 bezeichneten Nebenberechtigten, soweit ihm eine nicht schon im Werte des enteigneten Grundeigentums begriffene Entschädigung zuzusprechen ist, besonders festzustellen. Auch ist da, wo die den Nebenberechtigten gebührende Entschädigung in dem Werte des enteigneten Grundeigentums begriffen ist, auf Antrag des Eigentümers oder des betreffenden Nebenberechtigten das Anteilsverhältnis festzustellen, nach welchem dem letzteren innerhalb seiner vom Eigentümer anerkann-

---

1) S. Anm. 2 zu § 5.

2) In den Fällen d. G. vom 26. Juli 1922 (unten Nr. 44b) wird dieser Beschluß mit dem Enteignungsbeschluß (§ 32), eventuell auch mit dem Planfeststellungsbeschluß (§ 21) verbunden. S. § 4 a. a. O.

ten Berechtigung aus der für das Eigentum festgestellten Entschädigungssumme oder deren Nutzungen Entschädigung gebührt.

(3) In dem Beschlusse ist zugleich zu bestimmen, daß die Enteignung des Grundstücks nur nach erfolgter Zahlung oder Hinterlegung der Entschädigungs- oder Kautionssumme auszusprechen sei.

[Rechtsweg] § 30.

(1) Gegen die Entscheidung des Bezirksausschusses[1]) steht sowohl dem Unternehmer als den übrigen Beteiligten innerhalb sechs Monaten nach Zustellung des Beschlusses des Bezirksausschusses[1]) die Beschreitung des Rechtsweges zu. Ein Streit über das Anteilsverhältnis eines Nebenberechtigten an der für das Eigentum festgestellten Entschädigungssumme ist lediglich zwischen dem Nebenberechtigten und dem Eigentümer auszutragen.

(2) Eines vorgängigen Sühneversuchs bedarf es nicht.

(3) Zuständig ist das Gericht, in dessen Bezirk das betreffende Grundstück belegen ist.

(4) Sind die Parteien über die Sachverständigen nicht einig, so ernennt das Gericht dieselben.

(5) Wird von dem Unternehmer auf richterliche Entscheidung angetragen, so fallen ihm jedenfalls die Kosten der ersten Instanz zur Last.

[Nachforderungen] § 31.

Wegen solcher nachteiligen Folgen der Enteignung, welche erst nach dem im § 25 gedachten Termine erkennbar werden, bleibt dem Entschädigungsberechtigten bis zum Ablauf von drei Jahren nach der Ausführung des Teiles der Anlage, durch welche er benachteiligt wird, ein im Rechtswege verfolgbarer persönlicher Anspruch gegen den Unternehmer.

3. Vollziehung der Enteignung.

[Enteignungserklärung] § 32[2]).

(1) Die Enteignung des Grundstücks wird auf Antrag des Unternehmers von dem Bezirksausschuß[1]) ausgesprochen, wenn der nach § 30 vorbehaltene Rechtsweg dem Unternehmer gegenüber durch Ablauf der sechsmonatlichen Frist, Verzicht oder rechtskräftiges Urteil erledigt und wenn nachgewiesen ist, daß

---

[1]) S. Anm. 2 zu § 5.

[2]) Wegen des vereinfachten Enteignungsverfahrens s. Anm. 2 zu § 29.

die vereinbarte (§§ 16, 26) oder endgültig festgestellte Entschädigungs- oder Kautionssumme rechtsgültig gezahlt oder hinterlegt ist.

(2) Die Enteignungserklärung schließt, insofern nicht ein anderes dabei vorbehalten wird, die Einweisung in den Besitz in sich.

[Nachricht dem Grundbuchamt] **§ 33.**

Gleichzeitig mit der Enteignungserklärung hat der Bezirksausschuß[1]) da, wo nach den bestehenden Gesetzen von dem Eigentumsübergange Nachricht zu den Gerichtsakten zu nehmen ist, oder wo zur Eintragung des Eigentumsüberganges bestimmte öffentliche Bücher bestehen, der zuständigen Gerichts- oder sonstigen Behörde von der Enteignung Nachricht zu geben, beziehungsweise dieselbe um Bewirkung der Eintragung zu ersuchen. Der Enteignungsbeschluß des Bezirksausschusses steht hierbei dem Erkenntnisse eines Gerichts gleich.

[Dringlichkeit der Enteignung] **§ 34.**

(1) In dringlichen Fällen kann der Bezirksausschuß[1]) auf Antrag des Unternehmers anordnen, daß noch vor Erledigung des Rechtsweges die Enteignung erfolgen solle, sobald die durch Beschluß des Bezirksausschusses (§ 29) festgestellte Entschädigungs- oder Kautionssumme gezahlt oder hinterlegt worden.

(2) Diese Anordnung kann unter Umständen auch von vorgängiger Leistung einer besonderen Kaution abhängig gemacht werden.

(3) Gegen die Anordnung des Bezirksausschusses[1]) in diesen Fällen steht innerhalb dreier Tage nach der Zustellung jedem Beteiligten die Beschwerde[2]) an die vorgesetzte Ministerialinstanz offen.

[Feststellung des Zustandes der Gebäude usw. (§ 34)] **§ 35.**

(1) Jeder Beteiligte kann binnen sieben Tagen nach dem ihm bekanntgemachten, die Dringlichkeit aussprechenden Beschlusse verlangen, daß der Enteignung eine Feststellung des Zustandes von Gebäuden oder künstlichen Anlagen voraufgehe.

(2) Dieselbe ist bei dem Gerichte der belegenen Sache (Amtsgerichte) mündlich zu Protokoll oder schriftlich zu beantragen.

(3) Das Gericht hat den Termin schleunigst und nicht über

---

[1]) S. Anm. 2 zu § 5.

[2]) § 150 Abs. 3 ZustG.

sieben Tage hinaus anzuberaumen und hiervon die Beteiligten und den Bezirksausschuß[1]) zeitig zu benachrichtigen.

(4) Die Zuziehung eines oder mehrerer Sachverständigen kann auch von Amts wegen angeordnet werden. Sind die Parteien über die Sachverständigen nicht einig, so ernennt das Gericht dieselben.

(5) Die Enteignung kann nicht vor Beendigung dieses Verfahrens erfolgen, von welcher das Gericht den Bezirksausschuß[1]) zu benachrichtigen hat.

[Zahlung d. Entschädigungssumme] § 36.

(1) Die Entschädigungssumme wird an denjenigen bezahlt, für welchen die Feststellung stattgefunden hat.

(2) Dieselbe wird in Ermangelung abweichender Vertragsbestimmungen von dem Unternehmer mit fünf Prozent vom Tage der Enteignung verzinst, soweit sie zu dieser Zeit nicht bezahlt oder in Gemäßheit des § 37 hinterlegt ist.

(3) Wird die durch Beschluß des Bezirksausschusses festgesetzte Entschädigungssumme durch die gerichtliche Entscheidung herabgesetzt, so erhält der Unternehmer den gezahlten Mehrbetrag ohne Zinsen, den hinterlegten Mehrbetrag aber mit den davon in der Zwischenzeit etwa aufgesammelten Zinsen zurück.

[Hinterleg. d. Entschädigungssumme] § 37.

(1) Der Unternehmer ist verpflichtet, die Entschädigungssumme zu hinterlegen:

1. wenn neben dem Eigentümer Entschädigungsberechtigte vorhanden sind, deren Ansprüche an die Entschädigungssumme zur Zeit nicht feststehen;
2. wenn das betreffende Grundstück Fideikommiß oder Stammgut ist, oder im Lehn- oder Leiheverbande steht;
3. wenn Reallasten, Hypotheken oder Grundschulden auf dem betreffenden Grundstück haften

(2) Die Hinterlegung erfolgt bei derjenigen Stelle, welche für den Bezirk der belegenen Sache zur Annahme von Hinterlegungen der betreffenden Art, beziehungsweise von gerichtlichen Hinterlegungen bestimmt ist.

(3) Über die Rechtmäßigkeit der Hinterlegung findet ein gerichtliches Verfahren nicht statt. Jeder Beteiligte kann sein Recht an der hinterlegten Summe gegen den dasselbe bestreitenden Mitbeteiligten im Rechtswege geltend machen. Soweit nach dem Rechte einzelner Landesteile ein gerichtliches Verteilungsverfahren in derartigen Fällen stattfindet, behält es dabei sein Bewenden.

---

1) S. Anm. 2 zu § 5.

[Teilenteignung] **§ 38.**

(1) Ist nur ein Teil eines Grundbesitzes enteignet, so stehen der Auszahlung der für den enteigneten Teil bestimmten Entschädigungssumme die auf dem gesamten Grundbesitz haftenden Hypotheken und Grundschulden nicht entgegen, wenn dieselben den fünfzehnfachen Betrag des Grundsteuerreinertrages des Restgrundbesitzes nicht übersteigen. Reallasten, welche der Eintragung in das Grundbuch bedürfen, werden hierbei den Hypotheken gleich geachtet und in entsprechender Anwendung der bei notwendigen Subhastationen geltenden Grundsätze zu Kapital veranschlagt.

(2) Auch wird bei einer solchen teilweisen Enteignung die Auszahlung der für den enteigneten Teil bestimmten Entschädigungssumme durch nicht eingetragene Reallasten, Fideikommiß-, Stammgut-, Lehn- oder Leiheverband des gesamten Grundbesitzes nicht gehindert, wenn die gedachte Entschädigungssumme den fünffachen Betrag des Grundsteuerreinertrages des gesamten Grundbesitzes und auch die Summe von dreihundert Mark nicht übersteigt.

(3) Die Auszahlung laufender Nutzungen der Entschädigungssumme kann ohne Rücksicht auf die vorgedachten Realverhältnisse erfolgen.

4. Allgemeine Bestimmungen.

[Vorladungen, Zustellungen] **§ 39.**

Alle Vorladungen und Zustellungen im Enteignungsverfahren sind gültig, wenn sie nach den für gerichtliche Behändigungen bestehenden Vorschriften erfolgt sind. Die vereideten Verwaltungsbeamten haben dabei den Glauben der zur Zustellung gerichtlicher Verfügungen bestellten Beamten.

[Freie Beweiswürdigung] **§ 40.**

Verwaltungsbehörden und Gerichte haben die Beweisfrage unter Berücksichtigung aller Umstände nach freier Überzeugung zu beurteilen.

[Fiskus nicht kautionspflichtig] **§ 41.**

Wo dieses Gesetz die Anordnung einer Kaution vorschreibt oder zuläßt, ist gleichwohl der Fiskus von der Kautionsleistung frei.

[Erlöschen des Enteignungsrechts] **§ 42.**

(1) Wenn der Unternehmer von dem ihm verliehenen Enteignungsrechte nicht binnen der in § 21 gedachten Zeit Gebrauch macht, oder von dem Unternehmen zurücktritt, bevor die Festsetzung der Entschädigung durch Beschluß des Bezirksausschusses erfolgt ist, so erlischt jenes Recht. Der Unternehmer haftet in diesem Falle den Entschädigungsberechtigten im Rechtswege für die Nachteile, welche denselben durch das Enteignungsverfahren erwachsen sind.

(2) Tritt der Unternehmer zurück, nachdem bereits die Feststellung der Entschädigung durch Beschluß des Bezirksausschusses[1]) erfolgt ist, so hat der Eigentümer die Wahl, ob er lediglich Ersatz für die Nachteile, welche ihm durch das Enteignungsverfahren erwachsen sind, oder Zahlung der festgestellten Entschädigung gegen Abtretung des Grundstücks geeignetenfalls nach vorgängiger Durchführung des in § 30 gedachten Prozeßverfahrens im Rechtswege beanspruchen will.

[Kosten] **§ 43.**

(1) Die Kosten des administrativen Verfahrens trägt der Unternehmer. Bei demselben kommen nur Auslagen, nicht aber Stempel und Sporteln zur Anwendung und können die Entschädigungsberechtigten Ersatz für Wege und Versäumnisse nicht fordern.

(2) Im prozessualischen Verfahren werden die Kosten [und Stempel][2]) taxmäßig berechnet.

(3) Die Kosten des in § 35 erwähnten Verfahrens sind vom Antragsteller vorzuschießen. Über die Verbindlichkeit zur endlichen Übernahme dieser Kosten ist im nachfolgenden Rechtsstreit zu entscheiden. [Satz 3 veraltet.]

(4) Sämtliche übrigen Verhandlungen vor den Gerichten, Grundbuch- und Auseinandersetzungsbehörden, einschließlich der nach § 17 eintretenden freiwilligen Veräußerungsgeschäfte über Grundeigentum innerhalb des vorgelegten Planes, sowie einschließlich der Quittungen und Konsense der Hypothekengläubiger und sonstigen Beteiligten, sind gebühren- und stempelfrei. Auch werden keine Depositalgebühren angesetzt.

(5) Soweit diese Verhandlungen vor den Notaren vorgenommen werden, sind sie stempelfrei.

---

[1]) § 29.

[2]) Stempel werden nicht erhoben, § 2 Abs. 1 des Deutschen Gerichtskostengesetzes (Fassung vom 5. Juli 1927, RGBl. I S. 152 und 20. Dezember 1928, RGBl. I S. 411).

34*

Titel IV. Wirkungen der Enteignung.

[Eigentumsübergang] **§ 44.**

(1) Mit Zustellung des Enteignungsbeschlusses (§ 32) an Eigentümer und Unternehmer geht das Eigentum des enteigneten Grundstücks auf den Unternehmer über[1]).

(2) Erfolgt die Zustellung an den Eigentümer und Unternehmer nicht an demselben Tage, so bestimmt die zuletzt erfolgte Zustellung den Zeitpunkt des Überganges des Eigentums.

(3) Diese Vorschrift gilt auch in den Landesteilen, in denen nach den allgemeinen Gesetzen der Übergang des Eigentums von der Einschreibung in die Grundbücher oder von der Einreichung des Vertrages bei dem Realrichter abhängig gemacht ist.

[Freiwerden von Lasten] **§ 45.**

(1) Das enteignete Grundstück wird mit dem in § 44 bestimmten Zeitpunkt von allen darauf haftenden privatrechtlichen Verpflichtungen frei, soweit der Unternehmer dieselben nicht vertragsmäßig übernommen hat.

(2) Die Entschädigung tritt rücksichtlich aller Eigentums-, Nutzungs- und sonstigen Realansprüche, insbesondere der Reallasten, Hypotheken und Grundschulden an die Stelle des enteigneten Gegenstandes.

[Bei Vergleich] **§ 46.**

Ist die Abtretung des Grundstücks durch Vereinbarung zwischen Unternehmer und Eigentümer erfolgt und zwar in Gemäßheit des § 16 unter Durchführung des Enteignungsverfahrens oder in Gemäßheit des § 26, so treten die rechtlichen Wirkungen des § 45 auch in diesem Falle ein. Hypotheken- und Grundschuldgläubiger, sowie Realberechtigte können jedoch, soweit ihre Forderungen durch die zwischen Unternehmer und Eigentümer vereinbarte Entschädigungssumme nicht gedeckt werden, deren Festsetzung im Rechtswege gegen den Unternehmer fordern, wobei die Beweisvorschriften der §§ 30 und 40 zur Anwendung kommen.

[Fideikommißgüter usw.] **§ 47.**

War das enteignete Grundstück Fideikommiß- oder Stammgut, oder stand dasselbe im Lehn- oder Leiheverbande, so ist — mit Ausnahme des § 38 vorgesehenen Falles — der Besitzer über die Entschädigungssumme nur nach den Vorschriften zu verfügen berechtigt, welche in

---

[1]) In den Fällen des G. v. 26. Juli 1922 (unten Nr. 44b) erst nach Zahlung oder Hinterlegung der Entschädigungssumme, s. § 5 a. a. O.

den verschiedenen Landesteilen für die Verfügungen über derartige Güter und die an deren Stelle tretenden Kapitalien maßgebend sind.

[Belastete Grundstücke] **§ 48.**

War das enteignete Grundstück mit Reallasten, Hypotheken oder Grundschulden behaftet, so kann — mit Ausnahme des § 38 vorgesehenen Falles — der Eigentümer über die Entschädigungssumme nur verfügen, wenn die Realberechtigten einwilligen.

[Mitw. d. Auseinandersetz.behörde] **§ 49.**

(1) Der Eigentümer des Grundstücks ist jedoch in den Fällen der §§ 47 und 48 befugt, wegen Auszahlung oder Verwendung der hinterlegten Entschädigungssumme die Vermittelung der Auseinandersetzungsbehörden für Regulierung gutsherrlicher und bäuerlicher Verhältnisse, Ablösungen und Gemeinheitsteilungen in Anspruch zu nehmen.

(2) Die Auseinandersetzungsbehörde hat die bei ihr eingehenden Anträge nach den Bestimmungen zu beurteilen und zu erledigen, welche wegen Wahrnehmung der Rechte dritter Personen bei Verwendung der Ablösungskapitalien in den §§ 110 bis 112 des Gesetzes vom 2. März 1850, betreffend die Ablösung der Reallasten und Regulierung der gutsherrlichen und bäuerlichen Verhältnisse, erteilt worden sind.

(3) Diese Vorschrift kommt in den Landesteilen des linken Rheinufers, in der Provinz Hannover und den Teilen des Regierungsbezirks Wiesbaden, in welchen die Verordnungen vom 13. Mai 1867 (Gesetzsamml. S. 716) und 2. September 1867 (Gesetzsamml. S. 1463) nicht eingeführt sind, nicht zur Anwendung, vielmehr bleibt es hier bei den bisher bestehenden Vorschriften.

Titel V. Besondere Bestimmungen über Entnahme von Wegebaumaterialien.

[Duldungspflicht d. Eigentümers] **§ 50.**

Die zum Bau und zur Unterhaltung öffentlicher Wege (mit Ausschluß der Eisenbahnen) erforderlichen Feld- und Bruchsteine, Kies, Rasen, Sand, Lehm und andere Erde ist, soweit der Wegebaupflichtige nicht diese Materialien in brauchbarer Beschaffenheit und angemessener Nähe auf eigenen Grundstücken fördern kann und der Eigentümer sie nicht selbst gebraucht, ein jeder verpflichtet, nach Anordnung der Behörde von seinen landwirtschaftlichen und Forstgrundstücken, seinem Unlande oder aus seinen Gewässern entnehmen und das Aufsuchen derselben durch Schürfen, Bohren usw. daselbst unter Kontrolle des Eigentümers sich gefallen zu lassen.

[Wert- oder Schadenersatz] **§ 51.**

(1) Der Wegebaupflichtige hat dem Eigentümer den Wert der entnommenen Materialien ohne Berücksichtigung des Mehrwerts, welchen sie durch den Wegebau erhalten, zu ersetzen.

(2) Wo durch den Wert der Materialien der dem Grundstück durch die Entnahme zugefügte Schaden, einschließlich der entzogenen Nutzungen, sowie die etwa bereits wirtschaftlich aufgewendeten Werbungs-, Sammlungs- und Bereitungskosten nicht gedeckt werden, hat der Wegebaupflichtige, statt Ersatz jenes Wertes, hierfür Ersatz zu leisten.

[Abtretung des Grundstücks] **§ 52.**

Wenn ein Grundstück zur Gewinnung der Materialien hauptsächlich bestimmt ist und letztere für den Wegebau in solchem Maße in Anspruch genommen werden, daß das Grundstück deshalb dieser Bestimmung gemäß nicht ergiebig benutzt werden kann, oder wenn die Eigentumsbeschränkung länger als drei Jahre dauert, so kann der Eigentümer gegen Abtretung des Grundstücks selbst an den Wegebaupflichtigen den Ersatz des Wertes desselben verlangen.

[Verfahren] **§ 53.**

(1) In Ermangelung gütlicher Einigung hat der Kreis- (Stadt-) ausschuß[1]) auf Grund vollständiger Erörterung zwischen den Beteiligten eine Entscheidung zu treffen, in welcher

1. die dem Wegebaupflichtigen gegen den Grundbesitzer einzuräumenden Rechte nach Gegenstand und Umfang speziell zu bezeichnen sind, und
2. die dafür zu gewährende Entschädigung auf Grund sachverständiger Abschätzung oder geeignetenfalls (§ 12) die dafür zu bestellende Sicherheit vorläufig festzusetzen ist.

(2) Gegen die Entscheidung unter 1 steht beiden Teilen binnen einer Präklusivfrist von zwei Wochen[2]) nach deren Zustellung die Beschwerde[2]) an den Bezirksausschuß[3]) mit aufschiebender Wirkung zu.

(3) Gegen die Feststellung der Entschädigung unter 2 ist innerhalb neunzig Tagen der Rechtsweg, jedoch ohne aufschiebende Wirkung, zulässig. Ist gegen die Entscheidung des Kreisausschusses[1]) Beschwerde[2]) erfolgt, so läuft diese Frist erst vom Tage der Zustellung der Entscheidung des Bezirksausschusses[3]) an. Eines vorgängigen Sühneversuchs bedarf es nicht.

---

[1]) § 151 Abs. 1 ZustG.
[2]) § 51 LVG., § 150 Abs. 3 ZustG.
[3]) § 150 Abs. 1 ZustG.

(4) Die dem Wegebaupflichtigen zuständigen Rechte dürfen erst ausgeübt werden, wenn derselbe in das Grundstück, beziehungsweise die daran auszuübenden Rechte eingewiesen ist. Dieser Einweisung muß die Zahlung oder Sicherstellung der Entschädigung auf Grund mindestens vorläufiger Festsetzung vorausgehen.

(5) Wegen Auszahlung der Entschädigungssumme findet die in § 36 gegebene Bestimmung Anwendung.

Titel VI. Schluß- und Übergangsbestimmungen.

[Anderes Enteignungsrecht]

§ 54.

Dieses Gesetz findet keine Anwendung:

1. auf die in besonderen Gesetzen oder im Gewohnheitsrechte begründete Entziehung oder Beschränkung des Grundeigentums im Interesse der Landeskultur, als: bei Regulierung gutsherrlicher und bäuerlicher Verhältnisse, bei Ablösung von Reallasten, Gemeinheitsteilungen, Vorflutsangelegenheiten, Entwässerungs- und Bewässerungsangelegenheiten, Benutzung von Privatflüssen, Deichangelegenheiten, Wiesen- und Waldgenossenschaftsangelegenheiten;
2. auf die Entziehung und Beschränkung des Grundeigentums im Interesse des Bergbaues und der Landestriangulation.[1])

[Laufende Verfahren]

§ 55.

Bereits eingeleitete Enteignungsverfahren werden nach den bisherigen Vorschriften zu Ende geführt. Wird in einem solchen Verfahren der Rechtsweg beschritten, so findet der § 40 auch hier Anwendung.

§ 56.

[Gestrichen durch § 151 Abs. 2 ZustG.]

[Vorkaufsrecht]

§ 57.

(1) Alle den Vorschriften dieses Gesetzes entgegenstehenden Bestimmungen, sowie die Bestimmungen über das Wiederkaufsrecht bezüglich des enteigneten Grundstücks werden aufgehoben.

(2) Ein gesetzliches Vorkaufsrecht findet wegen aller Teile von Grundstücken statt, welche infolge des verliehenen Enteignungsrechts zwangsweise oder durch freien Vertrag an den Unternehmer abgetreten sind, wenn in der Folge das abgetretene Grundstück ganz oder teilweise zu dem bestimmten Zweck nicht weiter notwendig ist und veräußert werden soll.

---

[1]) S. aber insbesondere auch das **Gesetz über ein vereinfachtes Enteignungsverfahren,** vom 26. Juli 1922 (Enteignung zur Abwendung der Arbeitslosigkeit und anderer Notstände), unten Nr. 44b.

(3) Das Vorkaufsrecht steht dem zeitigen Eigentümer des durch den ursprünglichen Erwerb verkleinerten Grundstücks zu. Wer das Enteignungsrecht ausgeübt hat, muß die Absicht der Veräußerung und den angebotenen Kaufpreis dem berechtigten Eigentümer anzeigen, welcher sein Vorkaufsrecht verliert, wenn er sich nicht binnen zwei Monaten darüber erklärt. Wird die Anzeige unterlassen, so kann der Berechtigte seinen Anspruch gegen jeden Besitzer geltend machen.

[Schlußbestimmung] **§ 58.**

Insoweit in anderen Gesetzen auf die Vorschriften der aufgehobenen Gesetze Bezug genommen ist, treten an die Stelle der letzteren die entsprechenden Vorschriften dieses Gesetzes.

44b. Gesetz über ein vereinfachtes Enteignungsverfahren [1]).

Vom 26. Juli 1922 (GS. S. 211).

[Voraussetzungen] **§ 1.**

(1) Für Unternehmen, bei denen das Enteignungsverfahren aus Gründen des öffentlichen Wohls, insbesondere zur Beseitigung oder Abwendung größerer Arbeitslosigkeit oder eines sonstigen Notstandes, einer besonderen Beschleunigung bedarf, kann das Staatsministerium durch einen im Amtsblatt bekanntzumachenden Erlaß anordnen, daß ein vereinfachtes Enteignungsverfahren stattfindet.

(2) Soweit eine solche Anordnung ergeht, sind die Vorschriften des Gesetzes über die Enteignung von Grundeigentum vom 11. Juni 1874 (Gesetzsamml. S. 221) in Verbindung mit dem XXII. Titel des Gesetzes über die Zuständigkeit der Verwaltungs- und Verwaltungsgerichtsbehörden vom 1. August 1883 (Gesetzsamml. S. 237) mit den nachstehenden Änderungen anzuwenden.

[Reg.Präs. statt Bezirksausschuß] **§ 2.**

An die Stelle des Bezirksausschusses tritt der Regierungspräsident.

---

[1]) Nach diesem Gesetz richtet sich auch die Enteignung mit Rücksicht auf das Wohnungsbedürfnis, s. d. Preuß. Wohnungsgesetz vom 28. März 1918 (GS. S. 23) Art. 2.

[Frist zur Offenlegung] **§ 3.**

Die im § 19 des Enteignungsgesetzes vorgesehene Frist von zwei Wochen wird auf eine Woche verkürzt.

[Verbindung von Planfeststellungs-, Entschädigungs- u. Enteignungsbeschluß] **§ 4.**

(1) Der Beschluß über die Feststellung der Entschädigung (§ 29 des Enteignungsgesetzes) und der Enteignungsbeschluß (§ 32 des Enteignungsgesetzes) werden verbunden. In geeigneten Fällen können diese Beschlüsse auch mit dem Beschluß über die Feststellung des Planes (§ 21 des Enteignungsgesetzes) verbunden werden.

(2) Für jeden Teil des Beschlusses verbleibt es bei den gesetzlich verordneten Rechtsbehelfen.

[Eigent.übergang erst nach Zahlung] **§ 5.**

Das Eigentum des enteigneten Grundstücks geht auf den Unternehmer erst nach Zahlung oder Hinterlegung der Entschädigungssumme über[1]).

[Vorläufige Besitzeinweisung][2]) **§ 6.**

(1) Der Regierungspräsident kann den Unternehmer auf Antrag vorläufig in den Besitz der im Plan bezeichneten Grundstücke einweisen, sobald der Beschluß über die Feststellung des Planes ergangen ist (§ 21 des Enteignungsgesetzes). Auf Antrag eines Beteiligten ist der Zustand des Grundstücks, soweit er für die spätere Feststellung des Grundstückswertes und der Nebenentschädigungen von Bedeutung ist, im Besitzeinweisungstermin oder, wenn das nicht sofort möglich ist, in einem mit kurzer Frist anzuberaumenden neuen Termin, nötigenfalls unter Zuziehung eines oder mehrerer Sachverständiger, schriftlich niederzulegen. Dem Besitzer des Grundstücks ist der durch die Einweisung entstandene, nötigenfalls im Rechtswege festzustellende Schaden zu vergüten. Ist der Eigentümer im Besitz des Grundstücks, so ist ihm die für die Enteignung zu gewährende Entschädigung vom Tage der Besitzeinweisung an zu verzinsen. Erleidet er einen weiteren Schaden, so ist ihm auch dieser zu ersetzen.

(2) Die Entschädigung (Abs. 1) ist tunlichst bereits in dem Beschluß, durch den der Unternehmer in den Besitz eingewiesen

---

1) S. § 44 des Enteignungsgesetzes.

2) Eine solche kennt das normale Enteignungsverfahren nicht.

wird, festzustellen. Sie ist dem Besitzer alsbald zu zahlen; wird die Zahlung schuldhaft verzögert, so ist auf den Antrag des Besitzers der Beschluß aufzuheben.

(3) Der Beschluß ist dem Eigentümer und dem Besitzer zuzustellen oder zu Protokoll zu verkünden. Ihnen steht binnen einer Woche nach der Zustellung oder Verkündung die Beschwerde an den Minister für Handel und Gewerbe zu. Die Beschwerde hat keine aufschiebende Wirkung. Gegen die Entscheidung über eine Entschädigung ist der Rechtsweg gemäß § 30 des Enteignungsgesetzes zulässig.

[Enteignung nach Berggesetz] **§ 7.**

Ergeht eine Anordnung nach § 1 Abs. 1 für einen Fall, in dem ein Enteignungsverfahren nach den Bestimmungen der §§ 135 ff. des Allgemeinen Berggesetzes für die Preußischen Staaten vom 24. Juni 1865 (Gesetzsamml. S. 705) in Verbindung mit § 150 Abs. 2 des Gesetzes über die Zuständigkeit der Verwaltungs- und Verwaltungsgerichtsbehörden vom 1. August 1883 (Gesetzsamml. S. 237) stattfindet, so finden die §§ 2 und 6 Anwendung, und zwar § 6 mit folgenden Maßgaben:

1. im § 6 Abs. 1 treten an die Stelle des Regierungspräsidenten das Oberbergamt und der Regierungspräsident;
2. die Besitzeinweisung (§ 6 Abs. 1) kann durch die Kommissare des Oberbergamts und des Regierungspräsidenten in gegenseitigem Einvernehmen bereits in dem nach § 143 Abs. 1 des Allgemeinen Berggesetzes an Ort und Stelle abzuhaltenden Termin erfolgen;
3. in § 6 Abs. 3 Satz 2 treten an die Stelle des Ministers für Handel und Gewerbe dieser Minister und der Minister für Landwirtschaft, Domänen und Forsten.

[Ausführungsbestimmungen] **§ 8.**

Die zur Ausführung dieses Gesetzes notwendigen Bestimmungen erläßt der Minister für Handel und Gewerbe.

[Inkrafttreten, Übergangsvorschrift] **§ 9.**

(1) Das Gesetz tritt mit dem 1. Juli 1922 in Kraft.

(2) Soweit in Gesetzen und Verordnungen auf die Bestimmungen der Verordnung vom 11. September 1914 (Gesetzsamml. S. 159) Bezug genommen ist, treten die Bestimmungen dieses Gesetzes an deren Stelle.

VII. Jagd-, Wasser-, Fischerei- und Wegerecht.

45. Jagdordnung[1]).

(Auszug.)

Vom 15. Juli 1907 (GS. S. 207),

mit Änderungen durch G. v. 19. Oktober 1922 (zu § 81), 12. u. 23. November 1923 (GS. S. 532 u. 533), 15. Juli 1924 (GS. S. 77).

Erster Abschnitt. Umfang des Jagdrechts.

[Jagdbare Tiere] **§ 1.**

Jagdbare Tiere sind:

a) Elch-, Rot-, Dam-, Reh- und Schwarzwild, Hasen, Biber, Ottern, Dachse, Füchse, wilde Katzen, Edelmarder;

b) Auer-, Birk- und Haselwild, Schnee-, Reb- und schottische Moorhühner, Wachteln, Fasanen, wilde Tauben, Drosseln (Krammetsvögel), Schnepfen, Trappen, Brachvögel, Wachtelkönige, Kraniche, Adler (Stein-, See-, Fisch-, Schlangen-, Schreiadler), wilde Schwäne, wilde Gänse, wilde Enten, alle anderen Sumpf- und Wasservögel mit Ausnahme der grauen Reiher, der Störche, der Taucher, der Säger, der Kormorane und der Bleßhühner.

[Jagdrecht] **§ 2.**

(1) Das Jagdrecht steht jedem Eigentümer auf seinem Grund und Boden zu.

(2) Eine Trennung des Jagdrechts von Grund und Boden kann als dingliches Recht künftig nicht stattfinden.

[Jagdbezirke] **§ 3.**

Das Jagdrecht darf nur ausgeübt werden auf Jagdbezirken (Eigenjagdbezirken und gemeinschaftlichen Jagdbezirken) und auf Grundflächen, die Eigenjagdbezirken angeschlossen oder gemeinschaftlichen Jagdbezirken zugelegt sind.

Zweiter Abschnitt. Jagdbezirke.

[Eigenjagdbezirke] **§ 4.**

(1) Eigenjagdbezirke können gebildet werden aus solchen, demselben Eigentümer, beim Miteigentume denselben Miteigentümern gehörigen Grundflächen, welche

---

[1]) Siehe hierzu auch die Tier- und Pflanzenschutzverordnung vom 16. Dezember 1929 (GS. S. 189), durch die u. a. namentlich auch die Schonvorschriften der Jagdordnung erweitert wurden.

1. dauernd und vollständig gegen den Einlauf von Wild eingefriedigt sind, oder
2. in einem oder mehreren Gemeinde- (Guts-) Bezirken einen land- oder forstwirtschaftlich benutzbaren Flächenraum von wenigstens **75 Hektar** einnehmen und in ihrem Zusammenhange durch kein fremdes Grundstück unterbrochen werden.

[§ 4 in seinen weiteren Bestimmungen,

§§ 5, 6

bringen Einzelheiten über die Eigenjagdbezirke.]

[Gemeinschaftliche Jagdbezirke]

§ 7.

(1) Alle Grundflächen eines Gemeinde- (Guts-) Bezirkes, welche nicht zu einem Eigenjagdbezirke gehören und im Zusammenhange wenigstens 75 Hektar umfassen, bilden den gemeinschaftlichen Jagdbezirk.

[Der § 7 Abs. 2—5,

§§ 8—15

bringen Einzelheiten über die gemeinschaftlichen Jagdbezirke.]

[Jagdgenossenschaft]

§ 16.

(1) Die Eigentümer der Grundstücke eines gemeinschaftlichen Jagdbezirkes bilden eine Jagdgenossenschaft, die Rechtsfähigkeit besitzt.

(2) Die Verwaltung der Angelegenheiten der Jagdgenossenschaft sowie ihre gerichtliche und außergerichtliche Vertretung geschieht durch den Jagdvorsteher. Jagdvorsteher ist der Vorsteher der Gemeinde (Bürgermeister, Gemeindevorsteher, Gutsvorsteher, in der Rheinprovinz der Gemeindevorsteher).

(3) Sind die Grundstücke eines gemeinschaftlichen Jagdbezirkes in mehreren Gemeinde- (Guts-) Bezirken belegen, so bestimmt die Jagdaufsichtsbehörde (§ 70) den zuständigen Jagdvorsteher.

(4) Der gesetzliche Stellvertreter des Vorstehers der Gemeinde (des Gemeindevorstehers in der Rheinprovinz) vertritt ihn in Behinderungsfällen auch in seiner Eigenschaft als Jagdvorsteher.

(5) In Stadtkreisen ist der Bürgermeister befugt, die Wahrnehmung der Obliegenheiten des Jagdvorstehers und des Stellvertreters andern Magistratspersonen zu übertragen.

[Aufgabe der Jagdvorsteher]

§ 17.

(1) Über die Bildung mehrerer selbständiger gemeinschaftlicher Jagdbezirke aus einem Gemeinde- (Guts-) Bezirke, die Vereini-

gung mehrerer ganzer Gemeinde- (Guts-) Bezirke oder einzelner Teile eines solchen mit einem andern Gemeinde- (Guts-) Bezirk oder Teilen eines solchen zu einem gemeinschaftlichen Jagdbezirke (§ 7 Abs. 2 und 3) sowie über den Anschluß der nicht zu einem Jagdbezirke gehörigen Grundflächen an einen Eigenjagdbezirk, deren Zulegung zu einem gemeinschaftlichen Jagdbezirk oder die Bildung eines selbständigen Eigen- oder gemeinschaftlichen Jagdbezirkes aus ihnen (§§ 7 Abs. 5, §§ 8 bis 10) beschließen die Jagdvorsteher.

(2) Ihnen liegt auch die Vereinbarung der Pachtentschädigung nach dem § 7 Abs. 5, §§ 8 und 9 ob.

(3) Die Beschlüsse und die Vereinbarung der Pachtentschädigung sind zwei Wochen lang öffentlich auszulegen. Ort und Zeit der Auslegung sind in ortsüblicher Weise bekanntzumachen.

(4) Während der Auslegungsfrist kann jeder beteiligte Grundbesitzer beim Kreisausschuß und, wenn ein Stadtkreis beteiligt ist, beim Bezirksausschusse gegen sie Einspruch erheben.

(5) Wenn im Falle des § 7 Abs. 2 und 3 Einspruch eingelegt ist, darf über die Genehmigung erst nach rechtskräftiger Erledigung des Einspruchsverfahrens, andernfalls erst nach Ablauf der Einspruchsfrist beschlossen werden.

§§ 18—23.

[Enthalten sachliche und formelle Vorschriften über die Jagdverpachtung.]

[Nichtige Pachtverträge]

§ 24.

(1) Pachtverträge, die gegen die vorstehenden Vorschriften verstoßen, sind nichtig.

(2) Streitigkeiten über die Frage der Nichtigkeit zwischen dem Jagdvorsteher und dem Jagdpächter unterliegen der Entscheidung im Verwaltungsstreitverfahren[1]).

(3) Zuständig zur Entscheidung ist in erster Instanz der Kreisausschuß, in Stadtkreisen der Bezirksausschuß.

(4) Die Jagdaufsichtsbehörde ist befugt, dem Pächter für die Dauer eines über die Frage der Nichtigkeit eingeleiteten Verwaltungsstreitverfahrens die Ausübung der Jagd zu untersagen

[1]) D. h. nur die Frage, ob ein Pachtvertrag wegen Verstoßes gegen §§ 18—23 nach § 24 Abs. 1 nichtig ist, bedarf im Streitfalle zwischen Jagdvorsteher und -pächter der besonderen Feststellung im Verwaltungsstreitverfahren; die Nichtigkeit nach zivilrechtlichen Bestimmungen (z. B. BGB. §§ 105, 117) braucht nicht besonders geltend gemacht zu werden, kann aber gegebenenfalls Gegenstand einer Feststellungsklage nach § 256 ZPO. sein.

und wegen der anderweiten Nutzung der Jagd die erforderlichen Anordnungen zu treffen. Gegen die Untersagung und die Anordnungen steht dem Pächter die Beschwerde nach näherer Maßgabe des § 70 zu.

[Pachtgelder] **§ 25.**

(1) Der Jagdvorsteher erhebt die Pachtgelder und sonstige Einnahmen aus der Jagdnutzung und verteilt sie nach Abzug der der Genossenschaft zur Last fallenden Ausgaben unter die Jagdgenossen des Bezirkes nach dem Verhältnisse des Flächeninhalts der beteiligten Grundstücke.

(2) Der Verteilungsplan, welcher eine Berechnung der Einnahmen und Ausgaben enthalten muß, ist zur Einsicht der Jagdgenossen zwei Wochen lang öffentlich auszulegen. Ort und Zeit der Auslegung sind vorher vom Jagdvorsteher in ortsüblicher Weise bekanntzumachen.

(3) Gegen den Verteilungsplan ist binnen zwei Wochen nach Beendigung der Auslegung Einspruch bei dem Jagdvorsteher zulässig.

(4) Gegen dessen Bescheid findet innerhalb zwei Wochen die Klage beim Kreisausschuß, in Stadtkreisen beim Bezirksausschusse, statt.

(5) Vorstehende Bestimmungen gelten auch beim Anschlusse von Grundflächen an einen Eigenjagdbezirk (§ 4 Abs. 1 Ziffer 2 Abs. 1, § 7 Abs. 5, §§ 8, 9) mit der Maßgabe, daß die zu zahlende Entschädigung nach Abzug der Ausgaben nur unter die Eigentümer der angeschlossenen Grundflächen zu verteilen ist.

(6) Sind die Erträge der Jagd bisher herkömmlich für gemeinnützige Zwecke verwendet worden, kann es hierbei verbleiben; es ist aber jeder Grundeigentümer befugt, die Auszahlung seines Anteils zu verlangen.

(7) Die Kassengeschäfte der Jagdgenossenschaft sind durch die Gemeindekasse zu führen; hierfür kann eine vom Kreisausschuß, in Stadtkreisen vom Bezirksausschusse, festzusetzende angemessene Vergütung gewährt werden.

[Weiteres Verfahren] **§ 26.**

Der Beschluß in den Fällen des § 17 Abs. 4, 5, §§ 18, 19, 20 Abs. 2, 4, § 21 Abs. 4, § 22 Ziffer 2, 3, 4, § 23, § 25 Abs. 7, § 52 Abs. 2 ist endgültig, jedoch steht dem Jagdvorsteher und beim Anschluß an einen Eigenjagdbezirk (§§ 8 und 9) auch den Eigentümern der anzuschließenden Grundflächen innerhalb zwei Wochen gegen den Beschluß des Kreisausschusses die Beschwerde an den Bezirksausschuß, gegen den in erster Instanz ergehenden Beschluß des Bezirksausschusses die Beschwerde an den Provinzialrat, ferner in gleicher Frist, soweit es sich um die Höhe der Pachtentschädigung handelt (§ 17 Abs. 2 und § 19), dem Jagdvorsteher und den Eigentümern der anzuschließenden Grundflächen und im Falle des § 19 auch dem Inhaber des Eigenjagdbezirkes der Antrag auf mündliche Verhandlung im Verwaltungsstreitverfahren zu.

Wenn der Antrag auf mündliche Verhandlung von mehreren hierzu Berechtigten gestellt wird, ist das Verfahren zu verbinden. Die ergehende Entscheidung hat Geltung für alle Beteiligten.

§§ 27, 28.

[Betr. die Anstellung von Jägern und die Jagd in Festungswerken.]

Dritter Abschnitt. Jagdscheine.

[Zuständigkeit für Erteilung]

§ 29.

(1) Wer die Jagd ausübt, muß einen auf seinen Namen lautenden Jagdschein bei sich führen. Zuständig für die Erteilung des Jagdscheins ist der Landrat, in Stadtkreisen die Ortspolizeibehörde, desjenigen Kreises, in welchem der den Jagdschein Nachsuchende einen Wohnsitz hat oder zur Ausübung der Jagd berechtigt ist.

(2) Personen, welche weder Angehörige eines deutschen Bundesstaats sind, noch in Preußen einen Wohnsitz haben, kann der Jagdschein gegen die Bürgschaft einer Person, welche in Preußen einen Wohnsitz hat, erteilt werden. Die Erteilung erfolgt durch die für den Bürgen gemäß Abs. 1 zuständige Behörde. Der Bürge haftet für die Geldstrafen, welche auf Grund dieses Gesetzes oder wegen Übertretung sonstiger jagdpolizeilicher Vorschriften gegen den Jagdscheinempfänger verhängt werden, sowie für die Untersuchungskosten.

§ 30.

Eines Jagdscheins bedarf es nicht:

1. zum Ausnehmen von Kiebitz- und Möweneiern;
2. zu Treiber- und ähnlichen bei der Jagdausübung geleisteten Hilfsdiensten;
3. zur Ausübung der Jagd im Auftrag oder auf Ermächtigung der Jagdpolizeibehörde in den gesetzlich vorgesehenen Fällen. Der Auftrag oder die Ermächtigung vertritt die Stelle des Jagdscheins.

§ 31.

Der Jagdschein gilt für den ganzen Umfang des Staates. Er wird in der Regel auf ein Jahr ausgestellt (Jahresjagdschein). Personen, welche die Jagd nur vorübergehend ausüben wollen, kann jedoch ein auf drei aufeinander folgende Tage gültiger Jagdschein (Tagesjagdschein) ausgestellt werden.

§§ 32, 33.

[Regeln die Jagdscheinabgabe.]

[Versagungsgründe] **§ 34.**

Der Jagdschein muß versagt werden:

1. Personen, von denen eine unvorsichtige Führung des Schießgewehrs oder eine Gefährdung der öffentlichen Sicherheit zu besorgen ist;
2. Personen, welche sich nicht im Besitze der bürgerlichen Ehrenrechte befinden oder welche unter polizeilicher Aufsicht stehen;
3. Personen, welche in den letzten zehn Jahren
   a) wegen Diebstahls, Unterschlagung oder Hehlerei wiederholt, oder
   b) wegen Zuwiderhandlung gegen die §§ 117 bis 119 und 294 des Reichsstrafgesetzbuchs mit mindestens drei Monaten Gefängnis bestraft sind.

§ 35.

Der Jagdschein kann versagt werden:

1. Personen, welche in den letzten fünf Jahren
   a) wegen Diebstahls, Unterschlagung oder Hehlerei einmal, oder
   b) wegen Zuwiderhandlung gegen die §§ 117 bis 119 des Reichsstrafgesetzbuchs mit weniger als drei Monaten Gefängnis bestraft sind;
2. Personen, welche in den letzten fünf Jahren wegen eines Forstdiebstahls, wegen eines Jagdvergehens, wegen einer Zuwiderhandlung gegen den § 113 des Reichsstrafgesetzbuchs, wegen der Übertretung einer jagdpolizeilichen Vorschrift oder wegen unbefugten Schießens (§ 367 Nr. 8 und § 368 Nr. 7 des Reichsstrafgesetzbuchs) bestraft sind.

[Entziehungsgründe] **§ 36.**

(1) Wenn Tatsachen, welche die Versagung des Jagdscheins rechtfertigen, erst nach Erteilung des Jagdscheins eintreten oder zur Kenntnis der Behörde gelangen, so muß in den Fällen des § 34 und kann in den Fällen des § 35 der Jagdschein von der für die Erteilung zuständigen Behörde für ungültig erklärt und dem Empfänger wieder abgenommen werden.

(2) Eine Rückvergütung der Jagdscheinabgabe oder eines Teilbetrags findet nicht statt.

[Rechtsmittel] **§ 37.**

Gegen Verfügungen, durch welche der Jagdschein versagt oder entzogen wird, finden diejenigen Rechtsmittel statt, welche in den §§ 127 bis 129 des Gesetzes über die allgemeine Landesverwaltung vom 30. Juli 1883 (Gesetzsamml. S. 195) gegen polizeiliche Verfügungen gegeben sind.

§ 38.

Wer die Jagd innerhalb der abgesteckten Festungsrayons (§§ 8, 24 des Reichsrayongesetzes vom 31. Dezember 1871, Reichsgesetzbl. S. 459) ausüben will, muß vorher seinen Jagdschein von der Festungsbehörde mit einem Einsichtsvermerke versehen lassen.

Vierter Abschnitt. Schonvorschriften[1]).

[Schonzeiten]

§ 39.

(1) Mit der Jagd zu verschonen sind:
1. männliches Elchwild vom 1. Oktober bis 31. August;
2. weibliches Elchwild und Elchkälber das ganze Jahr hindurch;
3. männliches Rot- und Damwild vom 1. März bis 31. Juli;
4. weibliches Rotwild, weibliches Damwild sowie Kälber von Rot- und Damwild vom 1. Februar bis 15. Oktober;
5. Rehböcke vom 1. Januar bis 15. Mai;
6. weibliches Rehwild und Rehkälber vom 1. Januar bis 31. Oktober;
7. Dachse von 1. Januar bis 31. August;
8. Biber vom 1. Dezember bis 30. September;
9. Hasen vom 16. Januar bis 30. September;
10. Auerhähne vom 1. Juni bis 30. November;
11. Auerhennen vom 1. Februar bis 30. November;
12. Birk-, Hasel- und Fasanenhähne vom 1. Juni bis 15. September;
13. Birk-, Hasel- und Fasanenhennen vom 1. Februar bis 15. September;
14. Rebhühner, Wachteln und schottische Moorhühner vom 1. Dezember bis 31. August;
15. wilde Enten vom 1. März bis 30. Juni;
16. Schnepfen vom 16. April bis 30. Juni;
17. Trappen vom 1. April bis 31. August;
18. wilde Schwäne, Kraniche, Brachvögel, Wachtelkönige und alle anderen jagdbaren Sumpf- und Wasservögel, mit Ausnahme der wilden Gänse, vom 1. Mai bis 30. Juni;
19. Drosseln (Krammetsvögel) vom 1. Januar bis 20. September.

(2) Die im Vorstehenden als Anfangs- und Endtermine der Schonzeiten bezeichneten Tage gehören zur Schonzeit.

(3) Beim Elch-, Rot-, Dam- und Rehwild gilt das Jungwild als

---

[1]) Siehe hierzu Anlage D zur Tier- und Pflanzenschutzverordnung vom 16. Dezember 1929 (GS. S. 189).

Kalb bis einschließlich zum letzten Tage des auf die Geburt folgenden Februars.

(4) Vorstehende Vorschriften über Schonzeiten finden auf das Fangen oder Erlegen von Wild in eingefriedigten Wildgärten keine Anwendung.

[Ausnahmen]

§ 40.

(1) Aus Rücksichten der Landeskultur oder der Jagdpflege kann der Minister für Landwirtschaft, Domänen und Forsten den Abschuß weiblichen Elchwildes für die Zeit vom 16. bis 30. September gestatten.

(2) Aus denselben Gründen können durch Beschluß des Bezirksausschusses:

a) der Anfang und der Schluß der Schonzeiten für die im § 39 unter 12 bis 14 genannten Wildarten und der Schluß der Schonzeit für Rehböcke anderweit, jedoch nicht über 14 Tage vor oder nach den dort bestimmten Zeitpunkten, festgesetzt,

b) das Ende der Schonzeit für Drosseln (Krammetsvögel) bis 30. September einschließlich hinausgeschoben,

c) die Schonzeiten für Dachse und wilde Enten eingeschränkt oder gänzlich aufgehoben sowie für Rehkälber und Biber verlängert oder auf das ganze Jahr ausgedehnt

werden.

(3) Die hiernach zulässige Abänderung oder Aufhebung der Schonzeiten darf für den ganzen Umfang oder nur für einzelne Teile des Regierungsbezirkes, die Abänderung für die einzelnen Teile desselben Regierungsbezirkes in verschiedener Weise erfolgen.

(4) Der Beschluß zu a kann nur für die Dauer eines Jahres gefaßt werden.

[Schlingen]

§ 41.

(1) Das Aufstellen von Schlingen, in denen sich jagdbare Tiere oder Kaninchen fangen können, ist verboten.

(2) Unter dieses Verbot fällt nicht die Ausübung des Dohnenstiegs mittels hochhängender Dohnen. Die Art der Ausübung des Dohnenstiegs kann durch den Regierungspräsidenten im Wege der Polizeiverordnung geregelt werden.

[Vogeleier]

§ 42.

(1) Kiebitz- und Möweneier dürfen nur bis 30. April einschließlich eingesammelt werden.

(2) Durch Beschluß des Bezirksausschusses kann dieser Termin bis zum 10. April einschließlich zurückverlegt oder für Möweneier bis zum 15. Juni einschließlich verlängert werden.

(3) Das Sammeln der Kiebitz- und Möweneier darf von anderen Personen als dem Jagdberechtigten nur in dessen Begleitung oder mit

dessen schriftlich erteilter Erlaubnis, welche der Sammelnde bei sich zu führen hat, vorgenommen werden.

(4) Eier oder Junge von anderem jagdbaren Federwild auszunehmen, ist auch der Jagdberechtigte nicht befugt, mit Ausnahme derjenigen Eier, welche ausgebrütet werden sollen.

(5) Zum Ausnehmen von Eiern, welche zu wissenschaftlichen oder zu Lehrzwecken benutzt werden sollen, bedarf es der Genehmigung der Jagdpolizeibehörde.

[Wildbret in der Schonzeit]

§ 43.

(1) Vom Beginne des fünfzehnten Tages der für eine Wildart festgesetzten Schonzeit bis zu deren Ablauf ist es verboten, derartiges Wild in ganzen Stücken oder zerlegt, aber nicht zum Genusse fertig zubereitet, in demjenigen Bezirke, für welchen die Schonzeit gilt, zu versenden, zum Verkaufe herumzutragen oder auszustellen oder feilzubieten, zu verkaufen, anzukaufen, oder den Verkauf von solchem Wild zu vermitteln.

(2) Vorstehenden Beschränkungen unterliegt nicht der Vertrieb einzelner Arten von Wild aus Kühlhäusern, wenn er unter Kontrolle nach Maßgabe der von den zuständigen Ministern zu erlassenden Bestimmungen stattfindet. Die Kosten der Kontrolle fallen den Inhabern der Kühlhäuser zur Last und können in Form einer Gebühr nach Tarifen erhoben werden.

(3) Ferner dürfen Ausnahmen, wenn es sich um die Versendung, den Verkauf, den Ankauf und die Verkaufsvermittlung von lebendem Wilde zum Zwecke der Blutauffrischung oder Einführung einer Wildart handelt, durch den für den Empfangsort zuständigen Regierungspräsidenten gestattet werden.

(4) Die Bestimmungen des ersten Absatzes finden auf Kiebitz- und Möweneier entsprechende Anwendung.

§ 44.

Vom Beginne des fünfzehnten Tages der für das weibliche Elch-, Rot-, Dam- und Rehwild festgesetzten Schonzeiten bis zu deren Ablauf ist es verboten, unzerlegtes Elch-, Rot-, Dam- und Rehwild, bei welchem das Geschlecht nicht mehr mit Sicherheit zu erkennen ist, zu versenden, zum Verkaufe herumzutragen oder auszustellen oder feilzubieten, zu verkaufen, anzukaufen oder den Verkauf von solchem Wilde zu vermitteln.

[Beschlagnahmtes Wild]

§ 45.

(1) Die Vorschriften der §§ 43 und 44 finden auf Wild keine Anwendung, welches im Strafverfahren in Beschlag genommen oder eingezogen oder welches mit Genehmigung oder auf Anordnung der zuständigen Behörde oder in Fällen erlegt ist, in denen besondere gesetzliche Vorschriften es gestatten.

35*

(2) Wer jedoch solches Wild in ganzen Stücken oder zerlegt versendet, zum Verkaufe herumträgt oder ausstellt oder feilbietet, verkauft, oder den Verkauf von solchem Wilde vermittelt, muß mit einer befristeten Bescheinigung der Ortspolizeibehörde oder des von ihr mit Genehmigung des Landrats zur Ausstellung einer solchen ermächtigten Gemeinde- (Guts-) Vorstehers versehen sein.

(3) Der Käufer muß sich die Bescheinigung vorzeigen lassen.

[Ursprungsschein]

§ 46.

(1) Die Versendung von Wild darf nur unter Beifügung eines Ursprungsscheins erfolgen.

(2) Die näheren Vorschriften werden von dem Oberpräsidenten oder dem Regierungspräsidenten im Wege der Polizeiverordnung erlassen; hierbei können von dem Erfordernisse des Ursprungsscheins bezüglich einzelner kleinerer Wildarten Ausnahmen gestattet werden.

§ 47.

Die Vorschriften der §§ 43 bis 46 finden auch auf Wild, welches in eingefriedigten Wildgärten erlegt oder gefangen ist, Anwendung.

§ 48.

Der Bezirksausschuß ist befugt, für den Umfang des ganzen Regierungsbezirkes oder einzelne Teile des letzteren diejenigen nicht jagdbaren Vögel zu bezeichnen, auf welche die Ausnahmebestimmung des § 5 Abs. 1 des Reichsgesetzes, betreffend den Schutz von Vögeln, vom 22. März 1888 (Reichsgesetzbl. S. 111) dauernd oder vorübergehend Anwendung finden darf.

§ 49.

Der Beschluß des Bezirksausschusses ist in den Fällen der §§ 40, 42 und 48 endgültig.

§ 50.

Bei Einführung oder Einwanderung bisher nicht einheimischer Wildarten kann durch [Königliche] Verordnung des Staatsministeriums[1]) Bestimmung getroffen werden über ihre Jagdbarkeit, die Festsetzung von Schonzeiten für sie und die Androhung von Strafen bei Verletzung der festgesetzten Schonzeiten.

Fünfter Abschnitt. **Wildschadenersatz**[2]).

[Wildschaden]

§ 51.

Für den nach § 835 BGB. zu ersetzenden, durch Schwarz-, Rot-, Elch-, Dam- oder Rehwild oder durch Fasanen[3]) angerichteten Schaden gelten folgende Bestimmungen:

[1]) Gemäß Art. 82 PrV.

[2]) Vgl. hierzu Art. 69 bis 71 des Einführungsgesetzes zum BGB.

[3]) Also nicht Hasen.

[Träger der Ersatzpflicht] **§ 52.**

(1) Ersatzpflichtig sind in einem gemeinschaftlichen Jagdbezirke die Grundbesitzer des Jagdbezirkes nach Verhältnis der Größe der beteiligten Fläche. Dieselben werden durch den Jagdvorsteher vertreten.

(2) Hat bei Verpachtung der Jagd in gemeinschaftlichen Jagdbezirken der Jagdvorsteher die vollständige Wiedererstattung der zu zahlenden Wildschadenbeträge durch den Jagdpächter nicht ausbedungen, so müssen solche Jagdpachtverträge nach ortsüblicher Bekanntmachung zwei Wochen öffentlich ausgelegt werden (§ 23). Sie bedürfen zu ihrer Gültigkeit der Genehmigung des Kreisausschusses, in Stadtkreisen des Bezirksausschusses, wenn seitens auch nur eines Nutzungsberechtigten während der Auslegungsfrist Einspruch erhoben wird.

§ 53.

(1) Für Wildschaden ist bei Grundflächen, die einem Eigenjagdbezirk angeschlossen sind (§ 4 Abs. 1 Ziff. 2 Abs. 1, § 7 Abs. 5, §§ 8, 9), der Inhaber des letzteren als Pächter ersatzpflichtig.

(2) Ersatzpflichtig ist im Falle des § 10 der Inhaber des umschließenden Eigenjagdbezirkes auch dann, wenn er den angebotenen Anschluß abgelehnt hat und ein selbständiger Jagdbezirk gebildet ist. Auf das Verfahren finden die Vorschriften über Wildschadenersatz Anwendung.

[Unreife Früchte] **§ 54.**

Sofern Bodenerzeugnisse, deren voller Wert sich erst zur Zeit der Ernte bemessen läßt, vor diesem Zeitpunkte beschädigt werden (§ 51), so ist der Schaden in demjenigen Umfange zu erstatten, in welchem er sich zur Zeit der Ernte darstellt.

[Verfahren: Anmeldung] **§ 55.**

Der Beschädigte, welcher auf Grund der §§ 51 bis 53 Ersatz für Wildschaden fordern will, hat diesen Anspruch bei der für das geschädigte Grundstück zuständigen Ortspolizeibehörde binnen drei Tagen, nachdem er von der Beschädigung Kenntnis erhalten hat, schriftlich oder zu Protokoll anzumelden. Bei Versäumung dieser Anmeldung findet ein Ersatzanspruch nicht statt.

[Ortstermin] **§ 56.**

Nach rechtzeitig erfolgter Anmeldung hat die Ortspolizeibehörde zur Ermittlung und Schätzung des behaupteten Schadens und zur Herbeiführung einer gütlichen Einigung unverzüglich einen Termin an Ort und Stelle anzuberaumen und zu demselben die Beteiligten unter der Verwarnung zu laden,

daß im Falle des Nichterscheinens mit der Ermittlung und Schätzung des Schadens dennoch vorgegangen wird. Der Jagdpächter ist zu diesem Termine zu laden.

[Vertagung bis zur Ernte] **§ 57.**

Jedem Beteiligten steht das Recht zu, in dem Termine zu beantragen, daß die Schätzung des Schadens erst in einem zweiten, kurz vor der Ernte abzuhaltenden Termin erfolge. Diesem Antrage muß stattgegeben werden.

[Vorbescheid d. Ortspolizeibehörde] **§ 58.**

(1) Auf Grund des Ergebnisses der Vorverhandlungen hat die Ortspolizeibehörde einen Vorbescheid über den Schadenersatzanspruch und die entstandenen Kosten zu erlassen und den Beteiligten in schriftlicher Ausfertigung zuzustellen.

(2) Die Zustellung erfolgt nach Maßgabe der für Zustellungen des Kreisausschusses geltenden Bestimmungen.

[Verwaltungsklage] **§ 59.**

(1) Gegen den Vorbescheid findet innerhalb zwei Wochen die Klage bei dem Kreisausschuß, in Stadtkreisen bei dem Bezirksausschusse, statt.

(2) Die Entscheidungen des Kreisausschusses und des Bezirksausschusses sind vorläufig vollstreckbar.

(3) Wird innerhalb der zwei Wochen die Klage nicht erhoben, so wird der Vorbescheid endgültig und vollstreckbar.

[Kosten] **§ 60.**

Als Kosten des Verfahrens kommen nur bare Auslagen, insbesondere Reisekosten und Gebühren der Sachverständigen, Botenlöhne und Portokosten in Ansatz. Die Kosten des Vorverfahrens werden als Teil der Kosten des Verwaltungsstreitverfahrens behandelt.

Sechster Abschnitt. Wildschadenverhütung.

[Abschuß] **§ 61.**

(1) Wenn die in der Nähe von Forsten belegenen Grundstücke, welche Teile eines gemeinschaftlichen Jagdbezirkes bilden, oder solche Waldenklaven, auf welchen die Jagdausübung dem Eigentümer des sie umschließenden Waldes überlassen ist (§ 7 Abs. 5, §§ 8 und 10), erheblichen Wildschäden durch das aus der Forst übertretende Wild ausgesetzt sind, so ist die Jagdpolizeibehörde befugt, auf Antrag der geschädigten Grundbesitzer nach vorhergegangener Prüfung des Bedürfnisses und für die Dauer desselben den Jagdpächter selbst während der Schonzeit zum

Abschusse des Wildes aufzufordern. Schützt der Jagdpächter, dieser Aufforderung ungeachtet, die beschädigten Grundstücke nicht genügend, so kann die Jagdpolizeibehörde den Grundbesitzern selbst die Genehmigung erteilen, das auf diese Grundstücke übertretende Wild auf jede erlaubte Weise zu fangen, namentlich auch mit Anwendung des Schießgewehrs zu töten.

(2) Das nämliche gilt rücksichtlich der Besitzer solcher Grundstücke, auf welchen sich die Kaninchen bis zu einer der Feld- und Gartenkultur schädlichen Menge vermehren, in betreff dieser Tiergattung. Wird gegen die Verfügung der Jagdpolizeibehörde die Beschwerde eingelegt, so bleibt erstere bis zur eingehenden höheren Entscheidung einstweilen gültig.

(3) Das von den Grundbesitzern infolge einer solchen Genehmigung der Jagdpolizeibehörde erlegte oder gefangene Wild muß aber gegen Bezahlung des in der Gegend üblichen Schußgeldes dem Jagdpächter überlassen und die desfallsige Anzeige binnen 24 Stunden erstattet werden.

[Kürzung der Schonzeit]

§ 62.

Ist während des Kalenderjahrs wiederholt durch Rot-, Elch- oder Damwild verursachter Wildschaden durch die Ortspolizeibehörde festgestellt worden, so muß auf Antrag des Ersatzpflichtigen oder der Jagdberechtigten die Jagdpolizeibehörde sowohl für den betroffenen, als auch nach Bedürfnis für benachbarte Jagdbezirke die Schonzeit der schädigenden Wildgattung für einen bestimmten Zeitraum aufheben und die Jagdberechtigten zum Abschuß auffordern und anhalten.

[Notjagdrecht]

§ 63.

Genügen diese Maßregeln (§ 62) nicht, so hat die Jagdpolizeibehörde den Grundbesitzern und sonstigen Nutzungsberechtigten selbst nach Maßgabe des § 61 die Genehmigung zu erteilen, das auf ihre Grundstücke übertretende Elch-, Rot- und Damwild auf jede erlaubte Weise zu fangen, namentlich auch mit Anwendung des Schießgewehrs zu erlegen.

[Schwarzwild]

§ 64.

(1) Schwarzwild darf nur in solchen Einfriedigungen gehegt werden, aus denen es nicht ausbrechen kann. Der Jagdberechtigte, aus dessen Gehege Schwarzwild austritt, haftet für den durch das ausgetretene Schwarzwild verursachten Schaden.

(2) Außer dem Jagdberechtigten darf jeder Grundbesitzer oder Nutzungsberechtigte innerhalb seiner Grundstücke Schwarzwild auf jede erlaubte Art fangen, töten und behalten.

(3) Die Jagdpolizeibehörde kann die Benutzung von Schießwaffen für eine bestimmte Zeit gestatten.

(4) Die Jagdpolizeibehörde hat außerdem zur Vertilgung uneingefriedigten Schwarzwildes alles Erforderliche anzuordnen, sei es durch Polizeijagden, sei es durch andere geeignete Maßregeln oder Auflagen an die Jagdberechtigten des Bezirkes und der Nachbarforsten.

[Wildabwehr]

§ 65.

Durch Klappern, aufgestellte Schreckbilder sowie durch Zäune kann ein jeder das Wild von seinen Besitzungen abhalten, auch wenn er auf diesen zur Ausübung des Jagdrechts nicht befugt ist. Zur Abwehr des Rot-, Dam- und Schwarzwildes kann er sich auch kleiner oder gemeiner Haushunde bedienen.

§ 66.

(1) Die Jagdpolizeibehörde kann die Besitzer von Obst-, Gemüse-, Blumen- und Baumschulanlagen ermächtigen, Vögel und Wild, welche in den genannten Anlagen Schaden anrichten, zu jeder Zeit mittels Schußwaffen zu erlegen. Der Jagdberechtigte kann verlangen, daß ihm die erlegten Tiere, soweit sie seinem Jagdrecht unterliegen, gegen das übliche Schußgeld überlassen werden.

(2) Die Ermächtigung darf Personen, welchen der Jagdschein versagt werden muß, nicht erteilt werden und ist widerruflich.

[Fischereischutz]

§ 67.

(1) Die Jagdpolizeibehörde kann die Eigentümer und Pächter solcher zur Fischerei dienender Seen und Teiche, die nicht zu einem Eigenjagdbezirke gehören (§ 13 Abs. 1), selbst wenn die Jagd auf ihnen ruht, ermächtigen, jagdbare und nichtjagdbare Tiere, welche der Fischerei Schaden zufügen, zu jeder Zeit auf jede erlaubte Weise zu fangen, namentlich auch mit Anwendung von Schußwaffen zu erlegen. Mit Zustimmung der Jagdpolizeibehörde kann diese Ermächtigung auf bestimmt zu bezeichnende Beauftragte des Eigentümers oder Pächters übertragen werden. Der Jagdberechtigte kann verlangen, daß ihm die erlegten Tiere, soweit sie seinem Jagdrecht unterliegen, gegen das übliche Schußgeld überlassen werden.

(2) Die Ermächtigung darf Personen, welchen der Jagdschein versagt werden muß, nicht erteilt werden und ist widerruflich. In ihr sind die Tierarten, zu deren Erlegung die Befugnis erteilt wird, bestimmt zu bezeichnen.

(3) Die weitergehenden Bestimmungen der Fischereigesetze werden hierdurch nicht berührt.

[Rechtsmittel]

§ 68.

Gegen die Anordnung oder Versagung obiger Maßregeln (§§ 66 und 67) seitens der Jagdpolizeibehörde ist nur die Be-

schwerde an den Bezirksausschuß und gegen dessen Entscheidung die Beschwerde zulässig, welche an den Minister des Innern und den Minister für Landwirtschaft, Domänen und Forsten geht.

Siebenter Abschnitt. **Behörden.**

[1. Instanz — Beschwerde] **§ 69.**

(1) Jagdpolizeibehörde ist der Landrat, in Stadtkreisen die Ortspolizeibehörde.

(2) Gegen Beschlüsse der Jagdpolizeibehörde, durch welche Anordnungen wegen Abminderung des Wildstandes getroffen oder Anträge auf Anordnung oder Gestattung solcher Abminderung abgelehnt werden, findet innerhalb zwei Wochen die Beschwerde an den Bezirksausschuß statt; der Beschluß des Bezirksausschusses ist endgültig.

[Aufsicht üb. gemeinschaftl. Jagdbez.] **§ 70.**

(1) Die Aufsicht über die Verwaltung der Angelegenheiten der gemeinschaftlichen Jagdbezirke wird, soweit in diesem Gesetze nicht etwas anderes bestimmt ist, in Landkreisen von dem Landrat, in höherer und letzter Instanz von dem Regierungspräsidenten, in Stadtkreisen von dem Regierungspräsidenten, in höherer und letzter Instanz von dem Oberpräsidenten geübt.

(2) Beschwerden bei den Aufsichtsbehörden sind in allen Instanzen innerhalb zwei Wochen anzubringen.

[Verwaltungsstreitverfahren] **§ 71.**

(1) Streitigkeiten der Beteiligten über ihre in den öffentlichen Rechten begründeten Berechtigungen und Verpflichtungen hinsichtlich der Ausübung der Jagd unterliegen, soweit dieses Gesetz nicht etwas anderes bestimmt, der Entscheidung im Verwaltungsstreitverfahren.

(2) Zuständig im Verwaltungsstreitverfahren ist in erster Instanz der Kreisausschuß, in Stadtkreisen der Bezirksausschuß.

Achter Abschnitt. **Strafvorschriften.**

§ 72.

Mit Geldstrafe bis zu 20 Mark wird bestraft:

1. wer bei Ausübung der Jagd seinen Jagdschein oder die nach § 30 Nr. 3 an dessen Stelle tretende Bescheinigung nicht bei sich führt;
2. wer die Jagd innerhalb der abgesteckten Festungsrayons ausübt, ohne einen von der Festungsbehörde mit dem Einsichtsvermerke versehenen Jagdschein bei sich zu führen (§ 38).

§ 73.

(1) Mit Geldstrafe von 15 bis 100 Mark wird bestraft:

wer ohne den vorgeschriebenen Jagdschein zu besitzen, die Jagd ausübt oder wer von einem gemäß § 36 für ungültig erklärten Jagdscheine Gebrauch macht.

(2) Ist der Täter in den letzten 5 Jahren wegen der gleichen Übertretung vorbestraft, so können neben der Geldstrafe die Jagdgeräte sowie die Hunde, welche er bei der Zuwiderhandlung bei sich geführt hat, eingezogen werden, ohne Unterschied, ob der Schuldige Eigentümer ist oder nicht.

§ 74.

Die Fristen im § 34 Ziffer 3, § 35 Ziffer 1 und 2, § 73 Abs. 2 beginnen mit dem Ablaufe desjenigen Tages, an welchem die Strafe verbüßt, verjährt oder erlassen ist.

§ 75.

Wer zwar mit einem Jagdscheine versehen, aber ohne Begleitung des Jagdberechtigten oder ohne dessen schriftlich erteilte Erlaubnis bei sich zu führen, die Jagd auf fremdem Jagdbezirk ausübt, wird mit einer Strafe von sechs bis fünfzehn Mark belegt.

§ 76.

(1) Mit den nachstehenden Geldstrafen wird bestraft, wer während der Schonzeit erlegt oder einfängt:

1. ein Stück Elchwild . . . . 150 Mark,
2. ein Stück Rotwild . . . . 150 „
3. ein Stück Damwild . . . . 100 „
4. einen Biber . . . . 100 „
5. ein Stück Rehwild . . . . 60 „
6. ein Stück Auerwild, eine Trappe, einen Schwan . . 30 „
7. einen Dachs, einen Hasen, ein Stück Birk- oder Haselwild, eine Schnepfe oder einen Fasan . . . . 10 „
8. ein Rebhuhn, ein schottisches Moorhuhn, eine Wachtel, eine wilde Ente, einen Kranich, einen Brachvogel, einen Wachtelkönig oder einen sonstigen jagdbaren Sumpf- oder Wasservogel . . . . 5 „
9. eine Drossel (Krammetsvogel) . . . . 2 „

(2) Sind mildernde Umstände vorhanden, so kann die Geldstrafe in den Fällen 1 bis 4 auf 15 Mark, 5 und 6 auf 5 Mark, in den Fälen 7 bis 9 bis auf 1 Mark für jedes Stück ermäßigt werden.

§ 77.

(1) Mit Geldstrafe bis zu 150 Mark wird bestraft, wer:

1. innerhalb der Schonzeit auf die durch diese geschützten

Tiere die Jagd ausübt, ohne sie zu erlegen oder einzufangen;
2. den Vorschriften des § 41 zuwider Schlingen stellt, in denen jagdbare Tiere oder Kaninchen sich fangen können.

(2) Ist in den Schlingen Wild gefangen worden, für welches eine Schonzeit vorgeschrieben ist, so darf eine niedrigere Strafe, als wie sie nach §§ 50 und 76 angedroht ist, nicht verhängt werden. Das gleiche findet Anwendung auf Wild, für welches die Schonzeiten deshalb nicht gelten, weil es sich in eingefriedigten Wildgärten befindet.

(3) Bei einer Zuwiderhandlung gegen den § 41 ist neben der Geldstrafe die Einziehung der Schlingen auszusprechen, ohne Unterschied, ob sie dem Schuldigen gehören oder nicht.

§ 78.

(1) Mit Geldstrafe bis zu 150 Mark wird bestraft:
wer den Vorschriften der §§ 43, 44 und 45 zuwider Wild oder Kiebitz- oder Möweneier versendet, zum Verkaufe herumträgt oder ausstellt oder feilbietet, verkauft, ankauft oder den Verkauf von solchem Wilde (Eiern) vermittelt.

(2) Hat der Täter gewerbs- oder gewohnheitsmäßig gehandelt, so ist eine Geldstrafe von nicht unter 30 Mark zu verhängen.

(3) Neben der Geldstrafe ist das den Gegenstand der Zuwiderhandlung bildende Wild (die Kiebitz- und Möweneier) einzuziehen ohne Unterschied, ob der Schuldige Eigentümer ist oder nicht; von der Einziehung kann abgesehen werden, wenn der Ankauf nur zum eigenen Verbrauche geschehen ist.

§ 79[1]).

Auf die Zahlung und Beitreibung einer nach Maßgabe der vorstehenden Bestimmungen verhängten Geldstrafe finden die §§ 28, 28a, 28b des Reichsstrafgesetzbuchs in der Fassung der Verordnung über Vermögensstrafen und Bußen vom 6. Februar 1924 (Reichsgesetzbl. I S. 44) Anwendung; an die Stelle einer uneinbringlichen Geldstrafe tritt Haftstrafe nach Maßgabe des § 29 des Reichsstrafgesetzbuchs in der Fassung der gleichen Verordnung.

[Haftung des Dienstherrn]

§ 80.

(1) Für die Geldstrafe und die Kosten, zu denen Personen verurteilt werden, welche unter der Gewalt, der Aufsicht oder im Dienste eines anderen stehen und zu dessen Hausgenossenschaft gehören, ist letzterer im Falle des Unvermögens der Verurteilten für haftbar zu erklären, und zwar unabhängig von der etwaigen Strafe, zu welcher er selbst auf Grund dieses Gesetzes oder des § 361 zu 9 des Strafgesetzbuchs ver-

[1]) In der Fassung d. G. v. 15. Juli 1924 (GS. S. 577).

urteilt wird. Wird festgestellt, daß die Tat nicht mit seinem Wissen verübt ist oder daß er sie nicht verhindern konnte, so wird die Haftbarkeit nicht ausgesprochen.

(2) Hat der Täter noch nicht das zwölfte Lebensjahr vollendet, so wird derjenige, welcher in Gemäßheit der vorstehenden Bestimmungen haftet, zur Zahlung der Geldstrafe und der Kosten als unmittelbar haftbar verurteilt. Dasselbe gilt, wenn der Täter zwar das zwölfte, aber noch nicht das achtzehnte Lebensjahr vollendet hatte und wegen Mangels der zur Erkenntnis der Strafbarkeit seiner Tat erforderlichen Einsicht freizusprechen ist, oder wenn derselbe wegen eines seine freie Willensbestimmung ausschließenden Zustandes straffrei bleibt.

(3) Gegen die in Gemäßheit der vorstehenden Bestimmungen als haftbar Erklärten tritt an die Stelle der Geldstrafe eine Freiheitsstrafe nicht ein.

Neunter Abschnitt. Übergangs- und Schlußbestimmungen.

[Kurhessen] **§ 81.**

An Stelle der §§ 51 bis 66 gelten im ehemaligen Kurfürstentume Hessen die Vorschriften des kurhessischen Wildschadengesetzes vom 26. Januar 1854 (Kurhessische Gesetzsamml. S. 9) und die §§ 26, 28, 34 bis 37, 40 des kurhessischen Jagdgesetzes vom 7. September 1865 (Kurhessische Gesetzsamml. S. 571).

[Schleswigsche Westseeinseln] **§ 82.**

Der Bezirksausschuß beschließt über die Erneuerung der auf den schleswigschen Westseeinseln bestehenden Konzessionen zur Errichtung von Vogelkojen sowie über die Erteilung neuer Konzessionen (§ 6 des Gesetzes vom 1. März 1873, Gesetzsamml. S. 27).

[Sonderrecht betr. Vogeleier] **§ 83.**

In denjenigen Landesteilen, in denen das Recht, Kiebitz- und Möweneier einzusammeln, anderen Personen als den Jagdberechtigten vor dem Inkrafttreten des Wildschongesetzes vom 14. Juli 1904 (Gesetzsamml. S. 159) zustand, bleibt dieses Recht bis zum Ablaufe der Jagdpachtverträge, die bei dem Inkrafttreten des letzteren Gesetzes bestanden haben, unberührt.

§§ 84—86

[von denen der letztere 21 ältere Jagdgesetze usw. aufhob, sind durch Ausführung erledigte Übergangsvorschriften].

46. Wassergesetz.

Vom 7. April 1913 (GS. S. 53).

(Auszug.)

[Über den Inhalt des höchst umfangreichen Gesetzes, das eine der bedeutendsten Leistungen der inneren Verwaltungsgesetzgebung in den Jahren vor dem Kriege war, unterrichtet die dem Gesetz vorausgeschickte Übersicht. Da die volle Wiedergabe des Gesetzes sich wegen seines außerordentlichen Umfangs verbot, werden im folgenden wenigstens die Bestimmungen über Eigentum und Benutzung der Wasserläufe (§§ 1—112), die für das allgemeine Verwaltungsrecht besonders wichtig sind, abgedruckt.]

Inhalt.

Erster Abschnitt. Wasserläufe.

Nicht mit abgedruckter weiterer Inhalt des Gesetzes:

Zweiter Abschnitt.

Dritter Abschnitt. Wassergenossenschaften.

Erster Abschnitt. **Wasserläufe.**

Erster Titel. **Begriff und Arten der Wasserläufe.**

[Wasserläufe]

§ 1.

(1) Wasserläufe sind die Gewässer, die in natürlichen oder künstlichen Betten beständig oder zeitweilig oberirdisch abfließen, einschließlich ihrer oberirdischen Quellen und der Seen — Teiche, Weiher und ähnlicher Wasseransammlungen —, aus denen sie abfließen, sowie ihrer etwa unterirdisch verlaufenden Strecken (natürliche, künstliche Wasserläufe).

(2) Grundstücke, die zur Fischzucht oder Fischhaltung oder zu sonstigen Zwecken mit Wasser bespannt werden und mit einem Wasserlaufe nur dadurch in Verbindung stehen, daß sie mittels künstlicher Vorrichtungen aus dem Wasserlaufe gefüllt oder in einen solchen abgelassen werden, gelten nicht als Wasserläufe.

---

[1]) Betraf das Landeswasseramt, an dessen Stelle jetzt der Wasserwirtschaftliche Senat des Oberverwaltungsgerichts getreten ist (G. v. 12. März 1924, GS. S. 130).

(3) Gräben gelten als Wasserläufe nur insoweit, als sie der Vorflut der Grundstücke verschiedener Eigentümer dienen. Seen, aus denen nur künstliche Wasserläufe abfließen, gelten nicht als Wasserläufe, soweit nicht die Wasserlaufsverzeichnisse etwas anderes bestimmen. Triebwerkskanäle — Mühlgräben und dergleichen — und Bewässerungskanäle gelten, soweit sie als Wasserläufe anzusehen sind, im Zweifel als künstliche Wasserläufe.

(4) Ein natürlicher Wasserlauf gilt als solcher auch nach einer künstlichen Veränderung.

[Wasserläufe I., II., III. Ordnung]

§ 2.

(1) Im Sinne dieses Gesetzes sind:

1. Wasserläufe erster Ordnung: die in dem anliegenden Verzeichnis[1]) unter I aufgeführten Strecken natürlicher und die dort unter II bezeichneten Strecken künstlicher Wasserläufe;
2. Wasserläufe zweiter Ordnung: die Strecken natürlicher und künstlicher Wasserläufe, die in dem nach § 4 aufzustellenden Verzeichnis eingetragen sind;
3. Wasserläufe dritter Ordnung: alle anderen Strecken natürlicher und künstlicher Wasserläufe.

(2) Natürliche Wasserläufe, die sich von einem natürlichen Wasserlauf abzweigen und wieder mit ihm vereinigen (Nebenarme), sowie Mündungsarme eines natürlichen Wasserlaufs sind der Ordnung zuzuzählen, welcher der Hauptwasserlauf an der Abzweigungsstelle angehört, wenn sich nicht aus der Anlage ein anderes ergibt oder nach § 3 Abs. 1 oder § 4 ein anderes bestimmt wird.

[Verzeichnis der Wasserläufe I. Ordnung]

§ 3.

(1) Das Verzeichnis der Wasserläufe erster Ordnung kann nur durch Gesetz geändert werden.

(2) Wird infolge einer solchen Änderung jemand in der Ausübung eines Rechtes am Wasserlaufe beeinträchtigt oder ein Grundstück beschädigt, so ist dem Benachteiligten Entschädigung vom Staate zu gewähren. Über die Entschädigung beschließt im Streitfalle der Bezirksausschuß. Der Beschluß kann binnen drei Monaten nach der Zustellung im Rechtsweg angefochten werden. Auf die Entschädigung ist der Vorteil anzurechnen, der dem Benachteiligten aus der Versetzung des Wasser-

[1]) Das Verzeichnis ist hier nicht abgedruckt.

laufs in eine andere Ordnung erwächst, soweit dieser Vorteil nicht bereits nach § 11 Satz 3 oder § 131 Satz 2 angerechnet worden ist.

[Verzeichnis der Wasserläufe II. Ordnung]

§ 4.

(1) Das Verzeichnis der Wasserläufe zweiter Ordnung stellt der Oberpräsident — für die Hohenzollernschen Lande der Regierungspräsident — auf.

(2) In dieses Verzeichnis sind die nicht zur ersten Ordnung gehörenden Strecken natürlicher und künstlicher Wasserläufe aufzunehmen, die für die Wasserwirtschaft von größerer Bedeutung sind. Dabei sind die natürlichen von den künstlichen Wasserläufen getrennt aufzuführen.

[Öffentliche Auslegung (§ 4), Einwendungen]

§ 5.

(1) Das Verzeichnis wird in den beteiligten Bezirken öffentlich ausgelegt. Die Auslegung ist in ortsüblicher Weise und, wenn Landkreise beteiligt sind, auch durch die Kreisblätter bekanntzumachen. Innerhalb einer vom Oberpräsidenten (Regierungspräsidenten) zu bestimmenden Frist von mindestens sechs Wochen nach der letzten Bekanntmachung können Einwendungen gegen das Verzeichnis erhoben werden. Die Frist sowie die Stelle, bei der die Einwendungen anzubringen sind, ist in der Bekanntmachung zu bestimmen.

(2) Über die rechtzeitig erhobenen, mit den Beteiligten zu erörternden Einwendungen beschließt der Provinzialrat, in den Hohenzollernschen Landen der Bezirksausschuß. Gegen den Beschluß ist innerhalb zwei Wochen die Beschwerde an den Minister für Landwirtschaft, Domänen und Forsten zulässig. Die Beschwerde steht auch dem Oberpräsidenten (Regierungspräsidenten) zu.

(3) Nach Erledigung der Einwendungen oder fruchtlosem Ablaufe der Frist stellt der Oberpräsident (Regierungspräsident) das Verzeichnis endgültig fest. Die Feststellung ist durch die Amtsblätter der beteiligten Bezirke bekanntzumachen.

(4) Das Verzeichnis ist bei der Wasserbuchbehörde (§ 183) zu jedermanns Einsicht offenzulegen. Auszugsweise Abschriften sind bei dem Landrat, in Stadtkreisen bei der Ortspolizeibehörde niederzulegen und auf dem laufenden zu erhalten.

[Änderung des Verzeichnisses (§ 4)]

§ 6.

Für die Änderung des Verzeichnisses gilt § 5 mit der Maßgabe, daß an die Stelle der Auslegung des Verzeichnisses und ihrer Bekanntmachung die Bekanntmachung der beabsichtigten Änderung tritt.

Zweiter Titel. Eigentumsverhältnisse bei den Wasserläufen.

[I. Ordnung: Staat] **§ 7.**

An den in der Anlage bezeichneten Wasserläufen erster Ordnung steht, vorbehaltlich der Bestimmungen des § 9 Abs. 1, dem Staate das Eigentum zu.

[II. u. III. Ordnung: Anlieger] **§ 8.**

(1) An den Wasserläufen zweiter und dritter Ordnung steht, vorbehaltlich der Bestimmungen des § 9, den Eigentümern der Ufergrundstücke (Anliegern) das Eigentum anteilig zu.

(2) Die Eigentumsgrenzen werden bestimmt:

1. für die gegenüberliegenden Ufergrundstücke durch eine Linie, die in der Stromrichtung laufend die Mitte des Wasserlaufs bei dem gewöhnlichen Wasserstand innehält;
2. für die nebeneinanderliegenden Ufergrundstücke durch eine vom Schnittpunkt ihrer Grenzlinien mit der Uferlinie (§ 12) senkrecht zu der vorbezeichneten Mittellinie zu ziehende Linie.

(3) Als der gewöhnliche Wasserstand gilt der Wasserstand, der im Durchschnitte der Jahre an ebensoviel Tagen überschritten wie nicht erreicht wird, im Ebbe- und Flutgebiete das Hochwasser der gewöhnlichen Flut.

(4) Bei den Grenzflüssen reicht, soweit die Eigentumsverhältnisse nicht anderweit geregelt sind, das Eigentum der preußischen Anlieger bis zur Landesgrenze.

(5) Der Anteil des Anliegers am Wasserlauf ist Bestandteil des Ufergrundstücks.

[Ausnahmen von §§ 7, 8] **§ 9.**

(1) Soweit beim Inkrafttreten dieses Gesetzes das Eigentum an Wasserläufen erster Ordnung einem anderen als dem Staate, an Wasserläufen zweiter oder dritter Ordnung einem anderen als den Anliegern zusteht, bleibt es mit dem bisherigen Inhalt aufrechterhalten. Das Eigentum an einem natürlichen Wasserlauf erster Ordnung geht mit Ablauf von zehn Jahren nach dem Inkrafttreten dieses Gesetzes auf den Staat über, wenn der bisherige Eigentümer nicht vorher in das Grundbuch eingetragen ist oder seine Eintragung beantragt hat.

(2) In den im § 323 bezeichneten Gebietsteilen steht das Eigentum an den Wasserläufen zweiter Ordnung, soweit sie beim Inkrafttreten dieses Gesetzes nicht im Eigentum anderer stehen, den Deich- und Sielverbänden zu, zu denen sie gehören.

(3) In der Provinz **Hessen-Nassau** steht das Eigentum an den natürlichen Wasserläufen zweiter und dritter Ordnung den Gemeinden

insoweit zu, als ihnen die Unterhaltung obliegt (§ 117 Abs. 1). Soweit dort beim Inkrafttreten dieses Gesetzes das Eigentum an einem natürlichen Wasserlaufe zweiter oder dritter Ordnung, der von der Gemeinde zu unterhalten ist, einem anderen als der Gemeinde zusteht, bleibt es aufrechterhalten, geht aber mit Ablauf von zwei Jahren nach dem Inkrafttreten dieses Gesetzes auf die Gemeinde über, wenn der bisherige Eigentümer nicht vorher in das Grundbuch eingetragen ist oder seine Eintragung beantragt hat.

(4) Für das aufrechterhaltene Eigentum der Anlieger gilt § 8.

[Nichtstaatliche Wasserläufe I. Ordnung]

§ 10.

(1) Auf Grund [Königlicher] Verordnung des Staatsministeriums[1]) kann der Staat das Eigentum an einem natürlichen Wasserlauf erster Ordnung, der ihm nach § 9 Abs. 1 nicht gehört, aber von ihm unterhalten wird, in Anspruch nehmen. Die [Königliche] Verordnung des Staatsministeriums wird durch das Amtsblatt derjenigen Regierung bekanntgemacht, in deren Bezirke die in Anspruch genommene Strecke des Wasserlaufs liegt.

(2) Der bisherige Eigentümer ist zu entschädigen. Von der Entschädigung sind die Lasten abzurechnen, die dem Eigentümer bisher oblagen. Im übrigen sind die §§ 7 bis 9, 11, 13, 24 bis 49 des Enteignungsgesetzes vom 11. Juni 1874 (Gesetzsamml. S. 221) anzuwenden.

[Wechsel in der Ordnung]

§ 11.

Wird ein Wasserlauf erster Ordnung nach § 3 Abs. 1 zu einem Wasserlaufe zweiter oder dritter Ordnung, oder wird ein Wasserlauf zweiter oder dritter Ordnung zu einem Wasserlauf erster Ordnung, so bleiben die Eigentumsverhältnisse unberührt. Der Staat kann jedoch in letzterem Falle auf Grund [Königlicher] staatsministerieller[1]) Verordnung das Eigentum an dem Wasserlaufe gegen Entschädigung in Anspruch nehmen. Auf die Entschädigung ist der Vorteil anzurechnen, der dem Eigentümer durch den Wegfall von Lasten, die ihm bisher oblagen, erwächst, soweit er nicht bereits nach § 3 Abs. 2 Satz 4 oder § 131 Satz 2 angerechnet worden ist. Der § 10 Abs. 1 Satz 2, Abs. 2 Satz 3 ist anzuwenden.

[Uferlinie]

§ 12.

(1) Die Grenze zwischen dem Wasserlauf und dem Ufergrundstück (Uferlinie) wird durch die Grenze des Graswuchses und, soweit diese über dem gewöhnlichen Wasserstande (§ 8 Abs. 3) liegt, durch den letzteren bestimmt.

(2) Die Uferlinie kann von der Wasserpolizeibehörde nach Anhörung der Anlieger und der sonst Beteiligten festgelegt werden. Die Be-

[1]) Gemäß Art. 82 PrV.

teiligten können die Festlegung der Uferlinie durch die Wasserpolizeibehörde auf ihre Kosten verlangen.

(3) Die Festlegung der Uferlinie ist den Beteiligten bekanntzumachen und kann binnen vier Wochen nach Zustellung durch Klage im Verwaltungsstreitverfahren angefochten werden. Ist der Oberpräsident oder der Regierungspräsident Wasserpolizeibehörde, so hat er für das Verwaltungsstreitverfahren einen Kommissar zu bestellen, der ihn in allen Rechtshandlungen zu vertreten hat. Zuständig ist der Bezirksausschuß.

(4) Ändert sich der Wasserlauf nachträglich, so kann die Uferlinie nach Abs. 1 bis 3 anderweit festgelegt werden.

[Eintragung ins Grundbuch] **§ 13.**

(1) Im Grundbuche wird ein Wasserlauf nur auf Antrag des Eigentümers oder eines Berechtigten eingetragen.

(2) Wird die Eintragung des dem Anlieger gehörenden Anteils an einem Wasserlaufe beantragt, so ist er im Grundbuche nach den Grundsteuerbüchern, wenn er aber in diesen nicht verzeichnet ist, nur als Anteil an dem Wasserlaufe zu bezeichnen

[Trockengelegte Flächen] **§ 14.**

Wird das Bett eines Wasserlaufs vom Wasser verlassen oder tritt darin eine Erderhöhung hervor, die den gewöhnlichen Wasserstand (§ 8 Abs. 3) überragt und bei diesem Wasserstande nach keiner Seite hin mit dem Ufer zusammenhängt — Insel, Werder und dergleichen —, so bleibt das Eigentum an den hierdurch trockengelegten Flächen unverändert.

[Neues Flußbett bei Wasserläufen I. Ordnung] **§ 15.**

(1) Hat infolge natürlicher Ereignisse ein natürlicher Wasserlauf erster Ordnung sein Bett verlassen und sich ein neues Bett geschaffen, so wird der neue Wasserlauf Eigentum des Staates.

(2) Die bisherigen Eigentümer des neuen Bettes sind von dem Staate für den Verlust ihres Eigentums zu entschädigen. Auf die Entschädigung sind der Artikel 52 und der Artikel 53 Abs. 1 des Einführungsgesetzes zum Bürgerlichen Gesetzbuche sowie der § 47 des Enteignungsgesetzes vom 11. Juni 1874 (Gesetzsamml. S. 221) anzuwenden.

(3) Steht das alte Bett nicht im Eigentume des Staates, so hat der Eigentümer in Höhe seiner Bereicherung zu der vom Staate zu leistenden Entschädigung beizutragen.

[Neues Flußbett bei Wasserläufen II. u. III. Ordnung] **§ 16.**

(1) Tritt der Fall des § 15 bei einem natürlichen Wasserlaufe zweiter oder dritter Ordnung ein, so wird der neue Wasserlauf Eigen-

36*

tum der Anlieger. Wo in der Provinz **Hessen-Nassau** das Eigentum an Wasserläufen zweiter und dritter Ordnung den Gemeinden zusteht, wird er Eigentum der Gemeinden, durch deren Gebiet er fließt; in den Bezirken der vormaligen **hannoverschen** Ämter Zellerfeld und Elbingerode sowie in den Teilen des Kreises Osterode, die durch die Verordnungen vom 2. April 1853 (Hannov. Gesetzsamml. Abt. I S. 109) und vom 7. November 1855 (Hannov. Gesetzsamml. Abt. I S. 297) den ehemaligen Ämtern Scharzfels und Osterode zugelegt sind, wird er Eigentum des Staates; soweit nach dem **schlesischen** Auenrechte das verlassene Bett im Eigentume der Auenberechtigten steht, wird er ihr Eigentum.

(2) Die Eigentümer des verlassenen und die bisherigen Eigentümer des neuen Bettes, die Anlieger des früheren und des neuen Wasserlaufs sowie alle anderen, denen ein Recht an dem früheren Wasserlauf oder am Bette des neuen Wasserlaufs zugestanden hat, sind, und zwar auch jeder einzelne von ihnen, berechtigt, binnen Jahresfrist den früheren Zustand wiederherzustellen. Die Wasserpolizeibehörde kann durch polizeiliche Verfügung Art und Umfang der vorzunehmenden Arbeiten bestimmen und die Frist verlängern. Die Verfügung kann nur mit der Beschwerde angefochten werden. Der Bescheid auf die Beschwerde ist endgültig.

(3) Streitigkeiten der Beteiligten über die Zulässigkeit der Wiederherstellung werden im Verwaltungsstreitverfahren entschieden. Zuständig ist der Bezirksausschuß. Die Klage ist innerhalb der im Abs. 2 bezeichneten Frist zu erheben. Der Lauf der Frist ist während der Dauer des Verwaltungsstreitverfahrens gehemmt.

(4) Mit der Wiederherstellung des früheren Zustandes treten die früheren Eigentumsverhältnisse wieder ein.

[Anspülungen u. dgl.] § 17.

(1) Durch allmähliche Anspülung entstehende Anlandungen oder Erdzungen gehören in der sich aus § 8 Abs. 2 Nr. 2 ergebenden Begrenzung den Anliegern.

(2) Dasselbe gilt für Verbreiterungen der Ufergrundstücke, die durch eine natürliche oder künstliche Senkung des Wasserspiegels entstanden sind.

(3) Bei Seen, die Teile von Wasserläufen sind und nicht im Eigentume der Anlieger als solcher stehen, gehören Anlandungen, Erdzungen und trockengelegte Randflächen innerhalb der bisherigen Eigentumsgrenzen den Eigentümern des Sees. Diese haben jedoch den früheren Anliegern den Zutritt zu dem See zu gestatten, soweit dies zur Ausübung des Gemeingebrauchs in dem bisher geübten Umfang erforderlich ist.

[Losgerissenes Land] § 18.

Wird ein Stück Land durch Naturgewalt von dem Ufer eines Wasserlaufs losgerissen und mit einem anderen Grundstücke vereinigt, so wird es sein Bestandteil, wenn es von diesem Grundstücke nicht mehr unterschieden werden kann oder wenn die Vereinigung ein Jahr bestanden hat, ohne daß der Eigentümer oder ein sonstiger Berechtigter sein Recht, das losgerissene Stück wieder wegzunehmen, gerichtlich oder durch Anmeldung bei der Wasserpolizeibehörde geltend gemacht hat.

Dritter Titel. Benutzung der Wasserläufe.

I. Allgemeine Vorschriften.

[Verunreinigung durch Steine u. dgl.]

§ 19.

(1) Es ist verboten, Erde, Sand, Schlacken, Steine, Holz, feste und schlammige Stoffe sowie tote Tiere in einen Wasserlauf einzubringen. Ebenso ist verboten, solche Stoffe an Wasserläufen abzulagern, wenn die Gefahr besteht, daß diese Stoffe hineingeschwemmt werden. Ausnahmen kann die Wasserpolizeibehörde zulassen, wenn daraus nach ihrem Urteil eine für andere nachteilige Veränderung der Vorflut oder eine schädliche Verunreinigung des Wassers nicht zu erwarten ist. Wird die Unterhaltungslast erschwert, so darf die Wasserpolizeibehörde die Ausnahme nur mit Zustimmung des Unterhaltungspflichtigen zulassen.

(2) Die Vorschriften des Abs. 1 gelten nicht für das Einbringen von Fischnahrung, jedoch ist die Wasserpolizeibehörde befugt, das Einbringen zu untersagen, wenn dadurch das Wasser zum Nachteil anderer verunreinigt wird. Dasselbe gilt für die Düngung künstlicher teichartiger Erweiterungen von Wasserläufen, die der Fischzucht oder Fischhaltung dienen.

(3) Die Entnahme von Pflanzen, Schlamm, Erde, Sand, Kies und Steinen aus einem Wasserlaufe kann, wenn es das öffentliche Interesse erfordert, durch Anordnung der Wasserpolizeibehörde geregelt oder beschränkt werden.

[Verbot der Rötung von Hanf und Flachs]

§ 20.

(1) Es ist verboten, Hanf und Flachs in einem Wasserlaufe zu röten.

(2) Der Bezirksausschuß kann Ausnahmen von diesem Verbote widerruflich für Gemeindebezirke oder Teile von ihnen zulassen, wo die Örtlichkeit für die Anlegung zweckdienlicher Rötegruben nicht geeignet ist und die Inanspruchnahme von Wasserläufen zur Hanf- und Flachsbereitung zur Zeit nicht entbehrt werden kann. Die Zulassung ist jedoch ohne Einfluß auf die Haftung für den entstehenden Schaden.

[Beschränkung der Benutzung]

§ 21.

Die Wasserpolizeibehörde ist befugt, die Benutzung eines Wasserlaufs zu beschränken oder zu untersagen, soweit nicht ein Recht zu der Benutzung besteht oder die Benutzung nach den

Vorschriften über den Gemeingebrauch gestattet ist. Solche Verfügungen sind mit Gründen zu versehen.

[Anlagen in Wasserläufen] **§ 22.**

(1) Die Errichtung oder wesentliche Veränderung von Anlagen in Wasserläufen erster und zweiter Ordnung bedarf der Genehmigung der Wasserpolizeibehörde; das gleiche kann für natürliche Wasserläufe dritter Ordnung durch Polizeiverordnung bestimmt werden. Ausgenommen sind Anlagen, die auf Grund eines gesetzlich geordneten Verfahrens oder zur Erfüllung der gesetzlichen Unterhaltungspflicht ausgeführt werden.

(2) Ferner kann zur Erhaltung der Vorflut durch Polizeiverordnung bestimmt werden, daß an Wasserläufen erster und zweiter Ordnung und natürlichen Wasserläufen dritter Ordnung, die nicht unter die Vorschriften des § 285 fallen, Anlagen innerhalb eines bestimmten Abstandes von der Uferlinie (§ 12) nur mit Genehmigung der Wasserpolizeibehörde errichtet werden dürfen.

[Einleitung flüssiger Stoffe] **§ 23.**

(1) Wer Wasser oder andere flüssige Stoffe über den Gemeingebrauch hinaus in einen Wasserlauf einleiten will, hat dies vorher der Wasserpolizeibehörde anzuzeigen. Ist diese der Ansicht, daß der beabsichtigten Einleitung polizeiliche Rücksichten oder die Beschränkungen des § 41 entgegenstehen, so hat sie die Einleitung unter Angabe der Gründe zu untersagen; anderenfalls hat sie dem Anzeigenden mitzuteilen, daß von Polizei wegen keine Bedenken gegen die Einleitung zu erheben seien, und dieses in ortsüblicher Weise bekanntzumachen. Sie kann Vorkehrungen angeben, durch die ihr Widerspruch beseitigt werden kann.

(2) Die Wasserpolizeibehörde entscheidet, von dringlichen Fällen abgesehen, bei Wasserläufen zweiter und dritter Ordnung nach Anhörung des Schauamts.

(3) Bevor die Mitteilung (Abs. 1) zugestellt ist oder bevor die von der Wasserpolizeibehörde zur Beseitigung ihres Widerspruchs etwa angegebenen Vorkehrungen getroffen sind, ist die Einleitung nicht zulässig.

(4) Diese Vorschriften sind nicht anzuwenden, wenn das Recht zur Einleitung durch Verleihung erworben ist oder beim Inkrafttreten dieses Gesetzes besteht und nach den §§ 379 bis 381 aufrechterhalten bleibt oder wenn die Einleitung von einer anderen zuständigen Polizeibehörde zugelassen oder nach den §§ 16 bis 25 der Gewerbeordnung gestattet ist.

(5) Der Oberpräsident — in den Hohenzollernschen Landen der Regierungspräsident — kann nach Anhörung der Schauämter und des Wasserbeirats (§ 367) für alle oder einzelne Wasserläufe festsetzen, daß es für die Einleitung bestimmter Arten oder Mengen von Flüssigkeiten keiner Anzeige bedarf, wenn sie gemeinüblich und unter den gegebenen Verhältnissen keine Schädigung von ihr zu befürchten ist.

[Schadensersatzpflicht] **§ 24.**

(1) Für den Schaden, der durch die unerlaubte Verunreinigung eines Wasserlaufs entsteht, haftet, selbst wenn eine solche nach § 23 nicht beanstandet ist, der Unternehmer der Anlage, von der die Verunreinigung herrührt. Die Haftung ist ausgeschlossen, wenn der Unternehmer zur Verhütung der Verunreinigung die im Verkehr erforderliche Sorgfalt beobachtet hat.

(2) Den Hypotheken-, Grundschuld- und Rentenschuldgläubigern wird keine besondere Entschädigung gewährt. Doch sind zu ihren Gunsten auf die dem Eigentümer des belasteten Grundstücks zu gewährende Entschädigung die Artikel 52, 53 des Einführungsgesetzes zum Bürgerlichen Gesetzbuch anzuwenden.

(3) Rührt die Verunreinigung von mehreren Anlagen her, so haften die Unternehmer als Gesamtschuldner.

(4) Unter sich sind die Unternehmer nach dem Verhältnisse des Anteils an der Verunreinigung, im Zweifel zu gleichen Teilen verpflichtet. Fällt jedoch einzelnen von ihnen ein Verschulden zur Last, so haften diese allein.

(5) Die Vorschriften, wonach auch andere für den Schaden verantwortlich sind, bleiben unberührt. Im Verhältnisse zu dem Unternehmer sind, wenn diesem kein Verschulden zur Last fällt, die anderen allein zum Schadensersatze verpflichtet.

(6) Der § 254, der § 840 Abs. 1, 2 und der § 852 des Bürgerlichen Gesetzbuchs sind entsprechend anzuwenden.

II. Gemeingebrauch.

[Inhalt des Gemeingebrauchs] **§ 25.**

(1) Die natürlichen Wasserläufe erster Ordnung darf jedermann zum Baden, Waschen, Schöpfen mit Handgefäßen, Viehtränken, Schwemmen, Kahnfahren und Eislaufen sowie zur Entnahme von Wasser und Eis für die eigene Haushaltung und Wirtschaft benutzen, wenn dadurch andere nicht benachteiligt werden. Mit derselben Beschränkung ist jedem gestattet, in die natürlichen Wasserläufe erster Ordnung Wasser sowie die in der Haushaltung und Wirtschaft entstehenden Abwässer einzuleiten. Hierunter fällt jedoch nicht die Einleitung von Abwässern mittels gemeinsamer Anlagen.

(2) Das gleiche gilt mit Ausnahme der Eisentnahme für die natürlichen Wasserläufe zweiter und dritter Ordnung; jedoch ist das Kahnfahren und Eislaufen nur insoweit gestattet, als es bisher gemeinüblich gewesen ist. Im Streitfall entscheidet der Regierungspräsident, ob und in welchem Umfange das Kahnfahren und Eislaufen bisher gemeinüblich gewesen ist. Der Eigentümer ist vorher zu hören.

(3) Für künstliche teichartige Erweiterungen von Wasserläufen zweiter und dritter Ordnung gelten vorstehende Bestimmungen nicht. Der Gemeingebrauch ist ferner, unbeschadet der Vorschriften der §§ 26, 35, an solchen Teilen von Wasserläufen ausgeschlossen, die in Hofräumen, Gärten und Parkanlagen liegen und im Eigentume der Anlieger stehen. Die Vorschriften der Abs. 1, 2 gelten endlich nicht für Talsperren (§ 106) sowie für solche Seen, aus denen nur natürliche Wasserläufe zweiter oder dritter Ordnung abfließen. Ob und in welchem Umfange der an solchen Seen und Talsperren bisher übliche Gemeingebrauch auch fernerhin zulässig ist, bestimmt der Regierungspräsident. Der Eigentümer der Talsperre oder des Sees ist vorher zu hören. Der Regierungspräsident kann die Bestimmung jederzeit widerrufen.

(4) Als Wirtschaft gelten der landwirtschaftliche Haus- und Hofbetrieb, mit Ausschluß der landwirtschaftlichen Nebenbetriebe, und kleingewerbliche Betriebe von geringem Umfange.

(5) Die Beeinträchtigung des Gemeingebrauchs anderer gilt als Benachteiligung nur, wenn sie gegen die Vorschrift des § 37 verstößt.

(6) Der Oberpräsident kann für künstliche Wasserläufe, und zwar für Wasserläufe zweiter und dritter Ordnung nach Anhörung der Schauämter, bestimmen, ob und in welchem Umfange der in Abs. 1, 2, 4 vorgesehene Gemeingebrauch auch an ihnen zulässig ist.

[Schiffahrt, Flößerei] **§ 26.**

Die Wasserläufe erster Ordnung können von jedermann für den öffentlichen Verkehr, namentlich zur Schiffahrt und zur Flößerei mit verbundenen Hölzern, benutzt werden.

[Leinpfad] **§ 27.**

(1) An natürlichen Wasserläufen erster Ordnung haben die Eigentümer der Ufergrundstücke und, soweit erforderlich, auch die Eigentümer der dahinterliegenden Grundstücke die Benutzung der Grundstücke als Leinpfad zur Fortbewegung von Schiffen und Flößen durch Menschen oder Tiere zu gestatten. Auch haben sie den zweckentsprechenden Ausbau und die Unterhaltung des Leinpfads durch den Staat zu dulden.

(2) Wird ein Wasserlauf zweiter oder dritter Ordnung nach § 3 Abs. 1 zu einem Wasserlauf erster Ordnung, so hat für die Verpflichtung zum Dulden des Leinpfads nach dem aufzustellenden Plane der Staat die Eigentümer zu entschädigen. Dasselbe gilt für solche Strecken von natürlichen Wasserläufen erster Ordnung, an denen bisher kein Leinpfad bestanden hat.

(3) Die Wasserpolizeibehörde kann bestimmen, daß an einzelnen Strecken natürlicher Wasserläufe erster Ordnung ein Leinpfad nicht freigehalten zu werden braucht.

[Landung] **§ 28.**

Die Anlieger an natürlichen Wasserläufen erster Ordnung haben das Landen und Befestigen von Schiffen und Flößen zu gestatten, soweit nicht einzelne Strecken von der Wasserpolizeibehörde auf Grund eines Antrags der Anlieger ausgeschlossen sind. Dieselbe Verpflichtung besteht an privaten Ein- und Ausladestellen, an diesen jedoch nur in Notfällen. Die Anlieger haben in Notfällen auch das zeitweilige Aussetzen der Ladung, des Schiffes oder des Floßes zu dulden.

[Ältere Bestimmungen] **§ 29.**

Soweit beim Inkrafttreten dieses Gesetzes Bestimmungen zur näheren Regelung der im § 27 Abs. 1 und im § 28 bezeichneten Verpflichtungen von den zuständigen Behörden erlassen sind, bleiben sie maßgebend. Neue Bestimmungen dieser Art kann die Wasserpolizeibehörde durch Polizeiverordnung treffen.

[Schadensersatzansprüche] **§ 30.**

(1) Für den Schaden, der durch die bestimmungswidrige Benutzung des Leinpfads oder durch das Landen, Befestigen oder Aussetzen entsteht, ist der Schiffseigner oder Eigentümer des Floßes verantwortlich. Der Schadensersatzanspruch verjährt in einem Jahre. Die Verjährung beginnt mit Ablauf des Jahres, in dem der Schaden entstanden ist.

(2) Diese Vorschriften gelten nicht in den Fällen, für welche die Verantwortlichkeit der im Abs. 1 bezeichneten Personen durch besondere, neben dem Bürgerlichen Gesetzbuche geltende Reichsgesetze geregelt ist Auch bleiben die Vorschriften unberührt, nach denen diese Personen in weiterem Umfang oder nach denen andere für den Schaden haften.

[Flößerei an Wasserläufen II. und III. Ordnung] **§ 31.**

(1) Auf den Wasserläufen zweiter oder dritter Ordnung bleibt die Flößerei da, wo sie beim Inkrafttreten dieses Gesetzes gemeinüblich oder besonders zugelassen ist, im bisherigen Umfange gestattet. Sie kann ferner im öffentlichen Interesse oder aus Gründen eines überwiegenden wirtschaftlichen Bedürfnisses nach Anhörung der beteiligten Schauämter

und des Wasserbeirats durch den Minister für Landwirtschaft, Domänen und Forsten neu zugelassen oder in erweitertem Umfange gestattet werden.

(2) Auf die Flößerei mit verbundenen Hölzern sind die Vorschriften der §§ 28 bis 30 über das Landen und Befestigen an den Ufergrundstücken und über den Ersatz von Schäden entsprechend anzuwenden.

[Entschädigung (§ 31 I 2)]

§ 32.

(1) Im Falle des § 31 Abs. 1 Satz 2 hat der Staat für nachteilige Wirkungen der Flößerei, die nicht durch besondere Einrichtungen ausgeschlossen werden, Entschädigung zu leisten.

(2) Über die Entschädigung beschließt im Streitfalle der Bezirksausschuß. Der Beschluß kann binnen drei Monaten nach der Zustellung im Rechtsweg angefochten werden. Auf die Auszahlung und Hinterlegung der Entschädigung sind die bei der Enteignung maßgebenden Vorschriften anzuwenden.

(3) Der Minister für Landwirtschaft, Domänen und Forsten hat eine Flößereiordnung zu erlassen. Sie muß enthalten:

1. die näheren Bestimmungen über die Art und die Ausübung der Flößerei;
2. die dem Eigentümer des Wasserlaufs, den Anliegern und den Stauberechtigten aufzuerlegenden Verpflichtungen und Beschränkungen, soweit sie sich nicht aus § 31 Abs. 2 ergeben.

[Flößereiabgabe]

§ 33.

Der Minister für Landwirtschaft, Domänen und Forsten kann in den Fällen des § 31 Abs. 1 zur Deckung der Verwaltungs- und Unterhaltungskosten, im Falle des § 31 Abs. 1 Satz 2 auch zur Deckung der Kosten der Einrichtungen und der Entschädigungen (§ 32 Abs. 1) die Erhebung einer Flößereiabgabe anordnen.

[Aufhebung und Beschränkung der Flößerei]

§ 34.

Die nach § 31 Abs. 1 zulässige Flößerei kann auf dem dort angegebenen Wege aufgehoben oder beschränkt werden.

[Öffentl. Verkehr auf Wasserläufen II. u. III. Ordnung]

§ 35.

Auf die sonstige Benutzung von Wasserläufen zweiter und dritter Ordnung für den öffentlichen Verkehr sind die §§ 28 bis 30, der § 31 Abs. 1 und der § 34 anzuwenden.

[Erschwerung des Gemeingebrauchs]

§ 36.

(1) **Der Eigentümer des Wasserlaufs sowie derjenige, dem beim Inkrafttreten dieses Gesetzes ein Recht zur Benutzung des**

Wasserlaufs zusteht, das nach den §§ 379 bis 381 aufrechterhalten bleibt, darf den Gemeingebrauch nicht unnütz erschweren oder ohne erheblichen Grund unmöglich machen. Im übrigen darf den Gemeingebrauch der Wasserläufe niemand hindern.

(2) Die Wasserpolizeibehörde hat die Beachtung dieser Bestimmungen zu überwachen.

[Gemeingebrauch durch andere] **§ 37.**

Durch den Gemeingebrauch darf anderen der Gemeingebrauch nicht unmöglich gemacht oder erheblich erschwert werden.

[Kein Recht, Ufer zu betreten] **§ 38.**

Der Gemeingebrauch enthält, unbeschadet der Vorschriften des § 27 Abs. 1, der §§ 28, 29, des § 31 Abs. 2 und des § 32 Abs. 3 Nr. 2, nicht die Befugnis, fremde Ufergrundstücke zu betreten oder sonst zu benutzen oder Anlagen im Wasserlaufe zu errichten.

[Wasserpolizeil. Verfügungen] **§ 39.**

Die Wasserpolizeibehörde kann den Gemeingebrauch regeln, beschränken oder verbieten. Solche Verfügungen sind mit Gründen zu versehen.

III. Benutzung durch den Eigentümer.

[Eigentümerbenutzungsrecht] **§ 40.**

(1) Das dem Eigentümer als solchem zustehende Recht, den Wasserlauf zu benutzen, unterliegt unbeschadet der §§ 19 bis 23, den in den §§ 41 bis 45 vorgesehenen Beschränkungen.

(2) Dies gilt insbesondere von dem Rechte:

1. das Wasser zu gebrauchen und zu verbrauchen, namentlich auch es oberirdisch oder unterirdisch, unmittelbar oder mittelbar abzuleiten;
2. Wasser oder andere flüssige Stoffe oberirdisch oder unterirdisch, unmittelbar oder mittelbar einzuleiten;
3. den Wasserspiegel zu senken oder zu heben, namentlich durch Hemmung des Wasserablaufs eine dauernde Ansammlung von Wasser herbeizuführen.

[Beschränkungen] **§ 41.**

(1) Durch die Benutzung darf:

1. zum Nachteil anderer weder die Vorflut verändert noch das Wasser verunreinigt,

2. der Wasserstand nicht derart verändert werden, daß andere in der Ausübung ihrer Rechte am Wasserlaufe beeinträchtigt oder fremde Grundstücke beschädigt werden;
3. die einem anderen obliegende Unterhaltung von Wasserläufen oder ihrer Ufer nicht erschwert werden.

(2) Geringfügige Nachteile kommen nicht in Betracht.

(3) Eine Veränderung des Wasserstandes (Abs. 1 Nr. 2), durch die der Grundwasserstand zum Nachteil anderer verändert wird, ist dann gestattet, wenn sie durch Einleitung von Wasser oder durch Senkung des Wasserspiegels zum Zwecke der gewöhnlichen Bodenentwässerung von Grundstücken bewirkt wird, für die der Wasserlauf der natürliche Vorfluter ist.

[Triebwerke] **§ 42.**

Hat im bisherigen Geltungsbereiche des Privatflußgesetzes vom 28. Februar 1843 (Gesetzsamml. S. 41) bei dessen Verkündung (4. März 1843) an einem Wasserlaufe zweiter oder dritter Ordnung ein Triebwerk rechtmäßig bestanden, so darf ihm durch die Benutzung nicht das Wasser entzogen werden, das zum Betriebe der Anlage in dem damaligen Umfange notwendig ist. Bestand damals bereits auf Grund eines besonderen Titels das Recht zu einer Erweiterung des Betriebs, so darf ihm auch das zum Betriebe der Anlage in diesem erweiterten Umfange notwendige Wasser nicht entzogen werden.

[Abgeleitetes Wasser] **§ 43.**

(1) Gehört der Wasserlauf nach § 8 den Anliegern, so haben diese das aus ihm abgeleitete Wasser, das nicht auf ihren Ufergrundstücken und ihren dahinter liegenden Grundstücken, soweit sie zusammen eine wirtschaftliche Einheit bilden, verbraucht wird, in den Wasserlauf zurückzuleiten, bevor er auf der Seite, wo die Ableitung stattfindet, ein fremdes Ufergrundstück berührt. Gehören die gegenüberliegenden Ufergrundstücke verschiedenen Eigentümern, so ist jeder von beiden nur zur Ableitung der Hälfte des vorüberfließenden Wassers berechtigt.

(2) Auch sind die Anlieger zum Rückstau über die Grenzen ihrer Ufergrundstücke hinaus nicht befugt.

[Vereinigte Grundstücke] **§ 44.**

Sind die Eigentümer mehrerer aneinander grenzender Teile eines Wasserlaufs über die Ausübung der ihnen zustehenden Benutzungsrechte einig oder zwecks solcher Ausübung zu einer Gemeinschaft vereinigt, so gelten ihre Grundstücke hinsichtlich der Zulässigkeit der Ausübung als ein einziges Grundstück.

[Entschädigung des Eigentümers] **§ 45.**

In den Fällen des § 3 Abs. 2, der §§ 10, 11, des § 32 Abs. 1, der §§ 50, 51, des § 82 Abs. 1, der §§ 156, 157, des § 200 Abs. 1 Nr. 3 und des § 331 Abs. 1 ist für die dem Eigentümer entzogene oder beeinträchtigte Möglichkeit, den Wasserlauf in einer der im § 40 Abs. 2 bezeichneten Arten zu benutzen, insoweit Entschädigung zu gewähren, als die Billigkeit nach den Umständen eine Schadloshaltung erfordert. Soweit es sich um den Ersatz entgangenen Gewinns handelt, ist der § 252 des Bürgerlichen Gesetzbuchs anzuwenden.

IV. Verleihung.

[Verleihungsfähige Rechte] **§ 46.**

(1) Durch Verleihung können an Wasserläufen folgende Rechte erworben werden:

1. den Wasserlauf in einer der im § 40 Abs. 2 bezeichneten Arten zu benutzen;
2. Häfen und Stichkanäle anzulegen, letztere soweit sie nicht selbständige Wasserstraßen bilden;
3. Anlegestellen mit baulichen Vorrichtungen von größerer Bedeutung herzustellen;
4. kommunale oder gemeinnützige Badeanstalten anzulegen.

(2) Eine Verleihung wird nicht erteilt, wenn sich diese Rechte aus anderen gesetzlichen Vorschriften ergeben oder wenn die Benutzung nach den Vorschriften über den Gemeingebrauch gestattet ist.

(3) Die Verleihung kann auf Antrag in der Weise erteilt werden, daß das Recht mit dem Eigentum an einem Grundstücke verbunden wird.

[Versagung, Erteilung] **§ 47.**

(1) Die Verleihung darf nur aus den in diesem Gesetze bezeichneten Gründen versagt werden.

(2) Sie kann dauernd oder auf Zeit erteilt werden.

(3) Ist von der beabsichtigten Benutzung eine Verunreinigung des Wasserlaufs zu erwarten, so darf die Verleihung nur unter Vorbehalt erhöhter Anforderungen in bezug auf Reinigung der Abwässer erteilt werden.

(4) Wird die Verleihung auf Zeit erteilt, so kann der Unternehmer die Verlängerung der Verleihung mit den inzwischen erforderlich gewordenen Veränderungen beanspruchen, soweit nicht überwiegende Rücksichten des öffentlichen Wohles oder Rücksichten von überwiegender wirtschaftlicher Bedeutung entgegenstehen.

[Bestimmter Plan] **§ 48.**

Die Verleihung darf nur für ein Unternehmen erteilt werden, dem ein bestimmter Plan zugrunde liegt.

[Gründe der Versagung] **§ 49.**

(1) Soweit der beabsichtigten Benutzung des Wasserlaufs überwiegende Rücksichten des öffentlichen Wohles entgegenstehen, ist die Verleihung zu versagen oder nur unter Bedingungen zu erteilen, durch welche diese Rücksichten gewahrt werden. Solche Rücksichten sind insbesondere auch dann für gegeben zu erachten, wenn ein in Angriff genommener oder in Aussicht stehender Ausbau des Wasserlaufs durch die beabsichtigte Benutzung gehindert oder wesentlich erschwert werden würde.

(2) Bei Seen, aus denen nur natürliche Wasserläufe zweiter oder dritter Ordnung abfließen, sowie bei künstlichen Wasserläufen und bei den durch Talsperren (§ 106) gebildeten Sammelbecken ist die Verleihung ferner zu versagen, wenn der Eigentümer des Sees oder des künstlichen Wasserlaufs oder der Unternehmer der Talsperre der Verleihung widerspricht.

(3) Widerspricht bei natürlichen Wasserläufen zweiter oder dritter Ordnung die Wasserpolizeibehörde der Verleihung, weil durch die Ausübung des verliehenen Rechtes die Wirkung einer aus Gründen des öffentlichen Wohles errichteten Talsperre (§ 106) wesentlich beeinträchtigt werden würde, so darf die Verleihung nur mit Zustimmung des Ministers für Landwirtschaft, Domänen und Forsten oder unter den von ihm im öffentlichen Interesse gestellten besonderen Bedingungen erteilt werden.

(4) Widerspricht bei natürlichen Wasserläufen erster Ordnung, die in der Anlage besonders bezeichnet sind, die Wasserpolizeibehörde der Verleihung, weil der beabsichtigten Benutzung überwiegende Rücksichten des öffentlichen Wohles entgegenstehen (Abs. 1), so darf die Verleihung nur mit Zustimmung der Minister für Handel und Gewerbe und der öffentlichen Arbeiten[1]) oder unter den von ihnen aus solchen Rücksichten gestellten Bedingungen erfolgen. Die Erklärung ist mit Gründen zu versehen.

[Verleihung unter einer Bedingung] **§ 50.**

(1) Sind von der beabsichtigten Benutzung des Wasserlaufs nachteilige Wirkungen zu erwarten, durch die das Recht eines anderen beeinträchtigt werden würde, und lassen sie sich durch Einrichtungen verhüten, die mit dem Unternehmen vereinbar und wirtschaftlich gerechtfertigt sind, so ist die Verleihung nur unter der Bedingung zu erteilen, daß der Unternehmer diese Einrichtungen trifft. Auch ist ihm deren Unterhaltung aufzu-

[1]) An die Stelle des Min. d. öff. Arbeiten ist jetzt der Min. für Landwirtschaft, Domänen und Forsten getreten (G. vom 15. August 1921, GS. S. 487).

erlegen, soweit diese Unterhaltungslast über den Umfang einer bestehenden Verpflichtung zur Unterhaltung vorhandener, demselben Zwecke dienender Einrichtungen hinausgeht. Bei nachteiligen Wirkungen der im § 41 Abs. 1, 2 bezeichneten Art gelten diese Vorschriften, auch wenn dadurch ein Recht nicht beeinträchtigt wird.

(2) Sind solche Einrichtungen nicht möglich, so ist die Verleihung zu versagen, wenn derjenige, der von der nachteiligen Wirkung betroffen werden würde, der Verleihung widerspricht. Dies gilt jedoch nicht, wenn einerseits das Unternehmen anders nicht zweckmäßig oder doch nur mit erheblichen Mehrkosten durchgeführt werden kann, andererseits der daraus zu erwartende Nutzen den Schaden des Widersprechenden erheblich übersteigt und, wenn diesem ein auf besonderem Titel beruhendes Recht zur Benutzung des Wasserlaufs zusteht, außerdem Gründe des öffentlichen Wohles vorliegen; ein nach dem 1. Januar 1912 durch Rechtsgeschäft mit dem Eigentümer begründetes Recht kommt hierbei nicht in Betracht.

(3) Als nachteilige Wirkung gilt nicht die Veränderung des Grundwasserstandes, wenn sie durch Einleitung von Wasser oder durch Senkung des Wasserspiegels zum Zwecke der gewöhnlichen Bodenentwässerung von Grundstücken bewirkt wird, für die der Wasserlauf der natürliche Vorfluter ist.

[Entschädigung] **§ 51.**

(1) Soweit die im § 50 bezeichneten nachteiligen Wirkungen nicht durch Einrichtungen verhütet werden, hat der Unternehmer den davon Betroffenen Entschädigung zu gewähren.

(2) Die Entschädigung kann in wiederkehrenden Leistungen bestehen. Die Verleihungsbehörde kann die Nachprüfung und anderweite Festsetzung in bestimmten Zeiträumen vorbehalten.

[Änderung der Vorflut usw.] **§ 52.**

(1) Wegen nachteiliger Veränderung der Vorflut oder des Wasserstandes sowie wegen Erschwerung der Unterhaltung des Wasserlaufs oder seiner Ufer ist insoweit keine Entschädigung zu gewähren, als der Nachteil vermieden worden wäre, wenn der Geschädigte die ihm obliegende Verpflichtung zur Unterhaltung ordnungsmäßig erfüllt hätte.

(2) Dasselbe gilt bei nachteiliger Veränderung des Grundwasserstandes. Der dadurch entstehende Schaden ist ferner nur insoweit zu ersetzen, als die Billigkeit nach den Umständen eine Entschädigung erfordert.

[Anspruch auf Eigentumsübernahme]

§ 53.

(1) Ist zu besorgen, daß fremde Grundstücke oder Anlagen durch die Benutzung des Wasserlaufs so beschädigt werden, daß sie nach ihrer bisherigen Bestimmung nicht mehr zweckmäßig benutzt werden können, so kann der Eigentümer verlangen, daß der Unternehmer das Eigentum an den Grundstücken oder Anlagen gegen Entschädigung erwirbt.

(2) Wenn in der Folge ein abgetretenes Teilgrundstück ganz oder teilweise für den Zweck des Unternehmens nicht weiter notwendig ist und veräußert werden soll, so finden die Bestimmungen des § 57 des Enteignungsgesetzes vom 11. Juni 1874 (Gesetzsamml. S. 221) über das gesetzliche Vorkaufsrecht entsprechende Anwendung.

[Kein Benutzungsentgelt]

§ 54.

Ein Entgelt für die Benutzung des Wasserlaufs darf dem Unternehmer nicht auferlegt werden.

[Talsperren u. dgl.]

§ 55.

Zu den Einrichtungen im Sinne des § 50 gehören auch Sammelbecken, Talsperren, Reinigungsanlagen und dergleichen. Dem Unternehmer kann die Verpflichtung als Bedingung auferlegt werden, sich an solchen Einrichtungen zu beteiligen.

[Unterhaltungspflicht]

§ 56.

(1) Dem Unternehmer kann die Verpflichtung als Bedingung auferlegt werden, einen Wasserlauf oder seine Ufer zu unterhalten sowie die Kosten zu tragen, die durch die Aufsicht über die Ausübung des verliehenen Rechtes entstehen.

(2) Ferner kann dem Unternehmer die Verpflichtung auferlegt werden, Maßnahmen (Pegelbeobachtungen, Grundwasserstandsbeobachtungen usw.) zu treffen, die geeignet sind, die Feststellung zu erleichtern, ob und in welchem Umfange Schäden entstanden sind.

[Erschwerung des Gemeingebrauchs]

§ 57.

Ist zu erwarten, daß die beabsichtigte Benutzung des Wasserlaufs den Gemeingebrauch unmöglich machen oder wesentlich erschweren würde, so ist, wenn diese Wirkung durch Einrichtungen, die mit dem Unternehmen vereinbar und wirtschaftlich gerechtfertigt sind, verhütet werden kann, dem Unternehmer die Verpflichtung als Bedingung aufzuerlegen, solche Einrichtungen herzustellen und nach § 50 Abs. 1 Satz 2 zu unterhalten.

[Verunstaltung]

§ 58.

(1) In landschaftlich hervorragenden Gegenden ist dem Unternehmer, wenn durch Einrichtungen, die mit dem Unternehmen vereinbar

und wirtschaftlich gerechtfertigt sind, eine gröbliche Verunstaltung des Landschaftsbildes verhütet werden kann, die Verpflichtung als Bedingung aufzuerlegen, solche Einrichtungen herzustellen und nach § 50 Abs. 1 Satz 2 zu unterhalten.

(2) Auch im übrigen ist durch entsprechende Bedingungen dafür zu sorgen, daß eine Verunstaltung landschaftlich hervorragender Gegenden vermieden wird, soweit dies mit dem Zwecke und der Wirtschaftlichkeit des Unternehmens vereinbar ist.

[Sicherheitsleistung] **§ 59.**

Der Unternehmer kann zur Leistung einer Sicherheit für die Einhaltung der ihm auferlegten Bedingungen und für Schadensersatzansprüche angehalten werden, über welche die Entscheidung nach § 70 Abs. 3 einem späteren Verfahren vorbehalten wird. Die Sicherheit darf den Betrag des in den nächsten drei Jahren voraussichtlich entstehenden Schadens nicht übersteigen und ist in dieser Höhe durch jährliche Zuzahlungen zu erhalten. Der Staat und die Kommunalverbände sind von der Sicherheitsleistung frei.

[Frist zur Inbetriebnahme] **§ 60.**

(1) Bei der Verleihung ist eine Frist zu bestimmen, binnen deren das Unternehmen ausgeführt und in Betrieb gesetzt sein muß.

(2) Eine Verlängerung der Frist ist zulässig.

[Mehrere Unternehmungen] **§ 61.**

(1) Ist über die Verleihung für mehrere Unternehmungen zu beschließen, die auch bei Teilung der verfügbaren Wassermenge oder bei Festsetzung verschiedener Benutzungszeiten oder geeigneter Betriebseinrichtungen nicht nebeneinander bestehen können, so entscheidet für ihre Erteilung zuerst die Bedeutung der Unternehmungen für das öffentliche Wohl und demnächst ihre wirtschaftliche Bedeutung.

(2) Stehen hiernach mehrere Unternehmungen einander gleich, so gebührt zunächst bestehenden vor neuen, sodann an einen bestimmten Ort gebundenen vor den auch an einem anderen Orte möglichen und endlich Unternehmungen des Eigentümers eines Wasserlaufs vor denen der Anlieger oder anderer Personen, Unternehmungen des Anliegers vor denen anderer Personen der Vorrang.

[Ausländer] **§ 62.**

Auf Anweisung der zuständigen Minister ist die Verleihung zu versagen, wenn sie von einem Unternehmer, der nicht die deutsche Reichsangehörigkeit besitzt, oder von einer Erwerbsgesellschaft nachgesucht wird, die ihre Hauptniederlassung nicht im Deutschen Reiche hat.

[Vorbereitung d. Unternehmens] **§ 63.**

Auf die Vorbereitung eines Unternehmens, für das eine Verleihung nachgesucht werden kann, ist § 5 des Enteignungsgesetzes vom 11. Juni

1874 (Gesetzsamml. S. 221) entsprechend anzuwenden. Die dort vorgeschriebene öffentliche Bekanntmachung kann unterbleiben. Zuständig ist die Behörde, die über den Verleihungsantrag zu beschließen haben würde.

[Verleihungsbehörde] **§ 64.**

(1) Über den Antrag auf Verleihung beschließt der Bezirksausschuß (Verleihungsbehörde).

(2) Anträge auf Verleihung sind schleunig zu behandeln.

§§ 65 bis 75.

[Enthalten nähere Vorschriften über das Verfahren vor der Verleihungsbehörde.]

[Rechtsmittel] **§ 76.**

(1) Gegen den Beschluß über den Verleihungsantrag steht, soweit er nicht die von dem Unternehmer zu leistende Entschädigung betrifft, dem Unternehmer und, wenn eine Verleihung erteilt ist, auch den übrigen Parteien (§ 71) binnen zwei Wochen die Beschwerde bei dem Landeswasseramte[1]) zu.

(2) Soweit die Entscheidung über den Verleihungsantrag die von dem Unternehmer zu leistende Entschädigung betrifft, kann binnen drei Monaten der Rechtsweg beschritten werden. Die Frist beginnt für den Unternehmer mit dem Tage, an dem die Entscheidung über die Verleihung rechtskräftig geworden ist, für die übrigen Beteiligten mit dem Tage, an dem ihnen die Mitteilung der Verleihungsbehörde von der Rechtskraft der Entscheidung zugestellt ist. Beschreitet der Unternehmer den Rechtsweg, so fallen ihm jedenfalls die Kosten der ersten Instanz zur Last.

[Ausübung des verliehenen Rechts] **§ 77.**

(1) Mit der Ausübung des verliehenen Rechtes darf erst begonnen werden, wenn der nach § 76 Abs. 2 vorbehaltene Rechtsweg dem Unternehmer gegenüber durch Ablauf der Frist, Verzicht oder rechtskräftiges Urteil erledigt und wenn nachgewiesen ist, daß die nach den §§ 51 bis 53 zu gewährende vereinbarte oder endgültig festgestellte Entschädigung gezahlt oder hinterlegt ist. Besteht die Entschädigung in wiederkehrenden Leistungen (§ 51 Abs. 2), so genügt die Hinterlegung des Gesamtbetrags für die nächsten drei Jahre.

---

[1]) An die Stelle des Landeswasseramtes ist jetzt der Wasserwirtschaftliche Senat beim OVG. getreten (G. vom 12. März 1924 — GS. S. 130 —).

(2) Auf Antrag des Unternehmers kann in dem Verleihungsbeschluß oder in einem den Verleihungsbeschluß ergänzenden Beschluß, und zwar auch in der Beschwerdeinstanz, angeordnet werden, daß noch vor der endgültigen Entscheidung über den Verleihungsantrag mit der beantragten Benutzung des Wasserlaufs begonnen werden kann, sobald der Antragsteller eine von der Behörde festzusetzende Sicherheit geleistet hat.

(3) Der Staat und die Kommunalverbände sind von der Sicherheitsleistung frei.

(4) Wird mit der Ausübung des Rechtes begonnen, bevor dies nach Abs. 1, 2 zulässig ist, so kann die Wasserpolizeibehörde die Ausübung hindern und die Beseitigung der errichteten Anlagen anordnen.

[Eigentumsübernahme]

§ 78.

(1) Im Falle des § 53 hat die Verleihungsbehörde nach dem Eintritte der Voraussetzungen des § 77 Abs. 1 unverzüglich das Grundbuchamt um Eintragung des Überganges des Eigentums an dem Grundstück auf den Unternehmer zu ersuchen. Der Übergang vollzieht sich mit der Eintragung.

(2) Ist das in das Eigentum des Unternehmers übergehende Grundstück mit Rechten Dritter belastet oder steht es im Lehns-, Fideikommiß-, Stammguts- oder Leiheverbande, so sind der Artikel 52 und der Artikel 53 Abs. 1 des Einführungsgesetzes zum Bürgerlichen Gesetzbuche sowie der § 47 des Enteignungsgesetzes vom 11. Juni 1874 (Gesetzsamml. S. 221) anzuwenden.

[Verleihungsurkunde]

§ 79.

Dem Unternehmer ist eine Verleihungsurkunde auszufertigen, die das verliehene Recht und das Unternehmen, für welches es verliehen ist, zu bezeichnen hat. Soweit erforderlich, sind beglaubigte Erläuterungen und Zeichnungen beizufügen.

§ 80.

[Betraf die Stempelabgabe für Verleihungsurkunden und ist durch die Neugestaltung des Stempelsteuergesetzes (Fassung vom 27. Oktober 1924, GS. S. 627) sowie durch die VO., betr. Änderung der allgemeinen Verwaltungsgebührenordnung, vom 3. Januar 1925 (GS. S. 1) Ziff. 16 Abs. Ia, überholt.]

[Rechtsweg]

§ 81.

(1) Das verliehene Recht ist im Rechtswege verfolgbar. Die für die Ansprüche aus dem Eigentume geltenden Vorschriften sind entsprechend anzuwenden. Das Recht kann von dem Unternehmen, für das es verliehen ist, nicht getrennt werden und geht mit ihm auf den Rechtsnachfolger über.

37*

(2) Ist das Recht mit dem Eigentum an einem Grundstücke verbunden (§ 46 Abs. 3), so kann es auch von diesem Eigentume nicht getrennt werden und geht nur mit dem Eigentum an dem Grundstück und dem Unternehmen zusammen auf den Rechtsnachfolger über. Das Recht ist auf Antrag auf dem Grundbuchblatte des Grundstücks zu vermerken. Wird das Grundstück geteilt, so erlischt das verliehene Recht für die Teile, denen seine Ausübung nicht zum Vorteile gereicht.

[Kein Unterlassungs-, nur Schadloshaltungsanspruch] **§ 82.**

(1) Wegen nachteiliger Wirkungen der Ausübung des verliehenen Rechtes kann der davon Betroffene nicht die Unterlassung der Ausübung oder die Beseitigung einer auf Grund des verliehenen Rechtes errichteten Anlage verlangen. Er kann aber nach den §§ 50 bis 55 fordern, daß Einrichtungen hergestellt und unterhalten werden, welche die nachteilige Wirkung ausschließen, und kann, wo solche Einrichtungen mit dem Unternehmen nicht vereinbar oder wirtschaftlich nicht gerechtfertigt sind, Entschädigung verlangen. Die Ansprüche sind ausgeschlossen, wenn er schon vor Ablauf der im § 66 Abs. 1 bezeichneten Frist die nachteilige Wirkung vorausgesehen hat oder hätte voraussehen müssen und bis zum Ablaufe der Frist weder der Verleihung widersprochen noch einen Anspruch auf Herstellung von Einrichtungen oder auf Entschädigung erhoben hat. Der Ablauf der Frist steht den Ansprüchen nicht entgegen, wenn der Geschädigte glaubhaft macht, daß er durch Naturereignisse oder andere unabwendbare Zufälle verhindert worden ist, die Frist einzuhalten.

(2) Die Ansprüche verjähren in drei Jahren von dem Zeitpunkt an, in welchem der Geschädigte von dem Eintritte der nachteiligen Wirkung Kenntnis erlangt hat. Sie sind ausgeschlossen, wenn sie nicht binnen dreißig Jahren nach Ablauf des Jahres geltend gemacht sind, in dem der Unternehmer mit der Ausübung des verliehenen Rechtes begonnen hat.

(3) Die Entscheidung trifft die Verleihungsbehörde; der § 70 Abs. 2 Satz 1, 2 und die §§ 71, 76 sind entsprechend anzuwenden. Dasselbe gilt in den Fällen des § 70 Abs. 3; in den Fällen des § 70 Abs. 3 Satz 2 ist auch § 78 anzuwenden.

[Erfüllung der Bedingungen] **§ 83.**

Die Wasserpolizeibehörde hat den Unternehmer zur Erfüllung der ihm im Verleihungsbeschluß auferlegten Bedingungen anzuhalten.

[Widerruf und Beschränkung der Verleihung gegen Entschädigung]

§ 84.

(1) Wegen überwiegender Nachteile oder Gefahren für das öffentliche Wohl kann die Verleihung auf Antrag des Staates, eines Kommunalverbandes oder einer anderen öffentlichrechtlichen Körperschaft oder der Wasserpolizeibehörde gegen Entschädigung des Unternehmers durch Beschluß der Verleihungsbehörde jederzeit zurückgenommen oder beschränkt werden. Soweit die Zurücknahme oder Beschränkung einer Körperschaft des öffentlichen Rechtes oder deren Angehörigen zum Vorteile gereicht, hat sie nach Maßgabe dieses Vorteils die Entschädigung und die Kosten des Verfahrens aufzubringen; im übrigen hat der Staat die Entschädigung zu zahlen und die Kosten des Verfahrens zu tragen.

(2) Gegen den Beschluß, der mit Gründen zu versehen ist, stehen den Beteiligten die im § 76 bezeichneten Rechtsmittel zu.

(3) Ist das verliehene Recht mit dem Eigentum an einem Grundstücke verbunden (§ 46 Abs. 3), so sind, wenn dieses mit Rechten Dritter belastet ist oder im Lehns-, Fideikommiß-, Stammguts- oder Leiheverbande steht, der Artikel 52 und der Artikel 53 Abs. 1 des Einführungsgesetzes zum Bürgerlichen Gesetzbuche sowie der § 47 des Enteignungsgesetzes vom 11. Juni 1874 (Gesetzsamml. S. 221) anzuwenden.

(4) Der nach Abs. 1 Entschädigungspflichtige kann im Rechtsweg Erstattung der Entschädigung und der Kosten von demjenigen verlangen, der die Verleihung durch wissentlich unrichtige Nachweisungen erwirkt hat.

[Zurücknahme ohne Entschädigung]

§ 85.

(1) Ohne Entschädigung kann die Verleihung durch Beschluß der Verleihungsbehörde auf Antrag der Wasserpolizeibehörde zurückgenommen werden:

1. wenn die Verleihung auf Grund von Nachweisungen, die in wesentlichen Punkten unrichtig sind, erteilt ist und dargetan wird, daß deren Unrichtigkeit dem Unternehmer bekannt war, und wenn durch die Verleihung überwiegende Nachteile oder Gefahren für das öffentliche Wohl herbeigeführt sind; dem gutgläubigen Erwerber und dessen Nachfolgern gegenüber greift diese Vorschrift nicht Platz;
2. wenn der Unternehmer die Ausübung des verliehenen Rechtes aufgibt, namentlich die auf Grund dieses Rechtes errichteten Anlagen entfernt oder eingehen läßt;

3. wenn das verliehene Recht für das Unternehmen unbrauchbar oder überflüssig geworden ist;
4. wenn der Unternehmer trotz Aufforderung der Wasserpolizeibehörde die ihm auferlegten Bedingungen in wesentlichen Punkten wiederholt nicht erfüllt oder die ihm für die Ausführung oder Inbetriebsetzung des Unternehmens gesetzten Fristen nicht innehält.

(2) Die Kosten des Verfahrens trägt der Unternehmer, wenn die Verleihung zurückgenommen wird, sonst der Antragsteller.

(3) Gegen den Beschluß der Verleihungsbehörde, der mit Gründen zu versehen ist, steht dem Unternehmer und, wenn ein Antrag abgelehnt ist, auch dem Antragsteller die Beschwerde nach § 76 Abs. 1 zu.

(4) Wird die Verleihung zurückgenommen, so kann die Wasserpolizeibehörde den Unternehmer anhalten, ohne Anspruch auf Entschädigung geeignete Vorkehrungen gegen nachteilige Folgen der Anlagen zu treffen oder die Anlagen gänzlich zu beseitigen und den früheren Zustand wiederherzustellen.

[Eigentümerbenutzungsrecht] § 86.

(1) Soweit das Recht, einen Wasserlauf in einer der im § 46 Abs. 1 bezeichneten Arten zu benutzen, nach den Vorschriften dieses Gesetzes dem Eigentümer des Wasserlaufs als solchem zusteht oder beim Inkrafttreten dieses Gesetzes besteht und nach den §§ 379 bis 381 aufrechterhalten bleibt, kann der Berechtigte verlangen, daß sein Recht durch Beschluß der Verleihungsbehörde sichergestellt werde.

(2) Der § 46 Abs. 3, der § 47 Abs. 1, 3 und die §§ 48, 49, 60, 64 bis 73, 75, 76, 79 bis 85 sind entsprechend anzuwenden[1]).

(3) Ein in dieser Weise sichergestelltes Recht steht einem verliehenen Rechte gleich.

V. Ausgleichung.

[Mehrere Berechtigte] § 87.

(1) Reicht das Wasser eines Wasserlaufs zur Benutzung in einer der im § 46 Abs. 1 bezeichneten Arten durch mehrere Berechtigte nicht aus oder wird bei mehreren Benutzungsarten die eine durch die andere beeinträchtigt oder ausgeschlossen, so kann jeder Berechtigte verlangen, daß Maß, Zeit und Art der Benutzung im Ausgleichungsverfahren geregelt werden. Die Regelung kann abgelehnt werden, wenn der davon insgesamt zu erwartende Nutzen den Schaden nicht erheblich übersteigt.

---

[1]) Die noch folgende Verweisung auf § 80 hat aus den in der Anm. zu § 80 angegebenen Gründen keine Bedeutung mehr.

(2) Die Regelung ist in einer den Interessen aller am Verfahren Beteiligten nach billigem Ermessen entsprechenden Weise unter Berücksichtigung der Bedürfnisse des Gemeingebrauchs vorzunehmen. Der hierbei entstehende Schaden ist den Beteiligten insoweit zu ersetzen, als er nicht durch den sich für sie ergebenden Nutzen aufgewogen wird. Zum Ersatze des Schadens sind sie nach Maßgabe ihres schätzungsweise zu ermittelnden Vorteils verpflichtet.

(3) Ein durch Enteignung begründetes Recht kann nur mit Zustimmung des Berechtigten zur Ausgleichung herangezogen werden.

[Ausgleich durch Betriebsänderung]

§ 88.

(1) Ist es möglich, einen Ausgleich durch Änderung der Betriebseinrichtung eines Berechtigten zu schaffen, so kann diesem auf Antrag eines Beteiligten im Ausgleichungsverfahren auferlegt werden, die Änderung entweder selbst vorzunehmen oder sich gefallen zu lassen, soweit sie nicht die Betriebsleistung beeinträchtigt.

(2) Der Antragsteller hat die Kosten der Änderung zu tragen. Er hat auch den Schaden zu ersetzen, der durch einen Betriebsstillstand entsteht. Dasselbe gilt für die Mehrkosten des Betriebs und der Unterhaltung, soweit sie nicht durch die Vorteile der Änderung aufgewogen werden.

[Verfahren]

§ 89.

Für das Ausgleichungsverfahren gelten der § 64, der § 65 Abs. 1, 2 und die §§ 69 bis 71, 76, 77 mit folgenden Maßgaben:

1. für jeden Beteiligten sind die erforderlichen Feststellungen über die künftige Ausübung seines Benutzungsrechts zu treffen, namentlich über seinen Anteil an dem vorhandenen Wasser, die Zeit der Ausübung, die Stauhöhe und die zu beachtenden Einschränkungen und Auflagen;
2. ein Ausgleichungsverfahren, das mit einem schwebenden Verleihungsverfahren im Zusammenhange steht, kann mit diesem verbunden werden.

[Kosten]

§ 90.

Die Kosten des Ausgleichungsverfahrens fallen den Beteiligten nach Maßgabe ihres schätzungsweise zu ermittelnden Vorteils zur Last.

VI. Stauanlagen.

1. Allgemeine Vorschriften.

[Begriff]

§ 91.

Für Anlagen im Wasserlaufe, die durch Hemmung des Wasserabflusses eine Hebung des Wasserspiegels oder eine Ansammlung von Wasser bezwecken (Stauanlagen), gelten, wenn sie nicht nur vorübergehenden Zwecken dienen, folgende besondere Vorschriften.

[Staumarke] **§ 92.**

(1) Jede auf Grund eines verliehenen Rechtes oder mit gewerbepolizeilicher Genehmigung errichtete Stauanlage muß mit mindestens einer Staumarke — Merk-, Pegel-, Spiegel-, Meß-, Eichpfahl, Eichmarke, Stauziel — versehen werden, an dem sowohl die während des Sommers als auch die während des Winters innezuhaltenden Stauhöhen und, wenn der Wasserstand auf bestimmten Mindesthöhen gehalten werden muß, auch diese deutlich angegeben sind.

(2) Die Erhaltung der Höhenpunkte ist durch Beziehung auf möglichst unverrückbare und unvergängliche Festpunkte zu sichern.

(3) Die Staumarke wird von der Wasserpolizeibehörde gesetzt, die darüber eine Urkunde aufzunehmen hat. Der Unternehmer der Stauanlage und, soweit tunlich, auch die anderen Beteiligten sind zuzuziehen.

(4) Die Setzung der Staumarke kann nur durch Beschwerde im Aufsichtsweg angefochten werden.

(5) Die Oberkante der Schützen und schützenähnlichen Verschlußvorrichtungen darf bei geschlossener Stauanlage nicht über der höchsten, durch die Staumarke zugelassenen Stauhöhe liegen.

[Festsetzung der Staumarke auf Antrag] **§ 93.**

(1) Für die beim Inkrafttreten dieses Gesetzes bestehenden, mit einer Staumarke nicht versehenen sowie für solche nach dem Inkrafttreten des Gesetzes errichteten Stauanlagen, für die es keiner Verleihung oder gewerbepolizeilichen Genehmigung bedarf, ist, wenn das Staurecht und die zulässige Stauhöhe unstreitig sind, die Staumarke nach § 92 auf Antrag eines Beteiligten zu setzen. Doch muß der Antragsteller, wenn er nicht der Stauberechtigte ist, glaubhaft machen, daß eine für ihn nachteilige Ausübung des Staurechts stattgefunden hat. Die Staumarke kann auch von Amts wegen gesetzt werden.

(2) Sind bei einer Stauanlage, die keiner Verleihung bedarf und die auch nicht zu den Stauanlagen für Wassertriebwerke im Sinne des § 16 der Gewerbeordnung gehört, die Beteiligten darüber einig oder ist im Rechtswege festgestellt, daß zwar ein Staurecht besteht, über die zulässige Stauhöhe jedoch rechtsverbindliche und klare Bestimmungen nicht vorliegen, so ist auf Antrag eines Beteiligten der innezuhaltende Wasserstand durch Beschluß des Kreis- (Stadt-) Ausschusses derart festzusetzen, daß die Interessen des Stauberechtigten und die der beteiligten Grundeigentümer und anderen Stauberechtigten nach billigem Ermessen ausgeglichen werden.

(3) Während der Dauer eines vor den ordentlichen Gerichten anhängigen Rechtsstreits über die zulässige Stauhöhe oder eines Verfahrens

nach Abs. 2 kann der Kreis- (Stadt-) Ausschuß auf Antrag eines Beteiligten den innezuhaltenden Wasserstand durch endgültigen Beschluß vorläufig festsetzen. Diese Festsetzung ist maßgebend, bis in dem anhängigen Rechtsstreit oder in einem Verfahren nach Abs. 2 eine Entscheidung über den innezuhaltenden Wasserstand getroffen ist.

[Instandhaltung der Staumarke]

§ 94.

(1) Der Stauberechtigte und derjenige, der die Stauanlage betreibt, haben für Erhaltung, Sichtbarkeit und Zugänglichkeit der Staumarken und Festpunkte zu sorgen, jede Beschädigung oder Änderung der Staumarken und Festpunkte der Wasserpolizeibehörde unverzüglich anzuzeigen und bei amtlichen Prüfungen unentgeltlich Arbeitshilfe zu stellen.

(2) Eine die Beschaffenheit der Staumarken und Festpunkte beeinflussende Handlung darf nur mit Genehmigung der Wasserpolizeibehörde vorgenommen werden. Für die Erneuerung, Versetzung oder Berichtigung von Staumarken gilt § 92 Abs. 3, 4 entsprechend.

[Kosten der Staumarke]

§ 95.

(1) Die Kosten des Verfahrens zur Setzung oder Versetzung einer Staumarke hat der Stauberechtigte zu tragen. Die durch unbegründete Anträge oder Widersprüche entstandenen Kosten können jedoch dem Antragsteller oder Widersprechenden auferlegt werden.

(2) Die Kosten der Erhaltung und Erneuerung der Staumarke fallen dem Stauberechtigten zur Last.

(3) Wegen der Festsetzung der Kosten ist nur die Beschwerde im Aufsichtswege zulässig.

[Unterhaltung der Stauanlage]

§ 96.

Der Stauberechtigte und derjenige, der die Stauanlage betreibt, haben die Anlage, einschließlich aller Einrichtungen, die für den Wasserabfluß von Bedeutung sind, in ordnungsmäßigem Zustand, insbesondere auch so zu erhalten, daß kein Wasser zum Nachteil anderer Berechtigter verschwendet wird. Sie können hierzu von der Wasserpolizeibehörde angehalten werden.

[Sicherung der Stauanlage]

§ 97.

(1) Besteht die Gefahr, daß eine Stauanlage wegen ihrer Bauart durch Hochwasser beschädigt oder zerstört wird und daß hierdurch anderen Nachteile entstehen, und kann diese Gefahr durch einen Umbau oder eine Sicherung der Stauanlage beseitigt oder vermindert werden, ohne daß ihre Leistungsfähigkeit verringert wird, so kann der Stauberechtigte zum Umbau oder zur Sicherung der Stauanlage auf Antrag angehalten werden.

(2) Antragsberechtigt sind die zur Unterhaltung des Wasserlaufs Verpflichteten sowie andere Beteiligte.

(3) Die Kosten des Umbaues sind auf den Stauberechtigten, den zur Unterhaltung des Wasserlaufs Verpflichteten und auf alle anderen, die sonst an der Unterhaltung oder Sicherung der Stauanlage interessiert sind, nach Maßgabe ihres Vorteils zu verteilen.

(4) Den Kosten ist der dem Stauberechtigten durch den Betriebsstillstand während des Umbaues entstehende, nach billigem Ermessen zu schätzende Schaden hinzuzurechnen. Dasselbe gilt für die durch den Umbau etwa entstehenden Mehrkosten der Unterhaltung. Soweit die Unterhaltung der Stauanlage durch den Umbau oder die Sicherung erleichtert wird oder andere Vorteile für den Stauberechtigten entstehen, ist der darin liegende Vorteil von den Kosten abzurechnen.

(5) Über die Voraussetzungen und die Art des Umbaues oder der Sicherung, über die Höhe der Entschädigung und der Sicherheitsleistung, über die Zahlung der Baukosten insbesondere aus der geleisteten Sicherheit, über die Verteilung dieser Leistungen auf die Beteiligten sowie über die Frist, innerhalb deren der Umbau begonnen und durchgeführt sein muß, beschließt im Streitfalle der Bezirksausschuß unter billigem Ausgleich aller in Betracht kommenden Vorteile und Nachteile.

(6) Gegen den Beschluß stehen den Beteiligten die im § 76 bezeichneten Rechtsmittel zu.

(7) Die Wasserpolizeibehörde kann den Stauberechtigten zur Erfüllung der ihm in dem Beschlusse gemachten Auflage anhalten.

[Öffentliches Interesse an der Sicherung]

§ 98.

(1) Soweit im Falle des § 97 überwiegende Nachteile oder Gefahren für das öffentliche Wohl bestehen, kann die Wasserpolizeibehörde auf Anweisung der Aufsichtsbehörde den Umbau oder die Sicherung der Stauanlage fordern.

(2) Im übrigen wird nach § 97 verfahren, jedoch hat der Staat die Kosten zu tragen, soweit sie die Vorteile der Beteiligten übersteigen.

[Außerbetriebsetzung]

§ 99.

(1) Eine Stauanlage, die mit einer Staumarke versehen ist, darf nur mit Genehmigung der Wasserpolizeibehörde dauernd außer Betrieb gesetzt oder beseitigt werden.

(2) Die Genehmigung darf nur versagt werden, wenn andere durch die Außerbetriebsetzung oder Beseitigung der Stauanlage geschädigt werden würden und sie sich dem Stauberechtigten und der Wasserpolizeibehörde gegenüber verpflichten, nach Wahl des Stauberechtigten die Kosten der Erhaltung der Stauanlage ihm zu ersetzen oder statt seiner die Stauanlage zu erhalten. Sie müssen sich auch verpflichten, dem Stauberechtigten andere Nachteile zu ersetzen und für Erfüllung

ihrer Verpflichtung Sicherheit zu leisten. Über die Höhe der dem Stauberechtigten für die Erhaltung der Stauanlage zu ersetzenden Kosten sowie über die Ersetzung anderer Nachteile und die Sicherheitsleistung beschließt, wenn keine Einigung zustande kommt, der Bezirksausschuß. Gegen den Beschluß des Bezirksausschusses steht den Beteiligten binnen zwei Wochen die Beschwerde an das Landeswasseramt[1]) zu. Die Wasserpolizeibehörde hat auf Antrag des Stauberechtigten eine Frist zu bestimmen, binnen deren die in den Sätzen 1 und 2 bezeichneten Verpflichtungen übernommen sein müssen, widrigenfalls die Genehmigung erteilt wird. Die Fristbestimmung ist öffentlich bekanntzumachen. Die Art der Bekanntmachung bestimmt die Wasserpolizeibehörde. Der Staat und die Kommunalverbände sind von der Sicherheitsleistung frei.

(3) Für Stauanlagen, die auf Grund eines verliehenen Rechtes errichtet werden, gelten die Vorschriften der Abs. 1, 2 nur, soweit im Verleihungsbeschlusse nichts anderes bestimmt ist.

[Ablassen des Stauwassers] **§ 100.**

Es ist verboten, unbefugt die aufgestauten Wassermassen plötzlich abzulassen, wenn dadurch für fremde Grundstücke oder Anlagen Gefahren oder Nachteile entstehen, die Ausübung von Wassernutzungsrechten beeinträchtigt oder die Unterhaltung des Wasserlaufs erschwert wird.

[Stauhöhe] **§ 101.**

(1) Das Wasser darf bei Stauanlagen nicht über die durch die Staumarke festgesetzte Höhe aufgestaut werden.

(2) Sobald das Wasser über diese Höhe wächst, muß der Unternehmer unter Beachtung der Vorschrift des § 100 durch Öffnen der beweglichen Teile der Stauanlage und durch Wegräumen aller Hindernisse (Treibzeug, Eis, Geschiebe und dergleichen) den Abfluß des Wassers ohne Anspruch auf Entschädigung sogleich und unausgesetzt so lange befördern, bis das Wasser wieder auf die Höhe der Staumarke gesunken ist. Die Wasserpolizeibehörde ist berechtigt, wenn Hochwasser zu erwarten ist, dem Unternehmer, ohne daß diesem ein Anspruch auf Entschädigung zusteht, aufzugeben, unverzüglich durch dieselben Maßnahmen das aufgestaute Wasser unter die Höhe der Staumarke zu senken, soweit es für die Stauanlage im Verleihungs- oder Genehmigungsverfahren festgesetzt oder von der Polizeibehörde bestimmt ist, und den Wasserstand möglichst auf dieser Höhe zu erhalten, bis das Hochwasser fällt.

(3) Muß das Oberwasser auf einer bestimmten Höhe erhalten werden, so darf das aufgestaute Wasser nicht unter diese Höhe

[1]) Jetzt OVG. (Wasserwirtschaftlicher Senat). Siehe Anm. 1 zu § 76.

gesenkt werden. Sobald es daruntersinkt, ist der Wasserabfluß so lange zu hemmen, bis das Wasser die bestimmte Höhe wieder erreicht hat.

(4) Die zur Durchführung dieser Vorschriften erforderlichen Anordnungen trifft die Wasserpolizeibehörde; in dringenden Fällen ist auch die Ortspolizeibehörde dazu befugt.

[Öffnen und Schließen der Wehre]

§ 102.

(1) Wer die Stauanlage betreibt, ist auf Anordnung der Wasserpolizeibehörde verpflichtet, die beweglichen Teile der Stauanlage zu öffnen oder zu schließen, wenn dadurch die Unterhaltung des Wasserlaufs erheblich erleichtert wird.

(2) Wird durch die angeordneten Maßnahmen der Betrieb der Anlage gestört, so kann Entschädigung verlangt werden, wenn die Störung über die im Verleihungsbeschlusse bestimmte Zeit hinaus dauert (§ 73 Nr. 6) oder, soweit der Verleihungsbeschluß eine Zeit nicht bestimmt hat, die Störung erheblich ist.

(3) Die Entschädigung hat der Unterhaltungspflichtige zu leisten.

[Verhütung von Überschwemmungen u. a.]

§ 103.

(1) Entstehen Überschwemmungen oder andere Nachteile für fremde Grundstücke oder Anlagen dadurch, daß trotz ordnungsmäßiger Ausübung des Staurechts der Wasserstand über die zulässige Stauhöhe steigt, so kann dem Stauberechtigten auf Antrag des Geschädigten auferlegt werden, sich Maßnahmen auf Grundstücken anderer oder am Wasserlaufe, jedoch ohne Änderung der Stauanlage und ohne Beeinträchtigung seines Staurechts gefallen zu lassen, durch welche die nachteiligen Wirkungen verhütet werden können.

(2) Der Antragsteller hat die zur Verhütung einer Beeinträchtigung des Staurechts erforderlichen Maßnahmen zu treffen; er ist auf Verlangen des Stauberechtigten anzuhalten, eine Sicherheit dafür zu leisten. Der Staat und die Kommunalverbände sind von der Sicherheitsleistung frei.

(3) Auf das Verfahren sind der § 64, der § 65 Abs. 1, 2, die §§ 69, 71, der § 75 Satz 1 und der § 76 Abs. 1 entsprechend anzuwenden.

[Zuschuß bei Stauanlagen der öffentlichen Hand]

§ 104.

(1) Der Staat und andere öffentlichrechtliche Verbände können als Unternehmer einer Stauanlage, bei der das Staubecken mehr als

100 000 cbm Wasser faßt, einen angemessenen Zuschuß zu den Kosten der Unterhaltung und des Betriebs der Anlage, einschließlich einer angemessenen Verzinsung und einer Tilgung des Baukapitals, von den zur Benutzung eines Wasserlaufs Berechtigten verlangen, die von der Änderung des Wasserabflusses Vorteil haben. Der Zuschuß ist nach dem ausgenutzten Vorteile zu bemessen.

(2) Im Streitfall entscheidet der Bezirksausschuß im Verwaltungsstreitverfahren.

(3) Wird die Stauanlage von einer Wassergenossenschaft betrieben, so gelten statt dieser Vorschriften die §§ 236, 242.

(4) Die Vorschriften der Abs. 1, 2 sind auf die Talsperren anzuwenden, die nach dem Gesetze, betreffend Maßnahmen zur Verhütung von Hochwassergefahren in der Provinz Schlesien, vom 3. Juli 1900 (Gesetzsamml. S. 171) errichtet worden sind oder errichtet werden.

[Gewerbliche Wassertriebwerke]

§ 105.

Bei Stauanlagen für gewerbliche Wassertriebwerke ist in dem Genehmigungsverfahren nach der Reichsgewerbeordnung der § 73 Nr. 2, 3 anzuwenden, wenn nicht eine Verleihung des Staurechts erforderlich ist. Sind die Beteiligten darüber einig oder ist im Rechtswege festgestellt, daß zwar ein Staurecht besteht, über die zulässige Stauhöhe jedoch rechtsverbindliche und klare Bestimmungen nicht vorliegen, so ist der innezuhaltende Wasserstand von der Genehmigungsbehörde nach den Grundsätzen des § 93 Abs. 2 zu bestimmen.

2. Talsperren.

[Begriff]

§ 106.

Für Stauanlagen, bei denen die Höhe des Stauwerkes von der Sohle des Wasserlaufs bis zur Krone mehr als 5 m beträgt und das Sammelbecken, bis zur Krone des Stauwerkes gefüllt, mehr als 100 000 cbm umfaßt (Talsperren), gelten die nachstehenden Vorschriften.

[Anlageplan]

§ 107.

(1) Talsperren dürfen nur auf Grund eines Planes errichtet werden, der genaue Angaben über die gesamte Anlage, deren Bau, Unterhaltung und Betrieb enthalten muß und auch alle Einrichtungen zu berücksichtigen hat, durch die Nachteile und Gefahren für andere verhütet werden können. Der Plan bedarf, sofern nicht für die Talsperre die Verleihung oder die gewerbepolizeiliche Genehmigung erforderlich ist, der Genehmigung des Regierungspräsidenten.

(2) Dasselbe gilt bei wesentlichen Veränderungen von Talsperren.

(3) Vorstehende Bestimmungen sind auf die Talsperren anzuwenden, die nach dem Gesetze, betreffend Maßnahmen zur Verhütung von Hochwassergefahren in der Provinz **Schlesien**, vom 3. Juli 1900 (Gesetzsamml. S. 171) errichtet worden sind oder noch errichtet werden.

[Aufsicht] **§ 108.**

(1) Talsperren unterstehen der Aufsicht des Regierungspräsidenten. Dieser hat besonders darauf zu achten, daß der Bau, die Unterhaltung und der Betrieb nach dem Plane geschehen; er ist befugt, dem Unternehmer auch nach Ausführung des Planes Sicherheitsmaßregeln aufzugeben, die er zum Schutze der unterhalb liegenden Grundstücke gegen Gefahren für notwendig hält.

(2) Zur Deckung der Kosten der Aufsicht können von dem Unternehmer Gebühren erhoben werden. Die Höhe bestimmt der Regierungspräsident.

[Schlesien] **§ 109.**

In den Fällen der §§ 107, 108 tritt an die Stelle des Regierungspräsidenten im Geltungsgebiete des Gesetzes vom 3. Juli 1900 der Oberpräsident.

[Andere größere Stauanlagen] **§ 110.**

(1) Die §§ 107, 108 gelten auch für andere als die im § 106 bezeichneten Stauanlagen, wenn der Regierungspräsident feststellt, daß bei ihnen wegen der Gestaltung des Wasserlaufs oder seiner Umgebung im Falle eines Bruches des Stauwerkes erhebliche Gefahren zu befürchten sind. Gegen die Feststellung, die im Amtsblatt und in ortsüblicher Weise sowie, wenn Landkreise beteiligt sind, auch in den Kreisblättern bekanntzumachen ist, kann nur Beschwerde im Aufsichtsweg erhoben werden.

(2) Bei Stauanlagen, die erst nach Inbetriebsetzung auf Grund der Vorschriften des Abs. 1 den Bestimmungen über Talsperren unterworfen werden, können nur die im § 97 angegebenen Maßnahmen und diese nur nach den §§ 97, 98 gefordert werden.

[Zuständige Aufsichtsbehörde] **§ 111.**

(1) Erstreckt sich das Unternehmen auf mehrere Regierungsbezirke, so bestimmt der Oberpräsident und, wenn mehrere Provinzen beteiligt sind, der Minister für Landwirtschaft, Domänen und Forsten den Regierungspräsidenten, der die in den §§ 107, 108 bezeichneten Aufgaben wahrzunehmen hat.

(2) Soll die Talsperre durch eine Wassergenossenschaft ausgeführt werden, so ist stets der Regierungspräsident zuständig, der die Aufsicht über die Genossenschaft führt (§ 217 Abs. 3).

[Beschwerde] **§ 112.**

Gegen die Entscheidungen des Regierungspräsidenten auf Grund der §§ 107, 108 ist nur binnen zwei Wochen die Beschwerde [bei Wasserläufen erster Ordnung an den Minister der öffentlichen Arbeiten, sonst][1]) an den Minister für Landwirtschaft, Domänen und Forsten zulässig.

. . . .

---

47 a. Fischereigesetz[2]).

Vom 11. Mai 1916 (GS. S. 55).

(Auszug.)

[Das Gesetz, 1916 an die Stelle älterer Regelungen getreten, sucht durch Einschränkung der wilden Fischerei, durch Schaffung von Schonrevieren, Einführung von Fischereigenossenschaften die Fischerei zu heben.]

Erster Abschnitt. Allgemeine Vorschriften.

[Küsten- und Binnengewässer] **§ 1.**

Im Sinne dieses Gesetzes sind

1. **Küstengewässer: die Teile der Nord- und Ostsee, auf die sich die preußische Staatshoheit erstreckt, einschließlich der offenen Meeresbuchten, und die in der Beilage aufgeführten Strecken von Wasserläufen,**
2. **Binnengewässer: alle anderen Gewässer.**

[Geschlossene und offene Gewässer] **§ 2.**

(1) **Im Sinne dieses Gesetzes sind geschlossene Gewässer:**

1. **künstliche Fischteiche und sonstige künstliche Anlagen zur Fischzucht, sofern sie gegen den Wechsel von Fischen, die das vorgeschriebene Mindestmaß haben, abgesperrt sind,**
2. **die übrigen Gewässer, sofern es ihnen an einer für den Wechsel der Fische geeigneten dauernden Verbindung fehlt,**

---

[1]) Die jetzige Fassung des § 112 ergibt sich aus dem G. v. 15. August 1921 (GS. S. 487).

[2]) S. Art. 69 des EinfG. z. BGB.

wenn die Ausübung des Fischereirechts in vollem Umfang einer Einzelperson zusteht oder die Gewässer einer Wirtschaftsgenossenschaft (§ 36 Abs. 1 Nr. 2) oder einem gemeinschaftlichen Fischereibezirke (§ 86) angehören. Dadurch, daß die Ausübung des Fischereirechts unter Beschränkung auf den Fischfang (§ 28 Abs. 1) mehreren Einzelpersonen übertragen wird, hört ein Gewässer nicht auf, ein geschlossenes zu sein.

(2) Über die Art der Absperrung nach Abs. 1 Nr. 1 können durch Polizeiverordnung (§ 124) nähere Bestimmungen getroffen werden.

(3) Alle anderen Gewässer sind offene Gewässer.

[Geschlossene Gewässer auf Zeit] **§ 3.**

(1) Offene Gewässer, in denen die Ausübung des Fischereirechts in vollem Umfang einer Einzelperson zusteht oder die einer Wirtschaftsgenossenschaft oder einem gemeinschaftlichen Fischereibezirk angehören, oder einzelne Strecken solcher Gewässer können durch Beschluß des Bezirksausschusses auf Antrag des zur Ausübung Berechtigten für einen bestimmten Zeitraum zu geschlossenen Gewässern erklärt werden, wenn sie derart abgesperrt werden, daß Fische, die das vorgeschriebene Mindestmaß haben, nicht wechseln können. Zuvor ist der Antrag öffentlich bekanntzumachen und dabei darauf hinzuweisen, bei welcher Stelle Widersprüche binnen vier Wochen anzubringen sind. Der Beschluß des Bezirksausschusses ist dem Antragsteller und den Widersprechenden zuzustellen, der endgültige Beschluß durch das Amtsblatt bekanntzumachen.

(2) Erleidet dadurch, daß ein Gewässer zum geschlossenen erklärt wird, ein zur Fischerei in anderen Gewässern oder Gewässerstrecken Berechtigter Schaden, so kann er vom Antragsteller Schadenersatz beanspruchen. Über den Anspruch und seine Höhe beschließt bei Streit der Bezirksausschuß, der nach Abs. 1 entschieden hat. Auf Antrag eines Beteiligten ist der Schaden durch wiederkehrende Leistungen zu ersetzen. Schadenersatz ist nicht dafür zu leisten, daß der Wechsel von Fischen verhindert wird, die in dem zu schließenden Gewässer aufgewachsen sind. Der Schadenersatzanspruch ist ausgeschlossen, wenn er nicht binnen zwei Jahren nach Ablauf des Jahres, in dem die Absperrung erfolgt ist, bei dem Bezirksausschuß geltend gemacht wird.

Zweiter Abschnitt. Fischereiberechtigung.

[Inhalt des Fischereirechts] **§ 4.**

(1) Das Fischereirecht enthält, soweit es nicht durch dieses Gesetz oder das Wassergesetz vom 7. April 1913 (Gesetzsamml. S. 53) eingeschränkt ist, die Befugnis, in einem Gewässer Fische, Krebse, Austern und andere Muscheln, Seemoos und Korallenmoos sowie Schildkröten zu hegen und sich anzueignen.

(2) Soweit das Gewässer zur Fischerei nach Abs. 1 benutzt wird, erstreckt sich das Fischereirecht auch auf Frösche.

(3) Die dem Fischereirecht unterliegenden Tiere werden in diesem Gesetz unter dem Ausdruck „Fische" zusammengefaßt. Als „fischen" gilt jede Tätigkeit nach Abs. 1.

[Fischereirecht f. d. häusl. Gebrauch] **§ 5.**

Ein Fischereirecht für den häuslichen Gebrauch (Fischereirecht zu Tisches Notdurft, Küchenfischereirecht usw.) gibt dem Berechtigten nur die Befugnis, für seinen eigenen Bedarf und den der Familienangehörigen seines Haushalts zu fischen. Ist es mit einem Grundstücke verbunden, so ist der Bedarf des jeweiligen Nutzungsberechtigten maßgebend.

[Fischfang in herrenl. Küstengewäss.] **§ 6.**

In den Küstengewässern, an denen kein Eigentum besteht, hat jeder Deutsche freien Fischfang.

[Träger des Fischereirechts] **§ 7.**

In den Küstengewässern, die im Eigentume stehen, und in den Binnengewässern hat der Eigentümer das Fischereirecht[1]).

[Ältere Fischereirechte] **§ 8.**

(1) Gegenüber den §§ 6, 7 bleiben alle Fischereirechte und der freie Fischfang aufrechterhalten, soweit sie am 30. April 1914 bestanden haben.

(2) Für den, der ein Fischereirecht bis zum 1. Mai 1914 mindestens dreißig Jahre lang als sein eigenes ausgeübt hat, spricht die Vermutung, daß es ihm zusteht. Die Vorschriften des § 937 Abs. 2 und der §§ 938, 943, 944 des Bürgerlichen Gesetzbuchs gelten sinngemäß.

(3) Abs. 2 gilt nicht für die im § 20 bezeichneten Fischereirechte.

(4) Vom 1. April 1917 ab wird das Fischereirecht der Gemeinden in den zu den Küstengewässern gehörenden Strecken der Leda und Jümme aufgehoben. In ihnen hat fortan jeder Deutsche freien Fischfang.

---

[1]) S. hierzu den Staatsvertrag betr. den Übergang der Wasserstraßen von den Ländern auf das Reich, vom 31. März/26. September 1921 (GS. S. 520), § 2b:

Die staatlichen Fischereien an den natürlichen Wasserstraßen verbleiben den Ländern; das gleiche gilt auch für die kanalisierten Strecken natürlicher Wasserstraßen. An den künstlichen Wasserstraßen gehen sie auf das Reich über.

[In neuen Wasserläufen I. Ordn.] **§ 9.**

Nimmt der Staat nach § 11 Satz 2 des Wassergesetzes das Eigentum an einem Wasserlauf in Anspruch, so kann der bisherige Eigentümer verlangen, daß ihm das Fischereirecht bleibt. In diesem Falle hat der Staat den bisherigen Eigentümer auf die Folgen des § 11 Abs. 2 hinzuweisen.

[Neues Flußbett, Umleitung] **§ 10.**

(1) Verläßt ein Wasserlauf infolge natürlicher Ereignisse sein Bett oder bildet sich ein neuer Arm, so gehen die nicht dem Eigentümer des Gewässers zustehenden Fischereirechte am alten Wasserlauf auch auf den neuen Wasserlauf über.

(2) Wird ein Wasserlauf erster Ordnung künstlich abgeleitet, so gehen solche Fischereirechte auf den neuen Wasserlauf über, wenn dieser mehr als die Hälfte des Abflusses bei gewöhnlichem Wasserstande (§ 8 Abs. 3 des Wassergesetzes) aufzunehmen bestimmt ist. Die Fischerei in dem alten Gewässer steht dem Hersteller der Ableitung zu. Der Fischereiberechtigte kann von diesem für die Verminderung des Wertes seines Fischereirechts Entschädigung verlangen. Bei künstlichen Ableitungen anderer Wasserläufe gilt Abs. 1.

(3) Umfang und räumliche Ausdehnung der Fischereirechte im neuen Wasserlaufe (Abs. 1, 2) bestimmen sich nach denen im alten.

(4) Bei Streitigkeiten beschließt der Bezirksausschuß, soweit darüber nicht schon in einem anderen gesetzlich geordneten Verfahren entschieden worden ist. Soweit der Beschluß die Entschädigung betrifft, kann er binnen drei Monaten im Rechtsweg angefochten werden. Die Frist beginnt für jeden Beteiligten mit der Zustellung der Mitteilung des Bezirksausschusses, daß der Beschluß allen Beteiligten gegenüber endgültig geworden ist.

(5) Solange kein endgültiger Beschluß des Bezirksausschusses (Abs. 4) vorliegt, kann die Fischereibehörde auf Antrag eines Beteiligten die Ausübung der Fischereirechte vorläufig regeln.

[Fischereirechte ohne Eigentum] **§ 11.**

(1) Fischereirechte, die nicht dem Eigentümer des Gewässers zustehen, sind auf Antrag des Berechtigten ins Wasserbuch einzutragen. In diesem Falle sind Wasserbücher anzulegen, auch wenn das Gewässer kein Wasserlauf im Sinne des Wassergesetzes ist. Der § 186, § 187 Abs. 1, 3 und die §§ 188, 190 bis 193, 195 des Wassergesetzes gelten sinngemäß; an Stelle der Wasserpolizeibehörde tritt die Fischereibehörde.

(2) Fischereirechte der im Abs. 1 bezeichneten Art erlöschen mit Ablauf von zehn Jahren

1. nach Inkrafttreten des Gesetzes, soweit sie zu diesem Zeitpunkte bestanden haben (§ 8),

2. im Falle des § 9 nach Zustellung des Bescheides, in dem der Berechtigte auf diese Folge der Nichteintragung hingewiesen ist,

3. in den Fällen des § 10 Abs. 1, 2 nach ihrem Entstehen,

wenn die Eintragung ins Wasserbuch nicht vorher beantragt wird. Auf Rechte, die im Grundbuch eingetragen sind, sind diese Vorschriften nicht anzuwenden. Der § 380 Abs. 2 des Wassergesetzes gilt entsprechend.

[Überflutung]

§ 12.

(1) Tritt ein Gewässer über seine Ufer, so hat der in ihm zur Ausübung der Fischerei Berechtigte das Recht, auf den überfluteten Grundstücken zu fischen. Von der Befischung ausgeschlossen sind Hofräume, Gartenanlagen, Forstkulturen, bestellte Äcker, gewerbliche Anlagen und eingefriedigte Grundstücke. Betreten dürfen die überfluteten Grundstücke nur werden, soweit sie nicht von Wasserfahrzeugen aus befischt werden können.

(2) Sind nach Abs. 1 mehrere berechtigt, auf den überfluteten Grundstücken zu fischen, so bestimmt der Kreis- (Stadt-) Ausschuß, wie sie ihre Rechte auszuüben haben. Dabei gilt § 10 Abs. 3 entsprechend.

(3) Unzulässig sind Maßnahmen, die den Zweck haben, die Rückkehr der Fische in das Gewässer oder das Fischen auf den überfluteten Grundstücken zu hindern.

(4) Der Grundeigentümer hat nicht das Recht, auf den überfluteten Grundstücken zu fischen. Bleiben jedoch nach Rücktritt des Wassers in Gräben oder anderen Vertiefungen, die nicht mehr in Verbindung mit dem Gewässer stehen, Fische zurück, so darf er sie sich aneignen. Untermaßige Fische (§ 107) kann die Fischereibehörde auf Antrag und auf Kosten des Fischereiberechtigten in das Gewässer zurücksetzen lassen.

(5) Für fremde Fischgewässer, die von der Überflutung betroffen sind, gelten diese Vorschriften nicht.

[Betreten der Ufer usw.]

§ 13.

(1) Der in einem Gewässer zur Fischerei Berechtigte und mit dessen Ermächtigung der Fischereipächter oder angestellte Fischer darf mit seinen Gehilfen und seinen Geräten die an das Wasser angrenzenden Ufer, Inseln, Anlandungen, Schiffahrtanlagen sowie Brücken, Wehre, Schleusen und sonstige Wasserbauwerke so weit betreten, als es die Ausübung seines Fischereirechts erfordert.

(2) Abgesehen von dieser Vorschrift, kann der Kreis- (Stadt-) Ausschuß nach Anhörung der Beteiligten widerruflich genehmigen, daß auch einzelne Inhaber von Erlaubnisscheinen (§ 98) fremde Grundstücke nach Abs. 1 betreten dürfen.

(3) Das Betreten von Schiffahrtanlagen und Wasserbauwerken sowie von Anlandungen, die durch Unterhaltungs- und

38*

Ausbauarbeiten (§ 140, § 162 Abs. 1 des Wassergesetzes) entstanden sind, kann durch Polizeiverordnung eingeschränkt oder verboten werden.

(4) Das Recht nach Abs. 1 erstreckt sich nicht:

1. auf Gebäude, Hofräume, Gartenanlagen, Forstkulturen, bestellte Äcker, gewerbliche Anlagen und dauernd vollständig eingefriedigte Grundstücke;
2. auf die Ufer von Bewässerungs- oder Entwässerungsgräben in Wiesen.

Zur vollständigen Einfriedigung gehört eine Einfriedigung des Ufers nicht. Eingezäunte Viehweiden gelten nicht als eingefriedigte Grundstücke im vorstehenden Sinne. Bei Streit beschließt auf Antrag der Kreis- (Stadt-) Ausschuß.

(5) Der Kreis- (Stadt-) Ausschuß kann das Recht nach Abs. 1 noch weiter einschränken, als in Abs. 4 bestimmt ist. Die Ausübung des Rechtes ist ausgeschlossen, wenn der Schaden für den Eigentümer des Grundstücks größer ist als der Vorteil für die Fischerei. Darüber, ob dies zutrifft, beschließt auf Antrag der Kreis- (Stadt-) Ausschuß.

[Ersatzpflicht der Eigentümer usw.] § 14.

Schaden, welchen die nach den §§ 12, 13 Berechtigten oder ihre Gehilfen bei Ausübung dieser Rechte erleiden, brauchen Eigentümer oder Nutzungsberechtigte nur zu ersetzen, wenn sie ihn absichtlich herbeigeführt haben.

[Ersatzpflicht d. Fischereiberechtigten] § 15.

(1) Für Schaden, der durch Ausübung der Rechte in den Grenzen der §§ 12, 13 verursacht wird, kann der Geschädigte Ersatz verlangen. Ersatzpflichtig ist der Fischereiberechtigte. Neben ihm haften Fischereipächter, angestellte Fischer und Inhaber von Erlaubnisscheinen als Gesamtschuldner, wenn sie oder ihre Gehilfen den Schaden verursacht haben. In gemeinschaftlichen Fischereibezirken haftet an Stelle des Fischereiberechtigten der Fischereibezirk.

(2) Der Anspruch auf Schadenersatz ist binnen einer Woche, nachdem der Geschädigte von der Beschädigung Kenntnis erhalten hat, bei der Fischereibehörde oder dem Gemeinde- (Guts-) Vorsteher schriftlich oder zu Protokoll anzumelden. Wird diese Frist versäumt, so erlischt der Anspruch.

(3) Über den Anspruch und die entstandenen Kosten entscheidet die Fischereibehörde nach Anhörung der Beteiligten. Gegen den Bescheid ist binnen zwei Wochen die Klage im Verwaltungsstreitverfahren beim Kreis- (Stadt-) Ausschuß zulässig. Auf Berufung entscheidet der Bezirksausschuß endgültig.

[Besondere Rechtsverhältnisse] § 16.

Weitergehende Rechte zur Benutzung fremder Grundstücke, die auf besonderen Rechtsverhältnissen beruhen, werden durch die §§ 13 bis 15 nicht berührt.

[Keine neuen Fischereirechte] § 17.

Mit neuen Fischereirechten darf, unbeschadet der §§ 9, 10, ein Gewässer nicht belastet werden.

[Fischereirecht ist Grundstücksrecht] § 18.

Ein nicht dem Eigentümer des Gewässers zustehendes Fischereirecht gilt vom Inkrafttreten dieses Gesetzes an als ein das Wassergrundstück belastendes Recht. Auf dieses Recht ist der § 1004 des Bürgerlichen Gesetzbuchs sinngemäß anzuwenden. Sein Rang bestimmt sich nach der Zeit der Entstehung. Es braucht, um gegenüber dem öffentlichen Glauben des Grundbuchs wirksam zu sein, nicht eingetragen zu werden. Die Eintragung hat jedoch auf Antrag des Berechtigten oder des Eigentümers des belasteten Grundstücks zu erfolgen; die Kosten trägt der Antragsteller.

[Übertragung des Fischereirechts] § 19.

(1) Ein nicht dem Eigentümer des Gewässers zustehendes Fischereirecht kann durch Vertrag auf den Eigentümer oder einen anderen übertragen werden, auch wenn es nach dem bisherigen Rechte nicht übertragbar war. Der Vertrag bedarf der gerichtlichen oder notariellen Beurkundung. Der gleichen Form bedarf ein Vertrag, durch den der Berechtigte sich zur Übertragung des Fischereirechts verpflichtet; doch wird der Mangel der Form durch die Übertragung geheilt.

(2) Ist das Fischereirecht mit dem Eigentum an einem Grundstücke verbunden, das mit dem Recht eines anderen belastet ist, so kann es nur übertragen werden, wenn dieser in öffentlich beglaubigter Form zustimmt, es sei denn, daß sein Recht nicht durch die Übertragung berührt wird.

(3) Sind mit dem Fischereirechte Nebenrechte, namentlich zum Trocknen der Netze, zur Rohrnutzung oder zum Fischen auf überschwemmten Wiesen, oder Verpflichtungen verbunden, so gehen sie zugleich auf den Erwerber über.

[Übertrag. beschränkt. Fischereirechte] § 20.

Ein Fischereirecht, das auf Hegen oder Aneignen nur einzelner der im § 4 aufgeführten Fische oder auf die Benutzung bestimmter Fangmittel, mit Ausnahme der Anweisung auf mehrere Arten von Netzen oder Reusen, beschränkt ist, desgleichen ein Fischereirecht auf

Zeit oder für den häuslichen Gebrauch sowie jedes in anderer Hinsicht eingeschränkte Fischereirecht kann durch Rechtsgeschäft unter Lebenden nur auf den Eigentümer des Gewässers übertragen werden.

[Mehrere Berechtigte] **§ 21.**

Ein Fischereirecht an derselben Gewässerstrecke kann durch Rechtsgeschäft unter Lebenden nur dann auf mehrere Personen übertragen werden, wenn die Zahl der Erwerber die der bisher Berechtigten nicht übersteigt. Ist ein solches Fischereirecht durch Erbgang, Lehns- oder Fideikommißfolge auf mehrere Personen übergegangen, so dürfen es diese nur an so viele Personen übertragen, als zur Zeit des Inkrafttretens dieses Gesetzes Fischereiberechtigte vorhanden sind.

[Mit einem Grundeigentum verbundenes Fischereirecht][1] **§ 22.**

Auf den Fall, daß ein mit dem Eigentum an einem Grundstücke verbundenes Fischereirecht zusammen mit dem Grundstück übertragen wird, beziehen sich die §§ 19 bis 21 nicht.

[Teilung des Grundstücks (§ 22)] **§ 23.**

Ein Fischereirecht, das mit dem Eigentum an einem Grundstücke verbunden ist, verbleibt bei dessen Teilung, wenn nichts anderes in der Form des § 19 vereinbart wird, der ältesten Hofstelle und, wenn eine solche nicht vorhanden ist, dem größten Teilgrundstücke, bei einer Teilung in gleiche Teile dem Teilgrundstücke, das die Fischereibehörde bestimmt. Eine Vereinbarung, nach der das Fischereirecht mit mehreren Teilgrundstücken verbunden bleiben soll, ist nichtig.

[Vereinigung mit Wassereigentum] **§ 24.**

Vereinigt sich ein Fischereirecht mit dem Eigentum am Wasserlaufe, so erlischt es als besonderes Recht. Ist es mit dem Recht eines anderen belastet, so erlischt es nur, wenn dieser in öffentlich beglaubigter Form zustimmt.

[Fisch.recht des Staates, Aufgebot] **§ 25.**

Unberührt durch die §§ 17 bis 24 bleibt das Gesetz über den Erwerb von Fischereiberechtigungen durch den Staat und das Aufgebot von Fischereiberechtigungen vom 2. September 1911 (Gesetzsamml. S. 189).

[Ablösung der beschr. Fischereirechte] **§ 26.**

(1) Die im § 20 bezeichneten Fischereirechte sind ablösbar, auch soweit sie es bisher nicht waren. Das Verfahren richtet sich nach den Ablösungsgesetzen.

(2) Vorbehaltlich Abs. 1 kann ein Recht zur Ablösung nicht auf das Eigentum an einem Wasserlaufe gestützt werden, das erst durch das

---

[1]) Vgl. § 19 Abs. 2.

Wassergesetz begründet worden ist. Ebenso entsteht kein Ablösungsrecht daraus, daß das Fischereirecht nach § 18 ein das Wassergrundstück belastendes Recht geworden ist. Die nach dem bisherigen Rechte bestehende Ablösbarkeit von Fischereiberechtigungen wird hierdurch nicht berührt.

[Beschränkung und Aufhebung der beschränkten Fischereirechte] § 27.

(1) In offenen Gewässern können die im § 20 bezeichneten Fischereirechte gegen Entschädigung der Berechtigten beschränkt oder aufgehoben werden.

(2) Die Beschränkung oder Aufhebung können beanspruchen:

1. der Staat im öffentlichen Interesse;
2. Fischereiberechtigte, wenn sie nachweisen, daß die Fischereiberechtigung der Erhaltung oder Verbesserung des Fischbestandes dauernd nachteilig ist und einen wirtschaftlichen Betrieb der Fischerei in dem Gewässer hindert.

(3) Die Entschädigung hat zu leisten, wer den Anspruch erhebt.

(4) Über Anspruch und Entschädigung beschließt der Bezirksausschuß nach Anhörung der Beteiligten. Soweit der Beschluß die Entschädigung betrifft, kann er binnen drei Monaten im Rechtsweg angefochten werden. Die Frist beginnt mit dem Tage, an dem die Entscheidung über den Anspruch endgültig geworden ist.

Dritter Abschnitt. Ausübung des Fischereirechts[1]).

[Übertrag. d. Ausüb. d. Fisch.rechts] § 28.

(1) Die Ausübung des Fischereirechts kann, soweit sein Inhalt nicht entgegensteht, einem anderen durch Vertrag in vollem Umfange (§ 29) oder unter Beschränkung auf den Fischfang übertragen werden. Ein unter Beschränkung auf den Fischfang abgeschlossener Vertrag wird erst durch Erteilung eines Erlaubnisscheins nach § 98 wirksam.

(2) Fischereiberechtigte in Gewässern der im § 2 Abs. 1 Nr. 1, 2 bezeichneten Art können eine Einzelperson ermächtigen, das Fischereirecht an ihrer Stelle in vollem Umfang auszuüben. Die Ermächtigung wird erst durch Anzeige an die Fischereibehörde wirksam. Der zur Ausübung Ermächtigte gilt insoweit als Fischereiberechtigter.

[Form der Übertragung] § 29.

(1) Zur Übertragung der vollen Ausübung des Fischereirechts bedarf es eines Pachtvertrages in schriftlicher

[1]) S. dazu das Gesetz vom 18. Juli 1919 (GS. S. 146) betr. die Sicherung der Bewirtschaftung von Fischgewässern (unten Nr. 47b).

Form. In dem Vertrag ist die Pachtzeit auf mindestens zwölf Jahre festzusetzen. Ausnahmen kann der Kreis- (Stadt-) Ausschuß zulassen.

(2) Auf Antrag der Fischereibehörde kann der Bezirksausschuß bestimmen, an wieviel Personen höchstens ein Gewässer oder eine Gewässerstrecke eines Fischereiberechtigten verpachtet werden darf. Jedes Mitglied eines Vereins gilt im Sinne dieser Vorschrift als Pächter.

(3) Eine Verpachtung an Personen, die nicht die Reichsangehörigkeit besitzen, bedarf der Genehmigung des Regierungspräsidenten.

(4) Pachtverträge, die gegen Abs. 1 bis 3 verstoßen, sind nichtig. Streitigkeiten darüber werden im Verwaltungsstreitverfahren entschieden. Zuständig ist der Kreisausschuß, in Stadtkreisen der Bezirksausschuß. Für die Dauer des Verwaltungsstreitverfahrens kann die Fischereibehörde die Ausübung der Fischerei vorläufig regeln.

(5) Bei Veräußerung des Fischereirechts gelten die §§ 571 bis 579 des Bürgerlichen Gesetzbuchs sinngemäß. Der Überlassung an den Mieter steht der Beginn der Pachtzeit gleich.

[Wirkung der Übertragung] **§ 30.**

Wer zur Ausübung eines fremden Fischereirechts nach den §§ 33, 34, 91 ermächtigt ist, gilt insoweit als Fischereiberechtigter.

[Jurist. Personen, Koppelfisch.rechte] **§ 31.**

(1) Juristische Personen, mit Ausnahme von Fischerinnungen, dürfen Fischereirechte nur nach § 28 nutzen. Für Wirtschaftsgenossenschaften gilt dies nicht.

(2) Wenn mehrere Personen ein oder mehrere Fischereirechte an derselben Gewässerstrecke haben, kann der Bezirksausschuß auf Antrag der Fischereibehörde oder eines Beteiligten beschließen, daß die Fischerei nur nach Abs. 1 ausgeübt werden darf. Einigen sich die Beteiligten über die Nutzung nicht, so kann der Bezirksausschuß sie vorläufig regeln.

(3) Solange der Bezirksausschuß keinen Beschluß nach Abs. 2 gefaßt hat, kann in der Provinz **Hannover** und im **Regierungsbezirke Kassel** die Auseinandersetzungsbehörde die Ausübung von Koppelfischereirechten nach den §§ 19 bis 24 des Gesetzes, betreffend die Fischerei der Ufereigentümer und die Koppelfischerei in der Provinz Hannover, vom 26. Juni 1897 (Gesetzsamml. S. 196), §§ 1 bis 6 des Gesetzes, betreffend die Koppelfischerei im Regierungsbezirke Kassel, vom 19. Mai 1908 (Gesetzsamml. S. 133) regeln.

[Stauanlagen] **§ 32.**

(1) Der Fischereiberechtigte darf Stauanlagen, die beim Inkrafttreten des Gesetzes an Abzweigungen von Wasserläufen bestehen, nicht in ihrem ordnungsmäßigen Betriebe hindern, wenn er dazu kein besonderes Recht hat. Die §§ 101, 116 werden hierdurch nicht berührt.

(2) Abzweigungen nach Abs. 1 sind nur solche, die sich mit dem Wasserlaufe wieder vereinigen.

[Fischereirecht in Abzweigungen] **§ 33.**

(1) Fischereiberechtigte in Abzweigungen (§ 32 Abs. 2) müssen die Ausübung ihrer Fischereirechte den in den angrenzenden Strecken des Hauptwasserlaufs zur Fischerei Berechtigten auf Verlangen gegen eine Geldrente überlassen, wenn sie nicht bereit sind, die zum Schutz und zur wirtschaftlichen Nutzung der Fischgewässer notwendigen Maßnahmen gemeinschaftlich mit ihnen zu treffen.

(2) Der Anspruch nach Abs. 1 bestimmt sich hinsichtlich des Umfanges und der räumlichen Ausdehnung der Fischerei in der Abzweigung nach den Fischereirechten im Hauptwasserlaufe.

(3) Mehrere in derselben Strecke des Hauptwasserlaufs zur Fischerei Berechtigte können den Anspruch nur gemeinschaftlich geltend machen; sie haften für die Geldrente als Gesamtschuldner.

(4) Mehrere in derselben Strecke der Abzweigung zur Fischerei Berechtigte können nur gemeinschaftlich in Anspruch genommen werden und müssen sämtlich nach Abs. 1 bereit sein. Die Geldrente ist für jeden von ihnen besonders festzusetzen.

(5) Über die Ansprüche und Verpflichtungen aus Abs. 1 bis 4 sowie die notwendigen gemeinschaftlichen Maßnahmen beschließt bei Streit der Bezirksausschuß. Zu den gemeinschaftlichen Kosten müssen die Beteiligten nach dem Wert ihrer Fischereirechte beitragen. Die Höhe der Geldrente ist nach dem Werte der Fischereirechte in der Abzweigung zu bestimmen.

(6) Wird durch natürliche oder künstliche Veränderungen in den Wasserläufen die Fischerei betroffen, so können die Beteiligten eine andere Festsetzung der Geldrente und der sonstigen Überlassungsbedingungen nach Abs. 5 verlangen.

(7) Für Abzweigungen, die geschlossene Gewässer bilden oder einer Wirtschaftsgenossenschaft oder einem Fischereibezirk (§§ 86, 89) angehören, gelten diese Vorschriften nicht.

[Blinde Gewässer] **§ 34.**

(1) Steht ein Wasserlauf oder ein See in Verbindung mit einem nicht zu den Wasserläufen gehörenden, blind endigenden Gewässer, so kann der im Wasserlauf oder See an der Verbindungsstelle zur Fischerei Berechtigte verlangen, daß es gegen den Wechsel von Fischen, die das

vorgeschriebene Mindestmaß haben, abgesperrt wird. Solange das nicht geschieht, ist er ausschließlich berechtigt, die Fischerei in dem Gewässer auszuüben. In Bewässerungs- und Entwässerungsgräben kann statt dessen die Fischerei auch ruhen, wenn dies dem Fischereibetrieb im Wasserlauf oder See nicht nachteilig ist. Der § 33 Abs. 7 gilt entsprechend.

(2) Für Häfen und Stichkanäle, die der Schiffahrt oder Flößerei dienen, und für Altarme von natürlichen Wasserläufen gelten diese Vorschriften nicht. Dagegen gilt § 33 mit der Maßgabe, daß der Eigentümer des Hafens oder Stichkanals anstatt der Überlassung der Fischereiausübung auch berechtigt ist, die Fischerei ruhen zu lassen, und daß der Eigentümer des Altarms dasselbe Recht hat, sofern das Ruhen dem Fischereibetrieb im Wasserlauf oder See nicht nachteilig ist.

(3) Darüber, ob die Fischerei in Bewässerungs- oder Entwässerungsgräben oder in Altarmen von natürlichen Wasserläufen nach Abs. 1, 2 ruhen darf, beschließt bei Streit der Kreis- (Stadt-) Ausschuß.

[Wechsel der Fische] **§ 35.**

(1) In einem offenen Gewässer dürfen, unbeschadet der §§ 3, 34, keine Vorrichtungen getroffen werden, die den Zweck haben, den Wechsel der Fische zu verhindern. Der Regierungspräsident kann aus polizeilichen oder wirtschaftlichen Rücksichten, namentlich für den Fischfang, vorübergehend Ausnahmen gestatten. Ausnahmen zum Zwecke des Betriebes der Fischereiwirtschaft sind nur auf Grund von § 3 zulässig.

(2) Durch ständige Fischereivorrichtungen darf ein offenes Gewässer zum Zwecke des Fischfangs nicht auf mehr als die halbe Breite der Wasserfläche, bei gewöhnlichem Wasserstande vom Ufer aus gemessen, für den Wechsel der Fische versperrt werden. Solche Vorrichtungen dürfen einander nicht so nahe sein, daß sie den Wechsel der Fische erheblich beeinträchtigen. Nähere Bestimmungen können durch Polizeiverordnung getroffen werden.

(3) Abs. 2 gilt in Grenzgewässern nur so weit, als im Nachbarland ebenso verfahren wird; auch kann der Minister für Landwirtschaft, Domänen und Forsten ihn zeitweilig für solche Gewässer außer Kraft setzen, die nicht ausschließlich dem preußischen Staatsgebiet angehören.

(4) Die schon bestehenden ständigen Fischereivorrichtungen unterliegen diesen Vorschriften nicht, wenn der Fischereiberechtigte ein Recht auf deren Benutzung hat.

(5) Ständige Fischereivorrichtungen sind solche, die unter dauernder Befestigung am Ufer oder im Bett ins Gewässer eingebaut sind, namentlich feststehende Fischwehre, Fischzäune, Fischfallen. Die Eigenschaft der Vorrichtung als einer ständigen wird dadurch nicht ausgeschlossen, daß das angebrachte Fanggerät entfernt werden kann. Freistehende Pfähle gelten nicht als ständige Fischereivorrichtungen.

Vierter Abschnitt. Fischereigenossenschaften.

Erster Titel. Allgemeine Vorschriften.

[Schutz- u. Wirtschaftsgenossensch.] § 36.

(1) Mehrere zur Fischerei in einem offenen Gewässer oder in zusammenhängenden offenen Gewässern Berechtigte können zu einer Genossenschaft vereinigt werden:

1. zu geregelter Aufsichtsführung und gemeinschaftlichen Maßnahmen zum Schutze des Fischbestandes (Schutzgenossenschaften);
2. zu gemeinschaftlicher Bewirtschaftung und Nutzung der Fischgewässer samt Fangverwertung (Wirtschaftsgenossenschaften).

Die Genossenschaft gilt im Rahmen ihrer Aufgaben als Fischereiberechtigter.

(2) Fischereibezirke (§§ 86, 89) können als solche in eine Genossenschaft einbezogen werden.

§§ 37—85.

[Enthalten nähere Vorschriften über die Verfassung der Genossenschaft (Satzung, Vorstand, Schiedsgerichte), das Aufsichtsrecht des Staates, Genossenschaften mit Beitrittszwang, Auflösung und Liquidation der Genossenschaften.]

Fünfter Abschnitt. Fischereibezirke.

[Gemeinschaftlicher Fischereibezirk] § 86.

Fischereirechte in offenen Gewässern können, wenn ihr geringer Umfang der Erhaltung oder Vermehrung des Fischbestandes oder einer vollen wirtschaftlichen Ausnutzung des Gewässers hinderlich ist und ein genossenschaftlicher Zusammenschluß unausführbar erscheint oder nicht den gleichen wirtschaftlichen Erfolg in Aussicht stellt, auf Antrag der Fischereibehörde oder eines Beteiligten durch Beschluß des Bezirksausschusses in der Weise vereinigt werden, daß aus zusammenhängenden Gewässerstrecken ein gemeinschaftlicher Fischereibezirk gebildet wird. Vorher ist den Beteiligten Gelegenheit zur Äußerung zu geben. Die §§ 62 bis 64 gelten entsprechend.

[Verwaltung, Fischereivorsteher] § 87.

(1) Die Fischerei in einem gemeinschaftlichen Fischereibezirke verwaltet für Rechnung der Beteiligten der Gemeinde- (Guts-) Vorsteher. Die Kassengeschäfte führt die Gemeinde- (Guts-) Kasse. Erstreckt sich der Fischereibezirk auf mehrere Gemeinde-

(Guts-) Bezirke, so bestimmt die Gemeindeaufsichtsbehörde den Gemeinde- (Guts-) Vorsteher, dem die Verwaltung obliegt. In der Rheinprovinz kann die Gemeindeaufsichtsbehörde die Verwaltung des Fischereibezirks, wenn er mehrere Gemeindebezirke umfaßt, dem Bürgermeister übertragen; Satz 3 gilt sinngemäß.

(2) Der Kreisausschuß, in Stadtkreisen der Bezirksausschuß, kann beschließen, daß an Stelle des Gemeinde- (Guts-) Vorstehers (Bürgermeisters) ein Fischereivorsteher tritt, den die Mehrheit der Beteiligten, berechnet nach dem Wert ihrer Fischereirechte, gewählt hat. Die näheren Bestimmungen trifft der Kreis- (Bezirks-) Ausschuß.

(3) In der Verwaltung nach Abs. 1 vertritt der Gemeinde- (Guts-) Vorsteher (Bürgermeister, Fischereivorsteher) den Fischereibezirk gerichtlich und außergerichtlich.

(4) Die Aufsicht über die Verwaltung der Fischerei in dem gemeinschaftlichen Fischereibezirke führt die Gemeindeaufsichtsbehörde.

(5) Für die Verwaltung ist auf Verlangen eine angemessene Vergütung zu gewähren, die der Kreisausschuß, in Stadtkreisen der Bezirksausschuß festsetzt.

(6) Nach dem Verhältnis des Wertes der einzelnen Fischereirechte werden alljährlich die Reinerträge verteilt und die Zuschüsse umgelegt. Der Plan dafür mit Berechnung der Einnahmen und Ausgaben ist zur Einsicht der Beteiligten zwei Wochen lang auszulegen. Ort und Zeit der Auslegung sind vorher ortsüblich bekanntzumachen. Über Beschwerden gegen den Plan, die binnen zwei Wochen nach Beendigung der Auslegung erhoben werden können, beschließt der Gemeinde- (Guts-) Vorsteher (Bürgermeister, Fischereivorsteher). Gegen seinen Bescheid ist binnen zwei Wochen die Klage im Verwaltungsstreitverfahren beim Kreisausschuß, in Stadtkreisen beim Bezirksausschuß zulässig.

(7) Die Zuschüsse können im Verwaltungszwangsverfahren beigetrieben werden. Die Vollstreckungsbehörde wird durch die Gemeindeaufsichtsbehörde bestimmt.

[Veränderung der Verhältnisse] **§ 88.**

Beschlüsse nach den §§ 86, 87 können bei einer Veränderung der Verhältnisse in der dort vorgesehenen Weise abgeändert oder aufgehoben werden.

[Selbständiger Fischereibezirk] **§ 89.**

(1) Erstreckt sich ein Fischereirecht in offenen Gewässern ununterbrochen auf mindestens zwei Kilometer Uferlänge in der ganzen Breite der Gewässer oder auf einen ganzen See, so kann

der Fischereiberechtigte verlangen, daß aus diesen Gewässern ein selbständiger Fischereibezirk gebildet wird.

(2) Wenn keine fischereiwirtschaftlichen Rücksichten entgegenstehen, kann der Bezirksausschuß auf Antrag des Fischereiberechtigten genehmigen:

1. daß dem selbständigen Fischereibezirk auch solche Gewässerstrecken angeschlossen werden, auf denen der Fischereiberechtigte nicht in der ganzen Breite fischereiberechtigt ist;
2. daß auch aus kürzeren Strecken und auch, wenn das Fischereirecht nicht die ganze Breite des Gewässers oder die ganze Fläche des Sees umfaßt, ein selbständiger Fischereibezirk gebildet wird.

(3) Für das Verfahren gelten die §§ 86, 88.

[Mehr als drei Berechtigte] **§ 90.**

(1) Steht das Fischereirecht in einem selbständigen Fischereibezirke mehr als drei Personen zu, so dürfen es diese nur nach § 28 nutzen.

(2) Die Art der Ausübung ist der Fischereibehörde anzuzeigen. Bis zu dieser Anzeige ruht die Fischerei.

[Anliegende Fischereiberechtigte] **§ 91.**

Fischereiberechtigte eines Gewässers, das an einen selbständigen Fischereibezirk angrenzt, sind verpflichtet, die Ausübung ihrer Fischereirechte dem Inhaber dieses Bezirkes gegen eine Geldrente zu überlassen, wenn sie durch eigene Ausübung ihrer Fischereirechte den wirtschaftlichen Betrieb desselben schädigen und der Wert des Fischereirechts in dem selbständigen Bezirke den ihrer Fischereirechte übersteigt. Sie können statt dessen die Fischerei ruhen lassen, wenn das Ruhen dem selbständigen Fischereibezirke nicht nachteilig ist. Die Verpflichtung fällt weg, wenn eine ihrer Voraussetzungen wegfällt. Der § 33 Abs. 3, 5 bis 7 und der § 34 Abs. 2 gelten entsprechend. Verpflichtungen nach § 33 Abs. 1 werden hierdurch nicht berührt.

Sechster Abschnitt. Fischereischeine und Erlaubnisscheine.

[Fischereischein] **§ 92.**

(1) Wer den Fischfang ausübt, muß einen auf seinen Namen lautenden Fischereischein bei sich führen.

(2) Ein Fischereischein ist nicht erforderlich:

1. für Gehilfen, die mit dem Fischereiberechtigten, Fischereipächter oder Inhaber eines Erlaubnisscheins zusammen den Fischfang ausüben;

2. zum freien Fischfang in der Nord- und Ostsee, einschließlich der offenen Meeresbuchten, soweit sie nicht im Eigentume stehen;
3. zum Fischfang in Gewässern, die dem Fischereiberechtigten gehören und vollständig von Grundstücken desselben begrenzt sind, sowie in künstlichen Fischteichen, die mit einem Wasserlaufe nur dadurch in Verbindung stehen, daß sie mittels künstlicher Vorrichtungen aus ihm gefüllt oder in ihn abgelassen werden.

[Erteilung] § 93.

Zuständig für die Erteilung des Fischereischeins ist die Fischereibehörde, in deren Bezirke der Antragsteller den Fischfang ausüben will. Der Fischereischein wird für das Kalenderjahr ausgestellt und gilt für das ganze Staatsgebiet.

[Vertretungsschein] § 94.

Wird der Inhaber eines nach § 93 ausgestellten Fischereischeins plötzlich behindert, so kann der für den Ort der Fischereiausübung zuständige Gemeinde- (Guts-) Vorsteher einen auf höchstens zwei Wochen lautenden Fischereischein für den Vertreter ausstellen. Die Ausstellung des Vertretungsscheins hat er sogleich der Fischereibehörde anzuzeigen. Diese kann den Schein zurückziehen.

[Gebühren- und Stempelfreiheit] § 95.

Fischereischeine sind gebühren- und stempelfrei.

[Versagung] § 96.

(1) Der Fischereischein kann versagt werden:
1. Personen, die nicht glaubhaft machen können, daß sie als Fischereiberechtigte, Fischereipächter oder Inhaber eines Erlaubnisscheins zur Ausübung der Fischerei im Bezirke der Fischereibehörde befugt sind; für Fischereiberechtigte, deren Fischereirecht im Wasserbuch eingetragen ist (§ 11), gilt diese Vorschrift nicht;
2. Personen, die nicht Fischereiberechtigte sind, wenn sie in den letzten drei Jahren rechtskräftig verurteilt sind
   a) wegen Diebstahls, Unterschlagung, Hehlerei, Jagd- oder Fischereivergehens oder Widerstandes gegen einen Fischereibeamten oder amtlich verpflichteten Aufseher (§ 119 Abs. 7) aus § 113 des Reichsstrafgesetzbuchs oder aus den §§ 117 bis 119 daselbst,
   b) wegen einer Straftat, die zugleich mit Polizeiaufsicht, Ehrverlust oder Überweisung an die Landespolizeibehörde (§ 362 StGB.) bedroht ist;

3. Personen, die keinen Wohnsitz im Deutschen Reiche haben.

(2) Nach Abs. 1 Nr. 2 kann der Fischereischein nur wegen solcher Straftaten versagt werden, die nach Inkrafttreten dieses Gesetzes begangen sind.

(3) Wenn Tatsachen, welche die Versagung rechtfertigen, erst nach Erteilung des Fischereischeins eintreten oder zur Kenntnis der Behörde kommen, so kann der Fischereischein dem Empfänger entzogen und wieder abgenommen werden.

(4) Vor Ablauf von zwölf Monaten seit der rechtskräftigen Versagung, Entziehung oder Anordnung der Wiederabnahme des Scheines kann ein Antrag auf Neuerteilung nicht gestellt werden, es sei denn, daß schon vorher der gesetzliche Grund für die frühere Entscheidung weggefallen ist.

[Ausländer]

§ 97.

Personen, die nicht die Reichsangehörigkeit besitzen, kann nur der Regierungspräsident einen Fischereischein ausstellen. Er kann den Schein auch unter der Bedingung erteilen, daß eine Person, welche die preußische Staatsangehörigkeit besitzt und in Preußen ihren Wohnsitz hat, selbstschuldnerisch bürgt. Der Bürge haftet für den Schaden, den der Inhaber nach § 15 zu ersetzen, sowie für Unkosten und Geldstrafen, die er nach diesem Gesetz oder fischereipolizeilichen Vorschriften verwirkt hat. Gegen die Entscheidung des Regierungspräsidenten ist nur die Beschwerde an die Aufsichtsbehörde zulässig.

[Erlaubnisschein]

§ 98.

(1) Wer in einem Gewässer, in dem er nicht Fischereiberechtigter oder Fischereipächter ist, den Fischfang ausübt, muß einen Erlaubnisschein des Berechtigten oder Pächters bei sich führen.

(2) Der Fischereipächter darf Erlaubnisscheine außer an seine Gehilfen und angestellten Fischer nur mit Ermächtigung des Fischereiberechtigten ausstellen. Der Fischereiberechtigte, der die Ermächtigung an den Pächter erteilt, ist selbst nicht mehr zur Ausstellung solcher Scheine befugt. Fischereiberechtigte und Pächter können die Ausstellung an ihrer Statt einem Bevollmächtigten übertragen.

(3) Ein Erlaubnisschein ist nicht erforderlich:

1. zum Fischfang in Gegenwart des nach Abs. 2 zur Ausstellung befugten Fischereiberechtigten oder Fischereipächters;
2. zum Fischfang in Gewässern, für die es keines Fischereischeins nach § 92 Abs. 2 Nr. 3 bedarf.

(4) Wer nur berechtigt ist, zum häuslichen Gebrauche zu fischen, darf nur mit Genehmigung der Fischereibehörde Erlaubnisscheine zur Ausübung dieses Rechtes ausstellen. Stellt er einen Schein aus, so darf er während dessen Geltung nicht selbst Fische fangen.

(5) Erlaubnisscheine für Personen, die nicht die Reichsangehörigkeit besitzen, dürfen nur mit Genehmigung des Regierungspräsidenten ausgestellt werden.

(6) Der Erlaubnisschein muß auf die Person, auf ein oder mehrere bestimmt zu bezeichnende Gewässer und auf eine nicht länger als drei Jahre bemessene bestimmte Zeit lauten sowie genaue Angaben über die Fanggeräte und Fahrzeuge enthalten.

(7) Für offene Gewässer kann der Regierungspräsident die Zahl der Erlaubnisscheine festsetzen, auch zur Erhaltung des Fischbestandes die Ausstellung zeitweise verbieten oder auf bestimmte Fischarten oder Fangmittel beschränken. Für Gehilfen und angestellte Fischer des Fischereiberechtigten und Pächters gilt dies nicht.

(8) Erlaubnisscheine, die nicht von einer öffentlichen Behörde oder einem öffentlichen Beamten innerhalb seiner Amtsbefugnisse oder von dem Vorstand einer Wirtschaftsgenossenschaft ausgestellt sind, müssen von dem Gemeinde- (Guts-) Vorsteher einer der Gemeinden (Gutsbezirke), in deren Bezirke die Fischerei ausgeübt werden soll, beglaubigt werden. Dies geschieht gebühren- und stempelfrei.

Siebenter Abschnitt.

Bezeichnung der zum Fischfange dienenden Fischerzeuge.

§ 99.

Soweit nicht die gesetzlichen Vorschriften zur Verhütung des Zusammenstoßens der Schiffe auf See gelten, kann durch Polizeiverordnung bestimmt werden, daß und wie die in offenen Gewässern ausliegenden Fahrzeuge, Fanggeräte und Fischbehälter als solche kenntlich zu machen sind.

Achter Abschnitt. Schutz der Fischerei.

Erster Titel. Allgemeine Vorschriften.

[Keine giftigen Köder, Sprengstoff usw.]

§ 100.

Beim Fischfang ist die Anwendung schädlicher oder explodierender Stoffe (giftiger Köder, Mittel zur Betäubung oder Vernichtung der Fische, Sprengpatronen oder anderer Sprengmittel usw.) verboten. Für geschlossene Gewässer kann der Regierungspräsident Ausnahmen zulassen.

§§ 101—105.

[Enthalten Schutzbestimmungen für besondere Fälle und Ausgleichsbestimmungen bei Kollision zwischen Fischerei- und Wasserrecht.]

[Polizeiverordnungen] **§ 106.**

(1) Vorbehaltlich der §§ 100, 107 bis 114 können durch Polizeiverordnung Bestimmungen über folgende Gegenstände getroffen werden:

1. das Mindestmaß der Fische;
2. die Schonzeiten der Fische, die Verbote und Beschränkungen des Fischens während der Schonzeiten und die Behandlung der während der Schonzeiten gefangenen Fische;
3. weitergehende Verbote und Beschränkungen hinsichtlich der Aussetzung, des Fanges und der Versendung von Fischen sowie hinsichtlich der Art und Beschaffenheit der Fanggeräte;
4. die aus Rücksichten auf den öffentlichen Verkehr und die Schiffahrt sowie zur Vermeidung gegenseitiger Störung der Fischer und zur Erleichterung der Aufsichtsführung beim Fischfange zu beobachtende Ordnung;
5. die Abfischung von Gewässern;
6. die Bekämpfung von Fischkrankheiten;
7. das Aussetzen ausländischer Fische;
8. die Art und Zeit der Werbung von Wasserpflanzen (Rohr, Schilf, Binsen usw.);
9. den Schutz der Fischfuttertiere;
10. den Schutz des Fischlaichs;
11. das Einlassen von Enten in Fischgewässer;
12. den Schutz von Fischteichen und Fischzuchtanstalten mit zugehörigen Anlagen.

(2) Nicht berührt werden durch Abs. 1 Nr. 3 Rechte auf die Benutzung ständiger Fischereivorrichtungen sowie auf den Gebrauch eines anderen bestimmten Fangmittels, wenn der Fischereiberechtigte nur mit diesem die Fischerei ausüben darf.

(3) Angeln außerhalb geschlossener Ortschaften darf durch Polizeiverordnung für Sonn- und Feiertage nicht weiter beschränkt werden als für Wochentage.

(4) Für geschlossene Gewässer gelten die Nrn. 2 bis 7 nicht, die Nrn. 8 bis 12 nicht dem gegenüber, dem die Ausübung des Fischereirechts zusteht. Nr. 1 gilt nicht für Fischbrut und Besatzfische, die aus Fischzuchtanstalten oder geschlossenen Gewässern stammen und zur Besetzung anderer Gewässer bestimmt sind.

(5) Vor Erlaß einer Polizeiverordnung nach Abs. 1, 3 sollen Beteiligte gehört werden.

§§ 107—109.

[Enthalten ein Verbot des Feilhaltens von Fischen unter einem bestimmten Maße, des Belassens von Fischereivorrichtungen während der Schonzeit, des Mitführens von Fischereigerät außerhalb der Grenzen des freien Fischfangs.]

Zweiter Titel. Schonbezirke.

[Fisch- und Laichschonbezirke] **§ 110.**

(1) Der Regierungspräsident kann nach Anhörung der Fischereiberechtigten oder Fischereipächter zu Schonbezirken erklären:

1. Gewässerstrecken, die vorzugsweise den Wechsel der Fische beherrschen (Fischschonbezirke);
2. Gewässerstrecken, die vorzugsweise geeignete Laichplätze für die Fische bieten (Laichschonbezirke).

(2) Die Schonbezirke sind öffentlich bekanntzumachen und, soweit möglich, örtlich zu bezeichnen. Ist die Beibehaltung eines Schonbezirks nicht mehr erforderlich, so kann er mit Zustimmung des Ministers für Landwirtschaft, Domänen und Forsten wieder aufgehoben werden. Die Wiederaufhebung ist öffentlich bekanntzumachen.

§§ 111—114.

[Enthalten Einzelheiten über Wirkung und Durchführung der Erklärung zu Schonbezirken.]

§§ 115—118.

[Enthalten Vorschriften über Anlegung von Fischwegen.]

Neunter Abschnitt. Fischereiverwaltung.

[Örtliche Fischereibehörde] **§ 119.**

(1) Die Aufsicht über die Fischerei in den Küstengewässern führen Oberfischmeister als besondere Staatsbeamte ohne Mitwirkung der Ortspolizeibehörden.

(2) Die Aufsicht über die Fischerei in den Binnengewässern führen die Ortspolizeibehörden. Sie kann jedoch ganz oder hinsichtlich einzelner Befugnisse an Oberfischmeister übertragen werden, die insoweit an Stelle der Ortspolizeibehörde treten. Diese Oberfischmeister werden nebenamtlich oder als besondere Staatsbeamte angestellt.

(3) Oberfischmeister und Ortspolizeibehörden sind die örtlichen Fischereibehörden. Zur Unterstützung der Oberfischmeister dienen Fischmeister und Fischereiaufseher. Die Dienstaufsicht über die Fischereibeamten und deren sonstige dienstliche Verhältnisse regelt der Minister für Landwirtschaft, Domänen und Forsten.

(4) Den Fischereibeamten der Küstengewässer kann die Befugnis übertragen werden, die Befolgung der Vorschriften des § 107 auch außerhalb ihres Dienstbezirkes und auf dem Lande zu überwachen. Die Zuständigkeit der Ortspolizeibehörden wird hierdurch nicht berührt.

(5) Für die Anordnungen der Oberfischmeister gelten bei Abs. 1 sinngemäß die Vorschriften des Landesverwaltungsgesetzes für die Kreispolizeibehörden, bei Abs. 2 die für die Ortspolizeibehörden.

(6) Unberührt von Abs. 1, 2 bleibt die besondere Staatsaufsicht über die genossenschaftlichen Angelegenheiten (§ 45) und die Verwaltung der gemeinschaftlichen Fischereibezirke (§ 87).

(7) Die von Fischereiberechtigten und Fischereipächtern bestellten Aufseher haben den Anordnungen der Fischereibeamten Folge zu leisten. Sie werden auf Antrag amtlich verpflichtet, wenn gegen ihre Zuverlässigkeit keine Bedenken bestehen.

§§ 120—124.

[Enthalten Verfahrensvorschriften.]

§§ 125—130.

[Enthalten Strafvorschriften.]

§§ 131—136.

[Enthalten Schlußbestimmungen, darunter § 133 die Aufhebung von 14 partikularen Fischereiordnungen.]

[Ergänzend tritt zum Fischereigesetz, das folgende, den Stempel der Gesetzgebung von 1919 tragende Gesetz:]

47b. Gesetz über die Sicherung der Bewirtschaftung von Fischgewässern.

Vom 18. Juli 1919 (GS. S. 140).

[Ausnutzungspflicht] **§ 1.**

Jeder zur Nutzung der Fischerei in einem Binnengewässer Berechtigte ist im Interesse der Volksernährung verpflichtet, dieses Gewässer zu Fischereizwecken ausgiebig auszunutzen.

[Aufford. durch die Fischereibehörde] **§ 2.**

Die Fischereibehörde ist nach näherer Anordnung des Ministers für Landwirtschaft, Domänen und Forsten befugt, zur Nutzung der Fischerei in Binnengewässern Berechtigte mit bestimmter Frist zu einer Erklärung darüber aufzufordern, wie sie ihre Berechtigung ausüben wollen, insbesondere inwieweit und warum ihre Gewässer unbewirtschaftet bleiben sollen. Die Möglichkeit der in Aussicht genommenen Bewirtschaftung ist auf Erfordern glaubhaft zu machen. Das Eingreifen der Fischerei-

39*

behörde ist jedoch unzulässig bei geschlossenen Gewässern bis zu einem Hektar, die als zu Gehöften, Gärten oder Parkanlagen gehörig anzusehen sind.

[Entziehung der Fischereinutzung] § 3.

Können die Nutzungsberechtigten nicht erreicht werden, oder beantworten sie die Aufforderung nicht, oder wollen sie eine ordnungsmäßige Bewirtschaftung nicht übernehmen, oder können sie die Möglichkeit einer solchen nicht glaubhaft machen, oder verzögern sie die Ausführung in unwirtschaftlicher Weise, so ist die Fischereibehörde nach Anhörung des Provinzial- (Bezirks-) Fischereivereins oder einer sonstigen von dem Minister für Landwirtschaft, Domänen und Forsten zu bestimmenden Fischerorganisation sowie der Gemeindevertretung befugt, die Nutzung der Fischgewässer mit Zubehör ganz oder zum Teil den Berechtigten zu entziehen und als deren Vertreter Dritten im Wege des öffentlichen Ausgebotes gegen angemessenen Entgelt zu übertragen. Sie kann auch namens der Fischereiberechtigten die Bildung selbständiger Fischereibezirke betreiben (§§ 89 bis 91 des Preußischen Fischereigesetzes vom 11. Mai 1916, Gesetzsamml. S. 55).

[Verfahren] § 4.

(1) Gegen die Verfügung der Fischereibehörde ist binnen einer vom Tage der Zustellung laufenden Frist von zwei Wochen die Beschwerde bei dem Bezirksausschuß zulässig.

(2) Zuständig ist der Bezirksausschuß der Regierung, in deren Bezirk das Fischereirecht auszuüben ist. Kommen mehrere Regierungsbezirke in Betracht, so bestimmt der Minister für Landwirtschaft, Domänen und Forsten den Bezirksausschuß.

(3) Gegen die Entscheidung des Bezirksausschusses ist in derselben Frist die weitere Beschwerde beim Landeswasseramte[1]) zulässig.

(4) Die weitere Beschwerde steht auch der Fischereibehörde zu.

[Kosten des Verfahrens] § 5.

Die Kosten des Verfahrens fallen der Staatskasse zur Last, der Nutzungsberechtigte hat jedoch die Kosten der Beschwerde und der weiteren Beschwerde zu tragen, soweit er unterliegt.

[Ausführungsbestimmungen] § 6.

Der Minister für Landwirtschaft, Domänen und Forsten erläßt die erforderlichen Ausführungsbestimmungen.

---

[1]) Jetzt Wasserwirtschaftlicher Senat beim OVG. Siehe Anm. 1 zur Inhaltsübersicht zum Wassergesetz (oben Nr. 46).

48. Gesetz über die Reinigung öffentlicher Wege.

Vom 1. Juli 1912 (GS. S. 187).

[Bei der Regelung der Wegereinigungspflicht kommen drei Parteien in Betracht: die Polizei, die Gemeindebehörde, der Straßenanwohner; die Art, wie das Gesetz sachlich die Regelung der Reinigungspflicht trifft und rechtliche Beziehungen zwischen diesen drei Parteien schafft, ist theoretisch ebenso wie praktisch bemerkenswert.]

[Polizeimäßige Reinigungspflicht] **§ 1.**

(1) Die polizeimäßige Reinigung öffentlicher Wege einschließlich der Schneeräumung, des Bestreuens mit abstumpfenden Stoffen und des Besprengens zur Verhinderung von Staubentwicklung liegt, soweit hierzu nicht ein anderer nach den Bestimmungen dieses Gesetzes verpflichtet ist, als eine von der Ortspolizeibehörde erzwingbare öffentliche Last derjenigen Gemeinde ob, zu deren Bezirk der Weg gehört. Jedoch fällt die polizeimäßige Reinigung der einen Bestandteil öffentlicher Wege bildenden Brücken, Durchlässe und ähnlichen Bauwerke unterhalb der Oberfläche des Weges dem zu ihrer Unterhaltung öffentlichrechtlich Verpflichteten zur Last.

(2) Die polizeimäßige Reinigung beschränkt sich auf Wege, die überwiegend dem inneren Verkehr der Ortschaft dienen. Welche Wege außerhalb der geschlossenen Ortslage als überwiegend dem inneren Verkehr der Ortschaft dienend anzusehen sind, wird durch Beschluß des Kreisausschusses, in Stadtkreisen oder in Städten mit mehr als 10 000 Einwohnern durch Beschluß des Bezirksausschusses festgestellt. Der Beschluß wird auf Antrag der Ortspolizeibehörde nach Anhörung derjenigen gefaßt, welche als Reinigungspflichtige in Betracht kommen, und ist diesen, sofern sie Einwendungen erhoben haben, sowie der Ortspolizeibehörde zuzustellen.

(3) Eine geschlossene Ortslage ist nur insoweit als vorhanden anzusehen, als die Wohnhäuser im wesentlichen in räumlichem Zusammenhange liegen. Einzelne unbebaute Baustellen unterbrechen nicht den Zusammenhang, wohl aber feld- oder forstwirtschaftlich benutzte Flächen.

(4) Soweit die Pflicht zur polizeimäßigen Reinigung besteht, tritt die Pflicht des Wegebaupflichtigen zur Reinhaltung der Wege aus Verkehrsrücksichten nicht ein.

[Umfang der Reinigungspflicht] **§ 2.**

Die Ortspolizeibehörde hat sich hinsichtlich der Art, des Maßes und der räumlichen Ausdehnung der polizeimäßigen

Reinigung mit ihren Anforderungen innerhalb der Grenzen des unter Berücksichtigung der örtlichen Verhältnisse Notwendigen zu halten.

[Ortsrecht, Sonderrecht] **§ 3.**

(1) Örtliche Gesetzesvorschriften, Observanzen und besondere öffentlichrechtliche Titel über die polizeimäßige Reinigung öffentlicher Wege werden aufrechterhalten, sofern sie nicht dem § 1 Abs. 1 Satz 2 zuwiderlaufen.

(2) Die Entstehung neuer, den Bestimmungen des § 1 zuwiderlaufender Observanzen oder besonderer öffentlichrechtlicher Titel ist unbeschadet der Bestimmung des § 6 ausgeschlossen.

[Übernahme durch die Gemeinde] **§ 4.**

Die Gemeinden sind berechtigt, innerhalb ihres Gemeindebezirkes die einem anderen obliegende Verpflichtung zur polizeimäßigen Reinigung öffentlicher Wege (§ 3) ganz oder teilweise durch Ortsstatut zu übernehmen.

[Reinigungspflicht der Anlieger] **§ 5.**

(1) Durch ein unter polizeilicher Zustimmung zu erlassendes Ortsstatut kann die Verpflichtung zur polizeimäßigen Reinigung öffentlicher Wege (§§ 1 bis 4) ganz oder teilweise für die ganze geschlossene Ortslage, einzelne Teile derselben, einen oder mehrere bestimmte in ihr belegene Wege oder Wegeteile den Eigentümern der angrenzenden Grundstücke oder einzelnen Klassen derselben auferlegt werden.

(2) Den Eigentümern können solche zur Nutzung oder zum Gebrauch dinglich Berechtigte gleichgestellt werden, denen nicht bloß eine Grunddienstbarkeit oder eine beschränkte persönliche Dienstbarkeit zusteht. Jedoch ist es statthaft, den Eigentümern die Wohnungsberechtigten (§ 1093 Bürgerlichen Gesetzbuchs) gleichzustellen.

(3) Die Genehmigung (Bestätigung) eines Ortsstatuts soll versagt werden, wenn das Ortsstatut eine Überbürdung der darin für verpflichtet Erklärten zur Folge haben würde, oder wenn diesen durch das Ortsstatut Leistungen übertragen werden sollen, die nach den örtlichen Verhältnissen zweckmäßiger durch die Gemeinde bewirkt werden können.

[Übernahme durch einen Dritten] **§ 6.**

(1) Hat für den zur polizeimäßigen Reinigung Verpflichteten ein anderer der Ortspolizeibehörde gegenüber mit deren Zustimmung durch schriftliche oder protokollarische Erklärung die

Ausführung der Reinigung übernommen, so ist er zur polizeimäßigen Reinigung öffentlichrechtlich verpflichtet. Die Zustimmung der Ortspolizeibehörde ist jederzeit widerruflich.

(2) Solange die Verpflichtung des anderen besteht, darf die Ortspolizeibehörde sich nur an ihn wegen der polizeimäßigen Reinigung halten.

[Gemeinschaftliche Reinigungspflicht] **§ 7.**

(1) Insoweit an einen öffentlichen Weg mehrere Gemeindebezirke anstoßen und nicht nachweislich die Gemeindegrenze längs der einen Seite des Weges hinläuft, liegt die Verpflichtung zur polizeimäßigen Reinigung den angrenzenden Gemeinden oder den an ihrer Stelle nach §§ 3, 5 dieses Gesetzes Verpflichteten gemeinschaftlich ob. Ist jedoch gemäß § 3 jemand für einen solchen Weg oder Wegeteil allein reinigungspflichtig, so hat es hierbei sein Bewenden.

(2) Über das Anteilsverhältnis an der gemeinschaftlichen Reinigungspflicht und über deren Erfüllung ist von den Verpflichteten unter Zustimmung der Ortspolizeibehörde eine Vereinbarung zu treffen. Kommt eine solche nicht zustande, so hat der Kreisausschuß, wenn aber einer der in Betracht kommenden Gemeindebezirke der Bezirk einer Stadtgemeinde ist, der Bezirksausschuß nach Anhörung der Verpflichteten und der Ortspolizeibehörde die erforderliche Regelung zu beschließen.

[Gutsbezirke][1]) **§ 8.**

Die Vorschriften dieses Gesetzes finden auf selbständige Gutsbezirke entsprechende Anwendung mit der Maßgabe, daß für sie Ortsstatuten (§§ 4, 5) auf Antrag des Gutsvorstehers nach Anhörung des Gutsbesitzers und der zu Belastenden von dem Kreisausschuß erlassen werden können. Die Ortsstatuten bedürfen der Bestätigung durch den Bezirksausschuß, dessen Beschluß endgültig ist.

[Ältere Ortsstatuten] **§ 9.**

Ortsstatuten, die bereits vor Inkrafttreten dieses Gesetzes erlassen sind, werden aufrechterhalten, wenn sie den §§ 4, 5, 8 entsprechen. Ist dies nicht der Fall, so müssen in dieser Beziehung bestehende Mängel bis zum Inkrafttreten dieses Gesetzes beseitigt sein.

[Kommunalfreie Wege] **§ 10.**

(1) Soweit ein kommunalfreier öffentlicher Weg in einem kommunalfreien Grundstücke liegt, ist in Ermangelung eines

---

[1]) S. wegen dieser §§ 11 ff. d. G. v. 27. Dezember 1927, oben Nr. 14.

nach den Bestimmungen dieses Gesetzes sonst Verpflichteten der Eigentümer dieses Grundstückes zur polizeimäßigen Reinigung verpflichtet.

(2) Falls an einen öffentlichen Weg mehrere kommunalfreie Grundstücke oder solche und Gemeinde- (Guts-) Bezirke anstoßen, findet § 7 sinngemäße Anwendung.

[Rechtsmittel, Verfahren] **§ 11.**

(1) Gegen polizeiliche Verfügungen über die polizeimäßige Reinigung der öffentlichen Wege finden die Rechtsmittel der §§ 127, 128 des Gesetzes über die allgemeine Landesverwaltung vom 30. Juli 1883 (Gesetzsamml. S. 195) statt.

(2) Streitigkeiten der Beteiligten darüber, wem von ihnen die öffentlichrechtliche Verpflichtung zur polizeimäßigen Reinigung eines öffentlichen Weges obliegt, sind im Verwaltungsstreitverfahren zu entscheiden. Zuständig ist der Kreisausschuß, in Stadtkreisen oder Städten mit mehr als 10 000 Einwohnern der Bezirksausschuß.

[Inkrafttreten] **§ 12.**

Dieses Gesetz tritt am 1. April 1913 in Kraft. Jedoch können Beschlüsse gemäß § 1 Abs. 2, § 4, § 5, § 7 Abs. 2, § 8, § 9, § 10 Abs. 2 sogleich nach Verkündung des Gesetzes im voraus gefaßt und die dadurch etwa erforderlich werdenden verwaltungsgerichtlichen Entscheidungen getroffen werden.

[Ausführungsbestimmungen] **§ 13.**

Die Ausführung dieses Gesetzes ist den zuständigen Ministern übertragen.

VIII. Beamtenrecht.

49. Gesetz, betr. die Anstellung und Versorgung der Kommunalbeamten.

Vom 30. Juli 1899 (GS. S. 141).

[Das Gesetz regelt die Rechtsverhältnisse der Kommunalbeamten keineswegs nach allen Seiten, sondern nur hinsichtlich der Anstellungsform (hierfür wichtig § 1 Satz 2) und der finanziellen Rechte und Pflichten.]

Inhalt.

Allgemeine Bestimmungen.

[Anstellung] **§ 1.**

Als Kommunalbeamter im Sinne dieses Gesetzes gilt, wer als Beamter für den Dienst eines Kommunalverbandes (§§ 8 bis 22) gegen Besoldung angestellt ist. Die Anstellung erfolgt durch Aushändigung einer Anstellungsurkunde.

[Probeanstellung] **§ 2.**

(1) Die Rechtsverhältnisse der auf Probe, zu vorübergehenden Dienstleistungen oder zur Vorbereitung angestellten Kommunalbeamten unterliegen den Bestimmungen dieses Gesetzes nur insoweit, als dies ausdrücklich vorgesehen ist. Die Anstellung auch dieser Beamten erfolgt nach § 1 Satz 2.

(2) Auf Personen, welche ein Kommunalamt nur als Nebenamt oder als Nebentätigkeit ausüben oder ein Kommunalamt führen, das seiner Art oder seinem Umfange nach nur als eine Nebentätigkeit anzusehen ist, findet dieses Gesetz keine Anwendung.

[Gehaltszahlung] **§ 3.**

Die Zahlung des Gehalts an Kommunalbeamte erfolgt in Ermangelung besonderer Festsetzungen vierteljährlich im voraus[1]).

[Hinterbliebenenversorgung] **§ 4.**

Die Hinterbliebenen eines Kommunalbeamten erhalten für das auf den Sterbemonat folgende Vierteljahr noch die volle Besoldung des Verstorbenen (Gnadenquartal); war der Verstorbene pensioniert, so gebührt ihnen die Pension noch für das auf den Sterbemonat folgende Vierteljahr (Gnadenquartal)[2]). Dabei finden die für die unmittelbaren Staatsbeamten geltenden Bestimmungen mit der Maßgabe Anwendung, daß an Stelle der Genehmigung des Verwaltungschefs und der Provinzialbehörde, auf deren Etat die Pension übernommen war, die Genehmigung der Kommunalverwaltungsbehörde tritt.

[Dienstwohnung bei Todesfall] **§ 5.**

(1) In dem Genusse der von dem verstorbenen Beamten bewohnten Dienstwohnung ist die hinterbliebene Familie in Ermangelung anderweiter Festsetzungen nach Ablauf des Sterbemonats noch drei fernere Monate zu belassen. Hinterläßt der Beamte keine Familie, so ist denjenigen, auf welche sein Nachlaß übergeht, unter der gleichen Voraussetzung eine vom Todestage an zu rechnende einmonatliche Frist zur Räumung der Dienstwohnung zu gewähren.

(2) In jedem Falle müssen Arbeits- und Sitzungszimmer sowie sonstige, für den amtlichen Gebrauch bestimmte Räumlichkeiten sofort geräumt werden.

[Reisekostenentschädigung] **§ 6.**

Über die Art und Höhe der Reisekostenentschädigung, welche den Kommunalbeamten, einschließlich der im § 2 Absatz 1 erwähnten, bei Dienstreisen zugebilligt werden sollen, können die Kommunalverbände Vorschriften erlassen. Kommen solche in Fällen, in welchen ein Bedürfnis der Regelung besteht, nicht zustande, so kann die Aufsichtsbehörde die erforderlichen Vor-

---

[1]) Diese Regel ist durch Reichsgesetz v. 28. Sept. 1923 (§§ 1 u. 2) zugunsten monatlicher Vorauszahlung außer Geltung gesetzt, ihre Wiederinkraftsetzung ist durch Reichsges. v. 25. Nov. 1925 (RGBl. I S. 30) grundsätzlich beschlossen, bis heute aber nicht durchgeführt worden.

[2]) Fassung entsprechend dem G. v. 17. März 1908 (GS. S. 35) mit Änderungen durch das Beamtendiensteinkommensgesetz v. 17. Dezember 1920. In der ursprünglichen Fassung nur Gnadenmonat.

schriften erlassen, welche solange in Geltung bleiben, bis anderweite Bestimmungen seitens der Kommunalverbände getroffen sind.

[Verfahren bei Streitigkeiten] **§ 7.**

(1) Der Bezirksausschuß beschließt über streitige vermögensrechtliche Ansprüche der Kommunalbeamten einschließlich der in § 2 Absatz 1 erwähnten Beamten aus ihrem Dienstverhältnisse, insbesondere über Ansprüche auf Besoldung, Reisekostenentschädigung, Pension sowie über streitige Ansprüche der Hinterbliebenen der Beamten auf Gnadenbezüge oder Witwen- und Waisengeld. [Die Beschlußfassung erfolgt, soweit sie sich auf die Frage erstreckt, welcher Teil des Diensteinkommens bei Feststellung der Pensionsansprüche als Gehalt anzusehen ist, vorbehaltlich der den Beteiligten innerhalb zwei Wochen bei dem Bezirksausschuß gegen einander zustehenden Klage im Verwaltungsstreitverfahren[1].] Im übrigen findet gegen den in erster oder auf Beschwerde in zweiter Instanz ergangenen Beschluß binnen einer Ausschlußfrist von sechs Monaten nach Zustellung desselben die Klage im ordentlichen Rechtswege statt[2]. Die Beschlüsse sind vorläufig vollstreckbar.

(2) Bei den in §§ 18 bis 20 erwähnten ländlichen Kommunalverbänden tritt an die Stelle des Bezirksausschusses [sowohl] für das Beschluß- [als auch für das Verwaltungsstreit-][1]) verfahren der Kreisausschuß.

Beamte der Stadtgemeinden.

[Grundsatz: Lebenslänglichkeit] **§ 8.**

(1) Die Anstellung der städtischen Beamten erfolgt, unbeschadet der Vorschriften in §§ 9 und 10, auf Lebenszeit.

(2) Für die Beamten der städtischen Betriebsverwaltungen findet Absatz 1 nur insoweit Anwendung, als die Stadtgemeinden dies beschließen. Welche Verwaltungszweige zu den städtischen Betriebsverwaltungen zu rechnen sind, kann durch Ortsstatut festgesetzt werden.

[Abweichungen] **§ 9.**

(1) Abweichungen von dem Grundsatze der Anstellung auf Lebenszeit (§ 8 Absatz 1) können durch Ortsstatut oder in einzelnen Fällen mit Genehmigung der Aufsichtsbehörde festgesetzt werden.

(2) Soweit hiernach eine Anstellung auf Kündigung zulässig ist, darf die Kündigung nur auf Grund eines Beschlusses des

---

[1]) Beseitigt zugunsten des ordentl. Rechtswegs auch für diese Frage durch RV. Art. 129 Abs. I S. 4.

[2]) Vgl. jetzt Art. 129 RV.

kollegialischen Gemeindevorstandes (Magistrats) oder, wo ein solcher nicht besteht, eines aus dem Bürgermeister und den Beigeordneten (Schöffen, Ratmänner) gebildeten Kollegiums erfolgen.

[Probebeschäftigung]

§ 10.

(1) Der Anstellung kann eine Beschäftigung auf Probe vorangehen. Dieselbe darf in der Regel die Dauer von zwei Jahren nicht übersteigen. Eine Ausdehnung der probeweisen Beschäftigung ist nur mit Genehmigung der Aufsichtsbehörde zulässig.

(2) Im übrigen hat bei Beamten, welche probeweise oder zu vorübergehenden Dienstleistungen oder zum Zwecke der Vorbereitung beschäftigt werden, die Regelung der Annahmebedingungen vor dem Antritt der Beschäftigung zu erfolgen.

(3) Durch die vorstehenden Bestimmungen wird § 13 des Gesetzes, betreffend die Besetzung der Subaltern- und Unterbeamtenstellen der Kommunalverbände mit Militäranwärtern, vom 21. Juli 1892 (Gesetzsamml. S. 214)[1]) nicht berührt.

§ 11.

[Abs. 1 ist durch § 3 des G. v. 8. Juli 1920 betr. vorläufige Regelung verschiedener Punkte des Gemeindebeamtenrechts überholt. Abs. 2, der die Polizeibeamten betraf, ist überholt durch § 2 des Polizeibeamtengesetzes v. 31. Juli 1927.]

[Pensionsberechtigung]

§ 12.

(1) Die städtischen Beamten erhalten bei eintretender Dienstunfähigkeit — sofern nicht mit Genehmigung des Bezirksausschusses ein anderes festgesetzt ist — Pension nach den für die Pensionierung der unmittelbaren Staatsbeamten geltenden Grundsätzen, wobei Art. III des Gesetzes vom 31. März 1882, betr. die Abänderung des Pensionsgesetzes vom 27. März 1872 (Gesetzsamml. 1882 S. 133), insoweit er nicht durch das Gesetz vom 1. März 1891 (Gesetzsamml. S. 19) abgeändert ist, unberührt bleibt.

(2) Als pensionsfähige Dienstzeit wird, unbeschadet der über die Anrechnung der Militärdienstzeit bei Militäranwärtern und forstversorgungsberechtigten Personen des Jägerkorps geltenden Bestimmungen und in Ermangelung anderweiter Festsetzungen nur die Zeit gerechnet, welche der Beamte in dem Dienste der betreffenden Gemeinde zugebracht hat[2]).

---

[1]) Jetzt gelten die Grundsätze für die Anstellung der Inhaber eines Versorgungsscheins (Anstellungsgrundsätze) in der Fassung der Bekanntmachung vom 16. Juli 1930 (RGBl. I S. 234).

[2]) Der frühere Abs. 3 des § 12 ist nicht mehr gültig.

[Ruhen der Pension] **§ 13**[1]).

[Das Recht auf den Bezug der Pension (§ 12) ruht, wenn und solange ein Pensionär im Staats- oder Kommunaldienst ein Diensteinkommen oder eine neue Pension bezieht, insoweit als der Betrag des neuen Einkommens unter Hinzurechnung der zuvor erdienten Pension den Betrag des von dem Beamten vor der Pensionierung bezogenen Diensteinkommens übersteigt.]

[Magistratsmitglieder] **§ 14.**

Betreffs der Anstellung, Besoldung und Pensionierung der Mitglieder des kollegialischen Gemeindevorstandes (Magistrats), sowie in Städten ohne kollegialischen Gemeindevorstand der Bürgermeister und deren Stellvertreter (zweite Bürgermeister, Beigeordnete), bewendet es bei den bestehenden Bestimmungen mit der Änderung, daß die Pension vom vollendeten zwölften Dienstjahre ab bis zum vierundzwanzigsten Dienstjahre alljährlich um $^{1}/_{60}$ steigt[2]).

[Hinterbliebenenversorgung] **§ 15.**

(1) Die Witwen und Waisen der pensionsberechtigten Beamten der Stadtgemeinden, einschließlich der im § 14 aufgeführten Beamten, erhalten — sofern nicht mit Genehmigung des Bezirksausschusses ein anderes festgesetzt ist — Witwen- und Waisengeld nach den für die Witwen und Waisen der unmittelbaren Staatsbeamten geltenden Vorschriften unter Zugrundelegung des von dem Beamten im Augenblick des Todes erdienten Pensionsbetrages; dabei tritt an die Stelle der für das Witwengeld bei unmittelbaren Staatsbeamten vorgeschriebenen Höchstsätze der Höchstsatz von 2000 Mark.

(2) Auf das Witwen- und Waisengeld kommen die Bezüge, welche von öffentlichen Witwen- und Waisenanstalten oder von Privatgesellschaften gezahlt werden, in demselben Verhältnisse in Anrechnung, in welchem die Stadtgemeinde sich an den vertraglichen Gegenleistungen beteiligt hat. Als Beteiligung der Stadtgemeinde wird es auch, soweit die Zeit vor dem Inkrafttreten des Gesetzes in Betracht kommt, angesehen, wenn die Gegenleistung seitens des Beamten auf Grund ausdrücklicher, bei der Anstellung übernommener Verpflichtung oder anderweiter Festsetzungen erfolgt ist.

---

[1]) § 13 ist überholt durch Art. IX des G. v. 12. Juli 1923 (GS. S. 305).

[2]) Abs. 2 dieses § 14 hat keine Geltung mehr.

[„Stadtgemeinden"] **§ 16.**

Stadtgemeinden im Sinne dieses Gesetzes sind diejenigen Städte, welche nach einer Städteordnung verwaltet werden, einschließlich der im § 1 Absatz 2 der Städteordnung für die sechs östlichen Provinzen vom 30. Mai 1853 (Gesetzsamml. S. 261) und der in §§ 94 ff. des Gesetzes, betreffend die Verfassung und Verwaltung der Städte und Flecken in der Provinz Schleswig-Holstein vom 14. April 1869 (Gesetzsamml. S. 589), erwähnten Ortschaften und Flecken.

§ 17.

Die in den vorstehenden Bestimmungen vorgesehenen Ortsstatuten unterliegen auch in den Städten von **Neuvorpommern** und **Rügen** der Genehmigung des Bezirksausschusses.

Beamte der Landgemeinden, der [Landbürgermeistereien,][1]) Ämter, [Zweckverbände][2]) und Amtsbezirke.

[Regelung durch Ortsstatut] **§ 18.**

(1) Die Anstellungs-, Besoldungs- und Pensionsverhältnisse der Beamten der Landgemeinden, sowie die Ansprüche der Hinterbliebenen dieser Beamten auf Witwen- und Waisengeld können durch Ortsstatut geregelt werden. Hierbei gelangt für die Rheinprovinz und die Provinz Westfalen § 19 Nr. 2 zur Anwendung.

(2) Kommt ein derartiges Statut in größeren Landgemeinden, für welche nach ihren besonderen örtlichen Verhältnissen ein Bedürfnis ortsstatutarischer Regelung (Absatz 1) besteht, insbesondere städtischen Vororten, Industrieorten, Badeorten usw. nicht zustande, so kann auf Antrag der Aufsichtsbehörde der Kreisausschuß beschließen, ob und inwieweit die Bestimmungen der §§ 8 bis 10 und 12 bis 15 dieses Gesetzes auf die Beamten oder einzelne Klassen der Beamten derselben entsprechende Anwendung zu finden haben. Bei Anwendung der vorgedachten Bestimmungen tritt an die Stelle des Bezirksausschusses der Kreisausschuß. Der Beschluß des Kreisausschusses bleibt so lange in Geltung, bis durch Ortsstatut (Abs. 1) eine anderweite Regelung getroffen ist.

(3) Auf Antrag der Beteiligten oder der Aufsichtsbehörde beschließt der Kreisausschuß über die Festsetzung der Besoldungen und sonstigen Dienstbezüge der Landgemeindebeamten.

---

[1]) Jetzt auch Ämter genannt, s. § 2 des G. v. 27. Dezember 1927 oben Nr. 14.

[2]) Für die Zweckverbände ist § 18 Abs. 4 aufgehoben, s. § 25 Abs. 1 des Zweckverbandsgesetzes vom 19. Juli 1911 (oben Nr. 18).

(4) **Die vorstehenden Bestimmungen gelten auch für die Beamten der Amtsbezirke** [und der auf Grund der §§ 128 ff. der Landgemeindeordnung für die sieben östlichen Provinzen vom 3. Juli 1891 (GS. S. 233), §§ 128 ff. der Landgemeindeordnung für die Provinz Schleswig-Holstein vom 4. Juli 1892 (GS. S. 155), §§ 100 ff. der Landgemeindeordnung für die Provinz Hessen-Nassau vom 4. August 1897 (GS. S. 301) gebildeten Zweckverbände.][1])

[Rheinische und westfälische Ämter] **§ 19.**

Die Vorschriften der §§ 8 bis 15 dieses Gesetzes finden auf die Beamten der Bürgermeistereien in der Rheinprovinz[2]) und der Ämter in der Provinz Westfalen, sowie im Umfange der §§ 12 bis 15 auch auf die Gemeindeeinnehmer in diesen Provinzen mit folgenden Maßgaben sinnentsprechende Anwendung:

1. **die Anstellung der Bürgermeister** [und Amtmänner][3]), **sowie die Festsetzung der Besoldung und Dienstunkostenentschädigung für diese Beamten und die Gemeindeeinnehmer (Amtseinnehmer) erfolgt nach den bisherigen Vorschriften;**
2. **im Falle der Pensionierung kommt bei der Berechnung der Dienstzeit auch die Zeit in Anrechnung, während welcher der zu pensionierende Beamte bei anderen Bürgermeistereien[2]) (Amtsverbänden) oder Landgemeinden innerhalb der betreffenden Provinz angestellt gewesen ist;**
3. **an Stelle des Bezirksausschusses tritt überall der Kreisausschuß.**

§ 20.

Für die Bürgermeistereien in der Rheinprovinz[2]) und die Ämter in der Provinz Westfalen kann die Anstellung besoldeter Beigeordneter durch die [Bürgermeisterei- oder][2]) **Amtsversammlungen beschlossen werden. Die Art der Ernennung und die Bedingungen der Anstellung regeln sich nach den die Landbürgermeister** [oder Amtmänner][3]) **betreffenden Bestimmungen.**

Beamte der Kreis- und Provinzialverbände.

[Kreisbeamte] **§ 21.**

Auf die Rechtsverhältnisse der Kreiskommunalbeamten finden die Vorschriften in §§ 8 bis 15 entsprechende Anwendung; an Stelle der ortsstatutarischen Regelung tritt die der Geneh-

---

[1]) Für die Zweckverbände ist § 18 Abs. 4 aufgehoben, s. § 25 Abs. 1 des Zweckverbandsgesetzes v. 19. Juli 1911 (oben Nr. 18).

[2]) Jetzt auch Ämter genannt, s. § 2 des G. v. 27. Dezember 1927 oben Nr. 14.

[3]) Jetzt auch Bürgermeister, § 2 d. G. v. 27. Dezember 1927.

migung des Bezirksausschusses unterliegende Beschlußfassung des Kreistages.

[Provinzialbeamte] **§ 22.**

Hinsichtlich der Provinzialbeamten und der Beamten der Bezirksverbände der Regierungsbezirke Kassel und Wiesbaden sowie der Beamten des Lauenburgischen Landeskommunalverbandes bewendet es, unbeschadet der allgemeinen Bestimmungen dieses Gesetzes, bei den bestehenden Vorschriften.

Gemeindeforstbeamte.

§ 23.

Die Rechtsverhältnisse der Gemeindeforstbeamten unterliegen der Regelung durch das vorliegende Gesetz mit folgenden Maßgaben:

1. die §§ 8 bis 10 bleiben außer Anwendung;
2. die Verordnung, betreffend die Verwaltung der den Gemeinden und öffentlichen Anstalten gehörigen Forsten in den Provinzen Westfalen, Cleve, Berg und Niederrhein vom 24. Dezember 1816 (Gesetzsamml. 1817 S. 57), § 15 des Gesetzes vom 14. August 1876 (Gesetzsamml. S. 373) und das Gesetz, betreffend die Forstschutzbeamten der Gemeinden und öffentlichen Anstalten im Regierungsbezirk Wiesbaden usf., vom 12. Oktober 1897 (Gesetzsamml. S. 411) bleiben unberührt;
3. die Forstbeamten der Landgemeinden in der Rheinprovinz und in der Provinz Westfalen erhalten Pension und deren Witwen und Waisen Hinterbliebenenversorgung nach den Vorschriften der §§ 12 bis 15; dabei tritt an Stelle des Bezirksausschusses der Kreisausschuß und kommt im Falle der Pensionierung auch diejenige Zeit in Anrechnung, während deren der Beamte bei einer anderen Landgemeinde innerhalb der betreffenden Provinz als Forstbeamter angestellt gewesen ist.

Schluß- und Übergangsbestimmungen.

§ 24.

Ist die nach Maßgabe dieses Gesetzes zu bemessende Pension eines Beamten geringer als die Pension, welche ihm hätte gewährt werden müssen, wenn er am 31. März 1900 nach den bis dahin für ihn geltenden Bestimmungen pensioniert worden wäre, so wird diese letztere Pension an Stelle der ersteren bewilligt, jedoch unbeschadet der Feststellung des Witwen- und Waisengeldes nach Maßgabe dieses Gesetzes, soweit nicht auch in dieser Beziehung bereits erworbene Rechte bestehen.

§ 25.

(1) Die diesem Gesetze entgegenstehenden Bestimmungen treten außer Kraft. Insbesondere gilt dieses auch von den §§ 41 Absatz 3 und 47 der Hannoverschen Städteordnung vom 24. Juni 1858 (Hannoversche Gesetzsamml. S. 141).

(2) Unberührt bleiben:

1. § 28 Abs. 2 bis 5 der Kreisordnung für die Provinz Westfalen vom 31. Juli 1886 (Gesetzsamml. S. 217) und § 27 Abs. 2 bis 6 der Kreisordnung für die Rheinprovinz vom 30. Mai 1887 (Gesetzsamml. S. 209), jedoch mit der Maßgabe, daß die Zahlungspflicht der Kassenverbände sich auch auf die den Beamten nach § 18 zustehenden Pensionen erstreckt.

Im übrigen kann in den beiden genannten Provinzen durch Beschluß des Provinziallandtages mit Genehmigung des Ministers des Innern der Kassenverband verpflichtet werden:

a) auch diejenigen Pensionen von Beamten der Amtsverbände (Bürgermeistereien)[1]) und Landgemeinden zu zahlen, welche diesen im Wege der Einzelvereinbarung unter Beachtung der in den §§ 12 Abs. 1, 19 Nr. 2, 23 Nr. 3 oder 25 Abs. 2 Nr. 1b festgestellten Grundsätze gewährt werden,

b) bei Zahlung der Pensionen auch diejenigen Beträge zu übernehmen, welche sich aus einer Anrechnung der von den Beamten im Reichs-, insbesondere im Militärdienste, im Staatsdienste oder im Dienste eines deutschen Kommunalverbandes oder einer anderen öffentlichen Korporation verbrachten Zeit ergeben.

2. §§ 81 bis 87 der Landgemeindeordnung für die Provinz Hessen-Nassau vom 4. August 1897 (Gesetzsamml. S. 301), § 84 indessen mit der Änderung, daß die Pension vom vollendeten 12. Dienstjahre ab bis zum vierundzwanzigsten Dienstjahre alljährlich um $^1/_{60}$ steigt.

[Inkrafttreten] § 26.

Das gegenwärtige Gesetz tritt am 1. April 1900 in Kraft.

[Ausführungsbestimmungen] § 27.

Der Minister des Innern ist mit der Ausführung dieses Gesetzes beauftragt.

---

[1]) S. Anm. 2 zu § 19.

50. Beamtenhaftungsvorschriften.

[Nachdem Preußen wie die meisten anderen deutschen Staaten seine Staatshaftung durch das Gesetz von 1909 (hier Nr. 50c) geregelt hatte und das Reich ihm hierin durch das Gesetz von 1910 (Nr. 50b) gefolgt war, hat die RV. von 1919 das Prinzip der Staatshaftung in ihrem Art. 131 übernommen, daneben aber, wie Art. 131 Abs. 2 zeigt, auf ausführende Gesetze verwiesen, die also für Einzelheiten noch in Kraft sind.]

a) Reichsverfassung, Art. 131.

(1) Verletzt ein Beamter in Ausübung der ihm anvertrauten öffentlichen Gewalt die ihm einem Dritten gegenüber obliegende Amtspflicht, so trifft die Verantwortlichkeit grundsätzlich den Staat oder die Körperschaft, in deren Dienste der Beamte steht. Der Rückgriff gegen den Beamten bleibt vorbehalten. Der ordentliche Rechtsweg darf nicht ausgeschlossen werden.

(2) Die nähere Regelung liegt der zuständigen Gesetzgebung ob.

b) Reichsgesetz über die Haftung des Reichs für seine Beamten.

Vom 22. Mai 1910 (RGBl. S. 798).

[Umfang der Reichshaftung] **§ 1.**

(1) Verletzt ein Reichsbeamter (§ 1 des Reichsbeamtengesetzes) in Ausübung der ihm anvertrauten öffentlichen Gewalt vorsätzlich oder fahrlässig die ihm einem Dritten gegenüber obliegende Amtspflicht, so trifft die im § 839 des Bürgerlichen Gesetzbuchs bestimmte Verantwortlichkeit an Stelle des Beamten das Reich.

(2) Ist die Verantwortlichkeit des Beamten deshalb ausgeschlossen, weil er den Schaden im Zustand der Bewußtlosigkeit oder in einem die freie Willensbestimmung ausschließenden Zustand krankhafter Störung der Geistestätigkeit verursacht hat, so hat gleichwohl das Reich den Schaden zu ersetzen, wie wenn dem Beamten Fahrlässigkeit zur Last fiele, jedoch nur insoweit, als die Billigkeit die Schadloshaltung erfordert.

(3) Personen des Soldatenstandes [, mit Ausnahme derjenigen des Königlich Bayerischen Kontingents,] stehen im Sinne dieses Gesetzes den Reichsbeamten gleich.

[Rückgriffsrecht] **§ 2.**

Das Reich kann von dem Beamten Ersatz des Schadens verlangen, den es durch die im § 1 Abs. 1 bestimmte Verantwortlichkeit erleidet. Der Ersatzanspruch verjährt in drei Jahren von dem Zeitpunkt an, in welchem der Ersatzanspruch des Dritten diesem gegenüber von dem Reiche anerkannt oder dem Reiche gegenüber rechtskräftig festgestellt ist.

[Zuständigkeit für die Klage] **§ 3.**

(1) Für die Ansprüche, welche auf Grund dieses Gesetzes gegen das Reich erhoben werden, sind die Landgerichte ohne Rücksicht auf den Wert des Streitgegenstandes ausschließlich zuständig.

(2) In bürgerlichen Rechtsstreitigkeiten, in welchen durch Klage oder Widerklage ein Anspruch auf Grund dieses Gesetzes geltend gemacht ist, wird die Verhandlung und Entscheidung letzter Instanz im Sinne des § 8 des Einführungsgesetzes zum Gerichtsverfassungsgesetze dem Reichsgerichte zugewiesen.

§ 4[1]).

[Abs. 1 und 3 dieses § 4 betrafen die Beamten der Schutzgebiete und haben daher zurzeit keine Bedeutung mehr.]

(2) Inwieweit Kommunalverbände und andere Verbände des öffentlichen Rechtes in den [Schutzgebieten und den] Konsulargerichtsbezirken für den von ihren Beamten in Ausübung der diesen anvertrauten öffentlichen Gewalt zugefügten Schaden haften, wird durch [Kaiserliche] Verordnung[1]) bestimmt.

(4) Die auf Grund der Abs. 2, 3 erlassenen Verordnungen sind dem Reichstag zur Kenntnisnahme vorzulegen.

[Ausnahmen] **§ 5.**

Die Vorschriften dieses Gesetzes finden keine Anwendung:

1. soweit es sich um das Verhalten solcher Beamten handelt, die, abgesehen von der Entschädigung für Dienstaufwand, auf den Bezug von Gebühren angewiesen sind;
2. soweit es sich um das Verhalten eines mit Angelegenheiten des auswärtigen Dienstes befaßten Beamten handelt und dieses Verhalten nach einer amtlichen Erklärung des [Reichskanzlers][2]) politischen oder internationalen Rücksichten entsprochen hat.

[Einschränkungen] **§ 6.**

Unberührt bleiben die Vorschriften anderer Reichsgesetze, soweit sie für bestimmte Fälle die Haftung des Reichs über einen gewissen Umfang hinaus ausschließen.

---

[1]) Des Reichspräsidenten, RV. Art. 179.

[2]) Des Reichsministers des Auswärtigen, RV. Art. 179.

[Ausländer] **§ 7.**

Den Angehörigen eines ausländischen Staates steht ein Ersatzanspruch auf Grund dieses Gesetzes nur insoweit zu, als nach einer im Reichsgesetzblatt enthaltenen Bekanntmachung des [Reichskanzlers][1]) durch die Gesetzgebung des ausländischen Staates oder durch Staatsvertrag die Gegenseitigkeit verbürgt ist.

c) Gesetz über die Haftung des Staates und anderer Verbände für Amtspflichtverletzungen von Beamten bei Ausübung der öffentlichen Gewalt.

Vom 1. August 1909 (GS. S. 691)/14. Mai 1914 (GS. S. 117).

[Staatshaftung] **§ 1.**

(1) **Verletzt ein unmittelbarer Staatsbeamter in Ausübung der ihm anvertrauten öffentlichen Gewalt vorsätzlich oder fahrlässig die ihm einem Dritten gegenüber obliegende Amtspflicht, so trifft die im § 839 des Bürgerlichen Gesetzbuchs bestimmte Verantwortlichkeit an Stelle des Beamten den Staat.**

(2) **Ist die Verantwortlichkeit des Beamten deshalb ausgeschlossen, weil er den Schaden im Zustande der Bewußtlosigkeit oder in einem die freie Willensbestimmung ausschließenden Zustande krankhafter Störung der Geistestätigkeit verursacht hat, so hat gleichwohl der Staat den Schaden zu ersetzen, wie wenn dem Beamten Fahrlässigkeit zur Last fiele, jedoch nur insoweit, als die Billigkeit die Schadloshaltung erfordert.**

(3) **Die Verantwortlichkeit des Staates ist ausgeschlossen bei Beamten, die ausschließlich auf den Bezug von Gebühren angewiesen sind, sowie bei solchen Amtshandlungen anderer Beamten, für welche die Beamten eine besondere Vergütung durch Gebühren von den Beteiligten zu beziehen haben.**

§ 2.

Wird der Staat auf Grund der Vorschrift des § 1 Abs. 1 in Anspruch genommen, so finden auf die Feststellung, ob der Beamte sich einer Überschreitung seiner Amtsbefugnisse oder der Unterlassung einer ihm obliegenden Amtshandlung schuldig gemacht hat, die für den Fall der Verfolgung des Beamten geltenden Vorschriften entsprechende Anwendung[2]).

---

[1]) Reichsministers des Auswärtigen, RV. Art. 179.

[2]) Das damit in erster Linie gemeinte G. über die Konfliktserhebung bei gerichtlicher Verfolgung von politischen Beamten vom 13. Febr. 1854 ist aber durch G. vom 16. November 1920 (GS. S. 65) aufgehoben worden

[Rückgriff auf den Beamten] § 3.

Der Staat kann von dem Beamten Ersatz des Schadens verlangen, den er durch die im § 1 Abs. 1 bestimmte Verantwortlichkeit erleidet. Der Ersatzanspruch verjährt in drei Jahren von dem Zeitpunkt an, in welchem der Ersatzanspruch des Dritten diesem gegenüber von dem Staate anerkannt oder dem Staate gegenüber rechtskräftig festgestellt ist.

[Haftung der Kommunalverbände] § 4.

(1) Die Vorschriften der §§ 1 bis 3 finden auf die für den Dienst eines Kommunalverbandes angestellten Beamten mit der Maßgabe Anwendung, daß an die Stelle des Staates der Kommunalverband tritt. Jedoch trifft bei Amtspflichtverletzungen von Standesbeamten die Verantwortlichkeit den Staat.

(2) Einem Kommunalverbande stehen gleich die Gutsbezirke, die Amtsverbände und die zur Wahrnehmung einzelner kommunaler Angelegenheiten gebildeten Zweckverbände.

[Lehrer] § 4a[1]).

(1) Die Vorschriften der §§ 1 bis 3 finden ferner auf die Lehrer und die Lehrerinnen eines Schulverbandes Anwendung.

(2) Das gleiche gilt für die Lehrpersonen der Schulsozietäten sowie der sonstigen zur Unterhaltung von öffentlichen Unterrichtsanstalten verpflichteten Verbände und Stiftungen des öffentlichen Rechtes.

§ 5.

Die Vorschrift des § 6 des Gesetzes über die Zulässigkeit des Rechtswegs in Beziehung auf polizeiliche Verfügungen vom 11. Mai 1842 (Gesetzsamml. S. 192) gilt auch für die den Beteiligten nach diesem Gesetz zustehenden Rechte.[2])

[Umfangbeschränkung] § 6.

Soweit durch Reichsgesetze oder Landesgesetze für bestimmte Fälle eine Haftung des Staates oder der Kommunalverbände über den in jenen Gesetzen bestimmten Umfang hinaus ausgeschlossen ist, finden die Vorschriften dieses Gesetzes keine Anwendung.

---

[1]) Eingefügt durch G. v. 14. Mai 1914, GS. S. 117.

[2]) Der § 6 dieses Gesetzes, das oben unter Nr. 6a wiedergegeben ist, hat keine Gültigkeit mehr.

[Ausländer] **§ 7.**

Den Angehörigen eines ausländischen Staates steht ein Ersatzanspruch auf Grund dieses Gesetzes nur insoweit zu, als nach einer in der Preußischen Gesetzsammlung enthaltenen Bekanntmachung des Staatsministeriums durch die Gesetzgebung des ausländischen Staates oder durch Staatsvertrag die Gegenseitigkeit verbürgt ist.

[Inkrafttreten] **§ 8.**

Dieses Gesetz tritt am 1. Oktober 1909 in Kraft.

IX. Fürsorgerecht.

[Die wichtige Materie der Fürsorge, die früher vom Unterstützungswohnsitzgesetz von 1870/1908 geregelt war, ist jetzt durch die nachstehende Reichsverordnung (Nr. 51a), die auf ein Ermächtigungsgesetz gestützt war und durchaus gesetzesvertretenden Charakter hat, nach der grundsätzlichen Seite, durch die Reichsgrundsätze (unten Nr. 51b) eine zweite Reichsverordnung, auch schon ziemlich weitgehend hinsichtlich des Inhalts der zu gewährenden Leistungen, geregelt, während die in der Praxis ebenfalls sehr wichtige Preußische Ausführungsverordnung (Nr. 51c) vor allem die formell-organisatorische Seite der Fürsorge regelt.]

51. a) [Reichs-] Verordnung über die Fürsorgepflicht.

Vom 13. Februar 1924 (RGBl. I S. 100).

(Geändert durch das Gesetz über Abänderung der Reichsverordnung über die Fürsorgepflicht vom 8. Juni 1926 (RGBl. I S. 255).

Inhalt.

Auf Grund des Ermächtigungsgesetzes vom 8. Dezember 1923 (Reichsgesetzbl. I S. 1179) verordnet die Reichsregierung zum Vollzuge der dritten Steuernotverordnung nach Anhörung eines Ausschusses des Reichsrats und eines aus 15 Mitgliedern bestehenden Ausschusses des Reichstags:

A. Träger der Fürsorge.

[Aufgaben der Fürsorge] **§ 1.**

(1) **Die nachstehenden öffentlichrechtlichen Fürsorgeaufgaben sind, soweit Reichsgesetze nichts anderes bestimmen, von den Landesfürsorgeverbänden und den Bezirksfürsorgeverbänden zu erfüllen:**

a) die soziale Fürsorge für Kriegsbeschädigte und Kriegshinterbliebene und die ihnen auf Grund der Versorgungsgesetze Gleichstehenden,

b) die Fürsorge für Rentenempfänger der Invaliden- und Angestelltenversicherung, soweit sie nicht den Versicherungsträgern obliegt,
c) die Fürsorge für die Kleinrentner und die ihnen Gleichstehenden,
d) die Fürsorge für Schwerbeschädigte und Schwererwerbsbeschränkte durch Arbeitsbeschaffung,
e) die Fürsorge für hilfsbedürftige Minderjährige,
f) die Wochenfürsorge.

(2) Den Fürsorgeverbänden liegt auch weiterhin die Armenfürsorge ob; das Land kann ihnen weitere Fürsorgeaufgaben übertragen.

[Landes- u. Bezirksfürsorgeverbände] **§ 2.**

(1) Das Land bestimmt, wer Landesfürsorgeverband und wer Bezirksfürsorgeverband ist, sowie welche der Aufgaben die Landesfürsorgeverbände und welche davon die Bezirksfürsorgeverbände zu erfüllen haben.

(2) Ein Land kann mehrere Landesfürsorgeverbände oder Zweigverbände solcher bilden; mehrere Länder können sich oder Teile ihres Gebiets zu gemeinsamen Landesfürsorgeverbänden zusammenschließen.

(3) Das Land kann zu Bezirksfürsorgeverbänden Gemeinden oder Gemeindeverbände erklären oder besondere Fürsorgeverbände bilden und ihre Einrichtung bestimmen. Die Bezirksfürsorgeverbände sind so zu bestimmen, daß sie ihren Aufgaben gewachsen sind.

(4) Das Land bestimmt, wie der Aufwand seiner Fürsorgeverbände zu decken ist, insbesondere inwieweit diese andere Fürsorgeverbände, Gemeinden oder Gemeindeverbände an ihren Lasten beteiligen können und inwieweit die Landesfürsorgeverbände die Kosten gemeinsamer Einrichtungen aller oder einzelner Bezirksfürsorgeverbände zu tragen, die Lasten auszugleichen oder Zuschüsse an nicht leistungsfähige Fürsorgeverbände zu leisten haben.

(5) Das Land kann die Ersatz- und Übernahmepflicht seiner Fürsorgeverbände im Verhältnis zueinander abweichend von dieser Verordnung regeln.

[Behörden, Verfahren] **§ 3.**

(1) Welche Behörden oder sonstige Stellen die Aufgaben der Landes- und Bezirksfürsorgeverbände durchzuführen haben, bestimmt das Land; die Fürsorgeaufgaben desselben örtlichen Be-

reichs sollen tunlichst von der gleichen Stelle durchgeführt werden.

(2) Das Land regelt im Rahmen der reichsrechtlichen Vorschriften Verfahren, Beschwerde und Aufsicht. Es bestimmt, inwieweit die Gemeinden von den Fürsorgeverbänden und die Bezirksfürsorgeverbände von den Landesfürsorgeverbänden zur Durchführung ihrer Aufgaben herangezogen werden können[1]).

(3) Gegen Ablehnung der Fürsorge sowie gegen Festsetzung ihrer Art und Höhe muß Beschwerde zugelassen werden[2]).

(4) Bei der Durchführung der Fürsorge muß wenigstens in einem Rechtszuge sowie bei der Aufstellung von Richtlinien und Richtsätzen die Beteiligung von Fürsorgeberechtigten gesichert sein. An Stelle von Fürsorgeberechtigten können auch Vertreter derselben, insbesondere solche ihrer Vereinigungen oder von Vereinen, die Hilfsbedürftige betreuen, herangezogen werden[2]).

(5) Das Land kann Aufgaben, die diese Verordnung den Fürsorgeverbänden überträgt, auch Versicherungsträgern unter deren Verantwortung widerruflich übertragen, sofern sie damit einverstanden sind.

[Rechtsfähigk. d. Fürsorgeverbände] **§ 4.**

Die Fürsorgeverbände sind Körperschaften des öffentlichen Rechtes. Das Land kann bestimmten Zwecken dienenden Teilen ihres Vermögens gesonderte Rechtsfähigkeit verleihen.

[Freie Wohlfahrtspflege] **§ 5.**

(1) Das Land kann einzelne der Aufgaben, die diese Verordnung den Fürsorgeverbänden überträgt, unter seiner Verantwortung auch Verbänden oder Einrichtungen der freien Wohlfahrtspflege übertragen, sofern sie damit einverstanden sind.

(2) Der Fürsorgeverband kann einzelne seiner Aufgaben unter seiner Verantwortung derartigen Verbänden oder Einrichtungen übertragen, sofern sie damit einverstanden sind. Das Land kann sich die Zustimmung dazu vorbehalten; es kann die Übertragung nach Anhörung des Fürsorgeverbandes und der Vertretung der beteiligten freien Wohlfahrtspflege zurücknehmen, wenn ein wichtiger Grund dazu vorliegt.

(3) Die Fürsorgeverbände sollen eigene Einrichtungen nicht neu schaffen, soweit geeignete Einrichtungen der freien Wohlfahrtspflege ausreichend vorhanden sind.

---

[1]) § 3 Abs. 2 i. d. F. d. G. vom 8. Juni 1926 Art. 1 zu 1b.

[2]) § 3 Abs. 3 und 4 eingefügt durch das Gesetz vom 8. Juni 1926 Art. 1 zu 1a.

(4) Die Fürsorgestellen (§ 3) sollen für ihren Bereich Mittelpunkt der öffentlichen Wohlfahrtspflege und zugleich Bindeglied zwischen öffentlicher und freier Wohlfahrtspflege sein; sie sollen darauf hinwirken, daß öffentliche und freie Wohlfahrtspflege sich zweckmäßig ergänzen und in Formen zusammenarbeiten, die der Selbständigkeit beider gerecht werden. Die Reichsregierung kann mit Zustimmung des Reichsrats und eines Ausschusses des Reichstags Grundsätze für diese Zusammenarbeit aufstellen; solange und soweit dies nicht geschieht, können es die Länder.

B. Umfang der Fürsorge.

[Richtsätze]

§ 6.

(1) Voraussetzung, Art und Maß der zu gewährenden Fürsorge bestimmt im Rahmen der reichsrechtlichen Vorschriften das Land.

(2) Mit Zustimmung des Reichsrats kann die Reichsregierung Grundsätze[1]) hierüber aufstellen.

(3) Die oberste Landesbehörde oder die von ihr bestimmten Stellen setzen den örtlichen Verhältnissen angepaßte Richtsätze für die Bemessung des notwendigen Lebensunterhalts der Hilfsbedürftigen fest. Für Sozial- und Kleinrentner und ihnen Gleichstehende müssen diese Sätze so bemessen sein, daß der Hilfsbedürftige gegenüber der allgemeinen Fürsorge eine angemessene Mehrleistung erhält. Diese Mehrleistung soll, soweit nicht nach § 84 des Aufwertungsgesetzes vom 16. Juli 1925 und § 26 des Gesetzes über die Ablösung öffentlicher Anleihen vom gleichen Tage (Reichsgesetzbl. I S. 117 und 137) eine weitergehende Erhöhung einzutreten hat, in der Regel wenigstens ein Viertel des allgemeinen Richtsatzes betragen[2]).

(4) Die oberste Landesbehörde oder die von ihr bestimmten Stellen setzen ferner den örtlichen Verhältnissen angepaßte Einkommenssätze fest, bei deren Nichterreichung eine Wöchnerin Wochenfürsorge stets dann erhält, wenn nicht Tatsachen die Annahme rechtfertigen, daß die Hilfe nicht benötigt wird[2])).

C. Zuständigkeit.

[Aufenthaltsort, Familie]

§ 7.

(1) Jeder hilfsbedürftige Deutsche muß vorläufig von demjenigen Bezirksfürsorgeverband unterstützt werden, in dessen Bezirk er sich bei Eintritt der Hilfsbedürftigkeit befindet.

---

1) S. unten unter 51b.

2) § 6 Abs. 3 und 4 angefügt durch das Gesetz vom 8. Juni 1926 Art. 1 zu 2.

(2) Zur Fürsorge endgültig verpflichtet ist derjenige Bezirksfürsorgeverband, in dessen Bezirk der Hilfsbedürftige bei Eintritt der Hilfsbedürftigkeit den gewöhnlichen Aufenthalt hat; ist ein solcher nicht vorhanden oder zu ermitteln, so ist derjenige Landesfürsorgeverband endgültig verpflichtet, dem der vorläufig verpflichtete Bezirksfürsorgeverband angehört.

(3) Der Bezirksfürsorgeverband des Ortes, an dem die Familie Wohnung und Haushalt hat, ist zur Fürsorge für die Mitglieder der Familie endgültig verpflichtet, auch wenn sie bei Eintritt der Hilfsbedürftigkeit ihren Aufenthalt an einem anderen Orte hatten.

(4) Zur Familie im Sinne dieser Vorschrift gehören Ehegatten und Verwandte auf- und absteigender Linie.

[Uneheliche Kinder]

§ 8.

(1) Wird ein uneheliches Kind innerhalb von sechs Monaten nach der Geburt hilfsbedürftig, so ist derjenige Bezirksfürsorgeverband endgültig verpflichtet, in dessen Bezirk die Mutter im zehnten Monat vor der Geburt zuletzt ihren gewöhnlichen Aufenthalt gehabt hat, oder in Ermangelung eines solchen der Landesfürsorgeverband, in dessen Bezirk sie sich in diesem Monat zuletzt aufgehalten hat. Ist ein solcher Bezirks- oder Landesfürsorgeverband nicht vorhanden oder nicht zu ermitteln, so ist der Landesfürsorgeverband zuständig, dem der vorläufig verpflichtete Bezirksfürsorgeverband angehört.

(2) Das gleiche gilt für die uneheliche Mutter hinsichtlich der innerhalb von sechs Monaten nach der Geburt des Kindes notwendig werdenden Fürsorgemaßnahmen, auch wenn die Hilfsbedürftigkeit vor der Geburt eingetreten ist, es sei denn, daß die Hilfsbedürftigkeit offensichtlich außer Zusammenhang mit der Geburt steht.

[Anstaltsort]

§ 9.

(1) Durch den Eintritt oder die Einlieferung in eine Kranken-, Entbindungs-, Heil-, Pflege- oder sonstige Fürsorgeanstalt, in eine Erziehungsanstalt oder eine Straf-, Arbeits- oder sonstige Zwangsanstalt wird an dem Anstaltsort ein gewöhnlicher Aufenthalt nicht begründet.

(2) Tritt die Hilfsbedürftigkeit während des Aufenthalts in einer derartigen Anstalt oder bei der Entlassung daraus ein, so ist der Fürsorgeverband endgültig verpflichtet, der es bei dem Eintritt oder der Einlieferung in die Anstalt gewesen wäre.

(3) Entsprechendes gilt für die Unterbringung von Kindern in Pflege.

[Geschäftsfähigkeit] **§ 10.**

Der Einwand, daß ein Aufenthalt wegen Mangels der Geschäftsfähigkeit oder der Willenserklärung nicht habe begründet oder aufgehoben werden können, ist unzulässig.

[Dienst- oder Arbeitsort] **§ 11.**

(1) Erkrankt eine Person, die an einem Orte mindestens eine Woche hindurch gegen Lohn oder Gehalt in einem und demselben Dienst- oder Arbeitsverhältnis gestanden hat, während der Fortdauer dieses Dienst- oder Arbeitsverhältnisses oder innerhalb einer Woche nach seiner Beendigung, so hat der Bezirksfürsorgeverband des Dienst- oder Arbeitsorts die Kosten der erforderlichen Kur und Verpflegung für die ersten 26 Wochen nach dem Beginne der Krankenpflege endgültig zu tragen oder, wenn die Krankenpflege von einem anderen Fürsorgeverbande gewährt worden ist, diesem zu erstatten.

(2) Die Verpflichtung des Bezirksfürsorgeverbandes des Dienst- oder Arbeitsorts erstreckt sich auf die Fälle der Erkrankung der Ehefrau und der noch nicht 16 Jahre alten Kinder des Dienstverpflichteten oder Arbeiters, die sich bei ihm befinden, sofern nicht ein anderer Bezirksfürsorgeverband deshalb verpflichtet ist, weil die Ehefrau oder die Kinder selbst im Dienst- oder Arbeitsverhältnisse gestanden haben.

(3) Wird im Falle der Erkrankung einer der vorbezeichneten Personen Kur und Verpflegung auf Kosten einer Krankenkasse gewährt und muß bei Beendigung der Leistungen der Krankenkasse die Fürsorge eintreten, so sind die Kosten der letzteren von dem Bezirksfürsorgeverbande des Dienst- oder Arbeitsorts in derselben Weise zu tragen oder zu erstatten, wie wenn die Fürsorge schon in dem Zeitpunkt eingetreten wäre, in welchem die Leistungen der Krankenkasse begonnen haben.

(4) Entsprechendes gilt für Lehrlinge.

(5) Schwangerschaft an sich ist nicht als eine Krankheit im Sinne der vorstehenden Bestimmung anzusehen.

[Deutsche aus dem Ausland] **§ 12.**

(1) Sind Deutsche, staatlose ehemalige Deutsche oder staatlose Personen deutscher Abkunft beim freiwilligen oder erzwungenen Übertritt aus dem Ausland hilfsbedürftig oder werden sie es binnen eines Monats nachher, so ist endgültig verpflichtet der Bezirksfürsorgeverband, in dem der Hilfsbedürftige innerhalb des letzten Jahres vor dem Austritt aus dem Reichsgebiete zuletzt seinen gewöhnlichen Aufenthalt gehabt hat.

(2) Ist ein solcher nicht zu ermitteln oder hat die Abwesenheit aus dem Reichsgebiete länger als ein Jahr gedauert, so ist zur Fürsorge für Deutsche oder staatlose ehemalige Deutsche das Land endgültig verpflichtet, dessen Staatsangehörigkeit der Hilfsbedürftige besitzt oder zuletzt besessen hat, im übrigen das Land, das die Reichsregierung oder die von ihr bestimmte Stelle für endgültig verpflichtet erklärt.

(3) Die Verpflichtung zur Fürsorge für staatlose ehemalige Deutsche erstreckt sich auf Ehefrauen und minderjährige Kinder, auch wenn diese die Reichsangehörigkeit nicht besessen haben, diejenige für staatlose Personen deutscher Abkunft auch auf Ehefrauen nichtdeutscher Abkunft.

(4) Das Land bestimmt, welcher seiner Fürsorgeverbände die ihm obliegende Fürsorgepflicht endgültig zu erfüllen hat. Soweit die Reichsregierung oder die von ihr bestimmte Stelle ein Land für endgültig verpflichtet erklärt, erstattet das Reich diesem Lande die Kosten der Fürsorge.

(5) Bis zur Übernahme der Fürsorge durch den endgültig verpflichteten Fürsorgeverband hat der Bezirksfürsorgeverband die Fürsorge zu leisten, in dessen Bezirk der Hilfsbedürftige sich befindet. Dieser Bezirksfürsorgeverband kann, wenn das Land nichts anderes bestimmt, von dem Landesfürsorgeverbande, dem er angehört, die vorschußweise Zahlung der aufzuwendenden Kosten verlangen.

[Ausländer]

§ 13.

Ein Ausländer muß vorläufig von dem Bezirksfürsorgeverband unterstützt werden, in dessen Bezirk er sich bei Eintritt der Hilfsbedürftigkeit befindet. Das Land, dem der Bezirksfürsorgeverband angehört, hat ihm die Kosten zu ersetzen, es sei denn, daß ein Landesgesetz etwas anderes bestimmt.

[Vorläufig und endgültig verpflichteter Fürsorgeverband]

§ 14.

(1) Der vorläufig Fürsorge gewährende Fürsorgeverband kann von dem endgültig verpflichteten Fürsorgeverband Ersatz der Kosten und Übernahme des Hilfsbedürftigen in eigene Fürsorge verlangen. Der zur Übernahme verpflichtete Fürsorgeverband trägt die Kosten der Überführung. Er kann die Übergabe verlangen.

(2) Der Bezirksfürsorgeverband des Ortes, an dem die Familie Wohnung und Haushalt hat, ist nur zur Übernahme des hilfsbedürftigen Familienmitglieds verpflichtet.

(3) Leben die Ehefrau oder Kinder bis zu 16 Jahren mit dem Hilfsbedürftigen an einem Orte zusammen, so kann nur die

gleichzeitige Übergabe oder Übernahme auch dieser Personen verlangt werden.

(4) Übergabe oder Übernahme kann nicht verlangt werden:

a) bei nur vorübergehender Hilfsbedürftigkeit,

b) wenn eine Trennung der hilfsbedürftigen Ehefrau von dem Ehemann oder des hilfsbedürftigen Kindes von den Eltern oder einem Elternteil eintreten würde,

c) wenn sie eine offensichtliche Härte bedeuten oder zur Gefährdung eines Familienangehörigen führen würde.

[Ende der Fürsorgepflicht] **§ 15.**

Die Pflicht zur endgültigen Fürsorge dauert, soweit nichts anderes bestimmt ist, bis zur Beendigung der Hilfsbedürftigkeit.

D. Kostenersatz.

[Höhe] **§ 16.**

(1) Die Höhe der zu ersetzenden Kosten richtet sich nach den Grundsätzen, die am Unterstützungsorte für die Unterstützung Hilfsbedürftiger gleicher Art gelten. Allgemeine Verwaltungskosten des Fürsorgeverbandes dürfen nicht angerechnet werden.

(2) Für den Kostenersatz können Tarife aufgestellt werden, und zwar für den Kostenersatz zwischen den Fürsorgeverbänden desselben Landes durch die Landesregierung, sonst durch die Reichsregierung mit Zustimmung des Reichsrats.

(3) Ersatz kann nicht verlangt werden, wenn die für den einzelnen Hilfsbedürftigen aufgewendeten Kosten weniger als zehn Goldmark betragen.

[„Abschiebung" usw.] **§ 17.**

(1) Ist die Unterstützungspflicht eines Fürsorgeverbandes durch eine pflichtwidrige oder gegen Treu und Glauben verstoßende Handlung entstanden, die ein anderer Fürsorgeverband zu vertreten hat (Abschiebung), so kann der dadurch belastete Fürsorgeverband von dem anderen außer der Übernahme Ersatz der Fürsorgekosten und Vergütung für seinen Verwaltungsmehraufwand verlangen; er kann dabei, auch wenn für den Ersatz Tarife bestehen, die tatsächlichen Aufwendungen und als Vergütung für Mehrarbeit ohne weiteren Nachweis 25 vom Hundert des Tarifsatzes oder der tatsächlichen Aufwendungen ansetzen.

(2) Das gleiche gilt, wenn ein Fürsorgeverband die verlangte Übernahme eines Hilfsbedürftigen (§ 14) schuldhaft verzögert oder unterläßt, von dem Zeitpunkt ab, in dem er die Übernahme hätte vollziehen können.

(3) Verzögert oder unterläßt ein Fürsorgeverband schuldhaft die verlangte Übergabe des Hilfsbedürftigen, so verwirkt er den Ersatzanspruch von dem Zeitpunkt ab, in dem er die Übergabe hätte vollziehen können.

(4) Geht in einem zwischen den Fürsorgeverbänden anhängigen Streitverfahren hervor, daß der eine Fürsorgeverband den Ersatz völlig unberechtigt abgelehnt oder gefordert hat, so kann der andere Vergütung für seinen Verwaltungsmehraufwand verlangen, und zwar ohne weiteren Nachweis in Höhe von 25 vom Hundert des streitigen Betrags.

[Anmeldung der Ersatzpflicht] § 18.

(1) Der Fürsorgeverband, der von einem anderen Kostenersatz verlangen will, hat ihm dies spätestens binnen drei Monaten nach begonnener Unterstützung anzumelden.

(2) Er kann dabei eine Frist mit der Wirkung setzen, daß die Erstattungspflicht als abgelehnt gilt, wenn sie nicht bis zu ihrem Ablauf anerkannt wird. Die Frist muß wenigstens vierzehn Tage betragen.

(3) Kann er den ersatzpflichtigen Fürsorgeverband nicht ermitteln, so meldet er den Ersatzanspruch bei seiner Aufsichtsbehörde an.

(4) Unterläßt er die Anmeldung innerhalb der Frist, so sind nur die Kosten ersatzfähig, die drei Monate vor der Anmeldung entstanden sind oder nachher entstehen.

E. Arbeitspflicht und Unterhaltspflicht.

[Gewährung v. Arbeitsgelegenheit] § 19.

Die Unterstützung Arbeitsfähiger kann in geeigneten Fällen durch Anweisung angemessener Arbeit gemeinnütziger Art gewährt oder von der Leistung solcher Arbeit abhängig gemacht werden, es sei denn, daß dies eine offensichtliche Härte bedeuten würde oder ein Gesetz dem entgegensteht.

[Zwangsarbeit] § 20.

(1) Wer obwohl arbeitsfähig infolge seines sittlichen Verschuldens der öffentlichen Fürsorge selbst anheimfällt oder einen Unterhaltsberechtigten anheimfallen läßt, kann von der Verwaltungsbehörde auf Antrag des vorläufig oder endgültig verpflichteten Fürsorgeverbandes oder desjenigen, der dem Fürsorgeverbande die Kosten der Unterstützung zu ersetzen hat, in einer vom Lande als geeignet anerkannten Anstalt oder sonstigen Arbeitseinrichtung zur Arbeit untergebracht werden, wenn er Arbeit beharrlich ablehnt oder sich der Unterhaltspflicht beharrlich entzieht.

(2) Als unterhaltsberechtigt im Sinne dieser Vorschrift gilt auch ein uneheliches Kind demjenigen gegenüber, der in öffentlicher Urkunde sich zur Unterhaltszahlung verpflichtet hat oder rechtskräftig dazu verurteilt ist.

(3) Die Unterbringung ist unzulässig, wenn sie eine außergewöhnliche Härte bedeuten würde; sie darf nicht in einer Strafanstalt erfolgen.

(4) Die Länder können Vorschriften über weitere Voraussetzungen und Dauer der Unterbringung, über die Zuständigkeit und das Verfahren erlassen.

[Unterhaltspflichtige Dritte] **§ 21.**

(1) Die Verpflichtungen Dritter, einen Hilfsbedürftigen zu unterstützen, werden durch diese Verordnung nicht berührt.

(2) Der Fürsorgeverband, der auf Grund dieser Verordnung einen Hilfsbedürftigen unterstützt hat, kann zum Ersatze Rechtsansprüche, die der Hilfsbedürftige einem Dritten gegenüber hat, in dem Maße und unter denselben Voraussetzungen geltend machen, wie der Hilfsbedürftige selbst. Das gilt auch dann, wenn er einen Ersatzanspruch gegenüber einem anderen Fürsorgeverbande hat.

[Regreßanspruch des Fürsorgeverbandes gegen die Kinder] **§ 22.**

(1) Der Fürsorgeverband kann in den Grenzen des notdürftigen Unterhalts Ersatz seiner Aufwendungen von den Kindern des Hilfsbedürftigen auch dann verlangen, wenn sie nach den Vorschriften des Bürgerlichen Rechtes (§ 1603 BGB.) lediglich deshalb nicht unterhaltungspflichtig sind, weil sie sonst ihren standesmäßigen Unterhalt gefährden würden.

(2) Dies gilt nicht, wenn der in Anspruch Genommene aus dem gleichen Grunde nicht verpflichtet ist, seiner Ehefrau oder seinen Kindern den standesmäßigen Unterhalt zu gewähren, oder wenn durch die Ersatzleistungen sein Fortkommen oder das seiner Ehefrau oder Kinder unbillig erschwert würde.

[Verfahren bei Regreß] **§ 23.**

(1) Der Unterhalts- oder Ersatzpflichtige kann auf Antrag des vorläufig oder endgültig verpflichteten Fürsorgeverbandes im Verwaltungswege zum Kostenersatz oder zur Erfüllung seiner Unterhaltspflicht angehalten werden.

(2) Bestreitet er die Unterhaltspflicht, so kann die Verwaltungsbehörde vorbehaltlich des ordentlichen Rechtswegs die Unterhaltspflicht feststellen.

(3) Zuständigkeit und Verfahren bestimmt das Land. Die Entscheidung ist vorläufig vollstreckbar.

(4) Zur Durchführung des Verwaltungsverfahrens haben sich Verwaltungsbehörden und Gerichte Rechtshilfe zu leisten.

(5) Verneint ein im ordentlichen Rechtsweg ergehendes Urteil rechtskräftig die von der Verwaltungsbehörde festgestellte Unterhaltspflicht, so hat der Fürsorgeverband dem in Anspruch Genommenen seine Leistungen oder Mehrleistungen zu ersetzen.

[Ersatzansprüche d. Fürsorgeanstalt.] § 24.

Eine Anstalt (§ 9) kann zur Deckung ihrer Verpflegungskosten für ihre Insassen Anträge auf Fürsorgeleistungen stellen und die Leistungen in Empfang nehmen. Der Fürsorgeverband kann Auszahlungen von der Vorlage einer Vollmacht abhängig machen und den Betrag bestimmen, der dem Hilfsbedürftigen unmittelbar zugewendet werden muß.

[Ersatzpflicht d. Hilfsbedürft.] § 25.

(1) Das Land bestimmt im Rahmen der reichsrechtlichen Vorschriften, inwieweit ein Hilfsbedürftiger, der zu hinreichendem Vermögen oder Einkommen gelangt, die aufgewendeten Kosten dem Fürsorgeverbande zu ersetzen hat.

(2) Der Ersatzanspruch kann auch gegenüber dem Erben des Hilfsbedürftigen geltend gemacht werden; er gilt als Nachlaßverbindlichkeit (§ 1967 BGB.).

[Verjährung] § 26.

Ersatzansprüche, die ein Fürsorgeverband auf Grund dieser Verordnung erheben kann, verjähren in zwei Jahren vom Ablauf des Jahres ab, in dem der Anspruch entstanden ist.

F. Schluß- und Übergangsvorschriften.

[Verwaltungshilfe, Auskunftspflicht] § 27.

(1) Die Verwaltungsbehörden sind verpflichtet, den im Vollzuge dieser Verordnung an sie ergehenden Ersuchen der Fürsorgestellen (§ 3) zu entsprechen. Diese Rechtshilfe haben auch die Fürsorgestellen einander sowie die Organe der Versicherungsträger zu leisten. Die Finanzbehörden haben den Fürsorgestellen Auskunft zu geben über die ihnen bekannten Einkommens- und Vermögensverhältnisse des Hilfsbedürftigen und des Unterhalts- oder Ersatzpflichtigen, die Arbeitgeber über Art und Dauer der Beschäftigung und über den Arbeitsverdienst.

(2) Die Unterhalts- oder Ersatzpflichtigen haben den Fürsorgestellen bei Anfragen Auskunft über alle für die Fürsorge erheblichen Tatsachen zu geben.

[Stempel- und Gebührenfreiheit] **§ 28.**

Verhandlungen und Urkunden, insbesondere Vollmachten und amtliche Bescheinigungen, die bei Beantragung, Feststellung, Auszahlung oder Ersatz einer nach dieser Verordnung zu leistenden öffentlichen Unterstützung nötig werden, sind stempel- und gebührenfrei.

[Übergangsvorschriften] **§ 29.**

Das Reichsgesetz über den Unterstützungswohnsitz in der Fassung vom 30. Mai 1908 (Reichsgesetzbl. S. 381) wird aufgehoben. Bis zur Neuregelung des Rechtsverfahrens werden jedoch Streitigkeiten zwischen Fürsorgeverbänden nach den Bestimmungen der §§ 37 bis 57, 58 Abs. 2 dieses Gesetzes entschieden.

§ 30.

§ 5 des Gesetzes über die Freizügigkeit vom 1. November 1867 (Bundesgesetzbl. S. 55) wird durch folgende Vorschrift ersetzt:

(1) Einem Hilfsbedürftigen, dem Armenfürsorge gewährt wird, kann die Fortsetzung des Aufenthalts in einer Gemeinde versagt werden, wenn diese nicht im Bezirke des endgültig verpflichteten Fürsorgeverbandes liegt und die Übernahme durch den endgültig verpflichteten Fürsorgeverband verlangt werden kann (§ 14 der Verordnung über die Fürsorgepflicht vom 13. Februar 1924 (Reichsgesetzbl. I S. 103). Die Versagung muß sich zugleich gegen die Personen richten, deren gleichzeitige Übergabe oder Übernahme nach der angeführten Verordnung verlangt werden muß.

(2) Dies gilt nicht für uneheliche, vollverwaiste oder getrennt von beiden Elternteilen untergebrachte eheliche Minderjährige.

[Landesrecht] **§ 31.**

Soweit nach Landesrecht eine gesetzliche Regelung erforderlich ist, werden bis dahin die in dieser Verordnung den Ländern vorbehaltenen Bestimmungen von den Landesregierungen erlassen; diese können bis dahin auch mit Gesetzeskraft feststellen, welche von dieser Verordnung berührten landesrechtlichen Vorschriften noch gelten oder als aufgehoben anzusehen sind.

[Ältere Gesetze] **§ 32.**

(1) Aufgehoben werden:

a) das Reichsgesetz über Notstandsmaßnahmen zur Unterstützung von Rentenempfängern der Invaliden- und Angestelltenversicherung vom 7. Dezember 1921 (Reichsgesetzbl. S. 1533) nebst seinen Ergänzungsgesetzen und -verordnungen,

b) das Gesetz über Kleinrentnerfürsorge vom 4. Februar 1923 (Reichsgesetzbl. I S. 104),

c) das Gesetz über die Kosten der Kriegsbeschädigten und Kriegshinterbliebenenfürsorge vom 8. Mai 1920 (Reichsgesetzbl. S. 1066) sowie alle sonstigen Vorschriften, nach denen das Reich Kosten der sozialen Fürsorge im Sinne des Reichsversorgungsgesetzes zu tragen hat,

d) das Gesetz über die Wochenfürsorge vom 9. Juni 1922 (Reichsgesetzbl. I S. 502) und die Verordnung über Wochenfürsorge vom 18. August 1923 (Reichsgesetzbl. I S. 816).

(2) Bis zum Erlasse neuer Vorschriften gelten die bisherigen Bestimmungen über die Fürsorge für Rentenempfänger der Invaliden- und Angestelltenversicherung, Kleinrentner, Kriegsbeschädigte und Kriegshinterbliebene sowie diejenigen über Wochenfürsorge, soweit sie Voraussetzung, Art und Maß der Fürsorge betreffen, als Vorschriften im Sinne des § 6[1]).

[Abs. 3 aufgehoben durch das Gesetz vom 8. Juni 1926 Art. 1 zu 3.]

(4) Im § 14 Abs. 2 der Verordnung über die Auflösung der Flüchtlingslager vom 17. Dezember 1923 (Reichsgesetzbl. I S. 1202) werden die Worte „nach Maßgabe des Gesetzes über den Unterstützungswohnsitz" durch „nach Maßgabe der Verordnung über die Fürsorgepflicht vom 13. Februar 1924 (Reichsgesetzbl. I S. 100)" und das Wort „Armenverbände" durch „Fürsorgeverbände" ersetzt.

§ 33.

Das Gesetz über die Beschäftigung Schwerbeschädigter in der Fassung vom 12. Januar 1923 (Reichsgesetzbl. I S. 57) wird durch folgende Vorschrift ergänzt:

„§ 27. Die Landeszentralbehörden können die in diesem Gesetze den Hauptfürsorgestellen und Fürsorgestellen übertragenen Aufgaben auch anderen Behörden übertragen unter der Voraussetzung, daß eine den Vorschriften dieses Gesetzes entsprechende Mitwirkung der Beteiligten gesichert ist."

§ 34.

(1) In der Verordnung über die soziale Kriegsbeschädigten- und Kriegshinterbliebenenfürsorge vom 8. Februar 1919 (Reichsgesetzbl. S. 187) wird § 1 Satz 1 durch folgende Vorschrift ersetzt:

„Die soziale Fürsorge für Kriegsbeschädigte und Kriegshinterbliebene wird von den Landes- und Bezirksfürsorgeverbänden nach Maßgabe der Grundsätze erfüllt, die die Reichsregierung mit Zustimmung des Reichsrats aufstellt."

---

1) S. jetzt die Reichsgrundsätze (unten 51b) §§ 14—32 und insbesondere § 36 lit. b daselbst.

41*

(2) § 2 wird durch folgende Vorschrift ersetzt:

„Der beim Reichsarbeitsministerium errichtete Reichsausschuß der Kriegsbeschädigten- und Kriegshinterbliebenenfürsorge ist Körperschaft des öffentlichen Rechtes. Er setzt sich zusammen aus acht Vertretern der Hauptfürsorgestellen der Kriegsbeschädigten- und Kriegshinterbliebenenfürsorge, acht Vertretern solcher Vereinigungen der Kriegsbeschädigten und Kriegshinterbliebenen, die ihre Wirksamkeit auf das Reich erstrecken und eine entsprechende Mitgliederzahl haben, ferner aus drei Vertretern aus den Kreisen sozial erfahrener Personen.

Welche Hauptfürsorgestellen und Vereinigungen von Kriegsbeschädigten und Kriegshinterbliebenen Vertreter in den Reichsausschuß entsenden, bestimmt der Reichsarbeitsminister nach Anhörung der Beteiligten; er beruft auch die sozial erfahrenen Personen.

Die Satzung des Reichsausschusses und ihre Änderung bedürfen der Genehmigung des Reichsarbeitsministers.

Die Reichsregierung kann mit Zustimmung des Reichsausschusses seine Aufgaben auch anderen Körperschaften übertragen, in denen die Kriegsbeschädigten und Kriegshinterbliebenen vertreten sind."

(3) Im § 4 werden die Vorschriften unter Nr. 1 und 3 gestrichen. § 10 erhält folgenden Zusatz:

„Sie können die Aufgaben der Hauptfürsorgestellen und Fürsorgestellen auch anderen Behörden übertragen unter der Voraussetzung, daß ihnen Beiräte nach Maßgabe der §§ 6 und 7 zur Seite gestellt werden oder die Mitwirkung von Vertretern der Kriegsbeschädigten und Kriegshinterbliebenen in anderer Weise hinreichend gesichert ist. Sie können ferner das Beschwerdeverfahren abweichend von den Vorschriften der §§ 7 und 9 regeln, sofern die Mitwirkung von Vertretern der Kriegsbeschädigten und Kriegshinterbliebenen wenigstens in einem Rechtszug gesichert ist."

(4) § 11 wird aufgehoben.

§ 35.

Aufgehoben werden ferner:

a) § 22 Abs. 2 des Reichsversorgungsgesetzes vom 12. Mai 1920 in der Fassung vom 30. Juni 1923 (Reichsgesetzbl. I S. 523),

b) § 5 des Altrentnergesetzes vom 18. Juli 1921 in der Fassung vom 30. Juni 1923 (Reichsgesetzbl. I S. 542),

c) die Bekanntmachung, betreffend Einwirkungen der Flüchtlingsfürsorge auf das Armenrecht, vom 16. Mai 1918 (Reichsgesetzbl. S. 409).

[Übergangsrecht]

§ 36.

(1) Ersatzansprüche von Armen-, Fürsorge- oder anderen öffentlichrechtlichen Verbänden auf Grund der bisherigen Bestimmungen können nach Inkrafttreten dieser Verordnung derartigen Verbänden gegenüber nicht mehr geltend gemacht werden, wenn ihr Betrag weniger als zehn

Goldmark beträgt; Kosten, die ersetzt sind, können nicht mehr zurückgefordert werden.

(2) Ein Verband, der bisher nur vorläufig verpflichtet ist, kann nach dem Inkrafttreten dieser Verordnung von einem anderen Ersatz nicht mehr verlangen, wenn er nach den Bestimmungen dieser Verordnung endgültig verpflichtet wäre.

(3) Ein Verband, dessen endgültige Verpflichtung zur Fürsorge vor Inkrafttreten dieser Verordnung durch Anerkennung oder durch rechtskräftige Entscheidung festgestellt ist, bleibt bis zur Beendigung der Hilfsbedürftigkeit endgültig verpflichtet. Geht er in einem anderen Verband auf, so tritt dieser, sofern das Land den Übergang nicht anders regelt, an seine Stelle.

[Zustimm. ein. Reichstagsaussch.] § 37.

Die in dieser Verordnung vorgesehene Zustimmung eines Ausschusses des Reichstags ist nicht erforderlich, wenn der Reichstag vertagt oder aufgelöst ist. Die erlassenen Vorschriften sind dem Reichstag nach seinem Zusammentritte von der Reichsregierung mitzuteilen und auf sein Verlangen außer Kraft zu setzen.

[Reichsgrundsätze] § 38.

Die Reichsregierung kann mit Zustimmung des Reichsrats Grundsätze für die Auslegung dieser Verordnung aufstellen und bestimmen, daß und inwieweit der gewöhnliche Aufenthalt an einem Orte erst nach Ablauf einer Frist als begründet gilt, und daß mit seiner Verlegung sich die endgültige Fürsorgepflicht trotz Fortdauer der Hilfsbedürftigkeit allgemein oder für bestimmte Gruppen von Hilfsbedürftigen ändert.

[Inkrafttreten] § 39.

Diese Verordnung tritt am 1. April 1924 in Kraft. Die Reichsregierung kann mit Zustimmung des Reichsrats den Zeitpunkt des Inkrafttretens hinausschieben; sie muß es auf Antrag des Reichsrats, wenn nicht bis 1. April 1924 die Neuregelung des Finanzausgleichs in Kraft tritt.

51. b) Reichsgrundsätze über Voraussetzung, Art und Maß der öffentlichen Fürsorge.

Vom 4. Dezember 1924 (RGBl. I S. 765).

Geändert durch die Verordnung zur Änderung der Reichsgrundsätze über Voraussetzung, Art und Maß der öffentlichen Fürsorge, vom 29. März 1928 (RGBl. I S. 138).

Inhalt.

Auf Grund des § 6 Abs. 2 in Verbindung mit § 32 Abs. 2 der Verordnung über die Fürsorgepflicht vom 13. Februar 1924 (Reichsgesetzbl. I S. 100),

des § 1 Abs. 1 der Verordnung über die soziale Kriegsbeschädigten- und Kriegshinterbliebenenfürsorge vom 8. Februar 1919 (Reichsgesetzbl. S. 187) in der Fassung des § 34 der Verordnung über die Fürsorgepflicht und in Verbindung mit §§ 21 bis 23 des Reichsversorgungsgesetzes in der Fassung vom 30. Juni 1923 (Reichsgesetzbl. I S. 523),

sowie auf Grund des Artikel 2 Satz 2 der Verordnung über das Inkrafttreten des Reichsgesetzes für Jugendwohlfahrt vom 14. Februar 1924 (Reichsgesetzbl. I S. 110)

werden mit Zustimmung des Reichsrats über Voraussetzung, Art und Maß der öffentlichen Fürsorge folgende Grundsätze aufgestellt:

A. Fürsorge im allgemeinen.

[Aufgaben der Fürsorge] **§ 1.**

(1) **Die Fürsorge hat die Aufgabe, dem Hilfsbedürftigen den notwendigen Lebensbedarf zu gewähren. Sie muß dabei die Eigenart der Notlage berücksichtigen.**

(2) **Sie soll den Hilfsbedürftigen tunlichst in den Stand setzen, sich und seinen unterhaltsberechtigten Angehörigen den Lebensbedarf selbst zu beschaffen.**

[Rechtzeitige Fürsorge, kein Antrag] **§ 2.**

(1) **Die Fürsorge muß rechtzeitig einsetzen; sie ist nicht von einem Antrag abhängig.**

(2) **Sie muß der Notlage nachhaltig entgegenwirken und zu verhüten suchen, daß vorübergehende Not zu dauernder wird.**

[Vorbeugende Fürsorge] **§ 3.**

Um drohende Hilfsbedürftigkeit zu verhüten, kann die Fürsorge auch vorbeugend eingreifen, besonders um Gesundheit und Arbeitsfähigkeit zu erhalten. Bei Minderjährigen kann sie, soweit dazu nicht die Jugendhilfe berufen ist, auch eingreifen, um Störungen der körperlichen, geistigen oder sittlichen Entwicklung zu verhindern.

[Generelle Fürsorge] § 4.

Die Fürsorge soll auch Einrichtungen für Hilfsbedürftige, besonders solche zur Beschäftigung Erwerbsbeschränkter, fördern, wenn sie die Einzelfürsorge entlasten, sparsam wirtschaften und die öffentlichen Mittel zweckentsprechend verwenden.

[Hilfsbedürftigkeit] § 5.

Hilfsbedürftig ist, wer den notwendigen Lebensbedarf für sich und seine unterhaltsberechtigten Angehörigen nicht oder nicht ausreichend aus eigenen Kräften und Mitteln beschaffen kann und ihn auch nicht von anderer Seite, insbesondere von Angehörigen, erhält.

[Notwendiger Lebensbedarf] § 6.

(1) Zum notwendigen Lebensbedarfe gehören

a) der Lebensunterhalt, insbesondere Unterkunft, Nahrung, Kleidung und Pflege,

b) Krankenhilfe sowie Hilfe zur Wiederherstellung der Arbeitsfähigkeit,

c) Hilfe für Schwangere und Wöchnerinnen,

außerdem

d) bei Minderjährigen Erziehung und Erwerbsbefähigung,

e) bei Blinden, Taubstummen und Krüppeln Erwerbsbefähigung.

(2) Nötigenfalls ist der Bestattungsaufwand zu bestreiten.

[Erwerbsarbeit d. Hilfsbedürftigen] § 7.

(1) Jeder Hilfsbedürftige, auch der nicht voll arbeitsfähige, muß seine Arbeitskraft zur Beschaffung des notwendigen Lebensbedarfs für sich und seine unterhaltsberechtigten Angehörigen einsetzen. Die Fürsorge soll ihm, soweit möglich, Gelegenheit dazu bieten. Schwerbeschädigte soll sie geeignetenfalls mit Hilfe des Reichsgesetzes über die Beschäftigung Schwerbeschädigter unterbringen.

(2) Ob dem Hilfsbedürftigen eine Arbeit billigerweise zugemutet werden kann, soll nach Lebensalter, Gesundheitszustand, häuslichen Verhältnissen und, soweit angängig, auch nach der beruflichen Ausbildung beurteilt werden; das gilt besonders auch dann, wenn die Hilfe durch Anweisung von Arbeit gewährt oder von deren Leistung abhängig gemacht werden soll (§ 19 der Verordnung über die Fürsorgepflicht).

(3) Frauen soll Erwerbsarbeit nicht zugemutet werden, wenn dadurch die geordnete Erziehung ihrer Kinder gefährdet würde;

auch sonst sind bei Frauen die Pflichten besonders zu berücksichtigen, die ihnen die Führung eines Haushalts oder die Pflege von Angehörigen auferlegt.

[Eigene Mittel d. Hilfsbedürftigen] § 8.

(1) Zu den eigenen Mitteln, die der Hilfsbedürftige einsetzen muß, ehe ihm die Fürsorge Hilfe gewährt, ist sein gesamtes verwertbares Vermögen und Einkommen zu rechnen, besonders Bezüge in Geld oder Geldeswert aus gegenwärtigem oder früherem Arbeits- oder Dienstverhältnis und aus Unterhalts- oder Rentenansprüchen öffentlicher oder privater Art.

(2) Als verwertbar gelten nicht Gegenstände, die zur persönlichen Fortsetzung der Erwerbstätigkeit unentbehrlich sind.

(3) Die Fürsorge soll, besonders bei alten, bei noch nicht erwerbsfähigen und bei erwerbsbeschränkten Personen, die vorherige Verwertung kleiner Vermögen oder Vermögensteile nicht verlangen, wenn dadurch die Not des Hilfesuchenden oder seiner unterhaltsberechtigten Angehörigen erheblich verschärft oder zur dauernden würde.

(4) Bei Prüfung der Hilfsbedürftigkeit, der Art und des Umfanges der Hilfe bleiben Zuwendungen außer Ansatz, die die freie Wohlfahrtspflege oder ein Dritter zur Ergänzung der öffentlichen Fürsorge gewährt, ohne dazu eine rechtliche oder eine besondere sittliche Pflicht zu haben. Dies gilt nicht, wenn die Zuwendung die wirtschaftliche Lage des Unterstützten so günstig beeinflußt, daß öffentliche Fürsorge ungerechtfertigt wäre.

(5) Ebenso soll bei Personen, die trotz vorgerückten Alters oder trotz starker Beschränkung ihrer Erwerbsfähigkeit unter Aufwendung besonderer Tatkraft einem Erwerbe nachgehen, ein angemessener Betrag des Arbeitsverdienstes außer Ansatz bleiben; das gilt besonders bei Blinden, Hirnverletzten und anderen Schwererwerbsbeschränkten.

[Rückerstattung der Fürsorgekosten] § 9.

(1) Muß die Fürsorge eintreten, weil das Vermögen oder Einkommen des Hilfesuchenden vorerst nicht verwertet werden kann oder soll, so kann sie ihre Hilfe ausdrücklich von der Verpflichtung abhängig machen, die aufgewendeten Kosten zurückzuzahlen. Dasselbe gilt, wenn der Hilfsbedürftige später Vermögen oder hinreichendes Einkommen zu erwarten hat. Sie kann zugleich verlangen, daß die Zurückzahlung sichergestellt wird, besonders durch Abschluß von Rentenverträgen, Bestellung von Hypotheken und Verpfändung von Vermögenswerten.

(2) Die Zurückzahlung soll in der Regel nur ausbedungen werden, wenn sie voraussichtlich ohne besondere Härte möglich ist.

(3) Wird Zurückzahlung aus dem Nachlaß ausbedungen, so ist auf unterhaltsberechtigte Angehörige Rücksicht zu nehmen, die beim Tode des Hilfsbedürftigen selbst der öffentlichen Fürsorge anheimfallen würden. Dasselbe gilt gegenüber Geschwistern oder anderen Personen, mit denen der Hilfsbedürftige in häuslicher Gemeinschaft gelebt hat oder die ihn ohne rechtliche Verpflichtung und ohne entsprechende Gegenleistung, wenn auch in der Erwartung einer Zuwendung von Todes wegen, unterstützt oder gepflegt haben.

[Inhalt der Fürsorge] **§ 10.**

(1) Was im Einzelfall im Rahmen des notwendigen Lebensbedarfs (§ 6) an Hilfe zu gewähren ist, hat sich nach der Besonderheit des Falles zu richten, namentlich nach Art und Dauer der Not, nach der Person des Hilfsbedürftigen und den örtlichen Verhältnissen.

(2) Bei Störungen der körperlichen, geistigen oder sittlichen Entwicklung Minderjähriger ist die Hilfe so ausreichend zu bemessen, daß gründliche und dauernde Abhilfe zu erwarten ist.

[Art der Hilfe] **§ 11.**

Die Hilfe kann in Geld, Sachleistung oder persönlicher Hilfe bestehen und in offener oder geschlossener (Anstalts-)Pflege gewährt werden. In einer Anstalt oder einer fremden Familie soll der Hilfsbedürftige nur untergebracht werden, wenn sein körperlicher, geistiger oder sittlicher Zustand besondere Maßnahmen zur Heilung, Pflege oder Bewahrung erfordert. Zwangsweise darf dies nur geschehen, wenn ein Gesetz es gestattet.

[Bei Schwangeren usw.] **§ 12.**

Schwangeren und Wöchnerinnen (§ 6c) sind je nach Art und Grad der Hilfsbedürftigkeit ärztliche Behandlung, Entbindungskostenbeitrag und Wochengeld, Wöchnerinnen, die ihr Kind stillen, außerdem Stillgeld zu gewähren. Die Hilfe soll ihnen das sicherstellen, was die Reichsversicherungsordnung den Familienangehörigen eines Versicherten gewährt (Familienwochenhilfe). An die Stelle barer Beihilfen können auch Sachleistungen treten.

[Arbeitsscheu usw.] **§ 13.**

(1) Bei Arbeitsscheu oder offenbar unwirtschaftlichem Verhalten sind die Voraussetzungen der Hilfsbedürftigkeit aufs strengste zu prüfen sowie Art und Maß der Fürsorge auf das zur Fristung des Lebens Unerläßliche zu beschränken. Bei Hilfs-

bedürftigen, die den berechtigten Anordnungen der zuständigen Stellen beharrlich zuwiderhandeln, kann entsprechend verfahren werden.

(2) Bei Arbeitsscheu oder offenbar unwirtschaftlichem Verhalten kann die Hilfe auf Anstaltspflege beschränkt, offene Pflege aber abgelehnt werden.

(3) Wird die Fürsorge einem Hilfsbedürftigen gegenüber beschränkt, so ist, soweit möglich, zu verhüten, daß davon seine Angehörigen oder andere Hilfsbedürftige mitbetroffen werden, mit denen er in häuslicher Gemeinschaft lebt.

B. Besondere Bestimmungen.

a. Für Kleinrentner, Sozialrentner und die ihnen Gleichstehenden.

[Kleinrentner] **§ 14.**

(1) Bei alten oder erwerbsunfähigen Personen, die infolge eigener oder fremder Vorsorge ohne die eingetretene Geldentwertung nicht auf die öffentliche Fürsorge angewiesen wären (Kleinrentner), ist bei Prüfung der Hilfsbedürftigkeit, der Art und des Umfanges der Hilfe auf ihre früheren Lebensverhältnisse Rücksicht zu nehmen, dabei aber auch die allgemeine Verschlechterung der Lebenshaltung des deutschen Volkes zu beachten. Das gilt besonders, wenn die Hilfe in einer Anstalt oder durch Anweisung von Arbeit gewährt oder von deren Leistung abhängig gemacht werden soll.

(2) Als erwerbsunfähig ist ein Kleinrentner dann anzusehen, wenn er infolge körperlicher oder geistiger Gebrechen nicht nur vorübergehend außerstande ist, sich durch Arbeit einen wesentlichen Teil seines Lebensbedarfs zu beschaffen.

[Eigene Mittel des Kleinrentners] **§ 15.**

(1) Die Fürsorge darf[1]) bei Kleinrentnern nicht abhängig gemacht werden vom Verbrauch oder der Verwertung

a) eines kleineren Vermögens; als solches gilt ein Kapitalvermögen jedenfalls dann, wenn sein jährlicher Ertrag hinter dem doppelten Monatsbetrage des erhöhten Richtsatzes zurückbleibt[2]),

b) eines angemessenen Hausrats, wobei die bisherigen Lebensverhältnisse des Hilfsbedürftigen zu berücksichtigen sind,

---

[1]) Früher „soll", geändert durch die VO. vom 29. März 1928 Art. I Ziffer 1.

[2]) § 15 Abs. 1 lit. a, Abs. 2, § 16, § 18 i. d. F. der VO. vom 29. März 1928 Art. I Ziff. 2, 3, Art. III, Art. IV.

c) von Familien- und Erbstücken, deren Entäußerung den Hilfsbedürftigen besonders hart treffen würde, oder deren Verkehrswert außer Verhältnis zu dem Werte steht, den sie für den Hilfsbedürftigen oder seine Familie haben,

d) von Gegenständen, die zur Befriedigung geistiger, besonders wissenschaftlicher oder künstlerischer Bedürfnisse dienen und deren Besitz nicht Luxus ist,

e) eines kleinen Hausgrundstücks, das der Hilfsbedürftige ganz oder zum größten Teil zusammen mit bedürftigen Angehörigen bewohnt und das nach seinem Tode diesen weiter als Wohnung dienen soll.

(2) Die Sicherstellung des Ersatzes sowie der Verbrauch oder die Verwertung sonstigen Vermögens darf nur verlangt werden, wenn dies keine besondere Härte für den Hilfsbedürftigen oder seine unterhaltsberechtigten Angehörigen bedeutet[1]).

[Kleinrentner über 65 Jahre] **§ 15a[2]).**

Die Fürsorge muß Kleinrentnern über 65 Jahre zur Deckung des notwendigen Lebensunterhalts mindestens den erhöhten Richtsatz (§ 6 Abs. 3 Satz 2 der Verordnung über die Fürsorgepflicht) sicherstellen. Freiwillige Zuwendungen Dritter und Arbeitsverdienst (§ 8 Abs. 4 und 5) dürfen hierauf nur mit Zustimmung der von der obersten Landesbehörde bestimmten Stelle in Anrechnung gebracht werden; auch die Sicherstellung des Ersatzes (§ 15 Abs. 2) bedarf dieser Zustimmung.

[Sozialrentner] **§ 16[1]).**

In entsprechender Weise wie die Kleinrentner (§§ 14 bis 15a) sind alte oder invalide oder berufsunfähig gewordene Rentner der Arbeiter- oder Angestelltenversicherung zu betreuen. Die Rentenerhöhung, die ein Hilfloser zur Pflege und Wartung erhält (§§ 560, 930, 1065 der Reichsversicherungsordnung), bleibt bei jeder Hilfe außer Ansatz, die nicht demselben Zwecke dient.

[Gleichgestellte] **§ 17.**

Den Kleinrentnern können alte oder durch geistige oder körperliche Gebrechen erwerbsunfähig gewordene Personen gleichgestellt werden, die trotz wirtschaftlicher Lebensführung auf die öffentliche Fürsorge angewiesen sind. Die oberste Landesbehörde kann sich die Gleichstellung vorbehalten oder sie allgemein vorschreiben.

---

[1]) § 15 Abs. 1 lit. a, Abs. 2, § 16, § 18 i. d. F. der VO. vom 29. März 1928 Art. I Ziff. 2, 3, Art. III, Art. IV.

[2]) § 15a eingefügt durch die VO. vom 29. März 1928 Art. II.

b. Für Kriegsbeschädigte und Kriegshinterbliebene.

[Allgemeines] § 18[1]).

(1) Kriegsbeschädigten und Kriegshinterbliebenen gegenüber (§ 20) soll jede Art der Fürsorge wenigstens die Rücksichten nehmen, die für Kleinrentner vorgeschrieben sind (§§ 14 bis 15a).

(2) Die Pflegezulage, die ein Beschädigter für Pflege und Wartung erhält, bleibt bei jeder Hilfe außer Ansatz, die nicht demselben Zwecke dient; das gilt auch für die den Blinden gewährte Führerhundzulage.

(3) Vergünstigungen, die Personen erhalten, weil ihr Einkommen unter einer bestimmten Höhe bleibt, können Kriegsbeschädigten und Kriegshinterbliebenen, die ihren Lebensunterhalt ausschließlich oder überwiegend aus den Versorgungsgebührnissen bestreiten müssen, auch dann gewährt werden, wenn ihr Einkommen diese Höhe erreicht oder nur unwesentlich übersteigt.

[Richtlinien für die soziale Fürsorge] § 19.

Die soziale Fürsorge, die nach den Versorgungsgesetzen Kriegsbeschädigten und Kriegshinterbliebenen über die allgemeine Fürsorge hinaus Hilfe zu gewähren hat, richtet sich nach den Bestimmungen der §§ 20 bis 32.

[Fürsorgeberechtigte] § 20.

(1) Als Kriegsbeschädigte und Kriegshinterbliebene gelten

a) die nach dem Reichsversorgungsgesetze Versorgungsberechtigten,

b) die nach dem Offizierpensionsgesetze vom 31. Mai 1906 (Reichsgesetzbl. S. 565) Versorgten selbst und ihre nach dem Militärhinterbliebenengesetze vom 17. Mai 1907 (Reichsgesetzbl. S. 214) versorgten Angehörigen, wenn jene im Kriege eine Dienstbeschädigung erlitten haben oder an ihren Folgen verstorben sind.

(2) Den Kriegsbeschädigten und Kriegshinterbliebenen stehen Personen gleich, denen andere Reichsgesetze soziale Fürsorge im Sinne des Reichsversorgungsgesetzes zubilligen.

(3) Wenn es besondere Gründe der Billigkeit rechtfertigen, soll ein Versorgungssucher schon vor der Anerkennung seines Anspruchs hinsichtlich der Fürsorge wie ein Versorgungsberechtigter behandelt werden.

---

1) S. Anm. 2 zu § 15 Abs. 1.

[Familienmitglieder] **§ 21.**

Die soziale Fürsorge für einen Beschädigten umfaßt auch die Familienmitglieder, deren Ernährer er gewesen ist oder ohne die Dienstbeschädigung voraussichtlich geworden wäre.

[Voraussetz. der sozialen Fürsorge] **§ 22.**

Die soziale Fürsorge gewährt ihre Hilfe in der Regel nur, wenn die Notlage mit der Dienstbeschädigung oder dem Verluste des Ernährers zusammenhängt; der Zusammenhang wird angenommen, soweit nicht das Gegenteil offenkundig oder nachgewiesen ist. Auch ohne diesen Zusammenhang kann sie eintreten, wenn es besondere Gründe der Billigkeit rechtfertigen.

[Prüfung der Hilfsbedürftigkeit] **§ 23.**

(1) Die soziale Fürsorge gewährt ihre Hilfe auch dann, wenn zwar der Beschädigte oder die Hinterbliebenen selbst oder ein unterhaltspflichtiger Angehöriger die Leistungen aus ihrem Einkommen oder Vermögen bestreiten könnten, es aber unbillig wäre, dies zu verlangen.

(2) Bei Prüfung der Hilfsbedürftigkeit und der Art und des Umfanges der Hilfe ist entgegenkommend zu verfahren; dabei ist besonders auch der Aufwand für Erziehung und Erwerbsbefähigung von Kindern zu berücksichtigen, der nach ihren Anlagen und Fähigkeiten und nach der Lebensstellung der Eltern berechtigt ist.

(3) Bei Prüfung, inwieweit ein Schwerbeschädigter den Lebensbedarf aus eigenen Mitteln bestreiten kann, soll die Schwerbeschädigtenzulage einschließlich des auf sie entfallenden Betrags an Ausgleichs- und Ortszulage in der Regel außer Betracht bleiben.

(4) Mehrausgaben, die einem Schwerbeschädigten infolge seiner Beschädigung erwachsen, sollen angemessen berücksichtigt werden. Bei einer Witwe soll in der Regel die Rentenerhöhung außer Betracht bleiben, die sie erhält, weil sie erwerbsunfähig ist oder ein Kind zu versorgen oder das 45. oder ein höheres Lebensjahr vollendet hat.

[Ziel der sozialen Fürsorge] **§ 24.**

Die soziale Fürsorge hat zum Ziele, den Beschädigten tunlichst wieder erwerbsfähig zu machen und ihn dem Wirtschaftsleben zu erhalten, der Witwe die Fortführung ihres Hausstandes und die Erziehung und Ausbildung ihrer Kinder tunlichst aus eigenen Kräften zu ermöglichen und den Waisen die Erlangung einer ihren Fähigkeiten angemessenen Lebensstellung zu erleichtern.

[Hilfe bei Berufsausbildung usw.] § 25.

Die soziale Fürsorge hat den Beschädigten und Hinterbliebenen bei der Berufsausbildung und bei der Unterbringung und Erhaltung im Erwerbsleben beizustehen und behilflich zu sein, die Folgen einer erlittenen Dienstbeschädigung oder des Verlustes des Ernährers nach Möglichkeit zu überwinden oder zu mildern.

[Unentgeltliche Berufsausbildung] § 26.

(1) Hat ein Beschädigter nach dem Reichsversorgungsgesetz einen Anspruch auf unentgeltliche berufliche Ausbildung, so muß ihm die soziale Fürsorge diese gewähren und während der Ausbildung auch den notwendigen Lebensbedarf für ihn und seine unterhaltsberechtigten Angehörigen, soweit er ihn nicht aus eigenen Mitteln beschaffen kann.

(2) Inwieweit darüber hinaus Beschädigten und Hinterbliebenen Berufsausbildung gewährt werden soll, richtet sich nach den Besonderheiten des Einzelfalls.

[Beratung der Fürsorgeberechtigten] § 27.

(1) Die soziale Fürsorge soll Beschädigte und Hinterbliebene in Versorgungs-, Fürsorge- und Familienangelegenheiten beraten oder diese Beratung vermitteln.

(2) Sie soll für Berufsberatung, Arbeitsvermittlung und Arbeitsbeschaffung im Zusammenwirken mit den Arbeitsnachweisen sorgen und Schwerbeschädigte bei Wahrung ihrer Rechte aus dem Reichsgesetze über die Beschäftigung Schwerbeschädigter unterstützen.

(3) In geeigneten Fällen soll sie auch die Ansiedlung und Selbständigmachung Beschädigter und Hinterbliebener, besonders kinderreicher Familien, fördern.

[Schwerbeschädigte] § 28.

(1) Die soziale Fürsorge soll den dauernd erwerbsunfähigen Schwerbeschädigten die durch die Dienstbeschädigung verursachten körperlichen Beschwerden erleichtern, soweit dies nicht durch die Versorgungsheilbehandlung zu geschehen hat.

(2) Soweit Beschädigte dauernder Pflege bedürfen, aber nicht auf Kosten des Reichs unter entsprechender Anrechnung der Versorgungsgebührnisse Anstaltspflege erhalten, soll die soziale Fürsorge für angemessene Pflege und Unterkunft sorgen.

(3) Während der Heilbehandlung eines Beschädigten soll die Fürsorge, wenn nötig, die Versorgungsleistungen durch Fürsorgemaßnahmen für ihn und seine Angehörigen ergänzen.

[Ausbildung der Waisen u. Kinder] **§ 29.**

(1) Die soziale Fürsorge hat die Berufsausbildung von Waisen und von Kindern Schwerbeschädigter nachdrücklich zu fördern; sie soll dabei die Anlagen und Fähigkeiten des Kindes und die Lebensstellung der Eltern angemessen berücksichtigen.

(2) Die soziale Fürsorge soll auch sonst auf die Erziehung von Waisen und von Kindern Schwerbeschädigter sowie auf die Pflege ihrer Gesundheit besonderes Gewicht legen und ihnen die Teilnahme an Einrichtungen der Gesundheits- und Erholungsfürsorge möglichst erleichtern.

[Nichtversicherte Hinterbliebene] **§ 30.**

Für hilfsbedürftige nichtversicherte Hinterbliebene soll durch Vereinbarung mit den Krankenkassen oder auf andere Weise für die notwendige Krankenhilfe gesorgt werden. Als hilfsbedürftig gelten insbesondere die Hinterbliebenen, denen Zusatzrente nach dem Reichsversorgungsgesetze gewährt wird[1]).

[Darlehen, Zurückzahlung] **§ 31.**

(1) Um die wirtschaftliche Selbständigkeit Beschädigter und Hinterbliebener zu sichern, soll von der Möglichkeit, ihnen Darlehen gegen Verpfändung von Versorgungsgebührnissen zu gewähren, tunlichst Gebrauch gemacht werden.

(2) Im übrigen soll die soziale Fürsorge ihre Hilfe nur dann von der Zurückzahlung der aufgewendeten Kosten abhängig machen, wenn es mit Rücksicht auf Art und Zweck der Fürsorgeleistungen und die gegenwärtigen oder zu erwartenden wirtschaftlichen Verhältnisse des Hilfesuchenden unbillig wäre, hiervon abzusehen; die berufliche Ausbildung, auf die ein Beschädigter nach dem Reichsversorgungsgesetz Anspruch hat (§ 26), darf sie nicht davon abhängig machen.

(3) Wenn sich die soziale Fürsorge bei ihrer Hilfe nicht ausdrücklich die Zurückzahlung der aufgewendeten Kosten ausbedingt, kann sie Ersatz nicht verlangen.

[Allgemeine Einrichtungen] **§ 32.**

Die soziale Fürsorge soll allgemeine Einrichtungen, die auch Kriegsbeschädigten und Kriegshinterbliebenen zugute kommen, besonders fördern.

---

[1]) § 30 Satz 2 angefügt durch die VO. vom 29. März 1928 Art. V.

C. Schlußbestimmungen.

[Erwerbslosenfürsorge] **§ 33.**

Die besonderen Bestimmungen über die Fürsorge für Erwerbslose werden durch diese Grundsätze nicht berührt.

[Ausländer] **§ 34**[1]**.**

Ausländern ist im Falle der Hilfsbedürftigkeit Lebensunterhalt, insbesondere Unterkunft, Nahrung, Kleidung und Pflege sowie Krankenhilfe zu gewähren. Nötigenfalls ist der Bestattungsaufwand zu bestreiten. Die übrigen Bestimmungen gelten für Ausländer nur, soweit es die Reichsregierung mit Zustimmung des Reichsrats oder ein Staatsvertrag bestimmt.

[Vermehrte Fürsorge der Länder] **§ 35.**

(1) Die vorstehenden Grundsätze hindern die Länder und, soweit nicht landesrechtliche Vorschriften entgegenstehen, auch die Fürsorgeverbände nicht, den Hilfsbedürftigen darüber hinaus Hilfe zu gewähren.

(2) Der Ersatz der aufgewendeten Kosten kann von den Fürsorgeverbänden eines anderen Landes nur verlangt werden, soweit sich die Hilfe im Rahmen dieser reichsrechtlichen Grundsätze hält.

[Übergangsvorschriften] **§ 36.**

Diese Grundsätze treten am 1. Januar 1925 in Kraft. Mit diesem Zeitpunkt treten außer Kraft:

a) die im Artikel 2 der Verordnung vom 14. Februar 1924 (Reichsgesetzbl. I S. 110) über das Inkrafttreten des Reichsgesetzes für Jugendwohlfahrt noch aufrechterhaltenen Vorschriften des § 49 Abs. 1 und 2 des Reichsgesetzes für Jugendwohlfahrt vom 9. Juli 1922 (Reichsgesetzbl. I S. 633),

b) die im § 32 der Verordnung über die Fürsorgepflicht vom 13. Februar 1924 (Reichsgesetzbl. I S. 100) noch aufrechterhaltenen Bestimmungen über die Fürsorge für Rentenempfänger der Invaliden- und Angestelltenversicherung, Kleinrentner, Kriegsbeschädigte und Kriegshinterbliebene sowie diejenigen über Wochenfürsorge.

---

[1]) Ein durch VO. v. 7. Sept. 1925 (RGBl. I S. 332) eingefügter § 33a ist durch VO. vom 8. Juni 1926 (RGBl. I S. 256) wieder aufgehoben worden.

51. c) [Preußische] Ausführungsverordnung zur Verordnung über die Fürsorgepflicht vom 13. Februar 1924 (Reichsgesetzbl. I S. 100).

Vom 17. April 1924 (GS. S. 210).

Mit den Änderungen durch die Verordnung zur Änderung der Ausführungsverordnung zur Verordnung über die Fürsorgepflicht vom 20. Juni 1924 (GS. S. 557), die Verordnung zur Änderung des Preußischen Ausführungsgesetzes zum Finanzausgleichsgesetze sowie der Preußischen Steuernotverordnung und der Ausführungsverordnung zur Verordnung über die Fürsorgepflicht vom 28. März 1925 (GS. S. 44), das Gesetz zur Änderung der Ausführungsverordnung zur Verordnung über die Fürsorgepflicht vom 17. Februar 1926 (GS. S. 79) und das Gesetz über die Heranziehung Hilfsbedürftiger bei der Durchführung der öffentlichen Fürsorge vom 29. März 1927 (GS. S. 33).

Das Staatsministerium erläßt gemäß Artikel 55 der Verfassung in Übereinstimmung mit dem Ständigen Ausschusse des Landtages die folgende Verordnung mit Gesetzeskraft:

[Bezirks- u. Landesfürsorgeverbände] § 1.

(1) Bezirksfürsorgeverbände sind die Stadt- und Landkreise (Amtsbezirke in Hohenzollern), die Stadtgemeinde Berlin und die Landgemeinde Helgoland[1]), Landesfürsorgeverbände sind die Provinzialverbände, und zwar in Schleswig-Holstein einschließlich der Landgemeinde Helgoland, in der Provinz Hessen-Nassau die Bezirksverbände Wiesbaden und Kassel, der Landeskommunalverband der Hohenzollernschen Lande und die Stadtgemeinde Berlin.

(2) Die Provinzialverbände Nieder- und Oberschlesien bilden bis zu der gemäß § 5 des Gesetzes vom 14. Oktober 1919 (Gesetzsamml. S. 169) vorzunehmenden Auseinandersetzung einen gemeinsamen Landesfürsorgeverband.

(3) Der Lauenburgische Landeskommunalverband hat bis zu seiner Vereinigung mit dem Provinzialverbande der Provinz Schleswig-Holstein die Rechte und Pflichten eines Landesfürsorgeverbandes.

[Fürsorge als Selbstverwaltung] § 2.

Die Aufgaben der Landes- und Bezirksfürsorgeverbände werden von den durch die Gemeindeverfassungsgesetze bestimmten Organen der Gemeinden und Gemeindeverbände als Selbstverwaltungsangelegenheiten durchgeführt.

---

1) § 1 Abs. 1 i. d. F. d. G. v. 17. Februar 1926 (GS. S. 79) Art. I 1.

[Endgültig verpflichteter Fürsorgeverband]

§ 3.

Soweit in dieser Verordnung nicht anderes bestimmt ist, sind die aus der Verordnung über die Fürsorgepflicht vom 13. Februar 1924 (Reichsgesetzbl. I S. 100) sich ergebenden öffentlich-rechtlichen Fürsorgeaufgaben hinsichtlich der Personen, für die ein Bezirksfürsorgeverband endgültig verpflichtet ist, endgültig von diesem, sonst von dem Landesfürsorgeverbande zu erfüllen.

[Preußen aus dem Ausland]

§ 4[1]).

(1) Sind Preußen oder staatlose ehemalige Preußen bei freiwilligem oder erzwungenem Übertritt aus dem Auslande hilfsbedürftig oder werden sie es binnen einem Monate nachher und ist ein Bezirksfürsorgeverband, in dem der Hilfsbedürftige innerhalb des letzten Jahres vor dem Übertritt aus dem Reichsgebiet zuletzt seinen gewöhnlichen Aufenthalt gehabt hat, nicht zu ermitteln oder hat die Abwesenheit aus dem Reichsgebiete länger als ein Jahr gedauert, so ist der Landesfürsorgeverband endgültig verpflichtet, innerhalb dessen der Hilfsbedürftige oder, wenn er außerhalb Preußens geboren ist, der zuletzt in Preußen geborene Vorfahre ersten Grades geboren ist. Soweit die preußische Staatsangehörigkeit einer Hilfsbedürftigen durch Eheschließung erworben ist, bestimmt sich der endgültig verpflichtete Landesfürsorgeverband nach den für den letzten Ehemann preußischer Staatsangehörigkeit maßgebenden Verhältnissen, auch wenn die Ehe nicht mehr besteht. Ist ein solcher Landesfürsorgeverband nicht vorhanden oder nicht zu ermitteln, so ist der Landesfürsorgeverband endgültig verpflichtet, in dessen Bezirk nach Betreten preußischen Gebiets die Hilfsbedürftigkeit hervorgetreten ist.

(2) Für zusammen aus dem Ausland in das Reichsgebiet übertretende Familienglieder ist der Verband endgültig fürsorgepflichtig, der es für das älteste preußische oder staatlose, ehemals preußische Familienglied ist. Familienglieder im Sinne dieser Bestimmung sind Ehegatten, Verwandte auf- und absteigender Linie, Geschwister und Halbgeschwister.

(3) Ist ein hiernach endgültig verpflichteter Landesfürsorgeverband nicht vorhanden oder nicht zu ermitteln, so bestimmt diesen der Minister für Volkswohlfahrt. Das gleiche gilt, soweit das Land Preußen von der Reichsregierung oder der von ihr bestimmten Stelle gemäß § 12 Abs. 2 der Verordnung über die Fürsorgepflicht für endgültig verpflichtet erklärt worden ist.

---

[1]) § 4 i. d. F. d. G. vom 17. Februar 1926 Art. I 2.

Der Minister für Volkswohlfahrt trifft die Bestimmungen über die Anforderung vom Reiche zu erstattender Kosten.

(4) Eine vorschußweise Zahlung der aufzuwendenden Kosten findet durch den Landesfürsorgeverband, dem der vorläufig fürsorgepflichtige Bezirksfürsorgeverband angehört, nicht statt.

[Ausländer] **§ 5.**

Hinsichtlich der endgültigen Verpflichtung zur Fürsorge finden die Bestimmungen der Verordnung über die Fürsorgepflicht auch auf Ausländer Anwendung. Tritt die Hilfsbedürftigkeit binnen einem Monate nach dem Übertritt aus dem Auslande hervor, so ist der Landesfürsorgeverband endgültig verpflichtet, in dessen Bezirk der Hilfsbedürftige sich bei Eintritt der Hilfsbedürftigkeit befindet.

[Umfang der Fürsorgepflicht] **§ 6.**

(1) Die Landesfürsorgeverbände sind verpflichtet, für Bewahrung, Kur und Pflege der hilfsbedürftigen Geisteskranken, Idioten, Epileptischen, Taubstummen, Blinden und Krüppel, soweit sie der Anstaltspflege bedürfen, in geeigneten Anstalten Fürsorge zu treffen. Diese Fürsorge umfaßt bei Blinden, Taubstummen, Krüppeln und Minderjährigen auch die Erwerbsbefähigung, bei Minderjährigen außerdem die Erziehung[1]).

(2) Verpflichtet zur Aufnahme und Bewahrung, zur Gewährung der Kur und Pflege ist zunächst derjenige Landesfürsorgeverband, welchem der vorläufig fürsorgepflichtige Bezirksfürsorgeverband angehört.

(3) Dieser Landesfürsorgeverband kann die Übernahme des Hilfsbedürftigen sowie den Ersatz der aufgewendeten Verpflegungs- und Überführungskosten von demjenigen Landesfürsorgeverband verlangen, dem der endgültig fürsorgepflichtige Bezirksfürsorgeverband angehört.

[Kostentragung] **§ 7.**

(1) Die allgemeinen Verwaltungskosten der Anstalten und die Kosten der von der Anstalt selbst bewirkten Beerdigung trägt der Landesfürsorgeverband.

(2) Der Landesfürsorgeverband ist berechtigt, vorbehaltlich anderweitiger Vereinbarung Ersatz der sonstigen Kosten von dem endgültig fürsorgepflichtigen Bezirksfürsorgeverband zu verlangen.

(3) Unberührt bleiben alle auf besonderen gesetzlichen Bestimmungen oder Titeln beruhenden Verpflichtungen.

---

[1]) § 6 Abs. 1 Satz 2 i. d. F. d. G. vom 17. Februar 1926 Art. I 3.

[Reglements] § 8.

Die Bestimmungen über die Aufnahme und Entlassung der Anstaltspflegebedürftigen sowie über die Höhe der zu erstattenden Kosten werden in Reglements getroffen, welche der Genehmigung der zuständigen Minister unterliegen.

[Fürsorge für Sieche] § 9.

Die Landesfürsorgeverbände sind ferner befugt, die Fürsorge für Sieche unmittelbar zu übernehmen.

[Aufgaben der ehemaligen Hauptfürsorge- u. Fürsorgestellen] § 10.

(1) Die Aufgaben der Hauptfürsorgestellen und Fürsorgestellen nach der Verordnung über die soziale Fürsorge für Kriegsbeschädigte und Kriegshinterbliebene vom 8. Februar 1919 (Reichsgesetzbl. S. 187) werden von den Verwaltungsorganen[1]) der Landes- und Bezirksfürsorgeverbände wahrgenommen.

(2) Die nach dem Gesetz über die Beschäftigung Schwerbeschädigter in der Fassung vom 12. Januar 1923 (Reichsgesetzbl. I S. 57) den Hauptfürsorgestellen übertragenen Aufgaben werden den Verwaltungsorganen der Landesfürsorgeverbände[1]) übertragen. Diese können besondere Schwerbeschädigtenausschüsse bei den Verwaltungsorganen der Bezirksfürsorgeverbände bilden[1]). Die zurzeit bestehenden Schwerbeschädigtenausschüsse bleiben bestehen. In Zukunft sind für die Berufung ihrer Mitglieder, soweit ihre Bestellung auf Vorschlag des Beirats der Hauptfürsorgestellen oder Fürsorgestellen oder der Gruppenvertreter im Beirat erfolgte, die von den Wirtschaftsorganisationen der Unternehmer sowie von den Kriegsbeschädigten- und Kriegshinterbliebenenvereinigungen eingereichten Vorschlagslisten maßgebend.

(3) Die von den Kriegsbeschädigten- und Kriegshinterbliebenenvereinigungen eingereichten Vorschlagslisten sind auch maßgebend, soweit nach dieser Verordnung sonst die Heranziehung von Kriegsbeschädigten oder Kriegshinterbliebenen zu erfolgen hat.

[Überweisung und Aufnahme] § 11.

(1) Die Landesfürsorgeverbände sind befugt, die ihrer Fürsorge gesetzlich anheimfallenden Personen demjenigen Bezirksfürsorgeverbande gegen Entschädigung zu überweisen, welcher nach § 7 der Verordnung über die Fürsorgepflicht vom 13. Februar 1924 zur vorläufigen Fürsorge verpflichtet ist.

---

[1]) Fassung gemäß der VO. vom 20. Juni 1924 Art. 1 zu 3.

(2) Die Landesfürsorgeverbände sind verpflichtet, in ihren für die Unterkunft Hilfsbedürftiger bestimmten Häusern, soweit es der Raum gestattet, gegen Entschädigung die der Fürsorge der Bezirksfürsorgeverbände gesetzlich anheimfallenden Personen auf Antrag dieser Verbände aufzunehmen.

[Tarifsätze] **§ 12.**

Der Minister für Volkswohlfahrt ist berechtigt, für solche bei der öffentlichen Fürsorge häufiger vorkommenden Aufwendungen, deren täglicher oder wöchentlicher Betrag sich in Pauschsätzen feststellen läßt, nach Anhörung des Verwaltungsorgans der Landesfürsorgeverbände Tarife aufzustellen und öffentlich bekanntzumachen. Die Erstattungsforderungen eines Fürsorgeverbandes dürfen die Tarifsätze nicht übersteigen. Bei den gegenwärtig in Geltung stehenden Tarifen bewendet es, bis sie in vorgedachter Weise abgeändert werden.

[Beihilfe d. Landesfürsorgeverb.] **§ 13.**

(1) Die Landesfürsorgeverbände sind verpflichtet, denjenigen ihrem Bezirk angehörigen Bezirksfürsorgeverbänden eine Beihilfe zu gewähren, welche den ihnen obliegenden Verpflichtungen zu genügen unvermögend sind.

(2) Die Beihilfe kann in Geld oder mittels Bereitstellung von Pflegeanstalten oder in sonst geeigneter Weise erfolgen.

[Unterverteilung d. Fürsorgekosten] **§ 14.**

(1) Die Landesfürsorgeverbände und die Bezirksfürsorgeverbände sind befugt, den durch die Fürsorgepflicht entstehenden Aufwand nach den Vorschriften des Kommunalabgabenrechts auf die Glieder des Verbandes unterzuverteilen, soweit der Aufwand nicht durch eigene Einnahmen des Fürsorgeverbandes gedeckt wird.

(2) Kreisangehörige Gemeinden oder engere Gemeindeverbände (rheinische Landbürgermeistereien[1]), westfälische Ämter und Kirchspiellandgemeinden in den Kreisen Norderdithmarschen, Süderdithmarschen und Husum) tragen 30 vom Hundert des in ihnen entstehenden sachlichen Aufwandes für die dem Landkreis als Bezirksfürsorgeverband obliegenden Fürsorgeaufgaben[2]).

(3) Soweit kreisangehörige Gemeinden oder engere Gemeindeverbände den in ihnen entstandenen Fürsorgeaufwand nicht selbst zu tragen haben, hat ihnen der Bezirksfürsorgeverband erforderlichenfalls angemessene Vorschüsse zu gewähren.

---

[1]) Jetzt auch Ämter, § 2 d. G. vom 27. Dezember 1927, oben Nr. 14.

[2]) § 14 Abs. 2 angefügt durch die VO. vom 28. März 1925.

Kommt eine Vereinbarung nicht zustande, so entscheidet der Bezirksausschuß über Art und Höhe der Vorschußleistung endgültig[1]).

[Übertragung d. Fürsorgeaufgaben] § 15.

(1) Die Durchführung der den Landkreisen als Bezirksfürsorgeverbänden obliegenden Fürsorgeaufgaben, insbesondere die Annahme der Anträge, die Entscheidung über die Anträge und die Durchführung der Fürsorgemaßnahmen sowie die einstweiligen Maßnahmen in dringenden Notfällen, kann durch Beschluß des Kreisausschusses den kreisangehörigen Gemeinden und engeren Gemeindeverbänden ganz oder teilweise übertragen werden[2]).

(2) Kreisangehörige Gemeinden und engere Gemeindeverbände von mehr als 10 000 Einwohnern und in der Provinz Hannover die selbständigen Städte (§ 27 Abs. 1 der Kreisordnung für die Provinz Hannover) sowie die Bezirke der Stadtgemeinde Berlin können die Übertragung der Durchführung von Fürsorgeaufgaben beantragen. Dem Antrag ist zu entsprechen, soweit nicht die Durchführung durch den Bezirksfürsorgeverband selbst für eine wirtschaftlich gesunde Erfüllung der Fürsorgeaufgaben erforderlich ist. Im Streitfall entscheidet der Bezirksausschuß endgültig darüber, ob und in welchem Umfange die Durchführung von Fürsorgeaufgaben zu übertragen ist.

(3) Die Durchführung der kreisangehörigen Gemeinden oder engeren Gemeindeverbänden übertragenen Fürsorgeaufgaben liegt den durch die Gemeindeverfassungsgesetze bestimmten Organen ob.

(4) Die im Abs. 2 genannten Gemeinden und engeren Gemeindeverbände können beanspruchen, daß sie die ihnen zur Durchführung übertragenen Fürsorgeaufgaben selbständig unter eigener Verantwortung verwalten. Im übrigen wird die Verantwortung des Landkreises für die Erfüllung der Fürsorgeaufgaben durch die Übertragung der Durchführung nicht berührt.

[Richtlinien f. § 15] § 16.

(1) Im Falle der Übertragung der Durchführung gemäß § 15 kann zur Sicherung einer einheitlichen Durchführung der Fürsorgeaufgaben innerhalb des Bezirksfürsorgeverbandes der Kreisausschuß im Rahmen der gemäß § 6 der Verordnung über die Fürsorgepflicht erlassenen Bestimmungen des Landes Richtlinien aufstellen, die für die kreisangehörigen Gemeinden und engeren Gemeindeverbände verbindlich sind.

---

[1]) § 14 Abs. 3 angefügt durch die VO. vom 28. März 1925.

[2]) § 15 Abs. 1 i. d. F. d. VO. vom 28. März 1925.

(2) Der Kreisausschuß ist befugt, den für die Durchführung der Fürsorgeaufgaben in den einzelnen Gemeinden und engeren Gemeindeverbänden zuständigen Organen Weisungen hinsichtlich der Art und Weise der Durchführung zu erteilen. Steht die von den zuständigen Organen der Gemeinde oder des engeren Gemeindeverbandes erlassene Entscheidung mit einer solchen Weisung in Widerspruch, so kann der Kreisausschuß die Entscheidung abändern; er muß sie abändern, wenn sie das Gesetz verletzt.

(3) In den Fällen des § 15 Abs. 4 findet Abs. 2 keine Anwendung.

[Abs. 4 gestrichen durch die VO. vom 28. März 1925 Art. III § 3.]

[Gutsbezirke]

§ 17.

Auf die selbständigen Gutsbezirke[1]) finden die Vorschriften für Landgemeinden Anwendung.

[Beiräte]

§ 18.

(1) Bei der Aufstellung von Grundsätzen und Richtlinien, die die Durchführung der sozialen Fürsorge für Kriegsbeschädigte und Kriegshinterbliebene und die ihnen auf Grund der Versorgungsgesetze Gleichstehenden zum Gegenstande haben, haben die Fürsorgeverbände einen Beirat zuzuziehen. Diesem müssen mindestens zwei Vertreter der Kriegsbeschädigten und Kriegshinterbliebenen angehören, ihre Zahl muß gleich der der übrigen Mitglieder sein.

(2) Bei der Aufstellung von Richtlinien und Richtsätzen für die übrige Fürsorge haben die Fürsorgeverbände einen Beirat zu hören. Diesem müssen

1. Personen aus den Kreisen der Hilfsbedürftigen oder Vertreter derselben, insbesondere solche ihrer Vereinigungen,
2. Vertreter von Vereinen, die Hilfsbedürftige betreuen,

angehören[2]).

(3) Die Berufung der Mitglieder erfolgt durch die Verwaltungsorgane der Fürsorgeverbände. Der Vorsitzende des Verwaltungsorgans des Fürsorgeverbandes oder ein von ihm zu bestellender Vertreter ist Vorsitzender des Beirats[2]).

(4) Einem nach Abs. 2 zu bildenden Beirat stehen nach den Gemeindeverfassungsgesetzen berufene städtische Deputationen (Ausschüsse im Sinne des § 77 der revidierten Hannoverschen Städteordnung vom 24. Juni 1855) oder deren Unterausschüsse gleich, sofern ihnen die Aufgaben des Abs. 2 übertragen sind und ihre Zusammensetzung dessen Vorschriften genügt[2]).

---

[1]) S. über diese §§ 11 ff. d. G. vom 27. Dezember 1927, oben Nr. 14.

[2]) § 18 Abs. 2 bis 4 i. d. F. d. G. vom 29. März 1927 Art. I 1.

[Freie Wohlfahrtspflege] **§ 19.**

Die Verbände und Einrichtungen der freien Wohlfahrtspflege sind in möglichst weitem Umfange bei der Fürsorge zu beteiligen.

[Verfahren bei Fürsorgeanträgen] **§ 20**[1]).

(1) Anträge auf Fürsorge können nur nach Maßgabe der nachstehenden Bestimmungen verfolgt werden. Anträge können sowohl bei dem Gemeindevorstande des Aufenthaltsorts als auch bei dem Bezirksfürsorgeverbande schriftlich oder mündlich gestellt werden. Die den Antrag entgegennehmende Stelle hat ihn an die für die Entscheidung über den Antrag zuständige Stelle unverzüglich weiterzuleiten.

(2) Gegen Verfügungen der Landesfürsorgeverbände Stadtgemeinde Berlin und Landeskommunalverband Lauenburg, der Bezirksfürsorgeverbände und der kreisangehörigen Gemeinden oder engeren Gemeindeverbände darüber, ob, in welcher Höhe und in welcher Weise Fürsorge zu gewähren ist, steht dem Fürsorgesuchenden der E i n s p r u c h zu. Der Einspruch ist bei derjenigen Stelle anzubringen, die die Verfügung erlassen hat. Der zurückweisende Bescheid ist mit Gründen und einer Belehrung über das zulässige Rechtsmittel zu versehen. Wollen kreisangehörige Gemeinden oder engere Gemeindeverbände dem Einspruche nicht stattgeben, so haben sie ihn, sofern es sich nicht um eine Stadt von mehr als 10 000 Einwohnern oder in der Provinz Hannover um eine der selbständigen Städte (§ 27 Abs. 1 der Kreisordnung für die Provinz Hannover) handelt, dem zuständigen Organ des Bezirksfürsorgeverbandes zur Entscheidung vorzulegen.

(3) Sofern es sich um eine Maßnahme der sozialen Fürsorge für Kriegsbeschädigte und Kriegshinterbliebene oder ihnen auf Grund der Versorgungsgesetze Gleichstehende handelt, haben bei der Entscheidung über den Einspruch mindestens zwei Vertreter der Kriegsbeschädigten und Kriegshinterbliebenen mit vollem Stimmrechte mitzuwirken. In sonstigen Fällen ist vor der Entscheidung über den Einspruch der nach § 18 Abs. 2 zu bildende Beirat oder ein nach den gleichen Grundsätzen zusammengesetzter Ausschuß desselben zu hören; im Falle des Abs. 2 Satz 4 gilt dies jedoch nur bei der Entscheidung durch das zuständige Organ des Bezirksfürsorgeverbandes; kreisangehörige Städte mit mehr als 10 000 Einwohnern und selbständige Städte der Provinz Hannover haben zu diesem Zwecke unter entsprechender Anwen-

[1]) § 20 i. d. F. d. G. vom 17. Februar 1926 Art. I 4 und (zu Abs. 3 und 5) des G. vom 29. März 1927 Art. I 2.

dung des § 18 Abs. 2 und 3 einen Beirat zu bilden, dem nach den Gemeindeverfassungsgesetzen berufene städtische Deputationen oder Ausschüsse (§ 18 Abs. 4) oder deren Unterausschüsse, sofern ihre Zusammensetzung den Vorschriften des § 18 Abs. 2 genügt, gleichstehen[1]).

(4) Gegen die Zurückweisung des Einspruchs steht dem Fürsorgesuchenden binnen zwei Wochen die Beschwerde an den Bezirksausschuß zu, welcher endgültig beschließt.

(5) Gegen Verfügungen der sonstigen Landesfürsorgeverbände darüber, ob, in welcher Höhe und in welcher Weise Fürsorge zu gewähren ist, steht dem Fürsorgesuchenden der Einspruch zu. Über den Einspruch beschließen endgültig der Landesdirektor (Landeshauptmann), in den Hohenzollernschen Landen der Vorsitzende des Landesausschusses, und zwei Mitglieder des Provinzial- (Landes-) Ausschusses. Sofern es sich um eine Maßnahme der sozialen Fürsorge für Kriegsbeschädigte oder Kriegshinterbliebene oder ihnen auf Grund der Versorgungsgesetze Gleichstehende handelt, sind außerdem mindestens zwei Vertreter der Kriegsbeschädigten und Kriegshinterbliebenen mit vollem Stimmrechte zuzuziehen. Werden mehr als zwei Vertreter zugezogen, so muß die Zahl der mitwirkenden Mitglieder des Provinzialausschusses gleich groß sein. Vor der Entscheidung über den Einspruch in sonstigen Fällen ist der nach § 18 Abs. 2 zu bildende Beirat oder ein nach den gleichen Grundsätzen zusammengesetzter Ausschuß desselben zu hören[1]).

[Unterbringung in Arbeitsanstalten] § 21.

(1) Wer infolge seines sittlichen Verschuldens der öffentlichen Fürsorge selbst anheimfällt oder einen Unterhaltsberechtigten im Sinne des § 20 der Verordnung über die Fürsorgepflicht anheimfallen läßt, kann, wenn er Arbeit beharrlich ablehnt oder sich der Unterhaltspflicht beharrlich entzieht, auch gegen seinen Willen auf Antrag des vorläufig oder endgültig verpflichteten Fürsorgeverbandes durch Beschluß des Bezirksausschusses für die Dauer seiner oder des Unterhaltsberechtigten Fürsorgebedürftigkeit in einer öffentlichen Arbeitsanstalt oder in einer staatlich als geeignet anerkannten Privatanstalt untergebracht werden. Der Untergebrachte ist verpflichtet, für Rechnung des Fürsorgeverbandes die ihm angewiesenen Arbeiten nach dem Maße seiner Kräfte zu verrichten. Die Unterbringung erfolgt nicht:

1. wenn die Fürsorgebedürftigkeit nur durch vorübergehende Umstände verursacht ist;

---

1) Abs. 3 und 5 i. d. F. d. G. vom 29. März 1927 Art. I 2.

2. wenn der Unterzubringende nicht arbeits- oder erwerbsfähig ist;
3. wenn er entsprechend seiner Arbeits- und Erwerbsfähigkeit zum Unterhalt von Verwandten beiträgt, die vor dem der Fürsorge Anheimgefallenen unterhaltsberechtigt sind;
4. wenn die Unterbringung mit erheblichen, den Umständen nach nicht gerechtfertigten Härten oder Nachteilen für das Fortkommen des Unterzubringenden verbunden sein würde.

(2) Anstatt der Unterbringung in einer Arbeitsanstalt kann auch die Einweisung in eine Erziehungs- oder Heilanstalt (insbesondere auch Trinkerheilanstalt) angeordnet werden, in welcher Gelegenheit gegeben ist, den Eingewiesenen mit angemessener Arbeit zu beschäftigen.

[Zuständige Behörde § 21] **§ 22.**

Zuständig für den Erlaß der Beschlüsse gemäß § 21 ist die für den Aufenthaltsort des Unterzubringenden oder eines unterstützten Unterhaltsberechtigten zuständige Beschlußbehörde. Ist zur Fürsorge für den Unterzubringenden ein Landesfürsorgeverband endgültig verpflichtet, so kann die Beschlußbehörde die Entscheidung an die für den Sitz des Landesfürsorgeverbandes zuständige Behörde überweisen. Sie ist hierzu auf Antrag des Landesfürsorgeverbandes verpflichtet.

[Entscheidung] **§ 23.**

(1) Die Entscheidung des Bezirksausschusses ergeht auf Grund mündlicher Verhandlung. Sie ist mit Gründen zu versehen. Vor der Entscheidung ist der Unterzubringende, gegen den das Verfahren sich richtet, zu hören, soweit dies nicht durch besondere Umstände ausgeschlossen ist. Das Beschlußverfahren kann so lange ausgesetzt werden, bis über die Klage des Unterzubringenden, der seine Unterhaltspflicht bestreitet, im ordentlichen Rechtswege rechtskräftig entschieden ist. Im übrigen finden auf das Verfahren die Vorschriften der §§ 52, 115, 116, 119 bis 126 des Gesetzes über die allgemeine Landesverwaltung vom 30. Juli 1883 (Gesetzsamml. S. 195 ff.) sinngemäße Anwendung.

(2) Gegen den Beschluß des Bezirksausschusses findet innerhalb zweier Wochen der Antrag auf mündliche Verhandlung im Verwaltungsstreitverfahren statt. Die Entscheidung des Bezirksausschusses im Verwaltungsstreitverfahren ist endgültig.

(3) Der Antrag auf mündliche Verhandlung hat keine aufschiebende Wirkung. Der Bezirksausschuß kann indessen die Vollstreckung der Anordnung auf Antrag oder von Amts wegen

bis zur endgültigen Entscheidung aussetzen. Vor der Aussetzung ist der Fürsorgeverband zu hören.

[Vollstreckung der Entscheidung] § 24.

(1) Die Vollstreckung des Beschlusses liegt dem antragstellenden Fürsorgeverbande ob. Der vorläufig fürsorgepflichtige Fürsorgeverband ist berechtigt, sie dem Erstattungspflichtigen zu überweisen.

(2) Die Fürsorgeverbände sind berechtigt, die einer Arbeitsanstalt überwiesenen Personen in Anstalten außerhalb ihres Bezirkes unterzubringen oder ihnen Arbeiten auch ohne Aufnahme in eine geschlossene Arbeitsanstalt anzuweisen.

[Entlassung aus der Arbeitsanstalt] § 25.

(1) Die Entlassung aus der Arbeitsanstalt ist von dem Fürsorgeverbande zu verfügen, sobald die gesetzlichen Voraussetzungen der Unterbringung weggefallen sind.

(2) Beantragt der Untergebrachte die Aufhebung des Unterbringungsbeschlusses mit der Behauptung, daß dessen Voraussetzungen weggefallen sind, so entscheidet über diesen Antrag der Bezirksausschuß, der den Beschluß erlassen hat; für das Verfahren gelten die Vorschriften des § 23.

[Beurlaubung des Untergebrachten] § 26.

(1) Der Fürsorgeverband kann den Untergebrachten für eine angemessene Zeit beurlauben. Bleibt der Beurlaubte oder ein Unterhaltsberechtigter während der Beurlaubung fürsorgebedürftig (§ 21), so kann auf Antrag des Fürsorgeverbandes durch Bescheid des Vorsitzenden des Bezirksausschusses, der den Unterbringungsbeschluß erlassen hat, die Wiedereinlieferung des Beurlaubten verfügt werden. In dem Bescheid ist den Beteiligten zu eröffnen, daß sie befugt sind, innerhalb zweier Wochen auf Beschlußfassung durch das Kollegium anzutragen. Dieses entscheidet endgültig. Im übrigen finden die Vorschriften des § 117 Abs. 4 und 5 des Landesverwaltungsgesetzes mit der Maßgabe Anwendung, daß der Antrag auf Beschlußfassung durch das Kollegium keine aufschiebende Wirkung hat.

(2) Wird während der Beurlaubung eine Wiedereinlieferung nicht verfügt, so gilt der Beurlaubte als endgültig entlassen.

(3) Wird der Antrag auf Beurlaubung von dem Untergebrachten nach Ablauf von drei Monaten seit der Unterbringung oder der Wiedereinlieferung oder der Ablehnung eines solchen Antrages gestellt, so hat, wenn der Fürsorgeverband dem Antrage nicht entsprechen will, der Vorsitzende des Bezirksaus-

schusses, der den Unterbringungsbeschluß erlassen hat, einen Bescheid zu erteilen. Auf das Verfahren finden Satz 2 und 3 des Abs. 1 Anwendung.

(4) Wenn die Unterbringung ein Jahr gedauert hat, muß der Untergebrachte auch ohne Antrag beurlaubt werden. Eine erneute Unterbringung darf alsdann erst nach Ablauf von drei Monaten beschlossen werden.

[Verwendung des Arbeitsverdienstes] § 27.

Aus dem Arbeitsverdienste des Untergebrachten sind zunächst die Kosten der Unterbringung zu decken. Aus dem Überschuß sind die Kosten der Fürsorge, die den Angehörigen des Untergebrachten für die Zeit der Unterbringung gewährt wird, zu bestreiten. Der dann noch verbleibende Rest ist dem Untergebrachten bei der Entlassung auszuhändigen.

[Hausordnung der Arbeitsanstalt] § 28.

Für jede Arbeitsanstalt ist eine Hausordnung aufzustellen, welche Vorschriften über die Aufnahme und Behandlung, die Art der Beschäftigung und Entlohnung sowie über die Berechnungsweise der Kosten der Unterbringung (§ 27) enthalten muß und der staatlichen Bestätigung bedarf. Dies gilt sinngemäß, wenn dem Untergebrachten ohne Aufnahme in eine geschlossene Arbeitsanstalt Arbeit angewiesen wird.

[Polizeiliche Hilfe] § 29.

(1) Die Polizeiverwaltungen sind verpflichtet, die zur Vorbereitung des Unterbringungsverfahrens und zur Durchführung der Vollstreckung etwa erforderliche Hilfe zu gewähren.

(2) Insbesondere haben sie auf Antrag des Fürsorge gewährenden Fürsorgeverbandes den gemäß § 21 Unterzubringenden, der einer Vorladung der Fürsorgebehörde nicht Folge leistet, an Stelle der Fürsorgebehörde zu vernehmen oder dieser vorzuführen.

(3) Die entstehenden Transportkosten fallen in allen Fällen dem endgültig fürsorgepflichtigen Fürsorgeverband zur Last.

[Ersatz der Unterhaltspflichtigen] § 30.

(1) Auf Antrag des die Fürsorge gewährenden Fürsorgeverbandes kann durch Beschluß des Kreis- (Stadt-) Ausschusses nach Anhören der Beteiligten den nach den Vorschriften des Bürgerlichen Gesetzbuches Unterhaltspflichtigen oder nach § 22 der Verordnung über die Fürsorgepflicht Ersatzpflichtigen auferlegt

werden, dem Hilfsbedürftigen nach Maßgabe ihrer gesetzlichen Verpflichtung den erforderlichen Unterhalt zu gewähren oder dem Fürsorgeverband für die Kosten der Fürsorge Ersatz zu leisten. Auf den Vater eines unehelichen Kindes findet diese Vorschrift nur insoweit Anwendung, als er seine Vaterschaft nach § 1718 BGB. anerkannt hat oder seine Unterhaltspflicht in einem vollstreckbaren Titel festgestellt ist.

(2) Die Beschlußfassung steht dem Kreis- (Stadt-) Ausschuß des Stadt- oder Landkreises zu, in dem der in Anspruch genommene Unterhaltspflichtige oder Ersatzpflichtige seinen Wohnsitz hat[1]). Hat der Unterhaltspflichtige oder Ersatzpflichtige im Inland keinen Wohnsitz, so treten an die Stelle der Behörden des Wohnsitzes die Behörden des Aufenthaltsortes. Die Vorschriften des § 59 des Gesetzes über die allgemeine Landesverwaltung vom 30. Juli 1883 finden keine Anwendung. Der Beschluß ist mit Gründen zu versehen. Gegen den Beschluß ist nur der Rechtsweg zulässig.

(3) Der Beschluß des Kreis- (Stadt-) Ausschusses ist vorläufig und nur so lange vollstreckbar, bis mittels rechtskräftigen gerichtlichen Urteils eine abändernde Entscheidung erfolgt ist. Im letzteren Falle hat der antragstellende Fürsorgeverband dem in Anspruch genommenen Unterhaltspflichtigen oder Ersatzpflichtigen das bis dahin Geleistete oder das zuviel Geleistete zu erstatten. Im Weigerungsfalle ist er hierzu im Aufsichtswege anzuhalten.

(4) Im übrigen kann ein Fürsorgeverband in allen Fällen, soweit nicht die Vorschriften, betreffend das Verfahren in Streitsachen zwischen Fürsorgeverbänden, zur Anwendung kommen, die Erstattung bereits verausgabter Fürsorgekosten nur im gerichtlichen Verfahren beanspruchen.

(5) Sowohl bei der Ersatzleistung durch Drittverpflichtete wie auch durch nachträglich zu Vermögen und Einkommen gelangte Hilfsbedürftige ist weitestgehende Rücksicht darauf zu nehmen, daß nicht durch die Art der Kosteneinziehung die wirtschaftliche Existenz der Selbst- oder Drittverpflichteten gefährdet wird[2]).

[Unterbringung auf Antrag des Unterhaltspflichtigen]

§ 31.

Ein Unterhalts- und Ersatzpflichtiger kann bei dem vorläufig oder endgültig verpflichteten Fürsorgeverband beantragen, daß dieser gemäß den Vorschriften des § 21 die Unterbringung

---

1) § 30 Abs. 2 Satz 1 i. d. F. d. G. vom 17. Februar 1926 Art. I 5.
2) § 30 Abs. 5 angefügt durch d. G. vom 17. Februar 1926 Art. I 5.

des Hilfsbedürftigen oder der Person, die den Hilfsbedürftigen durch Verletzung der Unterhaltspflicht der öffentlichen Fürsorge hat anheimfallen lassen, betreibt. Gegen die Ablehnung des Antrages steht die Beschwerde beim Bezirksausschuß zu, der endgültig entscheidet.

§ 32.

[Ändert einige Bestimmungen des Zuständigkeitsgesetzes. Die Änderungen sind bei den betr. Paragraphen des Zuständigkeitsgesetzes (oben Nr. 3) vermerkt.]

[Unterstützungswohnsitzgesetz]

§ 33.

(1) Die §§ 6, 8, 38, 57, 58 und 59 des Gesetzes, betreffend die Ausführung des Bundesgesetzes über den Unterstützungswohnsitz, vom 8. März 1871 (Gesetzsamml. S. 130) in der Fassung des Gesetzes vom 11. Juli 1891 (Gesetzsamml. S. 300) und des Gesetzes vom 23. Juli 1912 (Gesetzsamml. S. 195), das im übrigen aufgehoben wird, finden entsprechende Anwendung.

(2) § 1 des Gesetzes über die öffentliche Krüppelfürsorge vom 6. Mai 1920 (Gesetzsamml. S. 280) wird aufgehoben.

[Gesamtarmenverbände]

§ 34.

Die Bezirksfürsorgeverbände sind Rechtsnachfolger der durch diese Verordnung aufgehobenen Gesamtarmenverbände.

§ 35.

[Gestrichen durch die VO. vom 28. März 1925 Art. III § 3.]

[Landesgrundsätze für die Fürsorge]

§ 36.

(1) Nach Erlaß der Grundsätze gemäß § 6 der Verordnung über die Fürsorgepflicht vom 13. Februar 1924 (Reichsgesetzbl. I S. 100) ist der Minister für Volkswohlfahrt berechtigt, Bestimmungen über Voraussetzung, Art und Maß der zu gewährenden Fürsorge zu erlassen[1]) und hat diese dem Landtage zur Kenntnisnahme vorzulegen[2]).

(2) Bis zum Erlasse dieser Bestimmungen bleiben die Bestimmungen der §§ 1 und 64 zu a des Gesetzes, betreffend die Ausführung des Bundesgesetzes über den Unterstützungswohnsitz, vom 8. März 1871 (Gesetzsamml. S. 130) in Kraft.

[Abs. 3 gestrichen durch G. v. 17. Februar 1926 Art. I 6.]

---

[1]) Die Ausführungsbestimmungen sind ergangen am 31. Mai 1924, geändert durch die Erlasse vom 4. April 1925 und vom 2. April 1927 (Volkswohlfahrt 1924 S. 250, 1925 S. 156, 1927 S. 571).

[2]) § 36 Abs. 1 i. d. F. d. G. vom 17. Februar 1926 Art. I 6.

[Land- und Ortsarmenverbände] **§ 37.**

Soweit in sonstigen Gesetzen oder Verordnungen Landarmenverbände oder Ortsarmenverbände erwähnt sind, treten an deren Stelle die nach dieser Verordnung verpflichteten Landes- oder **Bezirksfürsorgeverbände**.

[Übergangsbestimmung] **§ 38.**

Bis zum 30. April 1924 haben die nach den bisherigen Bestimmungen verpflichteten Gemeinden und Gemeindeverbände die Fürsorgeleistungen vorschußweise für die nach dieser Verordnung verpflichteten Fürsorgeverbände zu gewähren.

[Inkrafttreten] **§ 39.**

Diese Verordnung tritt mit Wirkung vom 1. April 1924 in Kraft.

Sachregister.

Die fettgedruckten Ziffern bezeichnen die Nummern der in der Sammlung enthaltenen Gesetze. Die hinter diesen stehenden Ziffern weisen, soweit nichts anderes gesagt ist, auf die betr. Paragraphen dieser Gesetze hin.

A.

44

44*

S.

Die fetten Ziffern bezeichnen die Gesetze, die gewöhnlichen die Paragraphen.

W.

Z.

Gedruckt bei A. W. Hayn's Erben, Potsdam.

Lehrbücher und Grundrisse der Rechtswissenschaft

Unter Mitarbeit von

Ernst Beling-München, Godehard J. Ebers-Köln a. Rh., Alexander Elster-Berlin, Friedrich Endemann-Heidelberg, Hans Fehr-Bern, Heinrich Gerland-Jena, Julius von Gierke-Göttingen, Justus Wilh. Hedemann-Jena, Herbert Kraus-Göttingen, Heinr. Lehmann-Köln a. Rh., Claudius Freih. v. Schwerin-Freiburg i. Br., Fritz Stier-Somlo-Köln a. Rh.

herausgegeben von

Hans Fehr, Heinrich Gerland, Justus Wilhelm Hedemann, Heinrich Lehmann

und dem redaktionellen Leiter

Fritz Stier-Somlo

Bisher erschienen:

Allgemeiner Teil des Bürgerlichen Gesetzbuches. Von Dr. **Heinrich Lehmann,** o. Professor der Rechte in Köln. Dritte, vermehrte und verbesserte Auflage. Oktav. XIV, 439 Seiten. 1928. (Band I.) 12.–, geb. 13.50

Schuldrecht des Bürgerlichen Gesetzbuches. Von Oberlandesgerichtsrat Dr. **Justus Wilhelm Hedemann,** o. Professor der Rechte in Jena. Oktav. Zweite Auflage. (Band II.) In Bearbeitung.

Sachenrecht. Von Oberlandesgerichtsrat Professor Dr. **Justus Wilhelm Hedemann,** Jena. Oktav. XXXII, 507 Seiten. 1924. (Band III.) 12.—, geb. 13.50

Familienrecht des Bürgerlichen Gesetzbuches einschließlich Jugendfürsorgerecht. Von Dr. **Heinrich Lehmann,** o. Professor an der Universität in Köln. Oktav. XII, 352 Seiten. 1926. (Band IV.) 11.–, geb. 12.50

Erbrecht. Von Oberlandesgerichtsrat Dr. **Friedrich Endemann,** Professor in Heidelberg. Oktav. VIII, 166 Seiten. 1923. (Band V.) 3.—, geb. 4.50

Nachweis wichtiger Gesetzesausgaben

mit und ohne Erläuterungen, größere und kleinere Kommentare, Lehrbücher, Sammelwerke, Entscheidungssammlungen, Zeitschriften

Zusammengestellt vom Verlage Walter de Gruyter & Co., Berlin W 10
Sommer 1930

Inhaltsübersicht

I. Allgemeines, Sammelwerke.

Handwörterbuch der Rechtswissenschaft. Unter Mitberatung von Reichsgerichtspräsident Dr. E. Bumke, L. Busch, Oberreichsanwalt Dr. L. Ebermayer, Geh. Justizrat Professor Dr. Fr. Endemann, Geh. Justizrat Professor Dr. E. Heymann, Senatspräsident am Reichsgericht Dr. O. Strecker, Präsident des Bayrischen Obersten Landesgerichts Staatsrat Dr. K. v. Unzner herausgegeben von Dr. jur. Fritz **Stier-Somlo,** o. Professor an der Universität Köln, und Dr. jur Alex. **Elster,** Berlin. 6 Bände. Lexikon-Oktav. 1926/29.
In Halbleder geb. RM. 304.—

Dazu erscheint ein Ergänzungsband, der das Handwörterbuch bis auf den letzten Stand von Wissenschaft und Praxis fortführt.

„Es zeigt sich doch jetzt immer mehr, daß Ihr Handwörterbuch ein ganz großer Wurf war. Wie ich höre, wird es auch in der Praxis in steigendem Maße benutzt.“ Professor Dr. Nipperdey, Köln.

Bürgerliches Rechtslexikon. (Nach dem Bürgerlichen Gesetzbuch, dem Handelsgesetzbuch und sonstigen Reichs- und Landesgesetzen.) Von E. **Christiani,** weil. Amtsgerichtsrat. Vierte, durchgearbeitete und verbesserte Auflage von Dr. Alexander **Elster,** Rechtsanwalt Dr. Hugo Hoormann, Amtsgerichtsrat Georg Krause, Lexikon-Oktav. IV, 474 Seiten. 1930 . . . . Geb. RM. 15.—

Christianis „Bürgerliches Rechtslexikon“ erscheint nach seinen großen Erfolgen vor dem Kriege nunmehr in vierter Auflage. Die besondere Art der Stichwortaufteilung und die verständliche Darstellung haben es in alle Kreise gelangen lassen, die stets eine Gelegenheit zu zuverlässiger Rechtsbelehrung haben müssen.

Hedemann, J. W., **Einführung in die Rechtswissenschaft.** Zweite, erweiterte und umgestaltete Auflage. Oktav. XXII, 566 Seiten. 1927. (Lehrbücher und Grundrisse der Rechtswissenschaft Bd. IX.)
RM. 14.—, geb. RM. 16.—

„. . . Das Buch Hedemanns, welches die Aufgabe einer Einführung am reichsten und umfassendsten auffaßt und löst . . .“
Juristische Wochenschrift.

Sternberg, Theodor, **Einführung in die Rechtswissenschaft.**
I. Teil: Methoden- und Quellenlehre. Zweite, neugestaltete Auflage. Verbesserter Neudruck. 190 Seiten. 1927. (Sammlung Göschen Bd. 169.) Geb. RM. 1.80
II. Teil: Das Rechtssystem. Erste Hälfte: Grundbegriffe und Privatrecht. Zweite, vermehrte Auflage. 133 Seiten. 1922. (Sammlung Göschen Bd. 170.) . . . . Geb. RM. 1.80

Eine in ihrer Knappheit ganz ausgezeichnete Darstellung der juristischen Begriffe und Probleme.

Schröder, Richard, und **Glitsch,** Heinrich, **Deutsche Rechtsgeschichte. schichte.** Sechste, verbesserte Auflage. Groß-Oktav. Mit einer Abbildung im Text, fünf Tafeln und einem Bildnis. 1124 Seiten. 1922.
RM. 26.—, in Halbleder geb. RM. 30.—

Dieses bekannte Lehrbuch hat sich seit langen Jahren bestens bewährt.

Fehr, Hans, **Deutsche Rechtsgeschichte.** Zweite, verbesserte und ergänzte Auflage. Oktav. 416 Seiten. 1925. (Lehrbücher und Grundrisse der Rechtswissenschaft Bd. X.) RM. 13.—, geb. RM. 14.50

Das Buch gibt eine plastische Darstellung der deutschen Rechtsgeschichte, die eine Anhäufung von Stoff ausdrücklich vermeidet, vielmehr das Schwergewicht auf eine mehr ideengeschichtliche Behandlung des Gegenstandes legt.

Schröder, Richard, und **Glitsch,** Heinrich, **Deutsche Rechtsgeschichte.** Zweite Auflage. Neudruck.
I. Bis zum Ende des Mittelalters. 160 Seiten. 1929. (Sammlung Göschen Bd. 621.) . . . . Geb. RM. 1.80
II. Die Neuzeit. 90 Seiten. 1929. (Sammlung Göschen Bd. 664.) Geb. RM. 1.80

Eine gemeinverständliche kurze Darstellung der deutschen Rechtsgeschichte.

Giese, Friedrich, **Preußische Rechtsgeschichte.** Übersicht über die Rechtsentwicklung der preußischen Monarchie und ihrer Landesteile. Ein Lehrbuch für Studierende. Groß-Oktav. 256 Seiten. 1920. RM. 5.—, geb. RM. 6.50

„Das Buch ist nicht ein, sondern das (bisher fehlende) Lehrbuch der preußischen Rechtsgeschichte.“
Dr. Karl Strupp im „Verwaltungsarchiv“.

von Mayr, Robert, **Römische Rechtsgeschichte.** I. Buch. Die Zeit des Volksrechtes. 1. Hälfte: Das öffentliche Recht. 150 Seiten. 1912. (Sammlung Göschen Bd. 577.) . . . . Geb. RM. 1.80
2. Hälfte: Das Privatrecht. 117 Seiten. 1912. (Sammlung Göschen Bd. 578.) . . . . Geb. RM. 1.80
II. Buch: Die Zeit des Amts- und Verkehrsrechtes. 1. Hälfte: Das öffentliche Recht. 158 Seiten. 1912. (Sammlung Göschen Bd. 645.) Geb. RM. 1.80
2. Hälfte: Das Privatrecht I. 122 Seiten. 1913. (Sammlung Göschen Bd. 646.) . . . . Geb. RM. 1.80
Das Privatrecht II. 150 Seiten. 1913. (Sammlung Göschen Bd. 647.) Geb. RM. 1.80
III. Buch. Die Zeit des Reichs- und Volksrechtes. 111 Seiten. 1913. (Sammlung Göschen Bd. 648.) . . . . Geb. RM. 1.80
IV. Buch. Die Zeit der Orientalisierung des römischen Rechtes. 155 Seiten. 1913. (Sammlung Göschen Bd. 697.) . . . . . Geb. RM. 1.80

Stammler, Rudolf, **Lehrbuch der Rechtsphilosophie.** Dritte, vermehrte Auflage. Groß-Oktav. XVI, 396 Seiten. 1928. RM. 13.—, geb. RM. 15.—

„. . . Ein Werk aus einem Gusse, ein herbes Werk von größter wissenschaftlicher Strenge, eine Schule, durch die jeder gehen muß, der mit den rechtsphilosophischen Problemen der Gegenwart ringt.“
Schweizerische Juristenzeitung.

Stammler, Rudolf, **Rechts- und Staatstheorien der Neuzeit.** Leitsätze zu Vorlesungen. Zweite, vermehrte und verbesserte Auflage. Oktav. IV, 116 Seiten. 1925. . . . . RM. 3.50, geb. RM. 4.50

Ein unentbehrlicher Führer durch die Rechts- und Staatstheorien der Neuzeit.

Stammler, Rudolf, **Wirtschaft und Recht** nach der materialistischen Geschichtsauffassung. Eine sozialphilosophische Untersuchung. Fünfte, durch einen Nachtrag ergänzte Auflage. Oktav. VIII, 704 Seiten. 1924. . . . . RM. 14.—, geb. RM. 16.—

„Das Werk Stammlers darf den Ruhm in Anspruch nehmen, unter allen Büchern, die in der letzten Zeit auf dem hier in Betracht kommenden Gebiet erschienen sind, die stärkste Wirkung hervorgebracht zu haben.“ *Historische Zeitschrift.*

Friedrichs, Karl, **Der Allgemeine Teil des Rechts.** Eine Darstellung der gemeinsamen Lehren des öffentlichen und des privaten Rechts. Groß-Oktav. X, 306 Seiten. 1927. . . . . . . RM. 12.—, geb. RM. 13.50

„Eine solche Arbeit fehlte bisher in der juristischen Literatur. Friedrichs ist wie kein anderer berufen, eine grundlegende Arbeit über dieses Gebiet zu schreiben.“ *Mitteilungen des Preuß. Richtervereins.*

Maas, Georg, und **Magnus,** Julius, **Abkürzungsverzeichnis der Rechtssprache.** Abkürzungen der Bezeichnungen von Rechtsquellen, Behörden, Entscheidungen usw. des deutschen und österreichischen Rechts. Oktav. IV, 140 Seiten. 1929. . . . . RM. 4.—

„Bis jetzt fehlte eine Zusammenstellung, die in zuverlässiger Weise die gebräuchlichsten Abkürzungen wiedergab. Diese Lücke füllt das neue Buch in glücklicher Weise aus." Der junge Rechtsgelehrte.

Endemann, Friedrich, **Grundriß des römischen Privatrechts.** Oktav. X, 256 und 30 Seiten. 1925. (Lehrbücher und Grundrisse der Rechtswissenschaft Bd. XII.) . . . . RM. 9.—, geb. RM. 10.50

„. . . ein nach jeder Richtung hochstehendes Werk."
Der junge Rechtsgelehrte.

Stammler, Rudolf, **Aufgaben aus dem römischen Recht.** Der „Institutionenübungen für Anfänger" vierte Auflage. Oktav. IV, 92 Seiten. 1919. Mit Figuren im Text . . . . Geb. RM. 5.—

Zum selbständigen Einarbeiten in das System des römischen Privatrechts.

II. Bürgerliches Recht

1. Bürgerliches Gesetzbuch

Lehmann, Heinrich, **Allgemeiner Teil des Bürgerlichen Gesetzbuches.** Dritte, vermehrte und verbesserte Auflage (9. bis 12. Tausend). Oktav. XIV, 439 Seiten. 1928. (Lehrbücher und Grundrisse der Rechtswissenschaft Bd. I.) . . . . RM. 12.—, geb. RM. 13.50

„Es liegt ein großer pädagogischer Wert in diesem Buch. Es wird sich unter den Studenten rasch großer Beliebtheit erfreuen."
Das Recht.

Leonhard, R., **Der Allgemeine Teil des Bürgerlichen Gesetzbuches** in seinem Einflusse auf die Fortentwicklung der Rechtswissenschaft. Groß-Oktav. XVI, 537 Seiten. 1900. (Recht des Bürgerlichen Gesetzbuches in Einzeldarstellungen Nr. X.) . . . . RM. 10.—

Die Sammlung „Recht des Bürgerlichen Gesetzbuches" umfaßt systematische Darstellungen des BGB. aus der Feder erster Juristen der Wissenschaft und Praxis.

Oertmann, Paul, **Allgemeiner Teil des Bürgerlichen Gesetzbuches.**
I. Einleitung. Lehre von den Personen und von den Sachen. Dritte, verbesserte Auflage. 136 Seiten. 1926. (Sammlung Göschen Bd. 447.) Geb. RM. 1.80
II. Erwerb und Verlust, Geltendmachung und Schutz der Rechte. Dritte, verbesserte Auflage. 147 Seiten. 1928. (Sammlung Göschen Bd. 448.) . . . . Geb. RM. 1.80

Nach der die Vorgeschichte des BGB. und einzelne für seine Bedeutung und Anwendung wichtige Hauptfragen behandelnden Einleitung bespricht der Verfasser die Lehre von den Personen und von den Sachen. Er verarbeitet den Inhalt der einzelnen Gesetzesparagraphen wissenschaftlich und erörtert dabei auch mehrfach Fragen, die im BGB. selbst nicht geregelt, höchstens gestreift werden.

Plancks Kommentar zum Bürgerlichen Gesetzbuch nebst Einführungsgesetz. Bisher herausgegeben von E. Strohal. Bearbeitet von E. Brodmann, L. Busch, J. Ebbecke, F. Flad, M. Greiff, K. Gunkel, P. Knoke, M. Landois, A. Lobe, Fr. Oegg, H. Siber, O. Strecker, K. von Unzner. Vierte, völlig neubearbeitete Auflage. Lexikon-Oktav. Bisher sind erschienen:
I. Band: Allgemeiner Teil. 606 Seiten. 1913. RM. 15.—, geb. RM. 17.—
II. Band, 1. Hälfte: Recht der Schuldverhältnisse. (Allgemeiner Teil.) 640 Seiten. 1914 . . . . RM. 15.—, geb. RM. 17.—

II. Band, 2. Hälfte: Recht der Schuldverhältnisse. (Besonderer Teil.) 1296 Seiten. 1928 . . . . RM. 49.—, geb. RM. 52.—
III. Band: Sachenrecht. 1464 Seiten. 1920. RM. 30.—, geb. RM. 33.—
IV. Band: Familienrecht. 1. Hälfte §§ 1297—1588. 701 Seiten. 1928. RM. 26.—, geb. RM. 28.—
V. Band: Erbrecht. XII, 1136 Seiten. 1930. RM. 51.—, geb. RM. 54.—

„Für jeden Praktiker, der tiefer in den Rechtsstoff eindringen muß, um die zur Entscheidung stehende Frage zu prüfen, ist Plancks Kommentar immer ein zuverlässiger Ratgeber und seine Erläuterung und Meinung von hohem Wert und Gewicht, stets sorgfältiger Beachtung wert.“ Zentralblatt für freiwillige Gerichtsbarkeit.

Das Bürgerliche Gesetzbuch mit besonderer Berücksichtigung der Rechtsprechung des Reichsgerichts. Erläutert von Dr. Busch, Erler, Dr. Lobe, Michaelis, Oegg, Sayn, Schliewen und Seyffarth, Reichsgerichtsräten und Senatspräsidenten am Reichsgericht. Siebente, unveränderte Auflage. 5 Bände. §§ 1—2385. Lexikon-Oktav. 3182 Seiten. 1928 . . . . RM. 125.—, in Halbleder geb. RM. 150.—
I. Band: Allgemeiner Teil. Recht der Schuldverhältnisse I. (Allgemeiner Teil.) — II. Band: Recht der Schuldverhältnisse II. (Einzelne Schuldverhältnisse.) — III. Band: Sachenrecht. — IV. Band: Familienrecht. — V. Band: Erbrecht. Alphabetisches Sachverzeichnis.
(Das Werk wird nur komplett abgegeben.)

*„Eine neue Auflage dieses für die Praxis wertvollsten Kommentars ist ein Ereignis für die Juristenwelt.“
Blätter für Rechtspflege im Bezirk des Kammergerichts.*

Achilles-Greiff, Bürgerliches Gesetzbuch nebst Einführungsgesetz. Mit Einleitung, Anmerkungen und Sachregister. Nach dem Tode des ersten Herausgebers Dr. A. Achilles in Verbindung mit J. Altstötter, Oberamtsrichter in Sonthofen, O. Meyer, Oberlandesgerichtspräsident in Celle, Dr. J. Kieckebusch, Land- und Amtsgerichtsrat in Kassel, Dr. O. Strecker, Senatspräsident am Reichsgericht i. R. in Leipzig, herausgegeben von Dr. M. Greiff, Wirkl. Geh. Oberjustizrat, Oberlandesgerichtspräsident i. R. in Berlin. Dreizehnte, vermehrte und verbesserte Auflage. Mit Erläuterungen der Verordnung über das Erbbaurecht, des Gesetzes über die religiöse Kindererziehung und des Gesetzes für Jugendwohlfahrt. Groß-Oktav. XXIII, 1304 Seiten. 1930. (Guttentagsche Sammlung Deutscher Reichsgesetze Bd. 38/39.) . . . . RM. 24.—

„Das ausgezeichnete Buch, das einer weiteren Empfehlung kaum bedarf, wird seine führende Stellung unter den Handausgaben ohne Zweifel behaupten.“ Juristische Rundschau.

Bürgerliches Gesetzbuch nebst Einführungsgesetz. Vom 18. August 1896 mit Berücksichtigung der bis zum 1. Januar 1928 ergangenen Abänderungen. Textausgabe mit ausführlichem Sachregister. Sechzehnte Auflage. (61. bis 66. Tausend). Taschenformat. 758 Seiten. 1928. (Guttentagsche Sammlung von Textausgaben ohne Anmerkungen mit Sachregister.) . . . . Geb. RM. 5.—

Die vorliegende Ausgabe zeichnet sich durch Vollständigkeit und besondere Ausführlichkeit des Sachregisters aus.

Lindemann, Otto, Ausführungsgesetz zum Bürgerlichen Gesetzbuche vom 20. September 1899 nebst einem Anhang: Verordnung zur Ausführung des Bürgerlichen Gesetzbuchs vom 16. November 1899. Nach dem Tode des früheren Herausgebers Kammergerichtsrat Dr. P. Siméon, erläutert von Geh. Oberjustizrat Otto Lindemann, Ministerialdirektor im Pr. Justizministerium. Vierte Auflage. Etwa 220 Seiten. 1930. (Guttentagsche Sammlung Preußischer Gesetze Bd. 23.) Geb. RM. 5.—

Die neue Auflage kommt im richtigen Augenblick, um dem fühlbaren Mangel an neuen Bearbeitungen der Ausführungsgesetze zum Bürgerlichen Gesetzbuch abzuhelfen. Sie ist völlig neu bearbeitet und nach den Ergebnissen von Gesetzgebung und Rechtsprechung bis in die jüngste Zeit ergänzt.

v. Schwerin, Cl., Frhr., **Grundzüge des deutschen Privatrechts.** Zweite Auflage. Oktav. XII, 342 Seiten. 1928. (Lehrbücher und Grundrisse der Rechtswissenschaft Bd. XIII.) RM. 9.50, geb. RM. 11.—

„Was dem Studenten not tut, ist ein kurzgefaßtes Handbuch. ... Ein ausgezeichnetes Hilfsmittel dieser Art ist das vorliegende Buch."
Zeitschrift für Rechtspflege in Bayern.

Wegner, Arthur, **Jugendrecht.** Ein Lehrbuch zur Einführung. Oktav. IX, 219 Seiten. 1929 . . . . RM. 6.—, geb. RM. 7.50

„Ein gleichartiges und gleichwertiges Werk über das Jugendgericht gibt es noch nicht." *Breslauer Zeitung.*

Schuldverhältnisse insbesondere

Hedemann, Justus Wilh., **Schuldrecht des Bürgerlichen Gesetzbuches.** Oktav. Zweite Auflage in Bearbeitung. (Lehrbücher und Grundrisse der Rechtswissenschaft Bd. II.)

„Die Schrift bietet die beste mir bekannte Einführung in das schwierige Recht der Schuldverhältnisse." *Staats- und Selbstverwaltung.*

Oertmann, Paul, **Schuldrecht.** (BGB. II.)
I. Allgemeine Lehren. Dritte, verbesserte Auflage. 142 Seiten. 1927. (Sammlung Göschen Bd. 323.) . . . . Geb. RM. 1.80
II. Die einzelnen Schuldverhältnisse. Dritte, verbesserte Auflage. 159 Seiten. 1929. (Sammlung Göschen Bd. 324.) . . Geb. RM. 1.80

„In knapper Form und gemeinverständlicher Ausdrucksweise ist ein vorzüglicher Überblick über den Stoff gegeben."
Leipziger Zeitschrift für deutsches Recht.

Meyer, Georg, **Das Recht der Beschlagnahme von Lohn- und Gehaltsforderungen.** Sechste Auflage. Taschenformat. 1927. Mit Nachtrag 1928. (Guttentagsche Sammlung Deutscher Reichsgesetze Bd. 55.) Geb. RM. 4.50

„Das Buch ist in flüssiger, übersichtlicher Form geschrieben und schöpft aus der Praxis für die Praxis; ein Handbuch nicht nur für den Juristen, sondern ebenso für das kaufmännische Büro, die Fabrik und das Handelsgeschäft." *Württembg. Wirtschafts-Zeitung.*

Seligsohn, Franz, **Haftpflichtgesetz.** Groß-Oktav. 349 Seiten. 1920. RM. 8.—, geb. RM. 9.50

„Das reiche Material hat der Verfasser mit logischer Schärfe und in knapper Form bearbeitet und damit ein mustergültiges Werk geschaffen, das für die meist veralteten Kommentare zum Reichshaftpflichtgesetz einen wertvollen Ersatz bietet."
Blätter für Rechtspflege im Bezirk des Kammergerichts.

Krieg, O., **Mietrecht und Wohnungsmangelgesetzgebung** im Reiche, in Preußen und in Berlin, einschließlich Hauszinssteuer, Kostenwesen und Rechtsentscheiden des Kammergerichts und des Obersten Landesgerichts. Zusammengestellt und mit ausführlichem Schlagwortregister versehen. Vierte Auflage. Taschenformat. XII, 594 Seiten. 1928. (Guttentagsche Sammlung Deutscher Reichsgesetze Bd. 156.) Geb. RM. 10.—

„Eine solche Ausgabe zu besitzen, ist wertvoll. Diese Ausgabe verdient schon wegen ihrer Vollständigkeit besondere Beachtung. Ein vortreffliches Sachregister ist beigegeben." *Juristische Wochenschrift*

Stölzle, Hans, **Viehkauf** nach Bürgerlichem Gesetzbuch und ausländischem Recht. Verordnung, betreffend die Hauptmängel und Gewährfristen beim Viehhandel. Von Eugen Fröhner. Sechste, vermehrte und wesentlich verbesserte Auflage. Taschenformat. 699 Seiten. 1926. (Guttentagsche Sammlung Deutscher Reichsgesetze Bd. 50.) Geb. RM. 15.—

„Das Buch ist Juristen wie Laien als lichtvoller Ratgeber in allen Fragen nur auf das wärmste zu empfehlen."
Deutsche Juristen-Zeitung.

Hoffmann, J., **Abzahlungsgeschäfte.** Vierte Auflage, besorgt von K.-A. Crisolli. Taschenformat. Im Druck. (Guttentagsche Sammlung Deutscher Reichsgesetze Bd. 34.)

„Jeder, der mit Abzahlungsgeschäften zu tun hat, kann sich bestens aus dem Büchlein informieren. Der Kommentar ermöglicht es auch dem Laien, sich mit allen einschlägigen Fragen vertraut zu machen."
Berliner Intelligenz-Blatt.

Harnier, Ed., **Sicherung der Bauforderungen.** Dritte Auflage. Taschenformat. 122 Seiten. 1912. (Guttentagsche Sammlung Deutscher Reichsgesetze Bd. 93.) . . . . Geb. RM. 1.80

„Die vorliegende Neubearbeitung der kleinen Ausgabe des äußerst schwierigen Gesetzes findet einen weiterstreckten Interessenkreis. Nach einer äußerst klaren Einleitung werden seine Bestimmungen an der Hand der Gesetzesmaterialien und auf dem Boden des geltenden Rechts, unter Herstellung des Zusammenhanges mit ihm, in knappen Anmerkungen erläutert." *Mitteilungen der Handelskammer Breslau.*

Göppert, H., **Gesetz, betreffend die gemeinsamen Rechte der Besitzer von Schuldverschreibungen.** Zweite Auflage, bearbeitet von E. Trendelenburg. Taschenformat. 156 Seiten. 1915. (Guttentagsche Sammlung Deutscher Reichsgesetze Bd. 52.) . . . . . Geb. RM. 1.50

Dungs, H., **Sechs Haager Abkommen über internationales Privatrecht.** Taschenformat. 116 Seiten. 1910. (Guttentagsche Sammlung Deutscher Reichsgesetze Bd. 98.) . . . . Geb. RM. 1.50

„Die diesen Abkommen vom Verfasser beigefügten Erläuterungen sind kurz und klar gefaßt und entsprechen den allgemeingültigen Anschauungen. Der Kommentar von Dungs kann nur angelegentlichst empfohlen werden." *Juristisches Literaturblatt.*

Bogeng, G., **Die Haager Abkommen über das internationale Privatrecht.** Taschenformat. 173 Seiten. 1908. (Guttentagsche Sammlung Deutscher Reichsgesetze Bd. 90.) . . . . Geb. RM. 2.—

Sachenrecht insbesondere

Hedemann, Justus Wilh., **Sachenrecht des Bürgerlichen Gesetzbuches.** Oktav. XXXII, 507 Seiten. 1924. (Lehrbücher und Grundrisse der Rechtswissenschaft Bd. III.) . . . . . RM. 12.—, geb. RM. 13.50

„Ein trotz seiner Kürze ausgezeichnetes und inhaltreiches Lehrbuch, nicht nur für den Studierenden, sondern auch für ältere Juristen. Die Arbeit ist wissenschaftlich tiefgründig und doch gemeinverständlich geschrieben." *Zeitschrift des Deutschen Notarvereins.*

Kretschmar, F., **Sachenrecht.**

I. Allgemeine Lehren. Besitz und Eigentum. Zweite, verbesserte Auflage. 142 Seiten. 1922. (Sammlung Göschen Bd. 480.) Geb. RM. 1.80

II. Begrenzte Rechte. 144 Seiten. 1923. (Sammlung Göschen Bd. 481.) Geb. RM. 1.80

Diese Bändchen bieten die Grundzüge des Sachenrechts in gedrängter und klarer Form.

Lenzen, Georg, **Das Deutsche Pfandleihrecht.** Kommentar zum preußischen Pfandleihgesetz unter Berücksichtigung der außerpreußischen Gesetze. Oktav. XXVI, 266 Seiten. 1929 . . . . Geb. RM. 20.—

„Diese zusammenfassende Darstellung ist die erste ihrer Art und sehr verdienstlich. Das Buch regt zu allerhand Fragen an."
Juristische Wochenschrift.

Günther, Hermann, Erbbaurecht. Taschenformat. 167 Seiten. 1919. (Guttentagsche Sammlung Deutscher Reichsgesetze Bd. 135.)
Geb. RM. 2.—

„Günther ist ausführlich, ohne weitschweifig zu sein; ausgezeichnete Vorbemerkungen geben vorzügliche Übersicht und wahren den Zusammenhang. Überall ist der bisherige Rechtszustand, der ja für absehbare Zeit seine Bedeutung behält, mit in das Bereich der Betrachtungen gezogen. Der Praxis wird das Werk von hervorragendem Nutzen sein." *Beiträge zur Erläuterung des deutschen Rechts.*

Arnheim, Hugo, **Grundbuchordnung.** Kommentar zur Grundbuchordnung für das Deutsche Reich nebst den für Preußen erlassenen Ausführungsbestimmungen. Zweite, völlig neubearbeitete Auflage. Lexikon-Oktav. 959 Seiten. 1913 . . . . RM. 15.—

„Der Band weist außerordentliche Gründlichkeit, Klarheit und Übersichtlichkeit auf. Man kann wohl sagen, daß kaum eine Frage auftauchen wird, die nicht wenigstens berührt wäre; die bisher zutage getretenen Fragen aber sind sämtlich in der eingehendsten Weise erörtert." *Zentralblatt für freiwillige Gerichtsbarkeit.*

Fischer, Otto, und **Fischer,** Norbert, **Grundbuchordnung für das Deutsche Reich** nebst den preußischen Ausführungsbestimmungen. Neunte, durchgearbeitete und ergänzte Auflage. Taschenformat. 322 Seiten. 1927. (Guttentagsche Sammlung Deutscher Reichsgesetze Bd. 42.) Geb. RM. 5.—

„Eine der vortrefflichen alteingeführten Handausgaben der Guttentagschen Sammlung, bei der schon die Auflagenziffer für die Brauchbarkeit in der Praxis spricht. Nach wie vor ist das Buch ein vortrefflicher Wegweiser und Berater." *Juristische Wochenschrift.*

Ricks, Gerhard, **Die Grundbuchpraxis.** Ein Handbuch für den täglichen Gebrauch in Grundbuchsachen. Achte Auflage. Groß-Oktav. XII, 412 Seiten. 1929 . . . . RM. 12.—, geb. RM. 14.—

„Das Buch hat einen Anspruch darauf, in der Praxis geradezu verschlungen zu werden. Es ist aus der täglichen Praxis heraus für die Praxis lebensfrisch und unterhaltend geschrieben." *Mitteilg. a. d. Württemb. Notariats-Praxis.*

Friedlaender, Martin, **Hypothekenbeschaffung für Wohn- und Geschäftshäuser.** Handbuch für die Praxis der Grundstückswirtschaft. Groß-Oktav. VIII, 151 Seiten. 1929 . . . . . RM. 6.—, geb. RM. 7.50

„Das Buch gibt einen außerordentlich praktischen Überblick über alle Fragen der Hypothekenbeschaffung. Die anschauliche Art der Zergliederung und die gründliche Darlegung des Statuts sichern dem Buch eine weite Verbreitung." *Deutsche Sparkassen-Zeitung.*

Familienrecht, Erbrecht

Lehmann, Heinrich, **Familienrecht** des Bürgerlichen Gesetzbuches einschließlich Jugendfürsorgerecht. Oktav. XII, 352 Seiten. 1926. (Lehrbücher und Grundrisse der Rechtswissenschaft Bd. IV.) RM. 11.—, geb. RM. 12.50

„Die Schilderung Lehmanns ist überall anregend und fesselnd. Das Werk kann allen Rechtsstudenten und Referendaren zur Anschaffung dringend empfohlen werden." *Der junge Rechtsgelehrte.*

Titze, Heinrich, **Familienrecht.** (BGB. IV.) 169 Seiten. Neudruck. 1924. (Sammlung Göschen Bd. 305.) . . . . Geb. RM. 1.80

Endemann, Fr., **Erbrecht.** Oktav. XII, 166 Seiten. 1923. (Lehrbücher und Grundrisse der Rechtswissenschaft Bd. V.) RM. 3.—, geb. RM. 4.50

„Dieser Leitfaden behandelt den spröden Stoff des schwierigen Erbrechts in meisterhafter, fesselnder Darstellung." *Zeitschrift des Bundes Deutscher Justizamtmänner.*

Blume, Wilh. von, **Erbrecht.** (BGB. V.)

I. Einleitung. Die Grundlagen des Erbrechts. 75 Seiten. 1913. (Sammlung Göschen Bd. 659.) . . . . Geb. RM. 1.80

II. Die Nachlaßbeteiligten. Mit 23 Figuren. 131 Seiten. 1913. (Sammlung Göschen Bd. 660.) . . . . Geb. RM. 1.80

Riesenfeld, S., **Die Erbenhaftung nach dem Bürgerlichen Gesetzbuch.** Groß-Oktav. 2 Bände. 1916 . . . . . RM. 15.—, geb. RM. 18.—
I. Band: Die Grundsätze der Haftung. XII, 461 Seiten.
II. Band: Das Inventar und die Mittel der Haftungsbeschränkung. VIII, 455 Seiten.

„Ein hervorragendes Werk, das in allen Teilen die vollständige Beherrschung des schwierigen Stoffes erkennen läßt und sich dabei durch klare und gemeinverständliche Darstellung auszeichnet."
Sächsisches Archiv für Rechtspflege.

Aufwertung

Michaelis, Richard, **Das Aufwertungsrecht** nach den Aufwertungsgesetzen und nach allgemeinem bürgerlichem Rechte. Kommentar zu den Gesetzen vom 16. Juli 1925 über die Aufwertung von Hypotheken und anderen Ansprüchen und über die Ablösung öffentlicher Anleihen sowie systematische Darstellung des Aufwertungsrechts außerhalb dieser Gesetze. Zweite, gänzlich umgearbeitete Auflage des Kommentars zur Dritten Steuernotverordnung vom 14. Februar 1924 (Aufwertung). Mit einer Fristentabelle von H. Hoormann. Groß-Oktav. X, 516 Seiten. 1926. Mit Nachtrag 1927. (de Gruytersche Sammlung Deutscher Gesetze. Handkommentare.) . . . . Geb. RM. 16.—

„Es handelt sich um ein ganz erstklassiges Werk, das sich für jeden Aufwertungsinteressenten als unentbehrlich erweisen wird."
Deutsche Allgemeine Zeitung.

Berliner, Ludwig, und **Pfaffenberger,** Ernst, **Aufwertung von Versicherungsansprüchen** mit Durchführungsbestimmungen.
I. Teil. Oktav. 235 Seiten. 1925. (Guttentagsche Sammlung Deutscher Reichsgesetze Bd. 164.) . . . . Geb. RM. 6.50
II. Teil: Sach- und Transportversicherung; Unfall- und Haftpflichtversicherung. Oktav. 112 Seiten. 1926. Mit Nachtrag. (Guttentagsche Sammlung Deutscher Reichsgesetze Bd. 164a.) . . Geb. RM. 3.50

„Eine ganz ausgezeichnete, wohldurchdachte Darstellung und Erläuterung des Aufwertungsrechtes des gesamten Versicherungswesens, eine unentbehrliche Ergänzung zu jedem Gesamtkommentar über das Aufwertungsgesetz." *Zentralblatt für Handelsrecht.*

2. Handelsrecht.

v. Gierke, Jul., **Handelsrecht und Schiffahrtsrecht.** Dritte, ergänzte Auflage. Groß-Oktav. XIV, 744 Seiten. 1929. (Lehrbücher und Grundrisse der Rechtswissenschaft Bd. VI.) RM. 21.—, geb. RM. 22.50

„. . . ein außerordentlich hochstehendes, immer den neuesten Stand der Lehre und der Rechtsprechung widerspiegelndes Lehrbuch des Handelsrechts im weitesten Sinn." *Der junge Rechtsgelehrte.*

Lehmann, K., und **Hoeniger,** H., **Lehrbuch des Handelsrechts.** Dritte Auflage. Erster Halbband, enthaltend die Lehre vom Handelsstand und von den Handelsgesellschaften. Groß-Oktav. 432 Seiten. 1921 RM. 10.—

Ein großangelegtes Lehrbuch des Handels- und Schiffahrtsrechts.

Lehmann, K., und **Hoeniger,** H., **Deutsches Handelsrecht.**
I. Einleitung. Der Kaufmann und seine Hilfspersonen. Offene Handels-

gesellschaft, Kommandit- und stille Gesellschaft. 117 Seiten. 1921. (Sammlung Göschen Bd. 457.) . . . . Geb. RM. 1.80

II. Aktiengesellschaften, Gesellschaften mit beschränkter Haftung, eingetragene Genossenschaften. Handelsgeschäft, 126 Seiten. 1924. (Sammlung Göschen Bd. 458.) . . . . Geb. RM. 1.80

Eine gemeinverständliche Darstellung in gedrängter Form.

Hein, Joh., **Die Zusammenhänge zwischen Steuerrecht und Handelsrecht und ihre Entwicklung,** untersucht an dem Gewinn und an der Bewertung. Eine bilanzrechtliche und bilanzkritische Darstellung mit praktischen Beispielen. Groß-Oktav. X, 280 Seiten. 1928.
RM. 10.—, geb. RM. 12.—

„Das Buch führt in klarer Gestaltung in die Probleme des Bilanzrechts ein. Eine übersichtliche Gliederung ermöglicht eine schnelle und doch gründliche Einführung. Darüber hinaus stellt das Buch eine wesentliche Förderung für die dringend notwendige wissenschaftliche Behandlung des Steuerbilanzrechts und seiner Zusammenhänge mit den verwandten Rechtsmaterien dar." Zeitschrift für Handelsrecht.

Veröffentlichungen der Vereinigung der Handelsrechtslehrer deutscher Hochschulen.

Bericht über die erste Tagung der Vereinigung in Berlin am 7. und 8. **März 1927 (Senatssaal der Universität).** Mit Beiträgen von **Ernst Heymann, Hans Wüstendörfer, Otto Schreiber** und **Arthur Nußbaum.** Oktav 65 Seiten. 1928. . . . . RM. 5.—

Das Handelsrecht zeigt heute unter den privatrechtlichen Materien die meisten wissenschaftlichen und gesetzgeberischen Probleme und entwickelt am meisten Initiative. Unter diesen Verhältnissen werden sich die Veröffentlichungen der Vereinigung der Handelsrechtslehrer deutscher Hochschulen als besonders fruchtbar und förderlich erweisen.

Staubs Kommentar zum Handelsgesetzbuch. Zwölfte und dreizehnte Auflage. Bearbeitet von Heinrich Koenige, Albert Pinner, Felix Bondi. Vier Bände und ein Registerband. Groß-Oktav. 4000 Seiten. 1927 . . . . Zusammen RM. 157.—, in Halbleder RM. 183.60

„Der Staubsche Kommentar ist das klassische Hilfswerk zum Deutschen Handelsgesetzbuch und für die Beurteilung der zahlreichen schwierigen Fragen dieses Gesetzes maßgebend geworden; es stellt ein unentbehrliches Mittel zur Erfassung und zur Anwendung des Gesetzes dar." Frankfurter Zeitung.

Mosse, Albert, und **Heymann,** Ernst, Handelsgesetzbuch (ohne Seerecht). Mit den ergänzenden Vorschriften des Bürgerlichen Gesetzbuchs und einem Anhang, enthaltend das Einführungsgesetz, das Depotgesetz, die Bestimmungen über Börsentermin- und Differenzgeschäfte u. a. Nebst Erläuterungen. Im Anschluß an die Textausgabe von F. Litthauer. Siebzehnte Auflage. Unter Mitwirkung von Karl August Crisolli. Oktav. VIII, 693 Seiten. 1926 (Guttentagsche Sammlung Deutscher Reichsgesetze Bd. 4.) . . . . .Geb. RM. 14.—

„Die Litthauer-Mossesche Ausgabe des Handelsgesetzbuches hat bei allen Praktikern seit langem den wohlbegründeten Ruf größter Zuverlässigkeit und übersichtlicher Anordnung, die mit möglichster Knappheit des Ausdrucks gepaart sind. Das Buch ist ein zuverlässiger Führer durch das immer schwieriger werdende Gebiet des Handelsrechts." Vossische Zeitung.

Handelsgesetzbuch nebst Einführungsgesetz vom 10. Mai 1897, unter Berücksichtigung der bis zum 15. Juni 1930 ergangenen Novellen. Textausgabe mit Sachregister. Zwölfte Auflage. Taschenformat. 370 Seiten. 1930. (Guttentagsche Sammlung von Textausgaben ohne Anmerkungen mit Sachregister.) . . . . Geb. RM. 3.50

Die handliche Ausgabe enthält den genauen Gesetzestext mit einem das Zurechtfinden sehr erleichternden Sachregister.

Baum, G., **Das vertragliche Wettbewerbsverbot** (Konkurrenzklausel). Nebst Kommentar zum Gesetze vom 10. Juni 1914. Taschenformat. XII, 231 Seiten. 1914. (Guttentagsche Sammlung Deutscher Reichsgesetze Bd. 115.) . . . . Geb. RM. 3.—

Gesellschaften

Brodmann, Erich, **Aktienrecht.** Kommentar. Groß-Oktav. XII, 580 Seiten. 1928. (Gewerbe- und Industrie-Kommentar Bd. IV.)
RM. 28.—, geb. RM. 30.—

„Mit unvergleichlichem Geschick hat der Verfasser Großartiges geleistet — Brodmann ist Trumpf!" Zeitschrift für Aktiengesellschaften.

Solmssen, Georg, **Probleme des Aktienrechts** unter besonderer Berücksichtigung ihrer Entwicklung in den Vereinigten Staaten von Amerika. Zweite Auflage. Oktav. I, 127 Seiten. 1928 . . RM. 2.50

„Sämtliche Momente, die bei der Prüfung der Frage, ob und inwieweit das geltende deutsche Aktienrecht änderungsbedürftig ist, haben eine eingehende und umfassende Erörterung gefunden. Allen, die sich mit dieser recht heiklen Frage befassen, kann die Anschaffung des Werkes wärmstens empfohlen werden." Badische Wirtschafts-Zeitung.

Hachenburg, Max, **Kommentar zum Gesetz, betr. die Gesellschaften mit beschränkter Haftung.** (Früher **Staub-Hachenburg.**) Fünfte Auflage unter Mitarbeit von Fritz Bing und Walter Schmidt. 2 Bände . . . . RM. 43., geb. RM. 47.—
I. Band: §§ 1—34. Groß-Oktav. VI, 527 Seiten. 1926.
II. Band: §§ 35—84. Groß-Oktav. II, 452 Seiten. 1927.

„Was Hachenburg in seinen Neubearbeitungen aus diesem Buche gemacht hat, ist erstaunlich. Sein reiches juristisches Wissen, sein überlegener und kritischer Verstand, seine vorzügliche Gestaltungskraft und seine nur wenigen Juristen eigene vielseitige Auslegungskunst haben etwas Großes, Unvergleichliches geschaffen. Man findet selten ein literarisches Werk, in welchem Rechtsgelehrsamkeit und praktisches Können vereint einem Spezialgesetz so zugute kamen wie hier."
Zeitschrift für Aktiengesellschaften.

Brodmann, Erich, **Gesetz, betr. die Gesellschaften mit beschränkter Haftung.** Kommentar. Groß-Oktav. VIII, 304 Seiten. 1930. Gewerbe- und Industrie-Kommentar Bd. I.) . . . . RM. 16.—, geb. RM. 18.—

„Übersichtliche, klare Anordnung der Erläuterungen, tiefes Eindringen in die Einzelheiten des Gesetzes unter steter Berücksichtigung des Wirtschaftslebens, erschöpfende Wiedergabe der Rechtsprechung, namentlich des Reichsgerichts, sind die besonderen Vorzüge des Werkes, das damit ein unentbehrliches Rüstzeug werden wird." Badische Rechtspraxis.

Parisius, Ludolf, und **Crüger,** Hans, **Das Reichsgesetz, betr. die Gesellschaften mit beschränkter Haftung.** Textausgabe mit Anmerkungen und Sachregister. Achtzehnte Auflage, bearbeitet von Adolf Crecelius und Fritz Citron. Taschenformat. 244 Seiten. 1929. **(Guttentagsche Sammlung Deutscher Reichsgesetze Bd. 32.)**
Geb. RM. 3.50

„Die äußerst sachkundig erläuterte Ausgabe wird von den interessierten Kreisen freudig begrüßt werden. Wir können das Bändchen der bekannten Sammlung bestens empfehlen."
Badische Wirtschafts-Zeitung.

Klumpp, Hermann, **Beiträge zur Rechtsstellung der Geschäftsführer einer G. m. b. H. nach deutschem und französischem Recht.** Oktav. XVI, 180 Seiten. 1928 . . . . RM. 6.—

Im G.m.b.H.-Recht hat die Stellung des Geschäftsführers besondere Bedeutung. Die vorliegende Arbeit, die unter Auswertung der umfangreichen Literatur eine eingehende Untersuchung dieser so wichtigen Frage nach deutschem und französischem Recht darstellt, wird in juristischen und geschäftlichen Kreisen Interesse finden.

Starke, Arthur, **Offene Handelsgesellschaften, Kommanditgesellschaften und stille Gesellschaften** von der Errichtung bis zur Auflösung. Nebst Vertrags- und Anmeldeformularen und mit Berücksichtigung des Steuerrechts. Oktav. XIV, 167 Seiten. 1928 . . . . RM. 5.—

Eine systematische Darstellung für Studium und Praxis.

Wechselordnung und Scheckrecht

Staubs Kommentar zur Wechselordnung. Fortgesetzt von J. Stranz und M. Stranz. Zwölfte Auflage, bearbeitet von M. Stranz und Martin Stranz. Groß-Oktav. 432 Seiten. 1929. RM. 16.—, geb. RM. 18.—

„Staub-Stranz ist der Kommentar zur Wechselordnung. Auch die jüngste Auflage des Kommentars gibt einen echten Staub-Stranz. Weiterer Kommentar dazu ist überflüssig." Juristische Wochenschrift.

Stranz, J., und **Stranz,** M., **Wechselordnung** vom 3. Juni 1908. Kommentar. Zwölfte Auflage von M. und M. Stranz. Taschenformat. VIII, 396 Seiten. 1923. Mit Nachtrag 1926. (Guttentagsche Sammlung Deutscher Reichsgesetze Bd. 5.) . . . Geb. RM. 3.50

„Die Ausgabe der Wechselordnung mit ihrem äußerst nützlichen, guten Kommentar ist sehr zu empfehlen. Erfreulicherweise enthält das Bändchen auch die Bestimmungen der Zivilprozeßordnung über Urkunden- und Wechselprozesse im Anhang." Badische Wirtschaftszeitung.

Wechselordnung in der Fassung der Bekanntmachung vom 3. Juni 1908 (RGBl. S. 326ff.). Mit einem Anhang, enthaltend den Wechselprozeß und Nebengesetze. Textausgabe mit Einleitung und Sachregister. Taschenformat. 102 Seiten. 1928. (Guttentagsche Sammlung von Textausgaben ohne Anmerkungen.) . . . . Geb. RM. 1.50

Vorteilhafte Anordnung, ein zuverlässiges Sachregister, das das Gesetz erschließt, Handlichkeit und sauberer Druck zeichnen auch die neue Auflage der Wechselordnung aus, deren Einleitung den letzten Stand dieser Materie erfaßt und deren Anhang „Nebengesetze" bis auf die letzte Zeit ergänzt ist.

Michaelis, Richard, **Scheckgesetz** mit allen einschlägigen Nebengesetzen, den ausländischen Gesetzen und dem Deutschen Postscheckgesetz mit Postscheckordnung. Kommentar. Groß-Oktav. VII, 339 Seiten. 1927. (Gewerbe- und Industrie-Kommentar Bd. II.) RM. 16.—, geb. RM. 18.—

„Wenn irgendein Buch, so entspricht dieses einem Bedürfnis." Berliner Tageblatt.

Schiffahrtsrecht

Schaps, Georg, **Das deutsche Seerecht.** Kommentar zum vierten Buche des Handelsgesetzbuches (als Ergänzung zu Staub's Kommentar nebst Erläuterungen zu den seerechtlichen Nebengesetzen. Zweite, vollständig umgearbeitete Auflage herausgegeben von Max Mittelstein † und Julius Sebba.

I. Band. (Handelsgesetzbuch: Viertes Buch.) Groß-Oktav. VIII, 1041 Seiten. 1921 . . . . RM. 25.—, geb. RM. 28.—

II. Band. (Seerechtliche Nebengesetze.) Bearbeitet von J. Sebba. XVI, 1108 Seiten. 1929 . . . . RM. 52.—, geb. RM. 55.—

„Die alte, auf der Staubschen Kommentierungsmethode beruhende Auflage erfreute sich mit Recht schon großen Ansehens. In diesen bewährten Bahnen leistet die zweite Auflage an Vollständigkeit, Übersichtlichkeit und Genauigkeit das Höchste, was Wissenschaft und Praxis nur wünschen können.“ *Juristische Wochenschrift.*

Brandis, Otto, **Das deutsche Seerecht** (mit Ausschluß des Seeversicherungsrechts.) I. Allgem. Lehren: Personen und Sachen des Seerechts. 130 Seiten. 1908. II. Die einzelnen seerechtlichen Schuldverhältnisse: Verträge des Seerechts und außervertragliche Haftung. 156 Seiten. 1908. (Sammlung Göschen Bd. 386/87.) . . . . . Geb. je RM. 1.80

Knitschky, W. E., **Die Seegesetzgebung.** Fünfte Auflage, bearbeitet von O. Rudorff. XXIV, 1024 Seiten. 1913. (Guttentagsche Sammlung Deutscher Reichsgesetze Bd. 19.) . . . . . . Vergriffen.

Sieveking, Gustav, **Das deutsche Seeversicherungsrecht.** Kommentar zum zehnten Abschnitt des vierten Buches des Handelsgesetzbuches. Lexikon-Oktav. 218 Seiten. 1912 . . . . . . RM. 5.—, geb. RM. 6.80

„Der Kommentar ruht auf einer vortrefflichen Grundlage und zeigt sich auch in seinem Inhalte dieser Grundlage durchaus würdig. Er ersetzt ein Lehrbuch und kann daher auch zur Einführung in das Seeversicherungsrecht empfohlen werden.“

Leipziger Zeitschrift für deutsches Recht.

Ritter, Carl, **Das Recht der Seeversicherung.** Ein Kommentar zu den Allgemeinen Deutschen Seeversicherungsbedingungen. Groß-Oktav. 2 Bände. 1494 Seiten. 1924. (Friederichsen, de Gruyter & Co., m. b. H., Hamburg.) . . . . Geb. RM. 100.—

Allgemeine Deutsche Seeversicherungs-Bedingungen. Im Jahre 1919 herausgegeben von den deutschen Seeversicherern nach Beratung mit deutschen Handelskammern und Fachverbänden unter Vorsitz der Handelskammer Hamburg. 16.—20. Tausend. 50 Seiten. 1925. (Friederichsen, de Gruyter & Co., m. b. H., Hamburg.) . . . . RM. 2.—

General Rules of Marine. Insurance 1919 adopted by the German Underwriters. Authorind Translation by Dr. Alfred Sieveking, larger in Hamburg. 64 Seiten. 1920. (Friederichsen, de Gruyter & Co., m. b. H., Hamburg.) . . . . RM. 3.—

Materialien zu den Allgemeinen Deutschen Seeversicherungs-Bedingungen. Im Auftrag der vereinigten Handelskammern herausgegeben von Prof. Dr. E. Bruck. Groß-Oktav. 2 Bände. 678 Seiten. 1920. (Friederichsen, de Gruyter & Co., m. b. H., Hamburg.) . . . . RM. 10.—

Bene, F., **Der Begriff des Versicherungsfalles in der Seeversicherung.** (Hamburger Rechtsstudien, herausgegeben von Mitgliedern der Rechts- und Staatswissenschaftlichen Fakultät der Hamburgischen Universität, Heft 1.) Groß-Oktav. 75 Seiten. 1928. (Friederichsen, de Gruyter & Co., m. b. H., Hamburg.) . . . . RM. 4.50

Elkan, H. H., **Die Bedeutung des Interesses für die Veräußerung der versicherten Sache.** (Hamburger Rechtsstudien, herausgegeben von Mitgliedern der Rechts- und Staatswissenschaftlichen Fakultät der Hamburgischen Universität, Heft 2.) Oktav. 58 Seiten. 1928. (Friederichsen, de Gruyter & Co., m. b. H., Hamburg.) . . . . . . RM. 4.—

Makower, H., **Gesetze, betreffend die privatrechtlichen Verhältnisse der Binnenschiffahrt und der Flößerei.** Nach den Materialien erläutert. Sechste, vermehrte Auflage, bearbeitet von E. Loewe. Taschenformat. 458 Seiten. 1923. (Guttentagsche Sammlung Deutscher Reichsgesetze Bd. 36.) . . . . Geb. RM. 4.—

„Das vorzüglich bearbeitete Buch dürfte mit seinen klaren und verständlichen Erläuterungen für jeden, der in irgendeiner Weise mit der Binnenschiffahrt und der Flößerei zu tun hat, ein nie versagender Ratgeber sein." *Schiffbau.*

Sebba, Jul., **Seewasserstraßenordnung.** (Polizeiverordnung zur Regelung des Verkehrs auf den deutschen Seewasserstraßen vom 31. März 1927.) Taschenformat. 493 Seiten. 1928. (Guttentagsche Sammlung Deutscher Reichsgesetze Nr. 171.) . . . . Geb. RM. 8.50

Die vorliegende Ausgabe ist für die an dem neuen Gesetz interessierten beiden Fachgruppen, die der Nautiker und der Juristen, von gleich großer Bedeutung. Diese Verbindung zweier Kenntnisgebiete gibt dem vorliegenden Kommentar seine besondere Note und seinen großen Wert.

Genossenschaften

Parisius, Ludolf, **Crüger**, Hans, **Crecelius**, Adolf, und **Citron**, Fritz, **Reichsgesetz, betreffend die Erwerbs- und Wirtschaftsgenossenschaften.** Kommentar zum praktischen Gebrauch für Juristen und Genossenschaften. Elfte, neubearbeitete Auflage. Groß-Oktav. XV, 598 Seiten. 1928 . . . . RM. 28.—, geb. RM. 30.—

„Crüger beherrscht wie kein anderer Theorie und Praxis des Genossenschaftswesens, auch nach der wissenschaftlichen Seite hin."

Juristische Wochenschrift.

Parisius, Ludolf, und **Crüger**, Hans, **Das Reichsgesetz, betreffend die Erwerbs- und Wirtschaftsgenossenschaften.** Textausgabe mit Anmerkungen und Sachregister. Zwanzigste, neubearbeitete und erweiterte Auflage von Hans Crüger, Adolf Crecelius und Fritz Citron. Taschenformat. 297 Seiten 1930. (Guttentagsche Sammlung Deutscher Reichsgesetze Bd. 29.) . . . . Geb. RM. 4.—

„In knapper und klarer Form werden die gesetzlichen Bestimmungen abgehandelt und alles zum Verständnis unbedingt Erforderliche in den Anmerkungen beigebracht. Das Werk kann nur empfohlen werden." *Ministerialblatt f. d. Preuß. innere Verwaltung.*

Verschiedenes

Schreiber, Otto, **Handelsrechtliche Nebengesetze.** Taschenformat. VIII, 1002 Seiten. 1926. (Guttentagsche Sammlung Deutscher Reichsgesetze Bd. 162.) . . . . Geb. RM. 14.—

„Die Sammlung ist ein unentbehrliches Hilfsmittel für den Praktiker. Die Zusammenstellung ist sehr zuverlässig; auch das Sachregister von Kleffel verdient volle Anerkennung."

Zentralblatt für Handelsrecht.

Staffel, W., **Verordnung gegen Mißbrauch wirtschaftlicher Machtstellungen** vom 2. November 1923. Kommentar. Oktav. 108 Seiten. 1927. (Guttentagsche Sammlung Deutscher Reichsgesetze Bd. 167.) Geb. RM. 3.50

„Die für das Wirtschaftsrecht so wichtige Kartellverordnung findet hier eine eingehende Kommentierung. Die Erläuterungen werden daher um so unentbehrlicher für die wirtschaftliche Praxis auf diesem Gebiete sein." *Industrie- und Handelszeitung.*

Lusensky, F., Gesetz über die Handelskammern. Taschenformat. (Guttentagsche Sammlung Preußischer Gesetze Bd. 21.)

Neue Auflage in Vorbereitung.

„Das Buch ist ein vortrefflicher Berater aller derer, die in der Handelskammerorganisation sind oder zu ihr in Beziehung stehen. Es kann warm empfohlen werden."

Zeitschrift für Polizei- und Verwaltungsbeamte.

Göppert-Seydel, Hypothekenbankgesetz vom 13. Juli 1899 (mit den Änderungen durch die Gesetze vom 14. Juli 1923, vom 26. Januar 1926 und 21. Dezember 1927). Textausgabe mit Einleitung, Anmerkungen und Sachregister. Dritte Auflage bearbeitet von Dr. **Martin Friedländer.** Taschenformat. VIII, 202 Seiten. 1929. (Guttentagsche Sammlung Deutscher Reichsgesetze Nr. 51.) . . . . RM. 5.—

Die vorliegende Auflage des bekannten „Göppert-Seydel" ist den veränderten Verhältnissen entsprechend vollkommen umgearbeitet worden; sie berücksichtigt sowohl die nach dem Kriege erfolgten Änderungen und Ergänzungen des Gesetzes und des Aufwertungsrechtes wie auch die Judikatur und das Schrifttum bis auf die letzte Zeit. Damit kommen die Vorzüge des „Göppert-Seydel" der Praxis und Wissenschaft wieder in ihrem ganzen Umfange zugute.

Bank und Börse

Koch, R., und **Schacht,** Hjalmar, **Die Reichsgesetzgebung über das Münz- und Notenbankwesen.** Textausgabe mit Anmerkungen und Sachregister. Siebente, völlig neubearbeitete Auflage. Taschenformat. XVIII, 617 Seiten. 1925. (Guttentagsche Sammlung Deutscher Reichsgesetze Bd. 26.) . . . . Geb. RM. 14.—

„Dieser Kommentar zeichnet sich durch Vollständigkeit und Reichhaltigkeit aus und bietet außerdem in der Einleitung einen vortrefflichen Überblick über die Entwicklung des deutschen Noten- und Geldwesens während der letzten Jahrzehnte."

Monatsschrift für Handelsrecht und Bankwesen.

Nußbaum, Arthur, **Bank- und Börsenrecht.** Eine Sammlung von Gesetzen und Geschäftsbedingungen. Taschenformat. XII, 622 Seiten. 1927. (Guttentagsche Sammlung Deutscher Reichsgesetze Bd. 169)

Geb. RM. 11.—

Die vorliegende Sammlung der verstreuten bank- und börsenrechtlichen Vorschriften fehlte bisher in der kaufmännischen und juristischen Bankpraxis ebenso wie im handelsrechtlichen und betriebswirtschaftlichen Unterricht. Ihr Erscheinen wurde daher vielseitig begrüßt. Die Sammlung berücksichtigt auch die dem freien Verkehr entstammenden Rechtsbildungen.

Kommentar zum Börsengesetz. Im Auftrage des Centralverbandes des Deutschen Bank- und Bankiergewerbes (E. V.) bearbeitet von H. Rehm, H. Trumpler, Heinrich Dove, Ernst Neukamp, R. Schmidt-Ernsthausen, James Breit. Mit einem Vorwort von J. Rießer. Lexikon-Oktav. VIII, 464 Seiten. 1909.

RM. 12.—, geb. RM. 13.50

„Einen so guten Kommentar zum Börsengesetz hat es noch nie gegeben. Wer sich darein vertieft, wird reiche Belehrung daraus schöpfen über das Börsenwesen im allgemeinen und über seine Rechtsübung und Rechtsprechung im besonderen."

Sächsisches Archiv für Rechtspflege.

Hemptenmacher, Th., **Börsengesetz.** Dritte Auflage von O. Meyer. Taschenformat. XXIII, 373 Seiten. 1915. (Guttentagsche Sammlung Deutscher Reichsgesetze Bd. 41.) . . . . Geb. RM. 3.50

„Das Bändchen bringt neben einem kurzen Überblick und einem vorteilhaft erweiterten Anhang das Börsengesetz nebst Ausführungs-

bestimmungen. Alles in allem schließt sich auch dieses Bändchen wieder den übrigen Textausgaben der wegen ihrer unbedingten und erschöpfenden Sachlichkeit bekannten Guttentagschen Sammlung Deutscher Reichsgesetze würdig an." *Bayrische Handelszeitung.*

Lusensky, F., Gesetz, betreffend die Pflichten der Kaufleute bei Aufbewahrung fremder Wertpapiere (Depotgesetz). Neue Auflage in Bearbeitung. (Guttentagsche Sammlung Deutscher Reichsgesetze Bd. 40.)

„Die beste Bearbeitung des sogenannten Depotgesetzes." *Zeitschrift für Aktiengesellschaften.*

Frohner, G., Aktiensonderdepot und Legitimationsübertragung. (Hamburger Rechtsstudien, herausgegeben von Mitgliedern der Rechts- und Staatswissenschaftlichen Fakultät der Hamburgischen Universität, Heft 3.) Groß-Oktav. VII, 114 Seiten. 1929. (Friederichsen, de Gruyter & Co., m. b. H., Hamburg.) . . . . RM. 7.—

Schwerin, Frh. Cl. von, **Recht der Wertpapiere** (einschließlich Wechsel- und Scheckverkehr). Oktav. X, 234 Seiten. 1924. (Lehrbücher und Grundrisse der Rechtswissenschaft Bd. 7.) RM. 7.—, geb. RM. 8.50

„Das Buch löst seine Aufgabe, den Studierenden eine Einführung in die Materie des Wertpapierrechts zu geben, ausgezeichnet, vor allem deshalb, weil es eine gute theoretische Fundierung mit einer dem Lehrzweck entsprechenden Darstellung des praktischen Rechts und der Rechtstatsachen verbindet." *Deutsche Juristenzeitung.*

Bank-Archiv. Zeitschrift für Bank- und Börsenwesen. Unter Mitwirkung von hervorragenden Fachmännern herausgegeben von Geh. Justizrat Prof. Dr. Rießer, Berlin. Schriftleitung: Rechtsanwalt Otto Bernstein, geschäftsführendes Mitglied des Centralverbands des Deutschen Bank- und Bankiergewerbes. Quart. Jährlich 24 Nummern. XXIX. Jahrgang. 1929/30 . . . . Pro Halbjahr RM. 12.—

„Ein von sachverständigen Mitarbeitern unterstütztes Organ, das in der glücklichen Vermischung von wissenschaftlichen Aufsätzen mit Mitteilungen aus der bankmännischen und gerichtlichen Praxis einen Berater von exzeptionellem Werte bildet." *Frankfurter Zeitung.*

Zeitgemäße Bankrechtsfragen. Festgabe der Rechtsabteilung der Disconto-Gesellschaft zum 70. Geburtstage des Herrn Dr. jur. Arthur Salomonsohn. Quart. 126 Seiten. 1929 . . . RM. 8.—, geb. RM. 10.—

„Der Band enthält 8 vorzügliche Aufsätze. Die Verfasser befassen sich mit Problemen, die in der Rechtsabteilung einer Großbank oft zur Debatte stehen und deren endgültige Klärung ein praktisches Bedürfnis ist." *Wirtschaftl. Nachrichten.*

Verhandlungen des VII. allgemeinen deutschen Bankiertages. Köln 9.—11. September 1928 auf Grund stenographischer Berichte. Groß-Oktav. 436 Seiten . . . . RM. 10.—

III. Grenzgebiete des Bürgerlichen Rechts

1. Privat- und Sozialversicherung

Koenige, Heinrich, und **Petersen, A., Gesetz über die privaten Versicherungsunternehmungen** vom 12. Mai 1901. Textausgabe mit Anmerkungen und Sachregister. Dritte, umgearbeitete Auflage. Taschenformat. 856 Seiten. 1927. (Guttentagsche Sammlung Deutscher Reichsgesetze Bd. 62.) . . . . Geb. RM. 20.—

„Der Verfasser hat es meisterhaft verstanden, reiche Literatur und Judikatur zu dem wichtigen Grundgesetz der Privatversicherung mit seiner eigenen selbständigen Auffassung von der Bedeutung der Gesetzesbestimmungen in Verbindung zu bringen. Für Theorie und Praxis der Privatversicherung wird das Werk dadurch zu einem unentbehrlichen Hilfsmittel." *Deutsche Versicherten-Zeitung.*

Bruck, E., **Reichsgesetz über den Versicherungsvertrag** nebst dem zugehörigen Einführungsgesetz vom 30. Mai 1908. Sechste, vollkommen neubearbeitete Auflage. Taschenformat. 708 Seiten. 1929. (Guttentagsche Sammlung Deutscher Reichsgesetze Bd. 83.) Geb. RM. 14.—

„Die Vorzüge, welche die früheren Auflagen schon zeigten, die Fülle des Gebotenen, die Beherrschung des Stoffes, die anschauliche und doch knappe Sprache, und dies alles in dem engen Rahmen einer Textausgabe, kleinen Handausgabe mit Anmerkungen, sind auch dieser vierten Auflage in hohem Maße eigen."

Mitteilungen für die öffentlichen Feuerversicherungs-Anstalten.

Moldenhauer, Paul, **Das Versicherungswesen.**

I. Allgemeine Versicherungslehre. Vierte Auflage. 152 Seiten. 1925. (Sammlung Göschen Bd. 262.) . . . . Geb. RM. 1.80

II. Die einzelnen Versicherungszweige. Zweite Auflage. 130 Seiten. 1923. (Sammlung Göschen Bd. 636.) . . . . Geb. RM. 1.80

„Das Buch ist für jeden, der sich mit dem Versicherungswesen und seinen Zweigen vertraut machen will, ein trefflicher Führer."

Versicherungspost.

Veröffentlichungen des Reichs-Aufsichtsamts für Privatversicherung. Groß-Oktav. Jahrg. 1—2, je 2.50. Jahrg. 3—16, je 6.—. Jahrg. 17—21, je 7.50. Jahrg. 22, 15.—. Jahrg. 23, 18.—. Jahrg. 24, 21.—. Jahrg. 25, 50.—. Jahrg. 26, 51.50. Jahrg. 27, Heft 1—3, 28.—. Jahrg. 28, Heft 1, 6.—; 2, 13.—; 3, 9.—.

Versicherungsstatistik für 1902 über die unter Reichsaufsicht stehenden Unternehmungen. Herausgegeben vom Reichsaufsichtsamt für Privatversicherung. Lexikon-Oktav. LXXVII, 384 Seiten. 1905. RM. 10.—
— für 1903 bis 1917 . . . . Je Jahrgang RM. 10.—

Berliner, Ludwig, und **Pfaffenberger**, Ernst, **Aufwertung von Versicherungsansprüchen** mit Durchführungsbestimmungen.

I. Teil. Oktav. 235 Seiten. 1926. Mit Nachtrag. (Guttentagsche Sammlung Deutscher Reichsgesetze Bd. 164.) . . . . Geb. RM. 6.50

II. Teil: Sach- und Transportversicherung; Unfall- und Haftpflichtversicherung. Oktav. 112 Seiten. 1926. (Guttentagsche Sammlung Deutscher Reichsgesetze Bd. 164a.) . . . . Geb. RM. 3.50

„Ein bedeutsamer Kommentar, durch den die gesetzlichen Bestimmungen von der juristischen und versicherungstechnischen Seite aus eingehend erläutert werden. In seinem straffen, systematischen Aufbau, der Geschlossenheit der Darstellung muß man das Buch als ein Standardwerk für das gesamte versicherungsrechtliche Aufwertungsgebiet bezeichnen.

Ein unentbehrlicher Ratgeber in allen interessierten Kreisen."

Versicherungs-Post, Berlin.

Lippmann, Karl, **Die Reichsversicherungsordnung** in der Fassung der Bekanntmachung vom 15. Dezember 1924 und des Gesetzes über das Reichsschiedsamt vom 22. Januar 1925 nebst dem Einführungsgesetze, den wichtigsten Ausführungsvorschriften, den ergänzenden Gesetzen und Verordnungen sowie den Verordnungen über das Verfahren. Oktav. XV, 589 Seiten. 1925. (Guttentagsche Sammlung Deutscher Reichsgesetze Bd. 161.) . . . . Geb. RM. 11.—

Ergänzungsband, enthaltend den vollständigen Wortlaut der neuen Fassung des Unfallversicherungsgesetzes sowie die Ergänzungen der übrigen Bücher der RVO. Oktav. 224 Seiten. 1926. (Guttentagsche Sammlung Deutscher Reichsgesetze Bd. 161a.) . . . Geb. RM. 4.—

Zweiter Ergänzungsband, enthaltend weitere Änderungen und Ergänzungen durch die in der Zeit von Anfang 1926 bis Mitte 1928 erlassenen Gesetze und Verordnungen. Zweite, vermehrte Ausgabe, Stand vom 1. Juli 1928. Oktav. 71 Seiten. 1928. (Guttentagsche Sammlung Deutscher Reichsgesetze Bd. 161b.) . . . . . RM. —.80

Dritter Ergänzungsband, enthaltend weitere Änderungen und Ergänzungen durch die bis Mitte 1929 erlassenen Gesetze und Verordnungen. Oktav. 81 Seiten. 1929. (Guttentagsche Sammlung Deutscher Reichsgesetze Bd. 161c.) . . . . RM. 1.—

„Das Buch dürfte sich in der Bibliothek eines jeden finden, der sich mit der Reichsversicherungsordnung befaßt. Es gehört zu den praktisch wertvollsten.“ *Deutsche Allgemeine Zeitung.*

Reuß, Max, und **Hense**, Fritz. **Das Reichsknappschaftsgesetz** vom 1. Juli 1926 nebst Einführungsgesetz. 2. Aufl. Taschenformat. XVI, 640 Seiten. 1926. (Guttentagsche Sammlung Deutscher Reichsgesetze Bd. 155.) . . . . Geb. RM. 12.—

„Die Herausgabe des Gesetzes bedarf keiner besonderen Empfehlung. Das Buch kann allen, die auf dem Gebiete des Knappschaftswesens tätig sind, aufs wärmste empfohlen werden.“

Zeitschrift für Bergrecht.

Angestelltenversicherungsgesetz vom 28. Mai 1924. Zweite Auflage. Taschenformat. 143 Seiten. 1927. Mit Nachtrag. (Guttentagsche Sammlung Deutscher Reichsgesetze. Textausgaben ohne Anmerkungen.) Geb. RM. 2.50

Diese neue Ausgabe entspricht der neuesten Fassung des Gesetzes unter Berücksichtigung der letzten Änderungen und Verordnungen. Das beigefügte Sachregister erleichtert das rasche Zurechtfinden in den einzelnen Bestimmungen des Gesetzes.

Manes, Alfred, **Sozialversicherung.** 7., ergänzte Aufl. 1928. Kl.-Oktav. 139 Seiten. (Sammlung Göschen Bd. 267.) . . . . Geb. RM. 1.80

„Es gibt keine andere Darstellung der geltenden Sozialversicherung, die in solch erfreulicher Kürze und Sachlichkeit durch die annähernd 2400 Paragraphen führt.“

Hanseatische Rechts- und Gerichts-Zeitschrift.

Schmeißer, Herbert, **Handbuch der Arbeitslosenversicherung.** Mit einer Einführung und Erläuterungen. Taschenformat. 2. Aufl. im Druck. (Guttentagsche Sammlung Deutscher Reichsgesetze Bd. 165.)

„Das Buch gibt in kurzer, aber ausreichender Form eine Darstellung des gesamten Rechtsstoffes der Erwerbslosenfürsorge unter Anpassung an die praktischen Bedürfnisse.“ Kommunalpolitische Blätter.

2. Arbeitsrecht

Depéne, Hans, **Das Arbeitsgerichtsgesetz.** Taschenformat. 180 Seiten. 1927. (Guttentagsche Sammlung Deutscher Reichsgesetze Bd. 168.) Geb. RM. 3.60

„Zur Einarbeitung ist das vorliegende Buch besonders brauchbar, weil es sich nicht um einen Kommentar mit vielen Details handelt, sondern um eine Textausgabe mit einer ausführlichen, von einem hervorragenden Sachkenner verfaßten Einleitung. Daß die entsprechenden Bestimmungen anderer einschlägiger Gesetze gleich mit abgedruckt sind, ist ein großer Vorteil.“ Wirtschaftliche Rundschau.

Arbeitsrechtliche Spruchsammlung. Beiträge zum Deutschen Handwerksblatt . . . . Pro Quartal RM. 0.90

Günther, Adolf, und **Schneider,** Richard, **Arbeiterschutz und Arbeitsrecht.** Zweite Auflage. Taschenformat.

I. Teil: **Arbeitszeitschutz.** Das Arbeitszeitnotgesetz und die übrige arbeitszeitrechtliche Gesetzgebung des Reichs seit dem 9. November 1918. 386 Seiten. 1927 . . . . Geb. RM. 7.50

„Der Kommentar umfaßt die gesamte arbeitszeitrechtliche Gesetzgebung von der Staatsumwälzung bis zur Gegenwart. Er ist ein Führer durch das weite und unübersichtliche Gebiet der arbeitszeitrechtlichen Gesetzgebung. Ein ausführliches Sachregister soll die praktische Benutzung erleichtern." Die Wirtschaftsgenossenschaft.

II. Teil: Gesetz über die **Beschäftigung Schwerbeschädigter** nebst den einschlägigen gesetzlichen Bestimmungen. 404 Seiten. 1928. (Guttentagsche Sammlung Deutscher Reichsgesetze Bd. 138a/138c.) Geb. RM. 8.—

„Das Buch stellt nicht nur beim Studium des Gesetzes ein wertvolles Hilfsmittel dar, sondern ist auch für den Handgebrauch des Arbeitsrechtspraktikers unentbehrlich." Berliner Wohlfahrtsblatt.

IV. Teil: **Betriebsstillegungsverordnung.** 240 Seiten. 1929. (Guttentagsche Sammlung Deutscher Reichsgesetze. Bd. 138 d.) Geb. RM. 6.50

Tilly, Dr. Helmuth Tczerclas von, **Internationales Arbeitsrecht.** Unter besonderer Berücksichtigung der Internationalen Arbeitsorganisation. 120 Seiten. 1924. (Sammlung Göschen Bd. 882.) . . . . Geb. RM. 1.80

Es ist das erste Werk, das in klarer, kurzer und allen leicht verständlicher Weise das gesamte grundlegende Tatsachenmaterial — und zwar nur dieses — auf dem umfassenden Gebiete des internationalen Arbeiterschutzes von dessen ersten Anfängen bis in die neueste Zeit bietet.

3. Gewerberecht

Hiller, Fr., und **Luppe,** H., **Gewerbeordnung für das Deutsche Reich** nebst **Kinderschutzgesetz und Hausarbeitsgesetz** sowie den für das Reich und Preußen erlassenen Ausführungsbestimmungen. Einundzwanzigste, veränderte Auflage. (143. bis 148. Tausend.) Taschenformat. 931 Seiten. 1928. Mit Nachtrag vom 11. 2. 1929. (Guttentagsche Sammlung Deutscher Reichsgesetze Bd. 6.) . . . . Geb. RM. 11.—

„Ein Wort der Empfehlung für dieses Buch zu sagen, erübrigt sich. Hervorgehoben sei, daß diese Auflage alle Vorzüge der früheren Auflagen in sich schließt. Die zahlreichen neuen Gesetze sind erschöpfend berücksichtigt." Zeitschrift des Deutschen Notarvereins.

Brassert, H., **Allgemeines Berggesetz** für die preußischen Staaten mit Kommentar. Zweite Auflage, bearbeitet von Hans Gottschalk. Groß-Oktav. XXIX, 1291 Seiten. 1914. RM. 27.—, geb. RM. 30.—

Sonnenfeld, Hugo, **Die reichsrechtlichen Bestimmungen, betreffend den Handel mit Drogen und Giften.** Dritte, veränderte Auflage. Taschenformat. 435 Seiten. 1926. (Guttentagsche Sammlung Deutscher Reichsgesetze Bd. 64.) . . . . Geb. RM. 12.—

„Die Arbeit gehört einem Spezialgebiet an, mit dem nicht jeder Jurist zu tun hat. Wird er einmal genötigt, sich auf dieses Gebiet zu begeben, so ist er um so dankbarer für eine Arbeit, die sofort den Eindruck größter Sachkunde und vollständiger Materialsammlung macht, und deren Führung man sich unbedenklich anvertrauen kann."

Vossische Zeitung.

Lebbin, Georg, **Nahrungsmittelgesetze** mit Erläuterungen. Zweite, stark vermehrte Auflage in zwei Bänden.

I. Band: Das Lebensmittelgesetz vom 5. Juli 1927 mit Nebengesetzen (Margarine, Fleisch, Milch, Süßstoff, Essigsäure usw.). Erläutert von G. Lebbin und R. Gießner. Taschenformat. XVI, 419 Seiten. 1928. Geb. RM. 8.50

II. Band: Getränkegesetze und Getränkesteuergesetze (Wein, Bier, Branntwein, Mineralwasser). Unter Mitarbeit von Rechtsanwalt Dr. Kniebe. Taschenformat. XII, 400 Seiten. 1926. (Guttentagsche Sammlung Deutscher Reichsgesetze Bd. 54b.) . . . . Geb. RM. 10.—

„Das Werk ist für unsere Leser und überhaupt die ganze Fachwelt der Getränkeindustrie unentbehrlich, muß doch jedermann mit den einschlägigen Gesetzesbestimmungen sich soweit wie irgend möglich vertraut machen, wenn er nicht in Nachteile geraten will. Die Anschaffung des Buches kann bestens empfohlen werden."

Branntweinmonopol.

Voß, Werner, **Die reichs- und landesrechtlichen Bestimmungen auf dem Gebiete des Gesundheitswesens. Taschenformat** 608 Seiten. 1929. (Guttentagsche Sammlung Deutscher Reichsgesetze Bd. 172.) Geb. RM. 11.—

„Das Buch wird seiner Aufgabe, fast den gesamten Gesetzesstoff in einem einzigen kleinen Bande in die Hand zu geben, gewiß gerecht und wird sich schnell als unentbehrliches Hilfsmittel für jeden erweisen, der öfter mit dem Gesundheitswesen zu tun hat." Reichsverwaltungsblatt.

4. Geistig-gewerblicher Rechtsschutz.

Pietzcker, Eduard, **Patentgesetz und Gebrauchsmusterschutzgesetz.** Kommentar unter Berücksichtigung der vorgeschlagenen und weiter beantragten Abänderungen des Patentgesetzes. Erster Halbband: §§ 1—12 PatG. Groß-Oktav. 427 Seiten. 1929. (Gewerbe- und Industrie-Kommentar Bd. V, 1.) . . . . . RM. 26.—, geb. RM. 28.—

„Die überall zutage tretende geistige Leistung macht Pietzckers Kommentar für jeden, der sich mit diesem Rechtsgebiet zu beschäftigen hat, zum unentbehrlichen Rüstzeug."

Markenschutz und Wettbewerb.

Seligsohn, Arnold, **Patentgesetz und Gesetz, betr. den Schutz von Gebrauchsmustern.** Siebente Auflage. Oktav. 1930. In Bearbeitung.

„Die Vorzüge des Buches sind bekannt. Klare, leichtfaßliche Sprache, wissenschaftliche Vertiefung, dabei starke Betonung der Praxis, lückenlose Behandlung aller Probleme sind die Vorzüge, die den Seligsohnschen Kommentar zum unentbehrlichen Rüstzeug jedes im gewerblichen Rechtsschutz Tätigen gemacht haben."

Mitteilungen vom Verband Deutscher Patentanwälte.

Lutter, R., **Patentgesetz.** Nebst Ausführungsbestimmungen, völkerrechtlichen Verträgen und Patentanwaltsgesetz, unter eingehender Berücksichtigung der Rechtsprechung des Reichsgerichts und der Praxis des Reichspatentamts. Neunte Auflage. Taschenformat. XV, 467 Seiten. 1928. (Guttentagsche Sammlung Deutscher Reichsgesetze Bd. 22.) Geb. RM. 10.—

„Der jetzige Verfasser hat einen völlig neuen Kommentar geschaffen, der in seiner Knappheit und Sparsamkeit dem ursprünglichen Zweck gerecht wird, aber an wissenschaftlicher Durcharbeitung und Gründlichkeit die vorangegangenen Auflagen weit überragt."

Gewerblicher Rechtsschutz und Urheberrecht.

Elster, Alexander, **Urheber- und Erfinder-, Warenzeichen- und Wettbewerbsrecht.** (Gewerblicher Rechtsschutz.) Zweite, stark erweiterte und völlig umgearbeitete Auflage. Mit Abdruck der Gesetzestexte. Oktav. XII, 611 Seiten. 1928. (Lehrbücher und Grundrisse der Rechtswissenschaft Bd. VIII.) . . . . RM. 18.—, geb. RM. 19.50

„Seit Kohler und Osterrieth endlich wieder das lang entbehrte Lehrbuch. Hier unternimmt ein wahrhaft selbständiger und ideenreicher Kopf den Versuch, eine wirkliche Synthese zu schaffen."

Juristische Rundschau.

Neuberg, J., **Der internationale gewerbliche Rechtsschutz.** 2. Auflage. 128 Seiten. 1923. (Sammlung Göschen Bd. 271.) . . . Geb. RM. 1.80

Neuberg, Johannes, **Gesetz, betr. das Urheberrecht an Mustern und Modellen,** und Gesetz, betr. den Schutz von Gebrauchsmustern, nebst den zu beiden Gesetzen ergangenen Ausführungsverordnungen und abgeschlossenen internationalen Verträgen. Textausgabe mit Einleitung, Anmerkungen und Sachregister. Taschenformat. 192 Seiten. 1911. (Guttentagsche Sammlung Deutscher Reichsgesetze Bd. 102.) Geb. RM. 2.40

„Die Anmerkungen sind kurz, klar, treffend, mit Nachweisungen aus der Judikatur und aus der Literatur versehen. Sie ermöglichen auch dem mit der Materie nicht vertrauten Praktiker eine schnelle Orientierung über den Stand der Frage."

Zeitschrift für das gesamte Handelsrecht.

Daude, Paul, **Die Reichsgesetze über das Urheberrecht an Werken der Literatur und der Tonkunst und das Verlagsrecht** vom 19. Juni 1901 in der Fassung des Gesetzes vom 22. Mai 1910 zur Ausführung der revidierten Berner Übereinkunft. Oktav. VIII, 293 Seiten. 1910. RM. 6.—

„Der Zusammenhang der erläuterten Gesetze mit dem Strafgesetzbuch, dem Bürgerlichen Gesetzbuch und anderen Gesetzen ist in leichtverständlicher Weise praktisch dargestellt. Es wird vorzügliche Dienste leisten." *Deutsche Literatur-Zeitung.*

Lindemann, O., **Gesetz, betr. das Urheberrecht** an Werken der Literatur und der Tonkunst. Vierte Auflage. Taschenformat. 171 Seiten. 1921. (Guttentagsche Sammlung Deutscher Reichsgesetze Bd. 60.) Geb. RM. 1.80

„Die Arbeit ist nicht bloß eine Gesetzesausgabe, sondern ein wertvoller Kommentar des Gesetzes. Das Werk sei jedermann auf das beste empfohlen." *Juristische Wochenschrift.*

Fuld, Ludwig, **Gesetz, betr. das Urheberrecht an Werken der bildenden Künste und der Photographie.** Zweite Auflage. Taschenformat. 192 Seiten. 1925. (Guttentagsche Sammlung Deutscher Reichsgesetze Bd. 81.) . . . . Geb. RM. 6.—

„Der zwar kleine, aber inhaltreiche und daher sehr beliebte Kommentar von Fuld erscheint in zweiter, völlig neubearbeiteter Auflage. Überall ist dem Stande der heutigen Rechtsprechung und wissenschaftlichen Auffassungen Rechnung getragen. In einem Anhang sind die einschlägigen internationalen Übereinkommen abgedruckt. Alle Interessenten werden mit Freuden die neue Auflage begrüßen."

Danziger Juristische Monatsschrift.

Heinitz, Ernst, und Marwitz, Bruno, Das Reichsgesetz über das Verlagsrecht. Textausgabe mit Einleitung, Anmerkungen und Sachregister. Dritte Auflage. Taschenformat. 136 Seiten. 1922. (Guttentagsche Sammlung Deutscher Reichsgesetze Bd. 61.) . . . . Geb. RM. 1.60

„Dieser kurze Kommentar ist durch seine knappen, das Wichtige klar vortragenden Darlegungen dazu berufen, eine Lücke auszufüllen, die sich für den Praktiker des Verlagsrechts seit Jahren ergab. Man darf deshalb das Erscheinen dieser neuen Auflage aus der Feder des Spezialisten des Verlagsrechts mit größter Freude begrüßen."
Börsenblatt für den Deutschen Buchhandel.

Elster, A., Das deutsche Urheber- und Verlagsrecht. 128 Seiten. 1923. (Sammlung Göschen Bd. 863.) . . . . Geb. RM. 1.80

„Erstaunlich ist, wie Elster diese beiden so viel umstrittenen Gesetze auf so engem Raum in vortrefflicher Weise zur Darstellung gebracht hat." *Deutscher Journalistenspiegel.*

Heymann, E., Die zeitliche Begrenzung des Urheberrechts. Oktav. 74 Seiten. 1927. (Sitzungsberichte der Preußischen Akademie der Wissenschaften zu Berlin.) . . . . RM. 5.—

Elster, A., Das deutsche Erfinderrecht. (Patent- und Musterschutzrecht). 118 Seiten. 1924. (Sammlung Göschen Bd. 891.) . . Geb. RM. 1.80

„Die Aufgabe, einen Überblick über das deutsche Erfinderrecht zu geben, ist im Rahmen der kurzen Erörterungen mit viel Geschick gelöst. Deshalb wird das Büchlein auch bei allen Gruppen der am Patentrecht interessierten Personen seine Freunde finden."
Gewerblicher Rechtsschutz und Urheberrecht.

Seligsohn, Jul., Geheimnis und Erfindungsbesitz. Groß-Oktav. 147 Seiten. 1921 . . . . RM. 3.—

Reininger, G., Der Schutz des Urheberrechts im deutschen Rundfunk. Oktav. 88 Seiten. 1929 . . . . RM. 4.—

„Eine interessante, zeitgemäße, namentlich auch für geistige Neuschöpfer wichtige Studie." *Badische Rechtspraxis.*

Wolff, F., und Crisolli, K.-A., Das Recht der Reklame. Lexikon-Oktav. 424 Seiten. 1929 . . . . RM. 20.—, geb. RM. 22.—

Mit diesem Buch ist erstmalig eine systematische erläuternde Zusammenstellung der hauptsächlichsten Bestimmungen gegeben, die von Reklame handeln, bzw. mit Reklame in irgendeinem Zusammenhang stehen. In der Praxis macht sich das Fehlen einer solchen Bearbeitung sehr bemerkbar, da die Reklame in der Gesetzgebung kein in sich abgeschlossenes Gebiet bildet, sondern ihre gesetzlichen Grundlagen in den mannigfachen Bestimmungen des privaten und öffentlichen Rechts findet. Die Verfasser haben die einschlägige Rechtsprechung und Literatur bis in die neueste Zeit berücksichtigt.

Pinner-Elster, Gesetz gegen den unlauteren Wettbewerb. Achte, sehr vermehrte und umgestaltete Auflage. Taschenformat. 254 Seiten. 1927. (Guttentagsche Sammlung Deutscher Reichsgesetze Bd. 37.) Geb. RM. 5.—

„Das Buch ist mehr als eine bloße ‚Textausgabe mit Anmerkungen', nämlich ein richtiger Kommentar, und wird in der Praxis ausgezeichnete Dienste tun."
Senatspräsident am Reichsgericht Dr. Lobe, Leipzig, i. d. Jurist. Wochenschrift.

Wassermann, Martin, Der unlautere Wettbewerb nach deutschem Recht. I. Generalklausel, Reklameauswüchse, Ausverkaufswesen, Angestelltenbestechung. 160 Seiten. 1911. II. Kreditschädigung, Firmen- und Namenmißbrauch, Verrat von Geheimnissen, Ausländerschutz. 151 Seiten. 1911. (Sammlung Göschen Bd. 339 u. 535.) . . . Geb. je RM. 1.80

Born, A., **Reichspreßgesetz** vom 7. Mai 1874 nebst den einschlägigen Bestimmungen der Reichsverfassung, des Reichsstrafgesetzbuches, der Gewerbeordnung usw. Mit Kommentar und Sachregister. Dritte Auflage. Taschenformat. 176 Seiten. 1924. (Guttentagsche Sammlung Deutscher Reichsgesetze Bd. 53.) . . . . Geb. RM. 4.—

„Das Werk bringt eine sehr reichhaltige Kommentierung des Stoffes, die um so wertvoller ist, als den Entscheidungen der Wortlaut der Urteilsbegründungen beigefügt ist. Sämtliche einschlägigen Bestimmungen der das Pressewesen berührenden Gesetze sind aufgeführt, eingehend besprochen und in Beziehung zueinander gebracht worden. Als Nachschlagewerk in Zweifelsfällen wird das Buch von großem Nutzen sein." Ministerialblatt für die preußische innere Verwaltung.

Hagens, Alfred, **Warenzeichenrecht.** Kommentar. Groß-Oktav. VIII, 408 Seiten. 1927. (Gewerbe- und Industrie-Kommentar Bd. III.) RM. 22.—, geb. RM. 24.—

„Eine ausführliche Darstellung, die zeigt, daß der Verfasser das gesamte Fachschrifttum und die reichhaltige Rechtsprechung restlos beherrscht. Ich habe gefunden, daß nicht ein einziger Fall von Bedeutung fehlt." Markenschutz und Wettbewerb.

Seligsohn, Arnold, **Gesetz zum Schutz der Warenbezeichnungen.** Dritte Auflage, bearbeitet in Gemeinschaft mit Martin Seligsohn in Berlin. Groß-Oktav. IV, 416 Seiten. 1925. RM. 15.—, geb. RM. 16.50

„Der Kommentar zeigt alle Vorzüge des in der Wissenschaft und Praxis des gewerblichen Rechtsschutzes gleich ausgezeichneten Juristen: volle theoretische und praktische Beherrschung des Stoffes, klare Darstellungsgabe, sorgsame Behandlung und treffsicheres Urteil." Badische Rechtspraxis.

Freund, G. S., **Magnus**, Julius, und **Jüngel**, Friedrich, **Das deutsche Warenzeichenrecht.** Sechste, neubearbeitete Auflage. Teil I: Die internationalen Verträge. VI, 247 Seiten. Mit 4 Tafeln. 1924. (Guttentagsche Sammlung Deutscher Reichsgesetze Bd. 87a.) Geb. RM. 9.—

„Das ganze Werk mit seiner Fülle von Gesetzen, Verordnungen, Verträgen, Bekanntmachungen bildet eine Quellensammlung für das internationale deutsche Zeichenrecht, ohne die man fortan nicht mehr auskommen kann." Gewerblicher Rechtsschutz und Urheberrecht.

IV. Zivilprozeß

Fischer, Otto, **Lehrbuch des deutschen Zivilprozeß- und Konkursrechts.** Groß-Oktav. XII, 488 Seiten. 1918 . . . RM. 8.—, geb. RM. 10.—

Kisch, Wilh., **Deutsches Zivilprozeßrecht.**

I. Band. Vierte, verbesserte Auflage. 115 Seiten. 1929. (Sammlung Göschen Bd. 428.) . . . . Geb. RM. 1.80

II. Band. Vierte, verbesserte Auflage. 168 Seiten. 1929. (Sammlung Göschen Bd. 430.) . . . . Geb. RM. 1.80

III. Band. Vierte, verbesserte Auflage. 148 Seiten. 1929 (Sammlung Göschen Bd. 430.) . . . . Geb. RM. 1.80

Diese Auflage wird jedem, der sich auf gemeinverständliche Weise über unser geltendes Zivilgerichtswesen unterrichten will, gute Dienste leisten, und kann namentlich den Studierenden des Rechts als Einführung bestens empfohlen werden.

Sydow, R., **Busch**, L., und **Krantz**, W., **Zivilprozeßordnung und Gerichtsverfassungsgesetz** nebst Anhang, enthaltend Entlastungsgesetze. Handkommentar unter besonderer Berücksichtigung der Entscheidungen oberster Gerichte. Neubearbeitete, zwanzigste Auflage.
Erster Band: Einführungsgesetz und Zivilprozeßordnung §§ 1—703. Groß-Oktav. VIII, 872 Seiten. 1930. (de Gruytersche Sammlung Deutscher Gesetze, Handkommentare.) . . . . . Geb. RM. 18.—
Der Bezug des ersten Bandes verpflichtet zur Abnahme des zweiten Bandes.

„Der Wert des Werkes ist längst anerkannt. Es gibt wohl keinen Praktiker, der sich seiner nicht mit besonderer Vorliebe bedient. Vollständigkeit, Übersichtlichkeit, Zuverlässigkeit und Ausführlichkeit der Erläuterungen sind auch diesmal dem allgemein beliebten Buche als seine hervorstechendsten Vorzüge treugeblieben. Für die Praxis ist es unentbehrlich."
Zeitschrift des Bundes Deutscher Justizamtmänner.

Zivilprozeßordnung mit Gerichtsverfassungsgesetz und Einführungsgesetzen in der Fassung der Bekanntmachung vom 13. Mai 1924 mit den bis 1. April 1929 ergangenen Abänderungen. Textausgabe mit Sachregister. Taschenformat. 440 Seiten. 1929. (Guttentagsche Sammlung von Textausgaben ohne Anmerkungen.) . . . Geb. RM. 3.50

Die handliche Ausgabe enthält den genannten Gesetzestext mit einem das Zurechtfinden sehr erleichternden Sachregister.

Sydow, R., **Busch**, L., und **Krantz**, W., **Gerichtsverfassungsgesetz** mit Einführungsgesetz. Unter besonderer Berücksichtigung der Entscheidungen des Reichsgerichts. Zehnte Auflage. Taschenformat. 347 Seiten. 1925. (Guttentagsche Sammlung Deutscher Reichsgesetze Bd. 14.)
Geb. RM. 6.—

„Das Buch bedarf keiner Empfehlung, es empfiehlt sich selbst durch die Fülle dessen, was es bietet. Gesetzgebung und Rechtsprechung sind bis in die neueste Zeit berücksichtigt."
Leipziger Zeitschrift für Deutsches Recht.

Rausnitz, Julius, **Gebührenordnung für Notare** vom 28. Oktober 1922 (GS. 404) nebst den einschlägigen Vorschriften des Preußischen Gerichtskostengesetzes vom 28. Oktober 1922 (GS. 363), beide in der Fassung der Gesetze vom 12. April 1923 (GS. 107), 18. Dezember 1923 (GS. 556) und der Verordnung vom 28. Juni 1924 (GS. 573). Sechste, umgearbeitete Auflage. Oktav. 158 Seiten. 1925. (Guttentagsche Sammlung Preußischer Gesetze Bd. 4.) . . . Geb. RM. 7.—

„Der in seiner äußeren Form sehr handlich und gut ausgestaltete Kommentar kann nur auf das wärmste empfohlen werden. Er wird sehr bald ein unentbehrlicher, weil nie versagender Ratgeber werden, der die Berufsarbeit sehr erleichtern wird." Juristische Wochenschrift.

Sydow, R., **Busch**, L., und **Krieg**, O., **Die Deutsche Gebührenordnung für Rechtsanwälte**, das Gesetz, betreffend die Erstattung von Rechtsanwaltsgebühren in Armensachen, und die Preußische Landesgebührenordnung mit Erläuterungen. Auf der Grundlage der Sydow-Busch'schen Textausgabe mit Anmerkungen in dreizehnter Auflage unter Mitaufnahme des Gesetzes über die Erstattung in Armensachen neubearbeitet. Taschenformat 496 Seiten. 1929. (Guttentagsche Sammlung Deutscher Reichsgesetze Bd. 17.) . . . . Geb. RM. 9.—

„Die Erläuterung der Gebührenordnung bietet besonders Wertvolles. Sie steht schon lange unter den Anmerkungsausgaben mit an erster Stelle. Und das mit Recht."
Zeitschrift des Bundes Deutscher Justizamtmänner.

Sydow, R., **Busch,** L., und **Krieg,** O., **Deutsches Gerichtskostengesetz nebst Gebührenordnung** für Gerichtsvollzieher und für Zeugen und Sachverständige in den neuesten Fassungen. Auf der Grundlage der Sydow-Busch'schen Textausgabe mit Anmerkungen neubearbeitet in elfter Auflage. Taschenformat. XI, 433 Seiten. 1928. (Guttentagsche Sammlung Deutscher Reichsgesetze Bd. 15.) . . . . Geb. RM. 7.50

„Die neue Auflage bietet unter gründlicher Berücksichtigung der gesamten einschlägigen Rechtsprechung eine zeitgemäße, übersichtliche und erschöpfende Erläuterung des Gesetzes. Für den täglichen Gebrauch in der Praxis erscheint diese Textausgabe mit Anmerkungen als unentbehrlich."

Dr. Natter in der „Württembergischen Zeitschrift für Rechtspflege".

Lindemann, Otto, **Preußisches Gerichtskostengesetz** (neueste Fassung). Nach dem Tode des früheren Herausgebers P. Siméon erläutert. Achte, völlig umgearbeitete Auflage. Taschenformat. 439 Seiten. 1928. (Guttentagsche Sammlung Preußischer Gesetze Bd. 17.)

Geb. RM. 8.—

„Die achte Auflage dieser bekannten Ausgabe des Preußischen Gerichtskostengesetzes ist entsprechend den bedeutsamen Änderungen der letzten Jahre völlig umgearbeitet. Die gesamte Rechtsprechung wurde eingehend berücksichtigt, so daß hier eine Erläuterung vorliegt, die Zuverlässigkeit und Vollständigkeit in sich verbindet."

Mitteilungen des Preußischen Richtervereins.

Freiwillige Gerichtsbarkeit

Jastrow, Hermann, und **Günther,** Hermann, **Die Gesetze des Reiches und Preußens über die freiwillige Gerichtsbarkeit.** Textausgabe mit Einleitung, Anmerkungen und Sachregister. Siebente, vermehrte Auflage. Taschenformat. 548 Seiten. 1928. (Guttentagsche Sammlung Deutscher Reichsgesetze Bd. 46.) . . . . Geb. RM. 9.—

„Die Anmerkungen unterrichten in zuverlässiger Weise über die wichtigste Rechtsprechung des Reichsgerichts und der deutschen Oberlandesgerichte auf dem Gebiete der freiwilligen Gerichtsbarkeit. Ein ausführliches Sachregister erhöht die Brauchbarkeit des bewährten Buches, das auch in der neuen Auflage seinen Zweck auf das beste erfüllen wird." *Juristische Wochenschrift.*

Die Gesetze des Reiches und Preußens über die freiwillige Gerichtsbarkeit. Textausgabe mit Sachregister. Taschenformat. 168 Seiten. 1930. (Guttentagsche Sammlung von Textausgaben ohne Anmerkungen mit Sachregister.) . . . . RM. 3.—

Das Buch enthält in der bekannten Art der Guttentagschen Gesetzesausgaben außer dem „Gesetz über die Angelegenheiten der freiwilligen Gerichtsbarkeit" alle in dieses Gebiet fallenden sonstigen Gesetze, Ausführungsbestimmungen, Abkommen, Verordnungen usw. in absolut zuverlässigem Abdruck und ein das Zurechtfinden sehr erleichterndes Sachregister.

Szkolny, Felix, und **Kober,** Leopold, **Das Notariatsrecht,** unter besonderer Berücksichtigung des materiellen Rechts und des Steuer- und Stempelrechts erläutert. Oktav. 236 Seiten. 1926. (Guttentagsche Sammlung Deutscher Reichsgesetze Bd. 163.) . . . . Geb. RM. 8.50

„Die Darlegung des materiellen Rechts, soweit es in der täglichen Anwendung den Notar hauptsächlich beschäftigt. Es wird die Beurkundung einzelner Rechtsgeschäfte und anderer Rechtsvorgänge behandelt. Die Ausführungen verwerten die neueste Lehre und Rechtsprechung eingehend, die Darstellung ist leicht faßlich und klar, einzelne Muster vervollkommnen das anschauliche Bild."

Zeitschrift des Deutschen Notarvereins.

Szkolny, Felix, **Die Belehrungspflicht des Notars.** Oktav. 52 Seiten. 1927. . . . . RM. 2.—

„Ein trotz seines geringen Umfanges sehr nützliches Buch, für das wir dem Verfasser Dank wissen müssen. Es ist zu begrüßen, daß die Beschäftigung mit dem Notariatsrecht zunimmt, und es besteht die Hoffnung, daß dies eine günstige Einwirkung auf die Handhabung des Notariats nicht verfehlen wird."

Zeitschrift des Deutschen Notarvereins.

Konkursordnung und Zwangsvollstreckung

Jaeger, Ernst, **Kommentar zur Konkursordnung** und den Einführungsgesetzen. Mit einem Anhang, enthaltend das Anfechtungsgesetz, die Vergleichsordnung, Auszüge aus den Kostengesetzen, Ausführungsgesetze und Geschäftsordnungen. Sechste und siebente, neubearbeitete Auflage. Groß-Oktav. Der Umfang des Gesamtwerkes umfaßt etwa 100 Bogen. Die Ausgabe erfolgt in Lieferungen.

Gesamtpreis etwa RM. 80.—

Erster Band. Erste Lieferung (§§ 1—16). 296 Seiten. 1928. RM. 16.—

Erster Band. Zweite Lieferung (§§ 17—27). Seite 297—472. 1929. RM. 10.—

Erster Band. Dritte Lieferung. (§§ 28—42.) Seite 473—736. 1930. RM. 15.—

„Das Jaegersche Werk ist ohne Zweifel der beste von den mehreren guten Kommentaren zur Konkursordnung, die wir besitzen."

Zeitschrift für Deutschen Zivilprozeß.

Sydow, R., **Busch,** L., und **Krieg,** O., **Konkursordnung** und Anfechtungsgesetz mit Erläuterungen. Auf der Grundlage der Sydow-Buschschen Textausgabe mit Anmerkungen in fünfzehnter Auflage unter Mitaufnahme der Vergleichsordnung neubearbeitet. Taschenformat. 816 Seiten. 1929. (Guttentagsche Sammlung Deutscher Reichsgesetze Nr. 13.) . . . . Geb. RM. 12.—

„Die Erläuterungsbücher von Sydow-Busch sind als Kommentare mittleren Umfanges seit vielen Jahren in der Juristenwelt rühmlichst bekannt." *Juristische Rundschau.*

Fischer, K., und **Schäfer,** L., **Die Gesetzgebung, betr. die Zwangsvollstreckung in das unbewegliche Vermögen** im Reiche und in Preußen. Bearbeitet von J. Krech und O. Fischer. Zweite Auflage. Lexikon-Oktav. XVI, 728 Seiten. 1910 . . . RM. 15.—, geb. RM. 18.—

„Unter den zahlreichen Bearbeitungen des Zwangsvollstreckungsgesetzes ist der Kommentar von Fischer und Schäfer wohl der wissenschaftlich bedeutendste. Überall sind die Erläuterungen systematisch, manchmal geradezu lehrbuchartig aufgebaut, die leitenden Gedanken treten trotz der Fülle der behandelten Einzelfragen klar und deutlich hervor."

Zeitschrift für Rechtspflege in Bayern.

Krech, J., und **Fischer,** O., **Die Gesetzgebung, betr. die Zwangsvollstreckung in das unbewegliche Vermögen** im Reiche und in Preußen. Textausgabe mit Einleitung, Anmerkungen und Sachregister. Zehnte Auflage, bearbeitet von O. Fischer. Taschenformat. 266 Seiten. 1929. (Guttentagsche Sammlung Deutscher Reichsgesetze Bd. 43.)

Geb. RM. 5.—

„Einer besonderen Empfehlung dieser handlichen Ausgabe, deren Hauptteil das Gesetz über die Zwangsversteigerung und Zwangsverwaltung bildet, bedarf es nicht, Gesetzgebung, Rechtsprechung und Rechtslehre sind bis zur Gegenwart berücksichtigt."

Sächsisches Archiv für Rechtspflege.

Samter, M. K., **Handbuch zum Verfahren der Zwangsversteigerung und Zwangsverwaltung** nach dem Reichsgesetz vom 24. März 1897 (Fassung vom 20. Mai 1898). Zweite Auflage, vermehrt durch einen Nachtrag und ein Selbstexaminatorium. VIII, 400 Seiten. 1912. RM. 5.—

Im ersten Teil dieses Handbuches sind, seinem Einführungszweck entsprechend, die allgemeinen und materiellrechtlichen Grundlagen des Verfahrens kurz dargestellt, deren Aneignung jüngeren Juristen besonders schwer fällt. Im zweiten Teil ist das Verfahren in organischer Plastik zur Darstellung gelangt, um auch älteren Juristen, in strepitu fori, eine leichte und doch voll ausreichende Übersicht der in Betracht kommenden Vorschriften und Rechtsgrundsätze zu gewähren.

Kretzschmar, F., **Die Zwangsversteigerung und die Zwangsverwaltung.** 110 Seiten. 1911. (Sammlung Göschen Bd. 523.) . . Geb. RM. 1.80

V. Strafrecht und Strafprozeß

Strafgesetzbuch

Ebermayer, Ludwig, **Lobe,** Adolf und **Rosenberg,** Werner, **Das Reichsstrafgesetzbuch,** Leipziger Kommentar mit besonderer Berücksichtigung der Rechtsprechung des Reichsgerichts. Vierte, vermehrte und verbesserte Auflage. Lexikon-Oktav. X, 1282 Seiten. 1929. RM. 56.—, in Halbleder geb. RM. 63.—

„Zusammenfassend wird man sagen müssen, daß der Kommentar nun wohl endgültig an die Spitze der großen Kommentare zum StGB. getreten ist." Zeitschrift für Rechtspflege in Bayern.

Kohlrausch, Eduard, **Strafgesetzbuch für das Deutsche Reich mit Nebengesetzen.** Textausgabe mit Anmerkungen und Sachregister. Früher von Dr. Fr. v. Liszt u. Dr. E. Delaquis. Neunundzwanzigste Auflage. Taschenformat. X, 562, *48 Seiten. 1930. (Guttentagsche Sammlung Deutscher Reichsgesetze Bd. 2.) . . . Geb. RM. 8.—

„Ein Buch, an Hand dessen eine schnelle und zuverlässige Orientierung über die wichtigsten Auslegungsfragen möglich ist. Es dient in gleicher Weise dem Studierenden zur Einführung in eine Lektüre des Gesetzes wie dem Praktiker zur schnellen Auffindung einer Entscheidung."

Rechtsanwalt Dr. Max Alsberg in der „Juristischen Wochenschrift".

Liszt, Fr. v., **Lehrbuch des deutschen Strafrechts.** Fünfundzwanzigste, vollkommen durchgearbeitete und zum Teil umgestaltete Auflage, besorgt von Dr. E. Schmidt, Professor an der Universität Breslau. Groß-Oktav. XXXIV, 976 Seiten. 1927. RM. 27.50, geb. RM. 30.—

„Das Lisztsche Lehrbuch wird auch in dieser neuen Bearbeitung seinen ersten Platz und seinen Weltruf sich bewahren."

Zeitschrift des Deutschen Notarvereins.

Gerland, H. B., **Das deutsche Reichsstrafrecht.** Oktav. 600 Seiten. 1922. (Lehrbücher und Grundrisse der Rechtswissenschaft Bd. XVI.) RM. 10.—, geb. RM. 11.50

„Durch knappe, geradezu klassische Kürze zeigende Darstellung gelang es Gerland auf engem Raume eine ungeheure Fülle des Stoffes zu bieten und auf jede Frage Antwort zu geben."

Juristische Wochenschrift.

Gerland, H., Der Entwurf 1925. Allgemeiner Teil. Kritische Bemerkungen. Oktav. 96 Seiten. 1925 . . . . RM. 5.—

„Eine außerordentlich interessante Abhandlung. Die Schrift stellt ein fast unentbehrliches Hilfsmittel für jeden dar, der sich mit den einschlägigen Fragen zu beschäftigen hat."

Mitteilungen des Preußischen Richtervereins.

Aschrott, P. F. u. Kohlrausch, Ed., Reform des Strafrechts. Kritische Besprechung des Amtlichen Entwurfs eines Allgemeinen Deutschen Strafgesetzbuchs. Auf Veranlassung der Deutschen Landesgruppe der Internationalen Kriminalistischen Vereinigung unter Mitwirkung erster Fachgenossen herausgegeben. Gr.-Oktav. V, 415 S. 1926. RM. 18.—

„Die gestellte Aufgabe ist glänzend gelöst. Kaum ein Punkt ist übersehen worden, der die Kritik herausfordert. — Niemand, der an der endgültigen Gestaltung unseres Strafrechts Anteil nimmt, darf an dieser Sammelkritik achtlos vorübergehen."

Geh. Hofrat Prof. Dr. v. Lilienthal in der „Deutschen Juristen-Zeitung".

Zeitschrift für die gesamte Strafrechtswissenschaft. Gegründet von **Fr. von Liszt und A. Dochow.** Unter ständiger Mitarbeiterschaft hervorragender Fachmänner herausgegeben von Dr. K. von Lilienthal, Professor in Heidelberg, Dr. Ed. Kohlrausch, Professor in Berlin, und Dr. W. Gleispach, Professor in Wien. Der Jahrgang besteht aus 8—9 Heften. Quart.

Bd. 1—43. 1881—1922. Je RM. 15.—. Bd. 44. 1922. RM. 25.—. Bd. 45. 1924. RM. 21.—. Bd. 46—49. 1925—1929. Je RM. 30.—.

Sammlung außerdeutscher Strafgesetzbücher in deutscher Übersetzung. Herausgegeben von den Schriftleitungen der Zeitschrift für die ges. Strafrechtswissenschaft u. d. Mitteilungen der Internationalen Kriminalistischen Vereinigung. Nr. 1—43. 1881—1914 . . Preise auf Anfrage.

Nr. 44:

Japanische Strafgesetze. I. Schwurgerichtsordnung vom 18. April 1923 und strafrechtliche Nebengesetze. Übersetzt von Hyoichiro Kusano, Reichsgerichtsrat in Tokio, Tadao Sugiura, Oberlandesgerichtsrat in Sapporo, und Dr. jur. Fritz Bartelt in Berlin. II. Strafvollzugsgesetz vom 28. März 1908 nebst Ausführungsverordnung vom 16. Juni 1908. Übersetzt von Dr. jur. Toshita Tokiwa, Gerichtsassessor in Tokio, und Dr. jur. Werner Gentz, Justizrat beim Strafvollzugsamt in Kiel. Oktav. 55 Seiten. 1927. RM. 3.—

Nr. 45:

Die Auslieferungsgesetze Norwegens, Schwedens und Finnlands. Mit einer systematischen Darstellung der Grundzüge des nordischen Auslieferungsrechts im Hinblick auf den Erlaß eines deutschen Auslieferungsgesetzes Von Dr. jur. Ernst Wolgast, Privatdozent in Königsberg i. Pr. Groß-Oktav. VIII, 487 Seiten. 1928. . . RM. 20.—

Nr. 46:

Das Türkische Strafgesetzbuch vom 1. März 1926. Gesetz Nr. 765. (Türkisches Gesetzblatt Nr. 320 vom 13. März 1926.) Das Ausführungsgesetz zum Türkischen Strafgesetzbuch vom 26. April 1926. Deutsche Übersetzung von Dr. K. Ziemke. Oktav. 138 S. 1927. RM. 5.—

Nr. 47:

Entwurf eines griechischen Strafgesetzbuches. Übersetzt und eingeleitet von Demetrius G. Venturas, Rechtsanwalt in Korfu, Griechenland. Oktav. 123 Seiten. 1928 . . . . RM. 7.—

Nr. 48:

Italienischer Vorentwurf zu einem neuen Strafgesetzbuch. (Progetto di un nuovo codice penale.) In deutscher Übersetzung von Dr. K. Bunge, Landgerichtsrat in Berlin. Oktav. XXXII, 244 Seiten. 1928 RM. 10.—

Nebengesetze

Lindemann, Otto, **Sammlung der wichtigsten preußischen Strafgesetze.** Zweite Auflage. Taschenformat. 372 Seiten. 1912. (Guttentagsche Sammlung Preußischer Gesetze Bd. 34.) . . . . . Geb. RM. 3.50

„Die durch mehrere wichtige Gesetze erweiterte zweite Auflage dieses unentbehrlichen Ergänzungsbandes zu den in Einzelausgaben erschienenen Preußischen Gesetzen ist durch die Wiedergabe der noch geltenden vereinzelten alten Strafvorschriften nebst trefflich unterrichtenden Vorbemerkungen und Erläuterungen besonders wertvoll. Nur mittels einer solchen ausgezeichneten Sammlung ist es möglich, auch die zerstreuten Gebiete des Strafrechts völlig zu beherrschen.“ Deutsche Juristen-Zeitung.

Fraustädter, Werner, **Deutsches Auslieferungsgesetz** vom 23. Dezember 1929 und andere neuere Vorschriften der Rechtshilfe in Strafsachen, einschließlich der Auslieferung. Textausgabe mit Einleitung, Erläuterungen und Sachregister. Etwa 150 Seiten. 1930. (Guttentagsche Sammlung Deutscher Reichsgesetze Bd. 86.) . . . . Geb. RM. 4.—

Das Auslieferungsgesetz hat durch die Neufassung vom 25. 12. 1929 eine starke Umgestaltung erfahren, die zur Hearusgabe der vorliegenden Neubearbeitung geführt hat. Diese enthält eine ausführliche Erläuterung der neuen Bestimmungen sowie einen Abdruck der wichtigsten Verträge und Vorschriften und ermöglicht einen vollständigen Überblick über den gegenwärtigen Stand des deutschen Auslieferungsrechtes.

Kirchner, Rudolf, **Gesetz über den Verkehr mit Kraftfahrzeugen.** Vierte Auflage. (Guttentagsche Sammlung Deutscher Reichsgesetze Bd. 92.) In Vorbereitung.

„Ein sehr wertvolles Hilfsmittel für Anwendung und Auslegung des wichtigen Gesetzes.“ Leipziger Zeitschrift für deutsches Recht.

Lindemann, Otto, **Polizeiverordnungen in Preußen.** Zweite Auflage. Taschenformat. 189 Seiten. 1912. (Guttentagsche Sammlung Preußischer Gesetze Bd. 36.) . . . . Geb. RM. 2.50

Abhandlungen des Kriminalistischen Instituts an der Universität Berlin. Herausgegeben von Dr. **Franz von Liszt,** o. Professor der Rechte. Sonderverzeichnis kostenlos. Vierte Folge. I. Band.

Heft 1:

Dannenberg, Herbert, **Liberalismus und Strafrecht im 19. Jahrhundert unter Zugrundelegung der Lehren Karl Georg von Waechters.** Oktav. IV, 66 Seiten. 1925 . . . . RM. 3.—

Heft 2:

Tarnowski, Dr. Hans, **Die systematische Bedeutung der adäquaten Kausalitätstheorie für den Aufbau des Verbrechensbegriffs.** Oktav. X, 340 Seiten. 1927 . . . . RM. 18.—

Heindl, Robert, **System und Praxis der Daktyloskopie** und der sonstigen technischen Methoden der Kriminalpolizei. Dritte, neubearbeitete und vermehrte Auflage. 900 Abbildungen im Text und 21 Bildertafeln. 780 Seiten. Groß-Oktav. 1927 . . . . . RM. 36, geb. RM. 40.—

„Ein Werk, mit dem wohl für geraume Zeit die Literatur dieses Gebiets ihren krönenden Abschluß gefunden haben dürfte. — Es darf erwartet werden, daß jeder Richter, Rechtsanwalt und Verteidiger sich dieses vorzüglichen Werkes bedient.“ Deutsche Juristenzeitung.

Kleine kriminalistische Bücherei.

Band 1:

Schneickert, Hans, **Die strafrechtlichen Aufgaben der Polizei.** Für den Polizeiunterricht und die Polizeipraxis. Taschenformat. 182 Seiten. 1921. RM. 2.—

Band 2:

Philipp, Lothar, **Beobachtungs- und Ermittlungspraxis im Polizei- und Detektivdienst.** Taschenformat. 180 Seiten. 1923 . . . . RM. 2.—

„Alles in allem: ein Buch, für den Fachmann lesenswert, für den Anfänger ein guter Leitfaden, für den Laien interessant."
Zeitschrift für gerichtliche Schriftvergleichung.

Band 3:

Manteuffel, H. v., **Falschspieler.** Formen und Technik des Spielbetruges, nebst einem Anhange: Der Spielprofessor und sein angeblich sicheres System beim Spiele gegen eine öffentliche Roulettebank. Taschenformat 90 Seiten. 1923 . . . . RM. 2.—

Gerade heutzutage, wo die Spielleidenschaft so weite Kreise zieht, ist es von besonderem Reiz, diese klare, flüssige und lehrreiche Darstellung zu verfolgen.

Band 4:

Schneickert, Hans, **Kriminalistische Spurensicherung.** Sammlung dienstlicher Anweisungen und sachverständiger Ratschläge für den Dienstgebrauch und für Polizeischulen. Zweite, vermehrte und verbesserte Auflage. Taschenformat. 96 Seiten. Mit 2 Abbildungen. 1925. Geb. RM. 3.—

„Alle Einzelheiten werden hervorgehoben und als möglicherweise wichtige Beweismomente in einem vielarmigen System zusammengefaßt. In der Durchführung seiner Aufgabe hat der Verfasser tatsächlich alles berücksichtigt, was für das Beweisverfahren von Bedeutung ist und sein könnte." *Archiv für Kriminologie.*

Band 5:

Rehfeld, P., **Gerichtsärztliche Tatbestandsfeststellungen** im Dienste der Polizei. Ein Leitfaden für Polizei- und Kriminalbeamte. Taschenformat. 133 Seiten. 1927 . . . . Geb. RM. 3.50

„Die Bearbeitung gibt eine geschlossene, einheitliche Behandlung des Stoffgebietes durch einen Arzt, wie sie anderweitig in der kriminalistischen Literatur nicht vorhanden ist." *Deutsches Polizeiarchiv.*

Strafprozeßordnung

Kohlrausch, Eduard, **Strafprozeßordnung** und Gerichtsverfassungsgesetz. Textausgabe mit Einleitung, Anmerkungen und Nebengesetzen. In Verbindung mit Dr. Hermann Mannheim, Landgerichtsrat und Professor in Berlin, bearbeitet von Dr. Eduard Kohlrausch, Professor der Rechte in Berlin. Zweiundzwanzigste Auflage (101. bis 104. Tausend). Taschenformat. XI, 510 Seiten. 1930. (Guttentagsche Sammlung Deutscher Reichsgesetze Bd. 12.) RM. 7.50

„Das Buch ist nicht nur für den Praktiker, der sich rasch unterrichten will, sondern auch für den Studierenden, zumal wenn ihm die wirtschaftlichen Verhältnisse die Anschaffung umfangreicher Kommentare nicht ermöglichen, von größtem Wert."
Oberreichsanwalt Dr. Ebermayer in der „Juristischen Wochenschrift".

Feisenberger, Albert, **Strafprozeßordnung und Gerichtsverfassungsgesetz.** Handkommentar. Groß-Oktav. IX, 517 Seiten. 1926. Mit Nachtrag. 1927. (de Gruytersche Sammlung Deutscher Gesetze. Handkommentare.) . . . . Geb. RM. 17.—

„Eine glänzende Arbeit, die bald in der Hand jedes Strafrichters und Rechtsanwalts sein wird. Geradezu vorbildlich ist der Handkommentar für den Umfang der Heranziehung der Rechtsprechung. Alles Wesentliche ist berücksichtigt." *Danziger Juristische Monatsschrift.*

Beling, E., **Deutsches Reichsstrafprozeßrecht** mit Einschluß des Strafgerichtsverfassungsrechts. Oktav. XIV, 568 Seiten. 1928. (Lehrbücher und Grundrisse der Rechtswissenschaft Bd. XVII.)
RM. 15, geb. RM. 16.50

Die Eigenart des vorliegenden Lehrbuches des Reichsstrafprozeßrechts ist, daß es dem Verständnis der Gesetzestexte vorarbeiten und zu ihnen hinführen will. Gerade das, was nicht im Gesetz steht, ist die Hauptsache; die Gesetzesparagraphen sind Ziel, nicht Ausgangspunkt. Insbesondere aber stellt der Verfasser die Regelungsinhalte des geltenden Rechts in die heutige rechtspolitische Gedankenwelt hinein und gibt ein auch äußerlich scharf hervortretendes System, das den Lernenden befähigt, die Fülle der Einzelheiten unter allgemeinen Ordnungsgesichtspunkten zusammenzusetzen.

Rosenfeldt, E. H., **Deutsches Strafprozeßrecht.** 2 Bände. 128 und 148 Seiten. 1926. (Sammlung Göschen Bd. 938/939.) Geb. je RM. 1.80

„Eine wissenschaftlich hochstehende, auf einem knappen Raum zusammengedrängte, klar und originell geschriebene Einführung in den deutschen Strafprozeß.“ *Schweizer. Zeitschrift für Strafrecht.*

Löwe, F., und **Rosenberg,** Werner, **Die Strafprozeßordnung für das Deutsche Reich** vom 22. März 1924 nebst dem Gerichtsverfassungsgesetz. Kommentar. Achtzehnte, neubearbeitete Auflage. Lexikon-Oktav. 1332 Seiten. 1929 . . . . RM. 44.—, in Halbleder geb. RM. 50.—

„Der Löwesche Kommentar hat sich in Wissenschaft und Rechtsprechung eine so hervorragende Stellung erworben, daß er zum unentbehrlichen Ratgeber für Theoretiker und Praktiker geworden ist. Der Kommentar steht nach wie vor an erster Stelle und ist ein Meisterwerk in der Kunst einer klaren, übersichtlichen und erschöpfenden Darstellung dieses außerordentlich spröden Stoffes.“
Zeitschrift des deutschen Notarvereins.

Feisenberger, Albert, **Strafprozeßordnung und Gerichtsverfassungsgesetz,** in alter und neuer Fassung synoptisch gegenübergestellt. Mit ausführlichem Sachregister. Taschenformat. 265 Seiten. 1924. Mit Nachtrag. 1927. (Guttentagsche Sammlung Deutscher Reichsgesetze Bd. 158.) . . . . Geb. RM. 4.50

„Die Ausgabe ist für die Praxis auf längere Zeit unentbehrlich. Die synoptische Darstellung erleichtert die Arbeit und schützt vor Gedächtnisfehlern.“ *Juristische Wochenschrift.*

Aschrott, P. F., **Die Reform des Strafprozesses.** Kritische Besprechungen der von der Kommission für die Reform des Strafprozesses gemachten Vorschläge. Auf Veranlassung der Internationalen Kriminalistischen Vereinigung, Gruppe Deutsches Reich. Groß-Oktav. XII, 120 und 784 Seiten. 1906 . . . . RM. 12.—

Beiträge zur Reform des Strafprozesses. Herausgegeben von Dr. Franz **Adickes,** Dr. P. F. **Aschrott,** Dr. K. **von Lilienthal,** Dr. Fr. **von Liszt.** 2 Bände. Groß-Oktav. I. Bd. Heft 1—6. 1908. RM. 9.70. — II. Bd. Heft 1—5. 1909. RM. 15.10.

Frede, L. u. **Grünhut,** M., **Reform des Strafvollzuges.** Kritische Beiträge zu dem Amtlichen Entwurf eines Strafvollzugsgesetzes. Oktav. VII, 264 Seiten. 1927 . . . . RM. 10.—

Die in dem vorliegenden Buch zusammengefaßten Beiträge üben nicht nur eine Einzelkritik an den Bestimmungen des Entwurfs, sondern dienen zugleich unter dem Gesichtspunkt der gegenwärtigen gesetzgeberischen Aufgabe der wissenschaftlichen Grundlegung des ganzen Strafvollzugsproblems.

VI. Öffentliches Recht.

1. Staats- und Völkerrecht.

Fischbach, O. G., **Allgemeine Staatslehre.** Zweite Auflage. 136 Seiten. 1928. (Sammlung Göschen Bd. 358.) . . . . . . Geb. RM. 1.80

„Das Buch darf einer breiten Öffentlichkeit als ausgezeichnete Einführung, den Fachgenossen aber, jung und alt, als Musterbeispiel wissenschaftlichen Bemühens um die denkbar beste Leistung anempfohlen werden, wie man ihm heute nicht allzu häufig mehr begegnet."
Reichsverwaltungsblatt.

Fischbach, O. G., **Allgemeines Staatsrecht.**
1. Teil. 139 Seiten. 1923. (Sammlung Göschen, Bd. 415.) Geb. RM. 1.80
II. Teil. 151 Seiten. 1923. (Sammlung Göschen Bd. 416.) Geb. RM. 1.80

Diese Bearbeitung bringt nicht bloß einen leicht faßlichen gemeinverständlichen Überblick über alle Zweige des Staatsrechtes, sondern auch in den einzelnen Partien viele gründliche wissenschaftliche Erörterungen der einschlagenden Probleme und kritischen Beleuchtung der verschiedenen Rechtsansichten.

Stier-Somlo, Fritz, **Deutsches Reichs- und Landesstaatsrecht I.** Oktav. XVI, 726 Seiten. 1924. (Lehrbücher und Grundrisse der Rechtswissenschaft Bd. XVIII.) . . . . RM. 16.50, geb. RM. 18.—

„. . . Von den zurzeit vorhandenen größeren Lehrbüchern des Reichsstaatsrechts das geignetste." *Juristische Wochenschrift.*

Stier-Somlo, Fritz, **Reichsstaatsrecht.** I. Grundbegriffe des Staatsrechts. Verfassungsgeschichte vom Ende des 18. Jahrhunderts bis zur Reichsverfassung vom 11. August 1919. 108 Seiten. 1927. (Sammlung Göschen Bd. 967.) . . . . Geb. RM. 1.80
II. Das geltende Reichsstaatsrecht. 114 Seiten. 1927. (Sammlung Göschen Bd. 968.) . . . . Geb. RM. 1.80

Stier-Somlo, Fritz, **Preußisches Staatsrecht.** Zweite Auflage. 136 Seiten. 1927. (Sammlung Göschen Bd. 298.) . . . . Geb. RM. 1.80

„Die drei schmalen Bändchen werden nicht allein als wünschenswertes Orientierungsmittel für den Laien und den angehenden Juristen zu begrüßen sein, sondern auch dem im praktischen Berufsleben stehenden Juristen Anregung und Belehrung bieten."
Juristische Wochenschrift.

Arndt, Adolf, **Die Verfassung des Deutschen Reiches.** Dritte Auflage. Taschenformat. 1927. (Guttentagsche Sammlung Deutscher Reichsgesetze Bd. 137.) . . . . RM. 8.—

„Für alle, die sich auf dem schwierigen Gebiet der Reichverfassung orientieren wollen, liegt hier ein vorzügliches Nachschlagewerk von gediegener Wissenschaftlichkeit vor."
Staats- und Selbstverwaltung.

Stier-Somlo, Fritz, **Kommentar zur Verfassung des Freistaates Preußen.** Groß-Oktav. 319 Seiten. 1921 . . . . Geb. RM. 3.—

„Die Darstellung ist flüssig und knapp und ist als treffliche Orientierung über das neue Verfassungswerk, eine Orientierung, die ihre notwendige Ergänzung in dem vorzüglichen Kommentar Stier-Somlos findet, sehr zu empfehlen." *Zeitschrift für öffentliches Recht.*

Arndt, Adolf, **Die Verfassung des Freistaats Preußen** vom 30. November 1920. Mit Einleitung, vollständigem Kommentar, Landeswahlgesetz und Sachregister. Taschenformat. 158 Seiten. 1921. (Guttentagsche Sammlung Preußischer Gesetze Bd. 1.)

Geb. RM. 2.—

„Die Einleitung ist eine vortreffliche staatsrechtliche Abhandlung, die unter Berücksichtigung und Verwertung der einschlägigen Literatur in die Entstehungsgeschichte und in die Bedeutung der Verfassungsurkunde einführt. Der Kommentar wird denjenigen, die sich mit den einzelnen Bestimmungen der Verfassung vertraut machen wollen, ein willkommener Ratgeber sein."

Zeitschrift für Polizei- und Verwaltungsbeamte.

Veröffentlichungen der Vereinigung deutscher Staatsrechtslehrer.

Heft 1: Der deutsche Föderalismus. Oktav. 1924 . . . RM. 5.—
Heft 2: Der Schutz des öffentlichen Rechts. Oktav. 1925. RM. 12.—
Heft 3: Die Gleichheit vor dem Gesetz. Der Einfluß des Steuerrechts auf die Begriffsbildung des öffentlichen Rechts. Oktav. 1927. RM. 7.—
Heft 4: Das Recht der freien Meinungsäußerung. — Der Begriff des Gesetzes in der Reichsverfassung. Oktav. 1928 . . . . . RM. 10.—
Heft 5: Wesen und Entwicklung der Staatsgerichtsbarkeit. — Überprüfung von Verwaltungsakten durch die ordentlichen Gerichte. Oktav. 1929 . . . . RM. 12.—
Heft 6: Bundesstaatliche und gliedstaatliche Rechtsordnung. Verwaltungsrecht der öffentlichen Anstalt. Berichte von Fritz Fleiner, Josef Lukas, Lutz Richter und Arnold Köttgen. Verhandlungen der Tagung der deutschen Staatsrechtslehrer zu Frankfurt a. M. am 25. und 26. April 1929. Mit einem Auszug aus der Aussprache. Oktav. IV, 166 Seiten. 1929 . . . . RM. 9.—

Sehling, Emil, **Kirchenrecht.** Zweite Auflage.

I. Teil. Einleitung. Quellen, Verfassung und Verwaltung der katholischen Kirche. Anhang: Die griechisch-orthodoxe Kirche. 119 Seiten. 1922. (Sammlung Göschen Bd. 377.) . . . . Geb. RM. 1.80

II. Teil: Das evangelische Kirchenrecht. Die Stellung des Staates zur Kirche und das Verhältnis der Religionsgesellschaften zueinander. 87 Seiten. 1927. (Sammlung Göschen Bd. 954.) . . . Geb. RM. 1.80

Edler v. Hoffmann, H., **Deutsches Kolonialrecht.** 150 Seiten. 1907. (Sammlung Göschen Bd. 318.) . . . . Geb. RM. 1.80

Reier, Otto, **Sozialisierungsgesetze.** Taschenformat. 214 Seiten. 1920. (Guttentagsche Sammlung Deutscher Reichsgesetze Bd. 141.)

Geb. RM. 2.20

„Das Werk stellt die erste zusammenfassende kommentarische Darstellung der Sozialisierungsgesetzgebung dar und ist für alle Interessenten unentbehrlich." *Zentralblatt der Reichsversicherung.*

Delius, H., **Die Beamtenhaftpflichtgesetze** des Reiches und der Länder. Vierte, vermehrte und vollkommen neubearbeitete Auflage. Taschenformat. 384 Seiten. 1929. (Guttentagsche Sammlung Deutscher Reichsgesetze Bd. 94.) . . . . Geb. RM. 10.—

Hohenstein, Adolf, und **Goldbaum,** Wenzel, **Reichsschädengesetze.** Textausgabe mit Anmerkungen. Oktav. 360 Seiten. 1922. (Guttentagsche Sammlung Deutscher Reichsgesetze Bd. 150.) . . . Geb. RM. 4.—

„Im ganzen ist das vorliegende Werk nicht nur ein wertvolles Hilfsmittel für den Fachmann, sondern ist besonders jedem Geschädigten zu empfehlen, der sich über seine Ansprüche orientieren will."

Auslandswarte.

Wörterbuch des Völkerrechts und der Diplomatie. Begonnen von Professor Dr. Julius **Hatscheck** †. Fortgesetzt und herausgegeben von Dr. Karl **Strupp,** Professor an der Universität Frankfurt a. M., Associé de l'institut de droit international, membre de l'Academie Diplomatique Internationale. Lexikon-Oktav.

Band I: Aachen—Lynchfall. VI, 860 Seiten. 1924.
RM. 35.—, in Halbleder geb. RM. 40.—

Band II: Maas—Utschiali. 779 Seiten. 1925.
RM. 35.—, in Halbleder geb. RM. 40.—

Band III (Schluß): Vasallenstaaten—Zwangsverschickung. Ferner Anhang: Abessinien—Weltgerichtshof; Sachverzeichnis und Mitarbeiterregister. II, 1316 Seiten. 1929.
RM. 62.—, in Halbleder geb. RM. 67.—

„Der Vorsprung, den entsprechende Werke in französischem Sprachgewande bisher hatten, ist nunmehr in Deutschland eingeholt. Die Form der alphabetischen Zergliederung des Stoffes ermöglicht eine breitere Behandlung der Einzelfälle, die im internationalen Rechtsleben nicht selten von größerer Bedeutung als vorzeitig aufgestellte Abstraktionen sind." *Zeitschrift für Völkerrecht.*

Anzilotti, Lehrbuch des Völkerrechts. Übersetzt und herausgegeben vom Institut für ausländisches öffentliches Recht und Völkerrecht, Berlin. I. Band. Groß-Oktav. 444 Seiten. 1929. RM. 19.—, geb. RM. 20.—

Mit der Herausgabe der Übersetzung dieses Lehrbuches des berühmten Völkerrechtlers ist das Institut für ausländisches öffentliches Recht und Völkerrecht einem in Deutschland außerordentlich fühlbaren Bedürfnis entgegengekommen. Das Buch ist nicht schlechthin eine Übersetzung der italienischen Originalausgabe, sondern berücksichtigt auch die gesamte Rechtsprechung und Literatur der letzten Zeit und stellt somit das zurzeit modernste Lehrbuch des Völkerrechts überhaupt dar.

Niemeyer, Theodor, **Völkerrecht.** 168 Seiten. 1925. (Sammlung Göschen Bd. 865.) . . . . Geb. RM. 1.80

Dieses Bändchen gibt in gedrängter Form eine vollständige Übersicht über das Völkerrecht.

Beiträge zum ausländischen öffentlichen Recht und Völkerrecht. Herausgegeben im Auftrage des Instituts für ausländisches öffentliches Recht und Völkerrecht in Berlin in Gemeinschaft mit Friedrich Glum, Ludwig Kaas, Rudolf Smend, Heinrich Triepel von Viktor **Bruns.** Groß-Oktav.

Eine Sammlung einschlägiger wissenschaftlicher Abhandlungen, Materialsammlungen, Übersetzungen besonders wertvoller ausländischer Werke u. a.

Heft 1:
Staatsrecht und Politik. Rede beim Antritt des Rektorats der Friedrich-Wilhelms-Universität zu Berlin am 15. Oktober 1926. Von Heinrich **Triepel.** 40 Seiten. 1927 . . . . RM. 2.—

Heft 2:
Volksentscheid und Volksbegehren. Ein Beitrag zur Auslegung der Weimarer Verfassung und zur Lehre von der unmittelbaren Demokratie. Von Dr. Carl **Schmitt,** o. ö. Professor der Rechte an der Universität Bonn. 54 Seiten. 1927 . . . . RM. 2.60

Heft 3:
Der Aufbau des britischen Reiches. (Der Verhandlungsbericht der Reichskonferenz von 1926.) Eingeleitet und herausgegeben von Gerichtsassessor Dr. K. **Heck,** Referent am Institut für ausländisches öffentliches Recht und Völkerrecht. 152 Seiten. 1927 . . RM. 6.—

Heft 4:

Die Souveränität. Ein Beitrag zur Theorie des Staats- und Völkerrechts. Von Dr. H. **Heller,** Privatdozent und Referent am Institut für ausländisches öffentliches Recht und Völkerrecht. 177 Seiten. 1927 RM. 8.50

Heft 5:

Die Missionsfreiheit nach den Bestimmungen des geltenden Völkerrechts. Von Dr. Theodor **Grentrup,** S. V. D. 112 Seiten. 1928. RM. 5.30

Heft 6:

Das Minoritätenproblem und seine Literatur. Kritische Einführung in die Quellen und die Literatur der europäischen Nationalitätenfrage der Nachkriegszeit, unter besonderer Berücksichtigung des völkerrechtlichen Minderheitenschutzes.

Allgemeiner Teil. Von Jakob **Robinson,** Rechtsanwalt in Kaunas (Litauen). 265 Seiten. 1928 . . . . RM. 9.—

Heft 7:

Der Reichssparkommissar. Von Dr. Karl **Bilfinger,** o. ö. Professor der Rechte an der Universität Halle. 68 Seiten. 1928 . . . RM. 3.60

Heft 8:

Die völkerrechtliche Stellung der fremden Truppen im Saargebiet. Von Dr. jur. J. M. **Bumiller,** Referent am Institut für ausländisches öffentliches Recht und Völkerrecht, Berlin. 156 Seiten. 1928. RM. 9.—

Heft 9:

Das Recht des Ausnahmezustands im Auslande (Frankreich, Belgien, Niederlande, Italien, England, Irland). Bearbeitet im Institut für ausländisches öffentliches Recht und Völkerrecht. 296 Seiten. 1928. RM. 14.—

Heft 10:

Die Beziehungen zwischen dem Parlament und den Gerichten in England. Eine rechtsvergleichende Studie. Von Heinrich B. **Gerland.** 137 Seiten 1928 . . . . RM. 8.—

Heft 11:

Zu den Problemen des fascistischen Verfassungsrechts. Akademische Antrittsvorlesung. Von Dr. Gerhard **Leibholz,** Privatdozent an der Universität Berlin, Referent am Institut für ausländisches öffentliches Recht und Völkerrecht. 112 Seiten. 1928 . . . . RM. 5.—

Heft 12:

Der deutsche und der französische Reichswirtschaftsrat. Ein Beitrag zu dem Problem der Repräsentation der Wirtschaft im Staat. Von Dr. Friedrich **Glum,** Privatdozent an der Universität Berlin, Wissenschaftliches Mitglied des Instituts für ausländisches öffentliches Recht und Völkerrecht. 188 Seiten. 1929 . . . . RM. 9.—

Heft 13:

Das Wesen der Repräsentation unter besonderer Berücksichtigung des Repräsentativsystems. Ein Beitrag zur allgemeinen Staats- und Verfassungslehre. Von Dr. Gerhard **Leibholz,** Privatdozent an der Universität Berlin, Referent am Institut für ausländisches öffentliches Recht und Völkerrecht. Groß-Oktav. 214 Seiten. 1929 . . . . RM. 14.—

Zeitschrift für ausländisches öffentliches Recht und Völkerrecht. Im Auftrage des Instituts für ausländisches öffentliches Recht und Völkerrecht herausgegeben von Dr. Viktor **Bruns**, Professor an der Universität Berlin, Leiter des Instituts.

Band I, Teil 1: Abhandlungen. 43 Bogen . . . . RM. 43.—

Band I, Teil 2: Urkunden. 5 1/2 Bogen . . . . RM. 54.—

Der neuen Zeitschrift für ausländisches öffentliches Recht und Völkerrecht ist es als Aufgabe gesetzt, die wichtigsten, die Wissenschaft und die Praxis beschäftigenden Probleme des Völkerrechts und des außerstaatlichen öffentlichen Rechts zu behandeln. Sie wird zu all diesen Fragen eingehend Stellung nehmen und über alle wichtigen Ergebnisse der Gesetzgebung und der Rechtsprechung auf diesem Gebiete im In- und Ausland eingehend berichten. Der I. Jahrgang der Zeitschrift wird in zwei Bänden herausgegeben; künftig erfolgt das Erscheinen vierteljährlich.

Kraus, H., **Internationale Schiedssprechung.** Eine Sammlung der für das Deutsche Reich verbindlichen Verträge und Vertragsbestimmungen, die sich auf internationale Gerichtsbarkeit, Schiedsgerichtsbarkeit, sowie Vergleichsverfahren beziehen, nebst den dazugehörigen deutschen Regierungsdenkschriften. Taschenformat. XXXVI, 348 Seiten. 1929. (Guttentagsche Sammlung Deutscher Reichsgesetze Bd. 174. . . . . Geb. RM. 10.—

„Die vorliegende Dokumentensammlung füllt eine Lücke aus, da es bisher schwer war, alle schiedsrichterlichen Verpflichtungen des Deutschen Reiches auf einmal einzusehen.“ Friedenswarte.

Strupp, Karl, **Das Werk von Locarno.** Eine völkerrechtlich-politische Studie. Oktav. 180 Seiten. 1926 . . . . RM. 10.—

„Die lückenlose Mitteilung aller für das Verständnis und die Auslegung wichtiger Urkunden macht das aktuelle Buch zu einem außerordentlich wertvollen Mittel der Erkenntnis des Inhalts und der Tragweite dieser grundlegenden Staatsverträge.“ D. A. Z.

Deutschland unter dem Dawes-Plan. Entstehung, Rechtsgrundlagen, wirtschaftliche Wirkungen der Reparationslasten. Von Professor Max **Sering,** Universität Berlin. Oktav. VIII, 237 Seiten. 1928. RM. 10.—

„Nicht nur dem Juristen und Volkswirtschaftler, sondern auch dem Laien verständlich, gibt das Werk einem jeden wertvollen Einblick in Deutschlands wirtschaftspolitische Abhängigkeit, die sich bis in die kleinsten Betriebe hineinzieht, die jedes einzelne Glied des deutschen Volkes betrifft.“ Prakt. Rundschau.

2. Verwaltungsrecht.

Reichsrecht

Blume, E., und **Weirauch,** W., **Die Eisenbahn-Verkehrsordnung** vom 16. Mai 1928 mit Allgemeinen Ausführungsbestimmungen sowie dem Internationalen Übereinkommen über den Eisenbahnfrachtverkehr vom 30. Mai 1925 und dem Internationalen Übereinkommen über den Eisenbahn-Personen- und Gepäckverkehr vom 12. Juni 1925. Textausgabe mit Anmerkungen. Vierte Auflage. Taschenformat. X, 482 Seiten. 1928. (Guttentagsche Sammlung Deutscher Reichsgesetze Bd. 91.) Geb. RM. 9.—

„Ein treffliches Hilfsbuch für alle, die sich mit dem Eisenbahnverkehrsrecht theoretisch und praktisch zu beschäftigen haben. Der Kommentar wird besonders auch den Gerichten und den Anwälten

gute Dienste leisten, da die Ausführungsbestimmungen zur Eisenbahnverkehrsordnung, die vollständig abgedruckt werden, sonst nur in den Tarifen veröffentlicht werden, die in den Kreisen der Juristen weniger bekannt sind. Allen, die es angeht, kann daher die Anschaffung der neuen Auflage dringend empfohlen werden."

Juristische Wochenschrift.

Fischer, D., und **Staedler,** E., **Die deutsche Post- und Telegraphengesetzgebung.** Teil I: Postrecht (mit Ausschluß des internationalen Rechts). Siebente Auflage. 47*, 586 Seiten. 1929. (Guttentagsche Sammlung Deutscher Reichsgesetze Bd. 7.) . . . . Geb. RM. 15.—

Mit der vorliegenden Neuauflage dieser lange Zeit vergriffen gewesenen Ausgabe wird dem Wunsche zahlreicher Interessenkreise entsprochen: Die neue Bearbeitung ist gegenüber der letzten Auflage wesentlich vermehrt und in allen Teilen neugestaltet. Sie enthält die Quellen des Postrechts, wobei die Postordnung in ihrer letzten Fassung (vom Januar 1929) erscheint.

Dem Ganzen wurde erstmalig eine Systematik des geltenden Postrechts vorangestellt; die Gesetzestexte wurden sorgfältig erläutert, Rechtsprechung und die einschlägige Literatur bis auf die letzte Zeit berücksichtigt.

Sebba, Julius, **Seewasserstraßenordnung.** (Polizeiverordnung zur Regelung des Verkehrs auf den deutschen Seewasserstraßen vom 31. März 1927.) Taschenformat. 493 Seiten. 1928. (Guttentagsche Sammlung Deutscher Reichsgesetze Bd. 171.) . . . . Geb. RM. 8.50

„Es bedarf hierbei wohl nicht der besonderen Hervorhebung, daß die Kommentierungsmethode des rühmlichst bekannten Neu-Herausgebers von Schaps-Seerecht auch in dem vorliegenden Werke eine knappe und doch gründliche geworden ist."

Verkehrsrechtliche Praxis.

Busse, Rudolf, **Luftrecht einschließlich Luftverkehrsgesetz und Pariser Luftverkehrsabkommen.** Taschenformat. XVIII, 448 Seiten. 1928. (Guttentagsche Sammlung Deutscher Reichsgesetze Bd. 170.)

Geb. RM. 10.—

Das vorliegende Buch sucht in einem nationalen und internationalen Teil einen klaren Überblick über das gesamte Luftrecht zu geben; der neueste Stand der Rechtsprechung ist hierbei berücksichtigt. Den erläuterten Gesetzesabkommenstexten ist eine systematische Einführung in das gesamte Luftrecht mit seinen vielseitigen Rechtsdisziplinen vorausgeschickt.

Zeitschrift für das gesamte Luftrecht (ZLR.). Herausgegeben von Dr. jur. Otto **Schreiber,** o. Professor an der Universität Königsberg i. Pr., Geh. Regierungsrat, Leiter des Instituts für Luftrecht. Erscheint in Bänden zu je vier Heften.

Band I 1926/28 . . . . RM. 50.—, geb. RM. 55.—
Band II, Heft 1 . . . . RM. 10.—

„Organisation und Inhalt der Zeitschrift machen einen vorzüglichen Eindruck. Im Interesse ihres hohen sachlichen Zieles sind ihr weite Verbreitung und bester Erfolg zu wünschen."

Weltwirtschaftliches Archiv.

Volkmann, Kurt, **Die Straßenverkehrsordnungen** nebst den einschlägigen **Nebenbestimmungen.** Taschenformat. 312 Seiten. 1929. (Guttentagsche Sammlung Deutscher Reichsgesetze Bd. 175.) . . . Geb. RM. 7.—

„Das übersichtliche Werkchen, das uns eine schnelle Information über auftauchende Rechtsfragen auf diesem besonderen Verkehrgebiete verschafft, kann Polizeibeamten, Gerichten, Anwälten, Fuhrwerksbesitzern, Kraftfahrern und Radfahrern zur Anschaffung empfohlen werden."

Verkehrsrechtl. Rundschau.

Kirchner, Rudolf, **Gesetz über den Verkehr mit Kraftfahrzeugen** vom 3. Mai 1909. Vierte, völlig neubearbeitete Auflage. (Guttentagsche Sammlung Deutscher Reichsgesetze Bd. 92.) . . In Vorbereitung.

„Der Verfasser hat sich mit der nicht unschwierigen Materie auf das beste vertraut gemacht und seine Kenntnisse mit großer Gewandtheit in logischen, klaren und ausführlichen Erläuterungen zum Gesetze verwertet.“ Zeitschrift für Polizei- und Verwaltungsbeamte.

Aumer, Georg, **Der Kraftfahrzeugverkehr.** Richtlinien für Polizeibeamte und Kraftfahrer. Mit 79 Abbildungen und Figuren. Zweite Auflage. Taschenformat. 208 Seiten. 1928 . . . . Geb. RM. 4.50

„Ein kleines, aber nicht nur für jeden Polizeibeamten, sondern für jeden bei einem Kraftfahrzeugunfall — sei es nur als Zeugen — Beteiligten interessantes Kapitel über Hinweise auf Feststellungen bei Unglücksfällen und eine Übersicht über den Kraftfahrzeugbestand schließen die interessante Schrift, die — wenn sie sich auch ihrem Zweck entsprechend von juristischen Erörterungen fernhält — doch auch dem Juristen eine Fülle rechtstatsächlichen Materials, das gerade auf diesem Gebiete besonders wichtig ist, bietet.“

Juristische Wochenschrift.

Holzapfel, W., **Die Siedlungsgesetzgebung** im Reich und in Preußen. 347 Seiten. 1920. (Guttentagsche Sammlung Deutscher Reichsgesetze Bd. 140.) . . . . Geb. RM. 3.—

„Die zur Ausführung jener Gesetze bestimmten Behörden und auch die literarische Forschung wird dem Verfasser für seine mühevolle Arbeit Anerkennung zollen.“ Archiv für öffentliches Recht.

Behrend, Ernst, und **Stranz-Hurwitz,** Helene, **Sammlung von Wohlfahrtsgesetzen** des Deutschen Reichs und Preußens nebst den allgemeinen Wohlfahrtsgesetzen von Sachsen, Thüringen, Hamburg, Mecklenburg-Schwerin und -Strelitz, Oldenburg, Lippe und Lübeck.

Teil I: Taschenformat. 560 Seiten. 1923 . . . . . Geb. RM. 5.—

Teil II: Nebst Ausführungsgesetzen sämtlicher Länder zum Reichsjugendwohlfahrtsgesetz. Taschenformat. XVI, 551 Seiten. 1925. (Guttentagsche Sammlung Deutscher Reichsgesetze Bd. 152 und 152a.)
Geb. RM. 9.—

Teil I und II zus. RM. 12.—

„Die kurzen, alles Wesentliche zusammenfassenden Einleitungen zu den einzelnen Gesetzen sind mit außerordentlicher Sachkunde und Klarheit geschrieben; sie genügen zusammen mit den Literaturangaben völlig für den Praktiker, um die Gesetzestexte richtig handhaben zu können. Das Werk ist für alle in der Wohlfahrtspflege Arbeitenden unentbehrlich und sehr praktisch.“

Nachrichtendienst des Deutschen Vereins für öffentliche Fürsorge.

Wegner, Arthur, **Jugendrecht.** Ein Lehrbuch zur Einführung. Oktav. IX, 219 Seiten. 1929 . . . . RM. 6.—, geb. RM. 7.50

„Ein gleichartiges und gleichwertiges Werk über das Jugendrecht gibt es noch nicht.“ Breslauer Zeitung.

Drewes, Paul, und **Sandré,** Emil, **Das Reichsgesetz für Jugendwohlfahrt** vom 9. Juli 1922 und **Jugendgerichtsgesetz** vom 16. Februar 1923 nebst Nebengesetzen. Zweite Auflage. Taschenformat. XVI, 496 Seiten. 1928. (Guttentagsche Sammlung Deutscher Reichsgesetze Bd. 154.)
Geb. RM. 11.—

„Eine sehr handliche Gesetzesausgabe. Sie bietet in ausführlichen geschichtlichen und rechtlichen Vorbemerkungen und Einleitungen wertvolles Material zur Einführung in den Willen und Geist beider Gesetze und gibt in knappen, aber ausreichenden Erläuterungsbemerkungen zu den einzelnen Bestimmungen dem Praktiker die erforderlichen Unterlagen zur richtigen Anwendung. Das Werk dürfte sich in der Praxis beliebt machen.“ Blätter für öffentliche Fürsorge

Sandré, Emil **Verordnung über die Fürsorgepflicht.** Vom 14. Februar 1924. Mit Einschluß der für die Durchführung dieser Verordnung in Frage kommenden reichs- und landesgesetzlichen Bestimmungen. Taschenformat. 342 Seiten. 1925. (Guttentagsche Sammlung Deutscher Reichsgesetze Bd. 160.) . . . . Geb. RM. 6.—

„Die Zusammenstellung der bis in die jüngste Zeit ergangenen gesetzlichen Bestimmungen, die in Beziehung zur Fürsorgepflichtverordnung stehen, gibt der Sandréschen Arbeit ihre besondere Bedeutung. Die Anmerkungen sind zahlreich und zeichnen sich durch einen feinen, klaren Stil aus. Das Buch ist übersichlich geordnet und leicht zu handhaben." *Schleswig-Holsteinsche Wohlfahrtsblätter.*

Szczesny, Viktor, **Das Lichtspielgesetz** vom 12. Mai 1920 mit der Ausführungsverordnung Einleitung, Gebührenordnung und Sachregister. Taschenformat. 106 Seiten. 1920. (Guttentagsche Sammlung Deutscher Reichsgesetze Bd. 147.) . . . . Geb. RM. 1.50

„Das neue Lichtspielgesetz hat hier eine ausführliche Kommentierung gefunden. Das Buch kann bei der gründlichen Behandlung des Stoffes als ein geeignetes Hilfsmittel für die Praxis bezeichnet werden." *Preußische Gemeinde-Zeitung.*

Wündisch, Ernst, **Das Gesetz über Schußwaffen und Munition** vom 12. April 1928 (RGBl. I S. 143) nebst der Ausführungsverordnung der Reichsregierung vom 13. Juli 1928 (RGBl. I S. 198) und dem Preußischen Erlaß zur Durchführung des Gesetzes vom 7. September 1928 (MBliV. S. 925). Taschenformat. 139 Seiten. 1928. (Guttentagsche Sammlung Deutscher Reichsgesetze Bd. 173.) . . . . Geb. RM. 5.—

Durch das neue Gesetz über Schußwaffen und Munition vom 12. April 1928 sind auf diesem für die Öffentlichkeit so wichtigen Gebiet neue Rechtsverhältnisse geschaffen worden, für die die Praxis exakte Erläuterungen wünscht. Eine solche Erläuterung stellt das vorliegende Buch dar, das, von einem auf diesem Gebiet besonders erfahrenen Sachkenner bearbeitet, eine absolut zuverlässige Darstellung der neuen Bestimmungen enthält. Außer dem Gesetzestext sind die für die Praxis wichtigen Ausführungsbestimmungen des Reiches und Preußens abgedruckt. Auf Übersichtlichkeit, Leichtverständlichkeit und Vollständigkeit der Erläuterungen, die die Hauptvorzüge der Guttentagschen Sammlung sind, wurde auch bei diesem Gesetze Wert gelegt.

Fraustädter, W., und **Kreutzberger,** M., **Das deutsche Ausländerrecht.** Die Bestimmungen des Reichsrechts und preußischen Landesrechts. Textausgabe mit Erläuterungen und Sachregister. Taschenformat. 396 Seiten. 1927. (Guttentagsche Sammlung Deutscher Reichsgesetze Bd. 166.) Geb. RM. 9.—

„Eine höchst begrüßenswerte Veranstaltung, aus dem Bedürfnis der Praxis hervorgegangen und mit vollendetem Sachverständnis unternommen. Sowohl die Vollständigkeit der mannigfach verstreuten gesetzlichen Bestimmungen als deren Anordnung, Registrierung und Erläuterung durch Ausführungsbestimmungen, Gerichtsentscheidungen, Verwaltungspraxis ist vortrefflich."

Niemeyers Zeitschrift für internationales Recht.

Voß, Werner, **Die reichs- und landesrechtlichen Bestimmungen auf dem Gebiete des Gesundheitswesens.** Zusammengestellt und mit Anmerkungen versehen. Taschenformat. 608 Seiten. 1929. (Guttentagsche Sammlung Deutscher Reichsgesetze Bd. 172.) . . . . . . Geb. RM. 11.—

„Der Band enthält eine Sammlung der Gesetze, Verordnungen und Bestimmungen auf dem Gebiete des Gesundheitswesens, wie sie in dieser Vollständigkeit sonst nicht besteht. Dadurch erst ist ein zuverlässiger und rascher Überblick über die einschlägigen weit verstreuten Bestimmungen gewährleistet."

Württ. Zeitschr. f. Rechtspflege.

Hippel, W. von, **Reichsviehseuchengesetz** vom 26. Juni 1909 nebst Ausführungsvorschriften und dem preußischen Ausführungsgesetz. Zweite Auflage. Taschenformat. 486 Seiten. 1913. (Guttentagsche Sammlung Deutscher Reichsgesetze Bd. 103.) . . . . Geb. RM. 4.—

Boxberger, L. von, **Vogelschutzgesetz** vom 30. Mai 1908 nebst den das Flugwild betreffenden Bestimmungen der Preußischen Jagdordnung. Taschenformat. 57 Seiten. 1909. (Guttentagsche Sammlung Deutscher Reichsgesetze Bd. 89.) . . . . Geb. RM. 1.—

Landesrecht

Bitter, von, **Handwörterbuch der Preußischen Verwaltung.** Dritte, vollständig umgearbeitete Auflage. Unter Mitwirkung zahlreicher hoher Reichs- und preußischer Staatsbeamten herausgegeben von Dr. Bill Drews, Staatsminister a. D., Präsident des Pr. Oberverwaltungsgerichts, und Dr. Franz Hoffmann, Wirklicher Geheimer Oberregierungsrat, Berlin. Lexikon-Oktav. 1928.
RM. 120.—, in Halbleder geb. RM. 132.—

Erster Band, 1. Halbband: Abbaugerechtigkeiten—Fleisch- und Viehagenten. 552 Seiten.

2. Halbband: Fleischvergiftung—Kyffhäuserbund. Seite 553 bis 1134 und IX Seiten.

Zweiter Band: Lackfabriken—Zwischenkredit. VII, 1220 Seiten.

(Im Verlage der Firmen: Walter de Gruyter & Co., Berlin; Carl Heymanns Verlag, Berlin; Roßberg'sche Verlagsbuchhandlung, Leipzig.)

Das zentrale Werk der Praxis des Verwaltungsrechts.

Reichelt, H., **Verwaltungsgesetzbuch für Preußen.** Systematische Zusammenstellung der wichtigsten Verwaltungsgesetze und Verordnungen für Praxis und Unterrichtszwecke. Lexikon-Oktav. VII, 1302 Seiten. 1914 . . . . Geb. RM. 7.60

„Das Buch ist sehr wertvoll, dem Praktiker unentbehrlich und leistet demjenigen, der sich auf eine Prüfung vorbereitet, vorzügliche Dienste. Allen Verwaltungsbehörden wird das Buch warm empfohlen."
Preußische Verwaltungs- und Finanz-Zeitung.

Friedrichs, K., **Die Gesetzgebung über die allgemeine Landesverwaltung** und Zuständigkeit der Verwaltungs- und Verwaltungsgerichtsbehörden. Dritte, durchgesehene Auflage. Taschenformat. XXIII, 295 Seiten. 1927. (Guttentagsche Sammlung Preußischer Gesetze Bd. 42.)
Geb. RM. 5.—

„Der Wert dieser Arbeit liegt darin, daß er eine erschöpfende und klare Übersicht über das tatsächlich geltende Verwaltungsrecht bringt. Das Werk ist ein vorzügliches und nie versagendes Hilfsmittel."
Gesetz und Recht.

Fischbach, Das Reichbeamtengesetz vom 31. März 1873 in der Fassung der Bekanntmachung vom 18. Mai 1907 mit allen Abänderungen und Ergänzungen. Taschenformat. 311 Seiten. 1930. (Guttentagsche Sammlung Deutscher Reichsgesetze Bd. 82.) . . . . Geb. RM. 6.—

Die vorliegende Erläuterung des Beamtengesetzes durch den bekannten Staatsrechtlehrer kommt einem besonderen Bedürfnis der Praxis entgegen, die s. Zt. eine den neuesten Fortschritten der Wissenschaft und Rechtsprechung entsprechende Handausgabe sehr entbehrt. Bemerkenswert ist, daß auch verwandte Gesetze und Verordnungen der einheitlichen Erläuterung unterzogen wurden, so daß dieses Buch für die Praxis ein der Sache wie der Erläuterungsart wichtiges Hilfsmittel darstellt.

Pfafferoth, Carl, **Preußische Beamtengesetzgebung.** Fünfte Auflage. XIV, 280 Seiten. 1916. (Guttentagsche Sammlung Preußischer Gesetze Bd. 2.) . . . . Geb. RM. 2.40

Dultzig, Eugen von, **Das preußische Disziplinargesetz für die nichtrichterlichen Beamten.** Taschenformat. XIV, 364 Seiten. 1914. (Guttentagsche Sammlung Preußischer Gesetze Bd. 51.) . . . . Geb. RM. 4.20

„Der Verfasser kennt das Disziplinarrecht aus eigener Tätigkeit und aus langer Erfahrung. Diese hat er zu einem praktischen Nachschlagebuch für alle praktischen Fragen des Disziplinarrechts ausgestaltet. Bei tunlichster Kürze sind doch recht erschöpfende, klare und anschauliche Erläuterungen entstanden, die das Verständnis und die Anwendung des Disziplinarrechts in zweckmäßiger Weise erleichtern. Das Büchlein verdient volle Beachtung."
Zeitschrift für Polizei- und Verwaltungsbeamte.

Hagemann, Rudolf, **Hinterlegungsordnung** vom 21. April 1913. Taschenformat. 175 Seiten. 1914. (Guttentagsche Sammlung Preußischer Gesetze Bd. 53.) . . . . Geb. RM. 2.20

„Das in der vorteilhaft bekannten Guttentagschen Sammlung erschienene Buch darf als ein Hilfsmittel zu dem nicht immer ganz einfachen Verständnis der neuen Hinterlegungsvorschriften bestens empfohlen werden; es ist klar, übersichtlich und ausführlich."
Zentralblatt für freiwillige Gerichtsbarkeit.

Aschrott, P. F., **Gesetz über die Fürsorgeerziehung Minderjähriger.** Vom 2. Juli 1900. Nebst Ausführungsanweisungen. Dritte Auflage. Taschenformat. 374 Seiten. 1917. (Guttentagsche Sammlung Preußischer Gesetze Bd. 28.) . . . . Geb. RM. 2.80

„Das Buch gewährt nicht nur einen klaren Einblick in die gegenwärtige Gestaltung der Fürsorgeerziehung in Preußen, sondern es gibt auch über die Zweifelsfragen, welche bei der Auslegung des technisch ziemlich unvollkommenen Fürsorgeerziehungsgesetzes in besonders reicher Fülle auftauchen, durchweg eine erschöpfende und zutreffende Auskunft." *Das Recht.*

Marcks, A., **Gesetz, betr. die Unterhaltung der öffentlichen Volksschulen.** Taschenformat. 194 Seiten. 1906. (Guttentagsche Sammlung Preußischer Gesetze Bd. 39.) . . . . Geb. RM. 1.80

„Das handliche Büchlein wird, von sachkundiger Seite herrührend und praktisch angelegt, Verwaltungsbeamten, Schulvorständen, Lehrern beim Gebrauch gute Dienste leisten."
Schulblatt der Provinz Brandenburg.

Ledermann, W., und **Brühl,** L., **Die Städteordnung für die sechs östlichen Provinzen Preußens.** Zweite Auflage. Taschenformat. 593 Seiten. 1913. (Guttentagsche Sammlung Preußischer Gesetze Bd. 32.) Geb. RM. 6.—

„Der Kommentar, eine hervorragende Arbeit, ist von der Kritik und der Praxis so einmütig günstig aufgenommen worden, daß er auch in seiner zweiten durch Gesetzgebung, Literatur und Rechtsprechung der letzten zehn Jahre bereicherten Ausgabe keiner weiteren Empfehlung bedarf." *Kommunale Praxis.*

Wölbling, P., **Bildung der neuen Stadtgemeinde Berlin.** Zweite Auflage. Taschenformat. 114 Seiten. 1920. (Guttentagsche Sammlung Preußischer Gesetze Bd. 59.) . . . . Geb. RM. 1.40

„Die Ebenmäßigkeit mit den Kommentaren anderer Gesetze der Guttentagschen Sammlung erringt der Verfasser durch seine strenge Sachlichkeit. Damit muß seinem Werk die Beachtung bei der Durchführung des Gesetzes und bleibender Wert gesichert erscheinen."
Soziale Praxis.

Holzapfel, W., **Umlegungsordnung.** Taschenformat. 144 Seiten. 1921. (Guttentagsche Sammlung Preußischer Gesetze Bd. 60.) . . RM. 1.80

„Holzapfel, der hervorragende Kenner der Auseinandersetzungsgesetze, erläutert die Vorschriften der Umlegungsordnung in seiner scharfsinnigen Art in durchaus erschöpfender Weise und gibt in diesen Erläuterungen ein außerordentlich anschauliches Bild von der Umlegung der Grundstücke. Das Buch ist auch für Laien leicht und gut verständlich und kann jedem, der für die Umlegung Interesse hat, zur Benutzung angelegentlich empfohlen werden."

Preußisches Verwaltungsblatt.

Holzapfel W., **Gesetz über Landeskulturbehörden.** Taschenformat. 176 Seiten. 1919. (Guttentagsche Sammlung Preußischer Gesetze Bd. 57.) Geb. RM. 2.—

„Der Titel gibt den Inhalt des Werkchens vollständig an, hinzuzufügen ist aber, daß die Erläuterung, die umfangreich und eingehend ist und der praktischen Handhabung des Gesetzes Schritt für Schritt folgt, aus der Feder eines Mannes herrührt, der durch seine sachliche Qualifikation als gründlicher Kenner der Materie für eine zuverlässige Führung die größte Gewähr bietet. Dankenswert ist die Gründlichkeit der im bescheidenen Rahmen geleisteten Arbeit."

Verwaltungs-Archiv.

Meyer, O., **Gesetz, betr. die Anlegung und Veränderung von Straßen und Plätzen in Städten und ländlichen Ortschaften.** Taschenformat. 211 Seiten. 1913. (Guttentagsche Sammlung Preußischer Gesetze Bd. 50.) RM. 3.—

Strauß-Torney, Hugo von und **Saß,** Carl, früher **Friedrichs,** R., **Gesetz, betr. Anlegung und Veränderung von Straßen und Plätzen** in Städten und ländlichen Ortschaften. (Straßen- und Baufluchtengesetz.) Kommentar. Sechste Auflage. Groß-Oktav. 211 Seiten. 1920. RM. 8.—, geb. RM. 9.50

„Das Werk zeigt eine Reichhaltigkeit und Vollständigkeit, die sonst wenigen Kommentaren eigen ist, und übertrifft hierin noch weit die früheren Auflagen. Besonders erwähnenswert ist die geschickte Anordnung der Erläuterungen und das praktische Inhaltsverzeichnis."

Wochenschrift des Architektenvereins zu Berlin.

Heine, H. **Die preußischen Baupolizeigesetze** nebst den sonstigen einschlägigen Reichs- und Landesgesetzen. Taschenformat. 404 Seiten. 1928. (Guttentagsche Sammlung Preußischer Gesetze Bd. 64.) Geb. RM. 8.—

Diesem Band ist die Aufgabe gestellt, die in erster Linie in Betracht kommenden Gesetze und sonstigen Vorschriften und die im Zusammenhang hiermit entstehenden Rechtsfragen in übersichtlicher Weise zusammenzufassen und zu erörtern. Die Rechtsprechung des Oberverwaltungsgerichts und anderer Gerichte ist hierbei berücksichtigt worden.

Goldschmidt, O., **Gesetze gegen die Verunstaltung landschaftlich hervorragender Gegenden mit Ausführungsanweisungen.** Taschenformat. 152 Seiten. 1912. (Guttentagsche Sammlung Preußischer Gesetze Bd. 49.) Geb. RM. 2.40

„Der Kommentar bietet eine sachgemäße, sorgfältige und erschöpfende Erläuterung der einzelnen gesetzlichen Bestimmungen. Er wird als ein durch Vollständigkeit und Zuverlässigkeit ausgezeichnetes Hilfsmittel jedem Freunde des Heimatschutzes ein willkommener Ratgeber sein." *Jahrbuch des Verwaltungsrechts.*

Wulff, G., und **Herold,** F., **Wassergesetz** vom 7. April 1913. Mit Einleitung, Erläuterungen und Sachregister. Zweite, umgearbeite Auflage von G. Wulff. Taschenformat. XVI, 665 Seiten. 1928. (Guttentagsche Sammlung Preußischer Gesetze Bd. 52.) . . Geb. RM. 12.—

„Gründlichkeit und trefflichere Kürze bilden einen besonderen Vorzug des Werkes.“ Ministerialblatt f. d. preuß. innere Verwaltung.

Lohmann, W., **Gesetz, betr. die Feuerbestattung.** Taschenformat. 79 Seiten. 1912. (Guttentagsche Sammlung Preußischer Gesetze Bd. 47.) Geb. RM. 1.50

„Der Verfasser, der als Mitglied der Kommission des Abgeordnetenhauses an dem Zustandekommen des Gesetzes hervorragend beteiligt war, konnte als zuständiger Bearbeiter des Gesetzes in erster Linie gelten. Der kleine Kommentar ist besonderer Aufmerksamkeit sicher.“ Jahrbuch des Verwaltungsrechts.

Holtgreven, A., und **Wolff,** Th., **Das Wildschadengesetz** vom 11. Juli 1891. Kommentar. Vierte, vermehrte und verbesserte Auflage. Oktav. VIII, 216 Seiten. 1902 . . . . RM. 4.—

„Dieses Werkchen will einerseits die juristisch zweifelhaften Punkte des Wildschadengesetzes wissenschaftlich erörtern und klarstellen und andererseits allen denjenigen, welche bei der Handhabung dieses Gesetzes in irgendeiner Weise, sei es als Private, Beamte, Grundbesitzer oder als Jagdberechtigte, beteiligt sind, ein praktischer Berater sein.“ Allgemeine Forst- und Jagdzeitung.

Born, A., **Das preußische Fischereigesetz** vom 11. Mai 1916 in der geltenden Fassung. Taschenformat. 428 Seiten. 1928. (Guttentagsche Sammlung Preußischer Gesetze Nr. 62.) . . . . Geb. RM. 7.50

Die Ausgabe bietet eine bis jetzt fehlende neue Darstellung des Fischereigesetzes, in der vor allem die neue Rechtsprechung eingehend verwertet ist. Außer dem Fischereigesetz, das eine ausführliche Erläuterung gefunden hat, sind die wichtigen Ausführungsverordnungen und im Anhang die einschlägigen Bestimmungen anderer für die Anwendung des Fischereigesetzes in Frage kommenden Gesetze berücksichtigt.

Born, A., **Die preußischen Jagdgesetze** in ihrer geltenden Fassung. Mit Erläuterungen versehen. Taschenformat. 433 Seiten. 1928. (Guttentagsche Sammlung Preußischer Gesetze Nr. 63.) . . . Geb. RM. 8.—

„Das Buch kann zur Belehrung und Handgebrauch den Gerichten, Landratsämtern, Gemeinden und Forstbehörden sowie allen jagdlich interessierten Personen warm empfohlen werden.“ Leipziger Ztsch. f. dtsch. Recht.

Kunze, F., **Das Jagdscheingesetz.** Zweite Auflage. Taschenformat. 157 Seiten. 1899. (Guttentagsche Sammlung Preußischer Gesetze Bd. 19.) . . . . Geb. RM. 2.—

„Die eingehenden Anmerkungen und die im Titel hervorgehobenen Beigaben machen den kleinen Kommentar zu einem vortrefflichen, in der Praxis schwer entbehrlichen Hilfsmittel zur Auslegung des Gesetzes.“ Zeitschrift für die gesamte Strafrechtswissenschaft.

Caro, H., **Gesetz, betr. Austritt aus der Landeskirche,** vom 14. Mai 1873. Taschenformat. 190 Seiten. 1911. (Guttentagsche Sammlung Preußischer Gesetze Bd. 46.) . . . . Geb. RM. 2.40

„Ein sehr praktisches Buch, das in den Anmerkungen zum Wortlaut des Gesetzes eine reiche Fülle von Material bietet für alle möglichen Fragen, die mit Aus- und Übertritt zusammenhängen. Das genau gearbeitete Inhaltsverzeichnis ermöglicht bei gelegentlicher Benutzung ein leichtes Auffinden des Nötigen.“ Deutsch-Protestantische Bücherschau.

Kollenscher, M., **Rechtsverhältnisse der Juden in Preußen.** Taschenformat. VIII, 199 Seiten. 1910. (Guttentagsche Sammlung Preußischer Gesetze Bd. 45.) . . . . RM. 2,40

„Eine zusammenfassende, erschöpfende Darstellung der in den verschiedensten Quellen zerstreuten zahlreichen Judengesetze und Verordnungen. Jede Synagogengemeinde und jeder, der sich mit jüdischen Angelegenheiten beschäftigt, müßte dieses Buch besitzen." Jüdische Rundschau.

3. Steuerrecht

Nieberl, A., **Reichsabgabenordnung** vom 13. Dezember 1919 nebst Einführungsverordnung vom 18. Dezember 1919 und Übergangsverordnung vom 11. Oktober 1921. Textausgabe mit Anmerkungen und ausführlichem Sachregister. Zweite, neubearbeitete Auflage. Taschenformat. 1927. (Guttentagsche Sammlung Deutscher Reichsgesetze Bd. 143.) . . . . Geb. RM. 12.—

„Die Darstellung ist leicht verständlich und klar. Das Sachregister ist gründlich bearbeitet. Jedenfalls wird das Buch, das einen mit der praktischen Handhabung der RAbgO. vertrauten Verfasser erkennen läßt, nicht nur den Steuerbeamten, sondern auch dem rechtsuchenden Publikum und seinen Beratern ein willkommener guter Führer auf diesem Gebiet sein." Juristische Wochenschrift.

Michaelis, Richard, **Die Dritte Steuernotverordnung** vom 14. Februar 1924. Mit besonders ausführlicher Berücksichtigung der Vorschriften über die Aufwertung und die öffentlichen Anleihen. Taschenformat. VIII, 388 Seiten. 1924. (Guttentagsche Sammlung Deutscher Reichsgesetze Bd. 157.) . . . . Geb. RM. 7.—

„Ganz besonders zu rühmen ist der Kommentar von Michaelis, der dank seiner eingehenden und gründlichen Bearbeitungsweise erheblichen Einfluß auf die Praxis gewonnen hat." Juristische Wochenschrift.

Hollaender, Adolf, **Einkommensteuergesetz und Körperschaftsteuergesetz** nebst den zugehörigen Aus- und Durchführungsbestimmungen, Verordnungen und Erlassen. Taschenformat. XXXIX, 697 Seiten. 1926. Mit Nachtrag. 1928. (Guttentagsche Sammlung Deutscher Reichsgesetze Bd. 151.) . . . . Geb. RM. 24.—

„Das auf die Bedürfnisse der Praxis abgestellte und ihnen gerecht werdende Buch wird jedem gute Dienste leisten, der sich handelnd oder leitend auf dem äußerst unsicheren, ohne Hilfsmittel überhaupt nicht begehbaren Boden der heutigen Einkommensteuer zurechtfinden muß." Juristische Rundschau.

Pick, Reichsbewertungsgesetz. Textausgabe mit Anmerkungen. In Bearbeitung.

Wrzeszinski, Richard, und **Simon,** H. Veit, **Vermögenssteuergesetz und Reichsbewertungsgesetz.** Kommentar . . . . . . In Bearbeitung.

Schachian, Herbert, **Erbschaftsteuergesetz,** Fassung vom 22. August 1925, mit Anmerkungen. Vierte Auflage. Oktav. 65 Seiten. 1926. RM. 2.50

„Eine vollständige Darstellung des Erbschaftssteuerrechts und der zugrunde liegenden bürgerlich-rechtlichen Vorschriften des Erbrechts. Als wissenschaftliche und praktische Leistung steht der klar und scharf geschriebene Kommentar in vorderster Reihe unter seinen Rivalen; er ist als Wegweiser besonders zu empfehlen." Juristische Wochenschrift.

Hoffmann, U., **Die preußischen Erbschaftsteuergesetze.** Taschenformat. 561 Seiten. 1905. (Guttentagsche Sammlung Preußischer Gesetze Bd. 20.) . . . . RM. 3.—

Lindemann, Otto, **Umsatzsteuergesetz** (neueste Fassung) mit Ausführungsbestimmungen. Vierte, vermehrte und verbesserte Auflage. Taschenformat. 518 Seiten. 1926. (Guttentagsche Sammlung Deutscher Reichsgesetze Bd. 132.) . . . . Geb. RM. 10.—

„Es handelt sich um einen ausführlichen, gediegenen und klar abgefaßten Kommentar, der den weiteren Vorzug besitzt, auf dem laufenden zu sein. Das Werk kann allen Interessenten nur warm empfohlen werden.“ *Industrie- und Handelszeitung.*

Meyer, E. H., **Gesetzgebung über Steuer- und Kapitalflucht.** Zweite Auflage. Taschenformat. 129 Seiten. 1921. (Guttentagsche Sammlung Deutscher Reichsgesetze Bd. 145.) . .. . Geb. RM. 1.60

„Das Büchlein enthält den Text der einschlagenden vier Gesetze samt den vier Verordnungen gegen die Kapitalabwanderung bzw. Kapitalflucht, eine kurze Übersicht über den Inhalt der Gesetze und sehr knapp gehaltene Anmerkungen. Sein Wert liegt in der handlichen Zusammenfassung der einschlagenden Vorschriften.“

Juristische Wochenschrift.

Lindemann, Otto, **Grunderwerbsteuergesetz** (neueste Fassung) mit den Ausführungsbestimmungen. Zweite, völlig umgearbeitete Auflage. Taschenformat. 186 Seiten. 1926. Mit Nachtrag 1927. (Guttentagsche Sammlung Deutscher Reichsgesetze Bd. 139.) . . . . Geb. RM. 4.—

„Das Buch wird manchem in den mannigfachen Streitfragen des in der Praxis sehr einschneidenden Gesetzes ein willkommener Ratgeber sein. Die Erläuterungen zeichnen sich durch Klarheit und Gemeinverständlichkeit im besten Sinne aus.“ *Württembergische Industrie.*

Hagelberg, E., und **Krämer,** L., **Grunderwerbsteuergesetz** vom 12. September 1919 (RGBl. S. 1617) in der Fassung des Gesetzes vom 11. März 1927 (RGBl. I S. 72) nebst Einleitung, Sachregister und Ausführungsbestimmungen und der einschlägigen Vorschriften des Finanzausgleichs-Steuermilderungsgesetzes und Steuerstrafrechts. Für die Praxis erläutert. Zweite, völlig umgearbeitete und erweiterte Auflage. 1928. Groß-Oktav. 355 Seiten . . . . Geb. RM. 15.—

„Die verhältnismäßige Kürze ihrer Erläuterungen bei großer Vollständigkeit ist zu rühmen. Das Buch ist nicht nur für den Juristen, sondern auch für den gebildeten Laien, namentlich Grundstücksmakler und Hausbesitzer, von großem, praktischen Wert.“

Zeitschrift d. Deutsch. Notarvereins.

Hagelberg, E., und **Krämer,** L., **Wertzuwachssteuerrecht.** Kommentar. Groß-Oktav. 256 Seiten. 1929 . . . . . RM. 12.—, geb. RM. 13.50

Die Verfasser kommentieren die neue Wertzuwachssteuerordnung für Berlin und die preußische Mustersteuerordnung. Ihr Buch ist ein Leitfaden für die Steuerpflichtigen und ihre Rechtsberater und die mit der Wertzuwachssteuer befaßten Behörden. Es stellt die rechtliche und wirtschaftliche Bedeutung der Bestimmungen klar: Die Rechtsprechung des Preußischen Oberverwaltungsgerichts wurde erschöpfend berücksichtigt. Auch Spezialfragen wie die Aufwertung und das Schwarzkaufwesen wurden behandelt.

Hoepker, Heinrich, **Die Industriebelastungsgesetze** vom 30. August 1924 nebst den Durchführungsbestimmungen zum Gesetz über die Industriebelastung. Taschenformat. XV, 200 Seiten. 1925. Mit Nachträgen. (Guttentagsche Sammlung Deutscher Reichsgesetze Bd. 159.)

Geb. RM. 4.—

„Die Anmerkungen sind erschöpfend und führen den Leser mit Geschick in die schwierige und neue Materie ein. Rechtsanwälte sowie Kaufleute, für welche die Industriebelastung in Frage kommt, werden das mit einem guten Sachregister ausgestattete Werk mit gleichem Nutzen gebrauchen!“ *Industrie- und Handels-Zeitung.*

Eiffler, Kurt, **Staatliche Verwaltungsgebühren.** Gesetz über staatliche Verwaltungsgebühren vom 29. September 1923 nebst Gebührenordnungen und Ausführungsbestimmungen. Taschenformat. 192 Seiten. Mit Nachtrag. 1925. (Guttentagsche Sammlung Preußischer Gesetze Bd. 61.) Geb. RM. 6.—

„Das Buch ist für alle preußischen staatlichen und kommunalen Behörden unentbehrlich." Deutsches Beamtenarchiv.

Loeck, P., und **Eiffler,** K., **Preußisches Stempelsteuergesetz** mit den gesamten Ausführungsbestimmungen. Unter besonderer Berücksichtigung der Entscheidungen der Verwaltungsbehörden und der Gerichte herausgegeben. Zehnte, neubearbeitete Auflage. Taschenformat. 476 Seiten. 1928. (Guttentagsche Sammlung Preußischer Gesetze Bd. 18.) Geb. RM. 13.—

„Die zahlreichen Auflagen zeugen für die Güte und praktische Brauchbarkeit des Buches, das durch den von Eiffler hinzugefügten Anhang auf den gegenwärtigen Rechtsstand gebracht ist." Finanz-Ministerialblatt.

Lebbin, Georg, **Nahrungsmittelgesetze** mit Erläuterungen. Zweite, stark vermehrte Auflage in zwei Bänden.
Zweiter Band: **Getränkegesetze und Getränkesteuergesetze** (Wein, Bier, Branntwein, Mineralwasser). Unter Mitarbeit von Rechtsanwalt Dr. Kniebe. Taschenformat. XII, 400 Seiten. 1926. (Guttentagsche Sammlung Deutscher Reichsgesetze Bd. 54b.) . . . . . . Geb. RM. 10.—

„Die wichtigsten Gesetze sind eingehend kommentiert und so vollständig ergänzt, daß die Sammlung als unentbehrliches Hilfsmittel, wie es in dieser Art bislang noch fehlte, für den Sachbearbeiter bei Behörden und Verbänden sowohl als auch für den Kaufmann der Branche zu begrüßen ist." Württembergische Wirtschafts-Zeitschrift.

Wündisch, Friedrich, **Das Tabaksteuergesetz** vom 12. September 1919 nebst den Ausführungsbestimmungen vom 26. Februar 1920. Taschenformat. 286 Seiten. 1920. Mit Nachtrag 1925. (Guttentagsche Sammlung Deutscher Reichsgesetze Bd. 146.) . . . . Geb. RM. 4.—

„Endlich ein Kommentar zum Tabaksteuergesetz! Die Ausgabe kommt den Wünschen der Praxis nach einer erschöpfenden Darstellung des neuen Gesetzes in umfassender Weise entgegen. Das Buch bildet eine ausgezeichnete Informationsquelle für alle Fragen, die in der Praxis vorkommen." Deutsche Tabak-Zeitung.

VII. Entscheidungs-Sammlungen und Zeitschriften.

Entscheidungen des Reichsarbeitsgerichts. Herausgegeben von den Mitgliedern des Reichsarbeitsgerichts. Oktav.
Band I. 1928. Band II. 1928/29. Band III. 1929. Band IV. 1929/30. Band V. 1930. . . . . Je RM. 6.50, geb. RM. 8.—

Entscheidungen des Reichsgerichts. Herausgegeben von den Mitgliedern des Gerichtshofes u. d. Reichsanwaltschaft. Oktav. (2 Sammlungen.)

1. **Entscheidungen in Zivilsachen.** (Werden in Heften im Umfange von etwa 5 bis 6 Bogen sowie in vollständigen Bänden, geheftet und gebunden, ausgegeben. Jährlich 4 Bände.) 1.—127. Band. Je RM. 6.50, geb. RM. 8.—

2. **Entscheidungen in Strafsachen.** (Werden in Heften im Umfange von 5 bis 6 Bogen sowie in vollständigen Bänden, geheftet und gebunden, ausgegeben. Jährlich 1 Band.) 1.—63. Band. Je RM. 6.50, geb./ RM. 8.—

Zeitschrift für die gesamte Strafrechtswissenschaft. Gegründet von Fr. von **Liszt** und **A. Dochow.** Unter ständiger Mitarbeiterschaft hervorragender Fachmänner herausgegeben von Prof. Dr. K. **von Lilienthal,** Prof. Dr. Ed. **Kohlrausch** und Prof. Dr. W. **Gleispach.** Der Jahrgang besteht aus 8—9 Heften. Quart.

Bd. 1—43. 1881—1922. Je RM. 15.—. Bd. 44. 1922. RM. 25.—.

Bd. 45. 1924. RM. 21.—. Bd. 46—49. 1925—1929. Je RM. 30.—. Bd. 50. 1929/30. RM. 36.—.

Juristische Rundschau. Herausgegeben von Otto **Lindemann,** Ministerialdirektor, Geh. Oberjustizrat, Berlin, Dr. Friedrich **Flad,** Senatspräsident beim Reichsgericht, Leipzig, Fritz **Hartung,** Ministerialrat im preußischen Justizministerium, Berlin, und

Höchstrichterliche Rechtsprechung. Herausgegeben von Eugen **Friedrichs,** Oberlandesgerichtsrat, Naumburg a. d. S., Dr. Albert **Feisenberger,** Reichsanwalt, Leipzig, Benno **Mugdan,** Kammergerichtsrat i. R., Geh. Justizrat, Berlin. — Erscheint am 1. und 15. jeden Monats.
6. Jahrgang. 1930. Vierteljährlich RM. 7.50, Einzelheft RM. 1.50
Beilage „Höchstrichterliche Rechtsprechung" einzeln vierteljährlich 5.—

Judicium. Vierteljahresschrift für die gesamte Zivilrechtspflege. Unter ständiger Mitarbeit von J. Goldschmidt (Berlin), H. Lehmann (Köln), R. Pollak (Wien), L. Rosenberg (Gießen), H. Walsmann (Rostock) herausgegeben von W. **Kisch** (München), H. **Lucas** (Berlin), A. **Mendelssohn-Bartholdy** (Hamburg), M. **Pagenstecher** (Hamburg), J. D. **Sauerländer** (München), H. **Sperl** (Wien), E. **Volkmar** (Berlin). Vierteljährlich erscheint 1 Heft. Der Jahrgang beginnt am 15. November. 2. Jahrgang 1929/30. (Friederichsen, de Gruyter & Co. m. b. H., Hamburg 36.) . . . . RM. 24.—

Zeitschrift für ausländisches und internationales Privatrecht. Herausgegeben in Gemeinschaft mit Ernst **Heymann,** Heinrich **Titze,** Martin **Wolff,** ordentliche Professoren an der Universität Berlin, wissenschaftliche Berater des Instituts, Max **Pagenstecher,** o. Professor an der Universität Hamburg, Franz **Schlegelberger,** Ministerialdirektor im Reichsjustizministerium, Honorarprofessor an der Universität Berlin, von Ernst **Rabel,** o. Professor an der Universität Berlin, Direktor des Instituts. Jährlich 6 Hefte im Umfang von etwa 65 Bogen.
Preis des dritten Jahrganges RM. 50.—

Zeitschrift für Bergrecht. Bis zu seinem Tode herausgegeben von dem Wirkl. Geh. Rat, Berghauptmann a. D. Dr. jur. H. Brassert. Redigiert und herausgegeben von den rechtskundigen Ministerialräten der Bergabteilung des Preußischen Ministeriums für Handel und Gewerbe. Jährlich ein Band von mehreren Heften. Die Hefte erscheinen in zwangsloser Folge. 1928/29. RM. 20.—, Jahrgang 70, Heft 1/2. 1929. RM. 10.—

Zeitschrift für das gesamte Luftrecht (ZLR.). Herausgegeben von weiland Dr. jur. Otto **Schreiber.** Erscheint in Bänden zu je vier Heften.

Band I. 1926/28 . . . . RM. 50.—, geb. RM. 55.—

Band II, Heft 1 . . . . RM. 10.—

Bank-Archiv. Zeitschrift für Bank- und Börsenwesen. Unter Mitwirkung von hervorragenden Fachmännern herausgegeben von Geh. Justizrat Prof. Dr. **Rießer,** Berlin. Schriftleitung: Rechtsanwalt Otto **Bernstein,** geschäftsführendes Mitglied des Centralverbandes des Deutschen Bank- und Bankiersgewerbes. Quart. Jährlich 24 Nummern. XXIX. Jahrgang. 1929/30 . . . . Pro Halbjahr RM. 12.—

FSC
www.fsc.org
MIX
Papier | Fördert
gute Waldnutzung
FSC® C083411

Kolibri 360 GmbH
Ferdinand-Jühlke-Straße 7
99095 Erfurt, Deutschland
produktsicherheit@kolibri360.de